LUIS WECKMANN

(DE LA ACADEMIA MEXICANA DE LA HISTORIA)

LA HERENCIA MEDIEVAL DE MÉXICO

EL COLEGIO DE MÉXICO
FONDO DE CULTURA ECONÓMICA
MÉXICO

Primera edición (El Colegio de México),   1984
Segunda edición (El Colegio de México/FCE), 1994
    Primera reimpresión,   1996

Sección de Obras de Historia

LA HERENCIA MEDIEVAL DE MÉXICO

PRESENTACIÓN

CHARLES VERLINDEN*

Hace más de treinta años, en agosto de 1950, presenté en el IX Congreso Internacional de Ciencias Históricas, reunido en París en la Sorbona, un texto sobre "Las influencias medievales en la colonización de América". Silvio Zavala, que estaba presente y participó en la discusión de las ideas que acababa yo de exponer, me ofreció publicar mi trabajo en la *Revista de Historia de América* de la Comisión Panamericana de Historia y Geografía, donde en efecto apareció antes del fin de aquel año. Al año siguiente, un joven historiador mexicano, cuyo nombre ya me era conocido,[1] me envió un sobretiro de París, donde poco antes había comenzado una carrera diplomática que lo llevaría a ser embajador de México en Roma, después de haberlo sido en Teherán y en las Naciones Unidas. Se trataba de un estudio publicado en la revista *Speculum*, de la Mediaeval Academy of America, intitulado "The Middle Ages in the Conquest of America". Luis Weckmann, pues se trataba de él, exponía allí de manera absolutamente independiente y personal varias consideraciones, entre las cuales muchas coincidían con las mías.

Parecía entonces manifestarse entre ciertos historiadores una toma de conciencia de la continuidad entre la Edad Media europea y la colonización del Nuevo Mundo. Dos profesores de la Universidad de Wisconsin, de Madison, Merril Jensen, especialista en historia de la revolución estadounidense, y el medievalista Robert Reynolds, habían publicado recientemente en *Studi*, en honor del gran historiador-economista Gino Luzzatto, un estudio intitulado "European Colonial Experience. A Plea for Comparative Studies".[2] Tales estudios comparativos comenzaron a interesarme sobremanera también a mí, y ya desde entonces esbocé un plan publicado algunos años después, en la serie "Programa de Historia de América", por iniciativa de Silvio Zavala y con el título de *Précédents médiévaux de la colonie en Amérique*.[3] Entretanto me habían invitado a dar unos cursos en Madison y a dirigir seminarios durante un semestre. En este periodo, Jensen y Reynolds, convertidos en mis buenos amigos pero desgraciadamente ya desaparecidos, me alentaron a solicitar la ayuda de la Fundación Rockefeller para llevar a cabo mi proyecto, para el cual mientras tanto había yo obtenido

---

* Miembro de la Academia Real de Bélgica, de la Real Academia Española de la Historia, Consejero Europeo de la Comisión Panamericana de Historia. La traducción de esta Presentación es de Roberto Gómez Ciriza.

[1] Sin conocer al autor, había yo reseñado la notable obra de L. Weckmann, *Las bulas alejandrinas de 1493 y la teoría política del papado medieval. Estudio de la supremacía papal sobre las islas. 1091-1493* (México, Instituto de Historia, 1949). *Cf.* mi reseña en la *Revue Belge de Philologie et d'Histoire*, t. XXIX, 1951, pp. 588-596.

[2] *Studi in onore di Gino Luzzatto*, t. IV (Milán, 1950), pp. 75-90.

[3] Instituto Panamericano de Geografía e Historia, núm. 177 (México, 1954).

entusiastas promesas de colaboración en el mundo académico. Desafortunadamente, la conciencia de la continuidad entre la Edad Media y la América colonial no había penetrado hasta los órganos directivos de aquella poderosa fundación, y no se obtuvo nada. Mas esto fue una fortuna para mí, ya que de otra manera no habría publicado mis dos volúmenes y mis sesenta artículos sobre la esclavitud en la Europa medieval, ni los cinco volúmenes de *Documentos sobre la historia de precios y salarios en Flandes y Brabante en los siglos XIII-XIX*, ni tampoco los numerosos estudios separados acerca de diversos aspectos de esta continuidad, que sin duda el mundo administrativo no consideraba conforme a la moda de los tiempos.

No me desanimé, ni tampoco Luis Weckmann, pues fue precisamente hacia entonces cuando él empezó a acumular la enorme cantidad de datos utilizados en los volúmenes que aquí tengo la alegría de presentar al lector, trátese del erudito o de la persona dotada de lo que a veces todavía se llama una cultura media.

Respecto a esta última, el embajador Weckmann habría podido caer en la tentación de escribir de manera impresionista, para un público poco dotado de espíritu crítico y amante de lo sensacional, como hacen hoy en día tantos que habrían podido ser historiadores si no se hubieran convertido en cazadores de grandes tirajes. Pero en él no hay impresionismo vago, sino ciencia bien documentada y sólida. Esto no quiere decir que no pueda impresionar, sino que lo hace con excelente razón y sin el disfraz de la documentación. Lo que Weckmann trata de subrayar es la continuación de la Edad Media en todas las formas de actuar y de sentir de los conquistadores, guerreros, frailes o sacerdotes de la América española y por supuesto de la Nueva España, de México en especial. Después de ellos, busca la misma herencia en los colonos de diversas clases y de distintos antecedentes sociales y culturales.

La Nueva España fue en un principio un archipiélago asiático, nos dice al principio de su segundo capítulo. Es éste un título sintético que en dos palabras reúne la miríada de islas, heredadas de la Edad Media, de la Biblia y de la Antigüedad, buscadas por los descubridores y conquistadores a veces hasta bien entrado el siglo XVII. Toda la fantasmagoría existente tanto en Europa en todos los espíritus como en la misma América es descrita magníficamente, pero también documentada, en las páginas y notas de los capítulos III, IV y V, relativos a la búsqueda de reinos y sitios maravillosos, a la geografía teratológica de las amazonas, gigantes, pigmeos, monstruos y quimeras. Aunque el arte indígena amerindio había creado monstruos, especialmente en las representaciones escultóricas de las divinidades, a ellos la Edad Media agregó su propia herencia teratológica que, a través de la antigüedad clásica, se remonta a la pre o protohistoria oriental. En el caso de las amazonas, por ejemplo, las tradiciones caribes y nahuas se mezclan con la herencia llegada del otro lado del Atlántico.

En el capítulo VI entramos al domino de las instituciones ya analizadas por el autor, desde el punto de vista que todavía hoy conserva, en su libro *La sociedad feudal. Esencia y supervivencias*, de 1944. Volvió a ocuparse del

asunto en 1950, en *Pensamiento político medieval,* pero aquí pone su atención más bien en los símbolos feudales que en los aspectos estrictamente
jurídicos. Es interesante el capítulo VII, sobre las obligaciones militares de
los encomenderos. Se ha hablado de milicias de lanzas casi feudales. ¿Por
qué "casi"?, se pregunta Weckmann, subrayando claramente la herencia y
la continuidad originadas en la Edad Media. Y esto dura siempre cuando
se instaura la policía estatal, la Santa Hermandad, como en la España anterior a los Reyes Católicos. En Oaxaca y Michoacán se emplean contra los
rebeldes las fuerzas de a caballo de los encomenderos. Se trata de un servicio militar con un séquito, como en plena Edad Media, pero la diferencia
en los tiempos y el cambio de medio son señalados por la colaboración de
auxiliares indios y por el empleo de tales fuerzas combinadas contra los
bucaneros.

El capítulo X atribuye a la mayor duración del florecimiento de la caballería en España el paso espontáneo del espíritu y de la manera de ser de
ésta a América. Los conquistadores se consideraban paladines en lucha contra los malandrines y nigromantes. Éste fue un estímulo formidable de la
Conquista. El mismo Bernal Díaz del Castillo, que era uno de aquellos paladines, se daba cuenta de ello. Los conquistadores se calificaban de "caballeros andantes". Cortés armó caballeros entre sus soldados, según los
ritos feudales. A los ojos de sus contemporáneos, parecía un nuevo Rolando. Es también sorprendente que los aliados tlaxcaltecas muy pronto asi-
milaron los ideales de los caballeros, y hubo algunos que fueron armados
caballeros según las reglas por Cortés mismo. Todos los conquistadores
eran lectores de Amadís de Gaula. Un magnífico retrato y un bello análisis
en verdad.

La intervención de lo sobrenatural en la Conquista es materia del capítulo XI, donde aparecen Santiago y los ángeles, pero también el Diablo y los
demonios, evidentemente del lado de los indígenas. Los franciscanos son
soldados de la fe, armados con la espada de la divina palabra. La conversión del reino nazarí de Granada es una prefiguración, con sólo 30 años de
anterioridad, de la conversión de México, y el paralelismo se prolonga hasta
mediados de siglo. Todo esto está muy bien dicho y explicado, y lo mismo
puede decirse de la persistencia de las esperanzas milenaristas, de las
experiencias místicas, de las mortificaciones de los flagelantes, de los milagros y de los prodigios.

En los capítulos sobre el Estado y la economía se siente que el autor es
también jurista y que ha estudiado la historia del derecho público. Todas las
instituciones descritas en el capítulo XXI, relativo al Sacro Imperio y a las .ns-
tituciones imperiales españolas, son netamente de filiación medieval. En el
capítulo XXIV Weckmann ve muy bien que la discusión sobre la existencia de
la feudalidad colonial, sostenida por algunos autores, es vana, pues para
negarla se ha recurrido a las palabras mientras las funciones la hacen evidente. Por el contrario, quienes como Miranda han calificado de institución feudal la Mesta mexicana se han dejado hipnotizar por el hecho de que
llegó a convertirse en una asociación de grandes propietarios, cuyo origen
no sólo no era feudal sino ni siquiera patrimonial.

Las galeras del capítulo XXI también son de tradición muy medieval, aunque vigilen las costas de Campeche. En el capítulo XXVIII, sobre la administración urbana, la continuidad medieval es explorada hasta llegar a los cabildos abiertos que proclamaron la independencia a principios del siglo XIX. He aquí una prueba más de que mirar al pasado a menudo ayuda a explicar e implicar el porvenir.

¡Hay tantas anotaciones pintorescas y reveladoras acerca de la sociedad y la cultura, de la poesía popular, del goliardismo, del español arcaizante propio de México, del teatro y la danza con sus matachines y las danzas macabras semijocosas de las fiestas populares! La riqueza de la información es densa, extraordinaria por su intensidad y su vida.

Me alegro de que el autor haya terminado esta obra que tardó 30 años en preparar, en documentar y en imaginar. Servirá de prototipo para realizaciones análogas, en otros países latinoamericanos. En efecto, esta continuidad puede observarse en todas las zonas colonizadas por españoles y portugueses, pero con modalidades particulares, diversas una de otra. Hasta en las regiones de la colonización anglosajona o francesa de la América del Norte las influencias medievales son numerosas, a pesar de las fechas posteriores en que se crearon allí las colonias. Jensen y Reynolds, que cité al principio de esta Presentación, lo señalaron y demostraron con ejemplos que así lo comprueban. Ya al iniciarse el siglo, Cheyney dio el título de "European Background of American History. 1300-1600" al primer tomo de la serie *The American Nation: A History,* dirigida por A. B. Hart. En el prólogo, el autor declaraba que los antecedentes europeos, es decir medievales o cuando menos del siglo XVI, atraerían más y más la atención de los investigadores a medida que se fuera aclarando su percepción de las perspectivas reales de la historia.

La obra de Luis Weckmann está entre las que contribuirán a alcanzar este resultado. ¿Cuándo aparecerán otros volúmenes de la misma especie, relativos al Perú, al Brasil, a los Estados Unidos o al Canadá? Constituirían una base para las investigaciones comparativas que recomiendo con especial entusiasmo en mi pequeño volumen de 1954 sobre *Les précédents médiévaux de la Colonie en Amérique.* Me interesaba entonces en la comparación de las técnicas de colonización de la Edad Media con las de la época moderna, que yo quería preparar reuniendo colecciones de documentos, para lo cual proyectaba una operación de colaboración internacional. Este proyecto era entonces muy nuevo y demasiado ambicioso, pero creo que libros como éste, del sabio embajador Luis Weckmann, podrían permitir a otros emprenderlo de nuevo, ya que gracias al análisis de los precedentes medievales de todos los aspectos de la civilización de los países nacidos de la expansión europea, iluminan con una luz más intensa y penetrante la importancia de los movimientos migratorios de hombres e ideas que cambiaron el mundo en la época de los Grandes Descubrimientos.

Bruselas, julio de 1982

PRÓLOGO

SILVIO ZAVALA

Cuando el doctor Luis Weckmann presentó sus exámenes de ingreso en el Servicio Exterior de México, ya contaba con una preparación universitaria excelente que encaminaba sus estudios hacia los campos del derecho internacional y de la historia.

Como otros notables diplomáticos mexicanos, ha sabido unir en su carrera el desempeño fiel de sus deberes de funcionario con el mantenimiento de su actividad intelectual. Prueba de ello fue, en el periodo de sus labores en Francia, la aparición de los tres volúmenes que dedicó al inventario y estudio de los documentos de la misión de México en ese país, los cuales han sido objeto de un reconocimiento por la Secretaría de Relaciones Exteriores de nuestro país en ocasión del traslado de ese archivo al general "Genaro Estrada" de la propia Secretaría.*

Ahora, teniendo a su cargo la Embajada de México en Italia, el doctor Weckmann da cima a una obra magna que había atraído su interés desde hace muchos años: me refiero a *La herencia medieval de México*. Como antecedentes prometedores de dicha labor, podemos recordar, por el orden de su publicación, las contribuciones siguientes: *La sociedad feudal. Esencia y supervivencias*. México, Editorial Jus, 1944, 237 pp.; *Las bulas alejandrinas de 1493 y la teoría política del papado medieval. Estudio de la supremacía papal sobre las islas, 1091-1493*, con introducción de su maestro en Berkeley, Ernst H. Kantorowicz, Instituto de Historia de la UNAM, Editorial Jus, 1949, 313 pp.; y *Panorama de la cultura medieval*, con una Introducción sobre *La Edad Media en México*, UNAM, Manuales Universitarios, Facultad de Filosofía y Letras, 1962, 196 pp., ils., que como su título lo indica ya traía en germen la obra que ahora aparece enriquecida 20 años después.

El apunte bibliográfico anterior no resume naturalmente todo lo que el doctor Weckmann ha estudiado y publicado en derredor del tema mayor de su interés y competencia (véase la nota 1 al capítulo I de la obra que prologamos); pero sí permite ver cómo se fue gestando el libro que ahora publica El Colegio de México. A continuación trataré de presentar sucintamente sus temas y los fundamentos en los que el autor los apoya.

Justo es recordar, antes de ello, que paralela e independientemente de la línea de investigación del doctor Weckmann, un reputado medievista europeo, el profesor Charles Verlinden, de la Universidad de Gante, en Bélgica, había emprendido desde la orilla del Viejo Mundo el examen profun-

---

* *Las relaciones franco-mexicanas*, tomo I, 1823-1838, México, Secretaría de Relaciones Exteriores, 1961 (Archivo Histórico Diplomático Mexicano. Guías para la Historia Diplomática de México, núm. 1), xiii-369 pp., prefacio de Daniel Cosío Villegas, tomo II, 1839-1867 (1962), núm. 2, xi-459 pp., tomo III, 1879-1885 (1972), núm. 5, xii-293 pp.

do e imaginativo de los *Précédents médiévaux de la Colonie en Amérique. Période coloniale,* que publicó en México, en 1954, la Comisión de Historia del Instituto Panamericano de Geografía e Historia, como parte del Programa de Historia de América.

La obra grande del doctor Weckmann comienza por resumir, en el capítulo I que lleva por título "La perspectiva", las conclusiones a las que ha llegado tras su larga y extensa investigación, sosteniendo que, "en múltiples aspectos, somos más 'medievales' que buena parte del Occidente". Esta afirmación descansa sobre los pilares siguientes: los conquistadores y misioneros (en capítulos amplísimos), cuyo avance está impregnado del espíritu de cruzada; la cosmovisión de la tierra suspendida entre el cielo y el infierno, mientras que las esferas celestes son impelidas por los ángeles (puede añadirse el espectacular paso de Lucifer al Nuevo Mundo, con sus múltiples efectos, como se apunta en el capítulo XI, y que yo deseaba desde hace tiempo encomendar a un diligente autor de tesis); el enfrentamiento entre cristianos e infieles, el milenarismo de los religiosos (capítulo XIII), las disputas entre nominalistas y realistas; la magia, la astrología, la medicina y las ciencias naturales (capítulo XXXVII); las formas del arte gótico, mudéjar y aun románico (aunque bien señala el autor, en el capítulo XXXVIII, la falta de concordancia cronológica que a veces existe en la recepción o en la persistencia de los estilos, por ejemplo, cuando siguen apareciendo las construcciones góticas en Nueva España en la segunda mitad del siglo XVI en tanto que en Europa florecía el manierismo y ya se gestaba el barroco); en suma, el "arcaísmo" de la vida en España y en la temprana Hispanoamérica con instituciones, valores, creencias, costumbres, de la Edad Media todavía en vigencia, lo cual alcanza, entre otros campos, al del idioma (capítulo XXXIV), los romances y la literatura caballeresca; el teatro popular, las danzas de moros y cristianos y las macabras (capítulo XXXV); y la música (capítulo XXXVI).

La sociedad se organiza sobre la base de municipios, gremios de artesanos, encomiendas, señorío, repartimientos, esclavitud, comercio regulado por las autoridades metropolitanas y locales.

La cultura histórica y jurídica del doctor Weckmann le permite distinguir no sólo el legado medieval procedente de las varias regiones de España, sino también el que —a través de ésta— llega de otras partes de la Cristiandad europea, principalmente de Portugal, Italia (en lo que toca al comercio y la navegación, capítulo XXVI) y Flandes (las beguinas, tratadas en el capítulo XXXII).

Por lo que respecta al marco cronológico, queda comprendido fundamentalmente entre 1517 y mediados del siglo XVII.

Trazado este amplio cuadro, el autor penetra con maduro conocimiento y documentación suficiente, primaria y secundaria, en el análisis de cada aspecto o capítulo comprobatorios de su tesis (véase la impresionante lista de títulos de los 40 capítulos, de lectura instructiva, fácil y agradable, con toques de humor, no obstante la extensión de la obra). Esta tarea nos recuerda la caudalosa labor de Fray Bartolomé de las Casas cuando redactó su *Tratado comprobatorio del imperio soberano y principado universal que los reyes de Castilla y León tienen sobre las Indias* (Sevilla, 1552), en el que demostraba abundantemente las varias proposiciones de su verdad.

Un fino comentario del doctor Weckmann aclara que no se trata tan sólo de una transmisión de instituciones y valores desde Europa, sino también de los desarrollos nuevos en los territorios de las Indias, de un "renacer" de formas que podían estar ya en decadencia en la Península española (por ejemplo, señala en el capítulo XXI que estando casi por extinguirse en España el oficio de adelantado cobró fuerza en América, donde se respiró de nuevo la antigua atmósfera fronteriza de la Península; y en el capítulo XXVIII observa que el municipio en las Indias revive usos viejos ya olvidados en la Península). Junto a esto se hicieron presentes las peculiaridades de la selección y de la adaptación en el nuevo ambiente, de lo que diremos algo adelante.

En buena parte, el estudio que prologamos corresponde al género que ahora se califica de historia de mentalidades *(Geistgeschichte)*, mas también abarca los aspectos institucionales, sociales y culturales *(Kulturgeschichte)* pues trata de la Universidad en el capítulo XXXII. En presentación general tan amplia habrá puntos en los que los especialistas podrán señalar otras posibilidades de interpretación y de apoyo documental, pero normalmente el autor reúne con acierto los precedentes medievales y expone la continuidad de ellos en ultramar de manera convincente. Afortunadamente, junto a las semejanzas toma en cuenta las diferencias *(v.g.,* en el capítulo XXI indica que en las Indias los rangos nobiliarios tuvieron escasa importancia institucional y explica por qué). No pocas veces, a la manera de Lucas Alamán, sigue la supervivencia de usos y nombres más allá de la época colonial, incluso hasta el presente.

Puede decirse que la historia de México, gracias al estudio mayor del doctor Weckmann, ha quedado bajo una luz intensa que pone al descubierto cuanto ella ha recibido y transformado del pasado medieval europeo. Cabe preguntar si no hay omisiones: acaso algunas menores; en la época colonial llegaron otras corrientes e influencias de cultura que se suelen agrupar bajo los títulos de Renacimiento, Barroco e Ilustración. Todas contribuyeron a conformar el pasado mexicano a través de la emigración transatlántica, proyectándose —como ya se ha apuntado— en un medio geográfico distinto, en el que habían dejado su huella y siguieron operando los pueblos y culturas indígenas de fuerte personalidad y arraigo. Aun para consumar y extender sus conquistas, los españoles contaron pronto con cuerpos de guerreros indios aliados, que pudieron así prolongar sus hábitos prehispánicos. Algo semejante ocurrió con la actividad de los comerciantes o "pochtecas", que siguieron recorriendo sus rutas acostumbradas, a veces hasta Guatemala. Los que no pudieron continuar abiertamente sus actividades más allá de la conquista fueron los sacerdotes indígenas, aunque Moctezuma propuso a Cortés sinceramente que respetara a sus dioses; mas aquí hubo una ruptura inevitable, al menos en cuanto a la legalidad de la supervivencia, dándose al margen de ella la persistencia o el retorno de la idolatría y los hondos entrecruzamientos del sincretismo religioso (véase el capítulo XII de esta obra: "Tláloc, Tezcatlipoca, Tonantzin y otras deidades sobrevivieron ocultas en los ritos cristianos").

Volviendo a la cuestión central de la obra del doctor Weckmann, se puede percibir en el caso particular de la encomienda, la influencia innegable de la organización señorial del Medievo (véanse los capítulos VI y XXII de esta obra); pero ya se enfrenta a la poderosa tendencia legalista, "se les opuso una burocracia virreinal cada vez más poderosa..." que al correr de los años llegó a prevalecer tanto en el centro de la monarquía española como en los distantes reinos de las Indias.

Se entraba en la llamada "era de las nacionalidades", en la cual los fuertes Estados constituidos en Europa librarían sus luchas y competirían por la expansión en ultramar, quedando atrás la época en que observa justamente el doctor Weckmann que los primeros conquistadores de México preferían designarse a sí mismos no como "españoles" sino como "cristianos". En esa era de transición (que en general y explicablemente fue más "medieval" al comienzo que a medida que avanzaban los años y se consolidaba la administración regia), se escribían a uno y otro lado del mar océano nuevas páginas pertenecientes, al menos en parte, a la historia de la Edad Moderna, que sucedía, aunque llevándolo en su seno, al pasado medieval.

No creemos por eso que la Edad Media europea domine y explique "todo" nuestro pasado desde el descubrimiento hasta 1650 ni en lo restante de los siglos coloniales. No parece ser tampoco la tesis que sostiene el doctor Weckmann (creo que se conformaría con decir que impregna "mucho" de ese pasado), pues entre otros lugares advierte, en su capítulo XI, que frente a los caballeros (en sentido medieval) existe "el avance arrollador del Absolutismo, con su secuela de burócratas y letrados". Lo que debemos a este autor es un lúcido análisis que pone de relieve esa herencia medieval en nuestra historia, con sus abundantes valores, tradiciones, cargas y servidumbres.

México, D. F., diciembre de 1982

NOTA PRELIMINAR

La presente obra es producto de un examen sumamente extenso de las fuentes primarias y secundarias de la historia de la Nueva España, entendida en su ámbito geográfico más amplio, relativas al periodo que va desde la expedición de Hernández de Córdoba (1517) hasta mediados del siglo XVII. Ese marco cronológico obedece a una simple exigencia de método, ya que es evidente que muchas vivencias medievales, recogidas del Viejo Mundo por algunos de nuestros ancestros (o impuestas por sus gobernantes, espirituales o temporales) tienen hoy día una vigencia —aunque hayan sufrido adaptaciones o transformaciones— casi igual á la que tenían cuando el europeo puso sus plantas por primera vez en tierra americana.

He utilizado también para este estudio la literatura histórica moderna sobre la Nueva España que cubre el mismo periodo 1517-1650. Por ello la bibliografía aparece al fin del presente volumen en dos secciones distintas: Fuentes y Obras Modernas. Evidentemente este libro se fundamenta sobre todo en las primeras.

Para subrayar esta jerarquía de la documentación de base, en las notas al pie aparecen señaladas las fuentes con VERSALITAS, y con Altas y bajas las obras modernas. En la primera edición de esta obra figuraba una tercera bibliografía consistente en trabajos históricos que no me había sido posible consultar, en parte debido a mis continuos desplazamientos en el Servicio Exterior mexicano. Afortunadamente, a partir de 1984 he logrado localizar la gran mayoría de esas obras (fuentes, en buena parte), que han servido de base para nuevos análisis que a su vez han hecho aconsejable esta segunda edición.

Para ahorrar espacio, en las notas sólo se citan los nombres de los autores, pero cuando a uno de ellos corresponde más de una obra en la bibliografía, a ese nombre sigue una *síntesis* del título del libro o del artículo utilizado (entrecomillado, en este último caso). En el texto principal, los términos que describen ideas, instituciones, objetos, locuciones o mitos de la Edad Media europea que pasaron a formar parte del legado medieval de México aparecen en r e d o n d i l l a s , tanto para atraer la atención del lector hacia el concepto en cuestión como por razones de estética en la impresión de la obra.

Debo dar las gracias más sinceras a quienes me han brindado su auxilio en esta investigación, que me ha llevado, con algunos paréntesis obligatorios, más de 30 años. En primer término, a los bibliotecarios de El Colegio de México, de la Biblioteca Central de la Universidad de California en Berkeley, de la Biblioteca Pública de Nueva York, de las Bibliotecas Nacional de Madrid y de México y de la Biblioteca Ibero-Americana de Berlín, así como a los archivistas de México, Sevilla y El Escorial. También, con igual calor, a mis alumnos de cursos o de seminarios de la Facultad de Filosofía y Letras de la UNAM, del antiguo México City College, y particularmente a los alumnos graduados de mi Seminario de Investigación Histórica de El Colegio de México, durante el semestre de invierno 1980-1981.

Me siento particularmente reconocido por la ayuda que me dispensaron, en la revisión del texto, la doctora Sara Bolaño (quien gentilmente reordenó parte del capítulo sobre el español arcaizante de México), la profesora Elisa Vargas Lugo (en el capítulo relativo a la arquitectura novohispana), y muy en particular el culto Roberto Gómez Ciriza, mi primer *lector* por así decirlo, sin cuyas pertinentes observaciones y comentarios el texto hubiera adolecido de ciertas oscuridades e imprecisiones.

Roma, agosto de 1982

SIGLAS

AGN   Archivo General de la Nación (México).

BAE   Biblioteca de Autores Españoles.

BRAH   *Boletín de la Real Academia de Historia* (Madrid).

CDHFSH   *Colección de documentos para la historia de la formación social de Hispanoamérica*, ed. por Richard Konetzke, 3 vols., Madrid, Consejo Superior de Investigaciones Científicas, 1953, vol. I (1493-1592).

CDIAO   *Colección de documentos inéditos relativos al descubrimiento, la conquista y colonización de las antiguas posesiones de América y Oceanía, etc.*, primera serie, 33 vols., Madrid, 1864-1884.

CDIHIA   *Colección de documentos inéditos para la historia de Iberoamérica*, ed. por Santiago Montoto de Sedas, 14 vols., Madrid, Editorial Ibero-Afro-Americana, 1927-1932.

CDIU   *Colección de documentos inéditos relativos al descubrimiento, conquista y colonización de las.antiguas posesiones españolas de ultramar*, segunda serie, 25 vols., Madrid, Sucs. de Rivadeneyra, 1885-1932.

ECM   El Colegio de México.

FCE   Fondo de Cultura Económica.

HAHR   *Hispanic American Historical Review.*

HM   *Historia Mexicana.*

INAH   Instituto Nacional de Antropología e Historia (México).

IPGH   Instituto Panamericano de Geografía e Historia.

ms.   Manuscrito.

NYCPL   New York City Public Library.

RHA   *Revista de Historia de América.*

SMGE   Sociedad Mexicana de Geografía y Estadística.

UNAM   Universidad Nacional Autónoma de México.

PRIMERA PARTE
DESCUBRIMIENTO Y CONQUISTA

I. LA PERSPECTIVA

DESCUBRIR las raíces medievales de la cultura mexicana no es una tarea arqueológica ni una encuesta únicamente de interés para anticuarios. El legado que nuestro país ha recibido del Medievo —básicamente de España pero no sólo de ella— forma parte aún de la experiencia diaria del mexicano. Ha perfilado su idiosincrasia en tal medida que no es exagerado decir que, en múltiples aspectos, somos más "medievales" que buena parte del Occidente, y desde luego más que los propios españoles.[1]

Los conquistadores y misioneros del siglo XVI —y también los exploradores, administradores, jueces y obispos— introdujeron en la Nueva España una cultura que era todavía esencialmente medieval. La influencia del Renacimiento italiano, que por entonces avasallaba a la Europa situada al norte de los Alpes, afectó sólo en forma fragmentaria y tardía al naciente virreinato; e incluso en la península ibérica, como más adelante se explica, ese fenómeno revistió más bien la forma de una reforma católica con efluvios de clasicismo. La historia de la colonización española del Nuevo Mundo confirma esa tesis si la consideramos —desde una perspectiva correcta— como un nuevo capítulo de la expansión medieval de Castilla (con escalas intermedias en el norte de África y en las Canarias), y de las empresas aragonesas de Ultramar, que ya en el siglo XIV habían plantado las barras y las cadenas desde Cerdeña y Sicilia hasta las costas del Asia Menor, pasando por los ducados de Atenas y de Naupatria.[2]

Numerosos rasgos jurídicos, políticos, económicos y sobre todo ideológicos de la Nueva España en los siglos XVI y XVII tiene un origen netamente medieval. Ya Pietschmann ha señalado que en la mentalidad española de principios del siglo XVI lo "medieval" y lo "moderno" están inextricablemente unidos[3] y aunque éste es el tema de los restantes capítulos de esta obra, será útil señalarlo aquí, en forma somera. Nuestro particularismo nacional empezó a desarrollarse dentro de una situación imperial —el Sa-

---

[1] Las supervivencias medievales en América, con especial referencia a México, han sido materia de tres artículos míos sucesivos: "The Middle Ages in the Conquest of America" (*Speculum*, XXVI: I, enero de 1951, 130-141, con versiones en español y en portugués, publicadas respectivamente en *Filosofía y Letras*, México, 1954, 291-310; y en *Revista de História*, Sao Paulo, VIII, 18, 1954); "La Edad Media en México", introducción a mi *Panorama de la Cultura Medieval* (México, UNAM, 1962, 7-19); y con el mismo título original, pero con texto ampliado y revisado, editado por Lewis Hanke en su *History of Latin American Civilization*, I (Boston, Little Brown, 1967), 10-22.

[2] Véase T. B. Jones, *An Introduction to Spanish-American Culture*, Nueva York y Londres, 1929, p. 227 y *passim;* y Antonio Tovar, 833. Kuri Breña, 14, dice: "La cultura (novohispana) fue el renacimiento católico español... fortalecido con la sabiduría recia de la Edad Media y con la estructura gremial de la sociedad." Verlinden, "Continuité", 219, 223 ("ce problème est avant tout un problème d'histoire économique médiévale").

[3] Barbosa Ramírez, 182. Pietschmann, 174.

cro Imperio de Carlos V— sin conflicto inicial entre los conceptos de nación y de Estado universal. Remontándonos al origen de las características de la nacionalidad y de la experiencia política mexicanas, llámense mestizaje, indigenismo, centralización administrativa, el gobierno como regulador de los factores sociales, caciquismo, unipartidismo o supremacía de la ley, puede llegarse hasta los primeros decenios del siglo XVI. Una investigación histórica suficientemente acuciosa, comparable como señala González Obregón a la exploración de una vasta gruta cuyos rincones ocultos revelan a cada paso cosas inesperadas,[4] nos permitirá percibir la filiación medieval de modos, costumbres e instituciones casi exclusivamente nuestras, que van desde el compadrazgo, el abrazo, las "calaveras", el corrido, la charrería, la lírica infantil, los toros, los matachines, la piñata y los "ates", pasando por múltiples locuciones familiares arcaizantes; y desde el *sermo rusticus* de la provincia mexicana y no pocas picardías, hasta el juicio de amparo y el artículo 27 constitucional, florón postrero del quinto real y del derecho del señor feudal a los tesoros encontrados en las tierras de sus vasallos.

La expansión colonial y guerrera del Occidente medieval se inició centurias antes de las primeras aventuras marítimas de aragoneses, portugueses y castellanos. Es legítimo considerarla una de las últimas consecuencias de la prédica de la primera cruzada en el año 1095, cuando Europa, tras haber dominado la triple ofensiva de árabes, normandos y eslavos, pudo tomar la contraofensiva llevando la guerra al campo enemigo. Pero la primera cruzada de fines del siglo XI tiene antecedentes tanto en la reconquista del sur de Italia a mediados del mismo siglo por parte de los normandos (abanderados por el Papa en una guerra "religiosa") como, mucho antes, en los primeros esfuerzos de los cristianos asturoleoneses y navarros para arrojar de la Península a los infieles musulmanes. La idea de cruzada —aunque no el concepto— nace realmente en España más de 300 años antes del Concilio de Clermont.[5]

La cruzada ibérica —la Reconquista— termina, como es sabido, el mismo año en que Colón realizó su primer viaje en busca de las Especierías. Dado el carácter religioso-político-comercial de las primeras poblaciones fundadas en lo que iba siendo el Nuevo Mundo, el espíritu que desde un principio prevaleció en la conquista española de América fue semejante al que animó al avance peninsular desde el siglo VIII hasta las postrimerías del XV. Las luchas entre cristianos e "infieles" se prolongaron allende el Atlántico. Los conquistadores de América se instalaron por fuerza, fortificaron sus casas, ofrecieron o impusieron el bautismo a los indígenas, construyeron atarazanas y fosos, repitiendo nombres tradicionales tan significativos como el de Segura de la Frontera.[6] En este sentido es justificado decir,

[4] Citado por Monterde, "El primer torneo", 742.

[5] O sea, desde el siglo VIII: tal es la tesis que ha expuesto brillantemente Carl Erdmann en su libro *Die Entstehung des Kreuzugsgedankes*, recientemente traducido al español y publicado por el FCE. Véase también J. Muldoon, viii.

[6] Hoy Tepeaca. Véase Zavala, *Mundo Americano*, 361. Florescano, "Colonización y frontera", 43-44, afirma que cuando los españoles emprendieron su "justa guerra de Cristianos con-

con Zavala, que "la conquista española... viene a cerrar el ciclo medieval de las cruzadas"; con Blanco Fombona, que "la conquista de América... fue la última cruzada"; e incluso con McAndrew, que la Conquista fue no sólo la última cruzada sino la primera guerra de expansión imperialista moderna.[7]

Entre nuestros historiadores del siglo XVI, Baltazar de Obregón, el cronista de la conquista de la Nueva Vizcaya, escribiendo hacia 1564, no vacila en comparar retrospectivamente pero "con alabanza, apreciación y recuerdo", las escaramuzas de Francisco de Ibarra en Sinaloa y Sonora y las hazañas del "famoso y católico marqués" don Hernando Cortés, con las victorias de Alfonso el Católico de Asturias sobre Alboacén y de Alfonso XI de Castilla y León en el río Salado.[8] Las esperanzas milenaristas que implican cierta visión de la misión providencial de los conquistadores españoles inspiran a Gómara a escribir que "las conquistas entre los indios comenzaron cuando habían terminado las conquistas entre los moros, a fin de que hubiese siempre españoles en guerra contra los infieles".[9]

No sólo los primeros conquistadores de México describieron a menudo los templos indígenas como "mezquitas" e identificaron a los indios como "alárabes", sino que preferían designarse a sí mismos no "españoles" sino "cristianos". Oviedo llama la hueste de Cortés "ejército cristiano"; y "ejército católico" las implacables tropas del cruel Nuño de Guzmán. Dos narraciones de esta misma expedición, una de ellas fuente del relato de este cronista de Indias, anticipan o repiten ambos epítetos: las de Francisco de Arceo y de Fray Francisco Mariano de Torres.[10]

Los españoles —y después de ellos, el resto de los europeos que poco después pasaron a América— contemplaron al Nuevo Mundo, dice Hanke, con antiparras medievales; y en su equipaje trajeron todas las ideas y leyendas que con tanta profusión esa época había generado. Colón mismo nunca captó los rasgos singulares del paisaje americano, cautivo como estaba de los elementos invariables del *dolce stil nuovo;* y cuando compara el tocado de ciertas indias con el que usan "las dueñas de Castilla", revela más bien

tra infieles (en México)... (la) hicieron... a la manera como la habían hecho sus antepasados en la lucha contra el Islam".

[7] Zavala, *Ensayos,* 89, citado por A. M. Salas, 4; y "Conquista de Canarias", 11. *Cf.* también Zavala, *Mundo Americano,* I, 59; Blanco Fombona, 155; y McAndrew, "Open-Air Churches", 91. Sánchez Albornoz opina que "de entre todas las colonizaciones conocidas... la de España en América (es) la única que enlaza, deriva y enraiza en la Edad Media" (*ap.* Almoina, *Rumbos heterodoxos,* 15).

[8] Baltazar de OBREGÓN, I, c. XXVI, pp. 183-185. La victoria de Alfonso I, que está más bien envuelta en la leyenda, data del siglo VIII. La batalla de Río Salado tuvo lugar en 1340, cerca de Taifa.

[9] LÓPEZ DE GÓMARA, 156 (en la dedicatoria de su *Historia general* a Carlos V); Lafaye, 57.

[10] Annie Lemistre, 206, n. 4 ("les espagnols, au XVIᵉ siècle, en Amérique, se désignent dans les documents de l'époque comme 'chrétiens' bien plus souvent que comme 'espagnols'"). FERNÁNDEZ DE OVIEDO, *Historia general y moral,* XXXIII, c. iii; vol. IV, 18 (para Cortés) y XXIV, c. vii; vol. IV, 280 (para Nuño), Francisco de ARCEO (habla del año 1530): "En aquel pueblo de Tepique estovieron los chrisstianos mas de treynta dias" (p. 255); "E dende aquella provincia de Centiquipaque passó el exercito catholico a otra que se llama Iztuclan" (p. 260). Fray Francisco Mariano de TORRES, *Cronica de la Sancta Provincia de Xalisco,* 15, 19, 20 ("ejército cristiano").

su propio horizonte mental. Gallegos Rocafull señala cómo en la Nueva España no se encuentran ni siquiera rastros de "la veneración como mística, de la naturaleza" que distinguía a Giordano Bruno y, anteriormente, a Eneas Silvio Piccolomini: prevalece, por el contrario, impertérrita, la creencia medieval de que la naturaleza es hechura y sierva de Dios.[11] La España de los Reyes Católicos —dice Erwin Walter Palm— parece no darse cuenta de que en torno a ella el mundo ha cambiado. En la corte reinan el sosiego y la desenvoltura, gracias al triunfo de las armas en la única empresa, francamente medieval, donde las energías lánguidas de la caballería europea podían aún realizarse. Para no hablar de la piadosa Reina Isabel, recordemos que Bisson ha calificado a Fernando el Católico de "primer rey moderno de España" pero al mismo tiempo de "último rey medieval de la Corona de Aragón".[12]

La cosmovisión de la Nueva España, no sólo en el siglo XVI sino después, fue la misma que la de los Padres de la Iglesia, con la tierra suspendida entre el cielo y el infierno. Lo que se movía, era movido por Dios, causa última de todo movimiento y de todas las estaciones, principio y fin de todas las cosas. Todavía al iniciarse el siglo XVII, en la Nueva España, las esferas celestes eran impelidas por los ángeles, giraban en torno a la tierra, centro inmóvil y explicación del universo y producían música celestial. Tales eran las teorías del seudo Dionisio el Areopagita, indiscutidas desde hacía mil años.

"Los cielos son redondos y huecos, y muévenlos los ángeles", informa Fray Pedro de Córdoba, cuyo *Manual de Doctrina* fue impreso en México por órdenes de Zumárraga en 1544. El Padre Acosta, a finales del mismo siglo, confiesa: "no podemos entender que el cielo es redondo, *como lo es*, y que la Tierra *está en medio*, sino imaginándolo"; y describe la Tierra como el centro de las estrellas fijas. El autor del último Espejo de Caballeros americano, Vargas Machuca, informa a sus lectores antes del fin de esa misma centuria que "la (esfera) celeste se divide en once cielos... A cada uno los mueve una inteligencia que es Ángel. El onceno... (el) Empíreo... no se mueve... (y es) fundamento, morada y tabernáculo de la Trinidad"; y en seguida precisa: "...las estrellas nos muestran moverse a los cielos circularmente". Más sorprendente, por tratarse de una mente científica, es el concepto del universo de Enrico Martínez, que difería sensiblemente de los de Copérnico y Galileo: lo integran diez cielos y se divide en dos partes, a saber una celeste, desde la Luna hasta el "primer mobil", y otra elemental, desde la Luna hasta el centro de la Tierra. Quizá para evitar más diferencias con la Inquisición, expuso Martínez que la parte más ligera del universo es la décima *Sphera* (donde se halla el Trono de Dios) y la tierra la más pesada y corpulenta.[13]

---

[11] Hanke, *Aristotle*, 3. Para Colón *cf.* Palm, *Monumentos de La Española*, I, 9, 12, 14; Gerbi, *Indias Nuevas*, 18. La cita de Gallegos Rocafull es de su *Pensamiento Mexicano*, 172.

[12] Palm, *op. cit.*, I, 5. Bisson, 161.

[13] Úrsula Lamb, 528. Fray Pedro de CÓRDOBA, 120 (quien entre 1510 y 1521 vivió en La Española y Tierra Firme). F. José de ACOSTA, 31, 59; y Trabulse, *Historia de la Ciencia s. XVI*, 207, quien cita a Susana Alcántara Pöhls, en su "Aparición de un Nuevo Mundo". VARGAS MACHUCA, II, 202, 205 "(los) once cielos (están) entre sí contiguos, como lo están los cascos de la cebo-

La ortodoxia en la vida religiosa novohispánica, si se recuerda que la Iglesia se estructuró en México antes del Concilio de Trento, es un trasunto del orden medieval, en el cual las Sagradas Escrituras tenían hasta cuatro significados distintos, desde el literal hasta el arcano. La función apostólica y civilizadora de los mendicantes fue similar a la que había caracterizado a los frailes y monjes europeos. Al igual que éstos, aquéllos dispensaban justicia, administraban escuelas y hospitales, dirigían trabajos de construcción, de agricultura y de artesanía e iniciaban la cría de ganado. Como en las marcas españolas, devolvieron la vida a los grandes desiertos estratégicos formados entre cristianos por una parte, y moros o indios, por la otra. Los enfrentamientos entre autoridades civiles y eclesiásticas respondía a preocupaciones medievales sobre el origen y las relaciones de equivalencia o subordinación entre lo espiritual y lo temporal, ecos de la teoría de las Dos Espadas, o del conflicto de las Investiduras. Para López Portillo y Weber, las diferencias entre frailes y encomenderos es un último aspecto de la lucha entre Feudalismo e Iglesia, que se desarrolla en "una sociedad aún medieval". En ella —añade– sobrevive el espíritu de Canossa, al prevalecer franciscanos sobre feudales en la lucha social en la Nueva España. La cúspide del periodo temporal y espiritual del Papado, encarnada fugazmente en Bonifacio VIII, con quien se asocia la fórmula *Papa qui est Deus*, está presente iconográficamente en México, para solaz de los medievalistas, en dos pequeñas esculturas coloniales que representan la Trinidad, conservadas una en Santa Prisca de Taxco y otra en Tlacochahuaya, Oaxaca. En ambas aparece Dios Padre revestido de los atributos papales —en la cabeza, la tiara pontificia— y teniendo en sus brazos al Crucificado. Cristo está representado en una relación tal de subordinación respecto a Dios Padre-Papa, que esos grupos escultóricos de modo natural evocan el arrianismo.[14]

Entronizados poco más tarde en sendas cátedras universitarias, el Nominalismo y el Realismo —o sea las dos maneras de ver el problema de los universales— transladaron del Medievo europeo a la Nueva España las disputas escolásticas entre los discípulos de Santo Tomás de Aquino y de Duns Escoto, que repercutieron desde un principio en los textos de los primeros colegios y en los métodos de la labor misional: los dominicos tomistas —dice Esquivel Obregón— recurrían a la prédica para ganarse la inteligencia del indio; los franciscanos escotistas buscaban más bien ganarse su

lla..." F. de la Maza, *Enrico Martínez*, 74. La influencia de Copérnico, Tycho Brahe, Kepler y Galileo en la astronomía y la física sólo se hizo sentir, en la Nueva España, en la cátedra del mercedario Fray Diego Rodríguez hacia 1637: Trabulse, *op. cit.*, 62.

[14] Reilly, 72, quien cita a Serafín Moralejo sobre los significados ocultos de los pasajes bíblicos. Otra función civilizadora y al mismo tiempo política de los frailes era, por supuesto, "congregar" a los indios: Zawisza, 113. Gonzalo Menéndez Pidal, 79, establece un interesante paralelismo entre los mendicantes en la Nueva España y las fundaciones monásticas de Bierzo, de Galicia, de León y de Castilla. Sobre la relación entre el poder espiritual y el poder temporal en el México colonial, *cf.* J. Miranda, *Ideas e instituciones*, 27-28. López Portillo y Weber, *La rebelión de la Nueva Galicia*, 181. La escultura en la iglesia de Santa Prisca en Taxco se encuentra a la derecha, entrando por la puerta de la Epístola; la de Tlacochahuaya está reproducida por Baird, *Churches of Mexico*, lámina 54.

ánimo, en pos de su obediencia y admiración por la "superioridad" del español.[15]

En el arte de la Nueva España, principalmente en la arquitectura, continuarán, sin cuidar del nuevo ambiente, las corrientes aún vigorosas del gótico, del mudéjar e incluso del románico metropolitanos. La arquitectura conventual del siglo XVI, en palabras de Manuel Toussaint, es como la última expresión de la Edad Media en el mundo. Pero el gótico se convierte en La Española y en México en un comienzo sin relación con el pasado local, y sólo excepcionalmente tiene una reacción espontánea ante las nuevas circunstancias, como es el caso de las "capillas abiertas". La construcción de estilo ojival es, pues, un trasplante que continúa la antigua tradición provenzal, catalana y castellana de la expansión gótica en el Mediterráneo y en Castilla la Vieja y también, especialmente en lo que a la Nueva España toca, de los cánones de construcción, religiosa, militar y civil, aún vigentes en Castilla la Nueva a principios del siglo XVI.[16]

El "descubrimiento" de América coincide con la crisis decisiva del mundo gótico, que en Italia misma se apaga sólo después de una llamarada —el *Quattrocento*— que transfigura momentáneamente los ideales del pasado. La relación entre Medievo y Época Moderna es de continuidad, y el problema de la transición es de énfasis y grado, no de transmutación de valores. El Renacimiento italiano, que sirve de puente entre la Edad Media y los tiempos modernos en la mayor parte de los países europeos —pero no en España ni en América—, representa una gradual secularización de la cultura, un neoclasicismo y un homocentrismo vestidos con espléndidos ropajes de humanismo. Pero si hubo un renacimiento, así dicho a secas, en la cultura occidental, es posible encontrarlo en el siglo XII, de donde parte la creciente confianza en el poder del raciocinio humano que, iniciada en las primeras universidades por maestros como Pedro Abelardo, llevará a las grandes realizaciones de la ciencia experimental.[17]

De todas maneras, el Renacimiento italiano penetró con considerable retraso en el recinto ibérico, pese a la especie de prerrenacimiento de la corte de Juan II de Castilla y a los latinistas que rodeaban a Isabel la Católica. Alberto Sánchez afirma que un rasgo distintivo y peculiar de la cultura española es la pervivencia de factores medievales durante el Renacimiento, en lo que concuerdan el Marqués de Lozoya y Ramón Menéndez Pidal. Este último autor lo describe como un gran árbol que hundía sus raíces en la tierra medieval, ya infecunda en toda Europa, y que daba frutos tardíos de sabor anticuado como libros de caballerías y escritos de ascética. También, según él, Fernando el Católico concebía a España como a un Estado renacentista pero asentado en la doctrina medieval del catolicismo universal. Ideas semejantes —añade— sustentaron al imperio de Carlos V y la

---

[15] Zavala, *Mundo americano*, I, 463. Esquivel Obregón, II, 48.
[16] Palm, *Monumentos de la Española*, I, 44. Véase también I, 181-182. M. Toussaint, *Historia del arte colonial*, 77.
[17] Palm, *op. cit.*, I, 3, 6. Muldoon, vii.

idea metafórica de San Ignacio, de fundar una "caballería espiritual"·en la Compañía de Jesús.[18]

Mientras que en el resto de la Europa occidental se iban diluyendo los modos de vida sobre los que, por un milenio, se había asentado la Cristiandad, España, colocada a la zaga a resultas de la Reconquista, alcanzaba apenas a fines del siglo xv la floración de su cultura medieval. No hubo en la península ibérica el otoño de la Edad Media que con tanta maestría ha sabido Huizinga describir en relación con la Europa central; por ello, los españoles, de manera harto medieval, pudieron transmitir al Nuevo Mundo instituciones y valores arquetípicos de la Edad Media todavía en plena vigencia. El otoño de la Edad Media se produjo —si acaso— en el siglo xvII americano.

El primer rostro del Renacimiento italiano en la Nueva España aparece quizá con la influencia de Savonarola sobre los primeros franciscanos y sin duda con Erasmo y Tomás Moro. Éstos ejercieron un influjo —ciertamente no omnímodo— respectivamente sobre Zumárraga y Vasco de Quiroga. Es revelador el hecho de que mientras en las inscripciones de los muros y frisos del Vaticano se fundían los nombres de Dios y de Júpiter, en México sólo en un escritor de la Colonia se encuentra la expresión "Dios Óptimo y Máximo": en el *Informe contra Idolorum cultores*, escrito en Yucatán a principios del siglo xvII por el doctor Pedro Sánchez de Aguilar.[19]

Por el contrario, como señala Claudio Sánchez Albornoz, los frutos tardíos que el espíritu medieval español produjo en plena Edad Moderna (en ambos lados del Atlántico) son numerosos e incluyen entre otros la concepción del Imperio universal, la nueva mística de Teresa de Ávila y Juan de la Cruz, la nueva Escolástica, la novela caballeresca, el romancero y el teatro. De parte mía, cabría añadir a esa enumeración el latín, que siguió siendo la lengua de la enseñanza universitaria en todo el Imperio español hasta los días de Fernando VI; las gestas; las ceremonias de origen godo; la organización gremial; el municipio y su cabildo; el trazado regular de las primeras ciudades americanas, en el cual está presente el recuerdo romano y medieval; una intensa devoción a la Virgen María que habría sido muy del agrado de San Bernardo de Claraval; las bases medievales de la estructura de la sociedad (encomienda, señorío, repartimiento); la esclavitud; la música; el arte de la navegación cuyos cálculos, todavía en 1583, en los escritos de Diego García de Palacio, se basaban en las tablas medievales; y el sistema jurídico-administrativo-comercial de Ultramar. Floreció por vez postrera y tardíamente la Edad Media en el Nuevo Continente, escribe

[18] Miranda, "Introducción a Oviedo", 27. Palm, *op. cit.*, I, 3, 6. Alberto Sánchez, "Los libros de caballerías en la conquista de América", 238. El Marqués de Lozoya, quien admira el hecho de que en el Renacimiento español "la cultura medieval continúa sin trabas su evolución en otras partes interrumpida" (*Los orígenes del Imperio: La Española de Fernando e Isabel*, 1939, p. 184) es citado por Gerbi, *Indias Nuevas*, 365 y nota 1. Menéndez Pidal, *La idea imperial de Carlos V*, Buenos Aires, 1941, 31; y *The Spaniards in their History*, traducido por W. Starkie, Londres, 1950 (juicio general sobre el Renacimiento).

[19] Lafaye, 84. Pedro SÁNCHEZ DE AGUILAR, 2a. ed., México, 1892, 24, 36, 48, 63, 86, 100; 3a. ed., México, 1932, 15, 16, 38, 58, 79, 127, 153, 154 y *passim*.

Gómez de Orozco, quien añade que el arte en sus amplias manifestaciones nos da elocuente testimonio de ello. Antonello Gerbi nos recuerda cómo volvieron a florecer en el primer Siglo de Oro español las creaciones más típicas de la Edad Media. El sentido de la historia es idéntico en ambos lados del Océano, las diferencias sólo son cuantitativas y es angustiosa la necesidad de confirmar la identidad de la naturaleza del Nuevo Mundo con la del Viejo. Metrópoli y colonias derivan del común tronco del Medievo europeo, y desde los inicios de la colonización americana la evolución histórica sigue un mismo rumbo en las viejas metrópolis y de este lado del Océano. Un estudio comparativo de esos fenómenos, ¿no ayudaría a encontrar la explicación histórica de la noción de Occidente?[20]

El Nuevo Mundo se presenta en los albores de su historia como el teatro geográfico idóneo para realizar las grandes expectativas medievales. El peso de la tradición impide que Europa alcance los ideales que se ha trazado: el Viejo Mundo crea las ideas, pero es el Nuevo el que las realiza. El florecer del Medievo ocurre en el lado americano del Atlántico durante el siglo XVI, dice Phelan, y para los místicos, en particular para los milenaristas como Mendieta, el "Nuevo Mundo", término que tiene significado escatológico, es el fin del Mundo, el marco de la edad de la perfección.[21]

. Lo que los españoles buscaban en el Nuevo Mundo no fue lo que se antojaba novedoso, sino más bien la confirmación de la existencia de lo maravilloso que habían aprendido de sus maestros antiguos y medievales. La imaginación se encontraba revuelta y excitada. El objetivo del conquistador, nos dice Remesal, era ampliar el señorío de España y extender la religión, pero también "alcanzar fama universal y mejorar su fortuna con la riqueza que les ofreciese la tierra para poder proseguir sus altos y buenos intentos". Frente a la opinión, demasiado vulgarizada, del espíritu renacentista de Cortés, Sánchez Barba marca la máxima condicionalidad del Conquistador con el mundo medieval. Cuando Castañeda de Nájera recuerda las hazañas de Juan Gallegos, quien con 22 hombres de a caballo atraviesa 200 leguas para reforzar a Coronado en Quivira, compara las hazañas que se llevan a cabo en América con las de los Doce Pares de Francia y otros fabulosos caballeros. Los actos de los hombres están en el umbral de lo inverosímil: la novela de caballería logra una insospechada realidad y cada soldado es, en potencia, un Florisel, un Tirante el Blanco, un Palmerín de Inglaterra o un Amadís de Gaula.[22]

[20] Sánchez Albornoz, en *España y el Islam*, B. Aires, 1943, 182. Menéndez Pidal, *Spaniards*, 135. Palm, *op. cit.*, I, 7, 38. La referencia de Trabulse, *Historia de la ciencia, s. XVI*, 208 , es a la *Instrucción Náutica para Navegar*, de García de Palacio. Gómez de Orozco, "Libros mexicanos", 13. Verlinden, "Influences coloniales", 442, 444, 448, 449; y "Continuité", 233, 236. Gerbi, *Indias Nuevas*, 365. Baumgartner, I, 24. *Cf.* F. de la Maza, *Valadés*, 33, sobre la naturaleza de ambos Mundos en la *Rhetorica Christiana* de Fray Diego Valadés. García Gallo, *Estudios*, 124, estima que desde las capitulaciones con Colón de Santa Fe en 1492, los Reyes Católicos establecieron las bases del gobierno de América de acuerdo con los principios jurídicos medievales entonces imperantes.

[21] Phelan, 76, 109, 110. Bloomfield, 37-38.

[22] El sentido de lo maravilloso de los conquistadores españoles se manifestó en su capacidad de reconocer en los fenómenos naturales (signos celestes y prodigios) y en los milagros,

Surge rápida lo que Zavala llama "una geografía visionaria" de América, en la cual, como dice Olschki, no es fácil separar la realidad de la imaginación. Los exploradores se lanzan a la conquista de quimeras, de montañas de plata, de jardines maravillosos donde las flores son piedras preciosas, del sitio del Paraíso Terrenal, de islas envueltas en la bruma donde moran amazonas o gigantes o donde se guarda la mano de Satanás, de la fuente que devuelve la juventud, de El Dorado, de sirenas o grifones, hombres caudatos o cinocéfalos, todo lo cual sólo existía en los *mappae mundi* o en las páginas de enciclopedias medievales (San Isidoro, Rabano Mauro, Vicente de Beauvais), pero cuya búsqueda ensancha los horizontes del mundo conocido por el hombre europeo y americano.[23]

Las ideas e instituciones del Medievo que pasan a América vinieron de todos los rincones de España, si bien en los primeros decenios del siglo XVI, especialmente en relación con las Antillas, la contribución andaluza y extremeña fue la de mayor envergadura. Pero la península ibérica sirvió también de ruta para el transplante a América de la experiencia medieval de otros países. El precedente portugués es de importancia en la primera organización de la navegación y del comercio transatlánticos, y más importante aún fue el acervo de la experiencia de las repúblicas marítimas italianas, en particular Génova y Venecia. Los países católicos del Sacro Imperio contribuyeron asimismo en forma notable, Flandes en las esferas del arte, el humanismo y la educación, y la Renania, el Tirol y la Alta Sajonia en el arte de la impresión y en materia de ciencia y de tecnología, mecánica e industrial. Y hay otras influencias más lejanas aunque más sutiles.[24]

La conquista de América no significó tan sólo la transmisión, por parte de Europa, de instituciones medievales, sino en algunas ocasiones el renacer de éstas, como fue el caso del señorío y del cabildo que, en franca decadencia en la Península, adquirieron carta de naturalización y nueva vigencia en el continente americano. Pero limitarnos a señalar los elementos étnicos, institucionales y culturales del Medievo europeo que pasaron a América no es suficiente: sería ignorar, en primer término, el problema de sus orígenes históricos y, en segundo, el proceso histórico de selección de ésos y otros elementos para su supervivencia y adaptación más allá de los mares. En lo que se refiere al pensamiento, habría que examinar el medio en que éste se refracta y el matiz que adquiere, pues en ello ya está el germen de su evolución. Verlinden, con admirable perspectiva, nos dice que en el examen de los problemas de transmisión de cultura (hablando de la his-

señales o presagios, y de adivinar detrás de los acontecimientos una causalidad superior; *cf.* Rousset, 26. Chapman, *California*, 47. Portillo y Díez de Sollano, 128. Fray Antonio de REMESAL, I, i; vol. I, 81. Sánchez Barba, Introducción a *Cartas y Documentos de Hernán Cortés*, XVII-XVIII. A. M. Salas, 10 y notas 8 y 9, cita la *Relación de la Jornada de Cíbola*, de CASTAÑEDA, 464-465, y la *Historia general* de GARCILASO DE LA VEGA, II, 279.

23 Zavala, *Mundo Americano*, I, 48. Olschki, 361. Blanco Fombona, *El conquistador*, 171.

24 Foster, *Culture and Conquest*, 232. Zavala, *op. cit.*, I, 101. Verlinden, "Influences Coloniales", 445-446, donde señala la abundancia de marinos y mercaderes genoveses en España y Portugal en los siglos XVI y XVII; y "Continuité" 235.

toria colonial del Mediterráneo y del Atlántico), habría que distinguir, primero, los fenómenos de preparación o de adecuación que en cierto modo son fenómenos de coyuntura —yo los haría preceder por un fenómeno de selección y del examen de los orígenes, o sea la filiación—; luego los fenómenos de transmisión; y, finalmente, los de adaptación, sin olvidar las combinaciones posibles entre las tres categorías.[25]

Con la transmisión vinieron aparejados, como es natural, los problemas propios de una época de transición en Europa que fueron puestos de nuevo a prueba en suelo americano. Por ejemplo, el conflicto entre tradición medieval y monarquía centralizadora proseguirá durante todo el periodo colonial. La historia —dice Américo Castro— es esencialmente novedad, pues incluso lo inerte y viejo lleva incluida la novedad de ser sentido como tal. Fernández-Armesto concluye en su libro sobre las Canarias que cada etapa de la expansión europea ocurrió en un medio novedoso y en circunstancias diferentes. Por ende —señala— sus rasgos característicos son a la vez la novedad y la continuidad. No es la historia un *nihil novum* y consecuentemente, como afirma Konetzke, "no es posible que floreciera en el Nuevo Mundo otra Edad Media". Buena parte de las instituciones trasladadas a América experimentan un retroceso a un estado anterior de su evolución, pero resultan más espontáneas y vitales y, consecuentemente, presentan rasgos diferenciales respecto de la institución madre. El recipiendario, en este caso la Nueva España, procede casi siempre a hacer instintivamente una diferenciación selectiva, con mayor o menor éxito. Ese "factor colonial", como lo llama Góngora, provoca una rápida transformación que es discernible especialmente en el campo jurídico. En todo proceso de aculturación ocurren cambios en las dos culturas que entran en contacto, pero los mayores son siempre a expensas del elemento receptor. Esto es cierto —dice Foster— lo mismo para la América hispana que para el resto del mundo.[26]

En el caso de México, en este proceso de aculturación, el hecho de que la civilización mexicana no sea lo mismo que la española se debe al alto grado de resistencia del criollo, del mestizo y, sobre todo, del aborigen americano. El indio, con su enorme gama de valores propios, ha colaborado, en forma a veces pasiva pero generalmente de manera positiva, a la formulación diaria de nuestra historia colonial. México no es España, ni tampoco exclusivamente los indios; y sin embargo en esta cultura nuestra, que es un gajo de la de Occidente pero con esencias autóctonas, la aportación del indio es lo que ha ido creando el perfil de lo auténticamente mexicano.

[25] Ots Capdequí, *Instituciones sociales*, 32-33; y *El Estado español*, 17. Lipschutz también señala ese renacer, 229. Bishko, "Iberian Background", 53-54, 61, distingue dos periodos muy diferenciados en la historia española en relación con la cuestión de la filiación. Gallegos Rocafull, *op. cit.*, Int., 5; y especialmente Verlinden, "Influences coloniales", 442.

[26] Zavala *Estudios Indianos*, Advertencia, 12. Foster, *Cultura y Conquista*, 48, cita a Bishko, *op. cit.*, 54-55. (Foster, *Culture and Conquest*, 7-9, 19.) Américo Castro, "Mesianismo", 20. Fernández-Armesto, *Canary Islands*, 210. Konetzke, "Nobleza de Indias", 357. Miranda, "Mesta", 9. Kubler, "Cities and Culture", 6. Verlinden, "Précédents Médiévaux", 29. Góngora, *El Estado en el Derecho Indiano*, 304 (parte de sus "Conclusiones generales").

De nuevo es aquí el hombre el actor principal de la historia, de un sincretismo que con la cooperación humana se ha desarrollado a partir del Descubrimiento, de esa máxima hazaña de los tiempos modernos, que no fue obra de Colón y ni siquiera de España, "sino el resultado de un nuevo aliento que refresca y moviliza a la vieja Europa medieval".[27]

[27] J. Le Riverend, "Estudio final", en su edición de las *Cartas de Relación de América*, II, 604. El significado de la aportación indígena como principal diferenciador entre historia europea e historia colonial ha sido evaluado por G. Frederici, en las conclusiones de su obra *Der Charakter der Entwicklung und Eroberung Amerikas durch die Europäer* (3 vols. Stuttgart-Gotha, F. A. Perthes, 1925-1936) de la que el Fondo de Cultura Económica publicó en 1973 una versión castellana.

II. LA PRIMERA IMAGEN DE LA NUEVA ESPAÑA: UN ARCHIPIÉLAGO "ASIÁTICO"

CRISTÓBAL COLÓN, primer eslabón entre el Viejo Mundo y la América hispánica, aparece bajo una luz más clara y sus ideales y acciones son más comprensibles si lo consideramos no como el primero de los navegantes modernos sino como lo que realmente fue: el último de los viajeros medievales. Heredero espiritual de Marco Polo, fue impulsado por los enigmas y misterios geográficos de mayor vigencia en la Edad Media a la exploración de nuevas rutas marítimas. En 1492, concretamente, intentaba encontrar, bogando hacia occidente, un camino que lo llevara a las islas de las Especias y a otras islas más, situadas frente a las costas asiáticas, no lejos de Cathay, de Cipango y de la India, donde según la tradición había fabulosas riquezas así como toda clase de monstruos y seres maravillosos.[1]

[1] Tanto Colón como su tripulación creyeron estar cerca de Asia desde que desembarcaron en Guanahaní (Kelemen, 1, 2). Cuando se aproximaban a Cuba, a fines de octubre del mismo año de 1492, creyeron estar cerca de Cipango; y el navegante genovés se aprestaba a entregar en Quinsay la carta que para el Gran Jan llevaba de los monarcas de España (Bourne, 23-24). (Todavía en 1640 Jean Nicolet buscaba al Gran Jan en Norteamérica: K. Sale, 26, y lo mismo le aconteció en Virginia a Avilés: Kenny, 288). En aquel primer viaje de Colón se oyó hablar de "Civao" en la Española, a la que por ello prontamente se identificó como Cipango, despojando a Cuba de ese nombre para darle el de la provincia china sureña de Mangi o Mago (Nunn, 70; Morison, *Southern Voyages*, 123). En todo caso, en su primer viaje, como se dice en Tordesillas en 1494, Colón solo descubrió *islas*, que aparecen en el escudo de armas que le otorgaron los Reyes Católicos poco después (*Algunos documentos*, 72; K. Sale, 126); y prácticamente sólo islas también en sus restantes viajes, algunas reales como Martinica (Taviani, *I Viaggi*, I, 221) y Guadalupe, y otras imaginarias como Madanina, Antilia, las islas Sancta y de Gracia, etc., emulando en todo ello a los portugueses (Heers, 165-176, y D. C. West, Int., 12, 86, 87). Todavía en 1544, S. Münster describe únicamente "islas" en el Nuevo Mundo (K. Sale, 225); y esa búsqueda de las islas está reflejada, en 1528, en el *Isolario* de Bordone, en el que figuran tanto algunas verdaderas como otras que no eran realmente islas (Labrador, Brasil, el Anáhuac y su capital, "Temistitán") (BORDONE, 8, 9, 11, 16 y f. X). En 1494 Colón confundió la pequeña bahía de Cortés, en el sur de Cuba, con el golfo de ·Siam, y creyó estar en las cercanías de los Estrechos de Malaca (Morison, *op. cit.*, 128). Años después —en 1502— pensó de nuevo que Cuba era el sur de China, y de las costas de la perla del Caribe zarpó rumbo al sureste en pos de Ciamba (la actual Indonesia).

Von Wieser ha publicado en edición facsimilar ("Des Karte des Bartolomeo Colombo", en *Mitt. d. Inst. für österr. Forschung*, Innsbruck, 1893, Pl. 1-2) un esquema de Bartolomé Colón dibujado al margen de una carta escrita por el Almirante en Jamaica el 7 de julio de 1503, en el cual "Asia" aparece donde debía figurar "América" (Nunn, 66-67). Al año siguiente, en la

También creyó que Veragua era Ofir, de donde Salomón obtenía oro, o bien el Quersoneso Áureo de Tolomeo, que hoy se puede identificar con Malasia. Calculó que yendo de Veragua hacia el sur y atravesando el "reino de Ciguare" se encontraría a diez jornadas de distancia del río Ganges (Brebner, 15, 17; Quinn, 287). Al bordear lo que hoy son las costas centroamericanas, "llegué —dice Colón en la *Carta de la Cuarta Navegación*, de 1503— en 13 de mayo a la provincia de Mago, que parte con aquella de Catayo" (*apud* FERNÁNDEZ DE NAVARRETE, *Viages y Descubrimientos*, I, 296-313; y Quinn, *loc. cit.*). En ese mismo cuarto viaje "reconoció" Ciamba, provincia del sur de China, en lo que es hoy la costa hondureña (Nunn, 64).

Tanto en su primer viaje como en sus restantes exploraciones, el navegante genovés quedó convencido de haber encontrado muchas de esas islas, descritas con imaginación y azoro por viajeros de los siglos XIII y XIV —reales como Marco Polo, Ibn Battuta, Orderico de Pordenone y Juan de Piano Carpini, o ficticios como Juan de Mandevila— "que se ponen en los mapas al fin del Oriente".[2] Jamás supo que había puesto pie en un mundo nuevo.

confusa *Lettera Rarissima*, que envió a España con Diego Méndez, Colón aduce "pruebas" de que se encontraba navegando a lo largo de la península de Malaya o de algún otro punto del Lejano Oriente (Morison, *Southern Voyages*, 263).

La creencia de haber navegado no en el mar Caribe sino en Asia no abandona a Colón (H. B. Johnson, 615) ni siquiera en su lecho de muerte. Nunca sospechó haber puesto pie en América (Morison, *op. cit.*, 266) y, además, ninguno de sus contemporáneos podía echarle en cara ese error (Nunn, 77) pues la creencia universal era que sólo había encontrado una nueva ruta hacia el Oriente (Bancroft, *North Mexican States*, 3).

Según Humboldt, ni siquiera Vespucio conoció la existencia de América (Nunn, 77) y por lo menos en su viaje de 1500 con Ojeda (*Carta Vaglienti*) creyó estar descubriendo "mucha tierra de Asia" (Morison, *Southern Voyages*, 297). Sólo cuando la nave *Victoria* con Elcano a bordo regresó a Sevilla en 1522, empezaron a surgir dudas sobre si Colón había estado realmente en las Indias. Años atrás, Pedro Mártir y Rodrigo Fernández de Santaella (editor de la primera impresión española del relato de Marco Polo) se habían hecho la misma pregunta (Morison, *Southern Voyages*, 264). En términos generales, sin embargo —dice Gerbi— durante mucho tiempo se creyó que América era sólo una península de Asia ("Earliest Accounts", 37).

Mientras tanto, en Europa prevalecía la misma impresión: así, un rico mercader italiano de Barcelona, Aníbal Zenaro *(Januarius)* envió a su hermano en Milán ya el 9 de abril de 1493 la noticia de que Colón y sus hombres habían descubierto tierras al Occidente, las cuales, "según lo explicaron los nativos por señas y otros medios... eran islas de la India" (Morison, *Admiral of the Ocean Sea*, 376). Andrés Bernáldez comparte esa creencia en su *Historia de los Reyes Católicos*, y al describir unas hermosas islas, habla de árboles que dan lana, de aves extrañas y de abundante oro; reconoce, es cierto, que no se han encontrado todavía "los hombres con cola" que "se señalan en el mapa-mundo", pero añade: "y si es allí, no tardarán mucho en se ver con la ayuda de Dios" (*ap.* Navarro González, 148). Todavía vivía Colón cuando la noticia de que había descubierto "el Ganges India" —así lo había escrito el 29 de abril de 1493 a Rafael de Santis— era conocida incluso en la lejana Polonia (Knoll, 281).

La explicación más sencilla de por qué Colón siempre creyó estar navegando en aguas asiáticas es que sus cálculos sobre la distancia que había de recorrer hacia el Occidente para hallar las costas de Asia eran erróneos; y de hecho más alejados de la realidad que los ideados dos siglos atrás por Alberto Magno, según el cual quedaba por descubrirse la mitad de la tierra. "Colón secó más de la mitad de(l) Océano (Atlántico), aproximando desmesuradamente los lindes del orto y del ocaso" (Jos, "Génesis colombina", 34). Sus nociones cosmográficas, al igual que las de su hermano Bartolomé, derivaban fundamentalmente de la geografía de Tolomeo, de la *Imago Mundi* de Pedro Aliaco (Pedro de Ailly), del libro seudobíblico de Esdras, de la relación de Marco Polo, de la *Historia rerum* de Pío II (*ibid.*, 33) y de una escasa lectura de Toscanelli. Para A. P. Newton (16-17) Colón en sus ideas geográficas era indiscutiblemente un hombre del Medievo; y añade: "the discovery of the New World was accomplished not with Greek or modern geographical concepts but with medieval" (*ibid.*, 18.)

[2] Antes de regresar a Europa, al término de su último viaje americano, Colón escribió al Papa que había "ganado" (para la fe) 1400 islas y 333 leguas del continente de Asia, además de muchas otras grandes y famosas islas. "Esta isla —dice refiriéndose a la Española— es Tarsis, es la Escitia, es Ofir y Ofaz y Cipango" (NAVARRETE, I, núm. CXLV, p. 311; Pedro MÁRTIR, *Décadas*, 1ª déc., III, 2; p. 29; y *Spanish Conquerors*, 34). Los grandes descubrimientos, entre ellos el de Colón —nos informa Déprez— son la conclusión lógica de una serie de esfuerzos audaces y pacientes, de otros viajes y de otras navegaciones que durante siglos los han preparado: "Grands Voyages", 555, 556. La narración de Marco Polo era bien conocida por los pilotos y viajeros españoles de fines de siglo XV y principios del XVI, y aparentemente también, más tarde, en la Nueva España. En efecto, se la cita correctamente (al igual que al relato de

Tampoco lo sabía el Papa Alejandro VI cuando en la primavera de 1493, a petición de los Reyes Católicos, les otorgó la soberanía de esas islas (y litorales y *terras firmas* adyacentes, o sean costas aún mayores), siempre que estuvieran situadas al occidente de una línea de demarcación que él mismo trazó de Norte a Sur, para separarlas de las que algunos de sus predecesores habían concedido a los reyes de Portugal, también en la Mar Océana, frente a las costas del África. El hecho de que ésas y otras concesiones papales de islas se fundamentaran, desde fines del siglo XI, en la Donación de Constantino, la falsificación más célebre de la Edad Media, no pudo haber dado al continente americano una partida de bautismo más medieval.[3]

Nicolás el Veneciano) en el anónimo TRASLADO DE LAS NUEVAS, editado por George T. Winship, que contiene una narración contemporánea de las peripecias de la expedición de Coronado. Se dice allí que Marco Polo ya había visto en China (capítulo 15) vacas corcovadas semejantes a los búfalos que por vez primera vieron los conquistadores españoles y sus aliados indios en las planicies de Texas. Esa información, sin embargo, parece ser un añadido, ya que aparece en uno de los últimos párrafos del TRASLADO, el cual pudiera ser copia de una carta escrita sobre la rodilla durante la expedición, quizá en Háwikuh.

[3] La historia de la *doctrina omninsular*, en aplicación de la cual los pontífices romanos, desde Urbano II en 1091 hasta Alejandro VI en 1493, otorgaron la soberanía de numerosas islas en el Mediterráneo occidental y oriental, en el Mar del Norte y en el Atlántico, a una larga serie de abades, obispos, príncipes y reyes, es el tema de mi libro *Las bulas alejandrinas de 1493 y la teoría política del papado medieval: estudio de la supremacía papal sobre islas, 1091-1493* (Introducción de Ernst H. Kantorowickz, México, Instituto de Historia de la UNAM, 1949), reeditado por el FCE con el nuevo título de *Constantino el Grande y Cristóbal Colón. Estudio de la supremacía papal sobre islas, 1091-1493* (México, 1992) y es complemento de él mi artículo: "The Alexandrine Bulls of 1493: Pseudo-Asiatic Documents" (en *First Images of America*, ed. por F. Chiapelli, University of California Press, Berkeley, 1976, 201-209). Las investiduras papales de islas se basaron originalmente en una interpretación extensiva de tres vocablos de la *Donación de Constantino*, cuyo carácter espurio no fue denunciado sino hasta el siglo XV por Lorenzo Valla. Las islas con que Roma invistió a monarcas y prelados incluyeron —entre otras muchas— las Lípari y Córcega (siglo XI), Irlanda (siglo XII), Chipre (siglo XIII), las Canarias (siglo XIV), y las descubiertas por los portugueses en el siglo XV (Madeira, Azores, Cabo Verde). El último ejemplo de aplicación de la doctrina omninsular fue, precisamente, la concesión a los Reyes Católicos de las "islas colombinas" descubiertas en 1492. Fabié, *Ensayo histórico*, 19: "Alejandro VI (concedió por medio de *Inter caetera*) los mismos privilegios que sus antecesores habían otorgado a los portugueses."

La idea de *terra firma* que aparece en la concesión papal de 1493, al lado de "islas" y "litorales", no significa que Alejandro VI dividiera "con un trazo de la pluma" el continente americano entre españoles y portugueses. Resulta en primer lugar obvio que ni el Papa ni el mismo Colón (única fuente de su información) sospechaban siquiera la existencia de América. Además, la noción de continente no existe en la época de los descubrimientos: es una idea moderna que requirió una definición e identificación previa de grandes masas de tierra. En 1492, Europa, Asia y África, que de hecho forman *una sola masa continua*, eran conocidas —como lo habían sido por milenios— como el orbe u *orbis terrarum* (cuyo ombligo era Jerusalén) y así lo describe Gómara (VIII, t. I, ed. 1941, 22). En la periferia del orbe sólo había sitio para islas conocidas o por descubrir. En la Edad Media, el término *terra firma* significa *masa territorial insular*, y se utilizaba para describir las costas o barras de arena mayores, en contraposición a las costas pequeñas o menores. Según ha explicado en forma lúcida Washburn ("The meaning of 'Discovery' in the 15th and 16th centuries", 4, 5, 7, 9, 10, 11), el término *terra firma*, en el sentido que arriba señalo, aparece ya en algunos portolanos italianos del siglo XV y en las cartas patentes dadas en 1486 por Juan II de Portugal al flamenco Fernán Dulmo (Ferdinand van Olmen) para que descubriese la mítica isla de Antilia, descrita en el mismo documento como "gramde ylha ou ilhyas ou terra firme per costa". Es cierto que en las capitula-

Pero si Colón no halló las Especierías, encontró —sin saberlo— por lo menos una de aquellas islas fabulosas de que tanto se hablaba en su tiempo, la de A n t i l l a , cuyo nombre ha quedado perpetuado en el Caribe, y que fue tal vez el primer móvil de la empresa colombina.[4] Menos suerte corrió con el Gran Jan, para quien llevaba cartas introductorias de sus soberanos. Tampoco halló al Preste Juan ni su legendario reino cristiano, que buscó afanosamente por varios rumbos de los mares americanos.[5] Creyó, eso sí, haber localizado en el delta del Orinoco el sitio del

ciones firmadas con Colón en Santa Fe el 17 de abril de 1492 se utiliza la forma plural ("tierras firmes"), fórmula que copia Alejandro VI en sus bulas de concesión ("terras firmas"), pero ello quizá responde más bien a los pruritos legalísticos del navegante genovés (un deseo de abarcar masas terrestres de magnitudes diversas, por ejemplo) que a la voluntad de establecer una distinción geográfica de envergadura (islas y continentes), la cual habría sido incompatible con la cosmovisión del Descubridor y con su convicción de haber visitado la periferia asiática. La idea de continente es más plausible si la flotilla de 1492 hubiera estado bajo el mando del cosmógrafo florentino Lorenzo Buonincontri, quien desde 1476, con base en las aventuras marítimas de los portugueses, sospechaba la existencia al Occidente de una gran masa de tierra (Th. Goldstein, "Geography in Fifteenth Century Florence", en *Merchants and Scholars*, ed. de John Parker, Mineápolis, 1965, 25; Elliott, *Old World and New*, 40). Es curioso y hasta cierto punto revelador señalar, por otra parte, que el Padre LAS CASAS aceptaba, cien años después de la revelación de Valla, la veracidad de la *Donación de Constantino*, al mencionar (*Tratado Tercero*, 295) la conversión y bautizo del emperador por el Papa San Silvestre, como se narra en la famosa falsificación, cuando en realidad Constantino fue bautizado *in extremis* en el Oriente, y no en Roma, por el obispo arriano Eusebio.

[4] Las islas míticas que eran señuelo de los navegantes medievales (inclusive Colón) se tratarán en los párrafos que siguen. En la época del Almirante genovés se seguía hablando no sólo de Antilla, sino también de la isla de las Siete Ciudades, de la de San Borondón y de otras más: Kirkpatrick, *Spanish Conquerors*, 6. Colón —dice Enrique de Gandía— "fue uno de tantos enamorados de la Antilla,… gran isla occidental que… figuraba en los mapas del Océano tenebroso… (y) fue el primer móvil que guió la gran empresa colombina" (14, 16).

[5] Según la leyenda, el Preste Juan era el gobernante mirífico de un reino cristiano existente detrás del círculo musulmán que oprimía y amenazaba a Europa; y se buscaba una alianza militar con él para romper ese círculo. Los portugueses, quienes lo buscaron sin tregua en aguas de África y de Asia, pudieron al fin, bien entrado el siglo XVI, encontrarlo en el Mar Rojo: era el rey-sacerdote copto de Etiopía. Esa misteriosa figura es por primera vez mencionada, *sub anno 1145*, en la *Crónica* de Otto de Freising, quien tuvo noticias de él a través de un obispo de Gabal-Jibal (Siria), el cual había visitado la tierra de los descendientes de la Reina de Saba y de Salomón (G. Boas, 161). Colón creyó poder encontrarlo en lo que hoy es Cuba (Morison, *Admiral*, 31; y *Southern Voyages*, 5). En la Nueva España, DORANTES DE CARRANZA no duda de su existencia y le llama "el Preste Gian" (p. 36); y el Padre TORQUEMADA (II, 570), citando al licenciado Diego de Yepes, capellán del Cardenal de España, dice del "Preste Juan de Etiopía" que "toda su nobleça la atribuye a Abrahan, y se gloria en descender de Salomon". Un indio hecho prisionero en Chicoria (Carolina del Sur) por Ayllón en 1524 y bautizado con el nombre de Francisco Chícora, narra que una tribu de su tierra es gobernada por sacerdotes; Pedro MÁRTIR identifica precipitadamente tal región como la buscada tierra del Preste Juan (Década VII, ap. McNutt, *De orbe novo*, II, 260; y Quattlebaum, 18). Todavía en 1621, en México, en una mascarada que organizó el gremio de la platería en honor de San Isidro, aparece el Preste Juan al lado del Gran Jan, de la Reina de Saba, de Salomón y de los Reyes de Persia (Pedro GUTIÉRREZ, *Verdadera relación de una máscara… por la beatificación de San Isidro*, cit. por M. Romero de Terreros, "Torneos", 30 y ss.). Por último, el Padre Diego Luis de Motezuma, descendiente del desdichado emperador azteca, escribe en la segunda mitad del siglo XVII que "los prestejuanes", al igual que "los sofíes reyes de Persia, los otomanos… y aun los monarcas de los israelitas, acostumbraban tener pluralidad de mujeres" (*Corona mexicana*, 495).

paraíso terrenal, lo cual comprobaba su hipótesis de que navegaba frente a las costas asiáticas. Ese concepto geográfico del "Virrey de Asia",[6] o sea considerar lo que hoy llamamos América como parte o extensión de otro continente, fue compartido no sólo por sus coevos Juan Gaboto, los Corte-Real, Verrazzano y Cartier,[7] sino décadas después por los descubridores de México y la primera generación de misioneros de la Nueva España, quienes creían encontrarse en alguna isla o provincia de Asia.

Fray Martín de Valencia, escribiendo en 1531 al comisario general cismontano de su orden, el P. Vueissens, le confía: "Nosotros ciertamente estamos puestos en las últimas partes del mundo, en Indias, en el Asia Mayor." También en la opinión de Fray Julián Garcés, primer obispo de la Nueva España —cuya sede osciló, a resultas de las vagas nociones geográficas de su tiempo, entre Cozumel, la "isla" de Yucatán y Tlaxcala—, así como en la de muchos de sus contemporáneos, las tierras americanas formaban parte de Asia. Balboa creyó lo mismo en 1513. El mejor cronista de la expedición de Coronado, Pedro Castañeda de Nájera, al vadear el río Grande del Norte se creía en las fronteras de la India Mayor, y esa idea, como demuestra el famoso mapa de Gastaldi de 1562, prevaleció hasta mediados del siglo XVI. A principios de esa misma centuria —nos informa Déprez— se confundía a veces a México con Cathay y a Yucatán con Cipango; y en Europa, el famoso matemático y cartógrafo de Nuremberg Juan Schöner sostenía en 1533, en su *Globi steliferi*, que Temistitán, o sea Tenochtitlán, no era otra que la comercial Quinsay (*i.e.* Hangchow), cuyo esplendor oriental y doce mil puentes de piedra son descritos por Marco Polo. Todavía un siglo más tarde, Antonio de León Pinelo dice que "aquella Ysla de Cipangro *(sic)...* es la Nueva España".[8]

[6] Colón firma a veces como "el Virrey" y cuando menos en una ocasión lo hizo como "el Virrey de Asia": Morison, *Southern Voyages*, 95, nota.

[7] Juan Gáboto "dice haber trovato... el paexe del Gram Cam...", informa desde Londres a sus hermanos en Venecia el mercader Lorenzo Pasqualigo en carta del 23 de agosto de 1497 (Marin SANUTO, *Diarii sub* 11. x. 1497, t. I, fol. 374 V° ap. Harrisse, J. *et S. Cabot*, 322). Al costear Terranova y la Nueva Inglaterra, creía el marino veneciano entonces al servicio del Rey de Inglaterra encontrarse no lejos de Cipango (Brebner, 110). Respecto de la tierra de J. Gaboto *cf.* el mapa de Juan de la Cosa, de 1500, en Krestschner, *Atlas zur Endeckung Amerikas*, Pl. 7). Los Corte-Real también estaban convencidos en 1500, de recorrer las costas de Asia, y los portugueses de su época creyeron que tales costas estaban unidas a las Andilie (Antillas) y a la tierra de Papagá (Brasil), descubierta por Cabral (Nunn, 131, 141, 319; *cf.* el mapa de Cantino de 1502, ed. por H. Harrisse, en *Discovery of North America*, Lám. 6). VERRAZZANO expresa de la siguiente manera lo que buscaba en el viaje que hizo en 1524 al servicio de Francia: "Mon intention était de parvenir au cours de cette navigation au Cathay et à l'extremité orientale de l'Asie" ("Voyages de Giovanni da Verrazzano à la *Francesca*, 1524", trad. del italiano por R. Herval, ed. de C.-A. Julien, 74. Véanse también las pp. 7-8). Al entrar en lo que hoy es el brazo del mar llamado *Pimlico Sound* en la Carolina del Norte (del cabo Lockout al cabo Hatteras) afirma que "cette mer est sans doute celle qui baigne l'extremité de l'Inde, de la Chine et du Cathay. Nous (essayâmes)... de pénétrer jusqu'aux bienheureux rivages du Cathay" ("Rélation du voyage de la *Dauphine* à François 1er Roy de France, 1524", trad. del italiano por R. Herval, ed. de C.-A. Julien, 59). Por último, Jacques CARTIER llama en 1534 a la Nueva Francia *le bout de l'Asie* (Brebner, 129; C.-A. Julien, 13).

[8] La carta de Fray Martín de Valencia es citada por MENDIETA, IV, 45. La afirmación relativa a Fray Julián Garcés y a "muchos de sus contemporáneos" es de G. Méndez Plancarte, 22, n. 1.

El orbe medieval estaba rodeado de un cinturón de islas reales o imaginarias, las islas del Mar Océano como decía Colón y calificado por algunos celosos navegantes de *mare tenebrosum* a fin de desalentar la porfía de otros marinos. Tolomeo y el geógrafo árabe Edrisi calculaban su número entre 25 y 27 000, pero no describieron más que 17 de ellas. Algunas más brotaron en los mapas de fines de la Edad Media e incluso en pleno siglo XVI, plasmando así fábulas que se leen en las páginas de Plinio y de Solino, o cierta "información" recogida por Vicente de Beauvais en su *Speculum* o por Jean de Outremeuse. Navarro González ha descrito la información de que disponían los exploradores ibéricos, en los siglos XIV y XV, sobre ínsulas maravillosas y monstruos del mar, gracias a la lectura del *Libro de Alexandre*, de la *General Estoria* y de otra literatura histórica, así como de los libros de caballerías.[9]

Las más famosas de esas islas, cuya supuesta existencia sirvió de incentivo para la exploración y colonización del mundo americano, fueron las de S a n   B o r o n d ó n ;   la isla de las S i e t e   C i u d a d e s ;   la de B r a z i l ;   las islas de Hombres y de Mujeres, pobladas respectivamente por g i g a n t e s   y por a m a z o n a s   (Californe o C a l i f o r n i a   entre estas últimas); la isla de la M a n o   d e   S a t a n á s ;   y la que ejercía mayor fascinación, la *insula Perdita* o A n t i l l a ,   que a veces se confundía con la de las Siete Ciudades. Un poco a la zaga aparecían la isla de B í m i n i   y su fuente de vida, leyenda que después de una fugaz asociación con Yucatán habría de llevar al descubrimiento de la Florida; la de Mayda —defendida por animales

---

Brebner, 94, nos dice que la hipótesis de Castañeda de Nájera fue hecha cuando ya era viejo (*cf.* también G. Winship, "The Coronado Expedition, 1540-42", en el *Annual Report of the Bureau of American Ethnology for 1892-93*, Washington, 1896, Part I). La referencia al mapa de Gastaldi (Nordenskjöld, *Periplus*, p. 165) es de Nunn, 90, quien además cita a Balboa y añade que Waldseemüller y los cartógrafos alemanes aceptaron la tesis de Colón de que había descubierto las costas de Asia, lo que confirman el *Globo* de Schöner, de 1533, y el mapa de Sebastián Gaboto de 1544.

A principios del siglo XVI "se confunde a menudo México con el Cathay (China) y Yucatán con Cipangu (Japón)" (Déprez, 574). La obra de Schöner: *Globi steliferi, sive sphaera stellarum fixarun usus…* es citada por SANZ, ed., HARRISSE, *Nuevas Adiciones*, 278. LEÓN PINELO llama a la Nueva España Cipango en su *Paraíso*, I, 367. En el *Yslario general* de GARCÍA CÉSPEDES (ms. de *ca.* 1621) se habla aún de Cipango, "cuyo Rey es libre" (ff. 292 y 293). Todavía hacia fines del siglo XVII el conocimiento de la costa americana del Pacífico era muy vago, y se creía que podía existir una faja de tierra que uniera Asia con la América del Norte: Brebner, 348.

[9] Véase la enumeración de esas islas míticas en Cronau, 163-8; en Babcock, 3, 4, 5, 7, 9, 41, 70, 88, 140, 142, 164, 174, 178, 180, 181, 182, 184 y 185; y en Errera, 228. La referencia a Plinio y a Edrisi es del propio Babcock, 174, y de Tillinghast, I, 47. Para la identificación de Jehan de Outremeuse con el "Sire Jehan de Mandeville", *cf.* Newton, 161 y *Mandeville's Travels*, ed. de Hamelius, I, 192, 193, 200. En relación con la literatura histórica española además del *Libro* y de la *Estoria*, hay que citar también el *Libro del conoscimiento de todos los reynos*, la *Historia de los Reyes Católicos* de Andrés Bernáldez, las narraciones de Tostado, Juan de Mena y Juan de Padilla, etc. Ver asimismo los capítulos IX ("Descripciones del Orbe anteriores a 1340") y X ("… posteriores a 1340") y las pp. 297-312 ("Narraciones caballerescas…") de *El mar en la literatura medieval castellana* de A. Navarro González (Universidad de la Laguna, 1962). Todavía en el siglo XVII expresa Molière en su *Plaisirs de l'Ile Enchantée*, el anhelo europeo de hallar en una isla desconocida los placeres de una tierra encantada: Olschki, 371.

heráldicos leonados o dragonescó; las Górgades o de los gorgóneos, monstruos que convertían en piedra a quien tuviera la osadía de contemplarlos; y Taprobane, que Herrera y Solórzano Pereyra colocan en el Oriente.[10]

Aunque menos relacionadas con la exploración de los caminos americanos, existía otro grupo de islas, que comprendía desde las Afortunadas (descubiertas por última vez en el siglo XIV: las Canarias), Royllo, identificada con Jamaica; y Cicia y Costila (que Grijalva buscaba en 1518), hasta la Tierra Sumergida de Bus.[11] La Atlántida figuraba, por supuesto, aunque en sordina, entre los relatos conocidos por cosmógrafos y navegantes;[12] y todavía hoy ciertos sesudos antropólogos afirman que los olmecas llegaron de ese continente perdido. Las leyendas sobre islas maravillosas, como se verá en otro capítulo, todavía en el siglo XVII impulsaban a los españoles a una afanosa búsqueda, en el Pacífico, de las islas Rica de Oro y Rica de Plata, que jamás fueron encontradas.

Otra leyenda, la de las S i e t e   C i u d a d e s   o de los siete florecientes reinos fundados por otros tantos obispos cuando con sus rebaños abandonaron la península ibérica después de la desaparición del Rey Roderico y de la conquista árabe, es de origen portugués. Enrique el Navegante la conoció; y el continuador de su empresa, Juan II de Portugal, comisionó en 1486 al navegante flamenco van Olmen y al portugués Juan Alfonso del Estreito para encontrar la isla de las S i e t e   C i u d a d e s ,   y también para hallar A n t i l l a , si ambas islas no fueran la misma. La expedición nunca regresó a las Azores, aunque es posible que haya llegado hasta Terranova y Labrador. El embajador de Ludovico el Moro en Londres informaba en 1497 que Juan Gaboto la había hallado a

---

[10] Fernández de Castillejo, 30-32. Alexander von Humboldt menciona Mayda hacia 1836: Babcock, 81. Cf. también pp. 85, 87, 90, 91, 93; Errera, 228; y Tillinghast, I, 31. Las Górgades (mito de origen griego: una de las gorgonas era Medusa), son mencionadas por Déprez, 556; y entre los autores del siglo XVI, por Fray Vicente PALATINO DE CURZOLA (ap. Hanke, ed., Cuerpo de Documentos del siglo XVI, 28) quien afirma que están cerca de las Hespérides. En relación con Taprobane, cf. HERRERA, Historia, Década 1ª, I, 2, p. 201; y SOLÓRZANO PEREYRA, I, 69. También Newton, 161. Bímini es identificada con Florida por Babcock, 70, y también por Tillinghast, I, 47.

[11] Las islas Afortunadas se identifican también con las Islas de los Bienaventurados de la tradición pagana; Boas, 154. En relación con Grijalva y con las islas de Cicia y Costila, ver Molinari, 87. En vano buscó la Tierra de Bus o Busse hasta 1821, entre otros, Frobisher: Tillinghast, I, 51 y Babcock, 174. Sobre Royllo o Reylla, cf. Babcock, 154, y Errera, 228. Icaria o Cariá parece haber sido sólo producto de la imaginación del cartógrafo Nicolò Zeno (Babcock, 142). Mientras que los habitantes de Drogio eran caníbales, la isla de Estotilandia disfrutaba de una refinada civilización (ibid., 133). Otras islas producto de la imaginación eran (en orden alfabético): Bra (cerca de Irlanda), la de Carneros (basada en una leyenda mora), Corvo (que resultó ser la más septentrional de las Azores), Daculi o isla de las cunas, Danmar, Frislanda, Groclandia (cerca de Groenlandia), las Hespérides, la Insular in Mar (una de las Bahamas), la Isla Verte, la Católica, Mam, Montorio, Salvaga (Florida, para algunos), la Isla de San X, Santa Ana y una mítica Scorafixa.

[12] "La isla Atlántica (sic) de Platón... no se adapta á nuestras Indias", dice SOLÓRZANO PEREYRA, I, 66. En opinión de Berlitz, 53, 70 (quien no documenta esa afirmación), Antilla es otro nombre de la Atlántida. Sir Humphrey Gilbert, popularizador a fines del siglo XVI de la doctrina relativa al pasaje del Noroeste (o estrecho de Anián) dice que "la Atlántida es hoy llamada América, y siempre ha sido una isla" (Discourse... to prove a passage to the North West to Cathaia and the East Indies, ap. Brebner, 200). Cf. también Déprez, 556.

400 leguas al occidente de Inglaterra. Los españoles buscarían más tarde esas míticas ciudades ("las siete ciudades de Cíbola"), como se verá en detalle más adelante, en los días de Cabeza de Vaca, Nuño de Guzmán y Coronado, lo cual llevaría al descubrimiento de vastísimos territorios en Norteamérica. En este mito —dice Enrique de Gandía— pueden hallarse tres elementos generadores: la leyenda medieval, la creencia de los indios en siete cuevas de donde habían salido otras tantas tribus nahuas, y la existencia real de siete aldeas en la región que exploró Coronado, que según se pensaba contenían grandes riquezas.[13]

Los relatos sobre la isla (o islas) de S a n   B o r o n d ó n (Brandán, Brendan) son de origen céltico, y parecen incluso remontarse al siglo VI. De acuerdo con tales relatos, dicho santo irlandés zarpó con un grupo de monjes para encontrar unas islas, destinadas a ser pobladas por santos cenobitas. En el camino, San Borondón celebró la Pascua en otra pequeña isla, que resultó ser el dorso de una ballena. Llegado a su meta, encontró no sólo el paraíso terrenal, "primera morada de Adán y Eva", sino también a los ángeles indiferentes que acompañaron a Lucifer en su caída (los cuales cantaban himnos de esperanza) y una escarpada roca azotada por las olas donde Judas se consumía en eterno remordimiento. La isla de S a n B o r o n d ó n aparece en los *mappae mundi* de los siglos XV y XVI, y todavía los portugueses y los españoles la buscaban en 1721, e incluso algún marino aseguró haberla avistado en el año de 1759.[14]   B r a z i l (Brasilia, Brasylle, Hy Brazil, Berzil, Braçir, O'Brasile), isla célebre por su riqueza en palo de tinte rojo —se trata de otra leyenda irlandesa— fue buscada por los mercaderes de Bristol desde 1480 y se supuso que años más tarde la había descubierto Juan Gaboto para el rey Enrique VII. Aparece en

---

[13] *Cf.* Newton, 163, en relación con el Príncipe Enrique. La hipótesis sobre el infortunio y hallazgos de van Olmen es de Verlinden, "Modern Colonization" y "A precursor of Columbus: The Fleming Ferdinand van Olmen (1487)", 181, 192, 194, 195. La carta del embajador milanés Raimondo di Soncino es mencionada por Harrisse, *Jean et Sébastien Cabot*, quien da como referencia el *Calendario* de los archivos de los Sforza publicado por Rawdon Brown, III, 260, núm. 750. Ibarra y Rodríguez, IV, 13, publica la capitulación firmada por Juan II con van Olmen. Las ideas de los portugueses sobre las islas imaginarias son discutidas por Bell, 177-179. *Cf.* E. de Gandía, 69, acerca de los elementos generadores de la leyenda de las Siete Ciudades.

[14] San Borondón fue Abad de Cluianfert en Irlanda († el 16 de mayo de 577) y sus viajes reales son descritos por el *Libro de Lismore* del siglo XV. La isla mítica asociada a su nombre fue primero colocada cerca de las Canarias, luego de las Azores, y después cada vez más hacia el Occidente (Babcock, 35, 38, 49, quien cita al Padre Alonso de ESPINOSA, *The Guanches of Tenerife*, trad. de Sir Clements Markham, ed. de la *Hakluyt Society*, Publs., 2a serie, vol. 21, Londres, 1907, 29). La menciona el *Liber pro insipiente*, par. 6 (Migne, *Patrología latina*, CLVIII, 246) y, brevemente, Honorio de Autun en su *De imagine mundi*, I, 36 (Migne, *Patología latina*, CLXXII, 132). Las peripecias del viaje de San Borondón y sus monjes son narradas por G. Boas, 160 y notas 13 y 14; Tillinghast, I, 48, quien asocia esa leyenda con la de su discípulo, San Maló, o Maclovio, Obispo de Aleth en Armórica; E. de Gandía, 7 y nota 2; y Gonzalo de Reparaz (hijo), 64. La isla aparece en mapas medievales, desde el de Fray Mauro de 1460 hasta el de Mercator de 1569. *Cf.* también Déprez, 556; Errera, 222, 224 y 225; P. Gaffarel, *Histoire de la découverte d'Amérique avant Colomb*, París, 1892, I, 205; C. de la Roncière, *Histoire de la découverte de la Terre*, cit. por Marchand, *L'autre monde au moyen age*, París, 1940; y P. Vignaud, *Etudes critiques sur la vie de C. Coulomb avant ses découvertes*. Pedro de Medina, en su *Libro de grandezas y cosas memorables* identifica la isla de San Borondón con Antilla.

los mapas italianos y catalanes desde 1325 hasta 1566, siempre en forma de archipiélago concéntrico; y no fue borrada de la cartografía del Almirantazgo británico sino hasta 1873 (¡!). Aunque en unos mapas de 1560 (de Nicolay) y de 1566 (de Zaltieri) figura cerca de Terranova, Américo Vespucio afirmó desde 1499 haberla localizado —probablemente era la actual isla de Curazao— pero el nombre de "tierra del Brazil", finalmente, se aplicó para identificar al *hinterland* frente a la isla de la Vera Cruz o de Santa Cruz, descubierta por Cabral en abril de 1500, o sea el moderno Brasil.[15]

De todas las islas legendarias, la más famosa y más persistente fue A n t i l l a (Antilia, Antiglia, Anthilia, Atilae, Atalae), a veces llamada también Escondida o *Perdita*, y confundida a menudo con la de las Siete Ciudades (aunque más bien podía localizarse frente a ésta: era su *ante ilha*), ya mencionada por Honorio de Autun en el siglo XII y por Bersuire en su *Reductorium morale*. Aparece en cartas de mareas medievales al poniente de las Canarias y de las Azores, y figura en el mapa de Pizigani de 1367. Después del descubrimiento de América, la vemos en el mapamundo de Ruysch, de 1508, y en el *Globo* de Schöner, de 1523, y aparece por última vez en el célebre mapa de Mercator de 1587. Es mencionada en la *Crónica del Rey Don Rodrigo* de Pedro Corral, citada por el Padre Mendieta ("tiene gran abundancia de las cosas temporales... en llegando a ella se desaparece"); y en uno de los dos mapamundos en que por primera vez figura América —el de Cantino, de 1502— es llamada "las Antillas del Rey de Castella". Colón la había buscado, ya que la señalan Toscanelli y varios cosmógrafos conocidos por el navegante genovés, como Becario, Pareto, Bernicasa y otros. La isla de A n t i l l a era el prototipo del paraíso sobrenatural y una especie de teocracia, que eludía a los navegantes tornándose invisible según el cronista Herrera, aunque Solórzano Pereyra, más cauto, tenía esa noticia "por fabulosa". Pedro Mártir la hizo parte de un archipiélago; y en el mapa de Carneiro, de alrededor de 1502, Cuba ya es llamada —como lo es hoy— la reina (o perla) de las Antillas. Por último, Antonio Galvano o Galvão, escribiendo en la segunda mitad del siglo XVI, considera las Siete Ciudades, Antilla y la Nueva España como una sola y misma cosa.[16]

[15] Brebner, 77, 108; Tillinghast, I, 49-50; Bolton, *Coronado*, 6, y Harrisse, *Jean et Sébastien Cabot*, 328, 329, quien cita despachos de Pedro de Ayala, agente diplomático de los Reyes Católicos en Inglaterra, sobre las actividades de los mercaderes de Bristol. Respecto a los mapas en que aparece la isla de Brazil, *cf.* Babcock, 58, 61, 83 y 187; y Fernández de Castillejo, 31. En la referencia a las cartas del Almirantazgo británico coinciden Morison, *Admiral of the Ocean Sea*, 59; y Parry, *Age of reconaissance*, 148. La afirmación de Vespucio es citada por Pohl, 69. Sobre "la tierra de Brasil", *cf.* C.-A. Julien, *Les Français en Amérique...* París, 1946, Int., 2. Véase, para mayores detalles, mi libro, publicado por el FCE: *La herencia medieval del Brasil*.

[16] Parry, *Spanish Empire*, 42; Marchand, Int. VI: Honorio de Autun, c. XXXVI y Bersuire, XVI, 22. HERRERA menciona las cartas de mareas antiguas: Década 1a., I, 2; p. 204. La relación de los mapas en que aparece Antilla es de Errera, 256; E. de Gandía, 9; y Phelan, 70. La cita de MENDIETA procede de su *Historia*, III, 104. Morison, *Southern Voyages*, 272-274, habla del mapamundo de Cantino. Para Toscanelli y Colón en relación con Antilla *cf.* Berlitz, 70-71. Mediante el Tratado de Evora de 1519, el rey Manuel de Portugal cedió formalmente Antilla a España. Sobre las maravillas que se hallarían en esa isla ver Phelan, 71. Además del cronista HERRERA, Julián del CASTILLO dice de las "Antillas" que son "invisibles" (*Hist. Reg. Goth*, II, 2; p. 74), lo cual deja escéptico a SOLÓRZANO PEREYRA (I, 56). Pedro MÁRTIR es citado por Babcock, 145, quien también correlaciona Antilla y Cuba (188). El relato ANÓNIMO de 1520, *Littera*

Al norte de A n t i l l a   aparece la isla de la M a n o   d e   S a -
t a n á s   (Satanaxio, Man Satanaxio; quizá originalmente San Atanasio)
o de la Mano Negra, que aparece misteriosamente por primera vez en el
mapa de Bianco de 1436. En ella dos estatuas indicaban a los navegantes
los límites que no podían franquear. De vez en cuando la mano del demonio surgía de las aguas para llevarse a los habitantes de la isla a las profun-
didades del Océano. Un cronista y un geógrafo españoles del siglo XVI, y el
Padre Torquemada, la desplazaron hacia los Bacallaos (Terranova), bauti-
zándola como Isla de los Demonios. Giovanni Botero, por su parte, la colocó en el estuario del San Lorenzo. Mas en cualquier sitio que se le colocara,
estaba siempre envuelta en la bruma y su proximidad era conocida a los
viajeros solamente por los espantosos alaridos con que los demonios ras-
gaban los aires.[17] Las islas o reinos de las Amazonas son tan importantes
en la historia novohispánica que serán tratados aparte; y lo mismo debo
decir de las historias de gigantes, en las que sabios indios, frailes y cronistas
creían por igual. Podría mencionarse de paso, sin embargo, que Fray Bartolomé de las Casas señala una isla de gigantes en las Lucayas, ya despo-
blada en su tiempo, y que en la *Stultifera Navis* de 1497, Sebastián Brant
describe las Indias como "islas de oro y de gente desnuda".[18]

Después del descubrimiento de las Antillas, ese camino del Viejo Mundo
hacia la India y China siguió poblándose de islas que por su fama de tesoros ya presagiaban las riquezas de "Culúa":[19] Cozumel, "Costila" y Mujeres. Se trataba de islas verdaderas (en donde se comenzaría a hablar de
a m a z o n a s   en el ámbito novohispánico) y de otras tierras no insu-
lares que la cosmografía y las ideas de la época consideraron, durante décadas e incluso siglos, también islas: Yucatán, Florida y California. Incluso la
primera visión del Anáhuac —de "Coloacan y Ulloa"— fue la de una de tantas comarcas de las islas "Youcatan e Coçumel".[20]

Mandata... (Harrisse, ed., *Bibliotheca Americana Vetustissima, Additions*, 76) sobre la expedición de Grijalva, fue escrito en la "Ínsula de Cuba de India". GALVANO, *The discoveries of the
New World... until 1555*, ed. de la *Hakluyt Society*, Publs., 1a serie, vol 30 (Londres, 1862),
p. 72: "There be some that thinke, that those islands whereunto the Portugals were... driven
were the Antiles or Newe Spaine".

[17] Déprez, 556; Tillinghast, I, 31-32, 49; y Chinard, *Exotisme américain*, 66-67. El cronista
es GÓMARA (p. 162) y el geógrafo es LÓPEZ DE VELASCO (p. 93). La isla aparece en el mapa entre
el prólogo y el capítulo I de TORQUEMADA (I, 16). Giovanni BOTERO dice que la isla está habitada "de gente di statura alta, e bien fatta; portano maniglie d'argento... vivono in gran parte di
pesci massime di salmoni" (p. 160). RAMUSIO, en la versión inglesa, dice que la isla es

"...kept by Hel's infernal dogs,
and most courteos hogs".

[18] *Opúsculos*, 136. La fecha es 1552. Jantz, 96 (S. Brant).
[19] En la "segunda" y "tercera" Cartas alemanas fechadas en 1520 que circularon en el
Sacro Imperio con las primeras noticias sobre México y que ha editado Saville (EARLIEST
NOTICES, *Second and Third German Letters*, 26, 27 y 35), se describe a nuestro país como "la
tierra más rica del mundo"; y en la enumeración de sus riquezas aparecen con profusión el
oro, la plata y las piedras preciosas que —según se dice allí— los indígenas ceden con facilidad ("¡muy buenas noticias!", comenta Diego Dienz [¿Díez?], autor de la "Carta Tercera").
[20] Tan pronto corrió la noticia de la llegada de Cortés a Veracruz, Diego Colón, segundo
Almirante de la Mar Océana y Virrey de las Indias, pidió que no se diese ni a Velázquez ni a

Cozumel fue llamada *Isla de Santa Cruz* por los exploradores españoles; y la península yucateca fue conocida por los mismos como la *Isla de Santa María de los Remedios* o *Isla Rica de Yucatán*. Este adjetivo de *rica* era entonces sinónimo de poderío y de riqueza; y el primero que lo aplicó a Yucatán, de oídas, fue Bartolomé Colón, quien en 1502 apresó una embarcación maya cuando con el Almirante, su hermano, navegaba por el Golfo de Honduras. Desde entonces corrió la fama de la riqueza en plata y piedras preciosas de Yucatán, reputación que años después despertaría la codicia del gobernador de Cuba. El carácter insular de Yucatán es subrayado a partir de 1517 y por lo menos durante medio siglo por numerosos visitantes de Ultramar: Hernández de Córdoba ("ysla que se llama Yucatán"); el piloto Antón de Alaminos, quien aseguró que el mar que la rodeaba por el sur desaguaba en Términos; el clérigo Juan Díaz, a quien se atribuye el *Itinerario* de la expedición de Grijalva ("isola de Iuchatan"); los supervivientes de la expedición del propio Grijalva; Bernal Díaz del Castillo; Hernán Cortés ("la isla de Yucatán"); el licenciado Ayllón y Pánfilo de Narváez, y otros muchos como Gil González Dávila y Montejo el Viejo ("Islas de Yucatan e Coçumel"). Diego de Velázquez había enviado en 1519 a Cortés, según rezan las capitulaciones respectivas, "a ver y bojar la Ysla de Yucatan Sancta Maria de los Remedios".[21]

Cortés la gobernación "de esas tierras que aora se llaman Ulloa Yucatan, que entonces se llamaban Bimini entre los cristianos", puesto que le pertenecía más bien a él (Duquesa de BERWICK Y DE ALBA, *Petición en que suplica al Almirante... en Papeles de Colón*, 71). Los miembros del Consejo de Indias dieron en 1520 a Benito Martín "la abadía de Culba o Culúa, que es la Nueva España, tenida todavía por isla" (ARGENSOLA —quien escribe en el siglo XVII—, 108). En las "PRIMERAS NOTICIAS DE YUCATÁN" (relatos de 1518-1519, ed. por Fernández Duro, 310) se dice que "Youcatan e Cozumel" se han ensanchado con "Sant Juan de Uloa". LEÓN PINELO anota que "Youcatan, Coloacan y Uloa" fueron llamadas "Nueva España" por primera vez en una Real Cédula del 10 de octubre de 1522 (*ibid.*).

[21] "Isla de Santa Cruz" (PROVINCIAE, 60); "Isla Rica de Yucatán" o de "Santa María de los Remedios" (Molina Solís, 41-42, 103, 152, quien cita a LAS CASAS, *Hist. de las Ind.*, III, 109 y a Pedro MÁRTIR, Déc. 1a. x, 4; Wagner, *Grijalva*, 45; FERNÁNDEZ DE OVIEDO, C. X, XVII, XVIII y *passim*). Bartolomé Colón es mencionado por Molina Solís, 41, n. 3. La riqueza de Yucatán es descrita brevemente en las TROIS LETTRES SUR YUCATÁN, ed. de Müller, 28. Hernández de Córdoba es citado en una deposición de Hernández Puerto-Carrero, del 30 de abril de 1520, publicada por Prescott, Apéndice VII, 625-627. En relación con Alaminos cf. Fray Diego LÓPEZ DE COGOLLUDO, L. I, c. ii, 5; ALCEDO, IV, 56-57; Fray Bartolomé de LAS CASAS, *Hist. de las Indias*, c. cxi, p. 156 (Las Casas conoció a Grijalva en las Antillas); y Wagner, *Grijalva*, 15, 30. El original del *Itinerario* de la expedición de Juan de Grijalva, como es sabido, se extravió y sólo se le conoce en una traducción al italiano de 1522. La referencia en el texto es a esa versión, p. 72. Entre los sobrevivientes de ese viaje que hablaban de Yucatán como isla se encuentra Montejo el Viejo: Chamberlain, *Yucatán*, 16, 21, 22. También alude a los mismos CERVANTES DE SALAZAR, *Crónica*, 162, 170. *Cf.* BERNAL DÍAZ , I, 60. Rubio Mañé, *Archivo de la Historia de Yucatán*, I, Int., XXV, menciona los testimonios de Gil González Dávila, de Antonio Sedeño y del bachiller Francisco Hernández de Enciso. CORTÉS habla de la "isla" de Yucatán en su "Primera Carta de Relación", o sea en la enviada por el Regimiento de Veracruz el 10 de julio de 1519 (H. CORTÉS, CARTAS Y DOCUMENTOS, 11, 12, 14). *Cf.* también Wagner, ed., "THREE ACCOUNTS", Primera relación, de 1520, p. 192). Sobre Ayllón y Narváez, ver Prescott, 322 y n. 6; sobre Montejo, CDIAO, XL, 15 y *passim* (*Ynformación auténtica sobre la calidad de la tierra de Yucatán... fecha a petición de Francisco de Montejo*), en que figuran varios testigos (los mismos mencionados por Rubio Mañé), y la *Capitulación que se tomó con... Montejo para la conquista de Yucatán, en 1526*: "...El Rey... vos doy licencia e facultad para que podais conquistar

En el Viejo Mundo prevalecía la misma impresión: Yucatán aparece como isla en la edición hecha en Nuremberg en 1524 (*Praeclara Ferdinandi Cortesii*), de la segunda *Carta de Relación*, que incluye un mapa atribuido a la mano del Conquistador. Al año siguiente, en la bula *Devotionis tuae probatas sinceritas*, Clemente VII alude a "...una Isla del mar nombrada Yacathan, de la India". Aparece igualmente como "isla" en el mapamundo (del año 1529) de Diego Rivero, cosmógrafo de Carlos V. Para Pedro Mártir se trata de una isla; y Oviedo la describe llamándola "Rica o Yucatan... isla presunta" y también habla del descubrimiento de la isla de Costila, atribuyéndolo no a Francisco de Montejo sino a Grijalva. En su descripción de las Indias (de los años 1571-1574), López de Velasco confirma que cuando fue descubierta, Yucatán "túvose... por isla". Su carácter peninsular, sin embargo, empieza a ser captado en la segunda mitad del siglo XVI: así aparece ya en el mapa de Girolamo Ruscelli de 1561, y el padre Landa, que por entonces estaba escribiendo su *Relación*, asegura que "Yucatán no es isla ni punta que entra en el mar como algunos pensaron, sino tierra firme".[22]

La "isla de Florida" (o de la Pascua Florida) fue visitada antes que Yucatán —en 1513— por los exploradores ibéricos; y aparece históricamente como sucedáneo de la fabulosa isla de B í m i n i y de su Fuente de Juvencio, que era lo que realmente buscaban Juan Ponce de León y sus continuadores. Antes, en 1511, Pedro Mártir la había colocado en uno de sus mapas; y luego la Corona española invariablemente dio a los sucesivos gobernantes de la región el título de "Adelantados de Bímini y Florida". Hasta su muerte en 1521, Ponce de León siguió hablando de la "isla" que en vano había tratado de conquistar; y también la creyeron isla Ayllón y el desafortunado Pánfilo de Narváez. Se verá más adelante lo que ahí encontraron Tristán de Luna y Arellano, y Menéndez de Avilés. En su *Yslario general*, de alrededor de 1621, García Céspedes coloca cerca de las Lucayas otras islas "la mayor de las cuales es dicha bimini y la florida". Finalmente, los hugonotes franceses que quisieron conquistarla en la segunda mitad del siglo XVI, la describieron como "Isle des Indes, que vulgairement on appelle la Floride".[23]

y poblar las... Islas de Yucatan y Coçumel" (CDIAO, XXII, 202). La cita de Velázquez procede de las capitulaciones que firmó con Cortés publicadas por CERVANTES DE SALAZAR en su *Crónica*, 104, 105 y 106.

[22] Sobre el mapa de Nuremberga, *cf.* Wagner, *Grijalva*, 3, y su reproducción en la p. 54. La bula de Clemente VII está incluida, en su versión española, en la colección de TOBAR, I, 135. Errera, 356, menciona el mapamundo de Ribero. *Cf.* OVIEDO, *Historia General y Natural*, II, 144, 147, y trad. y comentario de Wagner, c. VIII y nota 1, en relación con la isla de Costila. LÓPEZ DE VELASCO, 126. El mapa de Ruscelli es citado por Keen, 155. Fray Diego de LANDA, 3.

[23] En este capítulo sólo interesa el carácter "insular" de la Florida; más adelante se hablará de la Fuente de la Juventud. Pedro MÁRTIR, en su *Legatio babilonica* la llama *Illa de Beimeni*: Chatelain, 5 y nota 4. Sobre Ponce de León y su creencia en la insularidad de la Florida, *cf.* Amaya Topete, 9-10; Genaro García, ed., RELACIONES DE FLORIDA ("...hablaba una y otra vez de 'Ysla Florida' "), int., XXXI; la carta del gobernador de Jamaica, escrita poco antes de morir a Carlos V, reivindicando para sí el mérito del descubrimiento de la "Ysla Florida", fue publicada en CDIAO, XL: 50, 51 y *passim*. Ver también, Morison, *Southern Voyages*, 507-512, quien se apoya en HERRERA. Uno de los conquistadores de México, Gonzalo Martín, había estado con Ayllón en la "Ysla" de Florida: Icaza, ed., CONQUISTADORES Y POBLADORES, II, 177. GARCÍA DE CÉSPEDES, f. 302. La referencia a los hugonotes franceses está contenida en el folleto que na-

El nombre de California, isla de a m a z o n a s por excelencia, deriva del romancero medieval y de las novelas de caballería. Fue dado a la península (hoy la Baja California) en 1534 por la expedición de Cortés y casi seguramente por el Conquistador mismo, lector y práctico de caballerías. Aunque como *Califerne* aparece desde el siglo XI en la *Chanson de Roland*, es ya claramente llamada C a l i f o r n i a en las *Sergas de Esplandián*, continuación del *Amadís de Gaula* que narra las hazañas del hijo de ese caballero andante. Se trata de una derivación del nombre de su reina, C a l a f í a , quien aprovechando los "muchos grifos... (y) la grande aspereza" de la isla situada "a la diestra mano de las Indias... muy llegada al paraíso Terrenal", la regía con la ayuda de sus amazonas.[24]

La noción de que la península era una isla perduró hasta los inicios del siglo XVIII y se esfumó gracias a los viajes del Padre Kino, quien sin embargo antes la llamara "la isla más grande del mundo", si bien Francisco de Ulloa fue en 1539 el primero en sembrar la duda. Fray Marcos de Niza, por su parte, no tuvo ninguna, así como tampoco 18 de los soldados pescadores de perlas que habían tomado parte en la expedición de Cortés. (De todas maneras, según una leyenda medieval que se remonta a Plinio y en la cual creía Las Casas, las perlas nacían en islas del rocío del cielo.) Baltazar de Obregón la describe como isla rocosa e inhóspita; y a principios del siglo XVII, en su *Descripción de las Indias Occidentales*, el Padre Vázquez de Espinosa asegura, con base en la expedición de que formó parte el capitán Nicolás Cardona, que "es isla y no tierra firme como (algunos) cosmógrafos la pintan". Por esos años, el cronista de la expedición de Vizcaíno de 1602, Fray Antonio de la Ascensión, al referirse a los naufragios del mismo Cardona y del capitán Juan Iturbi, asegura que es "la isla más grande que se haya descubierto, separada de Nuevo México por el Mar Mediterráneo de California". También aparece como isla por lo menos en siete mapas europeos entre 1622 y 1757, el primero utilizado por Antonio de Herrera y los últimos tres dibujados por el célebre Padre Kino. En el *Yslario* de García Céspedes figura como "isla que descubrió el marqués del Valle"; y también como isla inmensa separada del continente por el Mar Bermejo, en el mapa de América, de N. de Fer (1698). Es descrita de igual manera por Edmund Halley en 1702; y finalmente hacia 1742, Mota Padilla, hablando de la jurisdicción del obispado de Guadalajara dice que se extendía a "la vasta isla de la California".[25]

rra el viaje de Ribault en 1565 y que fue publicado al año siguiente como parte del *Discours de l'Histoire de la Floride*, de Nicolas Le Challeux (LUSSAGNET, ed., *Textes de Ribault, Le Challeux...*, 66).

[24] El autor de *Las Sergas* fue Garci-Rodríguez de Montalvo, quien utilizó los mismos recursos del *Amadís*, supuesto padre de Esplandián (véase la edición de Madrid, BAE, 1857, c. xlvii, p. 539). La palabra *Califerne* aparece también en *El Palmerín de Inglaterra*, otra novela de caballería, en donde se aplica a un gigante conocido también como Califerno, Calfurnio o Califurnio. *Cf.* Thomas, 82; Pei, 48; y Díaz y de Ovando, "Baja California", 34-36.

[25] Véase la *Relación de la Segunda Navegación*, del 29 de septiembre de 1683, del P. Kino, y su Carta del 3 de junio del año anterior, dirigida a la Duquesa de Aveiro, textos en los que todavía cree en el carácter insular de (Baja) California (*ap.* Bolognani, 68, 83). Ya en 1700-1702, al realizar sus viajes, el jesuita se había percatado del carácter peninsular de la Califor-

Antes de pasar, en los capítulos que siguen, a discutir la importancia que tuvieron muchos mitos medievales en la historia de la expansión de la Nueva España, conviene mencionar, aunque sea brevemente, las tradiciones o leyendas de raigambre clásica o bíblica que también ejercieron influjo en los ámbitos mexicano y del Caribe.

En 1494, Cristóbal Colón bautizó con el nombre de *Alfa y Omega* el promontorio más oriental de Cuba (cerca de Baracoa) porque juzgó que en él estaba "el fin de nuestro Oriente";[26] "y le pareció que no le faltaron más de dos horas solares... para llegar al *Aureo Quersoneso*... última frontera del mundo conocido por Oriente".[27]

El almirante de la Mar Océana y varios contemporáneos suyos, así como también Cortés, buscaron las bíblicas tierras de *Ofir* y de *Tarsis*, en donde Salomón se proveía en la Antigüedad de oro, plata, marfil, simias y pavos reales. Colón creyó encontrarlas (además de Escitia o *Cettin*) primero en la Española y luego en Veragua o en la actual Costa Rica. De 1525 a 1531, además de las Molucas, las buscó afanosamente en las costas de América del Sur Sebastián Gaboto, entonces al servicio de la Corona española. Por algún tiempo se creyó que eran el Perú, pero en aquel virreinato se tuvieron posteriores noticias (hacia 1568) de que realmente estaban en el Pacífico, lo que llevó al descubrimiento por parte de Álvaro de Mendaña de las que nostálgicamente fueron llamadas Islas Salomón. También se les creyó encontrar en la Nueva España. En 1519, el Regimiento de Veracruz decía del país que estaba "tan abundantemente provisto de oro como aquel de donde Salomón sacó el mismo precioso metal para su templo". Después de su regreso de España, Cortés salió al Pacífico en busca, entre otras, de las islas de Tarsis, "lo cual le sucedió tan mal y siniestramente, que casi se perdieron todos los navíos". Por último, Solórzano Pereyra abandona la pesquisa y acep-

nia (*cf.* Tony Campbell, *Early Maps*, N. York, Abbeville Press, 1981, il. núm. 10). Pero ese error perduró en algunos mapas hasta c. 1780, por ejemplo en el de Pieter Goos, de 1666 (publicado en Amsterdam), en el que California figura aún como isla. Vizcaíno, en el siglo XVI había pasado por alto las informaciones de Ulloa. En todo caso los términos "Alta" y "Baja" California fueron creados por el Padre Kino. Sobre Ulloa y Fray Marcos, *cf.* Bolton, *Coronado*, 49-50. Los testimonios de 16 conquistadores que afirmaron entre 1540 y 1550 haber estado con Cortés en la "Ysla California", más los de la viuda de uno de ellos (Diego de la Peña) y de un hijo de otro (Francisco García) aparecen en Icaza, ed., CONQUISTADORES Y POBLADORES, II, 3, 21, 57, 64, 90, 114, 124, 166, 181, 233, 235, 250, 253, 307, 308, 309, 333, 344. Sobre la leyenda del origen de las perlas, ver Kappler, 124, y la edición del *Diario de Navegación* de Colón del P. Las Casas, ed. por A. Cioranesca, París, 1961, 455, nota 47. Baltazar de OBREGÓN; I, c. XXXVI, p. 251. VÁZQUEZ DE ESPINOSA, 132. Fray Francisco Mariano de TORRES, 113, relata hacia 1755 cómo en 1596 el virrey Conde de Monterrey envió a Vizcaíno "al descubrimiento de la isla de California". Dunne cita ("Lower California", 41, 42) a Fray Antonio de la Ascensión, y enumera los mapas de Colin, Amsterdam, 1622; Henry Briggs, Amsterdam, 1624; Pieter Goos, Amsterdam, 1666; el francés de "La Californie ou Nouvelle Caroline", de 1720; y los del Padre Kino publicados en 1685, 1703 y 1759. GARCÍA CÉSPEDES, Tabla Primera. El mapa de N. de Fer es citado por Zavala, *Mundo Americano*, I, Respecto al de Halley, *cf.* Thrower, fig. 122, p. 669. MOTA PADILLA, c. 70, cuya información fue transcrita por ARREGUI, p. 13 (y n. 1 de François Chevalier); y Alessio Robles, *Urdiñola*, 92.

[26] Pedro MÁRTIR, *Décadas*, Déc. 1a., III, 3. *Cf.* también Morison, *Southern Voyages*, 297.

[27] Para los geógrafos del mundo clásico era más o menos lo que hoy es el estrecho de Malaca. Las dos citas de "aquel Colón de Liguria" son también de Pedro MÁRTIR, pero de su

ta la opinión de muchos en el sentido de que "eran todas las Indias las celebradas con el nombre de Ofir y Tarsis en las Sagradas Escrituras".[28]

El *Paraíso Terrenal*, según Cosme el Indicopleustes y otros autores y viajeros clásicos y medievales, se encontraba situado más allá del Océano, donde los hombres vivían antes del Diluvio y donde salió el Sol el primer día de la Creación. Cristóbal Colón creyó en 1498 haberlo localizado en el delta del Orinoco, y confundió las bocas de ese delta, que nacen de una sola madre, con los cuatro ríos paradisiacos que manan del Árbol de la Vida. El sitio del paraíso terrenal, según su presunto descubridor, tenía la forma, no de pera como lo ha pretendido la literatura mojigata, sino de seno femenino o "peçon de teta". "Es cosa no creíble de hermosura", nos asegura el Padre Las Casas, quien tuvo algún tropiezo por esos rumbos; y con una explicación heurística ("podía ser que el paraíso terrenal estuviera en parte en aquella región, tampoco el Almirante opinaba fuera de razón") otorgó su aprobación a las especulaciones colombinas. Haya tenido o no razón el Descubridor —quien en otra fecha creyó asimismo hallar el sitio del Edén en la Vega de Santo Domingo, en lo cual el Padre Las Casas le llevaba el apunte— lo cierto es que de este hallazgo arranca la idea escatológica de que América es tierra de paraíso y consecuentemente constituye la realización de las esperanzas del hombre en este mundo. Sahagún y el padre Vetancurt aceptaron que el paraíso terrenal existía en algún punto de las Indias; y con su gran aparato de erudición y quizá por ser criptojudío, Antonio de León Pinelo en su *Paraíso en el Nuevo Mundo*, obra del siglo XVII, trata de

Epistolario, I, 261 (núm. 142, a Juan Borromeo, Conde del Lago Verbano, Alcalá, a 21 de octubre de 1494) y I, 307 (núm. 164, al cardenal Bernardino de Carvajal, Tortosa, a 9 de agosto de 1495).

[28] Acerca de Tarsis y Ofir en general, *cf.* Molinari, 7. Pedro MÁRTIR "le oyó decir muchas veces" a Colón que la Española era la *Region Ophira*; y transcribe una carta del almirante al Papa en ese sentido: *Décadas, Vatablus*, lib. 3, Reg. cap. 9, núm. 22 (cit. por SOLÓRZANO PEREYRA, I, 68), Déc. 1a., III, 1, p. 29 (cit. por Pérez de Tudela, "Negociación Colombina", 345, n. 139) y *Epistolario*, I, 306 (núm. 164, al Cardenal Bernardino de Carvajal, Tortosa, a 21 de agosto de 1495). *Cf.* también el *Libro del famoso Marco Polo* traducido por el canónigo Rodrigo de Reina e impreso en Logroño en 1529 (*apud* Harrisse, ed., BIBLIOTH. AMER. VETUSTISSIMA, Additions, núm. 89, pp. 98-99). Las reminiscencias y fantasías bíblicas de Colón no seducían a Pedro Mártir. ¿El almirante había identificado la Hispaniola con Ofir? Tal vez —responde el milanés con una sonrisa— pero yo no lo creo (*Décadas*, Déc. 1a., IV; p. 55, *ap.* Gerbi, *Indias Nuevas*, 78). Sobre la identificación de Ofir con Veragua: Hennessy, 33; y con Costa Rica —la región de la laguna de Chirique— ver Morison, *Southern Voyages*, 244-245. La expedición de Sebastián Gaboto a Sudamérica y su búsqueda de Ofir, en la que en cambio descubrió los ríos Uruguay, Paraná y Paraguay, es reseñada someramente por Rubio Mañé, "La expedición de Legázpi", 544, 545, basándose en Antonio de HERRERA. El asiento del Libro de Armada del 4 de marzo de 1525 donde se comisiona al navegante veneciano "para descubrir las islas de Tarsis y Ofir y el Catayo oriental y Cipango entrando por el estrecho de Magallanes", aparece en CDIU, XIV: 55 ("Índice General de los papeles del Consejo de Indias") y en esa misma colección, XX: 327, puede consultarse la capitulación respectiva. HERRERA coloca Ofir en el Perú: *Historia General*, I, 201; y SOLÓRZANO PEREYRA comenta brevemente, sin comprometerse en un sentido ni en otro, la opinión de "algunos (quienes)… se alargan a pensar que (se trata) del Perú": I, 68. Sobre el descubrimiento de las islas Salomón en 1568, ver G. Menéndez Pidal, 130. La Carta de Veracruz del 10 de agosto de 1519, ha sido publicada, entre otros, por GARCÍA ICAZBALCETA, *Col. de Docs. para la historia de México*, I (1856) y es citada por Prescott, 168, y por Gerbi, *Indias Nuevas*, 118. El proyecto de Cortés para descubrir en el Océano Pacífico la isla de Tar-

racionalizar su intuición de que la morada de los Primeros Padres se encontraba en una zona muy amplia que abarcaba las fuentes del Orinoco y las del Amazonas, donde abunda el Árbol de la culpa, que según él (aunque no produzca manzanas) es el mangle. Considera Solórzano Pereyra como temeridad cualquier intento de ubicar el sitio del paraíso terrenal en alguna comarca de las Indias, las cuales sin embargo pueden ser descritas —dice— como un "huerto de deleite" (que es precisamente lo que *edén* significa en hebreo). Vespucio y Andreas de Corsali, por último, coincidieron con aquel gran jurisconsulto de las Indias en que si en algún sitio habría de localizarse el paraíso era en un lugar escondido en tierras de lo que hoy se denomina la América del Sur.[29]

sis (o "Tarsis y California") es narrado por MUÑOZ CAMARGO, 255; y se alude a esta empresa en la *Probanza... sobre la tierra del Marqués del Valle*, de 1540, citándose como testigos a Andrés de Tapia y a Luis de Baeza (*ap.* CDIAO, XVI: 12). La ecuación Ofir-Tarsis = Indias aparece en SOLÓRZANO PEREYRA, IV, 301.

[29] Cosme o Cosmas vivió en el siglo VI. También, aunque sin estar de acuerdo con su situación, mencionan el sitio del paraíso terrenal Tertuliano, San Ambrosio, San Isidoro, San Buenaventura, Jehan de Outremeuse, Santo Tomás de Aquino y otros autores (Newton, 163-4). Además de la *Imago mundi* de Petrus Aliaco, las fuentes de Colón para situar el paraíso terrenal en el Oriente fueron San Isidro, Beda, *Petrus Comestor*, San Ambrosio y Juan Escoto Erígena. Ver, además, su *Carta de la Tercera Navegación* en NAVARRETE, I, 242-264; Chapman, *Hispanic America*, 15; y Morison, *Southern Voyages*, 155. Sobre los ríos del paraíso, *cf.* Pedro MÁRTIR, *Décadas*, I, 153. Los cuatro ríos tienen en un escritor anónimo del siglo IX (*Description of the Whole World an its Races*, en: *Geogr. Graeci minores*, II, 513, cit. por M. L. W. Laistner, "The Decay of Geographical Knowledge and the Decline of Exploration" *ap.* Newton, 27) los nombres de Geon, Phison, Hidekel o Tigris, y Éufrates o Perath, que León Pinelo identifica, respectivamente, con el Amazonas, el Plata, el Magdalena y el Orinoco (Lewin, 138). HERRERA, *Historia General*, dice que el paraíso está sobre un "peçón alto" (I, 333, 334), pero GÓMARA habla metafóricamente de "huevo, ó piña ó pera": 158. Las referencias al Padre LAS CASAS son, respectivamente, a su *Historia de las Indias*, 263, a su versión del diario de navegación colombino (*Raccolta*, I, 2, 224 seqq.) y a Brading, 92. Ver también Palm, *Monumentos*, I, 15. Sobre la escatología americana, *cf.* G. Boas, 172. SAHAGÚN, Libro XII, Int., vol. IV, 17-18. VETANCURT, *Teatro Mexicano*, Primera Parte, 17. Sobre León Pinelo, *cf.* Larrea, II, 41 y su *Paraíso en el Nuevo Mundo*, I, c. 1, 2, 4; pp. 133-134, 138, 139, así como II, 203 para la higuera índica (mangle) o Árbol de la culpa. SOLÓRZANO PEREYRA, I, 42. Las ideas de Vespucio y de Corsali sobre el posible sitio del paraíso terrenal son mencionadas por RICHARD EDEN, 278, y por Chinard, *L'Exotisme Américain*, 13-14 y n. 1.

III. LOS ESPEJISMOS: LA BÚSQUEDA
DE REINOS Y SITIOS MARAVILLOSOS

LA BÚSQUEDA en el Caribe de sirenas, amazonas y gigantes obedece a tradiciones de raigambre clásica, fuertemente matizadas y diversificadas durante el Medievo, en el sentido de que islas cada vez más lejanas de la periferia del orbe eran morada de seres fabulosos, quimeras que la imaginación humana había creado a menudo con cierta base en la realidad. Los grandes mitos de la conquista americana tienen una raíz telúrica y una base existencial, en el sentido de que eran la realidad tal como la percibía el espíritu crítico y la imaginación exaltada de los conquistadores, espíritu e imaginación condicionados por el bagaje intelectual que arrastraban consigo. Las ideas fantásticas —como trata de demostrarlo Hammond— subsisten mucho después de los descubrimientos: persisten firmemente a través de sucesivos episodios de la conquista de los pueblos aborígenes.[1]

De Plinio el Viejo, Suetonio, Pomponio Mela y Solino, pero también de San Isidoro de Sevilla, Bernardo Silvestre y los enciclopedistas y viajeros de la alta Edad Media, viene ese mundo de encanto, surcado o recorrido en América, desde los últimos años del siglo XV hasta bien entrado el XVII, por una larga serie de navegantes, exploradores y conquistadores europeos. La encabeza Colón, quien seguramente teniendo en mente las islas de *Masculia y Femenina* de Marco Polo, buscaba en Cuba a los hombres caudatos, y en otra isla del Caribe a las amazonas. En el año del descubrimiento de México por los españoles, Alonso de Zuazo considera a las Antillas como islas encantadas y por doquiera ve fuentes cantarinas y riachuelos que arrastran pepitas de oro. "Todas las cosas de las Indias son milagro... todas fueron maravillas", escribe en la Nueva España Dorantes de Carranza, hijo de conquistador. Para aquellas generaciones fue el pan de cada día oír hablar de Cíbola y de Quívira, de la Casa del Sol, de la Tierra de Canela, del reino de las Amazonas, de las riquezas de Zenu, de El Dorado, leyendas vivas que fueron señuelo para la exploración primero, y para la conquista y colonización después, de las regiones más recónditas del continente. El Nuevo Mundo que así se abría ante los ojos atónitos del español iba convirtiéndose en repositorio de los mitos y leyendas de la Edad Media.[2]

[1] Sobre las características generales de los mitos americanos, *cf.* Fernández de Castillejo, 57; Hanke, *Prejuicio racial*, 125; G. P. Hammond, "The search for the fabulous", *passim*, así como el clásico estudio de Enrique de Gandía, *Historia crítica de los mitos de la conquista americana* (Madrid, Soc. Gen. Esp. de la Librería, 1929).

[2] Ispizúa I, 190, 195. Klingender, 341. Colón puebla Avan con hombres caudatos y la isla de Madanina con amazonas: Bourne, 24. La referencia a Zuazo es de M. Jiménez de la Espada, *Relaciones geográficas de Indias* (2a. ed., Madrid, 1965), i, II, *ap.* Elliott, *Old World and New*, 20. DORANTES DE CARRANZA, 138-139. *Cf.* también Hand, 50. En relación con los mitos como incentivo de la exploración, ver Hennessy, 17, 32, 77; y A. Graf, *Miti, leggende e superstizioni del medio evo* (Turín, 1892-1893), vol. II.

El primer espejismo con que tropezamos en el ámbito de la Nueva España (tomada en su sentido más lato) es "la fuente que remoza a los viejos",
la Fuente de Juvencio o de la juventud, que Ponce de León fue el primero en
buscar, en 1513, en lo que hoy son Florida y las Bahamas. La leyenda tiene
un origen no clásico sino medieval: como *Fons Juventutis* aparece por primera vez hacia 1165 en una carta atribuida al Preste Juan (en cuyo mítico
reino supuestamente se encontraba), misiva apócrifa probablemente inven-
tada como instrumento de propaganda, en los días en que se estaba organi-
zando la tercera cruzada, por el Arzobispo Cristián de Maguncia, canciller
de Federico Barbarroja. Según *Li Romans d'Alixandre* (uno de los primeros
monumentos de la lengua francesa) la fuente fluía de un río del Paraíso; y al
bañarse en ella 56 viejos soldados de Alejandro Magno recuperaron la complexión de sus años mozos. El seudo Juan de Mandevila, quien aseguró
haber tomado en ella un baño (en uno de sus viajes imaginarios), dice que
las aguas de la Fuente, que cambian cada hora, tienen el olor y el sabor de
todas las especias.[3]

El rumor que corría entre los caribes y los lucayos sobre la existencia
de un río cuyas aguas devolvían a los viejos el vigor, alentó a Juan Ponce de
León, entonces gobernador de Jamaica, a obtener licencia de la Corona
desde 1512 para "ir a descubrir la isla de Bimini" en donde, como se ha visto, debía hallarse la fuente de Juvencio según la cartografía medieval. Un
año después, se le encomendó la conquista de la tierra por él descubierta
el día de la *pascua florida* —empresa en que fracasó— y recibió de España el
nombramiento de Adelantado de Bímini y Florida, título que conservaron
sus sucesores (Bímini es probablemente la isla de Andros, en las Bahamas,
también descubierta por Ponce de León). Pedro Mártir de Anglería, quien
primero recibió con cierto escepticismo la noticia del descubrimiento de
"fuente tan notable... que rejuvenece los viejos", terminó por aceptar su
existencia basándose en "el poder de la naturaleza hecha ahora casi semejante a Dios". Oviedo calificó toda la historia de "cosa fabulosa e mendace";
Gómara y el Inca Garcilaso (en su historia de la expedición de Hernando
Soto) se limitaron a transcribir los informes que conocieron sobre la existencia de la Fuente; pero Herrera, escribiendo ya en los primeros años del
siglo XVII, menciona en su *Historia General* una anécdota de un anciano cacique indio de Florida quien, después de sumergirse en la Fuente, recuperó
su vigor a tal grado que, habiendo tomado nueva esposa, engendró otros
hijos.[4]

---

[3] Los españoles no usaron el término "fuente de la juventud" sino el de "Fuente de Juvencio"
(J. J. y J. G. Varner, *El Inca Garcilaso*, 8, n. 5). Puede haber alguna conexión entre la fuente de
la juventud y las "aguas lustrales" de los semitas: Olschki, 369. Ver ese mismo autor, 370, 374 y
nota, respecto a Cristián de Maguncia y el Romance de Alejandro, así como también Sir E.
Denison Ross, "Prester John and the Emperor of Ethiopia", *ap.* Newton, 174-178, espec. la
p. 176. Vedel, 101-103. Sobre las noticias apócrifas de "Juan de Mandevilla", *cf.* Roxburgh Club's,
Book of Mandevill, 84; Fiske, II, 485; y Newton, 164, quien cita la edición de Hamelius, I, 202-203.

[4] *Cf.* E. de Gandía, 51, y A. González de Barcia, ed., HISTORIA DE FLORIDA de "Cárdenas y
Cano" acerca de las leyendas indígenas, I, 15. Ver las capitulaciones con Ponce de León, de
1512 y 1514, en CDIU (...*Consejo de Indias... Libros de Asientos i Capitulaciones*, 9 y 11), XVII: 23.
Cf. Chapman, 44; Olschki, 361-385; y Morison, *Southern Voyages*, 516. La ortografía Bímini

Hernando de Escalante Fontanedo, soldado de la expedición de Hernando de Soto que pasó 17 años cautivo en Florida, con la esperanza de rejuvenecerse buscaba "el río Jordán", el cual, según dice él mismo, Ponce de León había tratado de hallar. Pero, añade, "por mi desgracia, nunca acerté con él". Reyes y caciques indígenas imitaron su ejemplo "y tan de pecho lo tomaron, que ni quedó arroyo ni río en la Florida, hasta las lagunas y pantanos, que no se bañaron, que hasta hoy porfían de hallalle y nunca acaban". Ayllón dio el nombre de Jordán a un río de la Carolina del Sur. En Inglaterra, Richard Eden, citando a Gómara y a Sebastián Gaboto, informó objetivamente sobre las andanzas de Ponce de León. Entre 1562 y 1564, los franceses que intentaron establecerse en Florida, creyeron estar a dos pasos de la *Fontaine de Jouvence:* Ribault calculaba que el río Jordán, "del que tanto se ha hablado", se encuentra un poco más al norte, en Chicoria (las Carolinas); y René de Laudonnière aseguró haber conversado con hombres de más de 250 años de edad (!) que habían bebido agua de la F u e n t e d e l a J u v e n t u d . A fines del siglo XVII todavía la menciona Abad y Lasierra, pero únicamente como "creencia" de Ponce de León. Quedó algo concreto, después de todo, como resultado de tantos empeños: el descubrimiento del canal de Bahama, arteria vital durante siglos en el camino de regreso a España, cuya vigilancia constante asignada a guarniciones españolas condujo, a su vez, a la colonización de Florida. Y hubo, como sucedió con otros espejismos, un fondo de verdad. Los soldados y frailes españoles que atravesando Chicoria llegaron hasta la Tierra de Ajacán (Virginia y Maryland actuales), descubrieron en el camino muchas fuentes termales famosas hasta nuestros días como Saratoga y *Hot Springs,* que si bien no les devolvieron la juventud por lo menos sirvieron para aligerar sus dolencias y calmar su sed.[5]

es la que utilizan Góngora, *Estado en el Derecho Indiano,* 46 y *passim* y E. W. Palm, *Monumentos de La Española,* I, 86. Olschki la identifica con la isla de Andros (p. 367); ALCEDO proporciona sus coordenadas, I, 157; y López de Velasco, 65, habla de su tamaño. Las referencias a Pedro MÁRTIR son a sus *Décadas:* 2a. déc., X, 2; p. 192, y VII, 7 (ver los comentarios de Olschki, 363; y de Gerbi, *Nuevas Indias,* 81). La cita de OVIEDO procede de su *Historia General y Natural,* XXIX, 15; vol. II, 211, y XXXVI, Proemio; vol. IV, 319 (*cf.* también I, 87; II, 105, 106, 210, 211, 320, 333; y IV, 320). GÓMARA, 178. El INCA GARCILASO es citado por Ruidíaz y Saravía, I, LVIII; y HERRERA por Morison, *Southern Voyages,* 504.

[5] La narración de este episodio por Escalante Fontanedo ha sido publicada por TERNAUX-COMPANS, XX, 18-19; y coincide a la letra con la de "Cárdenas y Cano". Por ello podemos suponer que Escalante Fontanedo y "Cárdenas y Cano" sean la misma persona. El texto de este último fue publicado por A. González de BARCIA, I, 15; y aparece también como "relato anónimo" en el CDIAU, V, 536-537 (*Memoria de las cosas y costas y indios de la Florida),* texto que ha sido tomado del tomo LXXXIX de la colección de J. B. Muñoz. Vázquez de Ayllón y el río Jordán son mencionados por Lussagnet, 65, n. 3. El traductor y editor del FIDALGO DE ELVAS (Miguel Muñoz de San Pedro, Conde de Canilleros) dice que el mito de Bímini, "vieja tradición de los lucayos, llegó a creerse ciegamente, y fue móvil de muchas expediciones" (Int., 22). Ponce de León buscaba "a fontayne whose water is of vertue to make owlde men younge": Richard EDEN, 345. Sobre Ribault ver LUSSAGNET (ed.), 24, 54; y sobre Laudonnière *cf.* Bolton, *Borderlands,* 136. ABAD Y LASIERRA, 29. Acerca de la importancia estratégica del canal de Bahama, ver Orozco y Berra, *Historia Antigua,* IV, 307. TORQUEMADA, IV, XXIV; I, 407, nos informa que Antón de Alaminos fue el primero en navegar, en 1519 al servicio de Cortés, por el canal de Bahama. Elisée Réclus añade a *Saratoga* y a *Hot Springs* (ya señaladas por Morison) las

El marco geográfico de la leyenda de las S i e t e   C i u d a d e s se desplaza durante el Medievo por varias islas del Mar Océano, como se ha visto, para ubicarse definitivamente hacia 1528 o 1529 en regiones cada vez más lejanas y todavía inexploradas, al norte de la Nueva España: las siete ciudades de C í b o l a   y la G r a n   Q u í v i r a . El Padre Las Casas atribuye a los portugueses (correctamente) la paternidad de esa leyenda. Arriesgando fortuna y reputación, emprendieron su busca desde Nuño de Guzmán en el siglo XVI hasta el Marqués de Aguayo en el XVIII. La fantasía puso a girar el número 7 en forma cabalística, al haber hallado eco la leyenda medieval en las tradiciones indígenas que señalaban las siete cuevas o Chicomóztoc como cuna de las tribus nahuas.[6]

Probablemente Nuño, antes de salir rumbo a occidente en 1529, ya tenía alguna noticia de C í b o l a , que más tarde se propuso ciertamente descubrir, pero parece indudable que quienes divulgaron la noticia de la existencia de las Siete Ciudades al norte del naciente virreinato fueron el náufrago Cabeza de Vaca y sus compañeros de infortunio, al término de su lenta peregrinación y repetidos cautiverios de los años 1527-1535, desde Florida hasta Culiacán. Durante esos años escucharon probablemente una leyenda indígena equivalente. Enviado a verificar la autenticidad de lo narrado por Cabeza de Vaca al Virrey Mendoza, y antes a los soldados de Nuño, Fray Marcos de Niza confirmó no sólo la existencia sino la magnificencia de las Siete Ciudades (cuyas casas "tenían puertas de turquesas"), y de paso la de "los reinos de Marata, Acus y Totonteac". El relato del buen fraile —sin duda imaginativo—, abonado por la presencia a su lado de Estebanico y basado en ciertas realidades (por ejemplo, la Confederación Zuñi agrupaba *siete* pueblos o ciudades), produjo gran revuelo en la Nueva España, y los primeros conquistadores se disputaron el honor de encabezar una expedición de conquista. Fray Jerónimo Ximénez de San Esteban puso en boca de Fray Marcos, su contemporáneo, historias de esmeraldas, y de su cosecha añadió camellos y elefantes.[7]

aguas de *Silver Spring, Manatee Spring* (el nombre "manatí" o sea el pez que los navegantes del siglo XVII confundían con las sirenas, es interesante) y las del río Wakulla, "fuentes maravillosas que buscaban los españoles" (*Nouvelle Géographie Universelle*, París, 1876-1894, XVI; 290).

[6] "En la vieja leyenda, las 'siete ciudades de Cíbola' fueron las siete ciudades de Antilia" (Bolton, *Coronado*, 28). Ver también Chapman, *Hispanic America*, 43 y ss. Jiménez Moreno discute la relación entre "siete ciudades" y "siete cuevas" en *Estudios*, 49. También lo hace Fernández de Castillejo, 87-88. Nakayama, ed., Antonio RUIZ, 19, n. 1, recuerda brevemente el significado cabalístico del número siete. La cita del P. Las Casas es a su *Hist. de las Indias* (Madrid, 1875), I, C. XIII, pp. 99-100.

[7] Sauer, *Road to Cibola*, 9; Gurría Lacroix, "Minería", 56-57; y García Icazbalceta, PRIMER ANÓNIMO, en *Obras*, II, 291, hablan de Nuño de Guzmán y las Siete Ciudades. Riva Palacio, 235, y Rubio Mañé, *Virreyes*, I, 36, atribuyen a Cabeza de Vaca la invención de la leyenda en la Nueva España. El relato de Fray MARCOS DE NIZA ha sido publicado en CDIAO, III; 329-350 (véanse espec. las pp. 333-335 y 348) y en versión inglesa, por Percy M. Baldwin (*New Mexico Historical Review*, I: 2, Santa Fe, 1926; en las pp. 207 y 219 menciona Fray Marcos a Marata, etc.). Véanse también Bolton, *Coronado*, 27-28; Brebner, 77, y Fernández de Castillejo, 86. García Icazbalceta, NUEVA COLECCIÓN, I, 194-195, publica la carta de Fray Jerónimo XIMÉNEZ DE SAN ESTEBAN a Santo Tomás de Villanueva, en la cual cita a Fray Marcos de Niza: "me dijo... que vio templo de sus idolos... cubiertas las paredes de piedras preciosas pienso me dijo esmeraldas. Tambien dicen que en la tierra más dentro hay camellos y elefantes".

Entretanto, Nuño de Guzmán hablaba en Xalisco y en las márgenes del Culiacán y del Petatlán (el río Sinaloa) con guías indios que lo condujeran a C í b o l a ; y envió adelante en su búsqueda, primero a su mariscal de campo, el capitán Gonzalo López, luego al notorio Peralmíndez Chirinos, y después a Diego de Guzmán, cuya tropa llegó hasta la región de los pimas en el valle del Yaqui. Uno o dos años más tarde, al regresar a España en 1539, Cabeza de Vaca logró interesar en la empresa a Hernando de Soto, quien se aprestaba a conquistar Florida y Chicoria. Pedro de Alvarado, poco antes de morir despeñado, comenzó su viaje de 1540 "en demanda de las S i e t e   C i u d a d e s " . Pero de conformidad con la política iniciada por Mendoza de que la Corona participara directamente en las expediciones de conquista, el flamante gobernador de la Nueva Galicia, Francico Vázquez de Coronado, fue comisionado en 1540 por el virrey como "capitán general de las provincias de Acus, C í b o l a , las S i e t e C i u d a d e s , los reinos de Marata y Totonteac y de las otras tierras que descubra". Aquella expedición, en la que Coronado perdió fortuna y reputación, no encontró —es cierto— las fabulosas ciudades del mito, pero en cambio abrió para la geografía un territorio que por su inmensidad eclipsaba incluso al que entonces se conocía de la Nueva España.[8]

No sólo el virrey Mendoza sino muchos de sus contemporáneos y cronistas posteriores creyeron en la existencia de reinos fabulosos en el norte, que tarde o temprano serían localizados; y la noticia cundió de tal forma que el mismo Carlos V menciona Cíbola, junto con Florida, en una carta de 1554 dirigida al Ministro general de los franciscanos en Roma. Don Antonio informaba al emperador en 1540 acerca del inicio de la marcha de Coronado y sus hombres en los siguientes términos: "salido de este despoblado grande (*i. e.* la región al norte de Guadalajara) están siete lugares... á los cuales todos juntos llaman C i v o l a " . Bernal Díaz del Castillo da

[8] Sobre la búsqueda emprendida por Nuño de Guzmán, *cf.* la primera RELACIÓN ANÓNIMA, 291, y la segunda RELACIÓN ANÓNIMA, 303. (Según Ocaranza, *Crónicas del Occidente*, 3, el río Petatlán es el que hoy se llama Sinaloa.) Véanse también Fray Pablo BEAUMONT II, 249; López Portillo y Weber, 170; Carlos Castañeda, 82; y Sauer, 11-12. Brebner, 78, menciona la conversación entre Cabeza de Vaca y Hernando de Soto. OVIEDO habla de Pedro de Alvarado: *Historia general y moral*, XL, II; vol. IV, 351. La comisión de Coronado está fechada el 6 de enero de 1540. Bolton, *Coronado*, 54. J. Eric Thompson dice que Cíbola es Zuñi, al sur de Gallup, en Nuevo México; y que Quívira son las llanuras de Nebraska: Int. a Thomas GAGE, 93, n. 5. Siguiendo al Padre Dablon, Brebner pone Quívira en la frontera con el Canadá (p. 252). Basándose en un estudio geográfico-topográfico, Bolton (*Coronado*, 132-134) identifica seis de las siete ciudades de Cíbola —de las cuales Háwikuh es la principal— con lo que era, cuando publicó esa obra (en 1949), la reservación de los indios zuñis de Nuevo México, a unos 95), kilómetros al sur de Gallup, por la carretera *US núm. 66* que va de Albuquerque al Gran Cañón del Colorado. Los otros cinco son los poblados de Kechipáuan, Kwákina, Hálona, Mátsaki y Kiákima, llamados en su conjunto los pueblos hopis. La séptima, Tusayán —también según Bolton— estaba a cierta distancia al noroeste. Coinciden en esta identificación de Háwikuh C. J. Lynch (ed. de Fray Alonso de BENAVIDES, 30, n. 71) y O'Gorman (ed. LAS CASAS, *Apologética Historia*, 16, n. 53), quien traduce ese nombre como Agüico. Kelemen, I, 12, dice que "Cíbola" es la versión española de Shi-wi-nah, palabra con que los zuñis designaban su ámbito tribal. En la "visita" a que fue sometido •en México, se reprochó a Mendoza haber gastado grandes sumas en la expedición a la "tierra nueva de Cíbola": VISITA A MENDOZA, 101, 102, 132. Fue eventualmente exonerado de ése y otros cargos.

por sentado que Coronado llegó a ella; y Motolinía afirma que la habita "gente extraña y nunca oída". Fray Francisco Mariano de Torres menciona no sólo Q u í v i r a sino también "Marata, Acuz y Tonteac". Hacia 1562 la noticia de esos descubrimientos había llegado incluso a oídos de los franceses que se aferraban a Florida. Dos décadas después, Fray Diego Muñoz hace el elogio de los franciscanos que fueron con Coronado a C í b o l a . Baltazar de Obregón alude al relato de Fray Marcos de Niza; y el mercader Henry Hawks repite una conseja según la cual si los españoles no habían logrado encontrar todavía ninguna de las Ciudades era porque, cuando les pasaban cerca, los hechiceros las ocultaban con un velo de niebla. En los últimos años del siglo XVI, Antonio Ruiz, poblador y alcalde mayor de Sinaloa, da testimonio de que su padre fue con Coronado a " C í b o l a , donde son las S i e t e C i u d a d e s ". El Padre Arregui informa hacia 1621 que los conquistadores "descubrieron y dieron vista a los llanos de C í v o l a ; y aún dizen llegaron al rreyno de Q u i v i r a ". Torquemada atribuye a la "orden de Frailes Franciscanos... la entrada de la Tierra Nueva, que llamaban de las S i e t e C i u d a d e s ". Para Fray Alonso de Benavides, " S í b o l a " no se halla en las llanuras de Oklahoma y Texas (alguna de las cuales recorrió), sino en Nuevo México, a 40 o 50 leguas al norte del Valle de la Señora (Sonora). Joannes de Laët, geógrafo holandés de la primera mitad del siglo XVII, sitúa a C í b o l a en California; y llama a los búfalos o bisontes americanos "vacas cíbolas", nombre que con tal sentido se ha incorporado al vocabulario castellano y que identifica, además, una sierra en el estado de Coahuila, un distrito del Río Grande y un río de Texas tributario del San Antonio.[9]

Coronado también recorrió fatigosamente, como es sabido, las planicies y desfiladeros de Kansas, Nebraska y posiblemente Utah, dándoles el nombre de Q u i v i r a . Rodríguez Cabrillo y su sucesor Ferrelo, por su parte, la buscaban a lo largo de las costas de California en los años de 1542 y 1543. El Padre Las Casas informa que " Q u i b i r a (está a)... quince jornadas pequeñas de Tigués (Tiguex, Nuevo México, cerca de Albuquerque)... creo que hacia el... septentrión". En 1602, Vizcaíno, siguiendo las huellas de Cabrillo, se propuso alcanzar la misma meta. Cuando, hacia 1570 —dice Alessio Robles—, se habían desvanecido quimeras tales como las amazonas y las Siete Ciudades, quedaba en pie el sueño de la G r a n Q u í v i r a , que en los mapas de Ramusio de 1556 y de Lok de 1587 aparece más bien en la Alta California. Fue el objetivo de la expedición del Capitán Francisco Leiva Bonilla, quien partió en 1594 de la Nueva Vizcaya

---

[9] La carta de Mendoza a Carlos V aparece en CDIAO, II; 358 y está fechada en el 17 de abril de 1540. La carta referida de Carlos V es citada por Gómez Canedo, 245. BERNAL DÍAZ, c. ccii; III, 191. MOTOLINÍA, *Historia de los Indios*, 4 y 12. Fray Francisco Mariano de TORRES, 109. Sobre el concepto de "Sevola", "Quivira" y "Astatlan" que tenía Ribault, véase su *Complète et véridique découverte de... Floride*, ed. LUSSAGNET, 13-14, y *L'Historie Notable de la Floride* de M. Basanier, *loc. cit.*, 38, así como Woodbury, *Spanish Settlements*, 34. Baltazar de OBREGÓN, I, ii, p. 9. Fray Diego MUÑOZ, 48-50. García Icazbalceta cita a Henry HAWKS en sus *Viajeros Ingleses*, 57. Antonio RUIZ, 9, col. 1 y 19. Padre ARREGUI, 11 y 108. TORQUEMADA, I, 609. Fray A. de BENAVIDES, *Memorial* (ed. inglesa), 69 y n. 145. J. de LAËT, Lib. VI, c. XVII; p. 303. Sobre el uso actual de la voz "cíbola" *cf.* M. T. Huerta Preciado, 98.

para nunca regresar; y del viaje de 270 leguas recorridas en cinco meses por Juan de Oñate en 1601, acerca del cual escribió un relato Fray Francisco de Velasco. Otro mendicante más conocido, Fray Alonso de Benavides, coloca el reino de Q u í v i r a , al parecer de oídas, a diez jornadas al occidente de Tiguex, y el dominico inglés Thomas Gage la identifica con las llanuras de la actual Nebraska. La historia más notable en relación con Q u í v i r a es, sin embargo, la del gobernador de Nuevo México (1661-1664), el limeño Diego de Peñalosa, quien habiendo traicionado a su soberano y encontrándose en exilio en Francia (país al que ofreció sus servicios) hizo escribir una *Relación del descubrimiento del país y ciudad de Quivira*, atribuyéndola a un Fray Nicolás de Freitas, en la que se jacta de haber encontrado y visitado aquel fabulosos reino. Hacia 1708, el P. Kino sitúa la Gran Quivira al noreste de la Pimería Alta y, al norte de esta última región, al Gran Teguayo, del que se habla en el siguiente párrafo. Por último, es interesante recordar que antes de 1720 el gobernador de Coahuila, el Marqués de San Miguel de Aguayo, con un fraile y ochos compañías de caballería recorrió Texas hasta los confines de Luisiana, con el doble propósito de descubrir la G r a n   Q u í v i r a   y de ver qué se proponían hacer las guarniciones francesas apostadas al otro lado del río Rojo.[10]

El fabuloso   r e i n o   d e   T e g u a y o   (Theguaio, Teguayo, Tagago), del que se comienza a hablar a mediados del siglo XVI, parece haber sido una evolución de la leyenda de   C í b o l a : el nombre quizá deriva del de Tíguex, polo de las actividades de Coronado. Su capital era una ciudad amurallada que medía en leguas su circunferencia y en la cual abundaban las piedras preciosas; sus reyes comían en vajilla de oro y dormían la siesta bajo un árbol desde cuyas ramas los arrullaban campanillas del mismo metal; y sus ríos tenían más de dos leguas de ancho, con peces del tamaño de un caballo, según informó un indio ladino a los azorados y crédulos españoles. La fama de aquel fabuloso reino había llegado desde 1673 al Canadá de Frontenac y de Talon, y según la falsa *Relación* de Peñalosa, se llegaba a él por el camino de Taos. Después de que éste huyó primero a Francia y después a Inglaterra (las otras dos grandes potencias coloniales de Nortea-

---

[10] Chapman, *Hispanic America,* 43, menciona a Cabrillo y a Ferrelo, y cita los mapas de Ramusio y Lok: p. 73. Fray Bartolomé de LAS CASAS, *Apologética Historia,* c. 54. Brebner, 404, habla de Vizcaíno. Alessio Robles, *Urdiñola,* 36. Carlos Castañeda, 184, 189 y 194, registra las expediciones de Leiva y de Juan de *Oñate;* y Hammond y Rey, *Oñate,* Int., 24-26, describen esta última con referencia a Fray Francisco de VELASCO. Fray Alonso de BENAVIDES, *Memorial* (ed. inglesa), 71. Sobre el viaje imaginario de Peñalosa, ver Chapman, *California,* 75; F. V. Scholes, *New Mexico,* 243; a Fernández Duro, "Diego de Peñalosa", 50-51. P. Eusebio Francisco KINO, *Favores Celestiales,* ap. Bolognani, 274. La expedición del Marqués de Aguayo es mencionada por Bolton, *North America,* 296.
¿Dónde estuvo ubicada la Gran Quivira? Kubler y Hodge (ed. de Fray A. de BENAVIDES, versión inglesa, 265) la identifican con un pueblo, el de Xumanas o Las Humanas; pero para la mayoría de los especialistas no se trata de un pueblo sino de una región, lo que parece más lógico. Para Carlos Castañeda empezaba en lo que hoy es el condado de Ochiltree, Texas; y los demás la colocan íntegramente en la parte central u oriental del estado de Kansas, en tierra de los indios *wichitas* (Bolton, *Spanish Borderlands,* 101, *North America,* 45, y *Coronado,* 294; Hammond y Rey, en la ed. de Baltazar de OBREGÓN, 24, n. 75; *Oñate,* mapa al final; y O'Gorman en la ed. de la *Apologética Historia* de LAS CASAS, c. 54, n. 52).

mérica), el alarmado virrey de México, cumpliendo órdenes de Madrid, dispuso en 1685 que se reunieron todas las noticias que hubiera en relación con T e g u a y o , a resultas de lo cual Fray Alonso de Posada preparó un famoso memorial sobre Nuevo México, en el cual ubica ese fantástico reino más allá de las tierras de los indios utahs, precisando que también era llamado C o p a l a . Setenta y cinco años después, en 1776, la expedición de Escalante exploró el misterioso Utah sin encontrar nada digno de nota, dándole el nombre de "reinos de C o p a l a y T e g u a y o " .[11]

El reino de C o p a l a y s u l a g u n a (por alguna razón inseparables) no se hallaban sin embargo en la vecindad del Gran Lago Salado, sino en alguna región de la Nueva Vizcaya; su leyenda es más antigua que la de Teguayo. El interés por encontrar ese reino ya era grande cuando vivía aún la primera generación de conquistadores, y el Virrey Luis de Velasco I demostró un interés personal en localizarlo. El rico minero y ganadero zacatecano Diego de Ibarra solicitó y obtuvo merced de ese virrey para organizar una expedición; luego escogió, en 1544, a su leal sobrino Francisco para encabezarla. Puede decirse por ello que las exploraciones del joven Ibarra, cuyo resultado fue la fundación de la Nueva Vizcaya, tuvieron por primer móvil la localización del reino de C o p a l a que, como adivinará el lector, jamás fue encontrado. Por lo menos tres veces, en 1562-1563, en Nombre de Dios, en el mineral de Aviño y en San Juan del Río (Durango) las noticias frescas y halagüeñas sobre el espejismo que perseguía alentaron a Francisco de Ibarra a llevar adelante la empresa. Después de la fundación de Durango envió a uno de sus capitanes, Alonso Pacheco, a buscar C o p a l a por el lado del río de los Conchos (Pacheco descubrió en el camino las minas de Indé y Cuencamé, y penetró hasta Chiametla en Culiacán). En el curso de su segunda expedición, a fines de 1563, Ibarra pudo, con bastantes tropiezos, entrar a Topiamé (Topia), en la sierra tepehuana, para encontrar que la soñada provincia de C o p a - l a no tenía la importancia que la imaginación aventurera de aquellos tiempos le había atribuido. Habiendo fallecido aún joven en 1575, Francisco de Ibarra fue sucedido por su tío Diego como "Gobernador de las provincias de Copala, Nueva Vizcaya y Chiametla".[12]

[11] Teguayo es mencionado, como ya se dijo, por el Padre Dablon como limítrofe con el Canadá: Brebner, 252. La descripción de las maravillas de este reino mítico es de Fernández Duro, "Diego de Peñalosa", 7-B. La historia de Teguayo es narrada por Hammond, "The Search for the Fabulous", 18-19 y por María del Carmen Velázquez, en prefacio de ECHEGARAY (ed.), Cartografía, XIII.

[12] Hammond, 16-17, quien cita a S. Lyman Tyler, "The Myth of the Lake Copala and Land of Teguayo" en Utah Historical Quarterly, XX (oct. 1952), 313-329. El interés del virrey Velasco es mencionado por Saravia, "Conquista de Durango", 198. Acerca de la búsqueda de Copala por Francisco de Ibarra, cf. Mecham, Ibarra, 68, 80, 101, 119 y 128; Jiménez Moreno, Estudios, 61, nota; Amador, I, 219; y Pérez Verdía, 260-261, quien afirma que Copala está incluso citada en la Recopilación de Indias, L. VII, tít. XV. Saravia, en sus Apuntes, además de la expedición de Ibarra habla de los proyectos de Luis Cortés y de Juan de Tolosa: I, 103, 105, 125, 137-138, 212, 278-279. Topia ya había sido visitada, entre 1530 y 1535, por Cristóbal de Oñate y José Angulo, miembros de la expedición de Nuño de Guzmán, y uno de los dos había incluso llegado al valle del Guadiana. El memorial de los servicios de F. de Ibarra está publicado en los Docs. Inéd. de Indias, XIV, 463 ss.

Desde 1557 Felipe II había mencionado Copalá *(sic)* en su correspondencia llamándola "rica provincia por descubrir". Un año antes, Luis Cortés, bastardo del Conquistador, y su cuñado Juan de Tolosa (uno de los fundadores de Zacatecas) hicieron un fugaz intento para atajar a Francisco de Ibarra, quien había partido en pos de C o p a l a   dos años antes. El licenciado Zorita, historiador y oidor de la Audiencia de México, solicitó en 1560 la venia de la Corona para la conquista de Nuevo México o de C o p a l a , pero la petición no fue atendida. Hawks, el mercader inglés de Veracruz, señala que en su tiempo "Copalla" aún está por descubrirse. Mas si los fastos de ese reino no existieron jamás, su L a g u n a   sí, y con este nombre conocemos ahora la laboriosa comarca —hoy rica— que comparten los estados de Durango y de Coahuila y cuya metrópoli es Torreón. Para Mendizábal, "Copala" no era sino el nombre que los nahuatlatos daban a una de las lagunas en donde desaguaban las avenidas del río de las Nasas (Nazas), y cuyas márgenes estaban pobladas por los irritilas. Mota Padilla opinó que esa laguna era la de Mayrán y por su parte, Martínez del Río no excluye la posibilidad de que la Laguna de C o p a l a pueda haber sido la de Patos o quizá mejor, la de Tlahualilo, en donde según datos fehacientes el Nazas vertió sus aguas hasta el año de 1829.[13]

También en tierras del norte de la Nueva España se persiguió otra fantasmagoría: la de las M o n t a ñ a s   d e   P l a t a   que desde 1552 Ginés Vázquez del Mercado creyó encontrar cerca de Durango, cerro que a la postre se reveló un gran tesoro ya que ha sido considerado el depósito de mineral de hierro más grande del mundo. Los colonizadores del Nuevo Reino de León alimentaron la esperanza de descubrir el C e r r o   d e   l a   P l a t a , "incógnito a los que hoy viven... es hacia el norte", como declaró el cronista neoleonés Alonso de León; y organizaron sendas jornadas en 1644 y 1648, al mando del capitán Juan de Zavala, para conquistarlo, cosa que fue impedida una y otra vez por los temibles indios alazapas. En Nuevo México, en tiempos del gobernador Diego de Vargas —hacia fines del siglo XVII— apareció en la provincia de Moqui una S i e r r a   A z u l , de la cual se decía que era una montaña de plata, con sus lagunas de azogue. Esto interesó incluso al Virrey de México y fue un mito que no se desvaneció sino hasta el siglo pasado. California tuvo también en el siglo XVII su parte de esos tesoros soñados; y el naturalista doctor Francisco Hernández, protomédico de las Indias, describe una montaña mágica (¿de mercurio?), situada cerca de Tlapa en el México central, que "al contacto de los pies de un solo hombre tiembla tod(a)" y en cuya vecindad las hojas

---

[13] Fray Francisco de Mendoza, sobrino del virrey del mismo apellido, había viajado a España para informar sobre la búsqueda de Copala y Topiamé; la Cédula de Felipe II fue dirigida al Virrey Velasco I (Saravia, *Apuntes*, I, 108, 125). La comisión de Luis Cortés es mencionada, entre otros, por Porras Muñoz, *Nueva Vizcaya*, 12. Alonso de ZORITA, *Memorial*, 333. La narración de Hawks en que se menciona "Copalla" fue incluida por HAKLUYT en sus *Principal Navigations*, VI, 283. Después de 1569 se fundó una población llamada Copala o "salinas y real de Copala" en la provincia de Chiametla (Sinaloa), que la Audiencia de Guadalajara y el gobernador de Nueva Vizcaya se disputaron (Porras Muñoz, *Nueva Vizcaya*, 41, 42, 407). La cita de MOTA PADILLA, así como las referencias a Mecham, *Francisco de Ibarra*, 75; a Elías Amador, I, 217; y a Esteban Portillo, 39, son de Martínez del Río, *Comarca Lagunera*, 18, 21, 22 y 62.

de los árboles que caen al río se petrifican inmediatamente. Con mejor suerte corrieron los exploradores de la Argentina y del Perú quienes buscando a El Rey Blanco (*i. e.* un rey cubierto de plata, quizá el Gran Inca), hallaron respectivamente el Río de la Plata y el Cerro del Potosí.[14]

Los sitios maravillosos y fantásticos se multiplican en la época colonial. En la Huasteca, en un punto que Botero denomina Zimatao, había supuestamente dos fuentes, una de peces negros y otra de rojos. Pedro Mártir y Diego de Ordaz dicen que en el Caribe hay árboles monederos y otros que sangran. El Padre Cobo, quien pasó en la Nueva España catorce años (de 1629 a 1643) menciona un "árbol de la inmortalidad". También se discutían las extraordinarias propiedades curativas de la palmera moriche (del Golfo de Paria) y del palo santo o guayacán.[15]

El Océano Pacífico, esa mar inesperada que junto con América se interpuso entre Europa y las Islas de las Especias, debía necesariamente encerrar muchos secretos. Pedro de Alvarado pidió autorización para hallar el camino hacia la Especiería. Cortés, desde su *Tercera Carta de Relación*, estimaba que la conquista de México no era sino un paso para descubrir la mar del Sur, donde "se habían de hallar muchas islas ricas de oro y perlas y piedras preciosas y especiería y se habían de descubrir muchos secretos y cosas admirables"; y cuando Carlos V, en 1523, lo comisionó para hallar esos "grandes secretos", el Conquistador incorporó el privilegio imperial a su mayorazgo. Dando por supuesto que América era una extensión de Asia, buscó también el E s t r e c h o d e A n i á n , que haría "la navegación de la Especiería... muy buena y breve". También lo buscaría Cabrillo en 1542-1543. Más al norte, tratarán también de hallar ese estrecho Cartier y Champlain a fin de alcanzar las aguas de China; y a principios del siglo XVII, Fray Antonio de la Ascensión, escribiendo sobre los viajes de Vizcaíno, diría que el R e i n o d e A n i á n se encuentra entre el Reino de Q u í v i r a y la (Alta) California, y que el estrecho junta el Mar Océano (*i.e.* el Pacífico) con el mediterráneo californiano.[16]

[14] Sobre Vázquez del Mercado, *cf.* Bakewell, 43; y Trinidad García, 166. El Cerro de la Plata, en el Nuevo Reino de León, es mencionado por Cavazos Garza, *Cedulario*, 7-8; y la Sierra Azul de Nuevo México por Hammond, "Search for the Fabulous", 15, quien cita, sin proporcionar el nombre de su autor, un artículo de la *New Mexico Historical Review*, IX (abril de 1934), 113-158, intitulado "The Legend of Sierra Azul". Las "minas de plata" de California son mencionadas por Pérez Embid, 520, quien se refiere a dos obras del Padre Constantino Bayle, S. J., a saber, su introducción a la obra de J. M. de Salvatierra. S. J., *Misión de la Baja California;* y a su propia *Historia de los descubrimientos y colonización de los padres de la Compañía de Jesús en la Baja California* (Madrid, 1933). Francisco HERNÁNDEZ, *Antigüedades*, 75. Acerca de la búsqueda en Sudamérica de la "Sierra de Plata" y del "Rey Blanco", ver Fray Gaspar de CARVAJAL, Int. de Hernández Millares, 10; Morison, *Southern Voyages*, 545, 546 y 554; y Blanco Fombona, *El conquistador*, 231.

[15] Giovanni BOTERO, 163. Pedro MÁRTIR (quien cita a Diego Ordaz), *Décadas*, I, 286 y v, 390. Sobre los árboles curativos, *cf.* E. de Gandía, 52-53.

[16] Las intenciones de Alvarado son mencionadas por Bolton, *Coronado*, 43. CORTÉS en la *Tercera Carta de Relación* de 1522 (ed. Espasa, II, 50; o ed. Nueva España, III, 388) habla de "muchos secretos y cosas admirables" (*cf.* Rubio Mañé, "Expedición de Legazpi", 577; y Villoro, *Indigenismo*, 16), expresión que repite GÓMARA, II, clxviii y cl. Las instrucciones de Carlos V han sido publicadas por Arteaga Garza y Pérez San Vicente, 63 (núms. 7 y 17). BERNAL DÍAZ

El último espejismo que atrajo la atención de los navegantes del Pacífico fue el de las I s l a s   R i c a   d e   O r o y R i c a   d e   P l a - t a . Quizá el propio Carlos V dio origen a la leyenda al instruir a Cortés en 1526 para que los hombres que enviaba a la Mar del Sur "lleven algunas cosas de rescate... por si toparen alguna isla o tierra rica". Como quiera que sea, al Padre Andrés de Aguirre, compañero de Urdaneta, puso de moda unas islas 'Ricas de Oro' y 'Ricas de Plata', y poco después, en 1587-1588, partiendo de las Babuyanes (Filipinas), las buscó con tesón el Capitán Pedro de Unamuno, quien regresó a Acapulco desalentado y con las manos vacías. Sólo había encontrado dos pequeñas islas a 450 leguas de distancia de las Filipinas, pero eran tan poco atractivas que las bautizó como *Las sin prove-cho*. El Virrey Conde de Monterrey despachó en 1611 con el mismo objeto a Vizcaíno —quien llegó hasta el Japón— mas el resultado fue igualmente des-afortunado. Se reinició en la Nueva España la búsqueda de las I s l a s R i c a s en 1734 para suspenderse siete años después, aunque algunos navegantes españoles, portugueses y holandeses siguieron buscándolas durante muchos años. Éstos las llamaron *Goudt Eiland* y *Silver Eiland;* y para los segundos eran las islas *Lequeos*. En nuestro tiempo, Chassigneux ha concluido que las elusivas islas no eran otras que Okinawa-sima en el archipiélago de las Ryu-Kyu.[17]

alude a esas instrucciones, C. CLXV; II, 383. Ver también Lucas Alamán, I, 139. En relación con la búsqueda del estrecho de Anián por parte de CORTÉS, *cf.* sus *Cuarta* (II, 116 y 117) y *Quinta* (II, 244) *Cartas de Relación.*Cabrillo es mencionado por Chapman, *Hispanic America*, 43, indi-cando que en esa búsqueda llegó hasta el paralelo 42° 30'; y Cartier y Champlain lo son por Chinard, *L'Amérique et le rêve exotique*, 96. Fray Antonio de la ASCENSIÓN es citado por Álvaro del Portillo, *Descubrimientos y exploraciones en las costas de California* (Madrid, Blass, 1947, 421).
[17] La carta de Carlos V a Cortés es transcrita por Cuevas, *Urdaneta*, 98. La búsqueda de las "Islas Ricas de Oro y Plata" es narrada por Pérez Embid, 524; por Ma. del Carmen Velázquez, *Septentrión*, 47, n. 5 (Pedro de Unamuno); por M. G. Holmes, 198, 199, 202, 213-214, quien se basa en la narración del propio Unamuno, la cual aparece en NAVARRETE, *Viajes*, XVIII, Doc. 41; por Bolton, *Spanish Borderlands*, 118 (Vizcaíno); por Riva Palacio, 550, quien sin embargo pro-porciona la fecha errónea de 1611 (Vizcaíno); por Mathes, 127-128 (Vizcaíno y expediciones posteriores); y por Chassigneux, 73 (expediciones portuguesas y holandesas; y localiza como sigue dichas islas: "L'identification d'Okinawa-sima... apparait comme scientifiquement établie sur une base géographique"). No pueden dejar de mencionarse otros dos espejismos, aunque su marco geográfico fue más bien la América del Sur: *Eldorado* y la *Tierra de Canela.* Eldorado fue asociado brevemente sin embargo con Quívira a raíz de una conversación de Hernando de Alvarado (compañero de Coronado) con el indio que los españoles apodaron El Turco (Bolton, *Spanish Borderlands*, 95). Sobre Eldorado en general, *cf.* OVIEDO, *Historia Ge-neral y Moral*, V, 234-236, 239 y 244; Chapman, *Hispanic America*, 54; y Fernández de Castille-jo, quien lo localiza en la laguna colombiana de Guatavitá. Acerca de la Tierra de Canela, que parecía estar en las montañas al oriente de Quito, *cf.* Fray Gaspar de CARVAJAL, Int. 9 y 22; OVIEDO, II, 315; y V, 204, 217, 234-235, 240, 244, 373; GÓMARA, *Hist. Gral.*, C. CXLIII; II, 72-75; y Chapman, *op. cit.*, 58.

IV. LA GEOGRAFÍA TERATOLÓGICA I: AMAZONAS, GIGANTES Y PIGMEOS

Los MONSTRUOS y otras criaturas creadas por la imaginación que han quedado estilizados en piedra, como las gárgolas de las iglesias góticas y los que pueblan los capiteles románicos, serían buscados por los exploradores ibéricos del siglo XVI en muchos rincones de América y, entre ellos, en no pocos de la Nueva España. La historia de la conquista de América —dice Enrique de Gandía— es la historia de sus mitos. Aunque el arte indígena creó a monstruos mediante formas visuales y la estatuaria dio apariencia monstruosa a muchos dioses, los que aquí trataremos son de origen clásico y medieval, y han existido en la imaginación sin grandes modificaciones a través de varios milenios. Encarnaron temores primigenios y el hombre, al darles forma con su fantasía, los sustrajo a la hostil realidad cósmica para colocarlos en su propio nivel, lo que equivale a decir que los hizo mortales. Llegaron del Oriente, a través del mundo grecorromano o de pueblos que habían sido nómadas como los celtas; luego el Cristianismo medieval, convirtiéndolos a veces en demonios, los conservó para la época moderna.[1]

Al derrumbarse el mundo clásico, un enjambre de seres imaginarios halló refugio en las páginas de la enciclopedia de San Isidoro de Sevilla, entre ellos gigantes, cinocéfalos, escíopodes y sirenas. Las principales contribuciones al Libro de las Etimologías fueron la de Solino (siglo III) y la del *Physiologus*, bestiario moralizante del siglo IV. El obispo Adán de Bremen, célebre cronista de la Europa nórdica, añadió las amazonas, los imántopodos (criaturas que tenían un solo pie) y los *scritefingi* (abominables hombres de las nieves, de que también habla Rogerio Bacon), a los cuales la tradición celta agregó dragones, enanos y ogros. Marco Polo, por su parte, contribuyó con hombres caudatos, unicornios y otros. Ya en los albores de la época moderna, Pedro de Ailly en su *Imago Mundi* y en grado menor Johannes Boemus hicieron un balance de todas esas criaturas, añadiendo en sus compilaciones a los corismapos (que vivían sólo del olor de flores y de frutos por carecer de ano) y a los macrobios, seres de doce codos de estatura.[2]

[1] Gandía, 104. Mode, 12-13, 16, 232. *Cf.* Baltrusaitis, 169.

[2] San Isidoro habla también de faunos, de centauros, etc., y además de haber transcrito la información que sobre seres fabulosos contienen Plinio el Viejo y Solino, así como Homero, Aristóteles, Ovidio y Lucano, utilizó en forma secundaria los Comentarios de Servio sobre Virgilio: *cf.* Klingender, 164. Solino menciona muchos monstruos, algunos de los cuales, hasta donde sabemos, no aparecen en América, entre ellos asqueos, agriófagos y pánfagos (que se distinguían entre ellos por su dieta), sambros (gobernados por un perro rey), artabitas (que caminaban en cuatro patas), cefos, atlantes, trogloditas y otros: ver Ispizúa, I, 198-203, 211. Sobre el *Fisiólogo*, *cf.* Mode, 206; y acerca de los seres imaginarios en Adán de Bremen, ver Marvin L. Colker, "America rediscovered in the Thirteenth Century?", en *Speculum*, LIV: 4 (octubre de 1979), 715. Sobre Rogerio Bacon y el abominable "hombre de las nieves", *cf.* Bernheimer, 93. Las tradiciones celtas son examinadas por Prestage, 91; Marco Polo, por Gerbi, *Indias Nuevas*,

Después del Descubrimiento, Fernández de Oviedo, cronista mayor de Indias, estimó indispensable dedicar todo un capítulo de su historia, el "libro depositario", a numerosas noticias sobre monstruos, aves raras, fuentes extrañas, amazonas y nereidas existentes en América. Estas leyendas para entonces ya habían echado raíces tan firmes en la Nueva España que incluso un cronista indio —europeizante, es cierto—, Alvarado Tezozómoc, habla seriamente de escíopodes "que tienen un pie sólo, de una pata muy grande con que se hacen sombra y las orejas les sirven de frezadas", y de estetocéfalos "que tienen la cabeza en el pecho". Si un escritor indígena da crédito a tales cuentos, no es de extrañar que un fraile español los acepte a pie juntillas. Así, encontramos en un relato de Fray Francisco de Escobar, superior de los franciscanos que desde 1604 acompañaban a Juan de Oñate, la creencia de que entre los indios de Arizona y California existían tribus enteras cuyos rasgos característicos el crédulo fraile había seguramente tomado de la literatura medieval. En efecto, nos habla de gente con orejas tan grandes que las arrastran por el suelo (los "Esmalca Tatanacha"); y de hombres cuyos miembros viriles eran tan largos que les daban cuatro vueltas a la cintura y quienes, literalmente, debían tener contacto sexual con sus mujeres de lejos (los "Medará Quachoquata"). De esto, una escultura maya de A Cumpich proporciona una contrapartida indígena. Para Fray Francisco también había tribus de unípedos o imántopodos (los "Níequetata"), otra cuyos miembros subsistían *oliendo* los alimentos (los "Xamoco Huicha"), e incluso en una isla habitaba una gigantesca amazona llamada Cañaca Cohotá, al parecer la última de su género pues vivía sin otra compañía que la de una hermana. El Padre Escobar termina su relato alabando la omnipotencia divina que ha podido crear las maravillas de que da noticia, mismas que, según León Pinelo, el erudito jesuita del siglo XVII Padre Juan Eusebio Nieremberg "tiene por... berdaderas". Aquellos relatos del Padre Escobar fueron repetidos fielmente en la *Crónica de San Francisco* de Fray Antonio Daca.[3]

La variedad de monstruos y otros seres de fábula con que tropieza quien lea cuidadosamente la historia de la exploración y conquista de México es tan grande, que sería útil intentar clasificarlos en plausibles (amazonas, gigantes y pigmeos, entre ellos) y francamente míticos, como sirenas, cinocéfalos, animales existentes sólo en la heráldica y otros. Empecemos por los seres más terribles y al mismo tiempo más elusivos, es decir, las amazonas.

126; y Pedro de Ailly y Joannes Boemus (o Juan de Bohemia), por Chinard, *Exotisme américain*, 25, n. 1.

[3] OVIEDO, L. VI (Primera Parte); véase el comentario de la sinopsis editada por O'Gorman, XXXIII. Chávez Orozco, "El Romance en México", 256, cita a Alvarado Tezozómoc. El relato del Padre Escobar aparece en muchos sitios, *e.g.*: Hammond y Rey, *Oñate*, Int., 31, y 1025-6 (*in extenso*); Bolton, *Coronado*, 411, y *Spanish Borderlands*, 175-176; y Bannon, 40. LEÓN PINELO (quien también lo menciona en su *Paraíso*, II, 7-9) cita la *Historia naturae maxime peregrinae* de Nieremberg (L. VII, c. i), y añade que en la descripción de la Nueva España "que hizo Juanote Durán, que tengo manuscripta y es de más de cien años" se habla de una nación que hubo por Chalchohatenango (distrito de México) "que nacía con dos caras" (II, 9). Ver asimismo Blanco Fombona, *Conquistadores*, 231-232.

El mito de las A m a z o n a s   se remonta a la Antigüedad cuando los pueblos helénicos estaban convencidos de su existencia en el Asia Menor. Marco Polo, "Juan de Mandevila" y Pedro Tafur les asignan por morada la periferia del mundo conocido, a veces una isla llamada C a l i - f o r n i a . "Juan de Mandevila" fue traducido al castellano en 1521, pero la literatura castellana medieval ya las conocía antes de ese año pues las a m a z o n a s   son mencionadas por Isidoro de Sevilla, Alfonso el Sabio y Jorge Manrique en "El cantar de la muerte", además de en varios romances; y el enviado de Enrique III ante Tamerlán, Ruy González de Clavijo, dice que en su tiempo habitaban "a once jornadas... de Samarcanda". En capitulaciones firmadas con conquistadores, a menudo se dan instrucciones a éstos de que las busquen. Cortés y Sir Walter Raleigh creyeron igualmente en su existencia, así como también Ludovico Ariosto; y los cronistas del siglo XVI alaban sus virtudes guerreras, entre otros Pedro Mártir de Anglería, Pigafetta, Oviedo, Herrera y Fray Gaspar de Carvajal, quien aseguró que Orellana por fin las encontró en las márgenes del río más caudaloso de América, cuyo nombre perpetúa el recuerdo de aquellas mujeres fabulosas.[4] El mito tiene también raíces caribes y nahuas: según Jiménez Moreno, la palabra *cihuatlampa* ("hacia el lugar de las mujeres") servía a los indígenas del Altiplano para designar el occidente; y en Colima, Jalisco y Guerrero existen por ello lugares denominados Ciguatán o Ciguatlán (Cihuatlán) o *Cihuatanejo* (Zihuatanejo), que los soldados de Cortés y de Nuño de Guzmán habrían de confundir —sobre todo los del primero— con el Reino de las Amazonas. Muñoz Camargo relata que toda una corporación de brujas, que al mismo tiempo eran amazonas, invadió desde la Huasteca el Valle de Anáhuac, y avasalló temporalmente a Tula, encabezándola Tlazoltéotl, la Venus de los antiguos mexicanos.[5]

Siguiendo relatos caribes y sus lecturas de Marco Polo, Colón creyó encontrar a las A m a z o n a s   durante su primera navegación en la isla de Madanina o Matinino (identificada por Morison con la de Guadalupe), e incluso dice haber visto a 10 de ellas, "de singular denuedo y robustez; gruesas por extremo y sin embargo agilísimas".[6] También en el Caribe, pero

---

[4] Frye, 54. Leonard, "Conquerors and Amazons in Mexico", 562, quien cita a Celeste T. Wright, "The Amazons in Elizabethan Literature", en *Studies in Philology*, XXVII (1948), 433-456. Hennessy, 33. La información sobre Clavijero ha sido tomada de Del Real, 12-13. Estrabón creía que las amazonas vivían en Galicia de España. Entre los autores medievales, también son mencionadas por Paulo Diácono, Orosio y Procopio; y entre los antiguos (además de los ya citados en notas anteriores) por Herodoto, Diódoro de Sicilia y otros muchos escritores griegos. Ariosto, en el *Orlando furioso* (Cantos XIX y XX), impreso en 1516, describe una batalla con amazonas; *cf.* Leonard, *op. cit.*, 516-513.

[5] Acerca del mito indígena relativo a "amazonas", ver Jiménez Moreno, *Estudios*, 69-70. Del Real dice que Ciguatlán (o Cihuatlán) tiene un sabor utoazteca, 239. Sobre las brujas de la Huasteca, *cf.* Spence, 134, y Harold T. Wilkins, *Secret Cities of Old South America*, Londres, Rider and Co., 1950, 147. Fray Vicente PALATINO DE CURZOLA (*ap.* Hanke, *Cpo. Docs. s.* XVI, 29-30) dice que Montejo el Mozo vio en los frescos mayas del sitio en donde se fundó Mérida "soldados barbados que tienen... hachas como Amazonas".

[6] Hernando COLÓN, 118-119; Richard EDEN, 30; y Juan Bautista MUÑOZ, 235. Ver también Morison, *Admiral*, 400, y *Southern Voyages*, 137; Quinn, 637; Leonard, *Books of the Brave*, 37, y "Conquerors and Amazons", 562; y Gerbi, *Indias Nuevas*, 35, en donde cita la *Carta de la Cuarta Navegación* del Almirante (del 7 de julio de 1503).

ya en costas mexicanas, Juan de Grijalva —según el *Itinerario* y otras magras fuentes— fue el primero que en 1518 pensó estar muy cerca de las temibles y ricas guerreras durante su exploración de la costa de la "isla" de Yucatán, al llegar a la Isla de Mujeres o a algún islote vecino, que en el *Yslario* de García Céspedes figura como *Isla de Amazonas*. Melchorejo y Julianillo, los indios mayas que acompañaron en ese viaje a Grijalva, habían sido hechos prisioneros el año anterior por Hernández de Córdoba, le manifestaron que en aquella isla había amazonas de fecunda tradición guerrera y célebres por su destreza en la lucha, pero que se habían ocultado en el interior al saber que los españoles se aproximaban. Tiempo después, García Céspedes precisó que esas a m a z o n a s de los mares yucatecos "se cortan las tetas izquierdas para poder mejor usar de los Arcos".[7]

Diego de Velázquez, en sus Instrucciones a Cortés del 23 de octubre de 1518 con las cuales lo envía a seguir las huellas de Grijalva, le ordenó buscar varios seres míticos, entre los que figuran prominentemente las a m a - z o n a s "que dicen estos indios que con vos lleváis que están cerca de [Cozumel]". El Conquistador cumplió con el encargo —por su cuenta naturalmente— y en 1524 y más tarde, en 1527, escribió sendas cartas a Carlos V informándole haber descubierto posiblemente una isla de a m a - z o n a s "muy rica en oro y en perlas". La segunda de estas cartas quizá contiene una referencia prematura a California.[8] Aquel optimista informe se basaba únicamente en noticias recibidas por Gonzalo de Sandoval de los tarascos, según los cuales —dice Fray Pablo Beaumont— "había a diez soles... de Colima, una isla rica poblada de mujeres, que después se llamó de las Amazonas (que creyeron había)". Cortés ordenó prontamente a Francisco Cortés de Buenaventura, su primo y lugarteniente en Colima, seguir "el camino de la costa abaxo para saber (aquel) secreto". Jerónimo López —ancestro de la mitad de la nobleza colonial— acompañó en su pesquisa a Francisco Cortés; y por su lado, Cristóbal de Olid exploró la región de Za-

---

[7] La historia de Melchorejo y Juanillo es narrada por Bozal, 106, pero parece más bien que Grijalva, conocedor de las leyendas de las amazonas, fue quien puso esas palabras en boca de los dos indios. En relación con las fuentes, ver ITINERARIO, 72; la ed. de GRIJALVA de Agustín Yáñez, 24; y PROVINCIAE, 60, así como entre los autores del siglo XVI a OVIEDO, XXI, viii; II, 330 ("... la punta que llaman de las Mujeres; y más adelante otra isla que llaman de las Amazonas; y después la punta de... Catoche"); a CERVANTES DE SALAZAR, *Crónica*, 80 (trad. al inglés de H. R. Wagner, 163), y a GARCÍA CÉSPEDES, F. 336 ("y más al septentrion [de la isla de Mujeres] por dos leguas están otras dos [islas] muy más pequeñas dichas Amazonas en todas las cuales se dize habitar solas mujeres... q. desde niñas se cortan las tetas izquierdas..."). Las islas de Amazonas aparecen en el mapa correspondiente a Yucatán que figura al fin del capítulo, al norte de la isla de Mujeres. *Cf.* también LEÓN PINELO, *Paraíso*, II, 35-36, quien cita a Pedro MÁRTIR, *Décadas*, 4ª déc., c. 4; Molinari, 87; Wagner, *Grijalva*, 27, 31 y 207; y Leonard, "Conquerors and Amazons", 572.

[8] Las instrucciones de Velázquez a Cortés están publicadas en la *Col. de docs. inéd. para la hist. de España*, I (1842), 403 y las mencionan Leonard, *Books of the Brave*, 46, y *Conquerors and Amazons*, 573; C. Pereyra, *Cortés*, 34; Zavala, *Intereses particulares*, 32; Frankl, 19; y W. W. Johnson, 22. De las cartas que se citan de CORTÉS, la primera es la *Cuarta Carta de Relación* (II, 84-85); y la segunda, más breve, está reproducida en la *Noticia de la California* del Padre VENEGAS, I, 119. (Como no he encontrado el texto de la segunda misiva en ninguna otra parte, no es de excluirse que sea la misma que la primera, y que Venegas se haya simplemente equivocado de fecha.)

catula también en búsqueda de Cihuatlán o tierra de mujeres, pero la leyenda indígena relativa no hablaba de amazonas sino tal vez sólo era reflejo de alguna forma de sociedad matriarcal. No obstante, los españoles creían en la realidad y riqueza de las a m a z o n a s ; y también que la isla habitada por esas míticas mujeres daría la clave del camino hacia Cathay y las Especierías. En 1530, algunos de los encomenderos que Francisco Cortés dejó establecidos en Colima —Alfonso López, Francisco Flores, Bartolomé Chavarín— espolearían con esas leyendas la ambición de Nuño de Guzmán.[9]

Con su aplomo y arrogancia características, Nuño escribió al rey desde Omitlán (provincia de Michoacán) el 8 de agosto de 1530, enterándolo de que va a partir rumbo a la provincia de Astatlán "en busca de amazonas... (que) son ricas y temidas... comunicanse cierto tiempo del año con los vecinos y... (si) lo que nace es baron, dicen que lo matan y guardan las mujeres". Son más blancas —añade— que otras mujeres. Siete meses después, la segunda Audiencia Gobernadora confirma a la Emperatriz Isabel que el propósito principal de Nuño es ir "en demanda de las Amazonas, y que estaba a tres jornadas de ellas". La leyenda de las riquezas de las a m a z o n a s (cuyas lágrimas incluso eran de plata) había atraído muchos voluntarios a las filas de la expedición. El conquistador de la Nueva Galicia había tenido por primera vez noticia de esas mujeres siendo gobernador de Pánuco; según sus informantes indios, habitaban en provincias que "confinaban con Tampico". A su paso por Michoacán le dijeron sin embargo que vivían a lo largo de un río, aunque los cortesanos del último rey tarasco —al que mató bárbaramente— juraron no saber nada de Cihuatlán.

Nuño de Guzmán envió adelante, en búsqueda del reino amazónico, a su mariscal de campo Gonzalo López, e incluso hizo una pausa para el esperado combate, pero su avanzada destruyó la pueril leyenda: en Cihuatlán, López encontró sólo tres gandules y más de mil mujeres, no hostiles sino únicamente perplejas, con las que no pudo entenderse por el idioma. La causa de la ausencia de varones en el pueblo era sencilla, y coinciden en señalarla Juan de Sámano y los cuatro autores de los Relatos de la expedición: "se andaban acabdillando... para nos dar guerra en cierto cabo". Cuando las tropas de Nuño, de regreso del norte, volvieron a pasar por allí, los encontraron "con sus mugeres e hijos, sin hacer diferencia con otros pueblos".[10]

---

[9] Sauer, 3, y CERVANTES DE SALAZAR (ed. *Hisp. Soc. of America*, 765) señalan a los tarascos como fuente de información. Fray Pablo de la Purísima Concepción, BEAUMONT, II, 82. También HERRERA menciona a Gonzalo de Sandoval: Déc. III, lib. III, c. i.; *cf.* E. de Gandía, 75, n. 6, al igual que LEÓN PINELO, *Paraíso*, II, 36. Las instrucciones del Conquistador a Francisco Cortés están publicadas en CDIAO., XXVI: 153; en INSTRUCCIONES A FRANCISCO CORTÉS... PARA COLIMA (ver espec. la p. 466); y en POLAVIEJA, *Copias de Documentos...*, 327-328; *cf.* Leonard, *Books of the Brave*, 49; Sauer, 1; y Anaya Topete, 7. Acerca de Jerónimo López y las amazonas, *cf.* DORANTES DE CARRANZA, y F. Fernández del Castillo, *Tres Conquistadores y Pobladores*, 318; y sobre Olid, Leonard, "Conquerors and Amazons", 574-575. El Padre TELLO, 134, menciona a los tres encomenderos de la región de Colima.

[10] La carta de Nuño mencionada al principio del párrafo anterior del texto estaba fechada el 8 de agosto de 1530: NUÑO DE GUZMÁN, "CARTA", 58. También la citan H. T. Wilkins, *Atlantis*

El conquistador de la Nueva Galicia no se desalentó (había tropezado con cacicas en Tonalá y en Tolititla, y con un río denominado "de las mujeres", al que Cristóbal de Oñate dio vuelta en círculos) y envió a sus lugartenientes en direcciones diversas a buscar a las a m a z o n a s : Oñate a Juchipila y Chirinos a Zacatecas. Pero a partir de entonces su atención se concentró más bien en la búsqueda de las S i e t e   C i u d a d e s . Las narraciones maravillosas sobre el reino de las a m a z o n a s habrían de continuar, mas para Nuño el sueño había terminado. Oviedo, quien habló con él en España más tarde —después de 1535—, dice que Nuño, refiriéndose a Cihuatlán, "me dixo que era muy gran mentira (es) decir que son amaçonas..." y "que á la vuelta las halló con sus maridos".[11]

El que vivan a m a z o n a s en América es algo que los cronistas e historiadores de la época aceptan con mayor o menor escepticismo o credulidad, pero sin rechazar nunca de plano su existencia. Pedro Mártir no es ni creyente ni divulgador de la especie: "así me lo cuentan, así te lo digo" y "yo doy lo que me dan", aunque en relación con la isla de Madanina dice que "cuentan que estas mujeres tienen grandes minas debajo de la tierra, a las que huyen si uno se acerca fuera del tiempo convenido", Gómara se limita a informar que de las islas Lucayas "manó el decir como por aquella parte había amazonas" y al narrar la búsqueda de Nuño de Guzmán añade que "nunca se han hallado tales mujeres: creo que nació aquel error del nombre Ciuatlan que quiere decir tierra ó lugar de mujeres"; también califica de

Unveiled, Londres, Rider and Co., 1950, 156; y Leonard, "Conquerors and Arnazons", 578. Su texto también aparece en la CDIAO, XIII: 392, y en Samuel Purchas, *Hakluyt Posthumus o Purchas His Pilgrimes*, Glasgow, 1906, XVIII, 59-60. Al año siguiente, o sea en 1531, Nuño aseguraba desde Chiametla al emperador que la tierra de las amazonas "no está muy lejos de donde agora me hallo": CDIAO, XIII: 408-409. López Portillo y Weber, *Conquista*, 249-250, identifica Omitlán o Teimpac con Centicpac. Sobre los voluntarios de Nuño, *cf.* Patricia de Fuentes, 245, n. 23. Paso y Troncoso, EPISTOLARIO, II, 48, publica una carta del 30 de marzo de 1531 en que la Audiencia de México informó a la Emperatriz Isabel que Nuño pretende estar "a tres jornadas" de las amazonas. El Padre TELLO, 87, menciona a los indios de Pánuco en relación con ellas. "No lo habemos oido (nuestros antepasados) no nos dijeron nada", fue la respuesta de los cortesanos del rey purépecha a las preguntas de Nuño sobre dónde estaba Cihuatlán: Fray Jerónimo de ALCALÁ, *Relación de las ceremonias...*, 268. Acerca de la avanzada de Gonzalo López y de la pausa que se impuso el conquistador de la Nueva Galicia ver, respectivamente, la PRIMERA RELACIÓN ANÓNIMA, 291, y López Portillo y Weber, *op. cit.*, 308. Sobre la llegada a Cihuatlán, según los cuatro relatos testimoniales y el de SÁMANO, *cf.* García del PILAR, 259; Juan de SÁMANO, 282-283; Pedro de Carranza, en CDIAO, XIV: 366; la Cuarta RELACIÓN ANÓNIMA, 475-476 y CDIAO, XIV: 443, así como, en general, López Portillo y Weber, *op. cit.*, 309-311. Bancroft, *North Mexican States*, 34-35, dice que Cihuatlán estaba en las márgenes del actual río de San Lorenzo, en lo que coincide Carl Sauer. Pérez Verdía, 102, dice que el sitio de la antigua Cihuatlán corresponde al moderno San Miguel de Navito. Pero todavía se llama Cihuatlán un pueblo sobre la costa del Pacífico al norte de Manzanillo, y el río Cihuatán o Cihuatlán divide los estados de Colima y Jalisco.

[11] Las cacicas son mencionadas por ARCEO, 240, y aparecen en la CARTA del propio Nuño, pp. 38 y 42. El río de las Mujeres (Ahuacatlán o Aguatán) es citado por Pedro de CARRANZA, 175, y por Gonzalo LÓPEZ, 104. El viaje de Cristóbal de Oñate a Juchipila es señalado por Amador, I, 75; y el de Chirinos por TELLO, 147 y por el propio Amador, I, 59-60. *Cf.* MORA Y PADILLA, 40; y Bannon, 12. Cihuatlán resultó ser "un pueblo como los otros" (Pedro de CARRANZA, en CDIAO, XIV: 369-370); y Nuño llamó "embustero" a su guía indio (López Portillo y Weber, *op. cit.*, 170). OVIEDO, *Historia General y Moral*, L. XXXIV, *viii*; p. 284, y Francisco de ARCEO, 267.

"hablillas" la pretensión de Orellana de haberlas visto en el río Amazonas. Oviedo, por su lado, vacila: narra con detalle el episodio de Cihuatlán y de las mujeres de esa ciudad que vivían *como* a m a z o n a s , reproduciendo el relato de Francisco de Arceo, testigo ocular de esa entrada; afirma que si le han dicho la verdad sobre la presencia en las Indias de ciertas mujeres guerreras, por sus características se las puede llamar a m a z o n a s aunque no se cercenen el seno derecho; pero concluye que "destas mugeres no dan fee algun christiano". Herrera se muestra igualmente escéptico sobre Cihuatlán. En la Nueva España, Dorantes de Carranza dice sobriamente que Jerónimo López "se halló en la entrada que se hizo por la costa del mar del Sur en demanda de las Amazonas"; en premio a ésa y otras proezas, el famoso soldado recibió en 1530 su escudo de armas. Cien años después, León Pinelo tituló el capítulo IV del libro 4 de su *Paraíso en el Nuevo Mundo*: "Amazonas y sus noticias antiguas y modernas de las Indias". Por último, las amazonas figuran por lo menos en dos novelas de caballería: *Las Sergas de Esplandián* y el *Lisuarte de Grecia y Perión de Gaula*, ambas muy de moda entre los exploradores y entre los conquistadores que sabían leer.[12]

El mito de las a m a z o n a s reverdeció cuando Diego de Becerra y Jiménez Fortún en nombre de Cortés (en 1533) y el Conquistador mismo (en 1535), pusieron pie en la península de la Baja California, tomándola por isla y llamándola C a l i f o r n i a , nombre que en la fantasía caballeresca del gótico florido designaba precisamente a un reino insular amazónico. Este nombre, desde luego, no es indígena; California es "el último mito medieval" dice López Sarrelangue y el uso de su nombre ilustra más bien la firme creencia de los primeros conquistadores en la realidad y proximidad de las a m a z o n a s . La leyenda había sido robustecida por la reciente aparición de *Las Sergas de Esplandián* (echada al fuego por el barbero de don Quijote un siglo después), novela de caballería publicada en 1510 para su distribución en América por Jacobo Cromberger, de Sevilla; en ella se narran las aventuras del hijo de Amadís de Gaula y sus encuentros con la reina C a l a f í a (quien lo cortejó sin éxito), sus a m a zonas y sus g r i f o n e s . El cronista Herrera afirma que el nombre de C a l i f o r n i a fue impuesto en 1535 por Cortés mismo a la que creyó isla, y no hay razón para dudar de ello, ya que el Conquistador no sólo recitaba de memoria versos de romances caballerescos sino que

---

[12] Pedro MÁRTIR, *Décadas*, 1a déc., II, iii; p. 17 y 7a déc. VIII, i; p. 543 (ver también la ed. de Madrid, de 1952, I, 134, 138, 155). Comenta Gerbi, *Indias Nuevas*, 79, n. 49: "De ninguna manera pondría yo a Pedro Mártir, como lo hace (Irving A.) Leonard, entre los creyentes y divulgadores de la creencia de las amazonas." GÓMARA, XLI; I, 87, 178 y 395-396 de *Hispania Victrix* (ed. de E. de Vedia); *cf.* Iglesia, *Cronistas e historiadores*, 178. OVIEDO, *Historia General y Moral*, L. XXXIII, c. xxxvi; IV, 172-173 ("destas mugeres no dan fee algun christiano"); y L. XXXIV, c. viii; IV, 238. *Cf.* también I, 192, 193 ("Ciguatán"); y V, 241. HERRERA, Déc. 3, lib. 3, c. i. y Déc. 4, lib. 9, c. ix. José Toribio Medina, en su edición de Fray Gaspar de CARVAJAL, señala en las pp. 388-390, 562-563 y 565, todas las referencias de OVIEDO a las amazonas. ARCEO, Int. (de J. L. Razo Zaragoza), 240 y 264-267. DORANTES DE CARRANZA, 194. LEÓN PINELO, *Paraíso*, L. IV, c. iv, y espec. II, 35-36 en relación con la Nueva España. Sobre Lisuarte de Grecia, ver Cutter, 253; y respecto al escudo de armas de Jerónimo López *cf.* PASO Y TRONCOSO, *Epistolario*, II, 3-4, y F. Fernández del Castillo, *Tres Conquistadores*, 252.

efectivamente buscaba a las a m a z o n a s . Además, el nombre de
C a l i f o r n i a se empezó a difundir escasos cuatro años después
de la expedición cortesiana al Golfo Bermejo. En efecto, Antonio de Ulloa,
Francisco de Bolaños y Cabrillo lo utilizaron para describir las costas que
exploraron en 1539-1540, 1541 y 1542, respectivamente; y Bernal Díaz, también contemporáneo, informa que Cortés y sus hombres "toparon con la
California". Con todo, el nombre es anterior a la aparición de *Las Sergas*,
pues en la *Canción de Rolando*, anónimo del siglo XI, se aplica a un cierto
país, e incluso en la forma *Kar i farn* aparece en una leyenda persa sobre
g r i f o n e s gigantes y a m a z o n a s que defendían la montaña
sagrada de la Fortuna.[13]

El mismo año en que Cortés desembarcó en las cercanías de La Paz,
Orellana encontró a las a m a z o n a s en las selvas de Brasil, según
asegura Fray Gaspar de Carvajal;[14] y también Valdivia y otros conquistadores
oyeron hablar de ellas en Chile. En una carta dirigida a un sobrino en
1539, Zumárraga le informa a título de curiosidad que en las márgenes del
Colorado, Hernando de Alarcón había oído de labios de un jefe quícama la

---

[13] Del Real, 11. Dunne, *Black Robes*, 1. VENEGAS, I, 24, excluye un origen indio de la voz
"California". López Sarrelangue, "Misiones", 149 n. 1, 150 n. 2, 151 n. 6 y 166. Leonard, "Conquerors and Amazons", 562-566 y 579. Acerca de California y *Las Sergas de Esplandián* ver
Martínez Ruiz, 107; H. Thomas, *Las novelas de caballería españolas y portuguesas*, Madrid,
1952, 63-64; Bolton, *Coronado*, 7, y Mathes, 13-14, así como R. Putnam y H. I. Priestley, *California: The Name*, Berkeley, 1917, 349; Donald C. Cutter, "Sources of the name 'California'",
233-244 y los trabajos que ahí se citan. La afirmación de HERRERA de que Cortés bautizó a California es dada por buena tanto por Bolton, *Spanish Borderlands*, 107, como por Morison,
Southern Voyages, 625-628. Este último menciona a Bolaños en esas mismas páginas. Bernal
DÍAZ DEL CASTILLO, cap. cc., y VENEGAS, I, 123, *Cf*. Mathes, 13-14, sobre Becerra; y Chapman,
California, 65, sobre Ulloa. Bancroft dice que California fue el nombre que dieron iróni-
camente los españoles a la península al abandonarla decepcionados en 1536: *Arizona and New
Mexico*, 9. Después de un acucioso estudio, Chapman, *California*, 66, concluye que el nombre
fue dado por Jiménez Fortún al descubrirla en nombre de Cortés en 1533-1534. Jiménez
Moreno llama a la Reina Calafía "la Reina California": "La Conquista", 2; y Balckmar utiliza el
nombre Califia. *Cf*. Rosenblat, *Los conquistadores y su lengua*, 151. Sobre la leyenda persa de
California, ver Déprez, 578. El Padre CLAVIJERO, *Baja California*, 10, en cuyo tiempo ya estaba
casi perdido el recuerdo de las amazonas, hace derivar el nombre de California de *Callida for-
nax*, "a causa del mucho calor que allí (Cortés) sintió". Huelga decir que esta hipótesis no parece tener fundamento alguno. Calafía aparece de nuevo en las páginas de *Lisuarte de Grecia*,
secuela del *Esplandián*, y publicado también por Jacobo Cromberger, de Sevilla, en 1525
(Leonard, "Conquerors and Amazons", 567-568). Cutter, 240-241, señala que en las Siete Partidas (Tercera Partida, Tít. VI, Ley III) figura una abogada de nombre Califurnia que los jueces
no podían tolerar por sus desplantes. Se trata, a mi parecer, de una coincidencia o aproxi-
mación de nombres, aunque el autor de *Las Sergas de Esplandián* haya sido, como señala el
propio Cutter, entendido del mundo de los jueces por ocupar el cargo de regidor. Winsor, II,
64; y J. R. Benítez, *Historia Gráfica*, 24, dicen que el nombre California fue dado por Cortés a
la península descubierta por su gente.

[14] Acerca de Orellana, ver Fray Gaspar de CARVAJAL, 53, 95-107; y la edición de José Toribio
Medina, 25-27, 35, 102, 160, 177, 205 y 221, así como Del Real, 157; Leonard, *Books of the
Brave*, 58; y Harriet de Onís, *The Golden Land*, ed. 1948, 13. El episodio de Valdivia y las amazonas es mencionado por GÓMARA, *Historia General*, CXLII; II, 70 y por Leonard, *op. cit.*, 62-63,
quien habla de Zárate. Aquellas elusivas mujeres también fueron buscadas en Colombia (en
1536-1539) y en La Plata (Ribera, en 1543). E. de Gandía, 88, dice que las amazonas sudame-
ricanas eran el reflejo de las Vírgenes del Sol, del Perú.

historia de una vieja reina que habitaba cerca de la "isla" de California, misma que Cortés había tratado de colonizar. Más tarde, siguiendo el ejemplo de Francisco de Escobar, otro franciscano, Fray Jerónimo de Zárate, se refirió hacia 1604 a la cacica Cañaca Cohotá que reinaba en la "isla de Ziñogava" (California) y que, como su hermana que la acompañaba, "no se mezclaba con varón alguno". En el siglo XVII, también en relación con California, el Padre Bayle nos habla de "una reina 'agigantada'" que en su isla "se servía con platos y vajilla de plata". A fines de la misma centuria, circulaban en los Apalaches muchas fábulas sobre a m a z o n a s . Todavía en 1782, el mapa de Janvier muestra islas habitadas por esas aguerridas mujeres; y aun más tarde, en 1818, Drouin de Bercy, en su obra *L'Europe et l'Amérique comparées* hace una apología de las a m a z o n a s .[15] Por una de las frecuentes ironías de la historia, sin embargo, los españoles buscaban a las a m a z o n a s por todos los rumbos sin darse cuenta de que las traían en sus propias filas. En efecto, nueve valientes mujeres formaron parte del ejército de Cortés, batiéndose con espada y adarga y en ocasiones cubriéndose con la armadura del marido. Fue inútil que el Conquistador tratara de dejarlas a salvo en Tlaxcala, cuando emprendió el camino hacia Tenochtitlán. Algunas recibieron recompensas, entre ellas María de Estrada, mujer de Pedro Sánchez Farfán, quien recibió la encomienda de Tetela.[16]

La literatura antigua y las fábulas medievales son ricas en mitos de g i - g a n t e s y p i g m e o s . Por regla general, en los mapas del Medievo siempre aparece una isla habitada por hombres enormes —designada como Isla Taprobane— y de esto no son excepción los dos primeros que fueron publicados después del Descubrimiento. En nuestro país, esas historias surgieron principalmente en sitios donde abundaban restos paleontológicos: de mastodontes, elefantes y aun del *equus primigenius*. Américo Vespucio pretendió haber visto gigantes cuando viajaba en compañía de Alonso de Ojeda, en una isla del Caribe que Navarrete y otros especialistas han identificado como Curazao; y Pedro Mártir registró, al menos en sus *Décadas* V y VII, hechos sorprendentes que sobre la estatura de los indios le confiaron los conquistadores, incluso los de México, y afirmaba haber visto tibias y costillas de gigantes (de hecho, a partir de Pedro Mártir el mito de los gigantes americanos rara vez estuvo ausente de la crónica de las Indias

[15] La carta de Zumárraga es citada por Bolton, *Coronado*, 49, 162. Fray Jerónimo de ZÁRATE, 21, 24. Constantino Bayle, S. J., *Hist. de los descubrimientos y coloniz. de los padres de la Comp. de Jesús en la Baja California*, Madrid, 1933, *ap.* Pérez Embid, 521. Sobre los Apalaches, *cf.* Brebner, 275. Chapman, *California*, 74, cita el mapa de Janvier. Drouin de Bercy, *ap.* Gerbi, *Disputa*, II, 154.

[16] Orozco y Berra, *Conquistadores*, 381 y 456-467, proporciona los nombres de las nueve (y añade el de la Malinche, que parece no tuvo ocasión para esgrimir la armas), a saber: Beatriz Hernández (*sic*, por Beatriz de Palacios), María de Vera, Elvira Hernández y su hija Beatriz Hernández, Isabel Rodrigo o Rodríguez, Catarina Márquez, Beatriz y Francisca Ordaz y María de Estrada. Según Eulalia Guzmán, esta última quizá aparece en el Lienzo de Tlaxcala, del Museo Etnográfico de Berlín. Prescott, 494, añade una cierta Juana Martín, y elogia, como Torquemada antes que él, el valor de María de Estrada (381 y n. 11).

de los siglos XVI al XVIII), algunos de ellos encontrados en la bóveda de un templo en "la provincia del árbol de la moneda" (*i. e.* del cacao), y otros muchos gigantes vivos encontrados en el curso de una expedición al Sur, de Ordaz y el licenciado Ayllón. En el periplo de Magallanes, Pigafetta, con un poco de exageración y quizá víctima de una ilusión óptica, los admiró mientras bailaban y tan grandes eran —dice— que ocho hombres de tamaño normal apenas si hubieran podido dominar a uno de ellos.[17]

En la Nueva España, Bernal Díaz acompañando a Cortés en Tlaxcala en 1519 examinó unos supuestos huesos de g i g a n t e s "y todos nos espantamos de ver aquellos zancarrones", que el Conquistador se apresuró a enviar a Carlos V junto con otros hallados después en Coyoacán y en Culhuacán, además de vajillas de oro y plata, dos tigres y una "esmeralda quadrada fina". En el curso de la expedición de Coronado, García López de Cárdenas descubrió el gran Cañón del Colorado buscando una tierra de g i g a n t e s más allá de Tuzán; y Melchor Díaz —quizá el primer europeo en poner pie en la Alta California— los confundió con los altos musculosos indios yumas que habitaban en la confluencia del Gila con aquel río, vistos poco antes por Alarcón. El licenciado Alonso Zuazo, Visitador de Cortés, no excluye en su informe la posibilidad de que g i - g a n t e s maravillosos vivan en las sierras del occidente de la Nueva España; y en 1541 el Virrey Mendoza especula en una carta dirigida a Oviedo (a la sazón gobernador de la fortaleza de Santo Domingo) que los g i g a n - t e s mexicanos son descendientes de los patagones de Pigafetta, en lo que concurre el futuro cronista de las Indias.[18]

---

[17] Pedro MÁRTIR, *Décadas* V, lib. IX, cap. IV; y VII, lib. II. Véase, en general, Hand, 52, y Fernández de Castillejo, 62, 70, el cual menciona los mapas de Cantino y de Juan de la Cosa. Américo VESPUCIO —a quien como es sabido no faltó imaginación— describe así su encuentro con los gigantes: "trovamo cinque donne... grande di corpo como fu Francesco degli Albizi... (e piu tarde) 36 huomini molto maggiore che le donne... ben facti... Chiamo questa isola, l'isola dei giganti a causa de lor grandeza" (Carta a Pier Soderini, gonfalonero de Florencia, del 4 de septiembre de 1504, que modernos historiadores consideran apócrifa: Taviani, *I viaggi*, II, 243; ed. facsimilar, México, UNAM, 1941, 51 *ss.*; pp. 55-56 de la versión española de F. de la Maza. También la ha publicado Levilier, I, 277-278). Según Quinn, 641, la fecha del viaje es 1499, aunque Américo Vespucio trató de predatarlo para arrebatar a Colón la gloria de haber sido el primero en desembarcar en tierra continental americana. Vespucio pretendió en efecto haber visitado, en 1497, acompañando a Solís o a Pinzón, la costa del Golfo de México en un punto que Levilier, I, 100, 103-105, 107-108, 133, trata de identificar con Tamaulipas o Texas. *Cf.* también Fernández de Castillejo, 64; Morison, *Southern Voyages*, 189; y Richard EDEN, 38. Sobre Pedro MÁRTIR y los gigantes, ver las *Décadas*, 5ª déc., IX, IV; p. 457 (el autor mide "con espanto" el enorme hueso de un gigante mexicano) y 7ª déc., III, II (menciona el rey gigante Datha), así como E. de Gandía, 29; Fernández de Castillejo, 64; y Gerbi, *Indias Nuevas*, 68. Acerca de los patagones, ver Gerbi, *op. cit.*, 130-131 y Chinard, *Exotisme américain*, 14 (sobre Pigafetta en particular); Rubio Mañé, "Expedición de Legazpi", 548, 550-551, menciona una experiencia similar de Legazpi en 1526; y ALCEDO, II, 108 y 142. En la página 108 se describe la Bahía de los Gigantes y se menciona a Pedro Sarmiento y a un comandante Byron; y en la 142 se cita a Frezier y al Padre Torrubia, autor de una *Gigantología* publicada en 1756 para demostrar la existencia de los gigantes.

[18] Bernal DÍAZ DEL CASTILLO, caps. lxxviii; I, 228, y clix, II, 330. *Cf.* MURILLO VELARDE, IX, 69, y Orozco y Berra, *Historia Antigua*, IV, 550. Acerca de Melchor Díaz y los gigantes del río Colorado, ver Bolton, *Coronado*, 138, 170; y Forbes, 357. Baudot, 16 y n. 54 y García Icazbalceta, *Col. de Docs. Inéd.*, 363, mencionan al licenciado Zuazo. Las epístolas intercambiadas

Los escritores eclesiásticos novohispanos, teniendo presente el precedente bíblico, dieron por seguro que el Anáhuac y otras comarcas fueron pobladas en los primeros tiempos por g i g a n t e s . Hacia 1533, en la *Historia de los mexicanos por sus pinturas* (obra que hoy generalmente se atribuye a Fray Andrés de Olmos) se menciona la tradición indígena de las criaturas gigantescas "que arrancaban los árboles con las manos", comidas por tigres en el "sol" de Tezcatlipoca. También en su *Tratado de Hechicería*, el P. Olmos (quien afirma haber visto huesos de gigantes "en la morada del visorrey") dice que los gigantes, que llama *quinametin*, fueron concebidos por el demonio, quien se transformaba en mujer; y que el Malo también a veces asumía la forma de gigante "como lo vieron en Tezcatépec". La citada *Historia* vincula esta tradición con los gigantes del Antiguo Testamento, información que repiten Mendieta y, más tarde, Torquemada. Este último sin embargo atribuye a los xicalancas y olmecas y no al dios azteca ni tampoco a los tlaxcaltecas (como en cambio hacen la generalidad de los cronistas) la exterminación de los g i g a n t e s , "primeros moradores de estas Indianas tierras". Por su parte el Padre Sahagún informa que "en estas partes hubo gigantes de los de antes del diluvio", lo que en el siglo XVIII corrige Fray Pablo Beaumont diciendo que "no sólo antes del diluvio universal... hubo gigantes... de perversas costumbres, sino después, como Nembrod y otros muchos" y añade: "algunos de ellos de la prosapia de Japhet tomaron su derrotero por la América y fueron los primeros habitantes de la Nueva España". Volviendo a los siglos XVI y XVII, conviene recordar que Fray Diego Durán habla de ellos, como también —refiriéndose al Perú— el Padre José de Acosta, quien culpa de su desaparición al "pecado Nefando" (pero Acosta dice también haber visto una muela de gigante "tan grande como un puño" en México, en 1586). Para Fray Alonso de la Rea, los g i - g a n t e s perecieron a manos de los toltecas; y Vetancurt asevera que "habitaron antes del diluvio... en aquestas partes". Ya en pleno siglo XVIII, Fray Juan José de la Cruz y Moya, citando entre otros a Boturini, afirma que en este Nuevo Orbe "fueron (los g i g a n t e s) muchos y de monstruosa corpulencia"; y asegura además haber tenido en sus manos la muela de uno de ellos (refiriéndose a otra, el geógrafo Murillo Velarde dice que era del tamaño de las tinajas de las que se usan para guardar el vino en España). El Padre Miguel del Barco registra, hacia 1770, ciertas noticias que corrían por la Baja California, según las cuales antiguamente hubo g i g a n t e s en esa tierra. Y nada menos que el Arzobispo Lorenzana informa, contradiciendo el parecer del Padre Feijóo, que "es cierto que los tlaxcaltecas mataron hombres gigantes... (y que) el hecho es cierto... y muy verosímil, que aun después del diluvio quedaron hombres de estatura disforme y gigantesca".[19]

entre el Virrey Mendoza y OVIEDO son transcritas por éste en la *Hist. General y Moral*, L. XXXIII, lii; IV, 252. Ambos opinaron que los gigantes mexicanos habían llegado de la región del estrecho de Magallanes. *Cf.* Novo, *Coyoacán*, 106.

[19] Fray Andrés de OLMOS, HIST. MEXICANOS, 30 y HECHICERÍAS, 31, 44; *Cf.* Garibay K., *Literatura náhuatl*, 43, 45. TORQUEMADA, L. I., c. xiii y xiv; I, 34-38. El Padre LAS CASAS menciona unas islas de gigantes en su *Brevísima relación*, 19. SAHAGÚN, L. XII, Int.; IV, 17-18. BEAUMONT, I, 506-507. DURÁN, 14-15. SAHAGÚN, XI, vii, 240, quien asegura que los huesos molidos de gigante

Los historiadores laicos —indígenas, criollos o mestizos— participaron de la creencia generalizada que los g i g a n t e s habían sido los primeros pobladores de la Nueva España. Alva Ixtlixóchitl dice que "acabaron con grandes calamidades y castigos del cielo por algunos graves pecados"; y según Muñoz Camargo fueron "(los) primeros havitantes de la tierra de Anahuac". Para Dorantes de Carranza, por lo menos "hacia Cholula y Tlaxcala, eran [*i.e.* hubo] gigantes, y no hay duda dello". Villaseñor y Sánchez no expresa ninguna en su *Theatro Mexicano:* "huvo tales corpulentos Gigantes, primeros habitadores de este Nuevo Mundo". En el archivo del Consejo de Indias se había registrado cuidadosamente, según el Libro General, un hueso de g i g a n t e , cuyo porte desde las Indias (probablemente México) había costado 45 reales y medio, tan pesado era.[20]

Huesos de g i g a n t e s , cuya fulminación por el Cielo los predicadores pudieron muy bien tomar como ejemplo de las consecuencias fatales del pecado, fueron hallados en todos los rumbos de la Nueva España, según los testimonios de la época colonial: en las cercanías de Tenochtitlán, hacia 1520, "tan grandes como alabardas suizas"; en Texcoco y en Toluca, según informa el doctor Francisco Hernández, algunos de los cuales —añade— "conservan los virreyes por su maravillosa rareza"; y en un sepulcro entero descubierto en Puebla durante las excavaciones para construir los cimientos de la catedral. Restos de esta clase abundaban en la Nueva Galicia (según testimonios de los años 1567, 1579, 1619, etc., citados por el padre Tello), entre ellos una impresionante calavera que tenía "el tamaño de un horno para hacer marquesotes". Es Tello quien también proporciona noticias de que en Tlala (Tala), "a ocho leguas de Guadalajara", vivieron 27 g i g a n - t e s con sólo tres mujeres: "eran haraganes y glotones... muy inclinados al pecado nefando... (su voz) resonaba un cuarto de legua... para (su) comida se amasaba una fanega de maíz y cocían o asaban cuatro niños (diariamente)". Veinte mil indios pusieron fin a esa tiranía, matándolos, aunque algunos g i g a n t e s huyeron hacia Istlán y Atlemaxac. Todavía hacia

---

"son buenos contra las cámaras de sangre y las de podre", pero que el polvo debe beberse con chocolate. Acosta, 67, 68, 456 (gigantes en el Perú) y Lib. vii, c. iii, 211 (muela de 1586). La Rea, 25. Vetancurt, *Teatro Mexicano*, 2ª parte, 2, y 3ª Parte, 123. Cruz y Moya, 64-65. Murillo Velarde, ix, 55. Miguel del Barco, 209-210. El comentario de Lorenzana se encuentra en una nota a su obra en que transcribe las cartas de relación de Cortés: *cf.* Riva Palacio, 21. El Padre Feijóo es autor de dos libros científicos: el *Teatro Crítico Universal... para desengañño de errores comunes* (8 vols., Madrid, Blas Román, 1781) y unas *Cartas eruditas y curiosas*, publicadas en la misma fecha. Otros autores de la primera historia colonial que aseguran que en América vivieron los gigantes son Mendieta, Gregorio García, Agustín de Zárate, Huaman Poma de Ayala, Fray Pedro Simón y el P. Cristóbal de Acuña (Serrera, 519; y F. Esteve Barba, en la *Hist. de América* dirigida por A. Ballesteros y Beretta, Barcelona, 1965, t. xviii: "Cultura Virreinal", 540-541). También, en el Perú, Pedro Cieza de León (*Crónica del Perú*, ed. Madrid, 1962, Parte Primera, 162-164).

[20] Alva Ixtlixóchitl, 418. Muñoz Camargo tiene en la historia manuscrita e incompleta de la *Nueba España* que se le atribuye un capítulo (el núm. 12) intitulado "De los Gigantes primeros havitantes de la Tierra de Anahuac..." Dorantes de Carranza, 4. Villaseñor y Sánchez, i, xvi. El registro del hueso de gigante propiedad del Consejo de Indias aparece en cdiu, xiv: 174; Solórzano Pereyra, i, 59-60, también lo menciona.

1833 el Padre Frejes, autor de la *Memoria Histórica* de Jalisco, llamándolos hijos de Adán, dice que nadie debe extrañarse de su existencia.[21]

El Padre Arlegui, invocando la autoridad del Libro de los Números y del Deuteronomio así como de San Agustín y del Padre Torquemada, nos asegura que los primeros pobladores de Zacatecas y Durango fueron g i g a n t e s ; y como prueba de ello aduce al hallazgo de algunos restos (muelas, principalmente) en el pueblo de San Agustín (entre San Juan del Río y Durango) y en Santa María de las Charcas (en el actual estado de San Luis Potosí). También fue habitada por g i g a n t e s la península yucateca en los viejos tiempos: contamos con un triple testimonio de dos encomenderos (Joan de Paredes e Íñigo Nieto) sobre Yucatán en 1518; y con el de Fray Diego López de Cogolludo (en 1647) sobre "el pueblo de Vecál, en el camino real de Campeche", aunque este fraile historiador especula que pudiera haberse tratado más bien de indios "de estaturas como gigantes". Según el piloto Alonso Álvarez de Pineda, quien al servicio de Ponce de León descubrió a principios del siglo XVI el delta del río del Espíritu Santo (*i.e.* el Mississippi), la costa de Texas —tierra entonces llamada Amichel— estaba poblada de g i g a n t e s y de p i g m e o s . Tiempo después, en 1540, al tratar de establecer un enlace entre Coronado y Alarcón, Melchor Díaz vio en las márgenes del río Tizón (que llamó así por este episodio; hoy es el Colorado) a unos indios —yumanos o seris— que se desplazaban en el invierno con teas para calentarse, tan musculosos y altos que le parecieron g i g a n t e s ; de los mismos había tenido noticia, poco antes, López de Cárdenas. En Florida, Chicoria (Carolinas) y Guale (Georgia), los exploradores españoles y franceses tropezaron en el siglo XVI con caciques (curacas) o reyes gigantescos; en 1521, por ejemplo, el Juez Ayllón y Matienzo visitaron en Chicoria, "riquísima en volatería, montería y piedras preciosas", al Rey Datha quien (se apresura a aclarar Pedro Mártir) no era monstruoso naturalmente sino que en su niñez había sido "estirado" con fricciones a base de jugos de ciertas yerbas. Según el Inca Garcilaso, Hernando de Soto se entrevistó hacia 1540, en lo que hoy es Alabama, en Manvila (Mobile), con el curaca Tascalusa, que parecía ser gigante "o que más bien lo era". Entre los franceses que visitaron Florida, Laudonnière se interesó mucho en las noticias referentes al gigante Rey Chiquola (de cuyo nombre deriva, probablemente, el de Chicoria) y a la gran ciudad sobre la que reinaba, donde abundaban el oro, la plata y las perlas.[22]

---

[21] H. R. Wagner (ed.) "THREE ACCOUNTS", 211 (cercanías de Tenochtitlán). Francisco HERNÁNDEZ, *Hist. Animalium*, I, c. xxxii, en su *Historia Natural*, 314-315 (Texcoco y Toluca). P. Antonio VÁZQUEZ DE ESPINOSA, 95 (Puebla). Fray Antonio TELLO, c. xiv; 45-48. Frejes, *Memoria*, 63-64, y especialmente p. 149.

[22] P. José ARLEGUI, 5-6, 61 (Zacatecas, Durango y San Luis Potosí). Relaciones de QUIZIL y SITIPECHE... (y) de QUITECALM y CABICHE, en CDIU, XI: 214 y 215 (Yucatán). Fray Diego LÓPEZ DE COGOLLUDO, IV, vi; 188 (Campeche). Sobre los pigmeos y gigantes de Texas, *cf.* Bolton, *Spanish Borderlands*, 10; y Shea, 237. Acerca de las experiencias de Cárdenas y Melchor Díaz, ver Forbes, 352, 354. Pedro MÁRTIR, *Déc.*, VIII, ii; p. 506 de la ed. Bajel, B. Aires, 1944. Inca GARCILASO, I, iii; 11, sobre Ayllón y Chicoria. Bolton también, pero en su *Coronado*, 8, menciona al Juez Ayllón, fundador de una efímera colonia en lo que hoy es la Carolina del Sur, y afirma que

Las historias de esta clase no han dejado de circular en América ni siquiera en nuestros días: en efecto, hace apenas cinco años, según la prensa, unos exploradores y sus guías indios vieron a unos g i g a n t e s jorobados y pelirrojos en la zona amazónica del Perú. De cualquier modo, la idea de su existencia formó parte de la mentalidad colonial, e incluso prevaleció en los círculos gobernantes. Argensola habla de gigantes en la vecindad del Estrecho de Magallanes (sin duda parientes de los patagones), y todavía en el siglo XVIII se presenta el argumento de los gigantes americanos como prueba de la no inferioridad del indio americano en la controversia "ilustrada" entre el Abate de Pauw, de una parte, y de la otra el Padre Pernety y García de León y Pizarro, Regente de Quito. El Virrey Mendoza escribió a Carlos V dándole noticias de un simulacro de la toma de Jerusalén en la ciudad de México en el cual "los vuestros peleaban como elefantes y como gigantes". Uno de sus sucesores, Martín Enríquez, envió en 1568 a Felipe II, con Juan de Velasco de Varre, capitán de la Flota, la osamenta ("cosa admirable") de un g i g a n t e   que había recibido de China; y además las procesiones del *Corpus Christi* en la ciudad de México desde mediados del siglo XVI incluyeron un desfile de carretones, y de "jigantes" cargados por negros y por cuyo aderezo el cabildo de México pagaba cuarenta pesos en cada ocasión. Donde había g i g a n t e s , casi siempre había también p i g m e o s , y la existencia de estos últimos es atestiguada en la Amazonia, entre otros, por el Padre Cristóbal de Acuña en el siglo XVII. Como se ha dicho ya anteriormente, habían sido avistados en las costas de Ajacán.[23]

todavía hoy existe allí un *Chicora College; cf.* también Molinari, 125, sobre el mismo episodio. El INCA GARCILASO habla del cacique Tascalusa de Manvila (Mobile): III, xxiv, 348-349. Laudonnière y los gigantes son mencionados por Woodbury, *Spanish Settlements*, 40-41. Quatttlebaum, 14. Sobre la controversia De Pauw-Pernety, ver Serrera, 520-521.

[23] El reportaje sobre los gigantes pelirrojos del Perú llegó a mis manos en un despacho, desde Lima, de la UPI, en Tehéran: *Kayhan International*, del 22 de mayo de 1976 (*Expert Scoffs at Report of Indian Giants*). La carta de Mendoza ha sido transcrita por MOTOLINÍA, *Historia de los Indios*, 91. La información sobre la osamenta de un gigante enviada a Felipe II es de Job Hortrop, un marino inglés abandonado en tierra por Hawkins, quien viajó a Europa en el mismo barco portador de la curiosidad obsequiada al Rey: HAKLUYT, VI, 348, y García Icazbalceta, *Viajeros ingleses*, 165. Los "gigantes", según las Actas del Cabildo de México, desfilaron con gran regularidad: XI, 57, col. 2; XI, 159, col. 1; XII, 288, col. 1 (en 1596); XII, 384 (en 1597); XIII, 336, col. 2(en 1599); XIV, 101, col. 2 (en 1600), etc. Christobal de ACUÑA, *Nuevo descubrimiento del Gran Río de las Amazonas*, A. D. 1641, núm. LXX (sobre los pigmeos), *ap.* E. de Gandía, 31.

V. LA GEOGRAFÍA TERATOLÓGICA II:
LOS MONSTRUOS Y LAS QUIMERAS

ANTES de franquear el umbral de lo mítico y de lo puramente imaginario, conviene aquí mencionar, siquiera brevemente, los seres cuya existencia era cierta o al menos era verosímil, pero que habían podido ser localizados en el orbe terráqueo medieval. De hecho algunos, como los antípodas, siempre existieron, pues cualquier habitante del globo lo es respecto a otro que mora en lugar diametralmente opuesto; mas como no se les conocía, se suponía que, en el mejor de los casos —como dice Gómara— "tenían las cabezas bajas y los pies altos". La existencia de otros es más problemática pero no imposible, como la del "hombre salvaje" de la imaginería medieval, el cual reapareció entre nosotros como guardián de un palacio en Mérida y de un estudio imperial en Tlaxcala.

La existencia de a n t í p o d a s en las tierras descubiertas por Colón es lógica y consecuentemente verosímil para un humanista italiano de fines del siglo XV y principios del XVI como Pedro Mártir. Por ello en 1493 éste escribe que "Colón ha llegado hasta los antípodas, a las cinco mil millas"; pero Gómara, capellán español de Cortés todavía influido por las doctrinas de San Agustín, Lactancio y San Isidoro, acepta tal idea con ciertas reservas mentales. Lo hacen titubear los letrados que no se ponen de acuerdo (dice), pero admite que los mexicanos, "aunque no enteramente, son... antípodes de los de Arabia Felice y aun de los ... (d)el cabo de Buena Esperanza". Casi un siglo después, tras un largo silencio, pues la Iglesia no se había pronunciado claramente al respecto, Torquemada estima necesario demostrar, en las primeras páginas de su *Monarquía Indiana*, que el mundo es esférico, y que, por esa causa, "ay Antipodes, contra la opinión de muchos Antiguos". Solórzano Pereyra creyó útil, un poco más tarde, analizar la causa de por qué San Agustín había negado su existencia, y es sólo en 1682 cuando Fray Baltazar de Medina proclama en la Nueva España que los a n t í p o d a s fueron descubiertos en las Indias "contra los q. lo dudaron".[1] La cuestión conexa de la existencia de a n t e c o s y p e r i e c o s , también examinada entre otros por Gómara, fue resuelta de la misma manera.[2]

Se habló, de paso, de la existencia de razas de hombres sin cabello en

---

[1] Pedro MÁRTIR DE ANGLERÍA, *Epístolas*, I, 236, 244, 257, 265, 268, 280, 299, llama entre 1497 y 1499 a los habitantes del Nuevo Mundo "isleños" y después, "indígenas". GÓMARA, I, 16, 17 y ed. Vedia, BAE, XXII, 159, 160 y 170. Richard EDEN, 347, citando a Gómara y a Sebastián Gaboto, dice: "The Spanyardes have sayled to the Antipodes... such as go fiete (feet) to fiete ageynst us". TORQUEMADA, I, c. V; 11-15. SOLÓRZANO PEREYRA, lib. 1, caps. 5, 9; y caps. 6, 11 y 25. Fray Balthasar de MEDINA, fol. 227, n. 792; *vide*. Index.

[2] GÓMARA, I, 10. VARGAS MACHUCA, 66, informa que los españoles buscaron en América a los antípodas, y también a los antecos y anfiseos.

el Caribe y de gente corcovada en la región de Q u í v i r a .[3] También cruzó el Atlántico el h o m b r e s a l v a j e , ente mitológico que, aunque representa el Caos anterior a la Creación, logró sobrevivir en el Medievo cristiano y en la Nueva España recién conquistada. Siempre desnudo, con pelambre propia y llevando o apoyándose en un basto —como el de la baraja—, este extraño ser es una mezcla de hombre, de bestia y de criatura mística; y se le ha utilizado tradicionalmente como soporte de escudos de armas o bien como guardián de palacios, pues se suponía que inspiraba terror. Pasó de la India a las páginas de algunos enciclopedistas medievales y al *Libro de Alejandro*, al que a principios del siglo XVI aún se reconocía autoridad, atribuyéndolo al historiador Calístenes; los dominicos y franciscanos lo buscaron en el Nuevo Mundo; y todavía se pasea en el desfile del carnaval de Basilea. Custodia varias tumbas españolas y aparece en actitudes agresivas en el "Salón de los Salvajes" del Palacio del Infantado, en Guadalajara (Castilla) así como en la jamba de la portada del monasterio de San Gregorio en Valladolid, en donde Las Casas se alojó en 1550 cuando tuvo lugar su debate con Sepúlveda. Antes, en 1498, había inspirado una imagen del hombre americano en la edición de la *Sphaera Mundi* de Juan de Sacrobosco. Dos h o m b r e s s a l v a j e s , sencillamente vestidos con pieles de carnero y apretando en las manos bastos o mazos de tronco —como los llama Rubio Mañé— sostienen, desde la cornisa, dos grandes capiteles en la fachada de la Casa de los Montejos, en Mérida, construida antes de 1559. Otros dos, con ramas floridas en las manos, también barbados pero desnudos sostienen un escudo de Carlos V en la "Capilla Real" de Tlaxcala, que también data del siglo XVI; y antes, en el escudo de un conquistador de las Canarias.[4]

Los antiguos calibes, esclavos que el rey Creso hacía trabajar en sus minas de hierro (*calibe*, en griego, significa hierro) pasan a América, por así decirlo, con las naves de Colón, y renacen como mito en el mar de las Antillas. "No son otra cosa sino la gente del Gran Can que debe ser aquí muy vecino", escribió el Descubridor. Contribuyó a la formación de este mito la similitud de las voces calibe y *carib*, que en la lengua antillana significaba "más fuerte". Pedro Mártir describe como antropófagos y hombres feroces a los c a r i b e s , identificándolos con polifemos y con los lestrigones que en la antigua Sicilia comían carne humana; y la *Cosmografía* de Sebastián Münster ya los llama abiertamente caníbales, lo que probable-

[3] COLÓN, *Carta de la Primera Navegación*, ap. Navarrete, *Viajes*, I, 167-175: "Hay otra isla me aseguran... en que las personas no tienen ningún cabello". "Me dicen que más allá del río *Aconquis* (en la región de Quívira) se encuentra una raza de hombres corcovados"... (aunque) no he podido comprobarlo debidamente"; Francisco HERNÁNDEZ, *Historia Natural, Historia Anim.*, I, c. XXX; p. 313.

[4] La mejor exposición sobre el "hombre salvaje" es la de Bernheimer, 19-21, 88-89, 90 y 179-181. Véase también Hanke, *Hist. of Lat. Amer. Civiliz*, I, 23; y *Prejuicio racial*, 19-20; Sturtevant, 418; Quinn, 642; y Mode, 224-227, así como L. Olschki, *Storia della scoperta geographica*, Florencia, 1937; Chinard, *Exotisme américain;* De Azcárate, Pl. 4, fig. 3 y Pl. 3, figs., 2 y 3. Sobre los "hombres salvajes" de Mérida y Tlaxcala, *cf.* Rubio Mañé, *Casa de Montejo*, figs. 14 y 15; Toussaint, *Arte Colonial*, XIV y XVII; Hanke, "America as Fantasy", 247-248; y Weismann, 19 y 27. Fernández-Armesto, 241 (escudo canario).

mente era falso. Laudonnière, en la segunda mitad del siglo XVI, dice haber oído relatos en Florida y en Chicoria (las Carolinas) acerca de la existencia en esos países de un gran número de h e r m a f r o d i t a s , a quienes estaba vedado llevar armas "par la pratique de la sodomie" y los cuales ayudaban a las mujeres en las tareas fatigosas. Más aún, afirma haber visto a uno de ellos, vasallo del Rey Outina. En 1602, Rodrigo del Río de Losa, quien durante algún tiempo gobernó la Nueva Vizcaya, escribió al Virrey Conde de Monterrey para transmitirle rumores en el sentido de que en las vastas regiones al norte de Nuevo México había gente que portaba en la cabeza coronas de metal "como nuestros reyes", y también ciudades amuralladas (¿el reino de T e g u a y o ?) y ganado como el de Tartaria o de Germania.[5]

Las s i r e n a s y los t r i t o n e s (o nereidos) abundaban en los mares americanos según los relatos de quienes pretendieron haberlos visto. En la Antigüedad, Pausanias afirma haber visto t r i t o n e s en Grecia y otro más, disecado, en Roma. La literatura medieval castellana es pródiga en s i r e n a s y Alonso de Madrigal "el Tostado", les dedica 18 capítulos de sus *Comentarios a Eusebio*. En América, Colón fue el primero en avistar "tres sirenas que salieron bien alto de la mar, pero —añade desencantado— no eran tan hermosas como las pintan". El almirante no pudo haberse equivocado pues según dicen él mismo y su hijo Hernando otras veces había visto s i r e n a s en el golfo de Guinea. Herrera transcribe sobriamente esa información y Las Casas ubica el episodio frente a una cierta Isla Bernardina. Pedro Mártir es profuso en noticias sobre esos peces canoros, tanto los que nadaban en el Mar Cantábrico como los de las costas de Cubagua y de Panamá. Oviedo, hablando de t r i t o n e s y después de confrontar las informaciones de "dos hombres de crédito" y la de Alonso de Santa Cruz, dice que "parece ser verdad que los hay" en América. Loayza afirma haber visto "mucha pesquería: ballenas, sirenas..." al franquear el estrecho de Magallanes en 1526. Job Hortrop dice que no sólo él sino también la marinería y el mismo general de la Flota en que regresaba a Europa en 1568 —Diego Valdés— vieron al navegar a la altura de las Bermudas un monstruo marino, que describe con los atributos de un t r i t ó n , de todo lo cual dice que se escribió una relación. Henry Hudson, por entonces al servicio de los príncipes de Moscovia, persiguiendo obstinadamente a una s i r e n a en 1608 llegó hasta la Nueva Zembla.[6]

5 Sobre los calibes, caribes y caníbales, *cf.* E. de Gandía, 42-43; Fernández de Castillejo, 59-60; Pedro MÁRTIR, *Epistolario*, I, 269; Ep. 146, del 5 de diciembre de 1494; y Richard EDEN, 30. Respecto a las fuentes que mencionan hermafroditas en Florida ver LUSSAGNET, 44-45 y 138-139; *cf.* también las *Noticias* de A. Requena en *Acta Venezolana*, Caracas, 1945, t. I, núm. 1, 53-54. Río de Losa es citado por Hammond y Rey, *Oñate*, 764.

6 Sobre la literatura medieval castellana, *cf.* Navarro González, 217-220, 225 y 232-237. Pausanias mencionado por Mode, 11. Cristóbal COLÓN, *Diario del Primer Viaje*, ed. de M. Fernández de Navarrete, 1825, p. 22 bajo la fecha 4 de noviembre de 1492 y la carta a Santángel de febrero-marzo de 1493. El Descubridor creía en la existencia no sólo de sirenas sino también de cíclopes, hombres caudatos, polifemos y cinocéfalos. Todorov, 23. HERRERA, Déc. 1ª, II, 1; 254, repite la información proporcionada por el Almirante así como la de Hernando COLÓN, 37. Lo mismo hace LAS CASAS, *Hist. Ind.*, ed. México, FCE, 1951, I, 300. Cartier, según Brebner,

En el mismo siglo XVII, León Pinelo en su *Paraíso* señala los indicios de que en los mares americanos existen hombres marinos o t r i t o n e s , y añade: "si hai tritones no faltarán Sirenas". En efecto, según una conseja en boga en la época, las islas escapaban a las leyes de la naturaleza y en ellas se presenta lo maravilloso. Sobre los hombres marinos, León Pinelo cita los testimonios del doctor Francisco Hernández y de Diego Becerra de Mendoza, capitán de los navíos que Cortés envió en 1534 por la Mar del Sur, el cual dice haber visto "un Pexe que todos afirmaron ser hombre Marino… zambullendose y bañandose con las manos y mirando a la gente como si tuviera entendimiento". A fines del siglo XVIII, el Padre Miguel del Barco, invocando el estudio hecho por un jesuita más viejo, el Padre Tirsch, nos habla del *pez mulier* de los mares de la Baja California, que tenía figura de mujer de medio cuerpo arriba, "de dos palmos de grandor"; no era raro verlo en las costas de la península, y según el Padre Clavijero, tenía la cola lunada. Parece que la última vez en que s i r e n a s adornan una mapamundi es en el de Janvier, de 1782. El primero en pensar que las s i r e n a s de Colón y de otros eran realmente vacas marinas o *manatíes*, fue Fernández de Navarrete, cuya tesis fue aceptada por Henríquez Ureña, Ballesteros Bretta y José Durand, este último en un libro tan erudito como poético. Motolinía, quien llama al manatí "precioso pescado", nos informa que en su tiempo se criaba en el Papaloapan, cerca de Otatitlán. Oviedo habla ampliamente de él tanto en su *Historia General* como en el *Sumario;* y para Ramusio, quien considera necesario aclarar que ese pez o cetáceo *no* es humano, es exclusivo de aguas americanas. Dorantes de Carranza lo comía regularmente en cuaresma, pescado en el mar de Coatzacoalcos. Job Hortrop y Vargas Machuca dicen que "sabe casi como el mismo tocino" y que tiene propiedades curativas: según el primero, para el cólico; y de acuerdo con el segundo, "descubre las bubas a quien las tiene secretas". El doctor Hernández le dedica un capítulo y dos ilustraciones en su *Historia Animalium*. El Padre Cobo, por su parte, dice que el manatí o *pegemulier* cura el mal de orina; y en su *Diccionario*, Alcedo le da el nombre latino de *Ticherus Manatis*, diciendo que "la hembra tiene dos tetas y pare regularmente un hijo que abraza entre las manos". Por último, Fray Agustín de Vetancurt nos informa que "aunque es feroz a la vista nunca haze mal"; y para quien desee comprobar su exquisitez, el periodista Manuel Mejido ha descubierto las "carnitas" y longanizas de manatí —animal grasoso— que hoy en día se preparan en Palizada, en el estado de Campeche.[7]

123, no creía en la existencia de sirenas pero llama *sirenia* a los manatíes. Pedro MÁRTIR, *Décadas*, 8ª Déc., 7; y ed. facs. de 1592, III, 384; y IV, 354 y 355; en IV, 200, dice que hay gente que tenía "el pellejo cubierto de escamas". Sobre Pedro Mártir y las sirenas véase también Brebner, 21; Gerbi, *Indias Nuevas*, 80; y Durand, *Sirenas Manatíes*, 30. OVIEDO, XXIII, 5; II, 179-180 *ap.* Gerbi, *op. cit.*, 295 y 372, n. 23. Rubio Mañé, "Expedición de Legazpi", 551. Job Hortrop, en HAKLUYT, VI, 350; y en García Icazbalceta, *Viajeros Ingleses*, 167. Sobre Henry Hudson, *cf.* Brebner, 206.

7 Kappler, 33 (Las islas y lo maravilloso). LEÓN PINELO, *Paraíso*, II, 118, quien habla de otras sirenas en el Paraguay, Virginia y el Golfo de Nicaragua: *loc. cit.* y 119. La experiencia de Becerra es recogida también por HERRERA, Déc. V, Lib. 7, c. 3 y por MURILLO VELARDE, IX, 177. Miguel del BARCO, 128 (véase también la p. L del Estudio Preliminar de León-Portilla, donde se

Raigambre más antigua que las s i r e n a s la tienen los hombres con cabeza de perro, cinamólogos o c i n o c é f a l o s . Tiene la leyenda de su existencia un doble origen (egipcio y chino o tártaro), que confluye a finales de la Edad Media en las páginas de Orderico de Pordenone y de Marco Polo. Con base en este último, Colón buscó c i n o c é f a l o s en el Caribe, e incluso mostró dibujos de ellos a los indios arawak. El hecho de que algunos caribes durante la tercera navegación, según Herrera, "...olían las Barcas... los Hombres... i quanto los daban todo lo olían", debió robustecer las expectativas del Descubridor. Hacia 1519 los andaba buscando Fernández de Encizo más allá de la línea equinoccial, y el año anterior Velázquez había instruido a Cortés para hallar, entre otras maravillas, a los hombres que tienen cara de perro. El conquistador no parece haberlos encontrado, aunque cuatro figuras de c i n o c é f a l o adornaban la fuente del convento franciscano de Tepeaca y cuando Toussaint escribió su *Historia del Arte Colonial* se podían admirar en el museo de Churubusco.[8]

Dos años antes, Hernández de Córdoba había visto "extraños monstruos" en aguas de Campeche. En cambio, no se hallaron en la Nueva España e s c í o p o d e s , seres dotados de un solo pie pero tan grande que les servía de parasol (los portugueses pretendieron haberlos encontrado en Etiopía) pero sí, en su ámbito mayor, h o m b r e s   c a u d a t o s . Colón desde 1503, afirmó que en Cuba "hay hombres con cola". Pedro Mártir rechaza tal conseja en un principio como "bobería"; pero páginas adelante informa que en "las costas de Yuciguamín" la cola de la gente es tan larga y rígida que para poder sentarse se hacen agujeros en el suelo donde se introduce ese apéndice. Su fuente para esta última versión fue un relato de viva voz que le hicieron en 1523 Vázquez de Ayllón y el indio cautivo Francisco Chicorana sobre una tierra cercana a la del rey Datha, en Chicoria (las Carolinas), poblada por gente que tenía cola rígida. Esos apéndices

reproducen los dibujos del *pez mulier* hechos por los PP. del Barco y Tirsch). CLAVIJERO, *Baja California*, 41. El mapa de Janvier es citado por Chapman, *California*, 74. Los autores que tratan de manatíes, en el orden en que aparecen mencionados en el texto, son Durand, *Sirenas/Manatíes*, 18, 22; MOTOLINÍA, *Memoriales*, 174, 176; OVIEDO, *Historia General*, L. XIII, C. ix; I, 63-67, y *Sumario*, 258-260; RAMUSIO, III, 159; DORANTES DE CARRANZA, 136-137; HORTROP en García Icazbalceta, *Viajeros Ingleses*, 162; VARGAS MACHUCA, II, 148; Francisco HERNÁNDEZ, *Hist. Anim.* V, C. 11, en *Hist. Nat.*, 400-401; Bernabé COBO, I, 294; ALCEDO, IV, 326-327 y VETAN-CURT, *Teatro Mexicano*, 1ª Parte, 65. La noticia de Mejido apareció en la p. 6 de la ed. corresp. al 28 de marzo de 1979 del diario *Excélsior*, de la ciudad de México.

[8] Matthiae, Tabla 80 (c), (d) y (e), nos señala a cinco cinocéfalos adorando a un faraón egipcio, que figuran en un cilindro encontrado en una tumba en Ebla, y que data de c. 1760 a. de C. Morales Oliver, 17. Sobre el origen del mito de los cinocéfalos, *cf.* Mode 210-212 y Baltrusaitis, 167-168, así como J. Brummack, *Die Darstellung des Orients*, Berlín, 1966, 20, y H. Cordier, *Les Monstres dans la légende et la nature, les cynocéphales*, París, 1890. Quinn, 637, menciona a Colón en relación con estos monstruos. Los hombres husmeadores del Caribe son mencionados por HERRERA, Déc. 1ª, III, 11; p. 330. Las instrucciones de Velázquez a Cortés son reproducidas en I, 403, de la *Col. de docs, inéd. para la hist. de España* (Madrid, 1842). Gerbi, *Indias Nuevas*, 105-106, se refiere a Fernández de Encizo y los cinocéfalos. Las cuatro figuras de Tepeaca son mencionadas por Toussaint en su *Arte Colonial*, 51. Por último, Zavala, *Filosofía Política*, 18-19, dice que todavía en 1622 se publicó en Venecia la extraña figura de un "hombre perro" del Brasil.

eran tan duros, le contaron sus informantes, venidos de ese rumbo, como la cola de peces y cocodrilos; y en recompensa a sus servicios el oidor Ayllón de la audiencia de Santo Domingo fue autorizado por Carlos V a conquistar "Chicoria, la tierra del Rey Gigante".[9]

Unos hombres c o n   u n   s o l o   p i e , o "gente que todos ellos tienen los pies al revés" (los mutayas o mutayus del Padre Cristóbal de Acuña) al parecer se ocultaban en las selvas amazónicas. Los e s t e - t o c é f a l o s , o sea hombres sin cabeza y con la cara a la altura del estómago, que San Agustín pretende en la *Ciudad de Dios* haber visto en Etiopía y de los que hablan Plinio y las sagas nórdicas, eran conocidos en los márgenes del río Caura (afluente del Orinoco), según noticias transmitidas por Sir Walter Raleigh. Los exploradores españoles oyeron también hablar de razas que duermen bajo el agua y de hombres con orejas tan enormes que las arrastraban. Son éstos los p a n o t i de Ctesias y de Megástenes, que según un indio maya le dijo a Grijalva habitaban en muchas islas vecinas a Yucatán. El leído cronista, Fray Pedro Simón, dice que se llamaban tusanuchas y que vivían en California, y precisa que con las orejas pueden cobijar con holgura hasta media docena de españoles. Según la misma fuente, los a s t o m i , que Plinio dice eran originarios del alto Ganges, son los mismos que los naturales de Jamocohuicha, también en California. Se trataba de gente que, careciendo de sistema digestivo, vivía exclusivamente del aroma de las plantas, emparentados sin duda con los c o r i s m a p o s , cuyo único alimento era el olor de los frutos. Esas leyendas quizá influyeron en la creencia de Juan de Cárdenas, expresada en 1589 o 1590, de que "el indio chichimeco se sustenta sin beber jamás... comen la tuna... chupan la hoja del nopal y el cozollo de la lechuguilla... cuya humedad tiene los propios efectos del agua".[10]

Los animales heráldicos —ese museo de falsos monstruos románicos, como dice Focillon—, en sus orígenes del siglo XII mágicos protectores de los caballeros que los enarbolaban en sus crestas, no existieron exclusivamente en los blasones o en los cuentos de hadas. Después de la Conquista, algunos

[9] La mención de Hernández de Córdoba es del Padre Diego Luis de MOTEZUMA, 317. Pedro MÁRTIR habla de varios monstruos del Caribe y de Mosquitia; ed. facs. de Madrid, 1592, I, 287, y III, 341. Acerca de los escíopodes, ver J. Olivier, *Ibridi, i Simboli e il Mito*, Milán, Quadragono, 1980, 103; y Mode, 207, así como E. Holländer, *Wunder, Wundergeburt und Wundergestalt...*, Stuttgart, 1921, 158-163. En dos cartas, relativas respectivamente a su primera y cuarta navegaciones, Colón dice que hay hombres con cola en Cuba, *ap.* Navarrete, I (ed. 1825), 167-175; cf. Gerbi, *Indias Nuevas*, 35; y Chinard, *Exotisme Américain*, 3. Pedro MÁRTIR, *Décadas*, 7ª déc., 2; ed. facs. de Madrid, 1592, IV, 109. Los hombres caudatos de Chicoria son mencionados por Bolton, *Spanish Borderlands*, 14-15; y por Quattlebaum, 154. Pedro Mártir registra en la séptima década las conversaciones con Ayllón y su acompañante: ed. Mc. Nutt, II, 261, 268.

[10] Con referencia a los unípedos o imantópodos y los "mutayas", *cf.* Mode, 223; Newton; 167; y E. de Gandía, 31-32. Hablan de los estetocéfalos en América, Mode, 212; Sturtevant, 445; y Hand, 52. Los *panoti* y otros hombres orejones son mencionados por Blanco Fombona, *El Conquistador*, 174 y 231; por Mode, 210; y en primer término por Agustín Yáñez en su ed. de GRIJALVA, 27. Sobre los *astomi*, *cf.* Mode, 207; y Blanco Fombona, *op. cit.*, 232; y acerca de los chichimecas, ver Juan de CÁRDENAS, 206-207 y 209-210.

de ellos se conservaron en cierta forma o, por lo menos, su recuerdo merodeaba en la Nueva España. Hubo á g u i l a s   b i c é f a l a s, según testimonios difíciles de hacer a un lado, en Oaxaca y en la región de Sonora. En esta última "parece(n) no ser... tan escasas las águilas de dos cabezas", nos informa nada menos que el Padre Alegre en el siglo XVIII, ya que los indios tienen en su lengua un nombre particular *(scipipiraigue)* que las distingue de las otras águilas. Alcedo, un comentarista español de Solórzano Pereyra, Villaseñor y Sánchez, y Murillo Velarde relatan, en términos virtualmente idénticos, la historia de un águila   b i c é f a l a   que, flechada por un indio en Apuala (jurisdicción de Teposcolula, Oaxaca), fue obsequiada por el cura local al Virrey Marqués de Valero (1716-1722), habiéndola enviado éste al monasterio de San Lorenzo del Escorial. Alcedo indica que en aquel territorio no es raro ese género de águilas. El licenciado Francisco Ramiro de Valenzuela, relator del Consejo de Indias, dice en una glosa al texto de Solórzano Pereyra que, por el contrario, "hay casta de ellas en la Nueva España". Villaseñor y Sánchez, quien escribe no mucho después del episodio, en 1746, añade que otras tres   á g u i l a s   b i - c é f a l a s   levantaron el vuelo cuando cayó a plomo la que Valero envió a España, y que del mismo paraje "se han traído a (México) varias Aguilas de disforme estatura". En fin, Murillo Velarde también habla de varias águilas de esta especie existentes en Apuala, y describe la que recibió el Virrey como "de hermosissima presencia con dos Cabezas". Podría recordarse aquí que en el siglo XVI, la representación del decimosexto Coloquio Espiritual de González de Eslava, "el primer autor teatral de México", requería en la escena (para el Sacramento del altar) un   c a r b u n c l o   (animal tal vez de origen apocalíptico) con su piedra preciosa en la frente y (para el Sacramento del matrimonio) un águila con dos cabezas. Eslava alude en otro coloquio a la   a n t a   o gran bestia.[11]

Al tratar el problema de la despoblación de las Antillas en su *Historia General y Moral*, Oviedo dice que "movidos de promesas vanas", muchos habitantes quedaron enterrados en las playas del Caribe, ahogados por esas mares y ríos "e otros comidos de tiburones e   d r a g o n e s   e c o c a t r i c e s ". Esa combinación de monstruos heráldicos estaba presente en la mente del cronista, ya que en el *Sumario* dice que los lagartos de Indias "son muy espantosos   d r a g o n e s ... algunos quieren decir que   c o c a t r i c e s ". Quiso Oviedo seguramente decir "cocodrilo", animal que tiene alguna semejanza con el dragón, no así la cocatrix, que en la lengua del blasón se define como animal fabuloso con alas y patas de gallo y cola de serpiente. Las Casas apeló en 1542 al rey para que

[11] Focillon, en *Magazine of Art*, Washington, XXXIII (1940), 25. Francisco Xavier ALEGRE, II, 458 (águilas bicéfalas en Sonora). Sobre las águilas bicípites de la región de Teposcolula, ver ALCEDO, I, 91; SOLÓRZANO PEREYRA (apostilla del licenciado de Valenzuela), I, 68; VILLASEÑOR Y SÁNCHEZ, IV, vi; y MURILLO VELARDE, IX, 109. El carbunclo y el águila con dos cabezas en los Coloquios Espirituales de Eslava son mencionados por Hildburg Schilling, 50-51. Friederici, 342, menciona a un carbunclo en el Perú. La anta o gran bestia es mencionada alegóricamente por Eslava en el "Coloquio del Conde de la Coruña": Rojas Garcidueñas, *Autos y Coloquios*, 164, y nota 1.

liberase a los indios "de la boca de los d r a g o n e s " significando con ello la tiranía de los encomenderos. En un auto sacramental, representado en 1587 en Zapotlán (hoy Ciudad Guzmán), un indio "vestido a manera y figura de dragón" representó a Lucifer, al parecer en forma realista pues daba bramidos según nos informa Fray Antonio de Ciudad Real. Mendieta dice que "dos muy grandes d r a g o n e s " bajaron con la corriente del volcán de agua que destruyó la Vieja Guatemala, "y que la misma corriente los llevó camino de la mar". Samuel Champlain regresó a Francia hacia 1599 de su viaje a las Indias y a la Nueva España con divertidas historias de aves sin patas y de " d r a g o n e s con solo dos, pero bastante grandes". Satanás y el d r a g ó n tenían características semejantes en la mente de los clérigos (recuérdese la proeza de San Jorge), pues el Padre José Arlegui los equipara. Por último, nuestro monstruo hace acto de presencia en el arte novohispánico en el friso del monasterio de Coixtlahuaca (Oaxaca), en donde aparecen cabezas de d r a g ó n y p e l í c a - n o s picoteándose el pecho (para alimentar a sus pequeños), los cual constituye una feliz expresión plástica que combina los símbolos heráldicos de la furia y de la piedad.[12]

Semejante al dragón, la s i e r p e (como la *biscia* de los Visconti, heredada por la Alfa-Romeo) aparece a menudo reencarnada en la iguana, aunque ésta haya carecido de alas en el Caribe y en México, "Vide una sierpe, de la cual traigo el cuero a Vuestras Altezas", escribió Colón a los Reyes Católicos —"cosa espantable... pues tiene un cerro de espinas grandes desde las narices hasta lo último de la cola, que la hacen muy terrible", comenta Las Casas. De s i e r p e s , nos informa Vargas Machuca, pocas se han visto en las Indias, excepto una monstruosa con sus aletas y orejas, que ponía espanto, muerta de un tiro de arcabuz en el distrito de Quito por un mestizo o criollo. León Pinelo lo corrige señalando que se han visto varias y en diversas partes provistas de alas y brazos. Una de ellas habitaba en una montaña de más de diez leguas de los Chiapas, cerca de Acutepeque (Acutepec) la cual "daba silvos... y un indio... murio de miedo de verle". Dorantes de Carranza dice que se crían iguanas, "propias sierpes", en los montes de la Nueva España, y las recomienda como sabroso manjar, propio de los viernes. Pero quizá el más famoso de esos monstruos fue el que a mediados del siglo XVI mató Juan de las Peñas, joven caballero poblano cuya hazaña ha quedado perpetuada en dos relieves de la "Casa del que mató al animal" (donde hoy tiene sus oficinas el periódico *El Sol de Puebla*), antigua propiedad del mayorazgo de Pérez Salazar. Según un relato de este episodio, era una serpiente enorme que ocupaba una cuadra entera, la cual después de haberse cebado en niños inocentes venía por la calle de la Barranca (Analco) cuando fue muerta con todas las reglas de la caballería. No es de excluirse que esa leyenda se relacione con el mito

---

12 OVIEDO, *Historia General* y *Sumario*, 109-200 (dragones y cocatrices). LAS CASAS, *Opúsculos*, 69, quien es citado también por José Fernando Ramírez, "Noticias sobre Motolinía", LXVI. Fray Antonio de CIUDAD REAL, II, 148. MENDIETA, *Historia*, 41. La experiencia de Champlain es narrada por Brebner, 149. José ARLEGUI, 36. Sobre el friso de Coixtlahuaca, *cf.* Peacock, 279.

de Quetzalcóatl, la serpiente emplumada, y con la evangelización de los indios de la región poblana.[13]

El Padre Diego de Motezuma —desde España, es cierto— habla de h i - d r a s en relación con Tlaxcala; y Nicolás Federman, agente de los Fúcaros, parece haber encontrado una "de muchas cabezas" en la Nueva Granada. El b a s i l i s c o , monstruo tan horrendo que moría cuando se le ponía un espejo enfrente, es mencionado únicamente por Baltazar de Obregón para aplicar su nombre, obviamente con poca consideración, a Martín Lutero. En su historia de los franciscanos en la Nueva España de fines del siglo XVI, Dávila Padilla discute las características de la s a l a - m a n d r a , "a quien el autor de la naturaleza dio virtud para que el fuego no la consumiesse"; y Pedro Mártir compara los v e s t i g l o s , monstruos fantásticos y horribles, a los moradores de un pueblo de la Española. Pero hubo también animales heráldicos más gentiles, como el u n i - c o r n i o , que al parecer pastaron en praderas americanas y en laderas de volcanes mexicanos. El origen de este bello animal del blasón se remonta a la epopeya de Gilgamesh (en Mesopotamia) y a la India de los arios, y de acuerdo con la tradición medieval sólo podía ser capturado cuando dormía, como era su preferencia, en el regazo de una virgen. Fray Marcos de Niza imaginó rebaños de ellos en Nuevo México, con su cuerno curvo y puntiagudo e incluso examinó una piel que era más grande que la de una vaca. El contador Rodrigo de Albornoz no cree en esas consejas; pero el Obispo Zumárraga, en una carta familiar de 1539, toma muy en serio lo que Fray Marcos relata. Un contemporáneo de ambos, Juan Badiano, indígena de Xochimilco y traductor al latín en Santa Cruz de Tlatelolco de obras de medicina escritas en náhuatl, cuenta unas fábulas sobre p e g a s o s , u n i c o r n i o s , y otros seres fantásticos que en su tiempo eran verdades indiscutibles. Frobisher y otros exploradores de la segunda mitad del siglo XVI buscaron en los mares del Norte el unicornio marino o n a r - v a l , cuyo cuerno tenía propiedades medicinales y mágicas de incomparable potencia. En esa misma centuria, Bartolomé Barrientos escribió que en Florida, donde estuvo con Menéndez de Avilés, "(se) an bisto unicornios"; pero no hay que ir tan lejos: León Pinelo, invocando la autoridad de Herrera, del Padre Nieremberg (el que no creía en gigantes) y de Juanote Durán, cuyo manuscrito atesoraba, afirma que en las "faldas del monte Rachia, que es la sierra nevada de Orizava" viven los u n i c o r n i o s en libertad.[14]

---

[13] Colón es citado por Palm, *Monumentos de La Española*, I, 12. VARGAS MACHUCA, II, 117. LEÓN PINELO, II, 75. DORANTES DE CARRANZA, 137-138. El episodio poblano de la sierpe es relatado por Leich, *Puebla*, 239-240; y Manuel Toussaint en su *Arte Colonial* describe la "Casa del que mató el animal".

[14] Diego Luis de MOTEZUMA, 363. La referencia a Federman es de LEÓN PINELO, *Paraíso*, II, 119. Baltazar de OBREGÓN, I, II; p. 4. DÁVILA PADILLA, 553. Pedro MÁRTIR, ed. facs. Madrid, 1592, I, 286. Acerca de los orígenes de la leyenda del unicornio, ver Mode, 157, y B. Tuchman, *A Distant Mirror*, p. 58. Fray MARCOS DE NIZA, ed. Percy, 213; y sobre las experiencias de este fraile con los unicornios, *cf.* Bolton, *Coronado*, 31 y 49. La carta de Albornoz en que se rebaten las noticias de Fray Marcos sobre unicornios es transcrita por OVIEDO, L. XXXIV, C. i.; IV, 350. La de Zumárraga aparece en "Tres Cartas Familiares" y es citada por Bolton, *Coronado*, 432. La creencia de Juan Badiano en unicornios y otras maravillas es mencionada por Aguirre

"Dios en la antigüedad —dice Oviedo con reverencia— creó los g r i -
f o s , mitad leones y mitad águilas". Vargas Machuca sitúa a uno de
ellos en Venezuela, del que prudentemente huyó un hombre que andaba
cazando a caballo. Viven en las altísimas sierras de la tierra del Río de la
Plata, asevera Torquemada. En el antiplano mexicano, Moctezuma lo traía
en su escudo, en actitud de volar y con un tigre feroz en las garras según la
descripción de Solís. Gómara y Motolinía coinciden en que los g r i f o -
n e s despoblaron el valle de Auacatlán (Tehuacán) llevándose a la sierra
con las "uñas" a los habitantes para comérselos; y también eran g r i f o -
n e s , como se ha visto, los feroces guardianes de la Reina Calafía en su
isla de las amazonas. Cien años más tarde, la leyenda persistía: León Pinelo dice que "los hai en Nueva España" y recuerda, por si fuere necesario,
que "son en parte Leones y en parte Águilas".[15]

Beltrán, *Medicina y magia*, 118-119, quien cita a H. W. Haggard, *El Médico en la Historia*.
Buenos Aires, 1943, 111. Brebner, 202-203, habla de Frobisher y su búsqueda del cuerno del
narval. Acerca de la existencia de unicornios en Florida, *cf.* Bartolomé BARRIENTOS *ap.* Genaro
García (ed.), *Relaciones de la Florida*, 27. LEÓN PINELO, II, 46-47, según el cual Durán describe
el unicornio de las laderas del Citlatépetl como un animal de forma y tamaño comparables a
la cabra, pero *colore sub rufum unum tantumodo in forte cucto cornu... conspicuum*. Juanote
Durán figura con ese mismo nombre en un mandamiento del Virrey Velasco I, de 1551
(Zavala, *Velasco I*, 240).

   [15] OVIEDO, *Hist.*, VI, lii; I, 259-260. VARGAS MACHUCA, II, 135. TORQUEMADA, II, 614. SOLÍS, Lib. III,
c. xii; p. 164. Las armas de Moctezuma son también descritas por Ida Rodríguez Prampolini, 93,
quien habla de la desolación del valle de Teotihuacán, 92-93. Los grifones de California también devoraban hombres: Dunne, "Lower California", 38; y Bolton, *The Pacif Ocean in History*, 84 *ss.* LEÓN PINELO, II, 44; y Rosenblat, *Los Conquistadores y su lengua*, 151.

VI. EL TRASPLANTE DE LAS INSTITUCIONES FEUDALES

EL FEUDALISMO, forma de organización político-militar que prevaleció en el Occidente europeo hasta las postrimerías del Medievo, no llegó a ser un sistema jurídico universal, ya que varió en sus manifestaciones de un país a otro e incluso de región a región. Fue más bien la estructura que se dio la sociedad europea de manera harto espontánea cuando a partir de la época de los sucesores de Carlomagno la autoridad central se disgregó y la Cristiandad latina tuvo que improvisar su defensa militar frente a las embestidas de árabes, escandinavos y magyares. Esta defensa estuvo a cargo de quien tenía recursos para ello —un abad, un conde carolingio, un rico hombre— recibiendo de un rey más o menos impotente por su ayuda consistente generalmente en la pujanza de hombres de a caballo, la posesión de unas tierras a título precario que se denominaron primero beneficio y luego feudo. Nada ilustra mejor este fenómeno que el viejo *dictum* según el cual "la nobleza feudal se alzó de la tierra", principal forma de riqueza durante el Medievo. La relación de carácter personal entre el señor o soberano y el vasallo o feudatario es de origen germánico y se fincó en la lealtad recíproca, siendo consagrada por ceremonias tales como el pleito-homenaje, mediante el cual el vasallo juraba dar ayuda y consejo, y pagar un tributo; y su contrapartida, la investidura, procedimiento mediante el cual el señor, reservándose el dominio eminente de la tierra, ofrecía su protección e investía al vasallo, en forma simbólica, con la tenencia de la misma o en raros casos con el usufructo de un cargo palatino. El juramento de fidelidad del vasallo, hombre libre o noble como el señor, constituyó no sólo la base de sus obligaciones sino la espina dorsal de toda la sociedad feudal, que se fue ramificando en vasallos de vasallos o subvasallos y en señores de señores, o suzeranos. En todos los niveles, las relaciones entre los señores feudales fueron reguladas por el uso y la costumbre, y se codificaron por los *Libri Feudorum* o por las Asisias en la Europa central y en el reino de Jerusalén, aunque no en España quizá con la excepción de los *Usatges* de Cataluña. Ello explica la gran diversidad, en la Península, de las instituciones y costumbres feudales, lo abigarrado de aquellas que pasaron a América (en donde se adaptaron al medio) y la dificultad ocasional para identificarlas. Como se verá en las páginas que siguen, en la mayoría de los casos la filiación es clara aunque en otros, como en el de la encomienda novohispánica, podría hablarse con más propiedad de una institución no feudal sino feudalística.[1]

---

[1] Véase en general, mi libro *La sociedad feudal, esencia y supervivencias* (México, Jus, 1944) y el cap. IV: "La supremacía y la suzeranía feudales, formas medievales de 'soberanía'", de mi *Pensamiento político medieval* (México, Instituto de Historia de la UNAM, 1950), pp. 41-49. Salrach Marés, 791, ofrece una definición positiva del feudalismo, tomada de Buotrouche. Ver en Hanke (ed), *Cuerpo de documentos del siglo XVI*, 68, 69 y 102, que incluso en la literatura

La creación de f e u d o s y s e ñ o r í o s en América no fue un fenómeno privativo de España, sino general de todas las potencias coloniales del continente, como lo han demostrado los estudios de Verlinden, Zavala y Alistair Hennessy. Esos autores, en efecto, señalan la existencia en la Cayena del "patronato" o feudo de la Compañía Holandesa de las Indias Occidentales; de los "señoríos" en el Canadá francés del siglo XVII; de las tenencias señoriales creadas por la Corona británica en las Antillas, en Nueva Escocia y en la Nueva Inglaterra (Lord Baltimore, en Maryland, debía entregar dos flechas indias cada año al rey en señal de vasallaje; y Lord Willoughby un caballo blanco cada vez que el soberano visitara su señorío); del sistema de "donatarias" o señoríos y capitanías hereditarias en el Brasil, las que trato en libro aparte. Es cierto que el feudalismo estaba en decadencia en la Península en la época de los Reyes Católicos (aunque conviene recordar que Isabel llegó al trono por encima de los derechos de su sobrina Juana, en buena medida gracias a la ayuda de los grandes vasallos) y que, como señala Góngora, en Latinoamérica no hubo subinfeudaciones ni jerarquía vasálica como en España; pero no es menos cierto también que el feudalismo americano no fue copia servil y *ne varietur* del europeo. El mismo vasto espacio en que vino a imperar en América la autoridad española y su falta de proporción con la escasa fuerza material de que la Corona disponía en la época de los grandes descubrimientos robustecieron las tradiciones feudales, ya adormecidas en la Península y que el absolutismo de los Austrias habría de liquidar más tarde. Mas por de pronto, sucedió lo contrario; los Reyes Católicos y por muchos años también Carlos V, escasos de numerario como los príncipes de la alta Edad Media, hubieron de recompensar los servicios de los primeros conquistadores con concesiones coloniales de tipo feudal, investirlos de poderes feudales en las capitulaciones, y apoyarse para la defensa del naciente imperio en las fuerzas militares de los encomenderos que, como se verá, reunían en sí las características de una hueste feudal.[2]

El feudo tuvo una pasajera vigencia en las Antillas antes de que se intentara implantarlo en la Nueva España. Por Real Cédula del 15 de enero de 1529, dirigida al Obispo Ramírez de Fuenleal, Presidente de la Audiencia de Santo Domingo, Carlos V otorgó "asiento y capitulación" a los pobladores de la Española que reunieran ciertos requisitos, para la creación de s e ñ o r í o s

político-teológica relativa al tratamiento de los indios hay argumentos que se apoyan en el Libro de los Feudos. La encomienda será tratada en capítulo aparte.
[2] Verlinden, "Influences coloniales", 448-449; "Sentido de la historia colonial", 561 y "Modern Civilization", 202, donde compara la aceptación colonial del derecho feudal a la aceptación del derecho romano en la Europa de los siglos XII a XVI. Zavala, *Mundo Americano*, I, 108, 143, 381, 406, 410 y II, 114, 132 y 148; y Hennessy, 49-50. *Cf.* también Simpson, *Encomienda*, viii. La cita de Góngora viene de su *Estado en el Derecho Indiano*, 183-185, aunque ese autor prefiere hablar de "patrimonialismo" más bien que de "feudalismo". Sobre las concesiones coloniales de tipo feudal, ver Verlinden, "Précédents médiévaux", 40. Cabe aquí señalar que así como en América no hubo casi subinfeudaciones ni jerarquía vasálica, tampoco las conoció el feudalismo inglés posterior a la conquista normanda. Véase mi libro *La herencia medieval del Brasil*, editado por el FCE; y para una discusión sumaria de este tema particular, Lockhart, Schwartz, 27.

de hasta "tres leguas en cuadro (unos 100 km²)... por juro de heredad, con jurisdicción civil y criminal" y con opción de convertirlos en m a y o - r a z g o s . Además, prometía a los colonos hacerlos "fijosdalgos y caballeros... (con) arma y blasón a su voluntad". Como lo prescribía el derecho castellano, la Corona se reservaba en dichos f e u d o s las cosas que no podían enajenarse y, además "los montes y árboles de brasil, bálsamo y droguerías". El proyecto no cuajó debido a que las riquezas descubiertas en la conquista de México sedujeron a los futuros colonos. En al menos dos ocasiones (en 1526 y 1545) los oficiales de la Corona en México (Alonso de Estrada y Rodrigo de Albornoz) y los jerarcas del Consejo de Indias (Francisco de los Cobos y el Conde de Osorno) estimaron que la autoridad real estaría mejor servida en la colonia si las encomiendas otorgadas a los conquistadores fuesen transformadas en feudos directos, pero las circunstancias no favorecieron ese cambio que no tuvo siquiera un principio de aplicación. Cuando los pleitos relativos a la sucesión de Cristóbal Colón fueron zanjados en 1536, su nieto don Luis Colón, reteniendo el título y privilegios de Almirante, renunció a todos los demás derechos recibiendo en cambio la isla de Jamaica como f e u d o con el título de marqués (que conservan sus descendientes), el ducado de Veragua y una anualidad vitalicia. El Libro de Perpetuidad, de 1559, del Consejo de Indias, contiene las instrucciones dadas al Virrey Conde de Nieva para otorgar en el Perú investiduras de f e u d o s que no se perderían más que por "heregía, crimen o pecado nefando". Por último, Rafael Altamira nos ilustra en su diccionario relativo a la legislación indiana cómo los f e u d o s   d e l   R e y tuvieron aplicación en la vida administrativa de los siglos XVI y XVII (son citados en las Leyes de Indias) en relación principalmente con la obligación de encomenderos y familiares de la Inquisición, de coadyuvar en la defensa de las costas de los reinos, o sea a cambio de un servicio militar.[3]

La primera vez que se menciona el f e u d o   en la Nueva España es, precisamente, en el primer escrito oficial enviado a la corte, o sea en la Carga de Relación de la Justicia y Regimiento de Veracruz (los regidores se declaran "vasallos de vuestras reales altezas"), del 10 de julio de 1519. En ella se describe la costa del Golfo de México a fin de que doña Juana y Carlos V "sepan la tierra que es... y el f e u d o que en ella vuestras reales altezas podrán hacer y de ella podrán recibir..." (en esta segunda acepción, feudo es sinónimo de tributo). Por esos mismos años, el Almirante de Flandes pidió al emperador que les diese en f e u d o el Yucatán recién descubierto, lo que Carlos V le otorgó llanamente; pero la merced fue revocada cuando se advirtió al monarca que era en agravio de los derechos de Diego Colón, segundo almirante del Mar Océano. Como medida de buen

---

[3] La cédula de Carlos V aparece en la colección de J. B. Muñoz, t. 78; su texto ha sido reproducido por Saco, I, 236-239; y de este proyecto antillano tratan Bourne, 249-250, y J. C. Jones, 70. Haring, "Origen del Gobierno Real", 325, se refiere al feudo de Luis Colón. El "Libro de Perpetuidad" está publicado ("ÍNDICE GENERAL DE LOS PAPELES DEL CONSEJO DE INDIAS") en CDIU, XVII: 90, 93 y 94. La propuesta de reducción de encomiendas a feudos aparece en J. B. Warren GUIDE, Docts. 134 y 136, pp. 97-98 y 99. Altamira, en su Diccionario, sub Feudos del Rey, cita las Leyes de Indias (ley 29, tít. 29, Lib. I, número o cláusula 7).

gobierno, el Presidente de la segunda Audiencia gobernadora, el ya citado Obispo Sebastián Ramírez de Fuenleal, aconsejó a la Corona arraigar a los conquistadores de la Nueva España mediante la creación, en su favor, de 412 f e u d o s o tributos hereditarios y otros tantos m a y o r a z - g o s y repartimientos; se consultó el punto a Antonio de Mendoza (ya designado virrey) en Barcelona, en abril de 1535, y en las instrucciones que se le dieron ese mismo mes no se excluye la posibilidad de que una vez en México, otorgara mercedes "en feudo o en otro título que mas convenga... con jurisdicción en primera instancia". Mendoza, como es sabido, jamás lo hizo por considerar que enfeudar tierras era lesivo de los intereses de la monarquía. Las Casas fue de la misma opinión, y se opuso a que la Corona diera indios a los españoles "en encomienda... en feudo... (o) en vasallaje". Viendo las cosas desde Europa, Giovanni Botero considera el marquesado del Valle de Oaxaca, desde el punto de vista territorial y habida cuenta de los v a s a l l o s que tenía, como un f e u d o perfecto, no así las encomiendas. Por último, François Chevalier comprara el a l o d i o medieval, es decir aquel señorío cuyo titular no era vasallo de nadie, con el *rancho* (la palabra misma es de origen mexicano), tipo de propiedad rural que empezaba a surgir en las postrimerías del siglo XVI.[4]

Reiteradamente se ha dicho que al reconocer la Corona española como v a s a l l o s a los indios los equiparó a los españoles, siguiendo la práctica medieval castellana de no establecer distinción jurídica entre razas y credos. Independientemente de que los indios, excepto príncipes y caciques indígenas y grupos privilegiados como los tlaxcaltecas, no fueron nunca tratados como hombres libres, sino todo lo contrario, como siervos; y de que, como se verá después, el Derecho indiano distinguió entre *república de españoles y república de indios,* el problema consiste en averiguar qué es lo que los españoles —la Corona o los conquistadores— entendían por v a s a l l o en el siglo XVI y, consecuentemente, qué es lo que significa, jurídica y socialmente, el vasallaje de los indios. Eduard Mayer nos dice que el termino *vasallus* se empleaba en la Edad Media española para designar al hombre libre poseedor de un feudo, pero también se aplicaba a los solariegos (labradores no libres) y a algunos individuos de condición dependiente. El examen de los textos nos revela que esa dicotomía reaparece en la Nueva España, pues mientras los conquistadores, cuando utilizaron el término v a s a l l o (especialmente con relación a sí mismos) le dieron el significado feudal clásico, la Corona desde un principio equiparó el

4 La carta del cabildo de Veracruz está publicada en H. CORTÉS, *Cartas y Documentos,* 6 ss.*,* ya que en realidad se considera la primera Carta de Relación del Conquistador. LAS CASAS, *Hist. Ind.,* III, ci, y *cf.* Brading, 87, 114, sobre las diferencias del Obispo Las Casas con los encomenderos, y acerca de sus ideas que equiparaban al bautismo con un juramento feudal de lealtad. HERRERA, *Déc.,* II, Lib. II, C. XIX, narran el episodio del Almirante de Flandes y Yucatán; *cf.* también LÓPEZ DE COGOLLUDO, I, C. iii; p. 8, y OROZCO Y BERRA, *Historia Antigua,* IV, 23-24. Ramírez de Fuenleal propuso la creación de los 412 feudos repartidos de la siguiente manera: 150 en México, 50 en Michoacán y otros tanto en Oaxaca, 20 en Veracruz, 15 en Coatzacoalcos, etc. Sobre la consulta a Mendoza de 1535, ver Clavero, 185, y Pérez Bustamante, *Mendoza,* 26. LAS CASAS, *Tratado Sexto,* 643. Giovanni BOTERO, 532. F. Chevalier, *Land and Society,* 287-288.

vasallaje al pago de un tributo de cuantía considerable —tributo que en el feudalismo europeo sólo era simbólico— en beneficio del rey o que éste cedía a los encomenderos (los verdaderos vasallos), quedando así los indios en una situación de clara dependencia. El *status* de los indios en la Nueva España —de tutelaje—, que se asemeja en términos europeos a una condición servil, será analizado más tarde relacionándolo con la colonización. Aquí citaré únicamente algunos casos en que los conquistadores utilizan el término v a s a l l o, respecto a los indios, en su significado feudal clásico. Según Bernal Díaz, después de la batalla de Centla, todos los caciques tabasqueños "se otorgaron por vasallos de nuestro gran Emperador". Ese mismo año, Cortés recibió de los tlaxcaltecas (quienes no es creíble que hayan entendio bien la fórmula) la promesa de v a s a l l a j e al rey de España. Moctezuma II —continúa informando Bernal Díaz— "envió a decir (a Cortés) que quería ser vasallo de nuestro gran Emperador" y ofreció el pago de un tributo si se le dejaba en paz. Cuando ya era prisionero del Conquistador —quien en su nombre empezaba a dar órdenes como un *maior domus* de la época merovingia— el *tlacatecuhtli* azteca se profesó v a s a l l o de Carlos V en una ceremonia en la cual, en presencia de notario, se observaron todos los requisitos jurídicos del caso.[5]

El epílogo de la toma de Tenochtitlán fue el establecimiento de una relación de vasallaje entre los jefes mexicanos y el rey de España. Fue una relación directa porque Cuauhtémoc se negó a desempeñar el papel de monarca títere. Tiempo después —y de nuevo es Bernal Díaz nuestro informante— los caciques de Guatemala, Utlatán y Atitán enviaron mensajeros a Alvarado para "darse por vasallos de Su Magestad". Nuño de Guzmán recibió en igual forma la sumisión de algunos jefes indígenas de la Nueva Galicia, a decir verdad a regañadientes pues habría preferido convertirlos en esclavos. Aún a fines de siglo (en 1598-1599), los indios de Santo Domingo, San Juan Bautista, Acolocu, Cuéloce, Acoma, Zuñi y Mohoqui en Nuevo México, encabezados por sus respectivos caciques, juraron v a s a l l a j e de rodillas a Felipe II en presencia de Juan de Oñate, en una serie de impresionantes ceremonias de sabor feudal.[6] La Iglesia, por su parte, a la que el Papa facultó para tener indios como vasallos (pero nunca los tuvo) se pronunció desde un principio contra la sujeción de los naturales en tal calidad a los encomenderos. En su *Parecer* de 1532, Ramírez de Fuenleal advierte al rey desde la presidencia de la segunda Audiencia que "no se ha de conceder ni dar... vasallos en mucha ni en poca cantidad... ahora ni en otro tiempo", y que más bien debe prohibirse por ley lo que de hecho ya se hacía. Sabemos cual fue la actitud de Las Casas al respecto. En 1550, los francis-

---

[5] Sánchez Albornoz equipara a cristianos, moros e indios como "vasallos": *España y el Islam*, 191. E. Mayer, I, 176. *Cf.* también Góngora, *Estado en el Derecho Indiano*, 198; y Ots Capdequí, *Estado español en las Indias*, 31-32. Acerca del vasallaje de Tabasco y de Moctezuma, ver BERNAL DÍAZ, c. xxvi, I, 153 y c. lxxii; I, 269; y Helps, II, 209, 254, 257, sobre Tlaxcala y también sobre Moctezuma.

[6] *Cf. Barbosa*, 45, sobre los jefes aztecas; BERNAL DÍAZ, xxliv; II, 378, 379, 381, en relación con Alvarado; y acerca de Juan de Oñate, Hammond y Rey, *Oñate*, 339-340, 342-347, 349, 351-356, 357-359 y 360-362, en donde se publican *verbatim* las Actas de obediencia y vasallaje de los indios de Nuevo México.

canos de Campeche recuerdan al rey que "el indio es libre y vasallo de vuestra alteza" y piden que se pongan "en la real corona", o sea que no sigan bajo la férula de los encomenderos. El segundo arzobispo de México, Montúfar, se queja hacia 1556 de que en los montes y sierras los frailes tratan a los indios "mejor que si fuesen sus propios vasallos". Más adelante hablaremos de las decenas de miles de v a s a l l o s que Cortés recibió junto con el marquesado, a los que en su testamento de 1589 todavía recuerda Martín Cortés, segundo Marqués del Valle; y por último, cabe recordar que Parry señala la existencia, en la Nueva Galicia del siglo XVI, de v a s a - l l o s p a t r i m o n i a l e s (los *tlalmaites* o mayeques, en otras partes llamados naborías), cuya condición era intermedia entre la servidumbre y la esclavitud.[7]

El nombramiento de un virrey (en 1535) fue prueba entre otras cosas del deseo de la Corona de poner fin a un feudalismo anacrónico que iba echando raíces en la Nueva España, en donde sin embargo nunca pudo constituirse una sociedad verdaderamente feudal, como afirma Durand. Y a pesar de que el creciente absolutismo, burocracia y mercantilismo prevalecieron sobre linajes y grandes casas señoriales, los conquistadores y sus descendientes demostraron repetidamente que entendían al mundo en términos feudales, actitud de la que tampoco se pudo librar del todo la propia administración de la colonia, la cual en múltiples aspectos revelaba sus raíces medievales.[8]

Tomemos el caso del acto de t o m a d e p o s e s i ó n de la tierra que en el feudalismo medieval consistía, por ejemplo, en cortar la rama de un árbol o en darle de estocadas, lanzar piedras o arrancar, arrojándolo, un manojo de yerba, una rama de árbol o una planta. Los descubridores y los conquistadores observaron fielmente esta práctica por doquier, misma que reflejaba al antiguo ceremonial godo y la cual era registrada por un notario si había uno a la mano. Acto simbólico de posesión, y en su caso el escrito notarial, bastaban para establecer la autoridad regia sobre los territorios en cuestión, a menos que el monarca desconociera la facultad del donante, en cuyo caso exigía la composición. Ya en 1498 los tenientes de Colón cortaban ramas de árboles en las Antillas en señal de dominio, después de que el Descubridor había hecho lo propio y tratado a las caciques indios como si fueran reyes medievales; y Grijalva tomó posesión de Cozumel con el ceremonial acostumbrado habiendo dejado como testimonio "un escrito en una torre". Igualmente cortaron ramas de árboles o de magueyes

[7] Sobre la bula pontificia "para los vasallos si los huviere", ver TOBAR, I, 47-48. RAMÍREZ DE FUENLEAL, *Parecer*, 167. La carta de los franciscanos de Campeche —Fray Luis de Villalpando, Fray Diego de Véjar y Fray Miguel de Vera— ha sido publicada por SCHOLES Y MENÉNDEZ, *Docs. para la hist. de Yucatán*, 1ª serie, 1 y 3. "RELACION DEL ARZOBISPO (MONTÚFAR)... AL CONSEJO DE INDIAS SOBRE RECAUDACIONES DE TRIBUTOS Y OTROS ASUNTOS", en CDIAO, IV: 496. Martín Cortés mandó en su testamento que se dijeran mil misas por las ánimas de sus criados (*i. e.* los que se habían criado en su casa) y vasallos: *Docs, inéd. relat. a Cortés y su familia*, AGN, 400. Parry, *Audiencia of New Galicia*, 56-57.

[8] Simpson, *Encomienda*, 123. Zavala, *Mundo Americano*, I, 397. Durand, *Transformación del Conquistador*, I, 17. Cf. Bernal Díaz, c. clxxxiii, III, 74.

dos tenientes de Nuño de Guzmán: Hernando Cherino, en la isla de Ramos en 1532; y al año siguiente Diego de Guzmán, en las márgenes de los ríos San Miguel y San Francisco, cuyas aguas, además, "tomó... é bebió... en señal de posesión". En 1519, Cortés había dado tres cuchilladas de posesión a una ceiba en Tabasco, jurando rodela en brazo y espada en mano defender por el rey esa tierra al que se la disputase, de todo lo cual dio testimonio un escribano. En 1529-1531, ya como regidor y en nombre de la ciudad de México, reclamó a los oidores Matienzo y Delgadillo la posesión de unas huertas en la encrucijada de los caminos de Tacubaya y Chapultepec. Ante testigos, entre ellos el padre del poeta Francisco de Terrazas, Cortés y los oidores dieron alternativamente cuchillada tras cuchillada a algunos árboles de esas huertas "en señal de memoria y acto de posesión". De la participación de Cortés en este hecho se tomó nota en las actas del Cabildo metropolitano. En 1535, el propio Conquistador tomó posesión de la California paseándose "de una parte á otra é echando arenas de una parte á otra, é con su espada dio en ciertos árboles que alli estaban", recordándonos con ello el recorrido o *iter* del suzerano medieval a lo largo y ancho de su jurisdicción. Nuño de Guzmán, en la Nueva Galicia, también recurrió en múltiples ocasiones a las cuchilladas, por ejemplo para tomar posesión de las tierras de los teules chichimecas cuando además, mandó pregonar ese acto jurídico con banderas y trompetas. Es más, en consonancia con su carácter, con el mismo propósito derribó en una ocasión un árbol entero.[9]

Francisco de Ulloa, recorriendo las costas californianas en nombre del rey y de Cortés en 1539-1540, y llevando consigo dos escribanos para dejar testimonio escrito de sus acciones (Francisco Preciado y Pedro de Palencia), multiplicó hasta siete los símbolos de su toma de posesión —siempre empuñando su espada desafiante— desde el ancón de San Andrés hasta la isla de Cedros, cortando ramas, moviendo piedras, arrancando yerbas y sacando agua del mar para echarla en la tierra. De igual manera, o sea arrancando matorrales y arrojando piedras, Diego Muñoz Camargo invistió en nombre del rey a tlaxcaltecas y huachichiles con sus nuevas tierras al norte de San Luis Potosí, en Tequisquiapan y en Bocas de Matico, en

[9] Acerca de las formas de tomar posesión de la tierra, véase en general Miranda, *Ideas e instituciones*, 35; y Bayle, *Cabildos*, 68, 97, sobre la composición. Los tenientes de Colón son mencionados por Kirkpatrick, *Conquerors*, 29, y la actitud feudal de Colón es subrayada por Mollat, 152, 175. Molinari, 87, habla de Grijalva; *cf.* también la ed. de Agustín Yáñez, 21. Cherino y Diego de Guzmán son mencionados en el "PROCESO... SOBRE EL DESCUBRIMIENTO DE LA TIERRA NUEVA", en CDIAO, XV, 323-325. La fuente principal sobre la toma de posesión de Tabasco por parte de Cortés en la forma en que se relata es BERNAL DÍAZ, C. XXXI; *cf.* también CLAVIJERO, *Historia Antigua*, VIII, 4; p. 299; Prescott, 132; Orozco y Berra, *Historia Antigua*, IV, 91-92; Altolaguirre, 99; y Miranda, *Ideas e instituciones*, 37. Los detalles del litigio entre Cortés y los oidores aparecen en CDIAO, XXIX: 439, y su toma de posesión de la Baja California, en versión del escribano Martín de Castro, ha sido publicada en NAVARRETE (ed.), *Col. de docs. inéd. para la hist. de España*, IV: 190-192. Los sucesivos actos de toma de posesión de Nuño de Guzmán son narrados por Pedro de CARRANZA, 154, 165 (también publicado en CDIAO, XIV: 358), de quien toma esos datos López Portillo y Weber, 156-157, quien además cita a Juan de Sámano, factor de Nuño de Guzmán; por García del PILAR, 254; en la Cuarta Relación Anónima, 464, y por último en la "CARTA" del propio Nuño, p. 55.

1591. En su obra de fines de la centuria, *Milicia de Indias*, el último teórico de la caballería indiana, Vargas Machuca, estatuye que para colocar bajo la autoridad del rey alguna tierra el Conquistador "en señal de posesión cortará con su espada plantas y yerbas del dicho sitio, apercibiendo á los presentes porque lo hace". Por esos años —en 1598— al tomar posesión de Nuevo México "con... alta y baja (justicia), horca y cuchillo... desde la oja del arbol y monte hasta la piedra y arenas del río...", Juan de Oñate personalmente clavó en un árbol la cruz del Redentor que había sido preparada para ese propósito, tras lo cual sonaron las trompetas y se dispararon los arcabuces. Haciendo esto, Oñate repitió con una variante el gesto hecho en 1520 por Francisco Gordillo, uno de los capitanes de Ayllón, y en 1521 por el oidor de Santo Domingo, Pedro de Quexós, al tomar ambos posesión de la costa del Atlántico desde la Carolina del Sur hasta probablemente el condado de Oneida, Nueva York, los cuales habían hecho incisiones en forma de cruz en los árboles. Ceremonial semejante al descrito en los párrafos que preceden era observado por los fundadores de ciudades; examinando los documentos relativos a Veracruz, Peggy K. Liss ve en la fundación del puerto, desde el punto de vista jurídico, un pacto implícito entre un señor y sus vasallos. [10]

En las relaciones formales entre Corona y conquistadores, o de éstos entre sí, abundan los actos de pleito homenaje. Los Reyes Católicos ya habían dispuesto en 1493 que los participantes en el segundo viaje de Colón rindieran a éste y al tesorero real Fonseca "pleyto homenaje de hacer y procurar por todos modos el servicio de S.S. M.M. i de obedecer al Almirante". En la Nueva España, respectivamente en 1525 y 1526, Gonzalo de Ocampo y Jorge de Alvarado, gobernadores sucesivos de la Fortaleza de las Atarazanas al borde del lago de Texcoco (donde se guardaban los bergantines y las armas en tiempos de la Conquista) rindieron pleito homenaje a los tenientes de gobernador (Cortés había partido para las Hibueras) "una e dos e tres vezes segun fuero y costumbre de España... de acudir... ayrados o pagados... con la... fortaleza... y los tiros y armas" en auxilio del rey o de sus representantes. En Guadalajara, desde 1533, el Paseo del Pendón se iniciaba sólo cuando, quien había de empuñarlo, o sea el Alférez Real, hubiera rendido pleito homenaje al modo y fuero de Castilla. El primer alférez recibió el pendón de manos de Nuño de Guzmán, con "juramento y el debido pleito homenaje", según informa Mota y Padilla. En Espíritu Santo y en Chiametla, Cortés exigió esa pleitesía de Luis de Baeza y otros soldados que no lo iban a acompañar en su

---

[10] Francisco de ULLOA, 234, 236-239; *cf.* Morison, *Southern Voyages*, 622-623. Powell, *Miguel Caldera*, 203 (Diego Muñoz Camargo). VARGAS MACHUCA, II, 20. "TRASLADO DE LA POSESIÓN QUE... TOMÓ DON JUAN DE OÑATE, DE... LA NUEVA MÉXICO", en CDIAO, XVI: 98; y Hammond y Rey, *Oñate*, 335-336. Acerca de Gordillo y Quexós ver Quattlebaum, 7, 9. 10, 12; y sobre el ceremonial observado en la fundación de ciudades, *cf.* Bayle, *Cabildos*, 26-27 y Palm, *Monumentos de la Española*, I, 35. Liss, 25. José Luis Romero discute los gestos feudales en la fundación de ciudades, p. 61, y en los PROTOCOLOS DE LA NOTARÍA DE CHOLULA, Docs. 998 y 999, se verá la ceremonia correspondiente a los barrios (en 1594), en donde el paseo por los solares y el mudar de piedras seguía al corte de muchas hojas de nopal.

viaje a California. Una ley de 1545 señalada por Altamira ordenó que en las Indias todos los castellanos y alcaides de fortalezas, con las manos puestas entre las de un oficial de la Corona de mayor jerarquía, según la usanza feudal, "jurasen e hiciesen una y dos y tres veces pleyto homenaje" de "las tener en tenencia por Su Magestad... en guerra, como en paz", so pena de ser castigados como los "que quebrantan su fe". En la *Crónica de Chac-Xulub-Chen* se lee que el cacique maya comenzó a pagar tributo cuando, a la usanza feudal, el nuevo encomendero Julián Doncel "tomó mi mano delante de Francisco Montejo". Cuando en 1567 cundió la alarma en la capital de la Nueva España por la conspiración del segundo Marqués del Valle, el recién llegado virrey tomó a éste p l e i t o   h o m e n a j e de que se presentaría personalmente ante el rey, despachándolo luego a España. Al propio Marqués de Falces se le había "tomado su pleito homenaje como se suele hacer", precisa Suárez de Peralta, pero en esto el cronista seguramente se equivoca ya que el virrey recibía sus poderes del monarca cuya persona representaba, y el rey no rendía pleito homenaje a nadie. En cambio Juan de Oñate, por órdenes de Velasco II, antes de emprender en 1595 la conquista de Nuevo México juró fidelidad y rindió h o m e n a j e al rey en la persona de Vicente de Zaldívar, Teniente General de los Chichimecas (quien habría de acompañarlo y era su pariente) y a su vez en 1598 recibió en Nuevo México el de los "indios principalejos y maceguales" de Santo Domingo, Acolocú, Cuéloce, Acoma, Aguscobi y Mohoqui, quienes arrodillados le besaron la mano "en señal de obediencia y vasallaje".[11]

El j u r a m e n t o , una institución básica de la Europa feudal, donde constituyó la osamenta de las relaciones sociales, desempeñó un papel importante en las alianzas entre los conquistadores para calmar sus querellas, como el exigido por el Cid a Alfonso VI de Castilla. Muchos juraban sobre la hostia consagrada o ante ella, y en una ocasión Luque, Pizarro y Almagro la dividieron en tres partes para compartir la comunión en señal de alianza. El rebelde Cristóbal de Olid exigió juramento a Francisco de las Casas y a los demás soldados que habían permanecido fieles al Conquistador, de "que siempre serían en su ayuda y serían contra Cortés si viniese (a las Hibueras) en persona", tras lo cual soltó de las prisiones a los juramentados, entre quienes no se encontraba Las Casas, porque se negó a jurar. En 1523, en Zinacantlán de Chiapa, Luis Marín envió preso a México a Alonso de Grado "con juramento que le tomó que se presentaría ante Cortés dentro de ochenta días". Los expedicionarios que acompañaron a Coronado pidieron hacer solemne j u r a m e n t o , lo que el virrey Men-

---

[11] *Instrucciones de los Reyes Católicos*, del 19 de mayo de 1493, c. 6 *ap*. Fabié, *Ensayo histórico*, 17. Las ACTAS DEL CABILDO de México, I, 54, col. 2 y I, 76, col. 2, registran el pleito homenaje de los alcaides de las atarazanas. Relativo a Guadalajara, ver Páez Brotchie, 89 y MOTA Y PADILLA, 40. La pleitesía de Luis de Baeza y otros es mencionada en la "PROBANZA... SOBRE LA TIERRA DEL MARQUÉS DEL VALLE", *ap*. CDIAO, XV, 13, 18, 23, 31. Altamira, *Diccionario*, *sub* Pleyto homenaje. CRÓNICA DE CHAC-XULUB-CHEN, 199. Los problemas con el segundo Marqués del Valle son narrados por HANKE (ed.), VIRREYES, I, 169, en donde se reproduce el *Memorial* del Marqués de Falces. SUÁREZ DE PERALTA, 136. "TRASLADO DE LA POSESIÓN QUE EN NOMBRE DE SU MAGESTAD TOMÓ DON JUAN DE OÑATE...", en CDIAO, XVI: 105, 112, 121, 126, 130 y 140; *cf*. Hammond y Rey, *Oñate*, 65.

doza en persona aceptó. Montejo el viejo lo exigió de sus encomenderos españoles y Velasco I lo recibió de Tristán de Luna y Arellano en 1558, cuando partía a la conquista de Florida, en el sentido de que "tendría las tierras que conquistara, del rey" y para el real servicio. *Mutatis mutandis*, Carlos V amenaza en 1540 a Mendoza, Cortés, Alvarado y Hernando de Soto con declarar a l e v e o traidor a quien de entre ellos no respete los descubrimientos o conquistas del otro, o sea a quien viole la palabra empeña-da en j u r a m e n t o .[12]

Al tratar más adelante del último florecer del espíritu caballeresco, se examinarán algunas prácticas medievales como el reto o desafío y la de armar caballeros, introducida por Cortés en la Nueva España. En lo que resta del presente capítulo se tratarán cuestiones más técnicas, derivadas por ejemplo de la prohibición en el derecho feudal, al vasallo, de construir fortalezas en su feudo sin la aprobación del señor. Esa prohibición es muy antigua en España —la registran las Siete Partidas— y fue reiterada en las leyes relativas a las Indias. Así, el título XII de la *Gobernación espiritual y temporal de las Indias,* de 1526, ordena que los justicias no consientan que se erijan fortalezas en sus distritos salvo licencia del rey, prohibición rei-terada en 1530. En la Real Cédula que creó el Marquesado del Valle, Car-los V ordena a Cortés "que no podades vos, ni vuestros... subcesores hacer ni edificar... fortalezas algunas sin nuestra licencia y especial mandato"; y en el juicio de residencia que se hizo al Conquistador, se preguntó a los testi-gos "si saben (que Cortés y sus oficiales) hayan hecho torres o casas fuer-tes... sin expresa licencia e mandato de su magestad". Conviene recordar aquí que tiempo después la Capitanía General de la Nueva España incluyó en su jurisdicción a los castellanos de Ulúa y de San Diego de Acapulco, nombrados directamente por el rey.[13]

El q u i n t o r e a l , o sea la obligación de restituir a la Corona la quinta parte de los metales preciosos "rescatados" como botín de guerra, hallados como tesoro o explotados en las minas, tiene un doble origen: por un lado, el derecho del señor feudal a una parte sustancial del tesoro halla-do en el feudo de su vasallo y por el otro, la práctica de los reyes de taifas en la Península de reservarse la *quinta parte* de los productos de las minas,

---

[12] Sobre los juramentos entre conquistadores sudamericanos, ver Kirkpatrick, *Conquerors,* 176; Sayous, "Partnership", 290; Blanco Fombona, *Conquistador,* 157; Inga Clendinnen, 25, 30 (Montejo), y Bayle, *Santísimo,* 616. Los episodios de Olid y Francisco de las Casas, y de Luis Marín, son narrados por Bernal DÍAZ DEL CASTILLO, c. clxxiii; III, 21; y c. clxxvii; II, 407. *Cf.* Bolton, *Coronado,* 77, sobre el juramento de los expedicionarios que salían a las Siete Ciu-dades. Priestley, *Tristán de Luna,* 85. *Cf.* Los *Docs. inéditos de Cortés,* 27-30, en relación con el uso de la voz aleve, que deriva del gótico *levian,* hacer traición.

[13] Las normas que en Castilla reglamentaban el *status* jurídico de las fortalezas son nu-merosas: *vid.* Partidas 2, 18; 3, 32, 20; Ordenamiento de Montalvo, 4, 7, Nueva y Novísima Recopilaciones de Castilla, etc. Por lo que se refiere a América, la ley aplicable es la 3, 8, 3, de la Recopilación de Indias, y el Título XII, c. VII, 3 y c. XI, 62, del Código de Gobernación espiri-tual y temporal de las Indias, *ap.* CDIU, XXI: 36 y 45. *Cf.* García Gallo, *Estudios,* 791-792. La Real Cédula en que se hizo merced a Cortés de 23 000 vasallos está publicada en varias colec-ciones de fuentes, *e.g.* en CORTÉS, CARTAS Y DOCUMENTOS; la referencia a fortalezas está en la p. 597. LÓPEZ RAYÓN (ed), *Residencia de Cortés,* I, 18. Rubio Mañé, *Virreyes,* I, 113, habla de los castellanos de Ulúa y de Acapulco.

norma que según Menéndez Pidal imitaron los reyes cristianos para extenderla después a Ultramar. Sea lo que fuere, en los siglos XI y XII los monarcas cristianos ibéricos se apropiaban de la *quinta parte* del botín tomado en la guerra, así como, en la misma proporción, del producto de la explotación de las minas y salinas; y en lo que respecta a minerales, el *senior* de una villa les hacía lo mismo a los infanzones. El derecho al q u i n t o r e a l en el caso de metales, presas y cabalgadas es consagrado en las Siete Partidas (ley 6, tít. 26, partida II) con base en "muchas razones" —la primera de ellas, por "reconocimiento de señorío"— y se aumenta a la mitad en relación con los tesoros descubiertos en enterramientos, descartándose sin embargo los objetos que pudieran ser cortados con tijeras o cocidos en agua por ser indignos del príncipe. Los ordenamientos posteriores son más categóricos: el de Alcalá de 1386, estableció que "todas las veneras de plata y oro y plomo y de cualquier metal... en nuestro señorío pertenecen a nos", cosa que en 1504 confirmaron Isabel y Fernando en Medina del Campo y Felipe II en cédula de 1598 para las Indias. En esta última se disponía la incorporación al patrimonio real de las minas de oro, plata y azogue, y el modo de beneficiarlas, se encontrasen en tierras de realengo, señorío, abadengo, concejiles, baldías o particulares. Ya para la conquista de La Palma, en las Canarias, los Reyes Católicos hicieron merced de los q u i n t o s que les pertenecían a Alonso Hernández de Lugo. Según Herrera, Cristóbal Guerra fue acusado de defraudar el q u i n t o r e a l en las Antillas. Con gran cuidado (el fisco no toleraba chanzas tampoco entonces), desde un principio en la Nueva España Cortés nombró custodios de los fondos reales a un tesorero (Julián de Alderete), a un factor y a un contador, quienes en 1522 certificaron que el oro recogido en México montaba a 130 000 castellanos. Se contaba con el precedente de Grijalva, a quien los oficiales de la Corona habían "sacado al real quinto" a su regreso a Cuba, según Bernal Díaz del Castillo. El soldado cronista asegura que respecto al oro regalado por Moctezuma, lo primero que se hizo fue sacar el r e a l q u i n t o ; y que sólo cuando había descontado lo de Su Magestad, Cortés acordó "que se herrasen las piezas y esclavos que se habían habido" antes de tomar el quinto suyo, pues según la Real Cédula de 1504 no se podían manipular los metales que no llevasen, mediante punzón, la marca o sello real del q u i n t o . Pero el precioso metal no eclipsaba todavía el interés en los enterramientos. En 1530, Carlos V concedió al Conde de Osorno, presidente del Consejo de Indias, facultad de ir a descubrir "tesoros, joyas de oro y pedrerías" en un ámbito muy grande que comprendía la Nueva España, Venezuela y Cabo de Vela, "pagando por esto lo mismo que pagar por el oro de minas" o sea un q u i n t o . El real derecho del q u i n t o llegó a ser muy pronto el mayor ramo de ingresos de la hacienda pública; y a lo largo del periodo colonial de la Corona se reservó celosamente en España y en todo el imperio el derecho directo sobre el subsuelo. Ese derecho, con mención específica de su imperio sobre "bitúmenes o jugos de la tierra", fue formalmente cedido por España mediante el Tratado de Amistad de 1836, en el que se reconoció la independencia de México. No era estrictamente necesario ya que, como Estado sucesor, la República mexicana consideró —lo que la Suprema Corte de Justicia ha acogido en varias ejecutorias— las leyes coloniales españolas como supletorias de la legislación vigente en el país; y en todo caso el dominio directo de la Nación, de yacimientos minerales o de mantos petrolíferos, entre otros, ha quedado establecido claramente en el párrafo tercero del artículo 27 de la Constitución de 1917.[14]

Otras instituciones o costumbres de origen feudal aparecen aquí y allá durante la época colonial. La o r d a l í a (especie de juicio de Dios), de antiguo origen germánico, sobrevivió con el mismo nombre en los juicios gremiales bajo forma de juramento o medio supletorio de comprobación en casos dudosos. Aguirre Beltrán señala una forma de o r d a l í a en el procedimiento divinatorio, introducida en la Nueva España hacia fines del siglo XVI y consistente en meter las manos del inculpado en aceite; si "ardían" quedaba demostrada la culpabilidad. Los conquistadores a menudo organizaban acciones de gracias, rogativas, procesiones, tedéums y misas al Espíritu Santo; y al igual que los castellanos del Medievo, se ufanaban de tener mesa franca, generosa hospitalidad que no dejaban de recordar cuando solicitaban alguna merced del rey. También el círculo de los vencidos imita a veces, inconscientemente quizá, la vida y tradiciones heredadas del feudalismo por los españoles. Alva Ixtlixóchitl, por ejemplo, describe en su *Historia*, atribuyéndolas a la época precortesiana, escenas totalmente ajenas al mundo prehispánico tales como infantes "hincados de rodillas" delante del rey su padre, o un "alarde" del ejército indio frente a "las casas reales, desde donde el rey y los grandes lo estaban mirando"; y el caso del cacique de Tecpan, que al tomar posesión de su cargo recitaba de memoria una fórmula medieval, para después recorrer el ámbito del pueblo, abriendo y cerrando puertas, acto simbólico de espíritu evidentemente feudal.[15]

[14] Eduard Mayer, I, 105, 106, 110; y II, 234. De la Torre Villar, *Leyes de Descubrimiento*, 70-71 y 75, quien cita a Menéndez Pidal. Zavala, *Instituciones jurídicas*, 221. Moreno de los Arcos, 71 y 75-76. Sobre Fernández de Lugo en las Canarias, *cf.* Zavala, "Conquista de Canarias", 51-52. FONSECA Y URRUTIA, 4-5, enumeran los precedentes medievales del quinto real y hablan de los primero oficiales de la Real Hacienda en la Nueva España. La Cédula de los Reyes Católicos, fechada el 5 de febrero de 1504 en Medina del Campo, es citada por Burzio, II, 83. HERRERA, Déc. 1ª, IV, 5; I, 369, en relación con Cristóbal Guerra; y sobre Grijalva y el quinto real, ver Bernal DÍAZ, C. XVI; I, 98. *Idem*, CC. CV (I, 412), CXX (II, 248), CXXXV (II, 131) y CXLVIII (II, 423 y 432) sobre Cortés y el real quinto. La concesión al Conde de Osorno fue por veinte años: NUTTAL (ed.), *Destrucción de templos e ídolos*, 296. Acerca del volumen e importancia del quinto real durante la Colonia, *cf.* FONSECA Y URRUTIA, XII y otros estudios. Sobre el derecho de la Corona al subsuelo ver Bakewell, 250 y en lo que respecta al art. 27 constitucional, E. Flores (ed.), *El petróleo en México y en el mundo*, México, Conacyt, 1979, 243; y F. Tena Ramírez, *Derecho Constitucional Mexicano*, México, Porrúa, 1970, 183 y n. 233. Haring, en *Instituciones*, discute las funciones del veedor, quien era a la vez inspector de minas y de tesoros.

[15] Sobre el significado colonial de la ordalía, ver Carrera Stampa, *Gremios mexicanos*, 134, y Aguirre Beltrán, *Medicina y magia*, 195. Bernal DÍAZ menciona varias veces la devoción de los conquistadores, en primer término Cortés, y su asistencia a la misa, sobre todo en víspera de batalla: C.C. CXLI (II, 168), CL (II, 231), CLXXXV (III, 82), CLXXXVII (III, 93), CXCIII (III, 125), CC (III, 172), etc. Sobre la "mesa abierta", ver Bayle, *Cabildos*, 59, ALVA IXTLIXÓCHITL es analizado por Kobayashi, 377; y López Sarrelangue, *Nobleza de Pátzcuaro*, 142, habla del cacique de Tecpan.

VII. LAS HUESTES NOVOHISPÁNICAS Y SU PANOPLIA MEDIEVAL

LAS TROPAS que llevaron a cabo la conquista de México y del resto de las Indias tienen diversos antecedentes medievales aunque los distintos autores no se han puesto de acuerdo para establecer una filiación única. Para Chaunu, se trató de *cabalgadas* como las que hacían los jinetes castellanos por tierra mora; y efectivamente, en 1513, el documento intitulado *Gobernación espiritual y temporal de las Indias* ordena que se aparte para la Corona el quinto real en "las cavalgadas, entradas y rescates que se hicieren en Tierra Firme". Para Demetrio Ramos Pérez aquellas tropas se asemejaban a las *Compañías mercedarias*, integradas por particulares y voluntarios, como la Compañía General Catalana que plantó en Atenas el estandarte aragonés y las Compañías Blancas que al mando de Duguesclin participaron en las guerras civiles castellanas del siglo XIV. Ruggiero Romano estima que no siempre participaron en esas *compañías* quienes las financiaban, mientras que en las expediciones de la conquista americana *todos* fueron socios. En este caso se trataba más bien de una continuación de las *compañas* a las que se alude en el *Cantar del Mío Cid* y en un fuero del siglo XIII. Hernández Sánchez Barba ve el origen de las expediciones de conquista de América en los que se llamaron *caballeros de cuantía*, en la Extremadura del siglo XV, quienes a cambio de las mercedes recibidas del rey estaban obligados a prestar a su costa servicio militar a caballo. François Chevalier llama *mesnada* a aquellas fuerzas, pero este nombre en realidad no designa un instrumento de conquista, sino sólo a la comitiva de los hombres de armas del rey. Más propio sería llamar *huestes* a las bandas de conquistadores, ya que fueron un fiel reflejo de las fuerzas así llamadas que participaron en la Reconquista española, con su elemento aventurero de segundones e hijosdalgo, caballeros y pecheros, y con una participación convenida de antemano en el botín. En España, como en México, se trata de una conquista que se transforma en una empresa de ocupación y colonización. La semejanza es más evidente si se piensa en los caballos y armamento que los conquistadores transformados en encomenderos debían tener listos en todo tiempo, a cambio de su "tenencia" (o sea la encomienda), a disposición del rey para la defensa de la tierra, servicio militar virtualmente idéntico al *fonsado* de la Castilla medieval.[1]

[1] "Cabalgada" también significa botín. Ver Chaunu, *Nouveaux Mondes*, 219-220; y CDIU ("GOBERNACIÓN ESPIRITUAL Y TEMPORAL DE LAS INDIAS"), XXIV: 56. Ramos Pérez, *Hueste Indiana*, 802-803. La alusión de Romano, 42-43, es al *Cantar del Mío Cid*, II, 584. Hernández Sánchez Barba habla de los caballeros de cuantía en Int., XIII-XIV y XXI, a las CARTAS Y DOCUMENTOS de Hernán Cortés quien, como otros muchos conquistadores, era extremeño. F. Chevalier, *Land and Society*, 36. Para el término "huestes" *cf.* Ramos Pérez, *op. cit.*; Palm, *Monumentos de la Española*, I, 38; y Miranda, *Ideas e instituciones*, 33-34. Véase también Chamberlain, "Repar-

Desde la época visigoda en España, el "deber de ayuda al Rey" consistía primordialmente en acudir a su llamado de guerra; y ésta fue la principal obligación de los encomenderos hasta que la gradual extinción de la encomienda —a principios del siglo XVII— obligó a la Corona a introducir en la escena militar a una fuerza permanente y semivoluntaria, que antes de esas fechas había hecho acto de presencia sólo en algunos presidios. Cuando Velasco I pidió tropas, en 1552, para contener la sublevación de los chichimecas, se le recordó desde Madrid que "las encomiendas son rentas que su Magestad les da a los... encomenderos porque defiendan la tierra". En 1524, en las *Ordenanzas de Buen Gobierno*, Cortés había reglamentado minuciosamente el tipo de armas que los encomenderos debían tener siempre listas (lanzas, espadas, celadas, ballestas, etc.), cuyo número —así como el de las cabalgaduras— era proporcional al de los indios a ellos encomendados. Deberían estar siempre listos para acudir al llamado a las armas, y para ello Cortés los arraigó en los distritos donde tenían sus encomiendas (en el vocabulario jurídico indiano vecino y encomendero fueron prácticamente sinónimos). El Contador de la Nueva España, Hortuño de Ibarra, ratifica esa obligación en *c*. 1561. Esa milicia de lanzas —que Parry llama *quasi* feudal— salió airosa de muchas pruebas. Colocada bajo el mando del virrey Mendoza, por ejemplo, en 1540-1541 reprimió la rebelión llamada de los peñoles en la Nueva Galicia; rechazó incursiones de los corsarios en Yucatán y Campeche —la última vez en 1617— y en la costa del Pacífico en varias ocasiones entre 1568 y 1615; y en el siglo XVI, el rico encomendero Alonso de Villaseca aplacó con 200 de sus hombres un disturbio en la ciudad de México. El deber militar del encomendero, sin embargo, tenía algunas características diferentes del que el vasallo ibérico estaba obligado a cumplir. El servicio del encomendero fue controlado directamente por las "justicias" del rey, mientras que en la Península el del vasallo estaba sujeto a las reglas consuetudinarias del derecho feudal y, en caso de inconformidad, a la sentencia de tribunales integrados por su pares. Mas la función militar del encomendero perdió importancia en el centro del Virreinato al surgir la Santa Hermandad (en 1553-1554), si bien continuó vigente en regiones lejanas como Oaxaca y Michoacán por temerse nuevos alzamientos indígenas. A pesar de todo, en 1624 el adelantado hereditario de las Filipinas García de Legazpi fue nombrado por la alarmada Audiencia "capitán de los caballos de los encomenderos" durante el motín de 1624, cuando el Virrey Marqués de Gelves tuvo que huir de Palacio, disfrazado, para refugiarse con los franciscanos. El servicio militar del encomendero, por último, fue permutado en el siglo XVII por un impuesto en efectivo pagado por los súbditos del rey reconocidos como hidalgos (nobles) y llamado con toda propiedad *derecho de lanzas*.[2]

El servicio militar del encomendero incluía su presencia, armado de todas armas, en una revista militar, reseña o recuento llamada a l a r d e , que

timiento-Encomienda" sobre el fonsado y en García Cortazar, 154-156, la definición de hueste, cabalgada y mesnada.

[2] La directiva real de 1552 es transcrita por Góngora, *El Estado en Derecho Indiano*, 176. Las ORDENANZAS DE BUEN GOBIERNO de 1524 han sido publicadas en H. CORTÉS, *Cartas y Docu-*

se organizaba en situaciones de emergencia o, rutinariamente, al menos cada seis meses. Ya en 1493 los Reyes Católicos ordenaron que el séquito de Colón en su segundo viaje debía "hacer alarde" cada vez que el Almirante lo ordenase. Según Bernal Díaz el primero que se efectuó en suelo mexicano fue en abril de 1519, pero el más importante se verificó en 1521 en los patios mayores de Texcoco en vísperas del asalto a Tenochtitlán. Las *Ordenanzas Militares*, dadas por el Conquistador en Tlaxcala poco antes, el 29 de diciembre de 1520, fueron pregonadas durante un a l a r d e de la gente de a caballo y de a pie; y en 1524, como se ha visto, el propio Cortés reglamentó ese género de parada militar en sus *Ordenanzas de Buen Gobierno*. En 1537, Mendoza ordenó que se hiciera un a l a r d e con motivo de un levantamiento de negros, al cual se presentaron 620 caballeros y unos 450 infantes "bien aderezados". En la carta de 1541 en que da noticia de que en la Nueva Galicia prevalece el desasosiego, Peralmíndez Chirinos dice a Juan de Sámano, que "todos nos entendemos al presente... en ejercitarnos en las armas". Esos ejercicios daban origen a juegos ecuestres, entre ellos los llamados r e g o c i j o s . Mendoza ordenó en 1540 que quienes estaban por salir con Coronado hicieran otro a l a r d e , entre otras razones para que se conocieran entre sí "las personas... que van en esta hornada", y Velasco I los ordenó a partir de 1551 para Oaxaca, dos veces al año, con la participación de "españoles y vecinos"; y desde Monzón, en 1552, Carlos V recordó al virrey de México que los encomenderos debían tener "armas y caballos, al que mayor encomienda tiene, más" y "que es bien que (les) hagáis hacer alardes". Estos ejercicios eran harto frecuentes: en la *Relación de los alardes*, escrito anónimo de mediados del siglo XVI, se informa que desde la Conquista se había organizado un total de 2 066, de ellos 871 en México, 436 en Los Ángeles (Puebla), 189 en las minas de Taxco, 137 en Michoacán y el resto en Oaxaca, en las minas de Sultepec, en Colima y en Toluca así como en las minas de Zumpango y Chila, en "la villa de Sant'Alifonso" y en la provincia de Zacatula. El primero de que se tiene noticia, "muy vistoso", en el cual participaron al lado de los españoles un millar de indios auxiliares, tuvo lugar en Cinancatlán, Chiapas, en 1559, en el curso de una campaña contra los lacandones que habían martirizado a algunos frailes dominicos. Siete años después, el gobernador de Yucatán Diego Quijada, temeroso de las incursiones de los bucaneros, informó a Felipe II que "siempre hago alar-

mentos, 347-348. Sobre los deberes militares del encomendero, cf. Góngora, op. cit., 182; Konetzke, "Nobleza de Indias", 350; y el mismo autor (ed.), CDHFSH, Int., XVII. J. B. Warren, A GUIDE, Doc. núm. 133, p. 96. La correlación entre encomendero y vecino es señalada, entre otros, por Góngora, op. cit., 174-175. Parry, Cities of Conquistadores, 8. La participación de los encomenderos en la Guerra del Mixtón es tratada por Simpson, Encomienda, 121, y por Hennessy, 39, 61; su intervención en la defensa de los puertos yucatecos, por Scholes, "Yucatán", 532, y Ancona, II, 148; y su actuación en el Pacífico, principalmente en Acapulco en 1568, 1592 y 1615, por Hanke (ed.), Virreyes, I, 284 y III, 45, donde se transcribe un MEMORIAL y una CARTA que la mencionan, el primero, del Marqués de VILLAMANRIQUE, y la segunda, del Marqués de GUADALCÁZAR. En III, 186, se describe el movimiento sedicioso que tuvo lugar en tiempos del Marqués de Gelves. El episodio de Villaseca es narrado por F. Chevalier, op. cit., 302. Ladd, 61,62, habla del derecho de lanzas a fines de la Colonia. Véase Sarabia Viejo, 231, sobre la utilización del encomendero en la defensa de las zonas periféricas.

de de armas y caballos y tengo apercibidos todos los indios para que en viendo cualquier vela me den aviso".[3]

En el Medievo europeo, el caballero que disponía de medios se hacía acompañar a la batalla por un e s c u d e r o , portador de sus armas, como llevaba las de don Quijote el paciente Sancho Panza; en la Nueva España, el encomendero excepcionalmente podía hacerse reemplazar en la guerra por un e s c u d e r o , pero en cambio las encomenderas y los menores de edad tenían que recurrir siempre a este medio. La Corona era estricta al respecto, y sólo permitía la sustitución, en el caso del encomendero, cuando éste se ausentaba con licencia, cuando la Inquisición lo tenía en las mazmorras, o cuando ocupaba un oficio fuera de los distritos "en que cayeren sus Encomiendas". Si un menor de edad era hijo legítimo y heredero de una encomienda, podía tener un e s c u d e r o que sirviera en la guerra en su lugar hasta que estuviera en "edad de tomar armas". Si la encomienda pasaba a una mujer soltera o viuda (las encomiendas y los cacicazgos, como los feudos europeos, podían caer de lanza en rueca), debían casarse dentro del plazo de un año con un varón capaz de empuñar las armas, y entretanto debían nombrar un c a m p e ó n o e s c u - d e r o que guerrease en su nombre. En Yucatán, si el encomendero estaba ausente, debería sustituirlo un escudero en ocasiones de peligro.[4]

Las armas que trajeron los primeros conquistadores, y hasta cierto punto también la estrategia que utilizaron en el combate —salpicada de ataques

[3] Chamberlain, "Repartimiento-Encomienda", 28, afirma que el alarde era anual. Esquivel Obregón, II, 111, transcribe el párrafo pertinente de las INSTRUCCIONES citadas de los Reyes Católicos, las cuales también son publicadas por Fabié, *Ensayo Histórico*, 18. BERNAL DÍAZ, SOLÍS Y CLAVIJERO en este contexto son citados por Álvarez del Villar, 87-88, quien también menciona los alardes efectuados en Texcoco en 1521 (p. 89) y en México en 1537 (p. 90). LAS ORDENANZAS MILITARES de 1520, dadas en Tlaxcala, están publicadas en CDIAO, XXVI: 19-29 (*cf.* H. CORTÉS, *Ordenanzas*, 640, 643), y las de BUEN GOBIERNO, de 1524, en CDIAO, XXVI: 135-148. Mendoza informó a Carlos V acerca de los motivos que lo indujeron a ordenar el alarde que organizó en 1537: CDIAO, II: 200. Zavala, *Velasco I*, 243 (alardes en Oaxaca). LA CARTA DE PERALMÍNDEZ a Juan de Sámano ha sido publicada en el EPISTOLARIO (IV, 2) de Paso y Troncoso. En CDIAO, XIV: 373 y 376-382 aparece la INFORMACIÓN (de Mendoza) DE LA GENTE QUE VA A POBLAR LA NUEVA GALICIA CON... CORONADO. LA REAL CARTA DE 1552, citada en el texto, ha sido transcrita por KONETZKE (ed.), CDHFSH, 307-308. La enumeración de los 2 066 alardes a que se alude en el texto aparece en los ff. 198 y 198 v°· de la "RELACIÓN DE LOS ALARDES", en CDIAO, XIV: 399-407. La reseña o alarde de Cinancatlán (Chiapas) de 1559 es mencionada por REMESAL, X, XII; II, 311. Paso y Troncoso, EPISTOLARIO, X, 134, ha publicado la carta que el doctor Quijada envió a Felipe II en 1566.

[4] "Los encomenderos ponen caballos (en la Nueva Galicia) para que vayan otros": Góngora, *Estado en Derecho Indiano*, 175-176. Sobre los casos de sustitución de un encomendero por su escudero, *cf.* VISITA A MENDOZA, 76; Zavala, "Libertad de movimiento de indios... Peonaje", 361; y Altamira, *Diccionario*, sub Escudero, en donde cita las leyes de Indias pertinentes: la 18 del tít. 2, libro III, la 1 del tít. 11 del L. VI, y la 16, del tít. 15 del L. II (los menores de edad son mencionados en la segunda). Zavala, *Velasco I*, 26 (Cédula real de 1536, ordenando sean nombrados escuderos para menores o viudas). En Nuevo México, Peñalosa nombró escuderos en 1662 para hacer el servicio militar requerido de Diego Romano y Francisco Gómez Robledo en razón de sus encomiendas, los cuales estaban impedidos por haber sido arrestados por la Inquisición. Acerca del deber militar de las encomenderas, véase McAlister, 359, y Muriel, *Recogimientos*, 17; y sobre las obligaciones similares de los guardianes de menores de edad, *cf.* Chamberlain, "Repartimiento-Encomienda", 28. García Bernal, *Yucatán*, 410 (escuderos).

por sorpresa: a l b a z o s   y   m o d o r r a z o s — parecen trasplan-
tadas de la conquista de Granada o de las guerras de Italia. A reserva de
examinar en detalle, en las páginas que siguen, la panoplia del Conquistador, baste mencionar aquí que éste trajo a la Nueva España el armamento
con que habían sido vencidos los Abencerrajes: falconetes, culebrinas, ballestas, arcabuces, catapultas, testuguines, cotas de malla, morriones, arneses
y corazas para hombres y corceles, y bergantines de inflado velamen. El
clima cálido de las nuevas tierras y la naturaleza de las armas ofensivas de
los indios transformaron el uso del armamento español e incluso en ocasiones su mismo aspecto. La artillería fue acallándose y la pesada armadura se convirtió en una coraza ligera que en el tiempo llegó a ser de algodón,
mientras que la ballesta, arma más útil en la Conquista, cuya vigencia iba
decayendo gradual pero inexorablemente en la Europa de entonces, pasó a
primer plano. La Conquista —dice Hennessy— tuvo carácter militar claramente identificable con el Medievo; y en la expedición de Coronado, según
Bolton, el equipo de que se dispuso era prácticamente medieval. Si una
tropa organizada en 1540 tenía tal característica, la que Cortés trajo consigo
dos décadas antes la habrá tenido a mayor abundamiento. Al salir de Tlaxcala para el sitio de Tenochtitlán, el Conquistador contaba con 550 soldados —los pocos de a caballo con lanzas y adargas— entre ellos 80 ballesteros así como rodeleros, piqueros y arcabuceros. Orozco y Berra enumera las piezas que componían la panoplia de los primeros conquistadores,
entre las cuales figuran prácticamente todas las piezas que forman una
armería medieval: yelmos, jacas y cotas de malla, jubones también de malla,
coseletes, moldes para hacer bodoques para los tiros, lanzas jinetas, etc.
Cuando murió en 1549, el Conquistador todavía conservaba nostálgicamente en su palacio de Cuernavaca, según el inventario que se levantó de sus
bienes, 10 espadas antiguas o bracamartes, 26 ballestas con sus gafas, 380
ovillos de hilo de ballesta y un viejo almete, o sea un yelmo pequeño, además
de un jaez o adorno de caballo.[5]

[5] La expresión albazos y modorrazos es de ANTONIO RUIZ, 9v., p. 37, 1ª columna, quien la
aplica a la conquista de Sinaloa. Varias descripciones generales de las armas de la Conquista
figuran en SAHAGÚN, XII, XXV; IV, 53; en Sánchez Flores, 6, y en Carrillo Gariel, *Traje en la Nueva España*, 98-99 y 105-106. La más cuidadosa es, sin embargo, la de Orozco y Berra, *Conquistadores*, 342-109, pero tampoco es completa. Hennessy, 28. Bolton, *Coronado*, 71. El recuento de la tropa de Cortés en Tlaxcala es hecho por VETANCURT, *Teatro Mexicano*, 3a Parte, 150.
El poeta FRANCISCO DE TERRAZAS describe algunas de las armas de la expedición que con
Cortés zarpó de Cuba:

"...
seis tirillos de campo bien ligeros,
ballestas, y escopetas eran treinta,
....
y alguna munición y bastimentos"

(ed. Castro Leal, 46).

Sobre las armas de que disponían los hermanos Ávila, *cf.* F. Benítez, 178. EL INVENTARIO de
los bienes que Cortés dejó en Cuernavaca está publicado en la COL. DE DOCS. INÉDITOS DE
CORTÉS, 234-245. Una de las armaduras del Conquistador se conserva en la Armería Real
de Madrid y aparece ilustrada en Winsor, II, 390, pero se trata de una armadura de corte o de

En una Información de 1533 sobre la artillería y armas existentes en las atarazanas de México (y que Cortés reclamaba por suyas), en las cual figura una lista de esas armas, se mencionan falconetes, alabardas, barrenas, corseletes o coseletes, celadas, pavesanas y gorjales de malla. En el a l a r - d e que Nuño de Guzmán hizo en 1533, durante la conquista de la Nueva Galicia, los 500 soldados que en él participaron (estaban presentes además 20 000 indios aliados) portaban entre otras armas ballestas y arcabuces, lanzas y alabardas, cotas y yelmos, "cueras pespunteadas y... adargas de cueros crudos". En su poco afortunada expedición al Perú del año siguiente, Alvarado "'llevó castellanos armados de corazas, corseletes y cotas, cien ballesteros, cien rodeleros... lanzas... (y) espadas de dos manos" (espadones). En 1582, para su expedición a Nuevo México, doscientas leguas más allá de las minas de Santa Bárbola (Santa Bárbara), Sánchez Chamuscado solicitó refuerzos de soldados provistos de "cotas y saragüelles de malla y arcabuces y los caballos armados" y un criado indio para cada uno; para poblar ese mismo territorio, el regidor de Puebla Francisco Díaz de Vargas solicitó al año siguiente que las atarazanas de Sevilla o de México le proporcionaran, entre otras cosas, "murriones, corazas... armaduras... sesenta mosquetes y arcabuces, y seis tiros pequeños... de bronce". El proyecto de Vargas no se materializó; y el de Chamuscado fue poco feliz. En las capitulaciones que firmó Juan de Oñate con el Virrey Velasco II en 1595 para emprender la conquista de Nuevo México, se establecía minuciosamente el tipo y cantidad de armamento que llevaría la expedición, así como los refuerzos que se enviarían posteriormente, en su mayor parte proporcionados por el propio Oñate. La lista es verdaderamente impresionante. Para no mencionar sino lo esencial, el futuro conquistador de Nuevo México llevó "para adorno de (su) persona" en número de seis a doce las piezas de armería más importantes (cotas, partesanas, celadas, etc.), además de "seis pares de Armas de Caballo", a las que añadió más tarde 34 cotas y 26 jubones de malla, 6 culebrinas y 18 caparazones. Favorecido con el título de Adelantado y armado de punta en blanco, Oñate pasó revista a sus tropas —por lo menos dos centenares de hombres— todas excelentemente equipadas y a las que en 1600 habían que añadirse, también por su cuenta, otros 60 soldados armados de pies a cabeza, al igual que sus caballos.[6]

torneo para noble rico; y seguramente no es la que Cortés, siendo aún relativamente pobre, vistió en la Conquista. Algunas armaduras de esa época, la mayor parte incompletas, se encuentran en varios museos mexicanos, especialmente en la Casa del Alfeñique, de Puebla.

6 "INFORMACIÓN QUE HIZO LA AUDIENCIA..." en Paso y Troncoso, EPISTOLARIO, III, 8-10. El alarde de las fuerzas de Nuño de 1533 es descrito por MOTA Y PADILLA, 40. La referencia a Pedro de Alvarado procede de REMESAL, III, VI; I, 203. Acerca de Nuevo México y las armas de la expedición de Chamuscado, enviada por Diego de Ibarra, véase el TESTIMONIO DADO EN MÉXICO... (en) 1582 y 1583, por Pedro de Bustamante, en CDIAO, XV: 83, que es también transcrito por HAMMOND Y REY (ed.), Rediscovery of New Mexico, 128. En ibid., 134, para el TESTIMONIO de Hernando Gallegos; el de Díaz de Vargas de 1583 ha sido publicado en CDIAO, XV: 134, 136. Las armas que llevó, en diversas etapas, la expedición de Juan de Oñate son mencionadas por HACKETT (ed.), Historical Documents, 228 (para el año de 1595), 282 (para 1596, a cargo de un cierto Ponce de León) y 402 (Vicente de Zaldívar, para 1602); y las listas de ellas han sido transcritas de sus documentos originales por HAMMOND Y REY (ed.), Oñate, 137-138 y 150-168

Para arrojar a los franceses de la Florida, Menéndez de Avilés, también nombrado Adelantado por Felipe II, se comprometió —como efectivamente lo hizo— a llevar una expedición de 500 hombres "todos con sus armas, arcabuces y murriones y rodelas y las demás armas", a las que en 1565 se añadieron las arrebatadas al enemigo, que fueron "ciento y veinte coseletes... trescientas picas, muchos arcabuces (e) muchas celadas". En 1580, en las instrucciones a su sucesor, el Virrey Martín Enríquez recomienda que las Casas Reales de México estén siempre bien provistas de armas, principalmente "arcabuces y cotas, lanzas y morriones". En sus *Diálogos Militares* de 1583, García de Palacio explica cuáles son las armas más usadas en su tiempo: las picas utilizadas primero por "los Suyços", a quienes también se deben las alabardas y partesanas que llevan los infantes; y las rodelas de los capitanes, la "cota y mangas de malla, morriones... espadas y dagas de los soldados de a pie". Todos los soldados —advierte ese autor— "deberán ser diestros en jugar y arrojar Lança, Dardo y Benablo". Por esos años, o sea hacia 1585, Fray Diego Muñoz dice que en Michoacán los caballos de los españoles van "encubertados... hasta las corbas" con cueros de toro; y que sus dueños poseen usualmente dos cotas de malla, de grosor diverso, "zaragüel o escarcela... celada acerada... espada, puñal, arcabuz y algunos, pistolete y adarga". Durante la guerra contra los chichimecas, que puso a prueba la autoridad virreinal en la segunda mitad del siglo XVI, escasearon las armas —cotas de malla, zaragüeyes, yelmos y arcabuces principalmente— entre otros motivos porque los soldados de los presidios se las jugaban a los naipes o a los dados. Más hacia el occidente, en Guadalajara, ante la eventualidad de una guerra con los indios o con los ingleses, se estableció hacia 1590 una sala de armas que contenía 50 arcabuces, 100 cotas, 100 lanzas y 50 sables. Se tomaron precauciones semejantes entre 1522 y 1552 en la Flota, ya que los abordajes y la lucha cuerpo a cuerpo seguían practicándose. Según su desplazamiento, cada navío debía llevar un determinado número de corazas, petos, armaduras, ballestas con sus jaras y cuerdas, morriones, picas largas y rodelas. Describiendo las armas utilizadas en las Indias en su tiempo —fines del siglo XVI— Vargas Machuca señala, además de las tradicionales, sayos de algodón y cotas y cueras de ante. Algunos conquistadores, como Hernando de Soto, llevaban entre su gente herreros con sus respectivos fuelles para reparar armas o forjar nuevas. En su *Memorial* de fines del siglo XVI, Gómez de Cervantes informa que en la Nueva España la industria de la armería era tan floreciente que se exportaba a China, La Habana, Nuevo México y otros lugares una gran cantidad de cotas, morriones y celadas, coseletes, rodelas y arcabuces. El Consejo de Indias reglamentó por última vez en 1680 la clase y cantidad de armas que los virreyes de México podían llevar en su viaje a América: cotas y armas enastadas y doradas, entre otras. No podemos terminar este párrafo sin mencionar que, según José R. Benítez, las mujeres conquistadoras adoptaron para la batalla el b r i a l , ropa corta a manera de jubón con mangas largas

(inspección de Lope de Ulloa, 1596-1597), 226-227 (inspección de Juan de Frías Salazar, 1598), y 530-557 (inspección de Juan de Gordejuela, 1600).

y una especie de faldón, inventado desde el siglo XII para sustituir a las largas y estorbosas túnicas tan impropias para los encuentros armados.[7]

Con espíritu de síntesis y evitando en lo posible toda repetición a continuación se tratarán las armas utilizadas en la conquista de la Nueva España, dividiéndolas en tiros, máquinas de guerra y armas individuales, ofensivas y defensivas.

Los tiros. El uso de la pólvora en Europa empezó a generalizarse hacia fines de la Guerra de los Cien Años, o sea a principios del siglo XV, aunque los árabes ya la habían utilizado esporádicamente antes y Rogerio Bacon la había experimentado dos siglos atrás. Las diferencias entre los distintos tipos de cañones consistían básicamente en el calibre, y en la Nueva España sólo se utilizaron los de poco calibre. Bernal Díaz menciona diez tiros de bronce y ciertos f a l c o n e t e s entre las armas traídas por Cortés aunque Brebner dice que fueron cuatro. Para el sitio de Tenochtitlán, ya contaba con trece f a l c o n e t e s que arrojaban balas de hasta dos y media libras las cuales según Clavijero distribuyó en los bergantines; la mayor de estas navículas —dice Prescott— podía llevar hasta cuatro de esos pequeños cañones. Hay huella de que en 1551 el artillero Bartolomé de Ecija devolvió a la Hacienda dos falconetes, cuyo peso era superior a los tres quintales. Orozco y Berra informa que para el sitio Cortés disponía, además, de diez b o m b a r d a s de calibre algo mayor. Durante un alarde de sus tropas en Texcoco, en abril de 1521, contó los 18 tiros de que disponía: quince f a l c o n e t e s de bronce y tres tiros de mayor calibre. Después de la caída de la capital azteca, fundió una c u l e b r i n a (arma más larga) o una media culebrina —afirma Carlos Pereyra— utilizando al efecto el metal de dos tiros pequeños, de un c a ñ ó n s e r p e n t i n o y de dos s a c r e s. Tratando aún de ganarse el favor imperial, el Conquistador envió a Carlos V una c u l e b r i n a fundida en plata y oro bajo, denominada *Ave Fénix*, la cual tenía una inscripción muy reveladora de su habilidad cortesana:

"Aquesta ave nació sin par,
yo en serviros sin segundo,
y vos, sin igual en el mundo".

Según un recuento de Alberto Mario Salas, quien es la principal autoridad en materia de armas de la conquista de América, Cortés contaba al térmi-

---

[7] Buckingham SMITH (ed.) I, 15: "Título de Adelantado... de Pedro Méndez de Avilés"..., y RUIDÍAZ, II, 460. "INSTRUCCIONES... (D)EL VIRREY HENRÍQUEZ" (de 1580), en CDIAO, III: 495. GARCÍA DE PALACIO, 54vº a 56vº Fray DIEGO MUÑOZ, 29. Sobre la escasez de armas durante la Guerra Chichimeca, *cf.* Powell, "Spanish Warfare", 548-549 y 594. Pérez Verdía, 298, menciona la Sala de Armas de Guadalajara. Acerca de las armas con que se protegía a la Flota, ver CDIU, XXV: 188-191 (CÓDICE DE LA GOBERNACIÓN ESPIRITUAL Y TEMPORAL DE LAS INDIAS, c. 6 a. c. 87). VARGAS MACHUCA, I, 36-37. Bolton, *Coronado*, 275, proporciona la información sobre los herreros de Hernando de Soto. GÓMEZ DE CERVANTES, 97. En relación con las armas que a su partida llevaban consigo los virreyes, véase CDIU, XVIII: 151 (Guadalcázar), 186 (Gelves) y 197 (Cerralbo) y Rubio Mañé, *Virreyes*, I, 115, donde se cita cómo ley aplicable la Recop. de Leyes de Indias, I, L. III, tít. III, Ley 9, p. 546. José R. Benítez, en *Traje y costumbres*, 41, proporciona los nombres de las once mujeres que vistieron el brial en la Conquista (*loc. cit.*, nota 2). *Cf.* Friederici, 466.

no de la campaña en México con 41 tiros de bronce, algunos fundidos en la tierra, a saber tres m e d i a s   c u l e b r i n a s, un cañón s e r - p e n t i n o, dos s a c r e s, y 35 unidades de calibre mayor, entre ellas varios f a l c o n e t e s, más 70 piezas de hierro entre l o m - b a r d a s   y p a s a v o l a n t e s. Francisco de Ibarra llevó algu- nas c u l e b r i n a s a la conquista de la Nueva Vizcaya, que vomi- taron fuego en 1564, en las márgenes del río Fuerte; y en la conquista de Florida, un año después, muchos tiros de este tipo fueron disparados con- tra los hugonotes franceses por Menéndez de Avilés. Por lo menos en lo tocante a la Nueva España, ya no que había muros que batir como en la Pe- nínsula, la artillería tuvo una importancia psicológica incomparablemente mayor que la eficacia de sus tiros para aterrorizar a los naturales.[8]

Las máquinas de guerra. Esos artefactos, heredados del pasado medieval o aun de la antigüedad clásica, entraron en acción solamente en dos oca- siones: cuando Cortés fue asediado en Tenochtitlán y durante el sitio final de la capital mexicana. Para defenderse de la embestida de los guerreros aztecas después de la muerte o asesinato de Moctezuma, Cortés mandó construir tres t e s t u g u i n e s (llamados también testudos, tortu- gas o mantas) para apoderarse de las azoteas vecinas al palacio de Axayácatl, donde con sus hombres se alojaba. Se trataba de unos ingenios de madera de dos pisos, con troneras, saeteras y salidas, y sustentados por ruedas, que servían de parapeto móvil para un mínimo de 25 hombres armados, los cuales podían así horadar muros y destruir albarradas. Bernal Díaz los lla- maba s a m b u c a s, y en caso de retirada podían ser arrastrados por los auxiliares tlaxcaltecas. Sin embargo, durante la huida de México, esta esperanza se reveló vana. Al regresar Cortés al lago de Texcoco, en vísperas de la caída de Tenochtitlán, un soldado que había estado en las guerras de Italia, Antonio Sotelo de Betanzos, construyó un t r a b u c o para el ataque contra Tlatelolco, "a donde Guatemuz se había retraído". Era una especie de balista o catapulta (Oviedo lo llama d i s p a r a t e) pero los españoles tuvieron tan mala suerte que la primera piedra pasó por detrás de los defensores y cayó en un rincón del célebre mercado; y la segunda, alzándose perpendicularmente en el aire, dio sobre la propia máquina ha- ciéndola pedazos.[9]

Las armas individuales ofensivas. Se menciona a continuación, en orden alfabético, las que fueron utilizadas por los conquistadores de México.

---

[8] Sobre los tiros en general, ver A. M. Salas, 215, 217-219 y 233; y Brebner, 48, sobre los traídos por Cortés. CLAVIJERO, *Historia Antigua*, X, XV; p. 395, menciona los trece falconetes emplazados en los bergantines. Prescott, 306 y 466-467, dice que Cortés disponía en Texcoco de 18 tiros, reducidos a 14 por Orozco y Berra, *Conquistadores*, 352. Carlos Pereyra, *Cortés*, 145. Zavala, *Velasco I*, 240 (B. de Ecija). MENÉNDEZ DE AVILÉS, 915-918. *Cf.* Pardo Riquelme, 102, y A. M. Salas, 205-206, acerca de la escasa efectividad de la artillería en la Conquista.

[9] Sobre los testuguines, ver BERNAL DÍAZ, C. CXXVI; II, 77; OVIEDO, *Historia General y Moral*, XXXIII, XIII; IV, 62; CLAVIJERO, *Historia Antigua*, IX, 16; p. 359; Orozco y Berra, *Historia Antigua*, IV, 365, 369; y Prescott, 361. Acerca de la fallida catapulta, *cf.* BERNAL DÍAZ, C. CLV; II, 292, 294; OVIEDO, XXXIII, XXIX; IV, p. 146; SAHAGÚN, L. XII, C. XXXVIII; IV, 154; Orozco y Berra, *Historia Antigua*, IV, 538-539 (quien cita las Cartas de Relación de Cortés donde se menciona el episo- dio); y Prescott, 505.

Muy común fue la a l a b a r d a y una de sus variantes, la p a r t e -
s a n a .¹⁰ El a r c a b u z o e s p i n g a r d a , confundido a
veces con la escopeta — un armatoste enfadoso, lo llama Salas— fue, junto
con el mosquete de mecha, el arma de fuego más usada én América durante los siglos XVI y XVII. Cortés trajo algunos arcabuceros y según Bernal
Díaz, 90 espingarderos llegaron a Veracruz en la expedición de Narváez.
Con este tipo de arma los expedicionarios de Coronado mataron en la gran
Q u í v i r a los primeros búfalos vistos por los europeos, como habrían
de hacerlo también más tarde (en 1582) los soldados de Chamuscado, según los relatos de tres testigos oculares. En 1562, el alcalde mayor de Veracruz Avendaño se quejó ante el rey de contar, según a l a r d e recién
hecho, con el auxilio de sólo cincuenta y tantos arcabuceros para defender
el puerto de los franceses, quienes habían amenazado atacar la plaza por
lo menos con 300 así armados "para quemarla toda". Menéndez de Avilés llevó
a Florida 350 arcabuceros. Castaño de Sosa enumera los a r c a b u c e s
utilizados en las conquistas de Juan de Oñate; y Vizcaíno llevó 20 de estos
soldados en su expedición de 1602-1603 hasta el Cabo Mendocino. Hacia
1630 los 50 que había en Nuevo México "imponían terror a los indios",
según Fray Alonso de Benavides; y el jurista Beleña informa que la ciudad
de México debía ser patrullada por guardias con "arcabuces de hasta cuatro palmos o más" por disponerlo así una Ordenanza sobre armas del 16
de julio de 1666.¹¹ Un arquero inglés —que al parecer conserva vivas las
tradiciones de Crécy— enseñó el uso del a r c o a los soldados de Hernando de Soto, con tal éxito, nos dice el Inca Garcilaso, que disparando
flechas envenenadas pudieron defenderse de los franceses. Cortés presenció a caballo el a l a r d e de Tlaxcala de 1521, llevando ropeta de terciopelo sobre la armadura y esgrimiendo en la diestra una a z a g a -
y a , lanza arrojadiza de origen berberisco, ligera y de hasta cuatro metros
de largo.¹²
La b a l l e s t a , versión perfeccionada del antiquísimo arco y tomada probablemente de los bizantinos por los cruzados en el siglo XI, había

---

¹⁰ Los primeros alabarderos y partesaneros llegaron con el Conquistador. También se lle-
varon alabardas en la expedición de Legazpi a las Filipinas (Muro, "Expedición de Legazpi", 91).
Juan de Oñate prefirió la partesana en la conquista de Nuevo México; también García de
Palacio menciona esta arma.

¹¹ A. M. Salas, 208, y Pardo Riquelme, 102, discuten los méritos relativos de arcabuces y
espingardas. BERNAL DÍAZ menciona en c. lii; II, 364, y c. cci.; II, 180-181 y en c. ccxiii; III, 274,
a los 90 espingarderos que llegaron con Narváez. Sobre el empleo del arcabuz en Nuevo México, cf. Hammond, Coronado's Seven Cities, 46-47; y las Relaciones o Testimonios sobre la
expedición de Sánchez Chamuscado escritos en 1582 por HERNÁN GALLEGOS y PEDRO DE BUS-
TAMANTE (en Hammond y Rey, Rediscovery of New México, 91, 131, 136). La carta de Juan
Bautista de AVENDAÑO fue publicada por Paso y Troncoso. EPISTOLARIO, IX, 181. MENÉNDEZ DE
AVILÉS, 915, 927, habla de sus arcabuceros aunque no es coherente respecto al número, pues
primero dice que eran 300 y luego 350. Para la mención de "arcabuces", "arcabucería" y
"arcabuzazo" en CASTAÑO DE SOSA, "Memoria del descubrimiento", ver los ff. 224vo, 228vo,
229, 233 y 233vo, VIZCAÍNO, 69, 71 a 75 y passim. Fray Alonso de BENAVIDES, Memorial (versión inglesa), 23, BELEÑA, vol. I, 2a Parte, núm. x, p. 5.

¹² El arco es mencionado por GARCILASO DE LA VEGA ap. Salas, 203-204; y la azagaya por
Orozco y Berra, Historia Antigua, IV, 431-432.

llegado a su mayor efectividad al producirse el descubrimiento de América. Era un arma portátil, se armaba con un cranequín o a r m a t o s t e y era apropiada también para la montería pues carecía de estruendo, pero su utilización principalísima fue en la guerra ya que su virote o saeta era muy certera. En la Conquista fue más importante incluso que el arcabuz y el mosquete, armas de pólvora y mecha y por ello de empleo muy lento. La utilizaron todos los conquistadores inclusive Hernández de Córdoba y Grijalva antes que Cortés.[13] Este último se embarcó en Cuba con 32 ballesteros; y con unos mensajeros cempoaltecas envió una b a l l e s t a   acompañada de una carta y de un sombrero de seda de tafetán carmesí a Tlaxcala, para proponer perentoriamente una alianza. Esto, dice Muñoz Camargo, "puso en extraña alteración á toda la República". Luego los cholultecas que trepándose por las paredes intentaban escapar de la matanza ofrecieron un fácil blanco para las ballestas. Narváez había traído muchos ballesteros que en su mayoría se pasaron a las filas de Cortés; el Conquistador, al hacer el recuento de Texcoco, constató que disponía de 118 de ellos, algunos de los cuales lo acompañaron a la Mar del Sur. Narváez también llevaría más tarde otros a la Florida. En fin, la b a l l e s t a es el arma que con más frecuencia menciona Bernal Díaz en su *Historia Verdadera;* y fue a un b a l l e s t e r o   del bergantín de García Holguín, quizá Juan de Mansilla, a quien se rindió el emperador Cuauhtémoc: "e porque vido (Guatimucín) que ciertos ballesteros encaraban con las ballestas contra él, dijo e hizo señal que no tirasen, que él se rendía por preso. E asi lo fue... e (fue) llevado a... Cortés".[14]

Tanto Olid como Francisco de las Casas y Cortés llevaron ballesteros a las Higueras (Hibueras). También los encontramos entre los chamulas de las Chiapas y en el Soconusco acompañando a Mazariegos y a Diego de Godoy en 1524-1525; en Michoacán, desde 1521; en Pánuco, con Nuño de Guzmán y Sancho de Caniego, en 1527; en Tehuantepec y entre los zapotecas y mixtecas; con Pedro de Alvarado en el Soconusco y en Guatemala (este conquistador los llevó también al Perú en 1534); en la nueva Galicia, donde el cronista Carranza "ballesteaba" él mismo; y con Montejo el Viejo y Alonso Dávila en Yucatán. Coronado llevó 22 ballesteros a las Siete Ciudades en 1540; y ese mismo año el generalmente apacible Obispo Zumárraga,

[13] A. M. Salas, 199-200, 202 y 224, trata ampliamente la ballesta. Véanse también Pardo Riquelme, 102; Romano, 20; ARGENSOLA, 30 y Orozco y Berra, *Historia Antigua*, IV, 20 (sobre Hernández de Córdoba); OVIEDO, XVII, XXIV; II, 158; y Altolaguirre, 64 (sobre Grijalva).

[14] OVIEDO, *Historia General y Moral*, XXXIII, ii; IV, 13; Prescott, 124; Pereyra, 41; y Brebner, 48, coinciden en que unos ballesteros que llegaron a México con Cortés fueron 32. MUÑOZ CAMARGO, 184. Mencionan a los ballesteros que Narváez trajo a Veracruz: TAPIA (ed. Yáñez, 89); OVIEDO, *op. cit.*, XXXIII, xii; IV, 53; Orozco y Berra, *Historia Antigua*, IV, 316; y Altolaguirre, 202; BISHOP, 35, habla de los que posteriormente llevó a Florida el mismo Narváez. El recuento de Texcoco procede de Orozco y Berra, *op. cit.*, IV, 481. La ballesta es el arma que con más frecuencia menciona BERNAL DÍAZ: 79 veces en sus capítulos 18 a 149, y también en los cc. 172, 173, 175, 178 y 213. Cortés llevó ballestas a la Mar del Sur: RELACIÓN DEL LICENCIADO NÚÑEZ, 45, 49; y OVIEDO, *op. cit.*, XL, i; p. 350; y él mismo era personalmente ducho en el manejo de tal arma (CARTA AL CONSEJO DE INDIAS PIDIENDO AYUDA PARA CONTINUAR SUS ARMADAS, del 20 de septiembre de 1538, *ap.* CDIAO, III: 537). La rendición de Cuauhtémoc es relatada por OVIEDO, *op. cit.*, XXXIII, xlviii; IV, 232-233 y por Gardiner, *Naval Power*, 184.

escribiendo a un sobrino de Durango (Vizcaya), Sancho García de Larraval, le pidió que le enviara 200 b a l l e s t a s , de las que había mucha demanda —dice— para guardar en casa por lo menos 50. En la Guerra del Mixtón participaron 500 arcabuceros y ballesteros, los más de ellos encomenderos. Juan Páez dice en su relación de 1524 que los indios de California informaron a Cabrillo y a su gente sobre unos náufragos que eran seguramente españoles, porque eran "ombres como ellos que tenian barbas y que traian perros y ballestas y espadas". Hernando de Soto llevó ballesteros a su recorrido por siete de los actuales Estados Unidos, de los cuales un cierto número permaneció con Moscoso después de la muerte del explorador. Se le utilizó en la Guerra Chichimeca, aunque declinó su utilidad a fines de la década de los setenta. Y también los llevaron entre sus soldados a Florida, Tristán de Luna en 1558 y Menéndez de Avilés en 1565. Arma tan útil en la Conquista no podía escasear, y en 1563 el Visitador Valderrama ordenó que se limitara en México el número de licencias de armas y que no se diera ninguna para arcabuces, b a l l e s t a s y lanzas.[15]

Prosiguiendo con las otras armas de la Conquista, cabe ahora señalar la d a g a , habitual del soldado de infantería y muy usada también en los quites a caballo con la espada;[16] luego, la e s c o p e t a , primero destinada al tiro con perdigones y más tarde con balas, un arma de retrocarga que los españoles usaron desde fines del siglo XV (el primer cuerpo de Escopeteros fue creado en 1509 para la conquista de Orán);[17] y los d a r -

---

[15] Sobre las ballestas en las Hibueras, cf. la RELACION DE... CUENTAS... DE... CRISTÓBAL DE OLID, en CDIAO, XII: 499; II: 131 (Francisco de las Casas); y sobre las que llevó Cortés, la CARTA DE ALBORNOZ, 485-486 así como GÓMARA, 414; y ZAVALA, Instituciones Jurídicas, 300-301 (Documentos IV: relación de los gastos que hizo... Cortés, transcrito de CDIAO, XII: 386). Respecto al Soconusco y Chiapas, cf. la RELACIÓN DE DIEGO DE GODOY (ed. de la BAE, 445; ed. de Vedia en Hist. primit. de Indias, 466); REMESAL, III, vi; I, 202, en relación con Diego de Mazariegos; y Fray FRANCISCO DE XIMÉNEZ, Historia de... Chiapa y Guatemala, I, 115, respecto de Alvarado. Zavala, Velasco I, 369, señala una ballesta en Pungarabato ya en 1551. Mencionan ballestas en la provincia de Pánuco OVIEDO, Hist. General y Moral, XXXIII, xxxvii; IV, 181, y Chipman, Nuño in Pánuco, 162 (expedición de Sancho de Caniego al río Palmas, de ca. 1527). Su uso en Tehuantepec es registrado por OVIEDO, op. cit., XXXIII, xxxiii; IV, 161 y xxxix; IV, 184; y en Michoacán por GÓMARA, 394. Alvarado las llevó a Guatemala: RELACIÓN DE... ALVARADO A... CORTÉS, 457-458; y al Perú: REMESAL, III, vi; I, 203; en la Nueva Galicia, por Juan de SÁMANO, 280; por PEDRO DE CARRANZA, ap. CDIAO, XIV: 365; y por OVIEDO, op. cit., XXIV, v; IV, 274-275; y por el propio NUÑO DE GUZMÁN ("Carta a su Magestad", del 8 de julio de 1530, ap. CDIAO, XII: 365). La ballesta aparece también en Yucatán: FRANCISCO DE CÁRDENAS VALENCIA, 34; RELACIÓN DE LO SUCEDIDO A ALFONSO DÁVILA... ap. CDIAO, XIV; 102 y 106; y Chamberlain, Conquest and Colonization of Yucatan, 44, 46 y passim. ZUMÁRRAGA, Cartas Familiares, 288, 290. Coronado llevó 22 ballesteros en su búsqueda de Cíbola y Quívira: Aiton, MUSTER ROLL OF CORONADO, passim. Se emplearon igualmente en la Guerra del Mixtón: Cuevas (ed.), CARTAS Y DOCUMENTOS DE H. CORTÉS, 203. JUAN PÁEZ, en CDIAO, XIV: 171. El Inca GARCILASO informa que la expedición de Hernando de Soto disponía de algunas: pp. 148, 166, 176, etc., así como ABAD Y LASIERRA, 56. Powell, M. Caldera (Guerra Chichimeca). Priestley, Tristán de Luna, 102-103, alude a los ballesteros que acompañaban a su biografiado; y BARTOLOMÉ BARRIENTOS, 103, atestigua que Menéndez de Avilés "saltó a tierra", en Florida, acompañado de 30 arcabuceros y cuatro ballesteros. Licenciado Jerónimo VALDERRAMA, 201-202.

[16] Sobre la utilización de la daga en la Conquista, cf. BERNAL DÍAZ, c. cxxiv; II, 66 y A. M. Salas, 186.

[17] Después de la ballesta, la escopeta es el arma que con más frecuencia menciona BERNAL DÍAZ: 69 veces en sus capítulos cxviii a clxix y, además en los clxxii, clxxiii y clxxv.

d o s   y   v e n a b l o s   mencionados por García de Palacio. La
e s p a d a   de la Conquista era más liviana, y su hoja —las de Toledo
eran más apreciadas— más estrecha que en los siglos XIV y XV.[18] Data del
XVI el montante, o   e s p a d ó n ,   espada enorme a dos manos que
Alvarado llevó al Perú y el Capitán Luis de Velasco, hombre de Oñate, a
Nuevo México.[19] El   g o r g u z   o gorguje, una lanza corta, es mencionaba-
do por el Padre Acosta como una de las armas de la hueste de Cortés.[20] La
l a n z a   fue el arma clásica de la caballería y su formidable uso había
sido demostrado desde fines del siglo XV en las guerras entre los suizos y
Carlos el Temerario, bisabuelo de Carlos V. La jineta era una lanza más
liviana y se la fabricó en la Nueva España por órdenes de Cortés a partir de
1520 cuando éste se proponía sorprender a Narváez; la lanza que se empleaba en los torneos era más pesada, estaba provista de una arandela
para proteger la mano del caballero y se enganchaba en el   r i s t r e ,
pieza metálica que sobresalía del peto de la armadura.[21] El   m o s q u e -
t e   hizo su aparición desde la llegada de Cortés quien traía 13 consigo; y
Vizcaíno lo llevó hasta el Cabo Mendocino. La   p i c a ,   lanza extraordinariamente larga, es mencionada por Bernal Díaz, pero no se utilizó mucho en la conquista de México.[22] El   p i s t o l e t e ,   de menor longitud
y calibre que el arcabuz apareció en Michoacán, según Fray Diego Muñoz.
Finalmente, Bernal Díaz habla del   p u ñ a l   y de la   s a e t a ,   esta
última como arma independiente de la ballesta.[23]

Las armas defensivas. Básicamente eran la armadura y las partes de ésta
utilizables individualmente, los escudos de diversas formas y principalmente la rodela y la adarga, y las piezas metálicas o acolchonadas que protegían la grupa y la cabeza del caballo yegua. La pesada   a r m a d u r a
(llamada gótica) ya perfeccionada a principios del siglo XVI mediante la
añadidura gradual a lo largo de los siglos de numerosas piezas de hierro a
la cota primitiva, no resultó adecuada para la Conquista. Razones de táctica y
de clima, entre otras, la hicieron poco práctica, y generalmente en la Nueva España se usó sólo en los torneos virreinales. Nuño poseía una de lujo,
del tipo llamado   a r m a d u r a   b o r g o ñ o n a ,   de la cual había
desposeído a Pedro de Alvarado. Cuando hizo su expedición a Cíbola y a
Quívira, Coronado vestía una dorada que tenía un yelmo con una cimera
de plumas, atuendo que lo convirtió en fácil blanco de las flechas, piedras
y otros proyectiles de los indios de Nuevo México; la llevaba puesta durante la captura de Háwikuh (Cíbola) y por ello llegó a ser conocido como

---

[18] Resulta obvio que no había conquistador sin espada. Ver BERNAL DÍAZ, especialmente en
sus capítulos cxxii a cxlvi; y A. M. Salas, 177.

[19] Pedro de Alvarado (REMESAL, III, vi; I, 203) y Luis de Velasco, capitán de Juan de Oñate
(Bolton, *Spanish Borderlands*, 172), preferían esta arma.

[20] ACOSTA, VII, XXIV; p. 517.

[21] A. M. Salas, 187-188, examina las distintas clases de lanzas utilizadas en la Conquista.
Prescott, 329, informa que un soldado llamado Tobillos hizo varias lanzas para Cortés en
1520. Las menciona también BERNAL DÍAZ, cc. cxviii, cxix, cxxiii, cxxv, cxxviii y cl; y HERNAN-
DO DE SOTO, *Carta a los Oficiales de Cuba*, f. 83vo.

[22] A. M. Salas, 191; BERNAL DÍAZ, c. xviii a c. xlix; II, 37 a 226 y *passim*.

[23] BERNAL DÍAZ, c. cxxii; II, 61 y c. cxxiv; II, 66 (sobre el puñal) y c. clxvi; II, 402 (sobre la saeta).

"el jefe blanco del casco dorado". El virrey Mendoza se presentó a combatir en la guerra de los Peñoles "armado de todas armas"; y más tarde uno de los capitanes de Juan de Oñate llamado Luis de Velasco fue poseedor, además de una lanza con empuñadura de plata y de una daga dorada, de tres a r m a d u r a s   completas.[24] Entre los escudos utilizados en la conquista, los más usuales fueron la rodela para los infantes ("rodelero" es virtualmente sinónimo de soldado de a pie), y la a d a r g a , escudo más ligero pero más grande, de forma acorazonada u ovalada, propio de los hombres de a caballo; esta arma es mencionada con frecuencia, entre otros, por Bernal Díaz y Gaspar Castaño de Sosa.[25] Entre las piezas sueltas de la armadura, el gran historiador de la Conquista menciona los a l - c o n e t e s , las a n t i p a r r a s (o ventanillas) y la b a b e r a (baberol, barbera o barbote) que protegía la parte inferior de la cara. Dieciséis de estas últimas fueron usadas por miembros de la expedición de Coronado.[26] La b u f a , accesorio grande y curvo que reforzaba el guardabrazo izquierdo de la armadura, al que se atornillaba, y que servía como tarja para defender el cuello, apareció únicamente en torneos o pasos de armas, pero ha dejado su huella en el nombre del cerro de la Bufa de Zacatecas (peñón grande y curvo que fue incluido en el escudo de armas de esa ciudad por Felipe II) y en el de la Bufa del Águila en Real del Monte.[27] Los cronistas de la Conquista mencionan también las c a l z a s de malla; el bacinete, casco o c a p a c e t e , que cubría la cabeza dejando libre el rostro; la c o r a z a , compuesta de peto y espaldar; y su variante ligera, el c o s e l e t e .[28] Aparece en las crónicas también la c o t a d e a r m a s , túnica sin mangas que se colocaba entre la coraza y la malla; y de este último género, la c o t a d e m a l l a fue utilizada por los

[24] Respecto a la "armadura gótica" (así llamada por haber sido perfeccionada en el Sacro Imperio), cf. J. R. Benítez, *Traje y Adorno*, 18; y Vale, 120. La armadura borgoñona de Nuño es mencionada por Carrera Stampa, *Nuño*, 8; y en relación con la dorada de Coronado, cf. Bolton, *Coronado*, 197; y *Spanish Borderlands*, 89, donde en la p. 172 se habla del Capitán Luis de Velasco. Acerca de cómo se presentó Mendoza en la Guerra de los Peñoles, ver Mendizábal, v, 109.

[25] A. M. Salas, 248-249. Lanfranchi, 15. Bernal Díaz, c. cci; III, 180-181 y Gaspar CASTAÑO DE SOSA, "Memorial del descubrimiento", f. 299.

[26] BERNAL DÍAZ menciona los alconetes (c. clxxiii; III, 20), las antiparras (c. xlviii, II, 222 y c. cl; II, 227) y la babera (c. cxxii; II, 56). En relación con esta última ("chin-piece") ver también Chamberlain, *Yucatán*, 46. La expedición de Coronado disponía de quince de estas armas (Aiton, MUSTER ROLL, *passim*).

[27] La palabra "bufa" viene del italiano *buffa:* cf. Bakewell, 17, n. 1; y José Almirante, *Diccionario Militar, etimológico, histórico, tecnológico*, Madrid, Imprenta del Depósito de la Guerra, 1869, *sub* BUFA, p. 183. La Real Cédula de Felipe II, del 20 de julio de 1588, es mencionada por Amador, I, 271. Según el *Diccionario histórico de la lengua castellana*, "bufa" es también un arcaísmo por "vejiga de cerdo", pero es dudoso que los fundadores de Zacatecas, hombres por lo demás familiarizados con la armadura y sus partes, hayan tenido en mente esta segunda prosaica acepción al nombrar "de la bufa" al cerro que sirve de telón de fondo al rico mineral de plata que descubrieron.

[28] Las calzas de malla se mencionan en relación con la expedición de Coronado (Aiton, MUSTER ROLL); el capacete por BERNAL DÍAZ, c. CXX; II, 47 y c. cxxii; II, 56, al igual que el casco (c. cxxii; ii, 56). El capacete es descrito por Carrillo y Gariel, *Traje*, 98; y el casco por A. M. Salas, 243-244. Respecto del coselete cf. CDIAO, XXVIII: 528 ("Pesquisa contra... Gonzalo de Salazar y... Chirino...", de 1526). Antonio RUIZ, 24, n. 28 (coraza).

conquistadores con profusión. Esta prenda defensiva se encontraba en tres formas: la loringa, la cubierta de láminas pequeñas y la más clásica, en forma de dalmática, formada por finos y fuertes anillos de acero entrelazados. Las de malla aún más fina, o jacerinas, resultaron un fracaso en la expedición de Soto en la Florida. En 1529 Zumárraga acusó ante el rey a Nuño de Guzmán, entonces Presidente de la primera Audiencia, de haber recibido en calidad de soborno, entre otras cosas "una cota de malla muy rica". Un alcalde de Ciudad Real (San Cristóbal) llegó revestido de malla en auxilio de Las Casas, quien tenía dificultades con los conquistadores del lugar coludidos al parecer nada menos que con el deán de la catedral. En Nombre de Dios y en las minas de San Martín y de Aviño, en la Nueva Vizcaya, se usaron a mediados de siglo c o t a s y zaragüeyes de malla. Hacia 1590, los soldados de la expedición a Nuevo México encabezada por Gaspar Castaño de Sosa, capitán general del Nuevo Reino de León, llevaban algunas cotas de malla. Al morir en 1596 el descubridor de las minas del Potosí, Miguel Caldera, heredó a sus deudos dos cotas entre otras riquezas; y todavía a principios del siglo XVII, los pobladores de Pánuco, Tampico y Zacatecas para defenderse de los chichimecas poseían algunas así como el encomendero de Ocelotepec, en tierra zapoteca.[29]

Bernal Díaz recuerda que algunos soldados estaban armados de d a - l l e s , al parecer unas cuchillas puntiagudas y curvas que se usaron en la guerra de los Peñoles, y g o r j a l e s o gorgueras para protegerse el cuello. Los g u a n t e l e t e s y g u a r d a b r a z o s de malla fueron bastante comunes así como el j u b ó n del mismo material, por otro nombre dicho justillo. El p a p a h i g o , o gorro de paño recio y el p e t o que, como su nombre lo indica, cubría el pecho, también son mencionados en la *Historia Verdadera*. La r o d e l a era prenda obligada de la infantería, y ya en 1521 "ciento y cincuenta peones de espada e rodela" participaron en el sitio de México. Las crónicas mencionan también v e n t r e r a s o panceras, v i s e r a s , y quijotes o z a - r a g ü e y e s para la protección del vientre, la frente y los muslos respectivamente.[30]

[29] Sobre la cota de armas, ver J. R. Benítez, *Traje y Adorno*, 13-15; y acerca de la cota de malla, *cf.* BERNAL DÍAZ, C. CXX; II, 47, H. R. Benítez, *op. cit.*, 15, 18; FIDALGO DE ELVAS, 159 (en Florida y los Apalaches); y ZUMÁRRAGA, Carta a Carlos V del 27 de agosto de 1529, *ap.* CDIAO, XIII; 140. REMESAL, VI, iii, I, 407 (sobre Las Casas). "Relación de los descubrimientos… hechos por… Ybarra", en CDIAO, XIV: 474-475 (Durango, 1554). *Id.*, IX: 245 ("Descripción de Nombre de Dios…"). *Id.*, XV: 225, sobre Castaño de Sosa. El texto del testamento de Miguel Caldera es transcrito por Primo Feliciano VELÁZQUEZ (ed.), *Col. de Docs. sobre S. Luis Potosí*, I, 286. Ver también Powell, *M. Caldera*, 304, en donde se mencionan las dos cotas de malla que Caldera heredó a su sobrino, Pedro Cid. La situación en Pánuco, Zacatecas y Ocelotepec es descrita en CDIAO, IX: 146; 176-178; 189 y 210, respectivamente (se trata de "Descripciones" o "Relaciones" de ciudades o pueblos, de los primeros años del siglo XVII).

[30] El dalle es mencionado por BERNAL DÍAZ, c. cl; II, 227, y en relación con los auxilios que a Guadalajara llevó López de Villalobos. El gorjal aparece también en BERNAL DÍAZ, c. cxlviii; II, 222 y c. cl; II, 227, y los guanteletes son mencionados por A. M. Salas, 246. Dos partes de estos últimos se usaron en la expedición de Coronado (Aiton, MUSTER ROLL). BERNAL DÍAZ, c. clxviii; II, 222, y c. cl; II, 227, registra un papahigo, un peto (c. CXXII; II, 56) y muchas rodelas (II, 61, 111, 143, 222, 227, 310, 376, 392). Los rodeleros que participaron en el sitio de Tenochtitlán

El caballo entraba a la lucha bardado o encubertado, es decir protegido por un c a p a r a z ó n originalmente de hierro y más tarde de cuero o de algodón (en este caso se llamó escaupil). Gonzalo de Sandoval poseía un caparazón y Oñate llevó 18 a Nuevo México. Era una pieza de atelaje muy apreciada y que los conquistadores se compraban y vendían entre sí, como puede comprobarse en el Archivo de Notarías. Para incrementar el impacto de la caballería, desde la batalla de Centla en Tabasco, Cortés mandó poner a los caballos, además de un vistoso paramento, p r e t a - l e s   d e   c a s c a b e l e s , cuyo tintineo causó espanto entre los indios; semejante estratagema se repitió en la batalla con Xicoténcatl el Joven a las puertas de Tlaxcala. Los cascabeles se siguieron usando en la época colonial (se creía que estimulaban a los caballos) cuando, por ejemplo, se reprimían mediante una guasábara (especie de algarada; la palabra es de origen árabe) los motines de indios o de esclavos negros.[31]

Además de todas estas armas, formaban parte del equipo de las huestes conquistadoras algunos adminículos de origen antiguo o medieval, tales como fraguas portátiles y pailas de cobre o más frecuentemente de azófar (aleación de cobre y zinc usada por los árabes de España) en las que preparaban su comida. No sería vano reiterar aquí que el medio americano impuso modificaciones a veces radicales a las armas europeas. El hecho de que la flecha chichimeca atravesara cualquier malla menos la jacerina, muy escasa, obligó a los conquistadores a utilizar armaduras hechas de cuero: de gamuza o de piel de "peje", de buey o de manatí; o bien el escaupil mexicano, especie de gran jubón grueso acolchonado y forrado de algodón que protegía también la montura.

Numerosas Ordenanzas reales prohibieron poner armas en manos de los indios (o darles caballos), pero la realidad impuso otras circunstancias. Los chichimecas lograron apoderarse de muchas espadas y trataron de utilizar el arcabuz; y los españoles, por su lado, armaron a grupos de indios amigos para apaciguar rebeliones tales como la de la Nueva Galicia de 1540-1541 y la de los tepehuanes de principio del siglo XVII. Durante la primera, y después de la muerte de Alvarado, Ruy López de Villalobos llegó a Guadalajara con millares de tlaxcaltecas y otros indios a los que había armado con lanzas, dalles, espadas, puñales, celadas, cascos y otras armas; y en 1602, Fray Francisco de la Oliva acudió con más de 200 "soldados de ayuda" indios, del rumbo del río Conchos, en auxilio del Gobernador, Gaspar de Alvear, sitiado por los tepehuanes en las minas de Guanaceví.[32]

son mencionados por OVIEDO, *Hist. General y Moral*, XXXIII, xix; IV, 92. Por lo menos dos guardabrazos ("sleeves of mail") aparecen en la expedición de Coronado junto con unos zaragüeyes ("breeches of mail") (Aiton, MUSTER ROLL); *cf.* Salas, 246.

[31] La palabra "escaupil" es corrupción del náhuatl *ichcaupill*: Friederici, 348. *Cf.* A. M. Salas, 136, sobre los pretales de cascabeles sonoros. VARGAS MACHUCA, I, 145 (y también I, 253- 270 sobre la guasábara). El pretal era una correa o faja que unida a la parte delantera de la silla de montar, rodeaba el pecho del caballo. Véase CLAVIJERO, *Historia Antigua*, VIII, xix; p. 318; Valle Arizpe, *Cuadros de México* ("El caballo en... la Conquista de México"), 70; y Gómez Orozco, "Caballos", 56, 67. El caparazón es mencionado por Prescott, 490, y por Millares Carlo, *Notarías*, I, núms. 1176 (de 1528), 1579 (de ese mismo año), etcétera.

[32] VARGAS MACHUCA, I, 157, menciona las pailas de azófar en sus consejos sobre "prevención

No se puede dejar el tema del armamento usado en el siglo XVI en la Nueva España sin mencionar los primeros b e r g a n t i n e s o fustas que Cortés hizo construir a partir de 1520, y que en cierto modo señalan el nacimiento de la marina mexicana. Apenas había tiempo de fabricar cuatro de esas naves cuando, asediado por el emperador Cuitláhuac en México, el Conquistador pensó salvarse huyendo por el lago en caso de no poder hacerlo por la calzada, cosa que no logró porque los mexica se las quemaron. Posteriormente, otros trece b e r g a n t i n e s , construidos por carpinteros de ribera o calafates auxiliados por los tlaxcaltecas, fueron botados en el lago de Texcoco el 28 de abril de 1521, y ayudados por canoas texcocanas tuvieron un papel decisivo en la toma de Tenochtitlán. Desde Tlaxcala habían sido transportadas sus partes, como anteriormente fue práctica común entre bizantinos, varegos de Rusia y más recientemente del Gran Capitán. El número mágico escogido por Cortés (el 13) puede no haber sido un mero fruto del azar. Algún contemporáneo "presumió —dice Vetancurt—... que serían (los bergantines) los de los Santos Apóstoles". Tampoco es de excluirse que el Conquistador imitase la predilección por el número 13 demostrada por Constantino el Grande quien, por ejemplo, mandó construir su tumba rodeada de otras doce destinadas a los Apóstoles para así subrayar su condición de *Isapostolus* o treceavo apóstol. En efecto, como se verá después, Cortés imitó varias actitudes político-religiosas de quien es llamado primer emperador cristiano.[33]

La primera de las armas de cuño europeo que los españoles confiaron a los indios (entiéndase: los que consideraban amigos o aliados) fue la espada, seguida en algunos casos de la cota de malla, como cuando Miguel Caldera distribuyó 13 de ellas entre otros tantos jefes indios de San Luis, Charcas y puntos vecinos. La espada fue dada primero a los caciques o notables que habían ayudado en la "pacificación" de la Nueva España, lo cual incluyó a varias cacicas y excepcionalmente a varios macehuales. El permiso para que los indios pudieran montar a caballo, yegua o jaca fue concedido con rapidez por Velasco I. Zavala enumera, entre 1550 y 1552, centenares de casos (en uno de ellos se concedieron 105 permisos a la vez, y en otros dos, 53 y 23, respectivamente). Algunos caciques llegaron a pavonearse armados de punta en blanco. Esos permisos para cabalgar fueron

de bastimentos". Sobre la sustitución de la malla por la gamuza o por el cuero en general, *cf.* Powell, *Guerra chichimeca*, 62; Saxton T. Pope, *A Study of Bows and Arrows*, Berkeley, 1923; A. M. Salas, 247; el INCA GARCILASO, II: 2, xviii; p. 236. Powell, *op. cit.*, 63-64, describe el botín obtenido por los chichimecas; y sobre el armamento de los aliados tlaxcaltecas y otros y del río Conchos, ver respectivamente Rubio Mañé, "Expedición de Legazpi", 646 y Primo Feliciano VELÁZQUEZ (ed.), *Col. Docs. de San Luis Potosí*, I, 126-7 (INFORMACIÓN... de 1602). Ningún testimonio sobre la necesidad de armar a los indios amigos es más elocuente que el de Mendoza mismo; *vide* Malagón (ed.), ORDENANZAS, 114: "por experiencia que tenía de su padre y de su hermano... con los moriscos de Granada... [es necesario]... animar a los buenos".

[33] Los cuatro primeros bergantines son mencionados por CLAVIJERO, *Historia Antigua*, IX, XV; p. 357, y por Gardiner, *Naval Power*, cap. III: "Trial by Water: Failure". Los 13 construidos sucesivamente son descritos por OVIEDO, XXXIII, XXII; IV, 114; VETANCURT, *Teatro Mexicano*, 3a., Parte, p. 156; y Gardiner, *op. cit.*, caps. IV a VI. Kubler, *Mexican Architecture*, I, 79, quien citando las ACTAS DEL CABILDO, VI, 275, habla de la reparación de esas fustas, a resultas de la actitud amenazadora de los esclavos negros.

tan numerosos que pronto se extendieron a los pastores de ovejas indios, y posiblemente algunos negros, también. Pronto aparecieron los mercados de caballos, aunque menudearon las quejas por el maltrato (o el descuido) que los indios daban a sus monturas, lo cual, según se decía, convertía a caballos y jacas en animales "ariscos".[34]

---

[34] Powell, *M. Caldera*, 231 (cotas de malla). CACIQUE DON NICOLÁS DE SAN LUIS, 203 (armado de punta en blanco). Zavala, *Velasco I*, 434 (espadas), 107, 108, 396, 408, 423, 430, 436, 445, 436-449; 347, 352-446, etc. PROTOCOLOS DE CHOLULA, Docs. 625, 631, 772, 786, 911, 918, 1178, 1185, 1282, 1467 y 1503 (compra-ventas de caballos); Zavala, *Servicio de Indios*, III, 233 (pastores de ovejas); Reyes García, 209-210 (corceles "ariscos").

VIII. LA VISIÓN MEDIEVAL DE LOS CONQUISTADORES Y SU GRITO DE GUERRA. EL LÁBARO CORTESIANO

EXPLICARSE la visión de los conquistadores, es decir, averiguar cómo entendían los fenómenos del mundo circundante, es el tema general de esta obra, sobre todo con referencia a las ideas y a las costumbres o instituciones emanadas de esa arquitectura mental. Conviene de todas maneras señalar aquí por qué se produjeron sobre todo en los primeros tiempos de la Conquista, varios conceptos recurrentes (palabras, nombres, creencias), derivados principalmente de la percepción visual que de América iba teniendo el europeo, en los cuales hasta ahora la historiografía se ha interesado poco o nada. Como ha dicho Lévi-Strauss, los españoles no salieron de su tierra tanto para adquirir nuevos conocimientos cuanto para comprobar antiguas creencias; y proyectaron sobre el Nuevo Mundo la realidad y las tradiciones del Viejo, el cual estaba aún fuertemente matizado de conceptos medievales. Friederici y Gerbi se han ocupado magistralmente de analizar la reacción de los primeros exploradores y viajeros ibéricos frente a la naturaleza de ese mundo nuevo que se les presentaba ante los ojos, misma que trataban de acomodar dentro de su perspectiva mental. Ya Colón en la Española identificó el ají o chile con la pimienta o manegueta, que a Europa llegaba del Levante (como otros llamaron por algún tiempo "copal de Castilla" al incienso); y desde que lentamente cruzaba el Mar de los Sargazos, creía respirar el aire de Andalucía y escuchar el canto de ruiseñores. Más aún, en las Antillas veía encinas verdes castellanas, comparaba la lluvia a la de Castilla en octubre; y creía que sus marineros sacaban lenguados del mar. En lo que toca a la Nueva España, valgan los siguientes ejemplos: el regidor de México Bartolomé de Zárate describe en 1554 el maguey de Tlaxcala como "árbol... a manera de zabila", áloe propio de la flora mediterránea "de que se hacen muchas cosas de vino y vestir"; Nuño de Guzmán toma al ocozotle por liquidámbar. En su *Relación* de 1539 sobre la Baja California, Ulloa llama al coyote adive (animal carnicero del África del Norte, conocido en España desde fines del siglo XV); y Río de Losa, a principios del siglo XVII, no encuentra mejor manera de describir las manadas de búfalos que recorrían las praderas de Coahuila y Texas que compararlas con el ganado trashumante "de Tartaria o Germania". En fin, se describía el maguey como "planta que da un licor como arrope" y los coyotes como "lobos pequeños"; y se ha visto ya en páginas anteriores que los españoles tomaron los manatíes por sirenas y por una sierpe la iguana.[1]

---

[1] *Cf.* Rosenblat, *Los Conquistadores*, 160. Sobre Colón y el ají, ver HERRERA, Déc. 1ª, I, 20; p. 250, y acerca del resto que imaginaba su Diario, *ap.* Taviani, *I Viaggi*, I, 20, 64-65. Acerca de la zábila, *Relación* de BARTOLOMÉ DE ZÁRATE, en Paso y Troncoso (ed.), EPISTOLARIO, IV, 139. Existe un rancho llamado de la Zábila en el municipio de Mazatlán. Francisco de ULLOA, 194.

En el campo de la descripción geográfica, el contador Rodrigo de Albornoz compara un importante río de las Hibueras con el Rin, o sea con el más caudaloso de que tenía noticia; y en su *Crónica*, Cervantes de Salazar relata que al contemplarlo por primera vez, los conquistadores compararon con el Monte Etna el Popocatépetl, cuya cumbre en ese momento "humeaba y aún echava fuego".[2] Es frecuente la equiparación de ciertas ciudades ibéricas o del Viejo Mundo con las metrópolis o pueblos indios, con base en su aspecto; en raros casos, como el de Tlaxcala, la comparación se hace con referencia a la organización política. Los conquistadores rebautizan los poblados indígenas que adquieren valor estratégico para ellos con los nombres de algunas villas nuevas o pueblos que tuvieron importancia militar durante la Reconquista ibérica; tal es el caso de Ixtacmixtitlán, a tres días de marcha de Tlaxcala, rebautizada Castilblanco, y de Tepeaca llamada Segura de la Frontera.[3] Hernández de Córdoba ya en 1517 describió como "Gran Cairo" una ciudad maya que avistó en la punta del Cabo Catoche; y Grijalva llamó "Sevilla la Nueva" a Tulum, por sus altas torres, tantas casas de buena apariencia, plazas y mercados "e mucho trato", y dio el nombre de Almería a Nautla, por su semejanza con aquel puerto español.[4] Un año después, en ese mismo litoral, Cortés comparó Cempoala con Sevilla por su tamaño, y con Villaviciosa por la abundancia de sus frutas y el esplendor de la vegetación; llamó Archidona la segunda o tercera Veracruz, la cual le recordaba el puerto andaluz de ese nombre; y en sus *Cartas de Relación* dice que en Cuzulá "los aposentamientos y la fortaleza son más fuertes y mejor edificados que los del castillo de Burgos". Según Bernal Díaz, Cholula se parecía de lejos a Valladolid.[5]

El Conquistador hace otras comparaciones, como la de que Tlaxcala "es mucho mayor que Granada y muy más fuerte". Pero fue la organización política de esa república lo que atrajo preferentemente la atención de los españoles. El orden que guarda —dice Cortés, a quien hace eco Oviedo— es casi como el de Venecia, Génova o Pisa "porque no hay señor general de todos", aunque el Conquistador Anónimo añade que Tlaxcala "tiene un capitán general para la guerra".[6] Gómara precisa que, como Venecia, la república tlaxcalteca es gobernada por los nobles y los ricos, y especialmente

El coyote es también mencionado como adive por HERRERA, II, 157; por TORQUEMADA, I, 297; y en la *Col. de Docs. inéd. para la hist. de España*, LII; 356 ap. Friederici, 79 y n. 269. La cita de Río de Losa es de Hammond y Rey, *Oñate*, 764. Zavala, *Tributos*, I, 43 (Nuño); Wright, *Querétaro*, 151, 171-172 (maguey; coyote).

[2] La carta que se cita de ALBORNOZ está publicada en la CDIAO, XIII: 48. CERVANTES DE SALAZAR, *Crónica*, 317. El Popocatépetl estuvo activo de 1509 a 1528 y de 1530 a 1539: Friederici, 62.

[3] ARGENSOLA, 294, n. 10 de J. Ramírez Cabañas (Castelblanco) y Chevalier, *Fondation de Puebla*, 105 (Tepeaca).

[4] Sobre "el Gran Cairo" de Hernández de Córdoba, *cf.* W. W. Johnson, 26. La "Sevilla la Nueva" de Grijalva es mencionada en el ITINERARIO, 287; en las "PRIMERAS NOTICIAS DE YUCATÁN", 306-307; y por Zulaica Garáte, 82 y n. 1. Almería = Nautla lo es por Chipman, *Nuño en Pánuco*, 43 y n. 11. Zavala, *Velasco I*, 381 (Castelblanco).

[5] CORTÉS, *Cartas de Relación*, I, 85; Todorov, 134; Orozco y Berra, *Historia Antigua*, IV, 134. Sobre la visión medieval, y a veces renacentista de Cortés y de Bernal Díaz, ver Silvana Serafin, 6.

[6] Alatorre, 191.

—apunta Cervantes de Salazar— por "los quatro Señores, que sacavan dentre ellos al... general en la guerra".[7] Tenochtitlán —nos asegura Cortés— "es tan grande como Sevilla y Córdoba", su pirámide principal "es más alta que la torre de la iglesia mayor de Sevilla", y su plaza es tan grande "como dos vezes la de... Salamanca". (Otros comparan a Sevilla con Querétaro, "por la muncha cantidad de ubas".) Con tales descripciones, no es de extrañar que Cervantes diga, en *El Licenciado Vidriera,* que Cortés "conquistó la gran México para que la gran Venecia tuviese en alguna manera quien se le opusiese"; y el autor del Quijote afirma a continuación que de las dos Venecias (cuyas calles "son todas de agua"), la de Europa es la admiración del mundo antiguo, y la de América el espanto del Mundo Nuevo, con lo cual seguramente alude al temor que inspiraban los aztecas a los demás pueblos del México antiguo. Venecia la Rica —dice Friederici— fue el primer nombre que los españoles dieron a la ciudad de México.[8] Antes de que mediara el siglo, en Yucatán, Montejo el Joven puso por nombre Mérida a la que habría de ser capital de la península, nombre que —se informa— corría ya de boca en boca entre los soldados porque en su asiento (las colinas de T-Hó) sobresalían entre sus construcciones grandes edificios de cal y canto, bien labrados y con muchas molduras "como las que los rromanos hizieron en merida la de españa". Más tarde, Fray Antonio de Ciudad Real, al admirar las numerosas figuras y celosías "muy vistosas y galanas" de Uxmal, las comparó con la "pintura de Flandes, labradas todas en la mesma piedra". Por último, en 1540, Coronado llamó Granada a Háwikuh (Cíbola) por la semejanza que le encontró con el Albaicín.[9]

Regresando al tema de la organización política y cortesana, los cronistas de la Conquista, el primero de ellos Cortés, recurrieron por regla general para describir algunos aspectos importantes de la sociedad prehispánica a los nombres de ideas e instituciones medievales españolas, cosa que tuvo una influencia tan perdurable que hoy seguimos hablando del "imperio" maya, del último "rey" purépecha, de la "república" de Tlaxcala, de la "princesa" Tepuichco y de los "vasallos" de Moctezuma. Es común encontrar en los textos de los cronistas, analizados desde este punto de vista por José María Muriá, el uso de voces —con diversos matices conceptuales pero siempre dentro de un contexto europeo— tales como señorío, rey (título que Cortés reservó únicamente a Carlos V), emperador (usado por Sahagún y Tezozómoc), trono, corona, infantes (para designar a los hijos de un monarca indio), así como pajes y maestresalas (de las cortes indígenas). El uso del vocablo "feudatarios" es corriente para designar a los tri-

[7] Cortés es citado por ZORITA, *Señores de la Nueva España,* 64-65, y también por OVIEDO, *Historia General y Moral,* L. XXIII, c. iv; iv, 21. El CONQUISTADOR ANÓNIMO, 388. GÓMARA, 344. THÉVET, 384, escribiendo en la Francia Antártica, compara por lo contrario Venecia con Tenochtitlán, lo cual parece más adecuado desde el punto de vista, no político, sino orográfico.

[8] Alatorre, *loc. cit.,* Gerbi, *Indias Nuevas,* 118-119, quien cita a CORTÉS, *Cartas de Relación,* I, 98, 99. La transcripción de Miguel de Cervantes Saavedra es de Rublúo, Colofón, 6. Friederici, 453.

[9] RELACIONES DE YUCATÁN: RELACIÓN DE... MÉRIDA, en CDIU, XI: 54; y Ancona, I, 343-344. Fray Antonio de CIUDAD REAL, II, 359-360. Sobre Háwikuh = Granada, ver TRASLADO DE LAS NUEVAS..., 187 y n. 1. Todorov, 134.

butarios de la época precortesiana; Sahagún lo aplica a muchos, dependientes de Tenochtitlán, entre ellos al señor de Cempoala "que gemía impaciente bajo el yugo de los mexicanos"; y Fray Matías de Escobar explica
que *Calzontzin*, apelativo dado al último rey purépecha, quiere decir el Rey
Calzado, ya que a diferencia de los "demás reyes... feudatarios del Emperador mexicano" no andaba descalzo por ser "ingenuo y libre de feudo". Incluso respecto a la Florida, el Inca Garcilaso y Fray Jerónimo de Oré hablan de
caciques (palabra antillana) vasallos de otros caciques o micos mayores. Los
cronistas, cuando tratan de la época prehispánica, no tienen empacho en
hablar de mayorazgos, cortes (o sean asambleas de procuradores), virreyes
—Durán y Torquemada llaman virrey al cihuacóatl— oidores, alguaciles,
corregidores, gobernadores y capitanes generales. También aparece en sus
escritos una grandeza comparable a la de España, compuesta por duques,
marqueses y condes como aquel centenar que, según el Padre Diego de
Motezuma, se sentaba a las mesas de su ilustre abuelo; y la jerarquía social
ibérica se refleja fielmente en los nobles, hidalgos, caballeros, solariegos,
pecheros y naboríos, que los cronistas y funcionarios del siglo XVI creyeron
encontrar en el México prehispánico o en el de su propio tiempo.[10]

Juan Bautista Pomar y Diego Muñoz Camargo se deleitan en imaginar a
los texcocanos con costumbres semejantes a las de la caballería europea.
Cortés por su parte describe muros, barbacanas y fosos entre las obras de
defensa de Ixtacmixtitlán que, como se ha visto, compara con las de Burgos; Luis Marín en Chiapas y Bernal Díaz del Castillo, yendo rumbo a las
Hibueras, también se imaginaron que los indios disponían de barbacanas,
adarbes, cubos y troneras para su defensa; y en la entrada de Bacalar y Chetumal, según relata Fray Francisco de Cárdenas Valencia, los Pachecos
tropezaron en 1544 con mucha resistencia de parte de los indios mayas,
parapetados detrás de palizadas, traveses y albarradas, y los cuales "les mataron algunos conquistadores".[11] Las Casas considera equivalentes las Órdenes españolas de caballería a las que conocieron los aztecas, y describe con
detalle y fruición la ceremonia de investidura de los jóvenes guerreros indios, quienes debían ser —dice— de gran nobleza. Hernando de Soto no se
sorprende de ver al cacique Tascaluza, en la actual Alabama, vestido con
un manto que pudiera ser el de los Caballeros de Rodas.[12] En aquellas

---

[10] Muriá, pp. 140-176, espec. pp. 142, 149 y 151. CLAVIJERO, *Historia Antigua*, VIII, 9; p. 305 y
IX, 3; pp. 339-340. Fray Matías de ESCOBAR, 123, quien cita a LA REA, I, X; p. 17. Padre D. L. de
MOTEZUMA, 402, 430. RELACIÓN DE FRAY JERÓNIMO DE ORÉ (ed. del P. Atanasio López), 45. INCA
GARCILASO, 144; II, 1, xxvi; 447, 545 y *passim*. "Caciques",... designación usada en las Antillas":
Céspedes del Castillo, "Las Indias... siglos XVI y XVII, III, 390. Sobre la existencia de pecheros
en Tlaxcala, ver Cuevas, *Historia de la Iglesia*, I, 333-334; y acerca de los naboríos y "solarie-
gos", *cf.* respectivamente Barrasa, 47-48 y 54, y la INFORMACIÓN DE TRIBUTOS, 20 (Cédula del 20
de diciembre de 1553). Parece ser que la transcripción correcta del título del rey tarasco es
Kasonsí: Coe, 143.

[11] MUÑOZ CAMARGO ya ha sido citado más arriba. POMAR, 38. FISKE, II, 248 (Ixtacmixtitlán);
Helps, II, 205 (*ibid.*); y BERNAL DÍAZ, c. cxlvii; II, 404 (sobre Luis Marín). Francisco de CÁRDE-
NAS VALENCIA, 28. Gaspar y Melchor Pacheco eran padre e hijo.

[12] LAS CASAS, *Obras escogidas,*, III, 244. El episodio de Soto y el hábito de Malta, es narrado
por OVIEDO, *Hist. General y Natural*, XVI, XXVII; II, 173.

regiones de la Nueva España en que, excepcionalmente, no parecía existir sumisión de un grupo indígena a un poder superior, varios autores señalaron la existencia de behetrías, o sean núcleos de población libre que en el Medievo escogían a voluntad un señor, principalmente en tiempos de guerra. Entre ellos podemos mencionar al cosmógrafo López de Velasco que dice que existen en las Indias; a los misioneros Antonio Remesal, Juan de Escalona y Jerónimo de Santisteban, que nos informan de su existencia en Chiapas, Nuevo México y la Mar del Sur respectivamente e incluso al poeta Dorantes de Carranza. Mas como en una sociedad jerarquizada como la colonial, la behetría implicaba prácticamente independencia frente al poder central, no es sorprendente que los encomenderos intentaran convertir sus beneficios en behetrías, ni que la Corona lo haya impedido, tanto por su propio interés como tratando de defender a los indios.[13]

Algunos personajes de los tiempos del Medievo español son evocados en episodios de la Conquista novohispánica. Dorantes de Carranza, elogiando al valeroso Tlacaélel (tío de Axayácatl), dice que al igual que el Cid venció en muchas batallas después de muerto. En la Florida, Juan López Cacho se ató a su montura emulando al Campeador, para no caer del caballo ni en caso de ser mortalmente herido. Pero como observa Blanco Fombona, Ruy Díaz de Vivar no fue imitado sólo en su heroísmo sino también en su crueldad y espíritu de codicia pues el tormento de Cuauhtémoc por orden de Cortés recuerda la tortura con el fuego mediante la cual el Cid trató de arrancar al Cadí de Valencia el secreto de sus tesoros. En ocasiones, esta clase de reminiscencias se remonta a la Antigüedad: Torquemada llama sátrapas a los caciques vasallos de Moctezuma; y el sepelio de Hernando de Soto en las aguas del Mississippi nos trae a la memoria la manera en que los godos, ancestros de los españoles, enterraron en el lecho del Busento a su gran rey Alarico.[14]

Los conquistadores llamaron mezquitas los adoratorios indígenas; y para describir a los naturales que por vez primera veían trataron de aplicar un modelo o cartabón preexistente. Para Antonio de Solís y para uno de los cronistas de la Nueva Galicia del siglo XVI, los aztecas se asemejaban a los antiguos germanos, quizá por pintarrajearse y ser feroces en la batalla, o tal vez por vivir de preferencia diseminados por los campos. Los habitantes de Zacualpan de Amilpas, se dice en otra relación, parecen frailes o por los menos sus sacerdotes, ya que traen "las cabezas raidas a manera de coronas". Por sus pinturas se diría que los indios son egipcios, afirma el culto Cervantes de Salazar, quien informa que el Señor de Cempoala, al caminar apoyándose en los brazos de dos de sus cortesanos, "tiene las maneras de los reyes de Siria", mientras que Fray Francisco Ximénez com-

---

[13] LÓPEZ DE VELASCO, 15. REMESAL, VII, xxi; II, 83. Fray Juan ESCALONA menciona la "behetría" en Nuevo México: Hammond y Rey, Oñate, 695; y en el Mar del Sur es mencionada por Fray Jerónimo de SANTISTEBAN, ap. CDIAO, XIV: 159-160. DORANTES DE CARRANZA, 113-114 ("tráfago de behetría", "behetría"). En Esquivel Obregón, I, 125-126 y espec. 132, se trata la behetría y las pretensiones de los encomenderos.

[14] DORANTES DE CARRANZA, 189. Juan López Cacho es mencionado por EL INCA GARCILASO, II: 2, xiii; pp. 213-214. Blanco Fombona, Conquistador, 209-210. TORQUEMADA, IV, xliv; I, 446.

para a los indios de Verapaz, gobernados según él por un rey y un sumo sacerdote, con los antiguos hebreos. Torquemada cree que los indios de Tula descienden de los fenicios o cartagineses; y muchos otros autores, inclusive eclesiásticos, dicen que en realidad eran descendientes de las tribus perdidas de Israel. Sahagún compara al Panteón azteca con el romano. Con todo, la mayoría de pareceres es en el sentido de que los naturales de la Nueva España se asemejan a otro pueblo, del que el Conquistador tenía una experiencia reciente, o sea el árabe, adjetivo éste que en la literatura del siglo XVI se aplica especialmente a los chichimecas. Por lo menos tres frailes de esa época, Mendieta, Matías de Escobar y Juan González de Mendoza, al igual que el *Códice Franciscano* dicen, tal vez pensando en los bereberes, que aquellos nómadas "son como alárabes", entre otras causas por no tener casa ni pueblo edificado; y el primero llama nobles y caballeros a los principales indios. El cronista Oviedo afirma que Moctezuma, como los califas, tenía sus "almojarifes... (que) recogian los tributos" y sus alholíes (*i.e.* pósitos o graneros) para guardarlos.[15] Resta aquí por recordar que, según Sahagún, los niños sacrificados a los tlaloques llevaban "alas de papel como ángeles"; que el deán de Yucatán Sánchez de Aguilar se quejaba de que algunas de sus ovejas mayas adoraban secretamente a Baal y a Astarot; y que a principios del siglo XVII, Fray Andrés de Ribas deploraba que en su misión de Sonora, las hechiceras yaquis organizaran verdaderos aquelarres, de los cuales "volvían por los aires". Curioso es señalar que los naturales devolvían a veces el cumplido, y así llamaron "tapir de Castilla" al caballo, y a las velas "tortillas de los dioses", por lo menos en Yucatán (donde se "alimentaba" a los dioses con maíz).[16]

Un recuerdo más antiguo o mejor dicho, un símbolo de la civilización paleocristiana y medieval fue traído a la Nueva España personalmente por Cortés. Se trata del estandarte o guión con una cruz, que el Conquistador empuñó ante sus soldados cuando les dirigió la última arenga antes de embarcarse con su hueste rumbo a México. En esa ocasión los exhortó a luchar al amparo del símbolo del Cristianismo, aunque uno de los objetivos de la expedición era el botín, prometiéndoles de antemano la victoria. Esta bandera trae a la memoria en forma natural el lábaro constantiniano, símbolo de la lucha por la religión desde la batalla del Puente Milvio, aun-

---

[15] SOLÍS, I, XIX; p. 62. La relación mencionada en el texto después de la cita de Solís es la SEGUNDA RELACIÓN ANÓNIMA, 304. Pedro Mártir y Sahagún parangonan la bravura de los aztecas con la de los alemanes y los suizos, reputados en aquel entonces como los soldados menos avisados pero más aguerridos de Europa: Friederici, 191. Se habla de Zacualpan de Amilpas en la TERCERA RELACIÓN ANÓNIMA, 445. CERVANTES DE SALAZAR, *Crónica*, 135, 194 (Siria) y 213. Fray Francisco de XIMÉNEZ, *Historia de... Chiapa y Guatemala*, I, 93. TORQUEMADA, I, 28. MENDIETA es citado en este contexto por GARCÍA ICAZBALCETA (ed.), *Nueva Colección*, I, 120 y, siguiendo el CÓDICE FRANCISCANO, 55-56, por Gómez Canedo, 202; Fray Matías de ESCOBAR, 218; y Fray Juan GONZÁLEZ DE MENDOZA, 313. CÓDICE FRANCISCANO, 18. OVIEDO, *Hist. General y Moral*, XXXII, xlvi; IV, 220-221. Sobre los panteones azteca y romano, ver L. Weckmann, "El milenarismo de Fray Bernardino de Sahagún" en *Memorias de la Academia Mexicana de la Historia*, t. XXXIV, 214.

[16] Sahagún es citado (I, 121) por Carreño, "Salamanca", 84. SÁNCHEZ DE AGUILAR, ed. del Museo Nacional, 36. Andrés PÉREZ DE RIBAS, *Triunfos*, II, 118. Inga Clendinnen, 174 ("tapir de Castilla" y "tortillas de los dioses").

que dicho lábaro no tuviese dibujada la cruz, como el de Cortés, sino lo que los cristianos interpretaron como el monograma de Cristo. Se verá más adelante que no sólo el uso del lábaro sino también otras acciones del Conquistador tienen un fuerte carácter constantiniano.

La descripción del lábaro cortesiano se encuentra en múltiples fuentes primarias y secundarias, que virtualmente coinciden en los detalles más importantes. Según Bernal Díaz y otros cinco expedicionarios, era una bandera negra con una cruz colorada; el autor de la *Historia Verdadera*, sin entrar en muchos detalles, relata que Cortés exhortó a sus soldados con estas palabras: "Hermanos y Compañeros, sigamos la señal de la Santa Cruz con fe verdadera, que con ella venceremos." El vocativo de Bernal da tinte de veracidad a su información, ya que en tiempos del Gran Capitán, de quien el Conquistador fue discípulo a distancia, los capitanes se dirigían a sus soldados llamándolos así, o "amigos" y "señores míos". Motolinía dice que la cruz estaba entre llamaradas blancas y azules, pero convierte en lema la frase de Cortés, aunque sustituyendo "Hermanos y Compañeros" por "amigos", colocándola en el estandarte mismo; posiblemente citando de memoria, trastoca un poco la fraseología, pero en el sentido de la frase realmente no se aparta de Bernal Díaz. Cervantes de Salazar pone el lema de Cortés en términos ligeramente distintos a los de sus predecesores y lo coloca en una orla o bordura de la bandera. Es el primero en aludir al precedente constantiniano. Según la descripción de Andrés de Tapia, la exhortación cortesiana figuraba también en la bandera pero en latín: *Amici, sequamur crucem: et si nos fidem habemus, in hoc signo vincemus;* en esto lo sigue Mendieta, cuya frase latina, sin embargo, tiene un tono más áulico. Torquemada conserva la orla descrita por Cervantes de Salazar y proporciona ambas versiones de la inscripción, la castellana de Motolinía (aunque en forma sintética), y *verbatim* la latina de Mendieta. Antonio de Solís afirma la autenticidad de "una letra latina", pero no dice precisamente cuál. El Padre Landa combina los testimonios de Tapia y de Mendieta, tomándolos ambos del latín; y, por su parte, Vetancurt menciona "un rotulo en latín" del que sólo transcribe una síntesis en español, aunque añadiendo al lábaro mismo las armas reales, cosa inverosímil. Bartolomé Leonardo de Argensola y su continuador, Illescas, registran la versión culta latina (recientemente mejorada por Ortega y Medina); y López Cogolludo, por su lado, se limita a transcribir la información dada por Solís. Entre los autores modernos, Prescott acepta la versión castellana, y Carlos Pereyra la latina. Para Giménez Fernández el lema es de estirpe constantiniana, más que el lábaro, y en ello coincide Jean Descola.[17]

---

[17] Bernal DÍAZ, c. XX; I, 107. Los cinco compañeros de armas de Cortés que dieron testimonio de la bandera negra con cruz colorada fueron Antonio Serrano de Cardona, Rodrigo de Castañeda, Juan Coronel, Cristóbal Corral y Juan Tirado: LÓPEZ RAYÓN (ed.), *Residencia de Cortés*, I, 205, 238, 339, 445, y II, 41. MOTOLINÍA, *Cartas*, 96-97. CERVANTES DE SALAZAR, *Crónica*, 127-128. ANDRÉS DE TAPIA (ed. J. García Icazbalceta), 554, y ed. Patricia de Fuentes, 19. MENDIETA, *Historia*, II, 14. TORQUEMADA, I, 341 (versión latina) y I, 364 (lema en castellano). SOLÍS, I, ix; p. 43. LANDA, 9. VETANCURT, *Teatro Mexicano*, 3ª parte, 109. ARGENSOLA, 70. Gonzalo de ILLESCAS, *Historia Pontifical*, 275. LÓPEZ COGOLLUDO, I, vi; 18, Prescott, 123. Ortega y

El lema utilizando en la arenga a las tropas y quizá también inscrito en el estandarte de 1519, fue repetido por Cortés para exhortar a sus hombres en Zocotlán (Xocotlán) antes de avanzar sobre Tlaxcala, y tal vez al franquear el muro con que la república se creía protegida: "Señores —gritó—, sigamos nuestra bandera, que es la señal de la cruz, que con ella venceremos"; a lo que según se dice respondieron en coro el alférez Corral, que portaba el estandarte, y el resto de la tropa, exclamando: "¡Vamos mucho en buena hora, que Dios es fuerza verdadera!" El lábaro debe haberse perdido en la Noche Triste porque no se lo vuelve a mencionar, pero es pertinente aquí señalar otro de sus antecedentes, el *vexillum sancti Petri*, que los Papas inmediatamente anteriores a las Cruzadas enviaron, como símbolo del carácter religioso de la guerra, a los normandos: a los que declarándose vasallos del pontífice, estaban llevando a cabo la reconquista del sur de Italia ocupada por los árabes; y a Guillermo el Conquistador cuando preparaba su expedición. A semejanza de este último personaje, quien al desembarcar en Inglaterra tropezó y cayó, cosa que sus escuderos consideraron un negro vaticinio, en vísperas de la retirada de Tenochtitlán, Cortés fue informado por su astrólogo, Botello, que algunos de sus caballos habían caído por tierra sin motivo, lo que era de muy mal agüero. Desechando el pesimismo, la respuesta de ambos capitanes fue similar. Guillermo comentó: "Me caigo duque, me levanto rey", y Cortés replicó: "lo tengo por bueno, adelante". En el siglo XVII, Arias de Villalobos pretendió que el pendón real tenía por origen el lábaro constantiniano, pero en esto se equivocaba, ya que derivaba del que usaban los reyes godos; y tampoco faltó quien creyera que el pendón real conservado en San Hipólito no era otro que el lábaro cortesiano. Lo cierto es que en 1540, el Cabildo de México ordenó que en un nuevo pendón real se inscribiese lo que resulta ser una paráfrasis del lema adoptado por Cortés, la cual a la letra decía: *Non in multitudine exercitus consistit victoria, sed in voluntate Dei.*[18]

Para tratar de atraerse al mismo tiempo el apoyo de todos sus súbditos, paganos y cristianos, con el fin de apuntalar la estructura tambaleante del imperio, Constantino se mandó erigir estatuas donde aparecía con atributos solares. Éstos, para los adoradores de Mitra, eran los de su dios como *sol invictus*, y para los cristianos identificaban a su redentor, uno de cuyos nombres proféticos era el del *sol iustitiae*. Motolinía y Fray Francisco Ximénez todavía llamaban así a Cristo en el siglo XVI; y el poeta Saavedra Guzmán, también en la Nueva España, se dirigió en 1599 a Felipe III de España llamándolo nada menos "sol de justicia", cosa que parece un eco tardío de la

Medina en la n. 4 (p. 179) del mismo Prescott. Pereyra, *Cortés*, 38. Descola, 139. Giménez Fernández, 46.

[18] La arenga de Xocotlán es narrada por Bernal DÍAZ, c. lxii; I, 237, y por L. Alamán, I, 77. Orozco y Berra, *Historia Antigua*, IV, 174, y Prescott, 192, describen la escena. Orozco y Berra, *op. cit.*, IV, 63 dice que el estandarte de Cortés "era un recuerdo del lábaro de Constantino". El episodio de los caballos que cayeron por tierra es relatado por un antiguo conquistador, Fray FRANCISCO DE AGUILAR (Tercer Jornada, 36) y lo comenta Federico Gómez de OROZCO (*op. cit.*, Int., 15). ARIAS DE VILLALOBOS, 290. En Romero de Terreros, "Torneos", 12, n. 1, se transcribe la leyenda que figuraba en el pendón real de 1540 la cual según este autor fue tomada, en parte, del primer Libro de los Macabeos, c. III, v. 19.

Querella de las Investiduras. Fray Matías de Escobar llamaba a Sinzicha "el Constantino de su Reino", por haber sido el primer rey purépecha que "humilló su erguida cerviz al yugo suave del Evangelio", o sea que fue el primero en ser bautizado. Es curioso y quizá útil anotar que, como las de Constantino, quien deliberadamente fue ambiguo en materia de religión, las iglesias construidas por Cortés (y quizá todas las del siglo XVI) están orientadas en dirección oriente-poniente, para recibir por el lado del altar mayor los rayos del sol naciente. De la misma manera en que el emperador romano convocó y presidió como "obispo de obispos" el primer Concilio Ecuménico, reunido en Nicea en 325, así en la Nueva España Cortés participó en las deliberaciones de la Junta Apostólica de 1524, convocada por iniciativa suya y cuyas actas desafortunadamente no han sido encontradas. A pesar de ello aquella junta se considera como una especie de primer Concilio mexicano. No conocemos ningún detalle sobre la bandera que Montejo el Viejo llevó a Yucatán, pero contamos con una descripción del estandarte usado en 1527 en el valle de Banderas (reino de Colima) por Francisco Cortés, lugarteniente y primo del Conquistador, a quien corresponde un lugar significativo en la tradición relativa al lábaro constantiniano. Tello informa que, aparte de los cuatro estandartes con las armas reales, el colonizador de Colima enarbolaba uno más, de damasco y carmesí "con una cruz en el reverso, y una letra por orla que decía así: EN ESTA VENCÍ Y EL QUE ME TRAJERE, CON ELLA VENCERÁ, y por otra parte está la Ymagen de la Concepción"; y añade, como repite el Padre Cuevas, que durante la batalla el estandarte "se llenó... de resplandores... (y) mas de resplandores", todo lo cual inspiró al ejército el valor necesario para alcanzar la victoria. Es interesante observar en este episodio la primera conjunción en México de la cruz con Nuestra Señora de la Concepción, ya que el fervor por esta última, bajo la advocación de la Virgen de Guadalupe en su versión mexicana, había de tener un lugar muy importante en la devoción popular de los siglos que siguieron a la Conquista.[19]

Antes de trabar combate el caudillo extremeño llamaba en su auxilio a los poderes sobrenaturales, tal como los cruzados exclamaban *Dieu le veult!* al cerrar filas contra los musulmanes. El llamamiento en esas circunstan-

[19] MOTOLINÍA, *Memoriales*, 31: "...aquel Sol de Justicia, Cristo Nuestro Redentor". Mucho más tarde, en el siglo XVIII, en un lienzo conservado en San Luis Potosí, aparece de nuevo el "Sol de Justicia", en relación con una personificación de la Virgen de la Aurora (Santa María Reina del Divino Sol Aurora): Martínez Rosales, 603. Fray Francisco XIMÉNEZ, *Historia de... Chiapa y Guatemala*, I, III: "... el Sol de Justicia, Cristo". SAAVEDRA GUZMÁN, 31. Matías de ESCOBAR, 57. "La parroquia de Todos Santos de Cempoala... está situada de oriente a poniente como la mayoría de las iglesias del siglo XVI": Olvera, 19. Sobre la orientación de la primitiva catedral de México, *cf.* Jiménez Rueda, *Herejías*, 25. García Granados, en "Capillas de Indios", 10, dice que la distribución de las plantas en los monasterios edificados en México durante el siglo XVI fue sensiblemente la misma, y que tiene la puerta principal al poniente. Ver Olvera, 23, acerca del templo de Epazoyucan. Esquivel Obregón, II, 631, entre otros autores, menciona la presencia de Cortés en la Junta Apostólica de 1524, a la que asistieron 29 personas entre frailes, clérigos y letrados. El alférez de Montejo el Viejo llevaba la bandera en la mano: LANDA, 22. El guión de Francisco Cortés de Buenaventura, y el fenómeno o milagro de su resplandor son descritos por Tello, 59-60, a quien sigue Cuevas, *Historia de la Iglesia*, I, 152.

cias al santo patrón de España, Santiago el Mayor, data de la batalla de Clavijo del año 844, cuando según la leyenda y respondiendo al llamado, el apóstol combatió a caballo contra el Emir de Córdoba en el bando Cristiano. En todo el ámbito de la Nueva España, e incluso en la Mar del Sur, esta invocación, así como la dirigida a María, son muy frecuentes; y sólo en una ocasión se pidió la intervención de otro poder, cuando en 1520 Narváez invocó la ayuda del Espíritu Santo. Cortés fue el primero de los conquistadores de la Nueva España que, para dar la señal del ataque, prorrumpió en las palabras "¡Santiago y a ellos!" o "¡Santiago cierra España!" Así fue en la victoriosa batalla contra Xicoténcatl el Joven (el grito desmoralizó tanto a los tlaxcaltecas, dice Muñoz Camargo, que se dieron cuenta de que su religión todo era "falsedad y mentira"); en Otumba ("Santiago... ciertamente nos ayudaba", dice Bernal Díaz; y Pizarro y Orellana afirma que "los indios desmayaron"), y más tarde, durante el sitio de México. En efecto, Gómara informa que, durante el cerco de la capital azteca, y después de haber ocupado Texcoco, las exclamaciones de Cortés "¡Santiago y a ellos, Sant'Pedro y a ellos!" dieron la señal de ataque de la caballería contra los guerreros mexicas, quienes fueron alanceados "a placer". Ya el grito de guerra de Alvarado en la matanza del recinto del Templo Mayor había sido "¡Santiago y a ellos!" Gonzalo de Sandoval incitó a sus tropas de la misma manera en Chalco, Tlalmanalco, Chimalhuacán y Yecapixtla, a que desbarataran los batallones mexicanos. Cortés dio de nuevo su acostumbrado grito de guerra al tomar Tacuba y "apellidando a Santiago acometió el primero" contra la rodeada Tenochtitlán. Más tarde, en la expedición a las Hibueras, entraba a los pueblos preferentemente al amanecer diciendo a grandes voces "¡Santiago, Santiago!", según relata Gómara.[20]

El eco del grito con que se clamaba la ayuda del apóstol se oyó en todas las latitudes de la Nueva España, y valgan los ejemplos siguientes.[21] Luis

[20] La primera aparición de Santiago Apóstol, cuyos restos no han estado jamás enterrados en su célebre santuario de Compostela, y quien probablemente nunca visitó España, es relatada entre muchos autores novohispánicos por LÓPEZ DE VILLASEÑOR, 215. Cf. Ida Rodríguez Prampolini, 118. "Cierra, cierra, Espiritusanto, Espiritusanto" fue el grito de Narváez en la batalla en que fue derrotado y hecho prisionero por Cortés: ARGENSOLA, 233. Cf. OVIEDO, Hist. Gral. y Moral, xx, xxviii; II, 284 (expedición de Torre y Carquizano a la Especiería, de 1528). "Dar el Santiago" fue sinónimo de dar la señal de ataque: Orozco y Berra, Conquistadores, 353. Las fuentes de los distintos llamamientos de ayuda a Santiago citados en el texto son: Bernal DÍAZ, c. lxiii; I, 239, y VETANCURT, Teatro Mexicano, 3ª Parte (Tlaxcala); MUÑOZ CAMARGO, 209-210 (Cholula); Bernal DÍAZ, c. cxxviii; II, 94-95; y PIZARRO Y ORELLANA, 93 (Otumba); GÓMARA, 379 (Texcoco); LAS CASAS, Brevísima Relación, 73 (recinto del Templo Mayor); Bernal DÍAZ, c. cxlii; II, 179 (Chalco y Tlalmanalco); GÓMARA, loc. cit. y OVIEDO, XXXIII, xxi, 101 (Chalco); Prescott, 448, quien cita la tercera Carta de Relación y Oviedo (Yecapixtla); OVIEDO, XXXIII, xxi; 100 (Tacuba); VETANCURT, Teatro Mexicano, 3ª Parte, 160 (Chimalhuacán); y GÓMARA, 417 (Hibueras). Ida Rodríguez Prampolini, 76, añade Acapichtlán, que quizá era otra localidad de las Hibueras.

[21] Las fuentes utilizadas en el párrafo que sigue son las siguientes: Bernal DÍAZ, c. clxvi; II, 39 (Chiapa); Segunda RELACIÓN ANÓNIMA, 302, ARCEO, 258 y OVIEDO, XXXIV, vi; IV, 279 (Nueva Galicia); CASTAÑEDA DE NÁJERA, 23-24, 34, Fray Pablo BEAUMONT, II, 398, Bolton, Coronado, 208, 209, 219. Hammond, Coronado's Seven Cities, 27-28 y 41-42 y C. Lummis, Spanish Explorations in the Sixteenth Century (Nuevo México); Bolton, Spanish Borderlands, 54 y OVIEDO, XVII, xxiv; II, 160 (Florida y Georgia), Baltazar de OBREGÓN, I, cvii; p. 55 y Saravia, Apuntes, I,

Marín animaba así a sus hombres en Chiapa; en la Nueva Galicia "dimos el Santiago sobre ellos", o sea sobre los indios, dice una *Relación* anónima; y Arceo, como repite Oviedo, dice que los españoles "con la voz é apellido del Apostol Sanctiago... hicieron grand'estrago". En la expedición de Coronado éste fue el grito de guerra dado constantemente tanto por el jefe de la expedición en Háwikuh, Moho y Tusayán, como sus capitanes López de Cárdenas, en el asalto al Arenal y Pedro de Tovar en la guerra con los hopis. Fue la vibrante exhortación de Hernando de Soto a sus soldados en Florida y la actual Georgia así como de su maestre de campo, Moscoso, quien batía las piernas al caballo diciendo: "¡Ea caballeros, Sanctiago, Sanctiago y a ellos!" Durante la conquista de la Nueva Vizcaya, Sotelo de Betanzos atacó a los tepehuanes en Guatimapé profiriendo exclamaciones semejantes, y también hizo lo mismo Francisco de Ibarra en Sahuaripa, así como más tarde, en 1599, Hurdaide en Sinaloa, al capturar un grupo de guazaves. Éstos fueron luego colgados en su totalidad, excepto dos que aceptaron el bautismo. Poco antes, Menéndez de Avilés había obtenido la ayuda del Santo patrón de las armas españolas en la Florida exclamando: "¡Santiago a ellos, Dios ayuda, victoria, degollados son los Franceses!"; y en Nuevo México, Vicente de Zaldívar invocando igualmente la ayuda de Santiago, había capturado el pueblo fortificado de Acoma. Es triste constatar la transformación del apóstol de matamoros en mataindios, pero no deja de ser algún consuelo recordar que los naturales de la Nueva España, por lo menos los tlaxcaltecas, pronto lo invocarían a su vez en su propia ayuda durante las batallas. También es interesante recordar que, ya cristianizados, muchos indios combaten en forma ritual desde hace siglos al lado de Santiago —representado siempre en su blanco corcel— en ocasión de las danzas o combates "de Moros y Cristianos", cuyos orígenes y evolución serán tratados aparte. Respecto a los tlaxcaltecas, Muñoz Camargo dice que, después de la matanza de Cholula, y de escuchar el llamamiento hecho al apóstol por Cortés, ellos mismos lo adoptaron y "hoy en día hallándose en algún trabajo (*i.e.* una batalla) los de Tlaxcala llaman al Señor Santiago". Ya en 1586, y quizá desde antes, se hacían ciertos simulacros de combates entre "españoles" y "chichimecas" (en realidad purépechas disfrazados) derivados de las danzas de "moros y cristianos". En cierto momento de la representación, los "españoles" clamaban a voces ¡Santiago! ¡Santiago! Se aparecía entonces el apóstol, quien con su poder sobrenatural les daba fácilmente la victoria. Fray Antonio de Ciudad Real afirma haber visto una ceremonia de esta clase en Patamba.[22]

133, 174 (Guatimapé y Sahuaripa); y Bancroft, 210 (Sinaloa). Gonzalo SOLÍS DE MERÁS, en *Memorial, ap.* RUIDÍAZ (ed.) I, 196, registró el grito de guerra de Menéndez de Avilés lanzado en la batalla contra Ribaut.

[22] Acerca de "Santiago mataindios" *cf.* el art. publ. en la *Revista del Museo Nacional de Lima*, XXVII (1958). Sobre la adopción del Apóstol Santiago por los tlaxcaltecas, ver MUÑOZ CAMARGO, 213 y León Portilla, *Visión de los Vencidos*, 47 y 51. Antonio de CIUDAD REAL, II, 83.

IX. LOS EJERCICIOS ECUESTRES, LA CAZA Y LOS JUEGOS

Los CONQUISTADORES españoles y sus sucesores, los encomenderos, principalmente los que eran jinetes o sea caballeros en sentido feudal, ocupaban buena parte de su tiempo en ejercicios de destreza que al mismo tiempo los mantenía aptos al manejo de las armas. En Europa estos ejercicios habían sido privilegio de la nobleza feudal y en la Nueva España lo siguieron siendo en gran medida. Constituyeron en última instancia el postrer refugio de los caballeros (en sentido medieval) frente al avance arrollador del absolutismo, con su secuela de burócratas y letrados. Desde los primeros momentos de la Conquista y con objeto de amedrentar a los señores indígenas, los españoles se exhibían ante ellos en complicados ejercicios ecuestres, acompañados a veces del estruendo de cañones y arcabuces. Así, Cortés organizó en Tenochtitlán en 1520, ante los ojos azorados de Moctezuma, un festín con "tornos de caballos y fuga de escaramuzas, suertes de la sortija y aciertos de las lanzas"; y más tarde, para impresionar al hermano y enviado del Rey Sintzicha Tangaxuan II (llamado despectivamente *Calzontzin* por los mexicanos), los españoles "anduvieron... el caracol en ordenanza y soltaron las escopetas y las ballestas". En los primeros tiempos de la Colonia, el licenciado Zuazo mostró a Cervantes de Salazar —quien registró diligentemente el dato en su *México en 1554*— un llano cercano a la capital del virreinato, donde "los caballos... se adiestran en ejercicios ecuestres y se ensayan en combates simulados". En tiempos de Velasco II, según Suárez de Peralta, los españoles no hablaban sino de "caballos (juegos de) sortijas... (y) de cañas, carreras públicas... y todos criaban y tenían caballos y armas y estaban muy agilitados en ellas". Los pasatiempos de la aristocracia colonial incluían también, por supuesto, la caza (inclusive la cetrería), las mascaradas y el alancear toros, todo lo cual presuponía, como en el Viejo Mundo, la existencia de una nobleza montada. De carácter aún más medieval fueron las justas, torneos y pasos de armas practicados en la Nueva España durante toda la época colonial, ancestros de ciertos ejercicios a los que los jinetes mexicanos son hasta la fecha muy afectos.[1]

---

[1] La descripción del festín organizado para impresionar a Moctezuma es de su tataranieto, el padre Diego Luis de MOTEZUMA, 410-411. OVIEDO alude a las escaramuzas organizadas para infundir temor a los enviados de Michoacán, XXXIII, XXXI; IV, 153. GÓMARA, 394, también habla de esto. Se ha tomado de Gómez de Orozco (ed.), CRÓNICAS DE MICHOACÁN, IX, el nombre correcto del rey purépecha. CERVANTES DE SALAZAR, *México en 1554*, 127. SUÁREZ DE PERALTA, 101. Los pasatiempos ecuestres de la aristocracia criolla son descritos por Jacobsen, 235, y por García Icazbalceta, "La Instrucción Pública en México", versión inglesa de W. J. O'Donnell en *Historical Records and Studies*, XX (Nueva York, 1931). Las definiciones aquí utilizadas de justa, torneo, paso de armas, etc., son en su mayor parte de Romero de Terreros, "Torneos", 3 y de Céspedes del Castillo, "Las Indias durante los siglos XVI y XVII", III, 434.

Del c o m b a t e   s i n g u l a r , tan ilustrado por los libros de caballerías, se tiene un primer ejemplo durante el asedio de Tenochtitlán según las descripciones de Herrera y de Torquemada. "Algún guerrero tenochca —dice el primero— armado con espada y rodela de las quitadas a los blancos, pedía combatir contra los castellanos, aunque fuera contra muchos." Los indígenas dieron muchos ejemplos de tan temerario valor, "pero eran fácilmente vencidos porque ignoraban la manera de dar y reparar las estocadas". Durante la entrada de Nuño de Guzmán en las tierras del cacique de Cuitzeo, sucedió un episodio caballeresco, quizá único: el portugués Juan Michel, "mozo de buen arte", retó a un indio a campal batalla, y por "quedar más airoso" no quiso utilizar su lanza; resultó victorioso en el encuentro, pues según dice Mota y Padilla, "trajo a dos (indios) casi arrastrando de los cabellos". El Inca Garcilaso cuenta que en la Florida y en Texas se efectuaron varios e n c u e n t r o s   tanto s i n g u l a - r e s   como en grupo de siete contra siete, entre los soldados de Soto y los indios apalaches o texanos; también afirma que de esos combates por lo menos uno tuvo lugar a bordo de una canoa. El último c o m b a t e s i n g u l a r durante el periodo que nos ocupa, se llevó a cabo en México en presencia del Virrey Duque de Escalona en 1640, y según un testigo ocular terminó cuando los combatientes unieron sus fuerzas para luchar contra un monstruo pirotécnico, "una sierpe de notable grandeza despidiendo de sí mucha artillería".[2] Una variante del combate singular, la j u s t a , en la cual los participantes podían ser varios pero el combate siempre era individual, fue introducida en la Nueva España, según informa Bernal Díaz, por Luis de León, caballero romano y posteriormente ilustre alcalde mayor de Puebla. El primer ejemplo de j u s t a que se conoce data de marzo de 1547, y en ella tomó parte personalmente el hijo del Virrey Mendoza. En ese año se preparaba un expedición al Perú en socorro de Pedro de la Gasca bajo el mando de Francisco de Mendoza, que finalmente no fue necesaria. "Para demostración de la Gente y viçarria de los soldados", Mendoza entró en lid con el factor real, Hernando de Salazar, y el choque entre ambos jinetes y sus respectivas cabalgaduras fue tan violento que se astillaron las lanzas y quedaron los dos desmontados, mal heridos y al parecer muertos. También se organizaron j u s t a s   en 1548 en ocasión de las paces firmadas el año anterior entre Carlos V y Francisco I de Francia, y más tarde, en Zacatecas en 1593, cuando en ese mineral por vez primera se sacó a paseo el pendón real. En fin, también con motivo del paso por Puebla del Virrey Escalona, el Obispo Palafox y Mendoza organizó en 1640 una j u s t a con doce hombres armados de corazas que "estuvieron peleando, dos a dos, por mucho espacio de tiempo... (entre) numerosos cohetes y tiros".[3]

[2] Orozco y Berra, en *Historia Antigua*, IV, 532, y citando a HERRERA, déc. 3ª, lib. II, cap. i y a TORQUEMADA, IV, cxvii, narra el heroísmo de los guerreros tenochcas. MOTA Y PADILLA, 50. El INCA GARCILASO, III: 1 (pp. 263-266); V: 2, iv (pp. 518-521), y X (pp. 542-546). Los festejos en honor del Duque de Escalona son descritos por Cristóbal GUTIÉRREZ DE MEDINA, quien había acompañado desde España a ese virrey, 78; *cf.* Genaro García (ed.), PALAFOX, 79.

[3] FERNÁNDEZ DE ECHEVERRÍA Y VEYTIA, I, 154-155 y Leicht, "Danzas", 5, donde se elogia a Luis de León Romano. Monterde, "Torneo", 745 y Aiton, *Mendoza*, 176 se refieren a esa "primera

En el t o r n e o   propiamente dicho, los caballeros peleaban en grupos. Ya en el año de 1528, Montejo el Viejo organizó uno en Conil como advertencia para los mayas; pero no logró el efecto apetecido porque "los indios quedaron divertidos cada vez que un español era arrojado de la silla por la lanza de su contrario y reían a más no poder cuando un jinete caía al suelo". Este tipo de reacción contrarió a Montejo que trató de hacer creer a los indios que los que así caían "lo hacían por su propia voluntad". Al término de su larga y penosa peregrinación Cabeza de Vaca presenció en Culiacán un t o r n e o   y una corrida de toros en honor del Apóstol Santiago. Otros juegos de esta clase fueron organizados en 1541, al iniciarse los trabajos de desmonte y deslinde de terrenos para la fundación de Valladolid (Morelia). Al año siguiente, Coronado participó en otro torneo en Nuevo México, con tan mala fortuna que la ruptura de un cincho lo hizo caer del caballo en el momento preciso para recibir en la cabeza una coz de la yegua que montaba su contrincante, Maldonado. El más espectacular de todos los t o r n e o s fue organizado en 1556, con su falta de tacto característica, por el segundo Marqués del Valle en ocasión del bautizo de sus hijos gemelos; en efecto, el marqués trató de imitar en esa ocasión nada menos que los fastos del bautizo de Felipe II en Valladolid, celebrado muchos años atrás. Para las grandes festividades, se plantó un bosque artificial rico en géneros de caza (incluyendo venados, "adives" y codornices), y hubo un lucido t o r n e o   d e   p i e de doce caballeros, armados de punta en blanco, quienes —según Suárez de Peralta— "se combatieron con mucho animo y osadia, y fue cosa mui de vér". La gente allegada al Virrey Velasco II prudentemente se abstuvo de participar en esa junta aunque "eran los que mejor la podían hacer". Para regocijo del nuevo Virrey Conde de La Coruña, el Cabildo de México organizó otro t o r n e o   en 1580, en el que fueron juez de campo y mantenedor Pedro Lorenzo de Castilla y Carlos de Arellano respectivamente. En 1600, se festejaron las bodas de Felipe III y Margarita de Austria con otro t o r n e o . En esa ocasión se construyó un tablado en la Plazuela del Marqués para que las damas lo presenciasen; su costo fue cubierto por el Cabildo, que entregó mil pesos al regidor Francisco de las Casas. El último t o r n e o de que se tenga noticias se efectuó en 1747 (se corrieron también toros y se jugaron sortijas) y en él participaron sin armaduras, para entonces ya muy escasas, cuatro cuadrillas de jinetes, cuyos cuadrilleros fueron el corregidor de la ciudad, los Condes de Santiago y del Valle de Orizaba y el Marqués de Uluapa.[4]

justa" de 1547 en la Nueva España. La información relativa a Zacatecas es de Amador, I, 279; y la que concierne a Puebla se encuentra en GUTIÉRREZ DE MEDINA, 67.

[4] Chamberlain, en *Yucatán,* describe el torneo de Conil. *Cf.* Bolton, *Coronado,* 12, sobre el de Culiacán; y Mendizábal, "Fundación de Valladolid", en *Obras completas,* II, 479, respecto a los celebrados en la actual Morelia. Bolton, en *Arizona and New Mexico,* 66, menciona el accidente que le ocurrió a Coronado. El célebre torneo de 1566 es descrito en SUÁREZ DE PERALTA, 204; TORQUEMADA, V, xviii; I, 269; Ida Rodríguez Prampolini, 87; Romero de Terreros, "Torneos", 3 y 25; y Bayle, *Cabildos,* 729-730. Sobre los torneos que fueron organizados en México en 1580 y 1600, ver las ACTAS DEL CABILDO, VIII, 460, 465 y XIV, 28, 64 y 68. En Romero de Terreros, *op. cit.,* 49-65, se dan datos sobre el torneo de 1747, tomados de la obra de un contemporáneo del evento, el Padre José Mariano de ABARCA (*El Sol en León, solemnes aplausos...* México, 1748).

De paso a las Hibueras, Cortés fue festejado en Coatzacoalcos con una e m b o s c a d a de cristianos y moros o sea con un simulacro de combate, del cual habrían de derivar las danzas así llamadas, vivas en México hasta el presente. Anteriormente en Tlaxcala, poco antes de salir rumbo a Tenochtitlán, sus hombres habían corrido p a r e j a s y escaramuzas. La pareja era la unión de dos caballeros de un mismo adorno y jaez quienes corrían juntos y a veces con las manos dadas; así fue la p a r e - j a con que se agasajó a Las Casas en Chiapa el día de Navidad de 1545. El c a r a c o l , revista militar con disparo de armas de fuego —uno fue organizado en 1595 en ocasión de la llegada del Conde de Monterrey— difería poco del alarde.[5] Por su parte, la e s c a r a m u z a era un simulacro de batalla entre "turcos" y "cristianos", para el cual a menudo se improvisaba un castillo defendido por los primeros; éstos, como es obvio, siempre eran vencidos y lo rendían a los segundos, quienes vestían a veces el hábito de Malta en recuerdo de la defensa de Rodas. Con el objeto de atemorizar a Teutil y Pilpatoe, enviados de Moctezuma, Cortés improvisó con sus hombres en Veracruz la primera de esas e s c a r a m u z a s , "en cuya novedad estuvieron los indios... embelezados y fuera de sí", dice Solís. Años después, a su regreso de Honduras, se reprochó al Conquistador el haber organizado e s c a r a m u z a s para cubrir de oprobio al contador Alonso de Grado, quien por lo visto no gozaba de fama de valiente. Los ejercicios de esta índole eran frecuentes en el siglo XVI; y con uno de ellos se celebró el regreso de Europa del segundo Marqués del Valle quien a su vez organizó otra "de muchas invenciones", en honor de la nobleza criolla, en la que participaron más de 300 jinetes. Francisco de Ibarra era afecto a las e s c a r a m u z a s ; organizó una en Topia en 1563, y otra en San Juan de Sinaloa poco después, con el propósito de infundir temor a los tepehuanes. La llegada de un nuevo virrey era celebrada en las cercanías de la ermita de Guadalupe con espléndidas e s c a r a m u - z a s ; así fueron recibidos el Conde de Coruña, el Marqués de Villamanrique, Velasco II y el Conde de Monterrey en 1580, 1585, 1590 y 1595, respectivamente, en todos los casos a costas del Cabildo de México, inclusive los tafetanes y damascos requeridos para la indumentaria de los participantes. Se construía también un castillo que era atacado por los "turcos", vestidos con marlotas y turbantes; esta fortaleza, brillantemente alumbrada con ocotes, se edificaba al borde de la laguna, cuyas aguas eran surcadas por las canoas enramadas de los indios de México, Santiago y Xochimilco "a modo de guerra". Los naturales, por supuesto, formaban parte del bando "cristiano". Un castillo construido para otra e s c a r a m u z a , organizada en 1600 para festejar las bodas de Felipe III, fue defendido por "el Gran Turco" y 30 caballeros, con el auxilio de la artillería de los arsenales reales, mas esto naturalmente no impidió que la infantería "cristiana" lo destruyera después de la rendición de sus defensores. Durante su perma-

---

[5] *Cf.* Bernal Díaz, c. clxxiv; III, 28, sobre la "emboscada" de Coatzacoalcos; y Vetancurt, *Teatro Mexicano*, 3ª Parte, p. 150, acerca de las parejas de Tlaxcala. En Fabié, *Las Casas*, I, 201, se describen las parejas efectuadas en Chiapa en 1545; y las Actas del Cabildo, XIII, 223, registran el "caracol" de 1595.

nencia en Chapultepec en 1640, antes de entrar a México, el Duque de Escalona presenció otra e s c a r a m u z a , rica en castillos y torreones "de donde salían guerreros a pelear con una sierpe enorme", símbolo tal vez de la herejía.[6]

Junto con el de correr toros (que generalmente lo precedía o seguía) el pasatiempo más socorrido en la época colonial fue, sin embargo, el j u e g o   d e   c a ñ a s , estafermo, zoiza o quintana, copiado de las antiguas zambras de los moros y que éstos habían recibido del Oriente durante la Edad Media. Era un simulacro de combate en el que los caballeros se lanzaban mutuamente varas o cañas muy frágiles, de unos dos metros y medio de longitud, que se rompían en la adarga o en la armadura sin causar daño alguno. Francisco de Velasco, heredero del segundo virrey de ese apellido, quedó mal herido en uno de esos juegos al caerse del caballo. Ya en La Española, hacia 1510, habían malos clérigos que con desdoro de sus hábitos se divertían "jugando cañas y andándose por los montes con las mujeres", según queja de Diego Colón. Cortés, aunque molesto por lo inesperado de la llegada, ofreció en 1522 unos juegos de ese tipo para dar la bienvenida a su mujer, la Marcayda, y a la detestable parentela que la rodeaba. El Conquistador también los organizaba con frecuencia para solaz de sus hombres; precisamente en uno de ellos, en el que participaba, se cayó del caballo y se quebró el brazo derecho en 1527.[7] (Ya en ese año se jugaron cañas en Guatemala, en la fundación de Almolonga.) El Cabildo de México dispuso que se jugaran cañas y se corriesen toros cada año a partir de 1529 en la fiesta de San Hipólito, aniversario de la caída de la ciudad; resultaron unas festividades espléndidas aunque costosas, y sólo en algunas ocasiones fueron suspendidas por motivo de luto. Los toros que se corrían en una sola fiesta llegaron a ser 40, y 12 las cuadrillas de jinetes participantes en un j u e g o   d e   c a ñ a s de seis caballeros cada

[6] Solís, II, ii; pp. 72-73. El incidente de Alonso de Grado aparece entre los Cargos que resultaron contra Hernando Cortés, Temistán, mayo 8 de 1529, en cdiao, xxvii: 14. Sobre las escaramuzas jugadas en ocasión del regreso de Martín Cortés a la Nueva España, ver Suárez de Peralta, 112 y 191 así como Ida Rodríguez Prampolini, 86 y F. Benítez, 191. Respecto a las "escaramuzas" organizadas por Francisco de Ibarra, ver Saravia, Apuntes, i, 140 y 153. Las de México de 1580, 1585, 1590 y 1595 son mencionadas en las Actas del Cabildo, viii, 449, 453, 465; ix, 57-58, 371, 373; xii, 208; y xiii, 213-214. Las del día de San Jacinto son reseñadas en op. cit., xii, 369; y en xiii, 365 y xiv, 9-10 está contenida la orden del Cabildo de que se festejen las bodas de Felipe III con una manifestación de esta clase. La que presenció el Duque de Escalona en Chapultepec es descrita por Gutiérrez de Medina, ap. Genaro García (ed.), Palafox, 71-71.

[7] Rodrigo Caro, en Días geniales o lúdicros (véase la Bibliografía) trata de estafermos y quintanas; "zoiza" es una corrupción de "Suiza", nombre de un simulacro o ejercicio bélico medieval. Sobre el origen moro y oriental de los juegos de cañas, ver Romero de Terreros, "Torneos", 3 y R. B. Cunninghame-Graham, Hernando de Soto..., Londres, 1912, 69, así como Álvarez del Villar, 108. Fray Juan de Grijalva, 642, menciona el accidente que ocurrió a Francisco de Velasco. Diego Colón, Memorial, ap. Duquesa de Berwick y de Alba (ed.), Autógrafos de Colón, 81. Sobre Cortés y los juegos de cañas en que participó, o que se celebraron en su tiempo, cf. Bernal Díaz, c. clx; ii, 344; la Carta de Diego de Ocaña... sobre un convite dado en casa de... Cortés, en cdiao, xiii: 355, que ha sido también publicado por J. García Icazbalceta, en su Col. Docs. Hist. Mex, 536; y otra carta de don Luis de Cárdenas, de 1527, ap. cdiao, xl: 283.

una, que se reunían en la plazuela del Marqués o en la plaza del Volador. Tenían que construirse tablados y era de rigor ofrecer alguna colación al selecto público que se disputaba un sitial para presenciar los ejercicios; el costo de los preparativos, así como el de las cuatro mil cañas utilizadas, el de las caperuzas de terciopelo, mangas de volante rajado, flocaduras y cordoncillos y el dorado de las libreas, etc., ascendió en 1599 a la considerable suma de 6 963 pesos. En Puebla, el cabildo decidió en 1561 que a partir de ese año hubiera toros y j u e g o s   d e   c a ñ a s   el día de San Miguel, aniversario de la fundación de la ciudad en 1531.[8]

Las cañas se jugaban con mucha frecuencia y cualquier ocasión era buena para este ejercicio ecuestre: cuando se armaban caballeros o para festejar bodas reales, una victoria militar o las paces firmadas por Carlos V con Francisco I. En las celebraciones del tratado de 1538, "Cortés sacó un golpe de empeine que le dejó bien lastimado"; y ese año hubo j u e g o s d e   c a ñ a s   también para festejar dichas paces en Antequera. Don Martín Cortés, hijo del Conquistador, jugaba cañas, a veces con un oidor, como le sucedió en 1566. El Virrey Enríquez hizo en 1571 grandes fiestas para conmemorar la Conquista, que según el Padre Cavo consistieron "a más de toros y juegos de cañas (en) otras diversiones a la Española". También se había celebrado en México en 1551 con juegos de esta especie el fin de la rebelión de Hernández Girón en el Perú. No había fiesta religiosa de importancia en que faltaran los j u e g o s   d e   c a ñ a s : de Nuestra Señora de los Remedios, el *Corpus Christi* y las Carnestolendas, de Nuestra Señora del Agosto, de San Juan y de San Jacinto y, especialmente, el día del Apóstol Santiago, patrono del caballero español. Los juegos santiaguinos de 1536 fueron presenciados por Cabeza de Vaca, todavía vestido de cueros de venado, pues había llegado la víspera a la corte virreinal. Se festejaba en México con cañas —y con los imprescindibles toros— la llegada de un nuevo virrey o el día de su santo (cuando llegó el Duque de Escalona las hubo, además, en Puebla); la consagración de un nuevo arzobispo o bien, como en el caso de las organizadas en honor de Las Casas hacia 1542 en Ciudad Real (San Cristóbal), la reconciliación de las ovejas descarriadas con su pastor. En Puebla el año de 1600 se celebraron con j u e g o s   d e   c a ñ a s   la colocación de ciertas venerables reliquias en una capilla, la inauguración del Colegio jesuita y la consagración de la iglesia del Espíritu Santo. Eran imprescindibles para festejar la jura de un nuevo rey (así se celebró todavía en 1747 la de Fernando VI) o el bautizo de los vástagos de grandes familias, como el de Jerónimo Cortés

---

[8] Sanchíz, 21, 32 (Almolonga), autor según el cual persistía en Guatemala "el teocentrismo medieval". Las disposiciones del Cabildo de México para que se organizasen juegos de cañas y toros en el día de San Hipólito (cuando tenía lugar también el Paseo del Pendón) fueron dadas años tras año, la primera vez el 31 de julio de 1528: *cf.* además de CERVANTES DE SALAZAR, *México en 1544*, 183, n., las ACTAS del propio Cabildo: II, 8-9, 63; III, 46; IV, 92; V, 202; VI, 332; VIII, 30, 189, 244, 292, 444, 446 y 701; XI, 6, 8-10, 12, 137 y 185-186; XI, 135; XII, 190 y 193; XIII, 11, 15, 17; XIV, 21, 24-25; 124-125, 225 y 282, etc. (las cuentas correspondientes a los juegos de cañas de 1599 aparecen en XIV, 9-10). Sobre los tradicionales juegos de Puebla, *cf.* Pedro LÓPEZ DE VILLASEÑOR, 224.

en Campeche en 1562 o el de sus hermanos en 1566 en México, juegos éstos organizados por el célebre conspirador Alonso de Ávila. También los hubo cuando en Guadalajara tomó posesión un nuevo presidente de la Audiencia en 1637; cuando se casó el potentado Rodrigo Vivero; y cuando, en 1590, tomaron el hábito de Santiago Juan Altamirano y Francisco de Velasco. Guango, en Michoacán (hoy Villa Morelos), parece haber sido la cuna no sólo de los j u e g o s   d e   c a ñ a s sino de la misma caballería de toda aquella región, según los elogios de que es pródigo Fray Matías de Escobar. Por otra parte, los indianos novohispánicos demostraron su destreza en tales juegos en la corte de Felipe II. El cronista Hernández de Biedma dice: "jugamos cañas é corrimos mucho con los caballos" (frente al gigantesco cacique Tascaluza en la Florida). En Guadalajara estos ejercicios no empezaron a declinar hasta después de 1621, según Arregui; ya para entonces se había descartado el terciopelo para las libreas de los caballeros, por orden virreinal, porque "su grosedad era embarazosa para los ejercicios de a caballo". Al parecer la última vez que en la Nueva España se jugaron cañas fue en México, en 1814, para celebrar la jura de Fernando VII: en la Península ya habían caído en el olvido.[9]

El Obispo Las Casas, lamentando la debilidad de los indios para resistir a las exacciones de los encomenderos, escribió en una ocasión que las armas

---

[9] Hubo cañas después de la ceremonia en que Sandoval, Olid y Corral fueron armados caballeros: JUICIO DE RESIDENCIA DE CORTÉS, 373, *ap.* Ida Rodríguez Prampolini, 134. El sexto cargo contra Mendoza durante la VISITA que se le hizo (p. 77) fue que había organizado toros y juegos de cañas cuando llegó la nueva de la victoria de su hermano el Capitán General de Galeras Bernardino de Mendoza sobre los turcos. Hubo cañas en ocasión de la firma de tres sucesivos tratados de paz entre España y Francia: ver Bernal DÍAZ, c: cci; II, 180 y 186; Pereyra, Cortés, 178 (el Conquistador también estaba jugando cañas cuando recibió las cartas reales del nombramiento de su juez de residencia, el licenciado Luis Ponce de León: *ibid.*, 167); ACTAS DEL CABILDO, VI, 236; y Paso y Troncoso, *Epistolario*, III, 244. HARKNESS COLLECTION, Doc. LXXXII, del 18 de julio de 1566 (el 2° Marqués del Valle). Los festejos que organizó el Virrey Enríquez son mencionados por el Padre ANDRÉS CAVO, 223. *Cf.* las ACTAS DEL CABILDO, VI, 167, con referencia a las cañas con que se celebró el fin de la rebelión del Perú; XII, 294, en relación con la Virgen de los remedios; y XI, 22 sobre las carnestolendas. CABEZA DE VACA mismo (p. 93), DORANTES DE CARRANZA (hijo de uno de los compañeros de Cabeza de Vaca), 265, Pérez Bustamante, *Mendoza*, 32, y Bishop, 154, enumeran los juegos de cañas en los que fue espectador el célebre explorador y viajero. Sobre los que se ofrecían cuando los virreyes hacían su entrada en México, ver las ACTAS DEL CABILDO, IX, 81-82 y 371; XI, 145; XII, 209, 222 y 225, etc., así como GUTIÉRREZ DE MEDINA, 68. Los hubo igualmente para la consagración en 1575 de Moya de Contreras, según él mismo informa: CARTAS DE INDIAS, I, 186. *Cf.* REMESAL, VII, ix; II, 37-39 sobre los juegos de Ciudad Real. Los de Puebla en 1600 son mencionados por SÁNCHEZ BAQUERO, 130, y por Rojas Garcidueñas, *Teatro en la Nueva España*, 65. Respecto a los otros casos, ver Romero de Terreros, "Torneos", 5. TORQUEMADA, I, 629-630 (bautizo de los gemelos del segundo Marqués del Valle). LAS ACTAS DEL CABILDO, IX, 322 y X, 36, registran los juegos con que se festejaron las bodas de Vivero y la profesión de Juan Altamirano y Francisco de Velasco en la orden de Santiago. MATÍAS DE ESCOBAR, 374-375. El elogio de la destreza de los jugadores de cañas indianos en Madrid fue hecho en 1572 por el secretario de la Legación Imperial de Maximiliano II (*ap.* M. del C. Velázquez, *Docs. mexicanos en colecciones austriacas*, 131). HERNÁNDEZ DE BIEDMA en CDIAO, III: 423-424. Ver ARREGUI, 62, acerca de los juegos de cañas en Guadalajara hacia 1621; Carrillo y Gariel, *Traje*, 123, sobre la prohibición del terciopelo en 1605; y Morales Rodríguez, 453, en relación con los juegos de cañas en la jura de Fernando VI.

de aquéllos "son harto flacas" y sus guerras "son poco mas acá de cañas e aun de niños". Paradójicamente, por lo menos desde finales del siglo XVI, el j u e g o d e c a ñ a s había derivado en una versión infantil en que los niños emulaban a sus mayores. Los j u e g o s d e c a ñ a s , por otra parte, fueron un ejercicio vedado a la burguesía, incluso a los merca- deres por ricos que fueran, pero no a los indios; esto ponía fuera de sí a al- gunos celosos conquistadores, como Jerónimo López, quien se quejó ante Carlos V de que los indios no sólo poseían caballos y espadas —lo que esta- ba más o menos prohibido por las ordenanzas reales— sino que "se juntan e juegan cañas e corren sortija e (hacen) otras cosas muy malas". A pesar de ello o quizá en razón de lo mismo, el dominico Fray Pedro de Barrientos enseñó a los naturales de Chiapa de Corzo a criar caballos, a correrlos, y a jugar cañas y alcancías, que los indios aprendieron y lograron hacer "con tanta destreza y gallardía como en la ciudad mas lucida de España". El je- suita Pérez de Ribas hizo lo mismo en Sinaloa (también en la segunda mi- tad del siglo XVI) con la nación tehueca, la cual se empeñaba en juegos de cañas "a caballo, como si le hubieran criado en eso". Para la celebración de la Pascua de Navidad de 1596 en la villa de Sinaloa, hubo unos j u e - g o s d e c a ñ a s en que participó gente de 23 pueblos. En la época en que Fray Tomás Gage visitó Chiapa de Corzo (hacia 1626-1627), pudo todavía admirar la gran destreza de los naturales del lugar en sus j u e - g o s d e c a ñ a s , en los que observaban todas las reglas del arte y se utilizaban escudos muy anchos para protección de la cabeza y el pecho. Fray Francisco de Burgoa afirmaba que, en la también sureña Yanhuitlán (Oaxaca), los mixtecas del lugar eran en la segunda mitad de ese mismo si- glo "grandes hombres de a caballo", y que torneaban "en cuadrillas con tanta destreza y gala como si fueran caballeros jerezanos o cordobeses".[10]

El torear a caballo o a l a n c e a r fue un ejercicio ecuestre casi inseparable del juego de cañas durante toda la época colonial. El caballero hostigaba y trataba de matar al burel con una lanza de combate a la ma- nera del rejoneador moderno; y si no lograba sacrificar el animal, entraba en funciones, a pie, un mozo de espuela con capa y espada. Éste daba fin a la bestia y con el tiempo se convirtió en el "matador", figura principal de la plaza de toros desde fines del siglo XVIII. La legislación más antigua sobre el correr toros de encuentra en las Siete Partidas de Alfonso el Sabio, en don- de se declara "infame" a quien los lidie por dinero y se prohíbe a los prela- dos asistir a esos espectáculos. Desde el siglo XIII, el toreo fue diversión de

---

[10] LAS CASAS, *Brevísima Relación*, 25. Rojas Garcidueñas, *op. cit.*, 14, y Morales Rodríguez, *op. cit.*, 452, mencionan los juegos de cañas infantiles; y F. Benítez, 55, alude a la prohibición de que fueron objeto los mercaderes, añadiendo que quien recibía una invitación para asistir como espectador a esos juegos "sentíase tan honrado como si llevara un manto de cruzado". El texto de la carta de JERÓNIMO LÓPEZ que se cita aparece en el *Epistolario* de Paso y Tron- coso (IV, 161). Sobre el adiestramiento de indios en las artes de la caballería por Fray Pedro de Barrientos, ver REMESAL, XI, xii; p. 426, e ICAZA (ed.), *Conquistadores y pobladores*, Int., L-LI. PÉREZ DE RIBAS, *Triunfos*, I, 341-342. En Orta, 183, con base en el *Anua* o anuario de la Com- pañía de Jesús, se narran las escaramuzas y juegos que se desarrollaron frente al fuerte de Sinaloa en 1596. THOMAS GAGE, 132. La fuente de información sobre las cuadrillas de Yan- huitlán es BURGOA, *Geográfica Descripción*, I, 287.

nobles y caballeros; y en la Nueva España del XVI las corridas se organizaron primero en los cementerios anexos a las iglesias y poco después en una plaza de la ciudad. En México se efectuaban generalmente en la del Volador. La primera corrida de que se tenga noticia en la Nueva España fue la que en 1526 organizaron los amigos de Cortés, para darle la bienvenida a su regreso de las Hibueras. El ayuntamiento de México las organizó por su cuenta a partir de 1529, en ocasión de la fiesta de San Hipólito; y a partir de entonces no se dejó de a l a n c e a r   t o r o s casi en ninguna festividad cívica o religiosa, ya fuera la jura del nuevo rey, la entrada del virrey (los dos Velascos eran diestros en este ejercicio), las fiestas de Santiago y de la Virgen o el Día de Reyes. En aquellas ocasiones se corrían 12, 40, 100 e incluso hasta 150 toros. Para esos efectos, la municipalidad ordenó en 1537 a su mayordomo Alonso Ávila, que adquiriese 500 "hierros de garrochas" y ordenó a los indios de Ixtapalapa que proveyesen las varas necesarias. El Virrey Mendoza fue acusado en 1547 de organizar corridas de toros con dinero de la Real Hacienda, para celebrar la victoria alcanzada por su hermano Bernardino sobre los turcos. En Los Ángeles (Puebla) ya se a l a n c e a b a n   toros desde 1551; en el actual atrio de la catedral había un edificio con balconería de hierro desde donde los canónigos, a pesar de las censuras eclesiásticas, aplaudían las corridas con que hasta 1722 se conmemoraba la fundación de la ciudad en el día de San Miguel. En Zacatecas la primera corrida se celebró en 1593; para entonces la afición debía ya ser grande pues Dorantes de Carranza elogia los toros de lidia de su época, calificándolos de "muy madrigados"; además, en la costa, este cronista se divertía en hacer que sus amigos toreasen cocodrilos "muy bien atados por el hocico".[11]

En Veracruz, en 1640, hubo tres días de toros a la llegada del Virrey Duque de Escalona, primer Grande que envió España; y también con una corrida concluyeron, ocho años después, los festejos de la consagración de la catedral de Puebla. Desde el siglo XVI los concilios mexicanos, informa Lorenzana, habían prohibido a los clérigos asistir a "espectáculos no honestos", entre ellos a los toros; esta prohibición fue reiterada por el Arzobispo Lizana y Beaumont en 1805 en vista del poco caso que se le hacía. Cinco veces, entre 1567 y 1596, los Papas prohibieron las corridas de toros, e incluso Pío V impuso la pena de excomunión a quien en ellas participase; pero el descontento causado tanto en España como en México por esas medidas

---

[11] *Cf.* Álvarez del Villar, 252-253; Lanfranchi, 28; Rey, *Cultura y costumbres del siglo XVI,* 19; y Morales Rodríguez, 453. La corrida de 1526 es mencionada por Lanfranchi, *op. cit.,* 42-43. Las ACTAS DEL CABILDO, II, 8-9, registran la introducción de toros de lidia en la Nueva España y la costumbre de "alancearlos" a caballo, y de ellas resulta que dicha introducción tuvo lugar el año de 1529; ver Matesanz, 544 (Priestley, en *White Man,* 88, dice erróneamente que la primera corrida fue en 1593). Sobre los "hierros de garrocha" y las diversas festividades en que se corrían toros, *cf.* las ACTAS DEL CABILDO, IV, 90, 92 y 298. Hanke, en *Virreyes,* I, 62, dice que, según la acusación hecha contra Mendoza, fue el tesorero de la Casa de Moneda Alonso de Mérida (criado del Marqués de Mondéjar, padre del virrey) quien pagó los toros y unos juegos de cañas con dinero del erario público. Sobre las corridas en Puebla, ver LÓPEZ DE VILLASEÑOR (foxa 294), 474 y Leicht, *Puebla,* 472-473; y Amador, I, 279, respecto a las de Zacatecas. DORANTES DE CARRANZA, 131-132.

anularon sus efectos en la práctica. Tampoco surtieron mucho efecto los 50 azotes prometidos a los tlaxcaltecas por el Corregidor Diego Ramírez en 1549, en especial a los "indios bagamundos [que] juegan a los naypes y bolos y toros". Gregorio XIII levantó la pena de excomunión en 1575, pero en el momento de mayor severidad papal, en la Nueva España se corrían no toros sino vacas "atadas con cuerdas para que no mataran a nadie". En 1553, la Universidad de México también prohibió correr toros a sus maestros en artes y en teología. Los indios en un principio parodiaban las corridas haciendo por ejemplo danzar al son de un tamboril a un toro contrahecho de utilería, pero acabaron por aceptarlas de buen grado, pues a principios del siglo XVIII —informa Fray Matías de Escobar— Michoacán se había convertido en una verdadera Andalucía. En efecto, en la *Americana Thebaida*, Escobar describe con detalle las corridas anuales de Tzintzuntzán y Tiripitío y cuenta que los naturales de esos sitios montaban caballos enjaezados con tal arte "que exceden a los celebrados [jinetes] jerezanos [y] lidian con notable valor". También se corrían toros en Tacámbaro, hacia 1551, aunque abusivamente se obligaba a los indios a fabricar e instalar las vallas o talanqueras de la plaza.[12]

Se corrían también mucho durante la Colonia los j u e g o s   d e   s o r t i j a s   que, a diferencia de los de cañas, sobreviven aún en las fiestas populares mexicanas. Este ejercicio de destreza consiste en ensartar con una lanza o vara, al galope, una o varias argollitas poco mayores que una sortija, colgada a unos 20 centímetros arriba de la cabeza del jinete. En la actualidad (por ejemplo, en Tlacoyapan, Morelos), los charros usan un machete o una vara para ensartarlas y luego las llevan al juez de campo; éste, sacando las argollas, designa de entre las damas presentes a la "reina" que ha de premiar la hazaña. En su versión moderna, este juego se conoce con el vetusto nombre de   t o r n e o ,   o simplemente con el de carreras de cintas o de argollas. El   j u e g o   d e   s o r t i j a s   fue introducido en la Nueva España en época temprana: ya en 1524 Cortés y los regidores de México ordenaron que se festejara con   s o r t i j a s   la victoria de Carlos V sobre los franceses. Según un decir del Virrey Velasco II, que fue anotado por Suárez de Peralta, en ese tiempo los caballeros de México estaban "muy ejercitados (en) correr la sortija". Hubo uno de esos juegos en "máscara" para la consagración, en 1574, del Obispo de la Nueva Galicia; y otro para celebrar las bodas del rey en 1599 con su prima, Margarita de Austria. Los conquistadores propagaron estos juegos en el interior del virreinato, pues según Antonio Ruiz, en 1583 se celebró la Pascua en Sinaloa "lo mejor que se pudo, corriendo sortijas y otras carreras"; y Juan de Oñate

---

[12] La llegada del Duque de Escalona a Veracruz es reseñada por uno de sus acompañantes, el cronista GUTIÉRREZ DE MEDINA, 53. FERNÁNDEZ DE ECHEVERRÍA Y VEYTIA, II, 69, menciona la corrida de toros de 1648 en Puebla. LORENZANA, *Concilios* (c. xl, viii), 113, 116. Las censuras papales y la prohibición de Lizana y Beaumont son tratadas por VERA en su *Col. de Docs. eclesiásticos de México*, III, 524-532; y las primeras únicamente, por Lanfranchi, 53, 55, 58. ACTAS DE TLAXCALA, f. 644, del 6 de octubre de 1549. El acuerdo de la Universidad es citado por Carreño, *Universidad*, 55. La parodia de los indios, que ocurrió en Tarímbaro (Michoacán) en 1586 fue presenciada y es narrada por Fray Antonio de CIUDAD REAL, II, 71, Fray Matías de Escobar, 90-91. Zavala, *Velasco I*, 234 (Tacámbaro).

celebró en Nuevo México el día de su santo del año de 1600 con un j u e - g o   d e   s o r t i j a s . Con motivo de la canonización de Raimundo Lulio (quien, como se verá, fue versado en caballerías), se jugaron sortijas en la corte virreinal en 1603; de nuevo tres años más tarde, por el nacimiento del futuro Felipe IV; en 1610, para la dedicación de la iglesia de la Profesa; y por último, en 1747, para la jura de Fernando VI.[13]

En los   j u e g o s   d e   a l c a n c í a s ,   los caballeros se lanzaban unos a otros, a semejanza del juego de cañas, unas bolas de barro endurecidas al sol que llevaban en su interior flores o ceniza, y que se rompían al dar en el blanco. Debían ser esquivadas, y si uno de los jugadores no lo lograba, debía retirarse humillado de la partida. Fray Diego Valdés menciona unos juegos de esta clase entre las festividades del Paseo del Pendón; y Alonso de Ávila organizó otros para el bautizo de los gemelos del segundo Marqués del Valle.[14] En esa misma ocasión, el infatigable Ávila presentó también otro tipo de juego, la   m á s c a r a   de a caballo o   e n c a m i s a d a . La encamisada era una mojiganga o desfile de caballeros vestidos con camisas blancas o disfrazados de personajes históricos o alegóricos, que llevaban hachas de cera encendidas a fin de que el público apreciara con más claridad las evoluciones efectuadas por sus caballos. En este género de espectáculo cuando era organizado por las autoridades, también se iluminaba el recorrido por las calles. En 1587, se celebró así la consagración de la nueva catedral de Puebla y otras máscaras o   m a s c a r a d a s   de a caballo fueron organizadas en México, en 1595 y 1599, en ocasión de la llegada del Virrey Conde de Monterrey y de las bodas de Felipe III, respectivamente. En la primera hubo "toros de cohetes" y las calles se iluminaron con lebrillos de aceite; y la segunda se efectuó en medio de grandes juegos y luminarias, según dicen las actas del Cabildo. Las   e n c a m i s a d a s   más notables del siglo XVII fueron las que organizó la nobleza poblana en 1640 para recibir al Duque de Escalona; la que en 1647 inspiraron los jesuitas poblanos en ausencia del Obispo Palafox con el objeto de desprestigiarlo; y finalmente, la que se efectuó en 1649 también en Puebla, en la que desfilaron los 98 reyes que, a partir de los godos, habían reinado en España.[15]

Con tanto ejercicio ecuestre no es de extrañar que el criollo novohispano alcanzase gran reputación como jinete: "en este género es México la mejor tierra del mundo", escribía en 1603 Pablo de la Laguna, Presidente del Con-

---

[13] Sobre la versión del juego de sortijas como se practica en nuestros días, ver Álvarez del Villar, 109-110 y 121; y acerca de los que se organizaron durante la Colonia, cf. las ACTAS DEL CABILDO, I, 6; Romero de Terreros, Artes Industriales, 81; el EPISTOLARIO de Paso y Troncoso, XI, 229; Lanfranchi, op. cit., 111, 115 y 118; ANTONIO RUIZ, 15 v., p. 50, col. 1ª; Hammond y Rey, Oñate, 584; y Leicht, Puebla, 474. Ver Ingram, 98, para los juegos de Tlacoyapan.

[14] Diego de VALDÉS, IV, xxiii; TORQUEMADA, I, 630; J. García Icazbalceta (ed.), COL. DOCS. HIST. MEX., 186; y Lanfranchi, 16.

[15] SUÁREZ DE PERALTA, 121-122; e Ida Rodríguez Prampolini, 87. González Obregón en México Viejo, 251, y en Lanfranchi, 16, figuran sendas definiciones de las "encamisadas". LÓPEZ DE VILLASEÑOR y Leicht, Puebla, 141, narran la encamisada poblana de 1587. ACTAS DEL CABILDO, XII, 208-209, 222; y XIV, 6-7, 9. Genaro García (ed.), PALAFOX, 78-79. Leicht, en op. cit., 473-474, describe las máscaras efectuadas a mediados del siglo XVII en Puebla.

sejo de Indias; y desde 1573 la famosa Ordenanza del Escorial para el trazo de nuevas ciudades había especificado las dimensiones que debía tener la
plaza mayor de una población, habida cuenta del espacio necesario para
las maniobras festivas o bélicas de la caballería.[16] Las partidas de caza se
efectuaban igualmente a caballo; por tradición secular eran un privilegio
de la nobleza que por lo común abusaba de éste en detrimento de los siervos dañándoles sus cultivos. Compañero constante del cazador era su perro,
generalmente un galgo o un lebrel; y para la cetrería se empleaban aves de
presa, de las que en la Nueva España hubo gran variedad. Llegando en la
expedición de Grijalva, Pedro de Alvarado parece haber sido el primer cazador europeo que pisó tierra mexicana; en efecto, en 1518, con una lebrela que traía consigo, cobró en Puerto Deseado (parece que se trataba de un
fondeadero de Laguna de Términos) muchos venados y conejos. La lebrela
se quedó en tierra, y fue recuperada por Cortés en el mismo sitio al año
siguiente. El Conquistador recibió junto con el marquesado dos c o t o s
d e c a z a de venados y conejos, a saber los peñoles de Xico y Tepepulco, uno de los cuales se llama todavía Peñol del Marqués. Años después, no
interrumpió una partida de caza en sus tierras de Miatlán, cerca de Cuernavaca, que duró una semana ni siquiera cuando fue citado en México para
someterse a un interrogatorio en relación con la Visita a que la Corona lo
tenía sometido. Hacia fines del siglo XVI, informa Dávila Padilla, los españoles eran tan aficionados a la caza que apenas si oían misa por las mañanas para irse al campo a disfrutar de ese deporte; y añade que en esa época
en la Laguna de México habían muchos patos y ánsares y que también se
volaban halcones y gavilanes para capturar garzas. Hacia 1542 se organizó
en honor del Virrey Mendoza, "pacificador" de la Nueva Galicia, una colosal batida de caza en una vasta región entre Jilotepec y San Juan del Río,
zona que aún lleva el nombre de El Cazadero. Más de quince mil indios
rodearon la llanura; ojeando a los animales fueron estrechando el círculo
para dar a los cazadores la posibilidad de escoger la pieza que más fuera
de su agrado. Sólo venados muertos se encontraron más de seiscientos, así
como gran número de lobos, liebres y coyotes. El primer Velasco cazaba
usualmente en el bosque de Chapultepec, por entonces un lugar más agreste
y grande del que conocemos en nuestros días.[17]

[16] LAGUNA expresó esa opinión en las INSTRUCCIONES que dirigió al Virrey Montesclaros
en 1603 (Hanke, ed., *Virreyes*, II, 268). Con referencia a las Ordenanzas Reales que se citan,
ver Nuttal, "Royal Ordinances", 249.

[17] Bozal, 145, relata la cacería de Alvarado en lo que hoy es el estado de Campeche. Los dos
cotos de caza que Cortés recibió con el marquesado son definidos en la Real Cédula de concesión
y los mencionan HERRERA, déc. 4, lib. 6, c. iv; Alamán, II, 30; Helps, III, 119 y n. 2; y F. Benítez,
164. Dichos cotos eran protegidos por las autoridades contra los cazadores furtivos en tiempos
de D. Martín Cortés: Zavala, *Velasco I*, 257. Cortés mismo se refiere a la partida de caza de Miatlatán en la CARTA... A GARCÍA DE LLERENA..., en *Cartas y Documentos*, 484. DÁVILA PADILLA, 116.
Hay muchas descripciones de la fastuosa partida de caza ofrecida al Virrey Mendoza: *cf.* TORQUE
MADA, I, V, 12; CAVO, 161-162; ALEGRE, I, 121; Riva Palacio, 272; y Páez Brotchie, *Guadalajara
Novogalaica*, 74. Dicho sea de paso, la frecuencia con que el nombre de "Cazadero" (sinónimo de
"coto de caza" de aquella época) aparece en la toponimia mexicana es una demostración más
de la afición de los mexicanos a la caza. Sobre las actividades cinegéticas de Velasco I, ver Justo
Zaragoza, *Noticias históricas de la Nueva España*, Madrid, 1878, 170-172; y Sarabia Viejo, 10.

Se ha visto que el primer perro europeo llegado a nuestras costas fue una lebrela propiedad de Alvarado, abandonada y luego encontrada al año siguiente por Cortés en el mismo sitio, "gorda y lozana". Se la llevó consigo, y en el Lienzo de Tlaxcala aparece a su lado. El Conquistador llegó a poseer muchos l e b r e l e s , el clásico perro de caza del Medievo, que en las tumbas que abundan en las iglesias de Europa con frecuencia aparece a los pies de la estatua yacente de su amo. Dos de estos perros figuran al lado de los españoles en la Escena I del Códice de Tlaxcala editado por Gurría Lacroix. Los había feroces, como uno "corpulento, bravo y diestro", que siguió a la expedición de reconocimiento de Michoacán y que los tarascos acabaron por sacrificar; o como el del conquistador Francisco Chávez, de instintos tan fieros que dio muerte a varios indios. Para consagrarse con Nuño de Guzmán, designado presidente de la Audiencia en 1529, el tristemente célebre Peralmíndez Chirinos le salió al encuentro por el camino del Pánuco con muchos regalos, entre ellos unos "galgos para cazar liebres"; el festejado aceptó los dones "con mucha alegría". Por esas fechas, otro forajido, el oidor Delgadillo —según queja elevada al rey por Zumárraga— se robó a tres hermosas indias y "ciertos perros lebreles"; doncellas y canes fueron llevados a Oaxaca por orden suya "a cuestas de indios". Dos g a l g o s acompañaron fielmente en su búsqueda de las Siete Ciudades a Estebanico y a la muerte de éste el cacique de Cíbola se quedó con ellos. En la expedición de Coronado, de 1540, se llevaron varios l e b r e l e s , uno de los cuales provocó un accidente a resultas del cual murió su amo, el célebre explorador Melchor Díaz. La historia de la fundación de Valladolid está ligada a la de unos g a l g o s que, corriendo tras una liebre, la alcanzaron y mataron entre las patas del caballo del Virrey Mendoza; el Padre Sánchez Baquero, en su relato del episodio, dice que "celebrando el caso los circunstantes, el sitio en que los perros mataron a la liebre les pareció muy a propósito para fundar en él un pueblo de españoles", o sea la actual Morelia. En el siglo XVII, Vargas Machuca señaló que en las Indias había "cantidad de todos temples de perros de ayuda", entre ellos galgos y perdigueros, podencos y gorquillos. Por último, a reserva de tratar más adelante los crudelísimos "aperramientos" de indios, que fueron en la Nueva España más frecuentes de lo que se piensa (entre los culpables de haberlos practicado se encuentra el mismo Virrey Mendoza), cabe señalar que no sólo los perros de presa como el dogo y el mastín se ensañaron con los naturales, sino también ocasionalmente algunos lebreles y otros perros de caza, entrenados en la Península como animales feroces para prenderse de las orejas de los jabalíes o para pelear con los osos montaraces.[18]

[18] Varios historiadores se han ocupado de la lebrela que Cortés se apropió: Bernal DÍAZ; TORQUEMADA, I, 382; y Rubio Mañé, Archivo Hist. Yucatán, I, Int., XXXI, entre otros. Valle-Arizpe, Cuadros de México ("De los perros"), 176-177, la identifica en el Lienzo de Tlaxcala. REMESAL, III, vi; I, 202, dice que Cortés prestó algunos lebreles a Diego de Mazariegos para la expedición de Chiapa en 1524. Gurría Lacroix (ed.), CÓDICE DE TLAXCALA, 14. El corpulento lebrel de Michoacán es mencionado por Fray Pablo BEAUMONT, II, 16-17. Francisco Chávez y sus lebreles tienen un lugar en el Diccionario de Icaza, citado en Torre y Villar, LEYES DE DESCUBRIMIENTO, 41. Los galgos que Chirinos ofreció a Nuño de Guzmán y los que Delgadillo robó son mencionados en una CARTA... DE ZUMÁRRAGA al rey, del 27 de agosto de 1529 (en

Conocida es la pasión venatoria de Fernando el Católico, y también es sabido que las cortes europeas del siglo XV buscaban halcones y gavilanes aun en países lejanos. Ya en el siglo XIII el Emperador Federico II había elogiado por su efectividad en la caza los halcones o gerifaltes blancos de Groenlandia; por otra parte, los árabes habían dejado muy arraigado en España el arte de la cetrería. No es pues extraño que los Reyes Católicos hayan pedido a Colón, en 1494, que les enviara "los más halcones que de allá (o sea de América) se pudieren enviar"; ni que el Consejo de Indias ordenara en 1523 a Cortés que cada año enviase a la corte "50 aves de caza". El contador Rodrigo de Albornoz prometió dos años después a Carlos V que las enviaría, aunque es dudoso que haya cumplido la promesa. Sea como fuere, es seguro que las había en la Nueva España ya que junto con otras aves de presa se mencionaron entre las que poblaron el bosquecillo que Motolinía mandó plantar para las fiestas del *Corpus Christi* en Tlaxcala en 1536; y hubo quejas, de 1561, de que las gallinas de Yecapixtla eran diezmadas por halcones y milanos agrestes; y en su viaje a las Hibueras, Cortés incluyó en su séquito a tres halconeros: Perales, Garci Caro y Álvarez Montáñez. El primer Velasco, gran jinete y cazador, poseía un halcón tan bien entrenado que a veces lo llevaba sin capirote en su enguantado puño; también tenía neblíes, sacres y halietos, y no era ciertamente el único que en su tiempo se dedicara a la caza de halcones u otras aves de rapiña en la Nueva España. Heredó esa afición a su hijo, Luis de Velasco II, cuyos halcones estaban al cuidado de un montero mayor, Alonso de Nava, hombre principal, quien percibía dos mil ducados de renta. El halcón era un animal tan común en el siglo XVI que en un *Coloquio* de González de Eslava aparece de manera harto natural. Las aves de caza abundaban sobre todo en las provincias lejanas del virreinato: en la Florida, en Chiapa y en Nuevo México. En efecto, tanto Bartolomé de Barrientos como Henry Hawks señalan la existencia en el siglo XVI de muchos halcones, gavilanes, esmerejones, gerifaltes (el mayor de los halcónidos) y neblíes en la Florida; Torquemada evoca "los hermosos halcones" de Nuevo México; y a principios del siglo XVIII, Vázquez de Espinosa y León Pinelo hacen una prolija enumeración de las aves de presa "de mucha casta" que pueblan las forestas de Chiapa: halcones, neblíes, alfaneques, alcotanes, esmerejones, azores coronados (nuestras aguilillas), gavilanes, primas (hembras de halcones), sacres y tagarotes (sólo falta en esta lista el menor de los halcónidos, que es el cernícalo). Por supuesto, en la época colonial la cacería con aves, especialmente halcones, también era frecuente en otras partes de América, por ejemplo en el Perú.[19]

CDIAO, XII: 120 y 134), y los primeros también en García Icazbalceta, *Zumárraga*, 24; J. E. Santana, 8; y Carrera Stampa, *Nuño*, 11. Los perros de Estebanico son descritos por Bishop, 161; y A. M. Salas, 166, registra los que siguieron a Coronado. Bolton, en *Coronado*, 169 y 174-175, narra las peripecias del galgo propiedad de Melchor Díaz y describe la forma accidental en que éste murió. Los galgos de la fundación de Morelia son mencionados por SÁNCHEZ BAQUERO, 133. VARGAS MACHUCA, II, 126-127.

[19] *Cf.* Gerbi, *Indias Nuevas*, 139-140, sobre los halcones que deseaban los Reyes Católicos. Alatorre, 71, discute las palabras de origen árabe que se usan en el arte de la cetrería. ÍNDICE GENERAL DE LOS PAPELES DEL CONSEJO DE INDIAS. NUEVA ESPAÑA... 1523, fol. 187, en CDIAO., XIII:

Para distraer sus ocios, especialmente durante las veladas, conquistadores, virreyes y frailes trajeron de Europa juegos de paciencia o simplemente de azar, muy en boga en España a fines del Medievo, como demuestra la obra que a este propósito escribió el poeta Rodrigo Caro. Algunas de estas diversiones tomaron carta de ciudadanía en la Nueva España. El juego más noble fue quizá el   a j e d r e z ,   pasatiempo favorito de príncipes y señores feudales desde la época en que los cruzados lo trajeron del Oriente. Agapito Rey dice que Cortés enseñó a Moctezuma a jugar ajedrez, cosa probablemente falsa, pero es cierto que Hernando de Soto distrajo con este juego al desafortunado y altivo Atahualpa. Aunque Fray Alonso de la Veracruz fue un gran enemigo de los jugadores de   a j e d r e z   (que en su concepto era una pérdida de tiempo), los primeros dominicos de las Chiapas y Guatemala lo jugaban tanto que, según dice Remesal, "no los dejaban tan libres como pide la campana de Nona, Vísperas y Completas para acudir... al coro". Dávila Padilla informa que Velasco I se distraía jugando   a j e d r e z   con el dominico Fray Vicente de las Casas, y que el juego era de apuesta o de parar, como se decía entonces; como el fraile no tenía nada que arriesgar, simbólicamente "se jugaba la honra", que por lo general perdía para regocijo del virrey. El Obispo Landa de Yucatán no siempre sostuvo buenas relaciones con el gobernador y capitán general Guillén de las Casas, hombre aficionado al   a j e d r e z   y a las cartas, según Ancona; y en un intercambio de frases zahirientes el prelado recordó al gobernador que no era "ni rey de Francia ni de España, ni aun siquiera rey de *bastos*".[20]

El soldado español era, por lo común, pendenciero y jugador. "Dados, tapas y barajas son tan familiares al conquistador como su espada", dice Céspedes del Castillo. De esa regla no se excluye al mismo Cortés, cuya pasión por el juego parece haber sido en principio desmedida. La primera Audiencia le impuso una severa multa de más de 4 000 pesos de minas por haber jugado a los naipes y a los dados cuando desempeñaba las funciones de gobernador y capitán general de la Nueva España y aun antes, durante la conquista de México. Uno de sus soldados, Pedro Valenciano, antes de la Noche Triste, ya había fabricado en Tenochtitlán "naipes tan buenos y bien pintados como los de Castilla, empleando las pieles de los atambores". Car-

70. Alamán, II, 166, entre otros muchos, describe las fiestas del *Corpus* de Tlaxcala en 1536. Jiménez Rueda, NUEVOS DOCUMENTOS, 234 (halcones de Yecapixtla). Además de halconeros, Cortés se hizo acompañar a las Hibueras por volteadores y prestidigitadores: Pereyra, *Cortés*, 155. Véase también Carrillo y Gariel, *Traje*, 53. SUÁREZ DE PERALTA, 87, menciona la colección de aves de rapiña de Velasco I; *cf*. Romero de Terreros, "Torneos", 20. María y Campos, 104-105, y F. Benítez, 55, dan cuenta del cargo que tenía Nava en la corte de Velasco II, aunque el primero confunde al padre con el hijo. Sobre las aves que figuran en el *Coloquio xvi* de Eslava, *cf*. García Icazbalceta, *Viajeros ingleses*, 73. TORQUEMADA, I, 681. VÁZQUEZ DE ESPINOSA, 146, LEÓN PINELO, *Paraíso*, II, 89, que se apoya en Herrera (déc. 4, L. 10, c. xi). Kirkpatrick, entre otros autores modernos, afirma que en el Perú se practicaba el arte de la caza con halcones durante la Colonia. Ese arte ha alcanzado hoy día gran popularidad en la península arábiga (Yemen, Saudiarabia y Omán).

[20] A. Rey, *Cultura y costumbres del siglo XVI*, 22. El relato sobre Soto y Atahualpa procede de Blanco Fombona, *Conquistador*, 140. La preocupación de Fray Alonso es reseñada por Fray Juan de GRIJALVA, 595. REMESAL, VIII, ii; II, 99. DÁVILA PADILLA, 583. Ancona, II, 83.

los V incluyó una prohibición expresa de los juegos de azar en las instrucciones que dio al visitador enviado a juzgar la conducta de Cortés, licenciado Ponce de León, a quien ordenó tener "gran diligencia y cuidado" en reprimirlos por tratarse de juegos prohibidos en la Península. Desde 1518 la Corona había tratado de suprimir tales juegos en las Antillas o por lo menos de moderarlos, limitando las apuestas que en ellos se hacían a la cantidad de diez ducados. Pero bien pronto la Corte se dio cuenta de que el juego servía al soldado de paliativo y distracción en medio de circunstancias a veces trágicas y suavizó su actitud hasta el grado de mandar restituir en 1530 al Conquistador los 12 000 pesos en oro que le habían sido confiscados por ser producto de sus ganancias a la baraja. Cediendo en alguna medida a la insistencia del monarca, Cortés prohibió en 1525 que se jugasen naipes y dados en la expedición a las Hibueras, y trató de moderar esa afición en las fuerzas que posteriormente envió a la Mar del Sur. Para ello dio instrucciones a Álvaro de Saavedra de que en la flotilla puesta bajo su mando sólo se apostasen cantidades moderadas y siempre en presencia del capitán. Pero a su regreso de Honduras, el Conquistador volvió a las andadas, a grado tal que Fray Domingo de Betanzos consideró una advertencia divina el rayo que cayó precisamente en la mesa en que Cortés estaba jugando a la baraja con sus amigos; a raíz de este "prodigio", don Hernando "no permitió que de allí adelante se jugassen semejantes juegos en su casa", según informa Dávila Padilla.[21]

El Cabildo de México tomó cartas en el asunto desde 1525 prohibiendo los j u e g o s d e n a i p e s y d a d o s practicados incluso en Palacio y en las Atarazanas. Para poner en ridículo al juez Pérez de Aguilar, cuando estaba haciendo en 1530 la visita a Nuño de Guzmán, los amigos de éste le colocaron en la manga unas barajas, que el digno jurisconsulto fue regando por el suelo sin darse cuenta al atravesar la plaza de armas de México. La Casa de Contratación de Sevilla prohibió en 1538 el paso a las Indias de n a i p e s y d a d o s , y a los pocos meses el Virrey Mendoza, en obediencia a una disposición similar contenida en la Real Cédula de Toledo del 24 de agosto de 1529, prohibió los juegos de naipes, excepto el tres dos, el triunfo, las malillas y el ganapierde, limitado en éstos las apuestas del día a un máximo de seis pesos de oro común. Mendoza también

[21] La *tapa* era un juego infantil, variedad del águila o sol: Céspedes del Castillo, *Indias siglos XVI y XVII*, III, 435. Carlos Pereyra, en *Cortés*, 137, apunta esta afición del Conquistador. La multa de la Audiencia aparece en la CARTA EJECUTORIA, *ap.* Duquesa de Berwick y de Alba, *Cartas Autógrafas*, 138-139; y ZUMÁRRAGA en una CARTA al rey del 27 de agosto de 1529, *ap.* CDIAO, XIII: 136, alude también a esa multa. Pedro Valenciano es mencionado por Orozco y Berra, *Historia Antigua*, IV, 296; véase la p. 430 a propósito de la Ordenanza de Cortés dada en Tlaxcala (diciembre de 1520) que prohíbe los juegos de naipes y dados a sus hombres, por ser causa de reniegos y blasfemias. Las instrucciones al visitador Ponce de León han sido publicadas en CDIU, IX: 224; *cf.* CDIAO, XXIII: 379. Las prohibiciones de 1518 y la tolerante actitud de 1530 están reflejadas en la GOBERNACIÓN ESPIRITUAL Y TEMPORAL DE LAS INDIAS, núms. 23 y 29, *ap.* CDIU, XXI; 105-106. En una Carta de 1525 a Hernando de Saavedra, su lugarteniente en Trujillo, *ap.* CDIAO, XXVI: 189, Cortés prohibió a los expedicionarios de las Hibueras los juegos que se citan en el texto. FERNÁNDEZ DE NAVARRETE, en *Viajes y Descubrimientos*, V, 445, publica las instrucciones de Cortés para Saavedra. La Real Cédula que restituía al Conquistador sus ganancias aparece en CDIAO, XII: 511. DÁVILA PADILLA, 45-46.

mandó clausurar los garitos o t a b l a j e r í a s como entonces se llamaban. A su regreso del norte, Coronado distraía sus pesares con los juegos de naipes permitidos, como el triunfo y la primera (mencionada en el *Buscón o Gran Tacaño* y en el *Guzmán de Alfarache*), pero nunca con los prohibidos, como los dados o el sacanete, que se jugaba con ocho mazos de baraja. Casi es superfluo señalar que los Concilios mexicanos de 1555 y 1565 prohibieron a los clérigos los juegos de azar y el *arrendar* tablajerías, que a pesar de las censuras seguían haciendo su agosto. En los cánones respectivos se mencionan por su nombre, entre otros juegos de naipes, el tornillo y la dobladilla, la cual consistía en ir doblando la apuesta a cada suerte. No obstante todos estos esfuerzos la Corona dio por perdida la partida y prefirió tratar de obtener ventaja económica. En efecto, desde 1528, los naipes comenzaron a exportarse de la metrópoli al virreinato mediante asientos, y posteriormente su impresión y venta fue declarada real monopolio. Sólo las mujeres quedaron excluidas de ese pasatiempo, ya que por ordenanza y pregón de 1583 del Cabildo de México se les prohibió participar en "juegos de naipes, dados, tablas, azares ni arenillas ni en poca ni en mucha cantidad".[22]

Es conocido el hecho de que durante su breve cautiverio, Moctezuma jugaba con Cortés y Alvarado al totoloque, pasatiempo indígena semejante a u n   j u e g o   d e   t e j o s , y que el generoso tlacatecuhtli azteca ganase o perdiere, obsequiaba a sus carceleros las bolitas y tejos de oro empleados en el juego. Otra de estas diversiones, el   j u e g o   d e t r u c o s   parece que fue introducido en la Nueva España a mediados del siglo XVI; Rodrigo Caro lo conocía y puede decirse que constituye el precedente inmediato y directo de nuestros modernos y populares juegos del billar y de la carambola. En su versión colonial, en la que generalmente tomaban parte sólo dos personas, la mesa tenía "tablillas y troneras" y disponía de "barras y bolillo", desde entonces, el taco era de madera y la bola de marfil. El Virrey Marqués de Villamanrique informó a su sucesor con intención de censura, en las instrucciones de 1590, que el oidor de México Saldierna de Mariaca tenía en su casa, que era muy frecuentada, una tablajería pública de   t r u c o s , a la que pronto hicieron competencia otras que en sus respectivas casas organizaron el oidor Francisco Tello y su mujer, y el licenciado Marcos Guerrero, alcalde del crimen de México. Las   m e s a s   d e   t r u c o s   o tablillas, llamadas también bolillos, fueron el único pasatiempo cuya práctica el Padre de la Plaza, visitador de su orden, autorizó en 1579 a los jesuitas de la Nueva España y a sus seminaristas y novicios, además de otros juegos más inocuos como el d e   t e j o s   o   r u e j o . Hacia 1613, éstos se habían ya difundido tanto, que una Ordenanza dispuso que su número se limitara. Para termi-

---

[22] ACTAS DEL CABILDO, I, 28. El divertido incidente con Pérez de la Torre es mencionado por Carrera Stampa, *Nuño*, 55. La prohibición de la Casa de Contratación ha sido publicada en CDIU, X: 396; y las Ordenanzas de Mendoza de 1539 aparecen en Cuevas, *Docs. inéd. siglo XVI*, 91, y en Paso y Troncoso, *Epistolario*, III, 259. Bolton, *Coronado*, 375. Acerca de las prohibiciones de los Concilios mexicanos, ver LORENZANA, *Concilios*, 117-118, y Zubillaga, *La Iglesia en la América Española*, I, 383. *Cf.* CDIU, XIV: 290 para el asiento de 1582; y Cuevas, *op. cit.*, 329-330, acerca de la ordenanza y pregón del año siguiente.

nar, conviene señalar entre los juegos conocidos en la Nueva España desde principios del siglo XVI el juego de b o l o s y el del b o l i c h e , hoy llamado del balero; pero como en la corte de los últimos Valois, era practicado no por los niños sino por los adultos, tal como ilustran las estampas y tapices franceses de la época.[23]

---

[23] Sobre el totoloque (llamado a veces toloque), ver Orozco y Berra, *Historia Antigua*, IV, 281 (quien cita a Bernal Díaz y a Clavijero); Altolaguirre, 185; M. G. Holmes, 34; y Collis, 149. Rodrigo CARO, II, 25. La queja del Marqués de Villamanrique ha sido publicada en Hanke (ed.), *Virreyes*, I, 281, 300; y a propósito de los excesos de los Tello y de Guerrero se puede consultar HACKETT (ed.), *Historical Documents*, 166. En Zubillaga, *Monumenta Mexicana*, 420-421, están publicadas las INSTRUCCIONES de Roma al Padre de la Plaza. El texto de la Ordenanza de 1631, que limitó el juego de trucos (excepto en días de fiesta), ha sido publicado por BELEÑA, I, 2ª Parte, n. liii, p. 27. En Céspedes del Castillo, *op. cit.*, se dice que en Sudamérica los juegos de trucos fueron introducidos hasta el siglo XVII. José Fernando Ramírez, *Obras*, III, 282, llama *bodoque* al juego con el que Cortés entretenía a Moctezuma, nombre que de preferencia a totoloque utilizan TORQUEMADA, I, 462, y CLAVIJERO, *Historia Antigua*, IX, 6; p. 344. En 1591 (lo que resulta sorprendente), el Tesorero Real envió a la Gran Chichimeca, y en particular a Zacatecas, para ser repartidos entre los indios ya reducidos, dos docenas de juegos de bolos y 22 juegos de barras "con aros de hierro, dos pelotas y dos paletas para cada jugador, para que el capitán [Miguel] Caldera los repartiese entre los indios chichimecas" (Powell, *M. Caldera*, 208, 288).

X. EL ÚLTIMO FLORECER DE LA CABALLERÍA

LA CABALLERÍA fue simplemente el sentido que del honor se tuvo en la Edad Media. Los ideales caballerescos fueron fijados para el mundo hispánico en el siglo XIV por Raimundo Lulio, en su *Libro del Orden de Caballería*, código de conducta tan leído y apreciado a fines del Medievo que William Caxton lo tradujo e imprimió en Inglaterra en 1484. En esa época, España era más fiel a las virtudes caballerescas que el resto de Europa, donde ya estaban en decadencia; y por ello el Conquistador español llevó consigo estos ideales, más o menos incólumes, al otro lado del Atlántico. El sentido del honor, inseparablemente acompañado de la sed de grandeza o de más valer, constituyó uno de los resortes principales de la acción emprendida por los españoles en defensa de su fe y en nombre de su rey. Con sus misterios y peligros, el Nuevo Mundo (incluida la Nueva España) ofrecía un vasto campo para el ejercicio de las armas; y para la realización de una serie de empresas tan dificultosas como temerarias. Fue de nuevo posible realizar hazañas singulares y luchas personales, como las del joven Núñez, paje de Cortés, en las azoteas de Tenochtitlán; y aun las del Conquistador mismo que combatió personalmente con un general azteca en la batalla de Otumba. La Conquista, dice Ida Rodríguez Prampolini, puede válidamente interpretarse como una hazaña inspirada en el sentido caballeresco de la vida, explicarse en función de la fantasía, de la imaginación y de una pasión cargada de simbolismo, fincada en valores humanos no siempre racionales. Los conquistadores, afirma Orozco y Berra, creían ser paladines de romance en un país encantado, donde tenían que habérselas con malandrines y con nigromantes estilo Merlín. Cada batalla era la más cruenta, la más ardua; y uno de los soldados, Bernal Díaz del Castillo, pensando en sí mismo y en sus compañeros pudo legítimamente hacerse la pregunta: "¿qué hombres ha habido en el Universo que tal atrevimiento tuviesen?"[1]

Los ideales caballerescos conservaron su vigencia por lo menos hasta bien entrado el siglo XVII. También inspiraron a los cronistas. Gómara, por ejemplo, pone en boca de Cortés arengas en que éste usa un lenguaje caballeresco, como cuando advierte en Cuba a sus soldados: "Vamos a comenzar guerra justa, buena y de gran fama", o cuando informa al cacique de Cempoala haber venido "a desfacer agravios... y quitar tiranías", palabras que parecen tomadas de un libro de caballerías. García de Palacio dedica

---

[1] Ésta es la definición de la caballería de Vale, 1; *cf. ibid.*, p. 66; Prestage, 79, y Prescott, 457, 500; Orozco y Berra, *Historia Antigua*, IV, 232; e Ida Rodríguez Prampolini, 27, 84, 104 s, 115, 117-118 y 153-154. La captura del general enemigo por Cortés en Otumba tiene precedentes en la guerra entre Cristianos y Moros en la Península: Lockhart Schwartz, 80. La pregunta que se hizo Bernal Díaz figura en su *Historia Verdadera*, c. lxxxviii; IV, 232. Keen, 250, nos señala que la emulación del caballero errante es más discernible entre los conquistadores de la primera mitad del siglo XVI, como Cortés, Pizarro y Lope de Aguirre.

el primero de sus *Diálogos Militares*, publicados en México en 1583, a "las calidades y requisitos y sustancia que han de tener un capitán y un soldado", virtudes que son de innegable inspiración caballeresca; y en el último tratado de la caballería aplicada a las Indias, el de Vargas Machuca de 1599, se enumeran las características que debe guardar el "esforzado caballero", quien debe ser un buen cristiano, linajudo, liberal en dádivas, arrojado y diligente. Con sus "buenas pláticas", según uno de sus soldados (que después tomó el hábito religioso), Francisco de Aguilar, Cortés sabía cómo tornar a sus hombres de corderos en leones; de sí mismo y de sus compañeros dice que después de una arenga del Conquistador "ibamos sin temor ni miedo alguno [a enfrentarnos] a un... grande ejército". Bartolomé de Góngora califica a los "muy esforsados" conquistadores de "caballeros andantes", y la viuda de Montejo el Viejo usa argumentos de carácter caballeresco y medieval para solicitar mercedes del rey, tales como el que la presencia de una mujer de calidad en las guerras y conquistas (su caso y el de algunas otras damas) es motivo para que los caballeros "se esfuerzen y animen a señalarse y bien obrar y servir a sus Reyes y Señores con mas animo y valor".[2]

El conquistador del siglo XVI, como señala García Morente, tiene entre sus características la de ser *paladín* de una causa, lo cual quiere decir que creía en la virtud y eficacia inmediata de su propia voluntad para transformar las cosas y alcanzar el bien según él mismo lo entendía. Para Orozco y Berra, el valor a toda prueba y otras características de Cortés traen a la memoria "a los antiguos paladines de la Mesa Redonda". Como recordó Díez de la Calle en 1646, de Cortés había dicho Paulo Jovio que "le avia dado Dios tan grande esfuerço en el alma que para vencer inumerables exercitos bastava que el solo saliesse en campaña". El Conquistador mismo reconocía en Olid "un Héctor en el esfuerzo", en Alvarado las más altas prendas, y en Sandoval "un tan animoso capitán que se podía nombrar entre los más esforzados". El Inca Garcilaso y numerosos cronistas utilizan ese género de frases, y Bernal Díaz afirma con su sobria elegancia que si grandes fueron los hechos que dieron blasones y palacios a los caballeros medievales, "nuestras hazañas no son menores que las que ellos hicieron". Una evidente avidez de fama está presente en toda la literatura caballeresca medieval, lo cual es igualmente discernible en la castellana a partir del siglo XIII. Cortés mismo (quién sabe con cuánta sinceridad) no tuvo empacho en escribir a su padre en 1526: "yo tengo por mejor ser rico de fama que de bienes"; y el historiador Fray Diego López de Cogolludo corrobora ese juicio diciendo a propósito del Conquistador y de sus contemporáneos que "el mayor interés en

---

[2] Céspedes del Castillo, en "Indias... siglo XVI y XVII", 440, discute los ideales caballerescos que sobrevivían en las Indias en el siglo XVII. El recurso a la arenga de los cronistas es analizado por Iglesia, *Cronistas e historiadores*, 254; por Lucas Alamán, I, 64; y por Ida Rodríguez Prampolini, 79-81. Los *Diálogos* de GARCÍA DE PALACIO son examinados por García Icazbalceta, *Bibliografía del siglo XVI*, 315-317. VARGAS MACHUCA, Lib. I, p. 55 ss. Fray Francisco de AGUILAR (ed. Patricia de Fuentes), 149; (ed. Gómez de Orozco) 60. Bartolomé de GÓNGORA, f. 219. El alegato de la viuda del primer Montejo está registrado en los MÉRITOS Y SERVICIOS DE... MONTEJO, 85-87.

los nobles es la gloria que resulta [de sus actos], y por el mayor premio tienen la inmortalidad de su fama".[3]

Según el modelo medieval, el caballero debía ser hospitalario y cortés, pero en la Nueva España sus émulos desplegaron esas virtudes exclusivamente con los de su propia condición y casi nunca con los naturales. Cortés trató con toda clase de miramientos al vencido Narváez; y uno de sus hombres llamado Juan de Velázquez, habiendo hecho prisionero en la misma ocasión a un sobrino del gobernador de Cuba, "le mandó curar y hacer mucha honra". Saavedra Guzmán considera al mayor de los Montejos "valiente, fuerte, diestro y animoso", y aplica epítetos semejantes a Hernández Puertocarrero, Alvarado, Alonso de Ávila, Morla, Salceda, Ordaz, Olid, Sandoval, Escalante, Pedro de Escobar y Velázquez de León, que según él eran "espejos de cortesía". Los indios, por no ser considerados caballeros tenían prohibido portar espada y otras armas y montar a caballo o en jaca, excepto los caciques amigos. El alguacil mayor de Puebla Gonzalo Díaz de Vargas no quería hacer excepción ni con los caciques, pues —dice con rara honradez y clarividencia— son "nuestros contrarios y miran que les tenemos ocupada su tierra y señoríos y no les falta sino el uso de las cosas de la milicia". En la *Descripción del Arzobispado de México*, de 1569, dos informantes españoles (uno de ellos canónigo) exhortan a las autoridades a confiscar a los indios las espadas, arcabuces y ballestas que poseían; y en ese sentido actuó en 1585 el Arzobispo-Virrey Moya de Contreras, a instancias de la Corona. No obstante ello, por lo menos en algunas regiones apartadas del virreinato, los caciques indígenas conservaron sus armas, sus "vestidos a lo español de seda... y sus muy lindas mulas y aderezos de sillas, cortesanos y de muy buenos talles y presunción", según dice Fray Francisco de Burgoa.[4]

Cortés estaba convencido de ser "caballero de armada caballería"; y así lo dice. Existen testimonios de que con tal calidad a su vez a r m ó c a b a - l l e r o s a algunos de sus soldados en Tlaxcala y en Coyoacán, siguiendo los ritos feudales. En efecto, a principios de 1521, habiendo fallecido (al parecer víctima de la viruela) su fiel aliado el viejo Maxicatzin, en nombre

[3] M. García Morente *Idea de la Hispanidad*, Buenos Aires, Espasa Calpe, 1938, 87-90, *ap.* García Soriano, 76. Orozco y Berra, *Historia Antigua*, iv, 73. Díez de la Calle, 129. En Durand, *Transformación del conquistador*, i, 84-85, se encontrarán las citas de Cortés, del Inca Garcilaso y de Bernal Díaz del Castillo mencionadas en el texto. La idea de la fama en la Edad Media castellana es analizada por Rosa María Lida de Malkiel en su libro de ese mismo título (México, FCE, 1952); véase en la revista *Speculum*, XXX: 4, 662 y 666, una evaluación de esta obra. La Carta de Cortés a su padre (del 26 de septiembre de 1526) ha sido publicada por Cuevas (ed.), Cartas y Documentos, 29. Bernal Díaz del Castillo, c. ccx; iii, 251. López de Cogolludo. Lib. ii, c. l, p. 59.

[4] Véase al respecto del uso de espada, caballo o yegua, e incluso de cotas de malla, etc., por parte de notables indios, *ante*, el cap VII *in fine*. Bernal Díaz informa sobre la conducta de Juan de Velázquez en c. cxxii; II, 62. Saavedra Guzmán, 44-46. En el Espistolario de Paso y Troncoso, VIII, 100-102, aparece la Carta de Díaz de Vargas, fechada el 20 de mayo de 1556. L. García Pimentel (ed.), Descripción del Arzobispado de México, 111 y 130-131. Moya de Contreras escribió al rey una Carta el 22 de enero de 1585 informándole que se había ordenado una investigación para confiscar los arcabuces a los indios: Paso y Troncoso, *op. cit.*, XII, 124, Fray Francisco de Burgoa, *Geográfica Descripción*, II, 184.

del Rey Católico dio el señorío vacante de Ocotelolco —una de las cuatro cabeceras de Tlaxcala— al hijo del difunto, Juan de Maxicatzin, de 12 años de edad, y por hacerle mayor distinción "lo armó caballero al uso de Castilla", reconociéndole implícitamente la calidad de noble. Muñoz Camargo, el historiador mestizo tlaxcalteca, cuya visión fue afectada fuertemente por la influencia europea, afirma que era común que los naturales de su tierra, así como los de México y de otras provincias de la Laguna Mexicana, fueran a r m a d o s c a b a l l e r o s por "su valor, buen consejo y aviso"; entre los así honrados menciona a muchos hijos de Xicoténcatl el Viejo; y añade que en Tlaxcala prevalecía "el espíritu marcial de la república de Roma". En el juicio de residencia a que fue sometido Cortés, uno de los cargos hechos en su contra fue precisamente el de haber a r m a d o c a b a l l e r o s , acusación de mala fe, pues cualquier caballero podía a r m a r a otro (e incluso a su rey, como Bayardo), según las reglas de la caballería. En efecto, abundan los testimonios de que durante los trabajos de reconstrucción de México, dio la p e s c o z a d a en Coyoacán a tres de sus tenientes, a saber Cristóbal de Olid, Cristóbal Corral y Gonzalo de Sandoval para armarlos caballeros. Les tomó juramento con el Evangelio en la mano y les ciñó las espaldas, diciéndoles "Dios e el Apostol Santiago os faga buenos caballeros". Luis de Cárdenas, uno de sus detractores, afirmó que además de caballeros "abia fecho duques e condes" ese mismo día a sus tres capitanes, lo cual indudablemente habría constituido una usurpación de las prerrogativas regias. Otra costumbre caballeresca, el r e t o o desafío entre caballeros, practicado en México en el siglo XVI, parece tomada de las páginas de la historia del Medievo europeo. Así, cuando el factor Gonzalo de Salazar profirió en público una exclamación contra el rey, tildándolo de "hereje" por los favores que concedía a Cortés, Pedro de Alvarado (a la sazón Adelantado de Guatemala) "lo d e s a f i ó públicamente a fuer de caballero según los r e t o s de Castilla". Alteróse la ciudad, dice Remesal, y la Audiencia presidida por Nuño de Guzmán trató de obligar al desafiante a regresar a su gobernación, pues como éste no quiso irse, fue encerrado bajo grilletes en las Atarazanas de México. Zumárraga se queja de que de esta manera "el rey quedó ofendido, el fiel castigado y el d e s l e a l , sobre impune, tan ufano como si hubiera vencido en campo a su adversario". Luis de Velasco II recuerda, entre los méritos de su familia, que Carlos V eligió a su padre "por uno de los doce caballeros que habían de entrar en el d e s a f í o y combate que estuvo aplazado con el Rey Francisco de Francia", aunque tal combate no tuvo lugar porque el rey y los caballeros franceses no acudieron al emplazamiento. Los d e s a - f í o s eran frecuentes en la época del segundo Marqués del Valle que, como observa Fernando Benítez, señala la culminación del periodo caballeresco de la Nueva España, y al que en su proceso de 1566 se acusó (acusación pueril) de usar gallardete, o sea pendón, bandera reservada a los señores que traían hueste y tenían caldera. Suárez de Peralta informa que a quien no aceptaba un desafío se le tomaba la gorra y se le hacía girones públicamente a cuchilladas, en señal de cobardía. Por último, Vargas Machuca describe la ceremonia del r e t o que todo fundador de ciudad, "armado de todas sus armas" debía pronunciar espada en mano dirigiéndolo a quien se atreviese a poner en duda la autoridad real que de esa manera era establecida.[5]

La discusión de si Cortés es más "renacentista" que "medieval" o viceversa no tiene realmente mucho sentido. En su visión de las cosas y en su conducta fue claramente un hombre de su tiempo y de la España de fines del siglo XV, nación que estaba todavía fuertemente influida por los conceptos del Medievo y fincada en instituciones de esa misma época. Ida Rodríguez Prampolini eligió a Cortés para mostrar el paralelo existente entre el caballero y el conquistador. Para Villoro, en el Conquistador el señor feudal y el humanista son inseparables, y a este último respecto cabría recordar que el latín que Cortés sabía —que no era mucho— era el latín eclesiástico o bajo latín del Medievo. Erwin Walter Palm considera que Cortés encontró un nuevo equilibrio de energía dentro de la esfera del Renacimiento italiano pero con un fondo medieval. Fray Matías de Escobar lo comparó mucho más tarde con César por su brillante estrategia, pero en su tiempo fue conocido sobre todo como "esforzado caballero"; y Fray Vicente Palatino de Curzola por su parte, lo cubrió de epítetos medievales tales como fuerte, atrevido, magnífico, magnánimo, esforzado, avisado en los consejos, prudente, constante con los enemigos, fiel a su rey, clemente y piadoso. Es obvio que Cortés no tuvo todas estas cualidades o por lo menos no las practicó siempre, y que sus rasgos de crueldad y codicia no encajan dentro de los ideales caballerescos, pero las hazañas y sobre todo la leyenda del Conquistador son el último capítulo de las gestas medievales. La *Res gestae Ferdinandi Cortesii* comprende los nueve romances reunidos por Winston A. Reynolds en su *Romancero de Hernán Cortés;* todos datan de los años que van del sitio de México a mediados del siglo XVII, y el primero y el último fueron escritos en la Nueva España. El primer romance, casualmente conocido y luego repetido por Bernal Díaz, ya preanuncia claramente lo que es hoy el *corrido,* sucesor del romance español en México:

"En Tacuba está Cortés,
con su escuadrón esforzado,
triste estaba y muy penoso,
triste y con gran cuidado,
una mano en la mejilla,
y la otra en el costado..."

Aunque algunos escritores eclesiásticos, antiguos como Torquemada y modernos como Baumgartner, comparan a Cortés con Moisés, lo que no

[5] La afirmación de Cortés aparece en los documentos relativos a su residencia por la muerte del licenciado Ponce de león, *ap.* CDIAO, XXVIII: 275. La ceremonia en que fue principal figura Juan de Maxicatzin es descrita por Bernal DÍAZ, C; CXXXVI; por Herrera, déc. 2, lib. x, c. 19; por CLAVIJERO, *Historia Antigua,* IX, 32; p. 378; por TORQUEMADA, I, 523; y por USTARROZ, continuador de la obra de ARGENSOLA, p. 265, quien sin embargo lo llama no Juan sino Lorenzo; *cf.* Prescott, 413. Gibson, en *Tlaxcala,* relata que Juan de Maxicatzin fue llevado a España, donde murió siendo aún muy joven en 1529. Muñoz Camargo es citado por Prescott, 629

deja de ser interesante, la mayoría de los cronistas de la época colonial insisten en verlo como a un héroe de gesta, como a un nuevo Campeador o un nuevo Roldán. Menéndez Pidal ha señalado cuán presente estaba el romancero en la mente de Cortés y de sus soldados, quienes con frecuencia repetían de memoria los versos de algunos famosos romances. Bernal Díaz relata que Hernández Puertocarrero citó el antiguo romance de Montesinos:

"Cata Francia, Montesinos,
cata París, la ciudad:
cata las aguas del Duero
do van a dar en la mar…"

para aconsejar a Cortés el buen cuidado y gobierno de la tierras conquistadas (entiéndase: haciendo a un lado a Velázquez); el Conquistador replica con una cita de otro romance de origen carolingio: "Denos Dios ventura en armas, como al paladín Roldán, que en lo demás, teniendo a vuesa merced y a estos otros caballeros por señores, bien me sabré entender."[6]

(véase también p. 193) y por P. F. Velázquez (ed.), Col. de Docs. San Luis Potosí, I. Int., p. xix, nota 1. Sobre los caballeros que Cortés armó en Coyoacán antes de 1527, véanse las DECLARACIONES DE TESTIGOS EN LA PESQUISA SECRETA CONTRA HERNANDO CORTÉS, en CDIAO, XXVI, 425, 452-453 y XXVII: 29 (dichos testigos fueron Bernardino Vázquez de Tapia, Gonzalo Mejía y otros conquistadores); la CARTA DE DON LUIS DE CÁRDENAS en la misma colección, XL: 284; e Ida Rodríguez Prampolini, 133-134. Cf. Mayer, I, 68, respecto a la pescozada. HARKNESS COLLECTION, núm. LXXVIII, p. 296 ("Interrogatorio del [segundo] Marqués del Valle"). El desafío de Pedro de Alvarado es mencionado por ZUMÁRRAGA (en García Icazbalceta, ZUMÁRRAGA, 52-53) y por REMESAL, II, V; I, 130. LUIS DE VELASCO (II), Relación de los servicios que mi padre… hizo a S.M., en DOCUMENTOS RELATIVOS A VELASCO, 191. SUÁREZ DE PERALTA, 113; cf. F. Benítez, 54-55. VARGAS MACHUCA, II, 19-20.

[6] Ida Rodríguez Prampolini, 125-136, analiza la figura de Cortés como caballero en sentido feudal, apoyándose en los testimonios de Bernal Díaz, Gómara, Tapia, Suárez de Peralta, Cervantes de Salazar y otros. Villoro, Indigenismo, 24. E. W. Palm, I, 130. Fray Matías de ESCOBAR, 56, dice que como César, "Cortés vino, vio y venció". Gardiner, en Naval Power, 195, hace el elogio de Cortés como estratega. Fray Vicente PALATINO DE CURZOLA, en Hanke y Millares Carlo, Cpo. de Docs. del s. XVI, 18. Reynolds, 17-18, describe los nueve romances que ha recopilado sobre las hazañas de Cortés: del 2° al 5° fueron publicados por Gabriel Lasso de la Vega; el sexto es anónimo y data del siglo XVII; y el 7° y 8° fueron impresos en pliego suelto en 1638. El noveno, conservado en la Biblioteca Nacional de México (Ms. 1.241), consta de 68 versos y empieza como sigue:

"Fernando Cortés Monroy,
gran simulacro de César,
nuevo Alejandro español,
y nuevo Tiburcio de Tebas…"

Orozco y Berra, en Historia Antigua, IV, 473, reproduce los versos del romance de Tacuba, citando a Bernal DÍAZ. c. xlv. A Clementina Díaz y de Ovando, según afirma en "Romancero", 25, la descripción de Cortés en Tacuba le recuerda el verso triste estaba y muy penoso, del romance sobre la muerte que dió Pirro a la linda Policena (Romancero general, X, 27). TORQUEMADA, I, 341. Baumgartner, I, 27 ("Cortés, der neue Moses"). Menéndez Pidal, Los romances tradicionales de América, Austral, 1955, 12-13, y Martínez Ruiz, 129-130. Bernal DÍAZ, c. xxvi ("Cata Francia, Montesinos…"). Sobre la cita de un romance del ciclo carolingio por parte de Cortés, ver Prescott, 137, y Pereyra, Cortés, 53.

Los conquistadores también fueron asiduos lectores de la novelas de caballería que, a diferencia de los romances, carecían de base histórica, pero constituían un género literario que conservó el espíritu tradicional de la caballería, exacerbándolo sin embargo en ocasiones hasta el punto en que lo encontró Cervantes: el de la insensatez y la chabacanería. La afición por esas lecturas alcanzó su cúspide en la época de los grandes Descubrimientos y de la conquista de México; y los soldados y capitanes que tomaron parte en esta última a menudo revelan la influencia que en ellos tuvieron los Amadises, el Caballero Cifar y las Sergas de Esplandián. Thomas señala que durante el siglo XVI aparecieron 49 novelas de caballería: desde el *Amadís de Gaula* en 1508, hasta el *Clarisol de Bretaña* y el *Policisne de Beocia*, "último de su raza en España", en 1602. En el censo de libros ordenado en México por el inquisidor Moya de Contreras en 1571-1572, la lista de libros de caballería parece interminable; y además un gran número de ejemplares (en unas 40 cajas) le llegaron de Medina del Campo al librero Diego Navarro Maldonado en 1584, todo lo cual es prueba de la gran popularidad de aquellas lecturas. Fernández del Castillo examina los títulos de los libros que llegaron a partir de 1576 (en navíos sueltos, pero sobre todo en 13 flotas) y encuentra muchos libros de caballerías (y otros clasificados como tales y también confiscados, como *Orlando el Furioso* y la *Crónica del Mio Cid*), entre los que figuran repetidamente el *Amadís de Gaula*, el *Palmerín*, *Oliveros de Castilla*, el *Roldán*, *Carlomagno* y los Caballeros *D. Reinaldo*, *D. Belianís*, y *de Febo*. El conquistador veía en el mundo circundante constantes señales de la Providencia, pero en las novelas de caballería hallaba el reflejo de sí mismo; lo maravilloso, lo grotesco y lo fantástico de su propia aventura estimulaban fuertemente su imaginación. Tampoco fueron los conquistadores los únicos lectores de ese género literario en Europa o en América. Hernando Colón coleccionaba ediciones príncipes; Ignacio de Loyola, Teresa de Ávila y aquel espíritu superselecto de la España del siglo XVI, Juan de Valdés, fueron asiduos lectores de novelas de caballerías. Los compañeros de Cortés tenían siempre a los héroes de esas novelas en la punta de la lengua o en la punta de la pluma. Los miembros de la expedición de Cortés que eran partidarios de Velázquez invocaron ante el Conquistador diversas historias de los romanos o de Alejandro para disuadirlo de sus proyectos de continuar la marcha hacia el interior barrenando primero sus naves. Al describir los múltiples episodios del sitio de México, Bernal Díaz habla de "cosas para nunca acabar" parecidas a las que se narran en el *Amadís* y en otros libros de caballerías. Dos prisioneros tomados a Narváez y enviados por Sandoval a Cortés a México (uno de ellos era el clérigo Guevara) se "espantaban" de lo que veían en el camino "pensando si era encantamiento o sueño"; y también pareció "cosa de sueño y encantamiento" el gran recibimiento dispensado a Las Casas en 1545 por los indios de Teapa y Texomaxioca, según narra Fray Tomás de la Torre. Bernal Díaz no fue una excepción entre los cronistas, que eran todos aficionados a la novelas de caballería; Pedro Mártir era versado en ellas, y Oviedo, aunque las vituperó en su madurez, en su juventud había escrito una, impresa en Valencia en 1519 y dedicada al Duque de Calabria, primo de Fernando el Católico, intitulada *Libro del muy esforzado e invencible caballero de Fortuna llamado Claribalte*. De los libros de caballerías derivó una serie de romances sentimentales, y algunas de las historias relatadas en aquellas novelas (como la del Santo Grial) sobrevivieron en otras formas, por ejemplo en el teatro religioso. Todavía en 1621, en una mascarada que organizaron los plateros de México, junto con Don Quijote y Sancho Panza desfilaron don Belianís de Grecia, Palmerín de Oliva, el Caballero de Febo, la Hechicera Melia, los enanos encantados Ardían y Bucendo y Urganda la Desconocida.[7]

La novela de caballería más leída en ambos lados del Atlántico en el siglo XVI fue seguramente el *Amadís de Gaula*, cuyas insensatas aventuras y combates sin propósito fijo reflejan con sus elementos maravillosos la nebulosa imaginación céltica que la concibió. Su fuente de inspiración es la misma que la de Tristán y Lancelote; y desde el siglo XIV, sus amores con Oriana y otros episodios figuran en diversas obras, por ejemplo en el *Rimado de Palacio* del Canciller López de Ayala y en el *Cancionero de Baena*. Su texto español moderno data sin embargo sólo de fines del siglo XV, y la primera edición que se conoce —en la redacción de Montalvo— es de 1508 y apareció en Zaragoza. Bernal Díaz narra en términos del *Amadís* no sólo el sitio de México sino también otros episodios. Cuando desde el camino de los volcanes españoles vieron a los lejos por primera vez la reluciente Tenochtitlán, con sus grandes templos y torres, que surgía de su laguna de turquesa, el cronista exclamó: "nos quedamos admirados y decíamos que parecía a las cosas de encantamiento que cuentan en el Libro de Amadís".[8] Gómara califica un episodio de la expedición a las Hibueras de "fábula

---

[7] Véase Hernández Sánchez Barba, 240-241, sobre la diferencia entre gestas y novelas de caballerías; y Torre Villar, *Cuarto Centenario*, 303, acerca de la relación entre los libros de caballerías y los conquistadores. Thomas, 147-148 y n. 1. Priestly, *White Man*, 145, trata del censo de libros ordenados en 1571-1572 por Moya de Contreras. Ver en Leonard, *Romances of Chivalry*, 223, n. 17, datos sobre la presencia de novelas de caballería en las librerías de la Colonia así como F. Fernández del Castillo, *Libros y libreros del siglo XVI*, 268-281; y 388-392, 394, 398, 404, 415- 419, 423- 424, 435- 445, 495 y 509-511. Ida Rodríguez Prampolini, en *op. cit.*, 57, 90 y 96 y Thomas, 30-31, analizan los elementos maravillosos y providenciales de estas novelas. Zavala, en *Mundo Americano*, I, 128, expresa la opinión de que los libros de caballería y los romances revelan la riqueza de la imaginación de los conquistadores y "ayudan a comprender la atmósfera en que se movían esas empresas de penetración". Véase Leonard, *Books of the Brave*, 21, sobre Hernando Colón y su biblioteca; y Boase, 5, y Hernández Sánchez Barba, 247, acerca de las aficiones de San Ignacio de Loyola Valdés y Santa Teresa de Ávila a la lectura. Las advertencias de los partidarios de Velázquez a Cortés son citadas por Bernal DÍAZ, c. lxix; I, 258, el cual también habla de "sueños y encantamientos" en c. cli; II, 255; c. cxi; II, 17, etc. Fray Tomás de la TORRE, 174. Chinard, en *Exotisme américain*, 17, dice que Pedro Mártir, quien era básicamente un poeta, no ignoraba nada acerca de las novelas de caballería. La afición de Oviedo a estos libros está abundantemente documentada en HARRISSE (ed.), *Bibliotheca Americana Vetustissima*, n. 57, p. 73; en el prólogo de O'Gorman al mismo OVIEDO, x; en Iglesia, *Cronistas e historiadores*, 129; en Miranda, "Introducción a OVIEDO", 43 y 45; en Gerbi, *Indias Nuevas*, 254; en Thomas, 138-139; y en Ida Rodríguez Prampolini, 72. Respecto a los elementos caballerescos contenidos en muchos romances ver Gayangos, *Libros de Caballerías*, lxxvii-lxxxiv y Thomas, 148-149. La mascarada de los plateros a que se alude en el texto es descrita por Romero de Terreros, *Artes Industriales*, 23-24.

[8] Sobre los orígenes del *Amadís*, ver Alberto Sánchez, 239; Thomas, 48; Martínez Ruiz, 112-114; Ida Rodríguez Prampolini, 42; y Navarro González, 303, así como Artz, 352. Bernal

o encantamiento como los de Amadís".[9] También Oviedo menciona esta novela aunque sólo para decir que está llena de disparates; pero el hecho es que llegó a ser tan famosa que algunos soldados españoles daban nombres tales como Amigo, Calisto o Amadís a sus mastines de guerra, lo cual ciertamente no honra al célebre caballero andante.[10]

El nombre de un primo de Amadís, el caballero Agrajes, con el calificativo de "sin obras" fue dado como apodo al conquistador Pedro de Ircio que era, según Bernal Díaz, "muy ducho en el hablar y poco en el obrar". En *Las Sergas*, Agrajes y otros caballeros, junto con la Reina Calafía escoltada por sus dragones, acuden en socorro de Constantinopla al lado de Esplandián, hijo de Amadís de Gaula. En el capítulo II se trató la importancia que *Las Sergas de Esplandián* tuvieron para la exploración de la Baja California. Fue una novela tan popular a raíz de su publicación en 1510, que fue reimpresa cuatro veces entre 1521 y 1526.[11]

Si *Las Sergas* han perdurado en cierto modo en el nombre de romance caballeresco que aún lleva la California, la *Historia de Carlomagno y los Doce Pares* se perpetuó en la danza y el folclor mexicano. La primera versión impresa en español de este romance apareció en 1525, pero dicha *Historia* ya circulaba en la Península por lo menos desde el siglo XII (de hecho, uno de sus episodios, la batalla de Roncesvalles, tuvo lugar en suelo ibérico). Según Bernal Díaz, en Tabasco en 1519, y en el sitio de Tenochtitlán en 1521, Cortés esperaba tener la ventura en armas de paladín Roldán. Cuando los timoratos trataron de persuadirlo, de que al retirarse de México se refugiara no en Tlaxcala sino en Veracruz, les respondió irritado que "valía más morir por buenos, como dicen los cantantes, que vivir deshonrados", lo cual, según Menéndez Pidal, es una alusión a un cantar de Rolando en Roscesvalles. Andrés de Tapia relata que en Xocotlán el Conquistador "partió con *once* de a caballo que en su compañía llevaba" (quizá habría perdido a un "paladín" en la Noche Triste), y que en otras expediciones se hizo

Díaz menciona a Amadís en los cc. lxxxvii y cli. *Cf.* Prescott, 481, n. 24 y Chapman, *Hispanic America*, 5. Américo Castro dice, refiriéndose a a los soldados de Cortés, que "la ciudad de México surgía ante ellos como salida de una página del *Amadís*" (Gilman, 110, n. 22).

[9] GÓMARA, II, 153; cf. Iglesia, *Cronistas e historiadores*, 177, e Ida Rodríguez Prampolini, 76. Las Hibueras corresponden a la actual Honduras; Motolinía, en MEMORIALES, 27, las llamó las Higüeras, y Fray Pablo BEAUMONT, II, 106, Higueras, pero antes de este último, TORQUEMADA ya había usado la forma Hibueras. Hackett (ed.), HISTORICAL DOCUMENTS, I, Int. 8, y Aiton, *Mendoza*, 44, basándose en antiguos documentos, utilizan la forma Ygueras. Todos los indicios coinciden en que, cualquiera que haya sido la forma primeramente utilizada para designar esa comarca, se relaciona con el nombre de un árbol frutal, de tronco retorcido, que en el siglo XVI abundaba en Honduras y que era semejante a la higuera mediterránea (también por entonces trasplantada a América). Recuérdese que el nopal es conocido en Europa y Sudamérica como higuera o chumba de pala, de tumba, o simplemente de Indias; y que la güira, hibuero o higüero, árbol de la familia de las bignoniáceas, era y es abundante en las costas del Mar de las Antillas.

[10] OVIEDO, I, 179; cf. Martínez Ruiz, 122; e Ida Rodríguez Prampolini, 71. Sobre los mastines, ver Romano, 19.

[11] Martínez Ruiz, 106-107 y 116, menciona al Caballero Agrajes. Respecto a las *Sergas de Esplandián* y al origen del nombre "California", se puede añadir a la bibliografía citada en el capítulo II a Martínez Ruiz, 107, y a Leonard, "Conquerors and Amazons", 567.

acompañar por *doce* caballeros. El propio Tapia, también en emulación de los Doce Pares, se unió a otros once soldados "que a fuer de caballeros andantes quedaron concertados para defender... la fe católica, deshacer agravios y favorecer a los españoles e indígenas amigos". En 1532 Juan de Oñate fundó la primera villa de Guadalajara (en Nochistlán), según informa el Padre Tello, en una meseta o mesa alta y redonda "que parecía la de los doce pares de Francia". Bernardo de Balbuena, autor de una obra de tema épico carolingio intitulada el *Bernardo o Victoria de Roncesvalles*, compara en su *Grandeza Mexicana* las hazañas españolas en México con las del gran Bernardo de Carpio, quien según la leyenda ayudó a los vascos a derrotar a Carlomagno. De este género literario y más precisamente de los romances relativos a la Batalla de Roncesvalles y a Bernardo de Carpio se conservaban tradiciones orales en la región de Texcoco, que Vicente T. Mendoza recogió de labios de un indio nonagenario hacia 1939. Chávez Orozco asegura, documentándose en Fernández de Lizardi, que las representaciones de la *Historia del Emperador Carlomagno* eran cosa corriente a principios del siglo pasado; también informa que hacia 1930 la escenificación de un drama titulado *El Reto*, inspirado en la épica carolingia, era popular en el estado de Guerrero, si bien en él las huestes de Carlomagno y los moros infieles aparecían mezclados con ángeles y demonios y con otras ficciones alegóricas. Ricard describe otra fiesta de esta especie celebrada dos años después, así como una más, en Axochiapan (Morelos), donde el Arzobispo Vera y Zuria de Puebla fue recibido en 1925 por danzantes que personificaban a los Doce Pares de Francia. Más recientemente, en 1948, Fernando Horcasitas presenció en Atlixco una danza dialogada en español, *La Historia de Carlomagno*, en la que figuraban Fierabrás, Roldán, el Conde Oliveros de Castilla, la Princesa Floripes y Guido de Borgoña al lado de dos niños mascotas: un angelito para los cristianos y un diablito para los moros.[12]

Alonso de Ávila y el Padre Olmedo citaron, sin designarlo por su nombre al *Romance de Alejandro*, otro tema épico medieval, cuando reprocharon a Cortés su generoso trato de los soldados de Narváez. Según ellos, el Conquistador "parecía que quería remedar a Alejandro Macedonio que más procuraba de honrar los que vencía, que no a sus capitanes". Olid, como se ha visto, era según Bernal Díaz "un Héctor en esfuerzo para combatir per-

---

[12] El paladín Roldán es mencionado en los cc. xxxvi; I, 56, y cxxvi; II, 76 de Bernal DÍAZ. *Cf.* Leonard, *Books of the Brave*, 55, y *Anales de la Biblioteca Nacional* (de Buenos Aires), VIII, 124. Menéndez Pidal, *Romancero hispánico*, Madrid, Espasa Calpe 1953, II, 227, *ap.* Reynolds, 15-16. TAPIA, ed. A. Yáñez, 62. La banda de los doce de a caballo, comandada por Andrés de Tapia, es también mencionada por Leonard, "Conquerors and Amazons", 568; por Diego Clemencín, en su ed. del *Quijote*, Madrid 1833, IV, 277; por Rosenblant, *Los conquistadores y su lengua*, 57 ("es la proyección del ciclo caballeresco de la Tabla Redonda unos setenta años antes de la primera salida del hidalgo manchego"); por Lohmann, *Órdenes Nobiliarias*, I, xxviii; por Fernández del Castillo (ed.), TRES CONQUISTADORES, 190, 211; y por Bayle, *Culto del Santísimo*, 617. Acerca del sitio escogido para la fundación de Guadalajara-Nochistlán, ver Páez Brotchie, *Guadalajara Novogalaica*, 15. Bernardo de BALBUENA, ed. F. Monterde, pp. XII, 24 y 36 (en esta última, a propósito de los caballeros de México, se mencionan de paso al Duque Astolfo, "fénix de la brida", y a Bayardo, Brilladoro y otros caballeros imaginarios). V. T. Mendoza, *Romance y Corrido*, 107, 108. Chávez Orozco. "El Romance en México", 266-267. Ricard, "Moros y Cristianos", 287. Horcasitas, 82.

sona a persona", y también su contemporáneo Bayardo el "caballero sin miedo ni tacha", fue calificado en Francia de nuevo Héctor. Fray Alonso de la Rea compara favorablemente las leyes de los antiguos tarascos con la de algunos legisladores de la Antigüedad, como el mítico Radamanto, hijo de Zeus, que dio sabias leyes a Creta.[13] El ciclo artúrico, conocido en la Península desde el siglo XIV, arribó también a las costas novohispánicas. En sus *Antigüedades de la Nueva España*, Francisco Hernández dice que después de recibir el homenaje de los embajadores aztecas, los indios totonacas se persuadieron de que Cortés, como encarnación de Quetzalcóatl, "tenía que volver a regir las riendas del imperio, así como Arturo el suyo de Bretaña". Balbuena alude en el *Bernardo* a los encantamientos de Morgana, hermana del rey Artús; y por último, el Padre Alegre relata que entre los tehuecos, "nación fiera y vengativa", hubo un cacique que castigó a los verdugos del jesuita Gonzalo de Tapia, y que fue bautizado, como una de las islas Canarias, con el evocador nombre de Lanzarote.[14]

Filidón de Iberia, El Caballero Palmerín de Inglaterra, Lisuarte de Grecia y *Florisel de Niquea* son los títulos de algunas novelas de caballería que la Inquisición decomisó, junto con otros libros, a Miguel Pérez de Soto, constructor de las torres de la catedral de México, al procesarlo en 1650 por astrólogo. El *Libro del Esforzado caballero Don Tristán de Leonís* fue también muy leído en la Nueva España; y uno de los informantes del Inca Garcilaso, Gonzalo Silvestre, comparó sus propias hazañas contra los indios tulas (de a región de los Apalaches) con las del Caballero Febo, héroe de otro libro de caballerías.[15]

Bernal Díaz tiene presente la *Gesta romanorum* cuando, al relatar sus aventuras, dice haberse hallado "en más batallas que Julio César"; y también en la descripción de la celebración de la victoria de Cortés sobre Narváez. En ésta, cuenta el gran cronista, los atabaleros tocaron música cantando en coro "¡Viva, viva la gala de los romanos que, siendo tan pocos, han vencido a Narváez y a sus soldados!", a lo cual el negro Guidela (ex soldado de Narváez y quizás importador de la viruela a la Nueva España) para no quedarse atrás añadía: "¡Mirad que los romanos no han hecho tal hazaña!" El autor de la *Historia Verdadera* coincidía a veces con esos juicios pues en una ocasión afirmó que "mas digno de loar es nuestro Cortés que no los romanos", añadiendo más adelante que el Conquistador "era tan tenido y estimado... en toda Castilla como en tiempos de los romanos solían tener a Julio César y a Pompeyo... y entre los cartageneses Aníbal".[16]

---

[13] Bernal DÍAZ, cc. cxxiv; II, 66 y ccv; III, 209; cf. Rosenblant, "Base del español de América", 204. Gómez de Orozco (ed.), CRÓNICAS DE MICHOACÁN, 51 (Fray Alonso DE LA REA).

[14] Sobre el ciclo artúrico en la Península, ver Alfonso Reyes, "Ciclo artúrico", 132. Francisco HERNÁNDEZ, *Antigüedades*, 196-197. BALBUENA (ed. F. Monterde), 200. El cacique Lanzarote es mencionado por el Padre ALEGRE, II, 53.

[15] Almoina, en *Rumbos heterodoxos*, 47-48, enumera los títulos en la biblioteca de Pérez de Soto. Don Tristán de Leonís es mencionado en Navarro González, *El mar en la literatura medieval castellana*, 297-312; y el INCA GARCILASO, IV; xiv; p. 463, describe el encuentro de Gonzalo Silvestre con los indios tulas.

[16] Bernal DÍAZ, c. cxxii; II, 61, c. cxciii; III, 127, c. ccxii; III, 267 y c. cxxix; II, 109. El episodio de Guidela y los atabaleros de Narváez es referido en versión tomada también del c. cxxii de Bernal DÍAZ, por Orozco y Berra, *Historia Antigua*, IV, 346.

La Corona española —de acuerdo con la Iglesia— prohibió repetidas veces el paso a las Indias de las novelas de caballería y sus distribución y venta en las colonias. En unas Ordenanzas enviadas por los Reyes Católicos a la Casa de Contratación se las calificaba de historias fingidas, profanas y deshonestas. Siendo regente en 1531 por una de las frecuentes ausencias de su marido y citando como ejemplo el *Amadís*, la Emperatriz Isabel de Portugal prohibió el comercio de tales libros en las colonias, tildando su lectura de ociosa y profana. Su impresión fue definitivamente prohibida en España en 1605; pero la reiteración de tal prohibición en 1536, 1543 y 1550, demuestra que seguían circulando. La Audiencia de México mandó buscar esas "mentirosas historias" en las librerías de la capital en 1543 para retirarlas. De hecho todas las historias de caballerías que se leían en España, eran también conocidas en la Nueva España, con la posible excepción del *Tirant lo Blanc*, que se escribió y publicó en catalán. Las autoridades eclesiásticas, entre ellas el Obispo Palafox y Mendoza, se propusieron quemarlas para evitar que los indios quedaran expuestos a lecturas "profanas y fingidas" que podrían distraerlos de "la sana y buena doctrina de la Escriptura y de los Santos"; y esas censuras fueron incluidas en las Leyes de Indias.[17] El comercio de los libros de caballerías empezó a decaer en los últimos años del siglo XVI cuando ya Cervantes de Salazar había advertido a los padres que no dejasen leer "amadises" a sus hijas. La popularidad de semejantes lecturas menguó rápidamente, y el prestigio de que habían gozado en los albores del siglo se desvaneció. Torquemada, por ejemplo, estimó necesario advertir que su *Monarquía Indiana* era un relato verídico y no "un libro de caballerías, donde se toma licencia para sacar de quicio las cosas y aun para mentir en todo". Por su parte el Padre Acosta calificó secamente aquellos libros de "patrañas", mas a pesar de los decretos, siguieron leyéndose hasta que Miguel de Cervantes Saavedra encontró el arma que acabó con ellas: la del ridículo.[18]

Más adelante se examinarán los fastos caballerescos que la corte virreinal de México heredó de la de Borgoña, patria de Carlos V y cuna tanto de la Orden del Toisón de Oro como de la última Cruzada. Aquí nos limitaremos a examinar las modalidades que revistieron en la Nueva España otras

[17] Schäfer, en *Consejo de Indias*, I, 92, analiza la Ordenanza de los Reyes Católicos citada en el texto. La prohibición de Isabel de Portugal de 1531 ha sido publicada en CDIAO, XLII: 466-467; y en Genaro García (ed.), DOCUMENTOS INÉDITOS, I. 439; a ella se refieren Ida Rodríguez Prampolini, 15; Martínez Ruiz, 120; y Thomas, 178-179. Las prohibiciones posteriores a 1531 son citadas por Baudot, 499, n. 67 (la de 1543 aparece en el CEDULARIO DE ENCINAS, 228-229). Véase la carta de la Audiencia de México al rey en el EPISTOLARIO de Paso y Troncoso, IV, 1190. DÍEZ DE LA CALLE, 104, dice que Palafox y Mendoza, además de novelas de caballería, mandó quemar otros libros profanos incluyendo novelas amorosas. LEYES DE INDIAS, Ley 4, tít. 24, lib. 1; cf. Gómez Hoyos, 221. Kathleen McNerney, *'Tirant lo Blanc' revisited: a critical study* (Rochester, Mich, Michigan Consortium, 1983), 26, 37-38, 51-55.

[18] Leonard, en *Romances of Chivalry*, 257, habla de la decadencia de las novelas de caballería en la Nueva España, cuya lectura fue remplazada por la de otro género literario: la novela pastoral. CERVANTES DE SALAZAR, *ap*. Ida Rodríguez Prampolini, 13; cf. p. 71 en relación con el Padre Acosta; y Garibay K., *Literatura náhuatl*, I, 45, sobre TORQUEMADA (I, 167). Fray Francisco XIMÉNEZ, O.P., I, 221, tilda de "cuentos" a las novelas de caballería.

dos instituciones inseparables de la caballería europea: las órdenes militares y la heráldica.

Las órdenes de caballería (originalmente monástico-militares) fueron en la Edad Media un instrumento para trasladar los ideales caballerescos al mundo de la realidad política. En España llegaron a ser un Estado dentro del Estado; y uno de los éxitos políticos más notables de Fernando el Católico fue el haberlas incorporado, junto con los inmensos bienes que poseían, a la Corona, al asumir personalmente la maestranza de las cuatro existentes en la Península: Santiago, Calatrava, Montesa y Alcántara. De estas cuatro órdenes hubo apenas 148 caballeros en la Nueva España durante toda la época colonial, 105 de los cuales pertenecieron a la más prestigiosa, la de Santiago. Durante el periodo que nos ocupa, en México sólo un caballero recibió el hábito de la Orden de Malta, que no era de origen español: fue Baltazar Vellerino, iniciado en 1605. En total, hubo siete caballeros de esta orden (también llamada de San Juan o de Rodas) en el resto de las Indias.[19]

La diferencia en importancia de las órdenes, tal como existieron en la Nueva España y en la Península durante el Medievo es notable; y refleja la política de la Corona de reducir las riquezas de aquellas congregaciones y de despojarlas de cualquier influencia política. Cierto es que en 1500-1502 el gobernador de Santo Domingo Francisco de Bobadilla, que era Comendador de Calatrava, logró que se adjudicaran a su Orden ciertas villas y una gran extensión de tierras en La Española, pero en 1527 Carlos V ordenó la reversión de esos territorios a la Corona; y por su parte Fernández de Oviedo, en las capitulaciones de la gobernación de Santa Marta de 1519 y 1524, no logró, como pretendía, que se crearan un centenar de encomiendas de Santiago, ya que el Consejo de Indias se opuso para evitar que surgiera una nueva milicia santiaguista en aquella comarca. Los caballeros y comendadores de la Orden de Santiago que hubo en la Nueva España no lograron ser eximidos de la jurisdicción común ni quedaron exceptuados, como pretendían, del pago del diezmo, ni siquiera el mismo Virrey Mendoza. A lo primero se contestó que los équites estaban sometidos a la autoridad real, por ser el monarca el Gran Maestre de todas las milicias nobiliarias; y respecto a lo segundo, la Iglesia replicó que las órdenes militares en nada habían ayudado —como en España en el Medievo— "a poner estas tierras debajo de la bandera de Jesu-Christo". Ninguna de las cuatro órdenes tuvo conventos en el Nuevo Mundo, como en España, aunque en 1519 Oviedo propuso esta-

[19] Vale, 63. Ladd, 59, da la cifra de 148 para los caballeros de las órdenes en la Nueva España, de un total de 898 para todas las Indias (Lohmann, *Órdenes nobiliarias*, I, lxvii, afirma que fueron 905). Romero de Terreros, en un artículo publicado en la *Rivista Araldica Italiana* recuerda que hay una cruz de Malta esculpida en una de las ventanas de la fachada de la iglesia de San Francisco de México, y señala que ahí pudo haberse reunido algún capítulo novohispánico de la Orden de Malta (Ladd, *loc. cit.*, *Table* 14, informa que los favorecidos con el hábito de esa Orden en las Indias durante la Colonia fueron siete). Chevalier, en *Land and Society*, 301, afirma que hacia mediados del siglo XVII había en la Nueva España 26 comendadores de Santiago y 7 de Calatrava. Oviedo, XXXIII, X; IV, 46, incluye a los de San Juan "de Rodas" entre los comendadores que en su tiempo vivían en las Indias, sin precisar dónde. Martínez Cosío, en *Caballeros de las órdenes*, dedica un artículo a cada uno de los caballeros que llevaron un hábito de esas órdenes (la de Malta inclusive) a lo largo de la época colonial.

blecer una fortaleza —priorato de Santiago en La Española, con una guarnición de 100 caballeros—, pero ese plan fue rechazado en favor del proyecto de los caballeros Pardos de Las Casas en Cumaná. En última instancia, pertenecer a una orden fue durante la Colonia, como lo sigue siendo hoy en día, una distinción meramente honorífica. Otra característica de las órdenes españolas en América fue el suavizar los requisitos que los aspirantes debían llenar para recibir el hábito, menos el de disfrutar de holgura económica. Martín Cortés fue hecho caballero de Santiago, por ejemplo, a pesar de no ser hijo legítimo; y tiempo después el Consejo de las Órdenes no insistió mucho en las "pruebas de sangre" para honrar a los ricos comerciantes andaluces y vascongados.[20]

Aunque la Orden de Santiago no concedió muchos hábitos a los conquistadores, los recibieron en la Nueva España por lo menos Cortés, Alvarado, Ordaz y Leonel de Cervantes, este último con el grado de Comendador. Dos virreyes tuvieron este mismo grado: Mendoza que fue Comendador de Socuéllanos y el Marqués de Gelves, que lo fue de Villanueva de la Fuente. En las procesiones, un santiaguino, con su antigua armadura, empuñaba siempre el estandarte del Santo Oficio. En lo que respecta a la Orden de Calatrava, ésta tuvo en la Nueva España durante la Colonia únicamente 23 caballeros, de los cuales quizá el primero fue otro bastardo del Conquistador, Luis Cortés. Un nieto de Hernán Cortés, Jerónimo Cortés y Arellano, y su pariente Tristán de Luna y Arellano se contaron entre los 16 caballeros de Alcántara novohispánicos; y en cuanto a la Orden de Montesa sabemos que hubo cuatro, todos ellos después de 1650.[21] Además, en la Nueva España se hizo un intento de crear una orden de caballería propia, la de los caballeros de la Santa Cruz, que surgió de una archicofradía del mismo nombre y cuya "rectoría" fue ofrecida al virrey. Se ignora el fin que tuvo ese proyecto. Como se sabe, antes de tomar el hábito dominicano y con el apoyo de dos miembros flamencos del Consejo de Castilla (Chièvres y Lachaux) y la ayuda del conquistador Alonso de Ávila, Las Casas fundó en 1517 una orden llamada de los Caballeros de la Espuela Dorada, que fue dotada de extensas

---

[20] Lohmann, en *Órdenes Nobiliarias*, I, xxvi, describe los proyectos de Bobadilla y de Oviedo; y trata el problema de la jurisdicción en I, xliii y xlviii. La cuestión de los diezmos surgió durante el Concilio mexicano de 1555 y se informó de ella en una CARTA que el mismo Concilio acordó dirigir a Carlos V, *ap.* CDIAO, III: 523-524. Son de Lohmann, *op. cit.*, I, lvi, lvii y lviii, las afirmaciones reproducidas en el texto sobre los conventos de las órdenes y la laxitud a que se llegó en sus reglas. Brading, 58 (Priorato en Santo Domingo de la Orden de Santiago). TAPIA y SALCEDO, en *Memorial de la antigüedad de la Sagrada Orden de Santiago* (Madrid, 1650), f. 51, dice que fueron miembros de ésta algunos caballeros "con sangre real indígena".

[21] Durand, *Transformación... del conquistador*, II, 15. Bernal DÍAZ, cc. clxviii; II, 428 y ccx; III, 255. Rivera Cambas, 263, menciona el caso del Marqués de Gelves; y F. Benítez, 57, se refiere al estandarte del Santo Oficio. Romero de Terreros, en "Órdenes Militares", 206, dice que la Orden de Santiago llegó a tener en la Nueva España 87 encomiendas, las que ciertamente eran sólo honoríficas. Millares Carlo, *Repertorio bibliográfico*, 11 y 12, menciona dos obras de V. Vignau y Francisco R. De Chagón donde se registran las pruebas presentadas por los candidatos a las cuatro órdenes españolas, desde 1501 hasta principios del siglo XIX, Ladd, *op. cit.*, 59. Romero de Terreros, en *op. cit.*, 207-228, menciona a los más importantes caballeros de las cuatro Órdenes en la Nueva España, y también a Vellerino.

[22] Los "Caballeros de la Santa Cruz" son tratados por Gloria Grajales, 90-91, quien cita

tierras en la inexplorada Costa de las Perlas o de Paria (Venezuela), no lejos de Cumaná. Mas este proyecto corrió con muy mala suerte y fue objeto de las burlas de los conquistadores que dieron a sus miembros el nombre despectivo de "caballeros pardos". Su propósito original era el de difundir el Evangelio mediante el ejemplo de la vida y costumbres de los caballeros cristianos, mas como sus miembros eran simples labriegos enfundados en un hábito semejante al de Calatrava, que esperaban ser ennoblecidos, Juan Cano y otros señores de calidad nunca los consideraron más que "género de gente baja". Cuando en Puerto Rico, en 1520, Las Casas iba a mandar a sus caballeros a reunirse con una misión de avanzada que había llegado a Chiribichi, se enteró de que los indios habían acabado con esa expedición, y ése fue el fin de su proyecto.[22] Las órdenes de caballería nunca recibieron en sus filas a los indios excepto la de Santiago que acogió a algún descendiente hispanizado de Moctezuma. La Santa Sede sin embargo concedió en 1533, la insignia de la Espuela Dorada de San Pedro al cacique de Tula Fernando de Tapia, descendiente del primer Gobernador de Indios de la ciudad de México; y el Virrey Mendoza hizo en 1537 un curioso intento de crear una orden exclusiva para los indios, la de los caballeros Tecles (nombre derivado de tecuhtli, señor), cuyo ritual habría incluido un juramento de fidelidad a la Corona. Mas el proyecto no recibió la sanción de España.[23]

En lo que atañe a la heráldica, puede decirse que las reglas europeas del blasón fueron observadas con sorprendente fidelidad en la Nueva España. En la Colonia se fue acentuando la tendencia, común en Europa en el siglo XV, de sustituir en los escudos a las piezas honorables tradicionales (faja, barra, cruz, sotuer, etc.) con armas figurativas (cabezas cercenadas de moros, montañas y ríos, por ejemplo). Las armas concedidas por los reyes de España a los conquistadores o a sus descendientes ilustran en forma gráfica los episodios de la Conquista y los mismo puede decirse de las concebidas a las "nobles y leales" villas o ciudades y a los gremios, aunque las de estos últimos no han sido objeto de un estudio adecuado. La mayoría de los blasones recibidos por los protagonistas de la Conquista fueron armas *alusivas*, o sea que ilustran algún hecho memorable. Así, las de Cortés ostentan no sólo las coronas de los últimos tres reyes tenochcas ("que vos vencisteis", dice la motivación imperial) y las armas de la ciudad de México "en memoria de haberla ganado" sino también, en orla, las cabezas de los "siete reyes" que el Conquistador venció y despojó. Varios soldados veteranos del sitio y toma de Tenochtitlán recibieron por armas cabezas de indios en número, al parecer, proporcional al de las que abatieron: dos,

sobre el mismo tema a J. de J. Núñez y Domínguez, "Las cofradías en México" (en *Anuario de la Sociedad Folklórica de México*, 1944-1945). El proyecto lascasiano de los Caballeros de la Espuela Dorada es examinado por muchos autores, entre ellos LAS CASAS mismo: *Hist. Gral. Indias*, III, xxi; Oviedo; Fray Pablo de BEAUMONT, 351-352; García Icazbalceta, *Opúsculos*, 92; Lohmann, *Órdenes Nobiliarias*, I, xxvi y xxvii; W. E. Palm, *La Española*, I, 41 y 95; Serrano y Sanz, 435; Fabié, *Las Casas*, vol. I; y Simpson, *Encomienda*, 124-125. Bataillon les dedicó su artículo "Los caballeros pardos".

[23] El caso de Fernando Tapia es mencionado en Fernández de Recas, *Cacicazgos*, 229; y los caballeros tecles de Mendoza hablan Simpson, *op. cit.*, 120, y Baudot, 47-48.

Rodrigo de Castañeda, con una cruz ("por la insignia que en las mezquitas pusistes"); tres, Alonso de Villanueva; cinco, Juan de Burgos y Juan Tirado; cada uno; y ocho, Fernando Burgueño (con "un brazo armado en señal del esfuerzo é valor que nos servistes en las dichas guerras"). Además de una encomienda de Santiago, Diego de Ordaz recibió por armas "una montaña ardiendo" que representa el Popocatépetl, por él escalado en 1519. En el escudo de Juan de Zaragoza figuran unos cántaros de oro en recuerdo de que se disfrazó de indio con un cántaro a cuestas para descubrir algunos importantes secretos militares en Almería (Nautla). En las armas de Montejo el Viejo figura nada menos que la Isla de Sacrificios "con unos granos de oro", en señal del sitio de donde salió para fundar Veracruz, villa de la cual Cortés ya lo había designado regidor. Juan de Salamanca, quien según la cédula de concesión de armas de 1535 mató al portaestandarte indio en la batalla de Otumba, recibió un escudo con el penacho que éste llevaba —el de Cihuacóatl— "de oro y plata en campo colorado".[24] En los escudos de armas concedidos por la Corona a los combatientes españoles se alude a los episodios más importantes de la Conquista. Así en el de Ruy González, hay un puente, en memoria del que improvisó, cegando una acequia, en la retirada de la Noche Triste; y en el de Diego Valdés aparece "en campo azul" el fuerte de Xóloc, de la calzada de Tlacopan, tomado por este conquistador. Otro puente de plata figura en las armas de Blas Pérez en memoria del que defendió en Santisteban, hoy Pánuco. Martín López recibió en su escudo de armas, por sucesivas concesiones de Carlos V de 1539, 1550 y 1551, nada menos que los trece bergantines "de oro sobre aguas de mar azules y blancas" construidos bajo su dirección para el sitio de México. El templo de Ocholubulco (*i. e.* Huitzilopochtli) aparece en las armas de Diego Ordaz de León, en memoria de la hazaña de su padre Juan González de León quien fue uno de los que tomaron dicho templo exclamando ¡Santiago y arriba!; también en el escudo de Francisco de Montaño, primero que le puso una bandera en su cumbre. Hernando de Villanueva recibió por emblema las siete sierpes que se encontraban al pie de ese templo. El blasón de Gutierre de Badajoz ostenta dos torres "de la ciudad de México con sus calzadas sobre agua". En el escudo de Bernardino Vázquez de Tapia figura el señor de Tecomastlahuaca, que él hizo prisionero, y en el de Jerónimo López, los tres guerreros indios ("que derrocastes y matastes"). Excepcional por su humanitarismo es el escudo de armas otorgado a Alonso Valiente en 1547, en el cual aparece "una ysla verde sobre agua de mar", en memoria de la libertad que Valiente restituyó a unos indios de las Islas Guanajos hechos prisioneros posiblemente por algún rival de Cortés durante la expedición a las Hibueras. Los peñoles de la Guerra del Mixtón figuran en muchas armas de

---

[24] En el mismo orden en que figuran en el texto, la descripción de las *armas alusivas* de los conquistadores que se mencionan ha sido tomada de las siguientes fuentes: ARGENSOLA, 264, y Paz y Meliá (ed.), NOBILIARIO DE INDIAS, 31-32 (Hernán Cortés); Paz y Meliá, 223-4 (Castañeda), 190-191 (Villanueva), 114-115 (Juan de Burgos), 129 (Juan Tirado), 98 (Burgueño); Bernal DÍAZ, c. cxxxvi; II, 136; Prescott, 244; y Orozco y Berra, *Hist. Antigua*, IV, 205 (Diego de Ordaz); Paz y Meliá, 232-233 (Zaragoza), 179-180 (Montejo), 71 y Orozco y Berra, *op. cit.*, IV, 398 (Salamanca).

quienes en ella participaron. Tales son los casos de las de Diego de Coria, de Francisco de la Mota (concedidas a su hijo Gaspar, en las cuales su progenitor aparece muerto "con dos flechas metidas en el cuerpo" y en una orla, en letras negras, la leyenda *Dulce mori pro Rege*), de Cristóbal Romero (quien figura él mismo en el escudo, corriendo hacia un peñol, montado en un caballo morcillo); y de Juan Michel (quien aparece en su propio escudo escalando penosamente "todo armado de armas blancas" el peñón de Xala). Otro conquistador de la Nueva Galicia y cronista de su conquista, García del Pilar, recibió por armas "los dos señores indios que prendió y presos en una cadena". También fueron concedidas armas alusivas a la ciudad de Mani, en Yucatán, en cuya bordura aparecen "las cabezas cercenadas de trece caciques... de Zotuta, a los que [los habitantes de Mani] habían abatido en auxilio de los españoles".[25]

Las armas *parlantes*, o sea las que revelan el nombre, título o lema de su dueño fueron también frecuentes. Figuran entre ellas "el castillo de oro labrado" del hijo de Bernal Díaz del Castillo, Diego; las lunas en creciente de los Lunas; las cinco torres de los Torres; las seis matas de romero de los Romeros; las águilas de Aguilares y Aguileras; las padillas o sartenes de los Padillas; las hojas de higuera de los Figueroas o Figueras; los ángeles como sostenes de la Ciudad de los Ángeles (Puebla). Entre las armas aumentadas figuran las de Luis de Velasco II que cuando recibió el título de Marqués de Salinas del Río Pisuerga en 1609 fue autorizado a añadir a las armas ya ilustres de los Velascos, sus antepasados, "una bordura componada de gules con castillos de oro, y de oro con leones de gules".[26] Respecto a las armas y honores concedidos por la Corona a los indios considerados de noble estirpe, cabría mencionar en primer término la curiosa y encomiable costumbre de asignar a los caciques apellidos históricos, tanto mexicanos como españoles. Fernández de Recas enumera entre ellos los de Austrias, Guzmanes, Pimenteles y Mendozas, o bien Moctezumas, Chimalpopocas, Huitzimengaris y Mexicatzins. Todos los indígenas de estos apellidos recibieron escudos timbrados, que a veces incluían el águila bicéfala imperial. En el *Cedulario Heráldico* de Villar Villamil se pueden examinar (Cédulas 124 a 131) las armas que el Rey de España concedió a varios indios muy principales de la Nueva España, todos ellos caciques y algunos hasta parientes de Moctezuma. Los siete señores principales de Tlaxcala recibieron las suyas en 1536;

[25] (Continuación de la enumeración empezada en la nota anterior:) EPISTOLARIO de Paso y Troncoso, II, 6-7 (Ruy González); Paz y Meliá, NOBILIARIO, 74-75 y F. de la Maza, *Fray Diego Valadés* (Valadés, padre del autor de la *Rethorica Christiana*); Paz y Meliá, *op. cit.*, 176-177 (Blas Pérez); Gardiner, *Martín López*, 126, 139, 140 y 145 y NAVAL POWER, 214-215; Porras Muñoz, "Martín López", 317-318; y Paz y Meliá, *op. cit.*, 193-194 (Martín López), *id.*, 206-207 (Diego Ordaz de León), 315-316 (Montaño), 21 (Hernando de Villanueva); 16 (Gutierre de Badajoz); DORANTES DE CARRANZA, 167-168 (Vázquez de Tapia); EPISTOLARIO de Paso y Troncoso, II, 4 (Jerónimo López); Paz y Meliá, 124-125 (Valiente); DORANTES DE CARRANZA, 172 (Diego de Coria), MOTA Y PADILLA, 262 y Paz y Meliá, 121-122 (Gaspar de la Mota), Paz y Meliá, 108-109 (Romero), 129-130 (Michel); EPISTOLARIO de Paso y Troncoso, XIV, 162 (García del Pilar); y LÓPEZ DE COGOLLUDO, III, vi; 129-132 (e ilustración en la p. 133), para las armas de la ciudad de Mani.

[26] Paz y Meliá, 70 (Diego Díaz del Castillo). Acerca de las armas *parlantes* y *aumentadas*, ver Ortega y Pérez Gallardo, I, XLV y *passim*.

y Don Diego de Tapia, indio principal de Querétaro y capitán general contra los chichimecas, recibió para su escudo en 1585 "una laguna con sus patos y un chichimeca emboscado en ella atalayando como centinela". Sólo resta, para terminar este capítulo, señalar dos interesantes manifestaciones de la heráldica en la Nueva España: en el entierro del Virrey Velasco I en 1564, entre el concurso de caballeros enlutados figuraron unos que Plaza y Jaén tomó por "reyes de armas"; y las hojas de acanto o planta genesto, ornamento exterior que con el nombre de lambrequín protegen del sol el yelmo que timbra todo escudo nobiliario de armas, fueron escogidas como adorno por los miniaturistas españoles e indígenas que dibujaron las separaciones de los párrafos del Libro XII de la conquista de México, de Fray Bernardino de Sahagún. Más adelante, en un capítulo relativo a la formación de la sociedad novohispánica, se tratarán temas conexos a la caballería tales como los conceptos de "hidalguía", "nobleza" y "mayorazgos", y se hablará del uso, en un principio privilegiado, del *don* y *doña*, apelativos honoríficos para hombres y mujeres en tiempos de la Conquista.[27]

---

[27] Fernández de Recas, en *Cacicazgos*, menciona los ilustres apellidos a que se refiere el texto. Las cédulas reproducidas por Villar Villamil están fechadas entre 1535 y 1563. Gibson, en 163, y n. 18 y 233, describe las armas concedidas en 1585 a cuatro principales de Tlaxcala y otras más otorgadas a nobles tlaxcaltecas en 1563; *cf.* F. de Icaza, "Miscelánea histórica" en *Bibl. de la Rev. mex. de estudios históricos*, Apéndice II, México, 1928, 90. Véase la descripción de las armas de Diego de Tapia en LA REA, 279-280. PLAZA Y JAÉN, I, 67. Los lambrequines que adornan la historia de SAHAGÚN pueden verse en alguna edición facsimilar o en F. Gómez de Orozco, "Manuscritos hispanomexicanos", fig. 1A.

SEGUNDA PARTE

LA IGLESIA

XI. LA INTERVENCIÓN DE LO SOBRENATURAL EN LA CONQUISTA: EL SEÑOR SANTIAGO, LA SANTÍSIMA VIRGEN Y EL DIABLO

LA INTERVENCIÓN directa de las deidades en la batalla es tradición que se remonta a la civilización egea (recuérdese, por ejemplo, la guerra de Troya y a su canto, en el que Homero, al juntar a dioses con mortales, logra sus efectos poéticos), pero su versión cristiana, en la cual diosas y dioses son sustituidos por la Virgen María y los santos, surge en la Edad Media bajo el influjo de la cultura islámica. En efecto, según el Corán y la tradición hasídica, Mahoma obtuvo las victorias de Badr y de Hunayn en el desierto con la ayuda del Arcángel Gabriel y de cuatro mil ángeles que guerrearon de su lado contra los infieles. Los primeros ejemplos en el mundo cristiano de una intervención celestial en el combate fueron, precisamente, en batallas entre cristianos y musulmanes: así, se dice que el Apóstol Santiago peleó contra los moros al lado del Rey Alfonso en la de Clavijo, en el año 822; que San Pedro, San Pablo y San Jorge esgrimieron la espada en el siglo XI contra los árabes en el sur de Italia, al lado del Papa Juan X y de los normandos; y que el mismo San Jorge, además de otros cuatro santos, auxilió a los cruzados contra los turcos selyúcidas en las batallas de Iconio y de Antioquía y en otros episodios bélicos en el Asia Menor. Para Américo Castro, el Señor Santiago (que supuestamente se apareció en 38 batallas contra los moros durante la Reconquista) es una versión cristianizada de uno de los dióscuros o gemelos divinos. En esto concurrirían dos corrientes de tradición: una romana, y otra más antigua, que data del establecimiento de los iberos en Galicia en tiempo inmemorial. Sea lo que fuere, la creencia de que el Apóstol está enterrado en Compostela era ya universalmente compartida en el Occidente desde el siglo IX; y en la Nueva España, como se ha visto, el grito de guerra desde los primeros tiempos de la Conquista fue, al igual que en la Península, un llamado al Apóstol. La creencia de que Santiago había introducido el cristianismo en España (hipótesis que carece de base histórica) fue implícitamente aceptada por los cronistas e historiadores novohispánicos. Remesal y Sánchez de Aguilar, entre otros, la aceptan explícitamente.[1]

---

[1] La aparición de San Gabriel con su cohorte de ángeles es mencionada repetidas veces en el Corán: suras III, 125; VIII, 9; y IX, 26, 40; cf. Helen Adolf, 109; y Américo Castro, *España en su historia: cristianos, moros y judíos*, 1948, 107 ss., donde se defiende la tesis de que el culto de Compostela deriva del Islam y de la Kaaba. Entre las batallas del sur de Italia en las que participaron San Jorge y otros santos se cuentan la del río Garellano o Garigliano en el siglo X, y la de Cerami cerca de Messina, esta última en 1063: E. Amman y A. Dumas, 153; C. Erdmann, Stuttgart, 1935, 27s., 46, 254-261; y Keen, 47. Américo Castro trata el asunto de los dióscuros en *The Structure of Spanish History* (trad. de E. L. King, Princeton, 1954), 130-170; cf. Watt, 38. Sobre los orígenes del culto de Santiago en Compostela, ver N. Zacour, *An Intro-*

La Virgen María y el Señor Santiago —recuerda Alberto María Salas— se aparecen en toda América para ayudar a los conquistadores: el Apóstol siempre con espada flamígera y montado en un caballo blanco —es el clásico "santo a caballo", dice Horcasitas— y la Virgen arrojando polvo (o en ocasiones rocío) en los ojos de los naturales para cegarlos momentáneamente. El conquistador Juan Troyano, ya viejo, escribió en 1568 al rey diciéndole que en la Conquista fue Dios bien servido (de favorecerla) "por ruego y suplicación de su bendita Madre y del bienaventurado Santiago, patrón de España". Más adelante se verá con mayor detalle la participación de la Virgen María en las batallas de la Conquista. En lo que respecta a las "apariciones" de Santiago Apóstol en México, tema que se examinará en seguida, Rafael Heliodoro Valle ha hecho un recuento que parece haber quedado un tanto corto. En efecto, registra diez de los milagros (el último, en 1916, cuando se vio al Apóstol persiguiendo a Pancho Villa, cerca de Santiago Tepehuanes), de los cuales seis ocurrieron durante el periodo que nos ocupa, o sea entre 1517 y 1650. Otras fuentes señalan sin embargo siete apariciones más (una en sueños) que escaparon a la atención del distinguido maestro, por lo cual el número total asciende a trece.[2]

Los hombres de Grijalva fueron los primeros, según Cortés, en "ver" al Apóstol Santiago en una batalla con los indios de Tabasco; en Tlatelolco, según Díez de la Calle, el santo se apareció ante el mismo Conquistador, aunque éste no menciona en ninguna parte el asunto. Pero Gómara, quien prácticamente escribió al dictado de Cortés, informa repetidamente del auxilio que personalmente dio el Apóstol a los españoles, e invoca incluso el testimonio de los indios. Afirma que éstos en una ocasión llegaron a decir a sus contrincantes que, de no haber sido por el "del caballo blanco, que hería y mataba... ya estarían [los conquistadores] cocidos aunque no comidos porque no [eran] buenos de comer". Herrera y Fray Pablo Beaumont aseguran que "el Protector de las Españas y la Reina de los Cielos" intervinieron "portentosamente" en varios episodios de la Conquista. Suárez de Peralta y el Padre Durán aseveran lo mismo; el primero afirma que Santiago y María, a pesar de su corporalidad, "no eran de la tierra sino del cielo" y que aquél era quien "más daño hacía" a los indios, y el segundo añade piadosamente que era así "por permisión divina". Fray Vicente Palatino de Curzola, escribiendo también en el siglo XVI, es todavía más descriptivo: los

---

duction to medieval institutions, Londres, St. James Press, 1977, 35. REMESAL, I, ii; I, 82 ("Santiago anduvo toda [España] y enseñó en ella la fe de Jesucristo"), y VI, vii; I, 422 ("Santiago apareció [en la batalla de Clavijo] en un caballo blanco, armado, peleando con muchos moros a los pies"). SÁNCHEZ DE AGUILAR, 84 ("los españoles fuimos idólatras antes de la venida de Christo, y de Santiago a España"). Ward menciona, p. 112, como las cuatro más importantes apariciones de Santiago las de Clavijo (en el siglo IX), Simancas (en el X), Coimbra (en el XI) y las Navas de Tolosa, en 1212.

[2] Salas, 116. Horcasitas, 135; San Jorge también se aparecía montado en caballo blanco y con armadura reluciente: Erdmann, Princeton, 135. La carta de Juan Troyano está publicada con el número 614 en el EPISTOLARIO de Paso y Troncoso, X, 272. Rafael Heliodoro Valle, Santiago en América, 19-20 y 45-46. Además de la aparición de Santiago Apóstol en Tepehuanes, Valle menciona como más recientes las siguientes: durante la guerra de Independencia, hacia 1817 en Janitzio (33-34); en 1862, en Tabasco, en un episodio de la intervención francesa (34); y en la hacienda de Atlatongo, del valle de Teotihuacán, en 1892 (93).

indios —dice— "espantábanse mucho de la clara vista de Nuestra Señora"; y el caballo del Apóstol "destruía a bocados y coces [a los indios], y corría algunas veces por el aire".[3]

Los testimonios de la participación del Apóstol Santiago en la batalla de Centla en 1519 son múltiples, aunque algunos tengan un dejo de escepticismo. Bernal Díaz del Castillo, quien como es sabido escribió su historia en el ocaso de la vida, no rechaza el testimonio de Gómara sobre las tres embestidas que el señor Santiago (acompañado cuando menos en una ocasión de San Pedro, de quien Cortés era especialmente devoto) lanzó contra los indios de Tabasco; pero aclara que él mismo, a pesar de haber participado en la batalla, no lo vio quizá porque "como pecador, no fuese digno de verlo"; y añade: "lo que yo entonces vi y conocí fue a Francisco de Morla en un caballo castaño, y venía juntamente con Cortés". El cronista Solís, con igual discreción, dice que "exceso es de piedad el atribuir al cielo estas cosas" y que "no [es] necesario recurrir al milagro visible donde se conoció con tantas evidencias la mano de Dios". Andrés de Tapia (otro protagonista de Centla, como Bernal Díaz), aunque sin evocar al Apóstol por su nombre, relata sin sombra de duda la aparición "tres veces… [de] un hombre en un caballo rucio picado" que hizo mucho daño a los indios. Otro testigo, Bernardino Vázquez de Tapia (quien escribió su relación hacia 1544, o sea antes que Bernal Díaz su historia) dice que el santo montaba "un caballo blanco, a cuya causa se desbarataron los indios, el cual caballo no había entre los que traíamos". Gómara, aunque escribió a distancia, es también muy formal respecto a este episodio: no sólo el Apóstol, según él, se apareció tres veces en la batalla de Centla, sino que sus acometidas decidieron el resultado del combate en favor de Cortés. Muchos autores aceptan la autenticidad de esta aparición, entre ellos Argensola, para quien el Apóstol peleó volando por los aires; Illescas; el doctor Francisco Hernández, quien sin embargo se escuda tras un "se dice"; el padre Diego de Motezuma; y el moderno José Fernando Ramírez, que afirma inclusive que Santiago "abrió la marcha en la batalla… dando [muchos] tajos y reveses".[4]

Sobre la cuarta vez que el Apóstol Santiago esgrimió la espada en favor de los conquistadores hay desacuerdo entre las fuentes. Esta aparición tuvo lugar o cuando los aztecas sitiaron a los españoles en el palacio de Axayácatl o durante su desordenada huida en la Noche Triste. En esa serie de choques también participó la Virgen María de la cual se afirma que en diversas ocasiones "con tierra cegaba a los indios". Gómara, el padre Durán, Vetan-

3 Hernán CORTÉS, *Cartas*, Quinta Carta, II, 190. DÍEZ DE LA CALLE, 108. GÓMARA, I, 297. HERRERA, citado por BEAUMONT, I, 469. SUÁREZ DE PERALTA, 20. DURÁN, II, 63-64. PALATINO DE CURZOLA, *ap.* Hanke (ed.), *Cpo. Docs. siglo XVI*, 24. Entre otros autores, el Padre ACOSTA (VII, xxii; p. 528) relata algunas apariciones del Señor Santiago en el Perú.

4 Bernal DÍAZ, c. xxxiv; I, 146. SOLÍS, I. c. xx; p. 64, y IV, c. xx, p. 267. Andrés de TAPIA (ed. A. Yáñez), 53; *cf.* Ida Rodríguez Prampolini, 141, quien da una versión ligeramente diferente. Bernardino VÁZQUEZ DE TAPIA (ed. J. Gurría Lacroix), 28-29. GÓMARA, 307, 309. ARGENSOLA, 96. ILLESCAS, 281. Francisco HERNÁNDEZ, *Antigüedades*, 195. MOCTEZUMA, 329. José Ramírez, en una nota a DURÁN, II, 63.

curt y Argensola narran tales episodios así como también Torquemada; según éste el Señor Santiago "peleaba sin ser herido, y su caballo... hacía tanto mal como el caballero con su espada". El P. Acosta da por ciertas las apariciones de la Virgen y del Apóstol en México y el Perú. Prescott asegura que también existen testimonios mexicanos de estas intervenciones.[5]

Según Muñoz Camargo y el Padre Vetancurt, al poco tiempo, en lo más reñido de la batalla de Otumba, Santiago se apareció ante los guerreros aztecas, a los que puso en fuga, "habiéndoles rompido y ganado sus banderas" según añade Fray Diego Durán. Muñoz Camargo relata que en memoria de este prodigio se construyó luego una ermita en honor del santo, cerca del sitio del combate, en el pueblo de Tenexalco.[6]

Antes de pasar a la narración de la presencia milagrosa de Santiago Apóstol en las batallas que tuvieron lugar en la Nueva Galicia, cabría señalar aquí dos episodios que son un tanto imprecisos: Torquemada cuenta que un indio piadoso de Topoyanco, en la provincia de Tlaxcala, a quien se dio por muerto durante dos o tres días, fue rescatado por el Apóstol de las llamas del infierno, a donde los demonios trataban de meterlo y que, luego, despertó bueno y sano gracias a tan eficaz intercesión; y el conquistador Juan Tirado, pidiendo mercedes al rey en 1525, afirma haber quedado manco en una batalla contra más de 30 000 indios, en la que se peleó "con la ayuda del... señor Santiago", portento que tuvo lugar "en una provincia que se llama Naotlán". Ignoramos dónde puede estar tal provincia, que no podría identificarse con Nautla, donde nunca tuvo lugar una batalla de esa envergadura, ni con Otumba (cuyo antiguo nombre es Otompan), porque el nombre no tiene semejanza alguna. Pero si la presencia de Santiago en Naotlán es imprecisa, no lo es en la Florida, donde Avilés lo invocó en su exitosa lucha contra los franceses.[7]

En la Nueva Galicia (que comprendía Querétaro), el Apóstol Santiago peleó al lado de los españoles, según los testimonios de que se dispone, en 1530, en 1531 y en dos ocasiones en 1541-1542. En la primera de las fechas citadas, participó "en una encarnizada pelea que duró tres horas contra tres mil guerreros indios" en Tetlán, cerca de Tonalán (Tonalá), razón por la cual —informan Tello y Mota Padilla— este pueblo, cercano a Guadalajara, lleva el nombre de Santiago. El primero de los susodichos cronistas añade que los indios heridos por la espada del santo, "publicando la maravilla, pedían limosna por las calles" (es más seguro lo segundo que lo primero). En la gran batalla de Querétaro contra los otomíes y chichimecas en 1531 (según tradiciones que no parecen ser muy contemporáneas, es cierto), el Señor Santiago peleó "visiblemente en el ayre" teniendo a su lado una

[5] GÓMARA, caps. 20 y 105, citado por DURÁN, II, 63. VETANCURT, Teatro Mexico, 3ª Parte, 141 y 143. ARGENSOLA, 243. TORQUEMADA, I, 496. Prescott, 371. P. ACOSTA, Historia, 371-377 y ver Brading, 218.

[6] Muñoz CAMARGO, 228. DURÁN, Hist. Indias, II, 63-64; cf. F. Sandoval, Estudios de Historiografía, 66. VETANCURT, Teatro Mexicano, 3ª Parte, p. 144.

[7] TORQUEMADA, XVII, xvii; III, 249. La carta de Juan Tirado al rey fechada el 3 de noviembre de 1525 aparece bajo el número 64 en el EPISTOLARIO de Paso y Troncoso, I, 76. Kenny, 105 (Avilés, en Florida).

cruz resplandeciente, que aún se conserva en esa ciudad; en memoria del prodigio, en la fachada de la iglesia de San Francisco de Querétaro, cuya construcción se terminó en 1550, hay un relieve con la figura del Apóstol. La tercera aparición de Santiago en la Nueva Galicia ocurrió el 29 de septiembre de 1541, cuando los caxcanes, tecuexes y zacatecos lograron franquear las murallas de la tercera Guadalajara (la de Tacotlán), defendida por Juan de Oñate (padre), dando después fuego a la recién construida iglesia. Salió entonces del templo un hombre montado en caballo blanco y cubierto con una capa escarlata, echando lumbre y acompañado de mucha gente de pelea, quien salvó la situación para los cristianos. No podía ser otro —dice Amador— que el Apóstol Santiago, aunque también se hizo partícipe de esta victoria el Arcángel San Miguel, cuya fiesta se celebraba precisamente aquel día. Por esas fechas y durante la Guerra del Mixtón, Santiago Apóstol, "trueno para los indios y rayo de luz para los misioneros", dice el Padre Torres, indicó el escarpado camino hasta la cumbre del alto peñón de Tepechtitlán, que los indios habían fortificado, desapareciendo en seguida, "y no se le volvió a ver más". Fray Antonio de Segovia, testigo ocular de esa batalla, erigió en lo alto del cerro una capilla consagrada al Apóstol, cuyo semblante se puede ver aún en un reliz o peña tajada en la montaña donde se dice que se apareció. El Padre Frejes, historiador liberal jalisciense del siglo pasado, no creía en esas historias: según él, el caso de Santiago Mataindios en el Mixtón es una invención de los bárbaros españoles, quienes "para cohonestar y autorizar sus crímenes... levantan falsos y quimeras contra los santos, haciéndolos cómplices de sus maldades".[8] Para terminar esta enumeración de las apariciones del Apóstol Santiago en la Nueva España anteriores a 1650, deben señalarse dos más: en Yucatán (entre Chetumal y Cochúa), en 1534-1535, los españoles que comandaba Alonso Dávila, teniente de Montejo el Viejo, fueron rescatados de un mal trance por "Santiago glorioso" acompañado por seis o siete jinetes; y en 1595, el Señor Santiago, todo amarrado y en su caballo blanco, ayudó eficazmente a Juan Oñate (hijo) a vencer a los indios de Acoma en Nuevo México, quienes después explicaron su derrota por la ceguera que les causó el resplandor del santo.[9]

---

[8] TELLO, 116. MOTA PADILLA, 62. José Fernando Ramírez, Obras, 347. Es VILLASEÑOR, I, xvii, quien afirma que el Apóstol Santiago peleó visiblemente en el aire (la referencia, por supuesto, es de mediados del siglo XVIII). Acerca de la aparición en Querétaro véanse también ALCEDO, III, 265; Cuevas, Historia de la Iglesia, I, 150, donde se cita la Crónica Seráfica y Apostólica de la Santa Cruz de Querétaro, de Fray Domingo de Arrecivita; y Jiménez Moreno, Estudios, 97-98. Sobre la aparición del Señor Santiago en la Nueva Galicia, en 1541, véanse Pérez Verdía, 142; Páez Brotchie, Guadalajara Novogalaica, 48; y Amador, I, 154-155; así como H. Romero Gil, Crónica de la Nueva Galicia, p. 93. Francisco Mariano de TORRES, 65. MOTA y PADILLA, 197-199. Amador, I, 180-181, menciona la erección de una capilla por obra de Fray Antonio de Segovia. El cura liberal del siglo pasado a que se alude en el texto es el Padre Frejes (Memoria, 136; Historia breve, 150).

[9] La aparición del Señor Santiago cerca de Chetumal es narrada por OVIEDO, XXXII, vii, III, 419-420; y R. H. Valle, en Santiago en América, 243, 245, citando a Hernando Ojea (Historia del glorioso apóstol... Madrid, 1615, 91), menciona la aparición de Acoma; cf. CDIAO, XVIII: 531 ("Traslado de las nuevas... de Cíbola").

Las repetidas apariciones del Apóstol generaron un culto del Señor Santiago que perdura hasta nuestros días. La forma principal que hoy reviste ese culto, elemento básico del folclor mexicano desde hace siglos, son las danzas "de moros y cristianos", en las que el santo siempre toma parte montado en un caballo blanco, saliendo siempre vencedor de las emboscadas que le tienden sus enemigos; sin embargo, en una versión de esas danzas, derivada de la aparición del Apóstol en Tetlán en 1530, la de los "tastoanes", al término de una "batalla" de palos y cintarazos, por razones inexplicables pero quizá como venganza atávica, Santiago es figurativamente sacrificado con gran efecto porque se le pone en el pecho una vejiga de sangre de res que al momento oportuno es perforada para que salga una corriente roja. El nombre mismo del Apóstol ha dejado una honda huella en México. En el siglo XVII, el Padre Motezuma quiso hacer creer que su abuelo, Moctezuma II, había sido bautizado con el nombre de Diego en honor del Apóstol (Santiago=Iago=Diego). En Yucatán el Apóstol protegía desde el siglo XVI la ciudad de don Pablo Pech. En la toponimia mexicana, su nombre aparece por doquier, y en Teziutlán y otros puntos del estado de Puebla, los danzantes, vestidos a la usanza de la Edad Media, son llamados los Santiagos, y su jefe lleva en la cintura un caballo de cartón, que simula montar. El culto santiaguino en el estado de Guanajuato está muy extendido, tanto en las rancherías como en ciudades tales como Silao, León y Valle de Santiago. En Veracruz, las fiestas en honor del Apóstol en Santiago Tuxtla son muy famosas. En Michoacán, cuando durante un periodo de sequía aparece una gran nube que pronto se disipa, la gente llama a este fenómeno meteorológico "la carrera del Señor Santiago", ya que supuestamente el Apóstol "ha pasado a escape"; y en algunas iglesias lugareñas, como las de Chalco y Santiago Temoaya (estado de México), la imagen del Señor Santiago, magníficamente ataviada, luce a la mexicana una pistola bien pertrechada.[10]

Los frailes y monjas a quienes se apareció la Virgen durante la Colonia y de que hablan las crónicas forman legión, y de ello se hablará en un capítulo posterior relativo al misticismo. De igual manera, más adelante se tratarán las imágenes milagrosas y de las que fueron "halladas" en forma milagrosa. Aquí nos limitaremos a examinar los casos en que, según esos mismos escritos, la Señora se manifestó por así decirlo en público, inicialmente en el campo de batalla, y luego en otros casos a sus devotos laicos, a quienes deseaba demostrar así su favor. Su participación en la lucha para propagar la fe tiene, por supuesto, antecedentes en el Medievo español y también precedentes en las Antillas. Olagüe nos recuerda que la Virgen María dirigía personalmente las estocadas de los caballeros cristianos desde la época en que éstos se esforzaban por arrojar a los moros de Asturias y de León (siglos VIII y IX). En La Española, en 1495, la Virgen de las Mercedes se apareció en una batalla contra los naturales, al pie del Santo Cerro, no

[10] R. H. Valle, *Santiago en América*, 9-12, 31-33, 43-44, 52-53 y 55-56. Leicht, *Puebla*, 474. MOTEZUMA, 489-490 . La referencia a Pablo Pech se encuentra en la CRÓNICA DE CHAC-XULUB-CHEN, 215, de la que fue autor hacia 1553. Era, además, cacique de esa misma ciudad maya. *Cf.* Higinio Vázquez Santana, *Fiestas y Costumbres Mexicanas*, 1940, p. 93

lejos de La Vega. Por lo que toca a la Nueva España, Alvarado es quizá el primero de los conquistadores en recoger las quejas de los indios (que a su vez Bernal Díaz registra) en el sentido de que en los combates "una gran tecleciguata, que es gran señora, que era otra como la questaba en su gran cu, les echaba tierra en los ojos, y los cegaba" (se menciona el Templo Mayor o gran cu de Tenochtitlán porque Cortés había mandado colocar allí una imagen de Nuestra Señora). Vázquez de Tapia confirma que la Virgen, descrita por los capitanes indios como "una mujer de Castilla, muy linda y que resplandecía como el sol", intervino en la batalla (como siempre echando puñados de tierra en los ojos) contra los próceres aztecas que vanamente intentaron defenderse en la matanza del Templo Mayor ordenada por Alvarado. Como hemos visto, durante la Noche Triste y más tarde en la batalla de Otumba, volvió a aparecerse. Hay quien no duda de ellas pues hasta el Padre Bayle, autor prácticamente contemporáneo, dice (en un escrito de 1928) que esas apariciones "constan en documentos tan dignos de fe como la mayor parte de los que admitimos sin dudar". En las páginas correspondientes al 30 de abril de 1574 de las actas del Cabildo de México, figura un relato según el cual "la bysion" de Nuestra Señora de los Remedios consoló a los españoles al día siguiente de la Noche Triste, en el mismo sitio donde se le erigió una ermita, cuyo patronato asumió el Cabildo en esa misma fecha. Según una versión posterior, ya que fue escrita hacia 1623 por Fray Juan de Grijalva, un indio llamado Juan halló en el campo la imagen de la Virgen de los Remedios la cual también "se le aparecía en los ayres... llena de grandes resplandores" para pedir que en el sitio del hallazgo, y no en otro, se erigiese una ermita para venerarla. Precisa el autor de esta versión que el indio Juan la reconoció de inmediato "por ser la misma que se había visto en la batalla de Otumba", o sea "la que con puños de tierra cegaba a los indios". Con su reserva acostumbrada en estos casos, la Iglesia no tomó ninguna iniciativa de manera que la imagen "se fue" de la morada en donde su devoto la conservaba, para reaparecer en el monte donde deseaba Nuestra Señora que se le construyese un santuario, como a la postre se hizo cuando el milagro fue evidente. La Virgen que los cronistas, entre ellos el Padre Durán, afirman fue vista tomando el partido de los españoles en el combate, es identificada por Dorantes de Carranza no con la de los Remedios, sino con Nuestra Señora de Guadalupe, por supuesto la extremeña, que ya en ese tiempo tenía su propia ermita en el Tepeyac.[11]

Con exceso de celo, sin duda mal entendido, el Padre Mier y Campa afirma que la Virgen María también echaba puños de tierra en los ojos a los indios durante la conquista de Zacatecas, lo cual es refutado por Amador. Pero hacia 1580 "una señora muy linda y que los indios...servían...y traían

---

[11] Olagüe, 31. Palm, en *Monumentos de La Española*, I, 53, menciona la batalla del Santo Cerro. Bernal DÍAZ, c. CXXV; II, 71. VÁZQUEZ DE TAPIA (ed. J. Gurría Lacroix), 41-42. Bayle, *Santa María*, 364. ACTAS DEL CABILDO de México, VIII, 110-111. Fray Juan de GRIJALVA, 137 y 258-263. DURÁN, *Hist. Indias*, 1880, II, 63. DORANTES DE CARRANZA, 35 ("víase visiblemente que nra. Sora. de Guadalupe y los Apóstoles, San Pedro... y Sanctiago... peleaban en la conquista por los españoles"). El fenómeno religioso de la Guadalupana de México será discutido en el siguiente capítulo, relativo al sincretismo religioso.

en andas" curaba enfermos y resucitaba muertos en la región de Mocorito (Sinaloa), según informes de uno de los primeros pobladores de esa región, Antonio Ruiz. El Padre Mendieta, citando por testigo a Fray Gaspar Rodríguez, dice en su historia que "la Madre de Dios... muy resplandeciente y cercada de santa compañía" visitó a la media noche en Juchipila a una india principal gravemente enferma; la consoió y curó diciéndole que se la quería llevar hasta un mes después, y en efecto, la mujer falleció al cabo de ese término. También afirma el mismo historiador, en la *Descripción de la provincia del Santo Evangelio* (redactada con la colaboración de otros frailes), que la Virgen se apareció el 12 de octubre de 1576, "en figura y hábito de india" a un indio viejo llamado Miguel de San Gerónimo, natural de Azcapotzalco, para tratarle cosas secretas y a fin de que amonestase al pueblo para que se corrigiera de sus pecados. Según Torquemada, quien repite ambas historias, la Virgen María habló con él estando éste sentado en su canoa y ella al borde de la Laguna de México, después de lo cual la visión "desapareció...haciendose un remolino en el aire y en el agua". El autor de la *Monarquía Indiana* también relata en esta obra otras dos apariciones de la Virgen, en ambos casos para consolar y ayudar a bien morir, primero a un mancebo doctrinero de Santa Ana de Tlaxcala, y luego a una india engañada por su marido; en el segundo caso, la Virgen se apareció acompañada por Jesucristo y por San Pedro. Según el escritor jesuita Padre Florencia, la Virgen visitó y sanó en Pátzcuaro a un niño huérfano y enfermo acompañada esta vez por San Diego de Alcalá.[12]

Fray Alonso de Benavides nos dice que en el año de 1631, San Pablo se apareció "visiblemente" y "acompañado de la bendita virgen María...en el aniversario de su conversión" durante la conquista del peñón de Acoma, en Nuevo México. No podrían dejar de mencionarse otras tres apariciones de Nuestra Señora. La primera fue también a un indio llamado Juan, en Ocotlán, aunque hay dudas sobre si esa tradición data realmente de 1541, como se afirma, o bien exactamente de un siglo después; la segunda cae justamente dentro del periodo que estudiamos, o sea la de la Guadalupana en el Tepeyac, cuyo relato escrito más antiguo, el *Huei Tlamahuizoltica*, fue publicado en 1649; y la última en la cual, según dice Jiménez Moreno, la Virgen se reveló en 1712 a los tzeltales y tzotziles que estaban en rebelión; a raíz de esta aparición, se estableció una mediación entre los insurrectos y la Madre de Dios a través de una indita de 12 años de edad. El culto mariano se encontraba ya para entonces muy arraigado en la Nueva España, y la intervención de la Virgen había sido eficacísima desde un principio —dice Pedro Mártir de Anglería— para ahuyentar al demonio. Hernández de Córdoba fue el primero en dedicarle en 1517 un "altar muy limpio" en Cozumel. El nombre de María, como se verá después, es el que con más frecuencia se encuentra en la toponimia mexicana. Pazos y Foster coinciden en que su

---

[12] La *Muralla Zacatecana* de Mier y Campo es citada por Amador, I, 193-194. Antonio RUIZ, f. 11vº, p. 40. MENDIETA, *Historia*, III, 115-116; *Descripción*, 101. TORQUEMADA, *Monarquía Indiana*, Lib. XVII, caps. XIV, XVI y XVII (vol. III, pp. 242-243 y 247-249). Fray Francisco de FLORENCIA, *Hist. de la Compañía de Jesús*, 226.

culto es el meollo de la fidelidad a la religión cristiana en toda la América ibérica, y que es un culto que tiende a eclipsar el del mismo Cristo. En efecto, Remesal dice, por ejemplo, que en Chiapa los indios bautizaron con el nombre de Santa María todas las cosas de la religión: "la iglesia; la misa, casa de santa María; el agua bendita, agua de santa María; y el sermón, palabras de santa María". Sólo algunos indios más ladinos —añade— "tenían noticia de Cristo Nuestro Señor".[13]

En la iconografía, la Virgen aparece generalmente escoltada por querubines, serafines o ángeles. Estos mensajeros visitaron con frecuencia la Nueva España, e incluso escogieron, según dice, el sitio donde fue erigida la ciudad que en un principio llevó su nombre, pero que con el correr del tiempo fue conocida más bien como Puebla. Los numerosos ángeles que aparecieron para auxiliar o consolar a los frailes serán tratados más adelante; aquí sólo se hará referencia a los que tuvieron algún papel en la Conquista o en la colonización. Los cuatro primeros de que se tenga noticia se aparecieron para ayudar a Cortés: el primero le anunció "su providencial misión" durante la travesía de Cuba a Yucatán y luego empuñó el timón de la nave durante una borrasca cerca de Champotón; otro le mostró en tierra la nueva comarca; el tercero, "en figura de indio... sacó a los españoles del fiero cerco tlaxcalteca"; y el cuarto, de acuerdo con algunos escritos de la Conquista evocados por Lucas Alamán, los guió en su penosa marcha "por los cerros" hasta Tlaxcala, después de la derrota de la Noche Triste. Según Oviedo, otro ángel —o Dios mismo— sacó a uno de los soldados del Conquistador, llamado Joan González, de los vericuetos de la sierra de Xacagua. Dice Bernal Díaz que el ángel de la guarda de Cortés lo alentó a ordenar que su gente poblase las Hibueras. Otro ángel guardián, con figura de mancebo según el piadoso relato del Padre Pérez de Ribas, amonestó y curó desde las ramas de un árbol a un indio yaqui, que después vivió de manera ejemplar. Bernard Lafaye dice que el Arcángel San Miguel apareció en 1531 a un indio tlaxcalteca, pero no revela la fuente de tal información; quizá se trata de un error de fecha ya que el Padre Florencia relata otra aparición del Arcángel exactamente un siglo más tarde, en el pueblo de San Bernabé de la jurisdicción de Santa María Nativitas (Tlaxcala). En esa ocasión, San Miguel reveló la existencia de una fuente milagrosa a un indio, Diego Lázaro, cuya timidez para propalar la noticia tuvo que ser vencida por el Arcángel "a fuertes palos". El Obispo Palafox hizo edificar en el sitio de la aparición el templo de San Miguel del Milagro; y Fray Francisco de Burgoa hizo más tarde una peregrinación a ese lugar "gozándome dichoso

13 Fray Alonso de BENAVIDES, *Revised Memorial*, 166, 196. Jiménez Moreno, en *Estudios*, 130, se ocupa de la fecha probable de la aparición de Nuestra Señora de Ocotlán; y alude también (p. 132) a la Virgen que se apareció en 1712. El *Huei Tlamahuizoltica* ("se apareció maravillosamente") es la primera narración en náhuatl del milagro guadalupano de que tengamos noticia. Fue publicado en 1649 por Lasso de la Vega. Algunos autores modernos afirman que este texto fue redactado en el siglo XVI, y lo atribuyen en parte a Antonio Valeriano y en parte a Alva Ixtlixóchitl, pero no lo han podido comprobar. Pedro MÁRTIR *Décadas*, II, 134 y 136. El altar de Cozumel es mencionado por Bernal DÍAZ, c. xxviii; I, 127. Pazos, "La Asunción...", 330; Foster, *Cultura y Conquista*, 21, REMESAL, VI, viii; I, 422.

—dice— donde el indiezuelo puso los pies; que los del Arcángel eran aparentes".[14]

Fueron también arcángeles los que Fray Julián Garcés, Obispo de Tlaxcala, vio en sueños ocupados "con el cordel de alarifes" en el trazo de la nueva ciudad a donde luego trasladó su sede, que vino a ser la villa nueva o Puebla de los Ángeles. El sitio preciso de la fundación, de acuerdo con el sueño, fue localizado por el buen obispo con la ayuda de Motolinía; y aunque no se conoce ninguna referencia explícita a ese famoso sueño antes de finales del siglo XVII, como dice Angulo Íñiguez, el hecho es que Puebla nació entre leyendas sobre apariciones de ángeles. Según Motolinía, los tlaxcaltecas que llegaron a construir la nueva ciudad "llamaban a los ángeles, cuyo pueblo iban a principiar". Sea como fuere, la ciudad fue fundada en 1531 el día de San Miguel Arcángel, príncipe de las milicias celestiales; y en una información del procurador de Puebla, enviada en 1534 a Carlos V, se expresa la creencia de que la fundación "no ha procedido de industria humana"; además, en el libro más antiguo que ha quedado del Archivo Municipal poblano (correspondiente a 1546) se lee que todo parece que "el Señor lo crió aquí [para] edificio de ángeles". Por otra parte, cabe recordar que Torquemada dice que donde se fundó Puebla "el sitio era de Angeles"; y que todos los cronistas poblanos de la Colonia, incluyendo a López de Villaseñor y a Echeverría y Veytia (además de Lorenzana y de los escritores eclesiásticos), aceptan sin el menor asomo de duda la tradición del sueño del Obispo Garcés. Por último, este profético sueño quedó plasmado desde 1538 en el escudo de armas que el Emperador concedió a Puebla, en el que aparecen "dos ángeles... bestidos de blanco calçados de púrpura y oro", asidos de una fortaleza que representa la ciudad; en una orla, como lema alusivo, la leyenda: *Angelis suis Deus mandavit de te ut custodiant in omnibus viis tuis.*[15]

Varios de los apóstoles y algunos Padres de la Iglesia hicieron acto de presencia, según las crónicas o mejor dicho la leyenda, en ciertos episodios de la historia del primer tercio del siglo XVI. En 1521, Cortés no atribuyó su salvación —considerada milagrosa por él mismo— en un crítico episodio de la batalla de Xochimilco a un valeroso tlaxcalteca, como

[14] LOBO LASSO de la VEGA, II, 31-36; V, 18-28, 34 *seqq.*, XVII, 51-55 y XXI, 36; *cf.* Int., p. XL. L. Alamán, I, 107. OVIEDO, I, 473. Bernal DÍAZ, c. clxxxii; III, 93. PÉREZ DE RIBAS, *Triunfos*, II, 124. Lafaye, 377. Genaro García (ed.), PALAFOX, *Vida Interior*, p. 125, n. 12 (la narración original es del Padre Francisco Florencia, en su *Marabillosa aparición que hizo el Archangel San Miguel a Diego Lázaro...*, Sevilla, 1692?). BURGOA, II, 100. Esta aparición del Arcángel es mencionada también en *Zodíaco Mariano* del propio Padre Florencia; *cf.* Gonzalo Obregón, 136.

[15] Sanford, 230. Angulo Íñiguez, "Catedrales Mexicanas", 160. Lafaye, 23, dice que también se atribuye a Isabel la Católica el sueño de Garcés. MOTOLINÍA, *Memoriales*, 198. Usigli, en Int. a Monterde, XXVIII, *Bibliografía*, señala la aparición de "dos ángeles que cantan acompañados de guitarrones" en un *Coloquio* de 1609 relativo al bautismo de los cuatro "reyes" de Tlaxcala. La información de 1534 es citada por FERNÁNDEZ de ECHEVERRÍA y VEYTIA, I, 48 y por LÓPEZ de VILLASEÑOR, 150-151; y el primero de estos autores, en I, 46-47, reseña el documento de 1546. TORQUEMADA, I, 313. LORENZANA, 243, quien se refiere a la *Historia de la Aparición de San Miguel* del Padre Francisco de Florencia, S.J. Sobre el escudo de armas de Puebla, ver MONTOTO (ed.), CDIHIA, III, 23; ECHEVERRÍA y VEYTIA, I, 198, 207; Carrión, 32-33; y Lafaye, 345-346,

parece que fue el caso, sino más bien "juzgó que San Pedro [por quien sentía especial devoción, como ya hemos señalado] le había ayudado". También atribuyó al Príncipe de los Apóstoles la victoria alcanzada en Centla. Por lo que se refiere a San Pablo, ya hemos hablado de una aparición en Nuevo México que tuvo lugar tiempo después. Además, cuatro escritores eclesiásticos —los Padres Mota Padilla, Arregui, Florencia y Alegre— no excluyen la posibilidad de que los Apóstoles Mateo y Tomás hayan predicado el cristianismo entre los naturales de la Nueva España, en época indeterminada pero anterior o quizá contemporánea a la Conquista. La leyenda del primero, relacionada con el Valle de Banderas (Jalisco), tiene "no poco fundamento" según asegura el Padre Alegre; y cuando murió el Apóstol, añade el Padre Arregui, "se oyeron campanas por grande espacio de tiempo". Santo Tomás fue más ubicuo: los Padres Florencia y Alegre, con base en relatos posteriores, afirman que predicó en Huatulco y que plantó la célebre cruz milagrosa de este puerto; también hay crónicas que hablan de su predicación en Yucatán, en Michoacán y entre los chontales. En fin, según Fray Juan de Grijalva, en Las Nievas, cerca de Zacatecas, se vio a San Agustín —cuya intercesión el pueblo había solicitado— vestido con ornamentos pontificales y entre las nubes, ahuyentando con su báculo a una gran plaga de langostas que amenazaba arruinar las cosechas.[16]

Si las fuerzas del Bien intervienen abiertamente desde un principio en la afirmación del dominio español, no podían faltar las que representaban al Mal, necesariamente colocadas en el lado opuesto, o sea, según la concepción cristiano-europea, en el de la idolatría. La lucha entre ambos, sin embargo, no se desenvuelve siguiendo la norma teológica según la cual el mal es sólo la negación del bien. Entre los dos principios hay una relación casi maniquea: el Demonio, encarnación del mal, fue en la Nueva España (y en cierta medida lo sigue siendo) no sólo un ente tangible sino claramente corpóreo. Fue, en una palabra, el Diablo medieval transportado a América como parte de la estructura intelectual y emocional del conquistador y especialmente del fraile. Pronto se identifica al Diablo en forma sistemática con los dioses que mueren, los cuales tenían para los mendicantes una existencia real y diabólica. Como en el Medievo europeo, el diablo novohispánico echa mano de múltiples recursos y se las ingenia con variadísimas estratagemas, pero toda su lucha es vana. Era un eterno perdedor, no porque en su conducta hubiera realmente mucha maldad, sino sencillamente porque su derrota y humillación significaban el triunfo del Evangelio. Vistas así las cosas, las cuitas y desgracias del Diablo inspiran no sólo conmiseración sino cierta simpatía, ya que en la mayoría de los casos simbolizan el tenaz esfuerzo desplegado por las culturas indígenas para mantener vivas sus tradiciones y para conservar su propia identidad.

[16] La invocación a San Pedro por parte de Cortés es señalada por Prescott, 456 y n. 13, quien repite a HERRERA, déc. 3, lib. 1, cap. 8. También hablan del episodio de San Pedro: Alamán, I, 112, y W. W. Johnson, 160. MOTA PADILLA, c. 36; ARREGUI, 89, 90; FLORENCIA, *Hist. de la Comp. de Jesús*, 238; ALEGRE, I, 179, 311, 313. Este último autor, en II, 524, señala la presencia de varios apóstoles también en la América del Sur. Juan de GRIJALVA, 600.

Independientemente de que en los libros de caballerías la intervención diabólica es frecuente y que por esto a los conquistadores no podía extrañarles tropezarse con el Demonio en la Nueva España, no cupo la menor duda a los primeros misioneros, al contemplar las múltiples y para ellos horrendas representaciones escultóricas y pictóricas de los dioses indígenas, de que Lucifer se había trasladado de Europa a América en una época muy remota. Por ello tomaron de esos dioses características para describir al Demonio en la tarea de evangelización, pero en lo esencial la representación pictórica del espíritu maligno en la Nueva España fue la misma de la Edad Media y del principio del Renacimiento italiano. Esto puede comprobarse por ejemplo en las pinturas murales del claustro de Tlalmanalco y de las iglesias de Acolman y Santa María Xoxoteco, así como en el *Códice Aubin* y en la representación del drama en náhuatl *La tentación de Cristo*, descrita de primera mano por Motolinía. En las estampas de la *Rethorica Christiana* del franciscano criollo Diego Valadés (impresa en 1579), dice Francisco de la Maza, los diablos son medievales y están inspirados en las pinturas de Schongauer y en los grabados de Beccafumi. La representación del Diablo varió poco durante la Colonia; se le personificaba casi siempre como un macho cabrío o un animal de aspecto felino, con pelo hirsuto y los consabidos cuernos, uñas largas y cola bifurcada o en forma de tridente. Ello no excluye, sin embargo, los múltiples disfraces a los que, según los relatos, recurría Satanás para engañar a los mortales.[17] El Diablo ya había hecho varios actos de presencia en las Antillas y en otras islas atlánticas antes de aparecer en la Nueva España. Pedro Mártir asegura que los españoles lo vieron en su época en la Española; Gómara va más lejos, asegurando que el Diablo "es el principal dios de los de aquesta isla"; para Herrera, el Diablo no sólo era el amo de los indígenas de las islas sino que "los traía ciegos y engañados, hablandoles y mostrandoseles en diversas figuras"; en fin, García Céspedes (ya en el reinado de Felipe II) declara que los caribes en general eran "abiertos y claros vasallos del Diablo". Por su lado, Morison recuerda que los navegantes del siglo XVI solían pasar frente a las Bermudas, de donde eran ahuyentados por los gritos estridentes de los diablos que ahí habitaban, gritos que quizá no eran otra cosa que los chillidos de los petreles o aves de las tempestades, hoy casi extintos. Por último, Cartier encontró en 1535-1536, en la isla de Hochelaga (Canadá), a unos indios a quienes les gustaba disfrazarse de demonios.[18]

[17] La representación corpórea, en gran parte antropozoomorfa, del Diablo, se desarrolla del siglo XI al XV en el arte medieval: Richards, 80. Esa representación deriva a la vez de la de dioses paganos como los de la fertilidad, Cerunnos y Pan, y del Diablo muy concreto y colorido que tentaba a los santos del Desierto y a San Gregorio el Grande. Se identifica al Diablo con los dioses o con los señores indígenas desde un principio. Véase Fray Andrés de Olmos, HECHICERÍAS, XXV-XXVI, Nebel, 161; así como Russell, 68, 151 (Cerunnos, Pan y el Demonio tentador de los anacoretas). Ida Rodríguez Prampolini, 114. R. H. Valle, "El Diablo en Mesoamérica", 197. Toussaint, *Pintura Colonial*, 44. Zavala, *Mundo Americano*, I, 457. Horcasitas, 133. F. de la Maza, *Fray Diego Valadés*, 26. González Obregón (ed.), PROCESOS DE INDIOS IDÓLATRAS, 20, Valle, en *op. cit.*, 206, informa que en la Nueva Galicia en tiempos del Virrey Mendoza se cantaban los llamados tlatoles o cantares del Diablo.

[18] Pedro MÁRTIR, I, 338. GÓMARA, *Hist. Gral. de las Indias*, c. xxvii; I, 66. HERRERA, 1ª déc., III, 3 y 4, pp. 306 y 311. GARCÍA CÉSPEDES, f. 305vº. El petrel de las Bermudas (*Petrodroma cahow*)

En la Nueva España, el Demonio adoptó las formas más diversas, algunas de ellas zoomórficas. A un indio aún no bautizado de nombre Ailitlcóatl —dice Fray Juan de Grijalva— se le aparecía "con rostro fiero y tuerto de un ojo"; en cambio, en la región zapoteca el Príncipe de las Tinieblas se hacía adorar en forma de guacamaya en una "gruta nefanda", hasta que el celoso Fray Alonso de Espinosa mató a palos a esa ave desplumándola para demostrar el fraude. A un señor de Amecameca, según el Padre Olmos, se le aparecía el Diablo como "hombre-tecolote", o bien semejando un mono; según el Obispo Marroquín, el Demonio una vez tomó en Guatemala, a la entrada de la casa de Alvarado, la forma de vaca de un solo cuerno, y una soga donde debiera estar el otro. Entre los indios laguneros del siglo XVI, según dijeron los jesuitas de la misión de Parras, el Diablo era adorado bajo forma de bestia espantosa. Según la *Relación de Sinaloa* y según los *Triunfos de Nuestra Santa Fe* de Pérez de Ribas (que ocultan un pequeño tratado de demonología), en aquella provincia se rendía culto al Diablo en forma de alacrán y, sobre todo, de culebra deforme. Según este mismo historiador jesuita de fines del siglo XVI y principios del XVII, en Sonora el espíritu del mal asumía la apariencia de perro, sapo, coyote, sierpe e incluso de cuervo; en efecto una vez apareció en forma de ave negra, y hablando desde las ramas de un álamo aconsejó a los yaquis matar a los misioneros, echar las campanas al río y quemar las iglesias. El Padre Antonio Sedeño informaba en 1569 a sus superiores que el Demonio se aparecía en diversas figuras y entraba "algunas veces en el cuerpo de sus sacerdotes", pero desaparecía ante la señal de la cruz. En el cerro del Papantón, cerca de Sombrerete —dice Amador— residía un espíritu maligno que tenía forma de mula prieta y echaba lumbre por el hocico: pero era profundo conocedor de las cualidades de las yerbas, ciencia que revelaba a quienes lograran montarlo en pelo en una noche de luna.[19]

A veces el Demonio se aparecía vestido de cacique para reprochar a los indios el olvido de su culto, según oyó decir Fray Andrés de Olmos. Ésta es una noticia registrada por Torquemada. En otras ocasiones, no se limitaba a reproches pues dice Pérez de Ribas que el Diablo, empleando el mismo

es mencionado por Morison, *Southern Voyages*, 501; se trata de una especie casi extinta de la familia de los proceláridos, cuyos chillidos, especialmente de noche, producen una impresión terriblemente desagradable. CARTIER, "Deuxième voyage...", en Julien, 138-139. También los indios de Florida se pintarrajeaban y se ponían cuernos y cola para recibir al Demonio, según cuenta el padre jesuita Antonio Sedeño en 1568 (Kenny, 224).

[19] Juan de GRIJALVA, 248, La proeza de Fray Alonso de Espinosa es narrada por el Padre BURGOA, *Palestra Historial*, 215. Bancroft, en *North Mexican States*, 125, menciona el diablo de Parras. RELACIÓN DE SINALOA (ed. E. O'Gorman), 185. PÉREZ DE RIBAS, *Triunfos*, I, 347; II, 118, 120, 172. P. Olmos, HECHICERÍAS, 45. Sanchíz, 24 (Marroquín). También ese TRATADO DE HECHICERÍAS Y SORTILEGIOS de Fray Andrés, como su nombre lo indica, es un tratado de demonología y brujería; señala su editor, Georges Baudot, vi, xxiv, que se origina en un modelo español elaborado 26 años antes —en 1525— por Fray Martín de Castañega, predicador del Santo Oficio en Navarra. Nada de extraño en ello si se recuerda que Fray Andrés había sido elegido por Fray Juan de Zumárraga en la tarea de extirpar la brujería en Vizcaya, antes de que ambos pasaran a México. El demonio de Florida aparece en Zubillaga (ed.), MONUMENTAE FLORIDAE, 355-356 y 601-602. En Amador, *I*, 336, se habla de la mula del cerro del Papantón, cuya localización en el mapa debo al licenciado José G. Cervantes, Gobernador de Zacatecas.

método que la Virgen, castigaba a sus antiguos fieles cegándolos momentáneamente. En un episodio de esta clase en Sinaloa, el Demonio vestía "una caperuza llena de rica plumería, aunque con olor pestilente", y cuando los misioneros redujeron a cenizas el ídolo del lugar el Maligno desapareció. Éste, por supuesto, verdaderamente no tenía escrúpulos en sus estratagemas: según Remesal, en Chiapa de Corzo tomó la forma de fraile joven para intentar seducir a una india; con los mismos propósitos (también frustrados, gracias a la vigilancia de los misioneros), se aparecía entre los yaquis ora como mancebo ora como viejo, según la edad o inclinación de sus víctimas. Aparentemente no tenía dificultad en cambiar de sexo cuando era necesario ya que entre los coras de Nayarit, relata el Padre Tello, se aparecía en forma de muchacha india muy ricamente vestida al uso mexicano; y a la doncella Leonor Báez se le apareció en 1649 junto a su cama bajo la forma de una negrita que tocaba "música celestial". En Santa Bárbara (Chihuahua), según Fray Gerónimo de Zárate, el Enemigo tomó la forma de una india vieja, evidentemente no con propósitos de seducción, sino para salvar, llevándoselo consigo, uno de sus ídolos que no pesaba menos de 800 quintales. (Cuando el Malo aparece como varón, se le llama íncubo, cuando cambia en mujer, se le dice súcubo.) También tentaba a muchos conquistadores apareciéndose en forma de "vil metal", o sea de oro. No era indiferente Lucifer a la molicie sino todo lo contrario: según el Padre Juan González de Mendoza, en el Nuevo México del siglo XVI comía, descansaba y recreaba en "unas capillas altas... muy adornadas y pintadas". Además en la *Histoyre du Mechique* atribuida a Fray Andrés de Olmos, se informa que pasando por Culiacán en su peregrinación los mexicas construyeron allí hermosas casas y edificios destinados al diabólico solaz. El Maligno quizás abusó del escarnio al aparecerse vestido severamente de jesuita cerca de San Pedro (Coahuila), en venganza de unas acusaciones de los misioneros de la Compañía que le habían echado la culpa de una epidemia de *cocoliztli* que asolaba por el año de 1611 a los indígenas irrítilas de aquella región.[20]

En la Nueva España, el diablo demostró una gran locuacidad. Ya en uno de los tres relatos que poco después de la toma de Tenochtitlán circularon en Alemania sobre la expedición de Cortés, se dice que bajo el nombre de Zuniy les había anunciado a los indios de Coatzacoalcos la victoria o la derrota en sus combates con los españoles. Los totonacas, dice Oviedo, hablaban con Satanás y recibían de él "consejos y respuestas". Moctezuma —afirma el propio Oviedo así como Solís, Gómara antes que ellos, y más tarde, con bastante cautela, el padre Clavijero— tenía trato familiar con el Demonio, al que consultaba a veces en los adoratorios y en ocasiones en la "casa del luto"; el Maligno exhortaba entonces al tlatoani a deshacerse de los conquistadores, so pena de que con su persona terminara la estirpe de

---

[20] TORQUEMADA, *Monarquía Indiana*, ed. 1944, II, 82. PÉREZ DE RIBAS, *Triunfos*, I, 258-259 y II, 119. REMESAL, VI, xii; I, 438-439. TELLO, 43. Fray Gerónimo de ZÁRATE, c. 105, p. 31. El "vil metal" es mencionado en R. H. Valle, "El Diablo en Mesoamérica", 201. GONZÁLEZ DE MENDOZA, 324. HISTOYRE DU MECHIQUE (ed. Jonghe), 16. La historia del demonio que se disfrazó de jesuita es narrada por Dunne, *Jesuits*, 116. ARLEGUI, 7, dice que en su peregrinación los mexicanos eran guiados por el demonio "que les hablaba por boca de un ídolo"

los reyes de Culúa. A los nobles, sacerdotes y magos tenochcas, los azuzaba igualmente a la resistencia, precisa Bernal Díaz, "por boca de Uichilobos" (Oviedo identificaba más bien al Diablo con Tezcatlipoca), y Solís dice que parodiaba los ritos y ceremonias de los cristianos. Vetancurt informa que el Demonio fue expulsado del cuerpo de un hijo de Moctezuma por medio del bautismo, después de la caída de Tenochtitlán. Satanás se aparecía entre los aztecas y hablaba no sólo a la gente principal sino hasta a la más humilde, ordenándole —afirma Mendieta— que no "le dejasen de servir con sus usados sacrificios". Dice Vetancurt que en el sitio donde estaba en construcción la iglesia de San Francisco de México "se aparecían los demonios en varias figuras". Con sus insistencias, el Espíritu del Mal, informa Fray Juan de Grijalva, molestaba a un indio mercader de Mixquic que se salvó de las garras diabólicas sólo por su religiosidad; en otro caso, en 1545, las aguas del bautismo seguidas inmediatamente por una bienaventurada muerte salvaron a un indio de ser llevado por el demonio al infierno a reunirse con sus "padres y mayores", según informa Dávila Padilla en un episodio narrado también, aunque más brevemente, por Fray Alonso Franco. Torquemada relata el caso de un niño indio de Texcoco que fue rescatado de igual modo a instancias de su angustiada madre. Un poco más tarde un diablo de nombre "Mantelillos" —cuenta Rafael Heliodoro Valle— obtuvo de un indio de 18 años de edad, zapatero y pastor de ovejas llamado Juan Luis, la promesa de su alma a cambio de ciertos favores. Le ayudaba a pagar sus deudas, le cardaba la lana de las ovejas e incluso le arreglaba problemas de amor hasta que la justicia eclesiástica intervino y puso fin al pacto, condenando al joven a sambenito, destierro y galeras.[21]

Según Fray Juan de Grijalva, el Demonio hablaba "familiarmente" con los principales de Chilapa. Pero en 1536 una india de aquella tierra, a la que llevó por los aires hasta la punta de un cerro para pedirle "que lo reconociese y adorase por su Dios", le propinó sonora bofetada. En Apozol (Jalisco), le clavó un hierro en la garganta a otra mujer que se negó a seguirlo. La infeliz se quedó con el hierro clavado hasta que un niño "Tepapaquiltiani o Consolador" se apareció para quitárselo, según cuenta Mendieta. De Tizatlán (Tlaxcala) fue expulsado un demonio llamado Macuiltonal —"de forma espantosa que tiraba algo a puerco", dice el propio Mendieta— cuando fue erigida la primera cruz en el templo mayor de indios. En Tacámbaro, dice Fray Matías de Escobar, Satanás había prohibido a un indio viejo que adorase la hostia consagrada. También se había enseñoreado de varios lugares en la región mixteco-zapoteca, como la cueva de Chalcacatongo (nido

[21] H. R. Wagner (ed.), "Three Accounts", 199 y 202; cf. ANÓNIMO, *Nueva Noticia de Yucatán,* 233, 234, 236, en donde se menciona a Zuniy. OVIEDO, XXXIII, i; IV, 10; en XXXIII, xlvii; IV, 222 y 223, afirma que el diablo hablaba con "las mujeres preñadas de Moctezuma"; y XXXIII, xlvii; IV, 224. SOLÍS, 80, 142, 153, 172 y 183. GÓMARA, 357, 363 y 444. CLAVIJERO, *Historia Antigua,* IX, 12; p. 352. Bernal DÍAZ, c. cliii; II, 276. VETANCURT, *Teatro Mexicano,* 4ª Parte, pp. 5 y 32. Mendieta, *Historia,* 111-112. Fray Juan de GRIJALVA, 45-46. MOTOLINÍA, *Hist. de los Indios,* 107-108. DÁVILA PADILLA, 119-120. Fray Alonso FRANCO, 21. TORQUEMADA, *Monarquía Indiana,* XVI, v; III, 149-150. R. H. Valle, en "El diablo en Mesoamérica", 203, da cuenta de la existencia del diablo "Mantelillos".

"de horrores y abominaciones") y particularmente —todo ello según el Padre Burgoa— el peñasco de Xaquija, cerca de Mitla, donde "el tirano soberbio" organizaba "espantosas representaciones... y sangrientos sacrificios", articulando en varias figuras la fantástica voz con que ordenaba a sus sacerdotes "la carnicería de hombres como brutos". Tampoco Yucatán estuvo libre de la presencia del Maligno: los mayas —dice Sánchez de Aguilar—, con quienes hablaba para luego desvanecerse, lo conocían con el nombre de Xibilba; era consultado especialmente en Acuzamil y Xicalanco, dice Gómara; y en los consejos de guerra de los españoles llegaba a oírse su voz desorientadora, según el doctor Francisco Hernández. El encomendero de Cozumel, Diego de Contreras, se quejó en 1579 de que mucha gente venía desde lugares tan remotos como Xicalango, Tabasco y Campeche a adorar en aquella isla al Demonio quien en forma de oráculo hablaba y consolaba a sus fieles por intermedio de un indio viejo que usaba el nombre o título de "Alquin". En Tehuacán, relata Mendieta, Fray Juan de San Francisco hizo pedazos con sus propias manos el ídolo principal del lugar, a raíz de lo cual el demonio que lo habitaba ordenó a un indio no convertido que matase con un garrote al fraile; pero el indio no pudo obedecer porque Fray Juan se había marchado a México. Más tarde, el fraile apareció en el mismo Tehuacán para salvar de los ídolos a un sacerdote al que había bautizado, a quien Satanás había ordenado que colgara él mismo en castigo de su traición.[22]

En el norte de la Nueva España el Diablo, como se ha visto, comenzó a aparecerse desde los primeros tiempos, de lo cual son ilustración los siguientes ejemplos adicionales. Tenía el Maligno, según Pérez de Ribas, mucho trato con los sinaloas; uno de ellos sólo pudo librarse de su influencia recibiendo la extremaunción, después de la cual murió "con muy grande consuelo". Igual cosa sucedía entre los acajíes de la Sierra Madre Occidental según el Padre Alegre, y también de acuerdo con Pérez de Ribas, con los mayos de Sonora. El Diablo se presentaba con frecuencia en el Noreste, entre los sisibotaris, los batucas y los yaquis, según aquel autor jesuita. En la expedición de Coronado de 1540, el Demonio, con el propósito de hacer fracasar la empresa según explica Fray Marcos de Niza, intentó convencer a un joven soldado apellidado Trujillo de que matara al capitán mismo de la expedición, para casarse luego con su viuda, la riquísima Beatriz de Estrada; nunca se aclaró si ese proyecto respondía a los designios del Malo o a las ambiciones de Trujillo, quien de todas maneras fue dado de baja. Más tarde, en el curso de la misma expedición, en Tíguex, el Diablo aconsejó a un guía indio apodado *el Turco*, hablándole desde un cántaro de agua, que condujera a Coronado a algún despeñadero. En 1536, a un cierto maese Juan, náufrago desde hacía muchos meses en una isla llamada entonces de la Serrana en el Golfo de México, que en su desesperación había clamado por el auxilio satánico, se le apareció el Demonio "echando

[22] Fray Juan de GRIJALVA, 49 y 85-86. MENDIETA, *Historia*, 116-117 y 160-111. Fray Matías de ESCOBAR, 187. BURGOA, II, 119, 121.* SÁNCHEZ DE AGUILAR (ed. del Museo Nacional), 96. GÓMARA, 186. Francisco HERNÁNDEZ, *Antigüedades*, 73. INFORMACIÓN DE DIEGO DE CONTRERAS, *ap.* CDIU, 54, 60. MENDIETA, *Santo Evangelio*, 73-74.

—dice el mismo protagonista— humo por la nariz y por los ojos fuego y los piés como grifo y las colas como murciélagos y con dos cuernos ". Arrepentido de su invocación, también por la circunstancia de que el Diablo se había presentado en un momento inoportuno (en la noche cuando se había levantado a orinar), con la ayuda de un compañero de infortunio y alzando la Santa Cruz, maese Juan lo persiguió por toda la isla hasta que desapareció.[23]

Desde los primeros tiempos de la Colonia, Motolinía señaló la eficacia del nombre de Jesús, de la Cruz y del Santísimo Sacramento para ahuyentar al Demonio, quien se aparecía ante los neófitos indios haciéndoles con furia preguntas tales como: "¿por qué no me servís?", "¿por qué no me honráis como solíades?" y "¿por qué te has bautizado?" Vetancurt narra cuán difícil fue para los primeros franciscanos erigir una gran cruz de ciprés de Chapultepec en el patio de la capilla de San José de los Naturales, ya que "el demonio estaba asido de ella" tratando de impedir que la levantaran. No pudo realizarse el proyecto hasta que "el demonio desapareció con estruendo", y la cruz en cuestión permaneció en pie hasta 1671, cuando un fuerte viento la derribó (sus astillas se repartieron como reliquias). Mendieta relata que en 1535, en Cholula, el Enemigo destruyó la cruz del nuevo templo fulminándola con rayos tres veces hasta lograr que se desenterraran unos ídolos que en ese sitio habían sido ocultados. Para echar a los demonios que infestaban la sierra alta de Puebla y Tlaxcala a mediados del siglo XVI, el agustino Fray Antonio de Roa no encontró mejor manera que colocar cruces en todas las montañas, según informa el Padre Grijalva. Ya en el siglo XVII, Fray Matías de Escobar dice que la Virgen María en persona, acompañada de unos ángeles, ahuyentó en Charo a Lucifer que en forma de perro rabioso molestaba a unos indios devotos. El jesuita Pérez de Ribas relata que entre los tegüecas de Sinaloa una "fiera bestia" (naturalmente Satanás) había revelado que quien le hacía mayor guerra en el mundo era San Ignacio; y que los padres de la Compañía le causaban "gravissimos tormentos". Añade el cronista que la bestia también temía mucho al rosario, mediante el cual se salvó de sus garras a varios indios de Sonora, en particular a un adolescente de los nebomes bajos, cuya alma le estaba empeñada por haberlo sacado de un vericueto de la sierra. No siempre, sin embargo, los demonios eran alejados con medios tan sencillos, pues su poder era grande. Así por ejemplo, podían causar tempestades, como los que transportados en negras nubes y pegando de alaridos prácticamente aniquilaron en la Bahía de Pensacola en 1558 a la flota de Tristán de Luna y Arellano; o como el diablo llamado Zuniy, en la región de Coatzacoalcos: desataba a voluntad verdaderos diluvios; o en fin, como el demonio que se había aposentado en un ídolo entre los guaves de Sinaloa, el cual provoca-

[23] PÉREZ DE RIBAS, *Triunfos*, I, 245 y 345; y II, 17, 125 y 180. ALEGRE, II, 501-505. La historia de Trujillo y los sinsabores del Turco son relatados por P. CASTAÑEDA DE NÁJERA, 20, 62-63 y 75, por Hammond, *Coronado's Seven Cities*, 22 y 64; y por Hammond y Goad, 82. MAESE JOAN, 64; esa relación está publicada también en la CDIAO, IX: 57-65 (ver espec. p. 64) y en Serrano y Sanz (ed.), *Relaciones Históricas de América*, Madrid, 1916, 16-25.

ba "remolinos y tempestad de aire", según Pérez de Ribas. Además, no dejaba de tener importancia el número de diablos, tan elevado, dice el padre Grijalva, que llenaban las entrañas de la sierra de Meztitlán, cuyas soledades "avian buscado como buharros... y como infernales vivoras sus vivares y cavernas".[24]

Los testimonios acerca de Satanás son múltiples y todos ellos identifican su poder y su culto con la idolatría de los naturales de la Nueva España (y del resto de América). Ya Motolinía no dejaba duda al respecto al afirmar que "el demonio... era muy servido con las mayores idolatrías" y que a "los sacerdotes de los ídolos... les aparecía muchas veces el demonio o éllos lo fingían". Los doce primeros franciscanos, ante los caciques, atribuyeron la culpa de las desgracias de los indígenas a "los demonios... que vosotros tenéis por dioses" y a "nuestros enemigos los diablos, a los cuales ustedes adoran". Torquemada estaba convencido de que las deidades indígenas eran simples advocaciones del Demonio, y Durán afirmó que, por mandato del Diablo, "los sacerdotes, encantadores y hechiceros" indígenas trataron de atemorizar a los primeros conquistadores con "danzas de cabezas y pies cortados y otros espantables y macabros simulacros". En Yucatán el comisario franciscano Fray Juan de la Puerta, en un carta al Consejo de Indias de febrero de 1547, describe sumariamente esas tierras como "el reyno de Satanás", cuyo culto hay que destruir para ensalzar al Dios cristiano. Mendieta identifica a los ídolos con los demonios, hasta el grado de afirmar que "vio" salir a uno de éstos para desaparecer con la forma "espantosa" del dios Macuiltonal, del templo de Tizatlán. A su paso por la Nueva Galicia, dice el Padre Tello, los aztecas ya adoraban a Lucifer bajo el nombre de Huitzilopochtli. En Tehuacán, habiendo hecho pedazos Fray Juan de San Francisco un ídolo, el Demonio se apareció a clamar venganza "con las mismas heridas o mellas que el fraile había hecho a la estatua". Fray Antonio Roa va más lejos, y en el pueblo de Molango —según cuenta el Padre Grijalva— antes de hacer pedazos a un ídolo lo hizo hablar ante los naturales y confesar "con voz triste y dejativa que no era dios sino criatura la mas vil y miserable de toda la naturaleza... y [que] ardia miserablemente en el infierno". El deán Sánchez de Aguilar afirmó que en Yucatán la idolatría era una llama que fomentaba el poder diabólico; y que era el Demonio quien impedía, a través de la Audiencia de México, que el Obispo Landa castigara debidamente a los idólatras que obsesionaban al deán. En el primer libro de su *Historia*, Sahagún describe el panteón indígena como un mundo de tinieblas presidido por Lucifer, quien llevaba la máscara de Tezcatlipoca. López de Velasco describe como sigue los cultos indígenas: "los aztecas... fueron grandes idólatras del demonio...; los indios [de Yucatán]

[24] MOTOLINÍA, *Hist. de los Indios*, 140; y *Memoriales*, 89. VETANCURT, *Teatro Mexicano*, 4ª Parte, p. 41. MENDIETA, ed. 1870, 309. GRIJALVA, 124. La Aparición de la Virgen María en Charo (Michoacán) es señalada por Fray Matías de ESCOBAR, 429. PÉREZ DE RIBAS, *Triunfos*, I, 332 y 334-335, y II, 124-125 y 171-172. Los "gravissimos tormentos" del Diablo son relatados por el Padre Florencia, *Hist. de la Comp. de Jesús*, 136. El desastre inicial de la flota de Luna y Arellano es narrado por Priestley, *Tristán de Luna*, 109; y por Bolton, *Spanish Borderlands*, 131. PÉREZ DE RIBAS, *op. cit.*, I, 188. GRIJALVA, 109.

eran grandes idólatras y cultores del demonio...; [y los de la Nueva Galicia] sacrificaban al demonio y se comían la carne de los sacrificados". El Padre Acosta afirma que el Maligno "aparecióles muchas veces a los mexicanos", y también para García Céspedes los indios eran "cultores" del Diablo. No se escapan de esas censuras ni los habitantes del lejano Nuevo México, vasallos igualmente de los demonios, según Fray Alonso de Benavides.[25]

Es natural que misioneros y apologetas eclesiásticos u oficiales hayan identificado a las religiones indígenas con la adoración de Satanás, pues así ponían a su alcance una poderosísima arma para llevar a buen fin la tarea de convertir a los naturales al Cristianismo imponiéndoles la religión sobre la que se fincaba la autoridad española. El fenómeno encuentra su antecedente en los tiempos del ocaso del paganismo clásico cuando los apologistas cristianos tildaron de *daimones* (ése es el origen del vocablo) a los dioses que morían. Pero lo más sorprendente de todo es que la conversión de los núcleos indígenas haya sido tan rápida, generalizada y, podría decirse, con una resistencia escasa o nula. Más adelante se analizará cómo numerosos elementos de las religiones nativas fueron incorporados al contexto general del cristianismo, en un sincretismo religioso que aún hoy día atrae la atención del investigador. En realidad, la identificación de los dioses indígenas con diablos cristianos fue algo espontáneo y natural entre los españoles del siglo XVI; de hecho las ideas de los frailes al respecto coincidían con las de los primeros conquistadores. Así, Cortés descartó los malos agüeros de que hablaban sus soldados cuando preparaba la retirada de Tenochtitlán, tachándolos de simples "inconvenientes" que el Diablo oponía para estorbar su empresa. Esto es lo que relata Andrés de Tapia, quien también llama "sacerdotes del diablo" a los que servían en los templos indígenas, incluso los de la aliada Tlaxcala. Otro de los soldados de Cortés, quien posteriormente tomó los hábitos, Fray Francisco de Aguilar, proclamó en su *Relación* que no "hubo reino en el mundo... a donde el demonio fuese mas reverenciado y honrado" que la Nueva España antes de la llegada de los españoles. Nuño de Guzmán atribuyó a los teules-chichimecas "la antigua costumbre de servir al diablo", y por ello hizo decir una misa en Xaltenango para que Dios fuera alabado en el mismo sitio en que el Demonio había sido adorado. Según Suárez de Peralta los nahuales de la tradición indígena eran demonios; y en los procesos inquisitoriales de 1536 contra los indios acusados de idolatría, algunos de éstos confesaron haber sido efectivamente "do[g]matizados" por el Diablo. Los guasaves huían de los misioneros jesuitas, dice Dunne basándose en un testimonio del Padre Alberto Clerici, cuando el Demonio, ofendido, los zarandeaba

[25] MOTOLINÍA, *Cartas*, 52; y *Relaciones* (ed. Nicolau d'Olwer), xxiv. La identificación ídolos = demonio por parte de los primeros misioneros figura en los *Colloquios de los doze*, 59 y 70. TORQUEMADA, *Monarquía Indiana*, XV, xvi; III, 38. DURÁN, II, 45. La carta de Fray Juan de la Puerta, fechada en Mérida el 1° de febrero de 1547, está reproducida en CARTAS DE INDIAS, I, 67-68. MENDIETA (ed. 1870), 309. Tello, 22-23. El episodio relativo a Fray Juan de San Francisco es narrado por MENDIETA en su *Historia*, IV, 108. GRIJALVA, 124-125. SÁNCHEZ DE AGUILAR (ed. del Museo Nacional), 69 y 88. Keen, 115. GARCÍA CÉSPEDES, f° 334. Fray Alonso de BENAVIDES, *Memorial* (versión inglesa), 37.

como simples jarras. Entre los tegüecas, también en el actual estado de Sinaloa, Lucifer, cuya figura podía ser feroz o deleitosa según las circunstancias, sólo hablaba con los hechiceros más famosos. Así lo informa Pérez de Ribas, quien añade que el Maligno reclutaba candidatos para ese "abominable oficio" (la brujería). Todavía en 1726 el Arzobispo de México creyó necesario publicar una pastoral contra el Diablo que como dios de las cosechas era festejado en la Huasteca con una ceremonia y un comelitón que, según Rafael Heliodoro Valle, terminaba en una desenfrenada borrachera.[26]

Lucifer se encuentra, por supuesto, tras las rebeliones de los indios; y es culpable incluso de algunas epidemias y de otros desastres. Baltazar de Obregón narra el cerco y sitio por parte del Virrey Mendoza en 1541 del peñol de Acatlán, donde se habían atrincherado 1 500 indios "inspirados por el Demonio". Un diablo, llamado Tlatol según Mendizábal y Tocoroli según Pérez Bustamante, instigó contra los españoles a los indios del valle de Tlaltenango y de las serranías de Tepic y Zacatecas, incluyendo a los terribles cazcanes ; y el Visitador Tello de Sandoval, que alarmado como el resto de los españoles visitó la región prodigando sus consejos, vaticinó que si los rebeldes triunfaban en la Cazcana, el Diablo se apoderaría en seguida de Jalisco, Michoacán, México e inclusive de Guatemala matando a todos los cristianos.

Mendieta acusa al Enemigo de instigar rebeliones recurriendo a promesas o amenazas que hacía llegar a los indios por medio de "sus ministros que lo ayudaban, hechiceros y embaucadores". Los indios guachichiles, dice en 1562 un testigo llamado Juan Delgado, hablaban con el Diablo después de tomar brebajes, y en una ocasión éste los incitó a una rebelión a la que arrastraron también a los zacatecos. En la guerra de los chichimecas de 1585, relatan el mismo Mendieta y Fray Diego Muñoz, éstos consultaban al Demonio, quien les infundía ánimo y brío para la batalla. Por su parte, el Padre Arregui culpa al Príncipe de las Tinieblas de la rebelión de los tepehuanes de 1616-1618, en la que se dio fuego a Acaponeta y fueron martirizados todos los jesuitas de la región menos uno. El superviviente, el Padre Andrés López, es de la misma idea que el historiador novogalaico y por ello señala como principal agente e "íntimo" del Demonio en la Sierra Madre Occidental al gran hechicero Cuautlatas. Éste "gobernaba la guerra", pero en ella, a la postre, Lucifer no pudo cumplir sus promesas. Otro demonio, con aspecto de viejo, pero que al bañarse en el río reaparecía como doncel, por poco arma una rebelión entre yaquis, relata Dunne en su historia de los jesuitas en el norte de México. La Sociedad de Jesús no dejaba de atribuirle maldades al Demonio: el Padre Francisco de Florencia lo culpa de haber instigado, disfrazado de gigante, una rebelión de indios en 1680; y según otros jesuitas, él fue quien trajo la peste (el *cocoliztli*) a la región de

---

[26] Andrés de TAPIA (ed. A. Yáñez), 65-75. Fray Francisco de Aguilar (ed. P. de Fuentes), 163; (ed. Gómez de Orozco), 90. Nuño de GUZMÁN, "Carta", 32, 48. SUÁREZ DE PERALTA, ed. 1878, 89; cf. González Obregón (ed.), PROCESOS DE INDIOS IDÓLATRAS, 17. Dunne, *Jesuits*, 122, 124. PÉREZ DE RIBAS, *Triunfos*, I, 133 y 135. R. H. Valle, "El Diablo en Mesoamérica", 206-207.

Parras en 1608 y otra vez en 1611, envuelto en llamas o en figura "de vena-do, de serpiente o de caballero armado de punta en blanco". En fin, la repu-tación del Malo andaba a veces por los suelos pues como lo escribió Fray Andrés de Olmos: "Nadie se consagra al Diablo por pobre que sea ya que da solo cosa fingida."[27]

[27] Baltazar de OBREGÓN, I, iv, p. 35. M. O. de Mendizábal, "Compendio histórico de Zacate-cas", en Obras Completas, v, 103. Ciriaco Pérez Bustamante, Mendoza, 75. MENDIETA, Historia, II, 66-67 y 732. La información sobre la rebelión de 1532, que incluye el testimonio de Juan Delgado, está publicada en CDIHIA, I, 276. Fray Diego MUÑOZ, 27; cf. Powell, Guerra Chichime-ca, 67. ARREGUI, 28-29; cf. Dunne, Jesuits, 112, 113, 122, y 139; y Decorme, "Misiones", 78. Padre FLORENCIA, Zodíaco Mariano, 124-125. P. Olmos, HECHICERÍAS, 45.

XII. PRECEDENTES MEDIEVALES DE LA EVANGELIZACIÓN Y SINCRETISMO CRISTIANO-PAGANO

EL DESCUBRIMIENTO y la conquista de América y sobre todo muchos de sus episodios de fines del siglo XV y de la primera mitad del XVI parecieron ser la realización de expectaciones medievales. El interés económico que generó y alimentó aquellas empresas, o sea el afán de lucro y la búsqueda de riquezas, estuvo desde un principio asociado inseparablemente con la consecución de ideales religiosos, algunos tan fantásticos como la pretensión de usar los tesoros encontrados para la reconquista de la tumba de Jesucristo o, más en general, para la propagación del cristianismo. Sin descuidar jamás sus intereses materiales, Colón —dice Las Casas— vivía en la esperanza de "que Dios le hiciese digno y pudiese ayudar en algo para ganar el Santo Sepulcro", ambición que no le abandonó ni en su lecho de muerte. Durante su tercer viaje, el Descubridor meditaba "cuanto servicio se podría hacer a nuestro Señor... en divulgar su santo nombre y fe a tantos pueblos de las Indias"; y como cuenta Herrera, antes de regresar a Europa explicó en su última advertencia a los colonos que se quedaron en La Española "que los había llevado á tal Tierra para plantar [la] Santa Fe". En lo que se refiere a la Corona, ya desde 1493 esta preocupación misionera se refleja en las instrucciones que los Reyes Católicos dieron al Descubridor para su segundo viaje.[1]

El sentido misional de España y en especial de Castilla se manifestó desde el siglo XIII, cuando se inició un periodo de ascenso continuo y arrollador de la Reconquista. Animado por las victorias, Alfonso el Sabio fue el primero que intentó llevar allende el mar su cruzada contra los moros, "para exaltación de la Cristiandad"; y con este propósito sugirió al monarca aragonés Jaime el Conquistador una expedición conjunta a Ultramar. En el siglo XV, el proceso de conquista de las Canarias revela un claro afán misionero, ya estudiado por Zavala, Zunzunegui y García Gallo. Además, los prelados y teólogos de la Nueva España reunidos en 1544 recordaron solemnemente que la Sede Apostólica había concedido las Indias a los reyes de España, "no para hacerlos mayores señores ni más ricos Príncipes", sino para que bajo su protección se dilatara la fe y se convirtieran a ella los naturales. Claro está que en el desempeño de esta obligación, la Corona se preocupó al mismo tiempo de dar al imperio que estaba en formación, una

---

[1] *Cf.* Chapman, *Hispanic America*, 30; Kirkpatrick, *Spanish Conquerors*, 45; y Konetzke, *Imperio Español*, 184. Morison, en *Southern Voyages*, 264, alude a los últimos deseos de Colón expresados en su lecho de muerte. LAS CASAS, *Hist. de las Indias*, ed. G. de Reparaz, I, 29. Cristóbal COLÓN, *Carta de la Tercera Navegación, ap.* Navarrete, *Viages*, I, 242-264. HERRERA, Década 1ª, I, xx; I, 251.

unidad tanto administrativa y social como religiosa; semejante política de unidad era consecuente con los ideales transmitidos por el bajo Imperio Romano a la cristiandad medieval, los cuales llegaron a ser inherentes a ésta. Los misioneros que empezaban a recorrer los caminos del Nuevo Mundo tropezaban con problemas similares a los que habían conocido en el Occidente los primitivos apóstoles del cristianismo y los misioneros del norte y centro de Europa más tarde. Entre tales obstáculos, como en la Irlanda del siglo v, estuvo el de expresar adecuadamente por vez primera en lenguas para ellos desconocidas los conceptos teológicos o de historia sacra necesarios a la evangelización; para ello se introdujeron en las lenguas indígenas, con ligeras variantes, voces latinas o españolas. Como religión de origen oriental que es, el cristianismo emplea los cinco sentidos para iluminar al neófito, pero en su versión católica (antes y después de la Reforma), la vista se antepone como medio de catequización al oído, es decir que se reconoce mayor efectividad a la imagen que a la palabra. En el Medievo, la Iglesia tuvo a su disposición para divulgar su doctrina las incomparables pinturas y retablos y los espléndidos vitrales de las iglesias góticas. Hay un cierto paralelismo en la Nueva España, como informaron Zumárraga y otros dos obispos al rey en 1537, donde la evangelización se valió, aunque no en sus primerísimos tiempos, del "servicio cumplido é ceremonias y ornato... quiza mas que de los sermones". Confirma este juicio el *Códice Franciscano*, donde se lee que los religiosos predican la doctrina a los indios "por pinturas", gracias a las cuales éstos "tienen... mas entendidas las cosas de nuestra santa fe católica y están mas arraigados en ella".[2]

Los primeros misioneros, o cuando menos los franciscanos, introdujeron en la Nueva España conceptos educativos de carácter marcadamente señorial. Crearon un tipo de educación elitista, estableciendo una distinción entre sus alumnos: los hijos de señores y principales por un lado, y por el otro los vástagos de la gente común. Es cierto, como lo recuerda Kobayashi, que desde 1526 recomendaron el establecimiento de un E s - t u d i o   G e n e r a l en la Nueva España, al cual sólo habrían tenido acceso, según las ideas del gobernador interino Rodrigo de Albornoz y de ellos mismos, los indios hijos de señores y gente principal. Por supuesto, los franciscanos no podían sustraerse del todo al espíritu de su época, aún marcadamente feudal. Mendieta los califica de "caballeros de Cristo que venían a conquistar" (suponemos que almas) enviados a la Nueva España por el general de su orden "armados con el escudo de la fe, con loriga de justicia, con la espada de la divina palabra, con el yelmo de la salud y con lanza de perseverancia". Todavía en 1629, los franciscanos de Nuevo México

---

[2] Sobre el sentido "misional" de España, ver García Gallo, *Estudios*, 492-493 y J. Zunzunegui, "Los orígenes de las misiones en las islas Canarias", en la *Rev. española de Teología*, I, 1941, 341-408. REMESAL, VII, c. xvi (ed. de Guatemala, II, 109). Simpson, en *Administration of Indias*, 31, subraya el ideal de unidad del Imperio español; y McAndrew (*Open-Air Churches*, 51), entre otros autores, compara la evangelización de México con la de la Europa de los siglos v-x. *Cf.* Gallegos Rocafull, *Pensamiento mexicano*, 86-87, acerca de los problemas a que los misioneros tuvieron que enfrentarse por su desconocimiento de las lenguas indígenas. La CARTA DE ZUMÁRRAGA y de los obispos de Oaxaca y Guatemala citada en el texto fue publicada por García Icazbalceta en *Zumárraga*, Apéndice 89 (núm. 21), CÓDICE FRANCISCANO, 67.

—dice la *Segunda Relación de la grandiosa conversión* de aquel reino— eran "soldados evangélicos" que "con el arnés de la oración se armaban para sujetar y vencer los engaños de Lucifer". Entre conquista y evangelización la línea divisoria era tenue desde la época en que Carlomagno impuso el cristianismo a los sajones con la punta de la espada. Cortés decía de sí mismo a Carlos V, al informarle de su victoria sobre los tlaxcaltecas que "puñaba por la fe"; y en más de una ocasión, en singular y quijotesca hazaña, arremetió físicamente contra el demonio que según él habitaba en las entrañas de los ídolos.[3]

Los métodos con que habría de lograrse la evangelización, así como el carácter de la sujeción y gobierno de los naturales, fueron definidos por medio de un arduo debate teológico-jurídico que en última instancia fue sólo una exégesis de las doctrinas sustentadas por los grandes escolásticos del Medievo, teólogos y canonistas. Al respecto, surgieron de inmediato dos cuestiones. El problema de la "guerra justa" de cristianos contra infieles, de la cual hubo repetidos casos en la alta Edad Media, fue examinado y resuelto en términos abstractos, a la luz de las enseñanzas de Santo Tomás de Aquino y de otros maestros de la escolástica, por Matías de Paz, Domingo de Soto, Vitoria y otros. (El requerimiento, derivación medieval de la guerra justa, será tratado más adelante.) Por otra parte, la doctrina de Fray Pedro de Córdoba y la acción del Padre Las Casas, de los primeros frailes, de Vasco de Quiroga y de Zumárraga pusieron las bases para afirmar la racionalidad del indio, consagrada por la bula *Altitudo* de Paulo III en 1537 y para eliminar definitivamente la injusta tesis de la servidumbre natural, doctrina renacentista de origen aristotélico, cuyos defensores no tuvieron empacho en apoyar recurriendo también a argumentos de carácter medieval tomados de Tolomeo de Lucca y de los papalistas como Enrique de Susa (el Ostiense) y Egidio Romano. Pero en el fondo, en el debate del siglo XVI sobre los derechos de los vencidos se refleja la argumentación teológicojurídica derivada de los comentarios a las decretales del Papa Inocencio IV (1243-1254), de quien el Ostiense fue discípulo. Mattingly y Muldoon han señalado, en efecto, que las conclusiones a que llegó la escuela española de teología en el siglo XVI ya estaban implícitas en algunos canonistas del siglo XII, aparte de que habían sido elaboradas explícitamente durante los siglos XIV y XV. Una última manifestación del papalismo medieval se encuentra en una carta dirigida en 1558 al virrey por el padre rector del Colegio de San Luis de Puebla, Francisco Jiménez, en defensa de los privilegios eclesiásticos. En ella figura la vieja metáfora del sol y la luna, cuya diferencia de magnitud es reflejo de la superioridad del orden espiritual sobre el temporal.[4]

---

[3] Kobayashi, 265, 301. MENDIETA, ed. 1870, 203, 208. "SEGUNDA RELACIÓN...", *ap.* M. C. Aguirre, 480. Zavala, en "Conquista de Canarias", 13, se refiere a la carta que Cortés escribió a Carlos V dando cuenta de su victoria sobre los tlaxcaltecas. Andrés de TAPIA, en *Relación*, ed. 1939, 86, narra uno de los episodios en que el Conquistador arremetió contra los ídolos. La destrucción de los ídolos por los partidarios fanáticos de una nueva religión es un fenómeno ya observable desde al año 313 en el caso del Imperio Romano tanto en Italia como en España (MacMullen, 119).

[4] Los debates teológico-jurídicos sobre la Conquista y los derechos de los indios han sido examinados y analizados por Zavala en su *Filosofía Política* (véanse espec. las pp. 50, 53, 71 y

La evangelización de la Nueva España tiene en las postrimerías del Medievo un precedente inmediato, por largo tiempo ignorado y hacia el cual últimamente Garrido Aranda ha llamado la atención de los historiadores: la conquista y la conversión al cristianismo (no enteramente voluntaria) del reino nazarí de Granada. Los problemas religiosos y políticos a que se enfrentaron ahí los Reyes Católicos fueron un presagio de los que presentarían treinta años después en la tarea de reconstruir sobre nuevas bases la sociedad indígena vencida en México; y como afirma dicho autor, los cánones de los concilios y sínodos que fueron reunidos en Granada después de 1492 habrían de surtir efectos también en América. Se ha visto que, acostumbrados por ocho siglos de historia a tener enfrente antagonistas de religión y cultura diferentes, los conquistadores españoles tendieron a considerar a los naturales de la Nueva España como á r a b e s ; y que los primeros cronistas de las Indias —entre ellos Gómara— concibieron la Conquista como una continuación de la guerra contra los moros. Los frailes jerónimos se refirieron a los habitantes de La Española llamándolos "estos m o r o s " ; y en los primeros tiempos, en la Nueva España se dio el nombre de m e z q u i t a s a los adoratorios indígenas y de a l f a q u í e s a los sacerdotes indios. Los expedicionarios de Grijalva, según Cervantes de Salazar, consideraron m e z q u i t a s los templos mayas de Yucatán, por su semejanza con "las casas de la Meca que los moros tenían". Diego Velázquez, en sus *Instrucciones*, pidió a Cortés averiguar si los naturales de las tierras por descubrir tenían " m e z q u i t a s o algunas casas de oración" y sacerdotes o "alfaquíes". En la primera *Carta de Relación*, dirigida por la Justicia y Regimiento de Veracruz a Carlos V, se describen las " m e z q u i t a s y adoratorios" de la región. Cortés mismo, en las otras *Cartas* habla constantemente de " m e z q u i t a s " al referirse a templos paganos y, describiendo Tenochtitlán, dice que "en la m e z q u i t a mayor... en una sola fiesta... se mataban ocho mil ánimas". Vázquez de Tapia llama igualmente " m e z q u i t a [el] templo Uichilobos", y también aplica tal designación a todos los templos paganos. Otro conquistador, Martín Vázquez, llama "pueblo m o r i s c o " a Cholula. En la Visita de 1529 de que se hizo objeto a Cortés, los testigos mencionan las m e z q u i t a s de aquella ciudad y de Cempoala. El Conquistador Anónimo usa indistintamente los términos teocali y m e z q u i t a , y dice que en el camino de Tlaxcala a Huejotzingo con-

99); *cf.* también sus "Fronteras de Hispanoamérica", 44. El texto de la bula *Altitudo* de Paulo III, está reproducido en latín con un resumen en español, en HERNÁEZ, I, 65-67; LOREZANA, 31-33, la transcribe en castellano; y TOBAR, I, 210-216, la publica íntegra y la comenta. Es interesante el juicio de Chevalier, en *Land and Society*, 187, 190, sobre las doctrinas de los escolásticos españoles del siglo XVI. Acerca de los problemas de la "servidumbre natural" de los indios y la "guerra justa", *cf.* Zavala, *New Viewpoints*, 38-48 y *passim*; *Mundo Americano*, I, 223. Los antecedentes medievales de esas controversias han sido examinados por Corro, 15-17. Parry, *Age of Reconaissance*, 303-304; Muldoon, ix y 3-28 ("Christian Relations with Infidels"); y Mattingly, *Renaissance Diplomacy*, Baltimore, 1964, 246. La carta del padre JIMÉNEZ citada en el texto está incluida en las *Cartas de religiosos* editadas por García Icazbalceta (I, 157). Conviene aquí anotar que según Pedro MÁRTIR, I, 199, Fray Pedro de Córdoba, mencionado en el texto, exorcizaba al demonio en latín y en romance.

tó "ciento noventa torres, entre m e z q u i t a s y casas de señores". Oviedo dice que los totonacas "tenían catorce m e z q u i t a s u oratorios" en Castilblanco, y que muchos más existían en Tlaxcala y Tenochtitlán, cuyo templo mayor "de muy hermosa cantería e madera [tiene] z a - q u i z a m í e s ", o sea alfarjes. Los conquistadores no se extrañaron al ver en la Nueva Galicia —se dice en la segunda Relación Anónima— "mujeres... herradas [es decir marcadas con hierro ardiente] en la barba como m o r i s c a s ", ni al encontrar " m e z q u i t a s " en la Florida y Chícora (Hernando de Soto) o en Nuevo México (Castaño de Sosa). Por nuestra parte, no debe extrañarnos que el oidor Tomás López (de la Audiencia de los Confines) haya acusado a varios conquistadores de Yucatán —y a Cortés se le atribuyó la misma culpa— de mantener s e r r a l l o s en toda forma en sus amplias casas de Mérida, Campeche y Valladolid, acusación que debió tener algún fondo de verdad puesto que, según Eligio Ancona, en las Leyes de Indias hay disposiciones que tienden a corregir esa irregularidad.[5]

Volviendo al tema de la evangelización, cabe señalar que Garrido Aranda encuentra un gran paralelismo entre las constituciones del Sínodo de Guadix (Granada) de enero y febrero de 1554 y los capítulos aprobados al año siguiente por el primer concilio provincial mexicano. Del examen de ambos documentos —añade— resulta una identidad de criterio en materias de gran importancia, tales como son la enseñanza de la doctrina a los neófitos, la administración de los sacramentos y la infatigable vigilancia necesaria para evitar el renacimiento en Granada o en la Nueva España de las religiones y costumbres ancestrales. Ambos concilios recomendaron, cada uno por su lado, vigilar también al clero encargado de la evangelización

---

[5] Garrido Aranda, 89. GÓMARA, *Hist. Gen. Indias*, XV; I, 42. Palm, en *Monumentos de la Española*, I, 18, transcribe la rara designación que los frailes jerónimos dieron a los indígenas de esa isla. CERVANTES DE SALAZAR, Crónica, 111 (trad. de H. Wagner, 160). Sobre la mención de mezquitas en las instrucciones de Velázquez, *cf.* Zavala, *Intereses Particulares*, 13. PRIMERA CARTA-RELACIÓN DE LA JUSTICIA Y REGIMIENTO DE... VERACRUZ, *ap.* H. CORTÉS, *Cartas y Documentos*, 24 y *passim*. Hernán CORTÉS, *Cartas de Relación*: Primera (p. 61), Cuarta (p. 79) y Quinta (p. 192). Acerca de otras referencias de CORTÉS a las "mezquitas", *cf. Cartas y Documentos*, 445, y ZORITA, *Señores de la Nueva España*, 70. La palabra *alfaquíes* aparece en el CÓDICE MENDOCINO, f. 57 recto, p. 26. J. Gurría Lacroix (ed.), RELACIÓN DE VÁZQUEZ DE TAPIA, 65, 82 y 110. Testimonio del conquistador MARTÍN VÁZQUEZ, en CDIAO, XXVIII: 171; ver en XXVI: 417 y *passim* las DECLARACIONES... EN LA PESQUISA SECRETA CONTRA... CORTÉS de 1529. EL CONQUISTADOR ANÓNIMO, quien para Gómez de Orozco (cit. por J. Benedict Warren, 452) no es ni anónimo ni fue conquistador, sino que debe identificarse con el traductor de Cortés Alonso de Ulloa y consecuentemente por lo menos contemporáneo de la Conquista, describe muchas torres de mezquitas en su c. xxi, p. 394 (ed. 1858, I, 394; ed. 1971, I, 370). OVIEDO, *Hist. Gen. y Moral*, XXXIII, caps. i, iv, v, x y xiii; IV, 10, 24, 25, 31, 47, 64 y *passim* (la mención de zaquizamíes se hallará en XXXIII, X; IV, 47) y LÓPEZ RAYÓN, *Declaraciones*, 18-20. SEGUNDA RELACIÓN ANÓNIMA, 304. Sobre la mención de "mezquitas" durante la expedición de Hernando de Soto, *cf.* el FIDALGO DE ELVAS, 49, 51, 52 y *passim*; y Quattemlebaum, 117. CASTAÑO DE SOSA, *ap.* CDIAO, IV; 337. Ancona, II, 124. Según Friederici, 416, Cortés tenía un verdadero harem. Menciona esa práctica así como la existencia de haremes en el Perú, integrados por las "cinco mil mujeres de Atahualpa", el historiador francés Jacques Solé, 202. Uchmany, 29, insiste en que Cortés mantenía un harem, así como también "Bernaldo del Castillo", citando para este último los ARCHIVOS DE LA INQUISICIÓN, vol. 36, Exp. 5 (AGN).

de moros e indios. Borges Morán recuerda que los capítulos generales de la Orden de Predicadores reunidos entre 1500 y 1593 recomendaron una gran atención a la ortodoxia de los frailes enviados como misioneros; en tierras de sarracenos o moros, el carácter dogmático del islamismo inspiraba justificados temores, y en las Indias la gran envergadura de la empresa exigía una fe a toda prueba. El lazo de unión del Sínodo de Guadix con el primer concilio mexicano muy bien puede haber sido (además del Virrey Mendoza, quien creció en la Alhambra por haber sido su padre el primer gobernador cristiano de Granada) el segundo Arzobispo de México, Fray Alonso de Montúfar, quien llegó a fines de junio de 1554 a su nueva sede procedente de Granada, de donde era nativo y en donde había desempeñado las funciones de prior de los dominicos y calificador del Santo Oficio. La costumbre de hacer bautizos colectivos, por ejemplo, fue común a Granada y a México, donde se llevaban a cabo con frecuencia según Motolinía y Mendieta entre otros. El primero relata que en los bautizos colectivos en los que él mismo ofició, se rociaba el agua sobre la masa de neófitos con un hisopo, pero sólo en unos cuantos se hacía el resto de la ceremonia con la cruz, la sal, la saliva y el alba; el segundo declara que hasta 6 000 adultos llegaron a ser bautizados así en un día por un solo sacerdote y que "en Suchimilco baptizaron en un día dos sacerdotes más de quince mil". En una de las resoluciones de la Junta Apostólica de México de 1524-1525, reunida en presencia de Cortés, se acallaron ciertos escrúpulos al respecto, con base en el hecho de que el bautismo por aspersión ya había sido practicado "por el Gran Cardenal D. Fr. Francisco Ximenez de Cisneros... en la Conversión de los Moros de Granada". Y en efecto, informa Esquivel Obregón al tratar este tema, Cisneros bautizó con un hisopo hasta a 3 000 moros en un solo día. La Junta Eclesiástica mexicana de 1539, al igual que Torquemada, aprobaron este sistema recordando no sólo el precedente granadino sino también los bautizos de multitudes autorizados por antiguos decretos de la Iglesia para las conversiones en Inglaterra en los siglos VI y VII y en la Germania de Pipino el Breve y Carlomagno. La razón de ello, dice la Junta en su segundo capítulo, es que "tenemos el mismo caso entre las manos".[6]

El paralelismo entre la conversión de Granada y la de la Nueva España no termina aquí. En 1543, el cabildo eclesiástico de México, según extracto publicado por García Icazbalceta, pidió al rey que se aplicaran a la catedral las tierras de los cúes o templos de ídolos "como se aplicaron los de Granada a las iglesias della". Zumárraga, en las instrucciones dadas a los

---

[6] Garrido Aranda, 104. Borges Morán, 302-303. *Cf.* Fernández Armesto, 135-136. MOTOLINÍA, *Hist de los Indios*, tr. 2, c. 4, *ap.* Zubillaga, *La Iglesia en la América Española*, I, 319. MENDIETA, *Historia*, II, 114. *Resoluciones de la primera Junta Apostólica* (de 1524-1525), *ap.* LORENZANA (ed.), *Concilios*, fol. 2 (véase también el prólogo). Esquivel Obregón, II, 46. Peggy K. Liss, 57, informa que Mendoza se vestía incluso a la mora cuando su padre, don Íñigo López de Mendoza, Marqués de Mondejar, gobernaba el Reino de Granada, por Fernando e Isabel. Garrido Aranda, 99-100, y McAndrew en *Open-Air Churches*, 79-80, tratan también los bautismos de masas en Granada y entre los anglosajones y antiguos germanos. García Icazbalceta, *Zumárraga*, *Apéndice Documental* núm. 26: "CAPÍTULOS DE LA JUNTA ECLESIÁSTICA DE 1539...", 118-119.

procuradores que iban a representarlo en el Concilio de Trento y publicadas por el Padre Cuevas, pidió desde 1537 que se erigiese en México una universidad, con facultades de artes y teología, haciendo hincapié en el ejemplo de los reyes que habían fundado en Granada una institución semejante para la conversión de los moros. El Arzobispo Montúfar (de origen granadino, como sabemos) durante años tuvo por tema obligado en sus cartas la creación de colegios clericales en la Nueva España, al estilo de los de Granada. De hecho, el Colegio de San Nicolás de Pátzcuaro, trasladado luego a Valladolid, fue fundado según el modelo del de San Cecilio de Granada, creación de Fray Hernando de Talavera, confesor de Isabel la Católica y primer arzobispo granadino en 1492. La conducta pastoral de Talavera, dice Miranda Godínez a quien debemos esta información, fue semejante a la de Vasco de Quiroga y de otros misioneros en la Nueva España. En 1534, don Vasco, quien antes de trasladarse al Nuevo Mundo había sido magistrado en Granada quiso que Valladolid (hoy Morelia) fuese llamada precisamente Granada; no lo logró y por ello tuvo que contentarse con dar el nombre de Santa Fe a sus dos hospitales en recuerdo de Santa Fe de Granada, ciudad fundada por los Reyes Católicos como base para el asedio de la capital de los abencerrajes. El Virrey Mendoza, cuya familia tenía también una cierta tradición de servicio a la Corona en Granada, para defenderse del cargo de permitir que los indios se armaran contra lo dispuesto en una cédula de 1528, respondió al Visitador licenciado Tello de Sandoval que por la experiencia de su parte y de su hermano, quienes así lo habían hecho con los moros de Granada, le había parecido conveniente autorizar tal posesión de armas "para animar a los buenos". Por último, hay que recordar con Garrido Aranda que el patronato otorgado a los Reyes Católicos en 1486 para Granada y las Canarias en la bula *Orthodoxae fidei* de Inocencio VIII tiene una directa relación de causa a efecto con el otorgado 22 años después para las Indias en la bula *Universalis Ecclesiae* de Julio II, especialmente en lo que toca a la tarea misional, encomendada a los reyes en ambos casos, y al derecho de presentación para obispados y otros cargos eclesiásticos: para la aplicación de la bula de Julio II, el esquema jurídico de la Iglesia granadina fue trasplantado al Nuevo Mundo.[7]

De acuerdo con el proceso general de la historia, para evangelizar a los naturales los frailes combinaron algunos principios y propósitos cristianos con ritos y ceremonias paganas en un sincretismo religioso que fue expresión del genio de la Iglesia desde los días de su triunfo en el Imperio Ro-

---

[7] García Icazbalceta, *Zumárraga, Apéndice Documental*, núm. 49: "Extractos del Primer Libro de Actas del Cabildo Eclesiástico de México", 224 (esa petición no fue aceptada por la Corona). La primera petición de Zumárraga de 1537 de que se fundara en México una universidad está publicada por el Padre Cuevas en su *Colección de Doc. Inéditos*, 66; *cf.* Gómez Hoyos, 210, nota 36. Acerca de la fundación del Colegio de San Nicolás y del hospital de Santa Fe de Michoacán, así como sobre la insistencia de Montúfar en la creación de colegios a imagen y semejanza de los de Granada, ver Miranda Godínez, 50-51 y 160. Malagón, "Ordenanzas de Mendoza", nota 26 (la cédula que se cita en el texto, fechada en 1528, aparece en el Cedulario de Puga, fols. 23 y 23vº; *cf.* Pérez Bustamante, *Mendoza*, 105, nota 1. Garrido Aranda, 27-29.

mano y, nuevamente, a raíz de las invasiones y conversión de germanos y celtas. En la Nueva España se levantaron templos sobre las ruinas de los adoratorios indios; el santoral cristiano heredó muchas características de los dioses paganos agonizantes; y en los nuevos santuarios se siguieron recibiendo casi los mismos dones (mantas, codornices, copal, cruces de plumas de quetzal, etc.) antaño ofrecidos a los ídolos. Como en la vieja Europa, donde Minerva se transfiguró en Santa María, Lug en Mercurio y luego en San Martín de Tours, y Wotan o Mitra en el Arcángel San Miguel, así en la Nueva España Tláloc, Tezcatlipoca, Tonantzin y otras deidades sobrevivieron ocultas en los ritos cristianos. Es cierto que el cristianismo, en este proceso de simbiosis relativa, no hizo concesión alguna sobre la naturaleza y atributos de la Trinidad, los ángeles y los santos, pero sí hizo muchas, dice Gallegos Rocafull, en lo que respecta a la parte externa y ritual de la religión; evidentemente la Iglesia no había olvidado la sabia admonición de Gregorio el Grande a los misioneros enviados en el siglo VI a evangelizar a los anglosajones, todavía paganos: "no olvidéis nunca que no debéis estorbar ninguna creencia tradicional que pueda armonizarse con el cristianismo".[8]

Aunque en muchos casos los indios incorporaron a los santos a su panteón sin dejar de adorar los ídolos de piedra, o bien transformaron éstos en estatuas de santos de madera, la aceptación formal del cristianismo por parte de los naturales de la Nueva España no tropezó, en términos generales, con mayor resistencia. Mas fue y sigue siendo característica de la evolución social de Hispanoamérica, y de México en particular, la interacción y fusión parcial no sólo de las dos etnias sino también de las dos culturas y de las dos religiones. Ya desde los primeros decenios del siglo XVI, con una referencia oblicua a "Uichilobos" y a "Tezcatepuca", Fray Pedro de Córdoba señaló que el debido uso de su *Doctrina* en la Nueva España requería que el Obispo Zumárraga y Fray Domingo de Betanzos le añadiesen "algunas cosas". Los naturales estaban de todas maneras acostumbrados a profesar una religión que exigía la diaria observancia y a dedicar ciertas horas del día, de la semana o del año a un ritual que, con algunas variantes, se repetía constantemente. Entre las creencias y ceremonias indígenas, había muchas hasta cierto punto análogas a las de los cristianos. Brebner, Marianne Bopp, Alejandra Moreno Toscano y especialmente J. D. L. Holmes han insistido en los aspectos comunes a ambas religiones. Las manifestaciones religiosas indígenas cuyo carácter es semejante a algunos símbolos y conceptos cristianos, son las siguientes: la cruz, el bautismo y el agua bendita, una cierta forma de comunión eucarística, una virgen llamada Tonantzin, Huitzilopochtli concebido por la virgen Coatlicue, un diluvio con su respectiva arca, la confusión de las lenguas, una hembra primigenia (Cihuacóatl), la presentación de los recién nacidos en el templo y la circuncisión,

---

[8] La admonición de San Gregorio Magno es citada por Artz, 5. Sobre la interacción en México de símbolos y ritos cristianos y paganos en términos generales, *cf.* Lamb, 531; Gallegos Rocafull, *Pensamiento mexicano*, 98-99; F. Scholes, "Yucatán", 530; y Morales Rodríguez, 439-441, el cual señala por lo menos un ejemplo de la simbiosis de tres creencias, una cristiana, otra india y una tercera de origen africano: la pérdida del alma, la pérdida del *tonalli* (parte inmortal del hombre en la religión indígena) y la pérdida de la sombra, respectivamente.

los salmos de alabanza a los dioses, el ayuno ceremonial, la admiración por la castidad, el sacrificio sangriento traducido en sacrificio espiritualizado, las procesiones con copal (especie de incienso) y flores, una especie de confesión y absolución, un calendario ritual, la creencia en un demonio, en el fin del mundo, en el limbo y en el cielo (el Tlalocan), la jerarquía sacerdotal (algunos de cuyos miembros, según Zumárraga, eran llamados "papas"), la propiedad territorial de los templos, las escuelas monásticas, las órdenes monástico-militares, y en fin, el influjo de la religión en todas las esferas de la vida individual y social. Estas semejanzas no sólo facilitaron la propagación del cristianismo en el Altiplano (y en Yucatán, como ha demostrado F. Scholes), sino también permitieron en buen grado la supervivencia del culto pagano en formas cristianas, lo cual equivale a decir que los elementos cristianos se amalgamaron con algunos elementos paganos. La oposición a la nueva religión se redujo, dice Gallegos Rocafull, a la inercia y al disimulo: los sacerdotes y hechiceros escondían los ídolos hasta detrás de las cruces y debajo de los altares. Jiménez Rueda recuerda que incluso en las columnas de la catedral de México, construidas con las piedras del Coatepantli, sobrevivían jeroglíficos alusivos a las antiguas deidades. Jean Meyer va más lejos para asegurar que aún en nuestros días la religión en el campo es una mezcla de creencias y prácticas cristianas e indígenas; y Simpson y Tannenbaum afirman que el cristianismo en México, fuera de las ciudades, en realidad consiste en una serie de cultos locales, moldeados por cada comunidad a su propia imagen y agrupados por la Iglesia católica en una superestructura nacional, que ella misma enlaza con la Iglesia universal. De otra parte, conviene examinar con Nuttini y Turner las etapas de la formación del sincretismo religioso novohispano hasta cuajar en un nuevo orden teológico pasando por la interacción de tradiciones religiosas y la mutua influencia de los elementos intrínsecos y extrínsecos de éstas.[9]

La erección de templos cristianos sobre las ruinas de los adoratorios indígenas o de sus elementos más visibles (las cimas de las pirámides) es uno de los rasgos distintivos de la arquitectura religiosa del siglo XVI en México. El sincretismo religioso expresado en el arte va, por supuesto, mucho más allá, como lo ha demostrado Nebel en sus estudios detallados de la pila bautismal de Zinacantepec (Estado de México), las columnas de Tetepango (Hidalgo) y las pinturas de Cuauhtinchán (Puebla). Para ejemplos de sincretismo en Tlacoyapan (Morelos), ver Ingham, 184. Lo mismo se había hecho y por idénticas razones, entre ellas el deseo de aprovechar para el cristianismo imágenes, devociones y ritos antiguos, en toda Europa y en par-

---

[9] Fray Pedro de CÓRDOBA, 97, 70, 122. Brebner, 46. Marianne O. de Bopp, 114. Alejandra Moreno Toscano, 49. J. D. L. Holmes, 45-46. *Cf.* Kobayashi, 197, quien informa que Zumárraga insistió en que el Vicario de Cristo fuera llamado pontífice y no papa porque los indios llamaban así a sus sacerdores; y F. Scholes, "Yucatán", 531, 538, acerca del sincretismo cristiano-pagano en la península yucateca. Gallegos Rocafull, 95. Jiménez Rueda, *Herejías*, 2. Jean Meyer, 82-83. Frank Tannenbaum, en *Peace by Revolution*, N. York, 1933, 61-66, afirma que en México hay tantos catolicismos como comunidades rurales. Nuttini, citado por Turner, 105. Nebel, 144, 146, 147.

ticular en España. Así, el santuario de Covadonga fue construido en una cueva dedicada desde tiempo inmemorial a la diosa celta Deva o Diva; de la misma manera la primitiva y la actual catedral de México se alzaron sobre las ruinas del gran templo de Tenochtitlán. Bernal Díaz recuerda que la iglesia del Señor Santiago, en Tlatelolco, fue construida "a donde solía estar el ídolo mayor que se decía Uichilobos" y además, con las mismas piedras de su templo, tal como el material retirado del templo de Minerva en Roma sirvió para construir en el mismo sitio una iglesia dedicada a la Virgen María. Conviene recordar aquí que se usaron objetos de metal de manufactura indígena para fundir las campanas de Tiripitío y de 16 iglesias de Michoacán; que la primera misa fue dicha en México en lo alto de un teocali en Cozumel en 1519; y que el Conquistador y los primeros frailes colocaban sistemáticamente cruces o imágenes cristianas donde habían altares o ídolos paganos. También desde un punto de vista meramente arquitectónico la Iglesia edificó en triunfo sus templos sobre las ruinas del paganismo en infinidad de sitios. En efecto, los conventos y templos de Tepepulco y Epazoyucan (Hidalgo) fueron construidos en la primera mitad del siglo XVI sobre las ruinas de teocalis; y el mismo origen, según Jiménez Moreno, tienen los santuarios marianos del Tepeyac y de los Remedios, y los del Sacromonte y Chalma. En Tlaxcala, la capilla abierta con que remata la rampa que conduce a la iglesia de San Francisco mantiene vivo el recuerdo del teocali; y el templo mismo fue edificado sobre el palacio de Xicoténcatl, o sea en un sitio que simbolizaba el poder. Quizá en ningún otro lugar sea más evidente la superposición de templos cristianos en las ruinas de adoratorios indígenas como en la antigua metrópoli comercial y religiosa de Cholula. No sólo se erigió un templo sobre la pirámide mayor y la Capilla Real en un sitio sagrado para los naturales, sino que las capillas de todos los barrios de Cholula fueron construidas donde había plataformas piramidales en la época prehispánica, o muy cerca de ellas. Así lo demuestra Kubler con base en una planta de la ciudad que data de 1581. A esto McAndrew añade que en la periferia de Cholula hay seis capillas cuyo origen es similar y que en Culhuacán (cerca de México) y en Xiutetelco (Sierra de Puebla) las Capillas del Calvario señalan los lugares donde en tiempos antiguos hubo adoratorios indígenas. Según el relato de la visita del Padre Ponce, éste es también el caso de Ichmul, Izamal y Motul (Yucatán). En Oaxtepec, dice Kubler, se enterró en los cimientos de la iglesia una figura del dios Ometochtli, enviada por Fray Domingo de la Anunciación desde Tepoztlán. El ábside de la iglesia dominicana de Mitla se asienta sobre la entrada a un antiguo recinto pagano. En Mérida, según explicó en 1548 Fray Lorenzo de Bienvenida al Príncipe Felipe, se decidió fundar la "casa de San Francisco [en donde] avía sido cultura de demonios", pues "justo es que sea templo en donde se sirva Dios". Únicamente en la península yucateca —en Mérida y en Izamal— el nuevo espíritu se aposentó en edificios antiguos al instalarse los misioneros en algunos templos paganos, quizá porque en éstos había grandes recintos "abovedados" con piedra o tal vez porque la religión de los mayas no les pareció tan repugnante. Algo semejante había ocurrido en Granada, donde a partir de 1501, dice Garrido Aranda, las mezquitas fueron consagradas y convertidas en Iglesias.[10]

En muchos casos, el dios indígena cuyo adoratorio fue destruido siguió viviendo en cierta manera —y algunos viven todavía— tras la figura o máscara del santo cristiano que tomó su sitio, el cual a los ojos de los naturales siguió dispensando, como hace notar Madsen, los antiguos beneficios y maleficios. Ello a pesar de los esfuerzos de los virreyes para "suprimir idolatrías", por ejemplo nombrando fiscales para los pueblos indios. De acuerdo con Andrés de Tapia, ya en 1520 Cortés logró que San Cristóbal hiciera llover en Tenochtitlán para disipar la incredulidad de los mexicas, "tanto que andabamos en el patio los pies cubiertos de agua"; previamente, había mandado colocar la imagen del santo en uno de los recintos del Templo Mayor. El joven y ágil Telpochtli (uno de los nombres de Tezcatlipoca), a pesar de las censuras de Sahagún, fue y es todavía reverenciado como "Juanitzin" en San Juan Tianguizmanalco y en otros sitios, con los rasgos del Bautista o del más joven de los apóstoles. En otras partes, el lugar de Tláloc ha sido ocupado por San Juan Bautista o por San Isidro Labrador, "que pone agua y quita el sol". En la segunda mitad del siglo XVI, Fray Antonio de Ciudad Real describe en su relación los orígenes del culto de Juanitzin, y observa que en Santa Ana Chiautempan (Tlaxcala), lugar donde tradicionalmente se rendía culto a la abuela de los dioses aztecas Toci, se erigió un santuario para honrar a Santa Ana, abuela de Jesucristo llamada entrañablemente allí por párrocos y feligreses "la abuelita". El paralelismo es evidente. San Simeón y San José, "porque ordinariamente los pintan viejos", sustituyen a Huehuetéotl, el dios viejo, numen del fuego, y toman el sufijo reverencial *tzin*: Ximeontzin y Xoxepetzin. En San Bernardino Contla (Tlaxcala), el santo patrono onomástico heredó los rasgos de Camaxtli; y la diosa de las flores Xochiquetzalli precedió en el sitio y legó algunos de sus rasgos a Nuestra Señora de Ocotlán ahí mismo en donde hoy algunos veneran a ambas. Tepoztecatl, a menudo confundido con Ometochtli y mejor conocido como *El Tepozteco*, es a la vez "dios del viento e hijo de la Virgen María"; su estatua, según Dávila Padilla, fue enviada por Fray Domingo de la Anunciación a rastras a Oaxtepec, lo cual desagradó sobremanera al dios que por ello daba voces por los montes lamentándose al modo de "la

[10] Marianne Bopp, 114, Weisman, 4 y 7. Parry, *Spanish Empire*, 162. Bernal DÍAZ, c clxxxv; III, 86. Kubler, en *Mexican Architecture*, I, 176, trata el origen de las campanas michoacanas. Lafaye, 286. Mc Andrew, *Open-Air Churches*, 186. He tomado los datos sobre Tepepulco y Epazoyucan de Olvera, 14 y 23, Jiménez Moreno. *Estudios*, 129, donde también se afirma que los peregrinos que acuden a los santuarios de los Remedios, Sacromonte y Chalco "siguen siendo esencialmente los mismos que los de la época prehispánica". Palm, en "Capillas Abiertas", 58 y Gibson, en *Tlaxcala*, 54, tratan respectivamente de la capilla abierta de Tlaxcala y del monasterio de San Francisco, de esa misma ciudad. Sobre Cholula, ver Kubler, *Mexican Architecture*, I, 70 (y fig. 22) y 92; y McAndrew, *op. cit.*, 403. *Cf.* este último autor, 185-186, acerca de las capillas de Culhuacán, y Xiutetelco y sobre la descripción que hace el "Padre Ponce" (en realidad, Fray Antonio de Ciudad Real) de Yucatán; Kubler, *op. cit.*, I, 164, acerca de Oaxtepec; I, 185-186, sobre Mitla. La misiva de Fray Lorenzo de Bienvenida citada en el texto ha sido publicada en CARTAS DE INDIAS, I, 71. McAndrew, *op. cit.*, 184 (sobre Izamal y Mérida). Garrido Aranda, 49.

llorona" de la tradición colonial. Las tierras que se cultivaban en Tepoztlán para el mantenimiento de su culto, dice Oscar Lewis, probablemente siguen explotándose para beneficio de la iglesia católica del lugar. En la barranca de Chalma, después de la Conquista se rendía culto a hurtadillas al dios ancestral de la región que tal vez era Ostoctéotl (o tal vez Tlazoltéotl); un día en 1533 o en 1544 (las fuentes difieren) su estatua apareció hecha pedazos y en su lugar, erguido majestuosamente (quizá gracias al celo de los agustinos Fray Nicolás de Perea y Fray Sebastián de Tolentino), el Cristo Crucificado. Ostoctéotl y Jesucristo siguen castigando, convirtiéndolos en piedras, a los peregrinos que no cumplen la "manda" hecha en la cueva de Chalma; y ambos, por ello, son considerados hechiceros por los indios. Por otra parte, los indígenas de la Nueva España no tuvieron dificultad en aceptar la doble naturaleza de Cristo, ya que en su religión existía la concepción de un dios hecho hombre y a la postre sacrificado: el Ce Acatl Topiltzin Quetzalcóatl. Tampoco era extraña la idea de un Dios supremo (Ometéotl o Tloque-Nahuaque), y durante la expedición de Honduras, según un relato de Alva Ixtlixóchitl, el general mexicano Tomilotzin hablaba con su señor, Cuauhtémoc (quizá presintiendo la muerte de éste) de "la vida eterna donde ésta el Tloque Nahuaque, que llaman los castellanos Jesucristo". En todo sincretismo religioso —y el que existe entre nosotros no es una excepción— muchos de los atributos de los dioses viejos pasan a los nuevos objetos de veneración, o sea a los santos.[11]

El caso más interesante y de indudable significado psicológico y sociológico de la prolongación de un culto antiguo en una imagen de la Madre de Dios es, sin duda, el de la Virgen de Guadalupe mexicana. Es sabido que el santuario del Tepeyac —como reitera De la Maza— se erigió sobre otro

[11] Madsen, 136, quien cita a MOTOLINÍA. Zavala, Velasco I, 216, 338, 339, 348, 349, 353, 355, 358, 365, 392, 399, 412, 419, 432 (procuradores). El milagro de San Cristóbal es descrito por Orozco y Berra, Historia Antigua, IV, 301, con base en la Relación de Andrés de TAPIA (ap. García Icazbalceta. Col. docs. inéd., ed. de 1866, II, 584-586). Fray Antonio de CIUDAD REAL, ed. UNAM, I, 84 (con relación a Santa Ana Chiautempan) y I, 97 (sobre San Juan Tianguizmanalco); véase también sobre Tezcaltipoca/San Juan a Nuttini/Bell, 293 y 447, n. 4; sobre Toci/ Santa Ana, op. cit., 446-447 y n. 3; y sobre Xochiquetzalli y Nuestra Señora de Ocotlán, id., 297-298. (La diosa náhuatl se apareció, como Nuestra Señora, en un ocote ardiente.) Un ejemplo horrendo de sincretismo cristiano-pagano fue la práctica de al menos dos sacerdotes mayas que a mediados del siglo XVI crucificaron —uno en Sotuta, el otro en Tecoh— dos muchachos y dos muchachas, a quienes, bajados de la cruz y aún vivos, se les extraía el corazón palpitante para ofrecerlo a los ídolos (Bricker, 20). Jiménez Moreno, en Estudios, 132-133, afirma que San Juan Bautista sustituye en muchos casos al dios de la lluvia, Tláloc. Ya Sahagún, en Hist. gral. cosas N. España, ed. 1938, II, 300, censuraba en su tiempo la asociación de los cultos de Santa Ana y la diosa Toci; cf. Madsen, 137. Se ocupa del Tepozteco DÁVILA PADILLA, 617-618 y O. Lewis, 114, 256 . Sobre el culto del señor de Chalma, ver G. Obregón, "Chalma"; Mendizábal, Obras Completas, II ("El Santuario de Chalma"), espec. pp. 512, 513 y 515; y Madsen, 136-137. Corona Núñez, 560, trata el Ce Acatl Topiltzin Quetzalcóatl. Sobre los diversos nombres dados a la suprema deidad azteca, cf. Kobayashi, 201-202. Alva Ixtlixóchitl, Obras Históricas, Decimotercera relación (ed. E. O'Gorman), I, 502. Nebel, 243 (atributos que pasan a los nuevos dioses); véase de esta obra la parte III, pp. 229-305, sobre el sincretismo religioso cristiano-pagano en el México contemporáneo, con énfasis en el caso de las siguientes etnias: coras, tepehuanos, chontales, zinacantecas, zoques y nahuas, así como en la región cubierta por el Programa mexicano-alemán Puebla/Tlaxcala. Para los tzotziles, cf. Turner, 147.

de larga tradición nativa. Sahagún llama Tepeacac la colina del santuario
(que los españoles, añade, dicen Tepeaquilla), y precisa que "en este lugar
tenían los indios un templo dedicado a la madre de los dioses que llamaban Tonantzin, que quiere decir *Nuestra Madre*". Un poco más tarde, sin embargo, Fray Antonio de Ciudad Real informa que la diosa en cuestión era
Ixpuchtli, "que quiere decir virgen o doncella". La ermita original custodiaba probablemente una imagen morena, pero de bulto, de la Guadalupe
española, la cual fue hallada milagrosamente cerca del río Guadalupe y se
venera desde principios del siglo XIV en su gran santuario cerca de Cáceres
(Extremadura), entre otros títulos con el de patrona de la Mesta castellana.
Esa estatua y la pintura que la sustituyó en fecha desconocida, son sendas
representaciones de Nuestra Señora de la Concepción, de quien eran muy
devotos los primeros conquistadores entre ellos los extremeños Hernán y
Francisco Cortés así como, antes de ellos, Cristóbal Colón. La ermita estaba a cargo del clero secular, según el provincial de los franciscanos Fray
Francisco de Bustamante, quien en un sermón de 1556 criticado luego por
el Arzobispo Montúfar, expresó la opinión de que el creciente culto guadalupano dañaba la nueva fe de los indígenas, que desoían las prédicas de los
misioneros. Sahagún compartía esta preocupación y en realidad el culto a
la Virgen del Tepeyac, en auge a partir de los primeros años del siglo XVII,
fue alentado por el Cabildo metropolitano de México y quizá también por
jesuitas, pero no por los frailes mendicantes, quienes en general no favorecieron la formación de santuarios debido en parte a un anhelo de pureza
litúrgica. Para hacerla más aceptable a los conquistados, según Ricard, los
predicadores presentaron en un principio a la Guadalupana con el nombre
de Tonantzin, que era una advocación de Coatlicue (madre virgen de Huitzilopochtli), llamada también Xilonen, diosa del maíz tierno o de los xilotes.
Parece que el nombre hispano–árabe de "Guadalupe" era todavía desconocido en el siglo XVIII entre los peregrinos indios que acudían al Tepeyac,
según dice Lafaye; y todavía en nuestro tiempo no es raro, dice Sanford, que
los devotos nahuas y otomíes den el nombre de Tonantzin a la Virgen. Algunos nahuatlatos mexicanos, entre ellos Mariano Jacobo Rojas e Ignacio
Dávila Garibi, no excluyen la posibilidad de que "Guadalupe" derive del mexicano *cuatlaxopeuti o cutlalopeuh*, que significa "la que pisotea o ahuyen-
ta la serpiente", pero este último nombre no aparece que sepamos en la
teogonía indígena.[12]

12 F. de la Maza, *El guadalupanismo mexicano*, México, 1953, II, 83. SAHAGÚN, ed. 1938, III,
299. Fray Antonio de CIUDAD REAL, ed. UNAM, I, 68 y *Col. doc. inéd. para la hist. de España*
(Madrid, Góngora, 1953-1954), I, 107. Sobre la Virgen de Guadalupe de Extremadura, *cf.* Foster, *Culture and Conquest*, 162; Klein, 54 (como patrona de la Mesta); y G. Rubio, *Historia de
Nuestra Señora de Guadalupe*, Barcelona, 1926, 228-229, quien revela la existencia, adosada a
la pared del coro, en el monasterio extremeño, de una segunda estatua de la Virgen (hecha
probablemente en el año de 1499) y llamada "de México" quizás por haber sido devuelta de la
Nueva España. (¿No será la Guadalupana originalmente venerada en el Tepeyac?) Justina Sarabia Viejo, *Luis de Velasco*, 160, entre otros autores, menciona la controversia de Fray Francisco de Bustamante con el Arzobispo Montúfar. Ricard, *La Conquista espiritual*, 145. Gómez
Canedo señala la hostilidad de los frailes hacia los santuarios, p. 195. Cristóbal Colón fue en
peregrinación a Guadalupe al regresar, en 1493, de su primer viaje: Taviani, I *Viaggi*, I, 80. En

Citando una afirmación del provincial franciscano Bustàmante, Manuel Toussaint atribuye la pintura de la imagen guadalupana al indio Marcos (de apellido Cipac, según otras fuentes), alumno de la Escuela de San José de los Naturales, cuya actividad artística se desarrolló de 1555 a 1568; en esa pintura, que sigue los lineamientos de otras Vírgenes de la Concepción hechas en la Edad Media hay, según Toussaint, influencias artísticas bizantina y sienesa. Ya en 1536, en carta a Carlos V, Zumárraga hacía el elogio de las "marabillas... que hazen de sus manos" los pintores indios y de cómo "saben en dos años labrar ymagenes". La Guadalupana no es, por supuesto, el único caso de conjunción entre la Virgen María y alguna deidad indígena. Los tarascos, informa Corona Núñez, reverenciaban a la Virgen de la Concepción con los rasgos de Cueraváperi, la "Madre de los dioses" purépecha; los mayas, según Argensola, veneraban en la Virgen María a una "mujer hermosísima con un niño" que vivía en el Cielo; y finalmente no puede omitirse que, hacia mediados del siglo XVII (aunque el milagro supuestamente tuvo lugar en 1541), la Virgen María se "apareció" también en Ocotlán (Tlaxcala) y dejó su imagen en el hueco de un ocote. Fue otro Juan Diego, pero tlaxcalteca y originario según se dice de Santa Isabel Xiloxostla, quien contempló la beatífica visión y habló con ella.[13]

La cruz, símbolo del cristianismo, fue fácilmente aceptada por los indios: para ellos representaba el fuego y por ende, el sol y su mensajero, Quetzalcóatl (en cuyo culto se empleaban braseros que tenían incluso perforaciones en forma de cruz). Los chamulas, informa Corona Núñez, siguen adorando sin intervención de sacerdotes católicos tres grandes cruces erigidas desde tiempo inmemorial en el atrio de su santuario, en San Juan Chamula. Según Bernal Díaz, Gómara, Torquemada y Cogolludo, los españoles hallaron muchas cruces en los adoratorios mayas de Yucatán y Campeche (lugares a los que habría que añadir Palenque, en Chiapas). La cruz que Grijalva vio en Cozumel, "de cal y canto" —que según Sánchez de Aguilar inspiró "al sacerdote de ídolos Chilan Cambal" un poema en su propia len-

Lafaye, 283, se habla de la diosa Xilonen; véase también p. 367. En Vaillant, *Aztecs of Mexico*, 1950, 177, se afirma igualmente que el culto de Tonantzin fue transferido a Nuestra Señora de Guadalupe por los primeros misioneros; *cf.* Greenleaf, *Zumárraga*, 45. Sanford, 166. Sobre la supuesta etimología náhuatl de la palabra "Guadalupe", ver López Beltrán, 87. La lista de los santuarios que en la Nueva España sustituyeron a los adoratorios indios es muy larga, e incluye, además de los ya mencionados del Tepeyac y Ocotlán, entre otros los de Izamal (Kinichkakmo e Itzamná a Nuestra Señora de la Concepción). También, hoy dedicados a la Inmaculada, los de Cozumel y Zapopan, antes respectivamente adoratorios de la diosa maya de la luna, y el "dios niño" Teopinzintl. Debemos añadir el bien conocido santuario de Chalma, sitio anteriormente de cultos sincréticos aztecas-ocuilecas, y el Sacromonte, en donde hoy se venera a Nuestra Señora, y en otros tiempos a Oztolóotl.

[13] M. Toussaint, *Pintura colonial*, 24; *cf.* López Beltrán, 127. La carta de ZUMÁRRAGA citada en el texto ha sido publicada por Fabié (ed.), NUEVA COLECCIÓN..., 15. Goodrich, en 103-104, analiza el significado del símbolo de la rosa en el culto de la Virgen María durante la Edad Media, que inspiró incluso la creación de los rosetones de las iglesias góticas. Corona Núñez, 562-563 y 565-568. ARGENSOLA, 38. Vargas Ugarte, en I, 227-229, no se muestra muy convencido de la autenticidad de los relatos sobre la aparición de Nuestra Señora de Ocotlán. *Cf.* Esquivel Obregón, II. 590. Las "rosas que vienen del cielo", como las que se dice aparecieron en la tilma de Juan Diego, es milagro muy repetido en la Edad Media, el caso más famoso es el de las "rosas rojas y blancas" de San Francisco de Asís: Saintyves, 1044.

gua— era, según una hipótesis de Merriman, símbolo de un dios local de la lluvia; y fue quizá la misma que el Padre Alegre dice haber visto en el patio de San Francisco de Mérida, en la cual los frailes habían esculpido una figura del Crucificado. Cogolludo, quien probablemente se equivoca, estima que esa escultura es original y que representa al "Hijo de Dios á quien los mayas llaman Bacab quien había muerto en una Cruz tendidos los brazos". Para Clendinnen, la cruz era para los mayas el símbolo del árbol primigenio, el Yaxcheel-cab. Se halló otra cruz en Huatulco, plantada allí según tradición de los chontales por el Apóstol Santo Tomás la cual, como se verá más adelante, resultó muy milagrosa y se conserva en la catedral de Oaxaca. La veneración de la cruz, según testimonio de Castañeda de Nájera, era practicada hasta por los indios de las llanuras de Cíbola y Quívira.[14] El dios Bacab, mencionado como se ha visto por Cogolludo, era en realidad la segunda persona de una trinidad maya. El Padre Francisco Hernández, hallado por Las Casas en Campeche entre los mayas hacia 1534, informó a éste —en un ejemplo de sincretismo citado por Fray Jerónimo Román y por Remesal— que en la península yucateca y en Chiapa los naturales adoraban a un Dios llamado Icona o Yzona, creador de los hombres y de todas las cosas; a un Dios Hijo, Bacab, nacido de una doncella siempre virgen llamada Chiribirías (hija de Ischel), el cual después de ser azotado y coronado de espinas fue crucificado en un palo por Eapuco, pero resucitó al tercer día y se fue al cielo a reunirse con su padre y su madre; y a un Dios Espíritu Santo llamado Echuanach o Estruac Icona, quien después de la muerte de Bacab vino a la tierra para saciarla de cuanto tenía menester. No es pues raro que Las Casas creyera en la existencia de un cristianismo prehispánico entre los mayas.[15]

No sólo tenían los mexicas una idea aproximada del Ser Supremo —apunta Muñoz Camargo— sino que tuvieron incluso su propia versión de los ángeles caídos: los tzizimime o "monstruos que bajaron de arriba", expulsados de los cielos por su mala conducta.[16] El principal de esos ángeles rebeldes, Lucifer o sea el Demonio, fue identificado por regla general con Tezcatlipoca. Así lo afirma Sahagún, precisando que de acuerdo con su ejemplo de maldad, mentira, ambición y soberbia, "todos los diablos, gran-

---

[14] Sobre el simbolismo indígena de la cruz, ver Orozco y Berra, *Historia Antigua*, IV, 265 y *passim*; y Corona Núñez, 568-569. Bernal DÍAZ, c. ii; i, 5. GÓMARA, c. XV. TORQUEMADA IV, ix; I, 199. COGOLLUDO, 201. La cruz que Grijalva vio en Cozumel es mencionada por GÓMARA y por TORQUEMADA, I, 352. Inge Clendinnen, 174, quien afirma que en las rebeliones mayas de mediados del siglo XIX, esas cruces emergieron como deidades independientes (cita al efecto a Ch. Zimmerman, "The Cult of the Holy Cross... in Quintana Roo", en *History of Religions*, III, 1963, 50-71). SÁNCHEZ DE AGUILAR, 141. Merriman, III, 471. La hipótesis de este autor es aceptada por Gómara y, entre los autores modernos, por Helps, II, 182. ALEGRE, II, 311, n. 49. DÍEZ de la CALLE, 180-181, citando a Fray Gregorio García y su *Historia Eclesiástica y Secular de la India Oriental y Occidental* (f° 184), menciona la cruz de Huatulco. CASTAÑEDA DE NÁJERA, 142-143.

[15] Fray Jerónimo ROMÁN y ZAMORA, ermitaño agustino que vivió en España († 1597), hace un relato basado en los de Pedro Mártir, Oviedo y Gómara (I, 59-60). REMESAL, V, vii; I, 355. Las Casas, según lo que dice su *Apologética Historia*, c. 123, parece creer que por lo menos entre los mayas existió una especie de cristianismo prehispánico.

[16] MUÑOZ CAMARGO es citado por Keen, 128. Spence, 117, también menciona a los tzizimime.

des y chicos, cayeron sobre los infelices mexica y de ellos se hicieron adorar en forma de ídolos", Para Fray Francisco Ximénez, quien estudió la teogonía maya más de un siglo después, Lucifer también tomó el nombre de Usubcaquix, cuando ya "había cielo y tierra pero estaba turbia la luz del sol y la luna". Por otra parte, hemos visto que el Padre Tello identifica al Demonio con Huitzilopochtli, llamado Tocoroli por los zacatecanos y Zuniy en la región de Coatzacoalcos. Mendieta asegura que en Tizatlán el Enemigo era adorado bajo el nombre de Macuiltonal, y Dávila Padilla, además de identificarlo con el Tepozteco, da cuenta de otras dos advocaciones del Diablo, veneradas la primera en Tepapayecan y la segunda con el nombre de Zahualcoiótl y forma de coyote, en Tepetlaoztoc.[17]

Mas aunque los ídolos fueron desterrados, la Iglesia tuvo que aceptar las danzas con que los naturales honraban secularmente a sus dioses —los areitos o mitotes—, permitiendo a los fieles ejecutar sus danzas en homenaje a la Virgen o a los santos con máscaras y adornos paganos. Aquellas expresiones cambiaron de intención e incluso surgieron otras en que los participantes representaban a santos y personajes cristianos: la Iglesia católica las utilizó como una forma de catéquesis, pero no siempre con los resultados apetecidos. Por ejemplo, Cervantes de Salazar observa que en ocasiones los danzantes bailaban "alrededor de una cruz y tenían debaxo de ella soterrados los ídolos". ¿Qué tan pagana será la intención de los huehuenches que con tanta frecuencia danzan en el atrio de la basílica del Tepeyac, manifestación que según Henríquez Ureña es una de las principales supervivencias de la época colonial? El Virrey Velasco I estimó necesario promulgar las ordenanzas de Cuauhtinchán, en 1559, para prohibir que en el atuendo de los danzantes quedara algo diabólico "como antiguamente se usaba". La buena acogida que los misioneros dispensaron a esos mitotes, que en fondo eran himnos litúrgicos actuados y bailados, se explica en parte también por la existencia de una tradición medieval de danzar dentro de las iglesias. Tal costumbre, nos cuenta Comper, estaba en auge en Montserrat en 1321. Es más, cuando los primeros misioneros predicaban el cristianismo en la Nueva España, todavía se danzaba ante el Santísimo Sacramento en las iglesias de Sevilla, Toledo, Jerez y Valencia.[18]

Otra circunstancia que facilitó la rápida propagación del cristianismo entre los naturales de la Nueva España fue la semejanza que los indios hallaron entre sus religiones ancestrales y el culto católico, sobre todo en lo que respecta a los sacramentos. Mendieta informa que los indios (los aztecas y los mixtecos, seguramente) tuvieron "en su infidelidad una manera como de baptismo"; en efecto, a los ocho o diez días de nacidos los niños eran objeto de ciertas abluciones y se les daba un nombre; además, si eran varones recibían una pequeña rodela o una flecha, y una escobita las niñas. Ese nombre (hoy llamado de pila) era el del día del nacimiento, por ejemplo venado o

[17] SAHAGÚN, ed. 1946, I, 83; cf. Villoro, Indigenismo, 31. Fray Francisco XIMÉNEZ (O.P.), Hist. de S. Vicente de Chiapa y Guatemala, I, iv; I, 10. MENDIETA, II, 76. DÁVILA PADILLA, 618-619.
[18] CERVANTES DE SALAZAR, Crónica, I, XX; p. 39. Cf. Orta Velázquez, 156, sobre las mismas danzas o mitotes. Henríquez Ureña es citado por Alfonso Reyes, "Autos", 125. Reyes García, 189 (Ordenanzas de Cuauhtinchán). Sobre las danzas en las iglesias españolas, ver J. N. Comper, 8.

conejo; la transición con el advenimiento del cristianismo, al "Santo del día" (u onomástico) fue natural. En su opinión, debía conservarse la costumbre de estos símbolos, dándoles un contenido cristiano: así, el del varón significaría su obligación de luchar "contra los enemigos del ánima", y el de las pequeñas, que "habrían siempre de barrerla [i.e. el alma] de cualquiera inmundicias". El conquistador López Medel halló tanta semejanza entre el bautismo cristiano y el practicado por los mayas que preguntó al Obispo Landa si alguno de los apóstoles o de sus sucesores no habría venido a predicar a las Indias. El obispo mismo se maravilló de tal semejanza, afirmando que la voz maya con que se designaba la ceremonia era al mismo tiempo su descripción, pues *zihil* significaba "nacer de nuevo", cosa teológicamente irreprochable. Remesal y Cogolludo confirman todos estos datos. En términos generales, en un principio los misioneros bautizaban sólo a los adultos y a los niños llegados a la razón (sin reservas desde que Paulo III proclamó la racionalidad del indio); más tarde se administraba el sacramento también a los recién nacidos. Moctezuma, como es sabido, rechazó el bautismo; pero en la *Crónica Mexicayótl* se dice que Cuauhtémoc lo recibió (quizá no voluntariamente o sin entender con claridad lo que significaba) momentos antes de ser colgado en Huye Mollan. Según dicha crónica, recibió el nombre de Fernando Cuauhtémoc; y su padrino fue su mismo verdugo. De acuerdo con el mismo Alva Ixtlixóchitl, en aquellas trágicas circunstancias fueron también bautizados el Rey Tetlepanquetzal y el Cihuacóatl Tlacotzin. Por otro lado, Fernández de Recas menciona entre los caciques hereditarios reconocidos como tales después de la Conquista, a un cierto don Diego de Mendoza, Austria y Moctezuma, de quien se dice que era "hijo de don Fernando Cortés Cuauhtémoc o Guatemoc o Guatemotzin, último rey de México, bautizado". Torquemada, relata que cuando el señor de Tenayuca, hijo de Moctezuma, fue bautizado con el nombre de Rodrigo (el padrino fue Rodrigo de Paz, primo de Cortés), al pronunciar el oficiante la fórmula del exorcismo, salió del cuerpo del nuevo cristiano un diablo, cosa que pudo advertirse porque tanto él como la silla en que se había sentado por estar enfermo, se estremecieron violentamente. En su estudio sobre el compadrazgo, Mintz y Wolf afirman, con base en Sahagún, que en la época prehispánica la ceremonia bautismal de horadar el lóbulo de las orejas se llevaba a cabo en presencia de una especie de padrinos del recién nacido. Quizá por esta razón la aceptación del bautismo cristiano no siempre implicó el rechazo del antiguo rito indígena. Y en el siglo XVIII y citando un caso ocurrido en Zumpahuacán, cerca de Tenancingo (en donde persistía el culto de la diosa Chicomecóatl), el Padre Alegre se quejaba de que antes de bautizar a los niños en la iglesia, se les sometía a "otra especie de bautismo sacrílego, bañándolos con agua en presencia del fuego e imponiéndoles otro nombre profano".[19]

[19] MENDIETA, *Historia*, II, 114-115, cf. Madsen, 172. Mintz y Wolf, 353, transcriben la pregunta de López Medel. LANDA, c. XXVI; p. 44. COGOLLUDO, IV, VI; p. 191. Ver Ricard, *Conquista espiritual*, 110, sobre los bautizos de indios por parte de los frailes. ALVARADO TEZOZÓMOC, *Crónica Mexicayótl*, México, UNAM, 1949, 155-156. Fernández de Recas, *Cacicazgos*, XV, XVIII (en una ilustración a colores aparece también el árbol genealógico y el escudo de armas de Don Die-

"Tenían los indios [otra] noble ceremonia... y ésta era una vocal confesión", dice Las Casas. La hacían dos veces al año, añade Mendieta, confesando sus pecados a sus dioses y a veces "a sus curanderos y sortílegos". Éstos les ordenaban hacer penitencias, como por ejemplo alejarse de sus mujeres durante 40 o 50 días. En Yucatán —señalan Torquemada, Remesal y Collogudo— la confesión estaba más generalizada aún (aunque sólo las obras y no los simples pensamientos pecaminosos se juzgaban malos) y marido y mujer se confesaban el uno con el otro. Alejandra Moreno Toscano observa sin embargo que esta confesión sólo tenía efectos en la esfera de lo temporal, es decir que no tenía que ver nada con la justicia inmanente.[20] Comer la carne del sacrificado era entre los indígenas una especie de comunión ya que las víctimas (y debe recordarse que algunas eran voluntarias) en el acto mismo del sacrificio se convertían en deidades propiciatorias; esta ingestión se hacía con reverencia, para que el devoto pudiera asentar en su cuerpo la carne y la sangre del nuevo dios, lo cual era una especie de banquete sacro, en cierto modo semejante a la eucaristía cristiana. Los aztecas practicaban otra comida ritual, que consistía en ingerir unas formas de pasta con la figura de Huitzilopochtli llamadas en lengua mexicana, según Las Casas, "Yoliaimtlaqualoz, que quiere decir manjar del ánima" y según los antropólogos modernos, toyolitlácuatl.[21]

En lo que respecta al matrimonio, Zumárraga y los frailes —dice Mendieta— insistieron en que se reconocieran como legítimos los ya celebrados por los indios; y en el caso en que un hombre tuviera varias esposas, se le conminó a quedarse con sólo una elegida a voluntad. El primer matrimonio de un joven indio con rito cristiano se efectuó en Texcoco en 1526, según informa Motolinía. Hasta 1565, fecha en que fueron recibidos en la Nueva España los decretos del Concilio de Trento, estuvieron en vigor en la Colonia las prácticas medievales de la Iglesia universal, que no requerían (como en cambio fue el caso después) la presencia de un sacerdote para que el sacramento del matrimonio fuera válido. Bastaba, dice Fernández del Castillo, que los contrayentes se dieran "las manos de presente" ante dos testigos, prometiéndose por esposos, llegándolo a ser mediante la cohabitación y la voz pública. Si estaba presente un sacerdote era sólo un testigo más cuyas funciones podían ser desempeñadas igualmente por otros, afirma Esquivel Obregón, quien ve los orígenes de tal ceremonia en la Partida IV, Título I, Ley 5 del Código alfonsino, cuyas disposiciones fueron abrogadas en Trento en 1563. Un segundo tipo de rito matrimonial, más formal, implicaba la velación y la bendición sacerdotal con arras y anillos, o sea tal como ha sobrevivido hasta nuestros días. Parece que la sede ro-

go Mendoza, Austria y Moctezuma). TORQUEMADA, XVI, V: III, 150. Mintz y Wolf, *loc. cit.* ALEGRE, II, 6.

[20] LAS CASAS, *Apologética Historia*, c. 176. Mendieta, *Historia*, II, 130-131; Gómez Canedo, 183 (confesión). TORQUEMADA es citado por COGOLLUDO, IV, vii; p. 192. REMESAL, VI, xi; I, 435. Alejandra Moreno Toscano, 49.

[21] Corona Núñez, 561. LAS CASAS, *Apologética Historia*, Cap. 175. González Obregón (ed.), INDIOS IDÓLATRAS, señala un interesante caso, en 1537, de un indio que comulgaba con hongos alucinógenos.

mana no concedía entonces demasiada importancia a la intervención del sacerdote en la ceremonia matrimonial, pues en la bula *Alias felicis recordationis* de 1521, León X no menciona explícitamente el sacramento del matrimonio al otorgar a los frailes mendicantes el privilegio de administrar los sacramentos del bautismo, la penitencia, la eucaristía y la extremaunción en tierras de infieles. Fray Alonso de la Veracruz tuvo que añadir a este propósito un apéndice a su *Speculum coniugiorum* cuando el Concilio de Trento, "reformó… el Matrimonio clandestino", según afirmación del Padre Grijalva. En 1559, en las Ordenanzas de Cuauhtinchán, se ordena que las "palabras de matrimonio" se digan sólo de un sacerdote. Mas en la época de la Conquista el único rito que existía en la Nueva España era el del matrimonio llamado por palabras de presente, mediante el cual Luis Colón y Toledo, nieto del Almirante, intentó retener a su lado (en La Española) a María de Orozco, una de las 20 doncellas que Pedro de Alvarado llevaba a Guatemala para desposarlas con conquistadores. Según resulta de la larga probanza seguida por María de Marcayda, primera suegra de Cortés, éste tuvo que "velarse" con Catalina Xuárez para solemnizar el simple desposorio celebrado con ella en Cuba, aunque sólo lo hizo cediendo a la insistencia y al soborno de Velázquez. Las doncellas indias que el Conquistador recibió como obsequio en Tabasco en 1519, fueron "desposadas" con algunos de sus soldados después que el Padre Olmedo las bautizó; doña Marina tocó a Hernández Puerto Carrero, y más tarde casó "delante de testigos" con Juan Jaramillo porque su primer marido no daba señales de regresar de España. En su información de méritos y servicios, el primer alarife de México Alonso García Bravo se consideró casado por haber hecho "vida maridable… más de veinte años" con Mari Núñez. El cronista Baltazar Dorantes se casó dos veces, una en febrero y otra en mayo de 1563 "por palabras de presente" con dos doncellas de 14 años de edad, pero la autoridad eclesiástica lo obligó a regresar al lado de la primera. Isabel de Villegas, viuda de un oidor, demandó en 1552 a otro llamado Antonio Mejía, pleito que alcanzó gran resonancia —dice Justina Sarabia Viejo—, alegando que una noche se había casado con ella ante testigos y luego se negaba a reconocer su matrimonio.[22]

[22] MENDIETA, *Historia*, II, 153; *cf*. p. 158 sobre la fecha de publicación en la Nueva España (año de 1565) de los decretos tridentinos. MOTOLINÍA, *Memoriales*, 121 y 122. Fernández del Castillo, 321. Esquivel Obregón, I, 186. M. G. Holmes, 71, n. 25, invoca también el precedente de las Siete Partidas; esta forma de matrimonio deriva quizá en última instancia del *usus* del derecho romano, matrimonio que sólo era válido después de un año de cohabitación (las otras dos formas eran la *confarreatio* y la *coemptio*, que revestían mayor formalidad). Sobre la citada bula de León X, *cf*. TOBAR, I, 79-80. La información sobre Fray Alonso de la Veracruz es proporcionada por Fray Juan de Grijalva, 592. ORDENANZAS DE CUAUHTINCHÁN, 568, *cit*. por Reyes García, 196. La desaventura amorosa de Luis Colón es mencionada por M. G. Holmes, 71. PROBANZA EN LA CAUSA SEGUIDA… EN CONTRA DE CORTÉS… en *Docs. inéd. de Cortés*, 40-47. Los sucesivos matrimonios delante de testigos de doña Marina son mencionados por Collis, 45-46 y por Bernal DÍAZ, c. clxxiv; III, 28; y los de Baltazar Dorantes por Torre Villar, *Mexicanos Ilustres*, 65-66. GARCÍA BRAVO, *Información de Méritos y Servicios…*, 40. Justina Sarabia Viejo, 43, narra los problemas matrimoniales de Isabel de Villegas. Mintz y Wolf, 354, dicen que las numerosas uniones "libres" constituyen herencia directa, en México, de los matrimonios "clandestinos" de la época colonial; y que la Iglesia católica tomó en 1947 cartas en el asunto, procurando legitimizarlos.

El espíritu evangélico de los agustinos quizá fue más avanzado que el de los franciscanos pues éstos a veces negaban la comunión y la extremaunción a los neófitos indígenas. En la *Relación de los obispados de Tlaxcala, Michoacán...*, publicada por García Pimentel se afirma que en esta última región, donde predominaban las fundaciones agustinas, "ni mas ni menos reciben los indios todos los sacramentos de la Santa Madre Iglesia";[23] mas en la Nueva España se hicieron ciertas adaptaciones en la forma de administrar los sacramentos, pues por ejemplo Remesal dice que en los capítulos de su orden celebrados en 1560 y 1562, los dominicos de Chiapas decidieron simplificar aquellos ritos cuando se trataba de los indios. En un principio, dice el Padre Cuevas, se negó la comunión a los neófitos y no se administró la extremaunción. En el bautismo, Fray Juan de Tecto fue el primero que abrevió la ceremonia suprimiendo el rito de la saliva, la sal, la candela y la cruz e incluso durante un tiempo el del óleo ("porque entonces no se le había" dice Beaumont). Esto puso en duda la legitimidad del sacramento, hasta que Paulo III aplacó los escrúpulos de los misioneros. La Junta Eclesiástica de 1524 suprimió el óleo, debido al enorme número de los neófitos; pronto se halló el bálsamo de la tierra para suplir el óleo en la administración del santo crisma, como sugirió el Concilio mexicano de 1555, cosa que fue aceptada poco después por los papas Pío IV y San Pío V; y cuando Las Casas se encontraba en apuros, según Gómez de Orozco, recurría al aceite de semilla de aguacate. La costumbre del padrino de obsequiar o de tirar a los niños puñados de monedas después de un bautizo cambió de nombre al atravesar el Atlántico pues en España se llama *bateo* y en México *bolo*, voz que según García Cubas deriva del latín *volo* ("quiero" que el padrino o el sacristán responden en nombre del niño bautizado cuando el oficiante pregunta: *¿Vis baptizare?* En el siglo XVI, y fundamentalmente también por razones de escasez, el copal quemado secularmente ante los dioses paganos reemplazaba el incienso ofrecido al Santísimo Sacramento. Dejamos para el siguiente capítulo otros aspectos del sincretismo cristiano-pagano, elemento básico de la historia de México, relacionados principalmente con la devoción popular y con festividades religiosas características.[24]

---

[23] Ybot, 715. Kubler, *Mexican Architecture*, I, 14, citando a Ricard, *La Conquête Spirituelle*, París, 1933, 132. RELACIÓN DE LOS OBISPADOS DE TLAXCALA, etc. (ed. L. García Pimentel), 128.

[24] REMESAL, IX, xviii; II, 252-254 y x, xii; II, 315-316; *cf.* p. 319 en relación con la fecha de la reunión del capítulo dominico en Cobán (Chiapas), Cuevas, *Hist. de la Iglesia*, I, 172. BEAUMONT, II, 124 y 145. La sucesión de hechos relativos al uso del bálsamo de Indias en lugar del óleo a partir de 1524 está descrita en Miranda Godínez, 74 (autorización de la Junta de 1524); en Justina Sarabia Viejo, 123 (petición de Montúfar); en HERNÁEZ (ed.), *Bulas*, I, 180-181; VERA (ed.), *Docs. eclesiásticos*, I, 117-110; y en TOBAR (ed.), Bulario Índico, I, 392 (autorizaciones de Pío IV y de San Pío V). Gómez de Orozco, "Libros mexicanos", 10. Acerca del "bolo", ver *Diccionario de Mejicanismos*, de F. Santamaría (México, Porrúa, 1959) y M. A. Morínigo, *Diccionario de Americanismos*, Buenos Aires, 1966; Foster se ocupa de "bolo" y "bateo", tanto en *Cultura y Conquista*, 213, como en su artículo sobre Tzintzuntzán (*Smithsonian Institution, Inst. of Soc. Anthropology Publ. núm. 6*, Washington, 1948, p. 263). En 1579 el copal ya había reemplazado en Yucatán al incienso (RELACIONES DE TISHOTZUCO Y DE CHIQUINCENOTE, *apud* CDIU. XIII: 96 y 104); y fue anterior esta sustitución en el Altiplano.

XIII. LA DEVOCIÓN POPULAR, LOS IDEALES RELIGIOSOS Y LAS ESPERANZAS MILENARISTAS

Los BENEFICIOS o la protección contra tal o cual mal, dados a los naturales de la Nueva España por sus dioses ancestrales, después del bautismo tuvieron que ser implorados a Dios, directamente o a través de los intermediarios y abogados celestes, la Virgen María y los santos; en la devoción popular éstos ya habían desempeñado tal papel en la alta Edad Media y en forma muy intensa durante el Medievo español. Por su parte, los frailes no sólo encaminaron la nueva devoción, como se ha visto, hacia los antiguos sitios sagrados, sino también en numerosas ocasiones sobrepusieron el calendario cristiano al tonalpohualli y a otros calendarios rituales. Se logró así que con una devoción igualmente intensa y en las mismas fechas en que en época prehispánica se celebraban los ritos de las deidades paganas, se festejara a los santos o los misterios de la fe de Cristo. Es verdad que algunos santos, al margen de cualquier sincretismo religioso siguieron dispensando los mismo favores con los que durante siglos habían recompensado las oraciones de sus devotos. Al igual que en España, San Antonio de Padua (canonizado en 1232) se convirtió pronto en el patrono de las muchachas que deseaban marido; a partir del siglo XVI, en la Nueva España, San Benito y Santa Bárbara también protegieron a sus fieles contra el rayo y la muerte repentina; y San Roque y San Sebastián (santo que es uno de los patronos de Puebla desde 1545) fueron "abogados de las pestilencias". Los que sufren de dolor de muelas han rezado durante centurias a Santa Rita de Casia, también abogada de los imposibles, y San Antón protege a los animales domésticos. Al igual que en la vieja Europa, en México hay también muchos santos oscuros, cuyos santuarios son de difícil acceso; y los ex-votos que cubren las paredes de muchas iglesias, inclusive ciertos locales en la antigua basílica del Tepeyac —dice Agapito Rey— son prueba tangible de las facultades salutíferas atribuidas por los fieles a sus santos.[1]

Gertrude Kurath, historiadora del folklore mexicano, señala que muchas festividades católicas contemporáneas reflejan —si no es que sustituyen— viejos rituales y sacrificios aztecas, fijados con base calendárica. Compara, por ejemplo, la fiesta de Xipe Tótec que caía en el segundo mes azteca (tlacoxipehualiztli) y que ahora corresponde a la fiesta movible del Carnaval; y la celebración de Huixtocíhuatl, hermana mayor de los tlaloques durante

---

[1] Acerca del culto de San Antonio, ver Vicente T. Mendoza y Virginia R. R. de Mendoza, *Folklore de San Pedro Piedra Gorda Zacatecas* (México, 1952), 466; Foster, *Cultura y Conquista*, 225. San Benito, santo que desde el siglo XVI protege contra los rayos, es mencionado por ARLEGUI, 70. Kubler, en *Mex. Arch.*, II, 379, se refiere a varios santos que son abogados contra males específicos; los santos patrones de Puebla son enumerados por LÓPEZ DE VILLASEÑOR, 228, 232-233 y 237. *Cf.* Agapito Rey, *Cultura y costumbres del siglo XVI*, 136, sobre Santa Rita, Santa Bárbara, San Roque y San Antón.

el séptimo mes (tecuilhuitontli), que coincide con la fiesta del *Corpus Christi*. Durante el mes decimocuarto (quecholli), o sea a principios de noviembre, informa Zamacois, los antiguos mexicanos se dirigían a los sepulcros de sus parientes llevando viandas, leña de pino y flechas; Braden precisa que los misioneros y los sacerdotes cristianos estimularon la combinación de los ritos relativos a los muertos (hueymiccailhuitl) con la conmemoración cristiana de los difuntos, lo que ha dado por resultado el día de muertos al estilo mexicano. En las regiones de fuerte población de cultura indígena tradicional, en esa conmemoración se mezclan ofrendas cristianas y prehispánicas (entre éstas últimas es común incluir cosas de comer) en una ceremonia sincrética de gran significado. Las *calaveras* o poemas satíricos, que a guisa de epitafios se componen con buen humor para ese día —recuerda Tinker—, llevan el mismo nombre y tienen la misma intención que los poemas tradicionales que desde el siglo XI se recitaban en el día de Todos Santos; e incluso las flores que se llevan a los cementerios (siempreviva en España, principalmente en Cataluña, y zempoalxóchitl o "flor de los muertos" en México) son del mismo color: el amarillo.[2]

En el día de Reyes (6 de enero) la costumbre mexicana de "partir la rosca", y de dar una fiesta quien encuentre dentro de ella el muñequito de porcelana o de pasta que representa al Niño Dios, deriva de otra, que existía por lo menos desde el siglo XIV en la corte de Navarra: los niños partían ese día un pastel que contenía una haba; a quien tocara en suerte ésta se le proclamaba jocosamente Rey de la Faba y recibía durante un año homenajes y regalos, así fuera del origen más humilde. La fiesta de la Candelaria (2 de febrero) es quizá de origen moro, dice Foster; en todo caso, en la Europa central y nórdica constituía una de las dos grandes festividades anuales de la religión precristiana de la fertilidad (cuyas sacerdotisas dieron origen a la idea de brujas). Como recuerda Ocaranza, la Candelaria es la fiesta de la purificación; y velas benditas ese día se conservan para auxiliar a los moribundos o para librarse de los peligros del rayo y el trueno y de las tentaciones del demonio. La costumbre de tejer palmas para el Domingo de Ramos viene de las regiones subtropicales cercanas a Alicante, donde en el siglo XV el laurel y el romero fueron sustituidos por hojas de palma. La "quema" del judas el Viernes Santo o el Sábado de Gloria es de procedencia medieval española, al igual que las procesiones del Encuentro entre Jesucristo y su madre, que se celebran en Tzintzuntzán y entre los yaquis

---

[2] Gertrude Kurath, 101, quien cita entre sus fuentes a SAHAGÚN, *Hist. Gen.* (ed. 1938), II, 87-88 y 93-94. Alfonso Caso, en *Los calendarios prehispánicos*, señala las dificultades, en su opinión casi insuperables, de establecer una exacta correspondencia entre el calendario cristiano y los calendarios indígenas. Joseph Joaquín GRANADOS y GÁLVEZ, en *Tardes Americanas* (México, Zúñiga y Ontiveros, 1778), 57, da los nombres de los meses indios, dice lo que significan y enumera los festivales o conmemoraciones correspondientes a cada uno; dichos nombres figuran ya en SAHAGÚN, I, 84-109. Zamacois I, 472-514, intenta definir la correspondencia de esos meses con el calendario cristiano; y en I, 506, describe las ceremonias fúnebres que se celebraban durante el décimo cuarto mes. Braden, 293. Gabriel Fernández Ledesma (*Artes de México*, XXXVIII: 87) y Tinker, 84-85, han señalado los dos aspectos de las ofrendas del día de muertos; el segundo se refiere también al origen de las "calaveras". Foster, en *Culture and Coquest*, 201, 208, menciona las ofrendas de flores amarillas.

de Hermosillo. Desde comienzos del siglo XVI, en el pueblo de Tudela (Navarra) tiene lugar una famosa ceremonia en que Judas es escarnecido para vengar al Salvador. La festividad pagana nórdica y centroeuropea del palo alto (1° de mayo), relacionada con las cosechas de invierno, sobrevive en México en la danza de las cintas, que se ejecutó por vez primera en Tlaxcala en 1538 por iniciativa de los franciscanos. La devoción a la cruz, heredad de la Península, ha sido siempre grande desde los primeros tiempos de la Colonia; Fray Juan de Grijalva relata que el 3 de mayo los indios "enarbolaban [las cruces]... con mucha música, mitotes, fuegos y pólvora y dura esta fiesta todo el día". La festividad de la cruz era celebrada especialmente —recuerda Carrera Stampa— por los gremios de talabarteros y sobre todo de albañiles, con gran estruendo de cohetes, como hasta la fecha. El Carnaval, heredado de la península ibérica, fue en España al igual que en el mundo helenístico una confirmación de ciertos ritos paganos europeos relacionados con el culto de la fertilidad y de la primavera.[3]

La festividad del Precursor, San Juan Bautista —segunda en importancia en la Iglesia primitiva después de la Natividad del Señor— fue fijada desde fines del siglo III o principios del IV en el día entonces correspondiente al solsticio de verano, el 24 de junio. Ambos solsticios, el de invierno (24 de diciembre) y el de verano, señalaban las festividades más importantes del mitraísmo, última de las religiones mistéricas del mundo antiguo que disputó la supremacía al cristianismo. El día de San Juan dio contenido nuevo a los ritos procedentes de la antigua Persia que en ese día se practicaban, y que consistían en la purificación por medio del agua y del fuego; y el Bautista, después de todo, purificaba también con el agua del Jordán. En la Europa nórdica todavía se encienden fuegos en las colinas la víspera de San Juan, y en ambos lados del Atlántico se recurre el día 24 de junio, ya de manera consciente, al poder mágico de purificación del agua de los arroyos, fuentes y hoy en día incluso de las albercas, o simplemente de la

---

[3] La fiesta de Reyes en España y en México es analizada por Foster, *op. cit.*, 169 y 187. Véase de ese mismo autor *Empire's Children: The People of Tzintzuntzan* (Washington, 1948), y Frances Toor, *A Treasure of Mexican Folkways* (Nueva York, 1947), 193. La candelaria es tratada por Foster, 187, y por Margaret Alice Murray, 109. Esta última asegura que las brujas en Europa ajustaron la fecha de todas sus festividades al nuevo calendario ritual cristiano. Entre ellas se encuentra el *Halloween, Hollow Eve, All hallow efe o Hallowevin* del paganismo anglosajón, recientemente importado para desgracia de México entre otros por *Sears Roebuck y Sanborn's*, cuya conmemoración se fijó en la víspera de Todos Santos (31 de octubre). Ocaranza, "Los frailes menores", 180-181. *Cf.* Foster, *op. cit.*, 308 y n. 14; 188 y 311-312, sobre el Domingo de Ramos y la quema de judas, así como también, respecto a esta última costumbre, su *Tzintzuntzán*, 209, y G. C. Barker, "The Yaqui Easter Ceremony at Hermosillo", en *Western Folklore*, XVI: 256-262, espec. la p. 261. La "quema" del Judas significa borrar el pecado porque éste es tan feo como aquél (Beezley, 90, 98; ver también M. Bakhtin, *Rabelais and his World*, Cambridge, Mass., MIT Press, 1965, 8, y el artículo "Holy Week in Mexico", de O. L., en *Lippincott's Magazine*, núm. 57, 1896, 525). La fiesta del palo alto (*Maypole*) es examinada por el propio Foster, en *op. cit.*, 189 y por V. T. Mendoza, en "La danza durante la Colonia", 12-24. Fray Juan de Grijalva, 230-231. Carrera Stampa, *Gremios mexicanos*, 91, basado en J. M. Marroquí, *La ciudad de México* (México, J. Aguilar y Cía., 1903), II, 233 y 239. Respecto al carnaval, *cf.* Foster, *Culture and Conquest*, así como la versión española de esta obra, 42, 220 y 296-306; y el artículo de Rademacher: "Carnival", en *Encyclopaedia of Religion and Ethics*, III, 225-229.

llave para llenar las cubetas con que en las calles se moja a los pasantes. Las primeras grandes fiestas del día de San Juan Bautista en la Nueva España fueron las organizadas en 1538 por los tlaxcaltecas bajo la dirección de los franciscanos, en las cuales se representaron cuatro obras de teatro religioso. Como se ha visto, en algunos santuarios de México San Juan tomó el lugar de Tláloc, dios de la lluvia. Pues bien, están también relacionadas con el 24 de junio las danzas de San Juan también llamadas de San Vito, bailes entre maniacos y místicos que según J. B. Russell se originaron en el siglo XIII; de ellas sobrevive al menos una versión italiana, la *tarantella*.[4] Mayor importancia que el día de San Juan adquirió en la Colonia, desde fecha muy temprana, la celebración del *Corpus Christi* que desde los últimos años del siglo XV era una especie de fiesta nacional de España y símbolo supremo del catolicismo español. Instituida por Urbano IV en 1264, según Carreter, por disposición de Juan XXII (1316-1334) comenzó a celebrarse con una procesión eucarística. En España las primeras procesiones se efectuaron en Cataluña y Valencia de donde se difundieron al resto de la Península. En la Nueva España la primera procesión del *Corpus* fue organizada por el Cabildo de México en 1526 y se hizo costumbre, por lo menos desde 1533, que tomaran parte de ella gigantes y enanos cabezudos así como la tarasca, grande y extraña serpiente con muchas bocas en movimiento; ésta era la representación de un animal fabuloso que supuestamente fue el azote de la ciudad de Tarascón en Provenza hasta que Santa Marta intervino, para librarla de tan horrible monstruo. En Puebla, la procesión de *Corpus* fue introducida en 1588 también con su acompañamiento carnavalesco. En el siglo XVIII el Virrey Revillagigedo prohibió tales farsas, pero la procesión continuó celebrándose en México hasta 1866, cuando tuvo lugar la última ya que la solemne festividad del *Corpus Christi* no pudo celebrarse al año siguiente porque coincidió con el último día del asedio puesto a la capital por las tropas del General Porfirio Díaz. Por otra parte, el día de los Santos Inocentes (28 de diciembre) se festejaba con bromas y burlas desde hacía siglos, y las romerías coloniales surgidas en torno a los nuevos santuarios tienen estrecho parentesco con ciertas ferias andaluzas.[5]

[4] Foster, *Culture and Conquest*, 198-199 (y *Cultura y Conquista*, 342-343 y n. 6). En relación con la supervivencia de ritos paganos en la Europa cristiana se puede consultar siempre con provecho *The Golden Bough*, de Frazer. En la Nueva España, donde las tres grandes solemnidades religiosas anuales eran la Navidad, el Corpus y la Asunción (Pazos, "La Asunción en las misiones franciscanas", 355), el día de San Juan no tuvo el rango de que disfrutó en el cristianismo de la baja Edad Media. Sobre las fiestas de San Juan Bautista en 1538, *cf.* Rojas Garcidueñas, *Autos y Coloquios*, Prólogo, XIII. J. B. Russell, 201, donde se hace referencia, en lo que respecta al origen de la danza de San Vito, a Edwin O. James, *Seasonal Feasts and Festivals* (N. York, 1962), 225-226.

[5] Los detalles relativos a los orígenes y arreglo de la procesión del *Corpus Christi* durante la Colonia pueden verse en las siguientes fuentes: González Obregón, 440; Arom, 39; Lázaro Carreter, 33; Foster, *Cultura y Conquista*, 332; Leicht, *Puebla*, 473-474; LÓPEZ DE VILLASEÑOR, 461; Bayle, *Santísimo*, 251 y 267; A. Rey, *Cultura y costumbres del siglo XVI*, 58; y García Cubas, 370. Sobre el orden en la procesión del *Corpus Christi* en Guatemala, ver Sanchíz, 32; y acerca de la participación de los "gigantes y cabezudos" en la misma, *cf.* Martínez Rosales, 597 (para San Luis Potosí), y para los orígenes europeos del monstruo llamado la tarasca,

La fiesta de la Natividad de Cristo, conmemoración jubilosa por excelencia del cristianismo fijada el 24 de diciembre (solsticio de invierno) desde antes del Concilio de Nicea, fue introducida en la Nueva España por Fray Pedro de Gante. Así lo cuenta él mismo a los religiosos de Flandes en carta del 27 de junio de 1529: "[estando] próxima la Navidad hice llamar a todos los convidados, de toda la tierra... los cuales oían cantar la mesma noche... a los ángeles: ¡Hoy nació el Redentor del mundo!... en el patio de ... san Francisco [de México]". Motolinía fue testigo, poco después, de cómo había cundido por todas partes la costumbre de festejar la Navidad y de cómo por leguas y leguas se veían las fogatas que hacían los indios y se oían sus cantos, tamborazos y el repique de las campanas. En fecha indeterminada pero que cae dentro de la primera mitad del siglo XVI, se importó a la Nueva España el belén, portal o n a c i m i e n t o , escenificación de la Natividad. Su creador fue San Francisco de Asís, quien en 1223 improvisó en una cueva cercana a Greccio en Umbría la escena navideña con un pesebre lleno de heno, un buey y un asno para allí pronunciar su prédica. La costumbre de poner el n a c i m i e n t o como parte de los festejos navideños llegó a España por dos caminos: vía Nápoles y a través de los franciscanos; en un principio la representación del nacimiento de Cristo se hacía únicamente en las iglesias. Dice Romero de Terreros que el portal de Belén no es más que una versión modificada del primitivo escenario de los "milagros" que se celebraban en las iglesias de la Edad Media; y también afirma que las figuras y los animales con que se componían los primeros n a c i m i e n t o s mexicanos se esculpían de zompantle, madera casi tan ligera como el corcho, como la que tradicionalmente se exhibía en México, en la calle de Flora (Colonia Roma) por los años treinta y cuarenta. En las fiestas del jueves de *Corpus* en Tlaxcala, en 1539, organizadas y descritas por Motolinía, se escenificó un auto de los Reyes Magos en el que figuró, "tirada por cordeles", la estrella de Belén. Parece que el auto del siglo XVI en náhuatl llamado la "Adoración de los Reyes" y publicado en 1900 por Paso y Troncoso, fue puesto en escena el 6 de enero de 1587 en el atrio de la iglesia de Tlajomulco (Jalisco) en presencia de los franciscanos visitantes el Padre Comisario Ponce y Antonio de Ciudad Real. Aquella representación fue una de las primeras efectuadas fuera del templo y por ello pudo ser aplaudida por 5000 indios. Allí mismo, según el Padre Pazos, se venía escenificando la Navidad por lo menos desde 1557, en una forma que podríamos llamar en vivo; figuraban ya en ella otros personajes, para entonces incorporados ya al Belén tradicional: coros de ángeles y de pastores, Herodes y los Reyes Magos "que tardaron dos horas en llegar". El tetrarca apareció sentado bajo una "ramada" (según Bernal Díaz, Cortés protegía con enramadas las imágenes de Nuestra Señora colocadas por él en las pirámides), y el pesebre estaba recubierto con el "moho o maheojo... que se cría en las encinas o robles". Los pastores cantaban versículos de la liturgia

L. Dumont, *La tarasque*, París, 1951. Foster, en *Culture and Conquest*, 208, trata del día de los Inocentes; y sobre las enramadas y romerías informan Céspedes del Castillo, en "Las Indias... siglos XVI y XVII", III, 434; y A. Rey, *op. cit.*, 118.

navideña (*quem vidistis pastores?*) y villancicos, corrientes en las iglesias españolas de fines de la Edad Media, enseñados por Fray Pedro de Gante a sus alumnos. Por último, la moderna "cena de N a v i d a d " tiene un significado sacramental; en efecto, Sinanoglou ha explicado que sus orígenes pueden encontrarse, a través de la costumbre medieval de comer figurillas del Niño Dios de pan o de azúcar, en las homilías de San Gregorio Magno, quien expresó la correlación del pan eucarístico con el cuerpo de Cristo neonato.[6]

Fray Diego Durán advirtió a los frailes que no cambiaran de fecha las fiestas cristianas a petición de los indígenas, pues a veces éstos pretendían celebrar sus antiguas idolatrías en la fecha solicitada, mezclando ambas festividades para que los sacerdotes cristianos no advirtieran su verdadera intención. Pero el buen dominico olvidaba que la superposición de fiestas paganas y cristianas en el calendario eclesiástico era una vieja costumbre de la Iglesia; seguramente tampoco se enteró de que en su época los agustinos recurrían al procedimiento exactamente inverso, o sea a introducir festejos de contenido cristiano en las fechas dedicadas por los naturales para honrar a sus antiguos dioses. Tal fue, según todos los indicios, el origen de las "posadas" que según Romero de Terreros únicamente existen en México. Como es sabido, las nueve jornadas o posadas se celebran las ocho noches anteriores a la Nochebuena y culminan en esta misma (o sea del 16 al 24 de diciembre); se ha dicho que simbolizan los nueve meses de embarazo de la Virgen María, pero en realidad son una versión modificada de las antiguas misas llamadas de Aguinaldo. Por otra parte, en el calendario ritual azteca el quinceavo mes del año comenzaba, según los años, entre el 3 y el 11 de diciembre, para culminar veinte días después (o sea entre el 22 y el 30 del mismo mes) con el panqueltzaliztli o "levantamiento de banderas", la gran fiesta natalicia de los nahuas: el nacimiento de Huitzilopochtli. La época del festival del dios mexica correspondía, pues (como ha señalado J. J. Crespo de la Serna), a la Navidad cristiana aunque las fechas exactas podían coincidir o no en un año dado. Valdría la pena esclarecer además (si bien esto por hora no parece posible) la correspondencia de fechas de los calendarios cristiano y texcocano, el cual regía antes de la conquista en Acolman, donde según Andrade Labastida se originaron las posadas. Dice este autor, en efecto, que el prior de San Agustín de Acolman Fray Diego de Soria obtuvo en Roma del Papa Sixto V (1585-1590) una

---

6 Carta de Fray PEDRO DE GANTE, del 27 de junio de 1529, *ap.* Trueba, *Pedro de Gante,* 28. Francis Borgia Steck, *Motolinía's History of the Indians of New Spain* (Washington, Acad. of Franciscan History, 1941), I, 142. Sinanoglou, 496, y Foster, *Culture and Conquest,* 203 y 208 *(Cultura y Conquista,* 305-311) estudian los orígenes italianos del "nacimiento". Romero de Terreros, "Nacimientos" (sin paginación). Pazos, en "El teatro franciscano" narra las fiestas del Corpus en Tlaxcala en 1539 , citando a MOTOLINÍA, *Hist. Indios N. Esp.* (Barcelona, 1914), 68, y la ed. de Madrid, 1873, de la *Relación del Padre Ponce,* que en realidad fue escrita por Fray Antonio de Ciudad Real. Bernal DÍAZ DEL CASTILLO, c. CXV; II, 28 ; también Rubén M. Campos, 72, describe el auto sacramental de Tlajomulco. Acerca de los villancicos de Navidad y su difusión por obra de Pedro de Gante, ver Torre Villar, *Pedro de Gante,* 23; Orta Velázquez, 147; Sinanoglou, 494, 504-505 y 509, sobre la naturaleza *quasi eucarística* de la cena de Navidad. El árbol de Navidad es de origen germánico y no se le conoció en México durante la Colonia.

bula para celebrar en la Nueva España del 16 al 24 de diciembre nueve misas llamadas *de aguinaldo*. Esta afirmación coincide con la de Vicente T. Mendoza, quien citando a Fray Juan de Grijalva, informa que, por lo menos desde 1586, los agustinos ya practicaban en sus iglesias conventuales (entre ellas Acolman) la "antigua devoción de nuestra sagrada religión... de cantar las misas que llaman de Aguinaldo nueve días continuos antes de la Pascua de Navidad, a la hora que amanece". Los frailes de Acolman —prosigue Andrade Labastida— aprovecharon esas misas para infundir a los indios el espíritu de la nueva religión durante los mismos días en que los aztecas celebraban el nacimiento de Huitzilopochtli; ellos fueron quienes idearon que después de cada misa se representara una de las nueve jornadas del viaje de San José y la Virgen de Nazaret a Belén, pidiendo posada, representaciones que luego tuvieron por escenario los atrios de las iglesias. Más tarde, pero no se sabe realmente cuándo —añade por su lado Vicente T. Mendoza— las misas de aguinaldo fueron acompañadas con música de órgano, canto de villancicos y ritmos de panderos, cascabeles, sonajas, campanitas y huíjolas (silbatos de origen indígena). Si imaginamos ese festejo no en el atrio sino en la casa, agregándole como sugiere Andrade, juguetes y una olla llena de confites, que uno de los participantes rompe con un palo y con los ojos vendados para simbolizar la fe, tendremos completo el cuadro de la posada con todo y piñata. En todo caso, la voz "aguinaldo" es de origen celta, como las melodías de muñeira gallega que acompañan las peticiones infantiles de dulces o juguetes en las posadas. La costumbre cundió por todas partes, ya que Aurelio M. Espinosa informa que entre las composiciones dramáticas de carácter popular y religioso de su nativo Nuevo México, figura una llamada *Las Posadas*, en la que se cuenta en versos octosílabos el episodio de José y María "buscando posada" por las calles de Belén.[7]

El origen de la p i ñ a t a no encierra misterio alguno. En España el carnaval se prolongaba hasta el primer domingo de Cuaresma llamado "domingo de piñata". Esta palabra viene del italiano *pignatta*, que designa una vasija redonda parecida a una piña (fruto del pino) por su forma; se llenaba de dulces, se colgaba durante el baile de máscaras del mencionado primer domingo de Cuaresma y se rompía con el regocijo de los presentes. Según Foster, esta costumbre persiste en Levante, aunque convertida en simple fiesta infantil; también el carnaval de Mérida, Yucatán, terminaba según Vázquez Santana y Dávila Garibi con el llamado "baile de la piñata". En México, según Andrade Labastida, la olla vistosamente revestida de papel de China simboliza a Satanás, que con su luciente aspecto seduce a la humanidad; por ello, hay que "romper la piñata" para con ella destruir el símbolo.[8]

---

[7] Fray Diego DURÁN, II, 246, 266, 267, cit. por Fernando B. Sandoval en *Estudios de Historiografía*, 64. Romero de Terreros, "Nacimientos" (sin paginación). Sobre el origen de las posadas, *cf.* Samuel Bernardo Lemus (art. en *El Universal* del 18 de dic. de 1980, titulado "Posadas mexicanas"); V. T. Mendoza, *Lírica Infantil*, 121, y espec. Andrade Labastida, 37, 40 y 41. V. T. Mendoza, en "Música de Navidad", s.p., cita la *Crónica* de Fray Juan de GRIJALVA, de 1624. Aurelio M. Espinoza, *Nuevo Méjico*, 7. V. T. Mendoza, en *Panorama*, 40, señala el origen gallego de ciertas melodías infantiles navideñas. *Cf.* García Cubas, 293-293.

[8] Foster, *Culture and Coquest*, 177 y 188 (*Cultura y Conquista*, 305); *cf.* Vázquez Santana y Dávila Garibi, *El Carnaval*, 68. Andrade Labastida, 42. Gloria Grajales, 94.

El célebre lego franciscano Pedro de Gante que, como se ha visto, introdujo en México los festejos y cánticos navideños, también sentó en la Nueva España las bases de una educación de los naturales basada en la tradición cristiano-occidental. Hasta su muerte en 1572 (vivió unos 90 años), educó incansablemente incontables generaciones de discípulos indios, dándoles lo que para él eran los medios esenciales de salvación de su alma. Les impartió una enseñanza inspirada en los ideales del cristianismo primitivo y de la tradición clasicista europea. Educado con esmero por los Hermanos de la Vida Común en su nativa Flandes, como pariente próximo que se dice era de Carlos V, su obra en México expresó las aspiraciones de espiritualidad características de lo que se ha llamado la Devoción Moderna fundada por Juan de Ruysbroeck y Gerardo de Groote, y cuyos más brillantes exponentes fueron Tomás de Kempis, Juan Gerson, Adriano de Utrecht y Erasmo de Rotterdam. Producto de la inquietud reformadora del siglo XIV, la devoción moderna pedía de sus seguidores observar una conducta sencilla basada en una virtud y una fe que imitaran las de Cristo, así como la meditación de los Evangelios, una rica vida interior y la lectura y difusión de los buenos libros, en primer lugar la Biblia. Valorizaba una concepción intimista y ascética de la vida cristiana, fundada sobre el recogimiento, el examen de conciencia y la lectura. La devoción de Fray Pedro por San José (por ejemplo, dio a su escuela el nombre de *San José* de los Naturales) refleja una actitud de los franciscanos observantes, quienes proclamaron santo patrono al padre putativo de Jesucristo, en Flandes en 1523, cincuenta años antes de que ese culto se propagara en el mundo hispánico por iniciativa de Santa Teresa de Ávila. Dicho sea de paso, esta propagación del culto del Patriarca es paralela a la difusión del de la Virgen en la alta Edad Media, pero con la diferencia de que mientras éste surgió y fue fomentado en los ambientes de la vida de corte, como reflejo de las actitudes literarias de la época (feudales), el culto de San José fue una expresión del operativismo de la burguesía naciente compuesta por mercaderes y artesanos. En la escuela fundada en México por Fray Pedro de Gante se siguieron los modelos de las de Deventer y Zwolle (que valieron a la congregación de la Vida Común la admiración general), se enseñaban en ella las artesanías y otras disciplinas como la música coral con tan excelentes resultados que su fundador pudo ufanarse ante Carlos V de que sus cantores indios no tenían nada que aprender del admirable coro de la capilla imperial de Viena. La piadosa congregación flamenca de que procedía Fray Pedro se ocupó mucho de la educación de la juventud, desarrollando también una confianza ciega en el poder redentor de la inocencia. A pesar del trágico precedente de la Cruzada de los Niños, organizada en el siglo XII con la intención de reconquistar el sepulcro de Cristo por medio de la inocencia (empresa naturalmente fracasada), Fray Pedro recurrió a niños indios para predicar el Evangelio e incluso para rezar los santos oficios. Por otra parte, la *Imitatio Christi* de Tomás de Kempis representa el lazo que une la *devotio moderna* con la actividad de los jerónimos y su creciente interés en aquella época en la realidad del hombre; estos frailes tuvieron su propia congregación en Flandes antes de abrir un primer capítulo español en Guadalupe de Extremadura en 1415, y gobernaban La Española cuando Grijalva, Hernández de Córdoba y Cortés estaban explorando las costas mexicanas. Hay también indicios de que a principios del siglo XVI los franciscanos flamencos fueron influidos por los escritos apocalípticos de Joaquín de Flora (por ejemplo, a través de la filosofía mística de Juan Eckhart), profecías que, como se verá después, tuvieron tal influencia sobre los franciscanos de México durante ese siglo, que la labor evangelizadora de éstos no puede ser entendida y evaluada sin tomar en cuenta el efecto que produjeron en ellos aquellos escritos escatológicos. Por último, es interesante anotar que, consecuente con los ideales de la devoción moderna, la cual sin rechazar las formas externas de la religión siempre les anteponía la virtud y la fe, Fray Pedro de Gante se negó en tres ocasiones a ser ordenado sacerdote y rehusó también el nombramiento de Arzobispo de México.[9]

Fray Pedro informaba desde 1529 a sus hermanos en religión de Flandes que en la Nueva España los franciscanos habían recogido en sus casas a los hijos de los señores y principales indios, instruyéndolos en la fe para que después la enseñasen a sus padres; y añadía que "saben estos muchachos leer, escribir, cantar, predicar y celebrar el oficio divino a uso de la iglesia *(divinum officium more sacerdotum)...*" En una carta escrita a Carlos V el 31 de octubre de 1532, relativa al mismo tema, dice en relación con San José de los Naturales, que "continuamente cada día se enseñan quinientos y seiscientos muchachos". Por aquellas fechas, explica en otra misiva, los alumnos indios "tenían sermón... donde se ensayaban para ver quien era mas hábil para ir a predicar a los pueblos", adonde iban generalmente los sábados, de dos en dos. También estaban a cargo de la lucha contra la idolatría en dichos pueblos pues "cuando era fiesta o dedicación de los demonios... [se] enviaba a los mas habiles para las estorbar". El fraile flamenco estaba muy satisfecho de este aspecto de su obra, pues todavía en 1558 informaba a Felipe II acerca de ella, refiriéndole que los adolescentes indios, además de resultar buenos predicadores, aprendían "a cantar el oficio divino para lo oficiar". En Yucatán se asignaron igualmente

---

[9] BEAUMONT, II, 88, llama Pedro de Mura a Fray Pedro; Salazar, 5-6, usa las formas van der Moere, Moor o Mura; y Fray Alonso FERNÁNDEZ, c. XIII, p. 67, lo llama Pedro de Gandavo, al parecer latinizando el nombre del lugar de su nacimiento. Algunos indios tomaron en su honor el apellido "de Gante", entre ellos don Miguel de Gante, cacique de Quauhtepeque, hoy Cuautepec, Hidalgo. Fray Pedro lamentablemente escribió muy poco, por lo que es difícil conocer con exactitud su pensamiento. Los datos proporcionados en el texto acerca de su formación y de su obra educativa y apostólica proceden, además de las obras de P. de Ceuleneer y de sus propias CARTAS, de las siguientes fuentes: Ajo y Sanz de Zúñiga, II, 71; Torre Villar, *Pedro de Gante*, 13-14; Ezequiel A. Chávez, 44 y 53; León E.-Halkin, "La *Devotio Moderna* et les origines de la réforme aux Pays-Bas", en *Colloques de Strasbourg* (9-11 mayo de 1957), 46 y 51; Maravall, 209; Stevenson, 51-53; Kobayashi, 230; y Vauchez, 35. McAndrew, en *Open-Air Churches*, 369 *sq.*, informa, además de ocuparse de Fray Pedro, que el culto de San José fue exaltado por Juan Gersón en el Concilio de Constanza (pp. 395-396). Torre Villar, en *Mexicanos Ilustres*, 27, recuerda que Pedro de Gante insistió en recibir ejemplares de la Biblia para su tarea de instrucción religiosa. Fraker, 204-205, discute el paralelismo entre los jerónimos españoles y la escuela de Devoción Moderna. Américo Castro, en "Lo hispánico y el erasmismo", 41, insiste en ese paralelismo. Artz, 312, 428-429, establece el lazo entre Eckhart y Joaquín de Flora. MENDIETA, en *Vidas Mexicanas*, confirma que Fray Pedro no quiso ordenarse sacerdote.

tareas evangelizadoras a indios jóvenes, pues allí funcionaba otra escuela semejante que contaba con mil alumnos. Fray Martín de Valencia, jefe de los Primeros Doce franciscanos, elogia ese sistema en una carta dirigida también en 1532 al comisario general de su orden, en la cual se dice que en algunas partes se cuentan más de 500 niños que "predican a sus padres y... en los púlpitos maravillosamente [y]... cantan... las horas de Nuestra Señora y la misa con mucha solemnidad". En otra carta del mismo año que con otros franciscanos dirigió a Carlos V, Fray Martín precisa que sus discípulos "ofician las misas", descubren y destruyen ídolos y apartan a los adultos de sus vicios nefandos, a resultas de lo cual "a vezes su vida corre peligro". Efectivamente, por lo menos tres niños fueron martirizados en Tlaxcala, mismos que Juan Pablo II beatificó recientemente. En otra misiva, fechada en Tehuantepec en enero del año siguiente y dirigida también al emperador por Fray Martín y sus compañeros, se informa que los hijos de los caciques y principales han aprendido a "cantar el Oficio eclesiástico y decir las Horas cantadas y oficiar las misas". Por su parte, el Obispo Zumárraga (también franciscano) confirmó en 1532 al capítulo de su orden en Tolosa que tales niños predicaban "con elegancia"; y Motolinía afirma que aquellos experimentos tuvieron un éxito tal que los discípulos indios "fueron pronto colocados al frente de la evangelización en compañía de los frailes". En breve y rutinario juicio de residencia a que Vasco de Quiroga fue sometido en 1536, Fray Antonio de Ciudad Rodrigo prestó un testimonio según el cual el evangelizador de Michoacán preparaba niños otomíes en Santa Fe de México, donde "los indios cantaban y oficiaban la misa muy bien", para ir a predicar entre sus padres. Se trataba sin duda de la llamada "misa seca" que podía ser oficiada por un lego como Pedro de Gante o un laico debidamente autorizado, en la cual no se encendían velas y se omitía el acto de la consagración. Los indios la decían y cantaban "con toda solemnidad", informó en 1536 el provincial franciscano Fray García Cisneros, rezaban "las horas, e maitines, e vísperas", e incluso oficiaron en "las bigilias e misa" de unos responsos en ocasión de la muerte de la Emperatriz Isabel en 1540, según comunicó Zumárraga a Carlos V en su carta de pésame. La educación cristiana de los niños indígenas y la conversión de los adultos mediante las prédicas de los pequeños fue desde un principio apoyada con entusiasmo por Cortés.[10]

[10] CARTA de Fray Pedro de GANTE del 27 de junio de 1529 (traducción del latín que, a su vez, refleja el texto original castellano, hoy perdido) ap. CHAUVET (ed.), CARTAS de FRAY PEDRO DE GANTE, 17. La CARTA del 31 de octubre de 1532 es una de las CARTAS DE INDIAS, I, 52; J. Lockhart y E. Otte (ed.), LETTERS, 211, la publican en versión inglesa; y alude a ella Pazos, "Los franciscanos y la educación literaria", 19. La tercera CARTA de Fray Pedro que se menciona en el texto está publicada en Fray PEDRO DE GANTE, CARTAS, ap. García Icazbalceta, *Nueva Col. de Docs.*, pp. 222-223 (carta principal) y 230-231 (duplicado); la primera transcripción utilizada en el texto es del duplicado; y la segunda, de la carta principal. La CARTA de 1558 está reproducida en el CÓDICE FRANCISCANO (México, 1941), 205, y la cita Pazos, *op. cit.*, 35. McAndrew, en *Open-Air Churches*, 76-77, se refiere a la escuela en Yucatán. La Carta de 1532 de Fray MARTÍN DE VALENCIA al comisario general es citada por BEAUMONT, II, 151; y la dirigida junto con otros religiosos a Carlos V ese mismo año está reproducida en CARTAS DE INDIAS, I, 56. MOTOLINÍA, en su *Hist. de los Indios*, 214-217, relata el martirio de los niños indios. La CARTA de Fray MARTÍN de

Los primeros franciscanos, especialmente Pedro de Gante, esperaban que la inocencia produjera milagros. Otros religiosos escogieron a la Nueva España del siglo XVI como escenario para la realización de sueños y utopías de tipo religioso-espiritualista, frecuentes en la Europa de los siglos XV y XVI como han observado Maravall y Beltrán de Heredia. En sus experimentos de los hospitales de Santa Fe (nombre que ilustra su interés básico en que el cristianismo fuera para los indios un medio de autodefensa), Vasco de Quiroga se inspiró —afirma Ricard— tanto en la edad apostólica como en la *Utopía* de Tomás Moro, obra que al parecer no conoció sino hasta su llegada a México. En todo caso, según la opinión de Warren, la influencia de Tomás Moro en la obra de don Vasco está mezclada con muchos elementos específicamente cristianos; además, el esquema de sus comunidades ideales necesariamente se adaptó a los modelos españoles. Para Bataillon, en el fondo en 1535 el Obispo don Vasco deseaba fundar "una Iglesia primitiva renaciente".[11] Por otra parte, Las Casas hizo, después del ya mencionado de Cumaná, otro experimento en la Verapaz, precisamente en las provincias de Tuzulutlán y de los lacandones, del cual se propuso alejar rigurosamente a todos los españoles en especial si eran encomenderos, excepto los frailes. Tal experimento fue en realidad, según Góngora y otros autores, un intento de desarrollar libremente pueblos de indios, protegidos por privilegios y libertades medievales. Según su idea, sólo sus hermanos dominicos harían posible que se conservaran las viejas costumbres e instituciones prehispánicas amalgamándolas con los valores cristianos. Por esto mismo aquella comunidad ideal no prosperó, pues era incompatible con el espíritu de la Conquista y con los efectos que de ella se esperaban. No se puede omitir aquí, por último, la mención de otra utopía igualmente difícil de realizar: la Insulana. Según noticias del Padre Mendieta y los recientes estudios de Rubial, el general de la orden de San Francisco Fray Andrés Insulano autorizó en 1549-1550 a doce hermanos menores de México procedentes de la provincia de San Gabriel en España, a fundar una nueva comunidad. Los movía la decepción ante el declinar del rigor franciscano evidente en su época especialmente por la acumulación de bienes por parte de la orden, y su objeto era buscar en la soledad eremítica una mayor perfección del ideal franciscano. Pero el experimento no prosperó.[12]

VALENCIA fechada en Tehuantepec el 18 de enero de 1533 puede ser consultada en García Icazbalceta (ed.), *Nueva Col. de Docs.*, 179. La carta de ZUMÁRRAGA al capítulo de Tolosa está transcrita en BEAUMONT, II, 151. MOTOLINÍA, *Hist. Ind.* (ed. 1969), 19; *cf.* Kobayashi, 255-256. N. León (ed.), DOCUMENTOS INÉDITOS DE VASCO DE QUIROGA (IX RESIDENCIA...), 70. El testimonio de Fray GARCÍA CISNEROS es transcrito por BEAUMONT, II, 169. La carta de ZUMÁRRAGA a Carlos V con el pésame por la muerte de la Emperatriz ha sido publicada por FABIÉ (ed.), NUEVA COLECCIÓN, 32. *Cf.* Lafaye, 55, y Alejandra Moreno Toscano, 45, sobre las relaciones entre Cortés y los misioneros.

[11] Maravall, 200 y 223 (quien cita a Heredia). Ricard, "Âge d'or", 245. Bataillon, *Erasmo y España*, II, 446. Warren, *Vasco de Quiroga*, 7, 30, 34-35 y 119. La cita de Vasco de QUIROGA relativa a la "Iglesia primitiva renaciente" es de Bataillon, "Novo Mondo", 346-347.

[12] El experimento de la Verapaz es analizado por REMESAL, VIII, ix; II, 132, por Saint-Luc y por Góngora, *Estado en el Derecho Indiano*, 200-201; respecto al territorio entonces llamado Verapaz, ver J. F. Ramírez, "Noticia sobre Motolinía", LXXVI y González Cicero, 66. MENDIETA se refiere al experimento de la Insulana en *Hist. Ecles. Ind.*, v, xliii; iv, 120; *cf.* Rubial, 45-46.

El intento más trascendental de hacer triunfar en la Nueva España un ideal sublime de carácter religioso no fue ninguno de los hasta aquí mencionados, sino el de un grupo de franciscanos, que creyeron preparar, con base en los escritos proféticos medievales del abate calabrés Joaquín de Flora (1145-1202), nada menos que el *millenium*, o sea la llegada de la Edad de la Perfección. Antes de ellos, sin embargo, Cristóbal Colón, quien según Phelan conocía directa o indirectamente las profecías joaquiníticas (las que incluyó en el *Libro de Profecías* que compiló con afán), estaba convencido en los días de su cuarto viaje de que, siendo sus descubrimientos un medio de propagar universalmente el cristianismo, era suya la misión de hacer realidad la profecía apocalíptica del reino milenario que precederá a la parusía, o sea al segundo advenimiento de Cristo para juzgar a los hombres. Tal profecía anunciaba, entre otras cosas, la liberación y reconstrucción del Monte Sión y Jerusalén por obra cristiana, y al respecto, dice Bloomfield, Colón recordaba que, según Joaquín de Flora, el predestinado a llevar a cabo esa obra debía venir de España. La convicción de tener una misión trascendente fue expresada en otra ocasión por el Descubridor, en una carta de 1502 dirigida al Banco de San Jorge, de Génova, donde dice que "Nuestro Señor me ha fecho la mayor merced que después de Dabid él aya fecho á nadie". También, hay que recordar que Colón es uno de los primeros expositores de la idea del "noble salvaje" y que en más de una ocasión identificó parajes americanos con el Jardín del Edén, y no hay que olvidar su devoción por el Espíritu Santo, del que según Joaquín de Flora emanaría la Edad de Perfección. Pero las profecías de Joaquín de Flora iban más allá de la restauración de Jerusalén; su obra sobre el *Evangelio Eterno* concebía la historia como la realización de un plan divino, anunciando su culminación en una época futura, cuando el descendimiento del Espíritu Santo, precedido por grandes conflictos con musulmanes y herejes así como por la aparición del Anticristo, revelaría a los hombres, ya sin necesidad de intermediarios, los misterios divinos. Llegaría así la Edad de Perfección, en la que se restauraría la pureza del cristianismo primitivo, el *millenium*, que consumaría los siglos y a cuyo término Jesucristo regresaría a la tierra a designar a los escogidos para la vida eterna. El místico calabrés creó en sus escritos una verdadera tipología de la historia: en una serie de concordancias, cada sucesiva edad de la humanidad (tres, una por cada persona de la Trinidad) representaba una mejor realización o perfeccionamiento de la anterior. La iglesia del Padre o del Antiguo Testamento (la Sinagoga), iniciada con Adán, fue transfigurada por la segunda edad, la del Hijo o de la Iglesia, porque Cristo, segundo Adán, le dio un significado trascendental. Mientras que las dos primeras edades se habían inspirado respectivamente en el Antiguo y en el Nuevo Testamento, la tercera, que había de ser iniciada por un tercer Adán o segundo Cristo, el *dux novus*, sería la edad final, la de la Perfección. La inspiraría el Espíritu Santo por medio del *Evangelium Aeternum* anunciado por Joaquín de Flora, y en ella implícitamente no serían necesarios los sacramentos y por ende tampoco los sacerdotes ya que los hombres, habiendo descendido sobre ellos el Espíritu Santo, verían a Dios por así decirlo cara a cara. Con tan revolucionaria tesis Joaquín de

Flora no sólo introdujo la idea moderna de progreso en el proceso histórico *(i.e.,* las cosas tienden a mejorar con el correr del tiempo), sino que,
tácitamente, puso en jaque a la jerarquía eclesiástica que constituía la osamenta de la Iglesia en la Edad del Hijo. En efecto, en la tercera edad los
dones del Espíritu Santo serían prodigados por "hombres espirituales"
(viri spirituales), quienes conducirían a la humanidad a su plena realización. No es de extrañar que algunos monjes, y principalmente los franciscanos "espirituales" u observantes, con el énfasis que ponían en la pobreza apostólica y en la estricta aplicación de la regla de la orden, se hayan
sentido llamados a desempeñar aquella misión, la última y mayor de todas. Serían ellos quienes revelarían a los hombres el significado de los
sacramentos, alegorías y símbolos de la Iglesia papal, como Cristo había
revelado los misterios de la Sinagoga de la Edad del Padre.[13]

Dante rindió homenaje a Joaquín de Flora y a su espíritu profético colo-
cándolo en el Paraíso. Muchos escritos políticos del siglo XIII, principalmente aquellos en que se presentaba como Anticristo a Federico II de Suabia, lo
citan con frecuencia. Los franciscanos espirituales, vistos con desconfianza por Roma y por Aviñón, se hicieron sus campeones, así como también
el catalán Arnoldo de Villanova y, en el siglo XIV, Dolcino de Novara. El eco
de sus profecías ejerció una gran fascinación a fines de la Edad Media
entre las beguinas de Flandes, Provenza y Cataluña, y sobre la escuela flamenca de la Devoción Moderna.

Ni los frailes jerónimos ni los franciscanos reformadores de la provincia
española de San Gabriel (de donde vinieron a la Nueva España algunos de
los "primeros doce") escaparon a la influencia de Joaquín de Flora. Ésta
inspiró también a los milenaristas ingleses de la época de Cromwell y, ya en
pleno siglo XVII, al jesuita portugués Antonio Vieira, confesor en Roma de
Cristina de Suecia, y al franciscano del Perú Gonzalo Tenorio, quien señaló el sentido claramente escatalógico que tiene el término "Nuevo Mundo".
Norman Cohn opina que los escritos proféticos de Joaquín de Flora de
hecho fueron los que mayor influencia ejercieron sobre todo el pensamiento
europeo hasta la aparición del marxismo. Veremos aquí cuál fue su influencia en América, limitándonos a México como impone nuestro tema.[14]

La influencia que en la Nueva España tuvo el joaquinismo, sobre todo entre los franciscanos de la "regular observancia" a cuya cabeza estaba Jerónimo de Mendieta, no fue directa sino que procedía de la Península (como
ha observado entre nosotros Silvio Zavala), y era una influencia muy de tras-
mano. Podría decirse que no se atrevía a decir su nombre, porque no se ha
encontrado referencia explícita a Joaquín de Flora en las fuentes novohis-

---

[13] Acerca de la influencia de Joaquín de Flora sobre Colón, ver Phelan, 21, 22 y 134 (donde
se cita la carta al Banco de San Jorge); Bloomfield, 37-38; Marjorie Reeves Gould, 28-29; Fernández-Armesto, 156; Mollat, 186; Duviols, 507 (el "noble salvaje") y, por supuesto, el LIBRO
DE PROFECÍAS, de Colón mismo, ed. *Raccolta,* 81-83 y ed. West/Kling, Int., 30, y 239.
[14] Dante alude al "calavrese abate Giovacchino/Di spirito profetico dotato" (Par., XII, 140-
141). Sobre la influencia de su pensamiento en la Europa medieval y moderna, ver Phelan, 118;
G. Boas, 206-216; Fraker, 199 ; Norman Cohn, 115; y R, Manselli, *Spirituali e Beghini Provenza* (Roma, 1959).

pánicas, debido quizás a la desconfianza con que sus ideas eran vistas por la autoridad eclesiástica. En todo caso, la influencia joaquinística en España fue patente entre los frailes de la época y no se limitó a ellos. En un folleto reveladoramente titulado *Somnium de futura orbis monarchia*, y de evidente inspiración joaquinista como dice Tognetti, Mercurio de Gattinara dirigió en 1517 al futuro Carlos V (de quien habría de ser con el tiempo Gran Canciller) una exhortación a colocarse a la cabeza del mundo para asegurar el triunfo del cristianismo, asumiendo el papel del *dux novus* de la profecía. La reforma del clero regular auspiciada bajo los Reyes Católicos por el Cardenal Cisneros (franciscano) permitió que en España renaciera un misticismo apocalíptico de matiz joaquinítico, según afirma Phelan. Por su parte, Maravall estima que esa reforma tuvo por base la tendencia al primitivismo propia de la orden franciscana desde su creación. Bajo los auspicios del Cardenal Cisneros, el franciscano Fray Juan de Guadalupe introdujo a partir de 1498, primero en Granada y luego en cinco monasterios de Extremadura, ciertas reformas necesarias para restablecer la pura observancia de la regla de San Francisco. En los monasterios extremeños señalados la reforma se implantó definitivamente en 1505, informa Baudot, y aquellos cenobios se agruparon primero en la custodia del Santo Evangelio y luego, en 1519, en la provincia franciscana de San Gabriel. Los franciscanos de la Nueva España, para señalar su filiación espiritual, adoptaron poco después la primera denominación mencionada practicando una estricta pobreza evangélica. Su misión en México fue inequívoca, añade Baudot: la evangelización de los indios, cuya aparición en el horizonte del cristianismo era una clara señal de la proximidad de los últimos tiempos, y de cuya conversión dependía la llegada del *millenium* y el cumplimiento de las promesas del Apocalipsis. Pasando a los jerónimos, custodios del santuario extremeño de Guadalupe (y de los de Yuste y el Escorial) podemos recordar que siempre inspiraron sospechas de joaquinismo por su quietismo y su tendencia a un extremo rigorismo, sospechas que no logró disipar el historiador apologético de la orden, Fray José de Sigüenza. Bataillon informa que la primera misión que en 1516 intentó la evangelización pacífica de Tierra Firme, integrada por franciscanos "de nación picarda", tenía tendencias joaquinísticas; y manifiesta su sorpresa ante el lenguaje utilizado en los documentos oficiales o particulares relativos a las primeras misiones enviadas a América por la orden de San Francisco, el cual evoca "los últimos tiempos del mundo" vaticinados por Joaquín de Flora, que merced al apostolado de los frailes serían la época del reino del Evangelio Eterno.[15]

---

[15] Zavala, *Mundo Americano*, I, 456. Solano, en 299, afirma que la mayoría de los franciscanos que se establecieron en la Nueva España pertenecían a la "regular observancia"; y lo mismo afirma Gómez Canedo. Tognetti, 155-156. Sobre las reformas del Cardenal Cisneros mencionadas en el texto, *cf.* Phelan, 15-208. Baudot, 80-83. A. Castro alude a los jerónimos de Guadalupe en "Lo Hispánico", 14 y 38, y también habla de ellos Fraker, 203. Bataillon, "Evangelisme", 28-30; "Novo Mondo", 346-347. Maravall, 215-219, examina la posible influencia de Savonarola, a través de la Beata de Barco de Ávila y de Fray Martín de Valencia, sobre el espiritualismo franciscano en la Nueva España.

La importancia de que goza la Nueva España en la tradición milenarista se debe a que ahí los frailes tuvieron la primera y única oportunidad de crear, en vísperas del fin del mundo, un paraíso terrestre en el cual toda una nación —los indígenas— estuviera consagrada a la búsqueda de la perfección cristiana y de la pobreza evangélica. Las nuevas órdenes mendicantes, fundadas por San Francisco y Santo Domingo, que renovaron espiritualmente a la Iglesia, fueron para el pensamiento joaquinítico de los siglos XIII y XIV, el presagio de la penúltima etapa de la historia previa a la llegada del Milenio y de la Edad del Espíritu Santo. El programa teológico e incluso político de esas órdenes ha quedado en la Nueva España literalmente expresado en términos joaquiníticos en la puerta de San Francisco de Puebla, donde en la hoja derecha aparecen ambos fundadores respectivamente con las leyendas: FRANCISCUS PATER APOSTOLICUS y DOMINICUS DUX GENTIUM. La perspectiva escatológica de cristianizar a los indios para acelerar el fin de los tiempos fue, dice Bataillon, una experiencia casi alucinante para Fray Martín de Valencia, Motolinía, Sahagún y Mendieta, todos ellos franciscanos y todos más o menos influidos por la profecía de Joaquín de Flora. El sueño de Sahagún fue crear un Estado ideal nuevo, a la vez mexicano y cristiano (motivo por el cual su erudita obra fue condenada por el Escorial). Recrear la simplicidad y la pobreza de la edad apostólica ya no era posible en la vieja Europa; se necesitaba un Nuevo Mundo. Y fue justamente un humanista cristiano, formado espiritualmente en la tradición de la devoción moderna, el Papa Adriano VI (antiguo preceptor de Carlos V) quien, en su breve *Exponi nobis* de 1522, prometió a los franciscanos y dominicos de la Nueva España que recibirían por su labor la misma recompensa que los Apóstoles. Pero los frailes tenían prisa. Motolinía describe, por ejemplo, escenas impresionantes de bautizos de multitudes (en una ocasión hasta 15 000 en un día en Xochimilco); compartía la convicción de los demás franciscanos de que la eficacia de este sacramento era *ex opere operato*, o sea que no requería la previa profesión de fe del bautizado. Su ardiente deseo era, dice Kobayashi, hacer del mundo indígena una nueva cristiandad equiparable a la iglesia primitiva de los Apóstoles. Dentro de este esquema, justo es observar que no había mucho sitio para el clero secular ni tampoco para los laicos españoles; y los franciscanos tuvieron serios problemas con el Arzobispo Montúfar, y en España misma con la Corona. Mendieta sin duda habla en nombre de sus hermanos mendicantes cuando pide al Consejo de Indias que no se envíen a la Nueva España obispos de renta, que los indios no paguen diezmos al clero secular y por último que no se autorice la entrada de éste en las tierras donde las órdenes realizan su labor misional; acabaron por pedir que a las Indias no pasaran los laicos, únicamente los regulares. En relación con la petición relativa a los diezmos, el Arzobispo Montúfar (quien acabaría por perder la paciencia) comentaría luego secamente que "esta no es primitiva Iglesia porque hay Papa y prelados y reyes católicos y sagrados cánones y leyes". Cortés, quien había pedido a Carlos V que enviara no curas ni obispos sino frailes, coincidía con el parecer de las órdenes mendicantes, cuya actividad apoyó tan decididamente que mereció de ellas el calificativo de "nuevo Moisés". Semejante título sólo se comprende —dice Lafaye— con base en las concordancias establecidas por Joaquín de Flora en el Evangelio Eterno, correspondientes a las tres fases de la historia humana. Villoro ha señalado que el Conquistador deseaba una iglesia de franciscanos y dominicos, con pocos obispos y seglares, de amplios poderes, libre y dirigida por "gente de esta tierra"; y en una de las cláusulas de su testamento —que no se cumplió— mandaba crear un colegio de teología y derecho canónico en Coyoacán, a fin de que hubiera "personas doctas en la... Nueva España que rijan las iglesias". Dice Rodríguez Demorizi que el ideal de Fray Pedro de Córdoba, cuya Doctrina fue adaptada por Betanzos para servir de manual en la evangelización de los naturales de la Nueva España, era el de una sociedad cristiana exclusivamente india y gobernada más o menos paternalmente por los frailes. Para Góngora, éstos estaban convencidos de que una organización social cerrada de los aborígenes era una condición esencial para su supervivencia. Y Horcasitas se pregunta si los franciscanos habrán soñado convertirse en dirigentes de un estado teocrático, de un Reino de Dios sobre la tierra y concluye que no sólo esas ideas causaron desazón a la mentalidad española sino que la suspicacia de las autoridades reales frente a los frailes no era totalmente infundada.[16]

Los misioneros que abrigaban esperanzas milenaristas (y no eran pocos) se vieron sin duda estimulados en su tarea por el carácter del indio, cuya simplicidad, inocencia, veracidad y pobreza de vida elogian con entusiasmo. Baudot señala un aspecto muy interesante para la ciencia en la labor misional de los franciscanos: su preocupación de remontarse hasta Adán al explorar el linaje de los indios pues de otra manera éstos no encajaban dentro del esquema apocalíptico de Joaquín de Flora. De esto resultaron la preservación y el estudio de los textos que sobrevivieron a la catástrofe de la Conquista relativos a las civilizaciones prehispánicas, y por ende los primeros trabajos de cronografía y de etnografía indígenas. Entre los fundadores de estas disciplinas, todos ellos franciscanos, Baudot señala a Fray Martín de Valencia, a Motolinía (maestro de Mendieta y de Fray Francisco de las Navas y éste, a su vez, de Sahagún), a Fray Andrés de Olmos y a Fray Martín de la Coruña al cual atribuye la paternidad de la *Relación de Mi-*

[16] Keen, 73. Fraker, 201 y n. 13. Baudot, 85. Romero de Terreros en *Artes industriales*, señala el interés de la puerta de San Francisco de Puebla. Sobre Sahagún, ver Todorov, 243, y mi estudio sobre el milenarismo de Fray Bernardino, en *Memorias* de la *Academia Mexicana de la Historia*, t. XXXIV (1991), 205-218. Bataillon, "L'idée de la découverte", 48-49 y "Evangelisme", 25 y 31-32. El breve de Adriano VI que se cita es mencionado por Borges Morán, 196. Kobayashi, 409. Kubler, "Architects and Builders", 10 (problemas de los franciscanos con Montúfar y la Corona). Maravall, 213, enumera las peticiones de Mendieta al Consejo de Indias; y la reacción de Montúfar puede verse en la CARTA del 15 de mayo de 1556, publicada en el EPISTOLARIO (núm. 441) de Paso y Troncoso, VIII, 81, 82 y 93. Villoro, en *Indigenismo*, 26, recuerda el deseo de Cortés de que se envíen frailes y Pulido Silva, 62, menciona el proyecto del colegio en Coyoacán. Fray Pedro de CÓRDOBA, Pref., XI. GÓNGORA, *El Estado en Derecho Indiano*, 204. Horcasitas, 161. García Gutiérrez, 851, recuerda que Zumárraga llegó a México como obispo *electo* únicamente con la autoridad de una cédula de Carlos V. Parry, en *Age of Reconaissance*, 234, observa que el sueño de crear comunidades indígenas cristianas virtualmente independientes del poder civil, se realizó más tarde sólo en Paraguay, en California y quizá en Nuevo México.

choacán; por otra parte, el Colegio de Tlatelolco, donde se modelarían las futuras generaciones indias del Reino Milenario, asegura el mismo Baudot, era en los planes de sus fundadores franciscanos el sucesor, pero con óptica cristiana y seráfica, del Calmécac. En todo caso, los franciscanos estaban persuadidos de ser el instrumento de un gran milagro; su general, Fray Francisco de los Ángeles, había enviado a los "primeros doce" (con Fray Martín de Valencia a la cabeza) para emprender la última prédica del Evangelio antes del fin del mundo; los mismos Doce, como se lee en sus *Colloquios,* decían "estar regidos por el Espíritu Santo", fundamento de los Apóstoles, del mismo Redentor y según Fray Francisco Jiménez, regidor de la Iglesia romana. Mendieta precisará más tarde que el congregar niños y erigir seminarios para ellos fue una obra inspirada a los franciscanos directamente por el Espíritu Santo.[17]

Fray Martín de Valencia, jefe de los "Doce" (número que por supuesto era un símbolo de los Apóstoles), había sido ferviente adepto de Fray Juan de Guadalupe y era precisamente provincial de San Gabriel en 1523, cuando pasó a la Nueva España. Baudot dice que él fue el lazo vivo entre el sueño milenarista y la evangelización activa; era impaciente por ver realizado el Reino, ya que según Motolinía exclamaba a veces: "¿Cuándo se cumplirá esta profecía?", o se preguntaba, viendo que el Milenio no llegaba: "¿No sería yo digno de ver este convertimiento pues ya estamos en la tarde y fin de nuestros días, y en la última edad del mundo?" Conoció, según Bataillon, el *Libro de las Conformidades,* escrito por Bartolomé de Pisa en el siglo XIV, donde se exalta el papel reservado a los franciscanos en la última era del mundo. En 1524, Fray Martín escogió el nombre del Santo Evangelio para la primera custodia, y de nuevo en 1535 cuando ésta fue transformada en la primera provincia franciscana de la Nueva España.[18] En el caso de Motolinía, el ideal de la pobreza evangélica fue un programa práctico de acción dentro de un plan escatológico grandioso, estima Baudot; creyendo inminente la llegada de los últimos tiempos exhortó al Rey de España a apresurarla: "A V. M. conviene de oficio darse prisa que se predique el santo evangelio por todas estas tierras"; al mismo tiempo advertía al monarca que estaba llamado a ser "caudillo y capitán" (*i.e.* el *dux novus)* del reino de Jesucristo... "que ha de henchir y ocupar toda la tierra".[19]

A los primeros misioneros franciscanos les fue atribuido un gran interés en las profecías e incluso dotes proféticas. Motolinía era lector incansable

[17] Henri de Lubac, 240-241, ha tratado de la influencia ejercida por Joaquín de Flora sobre los franciscanos de la Nueva España. Las virtudes de los indios, que según los frailes contrastaban con la vanidad y codicia de los españoles, son enumeradas por Hennessy, 37, y por Maravall, 209. Baudot, 105 y 503. La frase "artesanos de un gran milagro" es de Bataillon: "Novo Mondo", 348. Ricard, en "Âge d'or", 243, menciona a Fray Francisco de los Ángeles. COLLOQUIOS, 51. Fray Francisco JIMÉNEZ, ed. del P. Atanasio López, 52. En este contexto, Mendieta (p. 258) es citado por Kobayashi, 246.

[18] Baudot, 83-84. Bataillon, "Novo Mondo", 347. Sobre Fray Martín de Valencia y la creación de la custodia (luego provincia) de Santo Evangelio, ver Elena Vázquez Vázquez, 11; FERNÁNDEZ DE ECHEVERRÍA Y VEYTIA, I, 28; y Bataillon, "Evangelisme", 29.

[19] Baudot, 294-295, 385 y 416. Padre Atanasio López, "Doce Primeros Apóstoles", 319, cuyas fuentes son la *Hist. de los Ind.,* III, ix, y los *Memoriales,* I, 1, de Motolinía.

de los textos proféticos bíblicos y del Apocalipsis. Mendieta afirma que Fray Francisco Jiménez, en defensa de Fray Andrés, niega que éste haya propagado ideas proféticas. Según Dorantes de Carranza, el dominico Betanzos tenía un "spiritu casi prophetico".[20] En una ocasión, Fray Bartolomé de Las Casas calificó de "precursores del Anticristo" a quienes hacían la guerra a los infieles en vez de predicarles la fe, cargo del cual, como se sabe, no exceptuó a los españoles. Fray Francisco de las Navas, informa Baudot, al establecer el calendario tlaxcalteca creía ayudar a elaborar una especie de biblia para el México autónomo que se estaba construyendo en su tiempo ante la inminencia del Juicio Final. A propósito del descubrimiento del Perú, el Obispo Zumárraga, amigo de quienes anunciaban la consumación de los tiempos y franciscano como ellos, escribió que las cosas iban de prisa, y era clara señal de que se acercaba el fin del mundo. Su formación teológico-filosófica, dice Almoina, refleja el pensamiento ascético-místico del franciscano observante, pero la influencia de Erasmo se manifiesta en su intento de revalorizar el sentido cristiano medieval de la vida a la luz del Evangelio y enriquecido y guiado por la sapiencia grecolatina. Zumárraga, en su entusiasmo, llegó a pensar que en la Nueva España se estaba formando "otra Roma acá", la "de los Yndios que aquí tenían su panteón".[21] Para Vasco de Quiroga, ya Obispo de Michoacán, su tiempo era "la edad dorada de este Nuevo Mundo", porque siendo los indios "gente simplecísima, mansuetudísima, humilísima, obedientísima, sin soberbia, ambición ni codicia alguna, que se contenta con tan poco", la nueva iglesia india era nada menos que "una sombra y dibujo de aquella primitiva iglesia... del tiempo de los santos apóstoles".[22] Más tarde, según Eguiluz, Fray Gonzalo Tenorio verá en la "Iglesia india" del Perú el instrumento de la Divina Providencia para el triunfo de la monarquía universal cristiana en todo el mundo, idea apoyada en las revelaciones atribuidas a Joaquín de Flora. Y Elsa Cecilia Frost se pregunta si Torquemada, como tantos de sus hermanos franciscanos, no habrá interpretado la misión que lo trajo al Nuevo Mundo como el anuncio de la consumación de los tiempos.[23]

Fray Jerónimo de Mendieta (1525-1604) es, entre los franciscanos de la Nueva España, el campeón de la utopía milenarista, de un milenarismo consciente que ha sido cuidadosamente analizado por Phelan. Para obtener reclutas para las misiones de América, decía Fray Jerónimo, se les debía hacer ver entre otras cosas la posibilidad de que en la Nueva España vivieran estrictamente conforme a la regla franciscana, sólo de limosnas y "sin necesidad de andar muy abrigados por el buen temple de la tierra". Su

[20] Baudot, 385. Mendieta, *Vidas Franciscanas*, 106, e *Historia*, IV, 98. DORANTES DE CARRANZA, 34.

[21] Bartolomé de LAS CASAS, *Del único modo de atraer a todos los pueblos a la verdadera religión*, c. 5, *ap.* G. Méndez Plancarte, 112. Baudot, 470. Las expectativas de Zumárraga relativas al fin del mundo son citadas por García Icazbalceta, *Zumárraga* (ed. México, 1947), III, 139 y IV, 161. Almoina, "Regla Cristiana Breve", LI, LII, LXIV. Las dos referencias de Zumárraga a la segunda Roma se encontrarán respectivamente en García Icazbalceta, *Zumárraga*, IV, 205 (*cf.* Baumgartner, I, 89) y en FABIÉ, *Nueva Colección*.

[22] Vasco de QUIROGA, "Información en derecho", 490-491.

[23] Eguiluz, 349 y 351. Elsa Cecilia Frost, "Milenarismo", 26, y Horcasitas, 335.

visión apocalíptica de la monarquía universal de los Austrias españoles es
de pura estirpe joaquinítica y está expuesta principalmente en los capítulos 33 a 39 y 46 del libro IV de su *Historia Eclesiástica Indiana*. Esta obra
termina con una plegaria para que Dios envíe de nuevo al Mesías que
aniquile la bestia de la Avaricia (versión suya del Anticristo), con lo cual se
instauraría el Reino Milenario; este mesías no podía ser sino el Rey de
España (corriendo el año 1596, tenía en mente no al septuagenario Felipe
II sino al futuro Felipe III). De esa manera —prosigue— la república de
indios se convertiría en un paraíso terrestre siguiendo el modelo de la isla
encantada de A n t i l i a . Para Mendieta, afirma Phelan, sólo en el
Nuevo Mundo se podían perfeccionar las instituciones y teorías del Viejo
al ser aplicadas; sin sombra de duda, el Nuevo Mundo era el anuncio del
fin del mundo. El citado autor está de acuerdo con Ricard y otros en que si
bien Mendieta no cita jamás los escritos joaquiníticos o pseudojoaquiníti-
cos, su misticismo está impregnado del espíritu inspirador de éstos. Baudot se pregunta si nuestro fraile, o el mismo Motolinía, no habrán visto de-
fraudadas sus esperanzas al frustrarse las conspiración tejida en torno
del segundo Marqués del Valle, cuyo éxito habría significado un paso adelante en la consecución de las aspiraciones milenarias, pues precisamente
un año después de la muerte de Motolinía, en 1570, la llegada de los jesuitas y de la Inquisición puso fin a tales ilusiones. La historia no termina
aquí, sin embargo, Elsa Cecilia Frost recuerda que la obra más antigua del
teatro náhuatl, *El Juicio Final*, es uno de los pocos testimonios sobrevivientes de la problemática milenarista y apocalíptica de los franciscanos.
Phelan insiste en que la tesis implícita de éstos, de que el periodo anterior a
la Conquista de México es análogo a la Antigüedad clásica, ya que ambos
prepararon la instauración de una Iglesia cristiana primitiva, allanó el camino, ideológicamente hablando, a la resturación de la "antigüedad clásica
azteca", injustamente destruida por los españoles, no tan clara en Clavijero
como en el Padre Mier y en Carlos María de Bustamante. Por último, Villoro, buscando analogías en Karl Mannheim, ve en las esperanzas suscitadas
entre las masas en 1810 por la figura carismática de Hidalgo, el reverdecer
de la vieja idea milenarista que el pueblo tiene de alcanzar una sociedad
liberada o sea un nuevo reino bajo el mando paternal del profeta revolu-
cionario.[24]

---

[24] Gómez Canedo, 488. Elsa Cecilia Frost, "Milenarismo", 20. Borges Morán, 151-152. Baudot, 205 y 502. Phelan, 14, 106, 109-110, 116-117 y 125. Ricard, "Âge d'or", 243 y n. 5. Villoro,
"Revolución de Independencia", 329. Quizá la influencia de Joaquín de Flora en México llegue
hasta el siglo XX, de confirmarse que las visiones de Da. María Armida en San Luis Potosí, en
los veinte, eran de inspiración joaquinítica, ya que eran dominadas por el Espíritu Santo y
esa mística mexicana (cuyo proceso de beatificación parece haberse iniciado) fundó algún
tiempo después la Orden del Espíritu Santo, única congregación mexicana.

XIV. LA EXPERIENCIA ASCÉTICA Y MÍSTICA I: DISCIPLINAS Y VISIONES

LAS ESPERANZAS m i l e n a r i s t a s de los franciscanos y su deseo de restaurar en la Nueva España la Iglesia de los Apóstoles florecieron en un clima de rigurosas prácticas ascéticas y de acendrado misticismo. Describir brevemente esos fenómenos no es tarea fácil, ya que fue tal la intensidad de aquellas experiencias y tan variadas las formas que revistieron, que para establecer una comparación válida habría que remontarse, por lo menos en lo que al ascetismo se refiere, hasta la religiosidad de los siglos XI al XIII, tal como la encarnaron el Císter, la Camáldula, los cartujos y los primeros mendicantes. Las fuentes son tan abundantes que con base en ellas sería posible redactar una extensa *Flos sanctorum*; resultaría una hagiografría edificante y en gran medida ingenua, que maravillaría a los mismos bolandistas y a Dom Mabillon, especialistas por excelencia en vidas de los santos. No se pretende, por supuesto, presentar aquí como algo real los fenómenos místicos de que fueron protagonistas tanto frailes y monjas de la Colonia, narrados por los escritores de aquel tiempo, en su mayor parte eclesiásticos y apologetas. Muchos de éstos, sin embargo, son cronistas contemporáneos y en algunos casos fueron testigos presenciales de los hechos que relatan. Sea como fuere, se trata de crónicas indudablemente representativas de la mentalidad de la época en que fueron escritas, lo cual significa que aunque algunos raptos místicos desafían a la razón, no fueron vistos así en aquellos siglos. Al igual que en la Edad Media, la razón y la ciencia no estaban entonces reñidas con la piedad ni con la fe, sino que les estaban subordinadas.

Los franciscanos, dice Mendieta, en su mayor parte andaban descalzos y carecían de túnica de lana para protegerse de los rigores del invierno. Su hábito se convertía con el tiempo en harapos, dormían con él y a su muerte les servía de mortaja si no es que se conservaba como reliquia. Los frailes de las tres órdenes, informa Torquemada, a la hora de comer iban a la plaza de los indios "y pedían por el amor de Dios algunas Tortillas de Maíz, y Chile y si les davan alguna Frutilla, aquello comían". "Tanta abstinencia y falta de comida" eran causa de que algunos misioneros se desplomaran por debilidad en los caminos, aunque "el Señor los esforzava y consolava", según el relato de Torquemada. Para suprimir el placer gustatorio que podrían proporcionarle los manjares, Fray Martín de Valencia les echaba ceniza que para ese propósito "traía consigo". Burgoa informa que el dominico oaxaqueño Francisco de Arquijo vivía en un perpetuo ayuno sin probar siquiera "un trago de chocolate" antes de oficiar la misa mayor en que pronunciaba el sermón. El desprecio por las necesidades corpóreas en algunos casos se tradujo en una impresionante falta de limpieza; por ejemplo, según se lee en la *Americana Thebaida*, el negro hábito vestido por Fray Juan Bautista de

Moya durante largos años antes de su muerte en 1567, cuando fue expuesto en Valladolid no tenía "costura o pliegue en que no se vea una gran multitud de liendres que han quedado... del cilicio". Y si el venerable fraile llegó a lavarse —agrega la crónica— fue únicamente "en el sagrado Mar de la Penitencia".[1]

Mortificarse por medio de azotes o de otras disciplinas era práctica normal de la vida monástica, heredada por los frailes de los camaldulenses del siglo XI; pero algunos de ellos abusaban de tales prácticas piadosas dándose extremos que rayaban en la patología. Fray Alonso Franco cuenta que el dominico Fray Pedro Blanco († 1589) "andava... descolorido por la falta de sangre que vertía en disciplinas"; y a propósito de otro predicador, Fray Juan de Paz (1520-1597) agrega que por el mismo motivo "perdió el color del rostro de manera que parecía difunto". El historiador oaxaqueño Gay, sin revelar su fuente, relata y elogia las mortificaciones que se infligía Fray Jordán de Santa Catalina hacia 1552, entre ellas centenares de genuflexiones, un riguroso ayuno y dos o tres sangrientas disciplinas por noche. Según Matías de Escobar, la sangre vertida por el agustino Fray Francisco de Villafuerte († 1575) en su autoflagelación a campo abierto teñía "de púrpura... las zarzas y abrojos de los montes". Mendieta informa en su *Santo Evangelio* que Fray Alonso de Escalona, en su prédica del Jueves Santo a los indios, se hacía desnudar en el púlpito para ser azotado públicamente sin por ello interrumpir el sermón. Juan González († 1590), hermano de un conquistador y ermitaño en la Casa de la Piedad tenía para disciplinarse —cuenta el padre Franco— "cordeles ñudosos... hilo de alambre... rosetas de hierro, y todos bañados de sangre". Según dos fuentes —Dávila Padilla y Fray Alonso Fernández— Fray Tomás del Rosario, dominico fundador de la cofradía del Santísimo Rosario, se azotaba con una cadena de hierro muy áspera y con un cincho picado como rallador.[2]

Los ejemplos de tal género de disciplinas abundan: Diego Muñoz dice que Fray Daniel, lego de nación italiana, se mortificaba con una cadenilla de hierro; y que otro franciscano del siglo XVI, Fray Antonio de Segovia, se azotaba "muchas veces de día y de noche despiadadamente". Después de su muerte, el cadáver del lego jesuita Alonso López de Hinojosos (1534-1596) estaba "acardenado todo... como suelen pintar a Cristo azotado", a resultas de las mortificaciones que se impuso en vida. Según Burgoa, el dominico de Oaxaca Martín de Aliende se daba azotes frente a un crucifijo milagroso, con tal fuerza que se golpeaba el pecho "como si batiera un peñasco y respiraba tantas aguas de lágrimas que [sus] palabras... no se percibían entre los ecos del llanto"; dejaba tales charcos de sangre que "era necesario

---

[1] Mendieta, *Vidas franciscanas, passim*; véase p. ej. en la p. 111, el caso de Fray Diego de Olarte. TORQUEMADA, XV, xxxviii; III, 104-105. *Cf.* Fray FRANCISCO JIMÉNEZ, 79 (con adiciones de MENDIETA), sobre Fray Martín de Valencia. La información sobre el doctor Arguijo procede de BURGOA, *Palestra Historial*, 565-566; y la relativa al Padre Moya, de Fray MATÍAS DE ESCOBAR, *Americana Thebaida*, 289, 292, 298 y 301.

[2] Sobre la introducción de la práctica de autoflagelación en el monaquismo medieval, ver Cohn, 135. Fray ALONSO FRANCO, 51 (Fray Pedro Blanco), 136 (Fray Juan de Paz) y 116 (Juan González). Gay, 411-412. Fray MATÍAS DE ESCOBAR, 369. MENDIETA, *Santo Evangelio*, 78. DÁVILA PADILLA, 364 y Fray ALONSO FERNÁNDEZ, c. xxv, p. 131; c. xxxiii, p. 173.

ocupar a los versicularios en lavar los ladrillos". Dice Fray Juan de Grijalva que a las tres disciplinas usadas por su orden el agustino Alonso de Borja († 1542) "añadía otras extraordinarias"; y el franciscano descalzo Diego de San Pedro hacia 1580, según Fray Baltazar de Medina, aborrecía tanto su carne que la "araba y rompía" hasta dejar rojo el suelo del coro de su iglesia o las paredes de su estrechísima celda. Al jesuita Hernando de Santarén (1566-1616) por petición propia lo azotaban dos indios en la sierra de Tepehuanes, desnuda la espalda hasta la cintura y atado a un árbol; otro jesuita, que predicaba entre los mayores de Sonora, el portugués Manuel Martínez, "dejaba rociadas las paredes con su sangre", dice Pérez de Ribas. El Padre La Rea cuenta el caso del refectolero de Tzintzuntzán, el franciscano Alonso Ortiz, quien en pleno refectorio aparecía en paños menores dándose azotes y besando los pies a algún hermano al que creía haber ofendido "con tanta ternura que pudieron ser sus lágrimas lavatorio de su culpa". Según Fray Francisco Jiménez, su contemporáneo Fray Martín de Valencia por humildad besaba los pies a los frailes y por el mismo motivo pidió una vez "a un mancebo que le pusiera el pie en el pescuezo" postrándose ante él. Fray Juan Vique († 1593), criollo agustino y maestro de novicios en Puebla —relata el Padre Grijalva— hacía que sus pupilos "lo açotassen y escupiessen con otros grandes ejercicios de humildad". Además, pidió y obtuvo el favor divino para sentir en su persona los dolores de la pasión de Cristo y de la Virgen María al pie de la cruz; pero se aclara que como maestro de novicios no tuvo mucho éxito, pues entre sus encomendados sólo tres profesaron y de ellos "uno.. se desbarató... y [colgó] el hábito". El dominico Mateo de la Madre de Dios († 1602) tenía otros recursos para calmar su sed de penitencia: se arrojaba, desnudo, en matas espinosas, y en el invierno se metía en una tina de agua fría. El jesuita Pedro Rodríguez († 1604) usaba zapatos, pero tenía llagados los pies por traerlos llenos de piedritas. Todavía hacia mediados del siglo XVII, el lego dominico de Oaxaca Juan de Montúfar, a resultas de tantas disciplinas, dice Burgoa, "andaba hecho un esqueleto... [y] parecía más ángel que hombre". Los obispos, aunque fueran al mismo tiempo virreyes, no se abstenían tampoco de hacer ejercicios tan austeros como los descritos: Palafox y Mendoza —según él mismo— se daba "todos los días muy ásperas disciplinas", se sometía a "grandes hielos y fríos" y ayunaba frecuentemente. Los indios terminaron por emular esas prácticas. En efecto, González Obregón informa, con base en fuentes primarias, que ya en 1536, en Tula, los naturales hacían una procesión alrededor de la iglesia "disciplinándose, pidiendo a Dios perdón de sus pecados y de las idolatrías que [habían] cometido". Más adelante nos ocuparemos de los flagelantes propiamente dichos.[3]

[3] Fray DIEGO MUÑOZ, 52 y 60-62. La información sobre López de Hinojosos está tomada de Gonzáles de Cossío (ed.), RELACIÓN BREVE DE... 1602, 87-88. BURGOA, *Palestra Historial*, 534, 540. Fray JUAN DE GRIJALVA, 199. BALTHASAR DE MEDINA, fol. 38v°. Decorme, en "Misiones", 101-102, menciona las disciplinas a que se sometía el Padre Santarén. PÉREZ DE RIBAS, Triunfos, II, 58. Fray ALONSO DE LA REA, 366. Fray FRANCISCO JIMÉNEZ (ed. del P. Atanasio López), 60. GRIJALVA, 667-669. Fray ALONSO FRANCO, 157 (Fray Mateo de la Madre de Dios). Sobre el Padre Pedro

Traer siempre un c i l i c i o a flor de piel era otra forma de disciplina practicada con frecuencia por los religiosos. Entre los mencionados en el párrafo anterior no dejaban de traerlo siempre puesto Fray Tomás del Rosario ("una cadena de hierro muy áspera que le ceñía el cuerpo"), Fray Francisco de Villafuerte (cilicio "que llevó hasta el sepulcro"), el lego Fray David (durante "mas de 40 años, caminando a pie y descalzo por tierras... calientes"), Fray Alonso de Borja ("áspero cilicio que le tenía magullado el cuerpo y hecho llagas"), Fray Martín de Aliende (con la aspereza del cilicio "traía enfrenadas... sus pasiones"), y monseñor Palafox y Mendoza ("cilicios ásperos de latón, de cuerdas, de cadenillas y de otras cosas"). Los primeros dominicos —dice Fray Alonso Fernández— "usaban traer unas cadenas de hierro que les ceñía el cuerpo, y otros, un cincho ancho de hoja de lata picada como rallo". Fray Francisco de la Cruz († 1536), que encabezó a los primeros doce agustinos, "desde el día que tomó el hábito se ciñó al cuerpo un rallo y se vistió un jubón de cerdas sin quitarse ni el uno ni el otro cilicio por todos los días de su vida", dice el Padre Grijalva. De Fray Martín de Valencia, dos contemporáneos suyos, Chimalpahin y Fray Francisco Jiménez, dicen que usaba, sin quitárselo nunca, un c i l i c i o de cerdas de caballo. Además de traer siempre puesto "un rallo asperísimo y una cadena que tenía ya metida en las carnes" —informa el Padre Grijalva— después de su muerte en 1536 se halló en el *chiquihute* del agustino Fray Antonio de Roa "diversidad de rallos y disciplinas con que martirizaba su cuerpo". Cuando el dominico criollo Agustín de Ávila murió hacia 1598 siendo Arzobispo de Santo Domingo, se descubrió que usaba un "cilicio... [en] un saco de malla que le tenía llagado"; dormía en esteras de esparto y tuvo "por almohada una regalada piedra", según informa Gutiérrez de Luna. El Padre Arlegui relata varios casos ocurridos en la provincia de Zacatecas: cuando los guachichiles flecharon al franciscano Fray Juan del Río hacia 1586, las flechas no penetraron en su cuerpo ya que "por túnica traía una malla de fierro... a raíz de sus religiosas carnes"; el cuerpo de Fray Francisco Merino († 1613) fue hallado a su muerte lleno de c i l i c i o s y de mallas de fierro; Fray Nicolás de Salazar usaba "un áspero cilicio de las cerdas de los animales inmundos"; Fray José Regoitia de San Gabriel, franciscano de la misma época que los anteriores, traía "sujetas sus pasiones con cadenas y cilicios [aunque]... le parecía poco"; y por último Fray Juan de Angulo (1567-1644) "vistióse de uno como armador [*i.e.*, armadura] de cerdas", que el historiador franciscano calificó de "vistosa y apreciable gala para el espíritu".[4]

Todos aquellos rigores no terminaron con el siglo XVI. Hasta su muerte

Rodríguez, véase Decorme, *Jesuitas Mexicanos*, I, 417. BURGOA, 576, 578. PALAFOX y MENDOZA, *Vida Interior*, xxxvi. González Obregón (ed.), INDIOS IDÓLATRAS, 43.

[4] En relación con cinco de los seis religiosos mencionados en el segundo párrafo véanse en la nota anterior las citas relativas, y BURGOA, *Palestra Historial*, 531, acerca del sexto, Fray Martín de Aliende. En LA REA, 166, figuran datos adicionales sobre Fray David. Fray Alonso FERNÁNDEZ, c. XVIII, p. 92, Juan de GRIJALVA, 95 (Fray Francisco de la Cruz) y 335 (Fray Antonio de Roa). CHIMALPAHIN, 254 y Fray Francisco JIMÉNEZ (ed. del P. Atanasio López), 79. GUTIÉRREZ DE LUNA, 50. ARLEGUI, 226-227, 297, 320, 326 y 339.

en 1605, el dominico Diego Medellín —informa el Padre Franco— "a las espaldas [traía] una cruz de madera con tres clavos que le atormentaba mucho", y cada noche se azotaba vigorosamente con alambres. El historiador agustino Nicolás de Navarrete señala otros tres casos de portadores de c i l i c i o s en el siglo XVII: el del criollo Fray Pedro García (1575-1609); el de Fray Francisco López († 1605), que los traía "para enfrenar la carne"; y el de Fray Pedro de Vera (1549-1621), cuyo c i l i c i o estaba "incrustado en la carne". El hermano jesuita Jerónimo López, muerto muy joven en 1607, era tan aficionado desde niño a los c i l i c i o s y r a - l l o s   d e   p e n i t e n c i a , según testimonio de Alegre transcrito por Decorme, que su madre tenía que ingeniárselas para descubrirlos y esconderlos. Según Baltazar de Medina, el franciscano descalzo Diego de Herrera († 1621) traía una cadena que le daba seis vueltas al cuerpo, asegurada con candados. Este mismo autor, quien tiene cierta tendencia a lo pintoresco, informa que el   c i l i c i o   usado por Fray Juan de Caro († 1622), otro franciscano descalzo, le aprisionaba las rodillas de tal manera que con dificultad podía caminar; y que el de un tercer descalzo, Fray Marcos Sánchez Salmerón († 1625) le ceñía tanto del cuello a las rodillas que su cuerpo parecía un arco "aun siendo hombre de buena proporción". El   c i l i c i o   d e   r a l l o s   del jesuita Juan de Ledesma († 1636) era tan grande, dice Pérez de Ribas, que le rodeaba pecho y espaldas. Por último, el Padre Vetancurt proporciona otros tres ejemplos, también del siglo XVII: los de los franciscanos José Gutiérrez († 1657) y Marco Manzano († 1689), ambos de México, el primero de los cuales traía además una cruz clavada en el pecho; y el de la venerable María de los Ángeles, del convento de San Juan de la Penitencia de México, monja profesa en 1611, quien no sólo "domaba su carne" a fuerza de ásperos   c i l i c i o s   sino que "en las espaldas traía una cruz de hierro... como si estuviera clavada".[5]

Los frailes se mantenían en contacto con la naturaleza, siguiendo la tradición de sus respectivas órdenes, principalmente la franciscana; y también eran grandes andarines: Motolinía fue a pie hasta Centroamérica; los fundadores de las misiones de California recorrieron a pie todo el camino desde San Fernando de México hasta aquella lejana provincia; y Fray Jerónimo de Oré recorrió de igual modo toda la Florida y Chicoria.[6] respecto a su vida contemplativa puede decirse que eran formas esenciales la fascinación de la muerte y meditaban sobre la pasión de Cristo, que algunos trataban de emular e incluso de experimentar en alguna forma. Según Arlegui, Fray Diego de la Magdalena, predicador entre los guachichiles y fundador de Tlaxcallilla (San Luis Potosí) "andaba continuamente con una calavera

[5] Fray ALONSO FRANCO, 201. Padre Nicolás NAVARRETE, I, 296, 320 y 349. ALEGRE, II, 138 y Decorme, JESUITAS MEXICANOS, I, 413. MEDINA, fols. 68v° y 69, fol. 76v° y fol. 96. PÉREZ DE RIBAS, Triunfos, II, 267. VETANCURT, Menologio, 50-51, 52 y 71.

[6] Los frailes novohispánicos caminaban grandes distancias según ellos mismos cuentan. Acerca de Fray Jerónimo de Oré y sus viajes a pie por la Florida, cf. Geiger (ed.), The Martyrs of Florida (Franciscan Studies, núm. 18, julio de 1936), 125 seqq. Véase también J. F. Sotomayor, "Método de Misionar" en Hist. del Ant. Col. de N.S. de Guadalupe de Zacatecas (Zacatecas, 1874), 237-275, y MENDIETA, Vidas Franciscanas, 7, sobre las largas caminatas a pie de Fray Martín de Valencia.

en las manos"; y del Hermano Juan Bautista de Jesús (1599-1660), de la Tercera Orden franciscana y ermitaño, dice Vetancurt que dormía sobre una sepultura de huesos. Según Fray Diego Muñoz, el lego italiano Fray Daniel "se echaba sobre calaveras y huesos de finados y destilaba... gran abundancia de lágrimas". Fray Lorenzo de Gavira, fundador de San Esteban del Saltillo, bautizó en Coahuila en 1591 el alma de un indio muerto que "Dios había depositado [en su calavera] hasta que se le bautizara". Había frailes que cargaban a veces una pesada cruz en memoria de la que Cristo llevó al Calvario. Fray Juan de Grijalva cuenta que uno de éstos fue Fray Antonio de Roa († 1563), misionero de la Huasteca potosina quien rodeado de indios que le servían de comparsas revivía en su persona los actos de la Pasión, de manera vívida y escalofriante. Fray Martín de Valencia se consumía físicamente por tanto ayuno, penitencia y meditación; durante los últimos 15 días de la Cuaresma, dice Torquemada, se le veía "flaco y debilitado como si estuviera muy enfermo", pero en llegando la Pascua "bolvía luego en si como resucitando el espíritu"; a imitación del apóstol Santiago el Menor, de tanto hincarse en tierra traía callos en las rodillas. Su contemporáneo y biógrafo, Fray Francisco Jiménez, dice que a fuerza de orar implorando recibir las llagas del Crucificado, Fray Martín acabó por padecer "de un dolor en un empeine". También Fray Diego de Guadalcanal estaba deseoso de recibir los estigmas: según Mendieta y Vetancurt de alguna manera ese deseo se cumplió ya que, a manera de clavo, le creció una carnosidad en la mano que acabó por horadársela.[7]

La imitación de San Francisco de Asís fue general entre los primeros franciscanos llegados a la Nueva España: ya el propio Fray Martín de Valencia, siguiendo el ejemplo del padre seráfico, después de profesar había ido a su tierra, Valencia de Don Juan; ante las puertas de la ciudad se despojó del hábito entrando por la calle principal con una soga al cuello tirada por un compañero; esto le valió el menosprecio y burlas de la gente "lo qual [era precisamente lo que] él deseava". En la Nueva España, hizo durante cierto tiempo vida eremítica en el Sacromonte de Amecameca, donde las aves lo acompañaban con "dulce armonía" en sus alabanzas del Creador —informan Motolinía y Fray Alonso Fernández— y en tan gran número que henchían los árboles. Después de su muerte los pájaros se fueron para siempre. Fray Martín también demostró su amor por los animales y en general por la naturaleza, según la tradición del santo de Asís, y resucitó en Tlalmanalco unos patos propiedad de una india, aves de gran valor por su escasez en la región. Fray Toribio de Benavente se cambió el nombre a *Motolinía* (i.e., pobreza, en náhuatl) tal vez en recuerdo de que a San Francisco le gustaba ser llamado el pobrecito de Asís. Fray Francisco de Soto hablaba de la "hermana mar", según registra Mendieta; y Fray Francisco de Trembleque, emérito constructor del acuerdo de Zempoala (en 1543-1560)

---

[7] ARLEGUI, 285 (sobre Fray Diego de la Magdalena) y 71 (acerca de Fray Lorenzo de Gavira). VETANCURT, *Menologio*, 34. Fray DIEGO MUÑOZ, 60-62. Juan de GRIJALVA, cc. xx y xxi, cuya descripción del ascetismo del P. Roa está transcrita en P. F. Velázquez, ed., COL, DE DOCS. DE SAN LUIS POTOSÍ, II, Int., xi-xii. TORQUEMADA, xx, v; III, 401. FRAY FRANCISCO JIMÉNEZ (ed. del P. Atanasio López), 60. MENDIETA, *Vidas Franciscanas*, 212-213 y VETANCURT, *Menologio*, 72.

tenía por única compañía en su jacal —se lee en el *Códice Franciscano*— un gran gato pardo que cazaba conejos, codornices y otras aves para sustento de su amo. Las hormigas que devoraban los frugales alimentos del refectorio franciscano de Teotihuacán —recuerda Mendieta— se ahuyentaron después de ser reprendidas por Fray García de Salvatierra. En el *Menologio Franciscano* se cuenta que unas tortolillas venían a conversar con Fray Melchor de Benavente († 1560) posándose en su mano; y que a Fray Martín de Petriarce († 1641) del convento de Tepexic (Tepeji del Río), lo escuchaban las aves y lo obedecían todos los animales inclusive los perros que dejaban de reñir cuando el fraile se los ordenaba. Baltazar de Medina, elogiando las virtudes de los franciscanos relata varios casos de diálogo con la naturaleza: Fray Gabriel de los Ángeles († 1622) invitaba a las aves, bestias y fieras sobre las que tenía dominio, "a cantarle a Dios hymnos y canticos por seña de ser Criaturas de tal Magestad": Fray Cristóbal de los Mártires († *ca.* 1625) era obedecido por una manada de corderos, y Fray Manuel de Jesús (*ca.* 1544-1643) por la aves, los animales y el viento y el agua mismos. Este último amansaba sin dificultad a los toros. Por último, el dominico Fray Juan Tineo, vicario de Tequisistlán (Oaxaca), domesticaba caballos que echados en el suelo llegaban a servirle de almohada. Mendieta elogia la conducta de los franciscanos comparándola con la del fundador de su orden: "en penitencia, mengua y estrechura —afirma— San Francisco que viniera de nuevo al mundo no les hiciera ventaja". Y por supuesto en fecha temprana empezaron los milagros atribuidos al pobrecito de Asís, siendo tal vez el primero la resurrección en Tacubaya del Niño Ascencio, hijo de "Domingo, indio cantero o albañil", el cual gracias a la intervención de San Francisco "tornó a vivir a la hora de vísperas" el mismo día de su muerte. Según Motolinía, Fray Pedro de Gante fue testigo de este milagro.[8]

La conducta de los frailes también reflejaba algunas tradiciones del monaquismo medieval, como demuestran los siguientes casos. Según Mendieta, Fray Martín de Valencia entonaba después de maitines un cántico de alabanza "tan suave y apacible que parecía cantarse con voz de ángel"; esto recuerda lo que se ha dicho de los primeros monjes de Claravalle, quienes cantaban tan dulcemente que podría creerse que fueran ángeles y no hombres. Sigue diciendo la misma fuente que cuando los frailes Francisco Jiménez y Miguel de las Garrobillas perdieron el caballo en que viajaban de Cuernavaca a México, no recordaron de qué color era, "tanto era su pensamiento en Dios": este tipo de abstracción es semejante a la de San Bernardo quien, en Claravalle, jamás miró el hermoso paisaje que se ofrecía

---

[8] La imitación de San Francisco de Asís por parte de Fray Martín en Valencia de Don Juan es descrita por Fray Francisco JIMÉNEZ, ed. cit., 62. MOTOLINÍA, *Historia de los Indios*, 158-159 y Fray Alonso FERNÁNDEZ, c. XII, p. 64; cf. B. Salazar. 54. MENDIETA, *Vidas Franciscanas*, 54 (sobre el Padre Soto). CÓDICE FRANCISCANO, 31; sobre el Padre Trembleque véase también Octavio Valdés, 146-147. MENDIETA, *Historia*, IV, 178 (acerca del Padre Salvatierra). VETANCURT, *Menologio Franciscano*, 112 y 129; también COGOLLUDO, el cual en VI, xiii; p. 346, hace el elogio de Fray Melchor de Benavente. BALTHASSAR DE MEDINA, fols. 71, 88 y 134v°. BURGOA, en *Geográfica Descripción*, II, 321, menciona a Fray Juan Tineo. MENDIETA, *Historia*, III, 80 (sobre los franciscanos en general); cf. Alejandra Moreno Toscano, 44. El milagro del niño Ascencio es narrado por MOTOLINÍA, *Historia de los Indios*, 145-146 y por MENDIETA, *Historia*, II, 186-187.

ante sus ojos a través de la ventana de su celda, ni tampoco vio una sola vez el lago Lemán, en cuyas riberas cabalgó en una ocasión por largo trecho. Dice Mendieta que Fray Francisco Jiménez "andaba tan embebido y absorto en Dios, que... muchas veces le preguntaban si había comido, y no se acordaba de ello". Por otra parte, el celo con que San Bonifacio derribaba ídolos y abatía encinas sagradas en la antigua Germania fue emulado por los frailes, que hacían añicos los ídolos con sus propias manos, como hizo entre otros muchos Fray Juan de San Francisco en Tehuacán. En 1531, Zumárraga informó de la destrucción de más de 500 templos y 20 000 ídolos sólo en México, Texcoco y Huejotzingo, inventario que la arqueología y la historia jamás lamentarán suficientemente. El ideal del martirio fue otra expresión del espíritu evangelizador. Muchos misioneros obraban de manera muy osada porque aspiraban a la palma del martirio, que Fray Martín de Valencia no pudo alcanzar —dice Mendieta— a pesar de desearlo ardientemente. El primero que, en cambio, lo obtuvo fue Fray Juan Calero quien, según relatan el propio Mendieta y Vetancurt, padeció en la sierra de Tequila en 1541 una muerte con "los tormentos de San Esteban [lapidación], de Santa Apolonia [le quebraron los dientes], de San Sebastián [le clavaron flechas en todo el cuerpo] y de San Tomás Cantuariense [le abrieron la cabeza]". Los jesuitas tuvieron 22 mártires, nueve de ellos en la Florida (entre 1566 y 1571) y el resto en tierra de tepehuanes y más al norte en la misma Sierra Madre Occidental (1594-1652). San Felipe de Jesús y los Beatos Bartolomé Gutiérrez (fraile agustino) y Bartolomé Laurel (lego franciscano) forman, dice el Padre Navarrete, "la trilogía de santidad de la iglesia mexicana"; murieron por la fe en el Japón en distintas fechas entre 1597 y 1632, junto con otros frailes y hermanos en religión.[9] Mas si la bienaventuranza se comprobaba por los milagros que después de muerto hacían la monja o el fraile reputados santos, algunos de ellos dieron signos visibles de santidad durante su vida o en sus últimas horas. Al jefe de la primera misión agustina Fray Francisco de la Cruz, en su lecho de enfermo le salió del rostro "una cruz... muy resplandeciente", dice Juan de Grijalva. Cogolludo afirma que una "luz como luna llena" descendió en 1638 sobre el lecho de muerte de la sacristana del Convento de Mérida, Madre Inés de San Juan. Cuando Fray Andrés de Olmos expiró en 1571, según varias fuentes, los indios oyeron una música que venía del cielo, la cual se volvió a escuchar cada año en el aniversario de su muerte, y además un globo de fuego trasfiguró el rostro del moribundo. Fray Sebastián de Aparicio, dice García Icazbalceta, oyó en Tlaxcala una música celestial que pro-

---

[9] MENDIETA, *Vidas Franciscanas*, 16 y 30 (sobre Fray Martín de Valencia), 77 y 123 (sobre Fray Juan de San Francisco). También se relata la destrucción de ídolos en Tehuacán en *Santo Evangelio*, 73. La anécdota relativa a Fray Miguel de las Garrobillas es también transcrita por MENDIETA, pero en su *Historia*, IV, 73. Zumárraga describe la destrucción de templos e ídolos en una carta del 12 de junio de 1531, *ap.* Ricard, *Conquista Espiritual*, 114-117. TORQUEMADA, XV, XIX; III, 47-48, donde es más explícito. Acerca del protomártir de la Nueva Galicia, ver VETANCURT, *Menologio*, 59 y Pérez Verdía, 231 (que cita a Mendieta, p. 378). La lista de los mártires jesuitas figura en Decorme, *Jesuitas Mexicanos*, I, 408-409. NAVARRETE, I, 269-270. Afirma Borges Morán, 187, que las relaciones martiriales son más abundantes en la época colonial que las hagiográficas, lo cual se explica por las necesidades de la propaganda misional.

cedía de la celda del guardián de San Francisco, que era el mismo Padre Mendieta. En el convento de Santa Catalina de Siena de México, un coro de ángeles le cantó la letanía, acompañado de "suavissima musica" a la moribunda Madre Cristina de la Asunción († 1607). Otros ángeles tocaron música celestial, según Cogolludo, durante el tránsito del Venerable Bartolomé de Honrato († 1633), chantre de la catedral de Mérida, a la felicidad eterna. Por último, se escuchó una música melodiosa y enternecedora en el velorio, en San Francisco de Zacatecas en 1731, de Fray Jacinto Quixas, fundador de ese convento.[10]

Entre las experiencias místicas de la Colonia se destacan las v i s i o - n e s que algunos religiosos tuvieron de la Virgen María o de los santos, con los cuales en ocasiones sostuvieron verdaderos coloquios. Fray Martín de Valencia, según Remesal, pasó a las Indias porque en España tuvo una v i s i ó n de "una mujer muy hermosa... con un niño en los brazos" (evidentemente la Virgen y el Niño), la cual caminando sobre las aguas le indicó ese camino. La Santísima Virgen ahuyentaba al Diablo de la celda del dominico Fray Tomás del Rosario († 1560) —dicen Dávila Padilla y Fray Alonso Fernández— visitándolo "más resplandeciente que el sol" acompañada de varios ángeles; en la hora de la muerte, que ella misma le había revelado a tiempo para prepararse debidamente, estuvo a su lado. El franciscano Pedro de Reina tenía "coloquios amorosos" con la Virgen en el coro de Tzintzuntzán, entre la media noche y el alba; en otra ocasión con sólo mirarlo, la Virgen lo consoló de una aflicción, y también le anunció la hora de la muerte y lo acompañó en el trance. Según Vetancurt, la Virgen María se llevó personalmente al cielo a Fray Ángel de Valencia. Extendiendo la mano la Madre de Dios salvó a Fray Nicolás de Witte (fl. 1543-1565), de morir ahogado en un caudaloso río cuya corriente se había llevado su caballo. El día de Nuestra Señora de la Asunción, la Virgen visitó a su devota, la Madre Isabel de San José († 1608), del convento de Santa Catalina de Siena (México) —dice Fray Alonso Franco—, aparición de la que tres religiosas y dos niños fueron testigos. En Michoacán, en el siglo XVII, la Reina del Cielo solía aparecérsele a Fray Juan Galván Maldonado en su celda; también en 1643, anunció al jesuita Martín de Egurrola la hora de su muerte. Como informan los cronistas, la Virgen hacía, por supuesto, muchos milagros de los que se hablará en el siguiente capítulo, pero ninguno produjo un beneficio tan general como la copiosísima lluvia que en septiembre de 1599 hizo caer

[10] Fray Juan de Grijalva, 91, informa sobre la cruz resplandeciente de Fray Francisco de la Cruz. Cogolludo, XI, vi; 622-623 (sobre Inés de San Juan) y XI, iii; 612 (sobre el chantre Honrato). En MENDIETA (Historia, IV, 100; y Vidas Franciscanas, 108) y en VETANCURT, Menologio, 84, se menciona la música celestial escuchada cuando murió Fray Andrés de Olmos. García Icazbalceta, "Noticias del Autor y de la Obra", p. xiv, en su edición de la Historia de Mendieta. La "suavissima música" que oyó la Madre Cristina de la Asunción en su agonía es mencionada por el Padre ALONSO FRANCO, 978. AMADOR, I, 297, describe la muerte de Fray Jacinto Quixas. Si verdaderamente la santidad era un factor que permitía alcanzar una edad provecta, el más santo habría sido tal vez el más longevo de los frailes de la época colonial, quien según ARLEGUI, 261, fue Fray Diego Ordóñez, custodio de la provincia franciscana de Zacatecas, quien murió en 1587, en Sombrerete, a los 117 años de edad, 104 de hábito y más de 90 de sacerdote.

en todo Sinaloa, según el Padre Alegre, para poner remedio a una rigurosa sequía.[11]

El Cielo, para reforzar la vacilante fe de algunos indios bautizados, les permitió vislumbrar la presencia de Jesús en el Sacramento del altar o escuchar su voz. Motolinía afirma que algunos naturales veían al Redentor crucificado en el momento en que se alzaba la hostia consagrada; a otros se les apareció "un niño muy resplandeciente" y otros más tuvieron la visión de coronas, globos o llamas de fuego sobre la cabeza del fraile que les predicaba. Torquemada relata sobre el particular otros tres casos: el de un indio de Tlaxcala, cuyo confesor era Fray Alonso de Ordaz; el de otro de Tula, catecúmeno de Fray Melchor de Benavente; y un tercero, de una india de Xochimilco a la que Jesús crucificado exhortó a la confesión. También Fray Juan Burujón —dice Mendieta— "veía visiblemente a Nuestro Señor Jesucristo en el Santísimo Sacramento del Altar", además de que se le apareció "la gloriosa Magdalena". El dominico Fray Matías de Paz fue favorecido con una visión de la Divina Gracia bajo forma de "estrella muy resplandeciente", que bajó hacía él de un rincón del coro; en una ocasión que este fraile llevaba a cuestas a un enfermo los indios vieron en él la imagen del Crucificado. A la hora de la consagración la Madre Marina Baptista, de Mérida —informa Cogolludo—, veía claramente "a su Divina Magestad... en forma de un niño hermosísimo". Según el mismo cronista, al chantre de la catedral de Mérida Bartolomé de Honrato se le apareció el Nazareno cuando meditaba sobre su Pasión; la misma visión tuvo, según la *Relación breve de... 1602*, el hermano jesuita Diego Trujillo († 1583), "cosa increíble si no lo aseveraran el Padre Doctor Pedro de Morales y otras personas graves de nuestra compañía". Dávila Padilla afirma que el citado Fray Tomás de Rosario hablaba con el Omnipotente haciéndole preguntas a lo que "misericordiosamente Dios le respondía con lengujae interior", reteniendo el fraile en la mente "sentencias enteras [con] fidelissima memoria de las palabras". Según narra el *Menologio* de Vetancurt, cuando en Tlaxcala predicó uno de los primeros doce franciscanos, Francisco de Soto († 1551), los feligreses indios vieron al Espíritu Santo que se posaba en su cabeza. La "blanca paloma" se presentó una vez, en el momento de la consagración, ante Fray Cristóbal de la Cruz, según Dávila Padilla; y Fray Alonso Fernández cuenta que en idénticas circunstancias la misma paloma asistió al dominico Fray Cristóbal de la Cruz. El más consolado de todos aquellos religiosos parece haber sido Fray Diego Romero († 1680) a quien, según el mismo *Menologio*, no sólo le fue permitido como a Dante contemplar la Santísima Trinidad y a la Virgen y el Niño, sino que, como Orfeo, descendió a los infiernos, visitó también el purgatorio, y en una ocasión "al darle

---

[11] REMESAL, II, viii; I, 141. DÁVILA PADILLA, 377 y Alonso FERNÁNDEZ, c. XXV, pp. 130 y 132. *La Rea*, 159-160. VETANCURT, *Menologio*, 110. El episodio relativo a Fray Nicolás de Witte es narrado por Fray Juan de Grijalva, 339-340; cf. Cuevas, *Urdaneta*, 303. Este fraile, probablemente de origen flamenco, llegó a México en 1543 y, según Grijalva, 191, tenía por apelativo "Noco, como quien dice Paesano y compañero". Fray Alonso Franco, 79. LA REA, 373, se refiere a Fray Juan Galván; y Decorme, en "Misiones", 174, relata que la Virgen advirtió al Padre Egurrola que su muerte estaba próxima, ALEGRE, II, 53-54.

a un mulatillo un poco de chocolate [el muchacho] se le transformó en el Niño Jesús de dos años".[12]

A muchos místicos de la Colonia se les apareció el santo de su devoción. Motolinía, Fray Francisco Jiménez y Mendieta sostienen que Fray Martín de Valencia fue visitado en el Sacromonte de Amecameca por San Antonio de Padua y por San Francisco de Asís. Este último también se le apareció al franciscano descalzo Juan Bautista de Mesta († *ca.* 1629) durante su vida en el mundo para invitarlo a tomar el hábito y a seguirlo, según narra Baltazar de Medina. Acompañado de Santa Clara, el pobrecito de Asís hablaba "con mucha familiaridad" en Tehuacán a Fray Juan de San Francisco, relata Mendieta. Santa Catalina de Siena se apareció a Fray Gonzalo de Andrada a la hora de su muerte en 1584 —dice Dávila Padilla—, por lo cual el moribundo pidió a todos los presentes que se arrodillasen. La misma santa "dió consejos a una mujer casada y perturbada", por intercesión del dominico Fray Domingo de la Anunciación. Fray Julián Garcés, Obispo de Tlaxcala, informó hacia 1535 a Paulo III que Santa Catalina y la Magdalena habían aparecido en persona a los indios recién convertidos Pedro y Diego, para darles a escoger entre un asqueroso camino, el de la idolatría, y otro lleno de rosas y fragancias, que podía recorrerse sólo después del bautismo. Tiempo después, el franciscano descalzo Felipe de Jesús, dos años después de su canonización en 1627 y 32 después de su martirio, asistió personalmente en la agonía y último trance a su madre, Antonia Martínez. De acuerdo con una relación piadosamente recogida por Baltazar de Medina, el doctor Jacinto de la Serna, rector de la Universidad de México, declaró que éste es un hecho que "no ay que dudar". El dominico en Chiapa Fray Pedro de Santa María (1576-1620), según relata el historiador de esa provincia Fray Francisco Ximénez, contempló a la Virgen del Rosario vestida con las ropas que él mismo le había hecho y luciendo alrededor del cuello un rosario que también él le había obsequiado; en esta visión fue llevado a la presencia de la Virgen María "en unos palacios de increíble hermosura" por el fundador de su orden, Santo Domingo de Guzmán; en otra ocasión —prosigue el relato— Cristo visitó a Fray Pedro en su celda acompañado de los Doce Apóstoles, y también las O n c e M i l V í r g e n e s se le aparecían con tanta frecuencia, aseguraba el fraile, que acabó por conocer los nombres de cada una de ellas. Fray Francisco de la Cruz, que encabezó a los doce primeros agustinos, en su lecho de muerte en 1536 vio a Santa Úrsula y a sus numerosas acompañantes; e igual experiencia tuvo "una donzellita principal", dice Dávila Padilla. Según Alonso Franco a los dominicos Fray Alonso Pérez (*ca.* 1524-1591) y Fray Lucas de la Magdalena (1523-1607),

[12] MOTOLINÍA, *Historia de los Indios*, 133. TORQUEMADA, XVII, xiv; II, 242. MENDIETA, *Santo Evangelio*, 85. DÁVILA PADILLA, 114, trata el caso de Fray Matías de la Paz; en 373 el de Fray Tomás del Rosario; y en 416-417, el de Fray Cristóbal de la Cruz. COGOLLUDO, XI, vii; p. 624 y XI, i; pp. 606-610. González de Cossío (ed.), RELACIÓN BREVE... DE 1602, 64. VETANCURT, *Menologio Franciscano*, 92 (sobre Fray Francisco de Soto) y 14-15 (sobre las visiones de Fray Diego Romero). Fray ALONSO FERNÁNDEZ, c. XXVI, p. 138. VETANCURT, en *op. cit.*, 120, informa además que de Fray Antonio de Guadalupe "se dice vido a Christo... en la Cruz [en] la Vega de Santo Domingo".

se les apareció el nutrido grupo de santas quienes les "hablaron, consolaron y animaron". La Madre María de Santo Domingo, fundadora del convento de la Concepción de Mérida —dice Cogolludo— entregó su alma al Creador en 1633 en compañía de todas aquellas santas vírgenes. Por último, también visitaron las O n c e   M i l a Fray Gabriel de los Ángeles († 1622) tres horas antes de su muerte en el convento de Huitzilopochco (Churubusco), lo cual dio tiempo suficiente al así favorecido para pedir a su provincial ser trasladado a una celda más grande, capaz de contenerlas.[13]

En otros casos, Cristo y la Virgen María no visitaban personalmente a los misioneros sino que les enviaban á n g e l e s para auxiliarlos o para sacarlos de algún apuro. Los ángeles ayudaban a Fray Antonio de Segovia a rezar las completas, informan La Rea y Vetancurt, y su presencia resplandecía el coro de la iglesia como si el sol estuviera dentro. Cuando hacía vida eremítica en Zacatecas, según un ranchero de nombre Martín Moreno, muchos ángeles compartían con el Venerable Gregorio López la tarea de abrir zanjas en su huertecillo. Un verdadero á n g e l   d e   l a   g u a r d a armado de flamígera espada, informa Cogolludo, salvó la vida al Obispo Landa cuando, en la encrucijada de un camino yucateco, quisieron matarlo unos brujos o hechiceros. En Temapachi, otros dos ángeles "con forma de indios mancebos y de muy hermoso rostro" impidieron que "un hechicero nagual transforma[do] en perro", dice Juan de Grijalva, devorara mientras dormía a "un clérigo virtuoso" (recuérdese que el nagual o nahual, entendido como tona o sombra, tiene relación con el dios Xólotl, que se representaba en forma de perro). Cuando Fray Marcos de Mena se extravió corriendo un grave peligro —informan Dávila Padilla y Fray Alonso Fernández— unos á n g e l e s lo pusieron en un barquichuelo y lo condujeron por el río, remando ellos mismos hasta cerca de Tampico, navegando en un abrir y cerrar de ojos trece leguas contra la corriente.

Era frecuente que los ángeles se disfrazaran de indios como se verá en los ejemplos que siguen (perdónesenos el escepticismo de suponer que en la mayoría de los casos se trata de indios de verdad, pues Gonneville dice que, cuando en 1503 estaba explorando el Brasil, fue tratado por los indios "como si hubiesen sido ángeles bajados del cielo"). Los mensajeros celestes señalaron el camino a algunos frailes extraviados en la sierra, como le sucedió cerca de Metepec a Fray García de Salvatierra; otras veces les dieron de comer y beber, experiencia que tuvieron Fray Alonso de Escalona

---

[13] MENDIETA, *Vidas Franciscanas,* e *Historia,* IV, 37; *cf.* Fray ALONSO FERNÁNDEZ, XII, 64, y Mendizábal, "El santuario del Señor de Sacromonte en Amecameca", en *Obras Completas,* II, 524-525. BALTHASSAR DE MEDINA, fol. 104v° sobre Fray Juan Bautista de Mesta, y fol. 120 sobre San Felipe de Jesús. Acerca de la aparición del pobrecito de Asís en compañía de Santa Clara ante Fray Juan de San Francisco, *cf.* MENDIETA, *Vidas Franciscanas,* 127 y Santo Evangelio, 74. Véase Dávila Padilla, 610 y 652, respectivamente sobre Fray Domingo de la Anunciación y Fray Gonzalo de Andrada; y 144-145, sobre la carta de Garcés, transcrita por LAS CASAS y que HERNÁNDEZ, I, 65, reproduce en latín y en castellano bajo el número 685. Fray Francisco XIMÉNEZ, *Hist. de Chiapa y Guatemala,* II, 176-178. La experiencia de Fray Francisco de la Cruz es narrada por GRIJALVA, 92. DÁVILA PADILLA, 413-413 (acerca de la doncellita a la que visitaron las Once Mil Vírgenes). Fray ALONSO FRANCO, 46 y 208. COGOLLUDO, XI, XXV; pp. 620-621. BALTHASSAR DE MEDINA, fol. 74v°, describe la visión de Fray Gabriel de los Ángeles.

(por el rumbo de Zacatlán), Fray Jordán de Santa Catalina (1527-1592) en la Mixteca y el agustino Fray Antonio de Roa († 1563) en Michoacán. Los ángeles invariablemente desaparecían en cuanto realizaban su buena acción, cosa que contribuía a convencer a los cronistas del carácter extraterreno de su intervención. Otros á n g e l e s , con aspectos de indios, dice Fray Alonso Franco, aparecieron oportunamente en el convento dominico de Puebla con un donativo de 1 200 pesos, que el prior Alonso Pérez (*ca.* 1524-1591) recibió con emoción. En los seis meses anteriores a su muerte en 1596, los á n g e l e s tocaban música tres veces al día para deleite espiritual del cantor agustino Fray Nicolás de Perea, según afirma Grijalva. Un á n g e l anunció al moribundo Fray Tomás del Rosario († 1560) que al día siguiente vendría la Virgen María a llevárselo al cielo, como parece que en realidad sucedió. Por último, el historiador jesuita Francisco Florencia asegura que voces angélicas anunciaron por los aires, para ahuyentar a los demonios, la llegada de la Compañía de Jesús a la Nueva España.[14]

Los frailes a veces tenían visiones de sus compañeros difuntos, pero ocasionalmente compartían ese privilegio con indios de notable devoción. Entre los casos típicos de este tipo de experiencias se encuentran los que siguen. En Ahuacatlán (Jalisco), dos franciscanos ya fallecidos devolvieron la vida a un indio llamado Pedro, tendido y amortajado, porque tenía hijos pequeños que cuidar y servir de intérprete a los frailes. Así cuenta la historia Torquemada, al igual que otro caso visto por Fray Juan de Aora (compañero de Pedro de Gante), el de una india de Tlatelolco a quien se le apareció Fray Andrés de Burgos para agradecerle los rezos con los que aliviaba su estancia en el purgatorio. Fray Juan de San Francisco, según Mendieta, ya difunto hizo otro tanto con una de sus devotas españolas y con su compañero Fray Rodrigo de Bienvenida. Fray Martín de Valencia, según su contemporáneo Fray Francisco Jiménez, se quedó atónito al ver en espíritu desde el púlpito —donde estaba leyendo las profecías de Isaías—, legiones de almas de indios que clamaban por el bautismo; los otros frailes, pensando que había enloquecido —dice Motolinía— lo encerraron en su celda y clavaron la ventana de ésta. Mas se trataba sólo de una de las numerosas visiones que tuvo Fray Martín, descritas con fruición por Mendieta. En Zacatecas, las ánimas del Purgatorio vinieron a expresar su gratitud, por la intercesión en su favor a Fray Juan de Angulo (1567-1644); y en México a Fray Francisco de San Diego (1608-1677), y a la Venerable Inés de Santa Catalina († 1644) del convento de Santa Isabel, con todos los cuales "hablaban con familiari-

---

[14] LA REA, 163. VETANCURT, *Menologio*, 117. Amador, I, 228, cuenta la anécdota relativa a Gregorio López. COGOLLUDO es citado por Ancona, II, 80-81. Fray Juan de Grijalva, 117. (Eduardo Matos informa que Xólotl adoptaba forma de perro.) DÁVILA PADILLA, 389 y Fray ALONSO FERNÁNDEZ, c. XIII, p. 115. El caso es relatado también por Kenny, 67. Los casos de ángeles que mostraban el camino o daban de beber a frailes sedientos son escritos por MENDIETA, Historia, IV, 178-179 (Salvatierra) y Santo Evangelio, 79, e Historia, IV, 124 (Escalona); Fray ALONSO FERNÁNDEZ, c. XIII, p. 69 y c. XXXIII, p. 173 (de nuevo, Escalona); Fray ALONSO FRANCO (Fray Jordán de Santa Catarina); y Fray Juan de Grijalva, 328 (Roa). La frase de Gonneville está tomada de JULIEN, *Voyages*, 36. Fray ALONSO FRANCO, 49 (sobre el prior Alonso Pérez). Grijalva, 654-655 (en relación con el padre Perea). La historia de Fray Tomás del Rosario es narrada por DÁVILA PADILLA, 378. FLORENCIA, *Hist. de la Comp. de Jesús*, 137-138.

dad". Fueron igualmente eficaces las oraciones de Fray Diego de la Magdalena a quien, según Arlegui, un difunto por el cual rezaba "se levantó... y le dijo como por sus oraciones... se le habían dispensado dos años de pena en el purgatorio". Cerca de Campeche, un alma en pena se cruzó en el camino del español Pedro de Cáceres para pedirle que en su nombre cumpliera ciertas mandas, pero el interpelado recibió tal susto —dice Cogolludo— "que quedó con el rostro torcido mientras vivió". Otro difunto, para hacerse entender, tuvo que jalar del brazo a Fray Pedro del Corro, dominico del convento de Tlaxiaco, quien dormitaba beatíficamente. En cambio una india rica pero avara para dar limosnas, narra el Padre Alegre, rechazó después de muerta las oraciones que se decían por el descanso de su alma porque quería purgar todas las penas que creía merecer. Dávila Padilla mismo (1562-1604), quien murió siendo Arzobispo de Santo Domingo, se apareció con ornamentos pontificales y rodeado de las llamas del P u r g a t o r i o —informa Fray Alonso Franco— para agradecer las oraciones de un clérigo gracias a las cuales su paso por aquel sitio de purificación había sido brevísimo. Un último caso es el de Fray Lope de Cuéllar, dominico de principios del siglo XVII, quien —según se lee en la *Palestra Historial*— parece haber perdido la vista porque "se bañaba en lágrimas... haciendo oración por las ánimas del purgatorio"; esto era resultado de la desazón causada por una visión en la que "le mostró Nuestro Señor las penas de los condenados".[15]

Tal como los miembros de la corte celestial se aparecían para facilitar la tarea de evangelización o para dar fuerza material a los misioneros, así el Malo salía al paso a los frailes, recurriendo a mil artimañas para defender sus ídolos o para disputarles la posesión de las almas. Las formas que adoptaba el Demonio eran múltiples y adecuadas para cada ocasión. Veamos ejemplos de ello. Uno de los religiosos que acompañó en su viaje a México a Fray Martín de Valencia había tenido en Sevilla una horrorosa visión —dice Fray Francisco Jiménez— en la cual el Diablo, en forma de un fiero dragón, enseñoreado de la Nueva España devoraba a todos sus habitantes. También en forma de dragón o a veces de perro según el *Monologio franciscano*, lo vio Fray Diego Romero, quien sólo se pudo librar de él mostrándole una cruz "que tenía para su defensa". En forma de monstruoso conejo quiso ahogar a la hermana Leonor de los Ángeles, del convento de Clarisas de la Trinidad, y no cejó su empeño hasta que su fácil presa, medio muerta, clamó por el socorro de la Virgen. En forma de gran mastín seguía, moles-

---

[15] Torquemada, XVII, xviii; II, 251. Mendieta, *Vidas Franciscanas*, 128, y *Santo Evangelio*, 75. La visión de las almas de los indios que tuvo Fray Martín de Valencia fue registrada por Fray Francisco Jiménez (ed. del P. Atanasio López), 58; por Motolinía, *Hist. de los Indios*, 151, y por Mendieta, *Vidas Franciscanas*, II, 12. Este último dedica a las visiones o revelaciones de Fray Martín los caps. ix y x del libro v de su *Historia* (vol. IV, pp. 31-35); *cf.* las pp. 118-120 de su *Santo Evangelio*. Las fuentes relativas a las visiones de ánimas del Purgatorio son los siguientes autores: Arlegui, 352 (Angulo); y 285 (Diego de la Magdalena); *cf.* Amador, I, 300; Vetancurt, *Menologio*, 46 (Francisco de San Diego) y 69 (Inés de Santa Catalina); Cogolludo (Pedro de Cáceres); Burgoa, *Geográfica descripción*, I, 357 (Corro) y *Palestra Historial*, 374 (Cuéllar); Alegre, I, 460-461; y Fray Alonso Franco, 197.

tándolo y burlándose de él, al ermitaño Fray Juan Flores († 1560). También como perro pretendía atemorizar al hermano jesuita Diego Trujillo y al no lograrlo, dice el Padre Florencia, se transformaba sucesivamente en león, sierpe o gigante. Fray Tomás del Rosario no se dejó asustar por el diabólico perro que se le presentó, por lo cual éste se transformó en horrendo mono, dice Dávila Padilla, intentando ahogarlo; pero el fraile nunca lo tomó en serio y le puso por nombre Barba Roja, reprendiéndolo dulcemente cuando, el simio, volviendo a las andadas, le rompía su jarro o lo empujaba por la escalera. Dávila Padilla concluye el relato con la siguiente observación: "No pudiendo sufrir el padre de la soberbia esos desprecios, desapareció." En la Verapaz, los diablos molestaban en forma de "monos negros y horribles" a Fray Pedro de Santa María (1576-1620), arrojándolo de su celda o apretándolo en su cama, aunque sin lograr sus fines; para atemorizar o engañar al fraile, inútilmente adoptaron la forma de "dos negros feroces con alabardas", de franciscanos o de mercenarios, o de la misma Reina de los Ángeles. Fray Francisco Jiménez, quien relata esta historia concluye: "al paso que repetía del demonio sus astucias, el cielo multiplicaba sus asistencias y [Fray Pedro] jamás... fue engañado". El Diablo quedó muy maltratado y quebrantado por las prédicas de los frailes, y así lo vio un indio al que trató de inducir a matar a Fray Juan de San Francisco, provincial franciscano; pudo sin embargo estorbar durante meses la tarea de evangelizar a los indios de lo que hoy es el estado de Guerrero, cosa de que se quejaron los agustinos Jerónimo de Santisteban y Juan de San Román en Chilapa, Tlapa y Ocuituco. Mas los misioneros disponían de ciertas armas para alejar al Maligno, pues según se decía, éste se desterraba de los lugares donde se empezaba a decir misa; se daba a la fuga ante las aguas del bautismo; era ahuyentado por los azotes que con las disciplinas se daban los frailes; y huía despavorido en presencia de la cruz.[16]

Pero el Demonio no cejaba fácilmente en sus propósitos, recurriendo a la violencia o a la seducción. A Fray Lorenzo de Villanueva, guardián del convento franciscano de Puebla, dice Vetancurt, lo "acometía...quando estaba orando"; forcejeaba con el ya mencionado hermano Diego Trujillo o con Fray Juan Angulo (1567-1644) en Zacatecas, en forma de gigante; luchó cuerpo a cuerpo con el apóstol de la tierra caliente de Michoacán, Fray Juan Bautista de Moya, tratando de impedirle la entrada a Ajuchitlán. Según Baltazar de Medina, el Malo arrojó de la bóveda de la catedral de Oaxaca des-

---

[16] Fray FRANCISCO JIMÉNEZ (ed. del P. Atanasio López), 70. En VETANCURT, *Menologio*, se citan los casos del Padre Romero (p. 15), de la V. H. Leonor de los Ángeles (p. 114) y de Fray Juan Flores (p. 48). DÁVILA PADILLA, 390, 2° col., menciona también a este último y al mastín que lo seguía. FLORENCIA, *Hist. de la Comp. de Jesús*, 390. La historia de "Barba Roja" es relatada por DÁVILA PADILLA, 371-372; y Fray Francisco de XIMÉNEZ, en su *Hist. de... Chiapa y Guatemala*, II, 174-176 narra la de Fray Pedro de Santa María. Según BALTHASSAR DE MEDINA, fols. 96v° y 97, el franciscano descalzo Fray Marcos Sánchez Salmerón († 1625) vio al Diablo, o a unos diablos, en forma de "dos negros muy altos, con unos hachones de fuego". Fray ALONSO FERNÁNDEZ, c. XVI, pp. 83-84, describe "quebrantado y maltratado" al Demonio. Las quejas de los misioneros de Guerrero fueron registradas por NAVARRETE, I, 4-5 y 164-165. Sobre las armas utilizadas contra Satanás, cf. LA REA, 338 y GRIJALVA, 127.

de una altura de 17 varas a Fray Martín de Jesús (*ca.* 1544-1634), pero "puso Dios las palmas de las manos de los ángeles para que recibiessen su cuerpo", de modo que el religioso salió ileso del atentado. También recibieron los á n g e l e s   al zacatecano Juan Angulo cuando el Demonio lo empujó, primero por una ventana, y luego desde lo alto del campanario de su convento franciscano, no contento con ello —relata el Padre Arlegui— en una ocasión el Diablo lo dejó toda la noche colgado de una lámpara del coro por la cintura, después de haberlo "columpiado con su pestífero aliento y riendose de su falsa risa". Finalmente se dio por vencido ante la paciencia del religioso, que fue liberado del tormento por sus hermanos en religión cuando entraron a prima. La violencia con que maltrataba al lego Francisco de Santa María (quien murió de 108 años hacia 1587), afirma Cogolludo, producía un estruendo que causó un gran alboroto en el convento franciscano de Mérida. Esperando lograr mejores resultados, Satanás recurría también a otro género de tentaciones: viendo que ni golpes ni malos olores hacían mella en el anciano perlático agustino Nicolás de Perea († 1596) —dice Grijalva— se puso a cantarle el romance *Mira Nero de Tarpeya, a Roma como se ardía*, pero —añade Grijalva— "con tal mala gracia y tan ronca voz que se caía de risa el santo viejo". En otra ocasión mostrándose en forma de seductora mujer india trató en vano de impedir que Fray Juan de Montalvo (1542-1606) llegara a Zamora para una prédica. Con frecuencia recurría a este género de triquiñuelas pues también tuvieron que resistir a tentaciones semejantes, según el Padre Jiménez un "religioso anciano", y según Baltazar de Medina Fray Juan de Caro († 1622), quien para fortalecer su temperancia se fue propinando azotes mientras recorría las cinco leguas que separan a Tlaxcala de Puebla. Lucifer metía "corrillos de moçuelas", naturalmente sin resultado, en las celdas del dominico Cristóbal de la Cruz según Dávila Padilla, y del franciscano Bartolomé de Torquemada, según Cogolludo.

En Oaxaca, por medio de un mulato de malísimas costumbres "le levantó una calumnia" (quién sabe cuál) a Fray Jordán de Santa Catarina. Para molestar a las mujeres —dice el Padre Ximénez— se disfrazaba de fraile; y para tentar a la hermana Ana de San Bernardo († 1677) de las Clarisas de Puebla, según dice Vetancurt, se le apareció "en figura de hermoso mancebo". No respetaba ni a los obispos, pues en Mecapixtla tentó al elector de Guadalajara Fray Pedro Suárez de Escobar (1527-1591); y menos aún a los inocentes novicios, uno de los cuales, por culpa del Demonio —relata Fray Hernando Ojeda— casi se suicidó con una navaja y granos de solimán crudo.[17] En San Agustín de México casi logró que otro novicio lo siguiera des-

---

[17] VETANCURT, *Menologio*, 56. Los encuentros de los religiosos Trujillo, Angulo y Moya con el Diablo son narrados respectivamente en la RELACIÓN BREVE... de 1602, I, 147, ed. de González de Cossío (*cf.* Decorme, *Jesuitas Mexicanos*, I, 147), ARLEGUI, 341-342 (*cf.* Amador, I, 300-301); y NAVARRETE, I, 226-227 (que repite lo dicho por ESCOBAR). BALTHASSAR DE MEDINA, fol. 132 v° (Martín de Jesús) y fol. 77 v° (Juan de Caro). COGOLLUDO, VIII, iv; p. 426. GRIJALVA, 655-656; cf. Vicente T. Mendoza, *Romance y Corrido*, 125-126. El percance de Fray Juan de Montalvo es narrado por NAVARRETE, I, 308. Fray FRANCISCO XIMÉNEZ, *Hist. de Chiapa y Guatemala*, I, 456. VETANCURT, *Menologio*, 4. DÁVILA PADILLA, 415-416 (*cf.* Alonso FERNÁNDEZ, c. XXXVI, p. 137).

pués de haberlo despojado en la oscuridad de todas sus ropas "debajo del altar mayor"; narran los padres Juan de Grijalva y Alonso Fernández que el desaguisado fue evitado *in extremis* por Fray Francisco de la Cruz, primer provincial de los agustinos, cuyo cadáver se irguió de su sepultura para ahuyentar al Demonio.

COGOLLUDO, VI, xix; p. 350. Rafael Heliodoro Valle, en "El Diablo en Mesoamérica", 201, narra en términos generales el falso levantado a Fray Jordán de Santa Catarina. GRIJALVA, 636, menciona el caso del obispo electo de Guadalajara; y los sinsabores de los novicios son narrados por OJEDA, 24; GRIJALVA, 588; y Fray ALONSO FERNÁNDEZ, c. XXXII, p. 170. Cogolludo, XI, V; 618-619, informa que el Demonio "maltrataba muy frecuentemente en la oración" a Sor Ana de San Pablo, fundadora del convento de la Concepción de Mérida.

XV. LA EXPERIENCIA ASCÉTICA Y MÍSTICA II: ÉXTASIS, LEVITACIÓN Y OTROS FENÓMENOS MÍSTICOS

DESPUÉS de haber examinado los fenómenos purgativos de la mística en la Nueva España del siglo XVI y primera mitad del XVII, pasamos ahora a ver los iluminativos y unitivos, y en primer término, los de éxtasis o a r r o b a - m i e n t o . Según Santa Teresa de Ávila, el éxtasis es la unión mística con Dios mediante la contemplación y el amor. Más adelante se citarán numerosos testimonios de otras experiencias místicas novohispánicas que desafían las leyes de la física, tales como la l e v i t a c i ó n , y los dones de ubicuidad y de profecía. La creencia en una realidad suprasensible fue característica de la Edad Media, de la cual la heredó el México colonial, así como también otra extraña práctica, la de los f l a g e l a n t e s , que sobrevive al menos en Sonora y en lo que fue una de las provincias más remotas de la Nueva España y por ende más conservadora en sus costumbres: el reino del Nuevo México. De ella se tratará en el capítulo siguiente.

El Padre Mendieta relata múltiples casos de a r r o b a m i e n t o , experiencia mística que tuvieron muchos de los primeros frailes de la Nueva España; entre ellos ocupa el lugar de honor —como en tantos otros aspectos— Fray Martín de Valencia. Según el susodicho historiador y hagiógrafo franciscano, su biografiado, ya desde España —en el monasterio de Belvís— en una ocasión al predicar sobre la Pasión "se salió de sí... y se arrobó"; cuando se recogía en oración en su casa, "estaba todo abrasado y encendido con gran resplandor"; en suma, "era pública voz y fama que se arrobaba en la oración". Según Alonso Fernández, Fray Martín se "arrebataba" incluso durante un día entero; y en la Nueva España —según informe del propio Mendieta corroborado por Torquemada— un testigo de calidad, el Padre Sahagún, vio una vez una gran claridad que lo encandiló en el rincón a donde se había apartado para orar el santo Fray Martín. Mendieta también trata los éxtasis de otros franciscanos: a Fray Martín de la Coruña "muchas veces lo vieron arrobado y fuera de si... encendido el rostro como fuego del fervor de la devoción"; cuando Fray Andrés de Olmos estaba predicando sobre la Madre de Dios, "se levantó una llama de fuego muy grande" entre sus pies, la cual "lo fue cercando y se le subio hasta la cabeza"; Fray Jacinto de San Francisco "andaba de continuo como extático y arrobado en Dios"; en una ocasión que Fray Francisco de Soto estaba predicando a los indios en Tlaxcala "vieron todos un resplandor de fuego que [lo] cercaba"; por último, Fray Hernando Pobre en Tlalmanalco "muchas veces se arrobaba, quedando por espacio de tiempo estático y como muerto". Precisa el Padre Mendieta que "con ser feo de rostro", en el rapto Fray Hernando "se tornaba tan hermoso, que era contento mirarle". En la celda del superior de los primeros agustinos, Fray Francisco de la Cruz, según cuenta Alonso Fernández, una vez que había estado rezando devotamente toda la noche, surgió un resplandor "como si fuera de día"; de la cabeçera de su lecho subía una "cruz de grande resplandor que daba con el remate en el techo". Escobar, citado por el Padre Navarrete, dice que el apóstol michoacano Fray Juan Bautista de Moya, a r r o b a d o en éxtasis durante sus viajes misionales, se despeñó dos veces, la primera en Zempoala en 1547, y la segunda en Acatén de la Huacana en 1557; no se lastimó gracias a la intervención divina pues cuando sus amigos lo encontraron en el fondo del despeñadero, el misionero les explicó que "sentía que volaba y no que caía".[1]

Vetancurt informa de varios casos de éxtasis entre los franciscanos y las clarisas de México y Puebla: la Madre Tolentina de San Nicolás († 1660), cuando estaba vistiendo la imagen de Nuestra Señora de la Ermita experimentó un "éxtasis suave"; y también tuvieron arrobamientos extáticos Fray Bernardino de Sahagún y las monjas Ana de Nicolás, de Santa Clara de Puebla († 1633), y Leonor de San Juan († 1677), de Atrisco (Atlixco). A esta última "comunicó Dios N.S. en éxtasis suaves favores celestiales". Mendieta y Cogolludo relatan ambos que al Padre Landa, cuando ejercía su ministerio en Yucatán al predicar en el púlpito le aparecía una estrella encima de la cabeza como señal de la claridad de su doctrina y del resplandor de sus virtudes. Fray Lope de Cuéllar, dominico ciego, fue encontrado muchas veces por su confesor "arrobado y en gran éxtasis por mucho tiempo" debido a sus v i s i o n e s de la Trinidad, de Cristo, de la Virgen María y de los ángeles. Por último Burgoa narra un caso extremo de éxtasis —del que afirma haber sido testigo—, el de Fray Martín de Aliende, cuyos raptos nos hacen sospechar que sufría de alguna afección del sistema nervioso; en efecto, cuando Fray Martín se arrobaba "empezaba... como reprimiendo grandes alborozos de alegría que parecía le ahogaban"; y cuando llegaba el momento de la consagración, se agitaba tanto que hacía temer que se le derramara la sangre de Cristo o se le cayera la hostia. Añade Burgoa que "el gozo que le representaba" el consagrar las sagradas formas lo hacía reírse ruidosamente con gran escándalo de sus feligreses.[2]

Uno de aquellos fenómenos místicos, la l e v i t a c i ó n , permitía

[1] Sobre los éxtasis de Fray Martín de Valencia, ver MENDIETA, *Historia*, IV, 20, 35-37; y *Vidas Franciscanas*, 27-29, 30 y Fray Alonso FERNÁNDEZ, c. XII, p. 62. TORQUEMADA, XX, xi, III, 411. Acerca del arrobamiento de los restantes franciscanos mencionados en el texto, *cf.* *Mendieta, Historia*, IV, 182; *Santo Evangelio*, 181; y *Vidas Franciscanas*, 54, 57, 106 y 208, así como Fray Alonso FERNÁNDEZ, c. XXXII, p. 168. El Padre NAVARRETE, I, describe las experiencias místicas del Padre Moya. Otros casos de arrobamiento, respectivamente de Fray Maturino Gilberti, de Fray Juan de Ocaña (de Uruapan) y del Hermano jesuita Francisco Villarreal († 1600), son relatados por LA REA, 155-156; 388; y por Decorme, *Jesuitas Mexicanos*, I, 417. Fray Francisco JIMÉNEZ, 62, clasifica en tres grupos los arrobamientos siendo el más excelso aquel en que "se pierde el juizio y sentidos" y en que el místico "se transporta en Dios".

[2] VETANCURT, *Menologio*, 57, 65, 112, 113 y 123. MENDIETA, *Historia*, III, y COGOLLUDO, V, XV; p. 291. El Padre BURGOA, en *Palestra Historial*, 384, narra las visiones de Fray Lope de Cuéllar; y en 540-541, describe los extraños arrobamientos de Fray Martín de Aliende. El Padre NAVARRETE, 3, describe una pintura del siglo XVI en la que los "primeros siete" agustinos aparecen provistos de "alas angélicas".

a quien lo experimentaba sustraerse a la gravedad, quedando suspendido en el aire y con la capacidad, como dice la santa de Ávila, de moverse de un soplo como ligera pluma. (Según Spence, en el México antiguo el gran naualli, jefe de los hechiceros, también tenía el poder de levitación.) Fray Martín de Valencia gozaba de esa facultad, pues dice Mendieta que en San Francisco de Salamanca uno de los hermanos "violo estar puesto en cruz y a lo que le pareció levantando del suelo"; en la Nueva España, el alcalde mayor de Tlalmanalco lo encontró una vez "en oración, elevado en el aire sobre la tierra", experiencia presenciada en otra ocasión por Hernán Cortés. Fray Alonso Fernández añade que igualmente "[lo] vieron muchas veces elevado y levantado sobre la tierra", durante su vida de ermitaño en el monte de Amecameca. Hay diversos testimonios de que Fray Juan Bautista de Moya estando absorto en la oración, también quedaba suspendido en los aires cuando recorría los caminos de Michoacán. Según Basalenque, Cristóbal de Oñate, en La Huacana, en una ocasión lo encontró "levantando de la tierra por los aires"; y en otra el corregidor de Tacámbaro y el mozo de estribos que lo acompañaba fueron testigos, en el camino de Ario a ese pueblo, de otro caso de l e v i t a c i ó n del mismo Moya. Matías de Escobar, quien informa que el corregidor en cuestión se llamaba Diego Hurtado, da otra versión del hecho pues según él el fenómeno ocurrió entre Tacámbaro y Pungarabato; y la l e v i t a c i ó n no fue tan simple, pues Fray Juan Bautista fue visto "elevado sobre los encumbrados árboles". Basalenque añade que el Padre Moya recorría diligentemente muchos caminos por los que "lo llevaban los Angeles... por mando de Dios" y siempre que caminaba —precisa el Padre Escobar— "o por mejor decir volaba, llevaba puesto el sombrero". Por su parte, González de la Puente cuenta que una vez que Moya se retiró a orar en un espeso bosque, se elevó hasta una altura de "un estado de la tierra", y que otra, tan a r r o b a d o estaba pensando en Dios, que cayó por un despeñadero hasta un profundo valle, sin consecuencias graves pues luego sencillamente subió por la ladera de la sierra y siguió sin turbarse su camino.[3]

Relata el Padre La Rea que otro de los misioneros de Michoacán, el franciscano Jacobo Daciano, se elevó por los aires en una ocasión que estaba orando de rodillas; interpretando este hecho como signo divino, seleccionó el sitio del prodigio para la construcción de la iglesia y convento de Zacapu. Según Fray Juan de Grijalva, en Chilapa, al agustino Fray Agustín de Coruña (1510-1590) "víanle los Tarascos y todos los de la contracosta levantado del suelo y elevado sobre si mismo y sobre la naturaleza"; y Fray Antonio de Roa († 1563) "en acabando de consumir [la sagrada forma] se quedaba elevado por mas de media hora sin tener movimiento de hombre

---

[3] SPENCE, 68-70. MENDIETA, en Historia, IV, 37, en Santo Evangelio, 121-122 y en las *Vidas Franciscanas*, 27 y 29, se refiere a los casos en que Fray Martín de Valencia quedó suspendido en el aire, y de ellos también se ocupan Fray Alonso FERNÁNDEZ, c. XII, p. 63, y Mendieta en sus adiciones a Fray Francisco JIMÉNEZ (ed. P. Atanasio López), 79 y 80. Basalenque, I, iii, 108-110, *ap.* Navarrete, I, 232; las levitaciones de Fray J. B. de Moya son descritas además por Fray Matías DE ESCOBAR, 280-281, por González de la Puente, 96, y por Fray Alonso FERNÁNDEZ, cap. XXXIII, 176.

vivo". (Los sacristanes estaban acostumbrados a cambiarle tres pañuelos mientras decía la misa, pues por la emoción invariablemente derramaba abundantísimas lágrimas durante el oficio.) Una vez, en Zacatecas, el franciscano Juan Espinosa —luego Obispo de Chile— estaba tan absorto en la contemplación de los más altos misterios, dice el Padre Arlegui, que "aligerado su cuerpo de las pesadeces de la carne, se elevaba... mas de dos varas con la admiración de los religiosos que... lo registraron varias veces". Mendieta informa en relación con uno de los primeros misioneros de Yucatán, Fray Francisco de la Torre, que "poco antes de su muerte [otros frailes] lo vieron en oración levantado de la tierra". Cogolludo confirma este dato, añadiendo que según testimonio de tres españoles, "personas honradas", de un compañero religioso y de muchos indios, al morir Fray Francisco después de haber encomendado en latín su alma al Creador, "levantose el cuerpo más de tres palmos del suelo... y poco a poco fue bolviendo al suelo". Este mismo autor cita otros dos ejemplos de la levitación en Yucatán, el de Fray Juan de Orbita y el de una devota mulata del convento de religiosas de Mérida llamada Agustina; el primero, apartándose del camino que recorría y poniéndose en oración, se levantaba de la tierra hasta la altura de una vara, según cálculo de un indio que lo acompañaba; el cuerpo de la segunda quedaba "suspenso en el ayre" cuando oraba, ante el pasmo de las monjas del convento. Del franciscano ciego Fray Antonio de Segovia dice Fray Diego Muñoz que sus compañeros "viéronle una noche estar en éxtasis, alto del suelo, cercado de gran claridad". Y la *Relación breve de... 1602* da testimonio —recogido por Decorme— de que el hermano jesuita Diego Trujillo († 1583), encargado de un huerto, fue visto "con la fuerza del espíritu levantado hasta las vigas de su pobre celdilla".[4]

El Padre Vetancurt narra numerosos casos de l e v i t a c i ó n o suspensión en el aire que, aunque no presentados en orden cronológico, son en síntesis los siguientes. Fray Alonso Paz Monterrey († 1643), profeso en San Francisco de México, y Fray García de Salvatierra († 1591), franciscano de Toluca, se quedaban en éxtasis levantados en el aire. Yendo por la calle de Plateros de Puebla con un costal de salvado a cuestas y contemplando en un nicho la imagen de Cristo crucificado, por el que sentía especial devoción, Fray Andrés Pérez (1578-1631) "se elevo en éxtasis hasta llegar a la Imagen" sin soltar el costal; cada vez que pasaba frente a un crucifijo se arrobaba y en cierta ocasión "le sucedió llevar quatro guevos en cada mano, y en éxtasis elevarse, y con extender las manos no se le cayó ninguno de los guevos", lo cual indudablemente fue por milagro. Dos monjas y otros cuatro frailes también experimentaron este fenómeno estático. En efecto, las Madres María de Jesús (profesa en 1634) y Ana de San Antonio († 1639), ambas clarisas, la primera de México y la segunda de Atlixco, arrebatadas en éxtasis se levantaban por el aire ante las demás monjas; los frailes de que se trata, todos franciscanos, son, en primer lugar, uno de los Doce, Fray Francisco Jiménez quien

---

[4] LA REA, 133. Fray Juan de GRIJALVA, 136, se refiere a Fray Agustín de Coruña y a Fray Antonio de Roa (p, 319). ARLEGUI, 312. MENDIETA, *Historia*, III, 32, y COGOLLUDO, CI, xi, pp. 584-585; y XI. viii, pp. 626-626. Fray Diego MUÑOZ, 55. RELACIÓN BREVE DE... 1602, 65; *cf.* Decorme, *Jesuitas Mexicanos*, I, 417.

"una vez estando sentado a la mesa, al extender el brazo para tomar el pan, se quedó estático y elevado sin llegar por muy gran rato a la comida"; y Esteban de Ursúa († 1612), provincial en 1595, Juan Xuárez († 1655), de Puebla, y el catalán Bernardo de Marta, quien murió en el convento de Zia en Nuevo México en 1635. A Fray Esteban "varias veces en el convento de Hueychiapan le bieron levantado del suelo en éxtasis"; el mismo Vetancurt, cuando era corista en San Francisco de Puebla, al encender la luz de la capilla halló a Fray Juan "elevado mas de dos varas del suelo... y alumbrandole el rostro lo tenía muy hermoso"; y Fray Bernardo, quien "tenía particulares coloquios... con el Niño que esta sobre el Facistol", fue visto por algunos religiosos, también en el coro del templo franciscano de Puebla, "en éxtasis lebantado". Un novicio de San Francisco de México vio a Fray Diego Romero († 1680), "en estasis" levantado del suelo. Otra fuente interesada en casos de levitación es Cogolludo quien dice que el provincial franciscano de Yucatán, Fray Pedro Cardete († 1619) "se elevaba del suelo estando en oración", y que en esas circunstancias lo rodeaba un gran resplandor; estos datos son confirmados por el Padre Cárdenas Valencia, autor de la *Relación histórica eclesiástica* de aquella provincia. Un último escritor eclesiástico, Baltazar de Medina, nos informa del caso de l e v i t a c i ó n experimentado por Fray Juan Pobre († 1615), franciscano descalzo de San Antonio de Querétaro, a quien se le veía "elevado muchas vezes de la tierra, de donde arrebataba la alma al cuerpo hasta levantarle del suelo".[5]

El don de u b i c u i d a d ha sido concedido a algunos místicos, por lo general para llevar a cabo eficazmente su labor pastoral en un inmenso territorio; es ésta una virtud que el cristianismo heredó, entre otras muchas, del mundo clásico y la cual fue ejercida, por ejemplo, por los maestros Aristeo y Pitágoras en la Magna Grecia. Según sus biógrafos (Grijalva, González de la Puente, Basalenque, Escobar y Navarrete) el varias veces mencionado apóstol de la Tierra Caliente, el agustino Juan Bautista de Moya, en un mismo día festivo llegó a celebrar misa en tres lugares tan distantes entre sí como Pungarabato, Huetamo y La Huacana, o Tacámbaro, Ario y Coalcomán. También fue favorecido con este don —informa Grijalva— Fray Agustín de Coruña, quien así pudo decir la misa de la Natividad del Señor simultáneamente en Chilapa, Atliztaca, Atlixtac y Tlapa, lugares de difícil acceso y tan lejanos que en el siglo XVI era una proeza visitarlos en tres días (Atlixtac es todavía un pueblo casi incomunicado); y Fray Juan de San Francisco, según Mendieta, estando en México convenció en otro lugar a un indio recién bautizado de que no se ahorcara, como los demonios querían.[6]

El caso de ubicuidad más notable de los anales de la Colonia fue, sin embargo, el de la Venerable María de Jesús de Ágreda (1602-1665), célebre

---

[5] VETANCURT, *Menologio*, 16, 25, 39, 64, 81, 96, 100-101, 103 y 110. COGOLLUDO, IX, c. xix; pp. 520-526. CÁRDENAS VALENCIA, 56. Balthassar de MEDINA, fols. 59 y 59 v°. VETANCURT, *op. cit.*, 14-15.

[6] Couliano, 25 (Aristeo y Pitágoras, este último dictaba sus conferencias, a la misma hora, en Metaponto, donde vivía, y en lugares lejanos como Crotona, Turi y Tauromene). Ver NAVARRETE, I, 231 y n. 203, sobre los restantes autores que se ocupan del Padre Moya. Fray Juan de GRIJALVA, 67-68. MENDIETA, *Historia*, IV, 109.

mística a quien se le atribuye la evangelización de algunas tribus de Nuevo México y de Texas sin haber salido nunca de España. La principal fuente de esta historia es Fray Alonso de Benavides, quien pasó treinta años en la Nueva España después de 1598; visitó las custodias franciscanas de Nuevo México y creó otras. Dejó un *Memorial* sobre sus recorridos por aquel reino, en el cual registra haber conocido a tribus enteras de indios, evangelizadas poco antes (en 1621-1631), predicándoles en sus propias lenguas, por una santa mujer que naturalmente no pudo bautizarlos en razón de su sexo. Por las descripciones y pinturas que vio, en un principio Fray Alonso pensó que se trataba de la Madre Luisa de Carrión, mística española de ese tiempo, porque los apaches, según Fray Martín de Arvide, la llamaban así. Mas como el rostro de la misteriosa santa era más bien de "moza y hermosa", el Padre Benavides pronto llegó a la conclusión de que se trataba de la joven Sor María de Jesús de Ágreda, que a la sazón tenía 28 años y vivía en España. Los franciscanos Juan de Salas y Diego López llevaban consigo un retrato de la Venerable Sor María de Jesús que los indios jumanos reconocieron inmediatamente como el de la predicadora que los había visitado. Tras algunas reflexiones e investigaciones, el Padre Benavides comprendió que quien había enseñado la doctrina cristiana a los indígenas en sus distintas lenguas era la monja de Ágreda; ésta ejerció su ministerio en todo lo largo y ancho de Nuevo México y de lo que hoy es la parte occidental de Texas, entre los jumanos, los hopis, los apaches, los navajos, los tejuas y los habitantes de Quívira, Zuñi y Moqui, cuya pereza combatió suavemente. Aprovechando un viaje que hizo a España en abril de 1631, Benavides visitó en Ágreda (localidad situada en los límites entre Castilla y Aragón) a la célebre monja, quien le confirmó con muchos detalles haber hecho durante once años, de 1620 a 1631, no menos de 500 "viajes" a aquellas distantes regiones de Norteamérica (a veces cuatro en un mismo día), para predicar entre los indios cuyas lenguas conocía por don divino. La mística, cuya opinión en materia de religión era escuchada con atención por Felipe IV, corroboró todo esto por escrito. Además, en prueba de sus aseveraciones, obsequió al fraile visitante el hábito que había usado en sus desplazamientos. Este extraño caso ha sido examinado entre otros por M. C. Aguirre, por González de Barcia (según el cual si la mística de Ágreda hizo aquellos viajes "en espíritu o realmente, no pudo distinguirlo ella misma"), y por algunos historiadores norteamericanos como J. Manuel Espinosa y Carlos Castañeda. Borges Morán opina que muchas vocaciones franciscanas de esa época están relacionadas con el enigmático comportamiento de Sor María de Jesús "admitido por muchos como sobrenatural y sintomático de especiales designios de Dios sobre los indios".[7]

Muchos frailes y varias monjas de la Colonia, además de algunos franciscanos m i l e n a r i s t a s tuvieron el don sobrenatural de la pro-

[7] Los siguientes autores tratan, analizan o discuten el don de ubicuidad de la mística de Ágreda: Fray Alonso de BENAVIDES, *Memorial*, 58 ss.; versión inglesa, 56-62; y *Revised memorial*, 79, 92-99 y 135-149; GONZÁLEZ DE BARCIA (ed.), *Historia de Florida de "Cárdenas y Cano"*, II, 31, *sub anno* 1622; M. C. Aguirre, 452-453; Carlos Castañeda, 200 (y cap. VII: "María de Ágreda, the Jumano and the Tejas, 1620-1665"); y J. Manuel Espinosa, 12. Borges Morán, 217.

fecía, o por lo menos el de adivinar el pensamiento. Fray Martín de Valencia, estando aún en la Península, tuvo revelación bajo forma de sueños alegóricos de la misión que le esperaba en la Nueva España. Por el mismo medio supo anticipadamente que moriría en el campo y no en la cama. Mendieta afirma que Fray Alonso de Escalona "conocía y sabía los pensamientos ajenos". Fray Jordán de Santa Catarina, dice Dávila Padilla, "conocía de antemano las penas y pecados que le confesaban sus devotas". Arlegui cuenta que Fray José de Mendoza, criollo de Zacatecas, alcanzó fama de encontrar objetos perdidos, gracias a la ayuda de San Antonio. Muchos frailes supieron de antemano, por revelación divina, la fecha de su muerte, conocimiento que al parecer los confortaba. Tales fueron los casos del Obispo Zumárraga, que le reveló a muchas personas; del mismo Fray Jordán de Santa Catarina, que incluso predecía la muerte de sus amigos; de varios otros frailes y de la Madre Inés de San Juan († 1638), sacristana de un convento de Mérida. Otros tuvieron el don más amplio de hacer profecías de mayor trascendencia. En términos generales, los cronistas de la Colonia lo atribuyen a Fray Luis Villalpando († *ca.* 1551-1553), franciscano de Mérida; al superior de los primeros agustinos, Fray Francisco de la Cruz, desde que estaba en España; a Fray Francisco de la Torre, misionero de Yucatán; al provincial dominico Fray Cristóbal de la Cruz; al jesuita Diego López († 1576); al Venerable Gregorio López, quien "profetizó muchas cosas"; y a Fray Pedro Cardete, de Mérida, quien "manifestó a muchas personas fidedignas" su don profético. A Fray Hernando Cortesero (1525-1609) se le aparecieron no sólo su ángel guardián sino también los santos Cosme y Damián y el evangelista San Marcos, que le informaron sobre "cosas ocultas y futuras", dice Fray Alonso Franco. En su *Menologio Franciscano*, el Padre Vetancurt menciona algunos ejemplos de dones proféticos: los poseían el provincial franciscano Fray Alonso de Escalona; la abadesa de las clarisas Leonor de la Ascensión († 1635), quien entre otras cosas anunció un temblor; Fray Andrés de Olmos, de cuyo milenarismo nos hemos ocupado; y Fray Jacobo Daciano, quien estaba tan seguro del día y la hora de la muerte de Carlos V que en ese momento le cantó una misa de difuntos. Quizá se deba incluir entre los profetas al Padre Las Casas, quien según Dávila Padilla, a la hora de su muerte predijo "los castigos que amenazavan á los Españoles por las terribles crueldades que avían usado con los Indios". En todo caso, Fray Juan Ferrer profetizó con exactitud la fecha del desastre de la flota que en 1553 envió a España el Virrey Velasco I, en el cual él mismo se ahogó. Dávila Padilla dice que Fray Domingo de Betanzos presagió la gran mortandad causada por las epidemias de 1545, 1576 y 1592. Fray Pedro de Espinareda, según el Padre Arlegui, vaticinó los trabajos, muertes, afrentas y hambre que los franciscanos sufrirían para evangelizar la provincia de Zacatecas. Por último, los dotes sobrenaturales de Fray Francisco de Castro, dice La Rea, no siempre daban el resultado apetecido. A Gaspar López, mercader de Taxco, le dijo que moriría cornado; y así fue, a pesar de no ir nunca a las corridas: una noche oscura se tropezó y cayó accidentalmente sobre los cuernos de un toro recién sacrificado; en cambio, en Tajimaroa, Fray Francisco no pudo revelar a don Diego de Lira y Sayas dónde se hallaba un tesoro.[8]

No todos los ascetas eran cenobitas (frailes o monjes) sino que también hubo en la Nueva España —hecho poco conocido— un cierto número de ermitaños, que en su mayoría llevaban una vida solitaria; otros, como los que seguían la regla de San Agustín, vivían congregados en lugares aislados. Las prácticas de algunos de aquellos ermitaños recuerdan la vida de San Jerónimo, quien dividía su tiempo entre la meditación de la muerte y el estudio del Antiguo y Nuevo Testamento. La Iglesia mexicana no demostró mayor simpatía por los anacoretas que la de Europa Occidental (el eremitismo es más bien un fenómeno característico de la Iglesia oriental), tanto que el Concilio mexicano de 1555 no sólo prohibió que se edificaran ermitas, sino que decretó que en la Nueva España no hubiera ermitaños "que hagan vida singular fuera de Monasterio o de Religión aprobada". A pesar de ello, dos de los primeros conquistadores, Juan de Nájera y Gaspar Díaz, se hicieron anacoretas. Este último se retiró a los pinares de Huejotzingo, donde según Bernal Díaz alcanzó tan buena fama que se le unieron otras personas. También el capellán de Zumárraga, el doctor Juan González († 1590), a pesar de las reservas eclesiásticas se retiró a hacer vida eremítica en Santa Isabel Tola, cerca del santuario de Guadalupe. El Venerable Fray Domingo de Betanzos, quien ya había sido ermitaño en una isla mediterránea, se retiró por algún tiempo a una ermita construida por él mismo cerca de Tepetlaóztoc; en el convento dominico de este lugar aún existe un retrato suyo. El más célebre de los ermitaños de la época colonial, que es una figura bastante enigmática, fue el Venerable Gregorio López (1542-1596), quien vivió 33 años en soledad en Zacatecas, la Huasteca y cerca del santuario de los Remedios. El agustino Fray Pedro Suárez de Escobar (1527-1591), que habiendo sido designado Obispo de Guadalajara no llegó a tomar posesión porque falleció poco después, era llamado *el Ermitaño* en recuerdo de su vida de anacoreta en Chalma y Tzintzicastla, según informa Gómez de Orozco. Gallegos de Rocafull menciona a un cierto Fernando Córdoba y Bocanegra, joven de nobilísima familia, que fue ermitaño y

---

[8] En Fray Francisco JIMÉNEZ, 79 y *passim*; en MENDIETA, *Vidas Franciscanas*; y en TORQUEMADA, XV, i; III, 9, y XX, ix y x; II, 407-409, se narran los sueños y se describen las visiones de Fray Martín de Valencia. *Cf.* MENDIETA, *op. cit.*, 151, acerca de Fray Alonso de Escalona. DÁVILA PADILLA, 645-646. ARLEGUI, 331-332. Fray Alonso FERNÁNDEZ menciona el caso de Zumárraga. Los cronistas que atribuyen dotes de profecía a los religiosos y religiosas mencionados en este párrafo, y a otros más, son los siguientes: MENDIETA, *Historia*, III, 32 (Fray Francisco de la Torre); RUIDÍAZ, I, CVI-CVII (Fray Juan Ferrer); Fray Juan de GRIJALVA, 98-99 (Fray Francisco de la Cruz); LA REA, 347-349 (Fray Francisco de Castro); COGOLLUDO, V, viii (Villalpando), IX, XIX (Fray Pedro Cardete), X, XX (Fray Gerardo Lizana) y XI, VI (Inés de San Juan); Arlegui, 252 (Espinareda); DÁVILA PADILLA, 99-100 (Betanzos), 327 (Las Casas), 397 (Fray Cristóbal de la Cruz) y 529 (Fray Juan de Salazar); VETANCURT, *Menologio*, 29 (Escalona), 31 (la V. M. Leonor de la Ascensión), 84 (Olmos), 116 (Daciano) y 118 (Fray Diego Mercado); GONZÁLEZ DÁVILA, 84-85 (Gregorio López); Fray Alonso FRANCO, 51 (Fray Pedro Blanco), 118 (Fray Diego Mercado) y 256 (Cortesero); Balthassar de MEDINA, *ff.* 121 v° (Fray Pedro de Valderrama), 137 v° (Fray Manuel de Jesús) y 146 v° (Fray Gerónimo Valdés); Fray Alonso FERNÁNDEZ, c.XXVIII, p. 148 (Fray Jordán de Santa Catarina) y c. XXXII, p. 169 (Fray Francisco de la Cruz); CÁRDENAS VALENCIA, 56 (Cardete); y FLORENCIA, *Hist. Comp. Jesús*, 272 (el Padre Diego López).

asceta y murió en la flor de su edad en 1588. El terciario de San Francisco Juan Bautista de Jesús (1599-1660), dice Vetancurt, vivió en varias ermitas de su propia construcción cerca de Puebla y en una barranca de Tlaxcala (tan respetado era que el Obispo Palafox lo calificó de "anacoreta entendido"). El mismo autor menciona también a Fray Juan Flores († 1560), quien "hizo vida heremitica en la sierra de Tlaxcala". El agustino Bartolomé de Jesús María († 1658), según Gonzalo Obregón, pasó los últimos 32 años de su vida en una ermita cercana al santuario de Chalma. En el *Teatro Eclesiástico de la Nueva España* publicado en 1649, se dice que en la diócesis de México hay once ermitas y en la de Puebla, dos. Una de estas últimas, aclara Echeverría y Veytia, fue erigida con dinero del joven Hernando de Villanueva, en acción de gracias a la Virgen María por haberlo salvado de un peligro de muerte mientras se dedicaba a su pasatiempo favorito, que era torear.[9]

[9] CONCILIO PRIMERO (de 1555), cap. XXXV, *Que ninguno edifique Hermita sin licencia, ni en esta tierra haya Hermitaños, ap.* LORENZANA, 92-94. Juan de Nájera es incluido por Icaza (ed.) entre los CONQUISTADORES Y POBLADORES, I, 25. El relato de BERNAL DÍAZ sobre Gaspar Díaz es transcrito por Cuevas, *Urdaneta*, 35. M. Toussaint, en *Catedral*, 136, menciona al doctor Juan González. Ulloa, 132, describe la vida eremítica del Padre Betanzos; *cf.* Toussaint, *Pintura colonial*, 26. Acerca de la vida del Venerable Gregorio López como ermitaño, ver Gallegos Rocafull, *Pensamiento Mexicano*, 254-255 (y también Ocaranza, GREGORIO LÓPEZ, 108; y F. Benítez, 103-108). Fray Juan de GRIJALVA, ed. de F. Gómez de Orozco, nota 12. Gallegos Rocafull, *op. cit.*, 164 (sobre Córdobá y Bocanegra). VETANCURT, *Menologio*, 35 y 48. G. Obregón, 126. GONZÁLEZ DÁVILA, *Teatro Eclesiástico*, I, 20 y 109. ECHEVERRIA Y VEYTIA, II, 384.

XVI. LA EXPERIENCIA ASCÉTICA Y MÍSTICA III: FLAGELANTES Y RELIQUIAS

UNA FORMA severísima de mortificación colectiva fueron las procesiones de sangre enseñadas por los frailes a los indios desde el siglo XVI y también practicadas, aunque con menos frecuencia, por los españoles. Se les llamó así por la sangre que los participantes derramaban a fuerza de azotes; se las organizaba en ocasión de la Semana Santa o para suplicar al Cielo que pusiera fin a alguna calamidad natural. Por sus características, esas prácticas tenían algo en común con ciertos rituales religiosos prehispánicos de autoinmolación, mas como ésta siempre se efectuaba individualmente, parece más bien ser un reflejo de los ejercicios públicos y colectivos de mortificación, corrientes en la alta Edad Media y el siglo XVI en Europa, y de los cuales el ejemplo extremo fueron los flagelantes. Éstos, que aparecieron en la época de las últimas cruzadas, llevaron a extremos su celo y extravagancia a raíz de algunas epidemias que, como la llamada "muerte negra" (peste bubónica), asolaron a Europa hacia mediados del siglo XIV causando terrible mortandad. Al mismo tiempo los flagelantes desarrollaron un ceremonial y una disciplina contrarios a las normas de la Iglesia, tanto que rayaban en la herejía, razón por la cual fueron condenados por reyes y pontífices y, en términos inequívocos, especialmente por el Papa Clemente VI en 1349. Vauchez las llama "manifestaciones paroxísticas de un cristianismo patético". Mas a pesar de estas censuras, de cuando en cuando reaparecían, y en el siglo XVI, según Barker, en España había cofradías de flagelantes organizadas bajo el disfraz de procesiones de penitentes de Semana Santa, principalmente en Toledo y Sevilla. En esta última ciudad empezaron a enmascararse o a usar capirotes desde entonces para no ser fácilmente reconocidos por el clero. En la Nueva España hubo procesiones de disciplinas desde un principio, pues el contador Rodrigo de Albornoz relata que en 1529, mientras los partidarios de Cortés preparaban una conjuración, tanto él como el tesorero Alonso de Estrada andaban "en las estaciones con la proscesion de los disciplinantes"; y Nuño de Guzmán incluye entre sus pretendidos méritos en la carta enviada en 1530 a Carlos V, el de haber organizado en Xalpa una "devota procesion de disciplinantes" en la que participaron más de 30 conquistadores de la Nueva Galicia.[1]

Más tarde, en 1575, el Virrey Enríquez, como parte de las rogaciones para que terminara el nuevo brote de una terrible epidemia, mandó que la

---

[1] Barker, 138, *cf.* José Ortiz Echagüe, *España Mística* (Madrid, 1943), 42. La carta de ALBORNOZ, del 13 de mayo de 1529, ha sido impresa en CDIAO, XXVIII: 370. NUÑO DE GUZMÁN, *Carta*, 46-47. Gloria Grajales, 87, dice que las procesiones más grandiosas de la Colonia eran las de duelo o penitencia. Cómo se castigaban con disciplinas los indios es señalado por Gómez Canedo, 194; pero se trata de manifestaciones individuales, no colectivas.

imagen de la Virgen de los Remedios fuera llevada a la catedral de México, según dice el Padre Sánchez Baquero, donde "se le ofrecieron algunas procesiones de sangre". El Arzobispo Moya de Contreras informó en detalles al Consejo de Indias sobre las procesiones de disciplinantes el jueves santo de aquel mismo año, dejando entrever cierto desagrado ante tales prácticas. Alegando licencia de su predecesor Montúfar —dice el Arzobispo—, los indios del barrio de San Pablo se unieron a la procesión de disciplinantes que los de San José de los Naturales tenían costumbres de efectuar. "Demás desto" —añade— una cofradía de nazarenos formada por algunos españoles "a imitación de una que dicen que hay en Sevilla" llevó a cabo al día siguiente su procesión con túnicas moradas ceñidas por sogas, cargando cruces. El 20 de abril de 1592 —informa Dávila Padilla— en Antequera (Oaxaca), también como parte de las rogativas para que cesara la tercera gran pestilencia que asoló a la Nueva España, se organizó otra procesión de disciplinantes. Para darle mayor efectividad, los f l a g e l a n t e s fueron "mas de setecientos niños y niñas açotandose", dice fríamente el cronista dominico, "los mas con unos Christos en las manos", seguidos por sus lacrimosos progenitores; a raíz de esta procesión Dios se apiadó de los niños mitigando la epidemia, afirma al fraile. Para McAndrew los grupos de peregrinos que aún en nuestros días se ven en Chalma, San Juan de los Lagos y Atotonilco cargando en las desnudas espaldas cruces claveteadas o llevando hojas de nopal atadas al cuerpo, así como las rodillas sangrantes que abundan en el Tepeyac, son casos de supervivencia de antiguas prácticas paganas de autosacrificio. No obstante, seguramente se equivoca en lo que respecta al origen de estas manifestaciones aberrantes de la devoción popular, pues por ejemplo la flagelación de grupos en la Nueva España tiene un claro carácter europeo. Se practica todavía en el noroeste de México y en Nuevo México como se verá en seguida; la difusión de este ascetismo frenético a través de la Nueva España fue tan amplia que llegó hasta las Filipinas donde, según Rafael Bernal —para quien se trata de un fenómeno de "marcada influencia mexicana"—, los penitentes de Marinduque y de otros muchos lugares siguen azotándose las espaldas durante la Semana Mayor.[2]

Los flagelantes que existen aún en Sonora, Colorado y Nuevo México no están históricamente desconectados del resto de la Nueva España. Por el contrario, hay una serie de datos que desde el Altiplano y la Nueva Galicia nos llevan hasta ellos tanto en el tiempo como en el mapa, a través de las llanuras norteñas y de las sierras paralelas al Pacífico. En efecto, en 1607, el jesuita Diego González Cueto —informa Dunne— escribió un relato elogioso de las devociones a que se entregaban sus neófitos, los tepehuanes, habitantes de una región explorada en el siglo XVI por soldados de Nuño de Guzmán. Mil indios —dice el mismo jesuita— salen de noche en una "procesión de sangre", azotándose públicamente a la luz de antorchas. Unos cuantos años más tarde —hacia 1610— los Padres Gravina y Alonso Gómez, también je-

---

2 SÁNCHEZ BAQUERO, 87. La carta de Moya de Contreras, fechada el 22 de abril de 1573, está publicada en el EPISTOLARIO de Paso y Troncoso, XI, 258. DÁVILA PADILLA, 101. McAndrew, *Open-Air Churches*, 62. Rafael Bernal, 203.

suitas, fueron testigos de "una disciplina de sangre" durante la Semana Santa entre los xiximes de la sierra duranguense, relata Pérez de Ribas; al terminar la ceremonia se depositaban en una choza a los pies de una cruz los ensangrentados látigos utilizados por devotos indios, "flagelantes modernos, igualmente penitentes pero no tan fanáticos como sus hermanos europeos de la época de la Muerte Negra hace siglos", según descripción de Dunne. El Padre Hernando de Santarén según informes recopilados por Francisco Javier Alegre fue testigo en 1604 de las "procesiones públicas de sangre [con mucho] arrepentimiento y devoción" que hacían los indios de Sinaloa. Los irrítilas laguneros, dice Decorme, hicieron una "procesión de sangre" en 1607, de la cual fue testigo el jesuita Francisco de Arista, de la misión de Parras. Y en sus *Triunfos de la Santa Fe*, el historiador jesuita Pérez de Ribas informa haber visto entre los indios sonoras, también a principios del siglo XVII, disciplinas de más de 40 personas, "buena costumbre que tienen ya tan bien recibida que ellos de suyo acuden a ella sin ser llamados". Añade que las flagelaciones de Semana Santa eran "muy copiosas de gente y de sangre", y que más de 1 500 personas se disciplinaron ese mismo año "en la cuaresma... de espaldas tres días en la semana", acompañadas del miserere "a canto de órgano". Sería interesante hacer notar que en el norte y el noroeste de la Nueva España, donde los jesuitas fundaron muchas misiones, anteriormente se habían escuchado las prédicas y enseñanzas de los franciscanos.[3]

El antropólogo Franz Boas ha señalado que hasta ahora no han sido seriamente estudiadas las raíces hispánicas del folklore de la vasta región del sur de los Estados Unidos que en otra época formó parte de la Nueva España (y de México) lo cual, en vista de la escasez de fuentes escritas, constituye un obstáculo considerable para la investigación de las tradiciones de esas comarcas. Esto es cierto, pero en lo que atañe al tema que nos ocupa es posible reconstruir, aunque en forma fragmentaria, un panorama general nada desdeñable. Con base en documentos originales, Omaechavarría, por ejemplo, ha averiguado que hacia 1602 en la Florida (cuya población española era escasísima), en el pueblo de San Pedro se efectuaban cada año dos procesiones de sangre durante la Semana Santa; y Villagrá relata que Juan de Oñate y sus compañeros en penitencia se flagelaron por primera vez en la historia de Nuevo México antes de que terminara el siglo XVI. Barker hace la siguiente comparación: los participantes en las procesiones penitenciales que todavía se ven en Nuevo México y en Colorado tienen características esenciales indudablemente heredadas de los españoles, pues como en España en el siglo XVI, el propósito esencial de la flagelación es redimir el pecado por medio de la sangre; por el contrario, las procesiones disciplinarias de los pueblos yaquis de Arizona y de Sonora tienen más bien el propósito de cumplir el voto formulado durante algún grave peligro o enfermedad. Fray Alonso Benavides registra el hecho de que en

---

[3] Dunne, *Jesuits*, 70, 107 (el segundo dato citado procede de Pérez de Ribas, IV, 3 y IX, 3). ALEGRE, II, 114-115. Decorme, "Misiones", 172. PÉREZ DE RIBAS, II, 190.

1627 los jefes jumanos manifestaron sus extrañeza al ver a los cristianos como locos, azotándose y derramando sangre por las calles. Los editores de su *Memorial* (Hodge, Hammond y Agapito Rey) llegan a la conclusión de que evidentemente desde esa época los franciscanos de Nuevo México se f l a g e l a b a n en público, lo cual dio origen a la confraternidad llamada hoy en día "Los Hermanos Penitentes de la Orden de San Francisco", que agrupa a varias sociedades de f l a g e l a n t e s . Dicha confraternidad es, pues, una supervivencia de la antigua orden terciaria franciscana de aquella región y sigue existiendo a pesar de las censuras de los obispos católicos angloparlantes de Nuevo México. Bradford Prince, quien en 1915 cuando escribió su libro sobre las iglesias de las misiones ya había sido gobernador de Nuevo México, dice también que lógicamente los orígenes del extraño fenómeno de los f l a g e l a n t e s de su Estado nativo deben buscarse en la tercera orden franciscana, aunque dice que la explicación más plausible es que se trata de una supervivencia de los f l a g e l a n t e s de la Edad Media. Siguen existiendo a pesar de que desde 1851 las autoridades eclesiásticas han prohibido en varias ocasiones tales prácticas, que geográficamente se localizan en el norte de dicho estado y en los condados sureños de Colorado. Los flagelantes, según Prince, se reúnen en edificios de adobe llamados *moradas*, que no tienen ventanas; dan a su congregación los nombres de Sociedad de Nuestro Padre Jesús o de la Sangre de Cristo; y para formar parte de ella hay una ceremonia de iniciación; por último, las cuestiones que afectan al grupo están a cargo del llamado Hermano Mayor. Aurelio M. Espinosa, en una obra más reciente (1953), asegura que la Sociedad de Nuestro Padre Jesús cuenta con miles de miembros, y recuerda que la Orden Tercera de San Francisco fue fundada por Diego de Vargas, Capitán General de Nuevo México, a fines del siglo XVII en Santa Cruz donde, precisamente, se reúnen las asambleas generales de los f l a g e l a n t e s neomexicanos.[4]

Capítulo importante en la historia del ascetismo y de la devoción coloniales fue la veneración de las reliquias de Cristo o de los santos, herencia tanto del Medievo como de la Antigüedad clásica. En efecto, en el mundo helénico y romano la custodia de los despojos de un dios o de un héroe, a los que se atribuía un cierto poder mágico, se traducía en una primicia religiosa o hasta en una hegemonía de carácter político. Atenas gozó de especial prestigio entre los griegos por guardar los huesos de Teseo; y los Tolomeos de Egipto ocuparon un lugar prominente entre los diádocos por ejercer su autoridad sobre la tumba de Alejandro Magno. La Iglesia medieval heredó éstas entre otras muchas tradiciones del mundo antiguo, y no es el menor de los títulos a la supremacía del Pontífice Romano en el mundo cristiano el tener la custodia de la tumba del Príncipe de los Apóstoles. Sabido es también que en el siglo X los huesos de San Adalberto fueron base sucesivamente para que en Bohemia y en Polonia se crearan sedes

---

[4] Boas, "Mexican Folk-lore", 247. Omaechavarría, 78. Villagrá, c. XI, es citado por A. M. Espinosa, *Nuevo Méjico*, 13-14. Barker, 141. Fray Alonso de BENAVIDES, *Revised Memorial*, 66 y nota (de Hodge, Hammond y Rey) de la p. 244. Prince, 363-373.

primadas (o sea independientes del Imperio); y que más tarde los venecianos debieron sustraer de Alejandría la reliquia insigne de San Marcos a fin de lograr la creación de un patriarcado propio en Aquilea, trasladado luego a Venecia. El mismo espíritu inspiró en la Nueva España la acumulación de reliquias y su veneración. No sólo se les consideraba "un testimonio y sigilo auténtico" de la fe y religión cristianas, sino que se les atribuía la virtud de proteger a los devotos y de hacer milagros, ya que en ellas, como dijo Sánchez Baquero, autor contemporáneo de la llegada de la Compañía de Jesús a la Nueva España, "quedó cierto espíritu y viveza... para nuestra protección y amparo".[5]

Las primeras reliquias veneradas en la Nueva España fueron los restos u objetos personales de los misioneros, monjas o anacoretas muertos en olor de santidad. Podían considerarse reliquias todas las pertenencias del difunto, inclusive su ropa, como sucedió en el caso del jesuita de Oaxaca Pedro Rodríguez († *ca.* 1575) y en el de Fray Jordán de Santa Catarina († 1592); sólo el hábito como en el de Motolinía, o la túnica y los cilicios como en el de Fray Martín de Valencia, conservados en Amecameca; o bien el cuerpo entero, como el de la Venerable Madre María de Jesús (n. 1582), que fue la reliquia más preciada del convento de la Purísima Concepción de Puebla. El cadáver del Venerable Gregorio López hizo milagros desde el momento en que falleció, según su biógrafo Losa, pero también su camisa, jubón y sombrero curaron ciegos y leprosos. Se adquirió la costumbre de guardar como reliquia los dedos con que en vida bendecía algún admirado fraile. El de Fray Francisco Jiménez "no se secó" dice Mendieta, y además "daba de sí... fragancia de olor"; dos de Fray Pedro Galarza (1535-1611), afirma el Padre Franco, tenían el poder de sanar, especialmente el mal de orina; y varios dedos de Fray Juan de Orbita, según Cogolludo, así como la sangre que salió al cortarlos "se recogieron con veneración". En algunos casos como el del doctor jesuita Juan de la Plaza (1527-1629) sólo se guardó "una uña muy larga" que sangró al cortársele, detalle que debemos al Padre Florencia. Todavía en nuestro tiempo, el cadáver de un pseudo-Motolinía, desenterrado en el templo de San José en Cañada de Morelos (Puebla) "goteaba sangre fresca" en presencia del obispo de Tehuacán, según un revelador reportaje periodístico.[6]

Entre las reliquias más famosas de la época colonial, cuya autenticidad es hoy más que dudosa en la mayoría de los casos, se cuentan algunos fragmentos de la Corona de Espinas, cierto número de astillas de la Santa Cruz y

---

[5] SÁNCHEZ BAQUERO, 114.

[6] El caso del Padre Rodríguez es citado por SÁNCHEZ BAQUERO, 84. L. Alamán, II, 163, menciona el hábito de Motolinía, conservado como reliquia. Fray Alonso FERNÁNDEZ, cap. XXVIII, p. 149, alude a Fray Jordán de Santa Caterina; y Fray Antonio de CIUDAD REAL, II, 122, menciona las reliquias de Fray Martín de Valencia. Según ECHEVERRÍA Y VEYTIA, II, 435, en su tiempo se abrió el proceso de canonización de la Venerable María de Jesús. Licenciado Francisco LOSA, 105-107. MENDIETA, *Vidas Franciscanas*, 79, y *Santo Evangelio*, 70. Fray Alonso FRANCO, 329-332. COGOLLUDO, X, cxlvi; p, 590. FLORENCIA, *Hist.de la Com. de Jesús*, 410. El reportaje aludido, de Fernando de Ita, apareció en el diario *Unomásuno* de los días 15 a 17 de septiembre de 1981.

muchos huesos (inclusive cráneos completos) de las Once Mil Vírgenes, amén de dos fragmentos del velo con que la Virgen se cubrió el rostro en el Monte Calvario. Como tesoro se guardaban varias espinas de la corona de Cristo (una por cada templo) en la iglesia del colegio jesuita de San Pedro y San Pablo, en Santo Domingo de México y en Santa Clara de Puebla. Para la santa espina de los jesuitas, el rico Alonso de Villaseca mandó hacer un relicario. Hubo más astillas de la Santa Cruz (*lignum Crucis*) que espinas, por lo menos doce. La mayor de ellas, custodiada en la catedral de México, había figurado anteriormente en el pectoral de San Pío V. La catedral tenía un fragmento de otra, parte de la traída por Fray Alonso de Veracruz para San Agustín de México. La de Santo Domingo de México había estado también en posesión de San Pío V y quizá sea la misma que el dominico Fray Domingo de la Anunciación (1510-1591) utilizaba para aliviar los peligros del parto. Según las crónicas era muy eficaz para las madres, que siempre sobrevivían al trance, pero no para los recién nacidos, aunque siempre tenían tiempo de recibir las aguas del bautismo antes de morir. Los franciscanos descalzos de San Diego atesoraban otra astilla del santo madero, así como también las monjas de Santa Isabel de México y las de Santa Clara de Puebla. En esta última ciudad, se enorgullecían de poseer partículas de la Cruz, además de las clarisas, los carmelitas descalzos, cuya astilla coloreaba el agua y le daba virtudes milagrosas, y la iglesia de San Francisco. Por último conocemos la existencia de otras tres: dos en manos de los jesuitas (una de ellas fue posesión personal del misionero Juan del Valle, muerto en 1616 a manos de los tepehuanes) y la tercera en la catedral de Morelia, obsequio del Obispo Francisco de Ribera.[7]

De las Once Mil Vírgenes (que deben su existencia al error de un copista) hubo en la Colonia algunas veneradas reliquias; y otras más fueron pedidas para Guatemala, en 1592. El provincial dominico Fray Domingo de la Cruz trajo a la Nueva España una caja llena, obsequio de Carlos V según una versión, o rescatadas en la catedral de Colonia de la furia de la soldadesca luterana, según otra. La catedral de México poseía dos cráneos de esas vírgenes, y los jesuitas una calavera que recibieron de Roma en 1575. También en la capital del virreinato, San Francisco y Santa Clara poseían reliquias importantes de las Once Mil Vírgenes; en la primera había tres huesos de cráneos según Mendieta, o tres cabezas más un diente según Vetancurt; y en la segunda se conservaban una canilla de brazo, obsequiada por la Emperatriz María de Hungría y de Bohemia, según Mendieta, una calavera según Vetancurt, o varios huesos de una pierna según Antonio de Ciudad Real. Otras dos calaveras, regalo del Marqués de Monferrato, eran veneradas por los franciscanos descalzos en su iglesia; y un número inde-

---

[7] Las fuentes utilizadas en la redacción de este párrafo son las siguientes: Fray Martín de ESCOBAR, 212; el Padre FLORENCIA, *Hist. de la Comp.* de Jesús, 333-334; Fray Alonso FRANCO, 32 y 548; VETANCURT, *Teatro mexicano*, 4ª Parte, 47, 51, 113 y 114; GUTIÉRREZ DE LUNA, 34, 88; Fray Juan de GRIJALVA, 465-466; Fray Matías de ESCOBAR, 212; DÁVILA PADILLA, 499; Fray Balthassar de MEDINA, fols. 28 vº y 29; GONZÁLEZ DÁVILA, I, 111 y 165; Decorme, "Misiones", 68; y Sosa, 110.

terminado de huesos de la Once Mil Vírgenes figuraban entre los tesoros de Santo Domingo y de San Diego de México.[8]

Centenares si no es que miles de reliquias empezaron a llegar al virreinato cuando en 1537 Zumárraga pidió que se le enviaran algunas para las catedrales novohispanas. En la sede mexicana, la lista de las conservadas en la capilla del Santo Cristo es, según Toussaint, muy copiosa, y comprende los cuerpos enteros de Santa Hilaria y de San Primitivo. No menos importante era el inventario de San Francisco de México, en el que figuraban una astilla de la mesa de la Cena, el velo de Santa Lucía y partículas *ex corpore* de unos 50 santos, entre ellas de todos los apóstoles y evangelistas. En Santa Clara, también en México, se conservaban huesos de 40 mártires y de 20 santos, además de dos dientes de San Laurencio y dos dedos de San Marcos Papa. La iglesia franciscana de Xochimilco tenía y guarda celosamente aún (en al altar de su advocación) una canilla de un brazo del mártir San Sebastián; la Santa Veracruz posee parte de las entrañas de San Francisco Javier; y las colecciones de objetos venerables que los franciscanos descalzos tenían en San Diego comprendían desde el siglo XVII "joyas inestimables" según Baltazar de Medina, entre ellas huesos de San Bonifacio, de San Lorenzo y de San Vital así como de los mártires del Japón. Los franciscanos de Puebla guardaban como tesoro "un pellejo de las martirizadas carnes de San Felipe de Jesús". En 1571, el Cabildo de México recibió solemnemente, de manos de Esteban Cerrofino (quien por sus desvelos para conseguirlo fue gratificado con 800 pesos) un hueso grande del patrono de la ciudad, el glorioso mártir San Hipólito. La capilla de Santa Catarina de la catedral de Puebla no iba a la zaga de la que en la de México guarda las reliquias: en efecto, dice Echeverría y Veytia, con cierto orgullo local, había en ella "huesos grandes" de numerosos santos (San Clemente, San Sixto y San Maximiliano Mártires, por ejemplo), riquezas espirituales que eran completadas por objetos tan dignos de veneración como un pedazo de la púrpura con que por escarnio se vistió a Nuestro Señor y otro de la cruz en que padeció el apóstol San Andrés. Por su parte, San Francisco de Puebla poseía entre otras reliquias el cuerpo del Venerable Sebastián de Aparicio "entero y oloroso", y unas gotas de la sangre que le salió del costado a San Francisco de Asís. Las carmelitas descalzas de la misma ciudad tenían a su cuidado la extraordinaria reliquia de un lienzo usado por la Virgen María al pie de la Cruz. San Francisco de Tlaxcala tenía cuerpos de santos y de niños mártires: el lugar donde yacía uno de estos últimos no fue nunca localizado con precisión, "pero era tanta la fragancia celestial —informa Vetancurt— que aunque no encontraron los huesos, juzgaron estar por alli muy cerca". La catedral de Valladolid de Michoacán era también

---

[8] Sanchíz, 156 (Guatemala). La primera versión relativa a Fray Domingo de la Cruz es de REMESAL, VII, xiii; II, 51. La segunda es compartida por DÁVILA PADILLA, 161, y por Fray Alonso FERNÁNDEZ, cap. XXX, pp. 158-159. Toussaint, *Catedral de México*, 135; *cf.* el *Calendario de Galván* para 1874, p. 57. MENDIETA, *Santo Evangelio*, 96, 97. VETANCURT, *Teatro Mexicano*, 4ª. Parte, 47 y 109. Fray Antonio de CIUDAD REAL, I, 144 y 233-234. Fray Balthassar de MEDINA da cuenta de las reliquias de las Once Mil Vírgenes existentes en San Diego de México; y Fray Alonso FRANCO, 548, de las conservadas en Santo Domingo.

rica en reliquias, así como las de Guadalajara (donde las había de San Clemente Papa, en primer término) y de Ciudad Real (hoy San Cristóbal de las Casas); las de esta última, informa Remesal, estaban provistas de la debida "certificación y jubileos de Su Santidad".[9]

Según parece, la riqueza de las reliquias que los jesuitas trajeron a la Nueva España superó todo lo hasta entonces visto en la Colonia, lo cual no deja de ser singular por tratarse de una corporación religiosa no propiamente medieval sino del símbolo mismo de la Contrarreforma. Pues bien, desde su llegada en 1571 hasta la consagración de la iglesia del Espíritu Santo en Puebla en 1600, la Compañía de Jesús acumuló un total de 215 reliquias. Parte de las recibidas inicialmente por Veracruz se extraviaron en un naufragio o fueron robadas por malvivientes, creyendo que el tesoro de que oían hablar era oro puro. Entre aquéllas había once reliquias de los apóstoles (en primer término de San Pedro y San Pablo, bajo cuya doble protección se constituyó el primer colegio jesuita novohispánico) y de los cuatro evangelistas, 57 de santos mártires, 14 de Doctores de la Iglesia, 24 de santos confesores y 27 de santas, así como parte del "palio" de San José, un fragmento del velo de la Virgen, el sudario de San Francisco Xavier y los cuerpos enteros de San Zenón y de San Ponciano. El primer provincial, que fue el Padre Pedro Sánchez, recibió en España las primeras como donativo del Duque del Infantado. Una segunda y voluminosa partida de reliquias fue recibida de Roma en 1578 y colocada en solemnísima ceremonia en San Pedro y San Pablo, para la festividad de Todos Santos en 1578, aunque después algunas fueron repartidas entre Puebla, Oaxaca y Pátzcuaro. El doctor Pedro Morales, que había traído consigo de Europa el cuerpo de San Ponciano, escribió una breve historia en 1603 sobre el depósito de esa insigne reliquia y de otras más en la iglesia de la Compañía en Puebla. Pero en realidad ya anteriormente los jesuitas habían traído reliquias al Nuevo Mundo, cuando llegaron a la Florida hacia 1565 con la expedición de Menéndez de Avilés, y en especial el Padre Martínez, quien había recibido varias como regalo de la Condesa de Niebla. Cuando el Padre Martínez sufrió el martirio en tierra de Ajacán (Virginia), junto con algunos de sus compañeros, tenía a su lado una caja de reliquias, cilicios y libros de devoción. Los indios intentaron abrirla con el efecto de que cayeron muertos

---

[9] La petición de Zumárraga mencionada fue incluida en las instrucciones para los procuradores que envió al concilio de Trento, *ap.* Cuevas, *Docs. inéd. siglo XVI*, 69-70. Toussaint, *Catedral*, 135. Las reliquias de San Francisco de México y de Santa Clara son descritas por VETANCURT, *Teatro Mexicano*, 4ª Parte, respectivamente en 47 y 109; y las de Xochimilco, por Fray Antonio de CIUDAD REAL, I, 108 (McAndrew, 353, probablemente citando de memoria yerra al afirmar que se trata de una reliquia de San Esteban y no de San Sebastián); la de la Santa Veracruz, por MURILLO VELARDE, IX, 84-85; y las de San Diego, Fray Balthassar de MEDINA, fols. 28vº, 29 y 137 (*cf.* la Int. de F. B. Sandoval, xxiv). La recepción de las reliquias de San Hipólito figura en las ACTAS DE CABILDO DE MÉXICO, Libros VII, p. 525, col. 2° y VIII, p. 15, col. 1°, y es reseñada por DÍEZ DE LA CALLE, 109. ECHEVERRÍA Y VEYTIA, II, 99, y II, 388-389 (sobre los carmelitas descalzos). VETANCURT, *Teatro Mexicano*, 4ª Parte, pp. 51, 454, describe respectivamente las reliquias de San Francisco de Puebla y de San Francisco de Tlaxcala. *Cf.* GONZÁLEZ DÁVILA, I, 165 (sobre las reliquias de Valladolid); MOTA Y PADILLA, 377 (Guadalajara); y REMESAL, X, xiii; II, 318 (Ciudad Real).

inmediatamente por castigo divino, según el relato del Padre Bartolomé Martínez. Aquellas reliquias eran tan milagrosas que en una ocasión, cuenta el Padre Florencia, aplacaron la furia del mar salvando la flota del Adelantado de la Florida. El viajero inglés Roberto Thompson cuenta un hecho curioso: en la nave en que viajaba a Veracruz en 1555, vio a unos frailes echar una reliquias al mar para calmarlo, cuando una violenta tempestad puso en peligro el barco.[10]

[10] Arrojar al mar reliquias para calmarlo fue práctica generalizada entre los primeros jesuitas que llegaron al Brasil. Véanse los caps. X y XII de mi libro *La herencia medieval del Brasil*. SÁNCHEZ BAQUERO, 19, 114-115 y 116; ALEGRE, I, 205-207, 219, 230; II, 59 y 166-167; *cf.* 501-502; CHIMALPAHIN, 283-284; GONZÁLEZ DÁVILA, I, 60; González de Cossío (ed.), RELACIÓN BREVE... DE 1602, 45, 54-55; y Decorme, *Jesuitas Mexicanos*, I, 57. Los datos relativos a las reliquias llevadas por los jesuitas a la Florida son del Padre Florencia, *Hist. de la Comp.* de Jesús, 56, y de Zubillaga (ed.), MONUMENTA... FLORIDAE, Docs. 41 y 138, resp. en las pp. 106-107 y 582-583. El relato de Thompson figura en García Icazbalceta, *Viajeros ingleses*, 17, y en Conway, *An Englishman and the Inquisition*, 9. Por último, es de señalarse que según COGOLLUDO, XII, IX; 704-706 y XII, X, 707-710, la custodia franciscana de Mérida conservaba algunas reliquias de San Diego de Alcalá († 1463), que curaban a mujeres tullidas, flujos de sangre, tumores en la garganta y a niños hechizados. Más generalmente, el santo protegía de los rayos desde sus santuarios de Campeche y de Tikal.

XVII. MILAGROS Y PRODIGIOS

LA INTERVENCIÓN directa de los santos en la Conquista —por supuesto siempre en auxilio de los españoles— fue discutida en un capítulo anterior. En el presente hablaremos de otros milagros: los hechos por personas vivientes (o alcanzados gracias a su intervención) tales como misioneros, monjas y en pocos casos seglares. No se examinan separadamente los m i l a g r o s y l o s p r o d i g i o s ya que es difícil hacer una distinción entre ambos fenómenos. En Mística, en efecto, se usan en buena medida como sinónimos, puesto que se consideran por igual "actos superiores al orden natural" o sucesos "que exceden los límites regulares de la naturaleza". El hecho milagroso es tanto más "natural" en el Medievo cuanto las fronteras entre el mundo natural y el sobrenatural están mal trazadas y borrosas. No es quizá ocioso recordar aquí en cuanto a los párrafos que siguen, así como el capítulo siguiente (sobre las imágenes milagrosas), que la intención del autor es meramente descriptiva.

Los milagros relatados por los cronistas empezaron en La Española. Según cuenta Herrera, crecieron unas raíces con forma de cruz —"lo qual fue juzgado por milagro"— en el lugar donde los indios habían enterrado algunas imágenes sagradas con el ingenuo propósito de que dieran "grandes frutos" (Bartolomé Colón, que obviamente carecía de sentido del humor, castigó con la hoguera su exceso de iniciativa). Durante la expedición y conquista de México hubo muchos milagros evidentes. Ya a Juan de Grijalva le sucedió uno "bien grande" cuando apareció sobre su nao una gran estrella (posiblemente un cometa; sobre estos fenómenos se dirá algo más adelante) que dejó "un rastro en el aire que duró tres horas largas". Mucho se ha escrito sobre la paloma —"prodigiosa y milagrosa señal", dice Pizarro y Orellana— que un viernes santo salvó a la nave que en 1504 traía a Cortés de España a Santo Domingo, la cual había perdido el rumbo en medio de una tempestad (la alusión al Espíritu Santo es clara). Según otra tradición, como se ha visto, fueron ángeles quienes guiaron los bajeles en los cuales el Conquistador andaba explorando las costas mexicanas en 1519. La conquista del mundo azteca está también llena de milagros: brotó agua dulce de la tierra en el aposento del palacio de Axayácatl donde los españoles estaban sitiados, y los mexicas no pudieron arrancar la imagen de Nuestra Señora del sitio donde Cortés la había puesto, según informan Gómara, Oviedo y Argensola; un fuerte y milagroso aguacero, cuenta el padre Durán, obligó a los mexicanos a levantar el asedio de los españoles; y más tarde, un viento providencial infló el velamen de los bergantines —lo "que pareció milagro"— facilitando su desplazamiento por el lago de Texcoco. Los conquistadores Bernardino Vázquez de Tapia y Francisco de Aguilar atribuyen a la intervención divina la epidemia de sarampión que diezmó a los defensores de Tenochtitlán; tiempo después Sahagún agrega que aquella pestilencia fue enviada por Dios "en castigo de la guerra que [los indios] habían hecho a sus cristianos, por él enviados para hacer esta jornada"; Fray Bernardino compara las victorias de Cortés con las de Josué y del Cid. Las intervenciones milagrosas de la Virgen María en las batallas de la Conquista ya han sido mencionadas más arriba; otro autor que a fines del siglo XVI reseñó aquellos episodios es el Padre Acosta. Como se verá más adelante, al tratar la historiografía durante la Colonia, la Conquista misma fue juzgada un hecho milagroso.[1]

Los misioneros, quienes se entregaron de lleno a la tarea de la evangelización seguros de que su misión era de carácter divino, prodigaron milagros narrados en detalle por sus biógrafos y por sus contemporáneos. Los hicieron de índole diversa, pero aquí nos ocuparemos en primer término de los casos de facultades taumatúrgicas. Fray Pedro Cardete, provincial franciscano de Yucatán, según Cogolludo, sanaba a niños enfermos mediante la fe. Fray García de Salvatierra, cuyas facultades eran más modestas, una vez curó de un dolor en los dientes —narra Mendieta— a un vecino de Toluca poniéndole "un dedo sobre todas las muelas". Entre los indios laguneros, el jesuita Diego Díaz de Pangua, cuenta Alegre, curó en unos cuantos días mediante el bautismo a "un obstinado viejo"; y Fray Juan Ramírez, hacia 1629, hizo el mismo beneficio a una niña de brazos en el peñol de Acoma, en Nuevo México, según el Padre Benavides. A veces, los misioneros curaban milagrosamente los más diversos impedimentos, aun serios: el agustino Antonio de Roa († 1563) hizo cantar a un indio llamado Simón Tlacoxúchitl, que era mudo; el cronista jesuita Pérez Ribas hizo oír a un sordo en Sinaloa cuando le prometió la vida eterna, mediante el uso de trompetilla; y Fray Francisco de Porras, que alcanzó las palmas del martirio en Moqui, también en Nuevo México, devolvió la vista a varios adolescentes indios ciegos, suplicándolo a Dios, exclamando la misteriosa palabra *epheta*, y colocándoles al mismo tiempo una cruz sobre los ojos. En Yucatán, el Obispo Landa ganó muchos adeptos sanando con el bautismo a muchos indios, entre ellos a una vieja tullida que después del milagro "[se] fue a su casa... por sus pies". Dávila Padilla cuenta que Fray Jordán de Santa Catarina hacía sanar las llagas estando vivo y después de muerto; y quienes tenían fe, dice Arlegui, eran curados en Zacatecas por Fray Jacinto de

---

[1] Ver Rousset, 32, sobre la naturaleza del milagro en el Medievo, lo que es todavía aplicable al siglo XVI novohispano. HERRERA, *Historia*, Déc. 1ª, III, 4 (p. 311). Itinerario de GRIJALVA, ed. A. Yáñez, 35. PIZARRO Y ORELLANA, 69. El prodigio de la paloma que guió al navío que transportaba a Cortés es mencionado por DORANTES DE CARRANZA, 88, Diego Luis de MOTEZUMA, 325, ARGENSOLA, 76, ILLESCAS, 272, y también por Prescott, 112, García Icazbalceta, *Col. de Docs. para la Hist. de México*, I, y Orozco y Berra, *Historia Antigua*, IV, 12. GÓMARA, 364; OVIEDO, XXXIII, xlvii, vol. IV, 227-229. Argensola, 243, narra también el milagro de la desalinación del agua. DURÁN, ed. 1880, II, 48. En GÓMARA, ed. México, 1943, II, 34, se describe el viento recibido a popa por los bergantines, que fue juzgado milagroso. Bernardino VÁZQUEZ DE TAPIA, ed. J. Gurría Lacroix, 45-46. Fray Francisco de AGUILAR, ed. Patricia de Fuentes, 159 y ed. de G. Gómez de Orozco, 83. SOLÍS en II, xix; 118-119, se muestra más bien escéptico frente a tantos milagros; sobre Andrés de Tapia, *cf.* Ida Rodríguez Prampolini, 143. SAHAGÚN, XII, Int; IV, 19. José de ACOSTA, 524-525, aparentemente confunde a Nuestra Señora del Socorro con la Virgen de los Remedios; *cf.* TORQUEMADA, I, 464-465, y LOBO LASSO DE LA VEGA, Int., P. XL.

San Francisco († 1567) con el aceite de su lámpara. En 1629, cuenta Benavides, Fray Juan de Salas y un compañero suyo, haciendo la señal de la
cruz y recitando pasajes de San Lucas, se pasaron todo un día y una noche
sanando milagrosamente a incontables apaches, entre ellos "ciegos, cojos
[e] idrópicos". La costumbre de dejar testimonio de un milagro mediante
un exvoto se remonta al templo de Esculapio en Grecia, fue practicada también en España desde tiempo inmemorial, y de allí pasó a la Nueva España. Por ello es común ver en las iglesias mexicanas exvotos de diversos tipos.
Quizá la primera ofrenda de esta especie hecha en México fue la que Cortés
ofreció en 1527 a la Virgen de Guadalupe extremeña, consistente en un
escorpión de oro, esmeraldas, perlas y esmaltes, en agradecimiento de haber
sanado por su intercesión de la mordedura de un alacrán en Yautepec.[2]
    Los frailes también tienen en su haber la resurrección de muchos muer-
tos. Fray Martín de Valencia, según testimonios de su contemporáneo Francisco Jiménez, de Mendieta y de Fray Alonso Fernández resucitó en Tlalmanalco a un niño que debía bautizar, cosa que hizo después de haberle
devuelto la vida poniéndose en oración; y ya muerto, el santo fraile le restituyó el olfato a Fray Juan de Oviedo —añade Mendieta— cuando éste abrió
su sepultura "sintiendo fragancia de suavísimo olor". También se atribuye
a otro de los primeros franciscanos, Fray Juan de San Francisco, el haber
resucitado a un niño, al parecer hijo de un cacique, por medio de su bendición; Fray Alonso Ortiz logró lo mismo en Querétaro con una niña haciéndole la señal de la cruz; y también Juan de Angulo (1567-1644) en Zacatecas
con otra niña muerta de asfixia, que volvió a la vida —narra Arlegui— con
sólo una oración del fraile. Vetancurt dice que el cadáver de Fray Sebastián de Aparicio, quien con el calificativo de Venerable se convirtió en uno
de los patrones de Puebla, ya estando en su féretro resucitó por lo menos a
nueve difuntos. A veces los frailes eran medio indirecto de la resurrección
de un muerto que necesitaba poner en orden su conciencia. Tello cita un
caso, ocurrido en el siglo XVI en Culiacán, y Arlegui otro, que se presentó
en el convento de San Sebastián del Venado, hoy en el estado de San Luis
Potosí. El primero fue el de una mujer india que ya en camino del cementerio "se rebulló" y volvió en sí para explicar que habiendo ya aparecido en juicio ante Jesucristo, lo había visto tan indignado contra la gente de
la provincia que le mandó volver al cuerpo "para que les dijese que oyesen la
palabra de Dios que les predicaban los religiosos". Cumplida la misión,
murió al cabo de dos días. El segundo fue de otra india que en vida había

[2] COGOLLUDO, IX, XIX; p. 250 (acerca de Fray Pedro Cardete); sobre los milagros del padre
Landa, cf. V, XV; p. 288. BENAVIDES, Revised Memorial, 73 (sobre Fray Juan Ramírez). Fray
Juan de GRIJALVA cita el caso de Simón Tlacoxúchitl. PÉREZ DE RIBAS, Triunfos, I, 353. Los
milagros de Fray Francisco de Porras son descritos por BENAVIDES, Memorial (ed. en español),
28; Revised Memorial, 76, 79, 133 y notas p. 300; cf. Eulalia Guzmán, p. 181: "Relación de
Nuevo México..." (Bibl. de la Sagrada Congregación de Propaganda Fide). DÁVILA PADILLA, 646-
649. ARLEGUI, 270. BENAVIDES, Memorial (ed. en español), 62, acerca de Fray Juan de Salas.
Sobre la profusión de exvotos, ver Foster, Cultura y Conquista, 275 (Culture and Conquest,
160) y A. Rey, Cultura y Costumbres del siglo XVI, 136. Lawrence Anderson, 24, que cita V.
Barrantes, Virgen y Mártir. Nuestra Señora de Guadalupe. Badajoz, 1895, da cuenta del escorpión de oro y piedras preciosas de Cortés.

agraviado a los franciscanos; ya muerta y amortajada resucitó para pedir perdón por sus injurias y, habiéndolo obtenido, "se volvió a caer muerta en el ataúd a vista de todo el pueblo". De acuerdo también con las fuentes del siglo XVI, además del caso ya visto de la mística de Ágreda, existen varios ejemplos de glosolalia, es decir la facultad de ser entendido por quien no habla el idioma en que uno se expresa, común entre los apóstoles. Los tres primeros franciscanos flamencos comenzaron por estudiar el náhuatl (que llamaron "una teología que no conoció San Agustín"), pero a su contemporáneo el ya mencionado Fray Juan de San Francisco, según Mendieta citado luego por Vetancurt y Fray Alonso Fernández, en medio de un gran resplandor en Tlaxcala "le [fue] concedida por Don del Cielo la lengua mexicana"; Fray Juan comenzó al día siguiente a predicar en ella a los indios, habiendo incluso más tarde publicado en náhuatl un volumen de sermones y pláticas espirituales. Pérez de Ribas dice que los dos primeros misioneros jesuitas de San Miguel de Sinaloa, Hernando de Santarén y Pedro Méndez recibieron dones especiales para su labor evangelizadora: el primero aprendió "casi milagrosamente" la lengua tave en mes y medio, y el segundo "se halló casi de repente con suficiencia para poder hacer algunas confesiones en esa lengua, e instruir en ella a sus penitentes". Otro jesuita, Gonzalo de Tapia, o era muy talentoso para los idiomas o fue favorecido sobrenaturalmente para poder aprender en menos de 17 días la lengua de los "chichimecas caribes", dando así "principio a la doctrina en... [lo] que después fue San Luis de la Paz" (Guanajuato).[3]

La Providencia extendía un manto protector cuando a algún celoso misionero le salía al paso el peligro. Por ejemplo un fraile, posiblemente Ascencio de Zárate († 1632) —según narra el Padre Benavides—, se volvió invisible en Picurí cuando algunos indios de Nuevo México entraron a su cabaña a matarlo. Al agustino Juan Bautista de Moya que, como se ha visto, desdeñaba la ley de la gravedad en sus levitaciones, le sucedía con cierta frecuencia —absorto en la meditación, como era su costumbre— caerse en precipicios saliendo siempre ileso. A los casos citados habría que añadir el que narra Grijalva, sucedido en 1544 cuando el Padre Moya se despeñó en un camino cerca de Huauchinango; los indios que bajaron, llorosos, a buscar su cadáver lo hallaron "sentado a la orilla del río, sano y contento". En otra ocasión, dicen Basalenque y Matías de Escobar, en circunstancias semejantes a las anteriores Moya cayó en la profunda barranca del río Turicato cerca de Carácuaro, sin que el accidente le produjera ni un rasguño: "le había aparecido que iba volando". Una vez que el Padre Moya iba

[3] Francisco XIMÉNEZ (ed. P. Atanasio López), 80. MENDIETA, *Historia*, IV, 42 y Alonso FERNÁNDEZ, c. xii, p. 64 (sobre Fray Martín de Valencia). MENDIETA, *op. cit.*, IV, 110 y *Vidas Franciscanas*, 126 (Fray Juan de San Francisco). VETANCURT, *Teatro Mexicano*, 80 (también sobre Fray Juan de San Francisco). El milagro de Fray Alonso Ortiz es descrito por LA REA, 366-367. ARLEGUI, 348-349 y Amador, I, 299 (cerca de Fray Juan de Angulo). VETANCURT, *Menologio*, 23 (el Venerable Sebastián de Aparicio). TELLO, 39-40 y ARLEGUI, 285 (los casos de muertos que resucitan para descargar su conciencia). MENDIETA, *Vidas Franciscanas*, 122; *Santo Evangelio*, 72; VETANCURT, *Monologio*, 79; y Alonso FERNÁNDEZ, c. xvi, p. 83 (sobre el don de lenguas de Fray Juan de San Francisco). PÉREZ DE RIBAS, I, 181. El jesuita Gonzalo de Tapia es mencionado en este contexto por P. F. Velázquez (ed.), *Col. Docs. de San Luis Potosí*, II, Int., p. li.

a confesar a un enfermo, según González de la Puente, atravesó un río caudaloso sobre una "viga" que resultó ser un "grandísimo caimán". No fue río
sino arroyo, el que se dividió muchas veces para no mojar al Venerable Sebastián de Aparicio, quien por lo visto también era bastante distraído. El
agua, tan necesaria, fue a menudo objeto de acciones milagrosas. Volviendo al Padre Moya, podemos recordar que, según dos cronistas, los Padres
Navarrete y Escobar, hizo surgir con su bordón ojos de agua para los indios en Turicato y entre Zirándaro y Pungarabato (Michoacán), sin gran
esfuerzo pues bastaba el primer tacto del báculo "sin que fuera necesario
repetir como Moisés los golpes". Por su parte Fray Juan de Caro († 1622),
dice Baltazar de Medina, tenía la facultad de encontrar agua cuando hacía falta. Hacer surgir manantiales fue también una facultad milagrosa de
los Obispos Vasco de Quiroga y Juan de Palafox y Mendoza. Según una
versión recogida por Trueba, cuando don Vasco quiso cambiar su sede de
Tzintzuntzán a Pátzcuaro tropezó con la resistencia de los indios y encomenderos que alegaban la escasez de agua en este último punto. El Obispo, golpeando una roca con su cayado, hizo brotar un manantial de cris-
talinas aguas. Rivera Cambas, por su parte, recuerda que a Palafox se le
atribuyeron milagros tales como el de haber hecho brotar agua en un lugar donde era muy necesaria entre Puebla y México, que hasta hoy sigue
considerándose "venerable". Algunos frailes tenían el poder de hacer llover. Mendieta informa que Fray Martín de Valencia hizo llover en Tlalpan,
Tlaxcala y San Francisco Cuitlixco; y su poder, según el *Menologio*, era tan
grande que "llovía y dejaba de llover por su influencia". Y cuando no quería no se mojaba. En una ocasión un río crecido le devolvió "una Biblia y
otros librillos" perdidos accidentalmente al cruzarlo. Remesal relata que
una vez Fray Tomás de la Torre, estando dormido, se arrojó a la laguna
de México, creyendo salvar a otro fraile en peligro; se salvó él mismo caminando por las aguas por divina concesión. Fray Miguel de Chavarría
(† 1632), del convento franciscano de Huamantla, tenía también la facultad de hacer llover a voluntad, y por su parte Fray Alonso de Escalona, en
respuesta a las súplicas de sus feligreses, hizo el mismo milagro con el sencillo expediente de alzar los ojos al Cielo y exclamar: "Ea, Señor, haced
como quien sóis, enviadnos agua." En Oaxaca, en 1552, Fray Jordán de
Santa Catarina hizo llover después de que las rogativas y procesiones de
sangre de los fieles no habían obtenido resultado alguno; el historiador
oaxaqueño Gay relata que Dios, conmovido por las súplicas del fraile, hizo
que se precipitara un aguacero tan copioso que los presentes no pudieron
retirarse del templo. En 1598, en Nuevo México, los franciscanos Alonso
Martínez y Cristóbal de Salazar pidieron a Dios un milagro patente para
que ellos lograran convertir a una tribu de indios con mayor facilidad: acto
seguido, cayó una lluvia tan abundante que salvó las cosechas de ese año,
a pesar de que el cielo estaba completamente despejado. Pero el cielo no
daba sólo agua: la cólera divina también podía hacer llover sangre. El gran
enemigo de los idólatras, canónjgo Pedro Sánchez de Aguilar, da un ejemplo de ello: citando el testimonio del sacerdote Fernando de Recalde y de
los indios de Tixcacal, afirma que en 1607 llovió sangre en muchos pue-

blos de las cercanías de Valladolid de Yucatán para ruina y castigo de los idólatras.[4]

Con la ayuda del Cielo y así como sabían atraer el agua vivificante, muchos misioneros también podían protegerse a sí mismos y a los demás de la furia de los elementos. Según los relatos de tres cronistas, el Padre Betanzos, que en 1535 fundó la primera provincia dominica de la Nueva España, cuando el navío que lo transportaba a él y a sus compañeros fue arrojado por una violenta tempestad contra una roca, se salvó junto con ellos gracias a sus oraciones y a la intercesión de la Magdalena: el peñasco se abrió en dos para dejar pasar la nave, que luego prosiguió serenamente su ruta hacia Veracruz. El Padre Las Casas, según parece, también podía calmar tempestades, aunque Fray Tomás de la Torre, relator de un episodio de esta clase ocurrido en 1544 durante el viaje entre La Española y Yucatán, no asegura que se tratara de milagros: "He dicho lo que pasó; echadlo a la causa que os pareciere." Escobar y Navarrete cuentan que en 1536 Fray Juan Bautista de Moya, quien como Martín de Valencia es reflejo de la experiencia mística y milagrosa, hizo cesar una tempestad en Tlapa como había hecho Las Casas, es decir pronunciando "las palabras del Señor... Cálmate, enmudece". Con sus súplicas, los legos de San Francisco de Tlaxcala, dice Torquemada, lograron librar a su iglesia de los rayos, que nunca volvieron a caer "en el circuito y compás del convento". En 1597 o 1598, narra el Padre Benavides, deseando impedir la evangelización de la región de Piros en Nuevo México, el Diablo envió una terrible tempestad y granizada, a la que los Frailes Alonso Martínez y Cristóbal de Salazar lograron poner fin mediante exorcismos formulados crucifijo en mano. La naturaleza misma parece a veces ser medio expresivo en el mundo de los prodigios como se verá en unos cuantos ejemplos. Cuando el Senado tlaxcalteca discutía sin ofrecer la alianza a Tenochtitlán o a Cortés después de la Noche Triste —relata Alva Ixtlixóchitl— una nube descendió y rodeó la cruz que presidía la asamblea, milagro que determinó la decisión por el partido de los cristianos. El volcán de Tlaxcala (seguramente el cerro de la Malinche) según el Padre Grijalva, dejó de echar fuego y cenizas en el momento en que a sus pies se construyeron varios monasterios. Torquemada da cuenta de la existencia del prodigioso río Nexapan, cuyas aguas sólo corren de noche, y Vetancurt, en su *Teatro Mexicano*, señala otras dos maravillas de la naturaleza: un árbol cercano a la capilla de la Santa Cruz, en Cuernavaca, cuyos tallos y ramas se convierten en cruces, y el pozo milagroso de Huejotzingo, cuyas aguas devuelven la salud a los enfermos y la vista a los ciegos. No había

---

[4] BENAVIDES, *Revised Memorial*, 280. Juan de GRIJALVA, 404. BASALENQUE es citado por Fray Matías de ESCOBAR, 278-279. GONZÁLEZ DE LA PUENTE, 94-95. También NAVARRETE, I, 230, menciona el episodio del Padre Moya con el caimán. VETANCURT, *Menologio*, 23 (Sebastián de Aparicio). ESCOBAR, 279, y NAVARRETE, I, 231 (sobre el Padre Moya y los ojos de agua). MEDINA, fol. 78. Trueba, *Don Vasco*, 36. Rivera Cambas, 355. MENDIETA, *Historia*, IV, 43 (Martín de Valencia) y 152 (Alonso de Escalona); y *Vidas Franciscanas*, 13 (Fray Martín de Valencia) y 152 (Alonso de Escalona). VETANCURT, *Menologio*, 95 (Fray Martín de Valencia) y 53 (Fray Miguel de Chavarría). REMESAL, VIII, x; II, 129. Gay, 414. Benavides, *Revised Memorial*, 58 (Fray Alonso Martínez y Fray Cristóbal de Salazar). SÁNCHEZ DE AGUILAR es citado por COGOLLUDO, VIII, xi; p. 449.

mula bronca que no pudiera domar la mano suave pero firme del jesuita Pedro de Gravina (1604-1634); y en 1596 otra de esas pacientes bestias transportó en un santiamén, adelantándose a arrieros y sacerdotes, el cadáver del Obispo Francisco de Mendiola desde Zacatecas hasta el cementerio de la catedral de Guadalajara.[5]

En las biografías de muchos de los frailes del siglo XVI y principios del XVII abundaban los episodios de fenómenos ópticos tales como resplandores y nimbos de fuego. El mismo Fray Martín de Valencia, desde que estaba en España (en Nuestra Señora de Rocamador), alumbró en una ocasión una casa con un rayo de claridad emanado por su persona, según narra Mendieta; este mismo cronista informa que en Tlaxcala un resplandor de fuego rodeó a Fray Francisco de Soto, uno de los primeros Doce, una vez que estaba predicando. Arlegui relata que cuando Fray Juan Bravo ponderaba desde el púlpito el amor de Jesucristo en presencia del prelado Hermosillo, primer Obispo de Durango, se le iluminó el rostro con una aureola resplandeciente, e inmediatamente después "entre las ternezas que decía, espiró, arrimado al respaldo del púlpito, quedando parado con postura recta". Se dice que cuando el franciscano Diego de Landa ocupaba la cátedra sagrada, una estrella resplandeciente despedía rayos sobre su cabeza. Al morir la Madre dominica Mencía de Jesús en 1612, informa Fray Alonso Franco, bajaron del cielo "unos rayos de luz como hebras de oro [y] de cada rayo [salía] una estrella", luz que duró hasta que fue sepultado el cuerpo. Otro cronista dominico, Fray Alonso Fernández, dice por su parte que unas bolas de fuego que "ni crecían ni se mudaban" se posaban en el alero del claustro de su orden en México, mientras bajo techo los novicios, velando un crucifijo toda la noche, "estaban encendidos en el fuego del amor a Dios". En Pátzcuaro, el globo de fuego que anunció la muerte de Fray Martín de Jesús (ca. 1544-1644) daba una luz tan fuerte, dice el Padre Medina, que la gente creyó que se estaba quemando el convento de San Francisco; y cuando falleció en 1580 Fray Alonso Garcés en San Ildefonso de Oaxaca, narra Dávila Padilla, "se vio en el ayre una bola transparente, con el resplandor y calidad que muestra un Cometa de... Plata", cuya circunferencia se calculó en seis varas.[6]

Una cruz resplandeciente apareció en los aires cuando murió en San Francisco de México en 1550 Lucas de Almodóvar, fraile especialmente

---

[5] El milagro del Padre Betanzos es narrado por DÁVILA PADILLA, 61-62; por REMESAL, III, vi, vol. I, p. 200; y por Alonso FERNÁNDEZ, c. xxiii, p. 21. Fray Tomás de la TORRE, 113. Escobar, XXXV, 274-281 y NAVARRETE, I, 226. TORQUEMADA, I, 315 (los legos de San Francisco de Tlaxcala). Benavides, *Revised Memorial*, 57. Helps, II, 297 y n. 1, menciona la nube de Tlaxcala, citando a ALVA IXTLIXÓCHITL, *Hist. des Chichimèques*, c. 90, en la versión francesa de Ternaux-Compans (*Voyages*), GRIJALVA, 129. TORQUEMADA, II, 607 (el río Nexapan). VETANCURT, *Teatro Mexicano*, 4ª Parte, 58-59. Las hazañas espirituales del jesuita Pedro de Gravina son recordadas por Decorme, "Misiones". Amador, I, 258-259 narra el episodio relativo al transporte de los restos del Obispo Mendiola con base en MOTA PADILLA.

[6] MENDIETA, *Historia*, IV, 45 (Fray Martín de Valencia) y 971 (Fray Francisco de Soto). ARLEGUI, 276; cf. Amador, I, 295-296. La referencia al Obispo Landa es de Ancona, II, 51. Fray Alonso FRANCO, 360. Fray Alonso FERNÁNDEZ, c. xix, pp. 96-97. Fray Balthassar de MEDINA, fol. 140. DÁVILA PADILLA, 554.

devoto del símbolo de la Pasión: sobre el convento en el cielo se formó una cruz "que muchos de la Ciudad vieron admirados". Pero tales visiones habrán sido frecuentes sobre todo en los campos de batalla desde la del Puente Milvio. Además de la milagrosa Cruz de Querétaro ya mencionada, otra muy famosa fue una de color rojo, que vieron en el aire 200 jumanos de Nuevo México, visión que los alentó en la batalla contra más de 30 000 enemigos, los cuales fueron vencidos gracias a esta intervención sobrenatural que determinó su conversión.[7] Otro prodigio que ocurría con cierta frecuencia era el repique de las campanas sin intervención humana cuando algún venerable fraile moría. Así sucedió, dice Fray Diego Muñoz, cuando falleció en Autlán Fray Francisco de la Cruz. Cogolludo, que repite casi exactamente el informe de Cárdenas Valencia, cuenta que cuando murió Fray Pedro Cardete en Mérida, en 1619, unas campanas repicaban y otras doblaban sin ser tocadas por la mano del hombre. Un fenómeno más intenso de esta clase tuvo lugar cuando expiró Fray Alonso Garcés, pues en esa ocasión, según asevera Dávila Padilla, "cayeron todas [las campanas al suelo] de golpe".[8] La naturaleza misma parecía castigar la impiedad o desenmascaraba la idolatría. En efecto, un rayo mató a una hechicera de la nación Taos, "infernal ministra del demonio", cuando hacia 1630 mal aconsejaba a las mujeres de su tribu contra las enseñanzas de los frailes en materia de sacramentos, nos dice Fray Alonso de Benavides. El bachiller Hernando Ruiz de Alarcón, en su *Teatro* de 1629 sobre las supersticiones gentílicas, cuenta que en la sierra de Meztitlán otro rayo reveló la existencia de un ídolo, oculto en la peana de una cruz. El ídolo Toxcotl que los tlahuicas seguían honrando en Yaxacpixtlan (Yecapixtla) aun en presencia del agustino Jorge de Ávila († 1547) a pesar de su conversión, fue abrasado por "el espíritu de fuego... de la ley antigua", la del profeta Elías, dice el Padre Grijalva. En la provincia de Tlapa cayó muerto el cacique que encabezaba una danza o mitote en honor de los antiguos dioses, en el instante mismo en que Fray Agustín de Coruña pidió la intervención del Cielo (los sobrevivientes, añade Grijalva, perdonados por el fraile por sus desvíos, continuaron la fiesta). En Florida, narra Bartolomé Martínez, los indios que osaron probar la carne de los jesuitas que ellos mismos habían martirizado cayeron muertos al momento.[9]

El milagro bíblico de la multiplicación de los panes ocurrió numerosas veces en la Nueva España, donde en ocasiones se daba de comer al hambriento con ayuda sobrenatural. Fray Martín de Valencia multiplicaba el pan, según Mendieta, desde que estaba en Santa Cruz de Coria en España. Según el cronista Escobar, cuando era refitolero o despensero de su con-

---

[7] MENDIETA, en *Historia*, IV, 142-143 y en *Santo Evangelio*, 86, así como VETANCURT, en *Menologio*, 65, narran la muerte de Fray Lucas de Almodóvar. Sobre la cruz de los jumanos, ver Ocaranza, *Nuevo México*, autor que fecha el episodio descrito el 2 de enero de 1684.

[8] Fray Diego MUÑOZ, 66-67 y nota 87 de José Ramírez Flores. CÁRDENAS VALENCIA, 57. COGOLLUDO, IX, xix, p. 256. DÁVILA PADILLA, 554.

[9] BENAVIDES, *Memorial* (ed. en español), 24, y *Revised Memorial*, 72. H. RUIZ DE ALARCÓN, 144-145. GRIJALVA, 79-81. La narración de Bartolomé MARTÍNEZ ha sido publicada por Zubillaga en sus MONUMENTA FLORIDAE como Documento núm. 138; véase espec. p. 583 .

vento michoacano Juan Bautista de Moya, una vez repartido entre los ne-
cesitados todo el pan de que los frailes disponían, recibía del Cielo nuevos
cestos llenos para alimentar a sus hermanos. Otra fuente, el Padre Navarrete, nos relata que una vez que el buen fraile volteó sobre la mesa un
canasto de flores apareció un "haz de pan caliente y apetitoso"; y que en
otra ocasión, durante una hambruna, hizo germinar maíz en un solo día.
Fray Baltazar de Medina informa que también el franciscano descalzo
Martín de Jesús tenía el poder de multiplicar el grano. El guardián del convento de Izamal y futuro Obispo de Yucatán Diego de Landa repartió, durante una época de gran necesidad, todo el trigo almacenado en el alfolí
del convento; hecho un recuento al cabo de seis meses de distribución continua, se comprobó que la cantidad de grano depositada en el almacén
conventual no había disminuido en lo más mínimo, patente milagro narrado con maravilla por González Dávila y Fray Alonso Fernández. En los días
difíciles de la expedición de Luna y Arellano a la Florida, Fray Domingo de
la Anunciación repartió durante cinco meses mucha harina que milagrosamente se renovaba. En México hacia 1580, en otro periodo de escasez, un
indio (mediante intervención angélica, conjetura del cronista Medina) nu-
trió con una gran cesta de pan caliente a los franciscanos descalzos de Santa
María de los Ángeles. Dos religiosos tuvieron la facultad de hacer aparecer
fruta fuera de temporada: Vetancurt informó que la hermana Leonor de
los Ángeles († 1631), del convento de la Trinidad de México, demostró su
santidad con una canastilla de higos milagrosamente aparecidos en una
ocasión que un clérigo expresó dudas sobre su virtud; y Arlegui cuenta que
varias veces, visitando enfermos, Fray Juan de Angulo (1567-1644) les ofreció uvas frescas que se sacaba de la manga.[10] Juan Bautista de Moya, tan
pródigo en milagros como se ha visto, plantó tres de sus cayados de misionero, informa Navarrete: el primero echó raíces en Valladolid convirtiéndose en frondosa lima que producía frutos medicinales, el segundo floreció en Tacámbaro y el tercero creció en Coyuca con el follaje en forma de
gran cruz. Según Grijalva, el agustino Antonio de Roa hizo florecer fuera
de tiempo los naranjos de su convento para enviar azahares a una mujer
cardiópata con el objeto de que preparara la tisana entonces recomendada
por los médicos para los padecimientos del corazón. Por último, no pueden
dejar de mencionarse dos hechos relatados por Cogolludo; a la sacristana del convento de Mérida Inés de San Juan una vez le floreció un ramo de
azucenas en el hombro izquierdo, "que manifestaba su candidez"; unas
rosas guardadas en un cofre junto con la túnica del difunto provincial franciscano de Yucatán Juan de Acevedo, muerto a principios del siglo XVII,
seguían frescas años más tarde y devolvían la salud a los enfermos.[11]

[10] MENDIETA, *Historia*, IV, 44. ESCOBAR, 272. NAVARRETE, I, 219 y 229 y MEDINA, fol. 135 (Martín de Jesús). GONZÁLEZ DÁVILA, II, 121-122 y Fray Alonso FERNÁNDEZ, c. XV, p. 78 (Diego de
Landa). La multiplicación de la harina de Fray Domingo de la Anunciación es narrada por
DÁVILA PADILLA, 228 y por Fray Alonso FRANCO, 23. MEDINA, fol. 39 (el milagro ocurrido en Santa María de los Ángeles). VETANCURT, *Menologio*, 115 (Leonor de los Ángeles). ARLEGUI, 351.

[11] NAVARRETE, I, 12, 219 y 228 (autor que se apoya en ESCOBAR, c. XXXIV, 271-281 y 674-679). GRI-
JALVA, 330-331. COGOLLUDO, XI, vi; pp. 622-623 (Inés de San Juan), X, vi; p. 558 (Juan de Acevedo).

Los milagros atribuidos a uno de los primeros misioneros, Fray Andrés de Olmos, fueron inusitados: la choza en que a veces dormía, a pesar de tener techo de paja seca, nunca ardió cuando los "chichimecas" le dieron fuego; además, las flechas que otros bárbaros dispararon contra el fraile se volvían contra ellos mismos. Tres franciscanos descalzos fueron pródigos en milagros después de muertos, según el relato del cronista de la orden Fray Baltazar de Medina. El primero, Fray Marcos Sánchez Salmerón († 1625) en vida multiplicaba el pan, encontraba objetos perdidos, salvaba a los viajeros de los despeñaderos y adivinaba los pensamientos más recónditos; después de muerto, daba limosnas y sanaba enfermos, además de lo cual el cordón de su hábito obró maravillas. Su contemporáneo Fray Juan Bautista de Mesta († 1625) encendía sin fuego las velas del altar, curaba muchas enfermedades inclusive los tumores entonces llamados lobanillos, y en una ocasión recibió unas golosinas de la mano del Niño Jesús; a su muerte lo rodeó un globo de fuego y uno de sus dedos, conservado como reliquia permaneció más de un año blanco e incorrupto; también su cordón obró muchos prodigios. El tercer fraile, Juan Pobre, del convento de San Antonio en Querétaro, se sentó una vez sobre 20 cargas de metal, las cuales se multiplicaron de suerte que llegaron a 80, cosa que permitió a Fray Juan repartir muchas limosnas; en otra ocasión, recogiendo miel derramada por accidente, la cantidad recobrada no pudo ser contenida por las mismas botijas de las que se había derramado; este misionero murió a los 94 años, cortándosele de la pierna cancerosa un pedazo de carne para conservarlo como reliquia, el cual despedía un "suave olor que ponía en asombro a médicos, religiosos y seglares". La muerte de dos misioneros jesuitas, martirizados el primero en 1594 por los sinaloas y el segundo por los tepehuanes en 1616, también fue acompañada por prodigios. Fue inútil que el cacique sinaloense Nacabeba pusiera al fuego, para asarlo, el brazo izquierdo del Padre Gonzalo de Tapia, pues el miembro mutilado siempre salía de las llamas sin la menor chamuscadura; el cadáver del mártir fue hallado por la expedición de socorro con el restante brazo derecho, no cercenado del cuerpo, en maravillosa postura, pues estaba levantado sobre el codo y con la señal de la cruz hecha con los dedos índice y pulgar ("claro milagro", dice el Padre Pérez de Ribas). También el cadáver del Padre Juan del Valle fue encontrado por el gobernador de Nueva Vizcaya, tres meses después de su martirio, tan fresco, colorado y sonriente el rostro que a primera vista un soldado creyó que estaba vivo; y también tenía la mano derecha —relata Decorme— en posición *per signum crucis*, mientras con la otra se cubría honestamente las vergüenzas de su desnudo cuerpo.[12]

---

[12] Fray Alonso FERNÁNDEZ, en c. xvii, p. 86, menciona la choza del Padre Olmos refractaria al fuego; y Mendieta, *Historia*, IV, 100, las flechas que se volvían contra los indios. Fray Balthassar de MEDINA, fols. 97-99 y 102-103 (Marcos Sánchez Salmerón), fols. 108-113 (Juan Bautista de Mesta) y 60vº (Juan Pobre). Se narra el milagro del Padre Tapia en PÉREZ DE RIBAS, *Triunfos*, I, 178; Antonio RUIZ, f. 36, p. 83; y Shiels, 189-190 (Antonio RUIZ fue contemporáneo e hijo de un testigo presencial del hecho). Decorme, en "Misiones", 68, cuenta la historia del hallazgo del cadáver del jesuita Juan del Valle.

Era indicio de santidad la circunstancia —de la cual hay múltiples ejemplos en las crónicas coloniales— de que un cadáver permaneciera incorrupto a través de los años, o bien que su sangre siguiera circulando fresca. Tal fue el caso por ejemplo de dos obispos que en vida gozaron de fama de virtuosos; Torquemada y González Dávila relatan que en 1583, o sea 35 años después de su muerte, cuando se abrió en la catedral de México la tumba de Fray Juan de Zumárraga, salió de ella "una exquisita fragancia" que confortó a todos los circunstantes; uno de éstos, el canónigo Pedro Nava, incluso se guardó un dedo del cadáver del primer Obispo de México, reliquia con la cual sanó a algunos enfermos; permanecieron también incorruptos los restos del Obispo de Guadalajara Francisco de Mendiola, muerto en 1576 y a quien se abrió causa de beatificación, como se comprobó cuando fueron examinados en 1596, en 1679 y de nuevo en 1714. Según Villaseñor y Sánchez, los cadáveres del Venerable Gregorio López y de dos de sus compañeros se conservaron intactos en Huaxtepec despidiendo "fragancia suave"; y el cuerpo de Fray Juan Bautista de Moya, dice Matías de Escobar, todavía en su tiempo estaba "incorrupto [y] odorífero" en la catedral de Valladolid. El historiador Amador da cuenta de que el cadáver de Fray Juan de Angulo, fallecido en Sombrerete en 1587, seguía incorrupto en 1727, "lo que se hizo constar en diligencias que firmaron dos Notarios Apostólicos". Dávila Padilla dice que el cuerpo del dominico Alonso Garcés († 1580) emanaba un suave olor que cundió por toda la ciudad de Oaxaca. Sobre los cadáveres de los también dominicos Pascual de la Anunciación († ca. 1590) y Domingo Grijelmo († 1592), el primero fallecido en Tilantongo y el segundo en Tectipac (ambos pueblos del estado de Oaxaca), el Padre Burgoa dice que respectivamente once y veinte años después de su muerte estaban enteros, frescos y fragantes, y que incluso los hábitos con que fue enterrado Fray García de Barrera, quien al morir a principios del siglo XVII era provincial franciscano de Yucatán, permaneció también, al igual que los restos, intacto, lo que Cogolludo juzga "cosa digna de memoria". A los diez años de su muerte, el cadáver del provincial franciscano de Zacatecas Fray Francisco Santos seguía, hacia 1605, "entero é incorrupto", según testimonio de Fray Diego de la Magdalena transmitido por Primo Feliciano Velázquez. Cuando Fray Diego Medellín murió en 1605, informa Fray Alonso Franco, su cuerpo estaba lleno de llagas y gusanos, "mas al punto que espiró el mal olor se convirtió en una celestial fragancia… muestra de perfumes celestiales". Fueron hallados frescos y enteros en 1615, según la misma fuente, los restos del dominico Juan Ramírez fallecido en 1609 siendo Obispo de Guatemala. También se encontró "entero y sin mal olor" el cadáver del jesuita Jerónimo de Moranta (1575-1616) tres meses después de haber sido martirizado por los tepehuanes. Los despojos mortales de Fray Pablo de Acevedo († 1567), muerto también a manos de los indios en Sinaloa, sufrieron una curiosa transformación, según el relato de Arlegui: respetado por las bestias, el cuerpo se redujo a la estatura de un niño, con lo cual, explica el cronista, "Dios quiso manifestar la inocencia de este venerable padre". Otro indicio de santidad del que nos ocuparemos brevemente, pues parece ser bastante menor, era que la sangre de un santo fraile se conservara fresca en los restos. Así sucedió, por ejemplo, como señala el mismo Arlegui, en los casos de dos mártires, Fray Bernardo Cossi, muerto por los zacatecos en 1555, y Fray Luis de Villalobos, que murió como San Sebastián, flechado por los infieles cerca de Colotlán en 1582. La sangre de Fray Gabriel de los Ángeles († 1622) seguía circulando normalmente 16 horas después de su tránsito en Churubusco, según relata el Padre Medina. Este hecho fue comprobado casi accidentalmente por un devoto que con los dientes trató de arrancarle un dedo del pie para conservarlo como reliquia.[13]

En muchos casos la muerte de un santo religioso no ponía fin a su presencia terrenal. Las páginas de las crónicas de las órdenes religiosas están llenas de apariciones de ultratumba de frailes que no por ello dejaban de hacer milagros desde el más allá. Mendieta relata que tanto Fray Martín de Valencia como Zumárraga hicieron milagros después de muertos, el primero, entre otros muchos, el de devolver el olfato a Fray Juan de Oviedo; también describe las apariciones milagrosas de cuatro de los primeros franciscanos: Juan de Ribas y Juan de San Francisco (quienes informaron haber estado brevemente en el Purgatorio), Martín de la Coruña (ante la iglesia de Pátzcuaro, donde estaba enterrado) y Antonio de Ciudad Rodrigo (para comunicarle la hora de su muerte el segundo de los frailes citados). Motolinía trata con cautela las historias que habían llegado a sus oídos sobre ciertas apariciones de Fray Martín de Valencia: "ni las creo —dice— ni las dejo de creer". Dávila Padilla afirma que varios dominicos regresaron de ultratumba o hacían milagros desde allá: Fray Cristóbal de la Cruz "muerto ya curaba milagrosamente"; Alonso Garcés se apareció en Oaxaca a otro religioso para conversar "acerca de la gloria en que se hallaba"; y en Coajimalpa Juan Martínez († 1567) regresó poco después de su fallecimiento para pedirle a uno de sus compañeros que devolviera un libro recibido en préstamo de un librero. El superior de los primeros agustinos, Fray Francisco de la Cruz no sólo salvó desde su sepulcro, como hemos visto, a un novicio de las tentaciones del Diablo, sino que, según el Padre Grijalva, sanaba apostemas y convertía incrédulos. Fray Alonso de la Rea recuerda las apariciones, vestidos de blanco, tanto de Martín de Valencia como del eximio lingüista y apóstol de los tarascos, Fray Martín de Jesús. Cuenta igualmente que para acallar un escrúpulo de conciencia, antes de irse definitivamente "a descansar", el difunto franciscano de Uruapan Alonso Templado indicó al guardián de su convento el lugar donde estaba oculto un tesoro que un español le había confiado.[14]

[13] TORQUEMADA, XX, xxxiv. González DÁVILA, I, 46; cf. García Icazbalceta, *Zumárraga*, 196-197. Sobre el cadáver incorrupto del Obispo Mendiola, ver MOTA Y PADILLA, 295 y 299; y Orozco y Jiménez, II, 131, quien refiere algunos datos de la causa de beatificación del obispo, cuyo expediente se conserva en el Archivo de Indias (Aud. de Guadalajara, Est. 67, cajón 5, legajos 1/31). VILLASEÑOR Y SÁNCHEZ, I, xxxvii. ESCOBAR, 304. Amador, I, 301. DÁVILA PADILLA, 554. BURGOA, I, 375 (Pascual de la Anunciación) y II, 94 (Domingo Grijelmo). COGOLLUDO, x, vi; p. 554. P. F. Velázquez (ed.), *Col. de Docs. de San Luis Potosí*, II, Int., pp. xliii y xliv. Alonso FRANCO, 206 (Diego Medellín) y 226 (Juan Ramírez). Sobre el Padre Moranta, ver Decorme, "Misiones", 70. ARLEGUI, 207 (Pablo de Acevedo), 200 (Bernardo Cossi) y 212 (Luis Villalobos). Balthassar de MEDINA, fol. 75.

[14] MENDIETA, *Santo Evangelio*, 54 (Zumárraga) y 96 (Juan de Rivas); *Historia*, IV, 42 (Martín de Valencia), 62 (Martín de la Coruña) y 110-111 (Antonio de Ciudad Rodrigo). MOTOLINÍA, *His-*

La almilla o jubón de grana que en vida usó el provincial franciscano de Yucatán Fray Francisco de la Torre —dice Cogolludo— curaba las jaquecas y permitía a las mujeres dar a luz sin pena. En su *Geográfica Descripción*, Burgoa informa que, ya cadáver, el dominico de Jalpa Jacinto de Morales abrió los ojos al entrar su féretro a la iglesia "como complaciéndose de mirar defunto lo que con tanto celo edificó vivo". Baltazar de Medina narra una aparición del ya citado Martín de Jesús; y aunque declara que ninguna maravilla relatada en su *Historia* es indiscutible, enumera diversos objetos milagrosos, entre ellos las sandalias del difunto Fray Juan Pobre que sanaban huesos rotos y "deshacían huracanes y nublados", y un pedazo de paño de su hábito, que curó los grandes dolores padecidos por la virreina Marquesa de Guadalcázar. El hábito que en vida perteneció a Fray Pedro Vergara († 1646), portero de San Francisco de México sanaba carnosidades de los ojos, según afirma Vetancurt, quien cita otros casos de milagros hechos por santos religiosos desde el más allá. Por ejemplo, la difunta Sor Isabel de San Diego († 1666), de las clarisas de México, venía al mundo a poner en el torno de su convento pan suficiente para todas las monjas; y el Venerable Sebastián de Aparicio, estando en su féretro, calmó 120 tempestades e hizo 155 curas de animales, además de haberse "aparecido intelectual y visiblemente 21 vezes". Por último, Matías de Escobar relata que el cadáver del Padre Basalenque impidió el sacrílego robo de un copón en San Miguel de Charo; y el historiador moderno Shiels, tomando algunas precauciones, recuerda que el protomártir jesuita de Sinaloa Gonzalo de Tapia se apareció a una devota para confesarla y ayudarla a llevar una vida edificante.[15]

No sólo los frailes regresaban de ultratumba: desde el siglo XV y tal vez desde antes (recuérdense los nahuales) otros "aparecidos", algunos de carne y hueso y casi todos mortales, han inspirado imaginativas narraciones. La tradición se mantiene viva pues en la actualidad las historias de aparecidos y fantasmas siguen interesando a los mexicanos de todas edades. Un divertido d u e n d e chocarrero hizo no sólo travesuras sino verdaderos estropicios en Yucatán; así lo relata, con irritación, el perseguidor de idólatras canónigo doctor don Pedro Sánchez de Aguilar. Cogolludo, más tarde, haría suya toda esta información. Pues bien, el juguetón espíritu se apareció en Valladolid en 1560 y hablaba con quien quería escucharlo, siempre de noche y con voz de papagayo; tocaba diestramente la vihuela, bailaba acompañándose con castañuelas y, además, sabía rezar el *Pater Noster* y otras oraciones. Sin embargo pronto se volvió molesto; empezó a tirar piedras, a hacer ruido por las azoteas y desvanes ("zaquizamíes", según el vocabulario

toria de los Indios, 159-160. DÁVILA PADILLA, 650 *sqq*. (Cristóbal de la Cruz), 555 (Alonso Garcés) y 483 (Juan Martínez). Juan de GRIJALVA, 100-101, narra los milagros hechos después de muerto por Fray Francisco de la Cruz. LA REA, 98 (Martín de Jesús) y 382 (Alonso Templado).

[15] COGOLLUDO, VI, xi; p. 341. BURGOA, II, 337. MEDINA, fol. 140 (Martín de Jesús), fol. 62 (Juan Pobre) y fol. 79° (Juan de Cara). Fernando B. Sandoval hace un balance de los milagros descritos por el Padre Medina y de su cautelosa actitud al respecto: Int., xxxvii-xxxviii. VETANCURT, *Menologio*, 9 (Isabel de San Diego), 23 (Sebastián de Aparicio) y 49 (Pedro de Vergara). Matías de ESCOBAR, 428. Shiels, 201.

del canónigo) y a arrojar huevos a las casadas y a las solteras. La paciencia de los yucatecos llegó al límite cuando le dio por quemarles sus casas. Fue necesaria la intervención de San Clemente, papa y mártir, para expulsarlo de la ciudad, hecho conmemorado por un retablo en la iglesia de Valladolid de Yucatán. Reapareció en 1596 en Yalcoba (¿Yalkubu?), de donde fue arrojado por el propio Sánchez de Aguilar, quien tenía a su cargo la cura de las almas. Volvió luego a presentarse en Valladolid y siguió sus actividades piromaniacas hasta que desapareció definitivamente, aunque no sabemos si para ello fue necesaria una segunda intercesión de San Clemente. Fray Hernando Ojea menciona otro d u e n d e o demonio, que sólo pudo ser alejado mediante el poder de las abundantes reliquias veneradas en Santo Domingo de México. Este espíritu molestaba en particular a una señora principal, doña Luisa, a la que hacía mil burlas, le escondía los guantes y el pañuelo y le desabotonaba los charpines. Los d u e n d e s , fantasmas o almas en pena, recuerda Agapito Rey, han despertado la fantasía de la gente desde época inmemorial; estas creencias siempre han existido en México, desarrollándose en forma de leyendas tales como la de "la Llorona", recogida por González Obregón. Mas desde el siglo XVI Sahagún explicó que encontrarse con visiones o estantiguas es de muy mal agüero.[16]

Pedro Mártir da cuenta de que en La Española fueron vistos espectros o fantasmas desde los primeros tiempos, entre otros por el encomendero Melchor Ocampo. El Padre Burgoa informa de otro, que él mismo vislumbró cuando hacia 1645 estaba paseando por el convento de Tilantongo en la Huasteca. Mendieta dedica respectivamente los capítulos 27 y 28 del Libro Cuarto de su *Historia*, a quienes en espíritu pudieron contemplar fugazmente la otra vida (los *revenants* de la literatura francesa), y a los muertos que se han aparecido (éstos, en el fondo, muy semejantes a las almas en pena, pero éste es tema aparte). El Padre Alegre narra que en 1596 un *revenant*, que era un indio tullido que cayó en trance, tuvo una visión alegórica del infierno y del paraíso: el primero era una olla de fuego al fondo de un despeñadero y en ella estaba ya reservado un lugar para la hechicera del pueblo; y el segundo era un hermoso valle con campos floridos, con el lugar destinado a un cacique ejemplar de la región. González Obregón transcribe un curioso caso de aparición, relatado al parecer por un cierto Fray Gaspar de San Agustín: en 1593 un soldado de guarnición en las Filipinas se encontró de repente en la plaza mayor de México con uniforme y fusil al hombro. Parece que la Inquisición lo obligó a regresar inmediatamente a Manila.[17]

Es interesante observar que no todos los protagonistas de los milagros y prodigios de que hay noticia en la Nueva España fueron religiosos pues los

---

[16] SÁNCHEZ DE AGUILAR, ed. Museo Nacional, 1892, 21 y 80-81; ed. Mérida, 1937, 114-118. COGOLLUDO, VI, V; pp. 319-322. Fray Hernando de OJEA, 23-24. Agapito Rey, *Cultura y Costumbres del s. xvi*, 142-143.

[17] Pedro MÁRTIR, *Décadas*, I, 338. BURGOA, I, 373. MENDIETA, *loc. cit.*, señala siete casos de "aparecidos" y cinco de ánimas del Purgatorio. ALEGRE, I, 459-460. González Obregón, 182 y 184. Saravia, en *Apuntes*, I, 228, informa del destierro de Castaño de Sosa, muerto en Oriente a manos de piratas chinos el mismo día de la traslocación del soldado de Manila a México.

hubo también seculares y laicos. El canónigo de la catedral de México Juan González, que vivió sus últimos 24 años como ermitaño cerca del convento dominico de Nuestra Señora de la Piedad, convirtió en agua dulce el líquido insalobre de un pozo del lugar, según dice Murillo Velarde. Los laicos también tuvieron parte en los milagros, aunque este punto no está muy claro. De manera harto casual, Fray Alonso de Benavides dice que los milagros hechos por Fray Juan de Salas y sus compañeros en Nuevo México hacia 1629 fueron tan numerosos "que hasta los mismos soldados que acompañaban a los Religiosos los hacían". No podemos saber si fue mera casualidad o hecho sobrenatural el que Menéndez de Avilés haya hecho llover en Florida en un plazo de media hora, en respuesta al desafío de un cacique local; para el Padre Rogel el episodio no fue milagroso pero de todas maneras los indios pidieron maravillados el bautismo. Mucho se ha escrito sobre los milagros que parece haber hecho Álvar Núñez Cabeza de Vaca —y quizá alguno de sus compañeros— en las planicies de lo que hoy es el occidente de Texas, especialmente entre los conchos y susolas, tierras por entonces ricas en chamanismo, y en donde los españoles fueron vistos como hijos del Sol. Obligado por las circunstancias, Cabeza de Vaca seguramente imploró en muchas ocasiones un milagro de Dios que le salvara la vida a él y a sus compañeros. Pedía la lluvia y la salud de los enfermos con medios muy simples: la señal de la cruz, la oración de rodillas, la imposición de las manos y el soplo en la boca de los enfermos. Pero a pesar de los excelentes resultados obtenidos, Cabeza de Vaca nunca pretendió haber hecho milagros; y sus escrúpulos eran tales que relata el más patente de ellos, la resurrección de un indio, como hecho sabido de oídas. Lafaye ha puesto en claro que la forma milagrosa de Cabeza de Vaca fue creada por los cronistas de la Conquista y de la evangelización, demostrando esta aseveración con párrafos pertinentes de Gómara, del Inca Garcilaso y de los *Triunfos de la Fe* de Pérez de Ribas. A esos autores habría que añadir los siguientes que en la época de los hechos o después reconocieron como milagrosas las curas del desafortunado navegante y explorador: entre los laicos, Oviedo, Baltazar de Obregón y Dorantes de Carranza (quien con orgullo filial narra los milagros hechos también por su padre Andrés Dorantes, compañero de Cabeza de Vaca), el franciscano Jerónimo de Oré (contemporáneo que anduvo por la Florida), y en el actual México los Padres José Acosta, Vicente de Águila, Juan de Grijalva, Pablo Beaumont y Francisco Javier Alegre. Los historiadores modernos, en cambio, son más circunspectos. Sólo el Marqués de Sorito defiende la tesis de los milagros. Otros (Vedia, Gleason, Bancroft, Hodge, Merriman, Bolton, Alessio Robles, Morris Bishop y Carlos Castañeda) se limitan a transcribir los datos proporcionados por las fuentes primarias, y Bancroft señala que los católicos devotos no dudaron de la realidad de los milagros de Álvar Núñez. Estebanico, el esclavo moro que acompañó a Cabeza de Vaca en su odisea por el norte llevó la peor parte cuando, durante la búsqueda de Q u i v i r a y armado de plumas y de una calabaza con campanillas intentó repetir las curaciones milagrosas entre los indios bárbaros, que no se dejaron impresionar y lo mataron. Dice entre otros Baltazar de Obregón que, al llegar por vez primera a las comarcas recorridas por Cabeza de Vaca, los frailes imitaron con los indios los gestos de éste, imponiendo manos y haciendo la señal de la cruz; y Vázquez de Espinosa relata que los jumanos de Nuevo México, quienes habían conocido al explorador español, pedían a los franciscanos santiguar y bendecir a sus hijos con el ritual de Cabeza de Vaca.[18]

Los milagros hechos por españoles laicos en el periodo objeto de nuestro estudio son de dudosa autenticidad, pero en cambio es seguro que los indios fueron protagonistas o actores de muchos de ellos. Como se verá, no sólo "hallaban" imágenes milagrosas sino la Virgen y los santos les hablaban y a menudo se les confundía con los ángeles. Motolinía informa que había naturales de la Nueva España que veían a un niño resplandeciente en la hostia en el momento de la consagración; y Mendieta cita otros ejemplos de visiones, entre ellas una de Cristo crucificado durante la celebración de la misa; otra de globos "como llamas de fuego" sobre el Santísimo Sacramento; y otra más de "un niño con pañales muy blancos", aparecía en lugar del cáliz en el momento de la consagración. Estas manifestaciones coincidieron con la actitud de los franciscanos y especialmente de los agustinos de Michoacán, que deseaban permitir a los indios la participación en todos los sacramentos. Un caso, narrado por cinco cronistas eclesiásticos (Dávila Padilla, Torquemada, Alonso Fernández, La Rea y González Dávila) es particularmente ilustrativo: en 1546, en Tzintzuntzán, oficiando Fray Pedro de Reina, el acólito que le ayudaba —que era otro fraile, Miguel Estevaliz— vio que una de las formas consagradas se apartaba de las demás y volando por los aires se dirigía a la boca abierta de una india, que así comulgó devotamente. Y al parecer a los indígenas les siguen sucediendo milagros, pues Jiménez Moreno cuenta, con base en informes proporcionados por los etnólogos Bennett y Zing, que entre los tarahumaras se venera hoy a "San José su Cristo" (resultante de la confusión de San José con Jesucristo) y que este santo realiza todos sus milagros a través de don Benito Juárez.[19]

---

[18] MURILLO VELARDE, II, 84. BENAVIDES, *Memorial* (ed. en español), 62. La carta citada del Padre Rogel, dirigida al provincial Diego Avellaneda a La Habana, está publicada por Zubillaga en sus MONUMENTA FLORIDAE (Doc. 41, p. 138). La odisea de Cabeza de Vaca duró de 1527 a 1536. CABEZA DE VACA, *Naufragios*, 60. B. Lafaye, "Miracles", 140-142 y 149. OVIEDO, *Hist. General y Moral*, XXXIV, V; IV, 306, 307 y 309. Baltazar de OBREGÓN, I, xxix; p. 202 y II, i; p. 274. DORANTES DE CARRANZA, 264-265. Fray Jerónimo de ORÉ, ed. del Padre Atanasio López, 58. José de Acosta, VII, xxvii, p. 527. La *Relación* del Padre Vicente de Águila está publicada en el vol. 308 (Historia) del Archivo General de la Nación, y es citada por Sauer, *Road to Cíbola*, 51. Juan de GRIJALVA, 136. BEAUMONT, II, 321. ALEGRE, I, 493. Vedia, p. XVIII. J. Gleason, *Hist. of the Cath. Church*, I, 45-64. Bancroft, *Northern Mexican States*, 68 y 70. F. W. Hodge, *Spanish Explorers in Southern United States* (Santa Fe, 1958), 19-52. Merriman, III, 257. Bolton, *Coronado*, 9-10. Alessio Robles, *Urdiñola*, 17. Morris Bishop, 71, 112, 147 y 160. Carlos Castañeda, 72. Antonio Vázquez de Espinosa, 138.

[19] MOTOLINÍA, *Hist. de los Indios*, II, viii (p. 133 de la ed. de García Icazbalceta en su *Col. de Docs. para la Hist. de México*, I). MENDIETA, III, 105-109 (cap. xxiv del libro IV: "De algunas visiones y relaciones con que nuestro Señor Dios se ha querido comunicar a los indios"). DÁVILA PADILLA, 84. TORQUEMADA es citado en la ed. de Madrid, 1723 (III, 189) por Bayle, *Santísimo*, 480, n. 602. Alonso FERNÁNDEZ, c. xxi, p. 110. LA REA, 142 y 158. González DÁVILA, I, 172-173. Jiménez Moreno, *Estudios*, 131-132.

XVIII. LAS IMÁGENES MILAGROSAS

COMO se ha visto, las reliquias y los frailes hacían milagros, pero no eran los únicos: también fueron atribuidos a numerosas imágenes de Cristo, de la Virgen María y de los santos así como a la cruz, símbolo de la Pasión. Algunas imágenes (esculturas o lienzos), especialmente de la Virgen, se "aparecieron" o fueron "halladas" en la Nueva España por ejemplo en el tronco de un árbol o flotando en las aguas de un río, cosa que estaba en consonancia con las tradiciones medievales, sobre todo españolas. En efecto Foster, entre otros autores, recuerda que muchas imágenes religiosas, escondidas por los visigodos en su precipitada retirada para evitar profanaciones, fueron luego "halladas" durante la Reconquista en cuevas o entre la maleza. La ingenua conciencia religiosa del Medievo o de la Colonia en México no ha tenido necesidad de pruebas intelectuales en materia de fe. Le ha siempre bastado la mera presencia de una imagen visible de lo sagrado, imagen (de la Virgen María o de Cristo, por ejemplo) que en sí misma es su verdad. Casi invariablemente las imágenes "se aparecían" a personas de humilde condición, a las que hablaban y pedían la construcción de su santuario, en el mismo lugar, como sucedió a fines del siglo XIII al pastor Gil Cordero al pie de la sierra de Guadalupe, en Extremadura.[1]

Entre las imágenes milagrosas de la Nueva España, las más numerosas —un centenar— son de la Virgen María. Es difícil hacer un recuento completo de ellas, aun limitándonos a nuestro periodo (1517-1650) y valiéndonos de las prolijas enumeraciones del *Theatro Americano* de Villaseñor y Sánchez y del *Zodiaco Mariano* del Padre Florencia. Las listas de ambos autores no son exhaustivas, y es menester completarlas con los datos proporcionados por los cronistas de las órdenes religiosas o de las provincias eclesiásticas. En todo caso, en el periodo objeto de nuestro estudio sólo a cuatro o cinco imágenes marianas se les rindió un culto que rebasaba los límites de un pueblo o de una provincia, a saber: las Vírgenes de los Remedios y de Guadalupe (cerca de la capital), de Zapopan y de San Juan de los Lagos (en la Nueva Galicia) y de Izamal (en Yucatán).

La imagen de la Virgen de los Remedios llegó con la expedición de Cortés. Según el Padre Florencia, fue temporalmente colocada en el Templo Mayor de Tenochtitlán por Juan Rodríguez de Villafuerte; protegió a los españoles en la Noche Triste y durante la huida, uno de los capitanes, informa Villaseñor y Sánchez, la dejó escondida en una caja tras un maguey en una colina cercana a Totoltépec; ahí fue hallada en 1540 por un "Indio de los recien cristianos" llamado Juan Ceteutli, al cual la Virgen le pidió que en ese mis-

---

[1] Foster, *Cultura y Conquista*, 276-277. Al "ciclo de los pastores" descubridores de sagradas imágenes pertenecen también Juan Diego, y los otros a quienes se "revelaron" Nuestras Señoras de Ocotlán, de los Remedios, y quizá también Nuestra Señora de los Ángeles (colonia Guerrero), de las que se habla en éste y anteriores capítulos. *Cf.* Turner, 41, 145.

mo sitio se construyera una capilla en su honor. El Padre Escobar dice que la imagen fue encontrada por un cierto don Juan de Tovar, que era caci-que; Dorantes de Carranza se declara seguro del hecho pero no del autor del hallazgo que según él fue "un buen xristiano llamado Don Alonso o Don Pedro". En todo caso, los distintos relatos coinciden en que Juan (o don Juan) en un principio no hizo caso de la petición de la Virgen, quizá por temor a que nadie diera crédito a su conversación con ella, y se llevó la estatua con todo y caja a Totoltépec. La imagen sanó instantáneamente a don Juan de las heridas causadas por la caída de un pilar en la iglesia de Tacuba, que el devoto neófito estaba ayudando a construir; "el milagro fue patente", comenta Fray Juan de Grijalva, quien compara la aparición de la Virgen de los Remedios con "[la de]... la Virgen de Guadalupe [española], cuyo origen fue, que se apareció a un vaquero... de Cáceres y le dixo que estaba enterrada en una cueva... [donde] la descubrieron". Mas al pasar el tiempo sin que se construyera la ermita, la Madre de Dios desapareció de la casa de don Juan, para reaparecer en el sitio del primer hallazgo donde éste volvió a encontrarla y a hablar con ella. Dorantes de Carranza relata que finalmente Cortés encomendó al mismo Rodríguez de Villafuerte la construcción de un capilla en la loma donde se yergue el santuario de los Remedios llamada cerro de los Pájaros. En el *Huei Tlamahuizoltica*, edita-do por Lasso de la Vega en 1649, como indicio de la rivalidad ya existente y que habría de oponer, durante las guerras de Independencia, a sus devotos con los de la Guadalupana, se afirma que la cura milagrosa de las heridas de don Juan no fue en Totoltépec y que fue la Guadalupana quien lo acogió benignamente, habló y se rió con él. "Concluido su templo [en los Reme-dios], ella entró y por sí misma se colocó en el altar", añádese en el mismo relato publicado a mediados del siglo XVII. Sea como fuere, la imagen de los Remedios prodigó sus milagros, según Florencia: sanó tullidos, salvó del naufragio galeones españoles y de accidentes mortales con sus caballos a varios jinetes igualmente españoles, hizo "otros muchos... que se dexan, por evitar prolixidad". Mitigó también la peste de 1575-1576 en México con su sola presencia, dice Alegre. Según Vargas Ugarte, en menos de 100 años fue llevada a México unas 26 veces para aplacar epidemias o combatir se-quías; y Vetancurt afirma que "hizo llover a cántaros, a súplica de los espa-ñoles cuando estaban sitiados en Tenochtitlán". En un escrito del siglo XVII, Fray Baltazar de Medina relata que en la capital del virreinato "la Virgen de los Remedios era sacada en procesión para pedir que lloviera y la de Gua-dalupe para que cesaran las aguas".[2]

Corroborando y precisando los informes anteriores, el Padre Alegre dice que la primera vez que la imagen de la Virgen de Guadalupe se llevó a la capital fue en ocasión de la inundación de 1629 por iniciativa del Arzobis-po Manso y Zuñiga; pero a pesar de su intercesión las aguas no se retira-

---

[2] El relato de las apariciones y milagros de Nuestra Señora de los Remedios está basado en las siguientes fuentes (en el mismo orden en que se citan sus testimonios): FLORENCIA, *Zodia-co*, 81; VILLASEÑOR Y SÁNCHEZ, I, XI; Fray Matías de ESCOBAR, 468; DORANTES DE CARRANZA, 31; Fray Juan de GRIJALVA, 264 y 268; HUEI TLAMAHUIZOLTICA, 109-111; ALEGRE, I, 187-188; Vargas Ugarte, I, 206; y Fray Balthassar de MEDINA, fols. 30-32 y 122 *seqq*.

ron sino hasta cuatro años después. El Padre Florencia, por su parte, señala a mediados del siglo XVIII la "milagrosa aparición" de la Virgen de Guadalupe y sus "muchos favores y milagros". Sin embargo, hasta ahora no se ha encontrado ningún relato contemporáneo de la aparición de 1531 y los más antiguos son los de Miguel Sánchez y Lasso de la Vega, impresos respectivamente en 1648 y 1649. En la segunda parte de este último, el *Huei Tlamahuizoltica*, que se ha querido atribuir a Alva Ixtlixóchitl, se trata de milagros, entre otros unos relativos a epidemias y jinetes accidentados; pues bien, muchos de éstos son curiosamente semejantes a los que con anterioridad habrán sido atribuidos a la Virgen de los Remedios. En las postrimerías del siglo XVII, Vetancurt afirmó que concurrían a venerar la imagen Guadalupana "de varias naciones por los milagros que cada día experimentan". Más arriba, en el capítulo relativo al sincretismo cristiano-pagano, se ha tratado el interesante fenómeno guadalupano, cuya importancia en la formación de la nacionalidad mexicana es básica e innegable; mas esto no nos impide señalar que, cuando menos hasta 1582, la imagen venerada en el Tepeyac no era un lienzo mexicano, sino una estatua de origen español, probablemente copia de la extremeña. Tal fue la que veneraron varios virreyes, al entrar por el rumbo del Tepeyac o al despedirse de México, y también la que vio el marino inglés Miles Philips quien, en una descripción seguramente anterior a 1582, dice: "A dos leguas de la ciudad... los españoles han edificado una magnífica iglesia... tiene allí una imagen de la virgen de plata sobredorada, tan grande como una mujer de alta estatura... A esta imagen llaman Nuestra Señora de Guadalupe... [y] dicen que hace milagros."[3]

La devoción por Nuestra Señora de Zapopan data de la primera mitad del siglo XVII. El Padre Tello, en su crónica de 1652, informa que en su tiempo ya se le conocían más de 28 milagros, entre los que se contaban los de resucitar niños, de hacer ver a ciegos y caminar a los tullidos y haber hecho "rebosar un cántaro de agua". En 1635 el cura de Zapopan don Diego de Herrera elaboró, según Vargas Ugarte, un manuscrito sobre los milagros atribuidos a Nuestra Señora de Zapopan. Villaseñor y Sánchez da fe de que en su época era venerada con fervor; y el Padre Florencia afirma que el santuario ya existía en 1541 y que la Virgen de Zapopan era la protectora contra las tempestades; sus milagros eran tantos, que en 1641 y 1663 hubo necesidad de registrarlos por escrito. También Fray Nicolás de Ornelas (ya en el siglo XVII) da por seguros los milagros que Nuestra Señora de Zapopan hacía en el templo a ella dedicado.[4] Respecto a Nuestra Señora de San Juan de los Lagos, cabe recordar que en siglo XVIII Villaseñor y Sánchez la llama "consuelo de la comarca", y el Padre Florencia le atribuye muchos milagros, entre ellos los de haber resucitado muertos de 1619 a 1623, entre ellos a la hija

---

[3] ALEGRE, II, 402 y 207-208. FLORENCIA, *Zodiaco*, 44-53. HUEI TLAMAHUIZOLTICA, 103, 105 y 111-121; *cf.* López Beltrán, 25. VETANCURT, *Teatro Mexicano*, 4ª Parte, 128. Sobre el testimonio de Philips ver HAKLUYT y García Icazbalceta, *Viajeros ingleses*, 115. Quizá Miles no vio la estatua original sino una copia en plata, obsequiada por el creso Alonso Villaseca.

[4] Tello, 191-194. Vargas Ugarte, I, 241-242. VILLASEÑOR Y SÁNCHEZ, V, xiv. FLORENCIA, *Zodiaco*, 303-321. ORNELAS, 147.

de un volantinero, vuelto honrado a un ladrón y sanado a varios enfermos, prodigios que en 1666 alcanzaban casi la cifra de 300.[5]

Nuestra Señora de Izamal es más antigua que las imágenes yucatecas. Según el Padre Cárdenas Valencia fue traída de Guatemala en 1558, y demostró desde un principio su potencia milagrosa devolviendo la vida a algunos muertos. Cogolludo cuenta la siguiente historia de la imagen yucateca: fue traída por el Obispo Landa junto con otra imagen destinada a San Francisco de Mérida; el primer milagro tuvo lugar durante el viaje pues bajo un aguacero el cajón que contenía las imágenes permaneció seco; los españoles de Valladolid intentaron apoderarse de la estatua, pero la Virgen opuso tal resistencia que fue imposible moverla de Izamal; aparte de haber curado a un "indeçuelo encogido y tullido" de Tixhotzuc, el milagro más notable que se le atribuyera fue el haber hecho que en nueve días a un marino español le creciera de nuevo la lengua que le habían cortado algunos piratas herejes. El mismo Cogolludo —que se reconoce deudor personal de la Virgen de Izamal por haberlo sanado de "un achaque muy penoso"— relata que la imagen fue llevada a Mérida en 1648 para salvar a la ciudad de la peste y que en esa ocasión el Teniente General de Aguileta fue curándose del mal conforme se acercaba a Izamal para traerla; sin embargo para poder trasladarla "hubo de dejarse en el santuario como rehén al provincial franciscano". Eligio Ancona comenta que la patrona de Yucatán, cuya iglesia fue construida sobre los restos de una inmensa pirámide, no tuvo dificultad en eclipsar la fama de los dioses mayas.[6]

Sólo en la ciudad de México se rendía culto por lo menos a 44 imágenes milagrosas de la Virgen María. La más interesante y una de las más antiguas, pintada en un lienzo que data de 1580 es la de Nuestra Señora de los Ángeles del barrio de Guerrero, cuya historia fue investigada por González Obregón. La trajeron las aguas de una inundación hasta el entonces llamado barrio de Coatlán, donde el cacique tolteca Isayoque le construyó un "santocalli" de adobe, transformado en capilla en 1595. La pintura estaba naturalmente muy maltratada pero se renovó milagrosamente; fue la primera imagen protectora de los indios y tiene varias coincidencias curiosas con la Guadalupana: según la tradición, ambas aparecieron por primera vez ante un indio y las dos están pintadas sobre objetos muy humildes, una en un ayate y la otra en una tela fija a un tosco adobe. Otras imágenes milagrosas de María se veneraban en algunas iglesias monásticas y conventuales de México, entre las que se pueden enumerar las siguientes: en Santo Domingo, la de Nuestra Señora del Rosario, que "dotó a numerosas huérfanas", y la de otra Virgen, que a fines del siglo XVI milagrosamente le dio el Niño que llevaba en brazos al Obispo Juan Ramírez de Guatemala († 1609); en el Hospital de San Lázaro, la de Nuestra Señora de la Bala que interponiéndose recibió el proyectil destinado a una casada infiel; en el

5 VILLASEÑOR Y SÁNCHEZ, V, xxvii. FLORENCIA, Nuestra Señora de San Juan de los Lagos, 6, 7, 10-13, 17-18, 22-23 y 31; cf. Vargas Ugarte, I, 238-239.
6 CÁRDENAS VALENCIA, 105. COGOLLUDO, VI, ii y iii, pp. 310-316, y XII, xii; pp. 715-717. El Padre FLORENCIA, en Zodiaco, 1-21, narra también los milagros de la Virgen de Izamal. Ancona, II, 116 y 178-179.

convento de la Consolación de San Cosme, la de Nuestra Señora del Valle, entre cuyos milagros estaba el haber hecho que las aguas de un profundo pozo subieran hasta el brocal para devolver a una niña ahogada la cual además resucitó; en Santa Clara, la de una virgen que salió una vez para hacer cesar una inundación, regresando "mojada y llena de lodo"; y en la Merced la "olorosísima" virgen de ese nombre, traída de Guatemala en 1595, que obró "mil cosas milagrosas" siendo la principal el haber "sustentado de limosnas ese convento", según dice el Padre Florencia.[7]

Nuestra Señora de la Piedad, cuya iglesia fundada en 1535 estuvo por largo tiempo "extramuros", fue traída de Roma a medio hacer pues estaba "sólo delineada"; su primer milagro fue aparecer "perfecta y acabada" cuando se abrió en México la caja que la contenía, y otros fueron salvar náufragos y aplacar a un toro furioso que amenazaba a unos devotos. La pintura de Nuestra Señora de la Asunción venerada en la iglesia de Santa María la Redonda, hacía llover en su barrio; tampoco es del todo creación humana, pues dice el *Zodiaco Mariano* que "fue terminada... por mano de ángeles".[8] Los milagros atribuidos a la imagen de la Virgen del Carmen, dice el Padre Victoria Moreno, fueron hechos por medio de su taumatúrgico escapulario que hizo maravillas no sólo en la Nueva España sino hasta en las Filipinas, y según un testimonio de 1633, por entonces casi no había indio, negro o mulato que no lo llevara encima. Dávila Padilla narra los prodigios de la Virgen del Rosario, entre ellos el de resucitar en 1541 a un niño en Tepetlaoztoc.[9]

Además de las once ya reseñadas, el Padre Florencia menciona otras 33 imágenes milagrosas de la Madre de Dios (de donde hemos obtenido la cifra total de 44). Tres de ellas se encontraban en la catedral de México: la de la Asunción, de oro; la de la Concepción, de plata; y Nuestra Señora de las Lágrimas, patrona de los plateros. Otras once se conservaban en iglesias de conventos y hospitales: la Virgen de las Angustias, que "curaba muchas enfermedades", en el Hospital del Amor de Dios; Nuestra Señora de las Maravillas, así llamada "por las que hace", en Jesús Nazareno; una virgen sin advocación específica, que "hizo cesar la inundación de 1629", y "anunció la muerte de 24 religiosas con otras tantas palomas", en Santa Catarina de Siena; Nuestra Señora de los Dolores, patrona de los pintores, en San Juan de la Penitencia; una Guadalupana, en San Jerónimo; una Virgen de la Concepción "milagrosísima", traída por dos mancebos (supuestamente, ángeles) que no esperaron cobrar su paga, en la casa de las concepcionistas; Nuestra Señora de la Macana, en el noviciado de San Francisco, la cual era llamada así porque un indio rebelde, incitado por el Demonio aparecido

---

[7] González Obregón, *México Viejo*, 174-180. Acerca de las imágenes milagrosas existentes en conventos y monasterios de la ciudad de México, ver: FLORENCIA, *Zodiaco*, 83-84 (San Lázaro), 85-86 (La Merced), 87-88 (Santo Domingo) y 90-92 (San Cosme); Fray Alonso FRANCO, 218 (Santo Domingo); VETANCURT, *Teatro Mexicano*, 4ª Parte, p. 133 y 150 (Santa Clara).

[8] Fray Alonso FRANCO, 108-112 y FLORENCIA, *Zodiaco*, 82 (La Piedad) y 88-90 (Santa María la Redonda).

[9] Victoria Moreno, 195-198 (con base en la *Relación de la Fundación de la Provincia Carmelitana de San Alberto*, del Padre Alonso de la CRUZ. México, 1632). DÁVILA PADILLA, 614 *seqq.*

con figura de gigante, le asestó un golpe (el autor del atentado apareció después colgado en un árbol); Nuestra Señora del Tránsito, que daba alivio a los enfermos en el colegio agustino de San Pablo; Nuestra Señora de la Paz en San Agustín; Santa María de la Gracia en el convento de ese nombre; y otra virgen en Regina Coeli que curaba la ceguera.[10] A estas imágenes marianas habría que añadir otras 19 que poseían los jesuitas, todas ellas milagrosas. Cuatro eran copias de la de Santa María Mayor de Roma, que según la tradición fue pintada por San Lucas. La que se conserva en el Colegio Máximo desde 1589 tenía la virtud de aconsejar a los varones que entraran a la Compañía de Jesús. Otras siete hicieron milagros más bien de circunstancia, pero entre ellas cobraron fama especial la Virgen de la Profesa y Nuestra Señora de la Concepción del ingenio de Xalmolonga, protectora de los negros, la cual "visitaba en la cocina a una esclava", según afirma el Padre Florencia.[11]

En muchos pueblos de los alrededores de México y en otros puntos de la extensa diócesis mexicana —además de los Remedios y Guadalupe— se veneraban otras imágenes milagrosas de la Virgen, de las cuales hablaremos a continuación. Cerca de Ixmiquilpan había la del Cardonal —muy antigua— y las dos de Zoquizoquipan, rivales en milagros y en la devoción que inspiraban a los indígenas; en Jomultepec tenía su santuario Nuestra Señora del Monte; en Chalma había una virgen que "hizo cesar la peste"; la del Rosario de Tonatico (hoy Estado de México) resucitaba muertos y curaba ciegos y mudos; y la Virgen de Tepozotlán conversaba con los novicios de los jesuitas. La Virgen de Tepepan, por cuya intercesión "se estinguió la falsa adoración de algunos idolos", era una copia de la imagen de los Remedios mandada hacer por Pedro de Gante. En Temascalcingo se venera una imagen Guadalupana. La milagrosa Virgen de Tecaxic (en el valle de Toluca), cuya iglesia fue construida sobre un adoratorio prehispánico, está pintada sobre un burdo lienzo de manta de algodón; desde el siglo XVI hizo muchos milagros de fuerte sabor rural, siempre relacionados con novillos, jagüeyes, arrieros, rayos y muchachos que estaban a punto de ahogarse en los ríos. Vetancurt, y Villaseñor y Sánchez exaltan los milagros de Nuestra Señora de la Purificación, de Tulantongo (a media legua de Texcoco), y los poderes curativos del "pocito" de su iglesia. La imagen de la Concepción de la capilla de la Tercera Orden de San Francisco en Cuernavaca, según Alcedo, data de tiempos de Cortés; como tantas otras fue depositada por dos ángeles que en seguida desaparecieron. Villaseñor y Sánchez confirma esta versión pero dice que los hechos sucedieron en Jojutla. Este último autor y Alcedo mencionan la milagrosa imagen de Jamiltepec, cerca de Cuautla, hallada en la hoquedad de un árbol por una india hacia 1620-1630; esta virgen fue vendida luego en Veracruz por un vecino del pueblo poco escrupuloso, pero por sí misma regresó a su antiguo altar y durante un fuerte temblor de 1712, soltando el rosario que tenía en la mano, avanzó la

---

[10] FLORENCIA, *Zodiaco*, 93-95 y 112-125.
[11] FLORENCIA, *op. cit.*, 98-112, e *Hist. de la Comp. de Jesús*, 355-357. Las siete imágenes que no se mencionan por nombre en el texto eran de la Virgen de los Dolores, de Nuestra Señora de la Antigua, de la Purísima Concepción, de Nuestra Señora de la Luz y tres de la Virgen de Loreto.

mano hacia la pared en ademán de sostenerla, milagrosa postura en que permanece hasta el día de hoy. En la periferia de la provincia eclesiástica de México hay tres Vírgenes famosas: la de Concepción de Celaya que según La Rea se dio en imagen hermosa y milagrosa; la de la misma advocación en León; y la de los Remedios de Querétaro que hizo muchos milagros, entre ellos el de dar fertilidad a una noble dama y de multiplicar una limosna, según narra Fray Baltazar de Medina.[12]

Como es de suponerse, Puebla es rica en imágenes muy milagrosas de la Virgen, y también las hay en Veracruz. En el convento de San Francisco de la Angelópolis, se custodiaba celosamente La Conquistadora, imagen mariana que Cortés mismo, según información levantada en 1582 con la ayuda de Muñoz Camargo como intérprete, obsequió al noble tlaxcalteca Gonzalo Axotécatl Cocomitzi; al trasladarse la sede episcopal la estatua fue llevada a Puebla. Torquemada informa que era "mui invocada para particulares milagros", y según otras fuentes resucitaba niños y hacía llover abundantemente. La catedral poblana contaba, por su parte, con las imágenes de Nuestra Señora del Refugio, que entre otros prodigios arrojaba al demonio del cuerpo de las posesas, y de Nuestra Señora de la Defensa, protectora de los soldados, que hizo viajes a California con Porter y Casanate, y a Lima con el Virrey Conde de Alva de Liste; además defendió a un ermitaño que estaba escribiendo sobre los portentos obrados por ella, cuando el Demonio quiso morderle la mano. Narra Vetancurt que en San Francisco, frente a la imagen de la Concepción, Fray Diego de Santa María († 1642) lloraba hilos de verdaderas perlas en actos de contrición. La Incorporada era una imagen de la Virgen del Carmen conservada en un convento de monjas poblanas. Recibió este nombre, narra Echeverría y Veytia, porque para demostrar su inconformidad al cambio de advocación de su estatua propuesto por una monja, apareciéndose pareció incorporarse a la imagen. Nuestra Señora de la Manga, del convento de Santo Domingo, fue llamada así por haberse pintado milagrosamente ella misma en la manga del hábito de una religiosa, con la que ésta se enjugaba las lágrimas que derramaba pensando en los dolores de María Santísima en la Pasión. Otras imágenes poblanas célebres fueron la del Pópulo; la de Loreto (venerada en la iglesia del Espíritu Santo); la de la Soledad, una de Santo Domingo y otra del convento de las Carmelitas descalzas (a esta última el jueves santo se le ponía "el semblante triste y descolorido"); y la del Rosario, del convento dominico. En la cumbre de la pirámide mayor de Cholula se venera todavía la milagrosa estatua de Nuestra Señora de los Remedios. Y en Acatzingo hay una imagen de la Virgen cuyo rostro desde 1609 "se humedecía sobrenaturalmente" en ciertas fechas.[13] Cerca de Jalapa, gozaba de gran fama por sus

[12] Florencia, *Zodiaco*, 127 (Tepepan), 128-139 (Tecaxic), 140-146 y 287. Vetancurt, *Teatro Mexicano*, 4ª Parte, p. 52 y Villaseñor y Sánchez, I, xxxiv (Tulantongo), xxxv (Jojutla), xliii (Jamiltepec), y III, vi (Guanajuato). Alcedo, III, 258-259 (Cuernavaca) y IV, 198-199 (Jamiltepec). Balthassar de Medina, fols. 54v° a 57v° (Querétaro). La Rea (Celaya). Huei Tlamahuizoltica, 133 (Temascalcingo).

[13] Pedro López de Villaseñor, 195-198, 200-202 y 205; Torquemada, I, 315; Echeverría y Veytia, II, 292-298; y B. Salazar, 52-53 (La Conquistadora). Florencia, *Zodiaco*, 153-199 (Nues-

milagros Nuestra Señora del Chico. En Papantla, dice Villaseñor y Sánchez, hacía prodigios la Virgen de la Concepción, llegada flotando en el mar en un cajón "con un rotulo que decía: PARA PAPANTLA"; otra Concepción, la de Alvarado, fue también hallada en un cajón a orillas del Coatzacoalcos. En el mismo río apareció flotando en 1546 Nuestra Señora de la Soledad de Cosamaloapan, cuya curiosa historia es relatada por Villaseñor y Sánchez: doce años antes de la Conquista un arcoiris anunció "la cesación del diluvio de la idolatría". Cuando llegaron las huestes de Cortés al arcoiris se disipó y donde estaba una de sus bases apareció la imagen. Por último, también en esas regiones la Concepción de los Chinamecas hizo el inmenso beneficio de liberar varias veces la tierra de la plaga de la langosta.[14]

Las imágenes más célebres de la Virgen veneradas en la diócesis michoacana fueron cinco: la de Pátzcuaro, donada por don Vasco y llamada Nuestra Señora de la Salud, que hablaba con sus devotos y cuyo culto llegó hasta Aguascalientes; la Santísima de Tiripitío, lienzo traído por los agustinos en 1537; la que se conservaba en el monasterio de Santa Catalina de Valladolid, sobre cuyos milagros escribió una relación el jesuita Pedro Sarmiento; la de Jacona, llamada Nuestra Señora de la Raíz porque fue modelada por mano divina en una raíz de mandrágora y hallada en las aguas del Lago de Chapala; y por último, la de Zitácuaro, a cuyos milagros dedica el padre La Rea tres capítulos enteros de su crónica franciscana de Michoacán.[15]

En la vieja Antequera se reverenciaba a la portentosa Virgen de la Soledad, traída de Guatemala a lomo de mula y conservada en Oaxaca porque ella misma se negó a proseguir el camino deteniéndose ante las puertas del convento de monjas agustinas; y también eran veneradas las imágenes de Nuestra Señora del Rosario (en Santo Domingo), de Santa María Mayor (en el Colegio jesuita), y las que tenían sus altares respectivamente en el Carmen, en la Vera Cruz, y en el santuario de Guadalupe. En la diócesis oaxaqueña eran famosas otras dos imágenes: la de Nuestra Señora del Rosario venerada en Tlapaltepec en tierra de los chontales, y la de la Piedad, "milagrosa en grandes prodigios", cuyo santuario se encontraba al pie de la cuesta de Jayacatlán. En el obispado de Chiapa había cuatro imágenes milagrosas de la Virgen del Rosario, una en Josozoltenango, la segunda en Tlacuazintepec y las dos restantes en Ciudad Real; una de estas últimas tenía el poder de desencadenar aguaceros cuando se le pedía.[16]

Aunque de menor rango que la de Izamal, patrona de la antigua diócesis, existían en la península yucateca otras imágenes milagrosas de la Vir-

tra Señora del Refugio). ECHEVERRÍA Y VEYTIA, II, 107, 109 (Nuestra Señora de la Defensa), 436-437 (La Incorporada) y 315 (Nuestra Señora de la Manga). VETANCURT, *Teatro Mexicano*, 4ª Parte, p. 111. Vargas Ugarte, I, 207 (Cholula) y 280-281 (Acatzingo).

[14] VILLASEÑOR Y SÁNCHEZ, II, vi (Alvarado), viii (Nuestra Señora del Chico), xiv (Papantla), II, xxviii (Los Chinamecas) y xxx (Cosamaloapan).

[15] FLORENCIA, *Zodiaco*, 259-282. Fray Matías de ESCOBAR, 121 (Tiripitío), 457 y 462. VILLASEÑOR Y SÁNCHEZ, III, i (Valladolid). Los capítulos 9 a 11 de LA REA están dedicados a la Virgen de Zitácuaro; ver espec. las pp. 228-229, 235-237 y 239. Vargas Ugarte, I, 222 (Jacona).

[16] FLORENCIA, *Zodiaco*, 228-235 y 239-333 (Oaxaca). VILLASEÑOR Y SÁNCHEZ, IV, i (la Soledad, de Oaxaca). Las imágenes chiapanecas y sus milagros son descritos por FLORENCIA, *op. cit.*, 236-238.

gen. Sánchez de Aguilar, Cogolludo y el Padre Florencia las enumeran y exaltan las virtudes. En Mérida había dos vírgenes (una en Catedral y otra en Santa Ana) que a fines del siglo XVI y principios del XVII, según Sánchez de Aguilar, sudaban cuando creían ser menospreciadas por "aquellos Indios idólatras". Cogolludo da cuenta de otras ocho, siendo la de su mayor estimación (compartida por el Padre Florencia) Nuestra Señora de la Laguna, conservada en Campeche, la cual en 1649 se apareció o fue hallada en un árbol quemado por los indios de Xampolol llamados Luis y Lorenzo; entre sus milagros se encontraban el abrir apostemas y el sanar tumores y fiebres cuartanas. La imagen de la Purísima Concepción de Valladolid, estatua de tamaño natural, fue traída de España por los conquistadores; otra de la misma advocación, cuyo altar estaba en el cercano Calotmul, amparaba las naves en peligro. En el camino de Mérida a Campeche se encontraba el santuario de la Virgen de la Natividad de Bécal, que obraba maravillas. Otras Vírgenes milagrosas eran la de Tiz, la de Mani (que resucitaba niños), la de Tavi y la de Zetuna (halladas en sendos cenotes; el aceite de la lámpara de la primera sanaba a los tullidos), y la Candelaria del convento de Vaymas, cerca de Valladolid cuyos numerosos exvotos daban fe de otros milagros.[17]

En la extensa diócesis de Guadalajara, además de las Vírgenes de Zapopan y de San Juan de los Lagos ya mencionadas, había otras muchas imágenes consideradas milagrosas. Elogian los poderes de la de Zenticpac —convento franciscano fundado en 1569 cerca de la desembocadura del río Grande— Tello, Mota Padilla y, entre los autores modernos, Pazos. Era una pintura colocada por uno de los primeros misioneros de tierra caliente Fray Antonio de Medina; salvaba de los efectos de picaduras ponzoñosas, no la atacaba el comején y los murciélagos vampiros, abundantes en la región, que llegaban a tocar su lienzo caían muertos como fulminados. Fray Nicolás de Ornelas menciona esta imagen junto con las de San Juan Mezquititlán y Huajicori (Nayarit), que también llegaron a hacer algún prodigio. Mota y Padilla da cuenta de la existencia de estatuas milagrosas de la Virgen en Tixtac, Amatitlán, Ixtlán (estas dos últimas de la Concepción), Tezoatlán, Tecolotlán (dos del Rosario), y en San Pedro, a una legua al oriente de Guadalajara (Nuestra Señora de los Dolores).[18]

El Padre Alegre atribuye a una imagen de la Virgen María el fin de una rigurosa seca en Sinaloa en 1599. En el archivo general de la Orden Franciscana en Roma, Eulalia Guzmán encontró una abundante información jurídica sobre la portentosa imagen de Nuestra Señora del Refugio venerada en Guadalupe (Zacatecas). Los Padres Castro y Arlegui, por su parte, reseñan los milagros hechos por Santa María de las Charcas (San Luis Potosí). En la Nueva Vizcaya de principios del siglo XVII, dice Arlegui, una pequeña imagen de la virgen reverenciada por los franciscanos en Canatlán,

---

[17] SÁNCHEZ DE AGUILAR, ed. Museo Nacional, 80; ed. Mérida, 1937, 113. COGOLLUDO, IV, XV, p. 222; XII, xix, p. 735-738; y xx, pp. 738-741 (Nuestra Señora de la Laguna); IV, xvi; p. 223 (Valladolid); VI, iv; p. 317 (Calotmul); VI, iv; pp. 317-318 (Bécal); y VI, v; pp. 316-319 (Tiz, Mani, Zetuna y Vaymas). FLORENCIA, Zodiaco, 21-25 (imágenes yucatecas) y 25-30 (Campeche).

[18] Tello, ed. México, 1942, VI, 108, citado por Pazos, "La Asunción en las misiones franciscanas", 348. MOTA Y PADILLA, 452-455. ORNELAS, 146-148.

se trasladó por sí misma al sagrario de la catedral de Durango cuando los tepehuanes dieron fuego al convento. El Padre Florencia informa que aun cuando aquellos indígenas rebeldes destruyeron en 1616, cerca de Guanaceví, una primera imagen de Nuestra Señora del Zape, la que la reemplazó acabó por convertirlos. Más lejos aún de la capital del virreinato, en Monterrey, dice Vargas Ugarte con cierta cautela, la Virgen del Roble se apareció hacia 1650 a una sencilla indiecita para pedir que se le erigiese el templo donde todavía hoy es venerada. Menos prudente es el Padre Vetancurt, según el cual la Madre Francisca de Santa Clara († 1651), fundadora del convento de ese nombre en Puebla, "a veces merecía que la Madre de Dios le regalase con la suavidad de la leche virginal".[19]

Baste lo hasta aquí dicho como descripción de las imágenes marianas más famosas y pasemos a los "señores", o sean representaciones de Cristo en diversos momentos de la Pasión. La más venerada en la Nueva España fue la del Señor de Chalma, ya mencionaba a propósito del sincretismo cristiano-pagano. Según Gonzalo Obregón, esta imagen "se apareció" o fue colocada subrepticiamente por los agustinos en la barranca donde aún se venera hacia fines del siglo XVI o principios del XVII, para reemplazar un ídolo cuyo culto persistía pero cuyo nombre fue borrado por el tiempo. Mendizábal identifica a los autores de la sustitución como Nicolás de Perea y Sebastián de Tolentino, fechando el hecho en 1540; y narra un milagro de impresionante carácter medieval: el Cristo de Chalma salvó la vida a un bandolero muy devoto suyo apodado "el Príncipe de los Montes", cuando éste, acosado por los agentes de la Santa Hermandad, saltó de unas peñas de 100 metros de altura sin hacerse el menor daño. Otras cuatro imágenes de Cristo fueron depositadas en el lugar de su destino por una pareja de jóvenes que parecían ángeles, los cuales cumplido el encargo desaparecieron. Se trata de los Cristos de Santo Domingo de México (entre cuyos milagros se cuenta el haber sanado a Francisco, hijo del Virrey Velasco II), del venerado en el altar mayor de la iglesia parroquial de Toluca, del Cristo Negro de Otatitlán sobre el Papaloapan (que data aproximadamente de 1580), y del Señor Dios de las Batallas de Tlacolula (Oaxaca), imagen hecha de una "misteriosa sustancia".[20]

El Cristo llamado de Ixmiquilpan fue traído de esa población al convento de San José de México, donde se veneraba. Era una imagen de manufactura española que aunque de plomo pobre había sido donada por el creso novohispano del siglo XVI Alonso de Villaseca. Cuentan Alegre y Florencia que habiendo quedando desfigurada esta imagen por el desplome de un techo, el Arzobispo Pérez de la Serna ordenó en 1615 que fuera enterrada con el primer adulto que falleciera en el lugar. Su primer milagro

---

[19] ALEGRE, II, 53-54. Eulalia Guzmán, 314. El Padre Castro es citado por ARLEGUI, 61-62 (Charcas), quien también elogia los poderes de la Virgen de Canatlán (p. 84). FLORENCIA, *Zodiaco*, 322-325 (Nuestra Señora del Zape). VARGAS UGARTE, I, 283. VETANCURT, *Menologio*, 115.

[20] G. Obregón, 126. Mendizábal, "El Santuario de Chalma", en OBRAS COMPLETAS, II, 513, 515 y 516. Fray Alonso FRANCO, 528 (Santo Domingo de México); VILLASEÑOR Y SÁNCHEZ, I , xlvii (Toluca), II, xxx (Otatitlán) y IV, xiii (Tlacolula). Alcedo, III, 73 (Otatitlán) y IV, 80 (Tlacolula).

fue que durante cuatro años no murió adulto alguno, y luego, en 1621, en medio de un repique de campanas no tocadas por mano humana el Cristo fue visto, desprendido de la cruz, caminando por los aires en medio de una tempestad; y terminada la visión la imagen había quedado renovada, de todo lo cual dio testimonio en 1689 el Arzobispo Aguiar y Seijas. En Santiago Tlatelolco había una estatua de Cristo que sudaba milagrosamente; irritados los indios cuando otros fieles trataron de llevársela a Santa Catalina, cuenta Vetancurt, la defendieron por la fuerza y en la refriega el mismo Cristo recibió una pedrada en la espinilla, la cual "se le moreteó y se le hinchó como si fuera de carne... de lo que ay autentico testimonio". El Cristo de Totolapan (hoy en Morelos) "resplandeciente en milagros", dice Grijalva, estuvo en San Agustín de México desde 1583 hasta la exclaustración de 1857, cuando fue recuperado pos su devotos indios, según narra Gonzalo Obregón; informa esta misma fuente que la imagen —dato revelador— es de una especie de *papier mâché* hecho con restos de códices indígenas. En San Miguel de Jojutla se veneraba una imagen de Cristo crucificado que, al decir de Villaseñor y Sánchez, "hallaron los Indios en la raíz de un espino".[21]

Los conventos poblanos de Santa Clara y de Atlixco poseían cada uno su "Señor": en el primero había una pintura de Jesús Nazareno junto a la cual apareció por milagro una figura de la Virgen María, y en el segundo se veneraba un Niño Jesús de barro colorado que, encontrado por un fraile en pedazos y llorando, realizó el milagro de volverse a pegar él mismo. El Niño Perdido de Jalapa realizó a mediados del siglo XVII el siguiente prodigio: debiendo regresar a España un virrey intentó llevárselo consigo; los agudos dolores que el viajero sintió en Veracruz fueron interpretados como una advertencia y no cesaron hasta que la imagen fue devuelta a su lugar original.[22]

En la catedral de Guadalajara se veneraban al Señor Sacramentado y al Cristo de las Aguas, cuyas virtudes son exaltadas respectivamente por Mota Padilla y Frejes. La segunda imagen se llama así porque, según la tradición, en el siglo XVI llegó caminando por las aguas durante una gran inundación. El Padre Ornelas y el propio Mota Padilla mencionan a otros cinco milagrosos Cristos a los que se rinde culto en varios puntos de la Nueva Galicia: Amacueca, Zocoalco, La Magdalena, Yahualulco y Zaholtiltic o Zapopotiltic; Mota y Padilla hace referencia a este último y al Cristo de Sayula; y Fray Matías de Escobar narra los milagros de los Cristos de Jocotepec (hecho de raíz de guaje), de Tamazula (formado en la raíz de un huizache) y de San Miguel de Atotonilco llamado Crucifijo de los Trapiches que era refractario al fuego. Según Villaseñor y Sánchez, no lejos de esos parajes, en Almoloyan (Colima) dos virtuosas mujeres hallaron en un árbol de incienso una imagen de Cristo Crucificado. Escobar amplía la lista de milagros

---

[21] ALEGRE, II, 329-332. FLORENCIA, *Hist. de la Comp. de Jesús*, 312. VETANCURT, *Teatro Mexicano*, 4ª Parte, p. 135. Fray Juan de GRIJALVA, 326-327; *cf.* Gonzalo Obregón, 119-120. VILLASEÑOR Y SÁNCHEZ, I, xxxvii.

[22] VETANCURT, *Teatro Mexicano*, 4ª Parte, 114 y 115 (Santa Clara de Puebla y Atlixco). VILLASEÑOR Y SÁNCHEZ, II, iii y ALCEDO, III, 64 (Niño Perdido).

con la descripción de los del Santo Cristo de Escamilla, de León; y al igual que Mota y Padilla, Rivera Bernárdez y el moderno Amador, también con los atribuidos a la imagen del Cristo Crucificado de Zacatecas, anterior a 1570, hecho de pasta de maíz, que protegía a sus devotos contra la peste y las sequías.[23]

La mayoría de los Cristos milagrosos michoacanos son de madera y están esculpidos en troncos, ramas o raíces de árbol, pero también hay uno de olotes. El material de que está hecho el llamado Cristo de Tupátaro, venerado en Valladolid donde fue "encontrado" por un indio en el tronco de un árbol, es una raíz del llamado "árbol espinoso" de esa región. El Cristo de la Piedad (Michoacán) también está esculpido en una raíz, en este caso del árbol llamado en purépecha *tetpame*, y el de Carácuaro es de "corazones de caña de maíz". Fueron también venerados en esa diócesis el Cristo de la Lámpara en Charo, el Señor de Tzirizícuaro y el Crucifijo de la Expiración de Zirahuén.[24] En Yucatán se rindió un culto particular al Cristo de las Ampollas de Mérida, imagen parlante destruida por los revolucionarios en 1915 (fue sustituida por una copia) y así llamada por el efecto de las llamas de un incendio que tuvo lugar en Ichmul durante el siglo XVI y que no lograron destruirlo. Cárdenas Valencia y Cogolludo describieron en el siglo XVII los milagros y exvotos del Cristo de San Román, venerado en Campeche, el cual en sólo 24 horas llegó por barco desde Veracruz. Por último, el colegio de los Jesuitas de Oaxaca conservaba el crucifijo que perteneció a uno de los mártires de la Florida, el Hermano Bautista Segura, y que fue rescatado por el Padre Rogel.[25]

En la Colonia hubo muchas cruces milagrosas, siendo la más famosa la de Huatulco (puerto del Marquesado sobre el Pacífico, destruido por piratas ingleses), y de la cual tratan muchos autores de la época. La descripción más completa del milagro de su preservación es quizá la que Alcedo hizo en el siglo XVIII aunque el episodio descrito ocurrió en 1587. Según este relato, habiendo desembarcado Drake en ese año en Huatulco con sus hombres, los corsarios se enfurecieron al no hallar víveres y quisieron desahogar su rabia con una alta y venerable cruz que protegía el puerto; procedieron a cubrirla de brea y a darle fuego, pero la cruz no sufrió daño alguno; fue luego atada con una cuerda amarrada al árbol del navío inglés, pero el cable se rompió sin poderla arrancar; resolvieron entonces los ingleses destrozarla a hachazos pero las hachas se embotaron sin hacerle

[23] MOTA Y PADILLA, 360 (Zacatecas), 385 (Guadalajara) y 453-455 (otras imágenes novogalaicas). Frejes, *Memoria*, 200-201. ORNELAS, 141-144. Fray Matías de ESCOBAR, 110 (Zacatecas) y 464-466 (Nueva Galicia). VILLASEÑOR Y SÁNCHEZ, III, xvii. Joseph de RIVERA BERNÁRDEZ, 74 *sqq*. AMADOR, I, 351 (quien cita a Rivera Bernárdez y la *Historia del Santo Cristo de Zacatecas*, del Padre Antonio Guajardo, S.J.).

[24] Fray Matías de ESCOBAR, 101, 110, 464 y 466 (imágenes milagrosas de Cristo en Michoacán). VILLASEÑOR Y SÁNCHEZ, III, i (el Cristo de Tupátaro).

[25] CÁRDENAS VALENCIA, 92 (Campeche). COGOLLUDO, IV, xv; pp. 221-222 (*ibid.*) y x, xx; p. 604 (Mérida); sobre el Cristo de las Ampollas ver, además, Ancona, II, 116. El crucifijo de los mártires de la Florida conservado en Oaxaca es mencionado por ALEGRE, I, 84; SÁNCHEZ BAQUERO, 31; y FLORENCIA, *Hist. de la Comp. de Jesús*, 26 y 254; en la *Relación* de Fray Jerónimo de ORÉ (ed. P. Atanasio López), 67, y en Kenny, 282.

mella. Tanto milagro por fin hizo desistir a los vándalos. El origen de la Cruz
de Huatulco está envuelto en la leyenda: Burgoa y Díez de la Calle dicen
que según los chontales de la región había sido plantada mil quinientos
años atrás por un santo varón, identificado por los piadosos cronistas con
el Apóstol Santo Tomás o con uno de sus discípulos. Lorenzana, Villaseñor
y Sánchez y el Padre Alegre recogen esta versión, y el último es quien relata la "negra acción" destructiva de Drake y sus hombres. En 1630, después de
la destrucción de Huatulco, según informa López de Villaseñor, la cruz fue
instalada en Puebla en el convento del Carmen; de allí —dice Remesal—
pasó a la catedral de Oaxaca, donde aún se venera. Hakluyt en el siglo XVI
y el General Holmes en nuestro tiempo afirman que Drake capturó Huatulco
en el curso de su expedición a California; además, el segundo autor asegura
que el célebre navegante pasó en ese puerto las primeras dos semanas de
abril de 1579, pero ni ellos ni ninguna otra fuente inglesa narran el episodio
de la cruz. Hubo otra cruz milagrosa en la costa de Colima, también ataca-
da por piratas: el Padre Grijalva que se encontraba por allí en 1587, fue testigo de una incursión capitaneada supuestamente por "Francisco Draque":
los invasores quemaron un astillero (situado en un lugar llamado Xuchit-
zi), donde "solo una Cruz quedó en medio de las cenizas sin que la tiznase
el humo". José Toribio Medina dice que ese pirata se llamaba Tomás Candí
(probablemente Cavendish). Fray Francisco de Burgoa confunde ambos episodios intercambiando protagonistas, fechas y lugares: atribuye el saqueo
de Huatulco a "Tomás Cambric" (o sea, el mismo Candí) y lo sitúa en 1587,
que es el año del ataque al puerto colimense. Mota y Padilla por último, se
refiere a una tercera cruz que sufrió a manos de piratas, la "milagrosísima"
de Autlán, la cual quedó intacta a pesar de que le prendió fuego un corsa-
rio holandés.[26]

Si descartamos por inverosímil la leyenda de que Santo Tomás erigió la
Cruz de Huatulco y recordamos que no se atribuyeron milagros a la que
en 1517 fue traída de Cozumel a Mérida, la cruz milagrosa más antigua de
la Nueva España fue la que, según todos los datos disponibles, Cortés plantó
una noche en Tlaxcala en 1519. A mediados del siglo XVII, Gil González Dávila
da por seguro este hecho, aunque ya con anterioridad Torquemada, tan
dado a certificar milagros, había afirmado que la cruz "se levantó" por sí
misma en el sitio preciso en que los cuatro señores tlaxcaltecas recibieron
al Conquistador por primera vez; aclaraba Torquemada que los presentes
"no supieron de dónde vino ni quién la hizo". Aquel símbolo cristiano fue
levantado frente al adoratorio de uno de los cuatro "barrios" de Tlaxcala,
el de Tizatlán, cuyo ídolo Camaxtle salió huyendo ante la repentina claridad
que la cruz produjo. Ese brillo, concluye Torquemada en tono apocalípti-

---

[26] Las fuentes consultadas sobre la tradición de la Cruz de Huatulco son las siguientes:
ALCEDO, II, 207; DÍEZ DE LA CALLE, 180-181 (quien cita la *Historia Ecles. y Secular de la India
Oriental y Occidental* de Fray Gregorio García, fol. 184); LORENZANA, *Concilios*, 303-304;
VILLASEÑOR Y SÁNCHEZ, IV, xviii; ALEGRE, I, 178; LÓPEZ DE VILLASEÑOR, 469; REMESAL, III, iv;I, 296;
HAKLUYT, VI, 240-245; y M. G. Holmes, 164. Fray Juan de GRIJALVA, 391-392; *cf.* José Toribio
Medina, *Imprenta en México*, II, 119. BURGOA, *Geográfica Descripción*, II, 292-295. MOTA Y
PADILLA, 453 (cruz de Autlán).

co, fue la prefiguración de la paz universal que de allí en adelante reinaría al cumplirse las mejores esperanzas cristianas. González Dávila describe como sigue este milagroso fenómeno óptico: bajó del cielo una gran claridad en forma de columna, apoyada sobre la cruz y produjo una nube que duró tres años "hasta que... se sosegó el Reyno y la tierra". Gibson recuerda que la leyenda de la aparición de esta cruz está ilustrada en el Lienzo de Tlaxcala (donde parece tener una altura de tres brazos), y que los indios la llamaron *tonacacuahuitl*, que en su lengua significa madero vivificador.[27] Poco más tarde los franciscanos erigieron otra cruz en el patio de San José de los Naturales a pesar de que el Demonio en persona, como se ha visto, pretendió impedirlo asiéndose al madero, según relatan entre otras fuentes el propio Torquemada y Fray Jerónimo Román.[28] Aunque este capítulo no está dedicado a las visiones fugaces, sino a las imágenes religiosas materiales, mencionar aquí la cruz milagrosa de Querétaro no será realmente salirse del tema. Dicha cruz fue erigida con la intención de reproducir la milagrosa visión aparecida en el cielo durante la ya mencionada batalla de Querétaro de 1550-1551 entre indios cristianizados y chichimecas, como presagio de la victoria de las armas cristianas; apareció, escoltada por Santiago Apóstol en medio de espesas nubes, durante el mayor fragor de la batalla, según las narraciones de La Rea, Beaumont y otros cronistas. Vencidos y evangelizados los chichimecas, pidieron la erección de una cruz que reprodujera la cegadora visión en el altar mayor del convento de Querétaro, cosa que hizo en 1555, mas según testimonios estudiados por Eulalia Guzmán en el Archivo General de la Orden Franciscana en Roma, también la reproducción fue hecha "de modo milagroso", en piedra rosada para imitar el color de la visión que era entre blanco y rojo; hizo muchos milagros, entre ellos curar enfermos y resucitar niños. El Padre Cuevas fecha la batalla de Querétaro en 1552, pero Ricard afirma que se trató más bien de una especie de torneo.[29] Otra cruz reputada como milagrosa, sobre la cual informan Arregui, Mota Padilla y el Padre Alegre, creció de la tierra a mediados del siglo XVIII, y la descubrió un arriero entre el pueblo de Xalisco (hoy estado de Nayarit) y la ciudad de Tepic, donde se le construyó un santuario. Como era de zacate y otras gramíneas aglutinados con un poco de barro, sus devotos comenzaron a arrancarle pedazos para preparar infusiones terapéuticas, mas a pesar de ello la cruz permaneció entera y siempre de color verde lozano.[30] A principios del siglo XVIII, el Padre Ornelas señala además de la de Tepic otras dos cruces de la misma región, las de la Autlán y Sayula (que se llama-

---

[27] TORQUEMADA, XVI, xvii, III, 20. GONZÁLEZ DÁVILA, I, 114. Gibson, 31. MOTOLINÍA precisa en *Hist. de los Indios*, 137-138, que "delante de la cruz han acontecido algunos milagros que dejo de decir por causa de brevedad"; y MENDIETA, en *Historia*, II, 159, dice que los indios, exhortados por los misioneros, levantaron cruces frente a sus casas en las encrucijadas y en los "mogotes" de muchos cerros.

[28] TORQUEMADA, I, 303. Fray Jerónimo ROMÁN, I, 82-83.

[29] Eulalia Guzmán, 312-317. LA REA, 286, 288, 290-291 y 445. BEAUMONT, III, 213-214. Cuevas, *Hist. de la Iglesia*, I, 150. Ricard, "Moros y Cristianos", 291.

[30] ARREGUI, 94-95. Mota y Padilla, 257. ALEGRE, I, 309-311.

ba Zaulán), consideradas muy milagrosas en su tiempo. Villaseñor y Sánchez cuenta que la segunda, un 3 de mayo (día de su fiesta) comenzó a balancearse con tal violencia que los extremos de los brazos casi tocaban el suelo, prodigio que mucho admiró el vecindario. Un siglo atrás Fray Alonso de Benavides describió dos milagrosas cruces de Nuevo México: el contacto de la primera, que estaba cerca de El Paso y era custodiada por los indios *mansos* aliviaba los dolores sobre todo de parto; la otra, que era venerada por los indios moqui, devolvió la vista a un adolescente ciego de nacimiento. Según la tradición, esta última había pertenecido a la Madre Luisa de Carrión o a Sor María de Jesús de Ágreda, místicas españolas que habían predicado en Nuevo México en virtud de su facultad sobrenatural de bilocación. Finalmente Díez de la Calle, remitiéndose a Torquemada y a Fray Gregorio García menciona sin dar detalles otras muchas cruces levantadas por los primeros conquistadores y famosas por sus "prodigiosos milagros".[31]

Las imágenes de santos y santas no podían rivalizar en milagros ni en número de sus adeptos con las representaciones de las máximas potencias celestiales; con todo y todo a muchas de ellas se les atribuyeron prodigios durante la Colonia. Alcedo menciona el lienzo de Xacapixtla (Yecapixtla), que representa a San Juan Bautista, el cual en una ocasión que le cayó un rayo levantó la cabeza con expresión de reproche y así se quedó (se acabaron los rayos); y la estatua de San Nicolás de Tolentino, de Zitlala, que cuando la estaban transportando de un sitio al otro eligió para su residencia ese pueblo de las montañas del actual estado de Guerrero negándose a proseguir el camino: el cajón que la contenía no pudo ser movido por 50 hombres pero el párroco de la localidad lo "levantó... con una sola mano". Dice Ancona que el ejemplo dado por Landa en Izamal cundió por toda la península yucateca, de manera que pronto tuvieron santos milagrosos, además de Campeche y Mérida, Tetiz, Calatmul, Vayma y Tekax (en este último pueblo se trata de una imagen de San Diego de Alcalá). El San Luis Gonzaga de Atlixco salvó a un colegial de los jesuitas que se estaba ahogando en un río, dice el Padre Alegre. Éste dedica quince páginas de su *Historia de la Compañía de Jesús en la Nueva España* a la narración de los milagros hechos en la Colonia por San Ignacio de Loyola entre 1598 y 1611. El San Martín Obispo, de la catedral de Guadalajara, salvó en 1606 a aquella ciudad de una devastadora plaga de hormigas, dice el Padre Tello; y Fray Hernando Ojea afirma que San Jacinto sanaba tullidos y que una vez resucitó a un muerto en Zacatecas. En Oaxaca, una estatua de su santa patrona (no sabemos si de Siena o Mártir) hablaba familiarmente con Fray Jordán de Santa Catarina.[32]

La devoción por el rosario se propagó rápidamente por la Nueva España

---

[31] ORNELAS, 150-152, 154. VILLASEÑOR Y SÁNCHEZ, v, iv. BENAVIDES, *Memorial* (ed. en inglés), 12, 29-30 y 32-34. DÍEZ DE LA CALLE, 182.

[32] ALCEDO, IV, 193 (Yecapixtla) y 253 (Zitlala). Ancona, II, 116. ALEGRE, II, 225 (San Luis Gonzaga) y 26, 27, 104, 172 *seq.*, 191-193, 197, 216-218, 138 y 493 (San Ignacio de Loyola). TELLO, 739, es citado por Pérez Verdía, 306, según el cual el milagro de las hormigas ocurrió el 11 de noviembre de 1606. OJEA, 72-73. DÁVILA PADILLA (imágenes de Santa Catarina o Catalina).

desde el siglo XVI; por ello la sarta de cuentas que lo representa adquirió en la imaginación popular un milagroso poder no muy distinto de las virtudes mágicas que ciertos pueblos atribuyen a los amuletos. Los cronistas dominicos Dávila Padilla, Alonso Fernández y Alonso Franco[33] narran múltiples ejemplos de fines de aquella centuria o de la primera mitad de la siguiente en los que muchos indios, por traer un rosario al cuello, fueron salvados de la muerte o de otras calamidades, o pudieron alejar al Demonio. Un devoto, muerto sin confesar, narra el Padre Fernández, volvió a la vida gracias al rosario que siempre llevaba, después de haber estado casi en garras del Demonio en el más allá, para poder confesarse, morir en paz y salvarse. El dominico Tomás del Rosario —dice Dávila Padilla— curaba muchos males tocando a los enfermos con su rosario. Otros objetos del culto o símbolos de la autoridad pastoral también hacían milagros. La mitra y el anillo del Obispo Mota y Escobar, enviados al efecto, apaciguaron la rebelión de Topia, según afirma Torquemada; una milagrosa medalla, cuenta el Padre Benavides, extrajo la punta de una flecha al cacique apache de Quinía; e incluso los sombreros o capelos de los difuntos Obispos de Guadalajara, colgados en la catedral sobre sus respectivas tumbas, dice Alegre, respondían a las rogativas de los devotos con movimientos circulares o en forma de cruz. Pérez Verdía dice que los canónigos de Guadalajara dieron "al traste con el milagro" quitando hasta el último sombrero, el del Obispo Mendiola, cuando hacia 1870 fue restaurada la Catedral. En suma, tantas eran las imágenes veneradas en la Colonia y tan pródigas eran en milagros que la Corona decidió en 1635 poner un poco de orden en el asunto. En efecto, el cuestionario enviado ese año con el fin de obtener datos para Tomás Tamayo de Vargas, nuevo cronista mayor de Indias, comprende la siguiente pregunta: "¿Qué imágenes son veneradas con más señalada devoción, qué milagros hay calificados?"

---

[33] DÁVILA PADILLA, 355 y 380. Fray Alonso FERNÁNDEZ, c. xxii, pp. 111-116. Fray Alonso FRANCO, 34 y 483. TORQUEMADA, V, xliv; I, 691-692. BENAVIDES, *Revised Memorial*, 89. ALEGRE, I, 314-315. MOTA PADILLA, 221, y ALEGRE, ed. 1941, I, 205, mencionan en particular el sombrero del Obispo Mendiola. Pérez Verdía, 273. CÁRDENAS VALENCIA, 7, menciona el cuestionario al que se refiere el texto; no parece que haya sido resuelto jamás.

XIX. DOCTRINA, RITO Y LITURGIA

DESPUÉS de haber examinado la huella dejada por el Medievo en la empresa evangelizadora y en la experiencia mística de la naciente Iglesia novohispánica, convendrá evaluar lo que ésta heredó de aquel pasado inmediato en materia de doctrina, rito, liturgia y organización económica y administrativa. Es necesario recordar que la Iglesia que sentó sus reales en la Nueva España se identificaba aún con la *Ecclesia universalis* de la Edad Media. Efectivamente, su estructuración fue anterior al Concilio de Trento (1545-1563), cristalización teológico-dogmática de la Contrarreforma; y fue trasplantada de un país que, como España, no sólo se mostró singularmente inmune a la revolución protestante sino que en gran medida había sido impermeable a la heterodoxia, o si se quiere a las herejías que en la alta Edad Media comenzaron a anunciar los albores de la Modernidad. Esto equivale a decir que el pensamiento y la estructura que definen a la Iglesia en la Nueva España, desde su principio y por larguísimo tiempo, fueron los mismos que caracterizaron su florecimiento en la España medieval y, en última instancia, son sustancialmente idénticos a los heredados del ocaso del mundo antiguo y de la época patrística.

Nada más medieval que el L i b r o   d e   H o r a s , breviario de las horas canónicas para laicos, del cual se produjeron bellísimos ejemplares iluminados a mano en las cortes de los Trastamaras y de los primeros Valois. El único lazo tangible que ataba al náufrago Jerónimo de Aguilar con su pasado —dice Bernal Díaz— durante los años de cautiverio en Cozumel, era un ejemplar de ese precioso libro que traía envuelto en sus harapos cuando Cortés lo encontró y lo convirtió en su intérprete. El Conquistador mismo, dice el gran cronista, "rezaba todas las mañanas en unas Horas" que siempre llevó consigo en sus viajes. En 1556, el mercader inglés Robert Tomson no pudo dar mejor prueba de ortodoxia a la Inquisición que mostrar el único libro que había traído de Inglaterra: las "Horas de Nuestra Señora". Kubler opina que el cuadro conservado en Calpan, de Nuestra Señora de los Dolores con siete espadas clavadas en el corazón, está inspirado directamente en un Libro de Horas francés iluminado en 1532. Al debatirse qué lecturas sagradas debían permitirse a los indios en su lengua, Fray Alonso de Molina informó que hacia 1572 ya estaban traducidas, entre otros textos, "las Horas de Nuestra Señora con sus reglas". Aunque la lectura de esos breviarios para laicos había sido recomendada por San Pío V, el Papa Gregorio XIII, por breve de 1573 (un resultado, probablemente, de la rigidez en la doctrina inspirado por el Concilio Trentino), ordenó al Santo Oficio que confiscara esos libros. Los archivos de la Inquisición —que han sido examinados a este respecto por Fernández del Castillo— nos revelan la eficacia con la cual aquel tribunal cumplió su tarea entre 1576 y 1583, recogiendo una cincuentena de breviarios (en romance, latín, y hasta griego) en

México, Puebla, Yucatán, etc. (uno le fue retirado a un oidor), y confiscando
más de un centenar de los mismos en las bodegas de los barcos que llegaban
de España. Desde 1567 las había impreso en náhuatl, en México, Pedro
Ocharte. Por supuesto ya desde el siglo XIV, por lo menos en la Europa
central, la cadencia de las horas canónicas era medida con relojes mecánicos; en México, todavía a mediados del siglo XVI, en el convento mayor de
los dominicos, dice Remesal, el oficio divino se seguía diciendo con tanta
calma como los rezos en los monasterios de España: la oración conventual
después de completas y maitines duraba media hora, medida por un
r e l o j   d e   a r e n a . En la iconografía prevalecían también los
módulos medievales. Conocida es, por ejemplo, la renuncia del Medievo a
hacer representaciones del Padre Eterno. Tienen marcado sello medieval
las que se hicieron en el siglo XVI en Huejotzingo y en la capilla abierta de
Tizatlán (Tlaxcala), en donde sólo figura el busto de la primera persona
de la Trinidad, con un espléndido manto y un orbe en la mano izquierda,
mientras levanta dos dedos de la derecha.[1]

El   r i t o   m o z á r a b e   o hispano, reliquia del pasado visigodo,
fue sustituido por el romano desde fines del siglo XI (en 1076) en Aragón y
en Castilla, con excepción de las catedrales de Toledo y Sevilla donde se
conservó por razones históricas. Como la diócesis de México nació como
dependencia de Sevilla (hasta que en 1550 se convirtió a su vez en arqui-
diócesis), heredó las prácticas y costumbres de la iglesia madre, incluyendo
el uso de la liturgia mozárabe, como señala Lota M. Spell; McAndrew añade que los neófitos indios aprendían el canto mozárabe de Toledo y Sevilla,
que entonaban a capella o con acompañamiento de órgano. En 1565, el
segundo Concilio Mexicano dejó constancia de que en México y en sus iglesias sufragáneas se cantaban y se decían los oficios conforme a los misales
y breviarios de Sevilla, costumbre que hubo de interrumpirse al año siguiente, cuando al recibirse los decretos de Trento, se uniformaron las
prácticas con el rito romano. En la Biblioteca Nacional de México se conserva un misal mozárabe llamado Missa Gothica seu Mozarabica, cuya portada
ha sido publicada por Romero de Terreros. Mas aunque este rito dejó de
usarse en 1566, la diócesis de México siguió imitando otras tradiciones
sevillanas. Por ejemplo, el Arzobispo Moya de Contreras dirigió una carta
al rey en 1576 para sugerirle que los medios racioneros de la catedral fueran doce y que hiciesen el oficio de los tradicionales veinteneros de Sevilla,

[1] Bernal Díaz, c. xviii y E. de la Torre Villar, El libro en México, 33 (Jerónimo de Aguilar), y
c. xi (Cortés); sobre Aguilar cf. Landa, 14-61, ap. Genaro García, Carácter de la Conquista, 134;
y acerca de Cortés, Vargas Ugarte, I, 11. McAndrew, 58, confirma que el Conquistador viajaba
siempre con su Libro de Horas; según C. Pereyra, 138, lo leía todas las mañanas. Sobre Tomson, ver Conway, An Englishman, 41. Kubler, Mexican Architecture, II, 393 y nota 96. Zulaica
Gárate, 94, publica la deposición de Molina. FERNÁNDEZ DEL CASTILLO, 496 (edicto de Gregorio
XIII); 340-346, 372-377, 388, 390, 393, 415-419, 423-445, 483-492, 509-510, 517 (confiscaciones de Libros de Horas). La edición de Ocharte de Las Horas de Nuestra Señora estaba basada
en el texto en náhuatl preparado por Fray Alonso de Molina. (J. Muriel, Cultura femenina,
472, 485). Se les hacía rezar a los indios ya en 1550, según escribe Fray Rodrigo de la Cruz al
Emperador (Gómez Canedo, 202). REMESAL, VIII, vii; p. 118. Las representaciones de Huejotzingo y Tizatlán son recordadas por Horcasitas, 130-131.

asistiendo a las horas diurnas y nocturnas. En su respuesta del año siguiente, Felipe II manifestó su conformidad a que se aumentara de seis a doce el número de capellanes, con el fin de que hiciesen el mismo oficio que los famosos sochantres de Sevilla.[2]

El sacrificio de la m i s a , centro del ritual católico en la vieja Europa (y primer blanco de los protestantes, junto con la supremacía papal), pasó a la Nueva España con los primeros exploradores, a quienes siempre acompañaba por lo menos un clérigo. Ya hemos hablado de la llamada *misa seca*, variante que se practicaba cuando no había elementos para consagrar o cuando el oficiante no estaba ordenado sacerdote; en ella no se leía ni cantaba el canon y tampoco había consagración ni comunión; fue una liturgia muy usada en el Medievo, sobre todo en sufragio de los difuntos y para las velaciones matrimoniales. En la evangelización de los pueblos indígenas de México se recurrió a este medio como recuerda Bayle: si un día de fiesta no iba el doctrinero, un indio "rezador" se ponía los ornamentos, subía al altar y celebraba una misa seca. También se decía a veces la misa sin comunión en alta mar por el peligro de que los comulgantes devolviesen la hostia si se mareaban. El primer Concilio Mexicano de 1555 censuró tales prácticas, consideradas como abusivas, aunque no heréticas. El mandar decir misas en vida o después de la muerte formó también parte del legado medieval de la Nueva España; y se convirtió en verdadera regla al menos en Cholula, según puede verse en los Protocolos de la notaría local. Como en España, fue frecuente que los ricos dejaran legados a las iglesias para que se dijeran misas por el descanso de su alma, o bien para que se aplicasen con esta intención oraciones, disciplinas, ayunos, candelas, sermones, confesiones y otras buenas obras. Según informa Zubillaga y otros, don Alonso de Villaseca, por ejemplo, dotó en 1576 al primer colegio jesuita de la Nueva España, el de San Pedro y San Pablo a condición de que todo presente y futuro sacerdote y lego jesuita dijese cotidianamente a perpetuidad misas u oraciones por el eterno descanso de su alma, además de que debía celebrarse una misa anual solemne y otras misas cantadas en tres festividades determinadas. Trece años después, el segundo Marqués del Valle mandó por testamento que se dijesen 4 000 misas por su alma, así como por las de sus padres, esposa, criados y vasallos, y también con la intención de quienes estuvieran en pecado mortal y de las personas a las que en vida él hubiera dado mal ejemplo. Posiblemente el que dejó atrás a todos en esa forma de devoción fue un vecino de Puebla llamado Andrés de Carvajal, quien además de cuantiosísimas limosnas y fundaciones mandó celebrar en su vida 600 000 misas, según se complace en informar Vetancurt. Otras formas ca-

---

[2] *Cf.* García de Cortázar, 348; y Caldwell, 16, acerca de la vigencia del rito mozárabe en España. Lota M. Spell, 296. McAndrew, *Open-Air Churches*, 362. LORENZANA, en *Concilios*, 196, publica la disposición citada del I Concilio Mexicano. MONTÚFAR, Apéndice II, 76-77, transcribe la del II Concilio (1565) para que se celebraran los oficios conforme al estilo sevillano; véase p. 193, n. 2, sobre el decreto del Concilio de Trento relativo a la celebración de los oficios divinos y de la misa en particular. Romero de Terreros, *Encuadernaciones*, 4-5. La carta de Moya y Contreras al rey está publicada en el EPISTOLARIO, XII, 9-10, de Paso y Troncoso; y la respuesta de Felipe II en el CEDULARIO DEL SIGLO XVI, 335, de Carreño.

tólicas y tradicionales de devoción también pasaron muy pronto a la Colonia; según Bernal Díaz, durante sus visitas a España Cortés mismo hacía largas jornadas a Nuestra Señora de Guadalupe en Extremadura "para tener novenas"; y a los ayunos tradicionales de los viernes de Cuaresma — Grijalva fue el primero en guardarlos en 1517— se añadió la costumbre ya antigua de no comer carne tampoco el sábado. Lorenzana informa de una disposición del Concilio de 1555 en este sentido, con la que se prohibió a todos los cristianos comer ese día "lomos, solomos o longanizas de carne", prohibición que no fue abrogada sino hasta 1745 por Felipe V.[3]

La h i m n o l o g í a medieval floreció profusamente en la Nueva España. Los ecos del más majestuoso y quizá también más antiguo de los cánticos litúrgicos, el *Te Deum laudamus*, resonaron por todos los ámbitos de la Nueva España y siempre en circunstancias extraordinarias. Cortés y sus hombres lo cantaron de rodillas y vertiendo abundantes lágrimas, dicen Bernal Díaz, Herrera y Argensola, cuando se colocó el crucifijo y una imagen de la Virgen en un santuario cedido por Moctezuma en Tenochtitlán. Poco después, quizá para darse ánimo, los españoles lo entonaron de nuevo al verse sitiados en la capital azteca, y creyendo que el cielo protegía su empresa; también cuando sus recién construidos bergantines comenzaron a navegar por el lago de Texcoco, según relata Clavijero, en aquella ocasión al son de instrumentos militares y "conmovido hasta el extremo su rudo corazón". Se cantó el *Te Deum* igualmente durante otras expediciones de conquista: en las Hibueras; en la de Nuño de Guzmán a la Nueva Galicia; después de que Hernando de Soto levantó una gran cruz en las riberas del Mississippi; en la de Juan de Oñate a Nuevo México; y en Guadalajara-Tacotlán en 1541, en acción de gracias por haberse rechazado el ataque de los teules chichimecas, ante un altar colocado frente a las ruinas humeantes de la iglesia. Se entonó un *Te Deum laudamus* el día de la fundación de San Agustín de Florida, o sea el 5 de septiembre de 1565; y a fines de ese mismo mes, al derrotar las fuerzas de Menéndez de Avilés al intruso y hugonote Ribaud. Los dominicos expresaron su júbilo con este himno cuando desembarcó en las costas de Campeche el Obispo Las Casas después de una tempestad; y también los franciscanos al conocerse la designación de su correligionario Fray Francisco de Toral para el obispado de Yucatán. Los agustinos de Tiripitío lo entonaban todos los días, narra Basalenque, después del rezo de las horas de Nuestra Señora, así como las monjas en ocasiones especiales, por ejemplo el 6 de enero de 1576 cuando se fundó el convento de Santa Catalina de Oaxaca, según relata Remesal. En el Códice Badiano se lee que en los días de fiesta los escolares de Tlatelolco cantaban el *Te Deum*,

---

[3] Bayle, en "Santísimo", 34-36, describe la misa seca y sus orígenes. Según el INCA GARCILASO, III, xxxii, p. 383, también se dijo este tipo de misa durante la expedición de Hernando de Soto. PROTOCOLOS DE LA NOTARÍA DE CHOLULA, *passim*. Las misas mandadas decir por Villaseca son mencionadas en MONUMENTA MEXICANA, 232-234, ed. Zubillaga, y en González de Cossío (ed.), RELACIÓN BREVE... DE 1602, 96-97. Goldberg, 343, publica el testamento de Martín Cortés y Ramírez de Arellano. La devoción del poblano Carvajal es encomiada por Bayle, "Santísimo", 603, quien se basa en el *Menologio*, IV, 140, de VETANCURT. Bernal Díaz, en c. cxcv; III, 142, se refiere a los novenarios de Cortés. ITINERARIO de Grijalva, ed. A. Yáñez, 32. LORENZANA, *Concilios*, 202-203.

himno que en la Colonia llegó a ser el fondo litúrgico de toda ceremonia cívica importante, como la jura del rey o su cumpleaños, la llegada de un nuevo virrey o la instalación de una nueva audiencia, verbigracia en 1560 la de Guadalajara. Fray Antonio de Ciudad Real oyó cantar a los indios este himno en lengua mexicana en Nayarit y en Jalisco; y Fray Matías de Escobar en purépecha, en San Miguel de Charo, lo cual en su opinión "era cosa de deleite".[4]

Las fuentes históricas mencionan aquí y allá otros himnos medievales importados a la Nueva España. En 1537, según cuenta un acompañante de los Montejo (del Viejo y de su hermano Juan) en una incursión a las Hibueras, en la consagración de la iglesia de Comayagua (hoy en Honduras) se cantó el himno *Vexilla regis prodeunt*. Cuando un año antes Cabeza de Vaca y sus compañeros lograron reunirse con otros españoles en Sinaloa, después de interminables peripecias, expresaron su júbilo con este mismo canto. El himno *Vexilla regis* fue quizá compuesto en Poitiers en el siglo VII, se entonaba cuando en San Dionisio los reyes de Francia empuñaban la oriflama; a partir de 1569 se cantaba en la catedral de México durante la Cuaresma por disposición del Cabildo eclesiástico. José Toribio Medina cuenta que al compás de este cántico entonado por el coro de la catedral de México, avanzó en 1649 la procesión organizada ese año por la Inquisición previa a un gran Auto de Fe. Dicho sea de paso, existen también informes de que por orden de Pedro Sarmiento se cantaba en las ceremonias de toma de posesión de tierras en el sur de Chile, y de que los hombres de La Salle lo entonaron cuando en 1682 el explorador francés tomó posesión del Mississippi en nombre de su monarca.[5] Fray Isidro de Espinosa informa que en la iglesia franciscana de Uruapan a mediados del siglo XVI los semaneros cantaban al amanecer el himno *Pangue lingua gloriosa*, así como el *Ave Maria Stella;* y por su parte, Fray Matías de Escobar precisa que el primero de esos cánticos era entonado a coro por las indias de Charo durante la ele-

[4] Bernal DÍAZ y HERRERA son citados por Prescott, 316 y n. 23. ARGENSOLA, 193-194. VETANCURT, *Teatro Mexicano*, 3ª Parte, 132 (*Te Deum* cantado durante el sitio de Tenochtitlán). Las fuentes que reseñan la celebración de *Te Deums* en diversos lugares se enumeran a continuación. Al borde del lago de Texcoco: HERRERA, déc. III, Lib. I, c. vi; CLAVIJERO, *Historia Antigua*, X, 14, p. 394; Orozco y Berra, *Historia Antigua*, IV, 481; y Prescott, 466. En las Hibueras: GÓMARA, 415; en la Nueva Galicia: Nuño de GUZMÁN, "Carta", 57; en la Florida: Kenny, 102, 108; en el Mississippi el INCA GARCILASO, IV, vi, p. 433 (*cf.* Albornoz, 321); en Nuevo México: Bancroft, *Arizona and New Mexico*, 142; en Guadalajara en 1541, Páez Brotchie, *Guadalajara Novogalaica*, 48; en las costas de Campeche: REMESAL, v, vi, vol, I, p. 352 y Fray Tomás de la TORRE, 119; posiblemente en México, en ocasión del nombramiento del Obispo Toral: Scholes y Adams (ed.) Diego QUIJADA, II, 20; en Tiripitío: BASALENQUE, 69; en Oaxaca: REMESAL, XI, xvii; vol, II, p. 448; en el Colegio de Tlatelolco: Emily W. Emmart (ed.), CODEX BADIANUS de Martín de la Cruz, Int., 18; y en Guadalajara cuando se instaló la Audiencia de la Nueva Galicia: Pérez Verdía, 257. Fray Antonio de CIUDAD REAL, II, 127 (Xalisco) y 137 (Teutlán). Fray Matías de ESCOBAR, 419-420.

[5] Licenciado Cristóbal PEDRAZA (ed. de Serrano y Sanz), 142 (Comayagua). La anécdota de Cabeza de Vaca es de Pérez Verdía, 114. Lota M. Spell, 307, menciona la disposición de 1569 del Cabildo metropolitano. José Toribio Medina, *La Inquisición en México*, 199. Los datos sobre Sarmiento y La Salle proceden, respectivamente, de Morison, *Southern Voyages*, 692-693 y 703 y de Brebner, 305-306. El primer verso de este himno dice *Vexilla regis prodeunt, fulget Crucis misterium* el cual le sirve de título.

vación de la hostia.[6] Motolinía relata que en 1539 los indios hicieron una representación de "La caída de Adán y Eva" en Tlaxcala, en la cual los infelices progenitores al ser arrojados del Paraíso entonaban el lúgubre himno *Circumdederunt me*, en alusión a los dolores físicos a que está sujeto el hombre caído en desgracia. Los franciscanos, dice el Padre Pazos, también enseñaron a los indios el canto litúrgico *Salve, Sancta Parens* de la misa de la Virgen. En el siglo XVII, Gutiérrez de Medina hizo una paráfrasis en español, en elogio del Virrey Marqués de Villena, del hermosísimo himno *Veni Sancte Spiritus*. Aunque no es propiamente un himno, el *Angelus* se difundió rápidamente en la Nueva España durante los primeros tiempos. El drama náhuatl del siglo XVI, informa Horcasitas, comprendía una amplia gama de cantos en latín, entre ellos la *Salve Regina*, el *Magnificat*, el *Christus factus est*, el *Benedictus Dominus Deus Israel* y el *Surgite Mortui*, así como varios responsos, motetes y otras composiciones medievales de que se hablará más adelante en los párrafos dedicados a la música colonial.[7]

En el imperio español la I n q u i s i c i ó n fue la más celosa defensora de la doctrina y de la fe católicas. A la Nueva España trasladó prácticamente sin modificación alguna todas las prerrogativas y procedimientos que la caracterizaban desde su introducción en la Península como tribunal centralizado en 1494, y desde mucho antes, cuando fue fundada en Roma en el siglo XIII; estuvo activa hasta que en 1812 fue suprimida por la Constitución de Cádiz. En las colonias, dice Lillian E. Fisher, la Inquisición persiguió los mismos objetivos que en España, aunque es cierto que de su jurisdicción se excluyó a los indios a partir de 1570. Ricardo Cappa y Mariel de Ibáñez señalan que la Inquisición española se diferenciaba de la del resto de Europa por ejercer a la vez la potestad eclesiástica por delegación del Papa y la civil por delegación del rey, es decir, por ser a la vez un arma de la Iglesia y un brazo del Estado. Las disposiciones legales que normaron la actividad de la Inquisición en la Nueva España fueron las mismas ya dadas antes para la metrópoli, o sean las Instrucciones del Inquisidor Supremo Fray Juan de Torquemada de 1484, las Ordenanzas de 1561 redactadas por el Inquisidor Fernando Valdés, y el formulario de guía de procedimientos, recopilado poco después por el Secretario del Consejo Supremo del Santo Oficio Pablo García. Los primeros franciscanos llegados a la Colonia ejercieron funciones inquisitoriales en virtud de una bula expedida por Adriano VI en 1522; pero seis años después dejaron de ejercerlas al llegar, con título de Inquisidor, el dominico Vicente de Santa María. Los primeros obispos novohispánicos tuvieron, por supuesto, poderes inquisitoriales en virtud de su cargo, y en 1535 Zumárraga recibió de manos del Inquisidor General de España el título de inquisidor apostólico para procesar a "culpados, sospechosos o infamados de herejía y apostasía" y a quienes las encubrieran o propagaran. Finalmente, en 1570 la Inquisición asumió la forma con la

6 ESPINOSA, 163. ESCOBAR, 420.
7 MOTOLINÍA, *Hist. de los Indios*, ed. Barcelona, 1914, 82-84, cit. por Pazos, "Teatro Franciscano", 155. También Pazos, pero en "La Asunción...", 334-335, menciona la *Salve, Sancta Parens*. GUTIÉRREZ de MEDINA, Int. de Romero de Terreros, p. x. Horcasitas, 146. Sobre el *Angelus*, cf. Shiels, 29.

que habría de perdurar durante casi todo el periodo colonial, al recibir el doctor Pedro Moya de Contreras (entonces maestrescuela de la Gran Canaria, y sucesor en México del Arzobispo Montúfar tres años después) el título de Inquisidor Apostólico de la Nueva España. A raíz de este nombramiento se estableció en México el Tribunal del Santo Oficio, encomendado a los dominicos, cuya tarea fue extirpar "la herética pravedad y apostasía en Tenuxtitlán y en las provincias de la Nueva España".[8]

Aunque Zumárraga procesó y hasta hizo quemar al cacique de Texcoco por idólatra, al exceptuarse a los indios de su autoridad, la Inquisición ya no se ocupó mucho de la idolatría, excepto en Yucatán, en donde ocurrieron en 1579 y 1585 los célebres casos de Sotuta, de que habla Cogolludo. Como en España, en la Colonia más bien persiguió a los escasos m o r i s - c o s , a l o s j u d a i z a n t e s —relativamente numerosos— y a los b l a s f e m o s , que formaban legión entre los conquistadores y encomenderos. También se ocupó, por supuesto, de la h e r e j í a , sobre todo luterana y anglicana (sin distinguir mayormente ambas confesiones), de los apóstatas, de algunos astrólogos y falsos profetas, de casos de b r u j e r í a y a d i v i n a c i ó n , de los iluminados y adúlteros y de bastantes frailes, émulos por su vida desordenada de los lascivos clérigos medievales de Talavera de quienes hablaremos más adelante. En cuanto a la blasfemia, la Corona fue muy estricta y la Inquisición no demostró el más mínimo sentido del humor. Juan de Toledo fue procesado, por ejemplo, por haber dicho que "los ángeles y los querubines deberían comerse asados"; y en 1563 corrió la misma suerte Alonso Gómez por el inocente símil de comparar un caballo con un serafín. Desde 1518 para las Antillas y 1526 para la Nueva España, el Consejo de Indias había dado severas leyes contra la blasfemia, el perjurio y el juramento en vano. El efímero Cabildo de Segura de la Frontera por su parte mandó pregonar el 4 de septiembre de 1520 las penas que se aplicarían a los jugadores y a quienes blasfemaran de Dios, la Virgen o los santos. En 1524, Cortés reiteró esos mandamientos a su lugarteniente en Colima, aunque poco después se dijo que en su presencia e impunemente Gonzalo de Sandoval y otros dos conquistadores habían blasfemado exclamando "pese a Dios, e no creo en Dios". En una cédula transcrita por Encinas, el Príncipe Felipe ordena a la audiencia de México, en 1543, que se castigue conforme a las leyes y pragmáticas españolas a los blasfemos; esta disposición fue ampliamente acatada y aplicada celosamente entre otros por el licenciado Tejada, que entonces era Visitador de la Nueva Galicia.[9]

[8] Lillian E. Fisher, 225. R. Cappa, *La Inquisición Española*, Madrid, 1888, 8 y 43, cit. por Mariel de Ibáñez, 12-13; véase también las pp. 15, 18 y 19. Sobre los primeros franciscanos y Fray Vicente de Santa María, *cf.* Alfonso Toro, 17; y J. Jiménez Rueda, *Herejías*, 1, acerca de los poderes inquisitoriales de Zumárraga. Los documentos que otorgan poderes inquisitoriales al Arzobispo Moya de Contreras están publicados en Carreño (ed.), CEDULARIO DEL SIGLO XVI, 430-431. J. T. Medina, en *Inquisición en México*, 34-35, publica la Cédula de 1570 que estableció el Santo Oficio de México.

[9] COGOLLUDO, HIST., Lib. 9, c. 1; Lib. 7, c. 15; y Lib. 11, c. 14; ver SÁNCHEZ DE AGUILAR, *Informe*, 290, 303, e Inga Clendinnen, 184-185. Véase más adelante, la p. 373. Jiménez Rueda, en *Herejías*, 206, menciona los casos de dos moriscos, que se llamaban Alejo de Castro (en 1648; era

Los j u d a i z a n t e s , o sea quienes practicaban en secreto la religión mosaica, fueron numerosos en la Colonia a partir de 1580, año en que Portugal (de donde no habían sido expulsados hasta entonces) fue anexado a España. No obstante, hubo casos célebres de criptojudaísmo desde principios del siglo XVI, como el de Hernando Alonso, colaborador de Cortés en la construcción de los bergantines y encomendero de Actopan, que fue quemado en Tlatelolco en 1528. La Corona reiteró en 1539 la prohibición de que pasaran a las Indias los "hijos y nietos de quemado o reconciliado, judío, moro o converso alguno"; no obstante ello, muchos judíos se fueron estableciendo poco a poco en la Nueva España, especialmente en las grandes ciudades. En ocasiones llegaron a ocupar cargos importantes en los mismos lugares donde la Inquisición los procesó, principalmente a fines del siglo XVII, a raíz de denuncias o delaciones. Con base en el voluminoso expediente de la familia del "alumbrado" Luis de Carvajal, Almoina señala que las prácticas mosaicas de los judíos en México no diferían, sustancialmente, de los ritos observados en el Medievo por sus antepasados en la Península, cual conviene a la religión monoteísta más antigua del mundo.[10] Varios escritores de la época colonial se declararon convencidos de que los indios descendían de las tribus perdidas de Israel, cosa que tenía la ventaja de restablecer la unicidad de la historia y la común descendencia de Adán para todo el género humano. No era una teoría novedosa pues ya muchos teólogos medievales, preocupados por la falta de unidad histórica de la humanidad, revelada por el contacto con pueblos no europeos, habían atribuido tal origen por ejemplo a los bereberes, etíopes, etc. El primero en expresar en la Nueva España semejante idea fue el explorador Juan de Grijalva, con base en el hecho de que los indios y sobre todo los mayas se circuncidaban, cosa también observada por Herrera. La idea del origen judío de la población autóctona aparece inclusive en un texto indígena poscortesiano, los *Anales Cakchiqueles,* donde se afirma que las tres naciones quichés venían de Israel por ser "hijas de Abraham y Jacob". Zorita recoge esta versión y la aplica a los pueblos del Anáhuac y a los tarascos, justificándola con base en que muchas de las ceremonias, usos y costumbres de éstos eran semejantes a los de los israelitas, y en que, según había oído decir, la lengua de Michoacán era parecida a la hebrea en muchos vocablos y en su pronun-

natural de Malaca y vecino de Manila) y María Ruiz (en 1596; morisca de las Alpujarras); cita también dos curiosos casos de blasfemias, en la pp. 33 y 35: el de Alonso Gómez procesado en 1563 por decir que "un caballo se paró como un serafín"; y el de Juan de Toledo. El CÓDICE que forma parte de la GOBERNACIÓN ESPIRITUAL Y TEMPORAL DE LAS INDIAS dedica su tít. XV al castigo de la blasfemia y del perjurio, según las disposiciones reales de 1518 y 1526 sobre la materia (*ap.* CDIU; XXI: 103). El Acta citada de la sesión del Cabildo de Segura de la Frontera ha sido impresa en la CDIAO, XXVI: 18; las INSTRUCCIONES a Francisco Cortés y las declaraciones de testigos en la pesquisa de 1529 aparecen en el mismo volumen de esa colección, respectivamente en las pp. 151 y 458-459. CEDULARIO de ENCINAS, I, fol. 24. La carta de Tejada al Príncipe Felipe en que se promete hacer cumplir la real cédula relativa a la blasfemia figura en el EPISTOLARIO, IV, 79, de Paso y Troncoso.

[10] Jiménez Rueda, HEREJÍAS, 85 (Hernando Alonso), 89 (judíos portugueses), 117 (Luis de Carvajal) y 132 (Antonia Núñez). KONETZKE (ed.), CDHFSH, 192 (Real Provisión de 1539). Almoina, *Rumbos heterodoxos,* 68.

ciación. Según Suárez de Peralta muchos opinaban, con Fray Diego Durán y el Padre Medina, que los indios descendían de los judíos, y específicamente de las diez tribus perdidas de Israel. La experiencia misional en México y el Perú del dominico Gregorio García *(fl.* 1607-1627), historiador eclesiástico de las Indias y autor de una obra sobre el *Origen de los Indios del Nuevo Mundo e Indias Occidentales,* lo convenció del origen hebreo del indio americano, aunque con posteriores infusiones de sangre griega y romana. El historiador moderno J. I. Israel, sin embargo, señala que con la solitaria excepción del Rabino de Amsterdam Manasseh ben Israel, ningún doctor de la ley mosaica ha tomado en serio esa supuesta genealogía, de la cual, como se recordará, volvió a hablarse en vísperas de la Guerra de Independencia. Puede observarse al margen que en 1581 Felipe II ordenó al Virrey Enríquez que no permitiera el establecimiento en la Nueva España de los miembros de otro grupo minoritario, los gitanos, y que los devolviera con sus criados a la Península.[11]

Poca o ninguna huella dejaron en la Nueva España las h e r e j í a s del alto Medievo si se excluye de tal clasificación el iluminismo, quizá porque tampoco España fue afectada por ellas en forma notable. Con todo, en las Antillas, y particularmente en la Dominica, los frailes creyeron percibir semejanzas doctrinales entre caribes y m a n i q u e o s ; y en La Española, enfurecidos con los misioneros porque defendían a los naturales, los encomenderos tildaron a los religiosos de b e g a r d o s , herejes contaminados por la "lepra", llevada según sus sospechas a Venezuela por los comisarios de la banca Welser. Más peligrosa, por supuesto, era considerada la herejía protestante; en su *Manual de Doctrina,* Fray Pedro de Córdoba da esta sencilla fórmula para descubrir y castigar a quienes la practican: "El que no tiene al Papa por cabeza o regidor de la Iglesia es hereje, y a este tal hánlo de quemar en el fuego." Algunas ideas o doctrinas heterodoxas se filtraron en los escritos eclesiásticos de la época. Gallegos Rocafull señala, por ejemplo, que la *Doctrina Christiana* publicada por orden de Zumárraga en 1546, no sólo revela entre líneas cierta influencia erasmiana, sino que está basada en la *Suma* de Constantino de Sevilla, pensador no muy alejado de Lutero, cuyos huesos fueron quemados en 1560 por la Inquisición española. Los obispos de la Nueva España, siempre vigilantes para combatir la hidra de la herejía, escribieron a Carlos V en 1540 para tranquilizarlo informándole que ya habían promulgado unas ordenanzas eclesiásticas que indudablemente le cortarían a dicho monstruo todas las cabezas si se atrevía a asomarse por la Colonia. Cinco años más tarde, Las Casas dirigió a sus feligreses de Chiapa una solemne proclamación para exhor-

---

[11] ITINERARIO de GRIJALVA, ed. de A. Yáñez, 39. HERRERA, déc. 4ª, Lib. IX y caps. vii y viii; *cf.* Baudot, 40. ANALES DE LOS CAKCHIQUELES: "Título de los señores de Totonicapán", 211. ZORITA, *Señores de la Nueva España,* 26-27. SUÁREZ DE PERALTA, 1. DURÁN, II, c. 1; *cf.* Giovanni Marchetti, *Cultura Indigena e Integrazione Nazionale.* Albano Terme. Ed. Piovan, 1980, 10, y León-Portilla, *Visión de los vencidos,* Int., vii. Bartolomé de MEDINA, fol. 223 vº. J. B. Warren, 53, cita a Fray Gregorio García. J. I. Israel, 129; cf. R. H. Valle, "Judíos en México", en la *Rev. Chilena de Historia y Geografía,* LXXXI (Santiago), 216-220. La real orden que excluye de la Colonia a los gitanos ha sido publicada por KONETZKE (ed.), CDHFSH, 532.

tarlos a delatar a quien creyeran hereje o a quienes supieran que practicaran ritos judaicos o gentílicos; debían denunciar asimismo a toda clase de hechiceros, encantadores, agoreros, sortílegos, adivinos, clarividentes y autores de maleficios, conjuros o ensalmos, así como a los poseedores de libros sobre temas supersticiosos o herejes. El uso de nóminas breves (rollitos con. un versículo bíblico o sura) colgadas al cuello (vieja costumbre judía y musulmana) fue especialmente condenado por el Obispo Las Casas. Jiménez Rueda encontró datos que confirman la existencia de un panteísta en la Nueva España: fue el doctor Pedro de la Torre, de Veracruz, antiguo criado de Erasmo, quien en 1551 afirmó que "Dios y la naturaleza son una misma cosa". El licenciado Valderrama, visitador del siglo XVI, acusó de herejía ante el Consejo de Indias a Fray Tomás de Chávez, predicador dominico, por afirmar que los hombres no tienen necesidad de hacer penitencia ya que Cristo en su Pasión la hizo por todos. Felipe II, celoso guardián de la ortodoxia, ordenó en 1574 al Obispo de Yucatán que estuviera alerta ante la posible llegada de ciertos herejes procedentes de Saboya o del norte de Italia (probable alusión a los valdenses o a los *patarini)* que intentaban embarcarse para las Indias "a donde eran ya encaminados otros de su secta". No hay indicios de que jamás hayan desembarcado en la Nueva España, aunque Villaseñor Bordes en su *Historia de la Inquisición en la Nueva Galicia* transcribe un documento fechado en 1567 en Nombre de Dios (Durango), que contiene una información contra un tal Guillén Bernal, llegado al virreinato seis años antes e identificado como "saboyano que tenía cometido el delito de proferir palabras heréticas".[12]

Si bien en el caso de los españoles la influencia de la heterodoxia medieval fue bastante débil, sorprende mucho, por el contrario, encontrar grandes semejanzas entre ciertos precedentes medievales extremos y las herejías de que fueron acusados algunos indios, aunque debe excluirse toda relación de causa a efecto entre ambos fenómenos. Podía explicarse esta similitud con base en la circunstancia de que, en la alta Edad Media, prácticamente toda corriente tachada de herética tuvo un contenido económico-social y fue una expresión de protesta contra el orden imperante; de acuerdo con el espíritu de la época todas aquellas protestas fueron formuladas en términos teológicos. En la Nueva España, como se ha visto, los vencidos no asimilados al cristianismo se refugiaron en una práctica renovada de la idolatría; en tales circunstancias, ¿por qué no también en la herejía o simplemente en la parodia de los nuevos amos? Dos jefes rebeldes, uno en Yucatán a fines del siglo XVI y otro en la sierra tepehuana en los primeros años del XVII, se proclamaron ante sus partidarios encarnación del Espíritu Santo. Esto nos recuerda a Eon de l'Etoile, heresiarca del siglo XII que absurdamente se presentó como encarnación de la tercera persona de la

[12] Sobre la presencia de "maniqueos" y "begardos" en las Antillas, ver ALCEDO, I, 214, y Palm, *Monumentos*, I, 105-106. Fray Pedro de CÓRDOBA, 113. Gallegos Rocafull, *Pensamiento Mexicano*, 209. En el EPISTOLARIO, IV, 15, de Paso y Troncoso figura la carta escrita al rey por los obispos de la Nueva España en 1540. LAS CASAS, *Opúsculos*, 216. Jiménez Rueda, *Herejías*, 34. Licenciado Jerónimo VALDERRAMA, 106 y 112-113. La carta de Felipe II (1574) fue transcrita por SÁNCHEZ DE AGUILAR, 67-70, gran perseguidor de idólatras y herejes. Villaseñor Bordes, 2.

Trinidad, desproporcionada pretensión basada en la semejanza de su nombre de pila con el verso apocalíptico "*per eum* qui venturus est judicare vivos et mortos", donde el Padre alude al Espíritu Santo. Pues bien, Cogolludo informa que en 1596-1597, se siguió causa en Yucatán a un indio de Sotuta llamado Andrés Chi, no sólo por pretender ser un nuevo Moisés sino por afirmar "que lo que hazía era revelado del Espíritu Santo"; y para mayor convencimiento un muchacho encubierto con una manta repetía de noche lo dicho por Chi de día como supuesta voz del Espíritu Santo. El segundo caso —más burdo— es relatado por el Padre Dunne: Perico, cacique acají originario de Chacala, pueblo de las estribaciones de la sierra tepehuana (en el extremo sur del actual estado de Durango), hacia 1601-1602 primero se hizo pasar por obispo, y luego se presentó ante su gente, de plano, como "Dios el Espíritu Santo". No fueron únicos, sin embargo, estos dos casos. Así, durante la misma rebelión de los acajíes, un exhechicero según informa Alegre rebautizaba niños y descasaba casados como "obispo", y más tarde exigió que se le adorara como "Dios Padre, o el grande Padre". Cogolludo relata otros dos casos similares cuyos protagonistas fueron los indios mayas Alfonso Chable y Francisco Canul, impostores que "recibían ofrendas y professaban otras grandísimas heregías"; el primero pretendió ser el Papa y el segundo, revestido de casulla y con mitra y báculo, "ordenaba" sacerdotes fingiéndose obispo. Por último, Pérez Verdía cuenta la historia de un indio no identificado que en 1616 fue uno de los principales promotores de la gran rebelión tepehuana: proclamándose apóstol, recorrió muchos pueblos de la Sierra Madre occidental instigando a los naturales a la rebelión y presentándose en todas partes como el Hijo de Dios y como el Espíritu Santo. Es interesante observar que todos aquellos rebeldes no fueron calificados de herejes ni de idólatras, sino, por recomendación de teólogos y juristas, de apóstatas; anteriormente, tal acusación sólo había sido hecha por Nuño de Guzmán al último rey purépecha por haber negado éste su colaboración a los españoles después de ser bautizado.[13]

El i l u m i n i s m o produjo bastantes frutos en la Nueva España, podridos según los inquisidores, principalmente a fines del siglo XVI y a principios del XVII; se dio este nombre a una corriente mística, cuyos adeptos llamados "alumbrados" llegaban mediante la contemplación a un ensimismamiento en el cual el alma, iluminada por una percepción directa de Dios, alcanzaba tal estado de perfección que los actos del cuerpo no la afectaban. Esta actitud quietista tenía puntos de semejanza con la doctrina albigense y rayaba en la herejía. En España y en la Colonia algunos alumbrados fueron acusados con razón de ser muy complacientes con la carne.

---

[13] Cogolludo, VII, xv; p. 416 (Andrés Chi) IX, i; p. 468 y XI, XIV (Alfonso Chable y Francisco Canul). Ancona, II, 94 (Andrés Chi). Dunne, en *Jesuits*, 62 (el cacique Perico), da informes basados en los datos de PÉREZ DE RIBAS, VIII, 8 y de ALEGRE, I, 422. Véase el cap. XIII: "Los movimientos heterodoxos y su influencia sobre el desarrollo social del Medievo", de mi *Panorama de la Cultura Medieval*, México, UNAM, 1962. ALEGRE, II, 113 (acajíes). Pérez Verdía, 318. Acerca del calificativo de apóstata dado al Rey Tzintzincha, ver Miranda Godínez, 123. Ancona, II, 56; Amador, I, 328 y Decorme, "Misiones", 112-113, también creen que aquellos rebeldes yucatecos y tepehuanos cometieron apostasía.

En la Península, los de Llerena, en Extremadura, dieron escándalo por llevar una vida juzgada licenciosa; y en Puebla hubo graves sospechas de que las relaciones de las monjas de Santa Catalina de Siena con su confesor, el Padre Juan Plata, y un ayudante de éste, no fueran de índole exclusivamente espiritual (Plata, interrogado por sus jueces, se declaró incapaz de pecar realmente por estar ya salvado y entre los ángeles, probablemente alusión caballeresca a las monjas). Los más famosos iluminados españoles fueron Miguel de Molina y Juan Valdés, así como la Beata de Piedrahita, quien creía tener coloquios, inclusive amorosos, con Cristo. La primera voz de alarma por la existencia de esta herejía en la Colonia fue dada en 1531 por la Audiencia y el Obispo Zumárraga, en relación con varias de las beatas, pías mujeres de vida semirreligiosa, enviadas por la Emperatriz Isabel para educar a las hijas de caciques indios, y especialmente a una de ellas llamada Catalina Hernández. Amiga, como algunas de sus compañeras, de la iluminada Francisca Hernández, juzgada por la Audiencia de muy buen espíritu y vida a pesar de ser una "mujer flaca", Catalina se negó terminantemente a suspender las visitas "de gran familiaridad y consolación espiritual" que a ella y a sus amigas regularmente hacía un joven sacerdote de unos 25 años llamado Calixto, "bien dyspuesto" según afirmación de los oidores, quien había acompañado al grupo desde Salamanca. Tampoco Calixto obedeció, por lo que resultó necesario devolverlo a España al igual que a Catalina, aunque separadamente, por sospecha de "algún alumbramiento"; en su irritación, la beata calificó al obispo y a los oidores de "ombrecillos... [de] rudos yngenios y otros desatinos".[14]

El visitador Valderrama señaló en 1564 a un tasador de tributos, Gerónimo de Mercado, como a "uno de los que en México llaman alumbrados". Jiménez Rueda y Bataillon han examinado el auge que el iluminismo tuvo en México y en Puebla a fines del siglo XVI, principalmente entre monjas, sacerdotes y laicos criollos; el primero relata los casos de Juan Núñez de León, balanzario de la Caja Real, acusado ante la Inquisición de ilusión y alumbramiento en 1600, y de Marina de San Miguel, beata de la Orden de Santo Domingo. La persecución de los iluminados de Puebla había comenzado desde antes; se atribuyó la mayor culpa a Sor Agustina de Santa Clara, cuyo padre procedía de Llerena en Extremadura, monja de 38 años que fue recluida en las cárceles del Santo Oficio en 1597. Un caso nunca aclarado fue el del ermitaño y profeta Gregorio López, de quien Bataillon sospecha que hizo escuela. Pero el ejemplo más famoso de todos, según Martínez del Río y Mariel de Ibáñez, fue el del judío Luis de Carvajal el Mozo, espíritu de acendrada religiosidad, que no sólo se decía iluminado y aseguraba tener revelaciones y comunicaciones con la Divinidad, sino que frente a las acusaciones de la Inquisición, escribió su propia apología firmándola con

---

[14] "CARTA DEL ABDYENCIA DE MÉXICO A SU MAGESTAD SOBRE VARIOS ASUNTOS DE GOBIERNO. Temyxtitan-México, Agosto 14 de 1531", en CDIAO, XLI: 113-118. En materia de heterodoxia, Zumárraga tenía alguna cola que le pisaran; en efecto, la *Doctrina Christiana* para la conversión de los indios que hizo publicar en 1546 (la quinta con un título similar) era una simple copia de la *Suma* del doctor Constantino de Sevilla quien habría de ser procesado por la Inquisición por supuestas simpatías con el luteranismo (Carmen Corcuera, 201).

el seudónimo Joseph Lumbroso, es decir el que alumbra o el que arde; más que apologético este nombre resultó profético, pues Carvajal fue quemado en la hoguera en 1596.[15]

El Santo Oficio también se ocupó de m a g i a ,   b r u j e r í a , h e c h i z o s ,   s o r t i l e g i o s   y artes similares, aunque en la Nueva España la cacería de brujas afortunadamente no tuvo la proporción alarmante que alcanzó en la Nueva Inglaterra. Zavala ha señalado que la creencia en las diversas manifestaciones europeas de la magia atravesó el océano, y que los negros y los indios enriquecieron estas artes con sus propias supersticiones, tema examinado entre nosotros por Aguirre Beltrán. Greenleaf dedica un capítulo entero de su libro sobre Zumárraga a las manifestaciones de la brujería y la superstición en la Nueva España. Entre los eclesiásticos expertos en la materia se encontraba el mismo Obispo Zumárraga, encargado en España por Carlos V —recuerda Fernando Benítez— de exterminar a las brujas de Navarra. Había en la Colonia, por supuesto, un sustrato de magia o hechicería indígena y una clase de brujos llamados *nahualli* o nahuales, los cuales, según algunos misioneros podían gobernar el movimiento de la nubes, convertir como Aarón los bordones en serpientes y transformarse en tigres, lechuzas o comadrejas. Spence señala que la gran similitud existente entre esas prácticas de los naturales y la brujería europea es desconcertante. La protectora divina de los hechiceros mexicanos era la diosa Tlazoltéotl, que volaba por los aires, también (acusación que era enderezada contra los nahuales) montada en un palo como las sacerdotisas de los cultos de la fertilidad en la Europa precristiana. Francisco de Terrazas informó alarmado a Carlos V en 1544 que en la Nueva Galicia una gran hechicera capitaneaba la resistencia en las cimas de los peñoles; realizaba ciertas ceremonias en las que elevaba una tortilla de maíz para vituperar al Santísimo Sacramento; el I Concilio Mexicano, en el capítulo quinto de sus constituciones, fulminó con la excomunión y otras penas a los indios y españoles que consultasen a "sortílegos, encantadores o adivinos". En sus *Problemas y secretos maravillosos de las Indias*, obra escrita hacia 1590, Juan de Cárdenas afirma haber visto en Guadalajara entre otros hechos asombrosos el siguiente: un hidrópico quedó curado cuando un hechicero le hizo arrojar un cangrejo por la boca. A mediados del siglo XVII, Pérez de Ribas informa que las brujas yaquis de noche volaban "por los aires" al regresar de sus bailes y convites con los demonios, o sea de sus aquelarres. Almoina ha señalado los antecedentes peninsulares de los numerosos casos de hechicería y astrología que ocurrieron en la Nueva España, tratados por Jiménez Rueda. Como en Europa, donde los ritos de la diosa cazadora fueron transmutados por los latinos en el culto de Diana, en la Nueva España las creencias mágicas ibéricas se fundieron con algunas tradiciones indígenas afines, pero la simbiosis resultante fue más rica y variada que los elementos aportados por las culturas madres. Así lo consideran

---

[15] Licenciado Jerónimo VALDERRAMA, 211. Jiménez Rueda, en sus Adiciones a J. T. Medina, *La Inquisición en México*, 135-141. Bataillon, "L'Iñiguiste", 72. Pablo Martínez del Río, *El Alumbrado, passim*, y Mariel de Ibáñez, 92.

algunos historiadores y antropólogos, que señalan la enorme gama de fenómenos de esta clase, tales como las consultas con curanderos y saludadores, el crédito dado a las apariciones e intervenciones del Demonio, el
carácter maléfico atribuido al martes, la adivinación por medio de la forma de las llamas o "leyendo" la palma de la mano, la preparación de filtros
amorosos y el temor al mal de ojo.[16]

En el Archivo General de la Nación se conservan los expedientes de numerosos procesos abiertos por la Inquisición contra personas acusadas de
tener comercio con el Demonio o de celebrar pactos con él. El III Concilio
Mexicano (1585) —que también adoptó el Catecismo del confesor de Santa
Teresa de Ávila, Padre Ripalda—, juzgó de extrema gravedad este género de
pactos pues los incluyó entre los catorce casos reservados. Ello no obstante,
la Inquisición consideró necesario iniciar procesos contra muchos criollos
y mulatos por hacer conjuros y por reconocer como príncipe y señor al
Maligno, entre ellos los de María de Nuncibay, Diego de Torres, Nicolás de
Aste y la mulata de Puebla Ana Vega. Los pactos con el Demonio generalmente se escribían con la propia sangre y estipulaban la entrega del alma a
cambio de la ayuda diabólica. El culto del Enemigo sigue vivo hasta nuestros días. Rafael Heliodoro Valle cita el caso de una tal Juana Ahuaczin, residente en un pueblo de Tlaxcala, que tenía en su casa un altar en el cual
Satanás estaba representado de bulto pinchando con un tridente al Arcángel San Miguel. En lo que se refiere a los procedimientos adivinatorios,
Aguirre Beltrán opina en su *Medicina y magia* que quizás las mulatas andaluzas los introdujeron en la Colonia a fines del siglo XVI. Entre tales procedimientos, además del de echar la suerte con habas, de raigambre morisca, estaban la ordalía (ya tratada en el capítulo relativo al feudalismo) y el
descubrimiento de tesoros y el desenmascaramiento de ladrones por diversos medios. Muchos amuletos, adminículos inseparables de la magia, revelan una evidente influencia europea sobre la Colonia, concluye Aguirre
Beltrán.[17]

El *ius puniendi* de la Iglesia novohispánica reflejó fielmente las penas y

[16] Zavala, *Mundo americano*, I, 457. Greenleaf, ZUMÁRRAGA, 111-121. F. Benítez, 84. Spence,
67, 130 y 131. Carta de Francisco de TERRAZAS a Carlos V, en CDIHIA, I; 114, también reproducida en el EPISTOLARIO de Paso y Troncoso, IV, 106. González de Cossío, en *Ius Puniendi*,
156, resume las disposiciones del capítulo quinto del primer Concilio Mexicano. Juan de
CÁRDENAS, 239-240. PÉREZ DE RIBAS, *Triunfos*, II, 118. Véase la Int., p. 4, de Sir Steve Runci-
man a Margaret Alice Murray, sobre la supervivencia de los cultos dinámicos en la Europa
occidental. Almoina, *Rumbos heterodoxos*, 25-54. Pfandl, 167, y Morales Rodríguez, 461,
reseñan las creencias mágicas que, multiplicadas, pasaron de España al Nuevo Mundo. P.
OLMOS, *Hechicerías*, 51, 61 (nahuales). MENÉNDEZ DE AVILÉS (ed. Ruidíaz, II, 156) escribió en
1566 a un amigo jesuita de Cádiz diciéndole que los indios de la Florida "sirven y tienen por
señor á la mas ruin creatura del mundo, que es el diablo"; Keen, 80, explica que el culto del
Maligno, dondequiera que existió, se inspiraba en el temor más bien que en el amor.

[17] VERA (ed.), "Excomuniones y casos reservados del Concilio III Mexicano" (con un
sumario de las explicaciones hechas en 1816 por el padre José Ximeno), I, 600-601. Sobre el
Padre Ripalda ver el *Dicc. Univ. de Hist. y Geog.*, México, 1855, vol. VI, *sub* Ripalda. R. H.
Valle, "El diablo en Mesoamérica", 203 (Diego de Torres y Ana Vega) y 204 (Juana Ahuaczin).
A. Rey, *Cultura y costumbres del siglo XVI*, 126-127 (María de Nuncibay, Nicolás de Aste).
Aguirre Beltrán, *Medicina y magia*, 191, 193 y 195 (divinación) y 205 (amuletos).

sanciones establecidas por el derecho canónico en la Europa medieval. El I
Concilio Mexicano prescribió para los culpables de ciertos crímenes las
penas de excomunión (*ipso facto*, *latae sententiae*, etc.), anatema, vergüenza pública, coroza (capirote con pinturas alusivas al delito), entredicho y
penitencia pública; se aplicaban sin perjuicio de la entrega del delincuente
(hereje no reconciliado, relapso, etc.) al brazo seglar, lo cual en la práctica significaba enviarlo a la hoguera. Lorenzana describe las modalidades de
la aplicación de esas penas. Entre las excomuniones que levantaron revuelo, por ejemplo, se encuentran las de los oidores Matienzo y Degadillo, impuestas por Zumárraga en 1530, y la del Virrey Marqués de Gelves por el
Arzobispo Pérez de la Serna en 1624; esta última, sin embargo, tuvo carácter
abusivo, ya que siendo el virrey el representante personal del rey no estaba
expuesto a la excomunión decretada por un arzobispo. La Iglesia colonial
hubo de vérselas también con los endemoniados que eran personas de
cuyo cuerpo y alma el Demonio había tomado posesión sin pacto expreso;
las manifestaciones exteriores de posesión diabólica eran la blasfemia y
ciertos gritos, estertores y contorsiones. Se recurría entonces —procedimiento teóricamente aún válido— a los servicios de un e x o r c i s t a ,
que es uno de los grados menores del orden sacerdotal; hubo en la Nueva
España exorcistas famosos como por ejemplo en el templo de San Cosme
en Guadalajara, según informe de Aguirre Beltrán.[18]

Los eclesiásticos y seglares concebían en términos medievales el infierno
y el paraíso, como lugares muy concretos y tangibles, respectivamente de
tormentos sin fin y de eterna felicidad. También en el arte colonial, especialmente en la pintura, figuran vívidas representaciones de esta clase, por
ejemplo los demonios de los frescos de Santa María Xoxoteco (Hidalgo).
Cortés ya había advertido a los tlaxcaltecas e incluso a Moctezuma que de
persistir en la idolatría irían a dar a "los infiernos donde para siempre arde-
rán en vivas llamas". Tal como los habitantes de Islandia creían en la Edad
Media que el purgatorio estaba bajo su isla por los activos géiseres que allí
existen, recuerda Gómara, Motolinía registra una opinión de los españoles
de su tiempo según la cual los humos del Popocatépetl salían de la boca del
infierno. De éste se dice, en un requerimiento hecho a los sublevados en la
Nueva Galicia en 1541, que es "un lugar questá debajo de la tierra, que siempre arde y mui oscuro é mui caliente é mui frio". Fray Pedro de Córdoba,
en su conocido manual de *Doctrina Cristiana*, recuerda a los neófitos que
las penas del infierno "nunca se acaban mas siempre duran" y las describe
como grandes dolores y tormentos, mucha sed y hambre, y mucho frío, porque "allí cuecen las almas en calderas y ollas llenas de pez: y piedra azufre
y resina hirviendo". Un indio joven de Tlaxcala llamado Benito —de acuerdo con un relato recogido por Torquemada de labios de Motolinía— tuvo
una visión del más allá que le permitió conocer con gran espanto el infierno, lugar de tormentos aterradores y el paraíso, sitio de placeres y deleites.
En su *Doctrina*, el citado Fray Pedro describe el Cielo en términos casi

---

[18] González de Cossío, *Ius Puniendi*, 164. LORENZANA, *Concilios*, caps. XIV y XV. Acerca de
los endemoniados en la Nueva España, *cf.* Aguirre Beltrán, *Medicina y magia*, 27-28 y 33.

coránicos: las almas que allí llegan jamás mueren ni se envejecen, sino que se conservan "mozas y hermosas y alegres y contentas; y moran con Dios en los sus grandes palacios que son muy hermosos: adornados de rosas y flores: son muy pintados de muchos colores: estan sus palacios muy llenos de suaves olores".[19]

Según nos dice Acker, en la *Cartilla para leer* de 1569 (la más antigua que en México poseemos) se llama *ilhuícatl* al Cielo, palabra ésa que generalmente describe al círculo más elevado del Cosmos indígena. En los *Coloquios* de Sahagún, los sacerdotes aztecas ven sin embargo al *Tlalocan* como la versión indígena del Cielo cristiano; en su visión del más allá, éste constituía el más bajo de los trece niveles del Cielo. El infierno es siempre el *Mictlan*, el cual siguiendo la noción cristiana es descrito como un lugar de tormento y de castigo. Algunos de los frailes pretendieron enviar a *Tlalocan* a algunas almas que según ellos alcanzaban la salvación, tornándolo así en una especie de Paraíso celestial; pensaban en el *Mictlan* como exactamente el polo opuesto al cielo, ya que era oscuro, subterráneo y triste. Y sin embargo para la mente indígena nunca había habido un lugar de recompensa o de castigo en el otro mundo.[20]

---

[19] Sobre el concepto que Cortés tenía del infierno, *cf.* Bernal DÍAZ, cc. LXXVII (I, 283) y XC (i, 340). GÓMARA, *Hist. Gen. de las Indias*, c. xi; I, 26. MOTOLINÍA, *Memoriales*, 142. El requerimiento de 1541 es citado por Pérez Verdía, 190-191. Fray Pedro de CÓRDOBA, 66 (descripción del infierno) y 67 (descripción del paraíso). TORQUEMADA, XVII, xvii; III, 248.

[20] Acker, 121, 126-127. L. Burkhar, *Sahagun's Colloquies, an Aztec-Christian Ins. of 1564* (thesis). Yale University, 58-59. A. López Austin, *Cuerpo humano e ideología. Las concepciones de los antiguos nahuas*, México, UNAM, 1980, I, 58-68.

XX. CONQUISTA ESPIRITUAL
Y ESTRUCTURA ECLESIÁSTICA

Como en la Europa medieval, las distintas ramas de la Iglesia constituyeron una trama muy cerrada en el tejido de la sociedad colonial novohispana. Ya se ha hablado largamente del clero regular, sobre todo en relación con la obra de evangelización. Aquí investigaremos algunos aspectos, reflejo o continuación de ciertas tradiciones de la Edad Media, de la organización del clero secular y especialmente de la jerarquía eclesiástica en la Nueva España, así como de la estructura administrativa de la Iglesia, de su sistema tributario y de su dependencia de la Corona en el ámbito político —característica igualmente medieval— en función del real patronato indiano.

Si bien en el campo misional la Iglesia tenía como único antecedente inmediato la conversión del Reino de Granada, en lo que se refiere a la organización de las diócesis, parroquias y visitas, a las deliberaciones en concilio, al establecimiento de cabildos eclesiásticos y a la recaudación de diezmos y otros tributos, tenía a su disposición mil años de precedentes que por regla general fueron aplicados, a veces adaptándolos a las nuevas circunstancias. El primer obispado mexicano, el llamado Carolino cuya génesis ha estudiado Méndez Arceo, fue creado en 1519 contemporáneamente a las exploraciones de la costa de Yucatán; pero como durante el Medievo europeo en algunos obispados nórdicos, y por la misma razón o sea la deficiencia del conocimiento geográfico, no se le señalaron ni límites ni sede. Después de errar por Cozumel y por la "isla" de Yucatán, la elección de la dicha sede quedó finalmente al arbitrio del primer obispo, Fray Julián Garcés, quien en 1525 la fijó en Tlaxcala para trasladarla más tarde a Puebla. Como es sabido, el obispado de México (entonces sufragáneo, al igual que el de Tlaxcala, del arzobispado de Sevilla) fue creado por la Corona en 1528; su primer titular, Fray Juan de Zumárraga, sin embargo no fue consagrado sino hasta 1533, cosa que le creó ciertos problemas porque durante los primeros años tuvo que actuar sólo como Obispo electo logrando poco crédito y menos respeto de algunos de los conquistadores y oficiales de la Corona. Poco después, por Real Cédula de 1534, se dividió la Nueva España en cuatro diócesis, informa Elena Vázquez, pero sin contar entre ellas la de Tlaxcala: fueron la de México (ya existente) y las de Michoacán, las Mixtecas (*i.e.* Oaxaca) y Coatzacoalcos. Esta disposición fue, como tantas otras, acatada pero cumplida sólo en parte, pues la experiencia demostró que para crear una diócesis en la Nueva España la primera condición era la presencia de su obispo. Por ello, en los años subsecuentes sólo se materializaron las diócesis cuyos titulares fueron asignados: Antequera (en 1535); Michoacán (en 1536), cuyo primer titular, el hasta entonces seglar Vasco de Quiroga, estableció su sede primero en Tzintzuntzán y luego en Pátzcuaro para trasladarla después definitivamente a Valladolid, al fundarse esta ciudad; y Chiapa (en 1539). El primer obispo de Guadalajara designado en 1548, tuvo en un principio problemas por los límites diocesanos tanto con México como con Michoacán, y en 1561 se creó otra diócesis llamada inicialmente de Verapaz y de Yucatán y luego sólo de Yucatán. Durante el periodo que nos ocupa fue erigida además otra diócesis, la de Durango en 1620, cuyo vastísimo territorio puso un límite hacia el norte a la de Guadalajara. Hacia 1533, la Corona presentó a uno de los primeros doce franciscanos, Fray Francisco Ximénez, para obispo de Coatzacoalcos, pero la muerte de Clemente VII frustró el proyecto de creación de esta diócesis. Naturalmente fueron constituidos en cada caso los cabildos catedralicios, con la particularidad —según informa Gómez Hoyos— de que contenían dos canonicatos extraordinarios como era característico de la Iglesia española: el magistral, cuyo titular debía predicar los sermones llamados de tabla, y el doctoral, encargado de la defensa de los derechos de la Iglesia frente a la audiencia y al gobernador o virrey.[1]

Los tres concilios de la provincia eclesiástica mexicana celebrados durante el siglo XVI —es interesante observar que no fueron llamados sencillamente sínodos, como correspondía— se reunieron respectivamente en 1555, 1565 y 1585; fueron precedidos por tres juntas apostólicas o eclesiásticas, convocadas en 1524, en 1539 y en 1546. Participaron en ellas no sólo las autoridades eclesiásticas, en su mayoría custodios o provinciales de las órdenes mendicantes (en ocasión de la primera junta todavía no había ningún obispo), sino también las civiles (Cortés mismo tomó parte en la primera), porque estaban a discusión asuntos tanto religiosos como seglares; a Gallegos Rocafull aquellas tres primeras juntas le recuerdan en más de un aspecto los Concilios de Toledo de la época visigoda, que en realidad fueron asambleas de reyes, prelados y ricos hombres reunidas para encontrar solución a los grandes problemas del reino. En los tres primeros concilios mexicanos participaron exclusivamente eclesiásticos, frailes, arcedianos, teólogos y prelados; los de 1555 y 1565 fueron presididos por el Arzobispo Montúfar, y el de 1585 por Moya de Contreras. El segundo fue convocado exprofeso para la recepción solemne de los decretos del Concilio de Trento, acto que puso fin a la tradición conciliarista de la Iglesia española por su exaltación del centralismo papal y la rigidez de la doctrina; para la Iglesia mexicana esto significó la liquidación de muchos usos y costumbres pretridentinos heredados del cristianismo medieval. Sin embargo, como recuerda Chevalier, dentro de la más pura tradición escolástica el Concilio de 1585 condenó con decisión la usura, como en el Medievo. De cualquier manera, los tres concilios mexicanos del siglo XVI establecieron con sus decretales la legislación eclesiástica que rigió durante toda la Colonia y

[1] La lista de arzobispos de México durante los siglos XVI y XVII ha sido publicada por CAVO, 31, y por Toussaint, *Catedral de México*, 353-354. BEAUMONT, c. 26, menciona el proyecto de creación de la diócesis de Coatzacoalcos; *cf.* Atanasio López, "Misiones de Michoacán y Jalisco", 357. Elena Vázquez, 156, con base en Vargas Rea (ed.), *División de la Nueva España en Obispados* (México, 1958), trata también el fracasado proyecto. Gómez de Hoyos, 188.

aun después, ya que las deliberaciones del Cuarto Concilio, reunido en 1771, no recibieron la sanción pontificia por su intenso regalismo.[2]

El real p a t r o n a t o indiano fue la facultad que por concesión papal tuvo el Rey de España de proveer obispados y beneficios, de administrar la Iglesia en todo lo temporal incluyendo los tributos eclesiásticos y de poder oponer una especie de veto —el *placet*— a la circulación de los pronunciamientos papales de naturaleza doctrinal en las Indias. El patronato fue conformándose mediante la acumulación de gracias y mercedes otorgadas a la Corona por diversos pontífices, a partir de Alejandro VI en 1493 y no representó una innovación en la historia de la Iglesia, ni siquiera en España, ya que sus raíces son muy antiguas. En efecto, como señala Ybot, desde el siglo V Roma tuvo la costumbre de conceder ciertos privilegios a quienes fundaran iglesias y monasterios (como el Rey de España habría de hacer en las Indias), y a lo largo de toda la Edad Media se fueron multiplicando esos patronatos particulares. Entre los privilegios de esta clase se encontraban el de nombrar titulares de los beneficios eclesiásticos. En España, los reyes visigodos ejercieron el patronato en los términos expresados en el año 683 por el canon 6º del XII Concilio de Toledo, patronato que se siguió practicando a través de los siglos de la Reconquista, hasta los tiempos modernos; en 1492 fue extendido por Inocencio VIII en favor de los Reyes Católicos al recién conquistado Reino de Granada, lo cual sirvió de modelo para su introducción en las Indias; sus términos y condiciones fueron ampliados en las décadas sucesivas. Herrera, en su *Descripción de las Indias*, dice con razón que "gobiérnase el Patronazgo Eclesiástico (de Indias) de la misma manera que el Reyno de Granada". Como precedente inmediato del patronato indiano se podría también recordar el *padroado* portugués, que data de 1480 y que según la definición de Correia-Alfonso, fue "la combinación de derechos y deberes de la Corona de Portugal como patrón de las misiones católico-romanas y los establecimientos eclesiásticos en gran parte de África, en Asia y en Brasil". El conjunto de privilegios pontificios que constituyen el patronato del Rey de España sobre las Indias está ya perfectamente expresado en cuanto a la provisión de beneficios en una cédula general de 1574 dirigida al Virrey de la Nueva España, incluida por Diego de Encinas en su Cedulario Indiano.[3]

Entre las prerrogativas del patronato, se destacaba la recaudación y distribución del d i e z m o , tributo eclesiástico muchas veces secular, por parte de la Corona. La hacienda real construía iglesias y financiaba el culto con esos ingresos, reservándose una pequeña proporción: dos novenos de

---

[2] Gallegos Rocafull, *Pensamiento Mexicano*, 102. Sobre los Concilios Mexicanos, I, II y III ver VETANCURT, *Tratado*, 22; EPISTOLARIO de Paso y Troncoso, X, 71 (Carta del Arzobispo Montúfar al rey, del 1º de marzo de 1565); Garrido Aranda, 99; Castañeda Delgado, 341; Chevalier, *Land and Society*, 254; y sobre todo los *Concilios* de LORENZANA. Los datos sobre el IV Concilio proceden de Delfina López Sarrelangue, "Mestizaje y Catolicismo", 2.

[3] Ybot, 295-297. HERRERA, *Descripción de Indias*, 157. Sobre el *padroado* portugués, *cf.* Hennessy, 50; y Correia-Alfonso, 59, autor que cita C. R. Boxer, *Four Centuries of Portuguese Expansion, 1415-1825* (Johannesburgo, 1968), 64. CEDULARIO de ENCINAS, fol. 83. Véase también mi *Herencia Medieval del Brasil*, de próxima aparición.

la tercera parte. Junto con la alcabala, el almojarifazgo y los monopolios, el diezmo era una de las fuentes regulares de los ingresos fiscales. Alejandro VI lo cedió a la Corona en 1501, con la condición de que ésta proveyese las iglesias de ingresos adecuados al esplendor del culto. Tanto los productos gravables como los métodos de recaudación y distribución fueron objeto de una minuciosa reglamentación. En un principio, se exigió el diezmo sólo sobre los productos que lo causaban en España y especialmente en Sevilla, tales como el trigo, la seda y el ganado, pero pronto se impuso su pago también sobre los productos propiamente americanos como el maíz, el algodón, el tabaco y la cochinilla. Más tarde fue extendido a las aves y otros animales domésticos y al azúcar, pero se redujo el porcentaje de su aplicación del diez a un cuatro o cinco por ciento, según la costumbre de las Islas Canarias. La gran mayoría de esos ingresos procedían del tributo pagado por los indios a los encomenderos. Cortés reivindicó el patronato de la Iglesia existente en sus dominios y protestó por la aplicación del diezmo a sus vasallos. También los frailes, aunque por motivos de distinta índole, como hemos visto, se opusieron en la primera mitad del siglo XVI a la introducción del diezmo en las zonas encomendadas a sus cuidados espirituales.[4]

Más antigua en la Nueva España que la del diezmo es la historia de las "bulas" de la Santa Cruzada. Estas bulas, cuyo origen según el Padre Hernáez se remonta a la prédica de la Primera Cruzada por parte de Urbano II en 1096, recompensaban con un cierto número de i n d u l g e n c i a s aplicables a las ánimas del purgatorio el acto piadoso de dar una limosna destinada a financiar la lucha contra los infieles. En la práctica, se trataba de una venta de perdón, como la que tanto irritó a Lutero. Para Haring su introducción en España posiblemente data de los siglos XII y XIII, cuando se otorgó a los reyes cristianos de la Península el derecho a venderlas para ayudarse en la lucha contra los moros; cuando ésta terminó con la victoria cristiana en el siglo XV, los monarcas españoles siguieron destinando los fondos así obtenidos al financiamiento de las guerras contra los turcos y otros "herejes". Parece que ya el Papa Alejandro VI confirmó este privilegio, aunque el primer documento fehaciente, citado por Solórzano Pereyra, está firmado por Julio II y fechado en 1509; en todo caso, el privilegio de la Santa Cruzada fue extendido a las Indias por Gregorio XIII en 1573, según ciertos autores, o en 1578 según otros, entre ellos los hacendistas Fonseca y Urrutia. Esta imprecisión no tiene excesiva importancia, pues mucho antes ya circulaban en las Antillas y en la Nueva España las bulas de las Cruzadas, que al parecer tuvieron gran demanda. La primera vez en la historia de México que se habló de dichas bulas, según sabemos, fue en 1519, cuando Cortés completó en Cuba los preparativos de su expedición comprando las provisiones que la Iglesia había recaudado por ese concepto, según se lee en el expediente de la residencia a que posteriormente fue sometido. Además, durante el sitio de Tenochtitlán el Conquistador recibió la visita

[4] Miranda, *Tributo Indígena*, 36-37. Borah, "Tithes in Oaxaca", 387, 395 y 397. Ver los párrafos sobre el milenarismo en el capítulo XIII, en relación con la oposición de los frailes a que se introdujera el diezmo en la Nueva España.

de un cierto Fray Pedro Melgarejo de Urrea, comisario de la Cruzada, en cuya compañía observó la sitiada ciudad desde un teocalli de Tacuba, y con el cual envió un mensaje a Carlos V. Este fraile dominico, llegado poco antes en uno de los tres buques que trajeron refuerzos a Veracruz, regresó a España cargado de ricos tesoros, según los cronistas de la Conquista, producto de la compra de indulgencias por parte de los soldados de Cortés, gracias a que en verdad buena falta les hacían. En 1524 el Cabildo de México, creado poco antes, recibió la visita de Hernando Coruña, portador de ciertas provisiones expedidas por el Rey y por el Arzobispo de Granada, comisario general de la Santa Cruzada, que fueron inmediatamente examinadas y acatadas por los regidores. Dos años después se presentó otro tesorero de la Santa Cruzada con documentos semejantes. Según el *Compendio Bulario Indico* de Baltazar de Tobar, en 1529 Clemente VII concedió a Carlos V el derecho de extender los efectos de la bula de la Santa Cruzada "en todos los Reynos en que se haya de dar de limosna un peso de oro corriente", es decir inclusive en las Indias. Según el *Memorial* de Díez de la Calle, un Tribunal de la Santa Cruzada empezó a funcionar en México en 1537 con un comisario general subdelegado del de España, varios ministros y un tesorero general, y otro en Guadalajara en 1609. En 1573 durante la azarosa conquista de la Florida, Pedro Menéndez de Avilés recibió una cédula de Felipe II acompañada de Bulas de la Santa Cruzada, cuyo producto debía destinarse a la "ayuda de los grandes gastos que... hazemos en la guerra contra ynfieles y defensa publica de la christiandad". Hacia 1571-1574, el cosmógrafo y cronista del Consejo de Indias Juan López de Velasco señaló que las Bulas de la Cruzada eran una de las principales fuentes de ingresos de la Corona española en las Indias.[5]

El 7 de abril de 1579, es decir un año después de que según algunos autores Gregorio XIII extendió el privilegio de la Cruzada a las Indias, Felipe II se dirigió al deán y al cabildo de la catedral de México para ordenarles que "conforme a lo [hecho] en los años pasados", predicaran la S a n t a C r u z a d a a fin de robustecer la defensa apostólica de la cristiandad, "así contra el turco como contra los otros infieles". Ese mismo año se publicaron también las bulas en la Nueva Galicia, según informe de Pérez Verdía. En México, desde entonces y con una periodicidad de dos años, se recibieron cartas en que el rey ordenaba la distribución de dichas bulas, según se asienta en las Actas del Cabildo. En la colección de documentos del Presbítero Vera figura una de aquellas cartas, fechada en 1587. La recaudación era hecha directamente por la Corona. En su examen de los impuestos existentes

[5] Colección de Bulas, de HERNÁEZ, I, 706, 708 y 784 *seqq.* FONSECA y URRUTIA, III, 263. Haring, *Spanish Empire*, 286. SOLÓRZANO PEREYRA, I, 383. R. S. Chamberlain (ed.), RESIDENCIA DE CORTÉS, 20. La presencia de Fray Pedro Melgarejo en la Nueva España en 1520-1521 es mencionada por Bernal DÍAZ, c. cxliii; OVIEDO, xxxiii, 21; HERRERA, 3ª déc, I, vi; y GÓMARA, 396; también aluden a ella Prescott, 450; y Pereyra, *Cortés*, 128. ACTAS DE CABILDO, I, 16 (de 1524) y 81 (de 1526). TOBAR, I, 151-152. Lillian Fisher, 231 (que cita a Bancroft, III, 665), informa que las bulas de la Cruzada fueron confirmadas para la Nueva España en 1533. DÍEZ DE LA CALLE, 119. Pérez Verdía, 311, trata la creación del Tribunal de Guadalajara en 1609; RUIDÍAZ, II, 375, menciona la Real Cédula recibida por Menéndez de Avilés. LÓPEZ DE VELASCO, 26.

durante la época colonial, Levene califica la Cruzada como "producto de la limosna" de la bula así llamada y "concedida desde 1509 a los reyes de Castilla". En el siglo XVIII, según Fonseca y Urrutia, las Bulas de la Santa Cruzada, confirmadas con breves pontificios de 1614 y 1750, constituían uno de los cinco ramos de la Real Hacienda cuyos productos se aplicaban exclusivamente a un fin especial; en las Indias se predicaban cada dos años "por consideración á lo dilatado y remoto de las provincias" (no anualmente como en España), y su aplicación se normaba por un reglamento *ad hoc* expedido en 1752 por el Virrey Revillagigedo. La Corona recibía por su concepto una suma muy considerable. Hacia 1579 el viajero inglés John Chilton supo confidencialmente que las Bulas de la Cruzada producían anualmente más de tres millones de pesos de oro. Relata también Chilton, con cierto sarcasmo, que los indios entendían muy poco el valor espiritual de las indulgencias compradas, puesto que según él partían en pedacitos las licencias y los pegaban en las paredes de sus casas, convencidos de obtener así miles de años de perdón. Bourne, con base en datos de William Robertson, calcula que la Cruzada proporcionaba al rey un ingreso mayor que el del diezmo, pues la compra de las bulas era prácticamente universal; así lo confirman Fonseca y Urrutia, los cuales señalan que en el siglo XVIII todos los habitantes de la Nueva España, desde el virrey y el arzobispo hasta los indios y los negros, contribuían con este tipo de "limosna", por un monto total bruto por quinquenio calculado en más de 1 300 000 pesos, lo que arrojaba una recaudación neta de 1 220 000, o sea casi un cuarto de millón al año. La recaudación se hacía por medio de las tesorerías de México, Guadalajara, Puebla, Oaxaca, Michoacán y Durango. En la capital el depósito de las bulas estaba en Palacio y los que las vendían se llamaban "buleros", dice Valle-Arizpe en sus *Cuadros de México*.[6]

Antes de pasar al examen de los rasgos medievales característicos de muchas instituciones civiles de la Nueva España, será útil reseñar aquí, aunque sea en forma somera, dos fenómenos relacionados con la vida religiosa colonial: la proliferación de conventos por una parte, y la grandísima huella que la corte celestial ha dejado en la toponimia de México, por la otra.

Hacia la segunda década del siglo XVII hubo virreyes y arzobispos que suplicaron al rey que no dejara pasar más regulares a la Nueva España, donde parece que los había en demasía. El recuento respectivo les da razón. El clero regular estaba formado, en primer término, por los miembros de las cinco órdenes misioneras cuya labor había sido ejemplar. En el siglo XVI llegaron los franciscanos, los dominicos, los agustinos y los jesuitas; y en 1646 los capuchinos, cuya acción evangelizadora entre los naturales fue menos intensa. Con excepción de los jesuitas, la obra de las demás

6 CEDULARIO DEL SIGLO XVI (ed. A. M. Carreño), núm. 176, p. 340 (Carta de Felipe II de 1579). Pérez Verdía, 288. ACTAS DEL CABILDO DE MÉXICO, VIII, 405, 520 y 687; X, 35; XIV, 26-27 y 352-356, etc. VERA, I, 147 *seqq.* Levene, *Derecho Indiano*, 186. FONSECA Y URRUTIA, I, xi y xxxii; II, 290; III, 264, 266-267, 269, 291, 293-295, 301 y 327-328. "Relación de Juan de Chilton", en J. GARCÍA ICAZBALCETA (ed.), *Viajeros Ingleses*, 50-51. Bourne, 303 y n. 3; *cf.* W. Robertson, *History of America*, notas 195 y 196, sobre el monto de la "limosna" dada a cambio de las bulas y el ingreso así obtenido. Valle-Arizpe, "Las Bulas de la Santa Cruzada", en *Cuadros de México*, 321.

órdenes fue similar a la que realizaron durante la Edad Media entre herejes, infieles y paganos por convertir que vivían en la periferia de Europa. Los dominicos, según uno de ellos mismos, el historiador Daniel Ulloa, no cumplieron debidamente su labor evangelizadora por aferrarse a la contemplación y a otras prácticas místicas; en realidad hasta la fecha han mantenido sus costumbres y tradiciones medievales. De las órdenes básicamente contemplativas (no misioneras) establecidas luego en la Nueva España desde fines del siglo XVI habría que mencionar en primer término la más antigua del Occidente cristiano, es decir la de los b e n e d i c - t i n o s . Según González Dávila, su primer priorato fue consagrado a Nuestra Señora de Montserrat cuando en 1590 lo fundó Fray Luis de Boyl, quien "convirtió en polvo ciento y setenta mil ídolos", datos confirmados por Medina y Vetancurt. Los primeros cartujos llegaron desde 1561 y de ello dejó testimonio en sus actas el Cabildo de México. También los c a r - m e l i t a s calzados y descalzos se incorporaron pronto a la vida monástica colonial; los segundos fundaron el Desierto de Santa Fe o de los Leones cerca de la capital virreinal, con capillas entre los peñascos "al modo de las de Montserrat", dice Alcedo. Para el Padre Victoria Moreno ésta fue la primera fundación de un instituto de vida puramente contemplativa para varones en América. Los "desiertos", en efecto, representaban un retorno a la vida eremítica primitiva (al estilo de San Pacomio o San Jerónimo), y fueron a partir del siglo XV auspiciados por los franciscanos observantes, que procuraban alejarse de las ciudades y pueblos. Los h o s p i t a l a r i o s así llamados porque mantenían hospitales aparecen en la Nueva España también a fines del siglo XVI. Eran los juaninos, antoninos, betlemitas e hipólitos, quienes en sus hospitales atendían a españoles y criollos (los indios tenían los suyos aparte). Josefina Muriel informa que la primera orden religiosa fundada en México fue de carácter asistencial, la de los hipólitos o Hermanos de la Caridad de San Hipólito, establecida por Bernardino Álvarez, que tuvo a su cargo siete hospitales.[7]

Borges Morán completa la enumeración anterior con los mercedarios, trinitarios, cruciferos, mínimos o religiosos de San Francisco de Paula, servitas y filipenses. Por otra parte, según López de Meneses, en 1540 fue fundado el primer convento de m o n j a s de la Nueva España, el de la Concepción, orden que data de 1498; sus religiosas continuaron en cierta forma la obra de educar niñas indias, iniciada por las beatas llegadas de España con anterioridad. En este convento profesaron entre otras muchas —informa igualmente López de Meneses— doña Isabel y doña Catalina Cano y Moctezuma, nietas del emperador. Otros conventos novohispánicos (se han mencionado muchos en los capítulos relativos a reliquias e imágenes milagrosas), cuya historia ha sido estudiada con esmero por Josefina Muriel, fueron los de las clarisas, dominicas, capuchinas, carmelitas

    [7] Ulloa, 3 y 280 (dominicos). GONZÁLEZ DÁVILA, I, 19; Balthassar de MEDINA, fol. 11; y VE-TANCURT, Tratado, 36 (benedictinos). ACTAS DEL CABILDO DE MÉXICO, sub 24.1.1561 (cartujos). Alcedo, III, 358 y Victoria Moreno, 309 (carmelitas descalzos). Le Goff, Il meraviglioso, 29, 38, 44 (los "desiertos"). Josefina Muriel, Hospitales, II, 9 y 275 (hospitalarios).

y de la Orden del Salvador, fundada en el siglo XIV por Santa Brígida de Suecia.[8]

Merece párrafo aparte la reseña de las dos a b a d í a s que pretendieron fundarse en la Nueva España, donde tal jerarquía y título no prosperaron. Informa Echeverría y Veytia que en 1525, aprovechando que Fray Julián Garcés había decidido fijar la sede de su obispado en Tlaxcala y no en Cozumel, Carlos V intentó crear la A b a d í a de Yucatán a cuya cabeza pretendió poner al clérigo Benito Martín; este nombramiento por prematuro no pudo ser llevado a efecto pues la conquista de Yucatán todavía no era un hecho. Años más tarde, en 1555, sin duda convencida de que las abadías al estilo europeo no encajaban en la estructura religiosa de la Nueva España, la Corona desechó la petición de los vecinos (léase encomenderos) de Taxco, Sultepec y Zumpango del Río de que se creara una abadía que comprendiese todas las minas de esa vasta región. El objetivo expresado por los solicitantes era "estar más atendidos en lo espiritual", pero su verdadero fin era deshacerse de los frailes y manejar a su antojo al futuro a b a d , cargo para el cual presentaban la candidatura del complaciente deán de la catedral de Oaxaca.[9]

En la toponimia mexicana, la conjunción del nombre indígena con el de un santo es tan general (v. gr., San Juan Teotihuacán, Santo Domingo Zanatepec o Santiago Papasquiaro), sobre todo en las regiones donde el cristianismo fue introducido desde el siglo XVI, que no es necesario insistir en tal fenómeno, expresión de un sincretismo religioso-geográfico. Desde los primeros viajes de Colón, los exploradores españoles daban a pueblos, ríos, lagos o montañas, el nombre del santo festejado el día del descubrimiento o el de la festividad propia de la ocasión. Así, Colón mismo llamó Villa de la Navidad su primera fundación en La Española, porque llegó al lugar el 25 de diciembre de 1492; y la Dominica, isla llamada todavía así, fue descubierta un domingo. En cambio, el Descubridor bautizó las islas de las Once Mil Vírgenes, archipiélago situado al oriente de Puerto Rico, en agradecimiento a Santa Úrsula y sus hermanas navegantes, cosa que para Hanke demuestra la vigencia de las leyendas y alusiones medievales en la mente de Colón. La costumbre de dar nombres sagrados a los lugares descubiertos, visitados o fundados, dice Remesal, revela la religiosa piedad de los exploradores españoles, quienes, olvidándose de sus personas, linajes y patrias, pusieron los nombres de Dios, de los santos y de los misterios de la religión a casi todos los mares, golfos, puertos, montañas y reinos que encontraron a su paso. La Corona adoptó esta costumbre como política, y así en 1523 Carlos V dio instrucciones a Cortés de aprovechar la necesidad de bautizar

[8] Borges Morán, 72. Josefina Muriel, *Conventos de Monjas*, 23, 14 y 16-17. López de Meneses, 87. Sor Isabel y Sor Catalina eran hijas del conquistador Juan Cano de Saavedra y de doña Isabel de Moctezuma, a su vez hija de Moctezuma II y viuda de su tío Cuitláhuac, de su primo Cuauhtémoc, de Alonso de Grado y de Pedro Gallego de Andrade. Doña Isabel (Tepuichco, antes de ser bautizada) tuvo de Cortés una hija natural, doña Leonor de Cortés Moctezuma, casada con uno de los fundadores de Zacatecas, Juan de Tolosa; una de las hijas de esta pareja fue la esposa de Juan de Oñate, conquistador de Nuevo México.

[9] ECHEVERRÍA Y VEYTIA, I, 9. Justina Sarabia Viejo, 139, informa sobre el proyecto de creación de una abadía que agrupara los reales de minas citados.

lugares como factor para incrementar la presencia de la fe católica. Según Friederici esta costumbre no era nueva: ya los portugueses habían dado nombres de santos a muchos lugares descubiertos en sus expediciones. En todo caso, los virreyes persistieron en esta política; por ejemplo el Conde de Monterrey ordenó a Vizcaíno designar con nombres de santos las entradas, bahías y montañas, cosa que el explorador hizo diligentemente en su expedición de 1602-1603 por la costa del Pacífico, como por otra parte antes de él lo había hecho Rodríguez Cabrillo, y Kenny nos recuerda que los nombres dados por los exploradores españoles a todos los accidentes geográficos entre el sur de la Florida y la Bahía de Chesapeake integrarían un calendario completo del año eclesiástico.[10]

Dar a un sitio descubierto el nombre del santo o de la festividad del día (o aludir a ella) quizá era el expediente más fácil a que podía recurrir un navegante, pero no por ello dejaba de ser una expresión de su piedad. Ésta fue la costumbre invariable de los exploradores desde la era de los descubrimientos. Después de Colón, Ponce de León designó con el nombre de Florida la que creía isla, por haberla descubierto el día de la Pascua Florida de 1512; y Hernando de Soto llamó Bahía del Espíritu Santo la que hoy se llama de Tampa porque entró a ella el día de esa fiesta de 1539. Campeche fue descubierta por Hernández de Córdoba el 22 de marzo de 1517, día de San Lázaro, razón por la cual dio al cacique local el nombre de Lázaro que luego fue extendido al poblado. Cozumel se llamó en un principio Santa Cruz porque ese día (3 de mayo de 1518) la descubrió Grijalva, y la Bahía de la Ascención (descubierta el 13 de mayo siguiente) fue bautizada así por idéntico motivo. Prosiguiendo el viaje por el Golfo de México, avistó un río con dos bocas el día de San Bernabé por lo cual le dio ese nombre; y hacia el 24 de junio, dice Bernal Díaz, puso a una isleta el nombre de San Juan (que además era su propio santo), al cual Cortés añadió al año siguiente el de Ulúa malinterpretando el nombre de "culhúa" que los habitantes daban a sus señores aztecas. El Conquistador desembarcó en la costa mexicana el Viernes Santo de 1519; como se sabe, poco más tarde fundó la Villa Rica (así llamada por la abundancia de oro que vio en aquella tierra, dice Solís), agregándole el apelativo "de la Vera Cruz" en memoria de la pasión de Cristo recordada el día que pisó tierra. El haberse vestido de luto junto con todos sus hombres, por ser el día de la muerte de Cristo, fue el primer factor de confusión para los indios ya que el negro era el color tradicional de la vestimenta de Quetzalcóatl, con quien pronto se confundiría a Cortés. Durante la conquista de la Nueva Galicia y a pesar de su malvado carácter, Nuño de Guzmán siguió esta piadosa tradición; por ello bautizó dos ríos con los nombres de Santiago y de la Purificación de Santa María, descubiertos en esas fiestas. Rodríguez Cabrillo puso a todas las puntas y

[10] HERRERA, Historia, Déc. 1ª, II, vii; p. 271 (Dominica) y Déc. 1ª, I, 19; p. 249 (Navidad). Morison, Admiral of the Ocean Sea, 418; The Second Voyage of C. Columbus..., Oxford, 1939, 91-94; y·Hanke, "America as Phantasy", 247 (Islas Vírgenes). REMESAL, I, xiii; I, 103-104. INSTRUCCIONES A HERNÁN CORTÉS... (Valladolid, 26 de junio de 1523), en Hernando CORTÉS, Cartas y Documentos, 589. Friederici, 452-453. Las instrucciones dadas a Vizcaíno por el Conde de Monterrey han sido publicadas por Mathes, 59-70. Kenny, 24-25.

bahías de la costa californiana nombres de santos desde el cabo San Lucas hasta el paralelo 44° de latitud norte, aunque muchos de ellos no se conservaron. Siguiendo la misma ruta, Vizcaíno llamó de esa manera el puerto de San Diego y las islas de Santa Catalina, por haberlos descubierto respectivamente el 20 y el 24 de octubre de 1602; la primera fecha es la fiesta de San Diego, y la segunda es la víspera de Santa Catalina. Francisco de Ibarra llamó San Sebastián la actual Chiametla por haberla fundado el día de ese santo (20 de enero) de 1565; y por la misma razón Sánchez Chamuscado bautizó en 1581 con los nombres de San Miguel y de San Francisco dos valles, el primero cerca de Pecos y el segundo en la cuenca del río Canadian. Por último, las minas de Ramos en San Luis Potosí fueron así llamadas por haber sido descubiertas el Domingo de Ramos del año 1608.[11]

Todas las advocaciones peninsulares de la Virgen María están representadas en la geografía de las Indias, dice Bayle; en el mapa de la Nueva España se encuentran a menudo sobre todo las de Guadalupe, el Rosario, la Concepción, el Carmen y la Soledad. El presbítero José Cantú Corro elaboró un catálogo citado por Vargas Ugarte, de los lugares que en México llevan los nombres de María, en el cual figura el total de 1756 topónimos; las advocaciones más frecuentes son las de Guadalupe (256), Santa María (221), la Concepción y la Purísima (219), la Soledad (154), el Refugio (136) y los Dolores (109), además de muchos pueblos y rancherías llamados la Natividad, la Candelaria, la Luz o los Remedios; un estudio toponímico del Padre Pazos se refiere exclusivamente a la frecuencia del nombre de la Asunción en el mapa de México.[12] Muy favorecido en la geografía americana ha sido el recurso a las Once Mil Vírgenes, nombre dado después de Colón por Magallanes a un cabo del estrecho que hoy lleva su nombre, y por Vizcaíno a una ensenada en la Baja California. Nos informa García Céspedes en su *Islario* que frente a la península del Labrador existe un archipiélago también llamado de las Once Mil Vírgenes. Algunos viejos nombres han desaparecido, como el del Río del Espíritu Santo, dado por Hernando de Soto al actual Mississippi. En la Nueva España a veces se daba el nombre del santo del virrey para imponer su nombre a los nuevos reales de minas;

---

[11] GÓMARA, 180 (Ponce de León). Genaro GARCÍA (ed.), RELACIONES DE FLORIDA, Int., L-LI (Hernando de Soto). J. Gurría Lacroix (ed.), RELACIÓN DE BERNARDINO VÁZQUEZ DE TAPIA, 25, n. 6 (Hernández de Córdoba). Oviedo, *Hist. General y Natural* (ed. B.A.E.), XXI, viii; II, 329 y ed. Madrid, 1851-1855, c. viii, 90-92; LÓPEZ DE VELASCO, 128; Bernal DÍAZ, c. viii; I, 80; y CERVANTES DE SALAZAR, *Crónica*, 162 (Grijalva en Cozumel); véase este último autor, *op. cit.*, 162, en relación con la bahía de la Ascensión. PROVINCIAE, 63-64; GRIJALVA (ed. A. Yáñez), 30; y Bozal, 163 (en el río de San Bernabé). Bernal DÍAZ, c. xiv; I, 92 y Wagner (ed.), GRIJALVA, 38 y 40 (en San Juan de Ulúa). SOLÍS, II, vi; p. 83; y REMESAL, I, i; I, 80 (Cortés en Veracruz). NUÑO DE GUZMÁN, "Carta", 25 (en el río de la Purificación). GONZALO LÓPEZ, 85 (en el río de Santiago). Gonzalo López acompañó a Nuño de Guzmán en la conquista de la Nueva Galicia en calidad de maestre de campo, y su relación es la más detallada y rica de cuantas reseñan dicha empresa. Fernández Duro, *Armada*, I, 296 (Cabrillo en la costa del Pacífico). VIZCAÍNO, 78. Baltazar de OBREGÓN, I, xix; pp. 129-130 (Francisco de Ibarra en Chiametla) y I, vi, 303 y 306 (Sánchez Chamuscado). ARREGUI, c. 258, p. 123 (minas de Ramos).

[12] Bayle, *Santa María*, 184-185. Vargas Ugarte, I, 82-83, cita el "Estudio de Geografía Mariana Mexicana" del presbítero J. Cantú Corro; *cf.* Lafaye, *Quetzalcóatl et Guadalupe*, 299. Pazos, "La Asunción en las misiones franciscanas", 332-334 y 344-351.

tal fue el caso de San Luis (posteriormente San Luis Potosí), así llamado en honor del segundo Velasco. Las localidades mexicanas nombradas en honor del apóstol Santiago son muchas, 81 en total, desde Santiago Acahualtepec hasta Santiago Yejelón, además de Santiaguillo y Santiaguito (ambos en el estado de Guanajuato). Pocos recuerdan que entre otras poblaciones importantes Monclova, Querétaro y Saltillo llevaron originalmente como prefijo el nombre del apóstol de España. Y cuando no se sabía a qué santo encomendarse la solución era fácil: a todos, y así surgieron en el mapa de México bahías, estrechos e islas llamadas hasta hoy día de Todos Santos.[13]

Con los párrafos anteriores termina la sección de esta obra dedicada a la Iglesia. En la siguiente trataremos lo relativo a la estructura civil, a la cual hoy día en su conjunto se da el nombre de Estado. Esto no significa, sin embargo, olvido de que en la época colonial nunca se hizo una nítida distinción entre ésta y aquélla. Más bien fue al contrario: como en la Edad Media, durante los siglos XVI y XVII en la Nueva España la esfera de lo espiritual y la esfera de lo temporal constituían una dualidad, o por así decirlo se sobreponían. Conforme a sus tradiciones y a su concepción secular, el Estado español (en Europa y en las Indias) era considerado una entidad tanto civil como religiosa, por ser un elemento del plan divino de salvación humana; y a su vez lo que hoy se llama Iglesia, o sea la *Republica Christiana*, abarca dentro de su jurisdicción a todos los fieles, cristianos viejos o neófitos, sin excluir al mismo rey. Todo español era miembro de ambas sociedades o repúblicas por el hecho mismo de nacer. En el caso de la Nueva España, la prerrogativa regia se reforzó con base en el patronato indiano, pero esto no evitó que en ocasiones los obispos y los virreyes tuvieran conflictos de jurisdicción de naturaleza no muy distinta de la famosa querella de las Investiduras. Pero la concepción de la sociedad cristiana, unitaria en su forma y en su fondo, permitió, por ejemplo, que de este lado del Atlántico sobreviviera el paralelismo característico de la Edad Media española, y según el cual el manejo de los asuntos propiamente de gobierno muchas veces se confiaba a ministros y consejeros eclesiásticos. Sólo los Borbones, en el siglo XVIII, secularizaron el Estado español y el Imperio; no obstante durante el periodo que nos ocupa fue harto natural ver que en la Nueva España de los Austrias se designaban con relativa frecuencia frailes visitadores, teólogos oidores o presidentes de audiencia, y arzobispos y obispos virreyes.[14]

---

[13] OVIEDO, *Hist. General y Moral*, II, 229, 243, 249-250, 252, 259, 260, 307 y 313; III, 335; V, 144 (cabo de las Once Mil Vírgenes) y II, 337 (islas de las Once Mil Vírgenes). Morison, *Southern Voyages*, 698; y Rubio Mañé, "Expedición de Legazpi", 548 (bahía y cabo de las Once Mil Vírgenes). GARCÍA CÉSPEDES, *Yslario*, f. 297 (islas de las Once Mil Vírgenes cerca del cabo Bretón). VIZCAÍNO, 76 (se trata de la actual bahía de San Quintín, entre Todos Santos y San Diego: n. 29). Bolton, *Coronado*, 360 (río del Espíritu Santo). Trinidad García, 227 (San Luis Potosí). OVIEDO, *Hist. General y Natural*, menciona (I, 34, 37; II, 210, 308, 328, 330, etc.) muchos estrechos, islas, bahías y golfetes llamados de Todos Santos. R. H. Valle, *Santiago*, 10-12 (geografía santiaguina).

[14] Haring, en "Origen del Gobierno Real", 336, subraya la presencia de eclesiásticos en altos cargos del Gobierno español de las Indias.

Tercera Parte
EL ESTADO Y LA ECONOMÍA

XXI. EL SACRO IMPERIO Y LAS INSTITUCIONES IMPERIALES ESPAÑOLAS

EL REINO de la Nueva España desde un principio constituyó no sólo parte de la *Ecclesia universalis* sino simultáneamente también de un *Imperium* universal. En efecto, la tradición europea contemporánea a la Conquista concebía la existencia de una sociedad política universal, la *Respublica Christiana;* ésta asumía la doble forma de una Iglesia y de un Imperio, idea nutrida por la tradición universalista de Roma, que reflejaba la aspiración a la unidad del género humano. En tiempos de Cortés y desde el momento en que fue elegido el trono del Sacro Imperio en 1519, Carlos V se convirtió en la encarnación de esta doble tradición, conforme a la cual, cuando menos en teoría, él era el *dominus mundi* por ser heredero de los Césares y de Carlomagno y por tener de Dios el mundo en feudo; consecuentemente, todos los reyes debían rendirle vasallaje. La conquista de México fue hecha en su nombre y específicamente bajo su autoridad imperial, a pesar de que ya varios decenios antes las "Indias" descubiertas por Colón (en términos generales, las Antillas), habían sido incorporadas a la corona de Castilla por Isabel la Católica. Gracias a la teoría constitucional del Sacro Imperio, como dijimos, no hubo en nuestra historia colonial un conflicto inicial entre los conceptos de nación y de Estado universal.[1]

En las Cortes de Santiago y La Coruña de 1520, saludando al monarca recién llegado a España, el Obispo de Badajoz, Ruiz de la Mota, aludió a la vieja tradición imperial cuando en nombre de los ahí reunidos recordó solemnemente que la "majestad" de Carlos V (los reyes eran sólo llamados "altezas") gobernaba el Universo por gracia de la Divina Providencia. Cortés repitió esta fórmula muchas veces durante la conquista de México y la expedición de las Hibueras, pues en diversas ocasiones afirmó que el emperador debía ser obedecido y servido en todo el universo por voluntad divina. Al recibir a "los Doce", el Conquistador se describe a sí mismo como "lugarteniente del Emperador del Mundo" del "Mayor señor de la Tierra", como lo registra Mendieta. Cuando se estaban preparando las expediciones

---

[1] Sobre el concepto de *dominus mundi, cf.* la obra clásica de James Bryce, *The Holy Roman Empire* (Londres, 1873), F. Heer, *Das Heilige Römische Reich* (Viena, 1967), y el cap. III: "El Emperador medieval, *dominus mundi"* de mi *Pensamiento Político Medieval.* Es pertinente recordar aquí que varios monarcas españoles del Medievo usaron el título de "emperador" cuando ceñían más de una corona; tal fue el caso de Alfonso VII de Castilla y León "el Emperador", y de Alfonso I de Aragón y Navarra. Este título no implicaba, sin embargo, la pretensión de dominio universal como la del *dominus mundi,* sino que tenía más bien un significado hegemónico, es decir rey de dos naciones, o "emperador de ambas religiones" como se hacía llamar Alfonso VI de Castilla: este problema ha sido estudiado y analizado por E. Stengel, en "Kaisertitel und Souveranitätsidee: Studien zur Vorgeschichte des modernes Staatsbegriffs", en *Deutsches Archiv f. Gesch. des Mittelalters,* III: I, Weimar, 1939, 3.

que iban a enviarse a la Mar del Sur, bajo el mando de Álvaro de Saavedra y Sebastián Caboto, el Conquistador escribió unas cartas dirigidas a los reyes de las islas por descubrir, para informarles que Dios en su bondad había querido que el poderoso don Carlos "fuese Emperador del Universo... á quien todos los otros príncipes cristianos reconociesen su superioridad é dominio", para exhortarles a someterse a tan alta autoridad, ya que "en nuestros tiempos habremos de ver[lo] monarca del universo". En su carta al Rey de Cebú, llama a Carlos V "Emperador y monarca de [todos] los cristianos". Varios soldados de Cortés dieron testimonio en las residencias de 1529 y 1533 que su jefe, cuando se dirigía a los señores indios, se presentaba siempre como enviado del "Señor de todo el Mundo". Igual anuncio hizo el alférez Montaño, enviado por el Conquistador a Michoacán, en una arenga, cuya primera frase fue "venimos por mandato de un señor poderosísimo, emperador de los cristianos". Otros conquistadores a menudo invocaron la sacra y cesárea autoridad de Carlos V para exigir la sumisión de los naturales, entre ellos Jerónimo López, para quien el emperador era el "señor de toda la redondez del Universo", Hernando de Soto (que lo llama "Emperador de los cristianos y rey de España") y en el Perú Francisco Pizarro (que daba a Carlos V el título de "señor del mundo"). Lo hicieron igualmente las autoridades constituidas, como el Ayuntamiento de México, que muchas veces expresó sus votos porque Carlos V conservase muchos años y acrecentase la monarquía del mundo en su augusta e invictísima persona; como el Cabildo de Mérida, que en 1543 escribía que así como "ay [un solo] dios en el cielo", en la tierra "toda la cristiandad obedece venera y honrra" al emperador; y como el Obispo de Michoacán Vasco de Quiroga, quien en una ocasión lo exaltó como "Emperador Siempre Augusto de la República Secular, por elección divina único e indudable Monarca, cuyo oficio consiste principalmente en... que el orbe universo sea reducido al culto del único Dios verdadero".[2]

Don Vasco alude así a la naturaleza misma del poder imperial tal como la definió Dante. En el alto Medievo, con base en la doctrina gelasiana que distinguió las esferas espiritual y temporal, correspondía al Papa ejercer la suprema potestad dentro de la primera, mientras el emperador era la máxima autoridad en la segunda; ambos compartían la responsabilidad de con-

---

[2] El discurso del Obispo de Badajoz es citado por Liss, 32; y Zavala, en *Instituciones Jurídicas*, 176, y en "Conquista de las Canarias", 35-36, transcribe la fórmula utilizada por Cortés. Gómez Canedo, 151 (Cortés y "los Doce"). También Benzoni llama a Carlos V "monarca del Mondo" *(Historia*, Venecia, 1572, ed. facs. Anders, Graz, 1969, 87 v). SAAVEDRA, V, 461 (el Rey de Cebú). Otras fórmulas similares del Conquistador, que se conocen por documentos firmados o por testimonio de sus contemporáneos, aparecen en FERNÁNDEZ DE NAVARRETE, *Viages*, v: 456, núms. XXI (Carta remitida a Sebastián Caboto) y 460, XXXIII (Carta entregada a Saavedra); Hernán CORTÉS, *Cartas y Documentos*, 478 (la de Saavedra); INTERROGATORIO (de) LA PESQUISA SECRETA, en CDIAO, XXVII: 447; y XURAMENTO DE LOS TESTIGOS... (de 1533), *loc. cit.*, XXVIII: 104. El Padre BEAUMONT, II, 8, registra la arenga de Montaño. Ver el EPISTOLARIO de Paso y Troncoso en relación con las fórmulas usadas por Jerónimo López (el 1º de marzo de 1547 y el 20 de enero de 1548) y por el Ayuntamiento de México (el 4 de febrero de 1547 y el 21 de junio de 1549). INCA GARCILASO, III, X, p. 300 (Hernando de Soto), GÓMARA, C. CXIII; II, 14 (Pizarro). Méndez Plancarte, 56 (Vasco de Quiroga). CDIU, XIII: 228 (Carta del Cabildo de Mérida).

ducir a todos los cristianos hacia la salvación. Pero distinción no significó separación, como es hoy el caso general, entre Iglesia y Estado. El pensamiento político medieval en muchos casos creó una dualidad de esferas y bien pudiera decirse, hasta una fusión de lo espiritual y lo temporal que fue causa de querellas sobre los límites de las respectivas autoridades de papas y emperadores, y más tarde del Papa y algunos príncipes y reyes. La imprecisa distinción de esas esferas derivó de dos factores: el primero era la circunstancia de que el Papa era simultáneamente príncipe y para algunos hasta el verdadero monarca universal, y de que por la otra el Emperador tenía un cierto carácter sacerdotal (la Iglesia lo ungía sacramentalmente); el segundo fue el hecho de que los dos tuvieran el mismo arquetipo, Cristo *Rex et Sacerdos*, quien era al mismo tiempo eterno rey y eterno sacerdote según la orden de Melquisedec. Considerados ambos vicarios de Cristo, el Papa y el Emperador eran electos por inspiración del Espíritu Santo. A la naturaleza sacerdotal de Carlos V, según la tradición medieval, aludía el clero de la Nueva España —por ejemplo, Fray Pedro de Gante en 1552— cuando se dirigía al monarca llamándolo "vicario de Cristo" para consultarle asuntos eclesiásticos y hasta litúrgicos o teológicos. En el *requerimiento* (cuyos orígenes medievales serán examinados más adelante) y especialmente en el texto utilizado en la Nueva España durante la primera mitad del siglo XVI para exigir la sumisión espiritual de los indios, se invocaba la suprema autoridad del Papa, pero en las demandas de vasallaje temporal siempre se aludía a la del Emperador (por supuesto después de que en 1519 Carlos V fue electo al trono de Carlomagno). Podría considerarse clásico el ejemplo de la fórmula utilizada en 1541 en la Nueva Galicia, donde a los naturales se les informó lo siguiente a través de un intérprete: "Habeis de saber que tenemos un Emperador, ques Señor y Monarca del Mundo, á quien nosotros y otras muchas naciones obedecen y tienen por Señor." A su debido tiempo, los juristas y otros tratadistas españoles y criollos señalarían que el origen de la soberanía de la Corona en las Indias no era ninguna donación papal ni cosa por el estilo ni la mera Conquista (como en realidad fue), sino el pleno dominio o alta suzeranía del Emperador. Así, el ilustre jurista Solórzano Pereyra expresa la opinión, compartida por muchos, de que el *dominus mundi* podía encargar la conquista de las provincias de los infieles a reyes o príncipes de su elección, dándoles pleno dominio y jurisdicción sobre ellas, o reservándoselas como parece que hizo Carlos V en su calidad de Rey de Castilla y León. Por esos años, Juan Blázquez Mayoralgo, en su obra impresa en México en 1646 titulada *La Perfecta Razón de Estado*, al tratar el tema del poder real declara que "la potestad temporal proviene del pueblo [romano] que transmitió sus poderes al emperador" por medio de la *Lex Regia*.[3]

---

[3] Cf. el cap. VIII: "Separación doctrinal de las dos esferas en la Edad Media (Gelasianismo)", de mi *Pensamiento Político Medieval*. La alusión de Pedro de Gante al emperador como Vicario de Cristo es mencionada por Céspedes del Castillo, "Las Indias", III, 249. El texto del requerimiento leído en la Nueva Galicia figura en CDIAO, III: 373, y es citado por Pérez Verdía, 191. SOLÓRZANO PEREYRA, I, 100. Miranda, en *Ideas e Instituciones*, 78, alude a la obra de Blázquez Mayoralgo. En su "Conquista de Canarias", 24, Zavala afirma que la primera etapa de la

La conjunción en la persona de Carlos V de la autoridad imperial y del poderío español durante un periodo bastante prolongado (1519-1556) fue un resorte eficaz para desplazar el nombre y la noción misma del Imperio, de la Europa central a lo que se iba rápidamente estructurando en las Indias como "Imperio" español; mientras tanto, el Sacro Imperio Romano Germánico se iba convirtiendo cada vez más en una reliquia del pasado. En este sentido, puede decirse que la *translatio Imperii* efectuada en el año 800 por Carlomagno, de los bizantinos a los germanos, se repitió en el siglo XVI, esta vez de los germanos a la América española, incluso en presencia de ciertos símbolos, rituales y fórmulas imperiales. Pudiera decirse, como lo señala Buarque de Holanda, que Cortés ya apunta hacia la noción moderna de imperio (el territorial) cuando, en su Segunda Carta de Relación, insta a Carlos V a llamarse "Emperador de estas tierras con título y no menos méritos que el de Emperador de Alemania". Nebrija exclamará tiempo después: "¿Quién no ve que aunque el título de Imperio está en Germania, la realidad de él está en poder de los reyes españoles...?"; y Solórzano Pereyra, a principios del siglo XVII declara oficialmente que "las Indias son un 'imperio' [ya] que abraza [n] tantos reinos..." Fue sólo natural que, en respuesta, Carlos V concediera al Conquistador traer en sus armas el águila negra bicéfala del Imperio. Utilizando una de estas fórmulas el Príncipe Felipe (futuro Felipe II) escribió en 1553 que Moctezuma fue un "señor que [tuvo]... el universal señorío", por supuesto en su "imperio" pagano; y el Padre Clavijero relata que Cortés dijo al desafortunado monarca que la intención de Carlos V no era desposeerlo de su corona sino únicamente "hacer [le] reconocer su alto dominio sobre... [su] reino", o sea recibir su homenaje como vasallo. Chaunu estima, por otra parte, que la intención revelada por la primera lección sustentada en 1539 por Francisco de Vitoria sobre los indios era hacer reconocer al Rey de Castilla, en virtud de la misión espiritual recibida por medio de las Bulas Alejandrinas, un rango igual al del Sacro Emperador Romano, cuyos príncipes vasallos serían entonces los caciques, legítimos gobernantes de los indios según el derecho natural.

Las Casas acepta por su parte que la Corona dé su protección directa de los indios sin intervención de los caciques, ya que "no hay contradicción entre los naturales derechos de los príncipes y vasallos libres de las Indias frente al señorío universal de los Reyes de Castilla y León". Para Agustín Yáñez esta tesis del obispo de Chiapa "se funda en la idea constitucional del Sacro Imperio Romano". Cabría señalar por último que en la segunda mitad del siglo XVI era tan común y corriente la idea de que los dominios españoles constituían un Imperio —a los ojos de los milenaristas, el *verdadero* Imperio— que en los escritos provenientes de la Nueva España también Felipe II era llamado no sólo majestad sino Sacra Cesárea Majestad, tratamientos que en verdad correspondían más bien a sus primos los

expansión española allende los mares "se realizó de acuerdo con un planteamiento de origen medieval que subordinaba la independencia de los pueblos infieles a los fines espirituales y políticos de la Europa cristiana".

Habsburgos de Viena. El mismo Felipe II y su sucesor, Felipe III, son también llamados por sus súbditos portugueses *Emperadores do Novo Mondo;* y cinco años antes de su muerte, el hijo de Carlos V expresó a Pío IV su deseo de verse coronado *Emperador de las Indias,* a lo que el Papa se negó temeroso de que se fortaleciese aún más la Iglesia estatal española. Podemos igualmente recordar que en 1647 el comisario franciscano en la Colonia Fray Buenaventura de Salinas, en la solemne oración fúnebre por la muerte del heredero al trono, infante Baltazar Carlos, se refirió a éste como a "Nuestro Príncipe jurado por Rey de las Españas y Emperador de las Indias".[4]

El resultado de las empresas colombinas, y muy pronto la extensión de las tierras que iban siendo conquistadas, así como la conveniencia de poner un freno a la autoridad de los primeros conquistadores, indujeron a la Corona a establecer premurosamente en las Indias toda una serie de instituciones políticas y administrativas ya probadas en la España medieval, adaptándolas y modificándolas a la luz de las necesidades del nuevo ámbito imperial. La Nueva España conoció todas aquellas instituciones, e inclusive la más antigua, que era el A l m i r a n t a z g o de la cual hubo un ejemplo: fue la irreflexiva concesión de la "isla de Yucatán" en feudo a uno de sus consejeros flamencos en 1518 por parte de Carlos V, proyecto al que se opuso decididamente Diego Colón alegando sus derechos como segundo almirante de la Mar Océana. El cargo y título de Almirante ("cabdillo de todos los que van en los navios para fazer guerra sobre mar"), establecido en varios reinos europeos imitando a la Sicilia árabe, ya existía en Castilla desde principios del siglo XIII (se le reglamentó en las *Partidas)* y en Aragón también desde época antigua. Aquellos dos almirantazgos fueron vinculados respectivamente a las poderosas familias Enríquez (en Castilla) y Cardona (en Aragón). La jurisdicción de los Enríquez, en la época de los grandes descubrimientos, se había extendido tanto que comprendía los puertos y ríos navegables. Sobre este modelo, en las Capitulaciones de Santa Fe, firmadas

---

[4] Buarque de Holanda, *Visión,* 389-390. Véanse las *Cartas y Docs. de Cortés,* ed. Hernández Sánchez Barba, BP núm. 2, México, 1963, 33, 72-80, 114. Menéndez Pidal comenta que "es ésta la primera vez que se da a las tierras del Nuevo Mundo una categoría semejante a las de Europa, ensanchando el tradicional concepto del imperio: *Idea Imperial de Carlos V,* 1941, 34, *cf.* Frankl, "Imperio", 481-482. A. de Nebrija, *Gramática de la lengua castellana,* ed. I, Gonz.-Llumbrera, Oxford, 1926, 3, 6-7. Brading, 239 (Solórzano Pereyra). El título de armas de Cortés se hallará en la HARKNESS COLLECTION, Doc. 59, *cf.* Zavala, *Tributos,* I, 48. Greenleaf, en *Zumárraga,* 131, dice por su parte que la Nueva España del siglo XVI pertenecía más que al Renacimiento al Imperio Universal de Dante Alighieri. Cédula del Príncipe (Felipe) del 20 de diciembre de 1553, en INFORMACIÓN DE TRIBUTOS, 19. CLAVIJERO, *Historia Antigua,* IX, 10, p. 351. Chaunu, *Nouveaux Mondes,* 393; *cf.* Josef Höfner, *Christentum und Menschenwürde. Das Anliegen der Spanischen Kolonial-ethik im goldenen Zeitalter* (Tréveris, 1947), 219; y Elliot, *Old World and New,* 85. La tesis de LAS CASAS, figura en la p. xviii de A. Yáñez (ed.), y se basa en las proposiciones jurídicas XIX y XXVIII de los tratados comprobatorios y sobre la Encomienda. Fray Bernardo de Brito, *Monarchia Lusitana* (de 1597), *ap.* J. C. Rodrigues, *Catálogo,* núm. 1674; Campos Moreno, en *Colecção de Notícias* (Lisboa, 1812), I, núm. 4, 33 y 69; y Buarque de Holanda, *Visión,* 390 (Pío IV). Acerca de la *Oración fúnebre* pronunciada por el Padre Salinas, ver José Toribio Medina, *Imprenta en México,* II, 253. Romero de Terreros, en "Torneos", 30 *sqq.,* transcribe la descripción (hecha en 1621 por Pedro Gutiérrez) de una mascarada organizada por el gremio de plateros de México, en la cual aparecían el emperador, los grandes oficiales de la Corona y los siete electores del Imperio.

con los Reyes Católicos el 30 de abril de 1492, Colón recibió, perpetua y hereditariamente, los mismos derechos y privilegios en la Mar Océana de que gozaban los Enríquez en los mares castellanos. Colón hizo incorporar en su Libro de Privilegios todos los derechos reconocidos a los Enríquez como almirantes de Castilla a partir de 1399, mismos que, según García Gallo, el Descubridor pretendió incrementar con el tiempo.[5]

Los precedentes claramente medievales de las C a p i t u l a c i o - n e s   d e   S a n t a   F e , con las que Colón fue nombrado Almirante de la Mar Océana y recibió además el título de Virrey de Indias —dice Verlinden— implican un verdadero regreso al pasado medieval de España. Las capitulaciones de esa clase, comunes en la Época de los Descubrimientos eran pactos mediante los cuales la Corona y un explorador fijaban los términos en que había de llevarse a cabo una empresa de conquista, para cuya realización el monarca delegaba su autoridad. Zavala informa que más de 56 documentos de esa índole fueron suscritos para la conquista de América, y aunque Cortés por razones históricas bien conocidas no pudo ampararse en una capitulación, la Corona firmó varias con otros conquistadores de la Nueva España, entre ellos Montejo el Viejo, como se verá en los párrafos siguientes relativos a los adelantados. Con excepción de los subsidios otorgados a Colón mismo, y más tarde a Pedrarias Dávila y a Magallanes, el costo de las expediciones de exploración y conquista corrió siempre por cuenta de sus organizadores, quienes por supuesto encontraban la manera de resarcirse, a menudo con creces. Elliot cree probable que ese tipo de contrato se haya inspirado en los celebrados por la Corona de Castilla durante la Reconquista con los vasallos que emprendían por su cuenta y riesgo expediciones militares contra los moros. Ots Capdequí, a su vez, afirma que las capitulaciones americanas ponen de relieve la supervivencia, en las Indias, de un derecho señorial —analizado en los párrafos siguientes— con resabios medievales ya entonces superados o en vías de superación en la Península; el sistema prevaleció y fue sancionado expresamente por las Ordenanzas de Segovia expedidas por Felipe II en 1573, mismas que en 1680 fueron incorporadas a la *Novísima Recopilación.*[6]

El cargo de   a d e l a n t a d o , de origen godo y leonés, pasó también de la España medieval a América aunque con un carácter ligeramente distinto, pues confería poderes más amplios. Entre 1519 y 1610 fueron nombrados ocho adelantados para la Nueva España y los reinos que en mayor o menor grado dependían de ella. La primera vez que se menciona en España es en León, en el siglo X. Como gobernadores reales de las zonas fronterizas o marcas de Castilla y León, los adelantados empiezan a reemplazar a

---

[5] Sobre el almirantazgo concedido a Colón en 1492 y sus antecedentes medievales españoles ver FERNÁNDEZ DE NAVARRETE, *Viages*, II, 16 (texto de las Capitulaciones de Santa Fe); Pérez Bustamante (ed.), LIBRO DE PRIVILEGIOS DE COLÓN, Int., xxiv; Pérez Embid, *El Almirantazgo de Castilla hasta las Capitulaciones de Santa Fe* (Sevilla, 1944), 3-22; García Soriano, 51; Elí de Gortari, 141; y García Gallo, "Administración Territorial", 39, 40, 42 y 99.

[6] Verlinden, "Colomb", 407-408 y *Modern Civilization*, 198. Zavala, "Conquista de Canarias", 78-79. Elliot, *Imperial Spain*, 47. Ots Capdequí, "Transplante en Indias", 62 ("supervivencia de un derecho señorial") y *El Estado Español en Indias*, 16 y 18 (Ordenanzas de Segovia).

los condes en Galicia en el siglo XI y en Extremadura en el XII; en la legislación son mencionados por primera vez en tiempos de San Fernando; y por
último, Alfonso el Sabio definió sus funciones en el *Espéculo*, en las *Partidas* y, específicamente, en las *Leyes para los Adelantados Mayores* de 1255 y
1274. Las atribuciones de aquellos jefes militares en las comarcas reconquistadas se transformaron con el ejercicio de la autoridad, desarrollándose sus
funciones judiciales; más tarde el cargo pasó a ser vitalicio y luego hereditario. Entre las recompensas que el adelantado recibía por sus servicios se
encontraban un feudo y un porcentaje del botín de guerra del cual a veces
formaban parte los cautivos moros para exigir rescate o para convertirlos
en esclavos. Hacia 1239 apareció el cargo de adelantado menor como dele-
gado del adelantado mayor, y más tarde los hubo con otras misiones especializadas. Más antiguo —posiblemente de directa raigambre visigoda—
fue el adelantado de los alfoces (distritos rurales), quien representaba al
monarca en las merindades y por ello se le conocía con el nombre de merino mayor *(maiorinus maior)*.[7] Ya estando casi por extinguirse en España, el oficio de adelantado cobró nueva fuerza en América, donde se respiró
de nuevo la antigua atmósfera fronteriza de la Península. Para los Colón,
dice García Gallo, el título tenía un carácter únicamente militar y por ello
el Descubridor nombró Adelantado de las Indias a su hermano Bartolomé
asignándole el mando de sus fuerzas. Esta acción "pesó mucho a los Reies
Católicos... porque a ellos pertenecía dar aquel título", dice Herrera, a pesar de lo cual lo confirmaron por real provisión del 22 de julio de 1497.
Muchos otros cargos semejantes fueron establecidos en las sucesivas capitulaciones suscritas por la Corona para las expediciones de conquista; en
ellas se enumeraban las facultades concedidas a los jefes de cada entrada,
entre los cuales por regla general estaban las de repartir tierras y solares,
encomendar indios, promulgar ordenanzas, acuñar moneda y proveer a
los cargos públicos (alguaciles, regidores, etc.). Junto con estas facultades
se concedían al adelantado privilegios de índole patrimonial y marcado sabor feudal, tales como el derecho a erigir un máximo de tres fortalezas, quedar exento del pago de ciertos tributos y transmitir el cargo a sus herederos. A veces se le otorgaba también un título de nobleza.[8]

En las Indias la patente de adelantado, a pesar de ser de origen más antiguo que las de gobernador y capitán general, pronto se equiparó a éstas
en la práctica, tanto que a partir de 1573 las tres fueron concedidas simultáneamente. Así culminó la evolución del oficio de adelantado en América,
diversa de la que sufrió en la Península. Rafael Altamira ha dejado bien

[7] Eduard Mayer, II, 199-200, describe las merindades. Sobre la historia del título de adelantado en España, *cf.* Hill, 646 y 648-649; Cunningham, 28-29; Ots Capdequí, *El Estado Español
en Indias,* 47; Elliot, *Imperial Spain,* 47; y el *Diccionario* de Manuel Yosef AYALA, I, 39.

[8] Palm, *La Española,* I, 36. García Gallo, "Administración Territorial", 90-92 (nombramiento
de Bartolomé Colón). HERRERA, *Historia,* 1ª déc., II, 15; p. 292. Ramón Iglesia aclara que en la
época de los Colón el adelantado era el gobernador militar de una provincia fronteriza: ver su
ed. de Hernando COLÓN, 179, nota al pie. Sobre el adelantazgo de Bartolomé Colón y los privilegios inherentes al cargo, *cf.* Verlinden, "Précédents médiévaux", 29, y "Modern Colonization", 201; Hill, 653, 654 y 667; y Ots Capdequí, "Transplante en Indias", 66, e *Instituciones
Sociales,* 33.

definido, después de examinar los antecedentes medievales de la institución y las disposiciones de las leyes de Indias en la materia, que mientras en España los adelantados eran magistrados y ejercían el mando militar sin tener ninguna responsabilidad de índole política, en América, por el contrario, ejercieron una autoridad casi omnímoda para descubrir, pacificar (léase conquistar) y organizar las tierras descubiertas y pacificadas, o sea para poblarlas y gobernarlas. Los adelantados nombrados para la Nueva España acumularon todos esos poderes en sus personas; además les correspondían los de alguacil mayor y, en la época de su designación, eran responsables de la situación militar y política de las regiones cuya conquista se les encomendaba, como en las marcas castellano-leonesas de la Edad Media. El primer adelantado novohispano fue Francisco de Garay designado en 1519, a quien se confió la conquista de la provincia de Pánuco. Cuando la situación de Cortés había sido regularizada por Carlos V con el nombramiento de gobernador y capitán general, en 1525 el emperador lo nombró además Adelantado vitalicio de la Nueva España "según y como lo usan los otros... adelantados en... Castilla y en las Indias"; sin embargo parece que el Conquistador no usó ese título. En las capitulaciones firmadas en Granada en 1526, el primer Montejo recibió el título de Adelantado de Yucatán y Cozumel, cosa que le permitió —comenta burlonamente Bernal Díaz del Castillo— traer de España "don y señoría". Pedro de Alvarado fue designado en 1527 Adelantado de Guatemala; y en 1537 se nombró a Hernando de Soto Adelantado "del Río de las Palmas a la Florida". El mando militar de esta provincia, con el título de Adelantado, Gobernador y Capitán General, recayó en 1565 en Menéndez de Avilés, ilustre marino muerto prematuramente en 1574, cuando debía encabezar el ataque de la Armada Invencible contra Inglaterra y recibir el título de marqués. En 1600, Juan de Oñate fue designado Adelantado vitalicio de Nuevo México, cargo que en varias ocasiones, la última en 1623, intentó convertir en hereditario. Al quedar atrás la etapa del descubrimiento y conquista, la Corona dejó de nombrar adelantados para las Indias. Quizá por esta razón ha pasado inadvertido —y en su época prácticamente sin efecto— el nombramiento de Adelantado de la Nueva Galicia dado en Valladolid el 6 de marzo de 1610, según Juan de Oñate, en favor de don Francisco Pacheco de Córdoba. Por último, quizá no sea ocioso señalar que los descendientes del conquistador Miguel de Legazpi, quienes fijaron su residencia en México desde los últimos años del siglo XVI, tenían el título de Adelantados hereditarios de las Filipinas.[9]

El r e q u e r i m i e n t o , o sea la exhortación a los indios a que aceptaran voluntariamente el bautismo y la soberanía española, bajo ame-

[9] Konetzke, en CDHFSH, 473, publica el texto de las Ordenanzas de 1573, mismas que Ots Capdequí comenta en El Estado Español en Indias, 16-18. Altamira, Diccionario, sub "Adelantado" (pp. 5-8). Aiton, en Mendoza, 45, califica de marcas, con referencia al año 1535, a las Hibueras, Guatemala, la Nueva Galicia, Yucatán y la Florida. Beatriz Arteaga Garza y Guadalupe Pérez San Vicente (eds.), CEDULARIO CORTESIANO, 72-73 (nombramiento de Cortés como Adelantado de la Nueva España). González Cicero, 9-10 (Montejo el Viejo). Bernal DÍAZ DEL CASTILLO, C. CLXVIII; II, 428. Hammond y Rey (eds.), OÑATE, 1152, 1154. Kenny, 100 (Avilés). Alberro, 55, nos habla de otro Adelantado de la Nueva Galicia, quizá hijo o sobrino del citado Francisco (y "nieto de Coronado"), nombrado en 1625, cuando a la sazón era Encomendero

naza de guerra en caso negativo, se basaba en la idea medieval de la relación de los cristianos con los infieles. Llegó a constituir un mero formalismo (registrado por un notario si lo había), y ha sido tachado de hipocresía por algunos autores, sobre todo cuando los naturales no entendían, por falta de intérprete, lo que se les exigía y menos aún captaban el sentido político de la admonición. Un caso curioso sucedió en 1542 en Nueva Galicia: los caxcanes no pudieron ni siquiera oír la exhortación pronunciada por un fraile porque, para esquivar flechas y pedradas, éste y sus acompañantes se encontraban a gran distancia. El hecho ocurrió durante la represión de la rebelión de los caxcanes emprendida por el Virrey Mendoza. Según los teólogos, era necesario leer los exhortos tres veces antes de emprender una "justa guerra". Palacios Rubios, jurista de Fernando el Católico, redactó en 1512 el texto del requerimiento utilizado profusamente en la conquista de las Indias a partir del año siguiente, cuando se llevó a cabo la expedición de Pedrarias Dávila. Durante mucho tiempo se creyó que la versión del célebre jurista era la primera elaboración de la fórmula, pero no es así, pues el requerimiento ya había sido utilizado anteriormente, en 1480 en la conquista de las Canarias y aun antes, en las guerras de Granada; su redacción reflejaba claramente la preocupación, típica de la mentalidad peninsular, por encontrar una base teológico-jurídica para normar los contactos de la Corona con infieles y herejes. Como según el derecho canónico de aquella época la calidad de hereje no bastaba para justificar la guerra, era necesario agregarle algo, por ejemplo una ofensa a Dios o a la Cristiandad, o cuando menos el rechazo de las misiones evangelizadoras. En la Nueva España, Cortés, Nuño de Guzmán y otros conquistadores recurrieron al requerimiento con los negativos resultados que eran de esperarse; y por ello desde 1523 la Corona decidió que quienes no acataran un requerimiento podían ser legítimamente reducidos a la esclavitud. Recientemente, Annie Lemistre ha investigado los orígenes de esa institución, identificándolos en una escuela jurídica islámica llamada malikita (por su fundador Malik ben Abbas), cuyo pensamiento tuvo gran difusión en la España árabe; según éste, el empleo de las armas debía ser precedido por una exhortación a aceptar el Islam o a pagar un tributo; un ejemplo de esta práctica es la guerra hecha a Alfonso VI de Castilla y León en 1086 por el emir de los Almorávides, resultado de la "insolente" negativa del rey cristiano a contestar la admonición. Aunque en el *Decreto* de Graciano (del siglo XII) se postula el principio de que ninguna guerra es justa si no es previamente anunciada —*dictum* originalmente ciceroniano—, el requerimiento de Palacios Rubios es una derivación del derecho musulmán, por lo menos indirectamente. Así lo intuyó Las Casas, quien, refiriéndose a las Indias, afirmó que recurrir a la guerra para propagar el cristianismo es una conducta digna de Mahoma y sus secuaces. De cualquier forma, es evidente que el requerimiento apareció cuando la Cristiandad en expansión gracias a su superioridad tecnológica, conser-

de Acámbaro, Mayorazgo de los Apaseos y Marqués de Villamayor (?). Se trata del doctor don Carlos Colón Pacheco de Córdoba y Bocanegra, Caballero de Santiago y familiar del Santo Oficio. Hill, 668 (sobre la extinción del título de adelantado).

va aún la concepción de la guerra producto de su lucha contra los musulmanes.[10]

No sólo los capitanes y adelantados españoles desempeñaban un cargo que databa de la Edad Media; también los c a p i t a n e s g e n e r a l e s debían normar su conducta con las leyes medievales castellanas sobre la guerra, especialmente las codificadas en las *Siete Partidas* donde, como señala Góngora, ya se menciona ese cargo y se definen sus atribuciones.[11]

Al igual que la Casa de Contratación —de la cual hablaremos más adelante—, el C o n s e j o d e I n d i a s tenía profundas raíces medievales; Fernando el Católico lo esbozó en 1511 y Carlos V lo constituyó formalmente en 1524 sobre el modelo del viejo Consejo de Castilla. Uno y otro constituían verdaderas *Curiae regis*, asesoraban al monarca en el gobierno de la metrópoli y las colonias, y al mismo tiempo eran tribunales supremos de apelación en todos los pleitos relativos al territorio de su jurisdicción. Sin embargo, la experiencia comprobó una vez más la imposibilidad de trasplantar tal cual a América un sistema dado, aun cuando hubiese funcionado satisfactoriamente en España. El obstáculo mayor para el buen gobierno de las Colonias fue la lejanía de los dominios de Ultramar, y por ello el Consejo de Indias fue apartándose poco a poco de su modelo castellano, primero por la creación de Audiencias en el Nuevo Mundo y luego, especialmente después de que Felipe II lo reorganizó en 1571, por el desarrollo del método de las visitas periódicas.[12]

Las Reales a u d i e n c i a s de las Indias, "castillos roqueros donde se halla la justicia" —dice elogiosamente Solórzano Pereyra—, son descendientes directas de los tribunales de apelación así llamados que dispensaban la real justicia en Castilla y en Aragón durante la Edad Media. Recibieron ese nombre porque durante algún tiempo los Reyes de Castilla, como por ejemplo Enrique el Emplazado y Alfonso XI, daban audiencias a sus vasallos, rodeados de su curia; eran tribunales colegiados de jueces —llamados o i d o r e s a partir del siglo XIV— que encarnaban la suprema potestad judicial del monarca, es decir, la esencia misma de la realeza como se entendía en el Medievo. A la usanza medieval, en un principio la audiencia seguía al rey en sus desplazamientos, pero luego, en 1442, la sede de la de

---

[10] Sobre el requerimiento en general véase Zavala, *Los esclavos indios*, 5, y "Conquista de Canarias", 118; Palm, *La Española*, I, 35; Barbosa, 42, 76 y 82; y Elliot, *Imperial Spain*, 58; y en particular, Parry, *Theory of Empire*, 7, y Pérez Verdía, 188-194 (requerimiento de Nueva Galicia de 1542); Bernal DÍAZ DEL CASTILLO, c. XXX; I, 137 (de Cortés, en Tabasco); y Nuño de GUZMÁN, "Carta", 26 y 50 (en Tepic y en Xalisco). Acerca del texto redactado por Palacios Rubios, *cf.* Zavala, *Filosofía Política*, 30, 31 y LÓPEZ DE PALACIOS RUBIOS, Int., CXXV y CXXIX, así como los *Documentos Inéditos de Ultramar*, XX, 311-324; Fernández Armesto, 206 (requerimiento en las Canarias y en Granada); Hanke (ed.), *History of Latin American Civilization*, I, 123-125; y Millares Carlo y Hanke (eds.), CUERPO DE DOCUMENTOS DEL SIGLO XVI, 119, n. 7. Annie Lemistre, 171, 175, 177, 187, 194 y 200, quien se apoya en parte en J. López Ortiz, *Derecho Musulmán* (Barcelona, Labor, 1932), 56, y en E. Lévi-Provençal y E. García Gómez, "Novedades sobre la batalla... de Al-Zallaqa" (en *Al-Andalus*, XV, facs. I, 127 y 132-133).

[11] Góngora, *El Estado en el Derecho Indiano*, 227.

[12] Robertson, *Discovery of América*, 353; Gómez Hoyos, 118 (quien cita la *Historia de América* de Carlos Pereyra, II, 299); y Schäffer, *Consejo de Indias*, II, 156.

Castilla se fijó en Valladolid. Después de la conquista de Granada, fue establecida ahí una segunda audiencia; ambas funcionaban también como Chancillerías reales, es decir tenían a su cargo el sello real, que certificaba la firma del monarca. Luego hubo otras audiencias en Galicia, Sevilla, las Canarias y Mallorca pero fueron de jerarquía inferior a las dos primeras. También la *Curia regis* de Aragón se transformó en audiencia a fines del siglo XIII, tuvo sus jueces de corte y fue reorganizada por Pedro IV el Ceremonioso en 1355, quien la instaló en Barcelona. En Navarra el supremo tribunal regio se llamó *Cort del rei* y sus primeras ordenanzas fueron dictadas en 1413 por Carlos III el Noble. Las audiencias que la Corona creó para las Indias (con cuatro oidores cada una y un presidente mientras no hubo virrey) gozaron de los mismos poderes que las de Valladolid y Granada, modelo para su creación, aunque como veremos en seguida estos poderes fueron ampliados considerablemente.[13]

Las a u d i e n c i a s   d e   l a s   I n d i a s se distinguieron de las castellanas, como se verá con más detalle a continuación, no sólo por la mayor amplitud de sus funciones judiciales sino especialmente por haber sido dotadas de amplias facultades administrativas, políticas y hasta incluso militares, cosa que no sucedió jamás en España: en ocasiones fueron *audiencias gobernadoras*. Como tribunales, descartaron el procedimiento romano-canónico del juicio oral breve y sumario, practicado en la Península la desde la época de las Partidas, para adoptar como principio general el juicio ordinario escrito basado en el derecho positivo. La primera audiencia americana fue la establecida en Santo Domingo en 1511, y la segunda, en México; ésta fue creada por cédula real del 20 de abril de 1528, con las mismas atribuciones que las de Valladolid y Granada. Además de corte de justicia, desde un principio la de México fue una verdadera comisión ejecutiva de gobierno (o más bien de mal gobierno cuando la presidió Nuño de Guzmán, sustituido por el Obispo Ramírez de Fuenleal en 1531). La Audiencia de México fue creada desde un principio con el rango de Chancillería, y por nombramiento de Carlos V su primer titular fue el mismo Gran Canciller imperial, Mercurio de Gattinara, quien nunca fue a México. Sus cartas, provisiones y ejecutorias debían darse, como en Valladolid y Granada, a nombre del rey y con su sello. Felipe II ordenó en 1559 que este símbolo de la autoridad real fuese recibido "como si entrase nuestra real persona, como se hace en... estos Reinos de Castilla". En 1548 se creó la Audiencia de la Nueva Galicia, cuya sede estuvo primeramente en Compostela y a partir de 1560 en Guadalajara; tuvo rango de Chancillería real sólo de 1572 a 1600, y aunque se le dieron las atribuciones de gobierno comunes a las audiencias americanas, frustradas a veces por conquistadores ambiciosos como algunos de la Nueva Vizcaya, su jurisdicción territorial llegó a ser más

---

[13] Solórzano Pereyra es citado por Malagón en sus ORDENANÇAS DE MENDOZA, 122. Los orígenes de las reales audiencias peninsulares son examinados por Cunningham, 28-34; García de Cortázar, 444 y 449; y Verlinden, "Précédents médiévaux", 31. En el CEDULARIO DE ENCINAS figuran, en II, fols. 1 y 5, los textos de dos ordenanzas de mediados del siglo XVI que confirman en favor de las Audiencias de Indias los privilegios de que gozaban las de Valladolid y Granada. Sobre el origen del título de oidor, *cf.* Cunningham, 31-32.

extensa que la de México. Parry advierte muchas analogías en su organización con la Audiencia de Galicia (España) aunque sus jueces eran llamados oidores y no alcaldes mayores como en la metrópoli. La Audiencia de los Confines (con sede en Guatemala) tuvo autoridad sobre una parte del sur de la Nueva España y por poco tiempo (de 1543 a 1550) también sobre Yucatán y Tabasco. Los virreyes de México eran *ex officio* presidentes de la Audiencia de la capital, con voz y voto en las deliberaciones de carácter estrictamente judicial si eran letrados. Para el examen de asuntos de gobierno (en este campo las atribuciones de la Audiencia fueron ya meramente consultivas) y especialmente los relativos a la hacienda real, los oidores, el virrey y el fiscal, componían la junta general dominada Real Acuerdo, o simplemente acuerdo, organismo consultivo que asesoraba el virrey. El término acuerdo sobrevive en el lenguaje burocrático de México para designar una decisión tomada por un alto funcionario en consulta con uno o varios de sus colaboradores.[14]

Las amplias facultades inclusive de gobierno que tuvo la A u d i e n - c i a de México (y en general todas las de Indias) jamás fueron asignadas a las audiencias peninsulares. Dentro de sus respectivas jurisdicciones, aquellos tribunales coloniales tuvieron funciones casi tan importantes como el mismo Real y Supremo Consejo de las Indias. El jurista Solórzano Pereyra enumera 14 facultades propias de las audiencias americanas, que no tenían las de Valladolid y Granada; en España, dichas funciones correspondían, según el caso, a los Consejos de Indias, de Castilla, de Justicia y de Hacienda y Contaduría. Tres de ellas eran de naturaleza fiscal: autorizar la introducción de nuevos diezmos, fijar los aranceles de los notarios y de los ministros de los tribunales eclesiásticos, y autorizar gastos extraordinarios con cargo a las arcas reales. Otras cinco eran de índole judicial: conocer y determinar las causas de residencias de los corregidores y otros justicias, nombrar jueces pesquisidores, designar ejecutores para suplir a los jueces ordinarios morosos, impedir la usurpación de la jurisdicción real y actuar como albaceas de los obispos difuntos. Las últimas seis facultades extraordinarias eran de carácter político, a saber: cuidar de la enseñanza y buen trato de los indios, conocer las causas que afectaran el patronato real, retener las bulas apostólicas consideradas lesivas de dicho patronato, dar parecer y consejo a los gobernadores y virreyes sobre negocios arduos de gobierno y sobre la designación de oficiales de la Corona, efectuar visitas de la tierra encomendada por turno a los oidores y suplir al gobernador o virrey en caso

---

[14] Las diferencias entre las respectivas funciones de las audiencias metropolitanas y las de Indias han sido señaladas por Elliot, *Imperial Spain*, 165; por Góngora, en *El Estado en el Derecho Indiano*, 223-234; por Martínez Cardos, 15; y por Haring en "Origen del Gobierno Real de Indias", 334-335 y 338. También tratan de las audiencias de Indias Manuel Yosef AYALA, II, 1 y 12; y Esquivel Obregón, II, 315. En el CEDULARIO de PUGA, fols. 12 vº y 13, 19 vº y 56 vº al 58, figuran las cédulas de creación de la Audiencia de México y de confirmación de sus privilegios. Avonto, 58 (y DOCUMENTI, 103-105), da cuenta del nombramiento de Gattinara. Rubio Mañé, en *Virreyes*, I, 74-75, cita la orden de Felipe II relativa al real sello. Sobre la Audiencia de la Nueva Galicia, *cf.* Páez Brotchie, *Guadalajara novogalaica*, y Parry, *Audiencia of New Galicia*, 35, y 183-184; y sobre el Real Acuerdo, Justina Sarabia Viejo, 19.

de ausencia, impedimento o muerte. Esta última prerrogativa fue ejercida cinco veces en la Nueva España de 1535 a 1650: cuatro por muerte de un virrey, y una por el traslado del Marqués de Guadalcázar al Perú. Parece que la Corona no quedó muy satisfecha de la manera de gobernar de la Audiencia pues desde fines del siglo XVII los virreyes trajeron consigo el llamado pliego de mortaja donde estaba escrito el nombre de su sucesor en caso de muerte, que generalmente era el Arzobispo de México. Esquivel Obregón completa la lista de funciones de las audiencias indianas con dos más: conocer los recursos de fuerza contra conservadores y visitadores de órdenes religiosas, y las apelaciones contra actos de los propios virreyes.[15]

En teoría, la institución virreinal precedió el hecho mismo del descubrimiento de América, ya que Colón fue nombrado   v i r r e y   de las tierras por descubrir en las mismas Capitulaciones de Santa Fe en que se le designó almirante. Conocemos un solo precedente en la legislación castellana del cargo de virrey: por cédula del 20 de marzo de 1474, informan Pérez Bustamante y Martínez Cardos, los Reyes Católicos nombraron al almirante y al condestable de Castilla virreyes de todos los territorios al norte de la Sierra de Guadarrama mientras durara la campaña contra los moros de Granada. Pero el cargo no es de origen castellano sino aragonés. La necesidad de nombrar un *alter ego* surgió cuando los Reyes de Aragón empezaron a adquirir territorios en Ultramar, por la imposibilidad de poder gobernar personalmente los nuevos dominios. La ficción jurídica de la unidad del reino se mantuvo con la designación de un Vicario General o *viceregens* para ejercer en nombre del monarca las prerrogativas regias en el ducado de Atenas, conquistado por las compañías catalanas en el siglo XIV. Este representante personal o *vicerex* fue denominado *visorrey*, y su oficio era gobernar las posesiones de la Corona aragonesa en Italia (Cerdeña, Sicilia y posteriormente Nápoles), dominios que luego Carlos V heredó de su abuelo materno. Pronto los Reyes de Aragón empezaron a nombrar virreyes también para los territorios de la península. Los hubo en los reinos de Mallorca, Valencia y Navarra así como en el condado soberano de Barcelona. Es interesante que el primer Virrey de Navarra, Diego Fernández de Córdoba, haya sido nombrado en 1513, o sea después de que el título había sido concedido a Colón. Los virreyes aragoneses de los dominios peninsulares fueron sucesores de los antiguos lugartenientes generales, gobernadores de los diversos reinos que comprendían la monarquía, quienes representaban a la real persona; además, cuando el monarca se ausentaba designaba un lugarteniente general para Aragón mismo. La institución virreinal también existió en Portugal (Almeida y Albuquerque fueron virreyes en la India) y en la república de Venecia, que ejercía la soberanía del barrio veneciano de

---

[15] SOLÓRZANO PEREYRA, Lib. V, cap. iii, núms. 9 a 49; vol. IV, pp. 41-53. Esquivel Obregón, II, 333-334. Los siguientes autores analizan también, más o menos brevemente, la amplia jurisdicción de las audiencias de Indias: Levene, "Fuentes del Derecho Indiano", en *Anuario de Historia del Derecho Español*, I, 68; Fisher, 133; Gómez Hoyos, 123; y Ots Capdequí, *El Estado Español en Indias*, 48, "Estructura... de las nacionalidades americanas", 244-245, y "Trasplante en Indias de las instituciones castellanas", 65-67.

Constantinopla por medio de bailíos o *vice comites*, según informa Aiton, designados por el dogo.[16]

La experiencia del primer virreinato americano cuyo titular fue Cristóbal Colón no dio resultados felices: la Corona rescató el nombramiento de 1492, y sobre todo los privilegios que le eran inherentes, con la pensión y el título de Duque de Veragua concedidos al nieto del Descubridor. Pero con base en la eficacia del virreinato napolitano para fortalecer la autoridad real en el sur de Italia, esta forma de gobierno fue institucionalizada en 1535 en la Nueva España y en 1544 en el Perú. No se invocó el precedente colombino para crear los virreinatos, cosa que habría sido políticamente inconveniente, sino los de los dominios europeos. Las relaciones entre la Corona y los virreyes de las Indias se modelaron sobre las que existían con aquéllos, tanto que los dos primeros llegados a la Nueva España tenían experiencia directa: Mendoza había sido Gobernador de Granada y Velasco I Virrey de Navarra. Sin embargo, como señala Elliot, la autoridad de los virreyes americanos fue menor que la de los aragoneses, pues en las Indias la administración de justicia fue encargada a las audiencias; a pesar de esta aparente disminución de facultades, hay que recordar que un virrey de Indias como vicepatrono de la Iglesia tenía atribuciones importantísimas que sus predecesores aragoneses en su tiempo no tuvieron. En todo caso, desde el momento de su nombramiento se debían al virrey los mismos honores que a la persona del rey; como el monarca, caminaba bajo p a l i o y llevaba delante de sí un p e n d ó n o g u i ó n no con sus propias armas sino con las reales. Sólo mucho después (como en Cerdeña) los virreyes perderían, con la creación de las intendencias borbónicas, buena parte de sus atribuciones en materia fiscal.[17]

---

[16] Sobre el nombramiento como Virrey de Indias en favor de Colón, véanse las fuentes mencionadas respecto de su designación como almirante, y entre los autores modernos Verlinden, "Modern Civilization", 197; Vicéns Vives, 572; y Ots Capdequí, "Transplante en Indias", 68-69. El precedente castellano del título de virrey es señalado por L. Serrano, *Los Reyes Católicos y la Ciudad de Burgos* (Madrid, 1943), 222; por E. Sánchez Pedrote, "Los prelados virreyes", en *Anuario de Estudios Americanos*, 1951, 211-213; por Pérez Bustamante, "Precedentes del virreynato", 246, y en su ed. del LIBRO DE LOS PRIVILEGIOS DE... COLÓN (Madrid, 1951), 33; y por Martínez Cardos, 14. Los precedentes catalano-aragoneses del título son estudiados por Elliot, en *Imperial Spain*, 19; por Palm, en *La Española*, i, 36; por Vicéns Vives, "Precedentes mediterráneos del virreinato colombino" en *Anuario de Estudios Americanos*, 1948, v, 571 *sqq.*; por Rubio Mañé, *Virreyes*, i, 8-9; y por Fisher, 1. Aiton, *Mendoza*, 31 y n. 42. El dominio aragonés de Cerdeña duró de 1322 a 1478, época en la cual hubo virreyes (Capelli, 314), aunque ignoro si los hubo desde un principio.

[17] Vicens Vives, 588-589 y 601 (virreinatos aragoneses y buen resultado de este régimen en Nápoles). José Antonio Calderón Quijano, en Int., xvii, a Justina Sarabia Viejo; y Céspedes del Castillo, en "Las Indias durante los siglos XVI y XVII", iii, 378, niegan que el virreinato de Colón sea un antecedente de los de México y Perú; *cf.* Góngora, *El Estado en el Derecho Indiano*, 248, sobre este mismo tema. Las diferentes atribuciones de los virreyes americanos respecto de los aragoneses de Europa son analizados por Elliot, en *Imperial Spain*, 165; por Levene, en *El Derecho Indiano*, 131-132; y por Nowell, 228, con especial referencia a Antonio de Mendoza. Este autor, 229 y Gisela Morazzi de Pérez Encizo, *La Intendencia en España y en América* (Caracas, 1966), enumeran las funciones fiscales que fueron transferidas de los virreyes a los intendentes.

La R e a l   H a c i e n d a   trasladó de España a América "con gran priesa" casi toda su organización y la mayor parte de sus procedimientos, ampliados considerablemente por la necesidad de recaudar el diezmo. Los primeros oficiales de la Corona llegaron a las Antillas en el segundo viaje de Colón; y al lado de Cortés, desde antes del fin de la Conquista, aparecieron un tesorero, un contador, un veedor (inspector del quinto real y custodio de armas y municiones reales) y un factor (guardián del producto de rescates y de los tributos debidos a la Corona). Estos títulos eran los mismos usados en las flotas y aduanas castellanas y especialmente aragonesas durante los últimos siglos medievales. Durante los primeros años de la Colonia tuvieron gran importancia los cuatro oficiales reales acompañantes de Cortés, quien los designó gobernadores al partir para las Hibueras, con el resultado de que se disputaron el poder. A partir de 1535 los oficiales de Hacienda quedaron subordinados al virrey, quien entre sus títulos tenía el de Superintendente de la Real Hacienda. La importancia de la dirección de ésta fue considerada tan grande como la de convertir a los naturales al cristianismo.[18]

Los ingresos que la Corona percibía de sus vasallos (súbditos es término más moderno) todavía a principios del siglo XVI, tanto en la Península como en las Indias, eran de origen marcadamente medieval; derivaban en mayor o menor grado del deber feudal de "ayuda" *(auxilium)* al rey. Góngora ha dejado en claro que el promedio total de la regalía —tributo recaudado por el rey en su calidad de supremo señor feudal y no de jefe de Estado— es uno de los factores que en aquella época diferenciaba más propiamente el sistema tributario español del de otros países europeos, que ya estaba evolucionando hacia el concepto del impuesto. La Cámara del rey o fisco real recibía las rentas del dominio de la Corona, las regalías o poderes inherentes a la suprema jurisdicción (quinto real, fonsadera, almojarifazgos, alcabalas, estancos, multas y confiscaciones, portazgos, pontazgos, barcajes, etc.) y las ayudas temporales que las cortes castellanas y aragonesas votaban desde el siglo XII a petición del rey. Con excepción de estas últimas, dice Bourne, las formas de ingreso de la Corona en las Indias fueron prácticamente las mismas que en la Península; y si añadimos los tributos pagados por los indios y, posteriormente, los derechos de composición de tierras o de expedición de títulos de nobleza y el producto de la venta de oficios públicos *(mesada, media anata)* tendremos todos los renglones de la recaudación real. En la Nueva España, según se desprende del minucioso estudio de la Real Hacienda, hecho en el siglo XVIII por Fonseca y Urrutia, los   r a m o s   en que ésta se descomponía eran 35; entre los de mayor importancia figuraban el quinto real y la Cruzada (ya tratados), el tributo de indios (materia del pró-

---

[18] Friederici, 371, y Torre Villar, *Leyes de Descubrimiento,* 36-37 y 55, describen las funciones de los oficiales de la Corona así como también Justina Sarabia Viejo, 104-105 (el factor); y Rivera Cambas, 33, y Haring, *Instituciones,* 5 (el veedor). Los primeros titulares de estos cargos en la Nueva España fueron Alonso de Estrada (tesorero), de quien se decía que era hijo bastardo de Fernando el Católico; Rodrigo de Albornoz (contador); Gonzalo de Salazar (factor); y Peralmíndez Cherino o Chirinos (veedor).

ximo capítulo), el almojarifazgo, y el servicio de lanzas, todos ellos de origen netamente medieval.[19]

El servicio de lanzas, correspondiente a lo que en España se llamó fonsadera, era la obligación que en el Medievo tenía todo vasallo de acudir al auxilio del rey o de su señor con un número determinado de lanzas (es decir, de jinetes armados) cuando se le requería; era condición indispensable que se le exigiera la integración de la hueste feudal en los periodos señalados por las normas del derecho consuetudinario. Con el nombre de d e r e - c h o   d e   l a n z a s   fue un deber militar impuesto en la Nueva España, como se ha visto, a los encomenderos, quienes ayudaban a los virreyes a reprimir las rebeliones y a defender las costas. Convencida de las ventajas de una milicia profesional, para ayudarse a financiarla, en 1632 la Corona permutó esta obligación por un pago en dinero; esta situación se cubría anualmente. Los títulos de nobleza implicaban igualmente el pago de una suma por este mismo concepto.[20]

El   a l m o j a r i f a z g o   (derivado de almojarife, como eran llamados los tesoreros hasta tiempos de Alfonso XI) era un impuesto de exportación e importación de las mercaderías destinadas a la venta tanto en las Indias como en España, excepto el vino; se originó en la Andalucía musulmana. San Fernando de Castilla lo conservó después de la toma de Sevilla, Juan II reglamentó su recaudación, Felipe II lo duplicó en 1566 para todo el Imperio, y sólo en 1783 desapareció al refundirse en los derechos de arancel. Según la época, la calidad y la procedencia de la mercancía, varió de 2.5% a 15% ad valorem. Fue introducido en La Española antes que en la Nueva España, donde empezó a recaudarse en 1528. Los pobladores y los adelantados en muchos casos pedían a la Corona la exención correspondiente, que generalmente les era concedida por periodos de cinco a diez años (a veces según una cláusula de las mismas capitulaciones). En 1519, los primeros vecinos de Veracruz presentaron una solicitud de esta especie no sabemos con qué resultados. Bernal Díaz obtuvo una exención del "almoxarifadgo" para llevar consigo a Guatemala tres asnos garañones. Cortés envió un memorial a Carlos V en 1537 informándole que esta renta era una de las principales que la Corona tenía en la Nueva España. López de Velasco también señala la importancia del almojarifazgo en el siglo XVI, en el XVII Solórzano Pereyra estudia su recaudación y administración, y en el XVIII Fonseca y Urrutia informa que rendía un producto líquido anual de más de 600 000 pesos. Como no había aduanas en Manila, el almojarifazgo de las Filipinas

[19] Góngora, en El Estado en el Derecho Indiano, 169, 171 y 173, trata del auxilium, de los rubros que constituían la Real Cámara y de las regalías y, en 173-174, de la práctica feudal de pedir subsidios. Bourne, 240, señala la similitud entre los impuestos que se pagaban en España y en las Indias; y Zavala, en "Política de Indias", 585, señala los más importantes de las colonias. Miranda, en Tributo Indígena, 36-37, enumera los impuestos o tributos vigentes en España en los días de la Conquista; Haring, en Libros Mayores, 6, analiza las principales partidas de la tesorería novohispánica, y en Spanish Empire, 292, se refiere a la mesada y a la media anata. FONSECA y URRUTIA, I, x-xii, enumera los principales ramos de la Real Hacienda de la Nueva España en el siglo XVIII.

[20] Sobre el servicio de lanzas ver FONSECA y URRUTIA, I, XV; Esquivel Obregón, II, 434; y A. Lira y L. Muro, "El Siglo de la Integración", 159.

era recaudado en Acapulco, para luego enviarse a aquel archipiélago en calidad de "situado".[21]

La a l c a b a l a , también de origen árabe medieval —específicamente marroquí—, era un renglón muy importante de los ingresos coloniales de la Corona, pues según Rodolfo Pastor produjo anualmente en la Nueva España entre 81 000 y 133 000 pesos de 1592 a 1602; de acuerdo con Fonseca y Urrutia, en el siglo XVIII llegó a producir 3 151 209 pesos líquidos por año. Fue introducida en Castilla seguramente antes del reinado de Alfonso XI (1311-1350) para gravar toda clase de ventas, cambios y compras de bienes, inclusive el ganado. En la Sevilla mora del siglo XII el alcabalero había sido una figura bien conocida. En la España cristiana se estableció un sistema de aduanas internas para el cobro de la alcabala, generalizada por voto de las Cortes de 1342 como subsidio al rey para saldar las deudas contraídas con motivo del sitio de Algeciras del año anterior. Las Cortes castellanas votaron la alcabala una segunda vez en 1349, y de ahí en adelante lo hicieron con tanta frecuencia que pronto fue un ramo fiscal agregado perpetuamente a los fondos del real patrimonio. El Virrey Mendoza llegó a la Nueva España con instrucciones de introducir la alcabala, pero por alguna razón no lo hizo. Y a pesar también de que Felipe II también decretó en 1558 que se recaudaran alcabalas en las Indias, no fue sino hasta 1571 cuando en México por bando del virrey se establecieron con carácter obligatorio; tres años más tarde se nombró un escribano de cámara para el oficio de contador y administrador del ramo de reales alcabalas. La alcabala era en un principio muy moderada pues ascendía a 2% del valor de la mercancía que cambiaba de manos; luego, para ajustarla a las tasas de Castilla, fue duplicada en 1617, y aumentó a 6% en 1634 y a 8% en 1741, porcentajes de todas maneras moderados si se comparan con los impuestos actuales. Algunos autores difieren sobre el tipo de mercancía a que se aplicaba la alcabala, pues mientras Manuel Josef Ayala en su *Diccionario de Gobierno y Legislación de Indias* afirma que se pagaba sobre la venta de "ciertas mercaderías", en nuestro tiempo Pastor dice que se cobraba sobre todo artículo comercializable. Este asunto necesita estudiarse con mayor cuidado, pero en todo caso hay que recordar que según Fonseca y Urrutia en el siglo XVIII ni los clérigos ni los indios pagaban alcabalas sobre bienes u objetos no destinados al comercio; en cambio, sí las pagaban los encomenderos por las mantas recibidas de sus tributarios, al menos en Yucatán. Muy mexicana resultó desde el siglo XVI la alcabala de pulques, impuesto indirecto especial sobre esa bebida. La recaudación de alcabalas fue a su vez objeto de comercio pues tanto el Cabildo de México como el de Puebla las arrendaron desde los primeros años del siglo XVII, a cambio de sustanciales sumas. Debemos este

---

[21] Las fuentes consultadas sobre el almojarifazgo son las siguientes: CARTAS DE INDIAS, III, 874; H. CORTÉS, CARTAS Y DOCUMENTOS, 412 (memorial de 1537); LÓPEZ DE VELASCO, 26; FONSECA Y URRUTIA, I, XX; CEDULARIO DE PUGA, fol. 26 y 26 v°; Chamberlain (ed.), *Two Unpublished Documents*, 519, 521 (Instrucciones del Justicia y Regimiento de Veracruz, de 1519); Solórzano Pereyra, V, 5-20; Schäfer, *Consejo de Indias*, II, 351-352; Haring, *Spanish Empire*, 276; y Bauzon, 84. Las dos referencias a Bernal DÍAZ son respectivamente al vol. II, 313, y al vol. III, 339, de su *Historia Verdadera*.

dato a Pastor, quien recuerda que los gobiernos de México independiente no suprimieron la alcabala, que de hecho, junto con las aduanas interiores, fue abolida en nuestro país hasta 1896.[22]

Desde el siglo XVI se incorporó al léxico mexicano la palabra t o s - t ó n , que hasta hace pocos años designaba la moneda de 50 centavos; es una derivación del español medieval "testón", así llamado por la cabeza o testa representada en la moneda, que tenía un valor de cuatro reales. Se llamó también así en la Colonia un tributo personal de este monto, introducido por Felipe II, cuyos productos se destinaban a la defensa de Ultramar, y concretamente al mantenimiento de las flotas, especialmente la Armada de Barlovento. Lo debían pagar anualmente los indios, y para el Virrey Marqués de Montesclaros era un renglón fiscal de tanta importancia que en las instrucciones dejadas a su sucesor Velasco II en 1607 le recomienda que no lo descuide. En su recaudación tropezó con mucha resistencia sobre todo en Yucatán desde la época del Gobernador Andrés Pérez Franco (1636-1643), el cual, según Cogolludo, "avisado su magestad lo revocó y quitó".[23] Fuente muy importante de ingresos para la Corona fueron también los e s t a n - c o s o monopolios, de los cuales el de la sal tenía un evidente carácter medieval y tradicional, como apunta Verlinden; y tan es así que *gabela*, denominación dada en un principio al impuesto sobre la sal es voz genérica para indicar los tributos.[24] Por otra parte, entre los impuestos municipales de origen medieval figuraban el de puertas o p o r t a z g o , y l a s i s a , que era un arbitrio extraordinario consistente en una merma de los pesos y medidas hecha en favor del erario en las transacciones de comestibles (corresponde al derecho actual de consumo). Su producto se destinaba a obras públicas, especialmente cuando los fondos propios de la hacienda municipal no bastaban. El ayuntamiento de México solicitó y obtuvo tres veces, en 1553, 1554 y 1564 el derecho a cobrar una "sisa de la carnicería" para allegarse fondos extraordinarios; consistió en un maravedí por arrelde de vaca y carnero. Los 3 000 pesos recaudados en 1564 y las sumas reunidas en 1553 y 1554 fueron destinados a la ampliación del acueducto de Chapultepec y a la construcción de una fuente al extremo del mismo, en la Plaza Mayor. Más cuantioso fue el producto de la sisa del vino (un cuartillo de plata por cuartillo de vino) que la Corona repetidamente concedió para

[22] Rodolfo Pastor, 2 (origen de la alcabala), 3 (su rendimiento entre 1592 y 1602 y modo de recaudarla), 4 (en Puebla), 5 (su tasa entre 1617 y 1741) y 16 (en el siglo XIX). CARTAS DE INDIAS, III, 873-874. FONSECA Y URRUTIA, I, XIX (monto de la recaudación por concepto de alcabalas), II, 5-8 y 10 modalidades de su recaudación. Manuel Josef de AYALA, I, 72. Según Eduardo Mayer, 305, en el noreste de la Península la alcabala se llamaba lesda o *portaticum*. Gual Camarena, 716-717 (orígenes de la alcabala en España y su aplicación en la Sevilla mora). García de Cortázar, 321 (la alcabala en Castilla después de 1342). Pérez Bustamante, *Mendoza*, 26 (Instrucciones de 1535). Haring, *Spanish Empire*, 287 (introducción de la alcabala en las Indias). García Bernal, *Yucatán*, 407 (alcabala en la Península). Esquivel Obregón, ii, 438 (alcabala del pulque, mencionada en la Ordenanza de Intendentes de 1786).

[23] Ancona, II, 169-170 (introducción por decisión de Felipe II del impuesto del tostón); Hanke (ed.), VIRREYES, III, 14 (Marqués de Montesclaros a su sucesor); y COGOLLUDO, X, XIX, p. 601; y XI, X, p. 365.

[24] Verlinden, *La Civilisation Atlantique*, 187.

aplicar los fondos a las obras del desagüe del Valle de México. También al ayuntamiento de Veracruz se le dio el derecho a cobrar esta sisa (25 pesos por pipa de vino importada), la mitad de cuyo producto fue destinada a obras locales de desagüe, dividiéndose la otra mitad entre obras de fortificación y la Armada de Barlovento. Ese tipo de impuesto perduró en la Colonia, pues en el siglo XVIII el Cabildo de México obtuvo del Virrey Matías de Gálvez una sisa de dos granos por arroba de pulque durante 10 años, y al de Puebla, el Virrey Bucareli le concedió una sisa de vino de tres pesos y un real por barril.[25]

El C o r r e o   M a y o r era el funcionario encargado del transporte de la correspondencia de la Corona. Se originó en el Sacro Imperio, donde hubo desde el siglo XV un Gran Maestre de Postas, cargo que con carácter hereditario fue otorgado en 1615 a la principesca familia Thurn y Taxis. Carlos V estableció en España en 1525 el cargo de correo mayor con carácter hereditario. En la Península ya existían, por supuesto, ciertos precedentes derivados de la creciente necesidad de que la Corona contase con un servicio eficaz para comunicarse con las demás cortes europeas, y ya desde 1490, como informa Oviedo, los Reyes Católicos tuvieron a su servicio un correo mayor. El Hostes de Correos de Barcelona, con funciones parecidas, que aseguraba el intercambio de correspondencia con Italia y especialmente con el Papa, existió desde 1510, aunque en Cataluña desde fines del siglo XII había comunicaciones postales bastante regulares gracias a los *troters* de la Cofradía de la Capilla de Marcús de Barcelona, significativamente dedicada a Nuestra Señora de la Guía. Felipe el Hermoso y Juana la Loca designaron a un Correo Mayor para estar en contacto continuo con Flandes, Francia y el Imperio; este nombramiento recayó en Francisco de Tassis, fundador de la rama española de los Thurn y Taxis, que recibieron el título de Condes de Villamediana. Según el "Índice General de los papeles del Consejo de Indias", Juana la Loca hizo merced en 1514 al doctor Lorenzo Galíndez de Carvajal del oficio de Correo Mayor de Indias; cuando Carlos V hizo hereditario el cargo concedió a su titular para las Indias y la Especiería los mismos privilegios de que gozaba el Correo Mayor de Sevilla mediante cédula del 15 de octubre de 1525, según datos de Solórzano Pereyra. En 1570, Juan de Vargas Carvajal, nieto del primer Correo Mayor de Indias, vendió "la parte [del oficio que se] podía usar en España" al caballero de Santiago Juan de Saavedra Marmolejo, conservando para sí sólo las Indias. Sin embargo, la Corona no juzgó satisfactoria esta transacción, y por ello el 20 de mayo de 1582 Felipe II creó el nuevo oficio, perpetuo pero no hereditario, de C o r r e o   M a y o r de la Nueva España dependiente de la Casa de Contratación según Esquivel Obregón; el primer titular fue Martín de Olivares, quien poco después se estableció en México, como consta en las actas del Cabildo, en la calle cuyo nombre recuerda hasta la fecha su cargo. Lucas Alamán informa que dicha calle originalmente se llamó

---

[25] Sobre la sisa, *cf.* Ots Capdequí, *El Estado Español en Indias*, 57 (definición); Manuel Rivera, 78 (semejanza con el derecho de consumo); Justina Sarabia Viejo, 447-449 (sisa de la carne); Esquivel Obregón, II, 266 (sisa del vino en México), 402 (en Veracruz) y 404 (sisa del pulque); y Leicht, *Puebla*, 296 (sisa del vino en Puebla).

del Puente del Correo Mayor. Cuando Olivares se vio envuelto en un homicidio en 1585, el arzobispo-virrey nombró al alguacil Pedro de Armenta para sustituirlo temporalmente en sus funciones; parece que más tarde fue exonerado de toda acusación, pues al morir en 1604 seguía desempeñando el cargo. Fue sucedido por Alfonso Díaz de la Barrera, quien compró el oficio en remate, según informa José R. Benítez. El último Correo Mayor de la Nueva España fue Antonio de Méndez Prieto, cuyas funciones cesaron el 27 de noviembre de 1765, cuando el oficio fue incorporado definitivamente a la Corona.[26]

---

[26] Acerca de los antecedentes, orígenes y evolución del título de Correo Mayor de Indias ver: el CDIU, XIV: 19, 27 y 46 (historia) y IX: 206-207 (Real Provisión de Carlos V de 1525); y Solórzano Pereyra, I, 256. Haring, en *Comercio y Navegación*, 44, informa de la posterior venta del cargo de Correo Mayor de Indias al Conde-Duque de Olivares y al Conde de Oñate, Correo Mayor de España. Sobre el Correo Mayor de la Nueva España, *cf.* Esquivel Obregón, II, 123 (creación del cargo por parte de Felipe II en 1580) y 146 (su incorporación a la Corona en 1765); Actas de Cabildo, *sub* 12.10.1582 (designación de Martín de Olivares); Lucas Alamán, II, 22; Epistolario de Paso y Troncoso, XII, 128, núm. 723 (Carta del rey de 1585 sobre Martín de Olivares y Pedro de Armentá) y José R. Benítez, *Historia Gráfica*, 121 (diversos titulares del cargo hasta 1765).

XXII. LOS ORÍGENES MEDIEVALES DE LA ENCOMIENDA Y LA HACIENDA. EL TRIBUTO DE INDIOS

LA COLONIZACIÓN de la Nueva España, o sea su explotación económica, comenzó antes de que terminara la conquista del altiplano y fue paralela a la evangelización de los naturales. Los conquistadores buscaban oro y la Corona fomentó su ambición, pero la indiferencia de los indios hacia los metales preciosos (cuya abundancia fue sospechada desde los primeros encuentros) y su poco conocimiento de las grandes vetas metalíferas, retrasaron por lo menos una década la explotación de las minas, cuyo producto con el tiempo sería la maravilla de Europa. Los trueques llamados *rescates* que hacían los españoles con "las brujerías (o baratijas) de Europa por el oro de América", según frase de Clavijero, fueron equivalentes a un saqueo y necesariamente se limitaron a los primeros episodios de la exploración. En los albores de la Conquista, como en la España medieval —y así lo entendió Cortés—, la tierra era considerada la forma fundamental de riqueza y en segundo lugar la mano de obra de quienes la trabajaban. Pronto se darían mercedes de tierras, basadas en la doctrina del dominio eminente del soberano, pero desde antes el Conquistador, sin esperar que el emperador le diera títulos para gobernar, empezó a encomendar indios entre sus soldados para que los sustentaran con sus tributos. Verlinden señala que hay lejanos antecedentes de este tipo de colonización en la explotación de los ducados de Atenas y de Naupatria o Nauplia por parte de los catalanes y navarros en el siglo XIV. Podría aceptarse, con Pérez de Tudela, que la colonización colombina de las Antillas, a pesar de que en lo fundamental siguió el modelo de la factoría comercial portuguesa y genovesa, constituyó un precedente inmediato de la colonización de la Nueva España ya que, después de todo, también en las islas se conoció la encomienda, que trataremos a continuación; pero por otra parte no se puede olvidar el paralelismo de la conquista de América con la de las Islas Canarias, que duró casi todo el siglo XV (1402-1495).[1]

La encomienda nació en la España de la Reconquista. Solórzano Pereyra, al examinar en el siglo XVII los derechos y deberes de los encomenderos o *comendatarios* de las Indias, recuerda que estas voces derivan del verbo latino *commendo*, que significa recibir una cosa en depósito, para cuidar-

---

[1] CLAVIJERO, *Historia Antigua*, VIII, i; p. 295. Le Riverend, 94, señala que en América la apropiación de tierras con base en principios jurídicos medievales es característica común de las colonizaciones española, portuguesa, francesa e inglesa. Verlinden, "The Transfer of Colonial Techniques from the Mediterranean to the Atlantic", 6. Pérez de Tudela, "Negociación Colombina", 301, n. 17. El paralelismo de la colonización de las Canarias con la de la Nueva España es expuesto, entre otros autores, por Chamberlain en "Repartimiento-Encomienda", 24.

la, lo cual acerca las encomiendas a la *commendatio* del derecho romano, considerada a su vez uno de los modelos para la creación del feudo en la Edad Media. Las encomiendas peninsulares aparecen en Castilla como una forma de donación o merced de tierras *(commenda, commissum, comienda)* que los reyes hacían a los caballeros, los prelados o las órdenes militares. Levene señala que, a diferencia del señorío que pronto adquirió un carácter hereditario y perpetuo, las encomiendas eran donaciones temporales o *mandaciones*, reglamentadas en las Ordenanzas de Alcalá de 1348. Las encomiendas podían ser de tres tipos: en feudo, poco comunes, en las cuales el encomendero entregaba al rey parte de las rentas que recibía en señal de vasallaje; de honor, de mayor dignidad, en las cuales el beneficiario conservaba todas las rentas (colectivamente llamadas la "martiniega" porque se recibían antes del principio del invierno, el día de San Martín); y *de tierra*, de las cuales heredaría muchos rasgos característicos la encomienda indiana. Este tercer tipo de encomienda comprendía la obligación de prestar el servicio militar de un jinete y un infante (que en la Nueva España Cortés y luego la Corona exigirían a los encomenderos) y la de entregar al rey dos tercios de los tributos recibidos. Cuando se reconquistó Andalucía, los reyes castellanos hicieron muchos repartimientos de tierras bajo forma de encomiendas asignadas con carácter hereditario a sus caballeros —673 en Baeza, Jerez, Sevilla y Murcia—, imponiéndoles el deber de milicia; además, el titular estaba obligado a residir en ellas. Desde un principio todas éstas fueron características de la encomienda indiana. Chamberlain, a quien debemos muchos de los datos anteriores, ve en aquellos repartimientos el origen de los latifundios andaluces. Merecen atención especial los repartimientos concedidos a las órdenes militares que éstas a su vez cedían a aquellos de sus caballeros que no disfrutaban de pensiones, llamados *comendadores*. La encomienda les daba jurisdicción sobre aldeas, castillos, tierras y vasallos. Además de prestar servicio militar, el comendador debía proveer a los curas de almas y medios de subsistencia y distribuir limosnas a los pobres de su encomienda. Góngora cita una encomienda militar, creada en el coto de Limanes (Asturias) en 1446 o sea un medio siglo antes de la colonización americana; y García Gallo afirma conocer una obra de Lorenzo de Padilla conservada en un manuscrito del siglo XIV e intitulada *Anotaciones a las leyes de España,* en la cual se exponen los tres tipos de encomienda castellana descritos más arriba. Parry, por su parte, recuerda que muchos moros vencidos en Granada fueron "repartidos en encomienda" entre sus conquistadores. Señalemos, por último, que algunos autores ven analogías entre la encomienda castellana y ciertas instituciones de otros países o épocas, tales como los *commendati* y *affidati* de Nápoles y del Imperio (Bayle) y el *patrocinio* de los antiguos romanos (Zavala). Todo esto se comprende mejor si se recuerda que el espíritu de patronazgo feudal, inspirado en parte en el *patrocinium*, estuvo siempre presente en las relaciones entre señor y vasallos en toda la Europa cristiana.[2]

---

[2] SOLÓRZANO PEREYRA, II, 7. Lévene, en *Derecho Indiano*, 172-173, analiza la encomienda castellana basándose parcialmente en las conclusiones del *Ensayo sobre la historia de la*

Zavala y otros investigadores han señalado que el sistema de e n c o - m i e n d a s fue transplantado a las Canarias con algunas de sus características castellanas durante la conquista de esas islas. Allí, como después en las Antillas, la encomienda se adaptó a las circunstancias locales conservando algunas de sus características y perdiendo otras. A principios del siglo xv Juan de Bethencourt hizo repartimientos de tierras en Lanzarote; y en 1482 Pedro de Vera, con base en una cédula de los Reyes Católicos, repartió encomiendas al terminar la conquista de la Gran Canaria. Según Parry, al ser sometidos los indígenas fueron divididos en encomienda entre los principales colonos, pero Zavala y Konetzke sólo han encontrado un ejemplo de ello: los niños guanches fueron repartidos entre los vecinos españoles por el propio Vera y por el Obispo Juan de Farías para ser indoctrinados.[3] En las Antillas, la encomienda tuvo también rasgos propios. A diferencia de la castellana, que implicaba el pago de rentas al rey en especie o en dinero, en La Española los naturales, además de pagar tributos, debían contribuir con trabajo personal en la agricultura y en la minería durante largos periodos. Los indígenas conservaban sus tierras (aunque en la práctica hubo muchos despojos), razón por la cual puede decirse que en las Antillas y en general en todas las Indias la encomienda fue *de personas*, de las cuales se recibían servicios y tributos y nunca *de tierras*, como en el caso de la encomienda castellana. A esta regla se podría hacer una excepción: el efímero ejemplo de Colón cuando, según Herrera, creó en 1495 la encomienda territorial en La Española repartiendo tierras entre los naturales y sus caciques para que las labrasen en beneficio del Descubridor o de aquéllos a quienes él mismo otorgara cédulas "de Repartimiento ó Encomienda". Pero este experimento no prosperó. El gobernador de Indias, Nicolás de Ovando (1502-1509), enviado para reemplazar a Colón, introdujo un nuevo tipo de encomienda: comenzó a repartir indios caribes entre gente que los tratara benignamente y que se hiciera responsable de instruirlos en la fe católica. No hay duda de que el término *encomienda* fue muy usado en las Antillas durante el gobierno de Ovando, quien siendo comendador de Lares en la Orden de Alcántara, era conocedor del tipo de encomienda que en la Península se asignaba a las órdenes militares. En La Española, adonde llegó como protegido de Ovando en 1504, Cortés absorbió la idea del servicio personal del indio y del tributo de éste al rey; y el

---

propiedad territorial en España (2 vols., Madrid, 1873), de Francisco de Cárdenas. No ha sido superado por su seriedad como estudio de los orígenes de la encomienda castellana el artículo de Robert S. Chamberlain, "Repartimiento-Encomienda", *cf.* espec. pp. 34-39, 43 y 51-52. Góngora, *El Estado en el Derecho Indiano*, 104-105. García Gallo, *Estudios*, 515, 775-776 y 778. Chapman, en su *Hispanic America*, dice con razón que la encomendación es una expresión del espíritu de patronazgo feudal, pero no es correcta su afirmación de que las encomiendas implicaran la tenencia de la tierra. Aunque en forma incidental, también aluden a los orígenes castellanos medievales de la encomienda M. M. Lucas, 262; Elliot, *Imperial Spain*, 59; y Gibson, *The Aztecs under Spanish Rule*, 59. Parry, *Age of Reconaissance*, 167. Bayle, *España en Indias*, 192. Zavala, "Encomienda y Prosperidad Territorial", 209.

[3] Zavala, "Conquista de Canarias", 29 y 83-84. Chamberlain, "Repartimiento-Encomienda", 39 (encomienda territorial). Parry, *Age of Reconaissance*, 149; *cf.* su *Spanish Empire*, 100. Konetzke, *El Imperio Español*, 117.

servicio militar, en cambio, fue un concepto derivado de la experiencia castellana de las órdenes caballerescas. Estos factores juntos configuran la encomienda de la Nueva España, en cuya forma definitiva respondió a lo esbozado magistralmente por el Conquistador en la *Ordenanza de Encomenderos* de 1524.[4]

Según la definición de Konetzke, la e n c o m i e n d a novohispánica fue una merced concedida a un conquistador para percibir los tributos de los indios que se les encomendasen, durante toda su vida y la de su primer heredero; a cambio de esta percepción, quedaba a su cuidado bajo juramento el bien de los encomendados en lo espiritual y en lo temporal, y la defensa de la comarca en que habitaban. La concesión real, aunque en un principio se hizo sólo por dos generaciones, no tuvo nunca carácter perpetuo como el feudo. Tampoco implicaba el otorgamiento de derechos jurisdiccionales o gubernativos sobre los naturales, y el poder político del encomendero quedó aún más reducido cuando se decretó la prohibición de exigir servicios personales a sus encomendados (mas la práctica a veces fue distinta, como veremos). Con base en estos argumentos, Miranda opina que la encomienda no puede considerarse una institución feudal; según él, el lazo político que estableció no fue realmente feudal, porque los indios conservaron su calidad de vasallos directos de la Corona, y como tales pagan su tributo al rey, quien lo cedía a los encomenderos. Chamberlain coincide en esta apreciación considerando que el monarca conservaba el dominio directo sobre la encomienda misma y que no se permitía al encomendero tener casas, granjerías o ingenios en las tierras de los pueblos que estaban a su cargo. Otra diferencia con la práctica europea en el caso del feudo, fue que los oficiales de la Corona o los miembros de la jerarquía eclesiástica no podían recibir encomiendas, aunque el Obispo Zumárraga tuvo una, que las Nuevas Leyes de 1542 le suprimieron. Konetzke, recordando lo dicho en su tiempo por Solórzano Pereyra, observa que aunque prestaban juramento de fidelidad y servían al rey con sus armas, los encomenderos no eran realmente feudatarios, ni nobles titulados o sin título (pero este último argumento no se sostiene porque en las Indias nunca hubo distinción formal entre "nobles" y "plebeyos": todos los españoles eran, salvo prueba en contrario, hidalgos). Tampoco para Giovanni Botero la encomienda era un feudo, como en cambio lo era en su opinión el Marquesado del Valle.[5]

[4] Ots Capdequí, *Instituciones Sociales*, 18 (características de la encomienda antillana). Góngora, *El Estado en el Derecho Indiano*, 105 (servicio personal en la encomienda indiana) y 110 (la encomienda novohispánica). Nadie niega a Zavala el mérito de haber demostrado que la encomienda indiana, y especialmente mexicana, no implicaba la posesión ni la tenencia de la tierra, que seguía siendo de los indios encomendados: véase *inter alia* su "Encomienda y Propiedad Territorial", 216. HERRERA, 1ª déc., III, 16 *in fine;* I, 352. El tipo de encomienda introducida en La Española por Ovando es descrito por Simpson, *Encomienda*, 28; Pérez Bustamante, *Mendoza*, 88; Chamberlain, "Repartimiento-Encomienda", 49-50; García Gallo, *Estudios*, 776; Barbosa, 41; Jiménez Rueda, "Pervivencia de la Edad Media", 255; y Keith, 434. García Gallo, *op. cit.*, 778-779 y Miranda, *Tributo Indígena*, 177-178 (la encomienda creada por Cortés).

[5] Konetzke, "Nobleza de Indias", 350 (definición de la encomienda) y 352-353 (su carácter no perpetuo). Miranda, *Ideas e Instituciones*, 28-29, y *El tributo indígena*, cap. III. A. Miranda en

Zavala aclaró definitivamente que los títulos de la e n c o m i e n d a daban derecho únicamente al cobro de tributos y no a la propiedad de la tierra, la que seguía perteneciendo a las comunidades indígenas encomendadas; el hecho de que algunas sementeras estuvieran dedicadas al pago de ciertos tributos en especie no fue realmente excepción a esta regla. La adquisición de tierras por parte del encomendero dentro o, de preferencia, fuera de su encomienda fue reglamentada por Felipe IV en 1631 y en ninguna forma podía ser consecuencia de la encomienda misma sino de una merced otorgada por el rey. Analizando diversas formas de propiedad, Clavero informa que la ganancia del encomendero se limitaba a la participación en las rentas que sus encomenderos debían entregar a la Corona. En el siglo XVII, según datos de Solórzano Pereyra y de diversos documentos oficiales, la importancia de una encomienda correspondía al número de indios que la constituían y no a superficie alguna. El hecho de que la encomienda indiana no incluyera la propiedad ni la tenencia de tierras es el principal argumento con base en el cual algunos autores niegan el carácter feudal de esta institución. Es cierto que en la España medieval el feudo comportaba generalmente la investidura de tierras, pero un vasallo también podía recibir en feudo una renta o un cargo palatino (como en el Imperio), y en ocasiones una o varias fortalezas (como los Cinco Puertos en la Inglaterra normanda) o el maestrazgo de una orden militar.[6]

Los argumentos que permiten considerar la encomienda una institución de tipo feudal, o cuando menos feudalística, son más numerosos y convincentes. T. B. Jones opina que el carácter de esta institución es, obviamente, feudal. Para Simpson, fue un retoño vigoroso del feudalismo europeo. Ots Capdequí encuentra analogías y Gómez de Hoyos semejanzas sustanciales de las encomiendas indianas con los feudos europeos. Chamberlain, al examinar el problema con mayor detalle, llega a la conclusión de que la encomienda es equiparable a un feudo europeo de dinero o de rentas, llamado también feudo de cámara. Otras de sus características feudales son el espíritu de patronazgo, en América sobre indios y en Europa sobre los vasallos, y la obligación de residencia del encomendero en su encomienda, y del feudatario en su feudo. Los oficiales reales encargados de la delimitación de feudos en España y de encomiendas en las Indias fueron llamados por igual "repartidores". McAlister por su parte opina que la obligación del servicio

La función económica del encomendero, 424, opina que más que señor medieval, el encomendero era un empresario que con recursos propios y ajenos trataba de enriquecerse. Chamberlain, "Repartimiento-Encomienda", 29-30. Ruiz Zavala, 153-154; y J. García Icazbalceta, Zumárraga, 152, 156 (encomienda del Obispo Zumárraga). Konetzke, "Nobleza de Indias", 354. BOTERO, 352.

[6] Zavala, "Encomienda y Propiedad Territorial", 234 y 298; en el Perú la encomienda tuvo las mismas características (p. 297). Kirkpatrick, en "Landless Encomienda", 765, acepta sin discusión la definición de la encomienda indiana dada por Zavala según la nota anterior, y cita ejemplos de Chile y de Cuba, mencionados en Amunategui Solar, Las encomiendas de indígenas en Chile, y en Irene Wright, Early History of Cuba, 1916; en p. 766 cita a Solórzano Pereyra. Chamberlain, en "Simpson", 243, de acuerdo con Zavala, reconoce el carácter no territorial de la encomienda indiana. R. M. Morse, "Latin American Cities", 476 (mercedes de tierras de los ayuntamientos). Clavero, 204.

militar es lo que más acerca el encomendero al vasallo; y ésta fue una obligación ineludible que transformaría a los encomenderos en una aristocracia guerrera. Góngora coincide en esta opinión, y recuerda que los encomenderos fueron llamados en las Indias *feudatarios* fundamentalmente
por esa obligación. En efecto, Solórzano Pereyra informa que por lo general
así eran denominados en el Perú; y considera que las encomiendas eran feudos "impropios, é irregulares, ó degenerantes". Clavero, por su lado, señala
que en Chile los encomenderos se llamaban "vecinos feudatarios". Góngora
y Chamberlain, cada uno por su parte, atribuyen a la encomienda el carácter del feudo puramente rentístico, especialmente después de las reformas
ordenadas por la Corona entre 1549 y 1570, tendientes a suprimir el servicio personal de los indios. Si a la mano de obra india de la encomienda se le
agregan las tierras recibidas por el encomendero como merced real —dice
Ruggiero Romano— se tendrá un feudo; y si no se le quiere llamar así se le
podría considerar un señorío rural, institución que, como señala Boutruche,
nació antes que el feudalismo y también lo sobrevivió. Cabría por último
recordar aquí que la encomienda se confería en ceremonias reminiscentes
del feudalismo: su investidura a menudo se acompañaba de un pleito homenaje, y después de éste el oficio de la Corona que investía al encomendero,
como símbolo de la toma de posesión le colocaba en la mano la del principal indio explicando a todos los encomendados la naturaleza de sus obligaciones. Chamberlain describe esta ceremonia, cuyo significado según
Zavala era que mediante la declaración del representante real los indios
recibían al encomendero por señor. Konetzke precisa que éste, al igual que
el vasallo peninsular y seguramente hasta 1575, disfrutó entre otros de los
siguientes privilegios: si era miembro de un gremio, no quedaba obligado a
ejercer su oficio como imponía la costumbre medieval; no estaba expuesto
a ser encarcelado por deudas; y sus esclavos, armas y caballos eran inmunes a las sentencias judiciales. Dos autores también contemporáneos juz-
gan —punto de vista indudablemente interesante— que la encomienda no
debe compararse con el feudo sino más bien con el señorío rural, o sea con
el dominio dentro del cual los siervos vivían en dependencia de un señor.
En este sentido, Lipschutz considera la encomienda un señorío "imperfec-
to" (en el próximo capítulo examinaremos los señoríos "perfectos"); Barbosa Ramírez, invocando la autoridad de Höfner, afirma en su *Ética colonial española*, que la encomienda fue una adaptación del dominio señorial
europeo al Nuevo Mundo. Serafin considera que lo que caracteriza a la encomienda es su espíritu feudal; y Simpson la considera un trasunto del
Medievo. En apoyo de estas tesis podría recordarse que aunque en la legislación española los indios son llamados vasallos, la práctica, sin asomo de
duda, equiparó su condición a la que por entonces tenían los siervos en
Europa.[7]

[7] Jones, 213. Simpson, *Encomienda*, ix. Ots Capdequí, *El Estado español en Indias*, 106.
Gómez de Hoyos, 136-137, citando a Morelli, transcribe la fórmula jurídica de la *Rudimenta
juris gentium: Ab hoc feudorum genere proxime distant quas vocant Encomiendas:* i, Disp. ix,
129. Chamberlain, "Repartimiento-Encomienda", 27 y 47-49. Armstrong, 227-228 (feudo de
cámara). McAlister, 359. García Bernal, *Yucatán*, 409; "Apuntes", 19; y Kubler, "Architects and

Por su propio interés —es casi superfluo recordarlo— los e n c o - m e n d e r o s tendieron como clase y como individuos a considerar su encomienda un feudo mientras que la actitud de la Corona fue contraria en consonancia con la tendencia centralizadora de la autoridad real. Por regla general aquéllos consideraban los pueblos donde vivían sus encomenda- dos como propios, en virtud de una supuesta donación regia, interpreta- ción errónea de la real merced. Hablaban de "sus" indios asumiendo ilegal- mente la jurisdicción sobre ellos, los desarraigaban cuando les convenía —abuso común sobre todo en Yucatán—, se apropiaban de sus tierras, ven- dían o transferían los títulos de la encomienda, en suma, intentaban ser con- siderados señores de vasallos en el sentido castellano del término y no de tributos como en realidad eran. No lo lograron porque se les opuso una bu- rocracia virreinal cada vez más poderosa que redujo la encomienda a un mero privilegio sobre las rentas de la Corona y que a partir de 1549 abolió paulatinamente el servicio personal de los indios. Un gran papel en este pro- ceso tuvieron los experimentados juristas enviados a la Nueva España en calidad de visitadores.

Las autoridades demostraron siempre un interés en impedir la forma- ción en las Indias de una aristocracia hereditaria feudal o semifeudal o de una simple casta nobiliaria. A pesar de ello, por lo menos en Guatemala, el sistema feudal fue el modelo social, según lo afirma Sanchíz; y de todas maneras, las encomiendas fueron muy numerosas en la Nueva España pro- piamente dicha (unas 347, según Warren) y en Yucatán (unas 133, según García Bernal); estas últimas fueron establecidas en dos etapas: 1530-1535 y 1540-1544, y ya para 1573 se habían transformado en un régimen tribu- tario de realengo. En la Nueva Vizcaya, donde prevaleció el régimen de la hacienda, fueron más bien pocas: unas 24, según Gallegos. Los señoríos con jurisdicción, como el Marquesado del Valle de Oaxaca, fueron excep- cionales en América y siempre se pusieron trabas a su consolidación. El drástico artículo 45 de las *Nuevas Leyes* de 1542 —cuya aplicación fue pru- dentemente diferida por el Virrey Mendoza (que así evitó una rebelión como la de Gonzalo Pizarro en el Perú)— incorporaba todas las encomien- das a la Corona a la muerte de sus titulares; la resistencia de los herederos hizo esto imposible, por lo cual la Corona se conformó con limitarlas a dos ge- neraciones.

Builders", 9 (servicio militar de los encomenderos). Góngora, *El Estado en el Derecho India- no*, 181 (servicio militar del encomendero). Para SOLÓRZANO PEREYRA, II, 26-27, "el símil mas adecuado" de la encomienda que pueda encontrarse en el derecho romano-español son las donaciones modales. Mario Góngora, *Encomenderos y estancieros… 1580-1660*, Santiago de Chile, 1970, 78 y 112 y 191-192, citado por Clavero, 188, nota 103. En el capítulo relativo a la hues- te feudal se trató el servicio militar que estaban obligados a prestar los encomenderos de la Nueva España; en el CEDULARIO DE ENCINAS, II, fol. 219, figura la disposición real de 1541 rela- tiva a este servicio en el Perú. Romano, 53. Góngora, *op. cit.*, 131, 182-183 y 301 (la encomienda como feudo rentístico). Chamberlain, *op. cit.*, 31, 40 y 50 (investidura y juramento de fideli- dad). Zavala, "Encomienda y Propiedad Territorial", 218-219 (ceremonia de investidura de la encomienda). Konetzke, "Nobleza de Indias", 351. Lipschutz, 227. Barbosa Ramírez, 104 y 206. Serafín, 279-280; y José de ACOSTA, *De Procuranda Indiorum Salute*, en BAE, vol. 73, Madrid, Atlas, 1954, *passim*. Simpson, *Indians in New Spain*, I, II, 31, y III, 5, 6.

La sustitución del tributo indígena en especie por una cantidad fija a tasa más baja constituyó el empobrecimiento de los encomenderos; además, los servicios militares de éstos se hicieron menos necesarios cuando la Corona creó cuerpos y milicias en el siglo XVII. A pesar de todo, las encomiendas no desaparecieron totalmente si bien su concesión se hizo cada vez más rara; existían todavía en 1786 cuando las que sobrevivían fueron incorporadas definitivamente a la Corona. Sin embargo sus titulares conservaron el derecho vitalicio a recaudar el tributo, razón por la cual, como informa Scholes, puede afirmarse que la extinción final de la encomienda coincidió con el principio de la Guerra de Independencia.[8]

Quizá sea más exacto decir que la encomienda se transformó, no que se extinguió. Para algunos autores, en efecto, la encomienda y las reales mercedes de tierra concedidas a partir de fines del siglo XVI en las vastas regiones del norte del virreinato, dieron origen a los latifundios (haciendas y grandes ranchos) que durarían hasta bien entrado el siglo XX. En tiempos recientes, este tema ha sido estudiado por François Chevalier, Bishko, Keith y otros. El término hacienda (o en su forma arcaica, *facienda*) era en la Andalucía de fines del Medievo sinónimo de cortijo, y describía una propiedad agrícola, trabajada con técnicas heredadas de la dominación árabe. En la Nueva España la hacienda aparece desde el siglo XVI, y en la mayoría de los casos es resultado de una merced de tierras, como las que los encomenderos algunas veces obtenían dentro o fuera de su encomienda. Ésta, como sabemos, no confería títulos a la tierra. Chaunu, señalando que la encomienda es una institución adecuada para las regiones centrales de México (agrícolas y pobladas) y la hacienda para las grandes extensiones del norte, ganaderas y de escasa población sometida, no ve contraste histórico entre una y otra. En cambio para Keith, los orígenes de la hacienda se hallan más bien en la desintegración de la encomienda a partir de mediados del siglo XVI. Si se considera que la encomienda asociaba dos componentes, la evolución de que éstas fueron objeto cambió poco a poco su carácter: la componente indígena se debilitó por la depreciación del tributo y especialmente por la suspensión del servicio personal de los indios, quienes fueron quedando al cuidado de los corregidores de indios y alcaldes mayores; la componente española, en cambio, se reforzó gracias a las mercedes de tierras, que se convirtieron en el núcleo de la futura hacienda, propiedad del encomendero transmisible por herencia a sus descendientes. El Ayuntamiento de México contribuyó desde un principio al proceso de formación de la hacienda, pues según informa Chevalier al estudiar el latifundio, entre 1527 y 1530 concedió tierras ganaderas a varios particulares, arrogándose derechos que no le correspondían, aun en lugares tan lejanos como Zacatula. Estas concesiones *de facto* del Cabildo de México tenían

[8] Chamberlain, "Repartimiento-Encomienda", 31, 32 y 309. Konetzke, "Nobleza de Indias", 351. Parry, *Theory of Empire*, 43. Sanchíz, 41 (Guatemala). J. Benedict Warren, 96; y García Bernal, *Yucatán*, 186-189, 212, 336-339, 346-347. Góngora, *El Estado en Derecho Indiano*, 182. Simpson, *Encomienda*, 115. Scholes, "Hispano-Indian Society in Yucatán", 532-533; estos tributos vitalicios fueron especialmente importantes en Yucatán.

el precedente de las "presuras", formas de apoderamiento de la tierra practicadas en la época de la Reconquista, recordadas por B. García Martínez.[9]

El hecho innegable es que en México la gran propiedad territorial realmente comenzó a formarse con las vastas llanuras que se iban abriendo conforme retrocedía hacia el norte la "frontera chichimeca". En aquellas regiones reinaba una atmósfera de peligro y aventura, de modo que los primeros pobladores tenían necesidad de un pequeño ejército o guarnición, cosa en muchos casos facilitada por la circunstancia de que muchos de ellos eran soldados profesionales; el aislamiento en que vivían los obligaba, además, a organizar su propio sistema judicial. En tales condiciones, las haciendas adquirieron características de verdaderos señoríos, dice Chevalier; la belicosidad de los indios nómadas los obligó a construir recias y amplias casas almenadas, para parapetarse con su gente en caso de ataque, especie de castillos que no perduraron porque eran de adobe. Hacia 1567 se consolidó esta primera etapa de formación de la hacienda sobre bases jurídicas sólidas (capitulaciones con la Corona, mercedes reales, etc.), de las cuales en cambio carecían las donaciones de tierras hechas antes por los ayuntamientos. Éste fue pues el origen de los inmensos latifundios que en Zacatecas y en la Nueva Vizcaya fundaron entre otros los Ibarra, los Zavala, Río de Losa y Urdiñola, propiedades que en algunos casos sobrevivieron hasta el siglo XIX. Para el historiador coahuilense Esteban L. Portillo, Urdiñola fue un "señor feudal" por su modo de vivir. No debe olvidarse el importante papel como entidad abastecedora de alimentos y carbón, desempeñado por la hacienda para la explotación de las remotas minas del norte de la Nueva España. Además, muchas haciendas sirvieron de núcleos para la formación de villas y ciudades, tales como Parras, General Cepeda (la antigua Patos) y Río Grande de Valparaíso. (En algunos casos, la propiedad de una gran hacienda, como Jaral del Berrio o San Mateo Valparaíso, constituía un excelente título para aspirar a una corona de conde o de marqués.) Chevalier señala el interesante paralelismo de la evolución histórica de la hacienda mexicana con la de la propiedad rural en ciertas regiones del Mediterráneo: primero una etapa pastoral (ganadera en México), luego la construcción de una *villa* romana (el casco de la hacienda), más tarde el nacimiento de la aristocracia feudal (la nobleza colonial), a continuación el acaparamiento de la tierra y por último la constitución de un centro de población alrededor de la habitación del gran propietario. Es oportuno recordar que el diseño del casco de la hacienda siguió el modelo de la casa de cortijo español, derivación a su vez de la *villa* (casa de cam-

---

[9] Foster, *Cultura y Conquista*, 100 (sobre el término "hacienda"). Zavala, "Peonaje", 315 (formas de obtener tierras por parte de los encomenderos). Para solicitar mercedes, sobre todo de tierras, en la Edad Media los peticionarios mandaban redactar "probanzas" de sus "méritos y servicios". También en la Nueva España para pedir una merced se enviaba una relación de méritos y servicios que en general contenía una biografía del solicitante en general de cierto interés histórico; el Museo Nacional de Antropología de México conserva 175 relaciones, cuya lista figura en Paso y Troncoso, *Misión* (ed. S. Zavala), apéndice II, pp. 621 *seqq.* Chaunu, *Nouveaux Mondes*, 225. Para Hennessy, 41, no es correcto calificar la hacienda de institución feudal, porque los peones vivían en condiciones peores que los siervos medievales. Keith, 439. B. García Martínez, 41.

po) romana. Según Bishko, el origen de la hacienda ganadera (o del *ranch* de los Estados Unidos) se remonta a las propiedades señoriales existentes en Castilla desde los siglos XIV y XV. En efecto, los propietarios medievales de ganado, en un principio dependientes del derecho de pastoreo en tierras ajenas, tendieron a constituir grandes feudos en propiedad para garantizar los pastos necesarios a la supervivencia de sus animales. Este proceso fue especialmente claro en la Extremadura y la Andalucía reconquistadas donde, como en el norte de la Nueva España, era mayor la disponibilidad de tierras de pastoreo.[10]

La historia de la hacienda colonial es larga. Instrumento de colonización y civilización en un principio, conoció luego épocas socialmente regresivas que culminaron con el establecimiento del peonaje que no fue otra cosa que una nueva y más dura forma de servidumbre. MacLeod señala que como en la Nueva España la tierra era abundante, el conquistador y el colonizador tuvieron un mayor interés en el control de la fuerza de trabajo. Aparte de la encomienda y de la esclavitud, que será tratada más adelante, se desarrolló desde la época de los Virreyes Velasco I y Enríquez un sistema de trabajo forzoso aunque remunerado, llamado *cuatequil* o repartimiento (mita en el Perú), para explotar la mano de obra india en la construcción de obras públicas, en la minería, la agricultura y en la incipiente industria. Ese nombre viene de los *Libros de repartimiento*, en los cuales después del año de 1266, Alfonso el Sabio estableció heredamientos o donadíos, o sea colonos, en la Murcia reconquistada a los moros, en un número no menor de 3 000. Primero Las Casas y luego los jesuitas, entre ellos el Padre Acosta, combatieron con poco éxito el repartimiento en las minas. A fines del siglo XVI, según Barrasa, la duración del cuatequil era de cuatro meses al año en los campos y en los obrajes; pero en 1632 el Virrey Marqués de Cerralvo abolió los repartos agrícolas sustituyéndolos con la contratación libre del trabajo remunerado en las regiones de economía más desarrollada. Los asalariados fueron los mismos indios antes forzados y los mestizos y criollos empobrecidos; recibieron el nombre, recordado por Florescano, de peones "acasillados", o sea de casa porque vivían en la misma hacienda. Esto dio origen al sistema de peonaje tan persistente que duró hasta el tercer decenio del siglo XX. La característica básica del peonaje fue la fijación permanente del peón a la tierra mediante las deudas, contraídas en forma de adelantos en efectivo o en especie de las que jamás podía liberarse. Se vio así comprometida la libertad de movimiento que los siervos o pecheros de España ganaron en las luchas medievales y de que disfrutaban en teoría (aunque en raros casos aprovecharon) los indios encomendados. Para Fisher el peonaje no fue más que una supervivencia de la encomienda, pero sería más exacto calificarlo de nueva expresión del sistema medieval de señores y

---

[10] Chevalier, "Survivances seigneuriales", 2 (los hacendados pioneros); y *Land and Society*, 88-89 (estancias concedidas por el ayuntamiento de México), 170-172 y 295 (régimen señorial de las primeras haciendas), 102 (1563-1567), 159 y 169 (grandes latifundios) y 298 (paralelismo con el Mediterráneo). Esteban L. Portillo, 25. Bishko, 512.

siervos. Chevalier encuentra tantas categorías de peones en la hacienda colonial como de siervos en el dominio señorial; y por supuesto la tienda de raya, cuyo prototipo aparece en los obrajes de la Nueva España hacia 1590, fue el instrumento más efectivo para fijar el peón a la tierra mediante el endeudamiento.[11]

Los indígenas pagaron t r i b u t o a los españoles desde la conquista de las Antillas. Herrera relata que a los caribes se les colgaba del cuello una moneda de poco valor para significar que estaban al corriente del pago del tributo. En las Indias, la tributación se basó en el sistema castellano, y cuando se organizó el sistema de recaudación los cobros comenzaron a hacerse en periodos fijos o fechas específicas, como en la Península. No había entonces en la metrópoli, informa Miranda, más que un solo tributo general llamado *capitación*, que los habitantes de las tierras de realengo pagaban al monarca —por cierto sin ninguna base de igualdad— en reconocimiento de su señorío. Una junta reunida en Barcelona en 1529 por orden de Carlos V dispuso que los naturales de las Indias fueran "tasados y moderados", según sus posibilidades, para el "pago de diezmos a Dios y tributos al rey", impuestos que más tarde se redujeron a uno solo, la capitación. Esta recaudación sustituyó en la Nueva España la preexistente tributación indígena, y al mismo tiempo constituyó un reconocimiento del señorío del rey. Duró toda la época colonial y fue llamado tributo de indios. En su justificación de este tributo, Solórzano Pereyra atribuye al rey dos títulos para reclamarlo: el lazo feudal entre señor y vasallos y la relación, más moderna, entre soberano y súbditos; a pesar de ello, la legislación de Indias de los Austrias nunca hizo alusión expresa al segundo. De cualquier forma, en un principio el tributo de los indios encomendados se cedía a los encomenderos en calidad de "premio más precioso de la conquista" como dice Luis González, quienes lo recibían en nombre del rey, verdadero señor de los indios. En el caso de los pueblos "puestos en la Corona", o sea no encomendados, el tributo era recaudado directamente por la real hacienda. Antes de 1549, cuando la Corona prohibió que se exigiesen a los indios faenas o servicios personales (la *corvée* medieval), el tributo de indios consistía, como explica Miranda y como era la costumbre entre los siervos de cualquier señorío feudal europeo, en servicios personales (en granjerías, en obras de construcción, en el transporte de mercancías y objetos y en labores domésticas) más pagos en especie. Estos últimos, como en el señorío europeo, se hacían con diversos productos de la tierra; pero ni los servicios ni los pagos en especie, que correctamente habrían podido denominarse *censos* como

---

[11] Simpson, *Indians in New Spain*, III, 93-94 (del repartimiento al peonaje). MacLeod, 374. Zavala, "Peonaje", 319 (el *cuatequil*); sobre los orígenes de esta forma de repartimiento en las Antillas, *cf.* Verlinden, "Le 'repartimiento' de Rodrigo de Albuquerque à Española en 1514...", en *Mélanges offert à C. Jacquemyns* (Univ. Libre de Bruselas, Inst. de Sociología, 1968), 642-643. Castañeda Delgado, 344 (los jesuitas y el *cuatequil* en las minas). Fernández-Armesto, 90-91 (repartimientos de Murcia, siglo XIII). Barrasa, 39 y 66-67. Florescano y Gil Sánchez, 193; *cf.* Alejandra Moreno Toscano, 58. Zavala, "Libertad de movimiento de los indios", 423. Fisher, 342. Chevalier, *Land and Society*, 312.

en la Europa medieval (gallinas, huevos, mantas, sal, leña, etc.), fueron continuación de un modelo indígena, sino de una vieja tradición señorial española y europea transplantada a la Nueva España.[12]

El *Libro de las Tasaciones de los pueblos*, publicado al cuidado de F. González de Cosío, recuerda el *Domesday Book* (registro de tierras y tributos elaborado a raíz de la conquista normanda de Inglaterra en el siglo XI). Sus 367 fojas contienen un verdadero catálogo de la tasación de las comunidades indígenas para efectos del pago de tributos debidos al rey o a los encomenderos; además figuran en él los aforos (cálculos de la capacidad tributaria), asientos (contratos) y visitas (inspecciones) relativas a la tasación, realizados en el siglo XVI durante un periodo de unos cincuenta años. Casi invariablemente asigna a los distintos pueblos las dos clases de prestaciones características del régimen señorial de la Edad Media mencionadas en el párrafo anterior: los tributos en especie y el servicio personal. Otra fuente primaria para el estudio de la tributación indígena es la *Información sobre los tributos que los indios pagaban a Moctezuma*, publicada hace 25 años por France V. Scholes y Eleanor B. Adams. Su génesis fue la siguiente. Cuando en 1549 se prohibió que los indios prestaran servicios personales y ante la necesidad de fijar o revisar las tasas tributarias, la Corona ordenó al virrey y a los oidores que consultaran a los indios más viejos y a los primeros misioneros, y que examinaran las pinturas de tiempos antiguos, con el fin de averiguar cómo se gobernaban al respecto los naturales antes de la Conquista, y cuáles y cuántos eran los tributos que se pagaban a Moctezuma. En cumplimiento de dicha orden, Velasco I y el oidor Quesada elaboraron la *Información*, terminada en 1554. Del examen de su voluminoso texto, las editoras llegaron a la conclusión de que "en ningún caso hay indicios en cuanto a que la tasa de tales contribuciones se fundase directamente sobre los tributos pagados antes de la Conquista y que aparecen en la *Matrícula de tributos* y otras pinturas semejantes", como el Códice Mendocino; además, "no parece probable que Cortés y los conquistadores buscasen en las pinturas de los tributos pagados a Moctezuma una norma para determinar la cantidad de las contribuciones que pedían a los indios".[13]

Como explicó Mendizábal, la base para fijar los t r i b u t o s fue necesariamente diferente entre los aztecas y entre los conquistadores, pues aunque la producción de la tierra por fuerza tuvo que tomarse como base en ambos casos, la medida tradicional de la riqueza (o de la utilidad) era distinta. Los monarcas y los señores indígenas tenían en gran estima, por ejemplo, las plumas de aves preciosas, el jade, la diorita y el cacao; en cambio, en un principio los españoles no apreciaron en su justo valor los productos que

---

[12] HERRERA, 1ª déc., II, 17, pp. 296-297. Chamberlain, "Reparto-Encomienda", 47 (el tributo en Indias). Miranda, *Tributo Indígena*, 37 (desigualdad en la capacitación española según datos de Colmeiro, *Historia de la economía política de España*, I, Madrid, 1863, 469), 38 y 67 (introducción de los tributos en las Indias), 144-146 y 185 (traspaso del tributo a los encomenderos), 256-263 (tributos en especie y 263-264 (servicio personal de los indios). SOLÓRZANO PEREYRA, II, xix; parágs. 2 y 3. Luis González, 216. Zavala, "Peonaje", 316 (Cédula del 22 de febrero de 1549).

[13] LIBRO DE LAS TASACIONES, Int. de F. González de Cosío, xi y *passim*. INFORMACIÓN DE TRIBUTOS, Int. de France V. Scholes y Eleanor B. Adams, 10-12.

constituían la base económica de la vida social indígena: el maíz, el frijol, el algodón, el maguey, las manufacturas textiles y las cerámicas indígenas. De la larga lista de tributos que según la *Información* de 1554 recibía Moctezuma, muchos nunca interesaron a los españoles, por su distinta formación cultural; entre éstos figuraban, en primer término, los esclavos destinados a ser sacrificados en las fiestas, las armas, insignias y penachos guerreros, la cañas para hacer flechas, el ocozote para sahumerios, los cascabeles de hierro, los cacaxtles (palos para llevar cargas), el papel de amate, las figurillas destinadas al culto pagano, los chalchihuites y sartas de otras cuentas, las águilas vivas, las pieles de tigre o de ocelote y el almagre para hacer pinturas. Los tributos que en cambio fueron exigidos a los indios están enumerados por pueblos (en orden alfabético) en el *Libro de las Tasaciones* y en otros documentos del siglo XVI. Los había generales mientras otros dependían de las condiciones naturales o de la industria de cada pueblo o región, unos y otros se recaudaban, según el caso, diariamente, cada dos, cuatro o seis meses, o en forma anual. Aun a riesgo de que pueda parecer tediosa, he aquí una enumeración en orden alfabético de los tributos mencionados por las fuentes: algodón (en capullo), cacao (en zontes de 1 000 almendras o en xiquipiles de 8 000), cal, calzado (principalmente alpargatas), carbón (en cargas), cera (en panecillos), camarones (en cargas), canoas, cobre (en ladrillos), conejos (y otras presas como palomas y codornices), copal (en petaquillas), chiles, dinero, estaño, fruta de las clases más diversas, gallinas de la tierra (guajolotes) o de Castilla, grana, hierba (para los caballos), huevos, leña, liquidámbar, loza y utensilios de cocina (jícaras, bateas, escudillas, tinas, jarros, etc.), madera (en tablas o vigas) y ocote, maderas preciosas (como la caoba), maíz (en un principio dado sólo a los animales), mantas y paños, miel (en calabazos), muebles (sillas, equipales, camas y petates), oro, pepitas de calabaza (en cargas), pescado fresco y seco, pieles de gato, pinole (en talegas), pipián, plata (en marcos por quintar), ranas, prendas de ropa (enaguas, huipiles, mástiles o maxtlatles, toldillos, colchas), sal, seda (en madejas), tamales, tortillas (para alimento de los indios de servicio), tortugas y trigo.[14]

A continuación se dan algunos ejemplos de los s e r v i c i o s requeridos a los indios en la Nueva España, tomados un poco al azar. Según un documento de 1533, Cortés en sus tierras de Cuernavaca invocó el derecho a recibir los servicios de todos lo indios necesarios para explotar sus minas y para construir su palacio, así como los de suficientes "amas para dar leche a sus hijos é los criar". En 1536, Hernán Sánchez de Ortigoza, encomendero de Chapantongo, obligaba a "sus indios" a sembrar tres sementeras, dos de trigo y una de maíz para su propio provecho. En 1537, el pueblo de Zacualpan debía proporcionar 30 indios para trabajar en las minas de Taxco; y el de Churubusco, dar de comer al caballo del alguacil. Los tribu-

---

[14] Manuel Otón de Mendizábal es citado por Cué Cánovas, 66. INFORMACIÓN DE TRIBUTOS, 29-239 (tributos percibidos por Moctezuma). LIBRO DE TASACIONES, 11-574 (tributos de indios en la Nueva España). El tributo en maíz en Tlaxcala era llamado *tlacalaquilli:* ACTAS DE TLAXCALA, f. 323. Para el tributo recogido en Yucatán, véase O'Gorman, "Yucatán", 395-478.

tos que Pedro de Solís recibía de sus encomendados de Acolman eran los servicios de los albañiles que le estaban construyendo, quienes tenían que proporcionarle a título gratuito toda la piedra y la mitad de la madera necesarias; fueron permutados en acatamiento de la cédula real de 1549 por un pago anual de 800 pesos de oro común, 750 gallinas y 400 fanegas de maíz. Con todo, siguió disfrutando del servicio de los indios en otra forma pues los obligó a trabajar en su provecho una gran sementera de maíz de 1 000 brazas por 160. Hacia 1555, la encomendera de Pahuatlán, según documento publicado por Paso y Troncoso, exigió los servicios gratuitos de tres albañiles para construir su nueva casa, y de nueve indios más para su servicio doméstico.[15]

La *Suma de Visitas*, estudiada por Borah, es un resumen o digesto de las visitas hechas en el virreinato, de las cuales tres se llevaron a cabo en la Nueva Galicia, probablemente entre 1547 y 1548. En dicho resumen se indica que el monto y las características del tributo que los indios cubrían en aquel reino eran muy parecidos a los de la región central de la Nueva España; mas a pesar de las expresas órdenes reales todavía en el siglo XVII los tributarios indígenas novogalaicos seguían entregando maíz y gallinas y no únicamente dinero como era en cambio la tradición en el centro del virreinato desde 1549. En el único documento detallado que se conserva relativo a las rentas de Yucatán para el periodo 1550-1560, se informa que los indios mayas pagaban sus tributos sólo en varas de manta y arrobas de cera; a fines del siglo, a resultas de una depresión económica, se recaudaban sólo mantas, maíz y gallinas donde antes por concepto de tributo se habían recibido variados y ricos productos. A mediados del siglo XVII, según documentos publicados por Hackett, en el altiplano mexicano el carácter y el monto del tributo eran sustancialmente los mismos de cien años atrás. El pago del tributo fue fijado consuetudinariamente en ciertas fechas, y a veces, como en la Europa feudal, no de acuerdo con el calendario civil sino eclesiástico: el día de San Juan, de Navidad o la Pascua Florida. También, como en el caso del dominio señorial europeo, ciertos tributos tenían un valor más bien simbólico, de reconocimiento de derechos. Así, los naturales de Sayula ofrecían una vez al año cinco camotes; los de Igualtepec, algunas turquesas; los de Tamazola de la Mixteca, un cestillo de frutas y los de Tula, un *chicubite* también de fruta; a la viuda del encomendero Leonel de Cervantes, los naturales de Jalatlaco (hoy en el Estado de México) le entregaban en calidad de tributo 12 pañuelos y una silla de respaldo. Para

[15] Esos servicios eran de indudable origen señorial (Zavala, *Servicio de Indios*, I, 19), y estuvieron combinados con la instrucción cristiana *(ibid.,* I, 23-24). Representaban tres *(alhuitequitl)* o cuatro *(coatequitl)* días de trabajo en Tlaxcala (ACTAS TLAXCALA, Int., 19); y a ellos se añadían los trabajos urbanos o de construcción *(ibid.,* f. 257; y Zavala, *op.cit.* I, 294). En 1549, por real cédula, se prohibió incluir los servicios personales como parte de la tributación (Zavala, *op. cit.,* II, 375). Los indios tributarios eran llamados macehuales y algunas veces pecheros (Zavala, *Velasco I,* 62 *a* 444, *passim* para macehuales, y 324 para pecheros); y los libres, naborías *(loc. cit.,* 179, 180, 185, 189, 195, 196). CDIAO, XIV: 142-161 (Cortés en Cuernavaca). CDIHIA, I: 81 (Sánchez de Ortigoza) y 176 (Churubusco). *Libro de Tasaciones,* 347 (Zacualpan) y 11-12 (Pedro de Solís). Paso y Troncoso, EPISTOLARIO, V, 67 (Tutotepec) y VIII, 14 (Pahuatlán).

subrayar una vez más la semejanza de condición de los indios tributarios con los siervos medievales (con todo y que las leyes de Indias reconocieron a los primeros la calidad de "vasallos" de la Corona), podría recordarse que Motolinía llama *pecheros* a unos y a otros (el pechero era un plebeyo que pagaba "pechos", es decir tributos al rey o a su señor territorial en proporción a sus bienes); y que Zavala considera inferior la condición de los indios encomendados a la de los solariegos medievales, que sin ser tampoco hombres libres disfrutaban de mayores derechos que los naturales de la Nueva España.[16]

A la luz de los párrafos anteriores y como señala Fabié, no hay duda de que el repartimiento y la encomienda novohispánicos en realidad fueron nuevas formas de servidumbre, ni de que el encomendero ejerció sobre los indios puestos a su cuidado una dominación de tipo señorial. Chevalier califica justamente al encomendero de "señor de tributos y de servicios", concepto derivado de la expresión "feudatario o señor del tributo", usada en 1532 por el Obispo Ramírez de Fuenleal en una carta a Carlos V. El encomendero no fue un patrón de asalariados sino un protector señorial, dice Zavala en su *Política de Indias;* la Corona pretendía tener en él un instrumento para hacer de los indios buenos cristianos y hombres políticos, agrupándolos en comunidades parecidas a las de los labradores de Castilla, "piés del cuerpo de la República". También en otras partes de América se reflejan las instituciones señoriales europeas, tales como la encomienda y el tributo, como hemos visto en un capítulo anterior relativo al trasplante de las instituciones feudales. Así como en el Medievo el molino, el horno o el lagar del dominio en que vivían los siervos era de uso obligatorio para éstos dejando en beneficio del señor parte de la harina, del pan o del vino, en la Nueva España existían molinos (o aceñas), aserraderos, obrajes y batanes de uso obligatorio, según varias fuentes del siglo XVI.[17]

Los cacicazgos indígenas creados o restablecidos por la Corona en el si-

[16] Borah, "Tributos en Nueva Galicia", 30-32 y 45. France V. Scholes y Menéndez (ed.), DOCUMENTOS PARA LA HISTORIA DE YUCATÁN, Primera Serie, 26-27: Carta de los Oficiales Reales de Yucatán al Presidente de la Audiencia de Guatemala, 25 de julio de 1551. France V. Scholes, "Yucatán", 533 (el tributo en Yucatán a fines del siglo XVI). Hackett (ed.), HISTORICAL DOCUMENTS, 172 ("Resolución y sumario de... [los] pueblos... [y] de los tributos y servicio real, 1653-1656"). Chamberlain, "Repartimiento-Encomienda" y LIBRO DE TASACIONES, 166 (pago del tributo en días de fiesta religiosa), 239 (Sayula), 321 y 325 (Tamazola), 535 (Tula) y 556 (Jalatlaco). MOTOLINÍA, *Cartas*, 85. Zavala, "Encomienda y Propiedad Territorial", 289-290. Góngora, en *El Estado en Derecho Indiano*, 220, señala que los servicios personales y la tributación no implicaron para los indígenas sedentarios de la Nueva España más que la continuación de los sistemas precortesianos de exacción; para las tribus menos organizadas políticamente como la mayoría de los nómadas, por el contrario, significó una obligación totalmente nueva. Sobre Yucatán, *cf.* también Hennessy, 66.

[17] Fabié, *Ensayo histórico*, 58. Le Riverend, 80 (dominación de tipo señorial). Chevalier, "Puebla de los Ángeles", 105. RAMÍREZ DE FUENLEAL, *Parecer*, 170. Zavala, "Peonaje", 350; y "Política de Indias", 1584. ACTAS DE TLAXCALA, f. 140 (terrazgueros). Sobre las instituciones señoriales en el Canadá, Nueva Inglaterra, Brasil, etc., ver el capítulo VI; Zavala, *Mundo Americano*, 148 y 334; y Verlinden, "Continuité", 232, e "Influences coloniales", 448-449. RAMÍREZ DE FUENLEAL, en *Parecer*, 171, menciona molinos, sierras y batanes, a los cuales una cédula de Carlos V, del 5 de abril de 1547 publicada por Fernández de Recas, en *Cacicazgos*, 149-150, agrega los obrajes.

glo XVI —hay noticias de 35 de ellos— recibieron una forma semejante a la de los señoríos, informa Fernández de Recas, para facilitar su ubicación dentro de la estructura feudalizante de la sociedad novohispánica. Se les dio carácter hereditario inclusive por línea femenina, y hubo muchos casos de minorías de edad; sus titulares se reconocían vasallos del rey, pagaban tributos y percibían un t e r r a z g o (renta) de sus tierras cultivadas por los antiguos mayeques. Éstos, a diferencia de los maceguales (que antes de la Conquista tributaban directamente al señor universal o emperador azteca), únicamente trabajaban las tierras de su señor, que generalmente era un cacique o indio de nobleza reconocida por la Corona, y le entregaban una fuerte proporción de sus cosechas. El concepto de *señor natural* era moneda corriente en el pensamiento político castellano de la época; y en las Indias se aplicó a los caciques (el rey era, por supuesto, el señor natural supremo). Según dice Motolinía en una carta dirigida en 1554 al Virrey Velasco I, en su tiempo los t e r r a z g u e r o s eran muy numerosos; en 1564, el visitador Valderrama encontró que en un solo pueblo indio de 3 000 vecinos más de 1 900 eran terrazgueros; y Pedro Carrasco afirma que en el siglo XVI prácticamente todos los indios principales de Coyoacán disponían de los servicios de terrazgueros. (Por el contrario, en Yucatán el terrazgo era desconocido según informa el Obispo Toral.) Para terminar, cabría recordar que el espíritu señorial estuvo tan presente en la colonización de la Nueva España y en sus primeras estructuras socioeconómicas, que los mineros enriquecidos se dieron a sí mismos el título de "señores de minas", y los grandes hacendados del norte, como Juan Jaramillo, Alonso de Villaseca y Francisco de Velasco, decían ser "señores de ganado". Los encomenderos y los caciques indígenas a su vez, eran "señores de tributos". De todas formas, los integrantes de estos tres grupos eran señores de una u otra manera, pero ninguno alcanzó el señorío perfecto, o sea el señorío territorial, quizá con la única excepción del Marqués del Valle de Oaxaca.[18]

---

[18] Zavala cita muchos casos de cacicazgos hereditarios, algunos de ellos por la línea femenina (cuyos nombres aparecen subrayados), como los de Zutempa, Amilco, *Tepehuala*, Ucareo, Octutitlán, Quizalán, *Tamazulapa*, Xipacoya, Titipica, Huautepec, *Toluca*, Zozula, Huaxtepec, Napuxualco, Colo, Ixpuztepa, Pajoatlán, Calpa, Acatlán e Ixtla *(Velasco I*, 348-349, 365, 375, 377, 385, 390, 392, 397 [tres], 410, 412, 414, 419 [dos], 422-423, 430, 432). Fernández de Recas, *Cacicazgos*, XV, XVII, y 105. Véase Chamberlain, "Señor Natural", 130-133, sobre ese concepto. Sobre los mayeques y los terrazgueros de la Nueva España, *cf.* Justina Sarabia Viejo, 279; Gibson, *Aztecas*, 155-156; Lipschutz, 177-178; Cuevas (ed.), DOCUMENTOS INÉDITOS, 228-229 (Carta de Motolinía a Velasco I fechada en Cholula); CDIAO, IV: 361 (Carta del licenciado Valderrama a Felipe II); P. Carrasco, *Coyoacán*, I, 148-158; González Cicero, 168 (Carta de Fray Francisco Toral al rey, 1° de marzo de 1563). *Cf.* P. Carrasco, "La sociedad mexicana antes de la Conquista", 227-228, en relación con los mayeques, maceguales y otros elementos de la estructura económico-social precortesiana. Justina Sarabia Viejo, 260 ("señores de minas" y "señores de ganado"). Bernal DÍAZ, c. cxlviii; II, 226, informa que Cortés ordenó que se dieran encomiendas a los caciques de Chinantla. Cortés, según Cuevas, *Historia de la Iglesia*, I, 333-334, llama pecheros a los tributarios de la nobleza tlaxcalteca.

XXIII. EL SEÑORÍO TERRITORIAL
Y EL MAYORAZGO

MIENTRAS, como se ha visto, los encomenderos eran señores de tributos pero no de tierras y la encomienda una institución parecida al feudo rentístico, el Marquesado del Valle de Oaxaca es el ejemplo más claro del trasplante del señorío medieval europeo a la Nueva España, con jurisdicción sobre tierra y sobre personas. El Marquesado que, como se sabe, fue creado por Carlos V en favor de Cortés, es también el único caso de s u b i n - f e u d a c i ó n efectiva en las Indias que conocemos; en efecto, al mismo tiempo que el Emperador convirtió al Conquistador en vasallo confiriéndole inmensos estados, le cedió el señorío sobre 23 000 de sus propios vasallos indios. Mas la creación de este feudo territorial no fue un mero trasplante institucional (sería ocioso buscar en el Viejo Mundo su modelo) sino sobre todo una adaptación del feudo a las circunstancias reinantes en ese momento en la Nueva España, que examinaremos más adelante. De la misma manera, las instituciones feudales, y el feudo mismo, se fueron transformando en Europa de acuerdo con las cambiantes condiciones de los distintos países y regiones.

La real cédula del 6 de julio de 1529, que creó el M a r q u e s a d o del Valle, junto con el título asignó a Cortés en forma hereditaria y perpetua 23 000 vasallos con las tierras, aldeas y términos de sus villas y pueblos tributarios. También se otorgó al Conquistador, sobre los territorios que habrían de constituir el señorío, las "jurisdicciones civil y criminal, alta e baja, mero [y] mixto imperio, y rentas y oficios y pechos y derechos y montes y prados y pastos y aguas corrientes, estantes y manientes, con todas las otras cosas" pertenecientes al rey, conservando éste para sí solamente la soberanía de su justicia, cosa que significaba que las sentencias del marqués y de sus alcaldes mayores eran apelables ante la Audiencia de México y el Consejo de Indias. Mas del texto de aquella cédula resulta que el Marquesado y la encomienda contrastan básicamente por las características siguientes: mientras el primero tuvo carácter perpetuo (en la actualidad el título pertenece a los descendientes italianos de Cortés), la segunda fue limitada al disfrute de una o varias generaciones; el Marquesado confirió a su titular el señorío sobre vasallos, mientras la encomienda en el mejor de los casos fue un señorío de tributos; la encomienda no implicaba el *imperium*, o sea la jurisdicción sobre los encomendados ni ningún título sobre la tierra mientras por el contrario los marqueses del Valle administraban "la alta y la baja justicia" en lo civil y en lo criminal (la pena capital era considerada "alta justicia") en todas las tierras que formaban su dominio. En síntesis, la encomienda era casi un concepto abstracto mientras el Marquesado era un señorío territorial dotado, como todos los de su índole, de jurisdicción propia y recibido del Rey de España en feudo. Por último, ni

Cortés ni sus descendientes tuvieron la obligación, conforme al título del Marquesado, de evangelizar a los indios (aunque lo hicieron), cosa que en cambio era un deber *ab titulo* de los encomenderos; unos y otros, sin embargo, estaban obligados a prestar servicio militar cuando el monarca lo requiriese, recaudaban, conforme al espíritu de patronazgo feudal, censos (tributos de indios censatarios), aunque en el Marquesado los que correspondían al rey eran exigidos aparte.[1]

El tributo de indios, inclusive el de los habitantes de las tierras del M a r q u e s a d o , era una capitación, o sea una contribución por cabeza independiente de los bienes del tributario. Para acentuar el carácter territorial de su concesión, sin embargo, Cortés pretendió fijar el tributo en función de la tierra poseída por sus vasallos insistiendo en que éstos fueran todos jefes de familia y propietarios de tierras (circunstancia que hubiera multiplicado grandemente el número de sus dependientes), "é por ellas tributa[sen] é reconoc[iesen] el señorío". La Corona rechazó sus argumentos negándose de hecho a aceptar su señorío como una serie de subinfeudaciones y en 1533 acordó que los tributos que se le debían fueran tasados en la misma forma que en las encomiendas. Zavala informa que hacia 1537 dichas tasaciones ya estaban bastante definidas; unos 15 años más tarde el doctor Quesada, oidor de México, las afinó. Dentro de los límites del Marquesado se respetó el derecho territorial de los barrios indígenas, que subsistieron a la manera de una behetría o señorío libre del Medievo. Las tierras baldías fueron distribuidas con el tiempo entre los colonos españoles, con base en normas —dice Chevalier— de sabor un tanto medieval. Más éxito tuvo el Conquistador en la defensa del poder jurisdiccional inherente al Marquesado, recibido expresamente de la Corona. El celo con que lo defendió es demostrado entre otros por los siguientes documentos: una carta fechada en 1532 recuerda a Carlos V que el origen de dicho poder es una merced real; ese mismo año Cortés informa a su procurador Francisco Núñez que en su ejercicio no permitirá "agravios"; y en 1534 antes de partir para California, otorga amplias facultades a su primo el licenciado Juan Altamirano para que administre sus bienes tomando posesión de sus villas y ejerciendo en ellas la "juridición que yo he é tengo é me pertenece..." Bernardo García Martínez recuerda que, en efecto, el Marquesado fue creado "plenamente como señorío jurisdiccional" con inmunidad privativa *de facto*. Por lo demás, Cortés había sido investido por la Reina doña Juana desde 1528 (privilegio confirmado tres años después por el emperador) "con el señorío y jurisdición en primera instancia" sobre las tierras que descubriera en la Mar del Sur. En el Marquesado, informa Justina Sarabia Viejo, 15 corregidores de indios administraban la justicia por cuenta del marqués; los más importantes entre ellos eran los de Soconusco, Tlapa y Chinantla. El poder jurisdiccional del Marqués del Valle sufrió una fuerte

---

[1] La cédula con que Carlos V creó el Marquesado del Valle está transcrita en varias obras, p. ej. *Docs. Inéditos del Archivo de Indias*, XII, 291; CEDULARIO de Puga, I, 129-134; y Hernán CORTÉS, CARTAS Y DOCUMENTOS, 579 *seqq*. Véanse interpretaciones diversas de ella en Zavala, "Encomienda y Propiedad Territorial", 270; en Miranda, *Ideas e Instituciones*, 126-127; en Chevalier, "Marquesado del Valle", 48-49; y en Bernardo García Martínez, 93-94 y 110.

limitación en 1574, a resultas de la conspiración en que se vio comprometido el hijo del Conquistador, Martín Cortés y Arellano; ese año, por expreso mandato real, se encargó al virrey el nombramiento de todos los corregidores de justicia del Marquesado. También don Vasco de Quiroga rechazó las pretensiones jurisdiccionales del Marquesado: en una ocasión para negar el derecho del segundo marqués a investir al indio principal de la comunidad hospitalaria de Santa Fe de México, arrebató a éste la vara de la justicia y la hizo pedazos con sus propias manos.[2]

La cédula de creación del M a r q u e s a d o del Valle y los documentos a ella relativos, llenos de descripciones de los montes, prados, pastos y aguas incluidos en el dominio útil o tenencia, y de las rentas, pechos, derechos y tributos exigibles a los vasallos del titular, recuerdan la terminología usual en las Cartas de investidura feudal de la Edad Media. La misma impresión da la reserva, por parte del rey, del dominio eminente sobre las minas y salinas (y en general sobre el subsuelo) situadas dentro del Marquesado, así como la prohibición de construir fortalezas o acuñar moneda sin previa licencia; además, el Marqués del Valle, como leal vasallo, tenía la obligación exquisitamente medieval de hospedar al Rey cuando se presentara en su casa "de noche o de día". Al igual que todos los señores, los marqueses del Valle recibían de sus siervos (mal llamados vasallos), en fechas fijadas por una costumbre incorporada al derecho positivo a mediados del siglo XVI, pagos en especie sobre el producto de las tierras de los indígenas (como en Europa sobre el de las mansas de los siervos), y servicios personales para cultivar la *terra dominica*, o sea la porción del dominio que todo señor se reserva para explotarlo directamente. En sus posesiones de Cuernavaca, por ejemplo, Cortés recibió entre 1532 y 1547 por el primer concepto cantidades apreciables de mantas, ropa, maíz, chile, frijol, guajolotes, gallinas, huevos, perdices, palomas, conejos, pescado, ranas, sal, fruta, tortillas, madera y forrajes, productos destinados a su mesa, al consumo de sus criados o caballos, o a la construcción de su palacio. A título de servicios, sus siervos debían cultivarle 20 sembradíos de algodón y 8 de maíz (cosechándolos y almacenando el producto), trabajarle sus minas de Taxco y alimentar a sus mayordomos y capataces.[3]

[2] Zavala, *op. cit.*, 270 y 283; y García Icazbalceta (ed.), ANÓNIMO núm. VI, 287-288. Cortés no logró fijar sus rentas sobre una base exclusivamente territorial porque el indio tributario no era solariego peninsular, quien en reconocimiento de servidumbre pagaba al señor un tributo en dinero o en especie llamado *infurción*: Zavala, *op. cit.*, 289-290. Chevalier. "Marquesado del Valle", 50. Hernán Cortés, CARTAS Y DOCUMENTOS, 400 ("Exposición de peticiones y protestas... ante el rey...", 21 de octubre de 1532), y 505-506 ("Carta de Hernán Cortés a... Francisco Núñez", Cuernavaca, 25 de junio de 1532). DOCUMENTOS INÉDITOS DE CORTÉS, 212-213 ("Poder del Marqués al Licenciado Altamirano". Toluca, 8 de octubre de 1534). B. García Martínez, 94 y 110. El texto de la capitulación celebrada por doña Juana con Cortés relativa al Mar del Sur está reproducida en el CEDULARIO de Puga, fols. 36 v° y 37; y en Beatriz Arteaga Garza y Guadalupe Pérez San Vicente, 216. Justina Sarabia Viejo, 65 y 75-76. *Cf.* Warren, *Vasco de Quiroga*, 70; y Aguayo Spencer, *Vasco de Quiroga*, 47-48, acerca del episodio de las varas de justicia otorgadas por el segundo marqués del Valle. Góngora, en *El Estado en el Derecho Indiano*, 179, opina que los señoríos con jurisdicción fueron escasos y excepcionales en las Indias.

[3] Sobre los precedentes medievales de la terminología usada en la Cédula de 1529 y en otros documentos conexos, ver Friede, "Privilegio de Vasallos", 70-71; y García Martínez, 93-94.

No es pues de extrañar que a la luz de los factores apuntados y de otros, algunos autores consideren el M a r q u e s a d o   del Valle "un estado feudal dentro del Estado", como Chevalier, o un "feudo de nueva planta" como Friede, quien recuerda que este tipo de institución en Europa ya pertenecía al pasado. Simpson opina que el Marquesado fue un "verdadero feudo perpetuo", por lo cual el Consejo de Indias hizo cuanto pudo para abolir el cúmulo de privilegios casi soberanos originalmente concedidos. Cortés y quizá más aún su hijo y heredero Martín, recurrieron a los símbolos externos para acentuar el carácter señorial y *quasi*-soberano del Marquesado; en realidad éste constituyó en el siglo XVI la posesión más extensa, compuesta por tierras situadas en las latitudes más diversas, existente en el Imperio español; por ello, para Chevalier fue una lejana reproducción de lo que en Europa fue el ducado de Borgoña. A Cortés le gustaba usar silla con respaldo y sentarse bajo dosel, y fue así como recibió a los enviados de Moctezuma en Veracruz y Tlaxcala, y a Cuauhtémoc, después de la toma de Tenochtitlán; cuando se estableció en Coyoacán adoptó permanentemente tan suntuoso aparato, cosa que sus enemigos le reprocharon. Uno de éstos, Luis de Cárdenas, lo acusa nada menos que de haber prometido a sus capitanes títulos de condes y duques. Al desembarcar en Veracruz en 1531 ya convertido en Marqués —informó al Consejo de Indias el juez pesquisidor licenciado Salmerón— empezó a ejercer la jurisdicción señorial sobre los pueblos comprendidos en su concesión: hizo levantar una horca (por ser señor de alta justicia o de "horca y cuchillo") en la Rinconada, cerca de aquel puerto; y erigió rollos —símbolos de la justicia real— en Tlaquiltenango (hoy Morelos) y en Tepeaca.[4]

Para el Conquistador, primer M a r q u é s   del Valle, la concesión del título fue equivalente al otorgamiento de plenos derechos feudales, como puede verse por los siguientes ejemplos. Pretendió ejercer dentro de sus estados el derecho medieval de patronato sobre sus "iglesias propias", que el Papa le concedió en 1531 (cuando también legitimó al hijo que tuvo de doña Marina), cosa que fue impedida por la específica y perentoria orden de la Emperatriz Isabel expresada en una carta dirigida a principios del año siguiente a la Audiencia de México. Como sabemos, Cortés dispuso en su testamento la creación de un Colegio de Artes y Teología en Coyoacán, es decir una universidad, imitando así a los príncipes y pontífices que hasta ese momento tenían la exclusiva de tales fundaciones en España. Siguiendo la costumbre de los grandes vasallos, el Conquistador envió a la corte uno de sus hijos en calidad de "criado" o paje del futuro Felipe II. La corte que Cortés

DOCUMENTOS INÉDITOS DE CORTÉS, 31-32, y Simpson, *Encomienda*, 106-107 (tributos y servicios en Cuernavaca). Chevalier compara los censos o tributos de los indios con la *corvée*, que sobrevivió hasta la Revolución Francesa (*Land and Society*, 253).

[4] Chevalier, *Land and Society*, 312 (características feudales del Marquesado). Friede, "Privilegio de vasallos", 74. Simpson, *Encomienda*, 164. Chevalier, *op. cit.*, 313, y "Marquesado del Valle", 49 (comparación con el ducado de Borgoña). BERNAL DÍAZ, c. cxciii, III, 127 (episodio del dosel); *cf.* Orozco y Berra, *Historia Antigua*, IV, 551. Luis de CÁRDENAS, *Memorial*, 26. Carta del licenciado SALMERÓN, del 22 de enero de 1531, en CDIAO, XIII: 190; este dato es confirmado por García Icazbalceta, en *Zumárraga*, 65-66. Hay autores que dudan de que el rollo de Tepeaca haya sido erigido efectivamente por Cortés.

tuvo en Coyoacán y Cuernavaca rivalizó en esplendor con la del virrey por el número y la calidad de sus dignatarios; tales eran sus aspiraciones de grandeza que cuando en 1524 partió para las Hibueras, llevó consigo una vajilla de oro y plata y un séquito que comprendía maestresala, halconeros, mozos de espuela, escuderos, un botiller (o copero), un caballerizo y acemileros, un juglar, un prestidigitador y un titiritero. Consumada la Conquista, formaban parte del personal de servicio del palacio de Cuernavaca un repostero, un mayordomo, un caballerizo, un veedor y una camarera para auxiliar a la marquesa. En su testamento de 1547, Cortés menciona como sirvientes, además de la dueña de su mujer, a un caballerizo, un botiller, un repostero "de estrado", un contador, un solicitador, un camarero, muchos criados y pajes de cámara, peones "para velar las fortalezas", un sastre, un cirujano, un boticario y diez escuderos. Como su padre, Martín Cortés y Arellano, segundo Marqués del Valle, también tuvo afanes de grandeza; sus desplantes caballerescos le dieron una gran popularidad entre la segunda generación de los encomenderos, con sumo desagrado de la Corona, agravado por su falta de tacto y altanería; en la calle a caballo se hacía preceder por una especie de pendón real; disputaba la precedencia al virrey; en 1564 solicitó el título de duque alegando los méritos de su condición, pero Felipe II no le prestó atención; y su caída, prisión y destierro fueron inevitables cuando, mitad en broma y mitad en serio, sus amigos le ofrecieron la corona de la Nueva España. Martín Cortés y Arellano recobró mucho después sus cuantiosos bienes, indivisibles e inalienables desde que en 1535 el Conquistador los vinculó en mayorazgo.[5]

Pueden darse varios ejemplos de otros tipos de señorío territorial creados o proyectados en la Colonia, aunque ninguno es tan claro como el Marquesado del Valle. Gibson señala que ciertos indios principales de Tlaxcala recibieron el título de "Señores de Montes y Aguas", mediante real cédula del 11 de febrero de 1537. El caso de Francisco de Montejo el Viejo es interesante: Gerhard cree que de 1542 a 1549 seguramente ejerció en Yucatán el señorío de Maní, feudo de diez leguas cuadradas con 10 000 tributarios indios (Maní era la metrópoli de los xiúes, cuya rivalidad con los cocomes de Sotuta los indujo a aliarse con los españoles); desde 1540 tenía patentes de adelantado de Yucatán, que lo autorizaban a apropiarse de un dominio con carácter hereditario; conquistada sin dificultad la zona cuyo centro era Maní, escogió ese importante pueblo maya como núcleo de su dominio,

[5] La Carta de la Emperatriz Isabel a la Audiencia de México, fechada el 20 de marzo de 1532, figura en CDIU, X: 139-140; acerca del concepto de "iglesia propia" en el Medievo español, ver García de Cortázar, 41. Goldberg, 327 (Colegio de Coyoacán). CARTA DE... CORTÉS AL EMPERADOR ENVIANDO UN HIJO SUYO PARA SERVICIO DEL PRÍNCIPE (10 de febrero de 1537), en CDIAO, II: 568-569. Sobre la corte que acompañó a Cortés a las Hibueras, cf. L. Alamán, I, 179; R. H. Valle, Olid, 210; y Carrillo y Gariel, Traje en la Nueva España, 53. Desde 1522 el Consejo de Indias autorizó los sueldos de 10 escuderos para el Conquistador (ÍNDICE GENERAL DEL CONSEJO DE INDIAS..., en CDIU, XVIII: 29). Hernán CORTÉS, CARTAS Y DOCUMENTOS, 570-571 y 584 (corte de Hernán Cortés en el último periodo de su vida). En 1547, aparece un despensero de Cortés, en la persona de un Antonio de Vega (Zavala, Tributos, I, 180). González Obregón, 196 (Martín Cortés). Licenciado Jerónimo VALDERRAMA, 340 (petición del título de duque). Chevalier, "Marquesado del Valle", 49 (mayorazgo de la familia Cortés).

pero no pudo disfrutarlo mucho tiempo porque en 1549 la Corona se lo confiscó, poniéndolo luego la Audiencia de los Confines a cargo de las Reales Cajas con el resto de las encomiendas que la familia Montejo poseía en la península yucateca. Chamberlain informa que más tarde Montejo el Mozo recuperó la posesión de las encomiendas pero sólo a título de conquistador y de poblador, porque siendo él bastardo, el título de adelantado fue heredado por la única hija legítima de su padre, casada en Mérida con un cierto licenciado Maldonado. El caso de Nuño de Guzmán, conquistador más cruel que los Montejos pero menos afortunado, es semejante. Emulando a Cortés a quien en el fondo aspiraba a eclipsar, mantuvo una corte de la que formaba parte hasta un copero. Dos biógrafos de Nuño, Mendizábal y Carrera Stampa, recuerdan su pretensión de ser Marqués de Tonalá tal como Cortés lo era del Valle de Oaxaca, es decir con jurisdicción feudal. En los últimos años del siglo XVI, se presentó el caso de uno de los rivales de Juan de Oñate en la conquista de Nuevo México, Juan Bautista de Lomas y Colmenares, rico minero de Nieves (Zacatecas). Con gran espíritu de empresa, Lomas ofreció realizar la expedición conquistadora de Nuevo México por su cuenta si entre otras cosas el Virrey Marqués de Montesclaros lo recompensaba con el título hereditario de adelantado y con un dominio de 40 000 vasallos tributarios, que incluyera las pasturas, bosques y aguas normalmente reservados al uso de las comunidades locales. El virrey aceptó todas las condiciones, que equivalían a la creación de un gran feudo en aquel lejano reino del norte, pero en 1591 la Corona se negó a sancionar el arreglo hecho con Lomas, y Oñate fue designado jefe de la empresa. Un último ejemplo fue la creación del Ducado de Atlixco en 1706, concedido por Felipe V al ex Virrey de la Nueva España José Sarmiento Valladares, Conde consorte de Moctezuma, Tultenango y Tula, viudo de la tercera Condesa de estos títulos, doña María Jerónima Moctezuma y Jofre de Loaisa, descendiente en línea directa del emperador. El Ducado de Atlixco fue dotado por la Corona con privilegios semejantes a los del Marquesado del Valle aunque —como observa Rubio Mañé— sin constituir un estado como fue *de facto* el dominio de Cortés. El duque recibió la facultad de recaudar los tributos y de nombrar los alcaldes mayores de las jurisdicciones de Atlixco, Tepeaca, Huachinango, Ixtepejí y Tula, privilegio que ejerció desde el 17 de diciembre de 1708 cuando el Virrey Albuquerque II dio cumplimiento a las reales órdenes, hasta la consumación de la Independencia en 1821.[6]

Para perpetuar su nombre y su estirpe además del señorío y del título de nobleza hereditarios, reconocidos por el derecho público, los conquista-

---

[6] Gibson, *Tlaxcala*, 230. Gerhard, *New Spain*, 10, 125-126 y 128-129. Chamberlain, *Yucatán*, 23, 142 y 303. Francisco Pizarro, conquistador del Perú, recibió el título de Marqués de la Conquista y 20 000 vasallos, en una merced de Carlos V semejante a la acordada a Cortés años atrás. Como los vasallos nunca fueron contados, en 1539 Pizarro decidió cobrarse directamente de las cajas reales el tributo correspondiente. Fundó luego un mayorazgo con los bienes del Marquesado al que incorporó los de sus hermanos muertos sin descendencia (Clavero, 193-194). Chapman, *Nuño in Pánuco*, 301. Mendizábal, v, 501. Carrera Stampa, *Nuño*, 13. Chevalier, *Land and Society*, 158-159 (Lomas y Colmenares). Rubio Mañé, *Virreyes*, I, 102.

dores y pobladores disponían de una institución medieval de derecho privado: el m a y o r a z g o . Era una vinculación perpetua de bienes inalienables en beneficio de una sola persona, que generalmente era el primogénito. Tenía la ventaja de evitar la desintegración del patrimonio que era base del lustre de los blasones. Conocido por todos los pueblos germánicos, entre ellos los visigodos españoles, el mayorazgo tuvo por objeto proteger la propiedad familiar con arreglo a ciertas condiciones fijadas de antemano o definidas por la ley. Para el civilista Gutiérrez Fernández, el mayorazgo refleja en el derecho privado lo que el feudo y el señorío son en el derecho público. El ejemplo documentado más antiguo de este tipo de vínculo es el de Juan de Luna, señor de Nogales y otros sitios, cuyas tierras fueron erigidas en mayorazgo en 1291 por Sancho IV de Castilla "porque su casa siempre quede fecha e su nombre non se olvide ni se pierda". El mayorazgo se configuró por Enrique II de Trastamara en 1369-1370, y más tarde fue reglamentado por las leyes de Toro de 1505, cuando ya era una situación bastante común. Fue también conocido en las Canarias, donde por ejemplo en 1476 Inés de Peraza fundó un mayorazgo con cuatro islas del archipiélago, y en las Antillas, donde fue introducido por Colón en 1498. Ese año, en efecto, con licencia real (requerida en todos los casos) el Descubridor fundó mayorazgo en favor de su primogénito con los derechos, diezmos y rentas producidas por sus oficios de almirante, virrey y gobernador; para Verlinden aquel mayorazgo fue en realidad un feudo medieval de primogenitura, que la descendencia de Colón perdería sólo en castigo del crimen de lesa majestad.[7]

El primer m a y o r a z g o novohispano fue el que, con licencia real, fundó Cortés en Colima el 9 de enero de 1535 en favor de su primogénito y sucesor; lo constituían el Marquesado del Valle con todos sus bienes y rentas, el patronato del Hospital de Jesús, y los derechos que el Conquistador tenía o pretendía tener en la Mar del Sur y sus islas y tierras. Un dato curioso revelado por Lucas Alamán (excelente administrador de los bienes todavía en su tiempo integrantes del Marquesado del Valle) es que, conforme a las leyes del mayorazgo, en 1562 fue necesaria la autorización de Felipe II para que el segundo Marqués desvinculara de sus bienes las Casas Nuevas de Moctezuma, donde ya se alojaban los virreyes, o sea el actual Palacio Nacional, para venderlas a la Corona en la suma de 33 300 pesos. A fines del siglo XVIII, el mayorazgo del Marquesado producía más de 80 000 pesos al año, trece veces más que el fundado por Pedro de Alvarado, y mucho

---

[7] E. Mayer, I, 82 (el morgado). B. Gutiérrez Fernández, *Códigos o Estudios fundamentales sobre el Derecho Civil español*, II, Madrid, 1875, 199-200. Clavero, 23-31 (Mayorazgo de Nogales; el autor se basa en la información de Juan Sempere y Guarinos, *Historia de los vínculos y mayorazgos*, Madrid, 1805), 29 (Enrique II de Trastamara) y 121 (mayorazgo de las islas de Lanzarote, Fuenteventura, Gomera e Hierro). Sobre las leyes de Toro, y especialmente la número 46, relativa al mayorazgo, ver Francisco de Cárdenas, *Ensayo sobre la historia de la propiedad territorial en España*, II, 128 seqq., cf. también Esquivel Obregón, I, 88-89 y Parry, *Spanish Empire*, 181. Sobre el mayorazgo fundado por Colón, reducido al Ducado de Veragua, ver Clavero, 121; Ibarra y Rodríguez, II, 19; y Verlinden, *Beginnings of Mod. Civiliz.*, 199-200; "Colomb", 410-411, y "Précédents médiévaux", 27-29. El Padre Leturia dedica el duodécimo Estudio de su *Historia*, pp. 409-433, a la Carta institucional del mayorazgo de Colón.

más que el del Ducado de Atlixco. El mayorazgo de los descendientes de Moctezuma, sin embargo, es anterior al título de Atlixco, pues fue creado en 1567 en favor de Pedro de Moctezuma, bisnieto del emperador, curiosamente a cambio de la renuncia de sus derechos al "imperio mexicano" (también en el Perú se dio con el mismo objeto el título de Condes de Oropesa a los descendientes de los incas); dicho mayorazgo comprendía tributos de indios y los condados de Moctezuma y Tultenango y el vizcondado de Ilucán (Tula). Otros descendientes de Moctezuma II, los Cano y Moctezuma, fundaron un segundo mayorazgo en 1571, cuyos bienes estaban en Sevilla y en Cáceres. Varios mayorazgos novohispánicos datan igualmente del siglo xvi; los constituían casa, haciendas, minas, ganados, esclavos y los ingresos correspondientes; entre tales mayorazgos —descritos por Chevalier— se encuentran los fundados entre 1550 y 1588 por el conquistador Gonzalo Cerezo, por los encomenderos Juan Gutiérrez Altamirano y Hernán Pérez de Bocanegra y por los mineros Diego de Ibarra, Cristóbal de Oñate, Alonso de Villaseca, Juan Lomas y Colmenares y Pedro de Minares. En el siglo xvii fueron establecidos algunos mayorazgos, pero en cambio en el xviii proliferaron a tal grado (Fernández de Recas ha estudiado 62) que la Corona tuvo que intervenir no sólo para reiterar las disposiciones de 1573 y 1585 sobre el asunto sino también para introducir nuevas y severas limitaciones. Ladd informa que en 1600 la familia Albornoz Legazpi vinculó en mayorazgo junto con su residencia de México el oficio de contador real que había comprado; y también fueron después constituidos en mayorazgo los cargos de secretario de la Colonia, de apartador de la Casa de Moneda (familia Fagoaga) y de tesorero de las indulgencias (Conde de Miraflores), junto con las casas, palacios, haciendas y ganados de esas familias. El más antiguo mayorazgo tapatío, según Lancaster Jones, fue fundado en 1619 por Diego de Porres Baranda, y sobrevivió seguramente durante cuatro generaciones; y el más extenso quizá fue el del Marquesado de San Miguel de Aguayo, pues hacia fines de la Colonia se decía que el marqués no tenía que salir de sus tierras para trasladarse de su rancho en Coyoacán a sus haciendas de Coahuila y Texas.[8]

Los últimos m a y o r a z g o s de la Nueva España fueron fundados a fines del siglo xviii por los Marqueses de Vivanco y de Valleameno. A partir de 1789, para poder fundar un mayorazgo fue necesario comprobar una renta mínima de 4 000 pesos anuales, condición con la que se pretendía poner un freno a su exagerada proliferación. El Conde de Regla instituyó tres ricos mayorazgos para los títulos de Regla, San Cristóbal y San

[8] Hernán CORTÉS, Cartas y Documentos, 541-544 (fundación del mayorazgo). Lucas Alamán, ii, 184. Clavero, 203-206 (mayorazgos del Marquesado, de los Alvarado y del Ducado de Atlixco). Sobre el mayorazgo de Moctezuma, ver Clavero, 195-196 y Genaro Estrada (ed.), ÍNDICE DE DOCUMENTOS DE NUEVA ESPAÑA, i, 140 y 143 (Moctezuma) y 146 (Cano y Moctezuma). Chevalier, Land and Society, 299-300. Ver Konetzke (ed.), cdhfsh, 476 y 557, sobre las disposiciones de 1573 y 1585 relativas al mayorazgo, que en síntesis ordenaban a las autoridades virreinales asegurarse previamente de la cantidad y calidad de los bienes que serían vinculados. Ladd, 72-74 (ley de 1789; mayorazgos de Regla, Tepa y Mezquital). Lancaster Jones, 1-5. Fernández de Recas, Mayorazgos, xiv-xv (enumeración de 61 mayorazgos, entre ellos el del Marquesado de San Miguel de Aguayo).

Francisco que tenía su familia; y los bienes del mayorazgo del Conde de Tepa tenían a su fundación (en 1797) un valor de 1 400 000 pesos representado por propiedades en México (casas y haciendas pulqueras) y en España (viñedos). El mayorazgo quizá más modesto entre los de la nobleza titulada fue el del Marqués del Mezquital, cuyos bienes se valuaron en 1786 en 27 500 pesos. Por ser un obstáculo para el desarrollo de la economía, las Cortes españolas abolieron los mayorazgos en 1820, devolviendo a sus bienes considerados de manos muertas la calidad de bienes libres. En México se prohibió en 1822 crear nuevos mayorazgos; y el 7 de agosto de 1823 el Congreso desamortizó los mayorazgos, cacicazgos, fideicomisos, patronatos y capellanías laicas existentes, sin dejar de otorgar una compensación a los descendientes de Moctezuma. Aunque todavía el 30 de septiembre de ese año el alcalde de Mérida reconoció la vigencia del mayorazgo de Montejo (cuya titular era a la sazón doña Manuela de Ancona y Solís), el vínculo más difícil de disolver fue el del Marquesado del Valle, cuyos bienes inmuebles no pudieron ser totalmente desamortizados hasta 1856, obteniéndose de su venta una cuantiosa suma. Por esos años se procedió también, como es sabido, a la desamortización de los bienes eclesiásticos, culminación de la tendencia del México liberal a combatir la propiedad corporativa.[9]

En la Nueva España, los m a y o r a z g o s tuvieron, dice Fernández de Recas, un desarrollo semejante al que los caracterizó en España, pues estaban sujetos a las mismas leyes y disposiciones en ambos lados del Atlántico. Clavero estima, sin embargo, que el mayorazgo indiano no se desarrolló en las Indias porque en la metrópoli fue una consolidación del señorío y constituyó una expresión de los derechos de la clase feudal, inexistente en las colonias. El mayorazgo novohispánico sin embargo no fue una institución de carácter claramente feudal. Es indudable que en la Península la doctrina y la ley del mayorazgo reflejaron la relación histórica entre la vinculación y el dominio de la tierra *("villam vel locum maioratus");* en dicha relación la tierra no era vista como propiedad exclusivamente privada, sino en un sentido amplio de derecho público como propiedad señorial o feudal, cuyos elementos integrantes eran los "estados y vasallos", como dice la pragmática del 27 de febrero de 1543 que dio forma final al mayorazgo. Aunque, como recuerda Céspedes del Castillo, en un principio el titular del mayorazgo en la Nueva España rendía al rey *pleito homenaje* y juraba cumplir los términos del vínculo, con un ceremonial semejante al empleado en la Edad Media para ofrecer vasallaje al señor, aquéllos eran ritos que no pueden considerarse más que meros trasuntos de otra época, con los cuales los mayorazgos novohispánicos pretendían consolidar y aumentar su prestigio. Robertson, dejándose impresionar por las ceremonias, juzga el mayorazgo "una especie de feudo", pero Solórzano Pereyra creía en su tiempo que era una institución más bien semejante a la encomienda.[10]

---

[9] Ladd, 154-155 y 157-159 (disolución de los mayorazgos). Rubio Mañé, *Casa de Montejo*, 96 (el mayorazgo de los Montejos en 1823).

[10] Fernández de Recas, *Mayorazgos*, xiv. Clavero, 181-183 y 261. Céspedes del Castillo, "Las Indias durante los siglos XVI y XVII", III, 469. Robertson, *Discovery of America*, 355. SOLÓRZANO PEREYRA, citado por Clavero, 199.

Para terminar el examen del tema, podemos señalar dos circunstancias características de la Nueva España. En primer lugar parece que en la Colonia existió la curiosa forma autóctona llamada "mayorazgo del alma", que era simplemente una obra pía, o sea un legado constituido por una persona para que le dijeran misas de réquiem después de su muerte, la cual cosa supuestamente equivalía a fundar un mayorazgo en favor de su propia alma. El Padre Florencia informa que hacia 1568 el rico minero Alonso de Villaseca instituyó dos mayorazgos: el primero en favor de su hija y heredera, que pasó por matrimonio a los Guerrero de Luna; y del segundo "instituyó heredera a su Alma", encargando la administración de los cuantiosos bienes a los jesuitas que quedaron obligados perpetuamente a decir misas por el reposo de su alma. El cronista calculó el número de aquellos santos oficios asegurando que "por lo menos en... cien años se le han dicho treinta y seis mil quatrocientas y mas missas". Por otra parte, los naturales de la república de Tlaxcala dirigieron en 1562 a Felipe II una comunicación que figura en las *Cartas de Indias*, para pedirle que concediera a los descendientes de los principales y señores tlaxcaltecas los privilegios "que en nuestra lengua se llaman tecales y en la española mayorazgos". Gibson aclara que, en efecto, el sistema social de Tlaxcala reconocía cuatro formas de propiedad de la tierra llamadas *teccalli*, *pilcalli*, *huehuecalli* y *yaotequihuacalli*, y que las dos primeras correspondían más o menos al mayorazgo y a la casa solariega, respectivamente. Hay dos cartas que sostienen esta comparación. La primera es la que Gonzalo Díaz de Vargas, alguacil mayor y regidor de Puebla, dirigió a Carlos V el 20 de mayo de 1556 para tratarle ciertos asuntos administrativos; y en ella el regidor poblano aconseja al emperador que no se quiten a los caciques indios los señoríos "y mayorazgos que... tienen de su antigüedad". En la segunda carta, de fines del mismo siglo, el agustino Fray Pedro Juárez de Escobar exhorta a Felipe II a velar porque los señores naturales e indios principales no sean desposeídos y privados de sus "haciendas y mayorazgos", patrimonios y heredades, por no ser esto conveniente para el buen gobierno y por tratarse de una acción contra el espíritu de justicia.[11]

---

[11] FLORENCIA, *Hist. de la Comp. de Jesús*, 315-316. CARTAS DE INDIAS, I, 404 (Carta de varios naturales de Tlaxcala, 1º de marzo de 1562). Gibson, *Tlaxcala*, 144. Paso y Troncoso (ed.), EPISTOLARIO, VIII, 112, núm. 443 (Carta de Díaz de Vargas). CDIAO, XI: 199 (Carta de Fray Pedro Juárez de Escobar). En Florida, según transcripción de 1600 hecha por Omaechavarría, 59 y 349, había "caciques de caciques" llamados micos mayores.

XXIV. LAS ACTIVIDADES ECONÓMICAS PRIMARIAS

EN EL presente capítulo examinaremos la supervivencia en la agricultura, la ganadería, la pesca y la minería de la Nueva España de técnicas, métodos, reglas y costumbres medievales. Recordemos en primer término el régimen jurídico a que estaban sometidos los mares y las tierras. A los mares —principal vía del comercio que estudiaremos en un capítulo subsiguiente— se les aplicaba en el siglo XVI el concepto de *mare clausum*, según el cual se consideraba intrusa toda nave que en la Mar Océana o en la Mar del Sur no enarbolase el pabellón español; aunque el Rey de España, a diferencia del monarca lusitano, nunca se atribuyó el título de Señor del Comercio y de la Navegación (en su caso, de las Indias), es evidente que en todo momento obró como si hubiera estado investido de tal autoridad. Por lo que respecta a las tierras de la Nueva España, en derecho se respetó la propiedad de los caciques y de las comunidades indias voluntariamente sometidas, aunque sin comprender muy bien la fórmula de propiedad comunal prehispánica; contemporáneamente, se creó otra forma de propiedad de la tierra basada no en el derecho privado ni en un concepto moderno de soberanía, sino en la noción medieval de la regalía, cuyo origen fueron las reales mercedes de minas, de tierras de labor y de estancias de ganado. La regalía, un derecho primario de la realeza, existente desde tiempos del reino asturleonés fue invocada en la real provisión del 22 de octubre de 1523, con la cual la Nueva España fue incorporada, en dominio directo o indirecto, al realengo castellano.[1]

En las tierras de cultivo cuya explotación quedó en manos del colono o poblador europeo, mediante un proceso selectivo fueron introducidos algunos aperos, herramientas y métodos consagrados por la experiencia en la Península, donde, a diferencia de México, se conocían desde hacía muchos siglos las bestias de tiro. Apareció así el a r a d o , del cual en España existía gran variedad de versiones; las tierras americanas fueron roturadas en un principio únicamente con el arado dentado extremeño y andaluz, y para uncir los bueyes o mulas sólo se conoció un tipo de yugo, el llamado de cuernos o de cabeza, que también era común en el sur de España. Durante la Colonia, el arado dentado, llamado también romano, que tiene cinco partes básicas (cabeza, reja, tolera, esteva o timón y mancera) prácticamente se difundió desde México hasta Chile. Como la cuchilla del arado exponía la tierra de labor a una mayor erosión, se siguió utilizando por algún tiempo la coa indígena, que sin embargo fue reemplazada hacia 1581 por el a z a - d ó n , como demuestran los inventarios hechos a partir de ese año en el

---

[1] Góngora, *El Estado en el Derecho Indiano*, 17, 38, 150 y 302.

ingenio de Atlacomulco (Morelos), propiedad de los descendientes de Cortés. Los conquistadores introdujeron también la rotación de cultivos y el uso del abono animal.[2] Con base en la experiencia andaluza, desde el siglo XVI se introdujo sin modificaciones importantes el sistema árabe de irrigación, en algunos casos por medio de norias, y siempre gracias a una red de a c e q u i a s   en las que el agua corre por gravedad. Ruiz de Velasco y Barrett afirman que hubo administradores, entre ellos algunos al servicio del Conquistador, que introdujeron este sistema en haciendas de lo que hoy son los estados de Morelos, Puebla y Oaxaca, con tan buenos resultados que bien mediado el siglo XIX seguía funcionando satisfactoriamente. La acequia (palabra de origen árabe) era también vía de comunicación. Torquemada, las Actas del Cabildo de México, Fray Francisco de Aguilar y el Padre Acosta mencionan las que surcaban la capital del virreinato por las cuales se transportaban mercaderías en diversos tipos de embarcaciones. En muchos pueblos y villas de México existen acequias a lo largo de las calzadas para el riego de los árboles de ornato.[3]

Sería interminable la enumeración de todos los cultivos importados de Europa (o de las Filipinas y África) por los españoles; muchos llegaron a la Península durante el Medievo siguiendo las riberas del Mediterráneo, procedentes del Asia Menor. El lector interesado en este tema encontrará en las notas del presente capítulo datos que le serán útiles.[4] Pero será oportuno recordar aquí que Motolinía, Cortés y la Audiencia de México repetidamente instaron y convencieron a la Corona de que se enseñase a los naturales a labrar y a cultivar la tierra al modo de España. Para ello se importaron numerosas variedades de plantas, retoños y semillas. Con base en datos proporcionados hacia 1652 por el jesuita Bernabé Cobo, y posteriormente por el naturalista Candolle y por Alejandro de Humboldt, Robertson informa que de las 247 principales plantas cultivadas en América, 199 son originarias

---

[2] Foster, *Cultura y Conquista*, 43; y *Culture and Conquest*, 230. Hennessy, 25 y 46. Barrett, 99-100. Semo, 35. Ya en 1580, los indios de Oaxaca no sólo se servían sino que alquilaban a otros los instrumentos de labranza europeos: Zavala, *Servicio de Indios*, III, 183.

[3] Felipe Ruiz de Velasco, en *Historia y evoluciones del cultivo de la caña y de la industria azucarera en México* (México, 1937), 233, publica un diagrama de ese sistema de acequias; véanse también las pp. 215, 217, 219 y 226; y en Zavala, *Tributos*, I, la mención de acequias, 42, 43, 55, 58, 162, 202-204. Barrett, 96. Roux, 47, y Pernoud/Gimpel/Delatouche, 283 (norias). TORQUEMADA, I, 299. ACTAS DE CABILDO, IX, 390 (de 1594); XII, 282 (de 1596); XIII, 86 (de 1597), etc. Fray Francisco de AGUILAR (ed. F. Gómez de Orozco), 66 y *passim*. José de ACOSTA, VII, c. 26; p. 523 y *passim*.

[4] GÓMARA, en *Hispania Victrix*, 403, enumera algunas plantas que Cortés pidió a España. Prescott, 543-544, hace una prolija enumeración de esas importaciones. REMESAL, en VIII, vii; II, 116, señala otras. Leicht, en *Puebla*, 66, menciona el alcacer de las huertas poblanas. Fernando de los Ríos, en *Religión y Estado en la España del siglo XVI* (México, FCE, 1957), 182, hace una enumeración muy completa de los productos agrícolas traídos de la metrópoli a México; *cf.* Zavala, *Mundo Americano*, II, 49, nota 47, así como I, 30. En VETANCURT, *Teatro Mexicano*, Primera Parte, 44, se clasifican algunos de esos productos por su grado de refinamiento. La enumeración más exhaustiva sin embargo es la del Padre ACOSTA, 101-105, y en ella figuran plantas de España, plantas indígenas y plantas comunes a ambos continentes. Ver también Priestley, *White Man*, 26, cuyas fuentes son los Padres ACOSTA y COBO. Las chinampas (del mex. *chinamitl*) eran conocidas en el Medievo europeo (especialmente en regiones pantanosas del norte de Francia y Flandes), pero las de Xochimilco son auténticamente indias.

del Viejo Mundo, una de Australia, 45 son indígenas y de las dos restantes se desconoce el origen; mas el número no puede ser el único criterio de evaluación, ya que la aportación de especies indígenas americanas (sobre todo de México y del Perú) fue muy valiosa, entre otras cosas —como señaló Humboldt—, por su riqueza en harinas y azúcares. Con objeto de contar siquiera con un panorama general de la contribución de uno y otro hemisferio a la agricultura y a la horticultura novohispanas, se podría recordar que entre los principales productos agrícolas traídos de España ocupan un primerísimo lugar el trigo, el arroz, la cebada (y otros cereales), la vid, el café y la caña de azúcar (ésta junto con la morera importada por Cortés mismo); durante el siglo XVI también llegaron muchas especies de legumbres, frutas, forrajes (como el alfalfa y el alcacer o cebada verde) y flores (como la rosa, el clavel, el jazmín, la azucena y el geranio); y más tarde espinacas, alcachofas y berenjenas del Medio Oriente islámico. La gama de productos de origen europeo es muy amplia, y sin ellos hoy en día no se concibe una buena cocina; tal es el caso de la achicoria, la canela, el clavo, la pimienta, la nuez moscada, el anís, el culantro, el comino, el perejil, el ajo y la cebolla. El gran número de especies importadas no significa, ni mucho menos, que la aportación indígena sea insignificante pues comprende el maíz, el frijol, la papa, el camote, muchas verduras entre ellas el tomate y la calabaza, el cacao, los productos derivados del maguey y del nopal, las infinitas variedades de chiles, el aguacate y el tabaco. Comunes al Viejo y al Nuevo Mundo, aunque de especies diferentes, encontramos entre otros artículos importantes el algodón y el plátano.[5]

En algunas actividades agrícolas están presentes con mayor claridad las tradiciones e intereses medievales, aunque sus expresiones sean diversas. Un ejemplo de ello es el cultivo de la c a ñ a d e a z ú c a r . Verlinden observa que la historia de su producción revela sin duda alguna la continuidad de la economía mediterránea medieval y la economía colonial moderna de la zona atlántica y americana (las Canarias, las Antillas y la Nueva España, etc.), pues los métodos para el cultivo de la caña elaborados en el Mediterráneo en la Edad Media hicieron posible el florecimiento de su producción en la época moderna a ambos lados del Atlántico. La explotación de la c o c h i n i l l a es otro ejemplo de esta continuidad aunque en sentido diferente. El sistema de repartimiento, con el que desde 1531 se estimuló su producción en la región de Texcoco y después en Puebla, Michoacán y sobre todo en Oaxaca, fue, en opinión de Heers, el mismo que los italianos emplearon en sus colinas levantinas del Mediterráneo (por ejemplo en Quío) para la producción de mastique, resina muy apreciada del lentisco. La Nueva España fue la única proveedora de cochinilla, colorante muy apreciado por la industria textil europea. La producción de otros colorantes, tales como la u r c h i l a y el p a s t e l , ilustran igualmente la herencia medieval. La urchila (del latín *urceolaria)* es una planta que produce un colorante tornasol violeta; como la grana de la cochinilla, tuvo gran

5 MOTOLINÍA, *Hist. de las Indias,* III, c. xviii (ed. Chávez Hayhoe), 269; *cf.* N. F. Martin, *Vagabundos,* 48. Robertson, "Plants and Animals", 7-21 y *passim.*

demanda antes de la invención de los colorantes químicos. Isabel la Católica concedió en 1478 el monopolio de "la recogida y venta de la orchila" en las Canarias al Obispo Juan de Farías y a Alonso de Palencia, para sufragar los gastos de una expedición a esas islas. También se otorgó el monopolio de la urchila y el pastel en la Nueva España a un cierto doctor Beltrán pues en 1529 el Cabildo de México solicitó que la Corona lo revocara por ser perjudicial a los intereses de los pobladores y conquistadores. El pastel era una especie de añil que se extraía de la llamada hierba pastel o glasto; servía a los tintoreros para dar el color azul y en ocasiones el negro. Su comercio enriqueció durante los siglos XIV y XV a muchos mercaderes de Londres, Turingia, Lombardía y sobre todo de Tolosa. Carlos V concedió a Enrique y Alberto Kuhn, de nación alemana, su monopolio en la Nueva España, junto con el del a z a f r á n (colorante amarillo), según disposición del párrafo 26 de las reales instrucciones dadas al Virrey Mendoza en 1535. Parece que los hermanos Kuhn no aprovecharon la concesión, porque en 1544 Alonso de Herrera informó al emperador que en México algunas casas y obrajes de paños preparaban ya tres diversos tintes azules a base de pastel; y más tarde, en 1563, el conquistador Pedro Ledesma informó con orgullo a Felipe II que en la Nueva España había pastel suficiente para teñir los paños y lanas no sólo de España sino de muchos otros reinos, y de calidad igual al de Tolosa. Por último, cabría mencionar que las e s p e c i a s , el gran incentivo de los viajes colombinos, también ocupan un modesto lugar en la historia económica de la Nueva España pues en el siglo XVI la Corona trató de fomentar el cultivo de la pimienta, la canela, el clavo y el jengibre, con resultados poco felices salvo en el caso de este último el cual, sin embargo, es poco común en la cocina mexicana.[6]

Entre las modalidades de la explotación del fundo agrícola por manos libres, la a p a r c e r í a , común y corriente en España desde el siglo XIII, aparece en el XVI en la Nueva España y sigue siendo en muchas regiones de México de gran vitalidad. El *aparcero*, agricultor sin tierra, paga al propietario de un terreno que cultiva en provecho propio no una renta sino con una parte de la cosecha; la proporción de ésta varía, y según ella es llamado mediero, terciero, etc. En España, en las Cartas medievales, el *mediero* se contrapone al labrador ordinario, llamado postero. En Navarra, el aparcero entregaba usualmente un cuarto del producto recogido; en Cata-

---

[6] Verlinden, "Précédents médiévaux", 58. Heers, 6-7. La caña de azúcar fue traída de Oriente por los árabes, y de las Canarias pasó a la Nueva España. El trapiche es de origen siciliano medieval (Verlinden, "Colonisation médiévale", 106, 107, y "Les origines du monopole royal", 16). Sobre la urchila, orchilla, urchilla u horchila, *cf.* PASO Y TRONCOSO (ed.), EPISTOLARIO, III, 115; Ibarra y Rodríguez, II, 8 (Canarias); ACTAS DEL CABILDO, II, 12 *(sub anno* 1529); LÓPEZ DE VILLA-SEÑOR, 101, nota 2; CDIU, X: 262 (Instrucciones de 1535 al Virrey Mendoza); EPISTOLARIO de Paso y Troncoso, IV, 77-78, núm. 222 (Carta de Alonso de Herrera, de 1544); y CDIHIA, I: 378 (Carta de Pedro de Ledesma, de 1563). En sus instrucciones, Mendoza llevaba órdenes de favorecer el cultivo del pastel y el azafrán por los alemanes Enrique y Alberto Kuhn (Zavala, *Servicio de Indios*, I, 87-88); y hay informes sobre la existencia de "milpas de añil" en la región de Valladolid de Yucatán (O'Gorman, "Yucatán", 406 a 458). Justina Sarabia Viejo, 414 (cultivo de especias en la Nueva España. Según el P. Motolinía (citado por Trabulse, *Hist. Ciencia Mex.,s. XVI*, 350), había árboles de canela y de pimienta en la Nueva España, y también de liquidámbar, "que los indios llaman *Xuchiocózotl*".

luña en el siglo XVI, la proporción más común era un tercio; por entonces el sistema ya se había generalizado también en Galicia y en Aragón. El Archivo de Notarías de México conserva varios contratos de aparcería, de los cuales los más antiguos están fechados en 1527 y 1528.[7] Existió también en la Nueva España el régimen de tierras de temporal *(secano* o secaño).[7bis]

La g a n a d e r í a , que en la Nueva España se desarrolló rápidamente desde la primera mitad del siglo XVI, fue la continuación directa de la cría de ganado sobre todo vacuno y lanar practicada en las planicies andaluzas y extremeñas a fines del Medievo. Era una actividad realizada en gran escala, principalmente en el valle de Guadiana, en dos líneas paralelas que examinaremos a continuación. Más tarde la ganadería alcanzaría en el Nuevo Mundo proporciones gigantescas. En España, al progresar la Reconquista y quedar las llanuras del sur de la Península en manos de los cristianos, se fue abandonando el antiguo sistema de pastoreo en tierras comunales, cooperativas o de realengo practicado en el norte y poco a poco se formaron dominios relativamente extensos para dedicarlos a la cría de ganado. Ambos sistemas fueron conocidos más tarde en las Indias, principalmente en la Nueva España; pero ya en la metrópoli la experiencia había demostrado que la producción de carne y de cueros en el gran rancho ganadero era económicamente más proficua que la de cereales o que la explotación de viñedos en el fundo agrícola. Además, en las postrimerías del Medievo la cría de ganado en gran escala fue un fenómeno casi peculiar del sur de España, pues sólo en ejemplos aproximativos la *puszta* (llanura) húngara y tal vez en la Irlanda occidental se practicaba en escala comparable. En el resto de la Europa medieval seguía predominando, por razones hasta meramente orográficas, la cría de ganado en pequeña escala en los modestos establos de los campesinos cuya principal actividad económica era el cultivo de los dominios señoriales. La hacienda dedicada sobre todo a la cría de reses y en segundo lugar de ganado menor fue, dice Bishko, "cosa de España". El trasplante de su organización, métodos y costumbres a Norteamérica en el siglo XVI proporcionó la base para el auge que la ganadería tendría luego en las planicies del norte de la Nueva España, aparentemente ilimitadas. Parece que entre las costumbres que el jinete trajo de la meseta castellana al altiplano mexicano se encontraban las de hacer suertes de picar y banderillear, que con el tiempo darían origen al toreo a caballo. De su indumentaria derivaría la del charro mexicano. Las autoridades de la Nueva España —el Cabildo y la Audiencia de México y los virreyes— favorecieron con todos los medios el desarrollo de la ganadería. Fomentaron tanto la formación de haciendas ganaderas como la creación de agostaderos comunales y de ejidos y dehesas municipales en la Colonia, según la tradición de la antigua comunidad castellana de pastos. También fue introducida en la Nueva España, por supuesto, la mesta, organización

---

[7] E. Mayer, 143 y 266. Millares Carlo (ed.), ARCHIVO DE NOTARÍAS, Contratos núms. 788, 797, 1625 y 1628.

[7bis] Jiménez Rueda, NUEVOS DOCUMENTOS, 222, 227, 229, 238 (secano en Yecapixtla); Zavala, *Velasco*, 124, y *Tributos y Servicios*, 150 (en la misma región).

o gremio de dueños de ganados, de la cual nos ocuparemos un poco más adelante.[8]

Por lo pronto, veamos los orígenes de las tradiciones, y el equipo del arte de la vaquería que, remontando hacia el norte las llanuras de la Nueva España, fueron transmitidos a todo el occidente del inmenso subcontinente norteamericano. No hay que olvidar que ciertos festejos derivados de aquel arte, como el jaripeo y la charrería, presentan muchos rasgos comunes con los ejercicios de los jinetes andaluces, apasionados al igual que los novohispanos por la equitación y el toreo. Zavala opina que las costumbres hípicas del mexicano, tomadas hoy como signo distintivo de la nacionalidad, son uno de los ejemplos más interesantes de transculturación. Bishko, por su parte, ha señalado las raíces medievales castellanas de los trabajos que caracterizan la vida diaria en la hacienda ganadera de los Estados Unidos, tales como el h e r r a d e r o de becerros (en primavera) y la selección de reses para su venta (en otoño). El fierro con el que se marcan las reses con el símbolo de su propietario es conocido en la Península desde época romana; y a partir del siglo XIII los fueros dispusieron el registro de esas marcas en los libros de los concejos de las villas y ciudades castellanas. El registro más antiguo de esa clase existente en Norteamérica es la *Relación de los hierros de bacas y obejas y bestias*, abierto por el Cabildo de México en 1530. En cuanto al equipo del vaquero americano, evidentemente también llegó de Ultramar; de origen español son la silla de montar y sus diversos tipos de estribos, los arreos del caballo, el bocado (de origen árabe), las espuelas, el lazo o reata y toda la indumentaria, además del vocabulario del oficio (corral, rodeo, remuda, majada, etc.). Las sillas de montar traídas por los conquistadores fueron de tres tipos: a la j i n e t a , b a s t a r d a y d e b r i d a (modificación de la llamada silla a la estradiota o croata, de origen balcánico, que aparece dibujada en el *Códice Sierra);* pero la primera fue la que el jinete mexicano en un principio adoptó como propia. Era una silla corta árabe, con estribos altos que obligaban al jinete a encoger las piernas; la silla de brida los tenía más bajos, su asiento era más amplio y era más cómoda para el caballero medieval, protegido por una pesada armadura. Ser jinete "en ambas sillas" —como Hernando de Soto— era el mayor orgullo de un caballero. Se tomaron elementos de una y otra para la silla vaquera, creación netamente mexicana que se compone de una pieza de madera (llamada juste, de la cual es parte integrante la cabeza para enrollar y atar la reata), de cueraje y de herraje; sin embargo el uso de una forma de silla a la jineta perdura en la equitación deportiva. La demanda de sillas de montar en la Nueva España fue tan grande desde un principio que el Virrey Mendoza consideró necesario promulgar una *Ordenanza de Silleros* para reglamentar las labores de ese gremio, fechada el 5 de mayo de 1549.[9] Componente esencial del equipo del jinete era el e s -

[8] MacLeod, 124, Bishko, "Plainsman", 54 y 64-65; y "Cattle Ranching", 493-495 y 499-500. Hennessy, 29. Matesanz, 538. De acuerdo con la usanza medieval, el ganado hacía agostadero en tierras ajenas pero sólo cuando había sido levantada la cosecha. Ver el caso de Alonso de Villaseca en los sembradíos de maíz cercanos a Toluca, en Zavala, *Velasco*, 72.

[9] Tudela, 70. Zavala, *Ordenanzas del Trabajo*, xxxiii. Bishko, "Cattle Ranching", 509-510.

t r i b o de hierro, que en los siglos VIII y IX revolucionó el arte de la guerra en Europa convirtiendo al caballero y a su montura en una sola unidad
de combate. La versión árabe que llegó a la Nueva España no tiene un claro
aspecto de estribo porque protegía también la pantorrilla; en el Museo Nacional de Historia se conservan varios ejemplares de esta clase. Las e s -
p u e l a s , complemento indispensable del atuendo del vaquero mexicano, datan de la misma época; en el siglo XIII se les añadieron r o d a j a s
o estrellas que con el correr del tiempo se usaron de diversos tamaños. En
las haciendas ganaderas de la Nueva España se utilizaron desde un principio; en el siglo XVII comienzan a aparecer espuelas con aplicaciones de plata y trabajos de lima hechos con tal arte que son verdaderas joyas.[10]

En lo que respecta a la indumentaria, cuya influencia también es evidente en lo que hoy son los Estados Unidos, el tipo del vaquero mexicano es el
c h a r r o . Tiene dos atuendos: uno para el trabajo color café y el de los
domingos, negro con aplicaciones de plata. Su origen es salmantino; en la
región de Salamanca las palabras *charro* y *charra*, designaban a los aldea-
nos de Alba, Vitigudino, Ledesma y otros lugares. El traje regional de aquella
comarca —cuna de la ganadería española— y en general del sur de Castilla
la Vieja estaba muy bien definido desde el siglo XII y sirvió de prototipo al
atuendo del vaquero mexicano. Lo componían un sombrero de ala muy
ancha, una chaqueta corta y abierta, una ancha faja, pantalones ajustados
y botas espueladas. El charro castellano sabía usar la reata (de cuero) y la
garrocha, y se servía del cabestro; también sabía "colear" las reses y tirar-
las al suelo cogiéndolas de los cuernos. Por otra parte, el traje de la "china
poblana" de México es igualmente una derivación del de la charra salmantina, cuyas características esenciales conserva, aunque sus colores son más
vivos, con el agregado de lentejuelas, "copias de lujos orientales", como dice
el Padre Cuevas. Hasta el siglo XVIII, la altura de la copa del sombrero del
vaquero mexicano correspondía a la del salmantino (forma que ha sobrevivido en el del picador), pero un Conde de Regla introdujo la moda de la
copa alta, la banda decorativa y el borde ancho adornado con hilo de plata, hoy característica del llamado sombrero de charro.[11]

El r o d e o , término de origen salmantino caído en desuso en México
pero vivo en los Estados Unidos y Canadá, a donde pasó procedente de la
Nueva España, era a fines del siglo XV el acto de reunir el ganado cerril,
encerrándolo en un corral o campo cercado para contarlo o reconocerlo; se

Tinker, 75, Dusenberry, 21, afirma que el herrado del ganado era normal desde el siglo X; y Chevalier informa que esta práctica aparece en la Nueva España hacia 1528. INCA GARCILASO, 500
y nota 13 de J. J. y J. G. Varner ("jinete en ambas sillas"). CÓDICE SIERRA, 34 y hoja 19. En el testamento de Miguel Caldera, descubridor de las minas de San Luis Potosí, fechado en 1596, se
mencionan entre sus posesiones "sillas... ginetas e de brida": P. F. Velázquez (ed.), *Col. de docs.
hist. de San Luis Potosí*, I, 286. En la representación que se hizo de la conquista de Rodas en
México en 1539, figuraron varios jinetes en silla estradiota, que rompieron lanzas y adargas:
Usigli, *México en el Teatro*, 22. Álvarez del Villar, 65, 68, 69, 71-72, 76, 80 y 346. Cruz, 101-102.
[10] Álvarez del Villar, 326-327, 329-335 y 366 y figura 44. White, 197-198.
[11] Tinker, 118, nota 37. Bishko, "Cattle Ranching", 507-508. Dusenberry, 21. Cuevas, *Urdaneta*, 342. Este Conde de Regla inventor del moderno sombrero charro mexicano fue don Pedro
Romero de Terreros y Gómez de Parada (Tinker, 76).

fue convirtiendo poco a poco en un deporte que consiste en montar en pelo potros salvajes (llamados antiguamente mostrencos o mesteños) o reses indómitas, haciendo alarde de destreza en el manejo del lazo. Tal como se aprecia en los otros países de Norteamérica, el rodeo se asemeja bastante a nuestro jaripeo. En la Nueva España, las ordenanzas de la Mesta promulgadas en 1574, disponían que se efectuaran rodeos "de los ganados bacunos y caballares desde el día de San Juan cada año hasta mediado noviembre" para restituir a sus dueños las reses extraviadas. Andrés Lira y Luis Muro señalan que era condición esencial para aquellos rodeos que por cada 2 000 cabezas de ganado su dueño contara con la ayuda de un estanciero español, de dos negros o indios a caballo y de otros dos más a pie. Las normas tradicionales de la vaquería fueron introducidas en el Nuevo Reino de León desde principios del siglo XVII, como comprueba el *Cedulario* de Cavazos Garza, y más tarde en la Nueva Vizcaya, Texas y California. En el centro del virreinato y en aquellas regiones periféricas fue introducida igualmente, también por decisión de la Mesta de México, la práctica de la majada, nombre que designaba tanto el paraje donde se recogía de noche el ganado como la acción de reunirlo ahí; las majadas debían distar entre sí un mínimo de 500 pasos para evitar que las reses se revolviesen, conjurando así dificultades y rencillas entre los dueños antes de que surgieran. La Mesta novohispana no conoció sin embargo la institución ibérica de los jueces de veredas o merinos, que de este lado del Atlántico sólo figuran, en número de ocho, en el Cabildo indígena de Tlaxcala. En *Horsemen of the Americas*, Tinker afirma que el vaquero del oeste de los Estados Unidos debe a la dominación española no sólo sus técnicas, su equipo y gran parte de su vocabulario especializado sino también el incentivo económico que proporcionó el desarrollo de la ganadería en Texas, Arizona y California. El *cowboy* aprendió del vaquero criollo a montar a caballo, a domar potros salvajes *(broncos, mustangs)* y a usar el fierro y la reata. Son más de 3 000 las palabras de uso común de origen español pero acuñadas en su mayor parte en la Nueva España integradas al vocabulario de los *cowboys*, entre ellas sombrero, chaparreras (o *chaps*), reata *(lariat)*, rodeo, cinchos *(cinchas)*, alforja, látigo, remuda, caballada (abreviado a *cavvy)* y mesteño (derivada de *mustang)*. A estos datos Fletcher agrega el del uso actual, en Texas, de la antigua pica, utilizada tradicionalmente para errar el ganado; en el *King Ranch*, la hacienda ganadera más grande del mundo, se usa una versión moderna electrificada con la cual las reses son conducidas con mayor rapidez por medio de ligeras descargas a los carros de ferrocarril para su transporte al matadero.[12]

Por iniciativa del Cabildo de México (en el cual estaban representados en forma prominente), los ganaderos de la Nueva España constituyeron en 1529 una corporación territorial con fines de policía y con derecho a dictar

[12] ORDENANZAS DE LA MESTA DE LA NUEVA ESPAÑA, 25 de enero de 1574, capítulo 18, en BELEÑA, I, 2ª Parte, 34. A. Lira y L. Muro, "El Siglo de la integración", 126. Cavazos Garza (ed.), CEDULARIO, 10. La majada fue reglamentada en los capítulos 49 y 59 de las Ordenanzas de la Mesta arriba citadas (BELEÑA; *loc. cit.*, 51). ACTAS DE TLAXCALA, ff. 233, 241, 266, 275, 542, 543, 680 y 861. Tinker, 95-96. Fletcher, 88.

ordenanzas, que fue llamada, como la institución peninsular que le sirvió de modelo, M e s t a . La Mesta castellana era de origen visigodo; algunas de sus actividades fueron reglamentadas por el Fuero Juzgo, pero Alfonso el Sabio fue quien confirmó en 1273 los Privilegios del Honrado Concejo de la Mesta, organismo encargado de controlar la trashumancia impuesta a los rebaños por las condiciones climáticas de la Península. En el siglo XIII, la Mesta tenía una importancia excepcional, ya que la cría de ovejas y la manufactura de telas con la lana de ellas obtenida constituía la principal riqueza del reino de Castilla. En las Indias, sólo la Nueva España conoció este tipo de corporación, que también fue el único gremio de que formaran parte miembros de las clases adineradas y que tuvo una gran influencia política en los primeros tiempos. A partir de 1538, el Cabildo designó diligentemente cada día primero del año a los oficiales que regían el gremio, los cuales se llamaban alcaldes de la Mesta. Entre las funciones que desempeñaban modeladas sobre la experiencia de los alcaldes sevillanos, se encontraba la inspección periódica de los rebaños.[13] Desde un principio, la Corona ordenó que en México, como en España, el uso de pastos, montes y aguas fuesen un beneficio común de todos los vecinos; esta disposición fue aplicable a las tierras de señorío y a las heredades en el periodo subsecuente a la cosecha mas no a los ejidos y dehesas municipales por ser tierras de pastoreo de uso exclusivo. Sobre esta base, Velasco I dictó las llamadas Ordenanzas de Agostadero, más tarde incorporadas al segundo Código de la Mesta novohispánica. La trashumancia de ganados en la Nueva España fue una necesidad pasajera eliminada por la colonización de las inmensas tierras del norte; pero la Mesta, fundada para controlar dicha trashumancia, no por ello desapareció sino que siguió existiendo como organización conjunta de pastores y ganaderos, contrariamente al carácter de la Mesta peninsular.[14]

La M e s t a , considerada por Miranda una institución feudal, sufrió otras modificaciones importantes en la Nueva España. En la Península la integraban propietarios o pastores de rebaños; en cambio en la Colonia los dueños de haciendas ganaderas acabaron por apoderarse de la organización. Allá tuvo el objeto de lograr un máximo aprovechamiento de los recursos, acá reforzó la gran propiedad y propició la acumulación de tierras. Y mientras en Castilla constituyó, bajo la guía del rey, un monopolio para la producción y venta de la lana —se criaban casi exclusivamente ovejas—, el virrey de la Nueva España nunca recurrió a la mesta colonial para dirigir o controlar la colonización de tierras o la producción y venta de carne; además, de la corporación novohispánica eran miembros los dueños de toda clase de ganado, principalmente vacuno. De todas maneras, en las primeras Ordenanzas de la Mesta mexicana —expedidas en 1537, y aprobadas por el virrey en 1539 y por la Corona en 1542— se nota una gran influencia de

[13] Miranda, "Mesta", 13-14. Dusenberry, 7, 19, 20 y 206. Hennessy, 88. Céspedes del Castillo, "Las Indias durante los siglos XVI y XVII", III, 400. Góngora, *El Estado en el Derecho Indiano*, 197. García de Cortázar, 235. Bishko, "Cattle Ranching", 505.

[14] Miranda, "Mesta", 2, 6, 10 y 11. Zavala, *Mundo Americano*, I, 37.

las ordenanzas peninsulares (por ejemplo, las multas y las penas son idénticas en ambas); mas la reglamentación fue en general más estricta: hay disposiciones precisas sobre el herrado y el abigeato. La Mesta demostró luego ser una institución tan útil que en 1541 fue creado en Puebla un Consejo de la Mesta (sus Ordenanzas datan de 1556); más tarde el virrey autorizó que "se celebraran mestas" en Oaxaca (en 1543) y en Michoacán (en 1563). Las segundas Ordenanzas de la Mesta, fechadas en 1574, declaran deseable la formación de organismos semejantes en toda la Nueva España; su texto define la "estancia de ganados" como unidad fundamental y limita el número de los posibles miembros: para ser "hermano de la Mesta" había que poseer un mínimo de 1 000 cabezas de ganado mayor o 3 000 de ganado menor, condición que dejó fuera de la organización al propietario ganadero modesto. Aunque se aprobaron ordenanzas complementarias entre 1576 y 1608, los rasgos característicos de la Mesta fueron difundidos por las disposiciones de 1574, añadiéndoseles únicamente la obligación de hacer rodeos y majadas. La institución funcionó durante el resto del periodo colonial, y fue un instrumento para la expansión del latifundio a expensas de las comunidades indígenas, cuyos cultivos, además, a menudo eran dañados o destruidos por los ganados. La Mesta fue abolida en 1812, pero sus huellas sobrevivieron en la Alta California pues después de su anexión a los Estados Unidos la legislatura local abrogó en 1851 las leyes españolas y mexicanas, excepto las relativas a las funciones de los jueces de campo de la antigua Mesta novohispana. Pero Shinn y Dusenberry se declaran convencidos de que la influencia de esa institución perdura en múltiples aspectos de la vida en las haciendas ganaderas *(ranches)* californianas.[15]

El tema del pasto de ganados nos lleva a tratar las tierras de uso común de que estaban dotados los municipios de la Nueva España, el e j i d o y la d e h e s a , formas de propiedad de origen medieval a su vez derivadas del *ager publicus* de los romanos. El primero estaba destinado fundamentalmente al ganado de cría de los vecinos de villas y ciudades, y la segunda a los bueyes de labor, caballos, bestias de carga y reses para la matanza. La voz e j i d o (escrita antiguamente exido, pronunciándose como eyido) deriva del latín *exitu*, salida, y se aplicó a tales terrenos porque siempre se localizaban a la salida del pueblo. Altamira define el ejido como "campo común de un pueblo, lindante con él, donde suelen reunirse los ganados o establecerse las eras", es decir, el lugar donde se trillaban las mieses. Fue una institución generalizada en el mundo germánico, según Eduard Meyer, y en la Península existió casi en todas partes como tierra de beneficio común. En la España medieval se habla del ejido en los fueros de Cardeña y de Eslonza. Varios títulos y leyes de las Partidas Terceras y Sexta de Al-

---

[15] Miranda, "Mesta", 3 y n. 4, 12, 14 y 196. A. Lira y L. Muro, 125, 126 y 144. Dusenberry, 45-51, 150, 195-198, 204, 208 y 209. Chevalier, *Land and Society*, 85-86 y 111. Las ordenanzas de 1574 están publicadas in extenso en Beleña, i, 2ª Parte, núm. liv, 27-64. Véase en Pescador del Hoyo (ed), Documentos de Indias, 56, el texto de las Ordenanzas de la Mesta de Puebla, de 1556. Charles H. Shinn, *Mining Camps, A Study in American Frontier Government*, Nueva York, 1885, 87 (citado por Dusenberry, 197). La real provisión de 1542 confirmando la creación de la Mesta novohispánica está publicada en el Cedulario de Encinas, fol. 70.

fonso X y los Fueros Generales de Vizcaya lo reglamentan, y las primeras leyes dadas para las Indias ordenan ya que se delimiten ejidos y dehesas para uso de los pobladores. Domínguez y Compañy describe atinadamente la coexistencia de la propiedad privada y la propiedad comunal tanto en Castilla como en América. Señala que en las colonias los pueblos de españoles, además del ejido y la dehesa, poseían unas zonas no cultivadas llamadas *montes* cuyos productos, maderas o frutos silvestres, se aprovechaban en común. Los vecinos también tenían el derecho llamado tanto en la Península como en la Nueva España la "derrota de las mieses", que les permitía llevar a pastar sus ganados a las sementeras privadas, una vez levantadas las cosechas, principalmente de trigo o de maíz, o sea para agostadero. Éste era un arreglo mutuamente beneficioso pues los animales aligeraban el trabajo de barbecho eliminando una parte del rastrojo. En suma, el ejido era una institución parecida a las tierras comunales de los pueblos indígenas, pero éstas eran una supervivencia del *calpullalli* precortesiano.[16]

"Los conquistadores nuestros padres —escribe Gonzalo Gómez de Cervantes en el siglo XVI—, cuando ganaron esta tierra, eligieron ciertos pedazos... para ejidos, donde anduviesen los ganados." México escogió los suyos en 1528 en la ribera occidental del lago en que se asentaba la ciudad, cerca de la actual Alameda; las Actas de Cabildo demuestran que tuvo que defenderlos con energía de las usurpaciones de Cortés y de otras personas que intentaron apropiarse de ellos para fines agrícolas, cosa que hizo necesario nombrar un "guarda del campo" que los vigilase. La Emperatriz Isabel por iniciativa de la Segunda Audiencia, confirmó con cédula fechada en Medina del Campo el 20 de marzo de 1532 la reserva de pastos, montes y aguas en toda la Nueva España para uso común. Para entonces Oaxaca ya disfrutaba de ejidos, definidos el 4 de agosto de 1529 por su Alcalde Mayor Juan Peláez de Berrio, mismos que le fueron confirmados por real cédula tres años después. La segunda Guadalajara "requirió" o sea señaló los suyos en 1532; y cuando cambió de sitio, tanto Vázquez de Coronado en 1540 como el gobernador interino Cristóbal de Oñate en 1543 le concedieron nuevos ejidos "previos los reconocimientos y formalidades debidas". Los de Puebla fueron establecidos en 1535 cerca del río Atoyac, nombrándose al mesonero Esteban González de Melo "guarda de los exidos, dehesas y montes". Carlos V confirmó en 1548 estos arreglos, que según Leicht, subsistieron con pocas modificaciones durante toda la época colonial. En Valladolid los ejidos fueron señalados por el virrey el mismo día en que se fundó la ciudad en 1541; y en 1575 Felipe II describió en la cédula de fundación de Aguascalientes (ciudad designada por el rey con el nombre de "Real Villa de la Asunción en el sitio y paso que dicen de las aguas calientes") los eji-

---

[16] Altamira, *Diccionario*, *sub* Ejido; véanse, del mismo autor, *Historia de la propiedad comunal* (Madrid, 1914), y J. M. Zumalacárregui, *Ensayo... de la propiedad comunal...* (Madrid, 1903). Eduard Meyer, II, 227 y notas 32 y 33. Tudela, 382-383 (el ejido y la dehesa en las Indias). Domínguez y Compañy, 165 y 168-171. Haring, *Spanish Empire* (la leña del ejido). Céspedes del Castillo, "Las Indias de los siglos XVI y XVII", III, 345 (el rastro); *cf.* Chevalier, *Land and Society*, 88. Solano, 318 (el ejido y las tierras de los *calpullis*). Sobre el agostadero, véase *ante*, la p. 461, nota 8 *in fine*.

dos de la nueva población cuya extensión debía ser de "cinco leguas para todos rumbos, partiendo del primer templo que se construya". Zacatecas dice Mendizábal, no obtuvo ejidos; pero Blackmar señala que los pueblos de la Alta California fundados en el siglo XVIII sí los recibieron.[17]

Las bestias de tiro, algunas aves y animales domésticos y otros cuya carne es comestible llegaron en su mayoría a la Nueva España procedentes directamente del Viejo Mundo; no fue éste, sin embargo, el caso del caballo, traído por Cortés de Cuba. Por la importancia que adquirieron en la economía o en la dieta de la Colonia sobresalen las res, la mula, el burro, la oveja, la cabra, el puerco y la gallina. Géneros comunes a ambos continentes aunque en diferentes especies fueron entre otros el pato, la rana, el águila, el conejo, el mono, el venado, la liebre y el perro, aunque en Norteamérica, comprendido el Valle de México, existieron preéquidos (*equus tau owen, equus occidentalis cope*) en época muy remota, algunos de cuyos restos pueden verse en el Museo Nacional de Historia Natural de México. Fueron especies exclusivas de América o específicamente de México el zorrillo, el armadillo, la cochinilla, la guacamaya, el manatí, la iguana, el pavo, y otras especies de gallináceas silvestres. Entre los peces tanto en aguas novohispanas como europeas se criaban el atún, el bobo, el dorado, la liza, el sábalo, la sardina, el tiburón y algunos peces voladores.[18]

Como sucedió en el caso de los aperos agrícolas, sólo unas cuantas de las variadas técnicas piscatorias existentes en España se introdujeron a la Nueva España y en general a las Indias, las cuales hasta hoy se practican. Así, la red barredera de copo, llamada ahora chinchorro y antiguamente jábiga o boliche, se usa en casi toda la costa mexicana y en algunos lagos como el de Pátzcuaro. Otros tipos de red también de origen español, utilizados desde México hasta Chile, son la atarraya y el trasmallo. En Tzintzuntzán y en Coatzacoalcos se emplea un copo o sea una red en forma de bolsa que comprende una pieza semejante a un cuchillo de indudable origen medieval. Desde el siglo XVI los pescadores de las costas del Pacífico emplean en la caña de pescar el tipo de cordel tradicionalmente llamado espinel o palangre que tiene una serie de anzuelos.[19]

[17] GÓMEZ DE CERVANTES, 183. ACTAS DEL CABILDO de México, I, 163 (20 de marzo de 1528), II, 32 (20 de septiembre de 1529), II, 137-138 (30 de octubre de 1531), y IV, 160-161 (nombramiento de guarda de campo en favor de Álvaro Martín de Almonte, 3 de enero de 1539). CEDULARIO de PUGA, I, 298; y Riva Palacio, de 198 (Cédula de Medina del Campo de 1532). Iturribarría, 86 y Chevalier, *Land and Society*, 87 (ejidos de Oaxaca). Páez Brotchie, *Guadalajara novogalaica*, 36, y Amador, I, 107 y 188 (ejidos de Guadalajara). LÓPEZ DE VILLASEÑOR, 72, 85 y 93 (ejidos de Puebla). Leicht, *Puebla*, 82. Lemoine (ed.), DOCUMENTOS PARA LA HISTORIA DE VALLADOLID, 20 (ejidos de Valladolid). A. R. González, 12 (ejidos de Aguascalientes). Mendizábal, "Compendio histórico de Zacatecas", en *Obras Completas*, V, 133. Blackmar, 166-167.

[18] Sobre los primeros animales llegados a América de Europa, véanse Robertson, "Plants and animals", 7-21 y *passim*, cuya descripción se basa en los escritos del Padre Cobo; y Zavala, *Mundo Americano*, I, 40 y 69. El Padre ACOSTA, 105-107, enumera detalladamente las especies traídas del Viejo Mundo, las propiamente americanas, y las que eran comunes a los dos continentes, pero en algunos casos se equivoca. Álvarez del Villar, cap. I (preéquidos americanos).

[19] Semo, 35 y 37. Foster, *Cultura y Conquista*, 43-44 y 153-154; y *Culture and Conquest*, 4 y 85.

En el campo de la m i n e r í a , la herencia medieval y en particular la de la Europa central es evidente en la Nueva España. Lang y West señalan que durante el Medievo hubo en Europa tres grandes zonas de actividad minera y metalúrgica, que fueron el Véneto (Italia), el macizo del Harz (en la Alemania central) y al sur de éste, los montes metalíferos o *Erzgebirge*, situados en los límites de Sajonia con Bohemia. En esos tiempos, los mineros alemanes poseían las técnicas más avanzadas y su influencia fue la que más se sintió en la Península y posteriormente en la Nueva España. No obstante, los mineros italianos tenían una mayor experiencia en la explotación del azogue y en su utilización en diversas formas de amalgama que luego sería la base del procedimiento llamado de patio aplicado con revolucionarios resultados a la producción de plata en el mundo hacia mediados del siglo XVI. Ahora bien, aunque la legislación minera española es muy antigua ya que se remonta al Fuero Viejo de Castilla (1128), a las Siete Partidas, al Ordenamiento de Alcalá (1348) y a las Ordenanzas dadas por Juan I en Briviesca (1387) complementadas por Felipe II en 1559 y en 1584 (textos legales vigentes en la Nueva España hasta la Independencia), al terminar la Edad Media eran muy pocos los mineros expertos con que contaba la industria extractiva peninsular. La experiencia española se reducía prácticamente a las minas de hierro de Vizcaya, y a las de mercurio de Almadén antes de su cesión a los Fugger, de Augsburgo, en 1525 (las minas de plata de Guadalcanal no fueron descubiertas hasta 1555). Otra familia de ricos mercaderes alemanes, que ya poseía factorías en España, los Welser, obtuvo de Carlos V la concesión de enviar agentes en 1525 a Santo Domingo y después de 1536 a la nueva España, para explotar algunas minas coloniales. Con aquellos agentes viajaron un gran número de mineros alemanes, que instruyeron a los colonos españoles en ambas posesiones. Entre ellos llegó a México un cierto Juan Engel "con aparejos e industrias para fundir metales en las minas de plata", acompañado de mineros que emprendieron la explotación de las minas de Sultepec, al noroeste de Taxco, entre ellos Gaspar Loman; y "Miguel Pérez", quien se instaló en Taxco y fue autor de un diseño de ingenio de minas que llegó a manos del Virrey Mendoza. Emplearon allí nuevos métodos de pulverización de los minerales, utilizando para ello un bocarte con pisón movido por fuerza hidráulica; desde allí éstas y otras técnicas alemanas se difundieron a diversos reales de minas. En un principio, la explotación minera fue tan intensa que ya en 1537 el Virrey Mendoza estimó necesario, con base en la legislación medieval, promulgar unas Ordenanzas para reglamentar las condiciones del trabajo voluntario de los indios en las minas de la Colonia.[20]

[20] Lang, 37. West, 15. *Cf.* Rodríguez Rivas y Bargalló, 84, sobre la legislación minera española. Mendizábal, "Minería y metalurgia mexicanas, 1520-1943", en *Obras Completas,* v, 27-28 (la minería española en el siglo XVI) y 30 (Juan Engel). Sobre las actividades mineras de la familia Welser en las Indias y especialmente en la Nueva España, ver Haring, *Comercio y Navegación,* 124-125 y 127, así como Haebler, *Die überseeischen Unternehmungen der Welser* (La Haya, 1917), 48-51; Lang, 26; y West, 16. Probert, 105, 108-109 (Loman y "Miguel Pérez"). Ramos Pérez, 385 (Ordenanzas de Mendoza, 1537).

Entre 1550 y 1560 hizo su aparición en la Nueva España un nuevo méto-do de beneficio que facilitó grandemente la producción de plata y que sólo fue superado con la introducción del método de cianuración en 1887. Co-nocido en nuestra historia como procedimiento de patio, su característica básica era la amalgamación del mineral argentífero triturado con mercu-rio o azogue, que después del proceso era recuperado; por su efectividad tendió a sustituir los viejos métodos de fundición y de afinación, tan lentos como costosos. Se ha atribuido su invención al minero español Bartolomé de Medina, quien llegó al virreinato en 1553, pero se sabe que el método ya era conocido en Europa desde antes, especialmente por los mineros sajo-nes, algunos de los cuales se habían establecido en España, en las Antillas y en México para trabajar en las concesiones otorgadas a los Fuggers (his-panizada a Fúcaros) y a los Welsers. De hecho, las propiedades amalga-mantes del mercurio fueron conocidas de los antiguos, y son mencionadas tanto por el Tratado *De pyrotechnica* del veneciano Vanoccio Beringuccio (publicado en 1540) como por el mineralogista y médico alemán Jorge Bauer (*Georgius Agricola*) en *De re metallica*, obra escrita entre 1530 y 1550 y cono-cida por Engel, Loman y "Miguel Pérez". Mas Agrícola no hizo en su trata-do otra cosa que describir cómo usaban el mercurio los mineros alemanes para extraer oro de arcilla y gangas auríferas. En Europa sin embargo ese sistema nunca pasó de ser una mera curiosidad, dice Mendizábal, porque las vetas conocidas de oro y especialmente de plata eran pocas y de baja ley. (Se ha dicho que toda la plata que circulaba en Europa en 1500 hubiera cabido en una modesta habitación y que en cambio con la que la Nueva Es-paña exportó a la Península hasta 1818 se habría podido construir una calzada a través del Atlántico.) Se dio un paso adelante en la explotación de las minas de la Colonia cuando el minero alemán de Sultepec y Taxco, Gaspar Loman, informó en 1550 al virrey haber descubierto una nueva for-ma de fundición que daba mayor rendimiento a los minerales argentíferos; era un método combinado químico-mecánico que separaba las menas de plata de la ganga. Mendoza concedió ese mismo año una licencia a Loman para explotar esa "nueba manera de rresumir los minerales de plata". Tres años después llegó a México procedente de Sevilla Bartolomé de Medina, quien puso en práctica en Pachuca y en Jilotepec un método semejante al descrito por Loman, que permitía extraer rápidamente y hacer rendir la ley de los minerales de plata "con azogue y cierto magistral fácil de haber y de hacer" (probablemente piritas de hierro y cobre). Este sistema fue el lla-mado beneficio de patio, cuya eficacia quedaría comprobada en la Nueva España; Medina lo aprendió de un metalurgista alemán residente en la Pe-nínsula llamado Maese Lorenzo, según las investigaciones de Justina Sara-bia Viejo; intentó llevárselo consigo a la Colonia pero la Casa de Contra-tación no autorizó el viaje del alemán.[21]

[21] Bakewell, 193; Braudel, *Wheels of Commerce*, 327 (método de amalgamación en la Nue-va España). Lang 39-40 (Beringuccio y Agrícola). Haring, *Comercio y Navegación*, 199 (experi-mentos de los mineros alemanes con mercurio). Mendizábal, *op. cit.*, v, 32. Sánchez Flores, "Tecnología en la Nueva España", 10 (Carta de Loman a Mendoza). Zavala, "La amalgama-ción en la minería", 418 (respuesta de Mendoza a Loman). Sobre Bartolomé de Medina, el

Medina recibió del Virrey Velasco I probablemente en 1555 la patente de explotación del beneficio de patio, gracias a la cual en el siguiente decenio acumuló grandes sumas provenientes de las regalías pagadas por los miembros novohispanos que utilizaban el método. Las sumas pagadas eran proporcionales al número de esclavos que cada uno empleaba en sus operaciones. Informan Zavala y West que el método fue mejorado por Loman en Sultepec al año siguiente, mediante el procedimiento de añadir sal a la fórmula de Medina y de utilizar como magistral, al igual que en Sajonia, la calcopirita o pirita cobriza. (La misma fórmula fue luego aplicada en las minas del Perú.) Ese método de patio no fue superado antes del último decenio del siglo XIX, y los instrumentos que en su aplicación se utilizaban, tomados de Agrícola, desde el zapapico hasta la bomba hidráulica, no sufrieron alteración antes del siglo XVIII. Por todas estas razones, los historiadores modernos coinciden en que Loman tiene suficientes méritos por lo menos para compartir con Medina el honor de haber introducido el beneficio de patio en la Nueva España. Otra característica de la minería mexicana del siglo XVI muy semejante a la práctica medieval española fue el "sonsaque" de trabajadores, prohibido por la legislación peninsular. Consistía en que un minero obtuviera los servicios de un peón de minas ya concertado con otro patrón. Los Virreyes Velasco II, Monterrey y Montesclaros formularon ordenanzas que prohibieran a los mineros "sonsacar" a los indios naboríos que ya hubieran alquilado sus servicios voluntariamente a otros dueños de minas. Pero quizá la diferencia fundamental entre la minería española medieval y la colonial, además de la mayor magnitud y originalidad de esta última, fue que en Europa constituyó sólo una fuente de recursos de la Corona, mientras que en la Nueva España fue además factor en el movimiento de población y para el establecimiento de normas aplicables a las relaciones de los conquistadores con el mundo indígena.[22]

beneficio de patio y Maese Lorenzo cf. Sánchez Flores, op. cit., 11; West, 31; Henry R. Wagner, "Early Silver Mining in New Spain" en Rev. de Hist. de América, 14 (1942), 49-80; GÓMEZ DE CERVANTES, 40-54; Bargalló, Minería y Metalurgia, 155 sqq. (se reproduce una carta de Medina, fechada en Jilotepec el 29 de diciembre de 1555, en la que se alude sin nombrarlo a Maese Lorenzo); Justina Sarabia Viejo, Velasco, 439; Zavala, "Contacto de culturas", 195; Probert, 91-92, 105. Cf. Sánchez Flores, Tecnología e Invención, 94, acerca de otros mineros alemanes activos en México (Verger, Kreiser, etc.). Brading, 184; y Humboldt, Ensayo Político sobre... la Nueva España, ed. Juan Ortega y Medina, México, 1966, 366 (instrumentos utilizados en el procedimiento llamado de patio).

[22] Zavala, Mundo Americano, I, 43; y "La amalgamación en Minería", 420. West, 31 Cf. F. Fernández del Castillo, "Algunos documentos nuevos sobre Bartolomé de Medina", en Mem. de la Soc. Cient. Antonio Alzate, XLVII (1927), 207-251. Mendizábal, "Minería y Metalurgia mexicanas, 1520-1943", en Obras Completas, V, 34. Bakewell, 199-202, describe otras innovaciones de la técnica minera del siglo XVI en la Nueva España, tales como el beneficio del antimonio y la fundición de la galena, el mineral más común del plomo. Zavala, Ordenanzas de Trabajo, XVI ("sonsaque" de indios). El "sonsaque" se usaba también en los obrajes: Zavala, Servicio de Indios, III, 445. El náhuatl contribuyó al léxico minero con la palabra "pepena", que significó separar en las minas el metal de la ganga o cascajo. Ramos Pérez, 378 (diferencias entre la minería española y la indiana).

XXV. ESCLAVITUD, GREMIOS Y COFRADÍAS

DESPUÉS de haber examinado la herencia medieval en las actividades económicas primarias de la Nueva España —agricultura, ganadería, pesca y minería— en el presente y en los siguientes capítulos estudiaremos otros aspectos de la economía colonial del siglo XVI y primera mitad del XVII, que reflejan aquella misma influencia: la mano de obra de los esclavos, la artesanía corporativa (y su inseparable cofradía), la navegación, el comercio monopolístico, los sistemas de pesas y medidas y la circulación y acuñación de moneda. El signo que preside todas esas actividades o instituciones no es el capitalismo, que ya se iba imponiendo en la Europa nórdica y en Italia (y que en los siglos XVII y XVIII estructuraría la colonización holandesa e inglesa de América), sino más bien, como señala Max Weber, una economía natural fuertemente matizada aún por conceptos señoriales y feudales. Nada es más consecuente que esto si se recuerda que en el siglo de la Conquista y durante largo tiempo, el rasgo fundamental de la economía peninsular fue su carácter eminentemente rural; que las teorías mercantilistas se abrieron paso en España con dificultad y muy tarde. Carmagnani ha subrayado recientemente que el sistema económico introducido en las Indias tenía carácter feudal tanto por la manera de producir como por la circulación de lo producido, pues la economía mercantil no logró penetrar en este sistema porque no obtuvo respuesta del modo de producción reinante: más aún, aquella estructura feudalizante se caracterizó por una gran estabilidad, y durante los siglos XVI y XVII estuvo siempre en fase ascendente. Por su parte, Sayous, en su estudio de las instituciones económicas latinoamericanas del siglo XVI, llega a la conclusión de que casi todas ellas fueron simplemente calcadas de las peninsulares cuya técnica y efectividad estaban bien desarrolladas y comprobadas, y en un principio casi sin modificaciones.[1]

La esclavitud no fue una institución desconocida en la América precolombina, pero la Conquista transformó profundamente sus características especializándola en los negros que muy pronto se comenzaron a importar. En Europa, la esclavitud fue practicada desde la Antigüedad más remota y en la Edad Media coexistió con la servidumbre; tenía un doble origen: la trata de esclavos y los infieles hechos prisioneros en "justa guerra". En la Península, la esclavitud fue reglamentada jurídicamente por las Siete Partidas, cuyas normas tuvieron vigencia prácticamente hasta su abolición en el siglo XIX. África fue por excelencia el continente proveedor de esclavos, pero los primeros que los españoles llevaron a las Indias no fueron necesariamente negros pues los había moros y bereberes. En los siglos IX y X

---

[1] Max Weber, *Historia Económica General*, cit. por Cué Cánovas, 32. Peggy K. Liss, 148, coincide en esa apreciación. Barbosa Ramírez, 29 (carácter predominantemente rural de la economía española en el siglo XVI). Carmagnani, 44. Sayous, "Instituciones económicas", 7-8 y 17.

los árabes de España poseían muchos esclavos de origen eslavo comprados en Oriente, y por supuesto también astures y navarros hechos prisioneros. En los siglos XIII y XIV algunos monasterios cristianos y la Orden del Temple poseían esclavos, entre ellos sarracenos y griegos. Con el tiempo, el número de esclavos propiedad de los cristianos aumentó, primero a resultas de las expediciones catalanas a tierras bizantinas (donde se adquirieron esclavos tártaros, rusos, caucasianos, etc.), y luego debido a la conquista de las Canarias. Pero la principal fuente de aprovisionamiento de esclavos fueron las guerras de Reconquista y especialmente su último episodio, la conquista de Granada. A fines del siglo XV y principios del XVI la esclavitud estaba más generalizada en Andalucía y en los Algarves que en el resto de la Península, y en 1565, según Walter Erwin Palm, había en Sevilla 6 327 esclavos de existencia históricamente comprobada. De hecho —informa Verlinden— la importación de esclavos a España no fue prohibida hasta 1836.[2]

En la segunda mitad del siglo XV los españoles comenzaron a comprar esclavos negros a los portugueses, quienes los obtenían del litoral africano donde habían establecido factorías comerciales. La importación de mano de obra negra en América se inició en 1501, cuando se dio una autorización en ese sentido al gobernador de La Española, Nicolás de Ovando. Fernando el Católico mismo favoreció este inhumano tráfico en diversas disposiciones; y en 1510, en un documento sobre el régimen y gobierno de las Indias dirigido a la Casa de Contratación, convalidó las anteriores órdenes y dispuso que en esa ocasión se enviara un mínimo de 200 esclavos a Santo Domingo, para su venta. Debido a la desconfianza que la Corona siempre demostró por la navegación de las potencias navales en aguas americanas, aquellos esclavos, como señala Hanke, al igual que los enviados antes a las Canarias, no procedían directamente de África sino de Andalucía. Los primeros negros llegados a la Nueva España, con Narváez y Dorantes de Carranza, vinieron seguramente también de Andalucía. Más tarde, a instancias de Las Casas, fueron importados muchos esclavos para trabajar en las minas. La esclavitud de los negros no salvó a los naturales ni en las Antillas ni en la Nueva España. Ya Cortés había comprado en 1542 esclavos africanos, procedentes de las islas Cabo Verde. Los conquistadores y colonos españoles, dice Zavala, se hicieron de esclavos indios mediante el cautiverio de los vencidos en la guerra o el rescate de los reducidos a esa condición por sus señores indígenas naturales. En la expedición de la Conquista —relata Bernal Díaz del Castillo con desagrado— se hicieron muchos esclavos, de los cuales Cortés siempre se reservaba una quinta parte apartando otra para el rey. Eran generalmente cautivos de guerra y fueron especial-

---

[2] Verlinden ha estudiado, en su *Histoire de l'Esclavage*, la evolución de la esclavitud en Europa y su continuación en la América española y portuguesa: ver esa obra y, además, "Précédents et parallèles", 114, 125, 129, 130, 135, 140 y 152-153; y "Modern Civilization", 27, 30, 32 y 43. Konetzke, *El Imperio español*, 119 (origen de la esclavitud en España). Martín, "Esclavitud negra", 55 (Código de 1789) y 66 (trata de esclavos en la cuenca mediterránea). Palm, *La Española*, I, 38-39 (número de esclavos en Sevilla en 1565); *cf.* Céspedes del Castillo, "Las Indias durante los siglos XVI y XVII", II, 393.

mente numerosos los reducidos a la esclavitud en Chalco y en Texcoco. Se les herraba con la letra "G" (que significaba "guerra"), con un hierro fundido en Segura de la Frontera (Tepeaca), según precisa Orozco y Berra. Algunos capitanes de Cortés hicieron lo mismo, como por ejemplo Luis Marín en Chiapa y Pedro de Alvarado en Guatemala. Es evidente que el precedente indígena contribuyó a la prolongación de la esclavitud como tal en América, como lo señala Verlinden. Nuño de Guzmán herró tantos esclavos indios con su marca que por poco despuebla la provincia de Pánuco, aunque luego la Corona declaró nulos sus actos y mandó quebrar los hierros. En 1529 se ordenó, para evitar abusos, que el fierro con que se marcaban los esclavos se guardara "en un arca de dos cerraduras con dos llaves", que debían ser conservadas una por el Obispo Zumárraga y la otra por la justicia. Con todo, la esclavitud de negros e indios no intranquilizó demasiado las conciencias cristianas en la Nueva España, ni en el siglo XVI ni después. Prueba de ello es que el Obispo de México Fray Juan de Zumárraga los tuvo, y aunque les dio la libertad, lo hizo con la condición de que le sirvieran durante toda su vida, "lo cual quita todo mérito a la dádiva", dice García Icazbalceta. Mas la esclavitud indígena tendió a desaparecer, gracias a las disposiciones de las Nuevas Leyes de 1542; y en 1550 la Corona designó a un "procurador general de los indios", encargado de defenderlos de los actos de quienes pretendían coartar su libertad. Se hizo una excepción de aquellos que persistieran en una actitud hostil. Éste fue el caso, entre otros, de los "chichimecas", algunos de los cuales fueron esclavizados por término fijo, durante periodos de ocho, quince o veinte años. Como es sabido, la abolición definitiva de la esclavitud en la Nueva España, timbre de gloria del cura Hidalgo, fue decretada en Guadalajara en 1810.[3]

El trabajo artesanal y la raquítica actividad industrial de la Nueva España tuvieron por marco los g r e m i o s , que habían monopolizado en la Europa medieval este género de actividades desde que en los nuevos centros urbanos surgió la burguesía como clase social. Eran corporaciones de mercaderes o de artesanos del mismo oficio, creadas tanto con fines de protección mutua y de beneficencia como para fomentar la calidad de sus productos. La agremiación era forzosa por igual para los que hoy se llaman

[3] Verlinden, "Précédents et parallèles", 140; y Haring, Spanish Empire, 219 (Nicolás de Ovando). Sobre la esclavitud en las Canarias, y su secuela en las Antillas, ver C. Verlinden, "La Esclavitud en Canarias", en IV Coloquio de Historia Canario-Americana (1980), Gran Canaria, 1982, I, 9-28. Fabié, "Ensayo histórico", 102 (Carta de Fernando el Católico de 1510). Hanke, La lucha por la justicia, 42. Verlinden "Medieval Slavery in Europe and Colonial Slavery in America", 47, en Modern Civilization. Zavala, Esclavos Indios, XI, 179 y 198. Verlinden, Recueils Jean Bodin, 149 (esclavos de Cortés); 154 (prolongación de la esclavitud). La esclavitud de indios es usual en las regiones de frontera pero disminuye y acaba por desaparecer conforme avanza la "pacificación", o sea la Conquista (ibid., 153-154). BERNAL DÍAZ, cc. CXXXV; II, 131 y 132; CXXXVI; II, 136; CXLIII; II, 186 (Chalco y Texcoco) y 218 (Texcoco); CXLVII; II, 408 (Luis Marín); CLXIV; II, 380 (Pedro de Alvarado); y CXCLI; III, 158 (Nuño). Orozco y Berra, Historia Antigua, IV, 413, 422 y 427 (hierro en forma de "G"). García Icazbalceta, Zumárraga, 172, 173 y 176. Verlinden, "Esclavage Colonial", 38 y 39 (disposiciones de 1529 y 1550). Powell, "Spanish Warfare", 587 (esclavitud a término fijo).

patrones y para los trabajadores. Los miembros podían ser de tres categorías: m a e s t r o s (palabra que en México todavía distingue a un artesano hábil en su especialidad), oficiales o c o m p a ñ e r o s , y a p r e n - d i c e s . Cada gremio tenía el monopolio de la producción en su campo, establecía las normas de trabajo y calidad, controlaba los precios y elimi- naba la competencia tanto interna (limitando el número de sus miembros) como externa. La creación de una "obra maestra" era uno de los requisitos esenciales para ascender al grado de maestro. La organización gremial tal como la hemos descrito sobrevivió a la Edad Media; y sólo la Revolución Francesa la suprimió instituyendo la libertad de trabajo; en España la or- ganización gremial fue abolida por las Cortes de Cádiz, y en México, por las leyes de Reforma en la segunda mitad del siglo xix.

Los g r e m i o s no son tan antiguos en la Península como en el cen- tro de Europa, aunque el Califato de Córdoba reglamentó cuidadosamente la actividad artesanal. En la España cristiana, el gremio apareció en el siglo xii. En 1137 ya existía en Zaragoza una organización de zurradores (cur- tidores), y un decreto real fechado en Oviedo en 1145 reglamentó en Astu- rias y León las actividades de varias corporaciones, entre ellas las de mer- ceros y carniceros. Los gremios eran numerosos en Cataluña y Valencia en los siglos xiii y xiv, y hacia 1250 aparecieron en Soria y en Segovia. Al de- clinar el Medievo habían proliferado a tal grado que en muchas ciudades ibéricas había barrios habitados sólo por gente dedicada a una profesión u oficio particular, llamados menestrales. Los Reyes Católicos, de acuerdo con su política de apoyarse en las comunas para debilitar a la clase feudal, fomentaron sistemáticamente la agremiación de los artesanos, programa que luego extendieron a Santo Domingo, y sus sucesores a México y al Perú. En la Época de los Descubrimientos, pues, el gremio había alcanzado su madurez en España gracias al favor real, mientras en las Indias cabildos y virreyes llevaron adelante la política tradicional auspiciando la creación de gremios y promulgando ordenanzas para ellos.[4]

La organización del trabajo en la Nueva España mediante la creación de g r e m i o s tuvo excelentes efectos sobre la vida productiva de la Colo- nia. La aparición de estas asociaciones fue tan espontánea, en efecto, que con una sola excepción todas empezaron a funcionar antes de que sus actividades fueran objeto de reglamentación por parte de la autoridad pú- blica. La excepción fue el gremio de herreros, creado mediante Ordenanza del 15 de marzo de 1524 del Cabildo de México, siete días después de su pro- pia fundación, y reunido provisionalmente en la casa de Coyoacán de uno de sus regidores, llamado nada menos que Hernán Cortés. Los restantes gre- mios (excepto el de sombrereros) ya existían cuando, con aprobación del virrey, les fueron otorgadas sus respectivas ordenanzas por el Cabildo de México; entre ellas se pueden enumerar las de s e d e r o s (1542), b o r - d a d o r e s (1546), e s c o l á s t i c o s o maestros de banquillo (1548), g u a r n i c i o n e r o s de sillas y aderezos de caballos (1549),

[4] Baldwin, 9-10 y Cruz, 9-11 (los gremios en la España cristiana). Palm, *La Española*, 40. Foster, "Cofradía and Compadrazgo", 17-18.

c o r d o n e r o s y x á q u i m a s (1550; la jáquima era una ca-
bezada de cordel), d o r a d o r e s y pintores (1557), c h a p i n e -
r o s o zapateros (1560), s o m b r e r e r o s (1561), z u r r a -
d o r e s (1565), y t e j e d o r e s de lana (1592) y de hilo de oro
(1599), en total 19, como informa Zavala. Todas aquellas ordenanzas fijaban normas de calidad y precio de la mercancía y en algunos casos limitaba su producción. Los p l a t e r o s de México iniciaron su admirable
labor artística pocos años después de la caída de Tenochtitlán, pero no se
constituyeron en gremio sino hasta 1580 porque en un principio fueron vistos con hostilidad por la Corona (en 1527 era famoso ya, entre ellos, un
maestro llamado Héctor Méndez). Según una reglamentación de las Cortes
de Burgos dada en 1435 para los plateros españoles y luego aplicada en
México, la materia prima sólo podía ser oro de 22 quilates y plata de 11 di-
neros y 4 granos. De cualquier forma, la platería colonial, opina Anderson,
fue en un principio rama de arte netamente español, con escasa influencia
indígena. Las ordenanzas de otros gremios fueron igualmente minuciosas,
como en el caso de los s a y a l e r o s , las cuales, según Barrio Lorenzot, preveían el número de hilos que había de entrar en la trama. Muchos de
estos reglamentos reproducían el texto de los correspondientes de la
Península como los que normaban las actividades de los sederos originalmente redactados para el Albaicín de Granada; de los c e r r a j e -
r o s , que repetían las de Sevilla de 1502; y de los e s p a d e r o s ,
copia de los de Toledo y de la misma Sevilla.[5]
Una de las ordenanzas más interesantes por ser reproducción de un
modelo medieval fue la de pintores. Sus agremiados se dividían en cuatro
categorías: s a r g u e r o s o pintores al óleo, fresquistas, d o r a -
d o r e s e i m a g i n a r i o s , como se llamaban entonces los pintores de imágenes; esta clasificación tuvo gran importancia para orientar
la producción pictórica de la Colonia porque estimuló una gran especiali-
zación. Por otra parte, los gremios no sólo normaban la producción de sus
miembros sino que también administraban la justicia entre ellos; las juntas de las corporaciones podían imponer penas que iban desde una multa
hasta la suspensión, la vergüenza pública o aun el exilio. Para evitar infrac-
ciones, el oficial de mayor importancia de cada gremio era un v e e d o r

---

[5] BARRIOS LORENZOT, Int., i. Muro, "Herreros y Cerrajeros", 337; Barbosa, 95; y Cruz, 13 (el
gremio de herreros). Las Ordenanzas de gremios a que se alude en el texto fueron en algunos
casos sólo las *primeras* ordenanzas; las fechas en que fueron promulgadas han sido tomadas
de los siguientes autores: Carrera Stampa, *Gremios mexicanos*, 260; Shields, 9-10; Chávez
Orozco, *Historia Económica y Social de México* (México, 1938), 54; Romero de Terreros, *Artes
Industriales*, 182; Foster, *op. cit.*, 18; y Konetzke, "Ordenanzas de Gremios", 444-447. Zavala, *Servicios de Indios*, III, 455-463. Véase la p. 481 para otro recuento de gremios a finales del siglo
XVI. Genaro V. Vázquez, en *Legislación del Trabajo*, 23, transcribe las Ordenanzas del gremio de
sombrereros promulgadas en 1561. Guthrie, "Colonial Economy", 105 (normas de calidad en
la producción gremial). Sobre el gremio de plateros, ver Romero de Terreros, *op. cit.*, 20 y 40-42
(se decía que San Felipe de Jesús fue oficial del gremio de plateros, p. 25); José María Marroquín, *La Ciudad de México* (México, 1900), III, 195; Cruz, 125; y Anderson, 27, 47, 50 y 106. Barrios Lorenzot, 53, Shields, 10; y Cruz, 16 (Ordenanzas de sederos). Muro, *op. cit.* 339 (Ordenanzas de cerrajeros). Romero de Terreros, *op. cit.*, 77-78 (Ordenanzas de espaderos).

elegido anualmente; el primero de esos inspectores que tuvo el de plateros fue Francisco de Toledo, nombrado a petición de los propios artífices por el Cabildo de México el 26 de mayo de 1532. Fue regla general que el artesano o artista que hubiera hecho ya sus pruebas como oficial o maestro en España o en otro lugar de las Indias no tuviera que ser examinado de nuevo para ingresar a un gremio en la Nueva España. Al finalizar el siglo XVI, había en la Colonia 153 gremios, de los cuales Barrio Lorenzot examina 94; entre ellos se encuentran los ya mencionados y los de a g u j e - t e r o s , b a t i h o j a s , g u a n t e r o s , o r i l l e r o s , p a s a m a n e r o s , t o n e l e r o s y c o h e t e r o s .[6]

Los g r e m i o s eran organizaciones jerárquicas y monopolísticas exclusivas de los españoles y criollos; y la producción de sus miembros era más bien reducida y se destinaba siempre al mercado urbano. Los indios no eran admitidos a los gremios con ninguna calidad, pero a pesar de ello se les permitía ejercer por su propia cuenta la profesión u oficio que tuvieran sin el requisito de un examen previo; mas eran pocos los que aprovechaban tal concesión de la Corona. Chávez Orozco interpreta esta circunstancia como medida de protección al igual que la autorización dada a los menesterosos para fabricar y vender c a n d e l a s o velas al margen del gremio de candeleros existente. Otros 27 gremios surgieron en el siglo XVII y 19 más en el XVIII, cuando entraron en franca decadencia. Dentro del primer grupo figura el de a p r e n s a d o r e s (estamperos e impresores), cuyas ordenanzas datan de 1605. Entre los gremios existentes en Puebla a mediados del siglo XVII figuran, como podía esperarse, los de m o l i n e r o s , c o n f i t e r o s , h i l a d o r e s y, especialmente, el de l o c e r o s , quienes habían introducido a la Nueva España las técnicas de Talavera para el vidriado de la loza. En 1790, en virtud de una real orden que concedía libertad al artesano para trabajar en su oficio sin presentar examen gremial, se dio un golpe de muerte a aquellas corporaciones; luego las Cortes de Cádiz las abolieron en 1813, y al año siguiente Morelos introdujo una disposición en el mismo sentido en su proyecto de Constitución de Apatzingán. Estas dos últimas disposiciones, sin embargo, no tuvieron los efectos deseados, aunque desde tiempos del Virrey Revillagigedo II habían comenzado a desaparecer muchos gremios. Los últimos 50 fueron suprimidos, según Marroquín, por las leyes que abolieron las corporaciones en 1861; con todo, en la práctica y a pesar de los embates del capitalismo y de la producción masiva, en el México contemporáneo sobrevive si no la forma cuando menos el espíritu de gremio en numerosos talleres artesanales, mas no se trata de un fenómeno único, pues como ha señalado Adair también se ha presentado en varios países europeos occidentales aunque en circunstancias distintas.[7]

[6] Shields, 32 (Ordenanzas de pintores), 413 (exención de un nuevo examen). BARRIOS LORENZOT, 234 (penas impuestas por los gremios). Respecto a las funciones del veedor de los gremios, ver Guthrie, 127; Romero de Terreros, *Artes Industriales*, 11; Cruz, 37-38; y ACTAS DEL CABILDO, II, 180 (Francisco de Toledo).

[7] Florescano y Gil Sánchez, 276-277; Shields, 14 (exclusión de los indios y mulatos de los gremios) y Zavala, *Servicio de Indios*, III, 453 (indios excluidos de los gremios). Chávez Orozco, *His-*

Aquí convendría hacer una comparación entre la experiencia gremial peninsular y la novohispana. Las semejanzas entre una y otra son muchas pero no mayores que las diferencias que las separan. Por una parte, tanto los gremios medievales españoles como los de la Colonia del siglo XVI y XVII persiguieron idénticos objetivos: la protección de sus miembros y el avance de la producción en calidad y cantidad. En ambos lados del Atlántico, con el objeto de lograr una mayor comunicación dentro de cada oficio, los miembros de un g r e m i o vivían y tenían sus talleres en una misma calle o barrio. Martínez Reus observa que en muchas ciudades españolas (y, podríamos agregar, europeas) abundan las calles que llevan el nombre de un gremio de artesanos que allí tenía sus talleres, por ejemplo plateros, talabarteros y madereros. También los mercaderes se agrupaban en calles o portales que llevaban el nombre de su corporación; tal fue el caso de Sevilla, Santo Domingo, Lima y México, entre otras ciudades del Imperio español y en Salvador y Río de Janeiro, en el portugués. Según la descripción que nos ha dejado el bachiller Juan de Viera, en México todavía en el siglo XVIII los tejedores de telas de algodón estaban congregados en el barrio de San Pablo, el gremio de pasamaneros en la Candelaria, los herreros en la calle de los Mesones, y los que trabajaban el cobre en las calles de Tacuba más cercanas a la catedral. Zacatecas tenía en el siglo XVI calles de Zapateros y de Gorreros. Mas la agrupación por calles o barrios no era voluntaria en todos los casos pues en 1563 el Cabildo de México ordenó que los miembros del "noble arte de la platería", junto con los b a t i h o - j a s y t i r a d o r e s , se concentraran en las dos calles de San Francisco más cercanas a la Plaza Mayor, que desde entonces fueron conocidas con el nombre de Plateros; esta medida se dio en emulación de Valladolid y de Santiago de Compostela, cuyas clásicas "platerías" eran famosas desde tiempo atrás. La creación de éstos y otros gremios tanto en la metrópoli como en la Colonia, se inspiró, dice Genaro V. Vázquez, en un orden medieval jerárquico y estamental. Konetzke observa que en la Europa central los gremios se hicieron necesarios por la dificultad de gobernar un gran espacio con los medios de una civilización apenas desarrollada y una administración pública insuficiente, circunstancias agravadas por la dificultad de comunicaciones; pues bien, dice el mismo Konetzke, el caso de la Nueva España fue muy semejante: los gremios fueron un medio de control. Las corporaciones artesanales españolas y las novohispánicas cerraron filas también contra la libre competencia, que después de todo es una noción capitalista; unas y otras se esforzaron, opina James Shields, en mantener el *statu quo* aferrándose a los métodos tradicionales de producción. En la Nueva España, además, los gremios imitaron a los de la Península en su organización interna, inclusive en los títulos y funciones de sus principales dirigentes: a l c a l d e s ,   o i d o r e s   d e   c u e n t a ,   v e e d o r e s ,

toria Económica y Social de México (México, 1938), *cf.* BARRIOS LORENZOT, 158. Carrera Stampa, *Gremios Mexicanos*, 263; y Cruz, 16 (número de gremios en el siglo XVII y XVIII). Konetzke, "Ordenanzas de Gremios", 444 (gremio de aprensadores) y 426-427 (gremios poblanos). Shields, 20; Alcocer, II, 9; y Álvarez, 61 (Real Orden de 1790 y abolición de los gremios por decisión de las Cortes de Cádiz). Cruz, 46 (Constitución de Apatzingán). Adair, "Economics", 16.

c l a v a r i o s o tesoreros, que en su conjunto formaban la mesa o junta del gobierno.[8]

A pesar de ello, el g r e m i o novohispano no fue un mero trasplante de una institución europea sino una adaptación tomando en cuenta las fuerzas dominantes específicas —políticas, económicas y sociales— del ambiente colonial. En la Península —y en el resto de Europa— los gremios representaron a una nueva clase social en desarrollo y con fuerza política propia, que obligó a los nobles y a la Corona misma a reconocer y a veces a confirmar los ordenamientos que las corporaciones se dieron a sí mismas. En las Indias, en cambio, los gremios no disfrutaron de autonomía para darse forma jurídica sino que tuvieron que aceptar del rey sus respectivas ordenanzas de trabajo, aunque, por supuesto, éstas tomaban en consideración tanto las exigencias de los artesanos como la política municipal de los cabildos. En la práctica y fundamentalmente debido a las cortapisas impuestas por la Corona al desarrollo de la industria y hasta del comercio, en la Nueva España los gremios sólo ocasionalmente rebasaron la esfera artesanal, con excepción de la Mesta (como se ha visto) y en grado menor del Consulado de Mercaderes. En el periodo que nos interesa ningún gremio tuvo fuerza política ni su influencia en la economía fue comparable a la ejercida por los gremios peninsulares o aún más por los de Italia y Flandes. Por último, en la Nueva España no todos los oficios estaban agremiados. En el Índice Analítico del copioso *Epistolario* de Paso y Troncoso, se mencionan muchos oficios y profesiones que, agremiados en España, no lo estuvieron en la Colonia, entre ellos los acuñadores y balanzarios de las Casas de Moneda, los arrieros, los cuchilleros, los herradores, los tapiceros, los vidrieros y los vihueleros.[9]

Trataremos ahora de las c o f r a d í a s , que a menudo se han confundido con los gremios porque en España se atribuían las funciones de éstos, cosa que no sucedía en otros países europeos. Sería correcto decir que constituían la forma religiosa de los mismos gremios, pues no había corporación que no organizara su propia cofradía para dar brillo a las ceremonias y culto de su santo patrón, y una h e r m a n d a d con fines benéficos tales como socorrer a los cofrades pobres, enfermos o ancianos y mantener camas para ellos en los hospitales. Sin embargo, la mayor parte de las cofradías de la Nueva España no tenían relación con gremio alguno;

[8] Martínez Reus, 22. Álvarez, 61 (calles con nombres de gremios). Bachiller Juan de VIERA, *Breve y Compendiosa Narración de la Ciudad de México*, cit. por Cruz, 18. Bakewell, 83 (calles en Zacatecas). Acerca de la calle o barrio de plateros, ver Shields, 17; Cruz, 16; y Romero de Terreros, *Artes Industriales*, 22. Genaro V. Vázquez (ed.), *Legislación del Trabajo*, Int., p. 10. Konetzke, "Ordenanzas de Gremios", 428. Muro, "Herreros y Cerrajeros", 340 (los gremios y la libre competencia). Shields, 8. Carrera Stampa, *Gremios mexicanos* (oficiales de los gremios).

[9] Konetzke, "Ordenanzas de Gremios", 421. Góngora, en el *Estado Indiano*, 297, subraya con especial referencia a la Mesta la carencia de facultades legislativas por parte de los gremios. Konetzke, en "Ordenanzas de Gremios", 436, observa sin embargo que los artesanos y los cabildos dieron una fuerte contribución a la redacción de las ordenanzas de los gremios. Foster, en "Cofradía and Compadrazgo", 22, señala el estancamiento que sufrieron los gremios de la Nueva España debido a la baja producción industrial de la Colonia. Paso y Troncoso (ed.), EPISTOLARIO, XVI, 273.

las había de carácter permanente religioso y en ellas podía participar gente de diversa calidad. Los indios, excluidos de los gremios, tenían sus propias cofradías en sus barrios y especialmente en sus pueblos. Los mulatos también podían ser cofrades. Para la formación de una cofradía, informa Carrera Stampa, se reunía un cierto número de individuos que formulaban sus Constituciones o Estatutos, tomando como modelo los existentes en España. Mendieta elogia la fundación de las primeras cofradías en la Nueva España que constituyó "la más heroica [e] importante obra que sobre la tierra se podría hacer"; este exagerado elogio en su opinión fue merecido por la contribución que dieron al esplendor del culto. En 1519, el Ayuntamiento de Veracruz informó a Carlos V haber fundado en ese puerto un hospital y cofradía de Nuestra Señora; mas este informe fue evidentemente prematuro porque al año siguiente en sus *Ordenanzas militares* Cortés asignó una tercera parte de las multas impuestas a los blasfemos a "la primera Cofradía de Nuestra Señora que en estas partes se hiciese", es decir que todavía no existía ninguna. Parece que Fray Pedro de Gante, según informa Vetancurt, fue quien instituyó las primeras cofradías entre los indios; en todo caso, en su capilla de San José de los Naturales se fundaron y reunían ocho de ellas, y poco más tarde los franciscanos, según sabemos, formaron otras tantas en Toluca, de las cuales cuatro eran de indios, una de mulatos y la de Santa Febronia, abierta a todo el mundo sin distinción de casta. El Padre Grijalva informa que en todo convento agustino había por lo menos dos cofradías: una, de las Ánimas del Purgatorio y otra de Nuestra Señora. Desde fines del siglo XVI la cofradía del gremio de albañiles estuvo bajo la advocación o patrocinio de la S a n t a   C r u z , cuya fiesta se celebraba ruidosamente el 3 de mayo, como hasta la fecha. Las cofradías de los cereros protegidos por San Sebastián, y de los carreteros, devotos de Nuestra Señora de la Guía, tenían su sede en los templos de los carmelitas descalzos. Se fundaron cofradías en todas partes del virreinato, inclusive dos en la lejana Florida, según datos del año 1602. En México, las cofradías de indios eran tantas y sus miembros tan numerosos que en las procesiones tardaban dos horas en desfilar con sus imágenes y estandartes. La mayor parte de las cofradías rurales de la Nueva España eran indígenas y estaban al cuidado del clero secular. Muchas de ellas, afirma Lavrin, no aceptaban miembros españoles. Algunas de aquellas hermandades han sobrevivido en el México contemporáneo, aunque con el nombre de *mayordomías* (palabra que, como observa Foster, tenía ese mismo sentido en la Castilla medieval); ejemplos de éstas son las de Tzintzuntzán y Cherán entre los tarascos. Es interesante señalar que México es el único país de habla española donde los nombres *Cofradía o La Cofradía* figuran en la toponimia; en efecto, entre Durango y Oaxaca hay 30 poblados o rancherías que llevan ese nombre.[10]

[10] Sobre la naturaleza de la cofradía, ver BARRIOS LORENZOT, Int., ii; Cruz, 53; y Céspedes del Castillo, III, 494. Carrera Stampa, *Gremios Mexicanos*, 80 y 123. MENDIETA, Carta al Ministro General Fray Francisco Gonzaga, de ca. 1579-1587, en García Icazbalceta (ed.), *Nueva Colección*, I, 146-149. La Carta del Regimiento de Veracruz de 1519 figura en Chamberlain (ed.), TWO UNPUBLISHED DOCUMENTS, 520. Hernán Cortés, ORDENANZAS, 641. VETANCURT, *Menologio*,

Cada cofradía y gremio tenían su s a n t o   p a t r ó n   que era el mismo protector de la corporación correspondiente de España y a veces de toda Europa; la hagiografía generalmente justifica en cada caso esta asociación con algún rasgo personal del santo, que lo relaciona con el oficio o profesión de que es patrón. Así, por ejemplo, San Eligio es patrono de los plateros y de los herreros de ambos lados del Atlántico porque según la tradición ejerció dichos oficios en Colonia en tiempos del emperador Juliano; San Martín que partió su capa para dar la mitad a un pobre era el patrono de los sastres; y San Miguel con su espada flamígera protegía los comercios. Santa Ana era patrona de los tejedores, San Mauro, de los zurradores o tintoreros y San Crispín, de los zapateros. En sus fiestas, los miembros de las cofradías desfilaban con sus mejores galas; una ordenanza de 1572, sin embargo, dispuso que si querían desfilar armados no llevaran más que coseletes, arcabuces y cotas. Gran prominencia en aquellas fiestas tuvo, como en la Península, el "Noble Arte de la Platería", gremio al cual desde 1537 nadie le disputó el primer lugar en la procesión del Corpus a la cabeza de los gremios. Según el *Códice Franciscano*, los cofrades indios hacían mucha penitencia con disciplinas y daban frecuentes muestras de devoción, especialmente en las cofradías dedicadas a Nuestra Señora y el Santísimo Sacramento. Durante toda la época colonial las cofradías o mayordomías, sobre todo en zonas rurales, con su ciclo de fiestas eran un factor de paz social: las comilonas, mitotes, procesiones y otras vistosas ceremonias religiosas, cuya organización se disputaban principales del pueblo junto con el título de mayordomo o *carguero*, que les daba preeminencia en su ambiente y aun ante el párroco o el corregidor, tuvieron hasta fines de la Colonia y en muchos casos hasta el siglo XX una función de válvula de escape. Las cofradías, por su carácter religioso, no corrieron la misma suerte que los gremios. Fueron suprimidas antes de éstos por los artículos 5° y 6° de la Ley del 12 de julio de 1859 que nacionalizó los bienes eclesiásticos; y sus propiedades, como todas las de manos muertas, fueron desamortizadas al mismo tiempo.[11]

67 (Fray Pedro de Gante); *Teatro Mexicano*, 4ª Parte, 41-42 (cofradías de San José de los Naturales) y 62 (cofradías de Toluca). GRIJALVA, 227. Cruz, 54 y 108 (fiesta de la Santa Cruz). Victoria Moreno, 199 (cofradías en las iglesias carmelitas). Omaechavarría, "Mártires de Georgia", APÉNDICE DOCUMENTAL, 76 y 78 (cofradías en Florida). VETANCURT, *Tratado*, 4 (cofradías de indios en México). Lavrin, 567 y 594. Sobre las mayordomías, ver Ingham, 94; y Nutini/Bell, 33, quienes nos señalan en el valle Tlaxcala/Puebla, en el villorio de Santa María Belén Azitzimitillán, la existencia (casi diríase proliferación) de 25 mayordomías.
[11] Foster, "Cofradía and Compadrazgo", 15-16 (santos patronos). BARRIO LORENZOT, 265 (Ordenanzas de Fiestas). Romero de Terreros, *Artes Industriales*, 21 (los plateros en la procesión del Corpus). CÓDICE FRANCISCANO, 76 y 103. Cruz, 68 (fin de las cofradías).

XXVI. EL COMERCIO Y LA NAVEGACIÓN

Los ASPECTOS hasta ahora examinados del legado medieval de México, como es evidente, son en su mayor parte de origen español. En cambio, en la esfera del comercio y la navegación es patente la influencia de las repúblicas marítimas italianas y principalmente de Génova, aunque siempre a través de la península ibérica. Es natural que así haya sido pues en tales materias los mercaderes, navegantes y banqueros italianos fueron los maestros de la Europa occidental desde la época de las Cruzadas. Verlinden ha señalado la relación directa existente por un lado entre las *compere* y las *mahonas* (respectivamente corporaciones financieras y compañías coloniales genovesas), las cuales adquirieron a partir del siglo XIV una vasta experiencia en el gobierno de las colonias de Génova en Crimea y en el Levante, y por el otro, los organismos creados por los portugueses y españoles en los siglos XV y XVI para controlar el comercio y la colonización de Ultramar; Sayous por su parte opina que para las transacciones comerciales con las Indias los españoles simplemente adoptaron y aplicaron los métodos ideados por los italianos a partir de la primera Cruzada, aplicando las normas del derecho romano. Con base en el clásico estudio sobre tratados y contratos comerciales de Tomás de Mercado, publicado en Sevilla en 1571, Sayous deduce que aquellas transacciones se ejecutaron siguiendo básicamente dos fórmulas utilizadas en Génova, Pisa y Venecia, la *commenda* y la *societa maris*. Según la primera, un empresario confiaba sus mercancías, dinero y en ocasiones su misma nave a un mercader viajero o a un navegante, dividiendo con él las ganancias obtenidas en la empresa; en la *societa maris*, en cambio, el socio viajero contribuía no únicamente con sus servicios, sino también con parte del capital. De este tipo fue el contrato negociado entre Velázquez y Cortés, según cuyos términos ambos socios se comprometieron a aportar la mitad de los medios requeridos por la empresa para su éxito. Más tarde apareció en las Indias un tercer tipo de contrato para las expediciones comerciales, el llamado "de comisión"; en él se acordaba el pago de un porcentaje de las ganancias al mercader viajero, y se estipulaba con una tercera parte un seguro contra los riesgos, según la práctica establecida en un principio por el Banco de San Jorge, de Génova. La influencia genovesa fue determinante para el desarrollo del comercio español en el Atlántico, habiendo llegado a afirmarse que la España del siglo XVI era un país en donde reinaban los banqueros genoveses. Como es sabido, Colón no fue el único de esa procedencia que pasó a España; en efecto, como demuestran las investigaciones de Almagià, en los primeros decenios del siglo XVI un crecido número de comerciantes, banqueros y armadores ligures se establecieron en Sevilla, introduciendo allí las prácticas comerciales de su patria; seguramente dos de ellos se trasladaron a la Nueva España antes de 1538, los hermanos Giovanni y Girolamo Cattaneo, comerciantes que hispanizaron su apellido a Cataneo.[1]

Es un hecho muy conocido que el comercio entre España y las Indias fue monopolio de la Corona, cuya dirección quedó en manos de la C a s a d e C o n t r a t a c i ó n de Sevilla, creada en 1503; esta institución tenía bajo su absoluto control la materia comercial y lo relativo a la navegación en general, por medio de las licencias o permisos necesarios que sólo ella podía otorgar. Sus estatutos fueron redactados por el genovés Francesco Pinelli, quien se inspiró en la *Casa da India* de Lisboa y sobre todo en la estructura y funcionamiento del *Officium Gazariae* de Génova, órgano administrativo de las colonias adquiridas en el Levante y en el Mar Negro por Génova a raíz de la caída del Imperio Latino de Constantinopla en 1261 (llamadas en su conjunto *Imperium Gazariae*, es decir de los kázaros) a través del Banco de San Jorge, que es el más antiguo de Europa. Pronto los españoles advirtieron la necesidad de establecer una "casa de contratación" en Veracruz con funciones meramente aduanales. En 1532 la Audiencia de México y el año siguiente el contador Rodrigo de Albornoz insistieron en ello, sin gran éxito, porque la casa de contratación de Veracruz no fue establecida hasta 1594.[2]

El C o n s u l a d o de Sevilla, o "universidad de los cargadores a las Indias", fue creado en 1534 como tribunal especial del gremio de mercaderes para dirimir las querellas surgidas entre sus miembros que se quejaban de la lentitud y los altos costos de la jurisdicción ordinaria. Su directo antecedente medieval fue el *Consolat de mar* encargado de resolver litigios comerciales creado en Valencia en 1283 sobre el modelo de los consulados genoveses y pisanos de fines del siglo XII. Además, ya por entonces existía

---

[1] Es importante recordar la gran deuda que el Occidente tiene con el Islam en el auge del comercio, el que no hubiese podido prosperar tanto sin la ayuda de instrumentos que ellos crearon como las tarifas, la aduana, el quintal, el bazar y el almacén (Roux, 47). Verlinden, "Modern Civilization", 7. Sayous, "Partnership", 282-284, 286-288 y 299-300; y "Commerce", 214. Almagià, 448 y n. 4.

[2] Sayous, en una serie de ensayos, afirma que no es posible entender a fondo el funcionamiento de las instituciones españolas que regulaban el comercio colonial sin el previo examen de sus antecedentes italianos medievales. Véanse, además de los artículos citados en la nota anterior sus "Orígenes de las instituciones económicas en la América española", en *Bolet. del Inst. de Investigaciones Históricas*, Buenos Aires, 1928, 1 *sqq.*; y "Le rôle des Génois lors du premier mouvement régulier d'affaires entre l'Espagne et le Nouveau Monde", en *Bull. Acad. des Inscrip. et Belles Lettres*, París, 1932, 287 *sqq.* y Heers, "Grenade", 121; *cf.* Sayous, A. E., "Le rôle des Génois..." en *Compte-rendu de l'Acad. des Inscr. et Belles Lettres*, 1932, y Carande, *Carlos Quinto y sus banqueros*, t. I. Sobre el papel que Pinelli desempeñó en la creación de la Casa de Contratación, *cf.* Verlinden, "Précédents médiévaux", 20; "Modern Civilization", 10; e "Italian influence", 210, así como Palm, *La Española*, I, 37. El precedente de la *Casa da India* es señalado por Déprez, 575, y por Haring, *Spanish Empire*, 317. CARTA A LA EMPERATRIZ DE LA AUDIENCIA DE MÉXICO (15 de abril de 1532), y CARTA AL REY DE... RODRIGO DE ALBORNOZ (1º de marzo de 1533), en Paso y Troncoso (ed.), EPISTOLARIO, II, 119 y III, 140. Verlinden, "Colonisation médiévale", 120 (Banco de S. Jorge). En 1579, el virrey reglamentó la descarga de las mercancías en San Juan de Ulúa y su transporte "por la calle derecha" a las Casas de Contratación de Veracruz (EPISTOLARIO de Paso y Troncoso, XIII, 186-187). DÍEZ DE LA CALLE, 158, menciona la aduana de Veracruz hacia 1646 dándole el nombre de casa de contratación. *Cf.* Paso y Troncoso, EPISTOLARIO, IX, 183; e Ibarra y Rodríguez, IV, 22.

el Tribunal del Almirantazgo de Castilla, que entre otras funciones tenía la de dirimir las disputas surgidas del comercio marítimo. Las organizaciones mercantiles llamadas consulados se originaron en Italia, de donde pasaron luego a Provenza y al Languedoc y más tarde a Valencia y al Levante aragonés; sucesivamente surgieron consulados en Palma de Mallorca (1343), Barcelona (1347), Tortosa (1363), Gerona (1385) y Perpiñán (1388). Hacia fines de la Edad Media se organizaron consulados en Castilla, primero en Burgos (1494), luego en Bilbao (1511), y más tarde en Sevilla, desde donde la institución fue trasplantada a las Indias. El Consulado de México (a veces llamado tribunal o Universidad de los Mercaderes) fue creado, a petición del ayuntamiento, el 15 de junio de 1592, pero empezó a funcionar hasta dos años después. Se constituyó a imagen y semejanza de los consulados castellanos y como éstos era regido por los propios mercaderes; al igual que en Sevilla, los miembros elegían un prior, dos cónsules diputados, un juez de alzadas y otros oficiales. Desde un principio el Consulado de México mantuvo comisarías en Veracruz y en Acapulco, y en las cuatro festividades que el gremio organizaba anualmente en la iglesia de San Francisco era representado por un síndico. Durante toda la época colonial, además, estuvo a su cargo el mantenimiento del camino de México a Veracruz. Todo comerciante residente en la Nueva España estaba obligado a inscribirse como miembro del Consulado de México, pero poco antes de la Independencia se fundaron otros tres consulados en la Nueva España, los de Guadalajara (1795), Veracruz (1795) y Puebla (1821).[3]

En Europa, las f e r i a s comerciales fueron desde el alto Medievo importantes eventos donde se efectuaban numerosas transacciones; de hecho fueron la forma predominante del comercio al mayoreo hasta el siglo XVIII. Especialmente importantes fueron las celebradas periódicamente en el norte de Italia, en el valle de Rin y en la Champaña, tanto que en ellas se crearon unidades específicas de pesas y medidas, algunas de las cuales —tales como la onza *troy* (de *Troyes*) y la libra *avoirdupuis* (corrupción de *avoir du poids)*— siguen usándose en los países anglosajones. La circulación de los productos artesanales hacia las zonas rurales apartadas, en donde la pobreza de la economía no permitía aún la existencia de tiendas, quedó en manos de los b u h o n e r o s o vendedores viajeros. Las ferias y los buhoneros desempeñaron un papel importante en la economía medieval española, así como más tarde también en el Nuevo Mundo. En la Península fueron famosas desde los siglos XII y XIII las ferias de Albacete (aun bajo los sarra-

³ Sobre la fundación del Consulado de México, en 1594, cf. VETANCURT, *Tratado*, 30-31; Chávez Orozco, *Mesta*, iii; y Shields, 404. Los antecedentes medievales de esta situación han sido examinados por Verlinden, "Précédents médiévaux", 30-31, y por Elliot, *Imperial Spain*, 111. La referencia al Tribunal del Almirantazgo de Castilla es de Friederici, 316. Sobre el Consulado de Sevilla, ver R. C. Smith, *The Spanish Guild Merchant. A History of the Consulado, 1520-1700* (Durham, Carolina del Norte), 14. La organización interna del Consulado de México es descrita por DÍEZ DE LA CALLE, 127-128; Esquivel Obregón, II, 496-497; Céspedes del Castillo, "Las Indias durante los siglos XVI y XVII", III, 475; Konetzke, "Ordenanzas de Gremios", 438 y 440-441; y Bravo Ugarte, *Historia de México*, II (México, 1941), 115. R. C. Smith, en 18, 19, 21 y *passim*, y Villaseñor Bordes en *El Mercantil consulado de Guadalajara*, Guadalajara, 1970, proporcionan información sobre los demás consulados de la Nueva España.

cenos), de Belorado (cerca de Burgos), de Valladolid, de Villalón, de Medina del Campo, de Sahagún y de Moyá (Cataluña); gracias a los grandes descubrimientos, la de Sevilla terminaría por eclipsar a todas las demás. En la Nueva España, desde 1579 se celebraba en Acapulco una feria en ocasión de la llegada de la nao de Filipinas, a la cual asistían hasta comerciantes peruanos; sin embargo en 1593 Felipe II prohibió que éstos concurrieran por los daños que sufría el comercio peninsular, y a partir de entonces los comerciantes de México y los agentes de los mercaderes sevillanos tuvieron el monopolio del comercio con China y el Oriente a través de las Filipinas. Las otras dos célebres ferias novohispanas datan de época posterior: la de San Juan de los Lagos y la de Jalapa. La primera, semiespecializada en transacciones de ganado, empezaba el primero de diciembre; se celebró por primera vez a la sombra del célebre santuario en 1666, y llegó a ser tan concurrida que Hidalgo proyectaba aprovechar la enorme afluencia de gente para dar en ella el "grito" de independencia en 1810, pero tuvo que adelantarlo a septiembre al descubrirse la conspiración. En la segunda, se trataban las mercaderías peninsulares que traía la Flota y los productos novohispanos de exportación; se celebró por primera vez en 1721 presidida por un teniente del virrey, el doctor Veguellina y Sandoval, quien procedió a inaugurarla a pesar de las protestas de los agentes andaluces de comercio establecidos en México y Veracruz, plazas que anteriormente se beneficiaban con las transacciones desde la llegada de la primera Flota en 1561. La feria de Jalapa se hizo necesaria cuando fue evidente que la insalubridad del clima del puerto de Veracruz era un factor negativo para el comercio, por el temor que la fiebre amarilla inspiraba a los participantes, y fue suprimida en 1777 al declararse el libre comercio. La distinción entre feria y mercado (la primera era básicamente periódica y el segundo permanente o semipermanente), bastante rígida en España, fue mucho menos marcada en la Colonia porque eran bien pocas las ocasiones propias para organizar ferias, además de las grandes distancias; las de Acapulco y Jalapa fueron siempre aleatorias porque dependían de la llegada de la nao o de la flota que en algunos periodos fue irregular. Otras ferias importantes en la Nueva España fueron las del Saltillo (desde principios del siglo XVII, para el comercio de la "apachería"), y de Taos, en Nuevo México, que ya se celebraba en 1785, y que se basaba en el trueque. Hasta hace poco en las zonas rurales apartadas de México era común la presencia del buhonero o mercachifle llamado v a r i l l e r o en el norte del país. Este personaje apareció en la Nueva España desde el siglo XVI pues en 1541 el Cabildo de México dictó medidas contra los numerosos regatones o a l g e m i f a o s (vendedores ambulantes al menudeo) poco honestos que engañaban a las incautas amas de casa "ansi en los precios como en les dar e bender unas cosas por otras". Bakewell informa que el buhonero era el principal proveedor de mercancías en los pequeños poblados mineros.[4]

---

[4] García de Cortázar, 247 y Carrera Stampa, *Las Ferias*, 175, 176, quien concluye que "en la Nueva España las ferias fueron un trasunto de costumbres europeas" (ferias españolas medievales). Villanueva, 871 y Esquivel Obregón, II, 494 (feria de Acapulco). Pedro LÓPEZ DE VILLASEÑOR, 326; Villanueva, 112 y 115-116; Esquivel Obregón, *loc. cit.*; y Florescano y Gil Sánchez,

Íntima relación con las ferias, sobre todo regionales, tuvieron en la Nueva España las p e l e a s   d e   g a l l o s , de antiquísimo origen, pues existían entre los antiguos griegos y romanos siglos antes de la era cristiana. En la baja Edad Media según Dom Henri Leclercq, se atribuyeron a aquellas animalescas fiestas a muerte diversos significados simbólicos, por lo cual figuran escenas de luchas de gallos en ciertos elementos de la arquitectura religiosa, como en varios capiteles de iglesias borgoñonas del siglo XII. La afición a presenciar aquellas peleas llegó a ser tan grande, que en 1260 el Concilio de Coñac consideró necesario prohibirlas, sin gran éxito, como en el caso de los toros en siglos posteriores. La afición no desapareció. En Francia y en Inglaterra fue una diversión popular hasta bien entrado el siglo XVIII, y en España, donde también había peleas de gallos durante el Medievo, todavía era posible verlas a principios de este siglo. En la Península fueron famosos por su disposición a la pelea los gallos jerezanos, exportados a las Indias en el siglo XVI; Fernández Duro informa que se organizaban peleas de gallos hasta en las cubiertas de los barcos que los transportaban "para romper la monotonía del viaje". Todos los años en las fiestas de aniversario de la toma de Tenochtitlán había en México peleas de gallos. Las autoridades eclesiásticas de México y Puebla prohibieron tales diversiones en 1688 y 1690, respectivamente, pero tan no lograron acabar con ellas que todavía el Virrey Iturrigaray y el Presidente Santa Anna les tuvieron una gran afición. En vista del fracaso y con gran sentido financiero, en 1727 el gobierno virreinal las autorizó formalmente, pero en calidad de monopolio real. Informa Justina Sarabia Viejo que el producto de las peleas de gallos —recaudado en ocasiones por concesionarios— ascendió durante el periodo 1727-1791 a cerca de un millón y medio de pesos. Este monopolio de la Corona fue uno de los últimos que se añadieron a los restantes estancos, importantes fuentes de ingresos para la Real Hacienda. Además de la gabela ya citada, desde el siglo XVI también estaban monopolizados el mercurio y los naipes; el estanco de la pólvora, la pimienta y el solimán —un sublimado corrosivo— fue decretado en el siglo XVII; y finalmente el de la nieve de las montañas (usada tal vez para hacer sorbetes), y el del tabaco, en el siglo XVIII junto con el de las peleas de gallos. La venta al público de algunos de esos productos —como el tabaco y los naipes— era asegurada por medio de   e s t a n q u i l l o s , palabra que se incorporó al vocabulario del mexicano.[5]

259, Real Díaz, 27, 28, 30; la cédula real creando la feria de Jalapa es de 1718 (ferias de San Juan de los Lagos y de Jalapa). Foster, *Cultura y Conquista*, 194-195 (mercados). ACTAS DEL CABILDO, IV, 229 (algemifaos); y Bakewell, 113 (buhoneros). Carrera Stampa, *op. cit.*, 231-236 (Saltillo y Taos).

[5] Céspedes del Castillo, "Las Indias durante los siglos XVI y XVII", III, 534 ("riñas de gallos"). Sobre el origen de las peleas de gallos y sobre su introducción en la Nueva España se han consultado las siguientes fuentes: Forsyth, 157-158, 263, 265 y 266 y 270-271; *Diccionario* de Cabral y Leclerq *sub Cocqs, Combat de;* la *Realencyclopädie* de Wissowa *sub Hähne, Kämpfe;* J. Jusserand, *Les sports et jéux d'exercice dans l'Ancienne France* (París, 1901); Justina Sarabia Viejo, *El juego de gallos en la Nueva España*, 5-6; Fernández Duro, *La Armada Española*, IV, 333; y Álvarez del Villar, 99. Ver sobre la creación de estancos o monopolios: Mendizábal, V, 57 (la sal); Carta del Virrey Marqués de Cerralbo a Felipe IV del 17 de marzo de 1636, en Cuevas (ed.), DESCRIPCIÓN DEL PADRE VÁZQUEZ DE ESPINOSA (los naipes); Hanke (ed.), VIRREYES, III, 64-

Conforme se fueron estructurando las ciudades novohispanas (entre las que figuró en primer término México, rápidamente reconstruida una vez consumada la Conquista, con sus barrios indígenas periféricos), creció el problema del abastecimiento. Hay que reconocer que las autoridades virreinales, con base en la experiencia de los municipios medievales españoles, lo resolvieron de manera muy eficiente. Organizaron el comercio de la carne mediante el procedimiento de r e m a t e s , y el grano estuvo siempre en disponible relativa abundancia gracias al sistema de pósitos y alhóndigas. Durante la Colonia no hubo escasez de carne y su precio tendió siempre a la baja; entre 1522 y 1535, el Cabildo de México organizó el abasto en sus líneas esenciales, obligando mediante contrato a los proveedores a ofrecer los diversos tipos de carne en remates celebrados en presencia de varios funcionarios, entre otros de un alcalde mayor y un escribano. Aquellos remates constituían verdaderas ceremonias, organizadas, según opina Matesanz, "con un sentido teatral, innato e inconsciente en hombres todavía educados dentro de los ideales medievales".[6]

La gran escasez de cereales que se presentó en la Nueva España en 1577-1580 indujo a la Corona a establecer el pósito y la alhóndiga de México para regular su abastecimiento y comercio, aunque la introducción en la Colonia de la segunda ya había sido recomendada al rey por el Arzobispo Montúfar desde 1570. Las primeras ordenanzas del p ó s i t o (del lat. *positus*, depósito), redactadas por el Cabildo de México a la luz de precedentes peninsulares, fueron aprobadas por el Virrey Enríquez el 8 de marzo de 1580 y confirmadas por el rey dos años después. En España existían desde tiempo atrás pósitos creados por los municipios siguiendo el modelo del *alhorí* árabe, para almacenar grano destinado especialmente a la siembra, con el objeto de presentarla a los labradores en épocas de menos abundancia. Los *montes farinarios, agrarios y annonarios* de Italia tuvieron funciones semejantes. Tan buenos resultados dieron los pósitos municipales, informa Florescano, que en ciertos momentos existieron en la Península nada menos que 12 000. En la Nueva España sin embargo se dio a la institución un carácter distinto: no se propuso favorecer al agricultor, sino exclusivamente al consumidor urbano, funcionando como depósito de grano almacenado para épocas de escasez; en tal caso, según Chávez Orozco, trataba de equilibrar la oferta y la demanda en los momentos de escasez, vendiendo el grano a precios accesibles a la población de escasos recursos. A diferencia de sus prototipos de la metrópoli, el pósito de México almacenaba maíz además de trigo y cebada. La primera a l h ó n d i g a de México (del ár. *alfondak*, almacén u hostería; antiguamente, *alfóndiga),* cuyas ordenanzas fueron aprobadas por la Corona en 1583, comenzó a funcionar desde 1580. Era una especie de lonja de granos cuyas funciones permanentes consistían en vigilar la introducción y venta de los granos y harinas, en regular los precios de mercado y en combatir el acaparamiento. Bajo la autoridad

65 (el solimán); y Haring, *Spanish Empire,* 293 (el mercurio, la pólvora, la pimienta, la nieve, los juegos de gallos, el tabaco, etc.). Cuello Martinell, 92 ("estanquillos").

[6] Matesanz, 546-547 y 555.

del Cabildo, se autofinanciaba cobrando tres granos de oro común por cada fanega de trigo o cebada a los depositarios, y podía obligar a los remisos a entregarle la cosecha bajo amenaza de requisición. De hecho, como explica Esquivel Obregón, era una bolsa de cereales que servía de único intermediario entre el productor y el consumidor, y en la cual la ley de la oferta y la demanda fijaba libremente los mejores precios. (Florescano señala con base en los estudios de Braudel que en otros países mediterráneos existieron instituciones semejantes que empleaban los mismos mecanismos de regulación de los precios, llamadas Oficina del Trigo en Venecia y *Abbondanza* en Florencia.) La alhóndiga de México quedó instalada en la calle de San Bernardo, a la vuelta del ayuntamiento, en un edificio destruido por un incendio durante el motín de 1692. En las instrucciones que dejó a su sucesor, el Virrey Enríquez hizo un amplio elogio de las actividades de la alhóndiga, entre ellas las de atajar a los regatones "la acion de su cudicia desordenada". Para darle mayor eficacia, sus ordenanzas fueron modificadas varias veces entre 1595 y 1642. En otras partes del virreinato se fundaron alhóndigas en San Luis Potosí (1609), Zacatecas (1623, aunque había sido solicitada por los vecinos desde 1594), Puebla (1626) y Cholula (1646); otras, como la de Guanajuato, que sería teatro de memorables acontecimientos históricos, surgieron sucesivamente. En la Nueva España, como hemos visto, el pósito y la alhóndiga adoptaron ciertas modalidades impuestas por diversa estructura económico-social que se estaba gestando, de las cuales la más evidente es que fueron creadas para subvenir exclusivamente a los núcleos urbanos en las necesidades, sin tomar en cuenta las del campo. En este sentido, el asedio de los burgueses españoles y criollos en la Alhóndiga de Guanajuato por parte de las turbas rurales de Hidalgo en 1810 parece casi un símbolo.[7]

El Cabildo de México no sólo creó su propio ejido y su propia dehesa, repartió solares, reglamentó la actividad artesanal, y controló los ramos más importantes del comercio interno —siguiendo los pasos de los ayuntamientos medievales más fuertes—, sino que hizo sentir su autoridad en muchas actividades económicas de la vida cotidiana. Así, desde el siglo XVI trazó los límites y expidió el reglamento del principal mercado de la capital del virreinato, rico sobre todo en artículos de importación; originalmente se hablaba de "las tiendas y alcaicería de la plaza mayor", evidentemente afeada

[7] En carta a Felipe II de 1570, publicada en CUEVAS (ed.), DOCUMENTOS INÉDITOS DEL SIGLO XVI, 289-291, el Arzobispo Montúfar sugiere la conveniencia de crear alhóndigas de trigo y maíz en la Nueva España, para que estos productos "se vendan en precios moderados y otros no pudiesen vender sino haciendo baja". Sobre el origen hispanoárabe del pósito, ver Esquivel Obregón, II, 255 y la *Práctica de Corregidores* de Bobadilla. Florescano, "Legislación de granos", 613-614 y 616-622. Chávez Orozco, *Pósitos*, 11. ACTAS DEL CABILDO, X, 87 (tipos de granos almacenados en el pósito, 13 de mayo de 1591) y VIII, 443 ("la alfóndiga... está acabada", 18 de julio de 1580). Esquivel Obregón, II, 265 (la alhóndiga). F. Braudel, *El Mediterráneo y el mundo mediterráneo en la época de Felipe II*, I (México, 1976), 437 y 440 (las Oficinas de Trigo y la *Abbundanza*). Lucas Alamán, II, 203 y 226 (edificio de la alhóndiga de México). INSTRUCCIONES del Virrey Enríquez al Conde de la Coruña del 25 de septiembre de 1580, en CDIAO, III: 492-493: BELEÑA, I, 2ª Parte, 4 (Ordenanzas de la Alhóndiga de México hasta 1642). Bakewell, 96 (alhóndigas San Luis y Zacatecas). Leicht, *Puebla*, 196 (alhóndigas de Puebla y Cholula).

por éstas, pero desde la siguiente centuria se le llamó el "Parián", nombre del barrio donde vivían en Manila los chinos sangleyes, principales abastecedores de sedas de la Nueva España. Fue quemado dos veces en el curso de disturbios, primero en 1692 y definitivamente en 1829. Olvidada a principios del siglo XVII su denominación original, en 1611 se proyectó construir una a l c a i c e r í a (mercado de seda) a imitación de la de Granada, que durante el periodo árabe ocupaba todo un barrio con tiendas de seda cruda o en rama y de otras ricas mercaderías; el lugar elegido fue la planta baja del palacio de los Marqueses del Valle, situado donde hoy se encuentra el Nacional Monte de Piedad, pero el proyecto era tan ambicioso que pudo ser sólo realizado en parte y finalmente se abandonó. Por último, podría señalarse otro tipo de comercio, sin duda más antiguo pero ciertamente menos edificante, que en la época colonial fue también fuente de ingreso para el Cabildo de México: la prostitución. Por entonces, ésta no era comercio clandestino sino que se le consideraba un fenómeno inevitable que no dejaba de presentar ciertas ventajas; fue organizada en la Colonia con el dejo de franqueza e ingenuidad características del Medievo. En la Nueva España, dice Josefina Muriel, desde los primeros tiempos las autoridades españolas procuraron reglamentar la prostitución, ejercida en las llamadas c a s a s d e m a n c e b í a . En ese sentido, la cédula de la Reina Gobernadora del 9 de agosto de 1538 no sólo dio las reglas a que debía estar sometido este comercio, sino que reservó su explotación al Ayuntamiento de la ciudad de México; cuatro años después, como consta en las Actas del Cabildo, los regidores de la capital del virreinato señalaron cuatro solares para la construcción de casas de mancebía, "junto a la azequia del agua que ba al hospital de nuestra señora hazia las atarazanas, sobre la mano derecha", o sea no lejos de la Plaza del Volador.[8]

Un imperio de la extensión del español requería, por supuesto, una marina mercante de primer orden. En el siglo XVI, España fue sin duda una de las mayores potencias marítimas, cuyas naves transportaban artículos de diversas clases en uno y otro sentido. Las correrías de los piratas ingleses, franceses y holandeses impusieron la necesidad de crear una armada de protección de las costas y de las naves mercantes, y la de agrupar éstas en flotas que quedaran menos expuestas a los ataques de los corsarios.

Al tratar en el capítulo XXI el tema de la Real Hacienda y de los impuestos, mencionamos la F l o t a d e B a r l o v e n t o , beneficiaria del impuesto indígena llamado "tostón". Esta flota estaba encargada de combatir el contrabando y proteger las costas de las Indias de las incursiones piratas y los barcos que navegaban en mares americanos, cargados de

---

[8] González Obregón, 395; Altamira, *Diccionario, sub Parián;* Romero de Terreros, *Artes Industriales*, 182; y Lucas Alamán, II, 204, 209 y 226 (el Parián), *ibid.*, II, 194-195 (proyecto de alcaicería). Josefina Muriel, *Recogimientos*, 33-34; y ACTAS DEL CABILDO, IV, 305 (mancebías). El vocablo "zona roja", hasta hace poco tan característico de toda ciudad mexicana, viene de la reglamentación de la prostitución (en el siglo XIII), cuando se hizo obligatorio el uso de banderolas rojas para identificar a las casas de citas. La adopción de ese color tiene incluso raigambre bíblica pues lo adoptó, para proteger a sus pupilas de los soldados de Josué, la prostituta de Jericó llamada Rahab.

398   EL ESTADO Y LA ECONOMÍA

mercaderías y metales preciosos. Debía su nombre al hecho de que sus bases se hallaban en las islas así llamadas, pero operaba también fuera del Mar de las Antillas en defensa de la navegación española. Algunas de sus unidades eran construidas en Europa, como el antiguo tipo de barco de guerra llamado g a l e r a , que la Corona utilizó durante todo el siglo XVI, inclusive en misiones de protección de las costas de Campeche y del Perú. Zavala recuerda que el traslado de aquellas naves del Mediterráneo a las Indias presentaba considerables dificultades, al igual que el reclutamiento de la fuerza motriz, representada por los g a l e o t e s ; pero los españoles acabaron por construir algunas en América (Nueva España y Brasil). Ya figuraba una galera en la expedición a las Filipinas de Ruy López de Villalobos (de 1542-1545), misma que, según Prieto, se perdió durante una tempestad antes de llegar la flota a Mindanao. Como en la esfera de las transacciones comerciales examinadas más arriba, también en materia de navegación la experiencia de la alta Edad Media fue aprovechada por los pilotos y los cosmógrafos españoles. En efecto, como señala Levene, en la Casa de Contratación se impartían enseñanzas tanto teóricas como prácticas, basadas en las obras de los grandes cosmógrafos medievales tales como Pedro Apiano y Juan de Sacrobosco. En el aspecto práctico y aprovechando la experiencia de la navegación en convoy, desarrollada por los marinos italianos desde el siglo XVI, se decidió organizar flotas para comunicar la Península con las Colonias ultramarinas del Atlántico, tal como hicieron los portugueses con las suyas del Océano Índico. Los genoveses colaboraron con sus conocimientos y experiencia a la estructuración de la navegación española, gracias al estrecho contacto que existía entre Génova y los puertos ibéricos del Mediterráneo. La experiencia europea fue desde luego el precedente para la construcción de las primeras naves en la Nueva España, que Cortés hizo botar en Veracruz, en el lago de Texcoco, en Zacatula, en Huatulco, en Tehuantepec y en otros puertos de la Mar del Sur. En materia de derecho marítimo, los navegantes a partir de Pedrarias Dávila en 1513 se regían, en lo relativo a las presas que hacían, por las leyes de Olerón, primera codificación medieval de aquel aspecto del derecho. Tampoco es extraño encontrar en los escritos de ciertos cosmógrafos y misioneros de los siglos coloniales algunas palabras arcaizantes relativas a la navegación o a la medición de distancias costeras, tales como b o j (voz de origen flamenco), que es el perímetro circuito de una isla o cabo, utilizada por López de Velasco con relación al lago de Pátzcuaro; o c ó m i t r e , que era la persona encargada en las galeras del castigo de los remeros y forzados, palabra empleada por el Padre Remesal para reprochar su crueldad a un encomendero de Chiapa de Corzo.[9]

9 Zavala, "Galeras", 137. Carlos Prieto, 80 (galera de 1542-1545). Levene, *Derecho Indiano*, 85; *cf.* J. Becker, *Los estudios geográficos en España: ensayo de una historia de la geografía* (Madrid, 1917), 79. Verlinden, en "Italian influence", 203, examina la influencia italiana en la organización de convoyes en el Atlántico. Véase Gardiner, *Naval Power*, acerca de los primeros ejemplos de construcción naval en la Nueva España. Fabié, *Ensayo histórico*, 141 (Pedrarias Dávila y los rollos de Olerón). LÓPEZ DE VELASCO, 134 ("la laguna que dicen de Chapala... tendrá más de veinte leguas de boj"). REMESAL, VI, xv; I, 451.

XXVII. EL SISTEMA DE PESAS Y MEDIDAS Y LA MONEDA

EL SISTEMA de p e s a s y m e d i d a s utilizado en la Colonia, tanto para todo género de transacciones comerciales como para las mercedes de tierras y donaciones de solares, huertas y molinos por parte de los ayuntamientos, fue el que se usó durante el Medievo en España. Producto de la fusión de diversas tradiciones regionales y hasta locales, a las cuales se incorporaron algunas unidades de pesas y medidas heredadas de la dominación árabe, en realidad era un sistema bastante confuso. Carrera Stampa da un cuadro muy claro de aquel sistema, señalando al mismo tiempo sus equivalentes en el sistema métrico y en el conservador sistema de medidas anglosajón. Éste, al igual que el medieval español, derivan en última instancia de los sistemas duodecimales y vigesimales adoptados por la corte de Carlomagno. En lo que respecta a la Nueva España, Cortés fue el primero que se preocupó por introducir una cierta regularidad al sistema, disponiendo en sus *Ordenanzas* de 1524 que cada ciudad y pueblo tuviesen normas de la arroba, del cuartillo y del medio cuartillo con el sello municipal, como garantía de su exactitud. El Virrey Mendoza confirmó más tarde, en 1536, unas ordenanzas del Cabildo que definían una serie de unidades de longitud y de superficie para uso obligatorio. Entre las primeras, figuraban las más usuales: la l e g u a (equivalente a tres millas o a "tres mil pasos de Salomón"), el c o r d e l (50 varas) y la propia v a r a de medir castellana ("que es lo mismo que paso de Salomón", o sea cuatro palmos). Las medidas de superficie, por el contrario, se definieron prácticamente en su totalidad: los s i t i o s d e g a n a d o mayor o menor, los c r i a d e r o s también de g a n a d o mayor y menor, la c a b a - l l e r í a , el s o l a r (para la edificación de una casa), la s u e r t e (para plantar un huerto), la v e n t a y el m o l i n o (áreas necesarias para esta clase de establecimientos), y la c u a d r a menor y mayor. La superficie de estas dos últimas correspondía a las "manzanas" o cuadras de ciudades y pueblos, razón por la cual el término "cuadra" es el único que sigue vivo en México. En 1539 la Corona ordenó a las audiencias de las Indias "que las pesas y medidas en ellas sean iguales con las de estos reinos"; por supuesto esto implicó en la Nueva España la introducción al uso del a d a r m e , del a l m u d , del a z u m b r e y del c a - h i z , unidades de origen moro, que no desaparecieron de México hasta fines del siglo XIX.[1]

---

[1] Carrera Stampa, "Weights and Measures", 10-19; y 3 (normas de control ordenadas por Cortés). GOBERNACIÓN ESPIRITUAL Y TEMPORAL, Códice, Tít. v, núm. 126, en CDIU, XXII: 198 (uniformidad de pesas y medidas en las indias y en España). ORDENANZAS Y PRECEPTOS DE TIERRAS PARA MEDIR SITIOS, CABALLERÍAS Y DEMÁS TIERRAS, en Hackett (ed.), *Historical Documents*, 178-182. La medida llamada *suerte* era utilizada a veces por los Cabildos de México en las conce-

Como es lógico suponer, no sólo las unidades mencionadas sino todo el sistema de medidas usado en la Península a principios del siglo XVI fue trasplantado a la Nueva España. Era un rico sistema de unidades de longitud, superficie, volumen, peso, capacidad (para líquidos y para áridos) y aforo (fuerza hidráulica); en las imprentas y papelerías se usaban medidas especializadas (cuaderno, mano, r e s m a y balón) así como en las farmacias (grano, escrúpulo, dracma, etc.) y para el ensaye de los metales (tomín, ochavo, onza, marco, etc.). Entre las medidas de longitud más usuales, además de la legua, el cordel y la vara ya mencionados, se hallaban las subdivisiones de esta última, o sean el d e d o , el p a l m o , el c o - d o y el p i e . Algunas de estas unidades, caídas en absoluto desuso, sobreviven en locuciones idiomáticas tales como "no tiene tres dedos de frente" o "lo dejó con un palmo de narices". Las telas importadas de Francia o de Flandes eran medidas en a n a s o alnas, unidades poco utilizadas en España.[2]

Entre las medidas de superficie se puede recordar la p e o n í a , unidad que tuvo mucho uso en las Indias.[3] Entre las unidades de peso, se utilizaba con frecuencia la c a r g a y la a r r o b a ; los líquidos (vino, leche, miel, etc.) se medían en a z u m b r e s .[4] Las medidas de capacidad más usuales en el comercio eran la p i p a , para líquidos; y el a l - m u d y el c a h i z , para áridos.[5] En lo que respecta a las medidas de aforo de agua, en España se utilizaba como unidad básica la p a j a , que equivalía a poco menos de dos centímetros cúbicos por segundo; en la Colonia, sobre todo en los primeros tiempos, para la instalación de molinos de trigo se dieron concesiones en h e r i d o s , unidad de aforo múltiple de la paja.[6]

Menos precisos pero de sabor más medieval fueron los cálculos de distan-

siones de tierras destinadas a la horticultura, las cuales por lo general medían 552 varas por 276 (Hackett, *op. cit.*, 180). La *venta* y el *molino* eran equivalentes al solar, es decir 50 varas por 100 (un tercio de hectárea aproximadamente): Carrera Stampa, "Weights and Measures", 19.

[2] El Cabildo de México calculaba la superficie de las parcelas destinadas al cultivo de hortalizas no en varas cuadradas, como se usaba en España, sino en pasos (ACTAS, I, 18, 19, 34 y *sqq.*). La ana o alna variaba según su origen de 0.81 a 1.57 varas (Boyd-Bowman, "Textiles", 336).

[3] La peonía era en las Indias la superficie que un peón (o soldado de a pie) podía labrar en un solo día.

[4] La carga era una medida sevillana equivalente a 138 kilos y utilizada por ejemplo para la sal, uno de los monopolios de la Corona (ARREGUI, 104); la arroba equivalía a 25 libras o 11.506 kilos (ACTAS DEL CABILDO, VI, 267-268); y el azumbre a 2.16 litros. ARANZEL DADO POR HERNÁN CORTÉS A LOS VENTEROS DEL CAMINO DE LA VILLA RICA A MÉXICO, en CDIAO, XXVI: 170-173, etc.).

[5] La pipa equivalía a 456 litros. El almud y el cahiz son de origen árabe; pero mientras en España el primero (del ár. *almud)* tenía equivalencias variables según la provincia, de 1.76 a 6.2 litros, en la Nueva España siempre valió 7.568 litros; el segundo (del ár. *afiz),* de peso igual a 15 quintales o sean 690 kilos, se usaba principalmente para materiales de construcción (yeso, cal, etc.).

[6] En las ACTAS DEL CABILDO de México figuran numerosas peticiones de *heridos* (concesiones de agua), en relación con la construcción de molinos; entre ellas se encuentra la de Alonso de Estrada ("dos heridos para hacer dos molinos... en el arroyo de Tacubaya", 1528. I, 74) y la de un desconocido, 1529 (I, 202). Ese mismo año se asignaron dos heridos para "hazer... molinos para la [propia] Cibdad... [en] el... rio de agua que está entre Coyoacan e Chapultepeque" (I, 205). Cortés, Nuño de Guzmán y los oidores Matienzo y Delgadillo eran dueños de molinos por ese rumbo y en Tacuba y Tacubaya (Jiménez Rueda, NUEVOS DOCUMENTOS, 31, 37, 78, 81, 86).

cias y superficies hechos por los primeros conquistadores con base en su experiencia en los ejercicios ecuestres o en el manejo de las armas. Ramusio nos ha conservado el relato de un soldado que, para dar idea de la extensión de las azoteas de las Casas Nuevas de Moctezuma, dice que eran tan amplias que en ellas había lugar para que treinta caballeros ejecutaran las evoluciones de un torneo. Bien conocida es la descripción de Bernal Díaz de las calzadas que unían a Tenochtitlán con tierra firme: según él eran tan anchas que en ellas podían cabalgar dos jinetes de lanza sin estorbarse entre sí. Para calcular distancias, generalmente el conquistador y hasta el misionero y uno que otro virrey recurrían no a la vara de Castilla ni a la braza (una braza tenía dos varas), sino al símil del *tiro de ballesta*, o sea la distancia media alcanzada por una flecha disparada por tal arma, clave de la Conquista. Desde que pusieron pie por primera vez en Yucatán, los españoles medían las distancias a los pueblos indígenas a que se acercaban en "tiros de ballesta"; y lo mismo hicieron los capitanes de las naves que Cortés envió en 1527 y de nuevo en 1533 a explorar la Mar del Sur al describir en sus relatos las distancias a que se hallaban de tal o cual isla. Según descripciones que figuran en la *Colección de Documentos inéditos* de Cortés, el ingenio de Tlaltenango estaba a "un tiro de piedra" de una sementera de caña, y el sitio de Texcaltitlán distaba "medio tiro de ballesta de una heredad de morales" (huerto de moreras); se trata de dos propiedades del Conquistador cercanas a Cuernavaca. El monasterio de San Francisco (de México), se escribía en 1532, está a un poco más de un tiro de ballesta de la Casa del Marqués; y a tres tiros de ballesta de la misma, estaban "Luna y Canela con los indios". Cinco años más tarde se ordenaba que el ganado de Cortés fuese desviado un tiro de ballesta de las tierras de Etla, en Oaxaca, que le pertenecían. Cuando Alonso Dávila estaba explorando la península yucateca en 1533, calculaba las distancias aplicando el mismo metro, al igual que Francisco de Arceo durante la expedición de Nuño de Guzmán. En 1539 Montejo el Viejo informó a Carlos V que se encontraba "a dos tiros de ballesta" de Comayagua (Honduras). En una de las primeras descripciones conocidas del bosque de Chapultepec, el conquistador Jerónimo López reclama en 1531 la propiedad de un fragmento del famoso parque, descrito como "un tiro de ballesta de tierra calma y perdida de balsales y carrizales" (la importancia y belleza del bosque en aquella época es revelada así: "dentro de su cercado nasce la fuente de chapultepeque ques de donde se bastece e provee esta cibdad", y además: "ay arboleda muy deleytosa donde ay muchas aves"). En su crónica, el Fidalgo de Elvas ubica el escenario de diversos episodios de la expedición a la Florida (1539-1542) midiendo en "tiros de ballesta" su distancia de tal o cual sitio. Francisco de Ulloa usa la misma medida describiendo las costas o la posición de su propia nave, durante la exploración del Golfo de California. En 1538, estudiando la ruta de la futura Flota, el capitán Carreño advierte que las naves deberán mantenerse a "uno o dos tiros de ballesta" del litoral de las Bermudas para evitar percances en aguas poco profundas. También se empleaba esta unidad en las nuevas fundaciones de ciudades. Según la probanza que Zumárraga ordenó levantar en 1534, para la fundación de Puebla se escogió un sitio "a dos o tres tiros de ballesta" del cual había un río en cuyas riberas se podrían construir "edificios de molinos é batanes é otras cosas". El Virrey Velasco I, que era experimentado soldado, ordenó en 1554 que se fundara el monasterio de San Francisco (alrededor del cual creció Tampico), a "dos tiros de ballesta del Río poco más o menos"; y en carta con que en 1559 informó al rey del resultado de la expedición enviada para poblar la Florida, afirma que la bahía de Santa María de Filipinas es tan espaciosa que en ella pueden anclar cómodamente barcos en cuatro o cinco brazas de agua "a un tiro de ballesta de la tierra". Los primeros frailes, seguramente los dominicos, también medían así las distancias. Cuando se aproximaba a tierra la nave que lo conducía de España Fray Tomás de la Torre escribió en su *Diario de Viaje*: "a mi me parecio que estariamos a dos tiros de ballesta [de Campeche]". El padre Ximénez, narrando mucho más tarde las experiencias de su orden en Campeche y Tabasco, pone en boca de los primeros dominicos frases tales como "ivamos por dehesas tan anchas como un tiro de ballesta", y como "[llegamos] a una laguna que tendría tres tiros de ballesta de ancho". Cuando la Florida fue conquistada definitivamente, Menéndez de Avilés, casi victorioso sobre los franceses, ordenó a uno de sus capitanes que "llegando a un tiro de ballesta" de donde él mismo se encontraba trazara una raya en un arenal por la supuesta ruta de los hugonotes, y que degollara a quien la pasara, cosa que puntualmente se hizo. También los cronistas de la Conquista que escribían en España, como Fernández de Oviedo y Fray Jerónimo Román, miden de este modo las distancias: este último para describir la vastedad del patio del gran templo de México, dice que "era tan grande como un tiro de ballesta cada paredón".[7]

Otro modo de calcular las distancias era la parábola descrita por el proyectil del arcabuz, de la lombarda, de la escopeta y hasta del cañón. Según el Conquistador la espesura de las selvas del trópico mexicano era tal que aun desde la copa de los árboles no se veía otra cosa a *un tiro de cañón*. Para dar idea de la anchura de algunos ríos, Las Casas la compara con *un tiro de arcabuz*. Esta unidad de medida aparece también en una descripción del obispado de Michoacán en el siglo XVI, y en otra de la provincia

---

[7] RAMUSIO, III, fol. 309; *cf.* Prescott, 278. Fernández Duro (ed.), "PRIMERAS NOTICIAS DE YUCATÁN", 306. DERROTERO DE LA NAVEGACIÓN... 1527, en CDIAO, XIV: 67-69 y *passim;* y RELACIÓN Y DERROTERO DE UNA ARMADA... 1533, en *op. cit.,* XIV: 137. COLECC. de DOCS. INÉDITOS DE CORTÉS, 269 y 292. RELACIÓN DE LO SUCEDIDO A ALONSO DÁVILA... 1533, en CDIAO, XIV: 127-128 y *passim.* Zavala, *Tributos,* I, 98; III, 102, 137 (ejemplos de 1532 y 1537). CARTA DE... D. FRANCISCO DE MONTEJO A SU MAGESTAD. Gracias a Dios, 25 de agosto de 1539, en CDIAO, XIII: 505. ARCEO, 247 ("llegaron a estar a dos tiros de ballesta de un pueblo principal"). INFORMACIÓN HECHA A PEDIMENTO DE... JERÓNIMO LÓPEZ, en CDIHIA, I, 31 y 43. FIDALGO DE ELVAS, 110, 118, 122, 123 y *passim.* ULLOA, 193, 195, 197, 214 y *passim.* Buckingham Smith (ed.), COLECC. DE... DOCS. PARA LA HISTORIA DE FLORIDA, I, 93 (Capitán Carreño). García Icazbalceta (ed.), *Zumárraga,* APÉNDICE DOCUMENTAL, 258-259. MEADE (ed.), *Docs. inéditos para la historia de Tampico,* 17-18. Carta de Velasco I "al emperador" (Felipe II), 24 de octubre de 1559, en CDIAO, IV; 139. Fray Tomás de la Torre, 114. Fray Francisco XIMÉNEZ, *Hist. de la prov. de San Vicente de Chiapas y Guatemala,* I, 314 y 319. Genaro García (ed.), *Dos antiguas relaciones de Florida:* relación de Bartolomé BARRIENTOS, 66; y Ruidíaz (ed.), *La Florida:* relación de GONZALO SOLÍS DE MERÁS, I, 116-117. OVIEDO, *Histoi ia General y Moral,* IV, 30, 79, 124, 144, 221 y *passim* ("cercan... [a Huaquechula] dos rios, dos tiros de ballesta el uno del otro", "adelante bien tres tiros de ballesta", "había en Temistitlán un patio de más de un tiro de ballesta, enlosado", etc.). Fray Jerónimo ROMÁN, I, 77.

de Pánuco de principios del siguiente; en esta última se afirma que el pueblo de Aseseca está situado "como a dos tiros de arcabuz" de un afluente del río Pánuco.También la usa el Padre Arregui al describir los pueblos de Xalisco y Tepic. Hernando de Grijalva, enviado en 1533 por Cortés a explorar la Mar del Sur, en cambio, prefería las expresiones *a un tiro de lombarda* y *a un tiro de escopeta.*[8]

Habiendo examinado párrafos más arriba el sistema de medidas usado en los primeros siglos de la Colonia, veamos ahora su inevitable complemento, la m o n e d a . En la España medieval, el sistema monetario fue casi tan confuso y caótico como el de pesas y medidas, cosa que hizo necesaria su reestructuración por parte de los Reyes Católicos. Las ordenanzas en la materia, fechadas en Medina del Campo el 13 de junio de 1497, se aplicaron en América desde los primeros años de la colonización y más tarde fueron base, en 1535, para la creación de la Casa de Moneda de México. La moneda, como tal, era completamente desconocida entre los indígenas, cuyo comercio se basaba en el trueque; sin embargo, existía en el México prehispánico un sistema de representación de valores económicos a base de símbolos, tales como granos de cacao y pequeñas hachas de cobre. En el sistema económico español, el dinero era un elemento indispensable para las operaciones comerciales cotidianas, pero las monedas llegadas a la Nueva España en los primeros tiempos pronto resultaron insuficientes, ya que la corriente de metales iba en sentido contrario. Por ello hubo que pensar de inmediato en la acuñación de moneda en la misma Colonia, la cual se emprendió en forma burda y poco precisa en un principio, teniendo como únicos elementos una fragua, un yunque, un martillo y un punzón. No se sabe a ciencia cierta cuándo se hicieron aquellas primeras acuñaciones primitivas, pero no es imposible que hayan sido ordenadas por Cortés mismo, de lo cual en todo caso más tarde fue acusado por sus enemigos porque parecía una usurpación de las regias prerrogativas. Las monedas que según el cronista Herrera mandó acuñar Cortés probablemente eran una especie de tejos de oro con mezcla de cobre, liga que recibió el nombre de oro de *tepusque* (de una raíz náhuatl). Hacia 1525, según las actas del Cabildo de México, circulaban en la Nueva España ciertas monedas españolas de oro (reales o tomines). Además, un documento de 1537 firmado por la Emperatriz Isabel comprueba que por entonces circulaban en la colonia d u c a - d o s   también de oro, clasificados en "de Castilla" y "de la tierra". Éste no podía ser otro que el *peso de oro de tepusque*, moneda que por contener poco oro y mucho cobre se fue depreciando constantemente, a pesar de los esfuerzos del ayuntamiento para reglamentar su ley; llegó a valer sólo 272 maravedíes, mientras que la equivalencia del peso de oro de minas era de 450. Aumentaba la confusión monetaria la circunstancia de que circulaba además otra moneda de plata y cobre (también llamada *peso de plata de tepusque)* semejante por su aspecto al *peso* castellano, cuyo nombre heredó; y había

---

[8] CORTÉS, *Cartas de Relación*, II, 146. LAS CASAS, *Apologética Historia*, c. 53. García Pimentel (ed.), RELACIÓN DE LOS OBISPADOS DE TLAXCALA..., 124. DESCRIPCIÓN DE LOS PUEBLOS DE LA PROVINCIA DE PÁNUCO, en CDIAO, IX; 161. ARREGUI, 94. RELACIÓN... DE HERNANDO DE GRIJALVA, en *ibid.*, XIV; 138.

otra, tan imaginaria como la guinea británica, el *peso de minas*, que valía catorce reales. Llegó un momento en que fue evidente la necesidad de poner orden en la acuñación de moneda en la Colonia, sobre todo para permitir a la Real Caja recaudar el almojarifazgo en "pesos fuertes". El oidor Salmerón, a quien el Consejo de Indias encargó investigar el asunto, recomendó en 1531 que en la Nueva España "oviese moneda de oro y plata y vellón del mismo peso, ley e valor que la de España". La sugerencia del oidor no era del todo altruista pues estaba seguro de que una vez regularizado el sistema monetario, el dinero "no se quedaría en la tierra", es decir tomaría el camino de la Península; también aconsejó, en consonancia con su propuesta, que el peso de tepusque "se reduxese a la ley perfecta de medio oro" (mitad oro y mitad cobre).[9]

La pesquisa del oidor Salmerón dio por resultado la creación de la C a s a d e M o n e d a de México cuyo objetivo esencial fue aplicar en la Nueva España las disposiciones de 1497 sobre la reorganización y unificación del sistema monetario castellano. La Corona no permitió, sin embargo, la acuñación de monedas de oro, restricción abolida en 1678. La ceca comenzó a funcionar en el segundo semestre de 1536, labrándose piezas de plata de 3, 2, 1, 1/2 y 1/4 de real ("cuartillo" o "c u a r t i l l a"), con las armas de España en el anverso y la cruz con los castillos y leones en el reverso. (En nuestros días todavía se oye la frase "no vale cuartilla" para describir algo de poquísimo valor.) Por real cédula del 18 de noviembre del año siguiente se autorizó la manufactura en México de una moneda de cuatro reales (tostón) y de otra de ocho (el peso). También se empezaron a acuñar por entonces monedas de vellón (cobre) de 1, 2 y 4 m a r a v e d í e s (un real equivalía en esa época a 34 maravedíes), descontinuados en 1552. (El maravedí era una moneda introducida por los Almorávides en España, donde se usó durante siglos.) Continuaron circulando las monedas con liga de oro acuñadas en la misma Colonia: el peso de oro de tepusque y el peso de oro de minas, más tarde sustituidos por el c a s t e l l a n o de oro acuñado en la Península. Las Ordenanzas para el buen régimen de la

---

[9] Burzio, II, 19 (Ordenanzas de 1497). HERRERA, I, 77-78. DECLARACIÓN DE TESTIGOS EN LA PESQUISA... CONTRA CORTÉS... 1529, en CDIAO, XXVI: 424. Del texto de la RECUSACIÓN de Cortés se desprende que en esa época circulaban en la Nueva España numerosas "monedas de oro": *loc. cit.*, XXVII: 148. Romero de Terreros, en *Moneda*, 8, niega crédito a las acusaciones enderezadas contra Cortés de haber acuñado monedas "por cuenta propia". ACTAS DEL CABILDO, I, 48 y I, 154 (reales y tomines de oro). El real y el tomín eran en el fondo dos nombres de la misma moneda. CARTA DE LA EMPERATRIZ A LOS OFICIALES REALES DE MÉXICO. 16 de febrero de 1537, en Paso y Troncoso (ed.), EPISTOLARIO, III, 198-199 (ducados de Castilla y "de la tierra"). Ahí mismo se lee que el ducado de Castilla tenía un valor de 375 maravedíes; y el de la tierra, de 337. Lanfranchi, 45; y Burzio, II, 49 (el peso de oro de tepusque). Esquivel Obregón, II, 456. MEMORIAL DE LO PAGADO... A LAS ÓRDENES (monásticas), del Tesorero General de la Nueva España (1553-1563), en Cuevas (ed.), *Documentos Inéditos*, 277 (valor del peso de oro de minas). El peso de plata de tepusque era también moneda corriente en la Nueva España en 1531; ver la CARTA DEL LICENCIADO SALMERÓN AL CONSEJO DE INDIAS del 22 de enero de ese año, en CDIAO, XIII: 194. Probert, 92 (*peso de minas;* 100 pesos de minas equivalían a 175 pesos fuertes. La guinea británica, moneda que no existe, vale una libra esterlina y un chelín). Las proposiciones del oidor Salmerón fueron hechas en otra carta del 13 de agosto del mismo año, publicada en el EPISTOLARIO de Paso y Troncoso, XVI, 16.

Casa de la Fundición (luego llamada Casa de Moneda), dadas por el Virrey Mendoza el 22 de marzo de 1539, por alguna razón ignorada no fueron hechas públicas hasta el 12 de noviembre del año siguiente; y tres años más tarde, el Consejo de Indias permitió que la moneda troquelada en México circulara en todas la colonias. De hecho, como veremos, circuló por todo el mundo. La contabilidad de la Real Caja medieval se había llevado en "cuentas de maravedíes"; la de la Real Hacienda de la Nueva España fue tanto más cuantiosa, que en sus libros a menudo figuran los c u e n t o s de pesos, es decir millones.[10]

No parece tener fundamento la leyenda de que el origen del nombre de p e s o , dado a la moneda de ocho reales, sea que el valor de las monedas acuñadas rudimentariamente en la Nueva España en los años siguientes a la caída de Tenochtitlán se calculaba por su peso. De hecho, es un nombre mucho más antiguo y, como señala Burzio, en América se llamaron así todas las primeras monedas de cuenta: el peso de oro (o de buen oro), el peso de minas, el peso de plata ensayado o corriente y, en la Nueva España, el peso de tepusque (de oro o de plata con fuerte liga de cobre). El peso era sencillamente una moneda castellana de plata, que pesaba una onza y valía, como el mexicano de época posterior, ocho reales. El peso mexicano de plata fue prácticamente el peso de tepusque mejorado mediante la eliminación del cobre y el aumento del contenido de plata; así resultó una moneda cuyo valor real superó al del peso castellano, equiparándose al llamado peso fuerte castellano o duro, que entonces valía 10 reales en vez de 8. El peso mexicano empezó a acuñarse hacia 1556 (aunque desde 1537 había autorización real) y por su alta ley circuló en todo el mundo como resultado del tráfico comercial, del contrabando o de la imitación. El galeón de Manila lo llevó a las Filipinas, donde su uso fue general; de allí pasó a las ciudades mercantiles del continente asiático y especialmente a los puertos de China. Las colonias inglesas en América lo usarían como moneda propia con un simple resello o perforación (especie de contraseña), hasta que se inició la acuñación del dólar que, como el *thaler* alemán, fue en sus orígenes una imitación del peso mexicano de plata. En los siglos XVII y XVIII también circulaba el peso mexicano en el Levante, y fue el modelo para muchas monedas de regiones tan lejanas como la península arábiga y Etiopía. (La Casa de Moneda de México ha hecho acuñaciones para otros países aun en tiempos recientes.) De hecho, el peso sustituyó desde el siglo XVI al florín florentino como moneda de uso corriente para las transacciones internacionales; se dividía, como se sabe, en ocho r e a l e s , hasta que a partir de 1862 el sistema métrico decimal introdujo el centavo y las piezas de 5,

[10] Burzio, II, 47-49; y Romero de Terreros, *Moneda,* 9-11 (primeras acuñaciones de reales y maravedíes en México). El *castellano* es mencionado por el Virrey Mendoza en una carta al Emperador del 10 de diciembre de 1537 y en un asiento firmado con Pedro de Alvarado en 1541, en CDIAO, II: 189 y III: 360, respectivamente. El presidente Manuel González hizo acuñar monedas de oro de 2 y 4 escudos. Paso y Troncoso (ed.), Epistolario, III, 245-248 (Ordenanzas de 1539); *cf.* Burzio, II, 49. GOBERNACIÓN ESPIRITUAL... DE LAS INDIAS, CÓDICE, Título XVI, núm. 23, en CDIU, XXI: 121 (curso de la moneda mexicana en todas las Indias). Acerca de los "cuentos" de pesos ver el EPISTOLARIO de Paso y Troncoso, V, 183-184 (Carta al rey del doctor Quezada y Gonzalo de Aranda, oficiales reales, sobre las cuentas de la Real Hacienda, del 7 de junio de 1549).

10 y 25 centavos, a pesar de lo cual hasta el presente, aunque cada vez menos, en las áreas rurales se sigue hablando del real como división imaginaria del peso (un octavo). El real debe su nombre a la efigie del monarca grabada en una de sus caras, tal como ordenó don Jaime el Conquistador que fuera acuñado en el reino de Mallorca según decreto de 1247. Fue una moneda creada para sustituir al tomín (del árabe *timin*, "octava parte"), muy útil por ser una división natural a la que se llega mediante sucesivas divisiones por dos; en razón de su origen geográfico en Castilla fue llamado en un principio "real de Valencia". (Es evidente que las monedas llamadas *rials* o *reis* deben su nombre al real.) El término t o m í n , que designaba la octava parte de un castellano, sobrevivió sin embargo por largo tiempo como sinónimo de real, y también se usó en la Nueva España. En Zacatécas, relata Bakewell, se empleaba en la contabilidad fiscal y minera; y en su testamento de 1565 don Vasco de Quiroga legó por una parte al Colegio de San Nicolás, y por otra para la construcción de la catedral de Valladolid sendos cofres "con cierta cantidad de tomines", que le había obsequiado el rey para destinarlos a obras pías.[11]

Los orígenes del mexicanismo t o s t ó n , o sea la moneda de 4 reales o 50 centavos, que circulaba hasta hace poco más de un decenio antes de ser devorada por la inflación, pueden encontrarse en Europa en la alta Edad Media. A Cataluña en el siglo XV una moneda italiana llamada *testone* (cabezota), por tener grabada una efigie de Francisco Sforza; hispanizado el nombre a *testón*, luego se acuñaron imitaciones con la imagen del Rey de Aragón. En Francia, por la misma razón, se llamaron *testons* las monedas de plata acuñadas en tiempo de Luis XII y Francisco I. La denominación, transformada en "testón", acabó por aplicarse tanto en España como en las Indias a la moneda de plata de 4 reales, aun cuando no tuviera efigie alguna. En la Nueva España, la primera vez que se menciona ese término en un documento conocido fue en 1536, cuando los regidores y el justicia de México ordenaron que los médicos no cobrasen como honorario a sus pacientes más de un tostón. Desde su prisión de México, al año siguiente Nuño de Guzmán, quejándose del despojo de que según él lo había hecho víctima el presidente de la segunda Audiencia, afirmó haber sido privado de sus tostones, es decir de una suma en numerario. Hacia 1560 en Mérida circulaba el tostón: sabemos que el mayordomo de la ermita de San Juan Bautista (en construcción), Gregorio de Cetina, hermano del ilustre bardo, recibió una cantidad de esas monedas procedente de multas impuestas por la Inquisición a los blasfemos. En la tesorería de Campeche había, en 1561, 24 300 tostones provenientes de la recaudación de impuestos, según escribió su ti-

---

[11] Burzio, I, 172; y Sayous, "Instituciones Económicas", II (peso mexicano de plata). Céspedes del Castillo, *Las Indias durante los siglos XVI y XVII*, III, 464 (difusión internacional del peso a partir del siglo XVI). Romero de Terreros, *Moneda*, 13 (acuñación del peso en tiempos de Felipe II). Burzio, II, 291-292 y 406 (el real y el tomín); Bakewell, 363. Se puede calcular el valor adquisitivo del tomín si se recuerda, como lo hacen las ACTAS DE TLAXCALA, ff. 215, 231-254, que con un tomín se podían comprar en esa ciudad, en 1550, 200 "cacao gordos" o 230 "de los aplastados", o un guajolote, o cinco gallinas, o 100 huevos. Ver el texto del TESTAMENTO de don VASCO DE QUIROGA en Aguayo Spencer, 290.

tular al Consejo de Indias antes de embarcarse rumbo a España. En 1563, el relator de la Audiencia en México, Francisco Morales, informó al rey que la Casa de Moneda llevaba acuñadas dos millones de piezas de esa moneda; y en diciembre de 1570 comunicó a Felipe II que un portugués llamado Álvaro Rodríguez había mandado troquelar tostones con 50 000 marcos de plata que llevó a la Casa de Moneda. El autor de la *Relación de Valladolid de Yucatán* (de 1579) se queja de que mientras la construcción del templo habría costado un máximo de 12 000 tostones, para la construcción de la suntuosa catedral de Mérida los vallisoletanos habían contribuido con la enorme suma de 24 000, es decir el doble. Un tostón por año y por cabeza era lo que se pagaba en la Nueva España y en Guatemala para el mantenimiento de la Armada de Barlovento. Diversos testimonios revelan que el tostón era usado también en otras partes de Yucatán: en un documento sobre tres encomenderos, fechado en Zenote (probablemente Cenotillo) en 1583, se cuenta que los naturales habían construido para los indios de uno de ellos una casa que valía 12 tostones; y que los otros dos vendían a los mayas arrobas o botijas de vino a 12 tostones cada una. En otro, de 1553, se calcula en 12 tostones el salario anual de un indio naboría. Torquemada afirma que en toda Guatemala las contrataciones se hacían no en pesos sino "por Tostones que son reales de a Quatro". Los diezmos del obispado de Chiapa y Soconusco se cedieron por asiento en 1635-1638, dice Díez de la Calle, en la suma de 13 500 tostones, y los de Verapaz, en 1 110, que fueron las puestas máximas. En Soconusco se remató el cargo del alguacil mayor en 600 tostones. Por último en aquellos mismos años, las Ordenanzas redactadas por el licenciado Juan Maldonado, Visitador General del Soconusco, Verapaz y Zapotitlán, revelan que las multas y otras penas pecuniarias en esas regiones se computaban en tostones.[12]

---

[12] Burzio, II, 395 y 410 (tostón). En el *Diccionario de Autoridades* de Corominas se dice erróneamente que la voz "tostón" aparece en castellano hasta el siglo XVII; en el presente párrafo se citan nueve ejemplos del siglo XVI. ACTAS DEL CABILDO, IV, 43 (un tostón, honorario de los médicos). CARTA AL CONSEJO DE INDIAS DE NUÑO DE GUZMÁN... 23 de febrero de 1537, en CDIAO, XIII, 542. Rubio Mañé (ed.), ARCHIVO HISTÓRICO DE YUCATÁN, I, 165, 167, 179, 192 (circulación del tostón en Mérida) y III, Int., xviii (Gregorio de Cetina). Scholes y Menéndez (ed.), DOCS. PARA LA HIST. DE YUCATÁN, Iª Serie, 88 (Jofre de Loaisa). CARTA DE FRANCISCO DE MORALES AL REY... 1563, en CDIHIA, I, 370. Paso y Troncoso (ed.), EPISTOLARIO, XI, 103 (Álvaro Rodríguez). RELACIÓN DE VALLADOLID, en RELACIÓN DE YUCATÁN, *ap.* CDIU, XIII: 39. E. O'Gorman, "Yucatán", 437, 443, 446, 451, 462, 465, 473 (Cenotillo). Zavala, *Servicio de Indios*, II, 188 (doce tostones). García Bernal, *Yucatán*, 284-285 (Armada de Barlovento). Para la circulación de tostones en Guatemala, ver Sanchíz, 1565, 1567, 1570-1572. TORQUEMADA, *Monarquía Indiana*, I, 614. Díez de la Calle, 262, 267 y 268. Martín Alfonso TOVILLA, 131, 134-136 y *passim* (penas pecuniarias en Soconusco). Se puede calcular el valor adquisitivo del tostón, si recordamos con O'Gorman, "Yucatán", 458, 459, 462, 468, que 200 mecates de milpa valían 12 tostones, que se pagaba a los naboríos un tostón por cada horcón que se echaba en una casa en construcción, o por traer sal por diez leguas de distancia.

CUARTA PARTE

LA SOCIEDAD, EL DERECHO Y LA CULTURA

XXVIII. LA ESTRUCTURA URBANA
Y ADMINISTRATIVA DE LAS CIUDADES

La concentración urbana —ciudad, pueblo o villa— también forma parte del legado medieval de la Nueva España. Como los antiguos germanos descritos por Tácito, los indios vivían diseminados en sus campos de cultivo por ser su sociedad eminentemente agrícola; y uno de los propósitos de la fundación de monasterios-fortalezas en el siglo XVI fue precisamente que sirvieran de centros para congregar a los naturales hasta entonces esparcidos, dando así origen a núcleos urbanos. En el México prehispánico la ciudad fue un fenómeno excepcional; las pocas existentes eran centros de poder como Tenochtitlán o metrópolis religioso-comerciales como Cholula. Cierto es que la población se congregaba en torno a santuarios importantes (Teotihuacán, Chichén Itzá, etc.), pero el conjunto de las habitaciones no respondía estrictamente hablando a un trazo urbano: más bien estaban colocadas sin orden alguno rodeadas de parcelas agrícolas. Como los materiales con que se construían eran muy poco resistentes, de los antiguos conjuntos urbanos sólo han sobrevivido los edificios de piedra: las bases piramidales de los templos, y en algunos casos las casas de sacerdotes o príncipes; en otras palabras los centros ceremoniales cuya naturaleza exigía que se construyeran para durar.

Las c i u d a d e s hispanoamericanas, afirma Gil Munilla, son la prolongación más palpable del ser espiritual y material de la península ibérica. Conservaron muchas características medievales, entre las cuales, como hemos visto por lo que atañe a la Nueva España, se hallaban el control de los ejidos, dehesas y otras tierras comunales, la estructuración del trabajo en gremios y corporaciones, la supervisión de precios y de algunas prácticas comerciales y una importante intervención de la Iglesia y de las órdenes religiosas en la vida urbana. Nos proponemos ahora examinar la concepción misma de la ciudad, reflejada tanto en su trazo como en su gobierno, o sea en su organización municipal, en el carácter representativo del Cabildo y en las festividades con que recordaban sus orígenes y se celebraba su grandeza, todo ello herencia de la Edad Media europea en grados diversos. Como era común en aquella época de consolidación del poder central, la ciudad novohispánica también tuvo necesidad de defender sus libertades, de "volver por sus fueros". México, fundada en 1522 sobre las ruinas de la gran capital azteca, no fue una excepción: tuvo que defenderse enconadamente de su propio fundador, Hernán Cortés, para conservar intactos sus montes y pastos y algunos de sus pueblos dependientes. Las poblaciones establecidas mediante cédula real —como Puebla en 1532— recibieron, según la tradición medieval, además del título los privilegios inherentes a una nueva fundación, entre ellos la exención del pago de pechos (impuestos serviles) y por un largo periodo la de alcabalas; se les daba también un escudo de armas timbrado con la corona real o con una corona mural según la categoría.[1]

De las primeras fundaciones de c i u d a d e s en las Indias surgieron dos tipos básicos que posteriormente serían claramente definidos en la legislación indiana: las de "costa de mar" (como Veracruz) y las "mediterráneas" o de tierra adentro (como México). Los elementos urbanísticos de uno y otro tipo eran los mismos: el trazo de vías públicas correspondía a un tablero reticular en forma de cuadrícula (por su semejanza con el que se usa en el juego de damas, algunos autores lo llaman damero) y uno de sus cuadrados centrales (en ocasiones rectángulos) era ocupado por la plaza mayor a la cual daban frente la casa de gobierno y la iglesia parroquial o catedral. La limitaban arcadas o portales que a veces se prolongaban en algunas calles adyacentes; y generalmente frente a otras iglesias se dejaba una plazoleta o rinconada. La diferencia esencial entre los dos tipos de ciudades era que en las marítimas la plaza mayor tenía que situarse frente al mar o en sus cercanías. Entre las poblaciones "mediterráneas", tuvieron carácter diverso los centros mineros, por lo general situados en zonas abruptas donde la topografía hacía imposible la aplicación del trazo en cuadrícula. Este trazo, de origen mesopotámico y egipcio, fue adoptado y difundido por los griegos y los romanos, inclusive en España, donde en la Época de los Descubrimientos eran mudo testimonio de ello, entre otras, las ruinas de la Mérida y de la Tarragona romanas. Aquellos modelos sirvieron de base para el trazo clásico de la ciudad colonial hispanoamericana, expresado en síntesis en las Ordenanzas de 1573 sobre la fundación de ciudades en las colonias.[2]

Es natural pensar que el origen de la ciudad hispanoamericana es básicamente de inspiración antigua: por una parte deriva de las ruinas romanas que los españoles tenían a la vista, y por la otra de los pueblos fundados a raíz de la Reconquista, que por razones militares tienen una planta análoga. Según Miranda, el trazo y la distribución de las áreas en las ciudades fundadas por los españoles responden a estos antecedentes. Si el diseño en cuadrícula de esas fundaciones reproduce más o menos uno de los modelos de Vitruvio, el gran arquitecto romano venerado en el Renacimiento, declara Ruggiero Romano, es por mera coincidencia; más lógico sería pensar que dicha planta imita las *villas nuevas, bastidas* o *pueblas* de la Europa medieval, fundadas en el sur de Francia, en Castilla y en el Levante español en el periodo de la Reconquista. Kubler coincide en esta apreciación, y Foster informa que Briviesca, al norte de Burgos, es el primer pueblo castellano (fue fundado en 1314) cuya planta es reticular. Otros autores,

[1] Gil Munilla, 305. R. M. Morse, en "Latin American Cities", 473, recuerda los orígenes medievales de la ciudad latinoamericana y de sus instituciones. Góngora, en *El Estado en Derecho Indiano*, 38, 72-73, reseña los litigios entre el Cabildo de la ciudad de México y Cortés. Chevalier, *Fondation de Puebla*, 115.

[2] Gil Munilla, 304 (tipos de ciudades hispanoamericanas). Hardoy, 143-144 (elementos de la ciudad clásica colonial). Robert C. Smith, en "Colonial Towns", 3-10, compara las ciudades españolas de las Indias con las fundadas por colonos provenientes de otros seis países europeos. Sobre Mérida y Tarragona, ver Stanislawski, "Grid-patterned Town", 118. Hardoy, *op. cit.*, 177 (modelo de la ciudad hispanorromana y su evolución).

entre ellos García de Cortázar, recuerdan que en el reino de Valencia reconquistado de los moros se fundaron algunas ciudades de trazo regular (Castellón, Villarreal, Nules, Almenara, etc.), inspirado quizá en el *castrum* o campamento romano, que debían servir de bases militares para neutralizar posibles rebeliones mudéjares. Tan amplia fue la influencia del trazo reticular que hasta Vitoria y Bilbao, ciudades vascongadas fundadas en el siglo XII, lo siguieron. En las últimas etapas de la Reconquista, dice Walter Erwin Palm, el trazo de ciudades cristianas "a cordel" es característicamente diverso del laberinto de las ciudades árabes; entre aquellas fundaciones, la más próxima cronológicamente a la Conquista fue la de Santa Fe de Granada hecha por los Reyes Católicos en 1491 (originalmente un campamento militar), circunstancia que sugiere a Palm que Ovando, educado al lado del Príncipe don Juan, se haya inspirado en Santa Fe para diseñar en 1502 la ciudad colonial de América más antigua que existe, Santo Domingo. Contemporáneamente, el cronista Hernando del Pulgar cita entre los antecedentes de Santa Fe las fundaciones de Puerto Real (Cádiz) y de Cuevas de Vera (Almería). Es igualmente significativo que en las primeras reales órdenes para el trazo de ciudades en las Indias —entregadas a Pedrarias Dávila en 1514— se dispone la regularidad, para que desde un principio reine el orden urbanístico. Pedrarias, como se sabe, aplicó las disposiciones al pie de la letra, cuando cinco años después fundó Panamá.[3]

Los historiadores del urbanismo hispanoamericano consideran a Santo Domingo el primer elemento de una serie que pasando por Panamá, Oaxaca, la Antigua Guatemala, Ciudad Real y otros centros menores produjo la perfección de Puebla y de Lima. El caso de México en cambio es distinto. Existe un plano imaginario de Tenochtitlán, publicado en Nuremberg en 1524 junto con la segunda y tercera Cartas de Relación de Cortés, que según Toussaint, Gómez de Orozco y Justino Fernández, da una visión convencional a la europea de la ciudad azteca; mas es un documento que contiene, sin duda, rasgos fundamentales auténticos, como por ejemplo los ejes rectilíneos y la gran plaza central mencionados en los relatos contemporáneos. Kubler observa que de aceptarse la autenticidad de otro mapa, el llamado *Plano en papel de maguey* que algunos autores suponen precortesiano, quedaría demostrado que los canales de la capital azteca respondían a un trazo reticular; pero Stanislawski no cree que en las isletas determinadas por los canales existieran calles rectas para formar manzanas rectangulares dispuestas en forma de damero; sólo los templos mayores estaban colocados siguiendo un estricto orden geométrico. El diseño reticular, que en lo fundamental México conserva hasta el presente, en realidad es de origen español y fue obra del "buen jumétrico" Alonso García Bravo, quien lo

---

[3] Miranda, *Ideas e Instituciones*, 43-44. Romano, 47 (ejemplos de las *bastidas* de Montpazier y Miranda en el siglo XVIII): *cf.* Kubler, "Cities and Culture", 2. Foster, en *Cultura y Conquista*, 86-87 y 91 formula la hipótesis de que los pueblos reticulares hispanoamericanos "sean bastidas transplantadas, traídas por la ruta de peregrinación de Santiago a Briviesca, luego al sur de España y, posteriormente, a través del Atlántico, a la América". García de Cortázar, 209-210. W. E. Palm, "Urbanismo Imperial", 244-245, 247, 249 y 252; y *Monumentos de La Española*, I, 60 y 62. Morse, "Urban History", 319-320 (Pedrarias Dávila).

trazó en 1523-1524, posiblemente inspirándose en la cuadrícula de Santo Domingo, donde Cortés estuvo cinco años. García Bravo, segundo alarife de la ciudad de México, señala Hardoy, tuvo que basar por fuerza su diseño en las características urbanas de la capital azteca, cuyo esquema básico era cruciforme, y utilizar como ejes de referencia las calzadas que partían del Templo Mayor; a partir de éstas, se trazó la cuadrícula que gradualmente llenada con las construcciones españolas, dio a la ciudad su fisonomía colonial. Pero México, Cuzco y otros raros ejemplos son excepcionales por la influencia indígena en su trazado, aunque por supuesto el urbanismo prehispánico (aunque éste es un término muy relativo) tuvo gran influencia en la ubicación de las primeras fundaciones españolas en el continente en el sentido de que muchas ciudades coloniales fueron construidas sobre centros ya habitados de antiguo.[4]

Casi todos los autores reconocen la influencia directa del tratado *De arquitectura* de Vitruvio sobre las Ordenanzas de descubrimiento y población expedidas por Felipe II en 1573, que a partir de esa fecha fueron norma casi inflexible para la fundación y construcción de ciudades en las Indias. Sin embargo, Hardoy señala que otras disposiciones sobre esta materia parecen responder a ideas no tratadas por el ilustre arquitecto de la época de Augusto. Con todo, debe recordarse al respecto que hacia 1575 quedaban pocas ciudades importantes de la Nueva España por fundar, las cuales serían las únicas influidas directamente por las Ordenanzas de 1573, portadoras de la influencia vitruviana. Por una parte todo demuestra que los escritos de Vitruvio y de los arquitectos renacentistas italianos no se difundieron en España hasta muy entrado el siglo XVI, pero por la otra puede señalarse que en Italia misma la influencia de estos autores en el campo urbanístico fue un principio puramente académico. Si a principios del siglo XVI se trazaron ciudades nuevas en las Antillas y en la Nueva España fue por la necesidad urgente de crear unidades de población donde tuvieran sus sedes las autoridades civiles, militares y religiosas. En México, la primera referencia a Vitruvio conocida es la de Cervantes de Salazar, quien no era arquitecto sino humanista, en su descripción de 1554. Quizá más tarde, como dice Gil Munilla, "con Vitruvio en las manos se fundamentaban las ciudades" hispanoamericanas; por ello lo cierto para Guayaquil, Cochabamba o Manila (de fundación más tardía), ciertamente no lo es para las grandes ciudades novohispánicas. En este sentido y con referencia a una cierta época, se justifica la cautela de Foster al afirmar que "la planeación de las ciudades españolas en el Nuevo Mundo fue una recapitulación de viejos modelos griegos y romanos" y especialmente de los restos conservados en la Península. La principal característica de la ciudad colonial hispanoamericana es sin duda la de tener como centro aproximado la p l a z a m a y o r ,

---

[4] Hardoy, 177 (evolución del esquema urbano desde Santo Domingo hasta Puebla y Lima). Toussaint *et al.* (eds.), PLANOS DE LA CIUDAD DE MÉXICO, I, 73, n. 151. Kubler, "Cities and Culture", 2, citando a Robertson, *Mexican Manuscript Painting* (New Haven, 1959), sobre la autenticidad del *Plano en papel de maguey*. Stanislawski, "The Grid-patterned Town", 112. Palm, *Monumentos de La Española*, I, 72 (influencia del trazo de Santo Domingo sobre el de México). Hardoy, 165 y 175.

con sus arcadas, y frente a ella las casas consistoriales y la iglesia catedral o la parroquia. La espaciosa plaza mayor de las ciudades de las Indias tenía la función política de ser el sitio donde se hacían los alardes y ejercicios militares necesarios para conservar en paz a los indígenas y donde se celebraban las festividades y torneos impuestos por el espíritu de la época (por esto fue también llamada *plaza de armas*). Aunque en el Renacimiento, Alberti y Filarete recomendaron que el centro de la vida urbana fuera una plaza (heredera del foro de los romanos), Ricard recuerda que la plaza mayor o municipal, con las mismas características esenciales que hoy se distinguen, aparece desde el último cuarto del siglo XV en Castilla, Extremadura, el Levante español y Aragón; en Andalucía, por el contrario, no había plazas porque casi todas las ciudades conservaban el viejo trazo árabe. Para Kubler, la ciudad cuadriculada y la iglesia de una sola nave son los dos elementos de origen europeo más usados en México durante el periodo colonial.[5]

Alonso García Bravo, "júmetra" de la ciudad de México, llegado a la Nueva España con Francisco de Garay en 1522, fue también el autor del t r a - z o de Antequera hacia 1530, y posiblemente unos años antes del de Veracruz. Parece que por encargo de la primera Audiencia hizo el trazo de la actual ciudad de Oaxaca, de la cual fue posteriormente alcalde mayor, según datos de Iturribarría. García Bravo diseñó la ciudad de Oaxaca de acuerdo con el mismo sistema cuadricular que había aplicado en México como demuestra la rectitud y regularidad de las calles de su parte antigua, tiradas a cordel. El más clásico de los planos reticulares de la Nueva España sin duda es el de Puebla, trazado por uno de sus fundadores, Alonso Martín Pérez, en 1531-1533. La construcción de la primera iglesia parroquial de Guadalajara, hoy catedral, se inició en 1541 entre dos grandes plazas creadas en el centro siguiendo el trazo reticular. Siendo centro de una zona de densa población y por la orografía del lugar donde fue fundada, la antigua Ciudad Real (San Cristóbal Las Casas) —dice Aguirre Beltrán— tiene un aspecto de urbe señorial y recuerda un burgo europeo medieval. Pero el trazo reticular predominó en la fundación de casi todas las ciudades coloniales siempre que lo permitía el terreno; tal es el caso de Mérida, Morelia, San Luis, Monterrey, Durango y muchas otras.[6]

Más adelante, en los capítulos relativos a la arquitectura civil y militar, se examinará el aspecto medieval que la ciudad de México tuvo en un prin-

---

[5] Hardoy, 175, y Apéndice II, 180-181 (texto de las Ordenanzas de 1573). En Italia a fines del siglo XV y principios del XVI contribuyeron al desarrollo de las ideas urbanísticas Leonardo de Vinci y Frà Giocondo, aunque tampoco sabemos a ciencia cierta si su influencia llegó pronto a la Península ibérica. La alusión de Cervantes de Salazar a Vitruvio es recordada en M. Toussaint, J. R. Benítez y Dr. Atl, *Iglesias de México*, I (México, 1927), 71; *cf.* Stanislawski, "Town-Planning", 101. Gil Munilla, 303-304. Parry, en *Cities and Conquistadores*, 4, atribuye parcialmente la regularidad del trazo de México a la inspiración de Vitruvio sin decir por qué. Según Justino Fernández, PLANOS, 114-115, "no es remoto" que los españoles tuvieran *in mente* las ciudades rectilíneas de origen romano de la Península (Mérida y Gerona). Foster, *Culture and Conquest*, 49. Ricard, "Plaza Mayor", 325, define peregrinamente la ciudad hispanoamericana como una *Plaza Mayor* rodeada por calles y casas; *cf.* 321-323 y 326. Kubler, *Mexican Architecture*, I, 94 y 98; y II, 430; *cf.* Chevalier, "Puebla de los Ángeles", 105.

[6] Iturribarría, 82-84. Hardoy, 173 (trazo de Puebla); *cf.* Aguirre Beltrán, *Proceso de aculturación*, 85. Aguirre Beltrán, *op. cit.*, 181 (San Cristóbal Las Casas).

cipio. Mas no hallaremos en su silueta ni en su trazo reticular las características que distinguían a la capital del virreinato o a otras ciudades novohispanas de sus prototipos ibéricos, pues silueta y trazo no son otra cosa que expresiones visibles y por ello estáticas. Con gran acierto, Kubler señala que las características distintivas de la urbe americana clásica en contraste con sus antecedentes europeos y a veces precolombinos, y en función de la organización de su espacio y de su permanencia histórica, son cuatro, a saber: su claridad, o sea la regularidad del plano reticular; su apertura al campo circundante (donde se encontraban sus intereses agrícolas y mineros), que da una impresión de espacio, al contrario de la ciudad medieval cuya estructura era compacta por razones de seguridad; la importancia de su centro, donde la plaza mayor no es un mercado como en Europa, sino el núcleo de la vida cívica en sus diversos aspectos, desde el corrillo hasta las grandes festividades y la picota; y su sentido de grandeza, logrado tanto por la majestad y proporción de sus edificios como por el poder, el saber y la cultura de que son morada. McAndrew observa que sólo España llevó al Nuevo Mundo este concepto grandioso de la ciudad, que contrasta con las tortuosas callejuelas reminiscentes del Medievo características tanto de las primeras fundaciones portuguesas en el Brasil como de las inglesas en Boston o de la Nueva Amsterdam de los holandeses. Al respecto podría señalarse que mientras estas dos últimas tuvieron un carácter predominantemente mercantil, las ciudades españolas fueron construidas para los grandes dignatarios civiles y eclesiásticos y propietarios de tierras o minas, quienes convivían en ellas con la gente menuda que los servían. Este carácter de la ciudad hispanoamericana duraría hasta bien entrado el siglo XIX, cuando tuvo lugar la gran transformación resultante del fuerte incremento de población y del desarrollo de la industria.[7]

El c a b i l d o novohispano y la organización municipal en su conjunto fueron un reflejo del régimen jurídico de las ciudades medievales españolas que, a su vez, derivaba de la institución municipal romana. Eduard Mayer observa que en ninguna parte de Europa el concepto romano del municipio se conservó tan vivo e inalterado como en la península ibérica. De la misma opinión es Sánchez Albornoz, quien además señala que en ningún otro país europeo hubo durante el Medievo tan gran número de concejos libres rurales como en España que, con la protección de la Corona, ejercieran una influencia decisiva en el mantenimiento del equilibrio político del Estado. El m u n i c i p i o , en efecto, surgió con vigor en Castilla en el siglo XI como efecto de las *Cartas otorgadas* y de los *Fueros de frontera* del siglo anterior, que dieron una base orgánica municipal a quienes se establecieran en las tierras ganadas a los moros a punta de lanza. En toda España se fundaron municipalidades cristianas durante los siglos que duró la Reconquista. De manera espontánea, los primeros pobladores ibéricos del Nuevo Mundo introdujeron a América el municipio como organismo político local, tanto en las Antillas como en Tierra Firme. La constitu-

---

[7] Kubler, "Unity of Cities", 885-889, "Cities and Culture", 7; y McAndrew, *Open Air Churches*, 93. *Cf.* Gil Munilla, 308, sobre la transformación de la ciudad hispanoamericana en el siglo XIX.

ción del cabildo era el acto que seguía a la toma de posesión de una nueva tierra; la imponía la necesidad, pues como escribió al rey el tesorero Montalvo, "donde no hay alcalde y regidores no se puede llamar pueblo". El municipio de la Isabela, en La Española, fue fundado durante el segundo viaje de Colón; de 1512 data Baracoa, primer municipio cubano, y de 1519, como se sabe, Veracruz. En los primeros decenios del siglo XVI la Corona aplicó en las Indias la misma política puesta en práctica en España durante la Edad Media española en las zonas de colonización interior, la cual consistía en otorgar prerrogativas y privilegios municipales, entre ellos la concesión de una relativa libertad a los cabildos para fortalecer las nuevas fundaciones. Observa Ots Capdequí sin embargo que conforme disminuía la utilidad política que los municipios tenían para la Corona, al ir ésta consolidando su autoridad sobre los grandes vasallos, los cabildos se fueron convirtiendo en una sombra borrosa y desdibujada de lo que habían sido, proceso que Carlos V aceleró en su victoriosa lucha contra los comuneros de Castilla. El municipio americano, fiel trasplante del prototipo medieval, pronto se arraigaría con todo el vigor de épocas pasadas, reviviendo viejos usos ya olvidados en la Península, tales como el examen de las patentes de los oficiales reales antes de que éstos entraran en funciones y como el derecho a recibir el juramento de los justicias reales que se comprometían a guardar los privilegios de la ciudad y de sus vecinos. Los cabildos de la Nueva España y principalmente el de México, cayeron pronto en manos de verdaderas oligarquías, más atentas a la protección e incremento de su fortuna y a la satisfacción de su vanidad que a la defensa de los intereses de los vecinos en general. La decadencia de los cabildos fue acelerada por la introducción del régimen de intendencias bajo los Borbones: no obstante siguieron siendo la única institución política representativa de las Indias, y en tal calidad a la postre iban a desempeñar un papel importante y en algunos casos decisivo en las luchas por la independencia. Los ayuntamientos representativos más bien de una clase de los vecinos en su conjunto, dieron sobre todo en el siglo XVI y principios del XVII unos frutos que Pérez Bustamante califica de espléndidos y de indiscutiblemente superiores a los obtenidos en la metrópoli. Los municipios de Indias, ricos de savia joven, fueron el único órgano más o menos representativo del estado llano y expresaron las aspiraciones sociales de la burguesía frente a los privilegios de los conquistadores; en ocasiones, llegaron a enfrentarse a la Corona para protestar por algún abuso. Su competencia, como se ha visto en capítulos anteriores, era muy amplia y comprendía materias tan importantes como la distribución de terrenos urbanos, la administración de las tierras comunales, la organización gremial y profesional, el control de precios y la regulación de comercio y los abastos. Todo esto reflejaba las tradiciones municipales ibéricas de la época de su mayor esplendor, que ya había quedado muy atrás.[8]

[8] Mayer, II, 291-292. Sánchez Albornoz, "Frontier", 42. García Cortázar, 169 (origen del municipio castellano). Casariego, 34-36 (Cartas otorgadas y Fueros de frontera). Borah, "Representative Institutions", 249; Bayle, Cabildos, 31 (Hernando de Montalvo); Casariego, 40-41; Góngora, El Estado en el Derecho Indiano, 86; y Palm, La Española, I, 39 (primeros cabildos americanos). Ots Capdequí, "Trasplante en Indias", 74-76; Barbosa, 182-183; y Góngora, op.

Al igual que los del resto de la América española, los municipios mexicanos, dice Carrera Stampa, son verdaderos trasplantes jurídico-sociales de la Madre patria, por su concepción, contenido, organización y funcionamiento. Los primeros fueron los de Veracruz, Medellín y Segura de la Frontera (Tepeaca) fundados directa o indirectamente por Cortés, quien más tarde instituyó también el de México, del que fue regidor durante algún tiempo. La creación del municipio de Veracruz en 1510 fue una estratagema jurídica del Conquistador que, libre de la curatela de Diego de Velázquez, podría llevar adelante su aventura bajo la autoridad del nuevo cabildo; esto estaba en consonancia con las tradiciones medievales, según las cuales el ayuntamiento tenía autoridad para nombrar justicias y capitanes de guerra mientras no se recabara la sanción imperial de la expedición solicitada acto seguido por Cortés. Frankl ha señalado recientemente que como Cortés tenía cierta formación legal, en sus planes para obtener el favor de Carlos V muy bien pudo haberse inspirado en las Siete Partidas. En efecto, la idea de apelar al rey corresponde a la visión del Código alfonsino sobre la naturaleza de la relación entre monarca y vasallos, así como otros argumentos utilizados por Cortés; entre éstos, puede mencionarse el deber de los hijosdalgo de acrecentar el poder y honra de la Corona, el interés evidente de ésta en una empresa que era de población y no de simple "rescate", y la conveniencia de fundar un pueblo en que hubiese un justicia (él mismo) para que el rey tuviera un señorío en la tierra. Para todo esto Cortés quizá tuvo presentes las disposiciones de las Partidas alfonsinas relativas al procedimiento de rescisión de las leyes, y en general la idea de las consecuencias inmediatas del acto de fundación del nuevo municipio, según el derecho monárquico medieval. En la práctica, el cabildo de Veracruz fue la piedra angular de la conquista del Imperio Azteca, sirviendo de trampolín legal y estratégico. Así nació en la Nueva España un instituto de larga historia y fuerte tradición medieval, derivado en última instancia del municipio romano, cuyos decuriones, cuestores y *duoviri* son claramente antecesores de los regidores, del alguacil y de los dos alcaldes ordinarios. Fue tan perdurable y sus usos tan persistentes que hasta la fecha las poblaciones se siguen clasificando en México según las categorías de la legislación colonial: ciudad, villa y pueblo. En Yucatán, las cuatro municipalidades más importantes habrían de ser Mérida, Valladolid, Salamanca de Bacalar y Campeche. De todas formas en 1525 Cortés esbozó la organización municipal novohispana y mexicana en sus *Ordenanzas de Villas Pobladas y las demás que en adelante se poblaren*, las cuales disponen que el cabildo esté integrado por dos alcaldes ordinarios, cuatro regidores, un procurador, un escribano y un almotacén.[9]

---

cit., 83-84 (debilidad y grandeza de los cabildos americanos del siglo XVI). Ciriaco Pérez Bustamante en Int. a *History of Latin American Civilization*, I (Boston, Little Brown, 1967), 276.

[9] Carrera Stampa, "Actas Municipales", 111. Frankl, 32, 34, 36-39 y 41. Inga Clendinnen, 39 (municipalidades yucatecas). Riva Palacio, 51 y 70-71 (fundación de Veracruz, Medellín y Segura de la Frontera). Blackmar, 68 y 156-157 (decuriones, cuestor y duoviri). Altamira, "Municipalidades", 60-61. ORDENANZAS DE VILLAS POBLADAS, etc., en Hernando CORTÉS, *Cartas y Documentos*, 342 (también reproducidas en CDIAO, XXVI: 175-176).

Como en la Península, en la Nueva España se celebraron, aunque ocasionalmente, c a b i l d o s   a b i e r t o s   o asambleas generales de vecinos convocados para tratar asuntos extraordinarios. Fue un cabildo abierto el que, anulando en Veracruz los poderes de Diego de Velázquez, nombró a Cortés capitán y justicia mayor; otro se celebró en circunstancias trágicas en 1541 para acordar el traslado de Guadalajara a un nuevo sitio; un tercero, informa Esquivel Obregón, fue convocado al fundarse la villa de León en 1576. Verdaderas asambleas populares, trasuntos del ágora ateniense y de los comicios romanos, los cabildos abiertos no podían ser vistos con buenos ojos por la Corona: "todas estas cosas huelen mál y saben á comunidad", comentó acremente el visitador Valderrama en 1564. No sabemos con qué frecuencia se reunieron durante los siglos XVII y XVIII, pero en el primer decenio del XIX fueron cabildos abiertos los que proclamaron de México a Buenos Aires la soberanía interina de las comunidades indianas, al conocerse la prisión de Carlos IV y su familia a manos de Napoleón. En la capital de la Nueva España, los regidores Azcárate y Primo de Verdad y Ramos abogaron públicamente en 1808 por la soberanía popular interina; y puede afirmarse que la idea de la independencia de México, luego elaborada en los curatos de Dolores y de Carácuaro tuvo allí sus orígenes.[10]

La defensa de los intereses de la municipalidad estaba a cargo de un miembro permanente del cabildo llamado p r o c u r a d o r o *defensor civitatis*. En América, cuando un asunto requería por su importancia la gestión directa ante el monarca o el Consejo de Indias, se enviaba un procurador a la corte, así designado en recuerdo de los delegados municipales que en el Medievo tomaban parte en las deliberaciones de las Cortes castellanas por derecho propio. Los procuradores americanos por lo general trataban asuntos relacionados con encomiendas, repartimientos, privilegios, abastos, beneficios de minas y comercio con la metrópoli. En 1525, relata Bernal Díaz, hubo en México una junta de representantes, llamados procuradores, de todas las ciudades y villas de la Nueva España y de Guatemala hasta entonces fundadas. Aquella asamblea, que según parece fue un episodio de la lucha por el poder entre Cortés y sus enemigos, se celebró según los procedimientos de las Cortes de Castilla diferenciándose de éstas, en opinión de Miranda, sólo por la ausencia del rey y del estamento eclesiástico. Participaron en ella procuradores de Veracruz, Medellín, Pánuco, Coatzacoalcos y Colima. El Cabildo de México convocó otra reunión de procuradores efectuada en 1560, para discutir asuntos de interés general y formular ante el virrey las peticiones correspondientes; asistieron a ella no sólo los procuradores de los cabildos sino también algunos representantes de la prole de los conquistadores y de la clase mercantil, quienes se arrogaron la calidad de "representantes de todo el reino de la Nueva España... por ser

[10] Sobre los cabildos abiertos véase AYALA, II, 116; Casariego, 60-61; Altamira, en "Municipalidades", 16 (categorías de poblaciones). Bayle, *Cabildos*, 433-434 (Cabildo abierto de Veracruz, 1519), y 450 (León, 1576). Esquivel Obregón, II, 240. CARTA DEL LICENCIADO VALDERRAMA a Felipe II de 24 de marzo de 1564, en CDIAO, IV: 370. Giménez Fernández, 106 (Cabildos abiertos de 1808); cf. S. Madariaga, *Cuadro Histórico de las Indias* (B. Aires, 1945), 603. Páez Brotchie, 50 (Cabildo Abierto de Guadalajara, 1541).

cabeza de él". También los procuradores municipales de toda La Española se reunieron en Santo Domingo en 1518, y los de Cuba en Santiago en 1523. Desde 1528 el Ayuntamiento de México comenzó a negociar con el rey, a través de dos de sus regidores designados procuradores *ad hoc*, el doctor Ojeda y Bernardino Vázquez de Tapia, su admisión a las Cortes castellanas, mas ésta no le fue concedida; el intento se repitió en 1561, en 1562 y de nuevo en 1567, también sin resultado positivo. Bourne considera que las juntas de procuradores celebradas en México en 1525 y en 1560 eran unas Cortes en gestación, pero esas asambleas no generaron ninguna tradición que haya arraigado en América ni entonces ni después, pues, como señala Lohmann Villena, la Corona no les dio gran beligerancia por razones de estado. Se limitó a conceder en 1530 a México y al Cuzco el privilegio de tener el primer voto en "los congresos" (y no Cortes) que se celebrasen respectivamente en la Nueva España y en el Perú, como Burgos lo tenía en las Cortes de Castilla. Aquel privilegio real dio resultados bastante magros más que nada formales como, por ejemplo, armar de m a z a s a los porteros del Cabildo de México, como los del de Burgos. En 1635, el Conde-Duque de Olivares concibió el proyecto, que comunicó al Virrey Marqués de Cadereyta, de que la Nueva España, la Nueva Galicia, Guatemala, La Española y las Filipinas fueran invitadas a enviar procuradores a las Cortes castellanas cuando se convocasen para juramento de príncipes. El proyecto no prosperó, entre otras razones por la caída del favorito y porque la decadente dinastía ya casi no producía príncipes, y los pocos que nacían morían en tierna edad. Los representantes de la Nueva España convocados a las Cortes de Cádiz en 1812 asistieron a ellas no como procuradores de ciudades ni de estamentos, en el sentido medieval, sino como diputados con base en la doctrina de la soberanía popular indirecta.[11]

Además de los procuradores ordinarios y extraordinarios, formaba parte del Cabildo un oficial cuyo nombre y funciones eran de origen árabe; era el a l m o t a c é n , del árabe *al-Mohtazeb*, cargo que existía desde las municipalidades medievales. Se encargaba oficialmente de contrastar las pesas y medidas, comparándolas con el patrón conservado en el ayuntamiento. En algunos casos recibía también los nombres de fiel ejecutor o fiel contrastador. En Marruecos y en la España musulmana, las transacciones comerciales estaban sujetas a su supervisión, y por la influencia árabe establecieron el oficio también los reinos cristianos de la Península.

[11] Bayle, *Cabildos*, 225 (el procurador del Cabildo o *defensor civitatis*). Méndez Arceo, *Universidad*, 68 (procuradores de los cabildos en la Corte). Bernal Díaz del Castillo, c. cxclvi; III, 151-152. Miranda, *Ideas e Instituciones* 136-137 (junta de procuradores de 1525). Casariego, 97 y 99-102 (asambleas municipales reunidas en La Española y en Cuba). Morse, "Prolegómenos", 62 (junta de 1560). Miranda, *op. cit.*, 138-140 (intentos de 1562 y 1567 para enviar procuradores a las Cortes castellanas); cf. Borah, "Representative Institutions", 253. Borne, 228 *(inchoate Cortes)*. Zavala, *Mundo Americano*, I, 399 (falta de Cortes coloniales). Lohmann, "Las Cortes en Indias", 655 y 657-658. Borah, "Representative Institutions", 252; y Bayle, *Cabildos*, 51 (votos de México y del Cuzco). El uso de mazas por parte de los porteros de México es ordenado en un documento que figura en ÍNDICE GENERAL DE LOS PAPELES DEL CONSEJO DE INDIAS, año de 1530, *ap.* CDIU XVIII; 44; y en las ACTAS DEL CABILDO DE MÉXICO, II, 134-135 (1531), III, 33 (1533) y VI, 498 (1561). Sánchez Sala, 498 (proyecto del Conde-Duque, 1635).

Las funciones del almotacén en la Nueva España, y en ciertos casos también en la Metrópoli, se ampliaron para comprender la vigilancia de los mercados, de los pastos y montes comunales, de la venta de pan y del remate de la carne. Gómara informa que Cortés nombró al primer almotacén de México; en efecto, en las *Ordenanzas de Villas* ya citada, el Conquistador dispuso que todo ayuntamiento tuviera patrones de la arroba, del cuartillo y del medio cuartillo, y que de su custodia fuera responsable un almotacén. En las Actas del Cabildo de México se registra en 1529 el nombramiento de almotacén hecho en favor de un tal Blasco Hernández; y a partir de 1531 dichas actas revelan que la limpieza de la ciudad y el orden en los mercados fueron puestas bajo la responsabilidad del mismo oficial. Resultó ser un cargo difícil, pues a pesar del nada despreciable sueldo anual de cien pesos oro y del honroso derecho de traer una vara alta "del grosor de una asta gineta" con casquillo de metal, dos almotacenes presentaron su renuncia: Andrés de Tejada en 1531 y Francisco Galindo en 1551. Mas en 1594 y quizá desde antes la ciudad de México tenía dos almotacenes, señal de que sus funciones eran muy necesarias, y en la documentación relativa posterior a 1599 se habla de varios "diputados" del almotacén. En Puebla el cargo se estableció en 1538, designándose para ejercerlo a un cierto Pedro Gallego, y en Zacatecas en alguna fecha anterior a 1604, cuando se ordenó que el almotacén usara vara con casquillo como insignia de sus funciones.[12]

El Cabildo de México contó también desde un principio con los servicios de un a l a r i f e (del ár. *al-Arif*, maestro de obras o arquitecto), que era el encargado de acotar las huertas y solares concedidos en merced a los vecinos: los medía definiéndolos con estacas y se ocupaba en general de lo que hoy se podrían considerar problemas urbanos. En la Península, las funciones del alarife municipal se definen por primera vez en las antiguas Ordenanzas de Toledo y de Sevilla. (En España se llamó también alarife al maestro que presidía las juntas de los antiguos gremios de oficios manuales.) El primer alarife de México fue Martín de Sepúlveda, que desempeñó sus funciones hacia 1521-1522; y el segundo, el ilustre Alonso García Bravo, designado por el cabildo el 14 de enero de 1527 con un sueldo anual de 150 pesos de oro, mismos que percibió hasta que en marzo de 1530 partió rumbo a Oaxaca para encargarse del trazo de esa ciudad. En sus probanzas, García Bravo se da el nombre de *júmetro* o júmetra (es decir geómetra), título que posiblemente aludía a sus conocimientos de geometría aplicada a la tierra, que es lo que hoy se llama topografía. El nombramiento del alarife era renovado por el Cabildo de México cada día primero del año; no sabe-

---

[12] GÓMARA, 402. ORDENANZA DE VILLAS, en CDIAO, XXVI: 175-176. Acerca del origen y función del almotacén, ver Bayle, *Cabildos*, 207-208 y 279; Sayous, "Commerce", 214; Carrera Stampa, "Weights and Measures", 4; Esquivel Obregón, II, 247, y el *Diccionario de Autoridades de la Lengua Española sub* almotacén. ACTAS DEL CABILDO, I, 194 (Blasco Hernández); II, 56 (limpieza de la ciudad y mercados); II, 76 y 96 (Tejeda); VII, 11 (Galindo); y XII, 7 y 111 ("almotacenes"), y 99, 174, 257 y 275 ("diputados"). Francisco Galindo es mencionado en un pleito de 1551 con los Indios de Toluca sobre la anea que para hacer esteras se sacaba de unas ciénagas que aquellos indios reclamaban como propias: Zavala, *Velasco I*, 231. BELEÑA, I, 1ª Parte, núm. XV; pp. 7-8 (uso de la vara). LOPEZ DE VILLASEÑOR, 78 (Puebla). Amador, I, 286 (Zacatecas).

mos cuándo pero seguramente antes de 1579 se le dio el título de "obrero mayor", reservándose el de alarife para el asistente de éste, también llamado obrero menor. Con el tiempo hubo varios obreros menores, como los "geómitras y arquitetos" de la catedral, Claudio de Arciniega y Diego de Aguilera, quienes ocuparon sucesivamente el cargo hacia 1593. El trazo original de Puebla, realizado en 1531, estuvo a cargo del primer "agrimensor y alarife" de esa ciudad, Alonso Martín Camacho; y el "maestro alarife" Juan Ponce hizo en 1541, por encargo del Virrey Mendoza, el trazo de Valladolid, dirigiendo los trabajos de construcción durante varios años con tanta habilidad —dice Mendizábal— que la ciudad resultó "una de las joyas más preciadas de la urbanización colonial".[13]

Otros oficiales del Cabildo de México, continuadores de la tradición medieval tanto por sus títulos como por sus funciones, fueron los maceros, el pregonero, los menestriles y quizá también el algibrista. Cuando el Cabildo deliberaba, los m a c e r o s , ataviados con ropones y gorras del mismo color y con las mazas que simbolizaban la autoridad municipal al hombro, protegían las puertas cerradas tras las cuales estaba reunido el ayuntamiento. Cortés tuvo a su servicio desde 1520 un p r e g o n e r o (heredado luego por la municipalidad) para la proclamación de ordenanzas y para llamar a alarde. En 1592 aparecieron los m e n e s t r i l e s , músicos que en las fiestas públicas tocaban instrumentos de viento; el arzobispo contribuía con una parte de su salario, quizá para que tocaran el órgano, como lo hacían los menestriles de la Península. Tres años más tarde el Cabildo de México nombró a l g i b r i s t a a un cierto Martín Sánchez Falcón, cuyas funciones estaban tan mal definidas que en 1599 el regidor Francisco Trejo se negó a votar su salario "por no saber que oficio es". Seguramente, la municipalidad de México dispuso desde 1592 cuando obtuvo el cargo un cierto Juan Luis de Rivera, de d i p u t a d o d e c a r r e t o n e s , encargado del servicio de limpieza, responsabilidad en un principio asignada al almotacén. Los carretones se guardaban en la calle que aún lleva su nombre, eran 12 en 1600, aumentado luego a 18. Por último, podemos recordar dos instituciones cuyo funcionamiento era supervisado por el Cabildo de México, además de los pósitos, la alhóndiga y el rastro: l a R e a l A l m o n e d a , ya existente en 1577, donde previo pregón se realizaba con licitación y puja la venta pública de bienes y productos, entre ellos en ocasiones el grano procedente del tributo pagado por los indios a la Corona; y mucho más tarde —en el siglo XVIII— el M o n t e d e P i e d a d , casa de empeño y de préstamos semejante a las que desde mediados del siglo XV existían en muchos países euro-

---

[13] PLANOS DE LA CIUDAD DE MÉXICO, 21 y 136 (García Bravo) y 23 (funciones del alarife de México). En Kubler, *Mexican Architecture*, I, 113, Tabla D, figura la de los "maestros de obras o alarifes de la Ciudad de México", desde Martín Sepúlveda hasta fines del siglo XVI. ACTAS DEL CABILDO, II, 117 (nombramiento de Alonso García albañir [sic] como alarife y maestro de las obras de la ciudad); 245 (nombramiento de Maese Martín en sustitución de García Bravo); y VIII, 371 (Cristóbal Carballo, obrero mayor, 1579). Iturribarría, 80 (García Bravo, "júmetro"). Carreño (ed.), CEDULARIO DEL SIGLO XVI, núm. 28, 450 (geómetras de la catedral de México). Carrión, 29 (alarifazgo de Puebla; 1531). Mendizábal, "Fundación de Valladolid", en *Obras Completas*, II, 478.

peos (los llamados *Montes Pietatis)*, y de los cuales el más antiguo sobreviviente es hoy el *Monte dei Paschi*, de Siena, fundado en 1472.[14]

En los párrafos precedentes se han recordado las numerosas semejanzas que existían entre las municipalidades metropolitanas y novohispanas. Pasemos ahora a las diferencias que, aunque menos numerosas, deben ser señaladas. La institución municipal, moribunda en la Península, cobró nuevo vigor en América. Casariego opina que la organización de los cabildos americanos fue más regular que en Castilla y más de acuerdo con principios comunes, a pesar de que pronto cayó en severa dependencia de la autoridad del Estado, cuya penetración en el cuerpo del ayuntamiento se inició con el nombramiento de corregidores, funcionarios ejecutivos representantes personales del rey. Góngora señala que mientras en la Península la institución municipal estuvo siempre vinculada al proceso de reconquista, en la Nueva España tuvo una base popular y, con unas cuantas excepciones de la primera mitad del siglo XVI, la municipalidad no fue resultado de la Conquista sino más bien de la colonización; además, en todas partes del virreinato siempre representó intereses de clase y fue perdiendo autonomía conforme la ciudad o el pueblo que regía dejaba de estar cerca de una frontera de guerra o de exploración; el fin del proceso fue el nombramiento de hecho de los regidores por parte del gobernador local, como por ejemplo sucedió en Nueva Galicia y en Nueva Vizcaya. En el interior de la Nueva España, contrariamente a la práctica peninsular, el clero secular intervino en la formación de la estructura municipal de los pueblos españoles; además, los frailes, entre ellos Mendieta, sobre el modelo de las formas españolas crearon muchas municipalidades de indios con base en las costumbres y tradiciones de éstos; en la metrópoli, en cambio, no hubo municipalidades de moros subyugados. En Cuernavaca, la municipalidad de indios conservaba todavía en 1547 el arcano y medieval apelativo de "concejo y universidad". En México, el cabildo compartía con el virrey, aunque dando órdenes directas, la autoridad sobre los gobernadores indígenas de las cuatro cabeceras o parcialidades de indios de la provincia, que según las actas de dicho Cabildo eran las de Texcoco, Tacuba, Tlatelolco y Santiago. No se trataba de municipalidades de indios, las cuales fueron introducidas en los pueblos de reducción en el siglo XVI, y sus cabildos —Chevalier, que ha estudiado el tema da el ejemplo de San Francisco Acámbaro— contaron con oficiales que usaban los mismos títulos que los españoles, excepción hecha de las comunidades surgidas en 1530 y 1535 de los dos hospitales de la Santa Fe fundados por don Vasco de Quiroga cerca de México y de Morelia. Es casi innecesario recordar que los encomenderos no vieron con buenos ojos las municipalidades indias, ni se resignaron a llamar alguaciles a los *tepixques* ni regidores o veintenarios a los *macuiltecpanpixqui*. A pesar de ello, y

---

[14] Bayle, *Cabildos*, 52 (maceros). Hernán CORTÉS, ORDENANZAS, 640 y 643 (pregonero). ACTAS DE CABILDO, X, 168; XI, 81, 84 y 93 (menestriles); XII, 111 y 343; XIII, 100 y 258 (algibrista); XI, 27; XIV, 38 y 82 (carretones); y VIII, 282 (Real Almoneda). Quizá el algibrista (mod. algebrista) se ocupaba de reducir huesos luxados. Sobre el origen de los Montes de Piedad en Génova, Siena, Florencia y Roma en los siglos XIV al XVI, *cf.* G. Mossa y M. Baldassari, *La vita economica de Roma nel Medioevo*, Roma, Ed. "Liber", 95-98.

no obstante que, como en los cabildos de españoles, la Corona impuso a los ayuntamientos indígenas un corregidor, llamado en este caso de indios, dichas municipalidades sobrevivieron y hasta la fecha los alcaldes de la zona de fuerte densidad indígena continúan usando sus v a r a s como durante la época colonial. La ley xv, título 3, libro 4 de la *Recopilación de Indias* reglamentó estas instituciones y dispuso que los alcaldes y los regidores fueran elegidos por los vecinos indios. Según Ancona, todavía a fines del siglo XVI en Yucatán había en cada pueblo de indios, además del cacique, una especie de ayuntamiento compuesto por dos alcaldes ordinarios, cierto número de regidores y un procurador, elegidos todos el primero de enero de cada año.[15]

[15] Casariego, 37. Altamira, "Municipalidades", 59 (creadas por el clero en la Nueva España). Góngora, *El Estado en el Derecho Indiano*, 73. Haring, *Spanish Empire*, 164 (sujeción del cabildo a la autoridad real). Zavala, *Tributos para H. Cortés*, 173-182 (concejo y universidad de Cuernavaca). ACTAS DEL CABILDO, VI, 292 (las cuatro cabeceras que tenía la provincia de México en 1557). Chevalier. "Les Municipalités Indiennes", 352, 354-358, 383-384 y 386. Casariego, 30 (la *Novísima Recopilación)*. Ots Capdequí,• 30 (corregidores de Indios). Ancona, II, 136 (municipalidades indias en Yucatán). Sobre las municipalidades indias en el Altiplano, ver también C. Verlinden, "Gouvernés et Gouvernants", *passim*.

XXIX. EL SISTEMA DE DERECHO I: LAS LEYES, EL AMPARO, LA APELACIÓN Y LAS PENALIDADES

LAS LEYES y disposiciones que rigieron la colonización y la administración de la justicia en la Nueva España y los métodos empleados en su aplicación derivan en línea directa del sistema medieval español de derecho, vigente aún en la Península a principios del siglo XVI. Este sistema, a su vez, por una parte era herencia del derecho germánico y especialmente godo, y por la otra del derecho romano y canónico tal como fueron reflejados por los Concilios de Toledo. Por supuesto, también la costumbre y posteriormente la noción de derecho natural contribuyeron a dar forma al sistema, que con el tiempo asignó al príncipe la función de *speculum iustitiae*. En el siglo XIII, las leyes fueron sistematizadas y en parte codificadas —sobre todo por medio de las Siete Partidas— bajo la influencia de un nuevo interés en el derecho imperial romano surgido en las universidades que lo consideraron derecho civil en contraste con el eclesiástico o canónico. En aquel conjunto de leyes medievales se fue definiendo una concepción de la *respublica* según la cual lo que hoy llamamos el Estado es el equivalente constitucional de la vida temporal del hombre en toda su plenitud. Tal concepción imponía al poder la obligación de cuidar el bien temporal y de colaborar al bien espiritual; de ello resultaba que en la sociedad civil, las finalidades religiosas, las económicas y las que podríamos llamar culturales son inseparables. Esa primera noción del Estado moderno, fuente de todo el derecho público español de la época, fue trasplantada tal cual a América; mas el impacto de los descubrimientos hizo indispensable, ante circunstancias novedosísimas, la reformulación de algunas doctrinas y el desarrollo de ciertas premisas, tarea llevada a cabo por algunos escolásticos insignes como Soto, Vitoria y Suárez.

Conforme a la tradición medieval, la Corona debía hacer valer sus derechos tradicionales frente a los naturales de las Indias; a su vez, en relación con ellos, quedaba obligada a realizar las mismas tareas que le incumbían respecto a los españoles, pues unos y otros, según una primera definición jurídica que data de tiempos de los Reyes Católicos, eran por igual sus vasallos y, como tales, miembros de una sola *respublica*. Tan noble ideal hubo de ser pronto modificado a la luz de la experiencia, pues ponía en jaque la base misma de la economía de la colonización, que era la explotación de la mano de obra indígena; por ello se abrió paso la idea de que en los reinos de las Indias existían no una sino dos r e p ú b l i c a s , la de españoles y la de indios. Es cierto que la intención de la Corona al reconocer existencia jurídica separada a cada comunidad fue proteger mejor y tutelar a la segunda. Así lo afirma en relación con la Nueva España y en forma inequívoca el

Virrey Enríquez en las instrucciones que en 1580 dejó a su sucesor: "Traerá Vuestra Señoría entendido que... dos repúblicas... hay que gobernar en esta tierra, que son indios y españoles... principalmente su majestad nos envía acá... para lo tocante a los indios y su amparo." Los frailes también lo entendieron así; en un argumento de 1594 contra el repartimiento de trabajo indígena forzado, el provincial y otros franciscanos señalan que las de españoles e indios son "repúblicas independientes" entre sí, aclarando que si acaso fuesen una sola, "los españoles [estarían] incorporados en la república de los indios y no al contrario"; por ello los naturales no tienen obligación de "servir a los españoles pues no son sus esclavos". Aunque el sistema jurídico de la sociedad colonial, que pasaremos a examinar a continuación, tuvo validez *erga omnes*, debemos señalar aquí que a resultas de la existencia de dos comunidades jurídicamente diferenciadas en su seno, la Corona creó algunos cargos, tribunales y otras instancias de excepción para la protección de los naturales, como el procurador, los corregidores y el Tribunal todos ellos de Indios; en lo administrativo, se dio reconocimiento jurídico a las cabeceras o barrios de indios quienes, como se ha visto, también tuvieron sus propias municipalidades.[1]

El trasplante de los órganos legales y de las instituciones jurídicas de Castilla a las Indias se llevó a cabo, como consecuencia directa de la incorporación de las tierras descubiertas a la Corona castellana, en cuanto se tomó posesión de ellas. Los principios fundamentales del orden jurídico castellano —dice Góngora— pasaron intactos al derecho indiano; éste, a lo largo de su evolución histórica, no fue más que la aplicación de aquellas normas a las circunstancias especiales de América, conservando las leyes medievales castellanas —por lo menos hasta 1614— no sólo su ejemplaridad, sino en términos legales, un carácter supletorio o subsidiario. En el fondo, en la legislación indiana fue siempre básico el principio de equidad, derivación directa del derecho natural; en efecto, si las leyes dictadas para América quebrantaban el orden natural o el bien común, quien debía ejecutarlas podía a su juicio suspender su aplicación, en espera de que el rey decidiera "con mejor información", según la vieja fórmula alfonsina, cuál era el curso que debía seguirse. El tratamiento de los indios a la luz del derecho indiano recuerda a García Gallo el que recibieron de las autoridades de Castilla los guanches de las Canarias. Mattingly se remonta más en el tiempo, pues para él ese trato refleja el que en el siglo XIII las Siete Partidas reservaban a los infieles. Aunque puede decirse con razón que ninguna ley española fue aplicada a las Indias sin consideración de las circunstancias particulares sino que más bien el derecho de Indias fue desarrollado mediante refundiciones y adaptaciones de textos legales castellanos, pero sin violar los principios, no es menos cierto que la Corona siempre buscó la mayor uniformidad posible entre ambos cuerpos de leyes. Así, una Ordenanza de 1571 mandó que en las Indias se siguiera "el estilo y orden de los

---

[1] *Cf.* en general Góngora, *El Estado en el Derecho Indiano*, 303. INSTRUCCIÓN DEL VIRREY ENRÍQUEZ PARA EL CONDE DE CORUÑA (25 de septiembre de 1580), en CDIAO, III: 483. "PARECER DEL... PROVINCIAL... DE SAN FRANCISCO" (8 de marzo de 1594), en García Icazbalceta (ed.), *Nueva Colección*, I, 170-175, espec. pp. 171-172.

Reynos de Castilla" porque las leyes y manera de gobierno en ambos lados del Atlántico procedían de la misma Corona; este mandamiento fue reiterado en la *Novísima Recopilación* de 1681, una de cuyas leyes prescribe que en las Indias la forma y manera de gobierno se reduzca "al estilo y orden... de Castilla y León, en cuanto hubiere lugar y lo permitiere la diversidad... de tierras y naciones". En suma, el derecho indiano, llamado "municipal" por algunos juristas debido a su carácter local, regulaba únicamente aquellas situaciones en el gobierno del Nuevo Mundo para las cuales no existiera precedente en el derecho castellano.[2]

Considerando que el rey, por sí mismo o en Cortes, fue la única fuente legislativa para España y para América hasta principios del siglo XIX, puede afirmarse que en ambos lados del Atlántico fueron idénticas las f o r - m a s   d e   l e g i s l a c i ó n utilizadas por la Corona durante esa época. Por su importancia son clasificadas en el siguiente orden por Góngora: provisiones, cédulas, ordenanzas, instrucciones y cartas. Las p r o - v i s i o n e s (de gobierno o de justicia) fueron la continuación de los diplomas medievales y eran las más solemnes, pues traían el sello mayor de la Cancillería, y su texto era encabezado por el nombre y títulos del rey; en las Indias, con el mismo solemne encabezado real, podían dictar algunas provisiones urgentes de gobierno y de justicia los virreyes o en su defecto las audiencias y gobernadores, y en circunstancias excepcionales hasta los corregidores y cabildos. Las c é d u l a s comenzaban con las palabras "El Rey" y llevaban por firma a veces la frase "Yo el Rey", con las rúbricas del secretario y de tres consejeros. Se autorizaban con un sello de cera llamado de la Puridad y no conferían dictámenes de justicia ni comunicaban la concesión de privilegios; los virreyes, gobernadores y audiencias gobernadoras también emitían cédulas referentes por ejemplo a las encomiendas. Las provisiones y cédulas, en suma, se diferenciaban básicamente en razón de su materia. Las o r d e n a n z a s generalmente contenían la reglamentación de una institución o de una empresa, por ejemplo un descubrimiento. Las i n s t r u c c i o n e s daban normas para el desempeño de funciones específicas, por ejemplo las virreinales. Las c a r - t a s eran misivas para impartir órdenes sobre los más diversos negocios. Tampoco estas tres formas eran exclusivas del monarca, pues en las Indias los virreyes podían recurrir a ellas.[3]

Según las Ordenanzas Reales de 1528, reiteradas en cuatro ocasiones, para la administración de la justicia en la Nueva España tenían prioridad absoluta las leyes especiales para las Indias sobre las generales de Castilla;

---

[2] Casariego, 19 (trasplante de las instituciones jurídicas castellanas a las Indias); *cf.* Tudela, 400. Góngora, *op. cit.*, 227 y 309. Fabié, *Ensayo histórico*, 198 (objetivos de la legislación de Indias). García Gallo, *Estudios*, 23 y 75. Mattingly, 284. ORDENANZA CATORCE (1571), en el CEDULARIO DE ENCINAS, fol. 5. La disposición citada en el texto es la ley III, título II del Libro II de la *Novísima Recopilación; cf.* Levene, *Indias*, 25.

[3] Góngora, *El Estado en el Derecho Indiano*, 235-236; *cf.* García Gallo, *Estudios*, 231, donde se clasifican las formas de legislación como hemos señalado. Por encima de las llamadas provisiones reales se encontraban las Pragmáticas Sanciones, que se expedían en casos de gran solemnidad, como el 22 de octubre de 1523, cuando el rey juró no enajenar jamás la corona de la Nueva España.

y en segundo lugar debían aplicarse las recopilaciones de leyes españolas, tales como el Ordenamiento de Alcalá (1348) y las Leyes de Toro (ca. 1310). En la práctica se consideraba suficiente la consulta del Ordenamiento Real, compilación de aquellas y otras leyes preparada por orden de los Reyes Católicos por Alonso Montalvo y prácticamente transcrito en la Nueva Recopilación de 1567 ("Código de Montalvo"); pero si no se encontraba en todas aquellas leyes la norma adecuada para el caso, había que remontarse a las Siete Partidas, al derecho común godo o al romano-canónico y, por último, al uso y la costumbre. Esta última fuente supletoria de la ley, de índole siempre local, ayudó a conservar en las Indias las tradiciones propias de los naturales, como observa Altamira, aun en el caso en que los usos y costumbres jurídicos de los indígenas fuesen contrarios al espíritu de la legislación española.[4]

La administración y la justicia en las Indias debía respetar los fueros existentes, de los cuales eran aplicables dos de carácter estamental, el eclesiástico y el de la hidalguía, reconocidos ambos por la legislación indiana durante el periodo que nos ocupa. Más tarde hubo otros fueros como el militar y el de minería. Las ciudades hicieron algunos intentos de obtener fueros propios, como Panamá que pretendió que se le reconocieran los mismos que a Sevilla. Tlaxcala, con más éxito, reivindicó como f u e r o s los privilegios recibidos de la Corona entre 1534 y 1599, recompensa de su alianza con los españoles; dichos privilegios, según Gibson, eran los siguientes: exención del pago de tributo (confirmado en 1585); otorgamiento de encomiendas en Guatemala, región que los tlaxcaltecas ayudaron a colonizar; promesa de la Corona de jamás enajenar Tlaxcala (1535, renovada en 1541); concesión de un escudo de armas con el título de "leal ciudad"; preservación de los linajes nobles y de las formas tlaxcaltecas de gobierno, inclusive la sucesión en las cuatro cabeceras y el cargo electivo de gobernador; garantía de exclusividad del mercado celebrado en la plaza en favor de los indígenas; intangibilidad de las tierras de cultivo de éstos; exención parcial de servicio obligatorio en la construcción de Puebla (1539); garantías contra los monopolios de la carne y del vino; reconocimiento del derecho de los nobles indígenas a la hidalguía, a portar armas y a montar a caballo; y exención del tributo y servicios personales en favor de los tlaxcaltecas que participaron en la colonización de algunas regiones de la Nueva Galicia y de la Nueva Vizcaya (comprendidas en los actuales estados de San Luis Potosí y Coahuila), así como los tlaxcaltecas que figuraron en las huestes de Montejo. La realidad sin embargo fue diversa, pues si los tlaxcaltecas no pagaban tributo al rey ocasionalmente los corregidores se los exigían: siempre lo pagaron a la Iglesia y nunca quedaron exceptuados del impuesto per capita llamado del tostón, que cubrieron con seguridad entre 1592 y 1600 cuando menos. Pero el mencionado conjunto de privilegios y exenciones, recibidos de la Corona y confirmados repetidamente, puede ser interpretado

---

[4] La jerarquía de las leyes, establecida mediante las Ordenanzas de 1528 fue reiterada en 1530, 1542, 1563 y 1680: Góngora, El Estado en el Derecho Indiano, 228-230. Altamira, "Fuentes del Derecho Indiano", VIII, 147, y X, 233.

como una versión novohispana de los fueros medievales con que fueron favorecidas muchas ciudades peninsulares. Tan es así que cuando en 1585 se detuvo en Tlaxcala en su viaje a México el Virrey Marqués de Villamanrique, un testigo presencial del recibimiento, Fray Antonio de Ciudad Real, nos dice que "á la entrada hicieron los indios su ceremonia y le entregaron las llaves, y en unos sonetos en lengua castellana le pidieron les guardase sus fueros, exempciones y libertades", cosa que el virrey prometió hacer.[5]

Existió también un paralelismo entre Castilla y América en lo relativo a las sentencias judiciales que, según los momentos del proceso en que se dictaron, se daban en forma de r e a l e s   p r o v i s i o n e s o de a u t o s . Las primeras eran expedidas y firmadas por los oidores y consejeros, en un documento encabezado con el nombre y títulos del monarca, y en cartas selladas al estilo de los diplomas medievales; en los segundos, un escribano certificaba los cargos y nombres de los magistrados que lo habían dictado, y contenían decisiones no definitivas anteriores al fallo. En cambio, como señalamos al analizarse las facultades de las audiencias de Indias, en América los juicios sumarios (orales) del Medievo castellano cedieron su lugar al juicio ordinario escrito, que se convirtió en la regla general hasta el presente. A ambos lados del Atlántico, en todo procedimiento abundaban las i n f o r m a c i o n e s   t e s t i m o n i a - l e s , promociones encaminadas a probar hechos y gastos; a ellas recurrieron tanto Cortés como Velázquez, cada uno por su lado, para comprobar sus respectivos y contradictorios asertos ante alcaldes y escribanos públicos; la información recabada por medio de testigos constituía pieza probatoria del litigio. Las presentadas por Cortés a través de la Audiencia de México en 1532 como Exposición de Peticiones y Protestas contenían frases rituales ("pido una y dos e trez veces e otra vez e muchas veces...") y estaban a menudo salpicadas de latinajos, quizá aprendidos durante el par de años de estudio del derecho en Salamanca, como exigía el estilo de la época. El j u r a m e n t o de decir verdad "en forma de derecho" por Dios, Santa María y con la señal de la Cruz, básico en las costumbres judiciales de la Europa feudal, fue conservado por igual en el procedimiento castellano y novohispánico. Por otra parte los juicios eran lentos, complicados y costosos, y para abreviarlos a menudo las partes recurrían al soborno, si no de jueces, cuando menos de escribanos e intérpretes. Al igual que hoy, esta práctica se denominaba *untar la mano;* sin embargo, desde el siglo XVI se empezó a usar para designar el soborno judicial una voz que tuvo gran fortuna tanto en el léxico del mexicano como en sus costumbres: la m o r - d i d a . Ya en aquella época, Suárez de Figueroa se queja de la gran difusión de este sistema, descrito en detalle en su obra *El Pasajero;* según él, en los tribunales "no se ven sino juntas de mordedores".[6]

---

[5] García Gallo, *Estudios,* 79 (fueros de Panamá). Gibson, *Tlaxcala,* 161-163, 166-167, 169-170, 176-177, 184 y Apéndice VII: 229-234. García Bernal, *Yucatán* (huestes de Montejo). Fray Antonio de CIUDAD REAL, *Relación,* I, 164.

[6] Góngora, *El Estado en el Derecho Indiano,* 222-224 y 226 (reales provisiones y autos; juicios sumarios y juicios ordinarios). Zavala, *Intereses Particulares,* 48 (informaciones testimoniales). Hernán CORTÉS, EXPOSICIÓN DE PETICIONES Y PROTESTAS... 21 de octubre, 1532, en *Cartas y*

Volviendo al campo del respeto al derecho, las garantías jurídico-políticas de que gozaron españoles y criollos durante la Colonia fueron, como dice Miranda, una prolongación de ciertos privilegios o libertades medievales. Eran en sustancia tres: una general, el derecho al fallo legal, y dos especiales, el derecho de queja y el recurso judicial. El derecho al fallo legal, que data de la época visigoda, implica la obligación de los tribunales a pronunciarse en los juicios promovidos por los particulares. La queja fue procedimiento muy usado en el Medievo y, practicándose de instancia inferior a instancia superior en ocasiones llegaba a las Cortes mismas. El recurso judicial fue tanto en la Metrópoli como en las colonias una garantía efectiva contra providencias y decisiones de las autoridades, inclusive de los virreyes, que lesionaran los derechos de alguna parte y básicamente era una a p e l a c i ó n . Esquivel Obregón reseña otro procedimiento colonial, la r e c u s a c i ó n —mediante cartas llamadas de inhibición, las primeras de las cuales están fechadas en 1528— de jueces y alcaldes que el acusado considerara parciales en su contra. Esto demuestra, dice con razón el mismo Esquivel Obregón, que en aquella época ya existía lo que hoy llamamos la s u p r e m a c í a   j u d i c i a l . En las Indias la propiedad estaba protegida contra el despojo mediante la garantía de antiguo origen castellano e incorporada a la *Recopilación* en la ley 8, título 9 del Libro v, de que los procedimientos de embargo sólo pudieran iniciarse en casos de delito y en los previstos por las leyes de Castilla. Mas en un campo tan delicado, sobre todo en aquella época, como es la protección de los derechos humanos, ninguna institución medieval tuvo más éxito en la Nueva España y en el México independiente que la que hoy llamamos juicio de a m - p a r o . En el derecho peninsular del siglo xv, el real amparo era un interdicto posesorio —luego transferido al derecho indiano—, de origen a la vez castellano y aragonés, que el monarca acordaba, a petición de parte, en casos de notoria injusticia o de quebrantamiento de forma o de ley expresa. En este sentido aparece con el nombre de *amparamiento* en las Siete Partidas; según éstas, el rey, en su calidad de *fons iuris*, podía poner bajo su protección al temeroso de ofensa mediante patentes llamadas Cartas de Amparo. Como señala Altamira, desde un punto de vista más general pero siempre dentro del ámbito del derecho, el amparo era en el Medievo castellano una relación jurídica entre una persona desvalida y su protector natural que era el rey. Fairén, quien por su parte ha estudiado con detalle los precedentes aragoneses del juicio de amparo, encuentra en las facultades del Justicia Mayor de Aragón para combatir la arbitrariedad el origen de este recurso. Sea dicho de paso, encontramos el antecedente del Justicia en el *sahibalmadalim* o "juez de las injusticias" de los Califas de Córdoba. Dicho supremo magistrado tenía, entre otras funciones, la de juez de agravios; esto quería decir que le correspondía procesar sumariamente a las personas oficiales o particulares (y hasta a los jueces ordinarios) acusadas de

Documentos, 402-403. Véase un ejemplo clásico del juramento en la Información Acerca de la Rebelión de los... Zacatecos y Huachichiles (año de 1562), en cdihia, i, 259-260. Sobre el soborno judicial o "mordida", ver los ejemplos citados en Pazos, "Misioneros Franciscanos", 410, y en Agapito Rey, *Cultura y Costumbres del siglo xvi*, 107.

hacer mal uso de las leyes o de abuso de autoridad, dictando sentencias inhibitorias; éstas podían versar sobre cuestiones lo mismo de fondo, por ejemplo una sentencia gravosa, que de simple procedimiento, y en este caso su objeto era evitar agravios temidos o "facederos" mediante una sentencia cautelar. El Justicia Mayor podía recurrir a la llamada *Manifestación de Personas*, acto que obligaba a cualquier juez que tuviera detenida bajo proceso a una persona a entregársela; el fin de este recurso era evitar cualquier violencia contra el acusado antes de que se dictara sentencia. El ejemplo más sonado del uso de la Manifestación de Personas se presentó en la segunda mitad del siglo XVI cuando Antonio Pérez, perseguido por Felipe II, de quien había sido secretario, se acogió a la protección del Justicia de Aragón, Juan de Lanuza, quien lo ayudó a huir a Francia para salvar la vida. (La ira del monarca se tradujo en la ejecución de Lanuza y en una severa restricción de las tradiciones libertarias aragonesas.) Hay quien considera el amparo aragonés un precedente del *Habeas Corpus Act* expedida en 1679 por el parlamento inglés. La institución del amparo pasó a las Indias donde fueron las audiencias las encargadas de proteger a los particulares frente a los actos de los oficiales de la Corona, lesivos a sus intereses; el juicio relativo se ventilaba de manera rápida, en presencia de un letrado representante del Procurador de Indios. El recurso al amparo se empezó a ejercer desde los primeros tiempos del régimen colonial. En efecto, un documento de la Audiencia de México de 1528, citado por Andrés Lira, confirma un fallo de este tipo seguramente emitido con anterioridad; ésta es la referencia más antigua de que disponemos. Es de 1537, en cambio, el primer testimonio detallado; se refiere a la solicitud de amparo presentada entonces por los vecinos de Santiago Tlatelolco, cuyos derechos eran amenazados por terceras partes. Para el periodo 1550-1552 encontramos no menos de 18 casos de a m p a r o s llamados mandamientos de amparo o amparos y defendimientos, tanto en las Actas de Tlaxcala como entre los mandamientos del Virrey Velasco I, publicados por Zavala. Esos amparos, otorgados a indios de todas las latitudes de la Nueva España, los protegían contra despojos, trabas al trabajo artesanal (sastrería, elaboración de cueros y cabrestos, etc.), abusos en materia de servicios y tributos y confiscaciones arbitrarias. Esos mandamientos estaban respaldados por sanciones contra el infractor que incluían multas de 50 y 100 pesos de oro. Otro juicio de amparo fue promovido en 1628 ante el capitán general de San Luis Potosí por los indios de Tlaxcalilla, por la usurpación de tierras de que los había hecho víctimas un tal Pedro de Vega. Aunque no tenemos datos exactos, es evidente que el amparo fue una práctica que no puede haber sido abandonada en la primera mitad del siglo XVII; el hecho es que hacia fines de la época colonial las Cortes de Cádiz, de las cuales formaban parte juristas liberales, entre ellos algunos diputados mexicanos, convirtieron el recurso de amparo en derecho de todo súbdito español. Otro recurso también vivo en el Medievo y reconocido en México hasta que desapareció con la Reforma fue el "amparo eclesiástico" o derecho a refugiarse en lugar sagrado: las iglesias y monasterios acogían a los perseguidos, que quedaban al abrigo de cualquier acto de la autoridad contra sus personas. El mismo Virrey Marqués de Gelves se acogió a la protección del convento franciscano de México, cuando las vicisitudes políticas le hicieron temer por la seguridad de su persona, durante más de dos años.[7]

Era vieja costumbre, todavía viva en el siglo xvi, que cuando llegaban cartas o patentes reales, el oficial encargado de aplicarlas se las colocara sobre la cabeza, en señal de acatamiento y respeto. Por ejemplo, Bernal Díaz relata que Cortés besó y se puso sobre la cabeza las reales cartas con que el rey ordenó que se le sometiera a residencia. Por aquellos mismos años, el conquistador Francisco de Garay, al saber en Santisteban (Pánuco) que estaban por llegar ciertas reales provisiones que la Corona le enviaba por intermedio del Conquistador declaró que las recibiría con ese gesto tradicional; y Alonso García Bravo, a la sazón alcalde mayor de Antequera, "besó e puso sobre su cabeça" otras provisiones a él dirigidas sobre el gobierno de la ciudad, declarándose dispuesto a acatarlas sin demora. El ritual para recibir reales órdenes que no pudieran en conciencia ser cumplidas era el entredicho "obedézcanse, pero no se cumplan", lo cual no constituía un acto de rebelión política sino un recurso de a p e l a c i ó n al rey consagrado por la costumbre, en una fecha posterior para darle tiempo a informarse mejor. Se suspendía la orden del rey poco informado en espera de otra del rey mejor informado, procedimiento de profundas raíces castellanas como señala García Gallo. Conforme a la noción medieval del derecho, los negocios del reino y del mismo monarca como *persona ficta* no estaban simplemente sujetos al libre arbitrio de la real persona; debían ajustarse a las normas de la justicia, ya que de no ser así el rey dejaba de serlo para convertirse en un tirano que no debía ser obedecido. Esta doctrina, sin embargo, no pudo ser aplicada en todos los casos aunque las Cortes lograron que las sentencias reales fueran registradas en la Chancillería o en el Consejo de Castilla como condición para su ejecución. En el siglo xvi los monarcas anularon esta limitación recurriendo a las llamadas pragmáticas sanciones, a las cuales la Corona atribuyó el mismo valor que a las leyes votadas en Cortes. Por otra parte, la Corona nunca negó a sus consejeros y justicias reales el derecho de oponerse a todo mandamiento injusto o dañino para los intereses bien entendidos del monarca, y por ello la práctica de suspender la ejecución de las disposiciones inconvenientes pasó a las Indias como parte integrante

---

[7] Miranda, *Ideas e Instituciones*, 141-143. Esquivel Obregón, ii, 318, 335 y 337, ve sin embargo en las cartas de inhibición el origen del moderno juicio de amparo, pero no compartimos esta apreciación porque el juicio tiene otro origen como se explica en los párrafos que siguen en el texto. Barragán, 167 y 169-172 (referencia a la Introducción del título xxiii de la Tercera Partida). Altamira, *Diccionario, sub* Amparo (17-18). Fairén, 7, 51, 61-62, 65-68, 71-72, 75, 77, 100 y 103. González Palencia, 199 (el *sahibalmadalim*). A. Lira, *El Amparo Colonial*, 17; 132. Peña (ed.), *Estudio histórico*, Apéndice Documental, DOCUMENTO núm. 3, 250. ACTAS DE TLAXCALA, ff. 225, 258. Zavala, *Velasco I*, 138, 174, 175, 197, 198, 216, 219, 228-230, 234, 348-350, 398-399, 401-402, 410; y quizás también las pp. 210, 223-225, 267, 270, 335, 362-365, 369, 382-384, 403, 411, 416, 420 y 421. Véase otro caso de amparo en Reyes García, Doc. 31, 163. En 1532 la Emperatriz aconsejó paciencia a los oidores de México ante los repetidos casos de delincuentes acogidos por los franciscanos y los dominicos: Daniel Ulloa, 127, quien cita al CEDULARIO de Puga, i, fol. 76 v°. Ver también Cuevas, *Historia de la Iglesia*, i, 195 y Thomas GAGE, 78-87, sobre la violenta controversia entre el virrey y el arzobispo de México y la visita que el fraile inglés hizo en 1625 al Virrey Marqués de Gelves en su refugio de San Francisco.

del sistema jurídico trasplantado. Los conquistadores, virreyes y otros oficiales de la Corona podían suplicar de las provisiones reales; la Corona, en despachos de 1508, 1509, 1511 y 1528, sólo insistió en que el procedimiento de "obedecer y no cumplir" se efectuara de acuerdo con las formas prescritas y en que luego se la consultara, esta vez sin dejar de cumplir al pie de la letra la segunda decisión. Este tipo de sobreseimiento fue practicado en las Indias pero jamás en la Península, y sólo se aplicó en el caso —como recuerda Tudela— en que, a juicio de virreyes o de otros oficiales reales, el mandamiento en cuestión pudiera dar por resultado "escándalo conocido o daño irreparable". El principio básico era que el rey, siendo espejo de justicia por divina elección, no podía dictar leyes injustas; si ordenaba algo que pudiera producir el mal era por defecto de información, la cual podía ser inocente (obrepción) o dolosa (subrepción), en el caso de ocultamiento de los hechos por parte de sus consejeros; por ello muchas cédulas reales revisoras dirigidas a la Nueva España o a Yucatán empezaban con frases tales como "E agora somos informados..." y "E porque nos siendo informados..." En otras palabras, como dice Esquivel Obregón, el procedimiento suspensorio era para cuidar al rey de sí mismo. Durante los primeros decenios de la Colonia se presentaron varios casos célebres de acatamiento de reales órdenes sin cumplirlas, mediante este procedimiento que pudiéramos llamar de suspensión provisional. El Virrey Mendoza fue protagonista del más importante, cuando suspendió la aplicación de las Nuevas Leyes de 1542, expedidas por el Emperador, considerándolas inoportunas. Otros tres casos fueron los siguientes. Como es sabido, a resultas de las gestiones de Diego de Velázquez a través del Obispo de Burgos y durante una ausencia de Carlos V de la Península, el Consejo de Indias envió a la Nueva España, en el momento más crítico de la Conquista, al veedor de La Española Cristóbal de Tapia para relevar a Cortés con el título de gobernador. Cuando el enviado fue recibido en la Villa Rica de la Vera Cruz por Gonzalo de Alvarado, teniente de Cortés por ausencia de éste, se limitó a ponerse sobre la cabeza las provisiones de Tapia, y en cuanto al cumplimiento, él y los regidores del ayuntamiento, seguros de obrar por el bien del real servicio, "suplicaron de ellas" ante el Emperador; Tapia, decepcionado, regresó a La Española y no se volvió a saber de él en la Nueva España. En 1525 Gonzalo de Salazar, teniente gobernador de la Nueva España, pidió a Carlos V que revocara la disposición no obedecida que confirmaba la jurisdicción de la Audiencia de Santo Domingo sobre la Nueva España en materia de multas, considerando que la nueva colonia por su importancia no podía ser dependiente más que de la metrópoli misma. Nuño de Guzmán en dos ocasiones "obedeció pero no cumplió" órdenes reales. La primera fue cuando se negó a aplicar las Ordenanzas aprobadas por la Nueva España extendidas a su gobernación de Pánuco, pidiendo al rey "de lo no bien informado en esta parte... bien informado ser"; la segunda vez la actitud de Nuño se acercó más a la abierta rebelión, cuando en 1531 puso preso a su frustrado sucesor en el gobierno de la Nueva Galicia, don Luis de Castilla, portador de las reales órdenes que disponían la sustitución. Cuando lo exigían las circunstancias, recuerda Ots Capdequí, los virreyes tuvieron permanentemente la facultad de sobreseer las reales órdenes, sobre todo cuando eran producto de alguna "siniestra relación", es decir obtenidas con malas artes.[8]

Las principales formas de p e n a l i d a d aplicadas en la Nueva España son de origen medieval: la picota y la condena a galeras, esta última rara y sólo introducida ya muy avanzado el periodo colonial. La picota era una columna de piedra o de otro material a cuyo pie los reos eran vilipendiados, flagelados, ahorcados, decapitados o mutilados, costumbres bárbaras que prevalecieron en ambos lados del Atlántico hasta el triunfo de las ideas penales de Beccaria a fines del siglo XVIII, difundidas en el Imperio español por *El discurso sobre las penas*, publicado en 1782 por un nativo de Tlaxcala, don Manuel de Lardizábal y Uribe. En el México colonial había c á r c e l e s preventivas en las que no se castigaba sino únicamente se custodiaba al acusado durante el proceso civil o eclesiástico, privándolo de la libertad de movimiento. Todas las penas infligidas en la Colonia (cepo, azotes, horca, etc.) son de origen medieval con la única excepción de una forma particularmente horrenda de ejecución, de la que no hay precedente en el Viejo Mundo: el aperramiento de indios, que será descrito más adelante. Las sentencias dictadas por la Inquisición eran también ejecutadas por el brazo secular.[9]

La máxima "degollación para los nobles, horca para los villanos" sintetiza las formas de ejecución practicadas en la Europa medieval y en la Nueva España; se usaban además la quema en la hoguera y el agarrotamiento. Según Bernal Díaz, Carlos V ordenó castigar a Cortés con la decapitación al recibir las primeras quejas de Velázquez en su contra. El áspero carácter de la conquista española, señala Friederici, hizo rodar cabezas por todas las Indias en la primera mitad del siglo XVI, en la mayoría de los casos sin el menor fundamento jurídico. Los métodos europeos de aplicar la pena de muerte llegaron a América con el Descubridor mismo: Herrera cuenta que Colón les mandó cortar la cabeza a varios indios en La Isabela. El primer caso de ejecución pública por decapitación relacionado con la historia de la Nueva España fue el de Cristóbal de Olid, ejecutado en la plaza pública de Naco de las Hibueras por haber traicionado a Cortés. En la plaza mayor de México, los hermanos Alonso de Ávila Alvarado y Gil Gómez Dávila

---

[8] Bernal DÍAZ DEL CASTILLO, c; clxxii; II, 357 (Garay) y c. cxci; III, 110 (Cortés). GARCÍA BRAVO, 90. Giménez Fernández, 34, afirma que la fórmula "acátese pero no se cumpla" deriva de la doctrina escolástica de la resistencia, pero nuestra opinión es que procede directamente de la práctica de las Cortes de Castilla y del concepto medieval del rey como "espejo de justicia", fenómenos anteriores al escolasticismo. García Gallo, *Estudios*, 100-101. Fabié, en *Ensayo Histórico*, 93, menciona la Cédula de Fernando el Católico de 1509; y en 213 recuerda otra versión de la misma fórmula que reza "se guarda pero no se cumple". Góngora, *El Estado en el Derecho Indiano*, 241, 242, 249, 250 y 284 (orígenes medievales de la fórmula). Tudela, 379-380. Esquivel Obregón, II, 88, 92 y 186. García Soriano, 68 (vicios de obrepción y subrepción). Rubio Mañé (ed.), ARCHIVO DE HISTORIA DE YUCATÁN, I, 123, 129 y 139 ("E agora somos informados", etc.). Acerca del episodio de Cristóbal de Tapia, ver BERNAL DÍAZ, c. clviii; II, 316-318, y Oviedo, *Historia General y Moral*, XXIII, xxxii; IV, 159, así como Prescott, 533, y Pereyra, *Cortés*, 147. ACTAS DEL CABILDO, I, 60 (suplicación de Gonzalo de Salazar). Góngora, *op. cit.*, 263; CDIAO, XIV; y Pérez Verdía, 122 (Nuño de Guzmán). Ots Capdequí, "Trasplante en Indias", 69. Gragg, 201, proporciona un ejemplo de 1461 de una apelación al Papa "mejor informado".

[9] Zavala, *Mundo Americano*, I, 396. Bernaldo de Quirós, 78 y 81-82.

fueron ejecutados mediante el hacha del verdugo por alta traición el 7 de julio de 1566, siendo testigo el cronista Muñoz Camargo.[10] La h o r c a , muerte por suspensión, aparece en México en los primeros episodios de la Conquista. Según Orozco y Berra, en Veracruz Cortés mandó ahorcar en 1519 a dos conspiradores partidarios de Velázquez, Juan Escudero y Diego Cermeño; también, relata Bernal Díaz, amenazó con la misma pena, considerándolos traidores, a otros "hombres bulliciosos" que lo exhortaban a alzarse contra el rey. En otra ocasión, mandó ahorcar al Príncipe texcocano Nezahualquetantzin y a Xicoténcatl el Joven, suplicio infamante indigno de su nobleza y de su condición de guerreros. Reservó esa misma suerte, como es sabido, al último emperador azteca y al Rey de Tacuba, a los que hizo colgar de una ceiba durante la expedición a las Hibueras, acción que no sólo deshonró a Cortés en la memoria de la posteridad, sino que "pareció mal a todos los que con él íbamos", al decir de Bernal Díaz del Castillo. Nuño de Guzmán, siendo gobernador de Pánuco, mandó ahorcar a Pedro González de Trujillo, vecino de México, a pesar de que era una "persona muy noble". En 1530, durante el conflicto de Zumárraga con la primera Audiencia, ésta mandó ahorcar al clérigo tonsurado Cristóbal de Angulo, cuyo cuerpo fue luego descuartizado, cosa que les valió a los oidores los anatemas del obispo. Una forma menos aparatosa de castigar era el a g a r r o t a - m i e n t o   o   g a r r o t e   v i l , suplicio que causaba la muerte por estrangulación directa. Mediante este procedimiento las antiguas hermandades españolas (cuerpos rurales de voluntarios) ejecutaban a los salteadores y abigeos. En vísperas de la Noche Triste, Cortés impuso injustamente esta pena a Cacama, Rey de Texcoco, y a los señores de Tlatelolco y Tacuba. Más tarde, durante la expedición a Nuevo México, Juan de Oñate mandó dar garrote a un capitán y a dos soldados de su ejército, culpables de motín y de deserción. Ejemplos de quema en la h o g u e r a , además de los tristemente célebres después organizados por la Inquisición, fueron las ejecuciones de Cuauhpopoca, sobrino de Moctezuma, de su hijo y de otros 15 señores indígenas, ordenada por Cortés para castigarlos por haber atacado la guarnición de Nautla; y un indio mexicano que el Conquistador mandó quemar durante la expedición a las Hibueras, acusado de antropofagia.[11] Práctica rara fue el d e s c u a r t i z a m i e n t o judicial en vivo que, informa Bernaldo de Quirós, era una antigua práctica germana que reaparece en España en el siglo XVI como castigo reservado a los culpables de parricidio y regicidio. En la Nueva España, en 1537, el Virrey Mendoza mandó que "se hicieran cuartos" de unos esclavos negros que, según

[10] Bernaldo de Quirós, 108. Bernal DÍAZ DEL CASTILLO, c. clxxii; III, 13-14 (Cortés); y c. clxxiii; III, 23 (Olid). HERRERA, *Historia General*, 285 (Década 1ª, II, 13). MUÑOZ CAMARGO, 257, en apostilla.

[11] Orozco y Berra, *Historia Antigua*, IV, 150 (partidarios de Velázquez), 277 (Nezahualquetantzin), 488-489 (Xicoténcatl el Joven), 376-377 (señores de Texcoco, Tlatelolco y Tlacopan), 277 (Cuauhpopoca). Bernal DÍAZ DEL CASTILLO, clxxv; III, 36 (el indio mexicano quemado en la expedición de Hibueras); c. cxciv; III, 137 ("hombres bulliciosos"); c. clxxviii; III, 46 (Cuauhtémoc); y c. cxciv; III, 129 (González de Trujillo). CDIAO, XLV: 16 y García Icazbalceta, *Zumárraga*, 57-58 (Cristóbal de Angulo). CARTA DE... OÑATE AL VIRREY CONDE DE MONTERREY (2 de marzo de 1599), en CDIAO, XVI: 304.

explicó en una carta enviada a Carlos V, pretendían elegir su propio rey (delito equiparable al regicidio), matar a los españoles y alzarse con la tierra, es decir rebelar a toda la Colonia. Las ejecuciones tuvieron lugar en la capital del virreinato y en las minas de oro y plata de Amatepec, donde el virrey había enviado a su protegido Vázquez de Coronado para reprimir el motín. Al parecer, el asesinato de la suegra era visto en la Colonia con comprensión y tolerancia; el indio Gaspar Cuatla, de Cholula, convicto de ese crimen, fue sólo obligado a pagar una multa de 60 pesos en 1591.[12]

Una pena crudelísima impuesta con cierta frecuencia en diversas partes de América por los españoles a los indios que se resistían era el a p e - r r a m i e n t o , herencia de la brutal *damnatio ad bestias* de los romanos, existente desde los días de Escipión el Africano. Friederici señala varios ejemplos de uso de perros de presa como arma especial de la estrategia bélica española. Salas señala que los perros de guerra usados entonces eran los temibles alanos, resultado de la cruza de dogo y mastín. En la Edad Media, y todavía en los siglos XVI y XVII, en España se entrenaban mastines y alanos para luchar contra los lobos, para prenderse de los jabalíes por las orejas y para luchar a muerte con los osos montañeses, tal como el galgo era enseñado a cazar liebres. Iniciada la conquista de América, se utilizaron perros de presa en las Antillas para aterrorizar a los indígenas, y en la Nueva España no fue raro que se les empleara para coger y despedazar a los indios rebeldes. Esta práctica inhumana no tenía el menor carácter judicial, ni lo pretendía tener: no era una pena sino un recurso bélico despiadado, que implícitamente ponía en entredicho la categoría racional y hasta la naturaleza humana del indígena. Alvarado utilizó dos de esas feroces bestias contra los indios, y en su proceso de residencia fue acusado de haber hecho aperrear en Coyoacán, en 1537, por su propia autoridad o en nombre de Cortés, a seis principales de Cholula atados con una cadena. Durante su visita, el licenciado Marcos de Aguilar envió a Gaspar de Pacheco en 1527 a Oaxaca en misión de "pacificación", el cual utilizó contra los mixes unos perros de presa tan feroces, dice Herrera, que "no encontraban indio a quien no matasen y devorasen inmediatamente". Seis años más tarde, en carta escrita al Emperador, Zumárraga se quejaba de las crueldades inauditas de que un testaferro de Nuño de Guzmán llamado Juan Peláez hacía víctimas a los indios aperreándolos y cebando sus lebreles en los cadáveres como si hubieran sido carroña de bestias. Entre otros, por supuesto, Nuño fue culpable de este crimen también durante la conquista de la Nueva Galicia, y de ello dan fe ciertas pinturas indígenas contemporáneas que ilustran aquellas terribles escenas. Algunos de sus hombres imitaron esta conducta, como por ejemplo el encomendero Pedro de Bobadilla, quien con sus perros de presa buscaba en los montes a los indios que ahí habían buscado refugio, para cazarlos dejando que los fieros canes los despedazaran horriblemente. El Virrey Mendoza, pese a sus grandes méritos, no está libre de culpa en

---

[12] Bernaldo de Quirós, 131. CARTA DE... MENDOZA AL EMPERADOR (10 de diciembre, 1537), en CDIAO, II: 198. PROTOCOLOS DE LA NOTARÍA DE CHOLULA, doc. 492. Gaspar fue obligado, también, a pagar las costas del juicio que se elevaron a 33 pesos y 4 tomines.

cuanto a esta práctica se refiere, pues según Pérez Verdía durante la Guerra de los Peñoles mandó aperrear a algunos indios prisioneros cuando éstos se negaron a contestar sus preguntas. El Inca Garcilaso, por último, relata sin extrañarse demasiado un caso de aperramiento que tuvo lugar durante la expedición de Hernando de Soto a la Florida.[13]

La m u t i l a c i ó n de un miembro o de las orejas también fue una pena que pasó de España a las Indias. Su gravedad fue bien comprendida por la Corona ya que en 1530 dio instrucciones a los justicias de la Nueva España de recibir y transmitir las apelaciones que se presentaran en casos de sentencia a muerte o a mutilación de un miembro; y al nombrar corregidores (como fue el caso en 1551 con Rodrigo de Guzmán) el Virrey Velasco les prohibió intervenir en los casos de pena de muerte o de mutilación de miembros. De todas maneras sólo los gobernadores y sus tenientes tenían la facultad de imponer la pena de mutilación, como demuestra el caso de Urdiñola; éste fue autorizado en 1591 por el gobernador de la Nueva Viscaya, Rodrigo del Río de Loza, a imponerla discrecionalmente a los tlaxcaltecas residentes en Saltillo. Los miembros que se mutilaban eran una mano, un pie o ambos. Relata Bernal Díaz que en la expedición de Cortés participó "un esforzado soldado que tenía una mano menos, que se la habían cortado en Castilla por justicia". Alonso de Estrada, en el breve lapso en que fue único gobernante de la Nueva España, demostró una cruel preferencia por esta pena, pues mandó cortar la mano a un "criado" de Cortés llamado Cristóbal de Cortejo y a un mozo de espuelas de otro rival, Gonzalo de Salazar, en castigo de simples riñas con gente de su misma condición. El ilustre poeta y ex capitán de los tercios de Flandes, Gutierre de Cetina, era aficionado a batirse a estocadas por el amor de las damas, tanto que en 1554 se vio envuelto en Puebla en un incidente con un espadachín de pésima fama, un tal Hernando de Nava. En el lance el poeta resultó mortalmente herido, por lo cual su antagonista fue condenado a la amputación de "la mano aleve", es decir del instrumento del crimen, sentencia que se ejecutó en la picota de la plaza mayor de México. Nava fue después decapitado en la capital del virreinato, parece que por haber intentado asesinar en Puebla, según la acusación, a la esposa del oidor de la Torre, en cuya alcoba se introdujo furtivamente una noche. La mutilación de las orejas fue practicada tanto en España como en América. En La Española, por orden de Alonso de Ojeda, un indígena recibió este inhumano castigo en la plaza de La Isabela. Con todo, para Fray Francisco de Mena, comisario general de la Orden franciscana, era una pena como cualquier otra: en efecto, tratando el tema del buen gobierno aconseja que "el que mereciera la muerte, que muera, y el que mereciere ser desorejado, por consiguiente". Durante el

---

[13] A. A. Barrett, *Caligula, the Corruption of Power*, Yale U. P., 1989, xxiii. Friederici, 396. A. M. Salas, 160 y nota 7; sobre el empleo de dogos en la Conquista, ver Blanco Fombona, *El Conquistador*, 123-124. Orozco y Berra, *Historia Antigua*, IV, 108 (aperramientos en Coyoacán). HERRERA, Déc. 4, lib. IV, c. vii; sobre el aperramiento de los mixes, ver también Riva Palacio, II, c. xvii, 158; y J. A. Gay, 291. CARTA DE... ZUMÁRRAGA AL EMPERADOR (Valladolid, 1533), en Cuevas (ed.), *Documentos inéditos del siglo XVI*, 41. Pérez Verdía, 130 (Pedro de Bobadilla) y 186 (Mendoza). INCA GARCILASO, II: 2, v; p. 190.

juicio de residencia a que se le sometió en 1529, Cortés fue acusado entre otros delitos de haber ordenado que se cortase un pie al piloto Gonzalo de Umbría, que trataba de apoderarse de una nave para regresar en ella a Cuba junto con otros partidarios de Velázquez. Pero este episodio es poco claro, pues Bernal Díaz lo menciona dos veces en la *Historia verdadera*, dando versiones distintas: en una se dice que se trató de la amputación de "los pies", y en la otra parece que fueron sólo los dedos de dichas extremidades. En otro episodio de mutilación, el "criado" de Cortés, García de Llerena, sufrió la amputación de un pie en 1530 tras recibir 100 azotes, castigos ordenados por la Audiencia de México supuestamente en razón de alguna culpa real o imaginaria, pero en realidad tal vez para perjudicar al Conquistador, cuyo poder el tribunal quería mermar lo más posible. Por su parte, Nuño de Guzmán, cuando era presidente de la Audiencia de México, practicaba un tormento que nada tenía que envidiar a la mutilación de los miembros: muchos partidarios de Cortés sufrieron la quebradura de los dientes a garrotazos propinados por sus verdugos.[14]

Otra pena heredada del Medievo por la Nueva España era el e s - c a r n i o   p ú b l i c o que tenía varias formas. La más común era la exhibición pública del condenado durante cierto tiempo en un c e p o . Cortés mandó poner en uno de estos aparatos en Veracruz a Alonso de Mata, escribano partidario de Narváez. Los primeros misioneros de Chiapa, informa Remesal, castigaban así a los indios que se negaban a escuchar sus prédicas antes de que la Reina Gobernadora prohibiera este abuso por cédula de 1536. A pesar de ello, los franciscanos de Yucatán siguieron aplicando tan radical método de evangelización, según afirma Fray Antonio de Tarancón en una carta dirigida al Obispo Toral. En la marina española era costumbre aún a fines del siglo XVI poner en el cepo a los culpables de intento de motín y de otros delitos. Así, cuando en 1568 el pirata Barret y sus compañeros ingleses intentaron apoderarse de la pinaza en que viajaban detenidos rumbo a España, una vez reducidos se les puso un cepo en los pies y al jefe se le colocó con la cabeza en el artefacto y con los pies encadenados. En Nombre de Dios, Montejo el Viejo negó en 1539 haber pretendido poner bajo g r i l l o s al escribano que le presentó un requerimiento en nombre de Alvarado. Bernal Díaz da testimonio de que en

---

[14] GOBERNACIÓN ESPIRITUAL Y TEMPORAL DE LAS INDIAS, CÓDICE... núm. 36, en CDIU, XXIV: 52 (apelación contra mutilación de miembros). Zavala, *Velasco*, 270 (Rodrigo de Guzmán). P. F. Velázquez (ed.), *Col. de Docs. de San Luis Potosí* ("REPARTIMIENTO DE LOS TLAXCALTECAS Y SU ASIENTO EN SALTILLO"), I, 210. Bernal DÍAZ, c. ccv; III, 214 (soldado manco) y c. cxciv; III, 134 (Cortejo y el mozo de espuela de Sandoval). FERNÁNDEZ DE ECHEVERRÍA y VEYTIA, en I, 34, menciona también el caso de Cortejo. Bernaldo de Quirós, 181 (Gutierre de Cetina y Nava). Justina Sarabia Viejo, *Velasco*, 292-293, donde se cita el EPISTOLARIO de Paso y Troncoso, VII, núm. 414, 280-283 (Nava y doña Leonor de Osma, esposa del oidor de la Torre). Herrera, Década 1ª, II, 13; p. 285 (Ojeda). EXTRACTO DE LOS CAPÍTULOS QUE FRAY FRANCISCO DE MENA... PRESENTÓ AL REY (sin fecha pero seguramente de principios del siglo XVII), en CDIAO, X: 188. García Icazbalceta, *Zumárraga*, 58 (Llerena). CARGOS QUE RESULTAN CONTRA HERNANDO CORTÉS (Temistlán, 8 de mayo de 1529), en CDIAO, XXVII: 9; y Bernal• Díaz, c. clxvii; II, 414; y c. ccv; III, 218 (Gonzalo de Umbría); *cf.* Altolaguirre, 125-126, y Orozco y Berra, *Historia Antigua*, IV, 150, sobre la mutilación de Umbría. CARTA DE ZUMÁRRAGA A SU MAGESTAD (27 de agosto, 1529), en CDIAO, XIII: 118.

la expedición de Cortés se trajeron varios aparatos de este tipo uno de los cuales se aplicó nada menos que a Moctezuma. Otra forma de befa era la de encorozar o poner un c a p i r o t e al reo de justicia y exhibirlo públicamente, práctica usual de la Inquisición para los condenados y relapsos; los frailes también aplicaron este castigo a los indios que hubieran cometido alguna falta leve; a veces también los azotaban, según queja elevada en 1561 por el doctor Luis de Anguís a Felipe II, y en otros casos el escarnio era acompañado de azotes o de trasquila. El factor Gonzalo de Salazar y el veedor Peralmíndez Chirinos una vez fueron encerrados en j a u l a s , porque según Riva Palacio nadie quiso hacerse responsable de su custodia. (El único precedente de este tipo de castigo que conocemos es el del Cardenal de la Balue, encerrado en una jaula suspendida por orden de Luis XI, a quien había traicionado.) Cuando Zumárraga ejercía funciones inquisitoriales, a los convictos de mancebía, blasfemia o hechicería se les obligaba a p a s e a r por las calles en un jumento con una soga atada al cuello, mientras un pregonero explicaba en voz alta sus delitos; antes o después del mencionado paseo se les propinaba 100 o 200 a z o t e s , como fue el caso de tres esclavas negras acusadas de hechicería en 1537. Páez Brotchie narra que en 1601 en la Nueva Galicia un indio joven a quien se atribuía la culpa de una muerte, recibió un castigo semejante, y además fue reducido a servidumbre durante cuatro años para indemnizar con el producto de su trabajo a los deudos de su supuesta víctima.[15]

La pena más usual para faltas leves de diversa índole eran los a z o - t e s , generalmente administrados en la picota. En el periodo que nos ocupa hay numerosos ejemplos, entre los cuales podemos mencionar los que siguen. Cortés ordenó en 1519 dar 200 azotes a dos de sus hombres, por ser partidarios de Velázquez, uno de ellos llamado Alonso Peñate, y a un tercer soldado, Pedro López, por haber insultado a Moctezuma. El factor Gonzalo de Salazar, quien para fortalecer su posición en ausencia de Cortés hizo correr la voz de que éste había muerto en las Hibueras, mandó azotar en público a una honrada mujer que aseguraba lo contrario, de nombre Juana de Mansilla. A fines de aquel siglo, el indio Nacabeba, rebelde ocoroni de Sinaloa, fue azotado, además de ser trasquilado y metido en un cepo, junto con algunos de sus seguidores; y la misma pena según las Actas de Tlaxcala era sufrida por quienes vendieran cosas no en el mercado, sino en su casa, y reincidieran dos veces. Los azotes (50 a 100) eran también el castigo a la alcahuetería, de la que se hacían culpables algunas indias viejas, quienes también eran objeto de escarnio público; también los azotes eran

[15] Orozco y Berra, *Historia Antigua*, IV, 332 (Alonso de Mata). REMESAL, V, X; I, 430, y VI, xiii: I, 446. LA REINA AL OBISPO DE MÉXICO, en Genaro García (ed.), *Documentos Inéditos*, I, 409. Scholes y Adams (eds.), DIEGO QUIJADA, II, 17. García Icazbalceta, *Viajeros ingleses*, 168 (Barret y sus compañeros de infortunio). CARTA DE MONTEJO EL VIEJO A SU MAGESTAD (25 de agosto, 1539), en CDIAO, XIII: 512. Bernal DÍAZ, c. cxxii; II, 60 (grillos); y c. cxciii; III, 126 (jaulas). CARTA DEL DOCTOR LUIS DE ANGUÍS A FELIPE II (México, 20 de febrero de 1561), en Cuevas (ed.), *Documentos inéditos del siglo XVI*, 250 y 252. Riva Palacio, II, 135-136. Carreño, *Zumárraga*, 93, 94, 130, 132, 138 y 142 (indios condenados a ser paseados en un asno). Páez Brotchie, *Nueva Galicia*, 29 (Proceso 14 del legajo I del Ramo Criminal de los siglos XVI y XVII).

la pena para una serie de faltas graves, que iban de "vaquear en caballos ajenos" al muy sutil "no vivir como cristiano". A principios del siglo XVII, informa el capitán Tovilla, en Cobán (Verapaz) se azotaba a los indios que sin estar legítimamente ocupados en otra cosa no asistían a la prédica de la doctrina cristiana que se les impartía en su propia lengua, el teopanteca.[16]

Cuando por una parte Cortés y sus representantes y por la otra Salazar, Chirinos y la primera Audiencia se disputaban el poder, estos últimos impusieron a varios partidarios del Conquistador la pena de d e s t i e - r r o de la ciudad de México, entre otros a Bernal Díaz. Según relata Justina Sarabia Viejo, como el presidente de la Audiencia tenía la facultad de imponer judicialmente el destierro, el Virrey Velasco I, en su calidad de presidente de dicho tribunal y con base en los informes resultantes del viaje del visitador Gonzalo Díaz de Vargas a las provincias de Chautla, Teutlalco, Papalutla y Olinalá, castigó con esta pena a varios españoles hasta entonces residentes en tales provincias, culpables de asesinatos de indios y de otros graves delitos.[17] En el campo de la jurisdicción eclesiástica, por otra parte, se practicaba la exhumación punitiva o d e s e n t e r r a m i e n - t o de quienes hubieran sido hallados culpables de herejía o de idolatría después de una muerte cristiana; el Obispo Landa aplicó esta pena en Sotuta (Yucatán) a los huesos de un indio noble llamado Cocom.[18] Seguramente en un caso se aplicó en la Nueva España una pena infamante, el b a l d ó n   d e   i g n o m i n i a , maldición eterna de la memoria de un ajusticiado. La memoria de los hermanos Ávila, culpables de conjura, ejecutados públicamente en 1566, fue considerada tan abominable que se mandó derribar la casa heredada de su padre el conquistador Alonso Ávila, situada en la esquina de las calles del Reloj y de Santa Teresa, se esparció sal sobre los escombros, y se erigió un pilar para colocar en él al llamado padrón de ignominia, o sea una inscripción alusiva al crimen cometido por los Ávila. Cuando en 1574 dicho solar fue concedido a la Universidad, el pilar aún estaba en pie con su letrero, cosa que hizo necesario trasladarlo a un lugar cercano, antes de iniciar la nueva construcción.[19]

[16] Orozco y Berra, *Historia Antigua*, IV, 150 (los dos velazquistas) y 281 (Pedro López). Bernal DÍAZ, c. clxxxv; III, 85; y CARTA DE ZUMÁRRAGA, en CDIAO, XIII: 113 (Juana de Mansilla). Antonio RUIZ, 35 f., p. 81 (Nacabeba). ACTAS DE TLAXCALA, ff. 225, 258. Véanse algunos casos de alcahuetería en O'Gorman, "Yucatán", 427, 436, 454, 464, 465, 471. Zavala, *Velasco I*, 97, 120, 223, 256, 392, 421, 422 (azotes por faltas graves). En TOVILLA, 130, se citan los párrafos de las Ordenanzas del visitador Juan Maldonado, del 15 de diciembre de 1625.

[17] CARTA DE DIEGO DE OCAÑA A LA CASA DE CONTRATACION (31 de agosto, 1526), en CDIAO, XIII: 395 (cinco vecinos de México desterrados por Salazar y Chirinos). Bernal DÍAZ DEL CASTILLO, c. cxcvi; III, 155. Justina Sarabia Viejo, *Velasco*, 37 y 394-395. Para otros casos de destierro, véase Reyes García, 193, y Zavala, *Velasco I*, 390-391.

[18] SÁNCHEZ DE AGUILAR (ed. del Museo Nacional), 88 (Padre Landa).

[19] Toussaint *et al.*, en PLANOS DE LA CIUDAD DE MÉXICO, 30, registra el episodio de la destrucción de la Casa de Ávila; los datos aparecen también en la *Crónica* de la Universidad de México del bachiller PLAZA Y JAÉN, I, 107. Lucas Alamán, II, 127 (ubicación de la casa). En Lanning (ed.), CÉDULAS DE LA UNIVERSIDAD, 9-10, está publicada la relativa a la "Merced del suelo de las casas que fueron de Alonso de Ávila" (núm. 5), fechada en El Escorial el 1º de junio de 1574, donde se dice que en el sitio en cuestión había "cierto pilar y letrero de la causa". Por último, Angulo Iñíguez, en PLANOS... DE AMÉRICA Y FILIPINAS..., I, 18-19, distingue en un plano de México que data de 1574 "una columna de base esférica... con un gran cartelón encima", y

Además de los azotes, del paseo con coroza en asno y del sádico ape-rreamiento, existían otras penas reservadas exclusivamente a los indios, tal como hubo otras aplicables sólo a los esclavos negros. En su *Itinerario*, Fray Juan Focher sugiere que los indios que hubieran contraído matrimo-nio sin dispensa de consanguinidad sean castigados con el f l a g e l o y con otras disciplinas. Zumárraga, por su parte, mandaba t r a s q u i -l a r antes o después de los azotes y del paseo a los culpables de algún traspiés idolátrico, aunque en 1540 desterró al pueblo de Totolapan a dos de éstos. Desde 1539, la Audiencia de México prescribió que a los indios de-lincuentes se les aplicaran las siguientes penas corporales: los azotes, la exhibición pública atados a un palo con un capirote en la cabeza, la tras-quiladura y la marca de hierro candente en la frente. En 1562, los obispos de la Nueva España criticaron en una carta al rey el que los frailes tuvieran cárceles para indios, y que trataran pésimamente a sus pupilos, "tresqui-lándolos... azotándolos [y] haciendoles otras afrentadas o vejaciones"; estas descripciones, sin embargo, son poco fidedignas pues ya para entonces era aguda la rivalidad entre el clero secular y el regular por el control de los na-turales. Pazos, sin negar que los franciscanos impusieran aquellas penas a los indios por pecados de idolatría o por ausencia de los servicios divinos, señala la siguiente atenuante: para dar ejemplo de humildad, los frailes primero se azotaban a sí mismos. Para los indios no era fácil vivir libres de aquellos castigos, pues en muchos casos incurrían en ellos sin saberlo. Por ejemplo, les estaban prohibidos los juegos que practicaban en su gentili-dad, como el de la pelota o *tlatli;* y a los que gozaban de salud les estaba vedado el baño caliente, y el uso del *temascal*, por idénticas razones a las que tiempo atrás habían movilizado a la Inquisición contra los huertanos de Valencia, sospechosos de adicción al Islam por bañarse después de regar las huertas. Eran rapados o trasquilados también los indios e indias que se mezclaban en los temazcales, o los macehuales que por primera vez eran cogidos en estado de embriaguez; y también, en los reales de minas, los indios mercaderes que robaban las cendradas o asientos de cenizas que que-daban en el horno de afinar la plata.[20] En los primeros tiempos de la domi-nación española, los negros cimarrones o que adquirían armas, eran cas-tigados con la c a s t r a c i ó n , pena horrenda que causó la protesta ante el rey de varios prelados mexicanos, quienes la consideraban un castigo excesivo, resultante en notorios inconvenientes y ofensas a Dios, no precisa-

comenta que "se trata, seguramente, del famoso padrón de ignominia que se levantó en el solar" de los Ávilas, pilar que ese mismo año se colocó fuera "para que pudiera estar muy erecto y descubierto". Véase en Trueblood, 48, otra descripción del padrón de ignominia de los Ávila, aunque este texto parece ser de Arturo Sotomayor. En las ACTAS DEL CABILDO del 30 de mayo y del 27 de junio de 1580 (VIII, 438, 440 y 441), se menciona otra torre mandada de-rribar ese mismo año, propiedad de un cierto Hernando Dávila, parece que por razones urba-nísticas.

[20] Fray Juan FOCHER, 292. Carreño, *Zumárraga*, 104, 210 y 211 (indios trasquilados y desterrados). *Id.* (ed.), *Cedulario del siglo XVI*, núm. 60 (... ORDENANZAS FECHADAS POR EL ABDIEN-CIA REAL, 10 de junio de 1539), 132-134 (prohibición de juegos y baños), "Misioneros francis-canos", Introducción. ORDENANZAS DE CUAUHTINCHÁN, de 1559 (temascales), *ap.* Reyes García, 210, 211. Zavala, *Velasco I*, 178 (cendradas).

dos quizá por pudor. Tomando nota de tales objeciones, en 1540 la Corona prohibió que se sometiera a los negros rebeldes a "la pena de cortarles los miembros genitales"; sin embargo, todavía en 1579 el Virrey Enríquez ordenó que los negros que huyeran a los montes fueran "presos y capados".[21]

La ejecución pública de las penas, ya fueran la muerte, los golpes o la vergüenza, era fundamental en aquella época por su valor ejemplar. Por ello era emblema de la justicia real la p i c o t a   o   r o l l o , en España también considerado símbolo de la ciudad, donde eran aplicadas las penas a la vista de quien quisiera presenciarlas. La picota, ya mencionada en las Siete Partidas, fue costumbre en los reinos de Castilla y León desde el siglo XI, pero la más antigua que sobrevive en la Península, la de Villalón de Campos (Valladolid), es de 1434, porque las Cortes de Cádiz ordenaron en 1813 la destrucción de todas ellas por considerarlas símbolos del despotismo. Siguiendo los precedentes peninsulares, en la Nueva España también se aplicaba la penalidad en la picota del lugar, que era naturalmente uno de los primeros monumentos alzados por los fundadores, como enseña de autoridad. El rollo, sobre todo en su carácter de emblema de la ciudad, en la Colonia creció de dimensiones hasta convertirse en una verdadera torre, dejando de ser una simple columna, de manera que, como señala Bernaldo de Quirós, el carácter de las funciones del rollo y la picota se diferenciaron profundamente. En México sobreviven dos rollos, ambos asociados a la memoria de Cortés, el de Tlaquiltenango (Morelos), que hoy parece una torre de defensa en ruinas, y el de Tepeaca, llamado Rollo del Nuevo Mundo, alta torre afeada por el reloj que se le agregó en el siglo XIX. (La Virreina Marquesa de Mancera lo juzgaba tan remoto por su posición, que supuestamente inventó la frase desdeñosa: "¡Vayan al rollo de Tepeaca!") Es una estructura anterior a 1586 que quizá sustituyó a otra más modesta, construida en 1520, cuando la ciudad fue fundada con el nombre de Segura de la Frontera. En cambio existieron muchas p i c o t a s , simples postes o columnas adornadas con las armas reales, pero sólo dos han llegado hasta nosotros, una en Cholula y otra en Zempoala (Hidalgo). La primera, trasladada en 1975 de la Plaza de la Constitución a un costado de la Capilla Real, era llamada *teilpiloyan* ("piedra chica") por los indígenas; la segunda extrañamente es de estilo azteca. Bernaldo de Quirós dice que también hubo picotas en Guadalajara, Zacatecas, Mérida, Tlaxcala, Veracruz y por supuesto México, pero otras fuentes informan que existieron igualmente en Otumba y en la villa de Pánuco. Bernal Díaz describe someramente la picota de Veracruz; la que estuvo en Puebla, en la plaza mayor, fue suprimida en 1535 porque siendo de madera su apariencia no redundaba "para el pro y honra" de la ciudad. La picota de Tlaxcala fue instalada antes de 1560, era de piedra y estaba en la plaza principal. Según Cogolludo, el "árbol de justicia y cuchillo para castigo de los malhechores" de Mérida fue erigido en 1541 en un cerro al oriente de la ciudad, por iniciativa del alguacil mayor

21 Paso y Troncoso, EPISTOLARIO, XIV, 65 (protesta de los prelados contra la castración). CÉDULA DEL 15 de abril de 1540, en CDIU, X: 473. Zavala, ORDENANZAS, núm. LIV, p. 126 (disposiciones de 1579).

Cristóbal de San Martín. Según Octaviano Valdés, la picota de Otumba, uno de cuyos fragmentos está ilustrado en su biografía del *Padre Trembleque*, sobrevivió hasta hace pocos decenios. Nuño de Guzmán, cuando era gobernador de la provincia de Pánuco, construyó la picota de Santisteban, que usó repetidamente para mandar azotar o castigar en el cepo a sus opositores. La picota de la ciudad de México, pilar prismático, liso y de la altura de un hombre, fue colocada por decisión del Ayuntamiento de 1521 en el centro del mercado (llamado después Parián) que ocupaba una buena parte de la plaza mayor, al lado de las Casas Reales. Remataba en una pequeña esfera y estaba rodeado por una tarima de madera. Los amotinados de 1696 la quemaron, por lo que tuvo que ser sustituida por otra, cuya remoción definitiva fue ordenada por el Virrey Revillagigedo II en 1789. Poseemos varias ilustraciones de la picota de la capital, patíbulo de los condenados a muerte, siendo la más antigua de ellas del año de 1761. La cabeza de los reos decapitados se clavaba durante largo tiempo en una estaca en la picota o en una jaula, como había sido costumbre en Castilla y como se hizo en 1811 con las cabezas de Hidalgo, Allende, Aldama y Jiménez, colocadas en las cuatro esquinas de la Alhóndiga de Granaditas de Guanajuato.[22]

[22] Bayle, *Cabildos*, 29 (simbolismo de la picota) Bernaldo de Quirós, 13, 15, 16, 25, 41-43, 83, 95-96 (rollos de Tlaquiltenango y Tepeaca) y 45-48 (picotas); ver una ilustración del rollo de Zempoala en D. Angulo Iñíguez y E. Marco Dorda, *Historia del Arte Hispano-Americano* (Barcelona-Buenos Aires, 1945), I, 486. Bernal DÍAZ, c. xlviii ("y diré como se puso una picota en la plaza de Veracruz y fuera de la Villa una horca"). LÓPEZ VILLASEÑOR, 72-73; y Leicht, *Puebla*, 472 (picota de Puebla). Gibson, en *Tlaxcala*, 129, dice que el constructor del rollo de esa ciudad probablemente fue el corregidor Francisco Verdugo. LÓPEZ DE COGOLLUDO, III, viii; p. 138; *cf*. Rubio Mañé, *Casa de Montejo*, 3-4. Octaviano Valdés, ilustración frente a la p. 33. Chipman, en *Nuño in Panuco*, 175, relata las escenas de azotes suministrados en la picota de Santisteban a diversas personas, entre ellas un tal Diego de la Villa Padierna: Orozco y Berra, *Ciudad de México*, 29 y 34; y Bernaldo de Quirós, 48-49 (picota de México) y 127 (colocación de las cabezas de los decapitados en jaulas). Las estampas de la picota de México a que se alude en el texto aparecen respectivamente en las *Disertaciones* de Lucas Alamán, II, 62 (grabado de Francisco Silverio, 1761) y en la p. 35 de *México en el tiempo: fisonomía de una ciudad*, de Roberto Olavarría (México, 1945). La estampa de Silverio fue también reproducida por Valle Arizpe en *El Palacio Nacional de México* (México, 1936).

XXX. EL SISTEMA DE DERECHO II: EL CORREGIMIENTO, LA SANTA HERMANDAD, LA RESIDENCIA Y LOS LETRADOS

ENTRE los oficiales encargados simultáneamente de funciones jurídicas y administrativas que, según el modelo de la España medieval, se nombraron también para las Indias figuraban, además de los oidores, los corregidores y los alcaldes mayores. En Castilla, el oficio de c o r r e g i d o r o juez real, creado por las Cortes de León en 1348-1349, tuvo en un principio la misión de introducir reformas y de corregir en nombre del rey (de ahí su designación) los abusos cometidos en la administración de la justicia. El cargo fue en un principio temporal pero tendió a ser vitalicio. La Corona castellana lo empleó como principal instrumento de su estrategia centralista, Enrique II amplió su autoridad de la ciudad al campo circundante, y hacia 1480 ya había corregidores en las principales villas del reino. Los Reyes Católicos codificaron las funciones de estos magistrados en 1500, entre las cuales se encontraba la defensa de la real prerrogativa ante las usurpaciones de los nobles o del clero, la supervisión de los asuntos comunales, y la salvaguarda del orden público dentro de una jurisdicción ordinaria que sustituyó a la antigua jurisdicción forera. En 1371 apareció el a l c a l d e m a y o r (del árabe *al-Cadi*, juez), oficial de la justicia de carácter municipal. Ambos oficios pasaron a las Indias (Francisco Roldán fue el primer alcalde mayor de La Española, nombrado en 1496), donde arraigaron considerablemente; en las colonias, sin embargo, el alcalde mayor tuvo jurisdicción provincial y no únicamente municipal por lo cual a veces es difícil distinguirlo del corregidor. Las primeras instrucciones reales para los corregidores de la Nueva España datan de 1530, y fueron expedidas antes de que se hiciera ningún nombramiento oficial; no obstante, Alonso Dávila ya era alcalde mayor de la Nueva España, designado por Cortés. Se asignaron luego alcaldes mayores a Antequera (1532), Santa María de la Victoria de Tabasco (1551), Yucatán y Cozumel (1560), y Chiapa (1572), y más tarde para muchos otros lugares. En 1560 se nombró al último Alcalde Mayor de Yucatán, el doctor Diego Quijada (en adelante se nombraron gobernadores). Por otra parte, los primeros corregidores de la Nueva España fueron nombrados en 1538-1539, y en un principio sus funciones fueron parecidas a las de los alcaldes mayores; éstos sin embargo tendieron a desaparecer o a subordinarse a los corregidores, quienes existieron durante toda la época colonial (en España el cargo fue suprimido en 1835). La responsabilidad básica del corregidor, dice Albi, era velar por la justicia y la seguridad pública, pero como señala Góngora, paralelamente a la decadencia del Imperio español los corregimientos se fueron convirtiendo en verdaderas sinecuras. Ayudaban a los corregidores y alcaldes mayores en el desempeño de sus funciones, tanto en España como en América, los a l c a i d e s (del ár. *al-Caid*, jefe), que tenían a su cargo la custodia de los presos y la vigilancia de las alhóndigas y edificios públicos. Los a l g u a c i l e s (del ár. *al-Uazir*, lugarteniente), por su parte, eran oficiales inferiores de justicia designados por la municipalidad para auxiliar a los a l c a l d e s menores u ordinarios, especie de jueces de paz que existieron desde un principio pues ya se habló de ellos en las instrucciones dadas a Colón por los Reyes Católicos de 1493. También traían vara, sobre todo cuando eran ejecutores, los Damián Franco, en Toluca y el Valle de Metalcingo; los estantes de minas y los guardas de puerto.[1]

El símbolo visible de la autoridad del magistrado, heredado de sus predecesores metropolitanos por los corregidores, alcaldes y demás jueces novohispanos —españoles o indios— era la v a r a   d e   j u s t i c i a , cuyo uso se hizo obligatorio en 1528 para todos los oidores de Indias, que los reyes peninsulares, a su vez, habían heredado del Sacro Emperador Romano. Eran unas varas más altas que un hombre, del grosor de un asta de lanza gineta, con un casquillo de metal en la punta. Las de los funcionarios judiciales menores eran más pequeñas y llegaban a la altura de la barba. La pretensión de algunos eclesiásticos de usar varas que podían darles el aspecto de oficiales de la real justicia provocó en 1533 la intervención de Carlos V, quien en cédula dirigida a la Audiencia de México señaló las características diversas (una virola en el extremo, además del casquillo) que debían tener tales varas, cuyo uso sólo fue autorizado en vista de los precedentes establecidos en la Nueva España, aun cuando era contrario a la costumbre y a lo dispuesto por Juan II y por los Reyes Católicos. En 1571, Felipe II confirmó a los doctrineros de Michoacán el privilegio de usar varas, tal como se describían en la cédula de su padre de 1533. También las trajeron los oficiales reales de Tlaxcala; y el capitán Diego Carrasco las otorgó a 40 caudillos de los indios pápagos, en la Pimería (Sonora). Sometido a residencia, Cortés entregó su vara junto con la de los alcaldes y justicias por él nombrados a su juez, el licenciado Luis Ponce de León, pero según informa Oviedo éste las devolvió quedándose sólo con la del Conquistador, cuya autoridad quedaba así suspendida, diciendo "Esta quiero yo para mí". Martín Cortés, rechazando el cargo de usurpación que se le lanzaba, negó haber dado varas de justicia a sus mayordomos y "calpisques". Los funcionarios de justicia que usaban una vara como símbolo de su autoridad eran

[1] Albi, *El Corregidor*, 47, 55, 61, 67, 83 y 207; García de Cortázar, 447; Cunningham, 31-32; y Elliot, *Imperial Spain*, 82-84 (orígenes del cargo de corregidor y de alcalde mayor). García Bernal, *Yucatán*, 192 (Quijada). Verlinden, "Modern Civilization", 201; y "Précédents médiévaux", 29 (Francisco Roldán). Levene, *Derecho Indiano*, 94 (establecimiento de los cargos en las Indias). Gibson, *Tlaxcala*, 67, nota 14 (Instrucciones de 1530). García Gallo, *Estudios*, 701, 714 y 723-725 (alcaldes mayores y corregidores de la Nueva España). Albi, *op. cit.*, 67 (arraigo del corregimiento en las Indias), 83 (su extinción en España) y 207 (facultades exclusivas de los corregidores). Góngora, *El Estado en el Derecho Indiano*, 54. E. Mayer, I, 321 (alcaides). García Gallo, "Administración Territorial", 100, *y Estudios*, 725; y Fabié, *Ensayo Histórico*, 22 (alcaides y alguaciles). Zavala, *Velasco I*, 271 (Damián Franco), 375-376 (estantes de minas). O'Gorman, *Yucatán*, 426 (Antón Rodríguez, guarda del puerto de Holcoben, cerca de Valladolid, en Yucatán).

los alcaldes mayores, ordinarios o de la Mesta, los corregidores y los alguaciles. Entre los primeros investidos con ese símbolo se encuentran Luis de
Luna y Pedro de Orozco, nombrados en 1528 alcaldes de San Cristóbal por
el capitán Diego de Mazariegos. A veces la vara se protegía con un forro llamado a l m o f r e j . Mendoza, al desembarcar en Veracruz, dio una
vara de justicia a Martín de Peralta encargándole la protección de los indios,
acción de la que después tuvo que rendir cuentas a su visitador. Arrebatar
la vara o despedazarla significaba el desposeimiento del cargo; tal fue el
método empleado en San Juan Teotihuacán en 1557 por un alcalde mayor
con dos alcaldes ordinarios. Las Ordenanzas de la Mesta de 1574 confirie-
ron formalmente a los alcaldes el símbolo de la justicia, aunque ya lo usaban por lo menos desde 1551. Los corregidores de México se presentaban
al Cabildo con sus reales provisiones y la vara de la justicia en la mano
para hacerse cargo de sus funciones. Mientras se esperaba la llegada de un
alcalde mayor designado un regidor la portaba en su nombre: por ello en
1553 el regidor de México Gonzalo Ruiz empuñaba la de Juan de Carvajal.[2]

Los caciques y principales indios aliados de los españoles fueron investidos con harta frecuencia de autoridad judicial, recibiendo como símbolo
de ella una v a r a d e j u s t i c i a . Algunos indios fueron designados para residenciar a otros indios, de lo cual Zavala proporciona muchos
ejemplos. En ciertas comunidades indígenas aisladas se prefiere todavía el
título de alcalde al de presidente municipal, y su insignia sigue siendo una
vara. En el siglo XVI un influyente encomendero llamado Jerónimo López
se opuso a que el rey concediera a algunos caciques indios las varas de alguacil o de alcalde pedidas por los frailes, pensando con razón que el auto-
gobierno de los naturales dificultaba su explotación (interpretando la opinión
general de los encomenderos, López también se oponía a que se enseñase
a los indígenas a leer y a escribir, pues quienes entre ellos se cultivaban se
hacían levantiscos y decían "muchas cosas recias" contra los españoles). Por
fortuna, tales objeciones fueron desechadas, y la Audiencia de los Confines
procedió a nombrar alguaciles indios "con vara" para ciertas regiones de
Chiapa. Por su parte, el visitador Diego Ramírez revela la existencia de alcal-

---

[2] La vara (del lat. *virga*, bastón) era el símbolo de la justicia real como la corona cerrada
llegó a ser el de la soberanía. Sobre el origen de la vara ver Folz, 85. CEDULARIO DE ENCINAS, I,
fol. 3 (varas de los oidores). ACTAS DE TLAXCALA, f. 264. Bolognani, 195 (Diego Carrasco).
BELEÑA, I, 1ª Parte, 8, y 2ª Parte, 2 (formas de la vara). Carreño (ed.), *Cedulario del siglo XVI*,
80-82 (Cédula de Carlos V, 2 de agosto de 1533). González de Cossío (ed.), CEDULARIO DEL
SIGLO XVI, núm. 109, 187-188. OVIEDO, *Historia General y Moral*, XXXIII, xlix; IV, 241; Bernal DÍAZ
da cuenta del episodio en su c. cxci; III, 114, que el propio Cortés describe tanto en una carta
al emperador del 3 de septiembre de 1526, *ap.* CDIAO, XII: 483, como en la *Relación* que envió a
su abogado, el licenciado Núñez, transcrita en Hernán CORTÉS, *Cartas y Documentos*, 418.
CARTA AL REY DE DON MARTÍN CORTÉS... 10 de marzo de 1564, en el EPISTOLARIO de Paso y
Troncoso, X, 43. REMESAL, V, xiv; I, 379 (Luis de Luna y Pedro de Orozco). P. M. Velázquez
(ed.), *Docs. Hist. San Luis Potosí*, I, 100-101 (el almofrej de la vara del alcalde mayor de San
Luis, Juan de Ledesma). Visita a MENDOZA, *Primer Cargo*, 72-73. García Icazbalceta, NUEVA
COLECCIÓN, I, 193 (Teotihuacán). Chávez Orozco, *Mesta*, 3; y ACTAS DEL CABILDO, 1° de enero de
1551 y 1° de enero de 1552; VI, 9 y 41; (varas de los alcaldes de la Mesta); VIII, 133 (toma de
posesión del corregimiento de México por parte del licenciado Rodrigo Sánchez de Obregón
el 21 de diciembre de 1574); y VI, 85 (Gonzalo Ruiz).

des y de alguaciles indios en 1551 en la provincia de Jilotepec. Zavala enumera más de 30 casos, en 1551-1552, de indios dotados de vara de justicia como gobernadores de otros indios, fiscales, alguaciles, etc., algunos de ellos con cargos temporales, y la mayoría con sueldos más bien modestos. En recompensa a su alianza con los chichimecas Carlos V designó cacique hereditario a Gaspar de los Reyes Alfaro, concediéndole el privilegio de portar armas defensivas y ofensivas y de usar vara de justicia "con casquillos de plata". La entrega de la vara como señal de la toma de posesión de un cargo entre los mayas de Yucatán se generalizó desde el siglo XVI, pues la mencionan por igual la *Crónica de Chac Xulub Chen* y la *Relación* del Padre Landa. Según éste, ya en época prehispánica, cuando los cocomes gobernaban parte de la península, sus mayordomos traían "por señal una vara gorda y corta, que... llamaban *caluac*"; la vara española, en consecuencia, no constituyó novedad alguna.[3]

La S a n t a   H e r m a n d a d de la Nueva España, corporación de vigilancia rural, impartía una especie de justicia sumaria e itinerante. Sus orígenes se remontan a las hermandades castellanas, que eran cuadrillas o rondas armadas de voluntarios, con jurisdicción propia y organizadas legalmente sobre base municipal, destinadas a la represión del bandolerismo y del abigeato. A partir del siglo XII varios monarcas fomentaron su desarrollo y centralización, hasta que sus actividades fueron reglamentadas por los Reyes Católicos mediante real cédula del 7 de julio de 1496. En respuesta a una procuración de la ciudad de México de 1542 para que en la Colonia "hubiese hermandad general" la Corona ordenó al año siguiente que los alcaldes ordinarios conocieran en la Nueva España "de casos de hermandad", es decir que desempeñaran las funciones que en España estaban a cargo de tales rondas. La disposición no tuvo gran efecto porque los alcaldes no disponían de fuerza necesaria para vigilar los caminos. El aumento de la delincuencia rural, practicada por todas las razas y castas indujo al Virrey Velasco I a reclutar guardias voluntarios en la Mesta, medida que dio por resultado la creación el 7 de febrero de 1554 de la Santa Hermandad novohispana, cuyos presidentes fueron dos alcaldes de la Mesta designados por el Cabildo de México, Juan de Carvajal y Pedro Zambrano. Las fuerzas de la hermandad y su sede recibieron del pueblo el nombre de la A c o r - d a d a , por ser producto de un Real A c u e r d o compuesto por el virrey y los miembros más conspicuos de la Audiencia. (Todavía en la época porfiriana se daba este nombre a los guardias rurales organizados por los hacendados y ganaderos por su propia cuenta para la protección de sus bienes.) En 1559 la Santa Hermandad ya funcionaba en la región de Veracruz,

---

[3] Chevalier, *Land and Society*, 192 (pervivencia de la vara de la justicia en algunas comunidades indígenas); y "Municipalités Indiennes", 384 (Jerónimo López). Zavala, *Velasco I*, 346-347, 357, 381, 389, 401-403, 409-410, 412-413, 426-427, 446. Con relación a Chiapa, REMESAL, en VII, XIX; II, 73, da el ejemplo de Bartolomé Tzon, nombrado alguacil de Cinancatlán. Paso y Troncoso, EPISTOLARIO, VI, 60 (Carta de Diego Ramírez). Zavala, *Velasco I*, 342, 343-346, 349, 351, 352, 355, 358, 360, 361, 367, 368, 370, 373, 376, 377, 391; 405-406, 408, 420, 421, 423, 431, 438-439, 443 y 447-448. Fernández de Recas, *Cacicazgos*, XXI, y 149 (Gaspar de los Reyes Alfaro). CRÓNICA DE CHAC XULUB CHEN, 200 y 208. LANDA, 14.

y a partir de entonces su introducción fue general en todo el virreinato, con éxito desigual. A la muerte de Velasco I en 1564 comenzó su decadencia, y más tarde se trató de revivirla mediante la real cédula de Burgos del 23 de junio de 1603, que creó el llamado Tribunal de la Acordada, el cual contaba con sus propias fuerzas; pero sólo se logró darle nuevo impulso cuando, regresando a los viejos moldes, Felipe IV ordenó en 1631 "el establecimiento de la Santa Hermandad [en la Colonia] a semejanza de la de Sevilla". Como las hermandades eran cuerpos de vigilancia de carácter municipal y prácticamente de iniciativa particular, tropezaron con la oposición de los Borbones cuando éstos emprendieron su programa centralizador. Por ello, cuando ya el virrey disponía de milicias regulares, Felipe V restableció con real cédula del 11 de noviembre de 1719 el Tribunal de la Acordada, cuerpo de policía único que sólo cesó sus funciones en la Nueva España cuando las Cortes de Cádiz decretaron su disolución el 31 de mayo de 1813.[4]

La supervisión de la justicia y en general de la administración en la época colonial tuvo por base la noción de buen gobierno. El buen gobierno como objetivo del Estado, dice Góngora, aparece en la Península desde el siglo XIII junto con la administración correcta de la justicia, y es por supuesto de raigambre tomista. Su contenido concreto, detallado en las instrucciones dadas a los virreyes y a otros oficiales de la Corona, comprendía desde la propagación de la fe y el buen trato de los indios hasta el cuidado de los reales caudales; su fin último era la realización del bien común de la "república" regulando ésta mediante funciones administrativas llamadas en su conjunto p o l i c í a . El deber medieval de consejo, debido por los vasallos al rey, se expresó en España a través de las "peticiones" de las Cortes; en las Indias adquirió la forma de los "pareceres" constantemente solicitados por la Corona a las autoridades, religiosas, prelados y vecinos notables.[5]

La administración pública era supervisada mediante tres formas de inspección, cuyo carácter era entre judicial y administrativo, y que según su grado de importancia se llamaban pesquisas, visitas o juicios de residencia, como en España en la Edad Media. Según Valdeavellano y Céspedes del Castillo, estas tres formas aparecieron simultáneamente en la Castilla medieval, aunque luego se fueron diferenciando hasta adquirir en América su carácter definitivo. La primera vez que la Corona ejerció su derecho de inspección en las colonias fue en 1499, cuando los Reyes Católicos designaron juez del gobierno de Cristóbal Colón con facultades de destituirlo y sucederlo a Francisco de Bobadilla. Pronto comenzaron después a dife-

    [4] Martin, *Vagabundos*, 69-70. Bazán Alarcón, 320-322; y Casado Fernández, 280 *ssq.* (hermandades peninsulares y primeros intentos de constitución en la Nueva España). Cuevas (ed.), *Documentos inéditos del siglo XVI*, 115-117 (EXPOSICIÓN DE LOS PROCURADORES LOAYZA Y CHERINOS. México, 28 de noviembre de 1542). Justina Sarabia Viejo, *Velasco*, 294; Riva Palacio, *El Virreinato*, 363; y CARTA DE... VELASCO... a FELIPE II del 7 de febrero de 1554 en Cuevas (ed.), DOCUMENTOS INÉDITOS DEL SIGLO XVI, 183 y 211 (fundación de la Santa Hermandad de la Nueva España). Trens, II, 109 (la Hermandad en Veracruz). Casado Fernández, 187-188 y 322 (reorganización de la Hermandad en 1631 y su fin). Bazán Alarcón, 326 (La Acordada).

    [5] Góngora, *El Estado en el Derecho Indiano*, 233-234 (buen gobierno) y 168 ("pareceres").

renciarse las tres formas. La p e s q u i s a , cuya iniciativa correspondía al rey, al virrey o a la audiencia, estaba a cargo de un juez pesquisidor y versaba sobre asuntos concretos, tales como irregularidades cometidas por funcionarios locales, alteraciones del orden público o delitos graves y sonados.[6] La V i s i t a , inspección administrativa detallada, fue una innovación en la administración castellana que data del año 1371, sin precedente en el derecho romano. Se encargaba de ella un visitador general, representante personal del rey, revisor de los diversos procedimientos y especie de *legatus a latere* como dice Donald E. Smith. Aunque tanto Chevalier como W. V. Scholes opinan que los *missi dominici* de Carlomagno fueron el modelo de los visitadores, seguramente su precedente inmediato fueron las visitas diocesanas practicadas por la Iglesia en el Medievo, éstas sí modeladas directamente sobre la experiencia carolingia. Dichas visitas eran realizadas por presbíteros, diáconos o deanes, hasta que el Concilio de Trento asignó a los obispos la obligación de realizarlas personalmente, por lo cual se llaman pastorales. En todo caso, la costumbre de llevar a cabo visitas civiles no se consolidó hasta la época de los Reyes Católicos. En las Indias las hubo durante toda la época colonial, tanto civiles como eclesiásticas, y hasta las hubo mixtas pues en las de hospitales participaban un visitador eclesiástico y uno seglar. En el campo administrativo, los visitadores designados por el monarca tenían a su cargo la inspección de toda una región, donde debían analizar la manera en que se conducía su gobierno y comprobar el acatamiento y aplicación de las leyes. La visita no suspendía el ejercicio de la jurisdicción de los funcionarios cuya conducta se examinaba, era colectiva y no personal, sus diligencias se llevaban a cabo en varios sitios diversos, no tenía límite de tiempo y era más o menos secreta. Los virreyes mismos podían ser "visitados", pero sólo en su calidad de presidentes de Audiencia; entre otros, lo fueron Mendoza y el Marqués de Falces. Un visitador, por supuesto, no podía suspender o desterrar a un virrey, pero hubo visitadores, entre ellos no los mejores, que lo intentaron, como fue el caso de los licenciados Alonso Muñoz y Jerónimo de Valderrama. Por último, recordaremos que los oidores de las Audiencias estaban obligados a efectuar visitas por turno a las provincias de la Nueva España, pero parece que no cumplían regularmente tal deber.[7]

La R e s i d e n c i a , principal instrumento para exigir responsabilidades a los funcionarios públicos, más que una inspección era un verdadero juicio. Se le da tal carácter en España desde las Siete Partidas, que especialmente en tres leyes de la Partida III la definen como acto obligatorio a que deben someterse los adelantados y jueces al término de su encargo. El principal antecedente de la residencia se encuentra en el Código jus-

---

[6] Valdeavellano, 211-212. Céspedes del Castillo, "Visita", 991-992 y 984-985; y Cunningham, 31-32 (pesquisa).

[7] Valdeavellano, 212 (orígenes de la Visita). D. E. Smith, 113. Chevalier, *Land and Society*, 99. W. V. Scholes, 10. Priestley, en *José de Gálvez, Visitor-General of New Spain, 1765-1771* (Berkeley, 1916), 84, opina que el antecedente de la Visita fue más bien el procedimiento eclesiástico así llamado calificado después de pastoral. Céspedes del Castillo, "La Visita", 997-998 (visitas de hospitales) y 1008 (visitadores y virreyes).

tiniano, que obligaba a los jueces a permanecer durante 50 días *in situ*, al término de sus funciones, para defenderse ante otros magistrados de las quejas de quienes consideraran haber sido injustamente tratados por ellos. Los preceptos básicos de tal procedimiento derivaban de la antigua *Lex iulia repetundarum*, que en Roma castigaba a los magistrados y oficiales públicos culpables de concusión. Se incorporaron luego al Código teodosiano, fueron codificados en el *Digesto*, en el *Código* y en las *Novelas* justinianas y pasaron a las leyes visigodas españolas y a la práctica de las repúblicas medievales italianas y de la cancillería pontificia. A mediados del siglo XIII, Inocencio IV, jurista notable, ordenó a los magistrados papales someter a sus predecesores a *syndacatus*, procedimiento luego analizado y definido por juristas eminentes como Baldo y Paris de Puteo, y puesto en práctica por muchas ciudades italianas. En ellas se obligaba al *podestà* a permanecer en el lugar durante cierto tiempo al término de su mandato para que las quejas en su contra fueran examinadas por ciudadanos elegidos para el propósito, llamados *sindaci* o síndicos (en italiano *sindacato* significaba en un principio toma de cuentas). En Sicilia, este tipo de juicio fue incorporado al *Liber Augustalis* de Federico II, código que seguramente conoció, por su estrecho parentesco y amistad con el emperador suabo, don Alfonso el Sabio de Castilla, autor de las Siete Partidas y del Fuero Real, en donde también aparece (IV, 20, 12). Valdeavellano, haciendo la historia de la "residencia", ve sus orígenes en la legislación alfonsina. De allí, a través de un ordenamiento de Sancho IV de 1293 (que habla de un "juicio de sindacato"), de las llamadas Leyes de Estilo de Fernando IV, del Ordenamiento de Alcalá de 1348 en que se configura un juicio de tipo semejante para los adelantados, merinos y corregidores, y de otros ordenamientos fechados entre 1371 y 1419, llega hasta los Reyes Católicos, que le dieron forma definitiva. El término "residencia" comenzó a sustituir a "sindacato" bajo Juan II, padre de Isabel, pero en 1480 fue cuando la real pareja precisó en definitiva las funciones de los jueces de residencia, reduciendo el plazo para escuchar quejas de los tradicionales 50 días a 30, disposiciones confirmadas en una pragmática del 9 de junio de 1500.[8]

Cuando Fernando e Isabel promulgaron dicha pragmática, el j u i c i o
d e   r e s i d e n c i a ya era una institución madura extendida a toda la Península (por ejemplo en 1283 Pedro III de Aragón la había introducido en sus estados bajo el nombre de "purgar taula"), lista para ser trasplantada al Nuevo Mundo. En América el primer juicio de residencia tuvo lugar en 1501, cuando Nicolás de Ovando, nombrado gobernador de las Indias, tomó cuentas a su predecesor en el cargo, Francisco de Bobadilla; las diligencias duraron 30 días. Las características adquiridas por el pro-

---

[8] La Partida aludida en el texto es la III, 4, 6; 5, 12; y 16, 1, especialmente la ley Sexta del título 4: Valdeavellano, 212-215; véanse también las pp. 216-217, 219 y 232 y *ssq.* (sucesores de Alfonso X), 221-224 (antecedentes romanos y bizantinos) y 224-228 (práctica italiana y pontificia); *cf.* Mariluz Urquijo, 6-7. Albi, 245 y 251 (juicio de residencia en las Partidas y su introducción en Aragón y Valencia). Valdeavellano, 209-210 y 243-246 (la residencia en tiempos de los Reyes Católicos). Serra Ruiz, 531, 534, 537 (ordenamientos relativos al juicio de residencia fechados entre 1419 y 1500).

cedimiento, primero en La Española y luego en México a principios del siglo XVI, se conservaron a lo largo de todo el periodo colonial: era público, se desarrollaba en un solo lugar, tenía una duración fija, era formal y se aplicaba a todos los funcionarios indianos al término de su mandato. Por causas graves y al contrario de la costumbre imperante en España, podía residenciarse a cualquier oficial de la Corona sin previo aviso. En la Península estaban exceptuados del juicio de residencia los presidentes y oidores de las Chancillerías, pero en la Nueva España no se aplicó tal excepción ni a los miembros de las Audiencias ni a los mismos virreyes; fue siempre el epílogo obligatorio de toda gestión de un cargo público, y el primer residenciado fue el propio Conquistador. La Ilustración, que limitó la selección de gobernantes a una nueva clase de letrados y de administradores profesionales, dio al traste con esta institución. El Conde de Aranda, ministro de Carlos III, suprimió el nombramiento de oficio de jueces de residencia, que a partir de esa fecha sólo fueron designados a petición de parte. Por último, en 1799 Carlos IV impuso tales taxativas a la versión reducida del juicio de residencia que en la práctica éste quedó suprimido.[9]

El desarrollo de los órganos de la administración de la justicia propició, a su vez, la proliferación de juristas litigantes, los l i c e n c i a d o s en derecho, entonces llamados letrados. El título de licenciado es bastante común, como señala Zavala, en los documentos españoles y americanos desde el siglo XVI; era tan aplicado que algunos conquistadores, por falta de pruebas de nobleza, se preciaban de ser hijos de licenciados. El Consejo de Indias, desde que empezó a funcionar, siempre tuvo entre sus miembros a muchos licenciados. Los visitadores eran igualmente por lo general letrados, como casi todos los oidores y muchos alcaldes mayores, corregidores y, naturalmente, procuradores de las audiencias y en muchos casos de los cabildos. Correspondían, por su gravedad y funciones, a la antigua nobleza de toga en Francia. Aunque el título de licenciado cayó en desuso en España, en México sobrevive hasta la fecha. (En el siglo XIX fueron licenciados los componentes del núcleo del Partido Liberal, mientras sus rivales conservadores se caracterizaban sobre todo por el uniforme militar y la sotana.) Finalmente el tratamiento de "señor licenciado" ha llegado a ser entre el pueblo casi una forma de cortesía. Otro personaje característico de la burocracia novohispánica era el e s c r i b a n o , primero compañero inseparable de descubridores y conquistadores y luego amanuense indispensable del procedimiento escrito, única forma de juicio practicada en las colonias españolas. Así, dejaron constancia escrita de la fundación de ciudades (Veracruz, 1519; Segura de la Frontera, 1520; México, 1524), de requerimientos (el primero en los márgenes del Grijalva en 1519; el escribano real era Daniel de Godoy). Durante el Virreinato, fue asunto del rey designar a los escribanos, así se había venido haciendo desde los días de Alfonso X el Sabio. En 1531 los escribanos ya tenían aranceles en la Nueva

---

[9] Haring, *Spanish Empire*, 149; y "El Origen del Gobierno Real", 304-305 (residencia de Bobadilla). Céspedes del Castillo, "La Visita", 991; y Valdeavellano, 208-209 (la residencia en las Indias). Mariluz Urquijo, 84 (inmunidad de los magistrados en España) y 281 (supresión progresiva del juicio de residencia de 1766 a 1799).

España, que correspondían a los de Castilla; y su trabajo, como el de los n o t a r i o s (escribanos públicos, generalmente eclesiásticos) conservó los usos y tradiciones de la escribanía (Ars dictaminis o arte de redactar) y del notariado (Ars notaria), materias enseñadas en las universidades medievales desde el siglo XIV. La especie de monomanía escrituraria de la Colonia, que exigía registrar ante notario toda clase de actos, manifestaciones, transacciones, toma de posesión de tierras o de oficios, fundaciones de ciudades, etc., dice Millares Carlo, fue la continuación del concepto ritual del derecho, característico de España durante la alta Edad Media. En 1573 los escribanos se organizaron en una Cofradía de los Cuatro Evangelistas ("quienes dieron constancia de la vida y doctrina de Jesús"), la que fue sucedida, en 1784, por el Real Colegio de Escribanos. La acumulación de tantos documentos requirió, por fortuna y al igual en la Península, la creación en México de a r c h i v o s que desde muy a principios del siglo XVI comenzaron a acumular toda clase de contratos, poderes generales o particulares, testamentos, cartas de pago, de dote o de compañía, etc., riquísimo material para la historia política, económica y social. Los archivos mexicanos, en función de esta vieja herencia, se cuentan entre los más ricos del mundo. Carrera Stampa informa que los más antiguos son los del Cabildo de México (1524), de Notarías (1525), de los cabildos diocesanos de México (1531) y de Tlaxcala-Puebla (1531-1535), de la Secretaría del Virreinato —que más tarde se transformó en el Archivo General de la Nación— (1535) y de la Real Hacienda (1535-1550).[10]

---

[10] Zavala, Intereses Particulares, 12 y 13. Bernal Díaz, en c. clxii, II, 352, menciona a los licenciados Vargas y Zapata, miembros del Consejo de Indias y en los cc. clxii; II, 353, 363; y clxiii; II, 373, se alude a los licenciados Zuazo (alcalde mayor de la Nueva España) y Pedro López, aunque parece que este último era licenciado en medicina. CARTA DEL LICENCIADO SALMERÓN... AL CONSEJO DE INDIAS (22 de enero, 1531), en CDIAO, XIII: 188 (aranceles de escribanos y jueces). Pérez Fernández del Castillo, 29, 39, 48, 56 (escribanos), 176, 179 (cofradía). Weckmann, Cultura Medieval, 136 (Ars dictaminis y Ars notaria). Millares Carlo, Notarías, I, 14 (ver en 375-402 los modelos de los distintos tipos de actas conservados en el Archivo de Protocolos de México). Carrera Stampa, Archivalia Mexicana, passim. El Archivo de Notarías custodia unos 10 000 protocolos (siglos XVI al XIX), el más antiguo está fechado en 1525. Pérez Fernández del Castillo, 57. Millares/Mantecón, 70.

XXXI. LA ORGANIZACIÓN SOCIAL: LA HERENCIA BORGOÑONA, LOS PENDONES, LOS ESTAMENTOS Y EL COMPADRAZGO

LA IMAGEN de la capital de la Nueva España a mediados del siglo XVI, dice Fernando Benítez, parecía una estampa desprendida del mundo feudal; el tono de su vida también recordaba la Edad Media, tiempos en que, como afirma Huizinga, tenían "todos los sucesos formas externas mucho más pronunciadas que ahora". En la Nueva España, el siglo XVI, opina Rojas Garcidueñas, fue un trasunto de Europa, y así fue visto por algunos avisados viajeros como Champlain, y por huéspedes voluntarios e involuntarios como los mercaderes ingleses o los piratas de la expedición de Drake. Leonard estima que todavía en época de Sigüenza y Góngora la atmósfera cultural de la capital del virreinato era esencialmente medieval, como demuestran el gobierno y el *curriculum* de la venerable Universidad, que no era otra cosa que una de tantas supervivencias del medievalismo europeo en la Colonia. Por su boato y etiqueta, la corte mexicana mantenía vivas las tradiciones de la más fastuosa corte medieval, que fue la de Borgoña. A principios del siglo XVII los trenes de la nobleza colonial eran más espléndidos y costosos que los de la corte de Madrid.[1]

El florecimiento de la c o r t e virreinal de México se debió a la coincidencia de la mentalidad aristocratizante de los conquistadores y de sus descendientes, con la necesidad política de la Corona de hacer respetar su propia autoridad, rodeándola de aparatosas ceremonias y acentuando las distancias sociales. Se ha dicho justamente que la etiqueta y el ceremonial son la liturgia de la monarquía; por ello la etiqueta más elaborada de Europa, la borgoñona, fue trasplantada con el Toisón de Oro a España por Carlos V, heredero de tantos dominios (e incluso del nombre de pila) de Carlos el Temerario, y monarca más grande de su tiempo. Brading no exagera cuando afirma que a fines del siglo XV y principios del XVI Flandes y Borgoña, no Florencia o Roma, eran las maestras de España en las artes visuales, la literatura y la religión. En la época de los Austrias, los virreyes de la Nueva España introdujeron el gusto por los títulos y los blasones, creando su propia corte según el modelo de la de Madrid; dicha corte fue de tal magnificencia, dice Robertson, que no parecía la de un representante del rey sino la del monarca mismo. En efecto, el aparato de los virreyes no sólo comprendía alabarderos y guardias de a caballo, sino también maestresalas, mayordomos, despenseros, cazadores mayores, gentileshombres, camareros, pajes,

---

[1] Fernando Benítez, 49. Rojas Garcidueñas, "Fiestas en México", 33. Véase la descripción de la Nueva España hecha por Samuel de Champlain en 1599-1600, en su BREF DISCOURS SUR LES INDES OCCIDENTALLES, I, 25-44. I. A. Leonard, *Don Carlos de Sigüenza y Góngora* (Berkeley, 1929), 182. Carrillo y Gariel, *El Traje,* 115 (el esplendor de la corte virreinal).

caballerizos, médicos, confesores, barberos-cirujanos y otros "criados", sin contar los cientos de indios que hacían el servicio de palacio. Entre otros servidores, había quien tocaba instrumentos musicales, y otros habían sido entrenados en el mester de j u g l a r í a , pero no faltaban los simples vigilantes encargados de las vajillas de oro. Según las instrucciones dadas al Marqués de Montesclaros en 1603 y considerando excesivo el cuerpo de servidores del virrey, el Consejo de Indias ordenó reducir a 60 el número de sus miembros españoles. Las descripciones de Bernal Díaz y de Las Casas comprueban que el ceremonial borgoñón fue adoptado con entusiasmo en la Colonia, suponiéndolo de origen español; los banquetes, cacerías, representaciones y otras fiestas organizadas en México y en Tlaxcala desde los días del Virrey Mendoza podrían haberse celebrado en Dijon o en Bruselas por su suntuosidad y riqueza. Con admiración, el autor de la *Historia Verdadera* dedica casi todo su capítulo 201 a la descripción de los festejos con que en 1539 se celebró la paz concertada el año anterior por Carlos V con Francisco I de Francia. Semejante es la actitud del Padre Las Casas ante los festejos organizados en esa misma ocasión en Tlaxcala, entre los cuales se encontraron una representación dramática de la defensa de Rodas por parte de los cristianos, repetida poco más tarde en la capital del virreinato con tanto esplendor y realismo que en la plaza de armas además de murallas, torres, almenas y troneras, se improvisaron cuatro navíos sobre correderas "con sus mástiles y trinquetes y mesanas y velas y artillería". Bernal Díaz también cuenta que en otra ocasión la plaza fue convertida en coto de caza y poblada con toda clase de animales, entre ellos "dos leoncillos y cuatro tigres pequeños", que fueron perseguidos por muchos jinetes y por un escuadrón de a pie de "hombres salvajes con sus garrotes añudados" (como los que custodiaban algunos escudos). Para el banquete del virrey (Cortés, por supuesto, ofreció otro ágape, igualmente magnífico), las Casas Nuevas fueron convertidas en una especie de vergel, con fantasiosas fuentes de vino vertido por estatuas de "gran cuerpo vestidas como arrieros". Cuatrocientos invitados se sentaron a la mesa del virrey y en vajillas de oro y plata gustaron manjares tan ricos y abundantes que no hubieran desmerecido a ninguna corte europea: ensaladas preparadas de diversos modos, cabritos y perniles asados, pasteles de codornices y palomas, gallinas y gallos de papada (o sea pavos) rellenos, pepitoria, torta real, y pollos y perdices de la "tierra". Por si fuera poco, sobre manteles limpios se ofrecieron luego empanadas rellenas de todo género de aves, caza y pescado, carnes de carnero, res y puerco (con acompañamiento de nabos, coles y garbanzos), terneros asados rellenos de codornices, palomas y tocino, anadones y ansarones (patos y gansos salvajes) enteros y con patas doradas, pavos con picos y patas plateados, y cabezas de puerco y de venado. Las *pièces de résistance* fueron grandes empanadas y pasteles llenos de conejos, codornices, palomas y otros animales vivos, que al partirlos se escapaban por entre los invitados, con gran regocijo de éstos. El banquete terminó con frutas, aceitunas, quesos, rábanos y cardos (tunas), todo rociado con claretes y otros vinos, a l o j a (bebida de agua, miel y especias), cacao y agua servidos en copas de oro, mientras que la música de arpas, vihuelas, flautas, dulzainas y chirimías amenizaba la convivialidad. Los festejos y representaciones como el que acabamos de describir no fueron en modo alguno excepcionales. También los organizaba, a su costa, el Ayuntamiento. Así, en junio de 1572, al recibirse la noticia de la victoria de Lepanto, el Cabildo de México escenificó en la plaza mayor una gran batalla naval con g a l e r a s y p a t a j e s sobre ruedas; meses más tarde hubo otro simulacro de batalla, con castillos y fuertes improvisados, para celebrar la feliz nueva del nacimiento de un príncipe real. Entre los festejos que se organizaban en México cuando llegaba un nuevo virrey figuraban espléndidas partidas de caza en la plaza mayor; para ello se plantaban árboles y poblaba el bosque resultante con conejos, venados y otros animales. Así se hizo en 1590 para recibir a Velasco II la primera vez, y de nuevo en 1595 cuando el Cabildo dio la bienvenida al Conde de Monterrey. No debe olvidarse sin embargo que las fatigas de todos estos trabajos recaían sobre los hombros de los habitantes de los barrios indígenas de la capital del virreinato.[2]

En México, la festividad cívica más importante —el cumpleaños de la ciudad española— se celebró a partir de 1528 cada 13 de agosto, aniversario de la caída de Tenochtitlán y fiesta de San Hipólito, por ello designado patrón de la capital. El acto más solemne de la celebración era la procesión del p e n d ó n con las armas reales (custodiado todo el año en la iglesia del patrón de la ciudad). La víspera de la fiesta, el pendón era llevado al edificio del Ayuntamiento en la plaza mayor, donde al día siguiente presidía los demás festejos para ser devuelto, también en un majestuoso desfile, al lugar de su depósito. Por real cédula del 28 de mayo de 1530 se ordenó que "conforme a lo que se acostumbra y guarda en la ciudad de Sevilla" un regidor de México, por turno empezando por el más antiguo, llevara el estandarte del monarca, vestido de armadura reluciente y a caballo. Éste era un deber honroso pero al mismo tiempo oneroso; el Cabildo sufragaba los gastos de los toros corridos en cada ocasión (siete en 1529 pero 40 en 1595), de los tablados y adornos de las ventanas de la plaza "con hachas de cera blanca en las escaleras para alumbrar a las damas", de la colación, del adorno de la iglesia, de "las gualdrapas, ropones y atambores" requeridos, y de las cañas y alcancías que iban a quebrarse en los ejercicios ecuestres; pero otros gastos estaban a cargo del regidor en turno, como por ejemplo el equipo que, en sus funciones de a l f é r e z r e a l , tenía que proporcionar a los jinetes de las cuadrillas participantes en los juegos de cañas y alcancías que no tuvieran medios propios para adquirirlos, gasto que podía ser cuantioso si se piensa que cuando menos participaban 60 jinetes repartidos en diez cuadrillas. Por su parte, el virrey contribuía con una cua-

---

[2] Peggy K. Liss, 134 (mentalidad de los conquistadores). Céspedes del Castillo, *Las Indias durante los siglos XVI y XVII*, III, 478; y Robertson, *Discovery of America*, 351-352 (corte virreinal). Hanke (ed.), VIRREYES, II, 272 (Introducciones al Marqués de Montesclaros, 1603). Aiton, *Mendoza*, 50 (juglares y músicos indígenas). Sobre el esplendor de la corte de Borgoña, ver Cartellieri, 52-74. Bernal DÍAZ DEL CASTILLO, c. cci; III, 180-186. LAS CASAS, *Apologética Historia*, c. 64. Trenti Rocamora, en 300, también describe las fiestas de México de 1539. ACTAS DEL CABILDO, VIII, 25-26 (Lepanto) y 28-29 (nacimiento de un príncipe, quizá Felipe Próspero que murió niño), IX, 371 (recepción de Velasco II), y XII, 209 (llegada del Conde de Monterrey).

drilla y la nobleza colonial nunca dejaba de participar en los juegos, excelente ocasión para exhibir en público su destreza. A ambos lados del alférez desfilaban el virrey y el oidor más antiguo seguidos a caballo o a pie por los demás regidores y oidores, los nobles y la "gente de cuenta". El paseo del pendón se celebró año tras año hasta el fin del periodo colonial, suspendiéndose muy pocas veces por razón de luto o de calamidad pública. En 1592 y en 1595 el Cabildo pretendió suspenderlo por motivo de ahorro, pero el virrey se opuso. Con el paso del tiempo, conforme disminuyó el número de armaduras disponibles y aumentó el hedonismo de los notables de la ciudad, el paseo se comenzó a hacer en coche, mostrándose el pendón al público por una ventanilla de la carroza que encabezaba el desfile. El estandarte paseado nunca fue, como se creyó por largo tiempo, el que Cortés trajo en la Conquista, sino uno confeccionado al efecto reemplazado en 1540 por otro. El último paseo se celebró en 1822, y la costumbre recibió la puntilla con la publicación del folleto satírico *Vida y entierro de Don Pendón*, del Pensador Mexicano.[3]

En México el p a s e o d e l p e n d ó n conmemoraba el nacimiento de la ciudad española pero la costumbre no fue exclusiva de la capital: también había ceremonias semejantes aunque menos fastuosas en otras ciudades de la Nueva España, con las cuales generalmente se conmemoraba al mismo tiempo la fundación y se celebraba la fiesta del santo patrón. Remesal informa que en San Cristóbal las Casas el día del Apóstol Santiago se acostumbraba sacar el pendón a pasear. En Oaxaca, según Villaseñor y Sánchez, se celebraba el día del santo patrón, San Marcial Obispo, con "un paseo, arbolando el Pendón Real uno de los Regidores de su ayuntamiento". En las calles de Puebla se paseaba el pendón real la víspera y la fiesta del Arcángel San Miguel, patrón de la ciudad, según disposición del Cabildo del 3 de enero de 1561, "porque es costumbre loable y admitida de las ciudades de los reinos de Castilla", dice el cronista local López de Villaseñor. También se sacaba el pendón en los primeros años de existencia de Compostela el día del Apóstol Santiago, según informan el Padre Tello y Mota Padilla; Nuño de Guzmán lo enarboló por vez primera en 1531 al fundar la ciudad, bajo las salvas de la artillería y exclamando: "Castilla, Castilla y León, por la sacra Magestad de don Carlos tiendo este pendón en señal de posesión de esta ciu-

---

[3] Parece que el paseo del pendón de 1528 fue improvisado, pues no he encontrado disposición alguna del Cabildo de México al respecto; por el contrario, el Ayuntamiento dio las disposiciones necesarias para la ceremonia a partir del 11 de agosto de 1529, cuando ésta se fijó una vez al año con carácter obligatorio, según un minucioso reglamento. Véanse especialmente las ACTAS DEL CABILDO, II, 8-9 (1529); II, 63 (1530); III, 46 (1533); VI, 332 (1558); VIII, 244 (suspensión por la muerte del Virrey Enríquez, 1576); XI, 6, 8, 9, 10 y 12 (insistencia de Velasco II, 1592); XI, 185 (suspensión intentada por el Cabildo en 1595); XI, 186 (órdenes del Virrey Conde de Monterrey, 1595); XIII, 190 (acatadas por el Cabildo) y 193 (1595); XIII, II, 15, 18, 21 y 24-25 (1597) y 225 (1598), etc. Sobre los orígenes del paseo del pendón, *cf.* también Bayle, *Cabildos*, 661-662; Lucas Alamán, I, 214; García Icazbalceta, *Opúsculos*, 443; y Gardiner, *Naval Power*, 218. La citada real cédula de 1530 está publicada en CDIU, X, 16-17. Álvarez del Villar, 94-95 (el paseo en los siglos XVII y XVIII). González Obregón, en *México Viejo*, 53 y 56, cuenta que el estandarte de Cortés fue colocado al lado de su tumba en la iglesia del Hospital de Jesús; relata el "entierro" del pendón real en 1822.

dad y la nombro [Santiago de Compostela]". En Guadalajara se llevó a cabo el primer paseo del estandarte real el 28 y 29 de septiembre de 1541, después del rechazo del asalto de los teules chichimecas. La refundación al año siguiente de la ciudad, cambiada de sitio de Tacotlán a Atemajac, no tuvo efecto sobre el paseo, que siguió celebrándose en la misma fecha. Trinidad García informa que a partir del año de 1546, para conmemorar la paz concluida con los indios zacatecos y la subsiguiente fundación del Real de Zacatecas, se introdujo la costumbre de exhibir el estandarte real los días 7 y 8 de septiembre (fiesta de la Virgen, patrona de la ciudad), acompañándo-lo la nobleza en un paseo a caballo; esta costumbre, abandonada por algún tiempo, se reanudó en 1593. Según la *Muralla Zacatecana* el pendón tenía en uno de sus lados la imagen de María Santísima en actitud de descender del cerro de la Bufa, y en el otro naturalmente las armas reales. En San Felipe de Sinaloa se sacó por primera vez el pendón real el 30 de abril de 1583, con acompañamiento de"arcabucería y buenos caballos" para celebrar la fundación de la ciudad; la ceremonia como era costumbre fue repetida al día siguiente según informes del alcalde mayor Antonio Ruiz. A fines del mismo siglo, Durango introdujo el paseo del pendón, que era escoltado a caballo por el gobernador y capitán general de la Nueva Vizcaya, el cabildo, los jueces, oficiales reales y los vecinos principales. Por último, Delfina López Sarrelangue describe un paseo del pendón que se celebraba en Pátzcuaro no en conmemoración de la fundación de la ciudad colonial sino "en recuerdo del día en que se emplantó en Michoacán la Santa Fe": consistía en exhibir en procesión el estandarte, enarbolado por el alférez, que supuestamente Hernán Cortés obsequió y que se conservaba en la parroquia de la Virgen de la Salud, en ocasión de "la publicación de las bulas".[4]

En la España visigoda se celebraba la ceremonia llamada de a l z a r p e n d o n e s , en la cual los ricos hombres reunidos para la elección de un nuevo rey erguían sus estandartes en señal de aceptación de la autoridad del elegido. El posterior fortalecimiento del principio de sucesión hereditaria dio un carácter puramente formal a esta ceremonia, que sin embargo siguió celebrándose puntualmente al principio de todo reinado. La costumbre fue también trasplantada a las Indias, donde adquirió, además de su significado tradicional, el de símbolo de la toma de posesión de una tierra en nombre del rey. Álvar Núñez Cabeza de Vaca, por ejemplo, describe la toma de posesión de la Florida con este rito por parte de su desventurado compañero Pánfilo de Narváez. Alzar pendones por un nuevo rey fue

[4] REMESAL, V, XV; I, 385. VILLASEÑOR Y SÁNCHEZ, IV, i. LÓPEZ DE VILLASEÑOR, 222-224, 232 *sqq.* y 299; y María y Campos, 105 (paseo del pendón en Puebla). TELLO, 298; Mota Padilla citado por Pérez Verdía, 141, y por Páez Brotchie, *Guadalajara Novogalaica*, 72; aunque tres de estos autores aceptan que Compostela fue fundada el día de Santiago Apóstol, no concuerdan en el año; 1531 para el Padre Tello, 1532 para Páez Brotchie y 1535 para Pérez Verdía; en realidad la ciudad fue fundada en 1531, pero cambió de sitio en 1532 y de nuevo en 1535; parece que en la segunda y la tercera ocasión el pendón fue empuñado por Cristóbal de Oñate. Rivera Mac Gregor y Páez Brotchie, 72, 88 y 91 (paseo del pendón en Guadalajara); *cf.* Amador, I, 156; Trinidad García, 152; Amador, I, 279; y *Muralla Zacatecana* del Padre Mier y Campa, 47 (paseo del pendón en Zacatecas). Antonio RUIZ, f. 16 v° 1, p. 52. Porras Muñoz, *Nueva Vizcaya* (paseo del pendón en Durango), Delfina López Sarrelangue, *Nobleza de Pátzcuaro*, 77.

arraigada costumbre colonial: así se juró fidelidad en la Nueva España a Felipe II, a Felipe III y a Felipe IV. En 1557, el Virrey Velasco I alzó el pendón real en México, en presencia de gran concurrencia y de un r e y   d e a r m a s   portador de las armas reales quien proclamó: "Castilla, Castilla, Nueva España, Nueva España, por el rey don Felipe [II] nuestro señor." En 1599, en la ceremonia presidida por el Conde de Monterrey tomaron parte cuatro reyes de armas y dos   m a c e r o s ,   y se dispararon muchas salvas de artillería en honor de Felipe III. Arias de Villalobos, cronista de la jura de Felipe IV en México, recuerda que el alzar pendones era una costumbre goda "heredada de nuestros mayores" y consagrada en el Fuero Juzgo de Castilla y en los Fueros de Sobrarbe, en Aragón. Según su descripción, no pudiéndose alzar la persona misma del monarca sobre un escudo (porque estaba en España), como imponía la vetusta costumbre de las tribus germánicas, "se tuvo por equivalente alzar pendones reales" como acto sustitutivo del "uso envejecido del alzar reyes". La ceremonia de 1623 fue dispuesta por el propio Felipe IV. Al advenimiento del nuevo monarca, se alzaban pendones no sólo en México sino también en otras ciudades importantes del Virreinato; sabemos, por los datos que nos dan Cogolludo y Ancona que en Mérida se organizaron ceremonias semejantes para jurar a Felipe II y a Felipe III "por Yucatán, Cozumel y Tabasco". Beleña señala que la ceremonia medieval de alzar pendones perduró en toda la Nueva España hasta fines del siglo XVIII. La última jura colonial fue la de Fernando VII en 1814 pero según parece ya no con la solemnidad tradicional, aunque participaron en ella el virrey y el cabildo.[5]

En la cima de la escala social de la Colonia se encontraba la   n o -
b l e z a ,   cuyo género de vida llegó a ser el principal adorno de la corte virreinal. Por el orden jerárquico de que era representación, fue durante el periodo que nos ocupa, un elemento que favoreció la estabilidad del régimen colonial; mas a diferencia de la Europa medieval, en las Indias los rangos nobiliarios tuvieron escasa importancia institucional. Reducida en lo político a unos cuantos privilegios y rituales intrascendentes, la nobleza hizo sentir la influencia más bien en la esfera de la economía, en razón de las tierras, minas y ganados que poseyera. Hasta podría afirmarse que en la Nueva España no hubo un estamento nobiliario, cuya formación fue impedida por todos los medios por la Corona en vista de la reciente experiencia negativa de la Península, donde los restos de la clase feudal se opusieron enconadamente al proceso de centralización iniciado por los Reyes Católicos y prácticamente terminado por Carlos V. Entre los primeros conquistadores que aspiraban a un título de nobleza únicamente Cortés obtuvo el de Marqués del Valle de Oaxaca, pues los de Mariscal de Castilla y Adelantado de las Filipinas, recibidos respectivamente por Luna y Arellano y por Legazpi, no son, estrictamente hablando, tales; el título de Conde de Moc-

[5] Álvar Núñez CABEZA DE VACA, 17. ACTAS DEL CABILDO DE MÉXICO, VI, 290-291 (jura de Felipe II); y XII, 281, 285, 287 y 290, 291 y 300 (jura de Felipe III). ARIAS DE VILLALOBOS, 284, 289-290 y 292 (jura de Felipe IV y origen godo de la ceremonia de alzar pendones). COGOLLUDO, 418 y 539; y Ancona, II, 96 (jura de los reyes en Yucatán). BELEÑA, I, 3ª Parte, 364-365 y nota III.

tezuma, por su parte, fue concedido en España y en fecha posterior. Al respecto, puede afirmarse que la concesión de títulos de nobleza a sus súbditos residentes en las colonias fue evitada en todo lo posible por los Austrias mientras en cambio fue practicada como política sistemática por los Borbones. En un principio, hubo conquistadores y encomenderos que, deseosos de convertirse en una clase de carácter feudal, solicitaron títulos de nobleza. Sus aspiraciones chocaron con el centralismo monárquico pues el Consejo de Indias y los gobernadores y letrados consideraron que el establecimiento de un orden nobiliario en América habría puesto en jaque prerrogativas esenciales de la Corona, consolidadas con mucho tiempo y esfuerzo. Y en los casos en que fueron concedidos (poquísimos antes de 1700 y muchos más después) nunca se otorgó en la Nueva España el título más elevado de la jerarquía nobiliaria, el de duque, solicitado en vano por el segundo Marqués del Valle. La nobleza no adquirió, pues, poder político en la Colonia, pero quizá por esto desarrolló un fuerte espíritu de clase; practicaba la endogamia a tal grado que a finales del periodo colonial, por medio de matrimonios y herencias seis familias monopolizaban una tercera parte de los 63 títulos existentes. El canónigo Sánchez de Aguilar nos ha dejado una cuidadosa enumeración de las 42 familias nobles existentes en México a principios del siglo XVII, descendientes de conquistadores, y de las 27 de Yucatán, entre ellas la suya propia. Según Gil González Dávila, años después las familias nobles de México eran 72 y las de Michoacán 34. Los escasos títulos de nobleza concedidos por los reyes Austrias siempre fueron premio de servicios prestados a la Corona; en cambio los otorgados en el siglo XVIII fueron vendidos por la Corona para allegarse arbitrios y comprados con dinero ganado en actividades burguesas, mineras o mercantiles. Condición indispensable para la concesión de un título era que el aspirante pudiera llevar su casa y sus armas con brillo. Los privilegios eran escasos y más que nada de carácter formal: sólo los nobles podían participar en juegos de cañas, servir de alabarderos en la corte virreinal o de familiares de la Inquisición y encabezar a caballo las procesiones públicas; los carruajes de los títulos de Castilla y de los obispos eran los únicos que dentro de las ciudades podían ser tirados por cuatro mulas, cosa prohibida a los demás vecinos por ser "superflua ostentación y gasto". Los títulos de nobleza fueron abolidos en México por el Congreso en 1826, en medio de la indiferencia general.[6]

6 Góngora, *El Estado en el Derecho Indiano*, 186-187 (escasa importancia constitucional de la nobleza en las Indias). Además del Marquesado del Valle y de los títulos hereditarios de Mariscal de Castilla y de Adelantado de las Filipinas, otorgados en favor de conquistadores de la primera o segunda generaciones en el siglo XVI, la Corona concedió el título peninsular de Marqués de Salinas de Pisuerga a Luis de Velasco II en 1617, al término de su presidencia del Consejo de Indias. (Es interesante observar que el ex virrey era técnicamente criollo.) El segundo título de nobleza concedido en la Colonia fue el de Conde de Santiago de Calimaya, recibido en 1613 por la descendencia de un conquistador, emparentada también con los Velasco. En relación con la poca disposición de la Corona a crear una clase nobiliaria en las Indias, ver Céspedes del Castillo, *Las Indias durante los siglos XVI y XVII*, III, 477; y Konetzke, "Nobleza de Indias", 336-339 y 347-348. DORANTES DE CARRANZA, hijo de un conquistador, tenía

La h i d a l g u í a , grado mínimo de la nobleza española, significaba limpieza de sangre, es decir la descendencia exclusiva de personas que eran al mismo tiempo cristianos viejos y hombres libres. Al contrario de la antigua Roma, en la sociedad española los hidalgos no constituyeron un polo social opuesto a otro, como los patricios y plebeyos (en realidad la palabra "plebeyo" no se usó nunca ni en España ni en las Indias). Los siervos, que no eran hombres libres, estaban obligados a pagar un tributo llamado pecho, razón por la cual recibían también el nombre de pecheros. Mas como en las Indias no hubo siervos que pagaran tributo (impuesto únicamente a los indios salvo a los nobles), los españoles no se distinguieron en hidalgos y pecheros como en la Península, hecho registrado por el cronista López de Velasco. Por ello, como observa Konetzke, en las Indias todos los españoles se creían hidalgos, considerándose estar "en grado noble" por no causar tributos. La hidalguía era en España la base jurídica de ciertas relaciones sociales; los fueros de Vizcaya, por ejemplo, se fincaban en la condición de hidalgos reconocida a todos los vascos por igual. Mas en las Indias, sin aplicar formalmente fuero de hidalguía, la Corona siempre se negó a reconocer los privilegios concretos de esa condición. A la luz de la experiencia, los virreyes de la Nueva España aprobaron esta cautelosa actitud, y por ello, como informa León Pinelo, jamás fueron concedidos a nadie privilegios de hidalguía, ni siquiera cuando la Real Hacienda estuvo más necesitada de fondos. Así, en las colonias el fuero de hidalguía en realidad tuvo valor sobre todo ceremonial y en la esfera penal: el hidalgo podía portar armas, tener caballos y blasonar sus carruajes, pero no se le podía encarcelar por deudas ni imponerle penas infamantes como azotes, el cepo o la horca. La concesión de encomiendas y de oficios no estuvo condicionada a la calidad de hidalgo, ni tampoco en las municipalidades de las Indias se siguió la costumbre de elegir a uno de los alcaldes entre los hidalgos o nobles como era regla en la Península.[7]

En la Nueva España también existió una n o b l e z a   i n d í g e n a , aunque los indios nobles desaparecieron como grupo social antes de

un concepto casi sacro de la nobleza: "la nobleza... de los reyes y príncipes ha de ser siempre ayudada pues es amada del mismo Dios" (p. 233). SÁNCHEZ DE AGUILAR (ed. del Museo Nacional), 97-98. GONZÁLEZ DÁVILA, I, 22 y 161. Según Ladd (24, 29, y especialmente el apéndice E), en el siglo XVIII la Corona otorgó un total de 62 títulos de nobleza a ricos mineros y comerciantes de la Nueva España (el de Marqués de la Cadena, por orden el 63°, fue expedido en 1822 por la Junta Soberana del Imperio Mexicano); al consumarse la Independencia, 51 de estos títulos estaban en manos de criollos, 11 de peninsulares, y uno en las de un noble siciliano (el Conde de Basocco) casado con una dama criolla. Ladd, 4 (privilegios de la nobleza colonial) y 75 y 160 (abolición de los títulos de nobleza). BELEÑA, I, 1ª Parte, núm. CXXXI, p. 77 (auto acordado el 21 de agosto de 1621, relativo al número de mulas que se podían enganchar a los carruajes).

[7] Sobre la falta de pechos o tributos serviles en las Indias, ver Bayle, Cabildos, 66; Konetzke, "Nobleza de Indias", 355; Céspedes del Castillo, op. cit., III, 363; y Borah, "Representative Institutions", 249. LÓPEZ DE VELASCO, 42. Konetzke, op. cit., 356 (hidalguía, primer grado de la nobleza) y 341-342 (desconocimiento de los privilegios de hidalguía en las Indias). INSTRUCCIONES DE... CARLOS V AL CARDENAL LOAYZA (Presidente del Consejo de Indias), del 10 de noviembre de 1539: "Que no dé hidalguías, caballerías ni naturaleza en las... Indias como yo no las doy", ap. Cuevas (ed.), Documentos Inéditos del siglo XVI, 93-94. Góngora, El Estado en el Derecho Indiano, 186-187 y 190. Solórzano Pereyra, V, 1, núm. 7 (elección de alcades en las Indias).

la Independencia. A los naturales sólo se les otorgó el título de caciques, pero excepcionalmente a los descendientes mestizos de Moctezuma residentes en la Península se les dio el de conde y más tarde el de duque que hasta la fecha conservan. A los ojos de los españoles la nobleza reconocida a algunos indios principales y a sus familias fue un simple reconocimiento de una condición ya existente en el mundo azteca. Mas no era así pues explica Francis Borgia Steck, la aristocracia indígena tenía un carácter puramente político, y con excepción de las familias reinantes (entre cuyos miembros se elegía al titular del mando supremo, que no era hereditario), los indios no conocían una distinción de clase basada en el nacimiento, la cual es la característica esencial de la nobleza de sangre. El *tlacatecuhtli* ejercía su autoridad sobre la masa popular a través de jefes subalternos, que a su vez gobernaban las comunidades locales por medio de caciques, funcionarios que gozaban de preeminencia política como premio de su valor guerrero. Pero los conquistadores, frailes y cronistas, aplicando al Nuevo Mundo sus cartabones europeos, vieron un emperador en el supremo comandante y sumo sacerdote de los aztecas, reyes en los grandes tributarios de éste (de Texcoco, Tacuba, Azcapotzalco, etc.) duques y condes en los grandes guerreros, comendadores en los teúles y otros dignatarios e hidalgos y caballeros en los capitanes menores. Equiparadas así las jerarquías precortesianas al orden nobiliario o metropolitano, se decretó que el noble indígena disfrutara de los mismos privilegios que los hidalgos españoles, inclusive el uso de armas y el de un blasón, si se sometía y era bautizado. Además se dio carácter hereditario a los cacicazgos, según la práctica europea; eran también transmisibles por línea femenina a defecto de la masculina, como los feudos y se introdujo el concepto de limpieza de sangre, de manera que los mestizos quedaron excluidos de la sucesión. Dice en su *Crónica de Chac Xulub Chen* Pablo Pech (a quien oficialmente se autorizó a llamarse "don"), refiriéndose a Yucatán: "Los jefes principales fuimos hechos hidalgos... engendramos hidalgos y todos mis hijos lo serán hasta que el sol llegue a apagarse." No sólo se reconoció la hidalguía en aquella península a los *Peches* —informa Sánchez de Aguilar— sino también a las familias o pequeños grupos sacerdotales que en el momento de la Conquista gobernaban las ciudades y comarcas mayas: los *Xiúes* de Maní, los *Cocomes* de Sotuta, los *Cheles* de Cicontum, los *Cupules* de Valladolid, los *Cochuahes* de Ixmul, los *Conohes*, *Parbolones*, *Chanes*, *Canules* y otros. Gracias a su calidad, según France V. Scholes, los Xiúes no pagaban tributo, poseían armas de fuego y disponían de siervos para cultivar sus extensas posesiones, privilegios de que seguramente disfrutaban los demás hidalgos mayas. La nobleza indígena, sin embargo, no llegó a constituir una casta; es más bien un ejemplo de movilidad social. Podían incorporarse a ellas quienes crecían en los monasterios o hacían fortuna en el comercio y la artesanía, además de que la condición de noble se podía adquirir por matrimonio. Los indios nobles eran numerosos pues en su descripción de la Nueva España en el siglo XVIII Alcedo señala la existencia de 94 familias indias "de lo más noble" sólo en una pequeña comunidad cercana a Cuernavaca, la de Coatetelco; entre los tlaxcaltecas, además de los linajes de las cuatro cabeceras, fue reconocida la calidad de hidalgo, con la correspondiente exención perpetua de servicios personales y del pago de pechos y alcabalas, a los emigrados para poblar tierras chichimecas, según disposición de las capitulaciones firmadas por los jefes tlaxcaltecas con el Virrey Velasco II en 1591.[8]

Los alcaldes tlaxcaltecas y desde luego los colonos de ese origen que poblaron las inmediaciones de Saltillo, también tenían el derecho de anteponer a su nombre el d o n (d o ñ a , a las mujeres), que entonces era un título honorífico y denotaba el rango de caballero o de dama en sentido feudal (del lat. *dominus,* señor; *domina,* señora). En los mandamientos de Velasco I se da el tratamiento de "don" a virtualmente todos los gobernadores y principales mencionados en ellos. En la España medieval su concesión era privilegio real; se le otorgó a Colón, para sí y para sus hermanos, y entre los conquistadores de la Nueva España lo recibieron como galardón de sus hazañas Cortés, Pedro de Alvarado y Montejo el Viejo. Rosenblat señala que precisamente la Conquista fue el factor que generalizó el uso de don y más aún el de doña (en la Nueva España la Malinche fue la primera mujer a quien se concedió), pues muy frecuentemente se daba a los reyes y caciques indígenas y a sus hijos al bautizarlos.[9]

Otra institución social que pasó del Medievo a la sociedad colonial fue la d o t e civil o religiosa. La primera es el caudal que lleva la mujer al matrimonio como anticipo de la herencia paterna y cuyo reconocimiento por parte del marido lleva a éste a otorgar a su mujer a r r a s , que representan un diez por ciento de la dote; y la segunda, antigua práctica reglamentada definitivamente por el Concilio de Trento, es la cantidad con que una monja contribuye al profesar a la subsistencia de la comunidad a la que se incorpora. La dote civil tuvo su origen tanto en el derecho germánico como en el romano, quedó plasmada en el Fuero Juzgo, el Fuero Real y las Siete Partidas, y se generalizó en la Península desde el siglo XII. En la Nueva España, observa Foster, fue una costumbre de las clases altas que no ha desaparecido del todo. En el Archivo de Notarías de México se registraron entregas de dotes desde 1525, algunas de ellas sumamente cuantiosas; y en la Notaría de Cholula se registran 21 cartas de dote que van de 1590 a 1601, todas ellas de españoles. El conquistador Francisco Montaño solicitó que en recompensa de sus méritos, entre los cuales estaba el haber encontrado en la cima del Popocatépetl el azufre con que se proveyó de pólvora Cortés, sus hijas fueron dotadas por la Corona con corregimientos de indios. El soldado Juan Cano, cuarto marido de doña Isabel de Moctezuma, pidió en 1547 al rey la entrega de la "dote y herencia y patrimonio" de su mujer, que

[8] Ladd, 10 (desaparición de la nobleza indígena). F. B. Steck, *Santa Cruz de Tlatelolco,* 17. Véase la comparación de las categorías indígenas con los títulos o cargos nobiliarios por ejemplo en el CONQUISTADOR ANÓNIMO, 382-383, y en ZORITA, *Los Señores de la Nueva España,* 31. Delfina López Sarrelangue, *Nobleza de Pátzcuaro,* espec. 95, 106 y 117. CRONICA DE CHAC XULUB CHEN, 199. SÁNCHEZ DE AGUILAR (ed. del Museo Nacional), 95. France V. Scholes, "Yucatán", 532. CAPITULACIONES DE... VELASCO CON LA CIUDAD DE TLAXCALA de 1591, en P. F. Velázquez (ed.), *Col. de Docs. hist. de San Luis Potosí,* I, 179; *cf.* Powell, *Soldiers,* 195.

[9] Alessio Robles, *Urdiñola,* 175 (uso del don entre los tlaxcaltecas de Saltillo). Zavala, *Velasco I,* 388-393, 395-398, 405-407, 411, 412, 414, 417, 419, 420, 422-424, 426, 428-432, 437-439. Rosenblat, "La base del español en América", 219.

no había recibido por no existir esa costumbre en el mundo indígena. A la Nueva España llegó también el antiguo legado de la ceremonia de los e s - p o n s a l e s , promesa mutua y solemne de contraer matrimonio, después de la cual los miembros de la pareja eran "prometidos". Igualmente a través de la Colonia el México contemporáneo ha heredado del *amour courtois* las nociones de pretendientes y de novios, condiciones previas a la de prometido. Puede afirmarse que las costumbres de galanteo y matrimonio, con todo y rezos a San Antonio y serenatas, reflejan todavía aspectos formales o informales de la cultura medieval traída a México por la Conquista.[10]

La palabra c r i a d o , luego aplicada al personal doméstico, se comenzó a usar en el México novohispánico desde el siglo XVI pero con su connotación original: desde la Edad Media designaba a los jóvenes nobles que en calidad de pajes o de dependientes vivían, crecían y se educaban o entrenaban en las artes marciales al lado de un señor feudal o del mismo rey, cuya mesa compartían. En este sentido, el Virrey Mendoza y Luis de Velasco I se decían "criados" de Carlos V; y Cortés envió a su segundogénito a "criarse" en la corte imperial *(cf.* el adjetivo "malcriado", todavía usado). Como los reyes de Castilla y Aragón, el Conquistador y otros prohombres de la Nueva España se rodearon de numerosos "criados", todos hidalgos, que eran miembros de su casa, como los clientes de la antigua Roma (*compaternitas*); también se mencionan a varios indios entre los "criados" de Cortés (y a un "criado" del oidor Delgadillo) en el Proceso del Conquistador contra Matienzo y aquel oidor, sobre Coyoacán, Otumba y Tepeapulco. Los sirvientes domésticos, en cambio, se llamaban p a n i a g u a d o s , nombre que recuerda al alemán *Eingebrödeten* (nombre dado a sus sirvientes por los visigodos y otras tribus germánicas) por contener ambos la raíz de pan (en alemán *Brot)*. También en aquel Proceso se mencionan varios de estos sirvientes de Cortés; y otros muchos más en Etla (paniaguados del señor de Apasco, don Cristóbal) y en Guatemala. Los gobernantes de indios daban ese nombre a los alguaciles que eran puestos a su servicio.[11]

La curiosa circunstancia de que en México, especialmente en el ambiente rural, sigan usándose como n o m b r e s   d e   p i l a los de santos hoy casi olvidados como Homobono o Audifax, se debe a que desde el

---

[10] FUERO JUZGO, lib. III, tít. I; FUERO REAL, lib. III, tít. II; y PARTIDA IV, tít. XI (la dote). Foster, *Cultura y Conquista*, 246. Véase p. ej., en CLAUSTRO, III, 23 *seqq.*, la dote de 5 000 ducados de oro que Felipa Araujo aportó a su marido Diego López Pacheco, entregada el 14 de agosto de 1525. Sobre las dotes, *cf.* Super, 161-163, 167. PROTOCOLOS DE LA NOTARÍA DE CHOLULA, DOCS. 24, 126, 143, 321, 370, 413, 660, 835, 849, 1039, 1092, 1126, 1146, 1157, 1161, 1163, 1217, 1543, 1589, 1597. PETICIÓN DE FRANCISCO MONTAÑO (s.f.; dirigida probablemente al Consejo de Indias), en CDIAO, XIII: 482. CARTA AL REY DE JUAN CANO... 10 de diciembre de 1547, en Paso y Troncoso (ed.), EPISTOLARIO, V, 62. En el *amour courtois* de los trovadores medievales, las cuatro etapas del galanteo eran las de aspirante, suplicante, pretendiente reconocido y amante (Artz, 335); *cf.* Foster, *op. cit.*, 144-145, sobre el galanteo y el matrimonio.

[11] Chaunu, *Nouveaux Mondes*, 130 (el hidalgo gallego Campo, "criado" de la reina Isabel). Ed Mayer, I, 172 (*Eingebrödeten*). Jiménez Rueda, NUEVOS DOCUMENTOS, 45, 46, 85, 89, 90 (criados de Cortés o de Delgadillo). Verlinden, "Repúblicas de Indios", 492-493 (paniaguados del gobernador indio de Chiautla en 1592); Jiménez Rueda, *op. cit.*, 44, 46 (Cortés), Zavala, *Tributos y Servicios*, 136 (Etla) y Sanchíz, 68 (paniaguados en Guatemala). Se encuentran también esas dos categorías sociales en el Brasil del siglo XVI.

siglo XVI los misioneros acostumbraban bautizar al recién nacido con el nombre de un santo del día en que había venido al mundo, escogiéndolo entre los mencionados por el santoral romano. Esta práctica, que de la Nueva España pasó luego a las Filipinas, fue aceptada por los indios con gran naturalidad ya que entre los aztecas los neonatos también recibían un nombre calendárico, tomado del *tonalpohualli* o calendario ritual.[12] En lo que se refiere a los a p e l l i d o s , independientemente de los que han perdido su significado original medieval (Serna, Acevedo, Merino, Montero, Roel, Vega, Soto, Otero, Nava, etc.), en la Nueva España se conservó durante algún tiempo la costumbre de transmitirlos también por vía femenina y no sólo masculina, como hoy es la regla. El mismo Conquistador llevaba el apellido de su abuela paterna adoptado por su padre para evitar la extinción del linaje y no el de Monroy, que era el de su abuelo paterno. Entre sus hijas, casi todas llevaron el apellido Cortés menos dos: la menor, doña Catalina de Arellano, que usó el de la marquesa su madre, y la que se hizo llamar doña Catalina Pizarro, apellido de la madre del Conquistador. El "alumbrado" Nuño Chávez, el encomendero de Acámbaro y Apaseo, era hijo segundo de un Hernán Pérez de Bocanegra y de Beatriz Pacheco. Llevaba sin embargo el apellido de un bisabuelo materno. Luis de Carvajal el Mozo usaba uno de los apellidos de su madre, Francisca Núñez de Carvajal, hermana de Luis de Carvajal el Viejo y no el de su padre, Francisco Rodríguez de Matos; y una de sus hermanas, también procesada por la Inquisición, se llamaba Catalina de León, apellido tomado de algún otro ascendiente. El apellido de Pedro de Trejo, quien también tuvo problemas con la Inquisición en 1572 era el de su abuela materna, Francisca de Trejo.[13]

El c o m p a d r a z g o *(compaternitas)* es otra institución medieval que echó raíces imperecederas en el ámbito social de México. Se llama así una relación o parentesco ficticio de carácter casi sacramental, establecida mediante una ceremonia religiosa. Los términos c o m p a d r e (del lat. *compater)* y c o m a d r e (del lat. *commater),* según la interesante investigación de Mintz, aparecen en el Occidente cristiano por primera vez en su actual acepción pero aplicados sólo al caso de bautismo y no también de otros sacramentos como se usó después, respectivamente en los años de 585 y 595, siendo el primer celebérrimo caso el del compadrazgo entre Carlomagno y el Papa Adriano I, establecido en 1781. El derecho canónico sancionó como costumbre encomiable el p a d r i n a z g o , idea primordial según la cual el recién nacido *(filiolus, filiola)* queda unido a quien lo sostiene ante la pila bautismal, o sea su padrino *(patrinus,* fem. *matrina),* con un lazo espiritual que impone a éste la responsabilidad de vigilar el comportamiento del niño para que se convierta en un buen cristiano. Ocupémonos primeramente del compadrazgo, que es un lazo establecido entre dos adultos con efectos inmediatos. Quizá por esto el compa-

---

[12] Baumgartner, I, 207. Según Alfonso Caso, *Calendarios,* 189, los signos del *tonalpohualli* se combinaban con 13 números para dar nombre al recién nacido, costumbre que declinó al contacto con el cristianismo.

[13] Bernal DÍAZ, c. clxii; II, 360; cxciii; III, 127; y ccxiv; III, 200 (familia Cortés). D. Wright, *Querétaro,* 136; *cf.* también, 175 (Nuño Chávez). Jiménez Rueda, *Herejías,* 47 (Trejo) y 91 (Carvajales).

drazgo, adquirió mayor significado social que el padrinazgo, además de que éste no es una relación de igualdad, sus efectos son diferidos al futuro y hasta hace unos cuantos decenios a menudo era disuelto por la feroz mortalidad infantil. El compadrazgo no sólo tuvo considerable importancia cultural en la sociedad medieval europea, sino que también fue un medio para afianzar las relaciones sociales entre los componentes de una comunidad o de un gremio, y tuvo efecto aun en las filas de la nobleza. Facilitó por igual la admisión de nuevos aprendices en los gremios que la iniciación de caballeros en sentido feudal. Mantuvo su vigor durante largo tiempo en los países donde no se desarrolló el capitalismo industrial o en los que la unidad familiar y el orden señorial mostraron una mayor resistencia, como fue el caso de España. Para Foster, el compadrazgo es una ampliación del núcleo familiar exigida por el desarrollo de las actividades económicas. En España, observa en *Cofradía y compadrazgo*, la extensión de los lazos económicos y sociales de un grupo se logró a través de estas dos instituciones, mediante la creación de relaciones interpersonales, colectivas en el primer caso e individuales en el segundo. El compadrazgo, por su parte, establecía un lazo de naturaleza espiritual, reconocido indirectamente por la Iglesia. La fortuna de una y otra institución dentro del sistema social fue variable, pero mientras en la Península prevaleció el gremio, vigoroso retoño de la cofradía, y el compadrazgo se convirtió en un mero formulismo socio-religioso, en América sucedió lo contrario. En la Nueva España el gremio acabó por desaparecer, mientras que el compadrazgo llegó a ser una arraigada costumbre del pueblo mexicano y ello desde los inicios de la Conquista en 1519, con la característica de que, en un proceso sincrético, las prácticas de "padrinazgo" de los indios condicionaron y conformaron el compadrazgo de modelo europeo. Los primeros compadrazgos fueron quizá los concertados entre Moctezuma II, para el bautismo de uno de sus hijos con Rodrigo de Paz, alguacil maya de México, así como en ocasión del bautismo de los cuatro señores de Tlaxcala para una relación de padrinazgo. Para 1810, la relación de compadrazgo había superado en importancia la de padrinazgo, en parte gracias a una revitalización de las costumbres prehispánicas. Nutini y Bell presentan una serie de ejemplos de compadrazgo, basados no sólo en el bautismo sino en la confirmación y el matrimonio. Además, regresando a la idea del padrinazgo (que en última instancia era el origen del compadrazgo mismo) y ampliándola considerablemente, se le dio un significado secular. El padrinazgo comenzó a considerarse una relación clientelar que, gracias al incremento del número de ocasiones en que puede contraerse, permite establecer lazos sociales no sólo en sentido horizontal, sino sobre todo vertical ascendente. Esta ampliación ha sido tan extensa que ha redundado en menoscabo de cualquier sentido espiritual: ahora hay padrinos no sólo de bautismo, confirmación, primera comunión, matrimonio, toma de hábito, primera misa, etc., sino también de recepción profesional, de postulación a cargos electivos, de aniversarios diversos, etc. Por otra parte, el compadrazgo propiamente dicho tal como se concibe en América da mayor importancia a la relación entre los compadres que al lazo establecido por el padrino con su ahijado, como por su origen religioso era el objetivo original; y los sociólogos lo consideran como el meollo principal en la estructura de la sociedad rural mestiza e india. Ello, además de que el compadrazgo es frecuente dentro de los grupos puramente indios especialmente en Yucatán y Tlaxcala. Foster, en *Cultura y Conquista*, atribuye al compadrazgo un origen andaluz, y Zavala señala que en las Canarias fue muy útil para establecer relaciones semifamiliares inmediatas entre europeos y nativos. En las Indias, observa Morse, adquirió nueva vitalidad cuando en Europa ya iba cediendo el paso a formas de organización socioeconómicas más importantes y más adecuadas a la nación-Estado y a la sociedad de producción que se encontraba en ese momento en gestación. En México, por obvias razones, no existía antes de la Conquista nada semejante al compadrazgo, al menos de manera formal, pero una vez importado se difundió ampliamente en todas las clases sociales. En realidad, y ésta es también una observación de Foster, la institución del compadrazgo es hoy en día en la América Latina el lazo de unión culturalmente más fuerte de la sociedad rural; sólo entre ciertos grupos cuyo espíritu tribal sigue vivo, como los tzeltales de Chiapas, no florece. Por último, el compadrazgo como institución social pasó de la Nueva España a las Filipinas, donde según Rafael Bernal tuvo una historia y unos efectos semejantes.[14]

Un lazo de esta clase sirvió repetidamente a Cortés para cimentar las alianzas personales y políticas que favorecieron su fulgurante carrera. En efecto, se hizo compadre primero de Diego Velázquez en Cuba, y luego del conquistador Francisco de Garay y del tesorero Alonso de Estrada en la Nueva España. Con este último estableció, comenta Remesal, un "parentezco de gran unión y no poco celebrado". Siguiendo el ejemplo de su padre, el segundo Marqués del Valle puso a su primogénito Pedro Cortés en brazos del influyente conquistador Alonso de Ávila para que lo sostuviese ante la pila bautismal. Con el lazo espiritual o parentesco ficticio del compadrazgo se fue tejiendo una densa red de relaciones personales que acrecentó la influencia del grupo dominante en la Nueva España del siglo XVI, hasta el punto que en 1564 el visitador Valderrama se quejó ante Felipe II de los obstáculos con que tropezaba para llevar a cabo su inspección, puestos por los padrinos de los vástagos del virrey y de los oidores, quienes tenían numerosos compadres. El Arzobispo Moya de Contreras confiaba en que un nuevo corregidor llegado de España haría andar "las cosas con más concierto", pues hasta entonces "los alcaldes ordinarios... procedían como compadres", es decir coludidos para realizar actos ilícitos.[15]

[14] Mintz, 341-344, 348, 350, 352 y 364. Lynch, 3, 5, 72, 75, 181, 230 y *cf.* 333. Super, 124 (compadrazgo en Querétaro, s. XVI) Ingham, 47 (en Tlayacapan). Nutini/Bell, 337, 346 (Moctezuma II y R. de Paz), 348 (el compadrazgo en 1810), 342-346 (confirmación y matrimonio como orígenes de compadrazgo), 50 (estructura de la sociedad rural). Lynch, 192, 193, 195 (el compadrazgo en Latinoamérica). O'Gorman, "Yucatán", 435. Nutini/Bell, 197, 380 (Tlaxcala), 333 (precedentes prehispánicos). Foster, "Cofradía and Compadrazgo", 1-3, 7, 8, 10 y 23. En "Tzintzuntzán", 75-85, Foster estudia el compadrazgo en este delicioso pueblo purépecha, donde como en casi todas partes, el lazo entre compadres es más fuerte que entre padrinos y ahijados. Foster, *Cultura y Conquista*, 216. Zavala, *Mundo Americano*, I, 64. Morse, "Urban History", 334. Rafael Bernal, 201.

[15] ARGENSOLA, 70 (compadrazgo de Cortés y Velázquez). REMESAL, I, viii; I, 92. SUÁREZ DE

El a b r a z o , demostración física de amistad o de alianza política, pasó también de la España medieval a América con los primeros exploradores y conquistadores. Recomendado por el Nuevo Testamento como acto simbólico de fraternidad espiritual, formó parte de la liturgia cristiana en los primeros tiempos. En el Medievo, la ceremonia de entrega del hábito religioso o caballeresco siempre culminaba con un abrazo. Al terminar la Edad Media era un gesto de fuerte carácter caballeresco, y su significado era el mismo que hoy le atribuimos. Según Bozal, el introductor de esta costumbre en la Nueva España fue Grijalva, quien abrazó con efusión al rey o *calachuni* de Tabasco. Por su parte, Cortés recibió en Veracruz en 1519 a Cacamatzin, Rey de Texcoco enviado de Moctezuma dándole tal muestra de amistad; y la primera vez que fue recibido en Tlaxcala abrazó a los cuatro señores de la república, como ilustra la escena III del Códice relativo que lleva la leyenda: "Se abrazaron en Tlaxcala." Con todo, Muñoz Camargo cuenta que al Conquistador no le gustaba que le apretaran el cuerpo, y que para impedirlo tenía la costumbre de tomar de la muñeca la mano derecha de quien le fuera a abrazar. En su primer encuentro con Moctezuma, Cortés no pudo demostrar la misma efusión con que había saludado a los señores de Tlaxcala, pues lo impidieron los cortesanos del soberano azteca por ser contrario a la etiqueta. Más tarde, Urdiñola abrazando al cacique Melchor sancionó la rendición de los guachichiles. Convertido en la forma de saludo más característica del mexicano, el abrazo figura desde entonces en la historia de México, siendo el más significativo el que selló la reconciliación de Guerrero e Itúrbide en Acatempan.[16] En las relaciones sociales y políticas cotidianas, se reflejaron otras costumbres cortesanas medievales, todavía practicadas en nuestros días. Entre ellas está la del a g u i n a l d o , regalo de Año Nuevo dado por el soberano a sus cortesanos. El primero que practicó esta costumbre fue el Conde reinante de Castilla Fernán González y en tiempos de San Fernando, de Alfonso X y de Enrique III de Trastamara, el aguinaldo fue espléndido. Su máxima riqueza se alcanzó después del descubrimiento de América, en las cortes de los Reyes Católicos y de Carlos V. Otra costumbre, hoy por desgracia casi olvidada, es la de las a l b r i c i a s (del ár. *albixera*, buena nueva), premio que se daba al portador de una buena noticia o regalo ofrecido en muestra de júbilo por un fausto suceso o de agradecimiento. Cuando el Cabildo de México recibió en 1526 la noticia de que Cortés había desembarcado en Veracruz de regreso de las Hibueras, mandó dar 200 pesos de oro de albricias al portador de la noticia, Martín Arto; y en 1574 la misma municipalidad ofreció dar en albricias a la Corona las rentas de dos años de ciertas mercedes si éstas le eran concedidas a perpetuidad.[17]

PERALTA, 121-122 (bautizo de don Pedro Cortés). CARTA DEL LICENCIADO VALDERRAMA A FELIPE II (24 de febrero, 1564), en CDIAO, IV: 356-357. CARTA DE... MOYA DE CONTRERAS... AL PRESIDENTE DEL CONSEJO DE INDIAS (20 de diciembre, 1574), en Paso y Troncoso (ed.), EPISTOLARIO, XI, 233.

[16] Bozal, 151. ARGENSOLA, 501; y Prescott, 249 (abrazo de Cortés y Cacamatzin). MUÑOZ CAMARGO, 187-188; *cf.* Gurría Lacroix (ed.), CÓDICE DE TLAXCALA, 21. Alessio Robles, *Urdiñola*, 77.

[17] ACTAS DEL CABILDO, I, 87; y L. Alamán, I, 206 (Martín Arto). ACTAS DEL CABILDO, VIII, 102 (ofrecimiento de albricias a la Corona, 12 de marzo de 1574).

XXXII. EL *SCRIPTORIUM*, LOS COLEGIOS, LOS BEATERIOS Y LA UNIVERSIDAD

En la Edad Media, y en consecuencia también en la Nueva España, la cultura siempre estuvo encomendada a las corporaciones religiosas. Antes de la invención de la imprenta existía en los conventos un lugar llamado *scriptorium*, donde se copiaban, iluminaban y se guardaban los manuscritos. Entre las actividades de los franciscanos en la Nueva España, heredadas de su pasado medieval, además de la enseñanza de las primeras letras, del canto religioso y de la doctrina cristiana, se encontraba la i l u m i n a - c i ó n   d e   m a n u s c r i t o s , arte cultivada en Santa Cruz de Tlatelolco y en otros sitios. En un erudito ensayo, Gómez de Orozco señala que el historiador y lingüista Sahagún, el comentarista teológico y catequista Fray Ildefonso de Castro y otros misioneros autores de glosarios adiestraron a algunos naturales como amanuenses, para emplearlos en la elaboración, copia e iluminación de manuscritos; estas actividades pronto hicieron renacer en la Colonia el *scriptorium*, institución característica del monaquismo medieval. En esas labores los indios imitaban la técnica usada en la Europa occidental tanto en la forma como en la expresión artística, salpicada de bellas letras capitales góticas (escritura uncial) y de orlas muy elaboradas. Así se escribieron, tanto en náhuatl como en español, los primeros memoriales de Tepepulco destinados al Padre Sahagún, las crónicas de Cempoala e Ixtapalapa y muchos títulos indígenas de tierras. Los discípulos de los franciscanos, dice José Gabriel Navarro, escribían en toda clase y forma de letra: chica y grande, quebrada y gótica. La introducción de la imprenta en México no puso fin a la copia de manuscritos, impulsada de nuevo por los benedictinos a su llegada a la Nueva España en 1614. De cualquier manera, debemos a la actividad del *scriptorium* una parte considerable de nuestros conocimientos sobre el México prehispánico, pues desde los primeros tiempos se redactaron tanto textos indígenas con caracteres latinos como crónicas en español que, al igual que los llamados documentos aljamiados de la Península, escritos en castellano con el alfabeto árabe, conservaron muchos giros idiomáticos y modos de hablar de los naturales; tal es el caso del manuscrito botánico de Juan de la Cruz y de la *Relación anónima de las ceremonias y ritos de Michoacán*, elaborada en 1538-1539.[1]

En sus institutos, los franciscanos y en menor grado los demás frailes, inducían a sus discípulos indios al régimen de vida monacal, considerado

---

[1] De Gortari, 179 (enseñanza en Santa Cruz de Tlatelolco). Gómez de Orozco, "Manuscritos hispano-mexicanos", 49-52. Esquivel Obregón, II, 640 (los benedictinos y la copia de manuscritos). Navarro, 77. El autor de la llamada *Crónica de Michoacán*, un fraile franciscano, escribió al dictado de sus informantes purépechas: Gómez de Orozco (ed.), RELACIÓN DE MICHOACÁN, 3ª ed. (México, 1954), 4.

condición indispensable para el cultivo del saber. Zepeda relata que los estudiantes de Tlatelolco se levantaban "en tañendo prima", o sea al amanecer, a rezar o cantar con los frailes, en latín, los maitines de Nuestra Señora. En una carta escrita a Felipe II en 1558, Fray Pedro de Gante describe como sigue la vida diaria de sus alumnos de San José de los Naturales: después de maitines, de asistir a una misa en la que ellos mismos ayudaban y de un frugal desayuno, comenzaban las lecciones (escritura, canto, aprendizaje de sermones, oficios, etc.) que se interrumpían para cantar nona antes de pasar de nuevo al refectorio para la comida del mediodía; por la tarde había otras lecciones seguidas por el rezo de vísperas y la cena, después de la cual se rezaban las completas. Tras una hora de doctrina, dormían hasta que despuntaba el alba, excepto los que aspiraban a tomar las órdenes, quienes se levantaban a medianoche para rezar con los frailes en la capilla. En las fiestas se cantaba también el *Te Deum*, y tres veces por semana los alumnos se daban disciplinas "para que el Señor los convirtiese". El *Códice franciscano* revela que el programa de otras escuelas dirigidas por los franciscanos era semejante. Como los estudiantes de Salamanca, de Alcalá y de otros colegios mayores peninsulares, los alumnos de Tlatelolco vestían de uniforme una hopa o sotana azul o morada, sobre ella una capa verde con la cruz de Santiago y la corona imperial al lado izquierdo del pecho y en la cabeza una capucha morada. La instrucción en los colegios novohispánicos, dice Becerra López, fue la misma que se impartía en los colegios europeos, no sólo por su *curriculum* sino también porque se daba a todos los alumnos, aunque fueran niños, en latín; en Tlatelolco, los colegiales se hicieron cargo en 1546 de la dirección de los estudios, los que, bien que mal, sobrevivieron hasta principios del siglo XVII.[2]

Mendieta recuerda que en la primera mitad del siglo XVI las niñas indias de cualquier origen social tenían por maestras "a unas viejas que sabían... oraciones de coro y maneras de rezar", las cuales las instruían en estas prácticas religiosas y les enseñaban las letras y las artes domésticas en los atrios de las iglesias. Eran las b e a t a s tan elogiadas por Torquemada, versión hispanizada de las beguinas de Flandes, llegadas a la Nueva España en 1530. Será interesante recordar la historia del beguinismo europeo, origen de aquellos grupos docentes cuya labor fue de gran importancia en el proceso de hispanización de la sociedad indígena. Desde el siglo XIV comenzaron a formarse en Flandes y en Renania grupos de personas piadosas de uno y otro sexo sometidas a voto de castidad y de obediencia, que se dedicaban a la enseñanza y a la meditación. Los jerónimos llevaron el movimiento a la península ibérica, donde echó raíces rápidamente sobre todo entre el sexo femenino. Sus adherentes, llamadas beatas, proliferaron tanto

---

[2] Zepeda, 72. La carta de Fray Pedro de Gante citada en el texto figura sintetizada y comentada en Pazos, "Los franciscanos y la educación literaria", 35. CÓDICE FRANCISCANO, 72 y 205. Kasuhiro, 442, conjetura que en la disciplina en los colegios franciscanos puede haber estado presente la influencia del *calmécac*. Pazos, *op. cit.*, 58 y nota 188 (uniformes de Tlatelolco); *cf.* Gómez de Orozco, "Los Colegios de Tlatelolco", en *Anales de la Santa Provincia del Evangelio en México*, II (1945), 14. Becerra López, 74-76. Gonzalbo Aízpuru, 351, n. 2. (los colegiales en 1546).

que hacia 1510 una terciaria dominica, elogiada por Erasmo, María de Santo Domingo, mejor conocida como la Beata de Piedrahita, ya había reunido en Aldeanueva, cerca de Ávila, una gran comunidad de más de 200 beatas que en medio de felices penitencias, dice Bataillon, educaban en su casa a un gran número de niños. Para entonces existían beaterios en otras ciudades castellanas, uno muy importante en Salamanca así como en Andalucía. En la Nueva España, como los frailes concentraron sus esfuerzos en la educación de los jóvenes varones indígenas, pronto se hizo necesario que alguien atendiese a la instrucción de las doncellas indias, especialmente las de calidad; por ello el contador Rodrigo de Albornoz, uno de los gobernadores interinos, pidió en 1525 a Carlos V la fundación de un monasterio de mujeres en donde se instruyera a las hijas de los señores principales en la fe y en el cual aprendieran "a hacer cosas de sus manos"; dicha institución, según la petición del contador, debía ser capaz de encargarse de sus alumnas "en orden y concierto hasta las casar, como hacen las beguinas en Flandes". La sugerencia o alguna posterior del Obispo Zumárraga en el mismo sentido fue atendida cinco años después por la Emperatriz Isabel, quien, ordenando a la Audiencia de México fundar una escuela para mil alumnas, envió en compañía de la Marquesa del Valle, que regresaba por entonces a la Nueva España, "religiosas beatas emparedadas" salmantinas. Eran Ana de Mesto, jefa del grupo, Juana Velázquez, Catalina de Bustamante y la *spiritualis foemina* Catalina Hernández que, como se ha visto en el capítulo sobre los iluminados, dio muchos sinsabores a Zumárraga por su intimidad con su joven confesor. Completaban el grupo otras dos mujeres cuyos nombres desconocemos. Según Peggy K. Liss, eran todas terciarias franciscanas. A los pocos meses, Carlos V ordenó al Obispo Ramírez de Fuenleal, presidente de la segunda Audiencia, que se les construyera una casa cerca de la iglesia mayor de México, advirtiendo que no debían quedar sujetas a ninguna religión. Acatando las reales órdenes, Fuenleal les impuso además la clausura por considerarlo una "saludable medida".[3]

Si se dejan a un lado los contratiempos que le causó Catalina Hernández, puede decirse que la labor realizada por aquellas mujeres satisfizo al Obispo Zumárraga, quien en su segundo viaje a la Nueva España trajo a otras beatas "emparedadas" procedentes del beaterio de Sevilla. La Corona demostró, por su parte, gran solicitud por ellas; en efecto mediante una serie de cédulas fechadas entre 1531 y 1537 ordenó la construcción de una casa para alojarlas, las exceptuó de jurisdicción de los franciscanos cuyas

[3] MENDIETA, *Historia*, 419 *sq*. TORQUEMADA, I, 604. Américo Castro, "Lo hispánico y el erasmismo", 1-45 (beguinas españolas); *cf*. Palm, *La Española*, I, 6. Bataillon, "L'Iñiguiste", 64-65. CARTA DE ALBORNOZ, 501 (publicada también en CDIAO, XIII: 70); *cf*. Méndez Arceo, *Universidad*, 40; y Canedo, 618. La orden de la Emperatriz Isabel al Marqués del Valle relativa a las primeras seis beatas está reproducida en Paso y Troncoso (ed.), EPISTOLARIO, II, 8-9; J. Benedict Warren, 4-5 (Doc. 5), 9 (Docs. 15 y 15), 10 (Doc. 17) (la Emperatriz Isabel y su apoyo a las beatas); *cf*. García Icazbalceta, *Zumárraga*, 209 *sq.;* las instrucciones a la Audiencia de México aparecen en González de Cossío (ed.), CEDULARIO DEL SIGLO XVI, 21; *cf*. Esquivel Obregón, II, 324. Peggy K. Liss, 70 y 98. CDIU, X: 54-55 (cédula de Carlos V, 1530) y X: 31 (Carta de 1531 en que el Obispo Ramírez de Fuenleal informa que por indicación suya las beatas vivían en clausura).

visitas de inspección las molestaban, las autorizó a recibir limosnas, les garantizó una provisión regular de maíz, pan, telas para vestirse y mecheros en abundancia, y puso a su servicio a un médico y a un boticario. Las beatas no permanecieron todas en México, sino que se dispersaron y en 1534 ya habían fundado casas de doctrina e instrucción en Texcoco, Otumba, Tepepulco, Huejotzingo, Tlaxcala, Cholula y Coyoacán. En otra carta dirigida a la reina gobernadora, Zumárraga afirma que las congregaciones de niñas habían prosperado tanto que tenían de 300 a 400 alumnas cada una, y como las casas eran ocho o diez, el alumnado total debía ascender a la cifra de 2 400 a 4 000. El obispo solicitó en 1537 los tributos de algún "pueblezuelo" indio para sustento de las beatas, petición que el Virrey Mendoza apoyó juzgándola atinada. Mendieta cuenta que muchas alumnas a su vez enseñaban a otras niñas indígenas y que algunas hasta dedicaron su vida al servicio de los templos. Mas ya hacia 1540 Motolinía habla de la labor de las beatas como cosa del pasado. En realidad, las escuelas fundadas por las primeras beatas tuvieron vida breve pues algunas de ellas, agotado su espíritu apostólico, regresaron a España y otras, seducidas por la posibilidad de obtener ganancias, no pudieron resistir a la tentación de dedicarse a educar mediante remuneración a la primera generación de hijas de conquistadores y encomenderos. En ausencia de las beatas, la educación de las niñas quedó a cargo de las monjas, cuyo primer convento, sucesor del beaterio de México, fue fundado por las concepcionistas bajo la advocación de Santa Clara. De él había de surgir pronto el Colegio de Nuestra Señora de la Caridad que sería a su vez predecesor del famoso Colegio de Niñas.[4]

[4] CARTA DE ZUMÁRRAGA AL CAPÍTULO GENERAL DE SU ORDEN (12 de junio, 1531), en Fray Alonso FERNÁNDEZ. XI, p. 60. La cédula fechada en Ocaña, que ordena la construcción de un monasterio para las beatas figura en Carreño (ed.), CEDULARIO DEL SIGLO XVI, 408-409, al igual que las relativas al médico y al boticario (1532), al pan (1534), al lienzo (1534) y a la exención de la jurisdicción de la orden franciscana (mismo año). También en González de Cossío (ed.), CEDULARIO DEL SIGLO XVI, pueden verse las cédulas relativas al médico (p. 28) y al pan (pp. 35-36); figuran en esta colección otras cédulas relativas a telas para vestidos (pp. 70-71); en otra la reina gobernadora deja a discreción de la Audiencia la autorización de las beatas a pedir limosna para mantenerse (p. 26); en otra más, fechada el 28 de noviembre de 1534, la misma reina prohíbe que las beatas sean visitadas por los franciscanos (p. 38). GOBERNACIÓN ESPIRITUAL..., en CDIU, XX: 126 (maíz) y 127 (vestidos y hachones). Kasuhiro, 454 (beaterios en los alrededores de la ciudad de México); cf. Ricard, La Conquista Espiritual, 380. Paso y Troncoso (ed.), EPISTOLARIO, II, 118 (Carta a la emperatriz en que la Audiencia juzga de poca calidad la labor de las beatas; véase sin embargo, en el EPISTOLARIO de Paso y Troncoso, III, 112, núm. 140, la carta en que la misma Audiencia da un juicio opuesto en relación con la conversión "desta gente"). CARTA DE ZUMÁRRAGA, AL CAPÍTULO GENERAL DE LA ORDEN FRANCISCANA, 1523, en Fray Pablo BEAUMONT, II, 151-152. CARTA DE LA REINA AL VIRREY MENDOZA, 3 de septiembre de 1536, con transcripción de los informes de Zumárraga sobre las numerosas congregaciones de niñas indias, en González de Cossío (ed.), CEDULARIO DEL SIGLO XVI, 44. Sobre las beatas profesas llevadas a México en 1533 por Zumárraga, ver García Icazbalceta, Zumárraga, 209-211. Bataillon, "L'Iñiguiste", 71; y Kasuhiro, 455. CARTA DE... MENDOZA AL EMPERADOR (10 de diciembre, 1537), en CDIAO, II: 205. MENDIETA, Hist. Ecles. Indiana, IV, xvi y xxix. MOTOLINÍA, Hist. de los Indios, trat. III. cap. XV. García Icazbalceta, loc. cit., espec. 211 (beatas dedicadas a la enseñanza particular). Carrillo Gariel, El Traje en la Nueva España, 64; y Torre Villar, Pedro de Gante, 27 (orígenes del convento de Santa Clara). Rojas, 113, dice que las concepcionistas "fundaron un beaterio hacia 1540"; pero Paula Alegría proporciona el año de 1548 para la fundación del Colegio de la

En Huejotzingo, según Lucas Alamán, las alumnas de las beatas se siguieron reuniendo con "todo el ceremonial de una comunidad de monjas". La desaparición de los beaterios no extinguió en la Nueva España la influencia de los beguinajes flamencos pues más tarde en Guadalajara surgió uno o quizá dos. Pérez Verdía relata que el Obispo Mendiola (1571-1576) fundó un colegio de niñas dirigido por doña Catalina de Carvajal quien llegó de México expresamente para ello, transformado dos años más tarde en beaterio; tuvo su sede en el sitio hoy ocupado por el Mercado Corona. Otro beaterio más fue fundado por siete damas, que habían abandonado la vida mundana, en Veracruz, en 1593. El convento tapatío de religiosas dominicas de Jesús María, fundado en 1722, fue en sus orígenes el beaterio de Jesús Nazareno, trasladado de Compostela (primera capital de la Nueva Galicia) a Guadalajara por el Obispo Garavito, según datos de Mota y Padilla y de Frejes. La existencia de un beaterio en Puebla a fines del siglo XVII es recordada por la calle que llevó este nombre, después llamada de Merino; su sede fue trasladada en 1698 a otro sitio, informa Leicht. A principios del siglo XVIII, el acaudalado don Nicolás Fernando de Torres fundó en San Luis Potosí por testamento un beaterio o colegio de mujeres recogidas. El Padre Alegre dice que en su tiempo había en Querétaro un beaterio llamado de Santa Rosa de Viterbo y de Santa Teresa, el cual era "de moderna fundación". Por último, en San Miguel el Grande funcionaba un beaterio, llamado de Santa Ana, con más de 40 doncellas enclaustradas, fundado en el siglo XVIII, por un padre felipense, Hipólito Aguado, en un amplio local que es hoy la Biblioteca Pública.[5]

Cuando hacia mediados del siglo XVI, ante la necesidad señalada repetidamente por Zumárraga y Mendoza de que la Nueva España contara con medios para la formación *in situ* de teólogos, letrados y médicos, fue creada la U n i v e r s i d a d , se trasladó al Nuevo Mundo la concepción más genuina del espíritu medieval en el campo de la educación y la cultura. El *Estudio General*, que en el Medievo podía ser un gremio o universidad de maestros (como en París) o de estudiantes (como en Bolonia, que es más antigua) o bien de maestros y estudiantes (como en Salamanca), fue consecuencia del auge de la enseñanza de ambos derechos, de la filosofía y de la teología en los siglos XII y XIII. Esta enseñanza, sistematizada contemporáneamente por el escolasticismo —recuerda Rashdall—, no tuvo relación alguna ni fue mucho menos derivación de las famosas escuelas de la Antigüedad, como las de Atenas. Las Siete Partidas dan la siguiente definición del Estudio General, válida tanto para la Universidad de Salamanca (fundada antes de 1230), como para su retoño de México (creado en 1551 e inaugurado dos años después): "ayuntamiento de maestros e de escolares... fecho

Cofradía del Santísimo Sacramento y Caridad, de México, sucesor de un beaterio en la calle San José el Real que todavía funcionaba en 1531.

5 L. Alamán, II, 144. Pérez Verdía, 270-271. MOTA Y PADILLA, 255 y 471. J. Muriel, *Cultura femenina*, 49 (beaterio de Veracruz). Frejes, *Memoria*, 188-189. Leicht, *Puebla*, XXX. TESTAMENTO... DE DON NICOLÁS FERNANDO DE TORRES, en P. F. Velázquez (ed.), *Col. de Docs. de San Luis Potosí*, II, 129 y 139. ALEGRE, II, 379. F. de la Maza, *S. Miguel de Allende*, 97 (beaterio de Sta. Ana).

en algun lugar, con voluntad de aprender los saberes." También en aquel código, señala Jiménez Rueda, nace el derecho universitario español y mexicano. Con la clarividencia que tantos le reconocen, en 1547 Cortés dispuso en su testamento la creación en Coyoacán de un Colegio donde se enseñaran la teología y los derechos canónico y civil, sobre el modelo del Colegio de Santa María de Jesús de Sevilla (hoy Universidad Hispalense), a fin de que en él se prepararan los futuros dignatarios de "la Iglesia de la tierra". Desgraciadamente los herederos del Conquistador no pudieron cumplir esta disposición.[6]

El Virrey Mendoza, el Obispo Zumárraga y el Cabildo de México hicieron gestiones desde 1538 para la creación en la Nueva España de una "universidad de estudio general". Carlos V, para resolver lo procedente, se apoyó sobre todo en la opinión de los dos primeros. La cédula de erección del "estudio y universidad" de México fue firmado, en ausencia del emperador, por el Príncipe Felipe en Toro el 21 de septiembre de 1551, pero los trámites y la distancia retrasaron su "recepción y obediencia" hasta principios de 1553. En el texto de la disposición regia se otorgaban a la nueva institución (llamada real desde entonces, por el origen de su fundación) todos los privilegios, franquicias, libertades y exenciones de que gozaba la de Salamanca, aunque sin conceder la jurisdicción que a ésta competía ni la dispensa del pago de pechos a sus graduados. Mas esta última limitación era inaplicable pues en América no se pagaban pechos, y por lo demás fue abrogada explícitamente en otra real cédula de 1562 en relación con todas las universidades de las Indias, cuyos estatutos, señala Zavala, eran semejantes a los de Salamanca. Las actividades se inauguraron solemnemente el 25 de enero de 1553, la Audiencia de México tomó nota formal de ello el 10 de febrero siguiente, y las lecciones comenzaron el 3 de junio. Las disciplinas cultivadas fueron las tradicionales de las universidades medievales: teología (comprendido el estudio de la Sagrada Escritura), derecho canónico, derecho civil y artes (gramática y retórica); a éstas pronto se añadieron la medicina y las lenguas indígenas, cosa que como veremos también tenía diversos precedentes medievales. La Universidad, que era y siguió siendo durante siglos una institución eclesiástica, elegía a su rector el día de San Martín; su fiesta principal era la de Santa Catalina de Siena y sus patrones escogidos fueron los apóstoles Pedro y Pablo. Su protector supremo en la Colonia era el virrey, quien nunca descuidó esta fundación. En 1554, Velasco I afirmó que la Universidad era "el mayor bien y merced que a esta tierra se pudo hacer". En 1595, dándole el título de pontificia, Clemente VIII la incluyó en el selecto grupo de instituciones que en la alta Edad Media recibían en primer término las decretales del papa, privilegio exclusivo de Bolonia, París, Oxford y Salamanca, que fue un reconocimiento de la sapiencia de sus teólogos y juristas. En los párrafos siguientes estudiaremos la organización interna de la real y pontificia Universidad de México en los siglos XVI y XVII, la cual, como

---

6 SEGUNDA PARTIDA, Título XXXI, ley I. Jiménez Rueda, *Constituciones de la Universidad*, 5. Calderón Quijano, "La Universidad de Cortés", 685-686 y 688-689; este proyecto de Cortés fue ya discutido en el cap. XXIII, en relación con las características del Marquesado del Valle.

bien afirma Martínez del Río, fue en cierto sentido una prolongación de la Edad Media en el tiempo y en el espacio.[7]

Según el tenor de su cédula de fundación, en su organización interna la U n i v e r s i d a d   d e   M é x i c o   se ajustó a lo dispuesto en las Constituciones entonces vigentes en Salamanca, cuya versión más reciente eran las expedidas por el Papa Martín V en 1422. Cuando la Universidad tuvo que modificar sus estatutos para mejor adaptarlos a la realidad colonial, suprimiendo algunas limitaciones en la elección de rector o de los consiliarios, haciendo más severo el ejercicio de las oposiciones o vigilando más de cerca el cumplimiento de las obligaciones de los catedráticos, quedó claro que las nuevas disposiciones sólo eran supletorias y complementarias de las Constituciones salmantinas. Ése fue el caso tanto de los estatutos llamados de Farfán (1580), modificados en 1586 por el Arzobispo Moya de Contreras, como el de los que Villanueva preparó en 1646 a instancia del Obispo y Virrey Palafox y Mendoza, que entraron en vigor en 1672. Así, el primero de los 23 títulos del documento de Farfán dice simplemente "que se guarden los estatutos de Salamanca". Los cargos universitarios eran los mismos en Salamanca y en México. Ambas corporaciones eran encabezadas por un   r e c t o r ,   cargo que en el virreinato se alternó a partir de 1597 entre un clérigo y un seglar, el cual sin embargo hasta 1645 debía ser célibe. El fuero universitario reconocía al rector, en Salamanca como en México, la facultad de juzgar delitos dentro del recinto académico que no ameritaran penas cruentas como la ejecución o la mutilación de un miembro. Las dos universidades disponían de calabozos, por fortuna ocupados rara vez. En Salamanca un oficial denominado *suplente* sustituía al rector durante breves periodos en caso de ausencia o enfermedad, pero en México las constituciones previeron el oficio de vicerrector. El otorgamiento de los   g r a - d o s   u n i v e r s i t a r i o s   (bachiller, licenciado, maestro y doctor, como ahora) en ambas universidades estaba a cargo del   c a n c i l l e r   (llamado también cancelario o maestrescuela), título y funciones que sobreviven en los países anglosajones. Como en toda universidad medieval, era un eclesiástico nombrado por el capítulo episcopal, generalmente un canónigo, costumbre sancionada por real cédula de 1596. El   c l a u s - t r o   d e   c a t e d r á t i c o s   de uno y otros estudios generales elegían a los diputados de la Universidad (seis en México y doce en Salamanca), administradores encargados de la hacienda y las finanzas; en las controversias y solicitudes de gracia, la institución era representada por un procurador (Sancho Sánchez de Muñón fue designado en 1569 primer procurador de la Universidad de México). La puntualidad de maestros y alum-

---

[7] Méndez Arceo, "Cédula de Erección", 280 (respuesta de Carlos V al Cabildo de México, relativamente al proyecto de creación de la Universidad, 1539). CEDULARIO DE PUGA, fol. 137 v° (cédula de erección de la Universidad, 1551), ACTAS DEL CABILDO, VI, 88-89 (transcripción de la Cédula de 1551 y su recepción por la Audiencia). Konetzke, (ed.), CDHFSH, 397 (Cédula del 17 de octubre de 1562); Carreño, en *Universidad*, 79, da la fecha errónea de 1572. Zavala, *Mundo Americano*, I, 500 y 530. Schäfer, *Consejo de Indias*, II, 428-429 (inauguración, primeras cátedras y patronos de la Universidad de México). CEDULARIO DE ENCINAS, fol. 202 (Real Provisión que reconoce preeminencia a los graduados de México). Schäfer, *op. cit.*, II, 429 (Velasco I). Lanning (ed.), CÉDULAS DE LA UNIVERSIDAD, xvi (Clemente VIII). Martínez del Río, *Universidad de México*, 8.

nos era vigilada por b e d e l e s , que podían imponerles multas y que guardaban las llaves de los calabozos. Tanto en Salamanca como en México había un s e c r e t a r i o , cargo administrativo inamovible y generalmente hereditario, y también s í n d i c o s y m a e s t r o s d e c e r e m o n i a s. Los c o n s i l i a r i o s eran los estudiantes de buen comportamiento ya poseedores del grado de bachiller. Los cuerpos colegiados de gobierno recibían el nombre de c l a u s t r o s y eran cuatro: el c l a u s t r o u n i v e r s i t a r i o , el principal órgano de gobierno, formado por el rector, los catedráticos, los funcionarios administrativos, los representantes de los colegios separados (de fundación diversa de la Universidad, pero que poco a poco fueron absorbidos por ésta) y los graduados; el c l a u s t r o d e d i p u t a d o s , que era la asamblea de catedráticos propietarios, encargada de los asuntos financieros; el c l a u s t r o d e c o n s i l i a r i o s , del cual formaban parte todos los bachilleres recibidos por lo menos con un año de anticipación, y cuyas atribuciones comprendían la elección del rector y la designación de catedráticos; y el c l a u s t r o p l e n o , que en realidad era la combinación del universitario y el de consiliarios, el cual se reunía para decidir asuntos de gran trascendencia, tales como la reforma de los estatutos o abrir nuevas cátedras, en calidad de gran asamblea de la institución. La curiosa circunstancia de que la elección del rector y la designación de catedráticos propietarios estuviera en manos de los estudiantes, en este caso los consiliarios, responde a una tradición heredada por México y Salamanca de la Universidad de Bolonia, y respetada en la capital de la Nueva España cuando menos hasta 1676.[8]

También los e x á m e n e s fueron en México semejantes a los de Salamanca. En los *Diálogos* de Cervantes de Salazar, Mesa informa a Gutiérrez que en ambos estudios se usaban las mismas letras para aprobar y reprobar, la A y la R respectivamente. Sin embargo después de 1570 se permitió en México a todos los doctores y maestros presenciar los exámenes, mientras que en Salamanca sólo podían asistir los catedráticos del sustentante. Además de los grados ya mencionados, la Universidad de México también otorgó en diversas ocasiones d o c t o r a d o s *h o n o r i s c a u - s a* , la primera vez el 21 de junio de 1553 al catedrático de prima de teología, Padre Pedro de la Peña. Esto respondía a la necesidad de poner a sus catedráticos no doctorados al mismo nivel académico de los que tenían grados europeos. En 1562 la Corona dispuso que en las universidades de las Indias los graduados tuviesen las mismas preeminencias que en Salamanca. La ceremonia misma de la graduación era un trasunto de la caba-

[8] Jiménez Rueda, *Constituciones de la Universidad*, 16 (jurisdicción penal del rector), 20 (modelo de Salamanca) y 29 (reformas de Farfán). Becerra López, 34, 37, 40 y 41; y Carreño, *Universidad*, 83-84 (Estatutos de Farfán y de Villanueva), y 48, 55, 63, 68, 72 y 186 (cargos universitarios de México). Ajo y Sanz de Zúñiga, II, 170 (disposiciones del 24 de mayo de 1597 sobre la alternancia de titulares del cargo de rector). PLAZA Y JAÉN, I, 305; y Becerra López, 226 (celibato del rector seglar), 236-237 (vicerrector), 238-239 (canciller), 251-252 (diputados), 254 (procuradores y claustros). Manrique, "Barroco e Ilustración", 386 (cancelario de México). Lanning (ed.),CÉDULAS DE LA UNIVERSIDAD, 15 (Cédula núm. 13, 3 de noviembre de 1596). Mendoza, *Vida y Costumbres*, 22-24 (bedeles) y 24 (secretario de la Universidad).

llería medieval, tanto que el grado de doctor y el rango de caballero eran equiparables. Cuando el *doctorandus* era laico, el canciller o un padrino noble escogido para la ocasión lo ceñía con una espada dorada y le calzaba unas espuelas también doradas. El bachiller Cristóbal de la Plaza y Jaén relata en su *Crónica* de la Universidad tres ceremonias de esta clase que tuvieron lugar: una en 1563, cuando don Blas de Bustamante recibió el grado de doctor en cánones apadrinado por el segundo Marqués del Valle; la segunda de 1569, en la cual el futuro Virrey Velasco II fue padrino de insignias del primer doctor en leyes, Bartolomé de Frías y Albornoz; y la tercera en 1586, cuando don Luis de Villanueva Zapata recibió el doctorado en cánones, siendo su padrino el capitán don Francisco de Velasco, hijo o hermano del primer virrey de ese apellido. El bachiller Plaza y Jaén recuerda que la Universidad había recibido del rey "inmunidades... de hacer Caballeros a los que en ella se graduasen". Los estatutos de 1586 imponen de rigor esta ceremonia. Si el graduado era eclesiástico en cambio recibía un bonete negro, un libro (símbolo de su capacidad de "leer" la materia), un anillo en señal de desposorio con la ciencia y un ósculo de paz, gestos estos dos procedentes del ritual de investidura feudal. Vicente T. Mendoza y Pablo Martínez del Río recuerdan la costumbre colonial universitaria de celebrar como epílogo de la graduación un v e j a m e n , acto satírico de delicioso sabor medieval a cargo de uno de los doctores o maestros, consistente en una burla, hecha con gracia y donaire del doctorado y de los demás participantes en el examen; era un escrito preparado con anticipación en prosa castellana y no en latín, lengua del ambiente académico pero no adecuada para chocarrerías. Esta costumbre, indicada en 1567 y practicada en otras universidades de las Indias, perduró hasta la segunda mitad del siglo XVIII, cuando había llegado a tal refinamiento que hubo hasta vejámenes de carácter musical. Otra práctica de origen medieval porque recuerda los aspectos penitenciales de la iniciación a las órdenes caballerescas, aunque de carácter jocoso es el llamado " p a s e o   d e   p e r r o s " , o befa de que eran objeto por las calles los estudiantes de nuevo ingreso y que duró hasta que la Universidad fue desterrada a su actual *campus* estilo anglosajón. Una vieja tradición medieval muy viva en la Colonia era la de que el nuevo graduado ofreciera una c o l a c i ó n en honor del rector, del canciller, del padrino y de los catedráticos. El claustro universitario, por decisión del 17 de diciembre de 1577, dio carácter obligatorio a esta práctica, como era en Salamanca. La minuta debía ser aprobada por el maestrescuela y era precedida por el envío de confites y acitrones a los homenajeados; para acentuar su carácter convivial quedó estrictamente prohibido llevar armas al banquete. El aspirante debía también repartir p r o - p i n a s entre los oficiales, maestros y padrinos, las cuales eran regalos en efectivo o en especie en diversas cantidades determinadas por el uso, según los rangos. Entre tales regalos, Carreño menciona hachones de cera blanca, guajolotes, guantes y dulces.[9]

---

[9] CERVANTES DE SALAZAR, 39-40. Carreño, *Universidad*, 90 (exámenes) y 53 (doctorados *honoris causa*). Ajo y Sanz de Zúñiga, II, 554-555: APÉNDICE, CARTULARIO, núm. CCCLIII (Real Cédula del 17 de octubre de 1562). Mendoza, *Vida y Costumbres*, 37-39 (ceremonia de gradua-

Además de la Universidad existieron en la Nueva España los c o l e -
g i o s , algunos de los cuales fueron fundados con anterioridad a ésta,
que funcionaban como escuelas de doctrina, artes menores y oficios. Después de 1553 la Universidad tendió a absorber los colegios y los representantes de éstos entraron a formar parte del claustro universitario. Los dos
colegios más antiguos fueron los de Santa Cruz de Tlatelolco y de San José
de los Naturales, y el primero fue conocido sobre todo por el cultivo de la
lengua latina. Más tarde fue fundado el Colegio de San Juan de Letrán para
la educación de los mestizos, pues los dos anteriores se dedicaban a la instrucción de los indígenas. El concepto de colegio fue en la Nueva España,
por supuesto, el de su sentido medieval: eran al mismo tiempo instituciones
de enseñanza y una especie de internado donde se alojaban y estudiaban
gratuitamente los jóvenes alumnos. Tal fue la función de la Sorbona en
París, de San Clemente en Bolonia, de San Bartolomé de Salamanca y de
Santa Cruz de Valladolid. La vida en ellos era estoica, pues como nos informa Becerra López, en Tlatelolco los estudiantes dormían sobre t a -
r i m a s . Evidentemente, en 1628 fue fundado con el mismo objeto el
Colegio de Comendadores de San Ramón Nonato, para michoacanos que
estudiaran en México. Además de los ya citados, desde el siglo XVI existieron
otros importantes colegios asociados directa o indirectamente a la comunidad universitaria, entre ellos los de San Pedro y San Pablo, de Cristo, de
San Ildefonso y el Real Colegio Seminario; en todos ellos el núcleo del programa de estudios era, como en Europa en la Edad Media, el *trivium* y el
quadrivium. Al respecto, Francisco de la Maza describe un grabado que
ilustra la *Rethorica Christiana*, de Fray Diego Valdés, autor mexicano cuyo
libro fue editado en Perusa en 1579: sobre un rico fondo del que forman parte los medallones del *trivium* y el *quadrivium*, siete doncellas romanas representantes de las artes liberales (así llamadas porque el saber libera) trans-
miten sus conocimientos a un robusto angelito desnudo que representa a
la juventud.[10]
Los bachilleres aspirantes a un grado superior, como se ha dicho, componían el c l a u s t r o   d e   c o n s i l i a r i o s , cuerpo encargado de la elección del rector, quien en teoría podía ser hasta uno de sus
miembros; de hecho, en 1561 poco faltó para que el bachiller Álvaro Vega
fuera elevado a la máxima dignidad universitaria. Además, la Ley VI de la
Segunda Partida alfonsina les otorgaba la facultad de seleccionar a sus maestros, de presenciar las oposiciones y de votar en ellas, prerrogativa que, sin
embargo, fue abolida en 1676 por la mala fama que se ganó el claustro de
consiliarios, considerado un grupo muy expuesto al cohecho y al ejercicio

---

ción doctoral). PLAZA Y JAÉN, I, 36 (Bustamante), 31-32 (Frías), 135 (Villanueva) y 64 (privilegio de la Universidad de armar caballeros). Jiménez Rueda, *Constituciones de la Universidad*,
18 y 49; y Carreño, *op. cit.*, 46-52 y 72 (ceremonia de graduación de un eclesiástico). Mendoza, *Vida y Costumbres*, 39-40 *sqq.;* y Martínez del Río, *Universidad de México*, 21 (el veja-
men). Mendoza, *op. cit.*, 34-35 (guantes) y 54 (paseo). Carreño, *Universidad*, 91-92 (colación y
propinas); *cf.* Lessler, 104.
    [10] Becerra López, 85 y 97; y Manrique, "Barroco e Ilustración", 391 (Colegios). F. de la Maza,
Valdés, 27 y grabado 5.

de influencias. La disminución de sus prerrogativas, a la cual se opuso Palafox, requirió una serie de maniobras por parte de las autoridades virreinales. Como en nuestros días, los candidatos a la licenciatura eran llamados p a s a n t e s , y la vida estudiantil, al igual que en el Medievo, era rica en serenatas a veces de sabor latinesco, jolgorios, espectáculos (en el México colonial principalmente los toros que se corrían a las puertas mismas de la Universidad, en la Plaza del Volador), cantos, vino y picarescas aventuras galantes.[11]

El p l a n d e e s t u d i o s de la Universidad de México fue prácticamente el mismo de Salamanca, con ciertas modificaciones que señalaremos más adelante; como en España, se exigía el conocimiento del trivio (gramática, retórica y dialéctica) y el cuadrivio (aritmética, geometría, astronomía y música), las siete artes base del humanismo desde los días de Marciano Capella, para llegar a los estudios superiores y a su pináculo, la teología, reina del saber. La Universidad de México fue inaugurada en junio de 1553 con estudios que correspondían a cuatro facultades tradicionales: artes, derecho canónico, derecho civil y teología; en septiembre de ese mismo año se agregó la de medicina. Como en Salamanca, las dos cátedras de teología (cuyos primeros titulares fueron Fray Pedro de la Peña y Fray Alonso de la Veracruz), las dos de cánones, y la primera de gramática fueron declaradas perpetuas, es decir que su titular era jubilado después de 20 años de ocuparla. La escolástica, heredera de Aristóteles y de Santo Tomás de Aquino, determinó el curso de los estudios en todos los niveles y de acuerdo con ella, el método esencialmente utilizado era el de la lección seguida por una disputa más un acto anual de conclusiones sustentado por los alumnos. No hubo jamás cambios radicales en el programa de asignaturas pero la adopción paulatina de materias complementarias implicó una cierta evolución de los estudios. Aun así, dice Nicolás Rangel, todavía en época de Carlos III la Universidad era una curiosa supervivencia medieval, y en ella seguían imperando los programas educativos originales, siempre a la sombra y amparo de la teología.[12]

"La primera columna de la Universidad en que se funda la fe, es la facultad de Sagrada Teología Escolástica", escribía en el siglo XVII su cronista, el bachiller Plaza y Jaén. Es un hecho bien conocido y confirmado por el Padre Grijalva que Fray Alonso de la Veracruz fundó en 1553 la cátedra de prima de Sagrada Escritura en México, materia que hasta ese momento enseñaba en el colegio agustino de San Pablo. Desde entonces y hasta el siglo

[11] Carreño, *Universidad*, 73 y 91; Becerra López, 137, 141, 142, 144 y 232; y Jiménez Rueda, *Constituciones de la Universidad*, 16 y 50 (voto estudiantil). *Cf.* Lessler, 105; y Halphen, 106, en relación con las ceremonias medievales de bienvenida a personas insignes, en los que los estudiantes empuñaban hojas de palma y ramos de laurel. Martínez del Río, *Universidad de México*, 20 ("pasantes"); Mendoza, *Vida y Costumbres*, 9, 13, 18 y 19; y Lanning (ed.), CÉDULAS DE LA UNIVERSIDAD, 228-230 (vida estudiantil).

[12] Jiménez Rueda, *Constituciones de la Universidad*, 25 y 40; y Manrique, "El Barroco y la Ilustración", 389 (plan de estudios de la Universidad). Carreño, *Universidad*, 43-45 y 249 (primeras cátedras) y 47 (cátedras perpetuas). Justina Sarabia Viejo, *Velasco*, 219. Becerra López, 147-148, 189 y 194 (método escolástico); *cf.* Peggy K. Liss, 145. N. Rangel, en Int., ix, al vol. I de Plaza y Jaén.

XVIII el texto de esta cátedra fue el del Maestro de las Sentencias Pedro Lombardo († 1160), brillante discípulo de Abelardo y fundador con otros de la filosofía sistemática. También se estudiaban sus comentaristas Pedro Comestor (†1176) y Pedro de Poitiers († 1205), así como la *Summa Theologica* de Santo Tomás de Aquino y los escritos de San Agustín, Ricardo de San Víctor, Casiano, Duns Escoto y el Cardenal Cayetano. Mas el grado de licenciado en teología requería sustentar un acto de disputa sobre cada uno de los cuatro libros del Maestro de las Sentencias. En 1617 el Virrey Marqués de Guadalcázar fundó una cátedra dedicada al estudio de Santo Tomás, encomendada a sus correligionarios dominicos, tradicionales defensores del realismo aristotélico. Los nominalistas obtuvieron satisfacción, sin embargo, cuando en 1658 la Universidad instituyó otra cátedra confiada a los franciscanos para leer la doctrina del Doctor Sutil, Duns Escoto. Se prolongó así a la universidad novohispana la antigua disputa medieval entre realistas y nominalistas sobre la esencia de los u n i v e r s a l e s (en términos filosóficos) interpretada por unos y otros en términos opuestos.[13]

Los textos con que se estudiaba el derecho canónico eran, por supuesto, los cuatro libros de la *Concordia discordantium canones* (hasta el presente, primera parte del Código de Derecho Canónico), y las siguientes colecciones: las Decretales de Gregorio IX, compiladas por San Raymundo de Peñafort, el *Liber Sextus*, las Clementinas y las Extravagantes, así llamadas por haber estado dispersas durante un periodo. Entre los comentaristas más leídos figuraba en primer término Bernardo de Pavía.[14]

La enseñanza del derecho civil comprendía la lectura y el comentario del Código y la Instituta de Justiniano así como de sus glosas, obra de los famosos juristas boloñeses del siglo XIII Azzo y Acursio.[15] En el programa de artes se leían la *Física* y demás obras naturales de Aristóteles, y en el de gramática, el estudio se basaba en la obra didáctica del gran humanista Lorenzo Valla (1407-1457) sobre la elegancia de la lengua latina.[16] Las matemáticas y la astronomía se enseñaban de acuerdo con las teorías de Euclides, conocidas en España desde principios del siglo XII en la versión latina preparada por Adelardo de Bath. Muy a principios del siglo XVII fue catedrático de estas materias en la Universidad de México el célebre Enrico Martínez, a quien, quizá por su origen extranjero, se dieron instrucciones precisas y curiosas de cómo conducir su curso; debía utilizar para la clase

[13] PLAZA Y JAÉN, I, 10 (primacía de los estudios teológicos) y 248 (cátedra de tomismo). GRIJALVA, 492-495. Jiménez Rueda, *Constituciones*, 46-47 (Pedro Lombardo). VETANCURT, *Teatro mexicano*, 4ª Parte, 46 (cátedra de Duns Escoto). La cátedra de filosofía escotista existía todavía en los últimos años del siglo XVII: ver Lanning (ed.), CÉDULAS DE LA UNIVERSIDAD, 69 y 307. En 1732, el rey autorizó al Colegio de San Idelfonso a fundar en la Universidad una cátedra temporal de teología en que se expusiera la doctrina contenida en los tres primeros libros del Maestro de las Sentencias: *cf. ibid.*, 316-317; y ver también 153-154 sobre los problemas que suscitó el establecimiento de dicha cátedra.

[14] PLAZA Y JAÉN, I, 22; Weckmann, *Cultura medieval*, 141-142; y Jiménez Rueda, *op. cit.*, 39-40 y n. 22 (enseñanza del Derecho Canónico).

[15] PLAZA Y JAÉN, I, 31 y 110; y Jiménez Rueda, *Constituciones de la Universidad*, 40 y n. 23 (textos de Derecho Civil).

[16] Becerra López, 136 y 157.

de matemáticas, además de los *Elementos* de Euclides, los textos de Juan de Monteregio, llamado el Regiomontano (1436-1476) y la *Esfera* de Juan de Sacrobosco († 1256); y para la enseñanza de la astronomía debía servirse del *Almagesto* de Tolomeo y de las *Tablas Astronómicas* de Alfonso el Sabio. De la lectura de su *Repertorio de los Tiempos* resulta además que el cosmógrafo alemán conocía bien las obras de muchos escritores medievales y de principios del siglo XVI, tales como Pedro Apiano, Vicente Baldino, Gemma Frisio, Francisco Iunctino y Abrahán Ortelio, a los que frecuentemente alude. De la enseñanza de la astronomía derivó una cátedra de astrología, impartida por lo menos hasta 1700, pero por sus múltiples ramificaciones este tema será tratado aparte, junto con la *práctica* de la medicina, en un ulterior capítulo relativo a la ciencia.[17] En cuanto al aspecto técnico de la medicina, que desde el siglo XVI formaba parte del *curriculum* de los Estudios Generales de Europa, su enseñanza se inició desde 1553 en la Universidad, siguiendo las obras de Hipócrates, de Galeno, el *Canon Medicinae* de Avicena y el *Liber Continentis* de Razi *(ca.* 850-932), médico de los califas de Bagdad considerado el mayor genio de la Edad Media en su campo por algunos historiadores de la medicina. En 1621 se creó una cátedra independiente de anatomía y cirugía, en la cual se seguían las enseñanzas de Guido de Chauliac *(fl.* 1340-1380), célebre maestro de la Universidad de Montpellier y cirujano de varios papas aviñoneses. La creación de la facultad de Medicina, según Becerra López, fue el primer paso en el largo camino de la transformación de la Universidad de México, de la institución estrictamente escolástica que fue en un principio en un centro de estudios abierto a los nuevos métodos de investigación. Tratando de adaptarse a las circunstancias históricas de su desarrollo, sin embargo, para la Universidad tuvo un significado mayor y más inmediato la introducción del estudio de las lenguas indígenas en sus programas, cosa que representa la única pero significativa innovación hecha en el periodo colonial en relación con los programas de Salamanca.[18]

Aunque se inició formalmente cuando la Universidad ya no era institución de reciente fundación, el estudio de las lenguas indígenas fue, como observan Céspedes del Castillo, J. Lockhart y Enrique Otte, su máxima aportación científica original durante la totalidad del periodo colonial. La inclusión de la enseñanza del náhuatl en el programa universitario, en realidad fue un hecho casual, pues respondió a una interpretación amplia de ciertas decisiones conciliares y órdenes papales según las cuales debían establecerse en las universidades de la cristiandad, con propósitos de evangelización y teniendo siempre presente sobre todo a los musulmanes, cátedras de l e n g u a s   o r i e n t a l e s .[19] El promotor de la idea fue el Doctor Iluminado, el mallorquino San Raimundo Lulio, quien sufrió luego el martirio en el África del Norte; a resultas de sus instancias, el Concilio de

---

[17] Jiménez Rueda, *op. cit.,* 40 y n. 25 (matemáticas y astronomía). De Gortari, 219, 220 y n. 32 (conocimientos científicos de Enrico Martínez); *cf.* De la Maza, *Enrico Martínez,* 22.

[18] Becerra López, 42, 49, 164 y 166 (medicina y cirugía); *cf.* Carreño, *Universidad,* 464 y el texto de la Real Pragmática del 4 de noviembre de 1617, referente al estudio de la medicina.

[19] Céspedes del Castillo, "Las Indias durante los siglos XVI y XVII", III, 374. J. Lockhart y E. Otte (ed.), *Letters of the Spanish Indies,* Int., 113.

Viena del Delfinado (1311-1312) dispuso que las cuatro universidades pontificias entonces existentes crearan cátedras de árabe, de hebreo y de caldeo, decisión después confirmada por Clemente V. Tal fue el origen de los colegios trilingües de las universidades de París y de Salamanca. Para la evangelización de los naturales de la Nueva España era obvio que el árabe y el hebreo resultaban superfluos, mientras el aprendizaje de las lenguas indígenas era indispensable, como bien entendieron los tres primeros misioneros flamencos y sus sucesores. Así, pues, mientras en España Fray Hernando de Talavera, primer Arzobispo de Granada, instaba a sus clérigos a aprender el árabe para convertir a los moriscos, en la Nueva España don Vasco de Quiroga imponía a sus clérigos el conocimiento de la lengua tarasca como condición para ordenarlos. Fray Francisco de Luna, uno de los sucesores de don Vasco, fundó en el Colegio de San Nicolás de Valladolid dos cátedras de lenguas indígenas, la otomí y la mexicana (náhuatl), que existieron hasta finales del siglo XVIII. La Corona, informa Zavala, fomentó estos estudios en todas las universidades y conventos de las Indias. En 1577 Felipe II ordenó que se crearan cátedras de "la lengua general" de los naturales en los lugares donde hubiera universidades y audiencias, disposición reiterada en 1580; el conocimiento de dicha lengua general fue puesto entre las condiciones necesarias para recibir el orden sacerdotal, pero esta norma no siempre pudo cumplirse; se dio también a tal conocimiento carácter preferencial para quienes aspiraran a doctrinas y beneficios eclesiásticos. En la Universidad de México las cátedras de náhuatl y otomí no fueron fundadas inmediatamente (no eran urgentes porque las lenguas indígenas se podían aprender en los estudios de los frailes, como señaló en 1599 el Conde de Monterrey a Felipe III) sino hasta 1627. Cuando se establecieron dichas cátedras en México, ya existían otras similares en Lima, en Córdoba (Argentina) y quizá también en Santo Domingo. En la Nueva España, por dificultades, varias de las lecciones no pudieron iniciarse hasta 1640, y sus tres primeros sustentantes fueron sucesivamente Fray Diego Galdós de Guzmán, Fray Pedro de la Rosa y el bachiller Bernardino Vargas. Tres cronistas eclesiásticos mencionan estas cátedras entre las que existían en su tiempo en la Universidad: Vetancurt, Fray Baltazar de Medina y Fray Pablo Beaumont, que prácticamente cubren la totalidad de los siglos XVII y XVIII. Mas la competencia de los conventos hacía raros los alumnos que a ella asistían. Las oposiciones se basaban en un misal y el aspirante debía predicar un sermón en lengua mexicana. Por último, el claustro universitario, con base en la decisión mencionada del Papa Clemente V, estableció en 1762 la cátedra en lenguas orientales, pero la medida no fue ratificada por la Corona porque la universidad misma había prohibido la creación de nuevas cátedras en su Constitución 121.[20]

[20] Ajo y Sanz de Zúñiga, I, 230; y Mollat, 32 (San Raymundo Lulio). Becerra López, 149 y 186 (colegios trilingües). Miranda Godínez, 185 (Talavera y Quiroga, cátedras de San Nicolás). Zavala, *Mundo Americano*, I, 534. CEDULARIO DE ENCINAS, fols. 205 y 206 (Carta de Felipe II al virrey del Perú, de 1577, sobre el establecimiento de las cátedras de lenguas indígenas en las Indias y preferencia a los clérigos que las conocieran). Lanning (ed.), CÉDULAS DE LA UNIVERSIDAD, 96 (Cédula núm. IV; Badajoz, 19 de septiembre de 1580). La Real Cédula de 1580 es

Las lenguas indígenas se estudiaban en todas partes de la Nueva España. En Santa Cruz de Tlatelolco, el célebre don Antonio Valeriano, entre cuyos discípulos figuraron Fray Bautista y el cronista Torquemada, enseñaba la lengua mexicana. Como hemos visto, don Vasco de Quiroga exigía a su clero español el aprendizaje del tarasco y a los indios el castellano. Un siglo más tarde, en 1671, el Colegio de San Nicolás por él fundado añadió a su plan de estudios el náhuatl y el otomí. Miranda Godínez afirma que don Miguel Hidalgo y Costilla, graduado de ese colegio, aprendió allí la lengua otomí. Hacia 1585 los jesuitas impusieron a sus novicios de Tepotzotlán el estudio del náhuatl así como del otomí, del chichimeca y del mazahua; en cambio en Pátzcuaro estudiaban el purépecha y en Oaxaca el mixteco. Según los cronistas Tello y Grijalva, en Guadalajara se fundó en 1583 una cátedra de lengua mexicana en el Colegio de San Pedro y San Pablo, cuyo primer titular fue el reputado lingüista Fray Pedro Serrano, quien conocía también el totonaca. La cátedra de lenguas indígenas del Colegio de San Luis de Puebla tuvo numerosos alumnos (todos frailes) a partir de 1585; y más tarde el obispo poblano Palafox fundó una segunda cátedra en el Colegio de San Juan Evangelista de la misma ciudad. Según Lorenzana, el Obispo Gonzalo de Salazar (1609-1636) puso especial cuidado en que el clero yucateco aprendiera el maya. Por último, en su *Teatro Mexicano* Vetancurt alude a otros monasterios de frailes donde a principios del siglo XVII se enseñaban lenguas tales como la mexicana, la mazaltzinga y la otomí; tal era el caso en los de Texcoco, Toluca, Tlaxcala, Cholula y Xochimilco.[21]

también mencionada por Carreño, *Universidad*, 230-231; por Ajo Zúñiga, ii, 167, por Bourne, 309; y por Becerra López, 51 y 183; véase igualmente la disposición relativa en la *Recopilación de Leyes de Indias*, lib. i, tít. xxii, leyes 1 y 46. CARTA DEL VIRREY CONDE DE MONTERREY A FELIPE III (México, 11 de junio de 1599), en Cuevas (ed.), DOCUMENTOS INÉDITOS, núm. lxxxvii, 474. Baudot, 97; cf. el *Bol. del Arch. General de la Nación*, xxii: 3, 367-488; y Becerra López, 184 (cátedra de náhuatl y otomí). Hernáez, i, 29; T. B. Jones, 228; y Bannon, *Colonial Americas*, 418 (cátedra de lenguas indígenas en Lima, Córdoba y Santo Domingo). Jiménez Rueda, Int., *México en 1554*, de Cervantes de Salazar, 13; Martínez del Río, *Universidad*, 17; PLAZA Y JAÉN, I, 353, 395 y 402; y DÍEZ DE LA CALLE, 125-126 (inauguración de los cursos de náhuatl y otomí, 1640). VETANCURT, *Tratado*, 32. MEDINA, fol. 237. BEAUMONT, III, 262. Los tres cronistas coinciden en que la Universidad contaba con 22 o 23 cátedras, número que al no variar en un siglo es una prueba más de su espíritu conservador; Jiménez Rueda, en *Constituciones de la Universidad*, 51, cita los Estatutos Nuevos de Moya de Contreras (oposición para la cátedra de náhuatl). De Gortari, 186; Lanning (ed.), CÉDULAS DE LA UNIVERSIDAD, 202 y 204-205 (cátedra de lenguas orientales).

21 Osores, II, 911 (don Antonio Valeriano). Gil González Dávila (ed. Madrid, 1649), 112, citado por Quesada, 117; y Miranda Godínez, 185 y 257 (San Nicolás de Valladolid). Jacobsen, 167, 221, 222 y 225 (los jesuitas). Tello, c. xxiv; y Grijalva, 599 (Fray Pedro Serrano); *cf.* C. Guerra, *Arte de la lengua mexicana*, ed. de A. Santoscoy, Guadalajara (1900); Parry, *Audiencia of New Galicia*, 18; y Pérez Verdía, 288-289. Quesada, 116, cita de nuevo a Gil González Dávila (misma edición), 89 (Colegio de San Juan Evangelista). Lorenzana, *Concilios*, 355. Vetancurt, *Teatro*, 4ª Parte, 31.

XXXIII. LA HISTORIOGRAFÍA, LA CRONOLOGÍA Y LA IMPRENTA. EL LATÍN Y LOS AUTORES LATINOS MEDIEVALES

LAS CRÓNICAS de Indias, relatos oficiales de los descubrimientos, entradas y colonización, continuaron, como observa Carbia, la tradición de las crónicas medievales castellanas y aragonesas, cuyo propósito desde los primeros tiempos fue no sólo informar en general sino también poner al alcance de cada nuevo monarca el ejemplo de los aciertos y errores de sus predecesores, para tomarlos en cuenta en su propio gobierno. Más antiguas que las de Aragón, las primeras crónicas castellanas datan de principios del siglo X. La crónica recibió su forma definitiva en el ambiente místico de la corte de San Francisco y de su madre la Reina Berenguela. La primera gran expresión es la *Crónica general*, redactada bajo la guía de Alfonso el Sabio, seguida por otras que cubren hasta la época misma de los descubrimientos, cuando Hernando del Pulgar escribió para los Reyes Católicos su valiosa *Crónica*. Con la significativa excepción de las narraciones históricas del humanista italiano Pedro Mártir de Anglería (que después de todo era extranjero) las narraciones oficiales de la historia de América tuvieron un objeto semejante al señalado, y para mejor perseguirlo se creó el oficio de cronista de Indias, desempeñado entre 1525 y 1799 por catorce individuos de talento desigual de los cuales el primero, como se sabe, fue Gonzalo Fernández de Oviedo. Los cronistas de Indias, para colaborar en el buen gobierno de provincias tan lejanas, debían asentar los hechos con exactitud histórica; al mismo tiempo, sus datos debían demostrar a las naciones extranjeras, como escribió uno de ellos, Antonio de Herrera, que los Reyes de España no habían "atendido a disfrutar aquellas tierras como dicen", sino más bien a cumplir las condiciones impuestas por los romanos pontífices en sus donaciones y bulas relativas a la conversión de los naturales.[1]

Si fue éste el propósito que animó a los cronistas de Indias, no fue —o por lo menos no únicamente— el que inspiró las narraciones de los demás cronistas de la Conquista y de la evangelización. La mayor parte de éstos escribieron en tierra americana, pero en unos y en otros puede discernirse una serie de actitudes, intereses y evaluaciones que los acercan notablemente a la historiografía medieval, de la cual bien sabrán ser —sobre todo los clérigos— a la vez herederos y continuadores. En los casos concretos que examinaremos se verá en qué consistía esa herencia, pero no hay que olvidar aquí que el rigor metódico de la investigación y exposición históricas datan

---

[1] Carbia, 69, 100, 122-123 y 271. Los cronistas de Indias son enumerados por Barros Arana; los más notables, además de Oviedo, fueron López de Velasco (quien simultáneamente fue nombrado cosmógrafo de Indias), Antonio de Herrera, León Pinelo, Antonio de Solís y el gran bibliógrafo Juan Bautista Muñoz, último que desempeñó el cargo hasta su muerte en 1799.

apenas del siglo XIX, y que las gestas y crónicas medievales se caracterizaron, entre otras cosas, por su vaguedad, por su aceptación ciega de lo sobrenatural y de lo maravilloso, y por su sentido del heroísmo y la piedad; en suma, en la Edad Media se daba a la historia un valor didáctico inmediato con tono de ejemplaridad, con un sentido relativo del tiempo y del espacio. En otras palabras, lo que importaba al cronista, lo mismo al medieval que al de Indias, era no tanto la verdad histórica como la verdad eterna. Oviedo, por ejemplo, es tan poco preciso en muchas de sus narraciones que trae a la memoria al cronista medieval que dice que la muerte del abad Hugo de Cluny ocurrió "el mismo año del eclipse de sol, cuando el conde Odón derrotó a los normandos". Los editores y críticos modernos de la obra de Oviedo —Harrisse, Regnault, Bauzá y Carlos I. Salas— han señalado la vaguedad de muchos de sus informes y la falta de cohesión estructural de su *Historia General y Natural.* El primer cronista de Indias —caso corriente como veremos más adelante—, al igual que sus predecesores medievales, incorporaba a su texto noticias tomadas de autores anteriores sin reconocerse deudor de ellos; en efecto, como ha señalado Iglesia, 44 de los 57 capítulos de la *Historia* relativos a la conquista de la Nueva España están basados directamente en las *Cartas de Relación* de Cortés, y los 13 restantes en otras relaciones y cartas, una de ellas del Virrey Mendoza. De Gómara, aparte de haber escrito casi al dictado del Conquistador (de quien era capellán), puede afirmarse que los primeros siete capítulos de su *Historia,* por la gran riqueza de citas y por su contenido fuertemente didascálico son genuinamente medievales en su forma y contenido. Walter E. Palm señala que Las Casas revela una débil memoria de los hechos históricos recientes en sus escritos no apologéticos; en cambio y siguiendo el ejemplo de Froissart y de Commines, insiste minuciosamente en detalles de segundo y tercer orden. Los historiadores de la Conquista tuvieron sin embargo el gran mérito de haber desplazado del primer plano de su narración a monarcas y grandes personajes, dando el papel de protagonistas a los conquistadores y sobre todo a las razas aborígenes. El interés por la cultura indígena, aunque derivado ciertamente de un objetivo religioso, inspiró a Fray Bernardino de Sahagún a compilar y redactar sistemáticamente su *Historia de las cosas de la Nueva España.* En ello podemos ver también, y sobre todo en la estructura que el gran erudito dio a su obra, una continuación de la tradición de los enciclopedistas medievales, iniciada por San Isidoro y proseguida entre otros por Rabano Mauro y Vicente de Beauvais.[2]

En el Medievo y todavía en el siglo XVI no era considerado falta de honradez intelectual el que un historiador transcribiera folios enteros de los autores clásicos o de algún predecesor, incorporándolos a su propio texto, si servían a su propósito o si aducían ejemplos edificantes o exaltaban los valores espirituales. La exposición de la "verdad" era más importante que

[2] Harrisse, *Americana Vetustissima,* I. A. Regnault, *La conquête d'Amérique,* II, cap. 4. Bauzá, *La dominación española...* I, Reseña preliminar. C. I. Salas, "Cronistas Mayores", 27. R. Iglesia, *Cronistas e historiadores,* 146. Palm, *La Española,* I, 33. Morales Oliver, 46 (interés de los historiadores de la Conquista en la cultura aborigen). Keen, 114, compara a Sahagún con los enciclopedistas de la Edad Media por su labor de compilación.

el reconocimiento del mérito de la narración; por ello muchos ca
de la historia americana de aquel siglo no deben juzgarse como la historia de
un hecho, sino como la presentación de una idea. Además de Oviedo, éste
es el caso del cronista Herrera, sobre todo en las *Décadas*, cuya redacción
debe mucho a datos tomados de Hernando Colón y de Las Casas, entre otros.
Nadie lo acusó por ello de plagiario hasta 1793, cuando el último de sus
sucesores, Juan Bautista Muñoz, dijo que no había hecho más que "juntar
retazos". Ésta es también la opinión de Jiménez de la Espada, para el cual
ningún otro historiador de las Indias se ha apropiado de tantos trabajos
ajenos, y de Carlos Bosch García, quien señala los numerosos párrafos de
Cervantes de Salazar, Gómara, Muñoz Camargo y Alonso de Zurita trans-
critos textualmente por Herrera. Díaz Thomé aduce la atenuante de que la
transcripción pura y simple es característica del estilo de uno de los pla-
giados, Cervantes de Salazar, quien tomó párrafos enteros de Gómara,
además de copiarle el plan general de la obra. Torre Villar, analizando por
su parte la *Sumaria Relación* del criollo Dorantes de Carranza, señala que
éste transcribió capítulos enteros de Las Casas, de Góngora y del Padre
Durán. El Padre Garibay, más sentencioso, afirma con razón que Torquemada "se tragó toda la *Historia Eclesiástica Indiana* de Mendieta sin chistar
vocablo". Por último, para Baudot ni Motolinía, ni Fray Andrés de Olmos, ni
Fray Martín de la Coruña (a quien se atribuye la *Relación de Michoacán)*,
ni Fray Francisco de las Navas y ni siquiera Mendieta mismo, fueron autores cabales de sus obras, ya que todos ellos se copiaban entre sí o se basaron
en una fuente común, cosa que después de todo era normal en su tiempo.[3]

Tal vez la principal característica de los cronistas religiosos y de algunos
laicos (hasta en épocas más recientes) ha sido entender la historia, con base
en el Antiguo Testamento y principalmente en San Agustín, como un perpetuo devenir de la voluntad divina que conduce al hombre hacia la salvación. Por ejemplo, la tendencia principal de la *Historia de las Indias* del
Padre Durán es claramente exponer una idea dualista y teocrática de la historia, en la cual dos fuerzas, el Bien y el Mal, luchan por la posesión de la
humanidad; la Conquista sirve al cronista para ejemplificar un episodio en
el que triunfa el Reino de Dios. Resulta obvio que la influencia agustiniana
permea la *Historia de las Indias* del Padre Las Casas, en particular la visión
del santo del conflicto duradero entre la ciudad terrena y la ciudad de Dios.
La mentalidad medieval, opina Sandoval, es ilustrada no sólo por la tesis del
origen racial de los indios y la naturaleza de sus dioses, sino por el carácter milagroso atribuido a ciertos fenómenos naturales como el aguacero de
la Noche Triste. Keen ha señalado que para el Padre Durán, así como para
el Padre Acosta, la Conquista fue simplemente el castigo que Dios impuso
a los indios por sus pecados. Fray Juan de Torquemada describe la caída
del Imperio azteca, dice Phelan, en términos de una dialéctica medieval de
la historia; ejemplo de ello es la exposición de la toma de Tenochtitlán como

---

[3] Carbia, 168-171 (críticas de Herrera, prólogo de J. B. MUÑOZ, *Historia del Nuevo Mundo*,
y Jiménez de la Espada). Carlos Bosch García, citado en Keen, 176. *Estudios de Historiografía
de la Nueva España* (El Colegio de México, 1945), 25 y 28 (Díaz Thomé) y 215 (E. de la Torre
Villar). Garibay K., *Literatura Náhuatl*, 259. Baudot, 383-384.

secuela obligada de la caída de las monarquías paganas de los caldeos, babilonios, griegos y romanos. Elsa Cecilia Frost observa que tanto para Fray Juan como para sus predecesores medievales la historia no es más que una sucesión de hechos que conducen a la salvación. En efecto, Torquemada cree firmemente en la intervención divina en las vicisitudes de los hombres, como demuestra su interpretación de los siguientes hechos: aunque en la Nueva España los españoles hacían la guerra "con sus personas", era Dios quien vencía "con su clemencia y poder"; por disposición divina la Conquista se realizó para que entrase el Evangelio en estas nuevas tierras; en el sitio de Tenochtitlán era la mano de Dios la que castigaba a los aztecas; y fue Dios mismo quien escogió por su capacidad para dirigir la gesta cristiana a Cortés, mas ésta es una idea ya anteriormente expresada por Mendieta y por Fray Francisco de Aguilar. Para Florescano, las obras históricas de Pedro Mártir, de Oviedo y de Góngora son sobre todo manifiestos de un imperialismo mesiánico y evangélico, y la historiografía religiosa de la Nueva España, una exaltación de la obra evangelizadora con todo y su ineludible martirologio. En lo que atañe a los cronistas metropolitanos, es pertinente recordar que Antonio de Solís consideraba la Conquista una empresa dirigida por la Providencia, pues en ella la intervención de la mano de Dios fue tan evidente que no hubo necesidad de milagros visibles. Respecto a los cronistas eclesiásticos de la Nueva España, es indispensable señalar la actitud providencialista presente tanto en los escritos de Sahagún (a quien se debe una minuciosa relación de las "señales" que anunciaron la llegada de los españoles), como más tarde en los del Padre Tello, de la cual son muestra los ejemplos del castigo divino que se abatió sobre Nuño de Guzmán y su gente por sus crueldades. El plan de conjunto de Sahagún es una *Summa* escolástica y al mismo tiempo, añade Todorov, una enciclopedia medieval con sus subdivisiones en libros y capítulos. Es igualmente medieval la actitud de Fray Juan González de la Puente, cuya crónica agustina de Michoacán es un largo parangón de la historia de su orden con numerosos hechos relatados en las Sagradas Escrituras. Para Burrus, los cronistas religiosos de la Nueva España y Guatemala, a pesar de sus divergencias eran generalmente ingenuos y crédulos, y sus narraciones dan excesiva importancia a lo raro y maravilloso. En las crónicas de las órdenes religiosas, de hecho, abundan los relatos de milagros e historias edificantes, tanto que podría decirse que son expresiones tan historiográficas como hagiográficas, y más bien lo segundo. La casi totalidad de las crónicas de los conventos y colegios femeninos (escritos por mujeres) han quedado en forma manuscrita. Como hombres de su tiempo que eran, muchos exploradores y conquistadores autores de crónicas (excepto los que escribieron en primera persona con propósitos apologéticos como Cortés), al escribir relatos de sus andanzas, revelan igualmente la convicción de ser meros instrumentos de los grandes designios de la Providencia. Tal es el caso por ejemplo de la reseña de la expedición de Sánchez Chamuscado a Nuevo México en 1582, en la cual Hernán Gallegos interpreta el arrojo del puñado de españoles que se aventuraron a explorar aquellas remotas regiones, sin sufrir daño alguno entre multitudes idólatras, como una hazaña guiada por la mano de Dios. O el de los *Diálo-*

gos militares de García de Palacio, escritos hacia la misma época, donde el autor sentencia que las milagrosas victorias ganadas por los Reyes de España fueron más bien una recompensa divina a su bondad y santidad que resultado de la virtud y fortaleza de sus ejércitos. Todavía en nuestro tiempo Castillo Ledón sostiene que el descubrimiento de América fue un hecho providencial, una medida previa para alcanzar lo altos fines señalados por Dios a la humanidad; y Ramón Iglesia opina que la masiva y rápida conversión de los naturales de la Nueva España sólo se comprende si se admite que la evangelización tuvo un carácter sobrenatural y que dicha conversión "se verificó porque Dios así lo dispuso".[4]

El concepto providencialista de la historia aparece también en la obra de los autores indígenas que después de la Conquista escribieron bajo la influencia de la cultura europea. En el *Libro del Chilam Balam*, por ejemplo, se dice con candor que los sacerdotes y profetas mayas anunciaron con años de antelación la llegada a Yucatán de los extranjeros, hecho que pondría fin al imperio del Demonio. Carrera Stampa observa que los historiadores mexicas, texcocanos y tlaxcaltecas del siglo XVI, especialmente Alvarado Tezozómoc, Alva Ixtlixóchitl, Muñoz Camargo y Francisco Chimalpahin, por influencia de los ideales medievales cristianos que les habían sido impuestos, demuestran gran espíritu crítico, reflejando más bien la tradición heroica española que la de su propio pueblo. En particular Alva Ixtlixóchitl adolece de vaguedad en la cronología, y en su *Historia Chichimeca*, modelada sobre la *Crónica General* de Alfonso el Sabio, abundan los ecos de relatos, novelas de caballería y romances pastorales peninsulares.[5]

Cuando los españoles pisaron por primera vez el suelo de México estaba aún muy lejana la reforma gregoriana del Calendario (1582). Tampoco se había impuesto el uso inspirado por el Renacimiento italiano de imitar el cómputo del tiempo de la edad clásica romana, cuando el año civil comenzaba en la festividad de Jano, o sea el primero de enero. En la vida diaria la gente se guiaba por las horas canónicas (ritmo repetido uniformemente cada 24 horas) y no por relojes mecánicos aún muy escasos. En Yucatán, todavía hacia 1583, las jornadas del indio, e incluso sus vejaciones, eran reguladas por horas canónicas. Las actividades que requerían fijar fechas futuras más o menos lejanas, como pagos, reuniones, viajes o expediciones,

---

[4] F. B. Sandoval, *ap. Estudios de Historiografía*, 65 y 67 (*Historia* del Padre Durán). Keen, 119 y 123. Brading, 96 (S. Agustín y el P. Las Casas). Phelan es citado por Elsa Cecilia Frost, "Milenarismo", 25; véanse también las pp. 23-24. TORQUEMADA, I, 341, 364, 577, 583 y 643. Véase TORQUEMADA, III, lib. XV, Cap. XVI, F. 39, y lib. xviii, cap. 7, f. 298, donde se reseñan los pronósticos prehispánicos de la llegada de los españoles. MENDIETA, II, 14 ("divina elección" de Cortés). Fray Francisco de Aguilar (ed. P. de Fuentes), 86. Florescano, "Visiones Imperiales", 196-198. SOLÍS, III, vi, 145 y IV, XX, 267. SAHAGÚN, IV, lib. XII, 23-25. Todorov, 242. TELLO, c. xlii, 165-167. Gómez de Orozco (ed.), *Crónicas de Michoacán*, Int., 85 (Fray Juan González de la Puente). Burrus, 140-141. Muriel, *Cultura femenina*, 44 (crónicas de conventos de monjas). RELACIÓN DE HERNÁN GALLEGOS, en Hammond y A. Rey, *Rediscovery of New Mexico*, 77. GARCÍA DE PALACIO, 28 v° y 29. Castillo Ledón, *La Conquista*, 69. Iglesia, en *Estudios de Historiografía*, Int., 13.

[5] *El Libro de los Libros del Chilam Balam*, ed. y trad. de A. Barrera Vázquez y S. Rendón (México, INAH, 1962), 164-166. Carrera Stampa, "Historiadores indígenas y mestizos", 206-207 y 228. Keen, 199-200, concuerda con Carrera Stampa sobre Alva Ixtlixóchitl.

no podían normarse con almanaques que todavía no existían, sino que se basaban en el calendario eclesiástico con sus fiestas fijas y movibles. El sentido del tiempo estaba limitado al futuro inmediato y era rara la persona que conocía con exactitud su edad. La variabilidad de los modos de contar los años ha creado numerosos problemas de c r o n o l o g í a en relación con las primeras décadas de historia de la Nueva España. Por ello algunos hechos importantísimos son fechados por fuentes diversas en dos años distintos aunque contiguos, según el día en que consideraban que se iniciaba el año.

El día se medía según las horas canónicas señaladas para las devociones del oficio diurno: p r i m a , v í s p e r a s y c o m p l e t a s . Colón, que siempre llevaba consigo un Libro de Horas, sitúa muchos episodios de sus viajes en "la primera hora de la noche" o en alguna hora canónica. Para indicar la hora del día, los conquistadores de México recurrían a conceptos de origen muy diverso, pues así como aludían a las horas normativas de la vida monástica y eclesial, como las canónicas o la del Ave María, también mencionan otras de origen militar, tales como la m o - d o r r a (hora de la siesta) o el a l b a (momento ideal para el ataque por sorpresa). Las fechas se definían siempre haciendo referencia a una festividad religiosa fija o movible. Colón, por ejemplo, afirma haber visto por primera vez tierra en la Dominicana el domingo siguiente a Todos Santos de 1493, que ese año cayó el día 3 de noviembre. Es curiosa la definición de las fechas de los episodios de la Conquista de que fue testigo Bernal Díaz: Cortés desembarcó en la costa veracruzana un viernes santo (el 22 de abril de 1519 según nuestro cómputo); al día siguiente, "víspera de Pascua de la Santa Resurrección", tuvo el primer contacto con los naturales de la región, que se acercaron empujados por la curiosidad; visitó por primera vez la capital azteca la víspera de "la fiesta del Señor San Juan" (23 de junio de 1519); envió a Gonzalo de Salazar a Texcoco "cuatro días después de la fiesta de Corpus Christi" (27 de junio de 1519); Cuauhtémoc fue aprehendido "a hora de vísperas, en día del Señor Hipólito" (13 de agosto de 1521); la expedición de Francisco de Garay entró al río de las Palmas el día del Apóstol Santiago (25 de julio de 1523); Olid llegó a las Hibueras el día del triunfo de la Cruz (3 de mayo de 1523) y Luis Marín entró en Chiapa "por Cuaresma" y conquistó Zinacantán poco antes de la pascua de Resurrección de 1523, según cree recordar Bernal Díaz. Esta manera en que en el siglo XVI se expresaban las fechas, en las crónicas pero no en los documentos oficiales, dificulta a veces precisarlas. Según la *Información de méritos y servicios* de Alonso García Bravo, derrotado Narváez, Cortés regresó a Tenochtitlán "el día de Sant Joan"; y al día siguiente los aztecas le dieron batalla, dato confirmado por el cronista de Indias Antonio de Solís. Después de su larguísima peregrinación de ocho años, Cabeza de Vaca llegó a México "un día antes de la víspera de Santiago" (23 de julio de 1536). Narrando la expedición de Chamuscado a Nuevo México, Hernán Gallegos cuenta que Fray Juan de Santa María abandonó a sus compañeros (los indios le dieron muerte poco después) a la hora de vísperas de la fiesta del natalicio de Nuestra

Señora, es decir el 7 de septiembre de 1582. Diego de Luján, reseñando la expedición de Antonio de Espejo a la misma provincia (1582-1583), informa que los exploradores llegaron a las márgenes de cierto río un "jueves de las comadres" (penúltimo jueves antes de Carnaval), o sea quizá el 10 de febrero de 1583; y al lugar denominado Masa el domingo de la Santísima Trinidad (primero después del Pentecostés), o sea el 5 de junio siguiente. La expedición de Vázquez de Coronado salió de Compostela, según el cronista Pedro Castañeda de Nájera, el día de carnestolendas de 1540 (quizá el 17 de febrero). El pequeño ejército de Oñate partió de San Gabriel la víspera de San Juan Bautista (23 de junio) de 1597; llegó al que probablemente ahora se llama *Canadian river* el día de la Porciúncula (el 2 de agosto siguiente); la toma formal de posesión de Nuevo México tuvo lugar el día de la Ascensión del Señor del año siguiente (30 de abril de 1598).[6]

En el Medievo se usó "encabezar" y numerar el año de muchas maneras, por diversas razones de índole histórica, local o religiosa. Por ejemplo, los reinos de la península ibérica usaron desde el siglo v hasta el xiv la llamada era de España, en la cual el año empezaba el primero de enero según la usanza romana y los años comenzaban a numerarse con el principio del reinado de Augusto, es decir el año 29 antes de Cristo. Castilla fue la última en adoptar, en 1383, la era cristiana, cosa que por una parte redujo el número que identificaba el año, restándole 29, y por la otra se fijó como primer día del año una fecha de profundo significado religioso. Mas sobre esto no hubo acuerdo en toda la Península pues hubo reinos que eligieron el 25 de diciembre, día de la Natividad de Cristo mientras otros prefirieron el día en que el ángel anunció a la Virgen su encarnación, o sea el 25 de marzo. Hasta principios del siglo xvii coexistieron ambos cómputos pero poco a poco se volvió a aceptar el primero de enero como inicio indiscutible del año, aunque no sabemos exactamente cuándo. El hecho es que en la Nueva España en 1545 ya había quien consideraba que el año comenzaba el primero de enero, pues así lo dice Fray Tomás de la Torre en su *Crónica*. El explorador Espejo bautizó con el nombre de "Año Nuevo" un pueblo indígena de Nuevo México al que llegó el 1° de enero de 1583. No obstante, como advierte MacAndrew, la línea divisoria de la cronología no es clara, por lo cual es muy posible que las órdenes religiosas novohispánicas hayan conservado la costumbre de comenzar el año el día de la Asunción hasta la reforma gregoriana del calendario.[7]

6 O'Gorman, "Yucatán", 476 (horas canónicas en la Península). Morison, *Admiral of the Ocean Sea*, 170-171. Antonio RUIZ, 13 f., 44 (modorra, etc.). *Carta de la Segunda Navegación de Colón*, escrita al Cabildo de Sevilla por el doctor Diego Álvarez Chanca, *ap.* NAVARRETE, *Viages*, I, 198-224 (Dominica). Bernal DÍAZ DEL CASTILLO, cc. xxxviii; I, 159, y xlii; I, 176 (Viernes Santo de 1519); c. cxl; II, 234 (Corpus Christi); c. cli, II, 254 (día de San Juan); c. lxvi; II, 298 (prisión de Cuauhtémoc); c. clxii; II, 354 (río de las Palmas); c. clxv; II, 386 (Olid); cc. lxvi; II, 391, y clxxvii, II, 401 (Luis Marín); *cf.* c. clxxxviii; en III, 353, se data un hecho la víspera de pascua de Resurrección de otro año. GARCÍA BRAVO, 42; SOLÍS, IV, c. xi; 234 y CABEZA DE VACA, 93. Hammond y A. Rey, *Rediscovery*, 95 (Hernán Gallegos), y 173, 198 (Domingo Pérez de Luxán). Bolton, *Coronado*, 66 (Castañeda de Nájera). Hammond y A. Rey, *Oñate*, 330-331, 747 y 749.

7 Giry, 106, y Capelli, 8 (la era de España). Molinari, 34, nota 1 (iniciación del año en Castilla el 1° de enero a partir de 1383). Giry 125-126; y Molinari, 11 y 21 (principio del año el

No está claro cuándo el primero de enero volvió a ser considerado principio del año. Para Motolinía debía empezar con la fiesta de la Anunciación o de la Navidad "por reverencia a nuestro Señor Jesucristo", aunque él mismo informa que para otros principiaba en "su sagrada Circuncisión" (i.e., el 1º de enero). La falta de acuerdo en el modo de determinar la fecha produce diferencias fundamentales: para Oviedo, por ejemplo, el descubrimiento de América tuvo lugar en 1491, y Colón informó de él a los Reyes Católicos en Barcelona en 1492; y Ponce de León, dice el Inca Garcilaso, descubrió la Florida el día de pascua de Resurrección de 1513 (y no de 1512, como hoy sabemos a ciencia cierta), cosa que, como ese año la pascua cayó el 27 de marzo, podría implicar que el 25 de marzo de 1512 era considerado por la fuente del Inca primer día del año de 1513. En la historiografía de la época hay muchos ejemplos de fechas corridas que se explican de la misma manera y de los cuales daremos los siguientes. Bernardino Vázquez de Tapia data las expediciones de Pedrarias Dávila, de Grijalva y de Cortés respectivamente en 1513, 1517 y 1518 (él mismo participó en persona seguramente en los dos últimas), las cuales según nuestro calendario tuvieron lugar al año siguiente en los tres casos. Según la *Información* redactada a petición del mayor de los Montejos, Cozumel fue descubierta en 1516 (en vez de 1517) con la participación del mismo Montejo el Viejo. En dos cartas atribuidas por R. Wagner el clérigo Juan Díaz se afirma que la expedición de Grijalva a México tuvo lugar en 1519 y no en 1518 como en realidad fue. Motolinía dice que Fray Pedro de Gante y sus dos compañeros flamencos llegaron a México en agosto de 1523, y que los "Doce" salieron rumbo a la Nueva España el siguiente 25 de enero también de 1523, dato que revela que Motolinía consideraba primer día del año el 25 de marzo, por lo cual el año de 1524 no habría comenzado hasta el equinoccio de la primavera sucesiva (estas fechas fueron ajustadas posteriormente a nuestro cómputo por Mendieta y Torquemada). Muñoz Camargo informa que el Virrey Mendoza llegó a la Nueva España en 1534 y no en 1535, como fue en realidad. En la relación escrita por Castañeda de Nájera sobre la expedición de Coronado, la cronología va siempre adelantada un año; en cambio en la de Fray Alonso de Benavides, escrita después de la introducción del calendario gregoriano y quizá por ello mismo, se atrasa a veces un año.[8]

25 de diciembre o el 25 de marzo). Fray Tomás de la TORRE, 115. Diego PÉREZ DE LUXÁN, 167 (poblado llamado Año Nuevo). McAndrew, *Open-Air Churches*, vii.

[8] MOTOLINÍA, *Historia de los Indios*, 36. OVIEDO, *Sumario*, 79 y nota de Miranda al pie de la página. INCA GARCILASO, ed. de Ruidíaz, I, LIX. Bernardino VÁZQUEZ DE TAPIA, *Relación* (ed. de J. Gurría Lacroix), Int., 12 y 14. YNFORMACIÓN AUTÉNTICA... FECHA A PETICIÓN DE FRANCISCO DE MONTEJO, en CDIAO, XL: 15 y *passim*. R. Wagner (ed.), *Provinciae*, 58 (Juan Díaz participó en esa expedición). Steck (ed.), *Motolinia's History of the Indians*, 61. MUÑOZ CAMARGO, 156, y nota 2 de José Fernando Ramírez, quien atribuye el mismo error a Herrera y a la *Guía de Forasteros*. CASTAÑEDA DE NÁJERA, 13 y nota al pie. BENAVIDES, *Revised Memorial*, 57. Otro caso curioso de confusión cronológica sería la costumbre, señalada por Millares Carlo y Mantecón ("El Archivo del D. F." en *Rev. de Hist. de América*, México, junio 1944, vol. XVII, p. 74, n. 5.) y aceptada entre otros por Probert, 90, de fechar documentos a partir del 25 de diciembre con el año que empezaba una semana después; por ejemplo, el 29 de diciembre de 1555 sería, según nuestro cómputo, el 29 de diciembre de 1554.

Parece ser que la aceptación del primero de enero como principio del año era algo novedoso en la Nueva España todavía en 1568 pues en las *Ordenanzas de los Herreros* entonces dictadas, los justicias y regidores de México ordenaron que la elección de veedores de ese gremio se efectuara "cada un año, el día de año nuevo", aclarando que tal día era el primero "del mes de henero". Los problemas de cronología cesaron en la Nueva España al introducirse el calendario romano reformado por el Papa Gregorio XIII en 1582. Todos los soberanos católicos lo aceptaron de inmediato. En España se puso en vigor ese mismo año, el 14 de mayo de 1583 y Felipe II ordenó con real cédula su introducción en las Indias, en donde los calendarios fueron modificados conforme se iba recibiendo la orden real, proceso que duró varios meses. El monarca, siempre parsimonioso, al mismo tiempo ordenó que en todo el Imperio se dedujeran los sueldos correspondientes a los diez días suprimidos. En la Nueva España, según informó al Rey el Arzobispo de México, el 5 de octubre de 1583 se convirtió en todas partes en día 15, dato confirmado por Alfonso Caso con base en fuentes independientes.[9]

La i m p r e n t a , gran invención renana del siglo xv, cuyos antecedentes se remontan varios decenios en el tiempo, fue introducida muy pronto a México, donde empezó a producir libros y folletos destinados sobre todo a facilitar la evangelización. Como en el caso de ciertos procedimientos mineros, la llegada de la imprenta a la Nueva España fue posible gracias a los contactos de España con Alemania, países ambos donde reinaba Carlos V. El conducto directo fueron los Cromberger, impresores alemanes establecidos en Sevilla desde 1502. El instrumento a que la Corona recurrió para introducir la imprenta en América y en México fue Juan Cromberger, quien aprendió de su padre Jacobo Cromberger (llamado "Jácome Alemán" en las crónicas españolas) el oficio de impresor, y en 1528 se estableció por su cuenta en la misma Sevilla. Encargado de transportar, montar y operar la imprenta fue el italiano Giovanni Paoli, lombardo de la región de Brescia cuyo nombre fue hispanizado como Juan Pablos, quien según contrato celebrado con Juan Cromberger, se embarcó en Sevilla rumbo a México el 12 de junio de 1539, llevando consigo las prensas y tipos con que a fines de ese mismo año iniciaría su actividad de impresor en la capital del virreinato. El libro mexicano más antiguo (aunque incompleto) que se conoce fue editado en 1539 "en casa de Juan Cromberger"; se trata de la *Breve y mas compendiosa Doctrina* de Juan de Zumárraga. La participación de los Cromberger en esta empresa no fue fortuita pues ya la familia había demostrado un gran interés en la edición de libros sobre el Nuevo Mundo; en efecto, la Casa Cromberger publicó en 1511 una traducción de la *Primera Década* de Pedro Mártir, y en 1522 una *Carta de Relación* de Cortés. Posiblemente Juan Pablos aprendió el arte de imprimir en la escuela formada en torno de Aldo Ma-

---

[9] Muro, en "Herreros y Cerrajeros", publica el texto de las Ordenanzas citadas de 1568. Comas, 210 (Provisión de Felipe II, 14 de mayo de 1583) y 215. CARTA AL REY DEL ARZOBISPO DE MÉXICO (26 de octubre de 1583), *id.* (7 de noviembre de 1584), en Paso y Troncoso (ed.), EPISTOLARIO, XII, 85 y 99. Alfonso Caso, "El Calendario gregoriano", 536-537.

nuzio, cuyo establecimiento, la célebre imprenta Aldina de Venecia, fue uno de los primeros que existieron al sur de los Alpes. A la muerte de Juan Cromberger, Juan Pablos se independizó, obteniendo patentes y comisiones del virrey, del arzobispo de México y de la naciente Universidad. José Toribio Medina consideraba que desde el punto de vista tipográfico, su obra maestra fue el *Manuale Sacramentorum* que publicó poco antes de morir en 1560. Además de primer impresor de la Colonia, Juan Pablos fue maestro de una generación de tipógrafos, y su fallecimiento no impidió que su taller siguiera funcionando bajo la dirección de su yerno, el francés Pedro Ocharte (fl. 1563-1592), coimpresor con Antonio Espinosa de dos ediciones de un *Graduale Dominicale* (1571 y 1576), el cual a su vez fue sucedido por su viuda y por su hijo Melchor Ocharte. Valton opina que dos obras maestras de Pedro Ocharte —el *Psalterium* (1584) y el *Antiphonarium* (1589), impresos con tipos góticos gruesos y notas de canto llano y destinados al servicio coral— bastaban por sí solas para dar enorme prestigio a la imprenta mexicana del siglo XVI. Mas la producción de libros en México se diversificó grandemente durante la segunda mitad de aquel siglo; se editaron glosarios, diccionarios, textos legales (como el *Cedulario* de Puga) y tratados sobre algunas disciplinas enseñadas en la Universidad, tales como la medicina y la cirugía. En el curso de todo el siglo XVI llegaron a la Nueva España otros impresores, que trajeron nuevas técnicas europeas. Entre éstos se encuentran Pedro Balli (*fl.* 1574-1600), de origen francés como la familia Ocharte, y su hijo Jerónimo; el italiano Antonio Ricciardi (*fl.* 1575-1599), quien hispanizó su nombre a Ricardo, y de México llevó a Lima la primera imprenta establecida en Sudamérica; los flamencos Cornelio Adrián César (*fl.* 1597-1633) y Guillermo Enríquez (¿Hendriks?), socio durante algún tiempo de la viuda de Pedro Ocharte; y el hamburgués Heinrich Martens (1599-1611), mejor conocido entre nosotros en otros campos de la cultura con el nombre de Enrico Martínez.[10]

El reflejo del Medievo en las primeras impresiones hechas en México —los incunables americanos—, como en las de Juan Gutemberg y sus contemporáneos en Europa, es evidente en la imitación de la caligrafía y la ornamentación característica de los manuscritos de los amanuenses y miniaturistas de siglos anteriores. Hasta 1554, cuando aparecieron en la Colonia el tipo romano y los caracteres cursivos, siempre se utilizaron exclusivamente los tipos de imprenta llamados g ó t i c o s . A pesar de esta designación, no se trata de los que en España se llamaron visigodos, usados en las primeras impresiones, sino de los que recibieron el nombre de franceses y que se derivaron de las *scriptoria* de los monjes cluniacenses. Los caracteres góticos utilizados por Juan Pablos, informa Millares Carlo, fueron de cuatro tamaños que permitían una composición equilibrada de los folios; eran los mismos que Juan Cromberger usaba en Sevilla, agrega Valton. Se utiliza-

---

10 Zavala, *Mundo Americano*, I, 103 y 157 (origen de la imprenta de México). Valton, 22 (publicación de la *Breve Doctrina* de Zumárraga), 87 (Pedro Ocharte), 123-124 (P. Ocharte y A. Espinosa) y 199 (Cornelio César); Stols, 7 (interés de la Casa Cromberger en el Nuevo Mundo). José Toribio Medina es citado por Justina Sarabia Viejo, *Velasco*, 214. J. García Icazbalceta, "La introducción de la imprenta en México", *ap.* Zulaica Gárate, 274 *sqq.* (Balli y Ricardo).

ban lo mismo para el latín que para el castellano y las transliteraciones del náhuatl, por ejemplo en la *Doctrina Cristiana en lengua mexicana* (1547-158), cuya paternidad es atribuida por García Icazbalceta a Fray Pedro de Gante. El *Missale Románum*, impreso en 1561 por Antonio Espinosa con sello genuinamente medieval, es notable según señala Iguíñiz, por la belleza, variedad y riqueza de sus tipos góticos gruesos, impresos en rojo o en negro, y de los preciosos grabados y capitales adornadas. Juan Pablos —en su edición de *Recognitio summularum*— introdujo en 1554 el tipo romano en México, primera huella del Renacimiento en la historia de la tipografía mexicana. Los caracteres góticos se combinaron con los romanos entre 1554 y 1580, cuando se publicó el *Antifonario* de Pedro Ocharte, primera obra impresa totalmente con los segundos. Respecto al papel, en un principio tuvo que importarse todo de Europa pero desde el siglo XVI, y éste es un dato que debemos a Romero de Terreros, se hicieron algunas impresiones en papel de maguey. Por último, la encuadernación siguió el estilo medieval usándose pergamino para las pastas, correas o presillas para cerrar los libros voluminosos, y títulos manuscritos con tinta china en letra gótica a lo largo del lomo.[11]

La Nueva España heredó de la cristiandad europea el uso del l a t í n como lengua de la cultura y como vehículo de universalidad. Las cartas ya mencionadas que en 1527 Cortés entregó a Álvaro de Saavedra, en el momento de enviarlo a explorar la Mar del Sur, dirigidas a los reyes de las islas por descubrir, estaban escritas en latín por ser "la lengua más general en el universo". Ya para entonces, las iglesias y conventos tenían vivas en la Colonia, recuerda Rivet, las tradiciones culturales del Occidente atesoradas durante el Medievo por las órdenes monásticas y cuyo vehículo principal de expresión era tradicionalmente la lengua latina. El cultivo de la lengua latina en la Nueva España estuvo en general relacionado con la preparación al sacerdocio. En un principio todas las castas y razas eran admitidas a las sagradas órdenes, aunque los dominicos practicaron desde un principio una política discriminatoria hacia quienes no fueran españoles o criollos. La actitud más liberal al respecto de los agustinos, y sobre todo de los franciscanos, permitió admitir en sus colegios a seminaristas indígenas, entre los cuales muchos descollaron como latinistas. Mas en 1555 el Concilio Mexicano, en respuesta a las peticiones de los Predicadores, prohibió ordenar a indios, mestizos y negros, cosa que les cerró las puertas al estudio del latín. El vulgo, por su parte, aprendía las oraciones básicas en latín, y la Inquisición consideraba clara prueba de herejía el que un acusado no supiera recitar en esa lengua el Pater Noster, el Ave María y el Credo. Los jesuitas cultivaron desde su llegada en 1572 la tradición clásica y escribieron en latín muchas obras, de las cuales la última y sin duda una de las más

---

[11] Según Alatorre, 221, es más correcto llamarlos tipos góticos franceses o cluniacenses para diferenciarlos de los caracteres visigodos usados en las primeras impresiones en España. Tudela, 321 y n. 11, y 322 (tipos góticos de los incunables americanos). En América son incunables los libros y folletos impresos antes de 1600. Millares Carlo, *Juan Pablos*, 31-32. Valton, 25, 27-29 y láminas II y III. García Icazbalceta, *Zumárraga*, 290-291. Iguíñiz, 14. Zulaica Gárate, 278 (última impresión con tipos góticos). Romero de Terreros, *Encuadernaciones*, x y xi.

excelsas fue la *Rusticatio Mexicana* del Padre Landívar. Todavía en esa época —y aun mucho más tarde, un último ejemplo es de 1806— los naturalistas novohispánicos usaban el latín para entenderse con los hombres de ciencia de otras nacionalidades que llegaban a diversas regiones del virreinato, como los alemanes y rusos que visitaron la Alta California en el siglo XVIII.[12]

La enseñanza del latín fue iniciada en el Colegio de Santa Cruz de Tlatelolco, cuyos cursos superiores pronto se impartieron en esta lengua. Desde los primeros tiempos se enseñó allí a numerosos alumnos indios el latín y las artes y hasta un poco de teología escolástica según informa Mendieta. Entre los maestros eméritos del Colegio hubo l a t i n i s t a s notables como el franciscano Fray Juan Focher; pero pronto los alumnos indígenas más aventajados enseñaron el latín a una nueva generación de religiosos, hecho histórico digno de meditación, dice García Icazbalceta. Uno de ellos, Antonio Valeriano, fue el más sabio de los colaboradores de Sahagún, y según Torquemada, hablaba latín con tanta propiedad y elegancia como Cicerón o Quintiliano. Dos fueron rectores del Colegio, Pablo Nazareo (sobrino de Moctezuma) y Martín Jacobita. En Santa Cruz de Tlatelolco también el indio Juan Badiano redactó la versión latina del tratado de medicina prehispánica escrito por Martín de la Cruz, del que se hablará en otro capítulo. Algunos egresados del Colegio trabajaron de intérpretes y funcionarios de la Audiencia de México, pero al parecer a ninguno se le permitió acceder al sacerdocio. El latín fue considerado la lengua oficial de la Universidad, tanto para los catedráticos como para los estudiantes, que se divertían pasando por latinistas ante sus padres con chapurreos tales como el saludo que uno de ellos dirigió una vez al perro guardián de la familia:

"Perritiquis miquis
Non me conociorum?
Ego sum amicus
Et estudiantorum."

Nada bromista y por el contrario muy académico y solemne, Cervantes de Salazar pronunció el 3 de junio de 1553, en presencia del Virrey Velasco I, la oración latina con que fue inaugurada la Universidad, de la cual él mismo fue primer catedrático de retórica. La enseñanza de ciertas disciplinas era necesariamente en latín, como la teología y los derechos canónico y civil, pero también los demás catedráticos debían conocer este idioma, pues las oposiciones a todas las cátedras, inclusive de medicina, cirugía y

---

[12] Zavala, *Mundo Americano*, I, 500, 506 y II, 357. FERNÁNDEZ DE NAVARRETE, *Viages y Descubrimientos*, V: 451 (Instrucciones de Cortés a Saavedra). Paul Rivet, *Le Nouveau Monde et l'Europe*, 436, en Zavala, *op. cit.*, II, 339-340 (continuidad entre el humanismo del Antiguo y Nuevo Mundos). R. Richard, 261 *sqq.*; y Daniel Ulloa, 227, 229 y 234 (actitudes de las órdenes religiosas sobre la preparación de sacerdotes indígenas). Jiménez Rueda, *Herejías*, 17 (la Inquisición y el latín). G. P. Taylor, en "Spanish-Russian rivalry in the Pacific" (*The Americas*, 1958, 116) observa que el franciscano José Uría, hablando en latín, se hizo entender de naturalistas rusos y alemanes en San Francisco en 1806; *cf.* Zavala, *op. cit.*, I, 524.

astronomía se efectuaban en latín.[13] Un hecho poco conocido es que en algunas comarcas de la Nueva España se impartió a los naturales la doctrina cristiana en lengua latina. Todavía en 1569 en la provincia franciscana de Michoacán se enseñaban ciertas oraciones a los indios en su propia lengua y en latín, versión que seguramente aprendían de manera sólo mecánica.. Según la *Descripción del Arzobispado de México* publicada por García Pimentel, que data de aquel mismo año, en algunos pueblos tales como Hueyacocotla y Santa Cruz Temascalapa los naturales habían aprendido los rudimentos de la fe en latín, en el primero con tanto éxito que allí "casi los mas" sabían la doctrina en latín; en el segundo los resultados fueron menos halagüeños pues para el vicario de Temascalapa los indios "legere et non intelligere", cosa que les hacía decir "mil zazenfatones". Por último, hay que recordar la influencia indígena sobre la lengua clásica, pues a ésta se incorporaron diversos aztequismos que la enriquecieron, por obra de una serie de latinistas criollos y mestizos, desde Fray Diego Valadés en el siglo XVI hasta el jesuita Rafael Landívar en el XVIII.[14]

Los autores latinos medievales, de Ausonio y Boecio a Juan Gerson, Tomás de Kempis y otros místicos del siglo XV, fueron leídos en la Nueva España ciertamente con mayor frecuencia que los autores clásicos, sobre todo en los círculos eclesiásticos (inclusive la Universidad), y muchos de ellos fueron traducidos al náhuatl. Fray Bartolomé de las Casas era versado no sólo en novelas de caballería sino también en el pseudo Dionisio el Areopagita y en el *Speculum Historiale* de Vicente de Beauvais, citados en sus escritos. El Obispo Zumárraga revela en sus obras unas lecturas sumamente amplias y variadas; conocía bien a humanistas tales como Erasmo y el Tostado, a San Isidro de Sevilla y a sus émulos los enciclopedistas, a Avicena y otros filósofos árabes, a los grandes juristas Bartolo y Baldo, a San Pablo, a los padres de la Iglesia, a un sinfín de teólogos entre ellos Santo Tomás de Aquino, Juan Escoto Erígena, Alejandro de Hales y San Bernardo de Claraval, y a los pseudos Dionisio, Anselmo y Buenaventura. Gallegos Rocafull recuerda que en el siglo XVI se imprimieron en México obras de San Buenaventura, del cartujo Dionisio, de San Juan Clímaco y el *De contemptu mundi*, de Inocencio III, que tuvo una grandísima difusión. Este último tratado es citado entre otros cronistas coloniales por Sánchez Baquero, Dávila Padilla y el dominico Fray Francisco Ximénez. Fray Alonso de Molina, según el *Códice Franciscano*, lo tradujo al náhuatl; el Padre Mendieta llevó un ejemplar de esta traducción a España, tan ricamente

---

[13] F. B. Steck, *Santa Cruz de Tlatelolco*, 25 y 28. MENDIETA, 415, y TORQUEMADA I, 607, son citados por Kobayashi, 315 y 363; ver también de este último autor las pp. 358 y 361. V. T. Mendoza, *Vida y Costumbres de la Universidad*, 17-18 (latín, lengua oficial de la Universidad y su forma estudiantil). Carreño, *Universidad*, 42 (Cervantes de Salazar) y 256 (uso obligatorio del latín en las oposiciones a cátedras).

[14] RELACIÓN DEL P. FR. ALONSO DE PERALEJA, *ap.* P. Atanasio López, "Misiones de Michoacán y Jalisco", 353. García Pimentel (ed.), DESCRIPCIÓN DEL ARZOBISPADO DE MÉXICO, 11-12 (Temascalapa) y 253 (Hueyacocotla). El Padre Valadés, hijo de un conquistador, adoptó al latín los nombres del maíz, del maguey y de la hamaca, entre otros; sobre estos aztequismos y los que adornan la *Rusticatio Mexicana* de Landívar, ver Méndez Plancarte, *Humanismo Mexicano*, XXXVII.

impreso que acabó en El Escorial en manos de Felipe II. Por razones que no me llego a explicar (pues se trata de un escrito de ascética, cuyo autor fue el Papa más ilustre del Medievo), la Inquisición recogió los ejemplares de este libro que llegaban en las flotas de 1562 y 1573.

Contamos con los catálogos del Colegio de Tlatelolco y de la biblioteca personal de Zumárraga. En aquél —muy completo— figuraban las obras más importantes de teología escritas desde el ocaso del mundo antiguo hasta el fin de la Edad Media, desde San Agustín y Alberto Magno hasta Jacobo de Vorágine y San Vicente Ferrer. Zumárraga contaba también con una importante biblioteca cuyas anaqueles atesoraban obras muy ortodoxas, desde San Juan Crisóstomo hasta El Tostado, pero curiosamente ninguna de Erasmo. El mismo fraile e historiador, según Phelan, concibió una noción de la organización del gobierno virreinal inspirada directamente en las doctrinas políticas de Duns Escoto. En los seminarios dominicos se adoptaron, dice Ulloa, los compendios teológicos de Pedro Hispano (Papa de fines del siglo XIII con el nombre de Juan XXI), las *Summulas logicales* y el comentario a ellas o sea la *Summula summularum*. Pocos teólogos fueron tan leídos en la Nueva España como el doctísimo Juan Gerson, canciller de la Universidad de París en el siglo XV, cuyo *Tripartito* fue impreso en 1544 por órdenes de Zumárraga. En el siglo XVII la argumentación teológica del canónigo Sánchez de Aguilar contra la herejía surgida entre los mayas se apoyó con pedantesco alarde de sapiencia en muchos autores y textos medievales, entre ellos los doctores de la Iglesia, varios papas y los cánones conciliares, el venerable Beda y otros autores hoy poco conocidos como Eimerico, Albertino y Juan de Sacrobosco. Además de Inocencio III ya citado, un cierto número de obras medievales fue traducida del latín al náhuatl, entre ellas *De Consolatione Philosophiae* de Boecio, las *Homilías* de San Juan Crisóstomo y de San Gregorio Magno, la colección de vidas de santos llamada *Flos Sanctorum; De vanitate* de Diego de Estella y la Imitación de Cristo de Tomás de Kempis.[15]

---

[15] Fray Matías de ESCOBAR transcribe un verso de Ausonio al final de su capítulo 15 (p. 134). LAS CASAS, *Tratado Noveno*, 1237 (pseudo Dionisio); y *Del único modo, ap.* Méndez Plancarte, 115 (el *Speculum* de Vicente de Beauvais). Almoina, *Zumárraga*, 392; *id.*, "La Regla Cristiana Breve", xxv y xxvi; y Méndez Plancarte, *op. cit.*, 46 (lecturas de Fray Juan de Zumárraga). Gallegos Rocafull, *Pensamiento Mexicano*, 264 *sqq.* Sánchez Baquero, 84. DÁVILA PADILLA, 106. Fray Francisco Ximénez, *Hist. de S. Vicente de Chiapa y Guatemala*, II, 175. CÓDICE FRANCISCANO, 68; García Icazbalceta, *Opúsculos*, 114; Quesada, 95; MENDIETA, III, 213; y Navarro, 77 (la versión náhuatl de *De contemptu mundi* de Inocencio III). Fernández del Castillo, *Libros*, 391, 510. Mathes, 27 (traducciones), 47-69, 74 (biblioteca de Tlatelolco), 93-96 (libros de Zumárraga). Phelan, 64. Ulloa, 252-253. Torre Villar, *Cuarto Centenario*, 308, y García Icazbalceta, *Opúsculos*, 27 (*Tripartito* de Gerson). SÁNCHEZ DE AGUILAR, 60, 61, 71, 76, 77, 83, 85 y 93. La Biblioteca Nacional de México conserva entre sus manuscritos 24 folios de una traducción al náhuatl del *De Consolatione Philosophiae* de Boecio; véase en general Garibay K., *Literatura Náhuatl*, 178-180; y Kobayashi, 368. Aunque aquí no se ha hablado mucho de cartografía cabe mencionar que, en opinión de Palm ("Estilo cartográfico", 200), el tipo de cartografía usado en las célebres *Relaciones geográficas de 1579-1581* se asemeja a las del Corpus de los agrimensores romanos conservadas en un códice del siglo VI *(Corpus agrimensorum romanorum)* que, casi coincidentalmente, pasó en 1576 a formar parte de las colecciones de El Escorial.

XXXIV. LA POESÍA POPULAR, EL GOLIARDISMO Y EL ESPAÑOL ARCAIZANTE DE MÉXICO

OBSERVA Menéndez Pidal que el deseo de gloria propio del Renacimiento, motor impulsor del conquistador español, es una supervivencia del espíritu del cruzado y del caballero andante; la popularidad del r o m a n c e r o entre los españoles que vinieron a América en el siglo XVI conservaba presentes en su mente ejemplos heroicos de gestas antiguas carolingias y castellanas que servían de estímulo a su propia acción. Así, en las situaciones más peligrosas y desalentadoras, Cortés y sus contemporáneos echaban mano de versos de romance dándoles sentido de apotegmas de valor universal, como aquel que empieza diciendo "Más vale morir con honra / Que deshonrado vivir". Navegando hacia San Juan de Ulúa en 1519, uno de sus soldados, Hernández Puertocarrero, al mostrar al Conquistador las costas recordaba los fracasos de sus predecesores Córdoba y Grijalva y comparaba sus futuras hazañas con las del caballero Montesinos, cosa tan inoportuna y ociosa —opina Bernal Díaz— como "recitar el romance de Calaínos" (enamorado imaginario de la infanta de Sevilla según un relato del siglo XIV). Mas Cortés, apreciando la observación de Puertocarrero, dijo para templar el juicio de éste: "Denos Dios ventura en armas como al paladín Roldán que en lo demas, teniendo a vuestra merced y a otros caballeros por señores, bien me sabré entender." Cuando después de la Noche Triste contemplaba con tristeza la capital azteca, otro de sus soldados, el bachiller Alonso Pérez lo consoló diciéndole que en las guerras estos episodios solían acaecer y que por lo menos a propósito de él no se diría como en el romance: "Mira Nero de Tarpeya / A Roma como se ardía / Gritos dan niños, y viejos / Y él de nada se dolía." El licenciado Zuazo, visitador nombrado para examinar la conducta de Cortés, desembarcó en Veracruz en 1524 después de un azaroso viaje citando el romance del Rey Ramiro: "Buena las traemos, señores / Pues que venimos acá." Y no sólo los soldados y los juristas eran conocedores del romancero medieval, pues también lo conocían los primeros autores teatrales de la Nueva España, tales como Fernán González de Eslava (*fl.* 1565-1600), en cuyas obras a menudo aparecen versos romancescos a modo de frases hechas. Pero en el caso de los conquistadores, estas reminiscencias, dice Clementina Díaz y de Ovando, fueron acicate para la acción y consuelo en momentos de abatimiento; también gracias a ellas, el Conquistador entró en el mundo de la leyenda. Un ejemplar del romancero siempre formaba parte del bagaje llevado por los españoles a todas las regiones de la Nueva España, aun a tierras tan lejanas como Nuevo México, donde Aurelio M. Espinosa ha encontrado bellas estrofas en que resuenan ecos de romances relativos al Cid y al emperador Carlos V: "Vitorioso vuelve el Cid / De San Pedro de Cardeña / De las guerras que ha tenido / Con los moros de Valencia", dice una; "Carlos Quinto tiene un hijo / Que lo quiere coronar / Le quiere dar de corona / El peñón de Gibraltar", reza otra. Como veremos en los párrafos siguientes, en la época colonial el romance español tomó la forma que aún conserva en México, el corrido. De la gesta de Cortés descrita por Bernal Díaz del Castillo tomamos los versos iniciales de un cantar romancesco, que tal vez es el primer ejemplo de corrido criollo o mexicano:

"En Tacuba está Cortés
Con su escuadrón esforzado,
Triste estaba y muy penoso,
Triste y con gran cuidado,
La una mano en la mejilla,
Y la otra en el costado", etc.[1]

El c o r r i d o , dice Vicente T. Mendoza después de un detallado análisis rítmico, modal, tonal y melódico de ese género tan popular de la canción mexicana, es descendiente directo —literario y musical— del romance peninsular. Sus orígenes se remontan al llamado romance-corrido andaluz, de influencia árabe, que se difundió por toda la Nueva España con excepción de Yucatán, y que es un género lírico principalmente narrativo, que con frases musicales relata sucesos de interés general; sus melodías subrayan su origen andaluz y le dan un carácter profundamente expresivo como demuestran los corridos revolucionarios de la cuenca del río Nazas. Saldívar, también convencido de su origen andaluz, señala que en el corrido, como en la valona y el son, la influencia indígena es mínima; además, desde el punto de vista de los textos, el corrido deriva indiscutiblemente del romance, aunque no se sabe cuándo se empezó a llamar como ahora; una posible explicación etimológica es que los romances de la época colonial *corrían* con escándalo por la ciudad y el reino, o sea que las coplas pasaban de boca en boca. En el siglo XVII el corrido consistía en una serie de cuartetos de versos octosílabos, con rima alternada como el romance. De esa época datan los ejemplos más antiguos que conocemos, *El tapado* y el corrido por la muerte de Felipe III. Los temas melódicos del romance y del corrido, dice Tinker, eran muy parecidos, mostrando ambos la influencia tanto de un cierto exotismo árabe como del canto gregoriano. Por su tema, los corridos pueden ser clasificados en *ejemplos* (corridos edificantes o relativos a la vida de los santos), *sones* (bailables), *coplas* (cantos burlescos y de amores), *relaciones* (relatos fabulosos) y *tragedias* (crónicas de hechos sangrientos que son los más comunes hoy en día). Del corrido derivan el huapango y el son

[1] R. Menéndez Pidal, "¿Codicia insaciable?, ¿Ilustres hazañas?", en la revista *Escorial* (nov. de 1940), cit. por Martínez Ruiz, 123-124; y *Romances de América*, 12-13 (Calaínos y el paladín Roldán), 13-14 (incendio de Roma), 14 (el Rey Ramiro) y 15 (González de Eslava). En la descripción del episodio de Zuazo, Menéndez Pidal cita a OVIEDO, *Historia General*, IV, 507 B. LAS CASAS, *Brevissima relación*, fol. 17 vº (anécdota del bachiller Pérez aunque se dice que sucedió en Cholula); *cf.* Orozco y Berra, *Historia Antigua*, IV, 220. Clementina Díaz y de Ovando, "El Romancero", 25 y 26. Según Céspedes del Castillo, "Las Indias durante los siglos XVI y XVII", III, 530, la poesía épica y los romances castellanos se siguieron leyendo y recitando en las Indias en las mismas versiones que en España. A. M. Espinosa, *Romancero de Nuevo México*, 271. Bernal DÍAZ, c. cxlv, II, 171.

jarocho de Veracruz (voz derivada de jara, nombre español de la flecha de gran empuñadura usada por los indígenas de la región en la época de la Conquista). En las regiones costeñas del Golfo se introdujo luego el *falsetto*, tan característico de las canciones veracruzanas. Componen el corrido, observa Mendoza, un cierto número de estrofas de cuatro versos octosílabos cada una, en otras palabras su métrica es idéntica a la del romance-corrido andaluz.[2]

Si bien las características rítmicas del Romance del Mío Cid hacen pensar en el corrido, dice Saldívar, éste se diferencia de los romances en que generalmente principia con un saludo y solicitación de atención del auditorio y termina con una despedida. Tales formas aparecen en ciertos romances medievales, pero en casos excepcionales, como el "Pues con muy justo temor / Al presente me despido..." de Íñigo de Mendoza en el *Cancionero del siglo XV*; en cambio la "despedida" es ineludible en el corrido novohispánico desde el siglo XVII. El romance español, según Orta Velázquez, se cantaba generalmente al son de la vihuela, de la zampoña y del arpa, y se caracterizaba por una melodía repetida incesantemente, lo cual producía una monotonía a veces interrumpida por variaciones musicales. El corrido se acompañaba primero con la vihuela y después con la guitarra; como en el caso del romance, los cantores pronto añadieron a la música sencilla y repetitiva arpegios y floreos de la guitarra a modo de interludios. Actualmente el corrido, que como afirma Tinker, es descendiente directo de los cantos de los juglares medievales, se canta no sólo acompañado de una o más guitarras sino también de arpa, de bandolón o del conjunto llamado "mariachi", a una o varias voces que llevan cada una diversa melodía. Mas a pesar de ser una evolución del romance, el corrido lo sustituyó totalmente: algunos poemas cantados que hoy pasan por corridos, observa Mendoza, son en realidad romances de vieja data, como es el caso de *Delgadina*, de *La esposa infiel* y de *La amiga de Bernal Francés*. También hubo pregones en forma de romance como *El cueto lloro* asturiano, de origen tan antiguo que en él se mencionan las anxanas, genios paganos de las fuentes, con el cual los vendedores ambulantes anunciaban en México los azucarillos, y todavía hoy en otras comarcas del centro del país los dulces de *ate*. De todas formas, el corrido es un fenómeno tan general en México desde siempre, que no es nada rara su supervivencia en regiones lejanas de lo que en otra época fue la Nueva España. Por ejemplo, en Texas existen corridos todavía de sabor medieval, estudiados por Américo Paredes. Espinosa ha examinado los de Nuevo México que son composiciones poéticas de carácter romancesco llamados también *cuandos* o *inditas*, y también los de California donde recogió 19 ejemplos sobrevivientes, dos de los cuales revelan una influencia visigoda en el nombre mismo de sus protagonistas: *Gerineldo* y *Meregildo*.[3]

---

[2] Mendoza, *El Romance y el Corrido*, 4 y 188; y Prólogo de Jesús C. Romero, XVII (derivación del corrido), 118 y 160 (romance-corrido andaluz); y 167 (métrica del corrido). Saldívar, 156-157 y 240 (origen de la voz *corrido*).

[3] Saldívar, 229-230 y 231-234. Orta Velázquez, 141. A. Rey, *Cultura y Costumbres del siglo XVI*, 82. Mendoza, *El Romance y el Corrido*, 77 (Delgadina, etc.), y 102-103 (*El cueto lloro*). Paredes,

Otra tradición poética heredada del Medievo por la Nueva España es la de los j u e g o s   f l o r a l e s , aunque poseemos datos escasos que nos permitan establecer su derivación directa en la época colonial. Por otra parte no parece probable que las festividades indígenas en honor de Huitzilopochtli o de la diosa Xochiquetzal tengan relación con la aparición de los juegos florales en la Colonia, ya que estos certámenes poéticos sólo fueron organizados en ciudades de españoles, tales como Puebla, Guadalajara y Aguascalientes. Por el contrario, en la historia de la literatura hay antecedentes medievales de dichos juegos, específicamente en el arte de trovar o *gaya ciencia* que pasó de los países de cultura provenzal a los reinos de Aragón y de Castilla. Los concursos poéticos en la Edad Media surgieron en las cortes de buen amor, como los que se organizaron en los siglos XII y XIII en torno a los Condes de Champaña, Tolosa y Narbona, cuyas cortes brillaron por la poesía de los trovadores y por el refinamiento de las costumbres caballerescas. En los certámenes poéticos allí organizados y llamados precisamente juegos florales (una de sus fases era la "batalla de flores", heredada por los carnavales modernos que dio nombre a aquellos certámenes), los primeros eran entregados por una dama de alcurnia que personificaba al Amor. El Príncipe Fernando de Antequera fundó en Barcelona la Academia del gay saber, para cultivar la poesía cortesana y sus tradiciones; un famoso m a n t e n e d o r (o maestro de ceremonias) de los juegos florales aragoneses, Enrique de Villena (1384-1434), fue autor del *Arte de Trovar*, uno de los primeros tratados de poesía en castellano, en el cual, además de reglas sobre fonética y gramática, describe el procedimiento para elegir a un   p o e t a   l a u r e a d o . Con Enrique de Villena los juegos pasaron de Barcelona a Castilla, donde también se difundieron los ideales del *amour courtois* junto con la influencia de la gaya ciencia barcelonesa. Boase afirma que aunque el buen amor se originó en el sur de Francia y despertó interés sobre todo en Italia, es en España donde se encuentra la clave de sus orígenes así como los de la literatura trovadoresca en general. Para Spence, éstos son los antecedentes de las batallas de flores de México, las cuales se celebraban como en Europa el primero de mayo, festejando la derrota del invierno por la primavera naciente. Esto podría indicar una derivación de los antiguos ritos de Cibeles y de Atis. Curiosamente, parece que quienes a fines del siglo XVI introdujeron los juegos florales en la Nueva España fueron los jesuitas, al organizar "carteles literarios" en sus colegios de México y Puebla, donde los vencedores de certámenes latinos y españoles recibían, según cuenta Sánchez Baquero, ricos premios.[4]

La Colonia también heredó de la Edad Media el   g o l i a r d i s m o europeo, que sin embargo tuvo vida breve: fue suprimido antes de 1600 por su carácter asocial. Los goliardos eran clérigos o estudiantes vagabundos que, como los de Talavera pintados por el Arcipreste de Hita, llevaban una vida irregular y cultivaban un género de poesía latina llamado precisamente

470 y *passim*. A. M. Espinosa, *El Romancero de Nuevo Méjico*, 160; y "Los romances tradicionales de California", en *Homenaje a Menéndez Pidal*, I, 299-313.

[4] Boase, 7, 12-13 (cita *Les origines des Jeux Floraux*, de Pierre de Caseneuve, 1659), 32, 127 y 129-130. Spence, 143. SÁNCHEZ BAQUERO, 130.

goliárdico, especializado en temas amorosos, báquicos y satíricos. El término goliardo, de origen centroeuropeo, no tuvo fortuna en España, donde los estudiantes universitarios del siglo XVI (por lo general hombres maduros) que demostraban más tendencia a la bebida y las pendencias que al estudio eran llamados golfantes, por ejemplo en Salamanca (cf. el término "golfo"). En la Nueva España el problema del goliardismo no se presentó tanto entre los estudiantes cuanto entre los frailes mercedarios y los clérigos peregrinos que eran los llegados a la Colonia sin autorización real; según Jiménez Rueda, también algunas beatas mostraron tendencias al goliardismo. Los mercedarios, aunque instalados legítimamente en La Española, no fuero escogidos por la Corona para participar en la evangelización de México, cosa que no impidió a un cierto número de ellos (junto con algunos sacerdotes descarriados) trasladarse a la nueva Colonia con la esperanza de llevar una vida regalada. Sus actividades pronto causaron tal escándalo que tres cédulas reales, fechadas respectivamente en 1531, 1535 y 1538, dispusieron su inmediata expulsión. En la primera de estas cédulas se alude a los excesos cometidos por los mercedarios "fugitivos", tildados de "apostatas y descomulgados"; en las otras dos se ordena la detención de todo religioso que haya pasado a las Indias sin licencia, en particular los que fueran o hubieran sido miembros de órdenes que no tuvieran monasterios en la Nueva España. Una cuarta cédula, fechada en 1543, firmada por Carlos V, reitera la orden de devolver a España los clérigos que daban el mal ejemplo en la Nueva España. Jiménez Rueda, en *Herejías y supersticiones*, cuenta que esos santos varones se dedicaban a vivir lo mejor posible a costillas del prójimo, y a solicitar en el confesionario a las penitentes para actos torpes y deshonestos, emulando el goliardismo de los tristemente célebres clérigos de Talavera; tampoco las monjas y beatas fueron inmunes a estas tentaciones: algunas que pretendían ser "iluminadas" y en realidad eran ilusas fingían milagros y embaucaban a los cándidos con falsas profecías. Muchas beatas, como se ha visto, fueron devueltas a España, y de las supuestas iluminadas se ocupó la Inquisición; pero todavía en 1585 el tercer Concilio Mexicano examinó el problema de los "clérigos peregrinos", sólo resuelto cuando la Corona ordenó que toda "la gente fascinerosa, vagabunda y de mal vivir" fuera expulsada a las Filipinas. Ejecutó esta disposición sobre todo el Virrey Conde de Priego que embarcó una cuerda en 1622. Y no había otro remedio, pues las filas de clérigos de mal vivir habían sido ampliamente engrosadas por v a g a b u n d o s laicos y gente sin oficio ni beneficio; éste era un problema transmitido entre otros muchos a la Colonia por la metrópoli, donde era resultado, entre otros factores, de la creciente urbanización, de las guerras y del decaer del feudalismo. Norman F. Martin ha dedicado un documentado estudio al examen de dicho problema en la Nueva España; y por su parte, Zavala recuerda la existencia de una vasta legislación medieval española relativa a la represión y supresión del vagabundaje, término al cual se dio una precisa definición jurídica que en las Indias se aplicó ocasionalmente a grupos enteros.[5]

5 Ajo y Sanz de Zúñiga, I, 30 (golfantes). Menéndez Pidal, en *Poesía juglaresca y juglares* (Madrid, 1924), y Dobianche-Rojdeswensky, en *Les poésies des Goliards* (París, 1931), consi-

Habiéndonos referido ya al español usado en las crónicas y en el romancero, y antes de pasar al estudio de los orígenes del teatro novohispánico en el capítulo siguiente, conviene aquí intentar un análisis del tipo de lenguaje que en la primera mitad del siglo XVI utilizaban los conquistadores y los misioneros, y que los indígenas aprendieron de viva voz. En sustancia era todavía el español de fines de la Edad Media, es decir anterior a su latinización por parte de los humanistas de la corte castellana (proceso cuyos efectos se sintieron mucho más tarde entre las masas citadinas de la Península y sobre todo de las Indias) y a su fijación como lengua culta durante el Siglo de Oro. Huella patente del sabor medieval del español, lengua de la Conquista, de la evangelización y de la conversión es la casi infinita variedad de arcaísmos sobrevivientes en el habla del mexicano, sobre todo en las zonas rurales. La designación de a r c a í s m o , aplicada a sustantivos, formas verbales y expresiones idiomáticas es desaprobada por algunos filólogos ya que se trata de voces que por su vigencia siguen siendo elementos vivos del idioma. Otros prefieren llamar a r c a i z a n t e s las palabras como indicación de la prosapia del vocabulario rural.[6]

Amado Alonso estudia la paulatina conversión del "castellano" en "español", a partir de la época de Alfonso el Sabio, de manera que la lengua de la corte de Toledo acabó por imponerse a las diversas variedades regionales entonces existentes, como expresión lingüística oficial y normativa. Era ésta un habla desarrollada en el Medievo (al igual que las otras lenguas romances) que, como señala Malmberg, fue trasplantada a América cuando se encontraba todavía en su periodo preclásico, es decir, cuando comenzaban a efectuarse los cambios fonéticos y morfosintácticos que la habrían de transformar en el español moderno. Las antiguas formas, sin embargo, persistieron en el campo tanto en España como en las Indias, y este *sermo rusticus* mantuvo en vida muchas voces que por haber desaparecido de la lengua culta resultaban arcaicas. El fenómeno, patente en el español de América, es aún más evidente en el caso del judeoespañol, forma lingüística que llevaron consigo los judíos emigrados de la Península antes de la colonización de la Nueva España.[7]

Henríquez Ureña afirma con cierta ironía que mientras los españoles de hoy hablan español, los mexicanos de las zonas rurales hablan el castellano del siglo XV, apreciación con la que coincide en buena medida Semeleder. El español de América se constituyó plenamente, dice Rosenblat, en el curso del siglo XVI, y es una prolongación del que hablaban los soldados, colonos y misioneros llegados de toda España y principalmente de Andalucía don-

---

deran el goliardismo la última manifestación del espíritu juglaresco. REALES CÉDULAS del 25 de enero de 1531; del 27 de octubre de 1535; y del 26 de febrero de 1538, en CDIU, X: 58-59, 301 y 398. J. B. Warren, 23 (cédula de Carlos V, de 1543). Jiménez Rueda, *Herejías,* 159; y Notas a J. T. Medina, *La Inquisición en México,* 148-149. Esquivel Obregón, II, 635 (clérigos peregrinos, 1585). Cuevas (ed.), DESCRIPCIÓN... DEL PADRE VÁZQUEZ DE ESPINOSA, 216 (Carta del Conde de Priego a Felipe III, 26 de febrero de 1622); *cf.* Luis González, 226. N. F. Martin, *Vagabundos, passim.*

[6] Alatorre, 219; y conversación personal con el autor.

[7] Amado Alonso, *La pronunciación medieval,* 21 (evolución del "castellano" al "español"); y *Temas Hispanoamericanos,* 21 (lengua judeoespañola); *cf.* Zavala, *Mundo Americano,* I, 536.

de, como en el resto de España, se apreciaba el buen hablar. Nadie pretende, como señala Lope Blanch, que el español americano en general siga siendo arcaizante porque la influencia peninsular lo ha modernizado sobre todo en las ciudades; pero el habla rústica fue hasta cierto punto inmune a esa evolución, conservando muchas formas verbales preclásicas (de las que Lope Blanch da numerosos ejemplos) al igual que un variado léxico de origen medieval. Para ilustrar nuestro argumento baste citar unas cuantas palabras que no pueden ser más características del español mexicano: *bravo* (valiente), *candela* (brasa), *cuero* (piel humana), *esculcar* (revisar), *recordar* (despertar), *pararse* (ponerse de pie), *prieto* (moreno), *frazada* (manta), etcétera.[8]

El problema de los arcaísmos léxicos de América se puede considerar desde dos planos diferentes. Algunos siguen usándose en ciertas regiones de España, y en tal caso se trata de un fenómeno de conservación lingüística. En el español de América y concretamente el de México, en cambio, existe este mismo tipo de arcaísmos más otros en que se observa una variación semántica, tratándose entonces de un proceso de innovación; por ello, la lexicología debe considerar estos dos tipos de arcaísmos desde distintos puntos de vista, pues algunas voces conservan su acepción antigua y otras han variado de significado, adaptándose a las necesidades de una época o de un grupo social dados, o bien a las características físicas y geográficas locales.

El Nuevo Mundo es un gran almacén de arcaísmos estancados, dice Américo Castro, cuyas afirmaciones coinciden a veces con las del poeta Amado Nervo, filólogo aficionado que hizo algunas observaciones interesantes. Entre los arcaísmos que señalan uno y otro figura por ejemplo la vitalidad del pretérito de subjuntivo en *-ra*, con valor de pretérito de indicativo ("la compañía que quedara allí de guarnición, fue presa"). Nervo enumera diversas voces arcaizantes muy usadas en México, entre ellas *achaparrarse* (agacharse), *aquerenciado* (enamorado), *artimaña* (destreza), *volantín* (tiovivo), *catear* (registrar), *clavarse* (engañarse), *cobertor* (manta), *descorazonarse* (perder el ánimo), *desfruncir* (desarrugar), *deturpar* (afear) y *velador* (mesita de noche). Tudela contribuye con palabras vivas en México pero envejecidas en España tales como *mercar* (comprar), *lindo* (bonito), *platicar* (conversar) y *mandado* (encargo). Manuel G. Revilla, por su parte, recuerda voces tales como *feriar* (cambiar) y *camino real* (carretera); y Alatorre señala la existencia de ciertas palabras y acepciones llegadas en los siglos XVI y XVII que no han dejado nunca de usarse en México: tal es el caso de *atorar* (obstruir) y *angosto* (estrecho). Lerner enumera los siguientes vocablos arcaizantes: *acequia* (albañal), *boruca o boluca* (bulla), *cacha* (mango de la pistola o del cuchillo), *comedido* (considerado), *corral* (cercado), *chícharo* (guisante), *chicote* (látigo), *chiflar* (silbar), *chupar* (fumar), *dilatar* (tardar), *durazno* (melocotón), *escobilla* (cepillo), *friolento* (friolero), *frijol* (judía), *grifo* (crespo, aplicado al pelo), *ladino* (indígena que habla el español, de latino), *mollete* (forma de pan), *nieve* (helado), *palo* (árbol), *piola*

---

[8] Henríquez Ureña, *El español de Méjico*, 285, 287. Semeleder, 76 Rosenblat, "La base del español de América", 171; y *Los Conquistadores y su lengua* 69-70. Lope Blanch, "El supuesto arcaísmo", 92, 94, 108-109, 175, 181, 184, 188, 193, 197, 202, 215, 226.

(cordel), *prisco* (albaricoque), *renco* (cojo, también aplicable a caballos y mulas), *rezago* (atraso en la correspondencia), *sancochar* (cocer a medias), *sobajar* (humillar), *torcaza* (paloma torcaz), *torzón* (dolor), *trastabillar* (tropezar), *tusar* (trasquilar) y *zonzo* (tonto). No es difícil encontrar algunos de estos vocablos en los textos de Juan de Mena, Enrique de Villena, don Juan Manuel, Ruy González de Clavijo o Alfonso el Sabio y en la *Crónica del Cid* y *La Celestina*. En España se utilizaban algunos de estos términos todavía a principios del XVII, por autores tan ilustres como Santa Teresa, Alonso de Ercilla, Cervantes y Tirso de Molina.[9]

Naturalmente, la tendencia arcaizante no es fenómeno privativo de la lengua de la Nueva España, ni tampoco de Hispanoamérica, sino una característica general, en mayor o menor grado, de los idiomas europeos transplantados a otros continentes. Es un fenómeno notable, sin embargo, entre los indígenas hispanizados quienes, según señala González Moreno, se expresan en un "lenguaje sabrosamente arcaico con léxico genuinamente castellano". Nakayama hace notar que el lenguaje arcaizante fue evolucionando hasta producir el español moderno, primero en la ciudad de México y sus cercanías y luego en regiones más lejanas, pero en el noroeste aislado y remoto se siguió hablando "el romance de Castilla tal y como lo introdujeron los primeros españoles". El filólogo Carlos Esqueda observa que hasta mediados del siglo XIX también en Sinaloa se seguía hablando un castellano de fuerte sabor antiguo.[10]

En las extensas llanuras del norte del país, desde Aguascalientes hasta Chihuahua, son frecuentes los elementos arcaizantes o populares no sólo en el vocabulario —como hemos señalado arriba— sino también en la expresión fonética. Sobre este particular, Martínez Vigil proporciona una nutrida lista de vocablos cuya pronunciación refleja diferencias fonéticas; con adiciones de Henríquez Ureña y Marden hemos elaborado la siguiente sabrosa ilustración del pintoresco y fresco *sermo rusticus mexicanus: abajar, adevinar, agüecar, ajuera, aluno, anque, ansí, ansina, arremedar, arriar, asosegar, asigún, cambalachar, caráter, conduta, colorao, costrución, culeco, cuotidiano, defunto, desparejo, diferiencia, disvariar, dotrina, efeto, escuro, emprestar, fastidiao, fierro, flución, güeco, güeno, güérfano, güey, haiga, injundio, jediondo, jolgorio, joyo, juerza, línia, mesmo, muina, muncho, ñublado, onde, parao, perfetamente, persinarse, prática, premiso, priesa, probe, recebir, salpuido, sigún, silguero, solenidad, suidá* (ciudad), *trastabillar, trompezón, vagamundo* y *vitoria*.[11]

[9] Américo Castro, *La peculiaridad lingüística rioplatense* (Buenos Aires, 1949), cit. por Bataillon, *Erasmo y España*, 45. A. Nervo, 101 (arcaísmos de tipo libresco). Tudela, 89; *cf.* F, Hanssen, *Gramática Histórica de la Lengua Española* (Halle, 1913); y L. Wagner, *Lingua e Dialetti dell'América Spagnola* (Florencia, 1949), 16. Nervo, 102 (acetar y achaparrarse) y 102-103 (arcaísmos mexicanos). Revilla, 193. Alatorre, 219. Lerner 30-239. Henríquez Ureña, *El español de Méjico*, 326.

[10] Zavala, *Mundo Americano*, I, 521, 523, 536 (tendencia arcaizante de las lenguas europeas en América). J. González Moreno, 174, 176. Esqueda, citado por Nakayama en Introd. a Antonio RUIZ, 11.

[11] Martínez Vigil, 1-127. Henríquez Ureña, *El español de Méjico*, 331 y *sqq*. Martínez Vigil, IV-V, examina la pronunciación arcaizante del español americano, apoyando sus argumentos

Como puede observar el lector en estos ejemplos son evidentes ciertos fenómenos: la vacilación característica de las vocales pretónicas y postónicas, la permanencia de la f- inicial, la asimilación y disimilación vocálicas, las aspiración, la caída de la -d- intervocálica, la reducción de grupos consonánticos y la metátesis. A este respecto, Lope Blanch señala una interesante metátesis en ciertas formas diptongadas tales como *naiden* o *naide*. En Apuntaciones y en *El castellano en América*, Cuervo señala muchos arcaísmos comunes a varios países americanos, de los cuales tienen un eco especialmente mexicano ciertas modificaciones fonéticas de asimilación y disimilación vocálicas, así como aspiración: de ello son ejemplos, *recebimos*, *prencipio*, *güevos*, *aujero*, *sospiro* y *pacencia*. En el México rural es común oír, como en la Castilla medieval, *emponer* (imponer), *emproviso* (improviso), *enclinar* (inclinar) y, por analogía, *emprestar* (prestar), porque en aquella etapa de su evolución estas palabras y otras similares empezaban por *en-* y no por *in-*. La diptongación antihiática característica de *máistro*, *páis*, *máiz*, *pión* (peón) y *rial* (real), dice Rosenblat, está arraigada en México desde hace muchas generaciones. Ejemplos de síncopa y contracción proporcionados por el mismo Rosenblat son *mano* (hermano), *quíubo* (qué hubo), *pa'* (para); Heredia reseña la síncopa del verbo estar, propia de los siglos XV y XVI: *'toy*, *'tando*, *'tate*, *'taba*, etc. (estoy, estando, estate, estaba, etc.), así como la asimilación de diptongos en *quen y quero* (quien y quiero). La metátesis consonántica aparece hoy no sólo en el habla rústica de México, sino también en la misma Península en palabras como *probe* y *premiso*. También en los nombres propios se advierte este tipo de fenómeno como en el caso de *Grabiel* (Gabriel). La forma *Grabiel*, apunta Schuchardt, era usual desde el bajo latín del Medievo; y en México aparece con notable insistencia desde 1525.[12]

en los trabajos de Adolfo Berro García y José Lámano Bencito, y en el *Diccionario de Americanismos* de Augusto Malaret.

[12] Lope Blanch, "El supuesto arcaísmo", *passim*. Cuervo, 69 y Apuntaciones, núm. 251. Rosenblat, "Base del español de América", 230. Tudela, 94-95. Heredia 372-373. La voz "probe" aparece ya en una carta de DIEGO DE OCAÑA a la Casa de Contratación, 31 de agosto de 1526: "...a mi probe juicio sería menester castigar a los unos...", en CDIAO, XIII: 403. Véase también *op. cit.*, XIV: 193 (RELACIÓN DE LOS POBLADORES... EN MÉRIDA): "En esta cibdad esta un conquistador muy probe". Marden, 101 y nota 5. H. Schuchardt, "Die cantesflamencos" (*Vokalismus*, III, 5), en *Sitz. d. Wiener Akademie d. Wissenschaft*, XC (1884). En los Protocolos de la Notaría de Cholula se mencionan, en relación con actos de diversa naturaleza, 18 veces entre el 2/VIII/1591 y el 13/IV/1605 a cierto *Graviel*, dos españoles y 16 indios (Docs. 544, 551, 556, 558, 560, 561, 587, 925, 926, 1155, 1174, 1509, 1538, 1553, 1565, 1601, 1610, 1636, 1658 y 1665). Hay un solo *Gavriel*, en acta de 9/VII/1594. El monasterio y la iglesia de San Gabriel de Cholula es así llamado por primera vez en estos protocolos el 20/II/1601. (Doc. 1584) y descrito como "San Graviel" siete veces entre el 21/III/1592 y el 23/III/1601 (Docs. 315, 939, 976, 1460, 1480, 1580 y 1595). En los siguientes documentos del siglo XVI y principios del XVII figura "Grabiel" o "Graviel" en vez de Gabriel: Rodrigo de Albornoz (CARTA AL EMPERADOR, 15 de diciembre de 1525, en CDIAO, XIII: 50); CABILDO DE MÉXICO (ACTAS del 9 de agosto de 1538: "grabiel de aguilera", vecino; y del 7 de diciembre de 1542: "Grabiel luys platero"; IV, 142 y 312); en documentos de 1540 a 1550 varios conquistadores declararon llamarse así: Icaza [ed.], CONQUISTADORES Y POBLADORES, I, 47 y 171 (Graviel Bosque) I, 208 (Graviel de Aguilera), II, 56 (Graviel de Villasana) y 238 (Graviel López); INFORMACIÓN SOBRE LA REBELIÓN DE LOS ZACATECOS Y GUACHICHILES, 1562, en CDIHIA, I, 358 (Graviel Gutierrez); Bartolomé BARRIENTOS, *Relación de Florida, ca.* 1568, ed. de Genaro García, 79 y 97 (Grauiel de Ayala); CABILDO DE MÉXICO, VIII, 703, de 1584 (Gra-

En el aspecto morfosintáctico se registra un número más reducido de formas arcaizantes. He aquí algunos ejemplos: la adición (por analogía) de una -s final a la segunda persona singular del pretérito de indicativo, como en *dijistes, comistes, hicistes, venistes;* la persistencia de formas verbales desaparecidas: *venimos, haiga y semos;* y la permanencia del género gramatical clásico como *la* calor. Nykl recuerda formas del siglo XVI que conservan su morfología original: *vide, vido* (vi, vio), *trujo* (trajo), *nomás* (nada más), *más mejor, más pior* (redundancia inaceptable sintácticamente) y otras.[13]

Por influencia del humanismo italiano los escritos doctos del siglo XV introdujeron la latinización del español escrito, según observa Henríquez Ureña; sin embargo, hubo de pasar algún tiempo para que dicha latinización de la escritura influyera sobre la pronunciación general. En la lengua escrita reaparecieron muchas consonantes implosivas finales de sílaba, procedentes del latín, que nunca se habían pronunciado en el castellano popular; y que con el tiempo se llegaron a pronunciar en la lengua culta; sin embargo se siguió diciendo *dotor, indino, ostinado, conceto, caráter, arimética, defeto, setembre, otubre* e *instrución,* aun cuando se escribiera: doctor, indigno, etc. Por otra parte, se siguieron asimilando las nasales —tendencia generalizada de la fonética española— en palabras tales como: *coluna y costante,* aunque tomaron la ortografía columna y constante.[14]

En otros aspectos del sistema fonético se dan también fenómenos interesantes, por ejemplo, el ceceo, el seseo y el yeísmo. El c e c e o , una característica fonética del español moderno en casi toda la Península, no pasó a América por la sencilla razón de que sólo a mediados del siglo XVI, según Amado Alonso, en España se empezó a dar una pronunciación fricativa a las formas ortográficas "z" y "c", costumbre que se intensificó y generalizó en el curso de los 200 años siguientes. Por el contrario, el s e s e o , o sea el igualar la pronunciación de la "z" y de la "s" con marcada lateralización sobre todo cuando estos fonemas son finales, fue la regla en América porque tal era la práctica en España en tiempos de los primeros conquistadores, misioneros y letrados. El y e í s m o , o sea la igualación de la letra "ll" con la "y" fue, dice Alatorre, una innovación andaluza de comienzos del siglo XVI, que pronto pasó a México y a Lima. Fenómeno distinto pero contemporáneo fue el v o s e o , que como informa Rosenblat triunfó en España y en las Indias en el siglo XVI; mas pronto fue desterrado de las Antillas, del Perú y de la Nueva España (donde quedó circunscrito a Yucatán,

viel de Chavez); testamento del capitán Miguel CALDERA, de San Luis, 1596 (graviel ortiz) y otros dos documentos fechados en 1598 (capitán graviel ortiz de fuenmayor) y en 1696 (Grabiel Leal de Ribera, juez subdelegado), editados los tres por P. F. Velázquez en *Col. de Docs. para la Hist. de San Luis Potosí,* I, 275, II, 61 y III, 35; INFORMACIÓN recibida en 1598 por el Alcalde Mayor de San Luis Potosí, publicada en el Apéndice Documental de Peña, 101-102 (el mismo graviel ortis [*sic*] de fuentemayor); ÍNDICE GENERAL DE LOS PAPELES DEL CONSEJO DE INDIAS, años de 1590 a 1598 (almirante Graviel de Vega e Segovia; Graviel de Hoa, oficial mayor del Consejo), *ap.* CDIU, XIV: 93 y 167; finalmente DORANTES DE CARRANZA, 179 (Graviel N...), 193 (Graviel de Chavez) y 228 (Don Graviel Guerrero). Rosenblat, *Lengua y Cultura de Hispanoamérica,* 21.

[13] Martínez Vigil, 1-127. Nykl, 219 y *sqq.*

[14] Henríquez Ureña, *El español de Méjico,* 221 y *sqq.*

Chiapas y Tabasco). En México, al *vos* se prefirió en el trato respetuoso la fórmula *vuestra merced*, corriente en el siglo XV. En América, el *voseo*, convertido en forma equivalente a *tú* familiar, prevalece hoy principalmente en el habla coloquial argentina y uruguaya.[15]

Curiosamente, la dominación islámica característica de España en la Edad Media tiene en el vocabulario uno de sus principales reflejos en México y en general en toda América. En el aspecto puramente léxico las voces de origen árabe se relacionan sobre todo con el arte militar, la agricultura, la navegación, la arquitectura, la medicina, la astronomía, las matemáticas, la química, la botánica y la artesanía; también son de origen árabe los nombres de muchos objetos de mobiliario e indumentaria, por efecto de la riqueza de la cultura islámica, de la que la Nueva España recibió una valiosa herencia. Mas la influencia de la lengua árabe no está presente sólo en el vocabulario sino también en ciertas expresiones traducidas literalmente, aún usadas en México, como recuerda Semedeler; al respecto podemos mencionar: *blanquillo* (huevo), *la madre del río* (el lecho del río) y *ojo de agua* (manantial). Hay también modismos y giros traducidos del árabe peninsular, por ejemplo: *¿usted gusta?*, *buen provecho*, *que le aproveche*, *está usted en su casa*, *le beso la mano* (o *los pies*), *que Dios te ampare* o *te guarde*. Abundan los nombres de origen árabe en la toponimia mexicana, como Guadalajara y Guadalupe; Leicht cita el curioso ejemplo, único conocido, de hibridismo árabe-náhuatl: el rancho *Noriatenco*, cerca de Cuautli (Puebla), que combina el árabe *noria* (máquina hidráulica) con la desinencia azteca *tenco* (junto a). Otras palabras y expresiones, en cambio, proceden del mozárabe, es decir del romance hablado por la mayoría de los españoles en los siglos X y XI y que se conservó largo tiempo en Andalucía; un ejemplo interesante de esto es *chícharo*, que a pesar de su raíz latina *(cicero)* es, según Alatorre, palabra típicamente mozárabe.[16]

Es interesante señalar, además de los a r c a í s m o s que son de uso general en México, los que son exclusivos de las distintas regiones del país. El estudio de los localismos no está todavía muy avanzado, pero se pueden citar algunos ejemplos. Heredia señala que en Yucatán, al igual que en tantas otras regiones del país, se registra la aspiración sorda propia del español colonial por la cual se sigue diciendo *güero* y *güerta;* y que en la primera persona del pretérito singular del verbo ver se usa todavía la inflexión *vide*. En Veracruz los nombres relativos a ciertas fiestas regionales antiguas o modernas son voces arcaicas como *parangón, loa, güegües* (más-

---

[15] Amado Alonso, *Pronunciación medieval*, 410 (ceceo). *Ibid.*, *Temas Hispanoamericanos*, 96-97 y 107-108; y García Icazbalceta, *Opúsculos*, 359 (seseo). Menéndez Pidal, en "El español de América", 134-135, opina que la simplificación fonológica del çeçeo-zezeo surgió en la región de Sevilla. Alatorre, 219; ver también sobre el yeísmo Amado Alonso, *Temas*, 200. Rosenblat, *Los Conquistadores y su Lengua*, 71; y *Lengua y Cultura de Hispanoamérica*, 17-18 (voseo).

[16] Zavala, *Mundo Americano*, I, 531 (reminiscencias árabes). Sobre los arabismos empleados en México, *cf.* Hugo Leicht, "Arabismos frecuentes en el español...", en *Investigaciones Lingüísticas*, I: 3 y 4 (nov. de 1933 y feb. de 1934), espec. p. 200; y Semeleder, 84-85. Alatorre, 94 (chícharo) y 74 (frases usuales de origen árabe). Foster, *Cultura y Conquista*, 61 (expresiones de origen moro). Leicht, *Puebla*, 84, nota.

caras de carnaval usadas hasta mediados del siglo XIX), y "viuda", nombre de la cruz que amparaba la cosecha y que se sacaba en procesión al término de ésta. Nykl, refiriéndose a Chiapas, consigna muchas formas del siglo XVI aún usadas tales como *ansinota* que significa ¡así de grande! Aguirre Beltrán agrega que el español de los Altos de Chiapas se caracteriza por el uso frecuente de inflexiones y formas de arcaica concordancia; y Ramos Duarte recoge, en esa misma zona y Muñoz Ledo en Querétaro, el arcaísmo *pantasma* (fantasma). Es importante hacer notar aquí que en las regiones como Chiapas, donde se habla una lengua indígena, es difícil determinar si las formas anómalas son de tipo arcaizante o producto de la interferencia de la misma lengua indígena. En su acucioso estudio, Quirarte afirma que en los Altos de Jalisco, gran parte del Bajío y hasta en Aguascalientes se emplea un lenguaje sumamente parecido al español de los siglos XV y XVI. Entre las voces arcaizantes por él registradas en apoyo de su aserción, además de muchas señaladas en párrafos anteriores, se encuentran *apear* (bajar), *andurriales* (barrio pobre), *bastimento* (provisión), *bien* y *mal quisto*, *cuadrar* (gustar), *conocencias* (amistades), *menester* (necesidad), *pasguato* (tonto), *razón* (noticia), *tentar* (tocar), *topar* (encontrarse), *vigüela* (guitarra) y *zarcillos* (aretes). Señala asimismo ciertas formas fonéticamente anticuadas, tales como: *escrebir* y *tráido:* participios regulares fuera de uso como *rompido* y contracciones del tipo de *dizque* (dice o dicen que).[17]

Es evidente que la conservación de a r c a í s m o s en el habla rústica mexicana ha sido favorecida por el aislamiento de algunas regiones y por su escaso desarrollo social, así como por la falta de escuelas rurales y el alto porcentaje de analfabetismo anteriormente prevalentes. Si el aislamiento es factor primordial de este fenómeno de pervivencia, no es extraño que la remota provincia de Nuevo México sea hoy día un verdadero depósito de arcaísmos. A pesar de que el inglés es el idioma oficial, la lengua materna de numerosos descendientes españoles y mexicanos es el español, que en el ámbito familiar ha conservado algunas formas coloniales. En 1906, Hills afirmó que la lengua de Nuevo México (extendida hasta el sur del estado de Colorado) hablada o escrita no había cambiado gran cosa desde que llegó de España. (No olvidemos, sin embargo, que en el presente siglo los cambios sufridos por el español al contacto con el inglés son verdaderamente radicales.) Para Aurelio M. Espinosa, la lengua de Nuevo México tiene muchos puntos de contacto con el castellano de los siglos XIV y XV, pero también diferencias considerables con el español actual. En Nuevo México, dice Espinosa, se escuchan a diario palabras como *agora, ansina, trujo, adrede, entención, pos, dende, escuro, vide, a ráiz, periódo,* y muchas otras; y Heredia, por su parte, expresa asombro ante tanto *ansina, reína, vaína, treínta* y *combiene* que se oyen en la región.[18]

Nos extenderíamos demasiado enumerando los r e f r a n e s que de la Castilla medieval pasaron a la Nueva España, de muchos de los cuales

---

[17] Heredia, 375-376. Carvallo, 95-98. Nykl, 219. Aguirre Beltrán, *Proceso de Aculturación,* 117. Ramos Duarte y Manuel Muñoz Ledo son citados por Henríquez Ureña en *El español de Méjico,* 294. Quirarte, 69 y 164-188.

[18] Hills, 3-4 y 24. Espinosa, *El Español de Nuevo México,* I, 48, Heredia, 378 y *passim.*

se sirve Bernal Díaz con gran solaz del lector de la *Historia Verdadera*. En cuanto a las palabrotas, incluso algunas de las más sonoras, puede decirse que son del mismo origen.[19]

El desprecio por el habla local, que con frecuencia es la que mayor número de arcaísmos contiene, se manifiesta universalmente por el prestigio social que suele asociarse a la forma culta de la lengua. Mas en realidad, ninguna de las formas regionales del idioma español, ya sea yucateca, extremeña, chilena, asturiana, cubana o la que sea, es otra cosa que el producto de una evolución cultural cuyo resultado innegable es la hermandad lingüística de un gigantesco grupo humano, y es erróneo despreciar algunas de sus formas, pues todos hablamos, cada uno a nuestro propio modo, una misma lengua que, a pesar de sus variaciones léxicas, morfológicas o sintácticas, es un fuerte lazo de unión entre tantos pueblos que comparten en gran medida una misma tradición, cultura e historia. En cambio, ha sido significativa en diversos periodos la diferencia entre el español culto y el popular dentro de un mismo ámbito geográfico. De hecho, como observa Menéndez Pidal, siempre ha existido la tendencia a menospreciar el habla popular, tendencia que en México actualmente ha desembocado en dos caras de la misma medalla: por su parte los gobiernos liberales han tratado de llevar a las masas las formas cultas del idioma, y por otra el habla popular ha penetrado en la literatura, como es caso evidente en la novelística de la Revolución.[20]

---

[19] Bernal Díaz usa por supuesto muchos arcaísmos, algunos de los cuales han sobrevivido como *naguas, chirinola* y *muégano* (cc. ii; xxiii, xliii y xliv; y xcii; en II, 115, 177 y 179; y I, 353, respectivamente). Algunos refranes que figuran en la *Verdadera Historia* (entre ellos "vale mas estar solo que malacompañado" y "a la sed no hay ley") se hallan en los cc. cxxxvi, cxxxix, clxiii, vxlv, clii, cciv y clxxxiv (II, 135, 156, 187, 202, 257 y III, 79 y 206). CARTA del capitán Martín García de Lasas a Urdiñola, 19 de noviembre de 1594, en Alessio Robles, *Urdiñola*, 242: "...no soy yo hombre que ningún interes... me hiziera... hazer cosa fea...[no soy yo] hijo de puta".

[20] Menéndez Pidal, *El Español de América*, 157.

XXXV. EL TEATRO Y LA DANZA: AUTOS SACRAMENTALES, PASTORELAS, MOROS Y CRISTIANOS, MATACHINES Y LA DANZA MACABRA

AL SOBREVENIR la conquista de América, el teatro español seguía siendo casi exclusivamente religioso y fue en esta forma que llegó a las nuevas colonias. Por ello el t e a t r o   r e l i g i o s o   de la Nueva España, como afirma Rojas Garcidueñas, deriva directa y evidentemente del teatro medieval, aunque el elemento indígena —como en todo fenómeno de adaptación— le impuso modalidades especiales. Usigli completa este juicio señalando que el teatro traído por los misioneros era lisa y llanamente medieval. El teatro del Medievo, como es sabido, nació como tropo interpolado a la misa; hacia el siglo X se hizo costumbre interrumpirla a veces con diálogos cortos de carácter dramático, cantados en latín y sin acción. El texto más antiguo que se conoce es el *Quem quaeritis?*, conservado en la abadía de San Galo, hoy en Suiza, y sus personajes son las Tres Marías y los ángeles que encuentran sentados en la tumba vacía de Cristo. Tal fue el origen del auto sacramental, primera verdadera forma dramática cristiana; es una representación alegórica de tema religioso, que se popularizó en la Europa central desde el siglo XI y de allí pasó a España, donde a fines de la Edad Media autores tan celebrados como Gómez Manrique y Juan del Encina escribieron textos para tales funciones. En la Colonia, según los datos de que disponemos, el teatro nació el 6 de enero de 1528, cuando al decir de Motolinía se representó en náhuatl el drama *El ofrecimiento de los Reyes al Niño Jesús* durante la misa de Epifanía. Horcasitas informa que cinco obras seguramente escenificadas en la Nueva España durante el siglo XVI ya figuraban en una recopilación hecha a principios de dicho siglo y publicada en 1901 por Rouanet. Dicha recopilación comprendía un centenar de autos, farsas y coloquios españoles de los últimos siglos de la Edad Media. El tema del *Juicio Final*, representado en Tlatelolco en 1533, era favorito del teatro medieval desde el siglo XIV. Conocemos otro auto, representado todavía en 1722 en el Teatro del Hospital Real de los Naturales, el de la *Destrucción de Jerusalén*; existía en una versión originalmente escrita en lemosín o lengua *d'oc*, de la cual se conservan tres ejemplos manuscritos, pero en la opinión de Ricard y Corbató su versión llegada a la Nueva España, traída tal vez por los mercedarios, se debe a la pluma del valenciano San Pedro Pascual (1227-1300). En los llamados misterios navideños, autos sacramentales breves alusivos a la encarnación de Cristo y a la redención del género humano, son personajes centrales los pastores que divisan la estrella de Belén; por ello en México conservan el nombre de p a s t o r e - l a s , género popular en la lírica trovadoresca medieval sobre todo en

Francia, donde se llamaron *pastourelles* o *reverdies*. Mas la característica principal del teatro religioso novohispánico, que fue la de ser medio de difusión del nuevo credo, es virtualmente ajena al teatro medieval. A su vez, esta intención abrió las puertas del teatro a la influencia indígena, debido a que por sus fines proselitistas se preferían hacer las representaciones en náhuatl y en otras lenguas indígenas.[1]

Para los naturales, el t e a t r o   r e l i g i o s o   cristiano tenía antecedentes en sus propios ritos, verificándose ocasionalmente un fenómeno sincrético semejante al de las festividades. Un ejemplo de ello es la *Comedia de los Reyes*, compuesta en Tlatelolco, en la cual no sólo hay referencias a la cultura precortesiana sino que su autor —el guardián del convento Fray Juan Bautista— asocia la fiesta del mes de Tititl, dedicada entre otras deidades a Tona (Nuestra Madre), con la Epifanía, fiesta cristiana que conmemora el homenaje rendido por los Reyes a la Virgen y al Niño, aprovechando que ambas festividades caían en el mes de enero. En términos más generales puede decirse que el teatro misionero incorporó a sus medios expresivos ciertas tradiciones indígenas, tales como la pantomima y los diálogos sencillos de las representaciones precortesianas, que tenían lugar en locales a ellas destinados y que existían en Tlatelolco, Tlaxcala, Cholula y otros lugares. Se ha afirmado que la representación del drama religioso en la Colonia, libre de complicaciones y sutilezas teológicas, debe mucho a aquellos espectáculos indígenas, así como a los areitos o mitotes, expresión artística de los naturales que afortunadamente ha perdurado hasta nuestros días. Es indudable, de todas maneras, que los españoles encontraron un teatro indígena cuando menos incipiente, y de ellos son pruebas tanto el *mixcoalli* —teatro privado del *tlatoani*— como "las representaciones de ejemplos y cosas devotas, al modo de comedias" llamadas *neixcuitiles* y adoptadas por Fray Pedro de Gamboa al gusto cristiano; los *neixcuitiles*, según descripción de Vetancurt, se representaban en la Capilla de San José de los Naturales y en los patios de otros templos los domingos de cuaresma. Marianne Bopp advierte el influjo del indio, que se manifiesta en diversas maneras sobre el teatro religioso; a esta influencia se deben ciertas fórmulas ceremoniales, como por ejemplo las ofrendas de copal y codornices, y sobre todo el realismo de la decoración que no deja nada a la imaginación ni al simbolismo característicos del escenario medieval. Aunque los elemen-

---

[1] Rojas Garcidueñas, *Autos y Coloquios*, Pról., viii, ix y Usigli, *ap.* Monterde, *Bibliografía del Teatro en México*, Int., xiv. W. L. Smoldon, *Early Medieval Music up to 1300* (Oxford, 1969), 177-89 *(Quem quaeritis?)*. MOTOLINÍA, citado en Agapito Rey, *Cultura y Costumbres del siglo XVI*, 59; *cf.* Horcasitas, 60 y 253, quien llama esta representación *La Adoración de los Reyes; ibid.*, 62, 65-66 y 68. Las cinco piezas aludidas, publicadas en Rouanet, *Colección de autos, farsas y coloquios del siglo XVI*, 4 vols., Barcelona, 1901, son: "El Sacrificio de Abraham", "La Conversión de San Pablo", "La Asunción", "El hallazgo de la Santa Cruz" y "El auto de Adán". Sobre el "Auto de la Destrucción de Jerusalén" y sus orígenes, ver Rojas Garcidueñas, *op. cit.* Pról., XXI; Alfonso Reyes, "Autos Sacramentales", 123; Horcasitas, 462; Ricard, "Moros y Cristianos", 289-290; y Corbató, 21-22. Gilett, 61, opina que no es imposible que el "Auto de los Reyes Magos" mexicano tenga origen valenciano. Boase, 28 y 89; y Artz, 356-360; *cf.* Gaston Paris, *Mélanges de littérature du Moyen Age*, París, 1912, 539-615 (pastorelas). Rojas Garcidueñas, *El Teatro de la Nueva España*, 41 (el teatro catequístico).

tos esenciales del drama son europeos, la vestimenta, conservada en las pastorelas, y sobre todo el vehículo lingüístico de expresión en la inmensa mayoría de los casos son indígenas, aparte de que según parece algo de la antigua retórica náhuatl sobrevivió en los escenarios coloniales. Resultó así un teatro ecléctico en que se fundieron la representación ritual europea y el primitivo dramatismo de la ceremonia indígena.[2]

El a u t o   s a c r a m e n t a l es una pieza dramática en un acto cuyo tema es el misterio de la Eucaristía; en la Península se presentaba al aire libre todavía en tiempos de la Conquista, por lo general el día de *Corpus Christi*. En la Nueva España, este género de representación reflejó el modelo, la técnica y el gusto de los autores castellanos, y los franciscanos lo convirtieron en prédica viva para la conversión y edificación de los naturales. Encontraron afortunadamente, observa Elsa Cecilia Frost, un público capaz de responder y sobre todo los restos de una sociedad de especialistas, pues en el México prehispánico había cantores, actores, danzantes, bufones, poetas y escenógrafos profesionales. Entre las primeras piezas de teatro escenificadas, además del ya mencionado *Ofrecimiento de los Reyes Magos*, estuvieron las tres siguientes: *La Conversión de San Pablo*, representada en náhuatl quizá antes de 1530 en el atrio de la catedral de México, sobre uno de los principales temas del teatro litúrgico medieval y de la cual había versiones latinas desde el siglo XI y castellanas contemporáneas; *El Fin del Mundo*, llevada a escena también en náhuatl en Tlatelolco en 1533, y reseñada en la *Crónica* de Antón Chimalpahin, obra que pudiera ser el mismo *Juicio Final* aplaudido por Zumárraga y el Virrey Mendoza en el mismo sitio unos cuantos años después; y el representado en Tlaxcala el 25 de marzo de 1538, que trata uno de los temas más socorridos de la pintura y el teatro medievales. El diálogo de esta última pieza, dice Corbató, presenta semejanzas estrechas con el *Misterio de Adán y Eva* del *Corpus Christi* valenciano, especialmente por la astucia que Eva revela en su conversación con la serpiente.[3]

En las cuatro representaciones organizadas en Tlaxcala para festejar los días de San Juan y *Corpus*, el 24 y 25 de junio de 1538, figuraron verdaderos ejércitos, murallas y combates mezclados con oraciones y milagros.

---

[2] Horcasitas, 283 ("Comedia de los Reyes"). La influencia indígena en el teatro religioso colonial es estudiada, entre otros autores, por Rojas Garcidueñas, en *Autos y Coloquios*, XI-XII; y en *El Teatro de la Nueva España*, 41-42; por Kobayashi, 200 (*mexcoacalli*); por Bayle, en *El Santísimo en Indias*, 426-427 (*neixcuitiles*); por Marianne O. de Bopp, 114, 116 y 123; y por Horcasitas, 169.

[3] Alfonso Reyes, "Autos Sacramentales", 117 y 120 (representaciones en España el día del Corpus); cf. Céspedes del Castillo, *Las Indias durante los siglos XVI y XVII*, III, 530. Elsa Cecilia Frost, "Horcasitas", 331. Horcasitas, 447-448 ("Conversión de San Pablo"). No se sabe a ciencia cierta si la primera representación del *Juicio Final* tuvo lugar en 1531 o en 1533, pero los autores están de acuerdo en que la versión escenificada en Tlatelolco fue obra de Fray Andrés de Olmos; cf. Rojas Garcidueñas, *Autos y Coloquios*, XIII; y "Piezas Teatrales", 148; A. Rey, *Cultura y Costumbres*, 60; y Horcasitas, 62. Orta, 156. Corbató, 11-12 y 20, donde se afirma que "La Adoración de los Reyes Magos", "La Comedia de los Reyes" y "La Destrucción de Jerusalén", mencionada más adelante, también revelan influencia valenciana, especialmente en una escena en que el paso de la Sagrada Familia en su huida a Egipto hace madurar milagrosamente el trigo.

Renació así el teatro religioso de masas de la Edad Media que requería grandes espacios y del cual son supervivencia los misterios de Oberammergau (Baviera). Aquellas representaciones de 1538 fueron organizadas por los franciscanos, quienes al año siguiente encargaron a Motolinía presentar otros cuatro dramas para celebrar la festividad del Corpus. Las piezas escenificadas en 1538 fueron *La Anunciación de la Natividad de San Juan Bautista*, basada en los escritos llamados apócrifos, *La Anunciación de Nuestra Señora*, de la misma derivación pero con elementos del Evangelio de San Lucas, *La Visitación de Nuestra Señora a Santa Isabel*, y de nuevo *La Caída de los Primeros Padres*, representada tres meses atrás, aunque ésta no es segura. Las de 1539 fueron *El Sacrificio de Abraham, La Tentación del Señor, San Francisco predicando a las aves* y *La Conquista de Jerusalén*. Con esta última, cuyo texto se debe a Fray Toribio, se festejaron también las paces concertadas el año anterior por Carlos V con Francisco I de Francia; más que representación teatral fue una gran pantomima, cuyos personajes eran entre otros el emperador, embajadores papales y ángeles que arengaban a indios y españoles, envueltos en mucha acción guerrera terminada victoriosamente con una embestida del señor Santiago. El escenario descrito por el mismo Motolinía fue a la vez maravilloso y solemne; consistió en grandes aposentos, exteriores defendidos por troneras, saeteras y almenas, en uno de los cuales figuraban Jerusalén y sus cinco torres, todo adornado con bosques artificiales, flores y jaulas de aves canoras. Estas representaciones se repitieron los años siguientes con mayor o menor solemnidad, según informa Vetancurt, y a partir de 1539 se escenificó además en la misma Tlaxcala *San Jerónimo en el desierto*, cuyo argumento con todo y león domado se inspiraba en una leyenda medieval, citada por Ferguson. Peggy K. Liss atribuye a la presentación de *La Conquista de Jerusalén* un propósito imperial, y por su parte Arrom ve en aquellos dramas tlaxcaltecas el nacimiento de un teatro genuinamente mestizo, ya que combinaba una concepción europea con un cierto fraseo, vestimenta, decorado y actuación claramente indígenas. El mismo año de 1539 se representó en México *La Conquista de Rodas*, descrita por Bernal Díaz y ya mencionada en un capítulo anterior; se trató de un simulacro bélico en el cual participaron, dice Las Casas, 50000 actores improvisados; acto seguido, fue escenificada *La batalla de los salvajes*, obra que por las dos bandas de cazadores que en ella fingen una pelea, parece derivar de algún rito precortesiano en honor de Camaxtli, dios de la caza.[4]

Al igual que el teatro medieval, el teatro religioso colonial tomó siempre

[4] Las fiestas de Tlaxcala son analizadas someramente por Trenti Rocamora, 298-299, con base en la detallada descripción de Motolinía (*Hist. de los Indios*, Barcelona, 1914, 82-84). Pazos en "Teatro Franciscano", 157-159, examina en particular *La Conquista de Jerusalén*, G. Ferguson, *Signs and Symbols in Christian Art* (Oxford, 1966), 124-125; *cf.* Nicolau d'Olwer (ed.), *Hist. de los Indios de Motolinía*, xxix. Vetancurt, *Crónica de la Provincia del Santo Evangelio de México* (México, 1871), 169. Peggy K. Liss, 123. Arrom, 45. Bernal Díaz (Espasa Calpe, 1928), ii, 488-489; y Las Casas, *Apologética Historia* (ed. Serrano y Sanz, Madrid, 1909), 165 *sq.*; *cf.* Pazos, *op. cit.*, 158-161 (*La Conquista de Rodas*). Horcasitas, 503-504, opina también que *La batalla de los salvajes* tiene cierta relación con las pinturas de Ixmiquilpan.

sus temas de la Biblia, de los Evangelios canónicos y apócrifos y de la epopeya cristiana, todos de trama sencilla, en una época en que en Europa prácticamente ya no se componían dramas religiosos. En *El Teatro Náhuatl*,
Horcasitas enumera y analiza no menos de 35 de aquellas obras, todas de
carácter didascálico, representadas en náhuatl a lo largo de la época colonial; son sólo las que han sobrevivido o de las que se tiene alguna noticia. El
teatro permaneció poco tiempo en el recinto de las iglesias: pronto se instaló en las capillas abiertas y en los espaciosos atrios de los monasterios,
usando como telón de fondo las fachadas de los templos conventuales. Los
autores de algunas de aquellas edificantes obras eran frailes; Motolinía,
Andrés de Olmos, Juan Bautista, Juan de Torquemada, Luis de Fuensalida
y Juan de Ribas escribieron muchas piezas dramáticas, y puede afirmarse
que en su conjunto el drama religioso en México no fue menos rico que en
la Península. También cuando de 1585 a 1606 los carmelitas descalzos fueron encargados de actividades evangelizadoras, a menudo recurrían a la
dramatización de breves escenas para explicar la doctrina a los indios, según
dato de Victoria Moreno. Poco ha sobrevivido de toda aquella variedad, pero
lo que se conserva tiene un gran interés, como es el caso del ciclo de la Pasión
de Cristo (del que se hablará en seguida), las pastorelas tratadas más adelante y que siguen escenificándose en muchas áreas rurales y, sobre todo,
los ciclos de los Pilatos, Santiagos, y Moros y Cristianos, todavía representados a veces en náhuatl en distintas regiones del país. Otra supervivencia,
pero de carácter más bien excepcional, es *La historia de Carlomagno* representada todavía recientemente en la región de Atlixco (Puebla); entre sus
personajes figuraban, además del gran Emperador cristiano, Fierabrás, el
Conde Roldán, el Conde Oliveros de Castilla y la Princesa Floripes, todos
ellos procedentes del romance caballeresco; también aparecían en ella varias figuras alegóricas y dos niños mascotas, un angelito de los cristianos y
un diablito de los moros.[5]

A fines del siglo XVI Fray Francisco de Gamboa inició la representación de
p a s o s   relativos a la Pasión de Cristo en el convento de San Francisco
de México. Se usaban recursos bastante realistas, pues en la capilla de San
José de los Naturales, según testimonio de Vetancurt, como los indígenas
no tenían "más entendimiento que los ojos, cuando le daban la lanzada le
ponían en la llaga una vejiga de color carmín... espectáculo tierno", y en la
de la Ascensión lo subían "con cordeles" y lo recibía "una nube" en la cual
se posaba el Espíritu Santo. La Pasión también fue escenificada por Fray
Juan de Torquemada para ilustrar algunos de sus sermones dominicales:
eran representaciones mudas, como los cuadros vivientes de Perusa de mediados del siglo XV, que reproducían escenas fijas como Cristo llevando la
cruz a cuestas, la crucifixión y otras. La escenificación de la Pasión se generalizó rápidamente hasta convertirse en ciertos casos en farsa populachera,
razón por la cual fue prohibida gradualmente por la autoridad eclesiástica,

---

[5] Marianne O. de Bopp, 115 (drama religoso colonial). Horcasitas, 175-560. Rojas Garcidueñas, *Autos y Coloquios*, XIX (escenarios). Kobayashi, 200 (obras teatrales de los frailes).
Corbató, 5-6 (riqueza y variedad del drama religioso en México). Victoria Moreno, 292. Horcasitas, 82 (la *Historia de Carlomagno* de la región de Atlixco) y 163-164 (personajes romancescos).

tolerándose únicamente las de Tzintzuntzán e Ixtapalapa, que son muy antiguas. Las escenificaciones de la Pasión, sin embargo lograron sobrevivir hasta nuestra época en los Altos de Chiapas, en Chamula, Chenalho y Zinacantán. También se les puede ver todavía en el pequeño pueblo de Tlayacapan (Morelos). (En España han sobrevivido en mayor número, siendo las más famosas las de Olesa de Montserrat y de Tudela, en donde todavía los ángeles vuelan por los aires.) La Pasión de Ozumba fue una de las primeras en desaparecer (en 1668), ya que en opinión del cura de Tlalmanalco, quien formó todo un expediente al respecto, contenía elementos profanos y otros francamente inmorales. Se adujeron las mismas razones para suprimir la Pasión de Chalco en 1778, porque la desnudez del actor que representaba a Cristo pareció indecente. También se hacían escenificaciones de la pasión y muerte de Jesucristo en muchos pueblos de los valles de México y Cuernavaca y sus alrededores. En la de Zumpango, introducida por los franciscanos, participaban los siete barrios del lugar. La Pasión del Sacromonte de Amecameca, ya representada en 1768, fue prohibida por la Mitra porque los sayones azotaban sin piedad en cada una de las tres caídas al actor que hacía el papel de Cristo. Parece que la Pasión de Axochiapan, cerca de Chiauhtla (Puebla), que data de mediados del siglo XVIII, aún se sigue representando de cuando en cuando pero en cambio han desaparecido los misterios que en siglos pasados conmovían a los habitantes de Cuernavaca y de los pueblos vecinos de Tepalcingo, Cuautla de Amilpas, Yautepec y Xochitlán.[6]

El misterio navideño conocido como p a s t o r e l a es más antiguo en la Nueva España que los misterios de la Pasión. En la Península, la pastorela fue heredera de los autos de Navidad, cuya existencia en Castilla está documentada desde el siglo XIII. Se debe a Gómez Manrique una *Representación del Nacimiento de Nuestro Señor*, que en opinión del crítico Valbuena es un verdadero "auto". Juan del Encina escribió en sus primeras épocas varios autos o églogas navideñas, de una de las cuales son personajes principales unos pastores llamados Juan y Mateo. Los villancicos y pasos de Navidad fueron introducidos en México, como hemos visto en un capítulo anterior, por Fray Pedro de Gante, y en Michoacán por don Vasco de Quiroga según informa el Padre Bayle. Nicanor Carvallo relata que en la Colonia fue costumbre representar un *Coloquio*, que duraba varios fías, relativo al nacimiento del Mesías y semejante a la pastorela; la adoración en Belén, que formaba parte de este coloquio, todavía se presentaba en Veracruz en 1817. En 1587, Fray Antonio de Ciudad Real estuvo presente en Tlajomul-

[6] Foster, *Culture and Conquest*, 188 (Pasiones de Tzintzuntzán e Ixtapalapa); y *Cultura y Conquista*, 307-308 y 319-320 (Pasiones en España contemporánea). Rojas Garcidueñas, *Autos y Coloquios*, XIV, XV y XX (Fray Juan de Torquemada). Trenti Rocamora, 334 (Ozumba). Bricker, 130 (Altos de Chiapas). Ingham, 15 (Tlayacapan)."REPRESENTACIONES TEATRALES DE LA PASIÓN", 333 (Chalco y Ozumba), y 339 (Cuautla, Yautepec, Xochitlán y Yecapixtla). V. T. Mendoza, "Zumpango", 55. Mendizábal, "El Santuario del Señor de Sacromonte en Amecameca", en *Obras Completas*, II, 526. Horcasitas, 425 (Tlalmanalco-Amecameca), 422 (Axochiapan), 336 (Cuernavaca) y 338-339 (Tepalcingo). Los franciscanos no presentaron en Yucatán las elaboradas versiones de la Pasión de Cristo que son típicas del centro de México (Inga Clendinnen, 186).

co (hoy de Zúñiga, en Jalisco), en una movida pastorela escenificada en un espacio enorme pero con gran ingenuidad; durante ella, al oír a un ángel cantar el *Gloria in excelsis Deo* en una torrecilla, los pastores, emocionados, caían "en tierra... como sin sentido"; aparecían también el Rey Herodes "representando mucha gravedad y majestad", y los Reyes, portadores de dones y ofrendas para el Niño que bajaban a caballo de un cerro vecino. Según Horcasitas, los actores de este drama, representado desde hacía más de 30 años no eran menos de 5 000. Antes del fin del siglo, las pastorelas se habían propagado al norte del virreinato, de lo cual dan cuenta entre otras fuentes las *anuas* o informes anuales de la Compañía de Jesús. En efecto, un *Coloquio de los Pastores de Sinaloa*, fue escenificado colectivamente en la actual Sinaloa de Leyva en 1596 por los habitantes de 23 pueblos; completaron la fiesta el acostumbrado mitote y su cortejo de Reyes, ángeles y cruces aderezadas de rica plumería, que desfiló al compás de villancicos y motetes cantados en náhuatl y en ocoroni. En lo que hoy es el sur y sudoeste de los Estados Unidos, dice S. T. Williams, el drama religioso constituye todavía la vena más rica del folklore hispánico. Los temas de estos dramas, además de la *Historia de Adán y Eva*, son las narraciones de pastores y de Reyes Magos que desde 1598 se escenificaron en Nuevo México y de ahí se difundieron a Colorado, Arizona, Texas y California. Tales representaciones subsisten hasta nuestros días, especialmente las que se organizan en la región de Santa Fe. Vicente T. Mendoza redescubrió en Santa María de Zumpango de la Laguna (Estado de México) una plataforma usada desde el siglo XVIII para escenificar las pastorelas; los habitantes del lugar, cuenta Mendoza, recordaban el título de la más famosa de ellas, *Luzbel y los mil pastores*. En el siglo XIX la tradición de las pastorelas empezó a desaparecer por las tendencias realistas del teatro. Por ello en el norte del país la pastorela se refugió en las haciendas y en los centros de población pequeños y aislados. Recientemente han sido revividas pero en ambientes quizá un poco artificiales. Alfonso Reyes señala que en su tiempo se representaban a veces pastorelas junto con coloquios teológicos de tema eucarístico.[7]

Hay ciertas características comunes a las diversas manifestaciones del teatro religioso colonial que conviene destacar. Como en el teatro medieval, el escenario estaba reservado a los hombres y los niños; las mujeres nunca aparecían en escena hasta el grado que, como cuenta Las Casas, en el drama *La Asunción* un varón indio representaba a la Virgen María. Algunos clérigos por vanidad, dice el Padre Bayle, lograron colarse en un principio en autos devotos y hasta en comedias profanas, cosa prohibida

[7] Orta Velázquez, 156 (orígenes de la pastorela en la Nueva España) y Alfonso Reyes, "Autos Sacramentales", 127 (*idem* en la Península). Jiménez Rueda, "Misterios" (Gómez Manrique y Juan del Encina). Bayle, "El Santísimo en Indias", 430. Carvallo, 95. Fray Antonio de CIUDAD REAL, II, 101-102. Horcasitas, 329. Orta, 182-183 (pastorelas en Sinaloa); *cf.* Horcasitas, 148; S. T. Williams, 39-40 y 299-301; *cf.* Sister Joseph Marie, *The Role of Church and Folk in the Development of Early Drama in New Mexico* (Univ. de Pensilvania, 1946); Mary Austin, "Native Drama in our Southwest", en NATION, 124 (20 de abril de 1920), 437; y "Folk Plays of the Southwest", en *Theatre Arts*, 17 (agosto de 1933), 599-606. V. T. Mendoza, "Zumpango", 54-55. Alfonso Reyes, "Autos Sacramentales", 127.

terminantemente en 1585 por el tercer Concilio Mexicano. Por otra parte, como se ha visto, se logró la participación, integración e identificación del pueblo en los grandes espectáculos dramáticos; y como en la Edad Media, el tema, por remoto que fuese, se trataba como si hubiera sucedido en el lugar y en ese momento, abundando las referencias a asuntos locales. Otro indicio de la persistencia de la cultura medieval fue la utilización hasta bien avanzado el siglo XVI de escenarios múltiples; la escena, por ejemplo, se dividía en tres o más partes que representaban otros tantos recintos en el mismo plano horizontal.[8]

Durante el periodo que nos ocupa el teatro religioso no catequístico fue un producto de la Contrarreforma y revistió una forma escolar por su carácter no tanto evangelizador como moralizante. En efecto, desde la llegada de los jesuitas se escenificaron en sus colegios coloquios y comedias en latín y en español, producto de la tradición latinista cultivada en las universidades españolas. En cambio, el t e a t r o p r o f a n o criollo de la Nueva España derivó del entremés español, breve cuadro generalmente costumbrista que se representaba después de la loa y antes del drama propiamente dicho. Este género como se sabe sería llevado a la perfección por Lope de Vega. Los historiadores del teatro mexicano, como Rojas Garcidueñas y José Juan Arrom, coinciden en que la comedia alegórica representada en 1574, *El desposorio espiritual entre el pastor Pedro y la Iglesia Mexicana*, del clérigo Juan Pérez Ramírez (1545-?), hijo de un conquistador, tiene un directo parentesco con las églogas pastorales de Juan del Encina y sus continuadores. Por último hay que recordar a Fernán González de Eslava (1534-1601?), español de nacimiento residente en México desde 1558 y autor de la obra más extensa e importante de toda la producción dramática americana del siglo XVI, quien escribió ocho loas y unos famosos *Coloquios;* de éstos son parte integrante cuatro entremeses ricos en vivencias medievales, siendo el más famoso el *Entremés entre dos rufianes.*[9]

El teatro indígena era incipiente al sobrevenir la Conquista mas no la danza. El mitote, danza por lo general de carácter litúrgico en que en ocas ones participaban grandes masas era todo un arte. Los frailes lo conservaron y fomentaron, pero dándole un nuevo significado: los viejos moldes fueron vehículos del mensaje cristiano y moralista. A su vez, los naturales impusieron sus ritmos, vestimentas y adornos a varios géneros de danzas y bailes de origen puramente europeo y medieval. Un ejemplo clásico de este

---

[8] LAS CASAS es citado por Horcasitas, 155. Bayle, *El Santísimo,* 357; en LORENZANA, Concilios, II, 180, se transcribe el título 5 del libro III de los cánones del Concilio de 1585 que a la letra dice: *interdicit etiam haec synodus ne clericus ullus, sacro ordine initiatus... in comedis personam agat, etiam in festo Corporis Christi.* Horcasitas, 86 (participación del pueblo al drama religioso) y 108 (escenarios múltiples).

[9] Rojas Garcidueñas, *Autos y Coloquios,* XVI (Juan Pérez Ramírez) y XVII (teatro en los colegios jesuitas). Arrom, 51-52 *(idem)* y 63-65 (Pérez Ramírez y González de Eslava). Puede agregarse que la introducción del teatro profano en Nuevo México data del mismo año de su conquista: según Trenti Rocamora, 285, en efecto, el 30 de abril de 1598, día en que se tomó posesión del territorio, los soldados de Juan Oñate representaron una obra en castellano del capitán Marcos Farfán, que tomaba parte en la misma expedición sobre la conquista de México.

fenómeno de aculturación son las d a n z a s d e m o r o s y
c r i s t i a n o s , en un principio simulacros de combate bailados por
los soldados españoles; pero bajo la guía de los misioneros estas danzas
adquirieron un vigor inusitado con actores indígenas. Cuando llegaron a la
Nueva España, ya formaban parte del patrimonio folklórico europeo desde
hacía cuando menos cuatro siglos. En una forma ya identificable con la
actual, celebrativa de las victorias de los cristianos sobre los musulmanes
(ya fueran árabes, moros o turcos), esta danza apareció a partir del siglo XII
con distintos nombres según los países: *mouriscada* en Portugal, *Morisken-
tanz* en la Europa central, *Morris dance* en Inglaterra, *moreska* en la costa dál-
mata y *morisma* o *morisca* en España. La forma española fue una epopeya
danzada con mímica y a veces actuada, en cuyo clímax el árabe, matachín,
moro o turco era invariablemente vencido, en épocas posteriores con la ayuda del Apóstol Santiago. La primera representación de moros y cristianos
en la Península de que se tenga noticia tuvo lugar en 1150 en la catedral de
Lérida. En una curiosa danza de este tipo celebrada en Alcoy (Alicante) en
fecha posterior al descubrimiento de América, el lugar de los moros fue ocupado por "indios bravos".[10]

Desde un principio, en la Nueva España el Apóstol Santiago encabeza
siempre a los cristianos, y Poncio Pilato frecuentemente a los moros. Esta
interesante circunstancia revela la antigua relación de la danza de moros y
cristianos con los temas tradicionales de los cantares de gesta, especialmente los relativos a la conquista de Jerusalén o a su destrucción a manos de
Tito y Vespasiano. En algunas danzas mexicanas de este tipo, además de los
personajes citados, figuran entre la multitud el Rey Ramiro de Asturias y
el Cid, quienes reclaman a los moros las cenizas de don Pelayo. En los pueblos de México en donde esta danza se celebra una vez al año, se prefiere
que tenga lugar en Semana Santa o que coincida con la fiesta de Santiago
Apóstol, del Corpus Christi o del Triunfo de la Cruz, que en España conmemora la victoria de las Navas de Tolosa. Usigli advierte la indudable aunque remota conexión de los moros y cristianos y otras danzas con el ciclo
carolingio, y las clasifica todas ellas como farsas guerreras llamándolas
genéricamente "Conquistas". A este grupo pertenecen tanto la D a n z a
d e l a M e d i a L u n a , reseñada por R. H. Valle, como la de los
D o c e P a r e s d e F r a n c i a , registrada en el estado de Guerrero por Vicente T. Mendoza, en la que quizá era una de sus últimas versiones; sus personajes entre otros eran el Conde Oliveros, el gigante Fierabrás
y las Princesas Floripes y Melisenda.[11]

[10] Robert Ricard, en *La conquête spirituelle*, 224-225, opina que las danzas de moros y cristianos tuvieron una función importante en la evangelización; y en "Moros y Cristianos", 79,
recuerda que los frailes las introdujeron en las comunidades indígenas. Violet Altford, *Pyrenean
Festival*, (Londres, 1937), 227; y A. de Larrea Palacín, *El dance aragonés y las representaciones de
moros y cristianos* (Tetuán, 1912), 12 (moriscas medievales). Por su carácter anecdótico y pan-
tomímico, quizá es antecesora de las mascaradas, *intermezzi* y *balletti* renacentistas. Foster,
Cultura y Conquista, 381-383 (Lérida, 1150). Ricard, "Moros y Cristianos", 84 ("indios bravos");
cf. Kurath, 99.

[11] Ricard, *La Conquista Espiritual*, 343 (relación de la danza de moros y cristianos con los
cantares de gesta). V. T. Mendoza, *La danza durante la Colonia*, 14 (Don Ramiro y el Cid); en

La primera mención en la Nueva España de la danza de m o r o s y c r i s t i a n o s la debemos a Bernal Díaz: uno de los regocijos y juegos organizados en honor de Cortés en Orizaba, a su paso rumbo a las Hibueras, fue una "emboscada de cristianos y moros" a la sombra de enramadas de pino y de palma real. Tiempo después, entre los festejos con que se celebraron las Paces de Aguas Muertas en 1539, el caballero romano Luis de León organizó en México una "morisca" de la que también tenemos noticia. Ese mismo año, en Oaxaca se celebraron las mismas paces con toros, juegos de cañas y un combate de "moros" y "cristianos" en torno a una fortaleza de madera erigida en la plaza de Santa Catalina. Por las descripciones que nos han llegado, parece que los episodios de Orizaba, México y Oaxaca fueron más bien simulacros de combate que danzas, tal vez con actores exclusivamente españoles. Los naturales entran en escena con danzas que complementan la representación guerrera en la minuciosa descripción del viaje por la Nueva España hecho por el franciscano Fray Antonio de Ciudad Real. Cuando el Virrey Marqués de Villamanrique llegó en octubre de 1585, primero a Tlaxcala y luego a Puebla, fue recibido en ambas ciudades con combates de moros y cristianos organizados en su honor. Los tlaxcaltecas construyeron al efecto un castillo de madera de dos o tres pisos y se dividieron en dos bandos: unos "en traje de chichimecas" atacaban la fortaleza, defendida por el resto "en hábitos de soldado a su modo o a la española". En Puebla la acción fue al contrario: los "moros" ocupaban el castillo, que fue tomado por "mucha gente de a pie y de a caballo, puesta en ordenanza a guisa de pelear". Entre noviembre de 1585 y agosto de 1588 Fray Antonio fue testigo de muchas fiestas en las que hubo representaciones de moros y cristianos, durante el viaje que hizo en compañía del Comisario General de su orden por los actuales estados de Michoacán, Nayarit, Jalisco y Yucatán. La frecuencia de semejante manifestación demuestra que era una tradición ya para entonces bastante arraigada entre los indígenas, aunque practicada con variantes y con fuerte sabor de rito prehispánico. Convertidos en chichimecas, los moros eran naturalmente los eternos perdedores ante la fuerza y habilidad de los cristianos. El mayor lucimiento de la fiesta se lograba a veces mediante la construcción escenográfica de castillos y fortalezas, y el empleo de armas antiguas o frutas y proyectiles vegetales poco dañinos; a veces la fiesta terminaba con una danza general al son de los antiguos instrumentos. Esto es lo que demuestran las descripciones de Fray Antonio de las fiestas que vio en Patamba, Zacapu, Carapan y otros pueblos de Michoacán, Santiago Tecomatlán y Acualixtempa (Nayarit), San Juan Omitlán, Sayula, Atoyac y Tichaluta (Jalisco) y Xanabá, Tinum y San Juan Bautista de Tekax (Yucatán), que merecieron la aprobación de los frailes por su valor como medios de presentación de ejemplos edificantes. También se les encuentra en el Alto Chiapas bajo el nombre de Danzas de la Conquista.[12]

Guerrero se baila todavía una versión de moros y cristianos llamada "La destrucción de Jerusalén", uno de cuyos personajes es el emperador Vespasiano. Usigli, Int. XXXIV, ap. Monterde, Bibliografía del Teatro, R. H. Valle, Santiago en América, 24. V. T. Mendoza, op. cit., 15-16 (danza de los Doce Pares).

[12] Bernal DÍAZ (ed. 1939), III, 27; cf. R. H. Valle, Olid, 212. Ricard, "Moros y Cristianos", 61

A su llegada a la capital de la Nueva España, los virreyes entraban por la villa de Guadalupe, en cuyo santuario se detenían a rendir homenaje a la Virgen extremeña y a presidir los festejos con que las autoridades civiles y eclesiásticas les daban la bienvenida. Entre éstos generalmente figuraba una escaramuza alegórica de la invencibilidad de las armas cristianas. En la que se organizó en 1595 en honor del Conde de Monterrey tomó parte la flor de la sociedad colonial, la cual dividida en dos bandos disfrazados respectivamente de caballeros de Malta y de turcos, escenificó el ataque y defensa de un castillo fingido levantado al efecto. Los combates de moros y cristianos llegaron con la expedición de Juan de Oñate a Nuevo México, donde se festejó la fundación de la primera capital —San Gabriel, hoy Chamita— con una representación dramática de este tipo; en aquella ocasión el fiel de la balanza se inclinó en favor de los cristianos por la intervención del Apóstol Santiago, para regocijo de españoles y naturales. Según Veytia, durante las fiestas de la inauguración de la catedral de Puebla en 1649, hubo una escaramuza de moros y cristianos, que en dos cuadrillas se disputaron la posesión de un castillo, con la ayuda de "un crecido número de lacayos de a pie". Durante el siglo XVII y primera mitad del XVIII, informa Ricard, eran frecuentes las festividades de moros y cristianos; pero ya hacia 1730 tales representaciones habían caído en desuso entre los españoles aunque los indios en sus pueblos las habían abrazado como algo propio, según observa Fray Matías de Escobar. Vázquez Santana informa que a mediados del siglo XIX, y principalmente en Jalisco, había en muchos pueblos luchas de moros y cristianos en que se combinaban el baile y el canto. Por último, como tantas otras manifestaciones culturales novohispanas, las danzas de moros y cristianos pasaron a las Filipinas, donde cobraron un sentido nuevo por la presencia en el archipiélago de fuertes grupos musulmanes que por analogía fueron llamados precisamente moros, nombre que erróneamente todavía se les aplica.[13]

Las danzas de moros y cristianos hasta la fecha practicadas en el interior del país son también conocidas con otros nombres según la tradición local, tales como *morismas, retos, santiagos, reyes, matachines, alchileos, cruzados* y *testoanes.* Pero raramente se sospechaba siquiera su condición de super-

(la morisca de México en 1539). Ramos Smith, 21 (introducción de la danza de moros y cristianos en México "hacia 1539"); Jiménez Moreno, *Estudios*, 130 (Tlaxcala). Paso y Troncoso (ed.), EPISTOLARIO, III, 224 (morisca de Oaxaca en 1539). Fray Antonio de Ciudad Real, I, 34 (Pichátaro), 103 (Tlaxcala), 105 (Puebla); II, 79 (Zacapu), 81-82 (Carapan), 83 (Patamba), 114 (Santiago Tecomatlán y San Juan Omitlán), 121 (Acualixtempa), 149 (Sayula), 150-151 (Atoyac), 152 (Tichaluta), 326 (Tinum), 328 (Ichmul), 331 (Xanabá) y 363 (Tekax). Bricker, 126 (Danzas de la Conquista en Chiapas).

[13] Ricard, "Moros y Cristianos", 64 (escaramuza de 1595 también mencionada en las ACTAS DE CABILDO DE MÉXICO). Ver Prince, 41 y S. T. Williams, 528 (quien cita a VILLAGRA, trad. de G. Espinosa, Los Ángeles, 1933, 129), sobre la escaramuza de 1598 en Nuevo México. Según Hammond y Rey, la primera capital de Nuevo México fue San Juan de Caballeros, fundada en 1598, de donde el gobierno establecido por Oñate se trasladó a San Gabriel en 1600 (se trata de dos pueblos situados en riberas opuestas del Río Grande), y a Santa Fe hacia 1610. VEYTIA, Libro II de la fundación de Puebla, cit. por Romero de Terreros, "Torneos", 40; *cf.* Leicht, *Puebla*, 474. Ricard , *op. cit.*, 66. Fray Matías de ESCOBAR, 90-91. Vázquez Santana, *La Canción Mexicana*, III, 18. Rafael Bernal, 702.

vivencia del Medievo. En el santuario de Chalma, consisten, informa Mendizábal, en espantables combates a machetazos que duran horas enteras, al igual que en Texcoco, Milpa Alta, Teziutlán, La Gavia, Teotihuacán y otros pueblos del Estado de México. En las representaciones de San Martín de las Pirámides figuran además del Apóstol Santiago y Pilato, el Cid, un embajador moro, Zaberio y otros personajes que representan no menos de 26 escenas. Son famosas las de varios lugares de Michoacán, particularmente Ihuetzio y Janitzio. En el estado de Veracruz se escenifican en Papantla, curiosamente en lengua náhuatl aunque en zona totonaca, y también tienen fama las *Danzas de los Santiagos* de la feria de Yalecingo, cerca de Jalapa, que se acompañan con teponaxtles y chirimías. Dice Aurelio Espinosa que todavía a principios del siglo xx en Nuevo México se representaban *Entradas* o *Juegos de moros y cristianos* de las que se conservan los libretos. *La danza de los tastoanes* evoca, quizá desde el siglo xvi, la fundación de Guadalajara, y es la única en la que el señor Santiago es muerto durante la batalla. Los moros y cristianos también han sobrevivido en otras partes, entre ellas San Bartolomé del Monte (Tlaxcala), Taxco, dos pueblos cercanos a Cuernavaca, muchos puntos de Michoacán, especialmente la isla de Janitzio, varias partes de Jalisco y hasta entre los tarahumaras. Sin embargo, la representación contemporánea más espectacular tiene por escenario durante tres días consecutivos una vasta planicie cercana a Zacatecas, frente al santuario de Bracho. Su organización corre a cuenta de la c o f r a d í a del lugar; participan en ella no menos de 4000 personas, y consta de tres partes: un coloquio de San Juan Bautista con "Carlo Humano" (Carlomagno); una escenificación de la gesta de Roncesvalles y de la muerte de Roldán; y una conmemoración de la liberación de España del yugo moro, compuesta de batallas en las que participan Felipe II y don Juan de Austria, el Gran Turco y el Rey Selim. Con la ingenuidad característica de los espectáculos de este tipo, el vestuario no respeta concordancias cronológicas. Los infieles visten grandes túnicas, capas de seda y turbantes, mientras los cristianos llevan uniformes militares del primer tercio del siglo xix.[14]

Aunque la danza de moros y cristianos es la expresión más típica del baile semirritual en la mayor parte de México, existen otras formas coreográficas en las cuales se han mezclado desde el siglo xvi los elementos prehispánicos con los que trajeron los primeros conquistadores y colonizadores. Entre ellas podemos describir las siguientes. La d a n z a d e l o s m a t a c h i n e s (del ár. *matauchihin*, enmascarado), cuyo nombre mencionado ya por Rodrigo Caro, recuerda los grupos de bufones así llamados en la Europa Occidental en la Edad Media que, vestidos abigarrada-

---

[14] V. T. Mendoza, *La danza durante la Colonia*, 13 (diversos nombres de la danza de moros y cristianos) y 14 (tastoanes de Jalisco). Mendizábal, "El Santuario de Chalma", en *Obras Completas*, ii, 519. R. H. Valle, *Santiago en América*, 53 (Ihuetzio, Janitzio), 54 (Papantla), 55 (Yalecingo) y 59 (San Martín de las Pirámides). A. M. Espinoza, *Nuevo Méjico*, 8. V. T. Mendoza, *op. cit.*, 14; y Ricard, "Moros y Cristianos", 51-52 (Zacatecas). Véanse unos reportajes sobre las danzas de moros y cristianos en Zacatecas en el diario *Excélsior*, México, 9 de noviembre de 1978 y 19 de enero de 1979, y en general Vázquez Santana, *Fiestas y costumbres mexicanas* (México, 1940), 58 y n. 24, sobre su difusión en todo México.

mente y adornados con cascabeles, se ganaban la vida yendo de una corte a otra; en su versión mexicana, ésta es simplemente una danza rítmica bastante monótona, practicada en la zona que va de Sonora a la Huasteca y en ciertas partes de Arizona. La d a n z a d e c i n t a s es, como muchas danzas antiquísimas del norte de Europa, un rito de fertilidad; se baila en época de recolección de las cosechas alrededor de un palo que simboliza el falo, del cual penden numerosas cintas multicolores que son tejidas y destejidas por los danzantes; se practica sobre todo en el centro de la República y en Yucatán. La d a n z a d e m a c h e t e s es de origen salmantino y en ella se amalgaman elementos clásicos y medievales, al igual que en las de los t o r e a d o r e s y d e l p a l o - t e o , traídas en un principio de España pero adoptadas por las comunidades indígenas, que les dieron un carácter nuevo y original, como cosa propia. En cuanto a las danzas de salón como recuerda Maya Ramos Smith, en su mayor parte derivan de la cultura medieval popular; tal fue el caso de la alemanda, la zambra (de origen árabe), el contrapás (danza ceremonial catalana), el zapateado (gitano) y el fandango y la seguidilla andaluces.[15]

De otro concepto pictórico y literario medieval, cuya presencia ubicua se debe a la terrible mortalidad causada por las aterradoras epidemias que diezmaron la población de Europa durante los siglos XIV y XV, deriva un personaje encontrado muy a menudo en las representaciones y danzas populares mexicanas: la muerte. El tema del triunfo de la muerte comenzó a aparecer en la pintura italiana desde fines del siglo XIII y en la literatura europea un poco más tarde, como comprueban las admoniciones del romance de *Aucassin y Nicolette* contra la ligereza en la consideración de la muerte. La fantasía medieval concibió el paso a la vida eterna como una *danse macabre* en la cual la muerte baila con sus víctimas antes de llevárselas al otro mundo. De ello son ilustración un códice latino de la época de la Reconquista, varios poemas compuestos en España y en Francia en los siglos XIV y XV, los grabados alusivos de Holbein que forman parte del manuscrito escorialense y algunos *juicios finales* de la pintura italiana de los siglos XIII a XVI.

En la Nueva España la d a n z a m a c a b r a , a pesar del *pathos* de las versiones castellanas que le dieron origen, adquirió por lo general un carácter semijocoso, entrando a formar parte de los festejos populares que se celebran en muchos pueblos indígenas de México. En dichas versiones, como señala García de Cortázar, no es lo macabro lo que se acentúa, sino el aspecto democratizante de la muerte, a la cual todos, ricos y pobres, indios y españoles, jóvenes y viejos, están sujetos. En efecto, el pueblo mexicano encontró en la representación jocosa de la muerte un consuelo a sus sufrimientos, dando origen a costumbres populares tan arraigadas como las "calaveras" de azúcar o en verso, cuyos ilustradores más famosos han

---

[15] Kurath, 97, 100 y 101 (matachines medievales). Rodrigo CARO, II, 85-86. V.T. Mendoza, *La danza en la Colonia*, 14-17 (danzas de las cintas, machetes, toreadores y paloteo); Vázquez Santana, *El Carnaval*, 65 (danza de las cintas). Maya Ramos Smith, 28-30.

sido Santiago Hernández, Manuel Manilla y José Guadalupe Posada. En la obra de estos artistas y sobre todo en las litografías de Posada, se aprovecha la forma tradicional de la danza macabra para dar expresión humorística, y a menudo sarcástica, a las penas y tribulaciones del México prerrevolucionario.[16]

[16] Artz, 400; Baltrusaitis, 237 y 247-248; Almoina, "La Regla Cristiana Breve", LXIV-LXV; y Helmut Rosenfeld, *Der mittelalterliche Totentanz* (Münster, 1954), *passim* (danza macabra en la Europa central). En Matos, 122 (danza visigoda de la muerte) se cita un estudio inédito de V. T. Mendoza sobre "El culto de Mictlantecuhtli" y otras danzas macabras. Matos, 121; Westheim, 60, 65 y 66; y Suárez Fernández, 107 (danza de la muerte en España en los siglos XV y XVI); *cf.* Menéndez y Pelayo, *Poetas Líricos Castellanos* (Madrid, 1925), II, 1-25, e *Historia de los Heterodoxos Españoles* (Madrid, 1947), II, 365-367. García de Cortázar, 480. Maya Ramos Smith, 16. Westheim, 94 y 103; y ed. de 1971, 101-102. V. T. Mendoza citado en Matos, 125. Federica de Castro, 5. Fray Antonio de CIUDAD REAL, en II, 78, fue testigo en 1586, en Purenchécuaro (Michoacán) de una danza indígena, uno de cuyos personajes era una muerte jugadora de naipes. Ver Federico Di Castro, *José Guadalupe Posada* (Roma, DiLuca, 1980), 5.

XXXVI. LA MÚSICA: SUS FORMAS RELIGIOSA Y POPULAR

LA MÚSICA peninsular y los instrumentos con que se ejecutaba hacia fines de la Edad Media fueron trasplantados sin modificaciones a las Indias por los conquistadores y misioneros desde fines del siglo XV y principios del XVI. Los primeros instrumentistas llegaron con los ejércitos de Ovando, Grijalva, Cortés, Narváez y Garay y en las iglesias recién construidas pronto se escucharon el canto llano y el gregoriano. Los naturales aprendieron muy pronto a tocar y construir instrumentos musicales, algunos de los cuales, como el tambor, el atabal y el pífano eran semejantes a los suyos propios. Desde un principio los villancicos y romances cantados por los soldados sembraron el germen de lo que había de ser con el tiempo la canción mexicana.[1]

Los miembros de la expedición de Juan de Grijalva se embarcaron en 1518, informa Cervantes de Salazar en su *Crónica,* al son de los p í f a - n o s y a t a m b o r e s (tambores) que en aquella época acompañaban todo ejercicio marcial. Los soldados de Cortés llevaban consigo al desembarcar en Veracruz instrumentos de este tipo, parte del equipo de todo ejército o banda armada de la época. El tamborino personal del Conquistador, cuenta Bernal Díaz, llevó a cabo heroicas hazañas. La expedición de las Hibueras llevó, además de pífanos y tambores, t r o m p e t a s , c h i r i m í a s (antecesoras del oboe moderno), s a c a b u c h e s (antiguos trombones) y d u l z a i n a s (instrumentos de viento más cortos y de tonos más altos que las chirimías). Con Narváez, según Saldívar, llegó a la Nueva España el primer a r p i s t a , un cierto Maese Pedro, y un tañedor de v i h u e l a (antecesora de la guitarra) y v i o l a d e apellido Ortiz. Los nombres de los nueve soldados músicos que formaron parte de las expediciones de ambos capitanes fueron registrados por la historia, cosa que comprueba la importancia asignada a esta profesión. Cuando Vázquez del Mercado partió en 1552 de Guadalajara a la cabeza de la expedición que más tarde daría por resultado el descubrimiento del Cerro del Mercado, llevó consigo a unos "atambores vestidos de terciopelo morado" y soldados con pífanos de plata. Miguel Caldera, el gran pacificador "por compra" de la Gran Chichimeca, envió a los zacatecos, además de ropa y vituallas, cascabeles, castañuelas, flautas, trompetas y chirimías, entre 1590 y 1597. Con Gaspar Castaño de Sosa fueron muchas trompetas en la expedición de 1590-1591 a Nuevo México, quizá para impresionar con sus brillantes notas a los naturales que encontrara en su camino.[2]

---

[1] Orta, 245 (elementos musicales europeos en las Indias); cf. Céspedes del Castillo, *Las Indias durante los siglos XVI y XVII,* III, 530.

[2] El relato de la expedición de Grijalva, de CERVANTES DE SALAZAR, *Crónica,* II, ii; 159, se basa

Los frailes muy pronto importaron los instrumentos que en Europa daban solemnidad al culto. En 1539, según carta de un franciscano registrada por Motolinía, los tlaxcaltecas ya "regocijaban los divinos oficios con cantos y músicas... de ó r g a n o", tañían con destreza el r a b e l (instrumento parecido al laúd) y tocaban las j a b e b a s (flautas moriscas de sonido semejante al del órgano). Ese mismo año, en los festejos con que celebraron las paces de Carlos V con el rey de Francia, el virrey ofreció un banquete —relata Bernal Díaz—, en el que se escuchó música de arpas, vihuelas, flautas, dulzainas y chirimías. Para entonces, según Mendieta y el *Códice Franciscano*, los naturales de la Nueva España tocaban y fabricaban muchos instrumentos, tales como flautas, chirimías, o r l o s (especie de oboe rústico de sonido intenso y monótono), vihuelas de arco, c o r n e t a s y b a j o n e s (especie de fagotes). Torquemada agrega que los indios también construían rabeles, d i s c a n t e s (especie de guitarrillos) y m o n o c o r d i o s (instrumentos de caja armónica como la guitarra que servían de diapasón por tener una sola cuerda). Las primeras enseñanzas del arte de la música y de la fabricación de instrumentos fueron impartidas a los indios por los tres primeros frailes flamencos llegados en 1523, y principalmente por Fray Pedro de Gante, en las escuelas de Texcoco y de San José de los Naturales de México. El *Códice Franciscano* revela que el canto con música de órgano era común en las iglesias mexicanas en el siglo XVI y confirma que los naturales eran muy hábiles en el uso de diversos instrumentos musicales. En el *Códice Sierra* aparece un dibujo de las flautas de un órgano, con la indicación de que ese instrumento ya era fabricado en México en 1552 por un tal Diego Gutiérrez. De hecho, los instrumentos más usados en cada comarca hasta recibieron nombre en lengua indígena: el pífano y la trompeta tienen nombres tarascos; el sacabuche y la vihuela, mixtecos; la flauta, náhuatl, y el orlo y la chirimía tanto mixtecos como nahuas.[3]

En la segunda mitad del siglo XVI había no sólo abundancia sino quizá hasta exceso de instrumentos musicales en manos de los indios. Por lo

en el testimonio de Bernardino de Váquez de Tapia († *ca.* 1562), quien también participó, al año siguiente, en la expedición de Cortés. Bernal Díaz, cc. cxviii, II, 39; cxix, II , 42; cxxii, II, 57, 58 y 61 (pífanos y atambores); clxxiv, III, 26 y clxxv, II, 36 (chirimías, sacabuches y dulzainas en el ejército de las Hibueras). McAndrew, 360, menciona las trompetas. Alessio Robles, *Urdiñola*, 20 (Vázquez del Mercado). Powell, *Caldera*, 287-288. Gaspar CASTAÑO DE SOSA, "Memoria del Descubrimiento", ff. 229 v°, 233, 233 v°, etcétera.

[3] No hay que confundir el órgano como instrumento musical con el canto de órgano o figurado, que es el que se compone de notas diferentes en forma y duración y se puede acomodar a distintos ritmos o compases. Ya en 1531 los niños indios según informó Zumárraga (García Icazbalceta, *Zumárraga*, ed. 1947, II, Ap. 12; *cf.* Gómez Canedo, 66) se manejaban "competentemente" en el canto llano y en el canto de órgano. MOTOLINÍA, *Historia de los Indios*, 84. Bernal DÍAZ DEL CASTILLO, c. cci; III, 185. MENDIETA, *Hist. Ecles. Indiana*, 410-414; *cf. Ocaranza*, "Los frailes menores", 178; Gallegos Rocafull, *Pensamiento mexicano*, 35-36. TORQUEMADA es citado por Saldívar, 181-182; *cf. Navarro*, 76; y Kobayashi, 254. CÓDICE FRANCISCANO, 65-66. Stanford, 110-112, da los nombres tarascos, mixtecos y nahuas de los instrumentos musicales mencionados en el texto, tomándolos de los Vocabularios preparados por Fray Alonso de Molina en 1555 (náhuatl), Fray Maturino Gilberti hacia 1558 (tarasco) y Fray Antonio de los Reyes, en 1593 (mixteco). CÓDICE SIERRA, 23 y Hoja 5.

menos tal fue la opinión del Arzobispo Montúfar quien, según carta enviada en 1556 al Consejo de Indias, juzgaba escandaloso que en los monasterios hubiera tantos músicos y cantores indios que poseían chirimías, orlos, dulzainas, vihuelas de arco y otros instrumentos; en uno de tales conventos, además de los sacristanes y acólitos indígenas había más de 120 cantores. Para el arzobispo el factor más censurable era que los tañedores y cantores estuvieran exentos del diezmo, y en ello estuvo de acuerdo Felipe II, quien años más tarde expidió cédula para poner remedio a la situación: ordenó la limitación del número de músicos que "cargaban el tributo sobre los pobres", por ser excesivos y superfluos, definió de cuáles instrumentos podían disponer los conventos, entre ellos trompetas reales y bastardas, t r o m b o - n e s , dulzainas y rabeles. Esta cédula revela que la música era una profesión muy respetada y accesible a los indios, pero el monarca señalaba al mismo tiempo que en algunos casos conducía a la holgazanería y los culpables importunaban a las doncellas y a las casadas. Los mayas no eran menos hábiles para cantar y tocar, pues Fray Antonio de Ciudad Real opinaba que los niños de Yucatán aventajaban a los del resto de la Nueva España en el campo musical.[4]

El primer reglamento para la construcción de instrumentos musicales en la Nueva España, dado en 1585 por el Ayuntamiento de México, forma parte de la Ordenanza relativa a los artesanos en general, entre los cuales son considerados los violeros. Para ser oficial violero era necesario ser capaz de construir además de violas, c l a v i c o r d i o s , c l a v e - c í m b a l o s , l a ú d e s y vihuelas de diversas clases, inclusive la llamada de a r c o o viola de gamba, instrumentos todos de cuerda.[5] Durante la segunda mitad del siglo XVI existían en la Nueva España, además de los ya mencionados, otros instrumentos que señalaremos a continuación, y de los cuales cuatro tienen nombres de origen árabe: el laúd, el rabel, la guitarra y el t i m b a l .[6]

Entre los instrumentos de aliento el Padre Pérez de Ribas señala que a principios del siglo XVII los yaquis de Sonora ya conocían el bajón, llevado por Alonso de Benavides a Nuevo México en aquella misma época, junto con una dulzaina o c a r a m i l l o cuyo sonido fascinó a los apaches navajos.[7] Antes de esa fecha, se había autorizado la construcción de una pequeña casa por el Virrey Velasco I para comodidad de los indios, trompetas,

---

[4] Carta de...Montúfar al Consejo de Indias, en *Epistolario de la Nueva España*, VIII, 90. Cédula de Felipe II, del 19 de febrero de 1561, dirigida a la Real Audiencia de México, en Genaro García (ed.), Documentos Inéditos, I, 459-460; y en González de Cossío (ed.), Cedulario del siglo XVI, 153-154; cf. Saldívar, 184. Fray Antonio de Ciudad Real, II, 338 (*sub* 1588).

[5] La ordenanza del Ayuntamiento de México del 26 de octubre de 1585, citada en Saldívar, 185.

[6] Boase, 125, recuerda el origen árabe del nombre de estos instrumentos, derivados respectivamente de *'ud, rabab, quithara* y *naqqara*, lo que confirma la idea de que los instrumentos mismos son de invención árabe. La voz ¡olé! que acompaña el canto deriva del ár. *walla'hi*, ¡por Dios! (Sir Arnold Thomas, ed., *The Legacy of Islam* (Oxford, 1931), 17, y nota 13.

[7] Pérez de Ribas, *Triunfos de la Fe*, II, 122; los yaquis ya poseían también sacabuches, flautas y chirimías. Zavala, *Velasco*, 378. Actas del Cabildo de Tlaxcala, pars. 360, 435, 437-439, 493 así como par. 198. Protocolos de la Notaría de Cholula, doc. 973. Fray Alonso de Benavides, *Memorial* (ed. inglesa), 50; y *Revised Memorial*, 88 y 106; el Padre Benavides también había llevado consigo trompetas.

atabales, sacabuches y chirimías al lado del corral de toros en los días de fiesta; el Cabildo de Tlaxcala contaba con chirimías, flautas, sacabuches y trompetas así como "trompeteros de cabildo" y cantores; y el de Cholula había contratado, en 1594, al chantre de la catedral de Tlaxcala para enseñar a cinco indios, en Cholula, a tañer chirimías y cornetas, bajón y "vigüelas de arco". Motolinía informa que en su tiempo muchas iglesias ya estaban dotadas de órganos. El primer organista de la catedral de México fue Antonio Ramos, nombrado en 1539; y los cronistas del siglo XVI mencionan con frecuencia la existencia de este instrumento en las iglesias de todo el virreinato desde Yucatán hata Nuevo México, y aun en pueblos relativamente pequeños. En las fiestas celebradas en Huauchinango en 1609 hubo música de c o r n a m u s a s , especie de gaitas típicas de Asturias y Galicia.[8] Las arpas, g u i t a r r a s de seis cuerdas, s a l t e r i o s (de forma triangular como las antiguas cítaras), laúdes y otros instrumentos de cuerda, dice Saldívar, producían la música bailable en la Nueva España desde el siglo XVI. La vihuela es mencionada por Bernal Díaz del Castillo, y la b a n d u r r i a (especie de laúd pequeño), la mandolina y el clavicémbalo (entonces portátil y dispuesto verticalmente), por otros cronistas.[9] Tres instrumentos de percusión pronto llegaron a la Nueva España: el tambor, el a t a b a l que también es un instrumento de parche, y los c a s - c a b e l e s o campanillas, estos últimos conocidos por ambas civilizaciones. Más tarde se usarían el bombo (tambor de grandes dimensiones), las castañuelas, los platillos y el redoblante, tambor a cuyo ritmo las bandas militares marcaban el paso.[10]

Las procesiones, bandos y otras ceremonias públicas eran acompañadas de la sonora música de tambores, trompetas, sacabuches y otros instrumentos de viento y percusión. Tal era el caso, por supuesto, del paseo del Pendón, máxima ceremonia cívica del México colonial, del paseo "del Ángel" organizado por los gremios, de las procesiones de la Virgen de los Remedios, de los jubileos y de todo acto solemne, como fue el de la jura de recepción del Santo Oficio de la Inquisición el 4 de noviembre de 1571. En la primera escuela novohispánica de música, fundada en Texcoco en 1523 y luego trasladada a México por los primeros frailes flamencos, Fray Pedro de Gante durante largos años dio clases de canto llano, de órgano o figurado, de dictado musical, de ejecución instrumental y de construcción de instrumentos. Algunos conquistadores que tocaban un instrumento tuvieron discípulos a quienes enseñaron la técnica correspondiente: Benito Bejel el pífano, Maese Pedro el arpa, Ortiz la vihuela y la viola. El violinista y con-

---

[8] Saldívar, 90 y 161 (Motolinía) y 100 (Antonio Ramos). El mismo Padre Benavides, en *Revised Memorial*, 277, señala la existencia de un órgano en el pueblo de Jemez (Nuevo México) en 1641. En Carreño (ed.), CEDULARIO DEL SIGLO XVI, 371 y 374 se mencionan los organistas y menestriles de la catedral de México en 1594 y en 1596. El clarinete y la flauta son posteriores pero en el siglo XVI ya había clarines. DESCRIPCIÓN DE GUAUCHINANGO... 1609, en CDIAO, IX: 120 y 126.

[9] Saldívar, 166 y 195-196; Bernal DÍAZ DEL CASTILLO, cc. cxcii; III, 119 y ccvi, III, 247 (vihuelas).

[10] Bernal DÍAZ DEL CASTILLO menciona el atambor (cc. cxiii, II, 39; cxix, II, 42; y cxxii; II, 57 y 58) y el atabal (c. cxxii; II, 61), también recordado por Albornoz, en relación con el huéhuetl (CARTA. 493): *cf.* Horcasitas, 149-151.

quistador Alfonso Morón también dio clases de viola en Colima. Como observa justamente Stevens, bastó una sola generación para transferir del Viejo Mundo a la Nueva España todo el aparato de la cultura musical europea; ésta con sus variadas melodías produjo en el oído de los naturales, dice Herrera Carrillo, un efecto comparable al de la vista de la caballada montada por los extranjeros. Para Zumárraga, no sin razón, la música era arma más poderosa para la conversión de los indios que los sermones de los frailes. El primer compositor de la Nueva España de que tengamos noticia, el Padre Hernando Franco (1532-1585), racionero de la catedral de México desde 1581, aplicó fielmente las normas de la música sacra, y sus composiciones de género vocal, inspiradas en melodías gregorianas, en opinión de Jesús Estrada no desmerecen ante las de Palestrina ni de Orlando di Lasso.[11]

El arte europeo del canto llegó a la Nueva España con los conquistadores mismos. Así Bartolomé Leonardo de Argensola, continuador de los *Anales* de Zurita, informa que "no pocos soldados de buenas voces y diestros en el c a n t o del contrapunto" ayudaron en San Juan de Ulúa al Padre Olmedo y al capellán Juan Díaz a oficiar la misa de pascua del Domingo de Resurrección de 1519. Cortés pronto dictaría unas ordenanzas que obligaban a españoles y a indios a comenzar el trabajo con rezos y cánticos tales como el Ave María y la Salve Regina. Vicente T. Mendoza ha subrayado que la monodia de muchos himnos latinos influyó sobre la canción popular mexicana dándole su dulzura característica. Es ejemplo de esto el *Alabado*, canto muy difundido en el campo desde los días de la evangelización y del cual existen tres versiones, introducidas respectivamente por los franciscanos, los agustinos y por Fray Margil de Jesús; la de este último, que todavía se escucha en Michoacán y Zacatecas, es una melodía gregoriana popularizada. La escuela de Fray Pedro de Gante, por su parte, comenzó pronto a dar buenos frutos, tanto que en 1533 Fray Jacobo de Testera informó al emperador que los niños indios "cantan canto llano y de órgano y de contrapunto, hacen libros de canto [y] enseñan a otros". Dice Fray Julián Garcés en una carta dirigida a Paulo III que "los niños indígenas aprenden cumplidísimamente el canto eclesiástico", tanto que en opinión del Obispo de Tlaxcala en la Nueva España no hacían falta músicos peninsulares. Estos testimonios se refieren al Altiplano, pero contemporáneamente también en Yucatán los mayas "tocaban tecla [de órgano] y cantaban canto llano y canto de órgano diestramente", según informe del canónigo Sánchez de Aguilar; y en la catedral de Mérida, 2 000 niños indios integraban el coro; y se dispuso que en Valladolid hubiese, en 1583, un maese escuela y ocho cantores. Stevens se declara convencido de que los naturales de la Nueva España dominaron el canto gregoriano y aprendieron rápidamente la polifonía. El canto mozárabe toledano, arraigado en Andalucía y Extremadura, también fue importado a la Nueva España desde antes que la diócesis mexicana se independizara de la de Sevilla; de él derivan, recuerda Vicente T.

[11] Saldívar, 95 (escuela de Fray Pedro de Gante), 161 (Bejel, Ortiz, etc.), y 181 (Música en los paseos y pregones), AUTOS... EN LA IGLESIA MAYOR DE MÉXICO, del 4 de noviembre de 1571, en Genaro García (ed.), *Documentos Inéditos*, I, 114. Stevens, 86. Herrera Carrillo, 619. Zumárraga es citado por Horcasitas, 139. Estrada, 77-78 y 80.

Mendoza, algunas melodías populares oscilantes. Mas el canto mozárabe desapareció de la música religiosa por efecto de las reformas tridentinas tanto que en los bellos antifonarios y salterios impresos en México después de 1577 no hay las anotaciones relativas al canto mozárabe anteriormente de rigor, porque el Arzobispo Montúfar había ordenado, pocos años antes, que en el coro de la catedral de México sólo se escuchara el canto gregoriano.[12]

Ya se ha hablado en un capítulo anterior —cuando analizamos diversas manifestaciones del sincretismo religioso cristiano-pagano producto de la evangelización— de los v i l l a n c i c o s navideños, que pronto aparecieron en la Nueva España. Este género demostró una gran vitalidad y produjo ejemplos de otro carácter, tales como la j á c a r a , que celebraba en un principio los milagros de los santos y más tarde las hazañas de héroes populares, y la v a l o n a , nombre quizá derivado de Valonia, la cual a pesar de su origen religioso pronto comenzó a ser producida en versiones sentimentales. Estas manifestaciones, por la popularidad que adquirieron en breve tiempo al ser cantadas en atrios y plazas, puede decirse que dieron origen a la canción mexicana.[13]

Saldívar opina que los variados s o n e s mexicanos —llamados en un principio coplas, coplillas o letrillas— derivan en línea directa de las melodías de los siglos XV al XVII recopiladas en el Cancionero castellano del siglo XV de Fouché-Delbosc, en *Vergel de Amores* de 1551 y en las *Danzas de Galanes* reunidas por Diego Vera hacia 1625. Las canciones castellanas ahí conservadas y las formas populares de los actuales cantos mexicanos tienen la misma métrica (versos octosílabos) y los mismos temas; la diferencia entre unas y otras es sólo exterior, producto de su trasplante, pero en realidad no han sido objeto de alteraciones de fondo. En el México actual, estos sones reciben los nombres regionales de jarabe, j a r a n a , huapango y otros. Agapito Rey explica que la seguidilla manchega del siglo XV adquirió con el tiempo un sentido sensual y hasta licencioso, siendo entonces llamada j a r a b e gitano. Con este nombre pasó a la Nueva España, donde sus primeras versiones locales fueron denunciadas al Santo Oficio y merecieron las censuras eclesiásticas, a pesar de lo cual sobrevivieron para florecer extraordinariamente a principios del siglo XIX, principalmente en Michoacán y Jalisco, al punto que una de sus formas —la tapatía— es generalmente considerada "baile nacional" de México. A su vez el fandango (de origen andaluz), que en la Nueva España vino a significar en el lenguaje popular desde principios del siglo XVII algo así como jolgorio o trifulca de gente canalla, dio origen, principalmente en la Huasteca y en la sierra de Puebla a las diversas formas que hoy tiene el h u a p a n g o , cuyos

---

[12] Argensola, 103. Orta Velázquez, 172 (ordenanzas de Cortés sobre rezos y cantos). V. T. Mendoza, *Panorama de la música tradicional,* 36-38 (canto mozárabe) y 38-39 (himnos latinos). Inge Clendinnen, 52 (coro de Mérida); y O'Gorman, "Yucatán", 424 (Valladolid). Fray Jacobo de Testera es citado por Motolinía, a su vez citado por Kobayashi, 243. Parte del texto de la misiva del obispo Julián Garcés, fechada hacia 1537, es transcrita por Méndez Plancarte, 6. SÁNCHEZ DE AGUILAR, ed. del Museo Nacional, 96. Stevens, 51. Saldívar, 99 (reglamento de Montúfar, 1570); véase *ante,* el cap. XXXIII relativo a los primeros antifonarios y salterios impresos en México así como Orta Velázquez, 186.

[13] Stevens, 138-140 y 163-165. Saldívar, 245.

nombres recuerdan a veces su procedencia peninsular: boleras, malagueñas, rondeñas, granadinas y murcianas. Por el contrario, según diversos indicios, tres bailes criollos o mestizos pasaron a Europa, donde alcanzaron una gran difusión: la sarabanda, la chacona y la pavana, así llamada porque en ella supuestamente se imita la gravedad del paso del guajolote.[14]

En el siglo XVI también arraigó en la Nueva España la costumbre de dar s e r e n a t a s (de *serena*, composición trovadoresca que en la Castilla medieval solía cantarse de noche). Si la serenata era ofrecida al despuntar el alba desde un principio comenzó a llamarse g a l l o , por analogía con la misa celebrada en la madrugada de festividades religiosas importantes. Acompañado el canto con vihuelas y arpas y con la intervención ocasional nada menos que del maestro de capilla de la catedral, Padre Hernando Franco, las serenatas produjeron tal escándalo que el tercer Concilio Mexicano consideró necesario por medio de su decreto VI prohibir a la gente de Iglesia salir armada de noche a la calle con traje secular y pasearse llevando instrumentos musicales.[15]

La c a n c i ó n   m e x i c a n a se gestó a fines del siglo XVI y a principios del XVII con formas que le dieron un carácter muy particular; siendo una manifestación de la tradición cultural derivada de la poesía trovadoresca, su tema predilecto es la exaltación de la belleza y las virtudes de la mujer. Margit Frenk divide la canción mexicana desde el punto de vista literario en varios géneros; las coplas de amor feliz que son muy numerosas (como "Cielito lindo" y "Cuando se quiere de veras"), las de amor contrariado (por ejemplo "Dices que ya no me quieres"), posesivo (*como*, "Conmigo no juegas"), de desamor (p. ej. "Ya tengo otros amores") y de simple jactancia (como "Cuando llegó la partera yo ya sabía enamorar").[16]

Un capítulo sobre los orígenes medievales de la música eclesiástica y profana de México quedaría incompleto sin una exposición aunque sea breve de los c a n t o s   i n f a n t i l e s , cuyas formas más comunes son la canción de cuna y el corro. Muchas canciones de cuna son de origen asturiano, como "A la rorro, niño", cuya derivación del perlindango es señalada por Vicente T. Mendoza; otras, tales como "Riquirrán" y "Duérmase mi niño", podrían ser de origen extremeño. Las m u ñ e i r a s gallegas pueden ser el origen de ciertos cantos infantiles tales como el poblano "Tanto bailé con la moza del cura" o el tabasqueño "La patera". Son también muy antiguas las coplas llamadas a g u i n a l d o s , cantos infantiles con que desde Puerto Rico hasta Veracruz los niños piden un óbolo de Año Nuevo, supuestamente para *la rama* que traen consigo; es ésta una rama

---

[14] Saldívar, 246, 249-250, 257 y 291. A Rey, *Cultura y Costumbres del siglo XVI*, 72 (jarabe) y 73 (huapango). McAndrew, 367, sostiene que la sarabanda, la chacona y la pavana son de origen colonial mexicano; se basa entre otros datos en los de Karl Lumholz, *Unkown Mexico* (Nueva York, Scribner, 1902), II, 388; Robert M. Stevenson, *Music in Mexico* (Nueva York, Crowell, 1952), 51, 94 y 95; y en las tradiciones transmitidas por Frances Erskine Calderón de la Barca, *Life in Mexico* (Nueva York, Dutton, 1931), 365.

[15] Sobre las serenatas y "gallos" del siglo XVI, *cf.* Orta Velázquez, 174-175; y Saldívar, 162 y 300.

[16] Saldívar, 307 (canción mexican̂a). Los conceptos de Margit Frenk fueron expresados (espero transcribirlos aquí correctamente) en una entrevista publicada por el diario *El Universal* el 9 de julio de 1979 (2ª parte de la 1ª sección, p. 19).

de pino adornada con flores, tiras de papel y farolitos. El origen de algunas de estas canciones infantiles va más allá de la Edad Media remontándose a la Iberia pagana; tal es el caso, según Santullano, de *Los maderos de San Juan*. Mendoza por último estudia los orígenes de tres corros mexicanos que del patio de los castillos medievales pasaron primero a las plazas y mercados y luego atravesaron el Atlántico. Tal es el caso de *La víbora de la mar;* del *Hijo del Conde* y del celebérrimo *Naranja dulce, limón partido*, cuyo origen es tan antiguo que en una de las primeras versiones novohispanas de este último figura el caballero don Roldán, personaje del ciclo carolingio de romances.[17]

<hr />

[17] Fuentes: V. T. Mendoza: *Lírica Infantil*, 8, 9, 11, 13, 15 y 16 e Int. por Luis de Santullano; *Panorama de la música tradicional*, 55 y 84; y "El origen de tres juegos infantiles", 78, 84, 85, 87 y 88.

XXXVII. LA MAGIA DE LA CIENCIA: ASTROLOGÍA, MEDICINA CIENTÍFICA Y POPULAR, Y CIENCIAS NATURALES

COMO en el Medievo, en la Nueva España antes de la Ilustración era prácticamente imposible distinguir la ciencia de la magia y la magia de la ciencia. Esto era cierto incluso para la geografía y la física celeste, cosa que se comprende aún mejor si se recuerda que hasta muy entrado el siglo XVIII en las Indias la ciencia no era más que una rama de la filosofía escolástica, que por lo demás se seguía impartiendo en latín. Y como afirma Trabulse, la ciencia europea que llegó a México durante la primera mitad del siglo XVI era la ciencia medieval.

El impacto de la tradición medieval en la ciencia novohispánica es quizá más evidente que en ningún otro campo en el de la a s t r o l o g í a, arcana disciplina que todavía a fines del siglo XVIII contaba con una cátedra en la Universidad, aunque para entonces su estudio era inseparable de la cosmografía y de las matemáticas. Mas en la época de los descubrimientos y de la Conquista la ciencia de los astros y sus leyes servía sobre todo para pronosticar el futuro: la posición y el aspecto de los planetas —la llamada astrología judiciaria magistralmente profesada por San Alberto Magno— era considerada determinante para las vicisitudes de los hombres, tanto que capitanes, reyes y papas a menudo consultaban a su astrólogo antes de tomar una decisión importante. Los médicos astrólogos de las postrimerías del Medievo constituyen un grupo profesional notable (su materia era casi una ingeniería astronómica, como en el caso de Villard de Honnecourt) y prácticamente todas las mejoras introducidas en la ingeniería europea durante los siglos XIV y XV se originaron en un médico astrólogo, incluyendo el reloj mecánico que colmó una de las necesidades imperiosas de aquellas técnicas. En el primer viaje de regreso a España, según testimonio de Herrera, Colón hizo una pausa por temor a los fuertes vientos que debían producirse por una "oposición de la luna con Júpiter i [una] conjunción [de] Mercurio i el Sol en oposito con Júpiter". Entre los objetos que el almirante dejó a su muerte su hijo Diego encontró "unos papeles y figuras de astrología", que fueron debidamente inventariados. La astrología tenía muchas implicaciones para la medicina. Un barbero cirujano, por ejemplo, debía saber qué signos del zodiaco gobernaban cuáles partes del cuerpo, especialmente cuando se trataba de operar o de sangrar un paciente. Los físicos (otra manera de llamar a los médicos de hoy) debían también conocer esas cosas; y por ello en las escuelas de medicina la astrología era estudiada sistemáticamente: en la Universidad de Bolonia un profesor se dedicaba sólo a explicar la influencia de los astros sobre el cuerpo humano. En su *Verdadera Cirugía médica y astrología*, publicada en México en 1607, Juan de

Barrios recogía aún esas experiencias, y escribía que "de los astrónomos tomamos indicación para curar... no hay día que no influya algún astro o influjo malo". Algunos días eran créticos o judiciarios, cuando la naturaleza "se mueve con todas sus fuerzas al impulso de la luna", y consecuentemente propicios para el cirujano.

En campo distinto al médico era también útil la astrología. Durante los preparativos de la expedición de la Conquista de México, según informan Bernal Díaz del Castillo y Antonio de Solís, el astrólogo Juan Millán, después de escudriñar las estrellas, sembró las primeras dudas en la mente de Velázquez sobre la lealtad de Cortés, anunciándole que éste se rebelaría contra él y lo arruinaría. La profecía se cumplió porque Velázquez tomó medidas protectivas demasiado tarde.[1] Luego, entre los soldados que formaron parte de la expedición de Cortés al actual México se encontraba Juan Botello, apodado el Nigromante, al parecer hombre de bien y latinista, que profesaba la misteriosa ciencia de la astrología. Adquirió gran fama en el ejército cortesiano por la certeza de sus predicciones, entre ellas la de su propia muerte. Predijo la victoria del Conquistador sobre Narváez; lo instó luego a regresar sin tardanza a México para socorrer a Pedro de Alvarado a quien había visto sitiado por los tenochcas en una visión; e indujo a Cortés a batirse en retirada durante la Noche Triste como único medio de salvación de los españoles. Vaticinó además que Cortés, después de pasar muchos trabajos y de ser desposeído, a la postre llegaría a ser un gran señor. Una visión de su propio cuerpo decapitado, al igual que los de otros soldados le anunció su trágico destino; perecieron durante la retirada. Después de su muerte, entre sus cosas se encontraron, informa Bernal Díaz, "unos papeles como libro con cifras y rayas y apuntamientos y señales", sin duda notas astrológicas. El juicio de sus contemporáneos y de otros cronistas no le fue favorable: Alonso Dávila lo calificó de hechicero; para Solís, su muerte fue el castigo merecido por todos los de su profesión; y Vetancurt comenta irónicamente que después de todo "no le valió [para nada] su astrología" salvo, podemos agregar, para pasar a la historia.[2]

El Inca Garcilaso cuenta que Hernando de Soto también tomaba en serio los consejos de los astrólogos. Como una obsesión, lo persiguió la predicción de un astrólogo según la cual habría de morir más joven que Núñez de Balboa, quien había sido ejecutado a los 42 años. Hernando de Soto, que estaba a punto de cumplir esa edad cuando llegó a las márgenes del Mississippi, efectivamente terminó sus días junto al gran río. Por entonces, la

[1] Trabulse, *Hist. Ciencia s. XVI*, 12; 345-346 (Juan de Barrios). Cf. Tovar, 843; y Haring, *Spanish Empire*, 232. HERRERA, *Historia*, 1ª Déc., II, I; 254. Duquesa de Berwick (ed.), AUTÓGRAFOS Y PAPELES DE COLÓN, 78. Bernal DÍAZ DEL CASTILLO, I, c. 13; y SOLÍS, I, xii; p. 44. La historia de Juan Millán es registrada también por TORQUEMADA, I, 361 y Pereyra la repite en *Cortés*, 40.
[2] Las actividades astrológicas de Juan Botello han atraído la atención de numerosos autores de todas las épocas. Se ocupan de él sus contemporáneos Bernal DÍAZ, en c. XXVIII, II, 86; y Fray Francisco de AGUILAR, en ed. Gómez de Orozco, 69 y ed. Patricia de Fuentes, 150, 151, 153 y 239; más tarde, Bartolomé de GÓNGORA en f. 218 vº; VETANCURT, en *Teatro Mexicano*, 3ª Parte, p. 143; TORQUEMADA, en I, 501; y SOLÍS, en IV, xix, p. 260; y entre los autores modernos, Prescott, en 378; y Orozco y Berra, en *Historia Antigua*, IV, 374.

astrología y la religión todavía no estaban reñidas, tanto que Remesal no tiene empacho en decir que los primeros dominicos llegados a San Cristóbal en 1545 tuvieron por buen agüero, "como buenos astrólogos cristianos", que fuera 12 de marzo, día de San Gregorio Magno. La astrología europea cayó en terreno fértil, pues los naturales de la Nueva España practicaban, como explica Sahagún, la predicción del destino humano por medio de la observación de los astros; además, poseían libros adivinatorios sagrados tales como el *Tonalámatl* que eran escudriñados, como nos informa Sahagún, para pronosticar la suerte y conducta de los hombres, según la influencia de constelaciones y planetas. En la *Corona Mexicana*, un descendiente hispanizado de Moctezuma, expresa la convicción de que los astrólogos tlaxcaltecas propiciaron el triunfo de Cortés al informar a su gente que los españoles era invencibles por ser "hijos del sol en la región oriental". En un fragmento de uno de los pocos manuscritos supervivientes de los indios, llamado "Libro de Oro" y transcrito por algún fraile franciscano hacia 1532, su autor explica, comenta el Padre Cuevas, que las narraciones indígenas "falsas y oscuras" se inspiraron por lo general en una "manera de buenaventuranza que tiraba a la astrología".[3]

La a s t r o l o g í a tuvo entre otros efectos positivos el de despertar interés en el estudio de la cosmografía; en términos modernos esto equivale a decir de la geografía y de la ciencia de la navegación que para determinar el rumbo y la posición, entonces y durante muchos siglos, no tenía otro medio que el examen de la posición de las estrellas. Uno de los más útiles auxiliares del agustino Fray Andrés de Urdaneta en su azoroso viaje a las Filipinas fue su correligionario Fray Martín de Rada, eficaz piloto de la expedición gracias a que era "el hombre más insigne de su tiempo en la astrología y judiciaria", según el Padre Grijalva. En las *Relaciones* (fechadas en 1580) de los pueblos de Mamá, Quizil y Quincama, que forman parte de la descripción de todas las provincias y pueblos de la Nueva España ordenada por Felipe II, se menciona el recorrido de un cierto Francisco Domínguez, enviado por la Corona en calidad de "astrólogo" (hoy día diríamos cosmógrafo), para medir distancias y alturas. En la obra *Problemas y secretos maravillosos de las Indias*, escrita hacia 1590, Juan de Cárdenas al tratar del clima de las colonias españolas analiza con gran minuciosidad el influjo de diversos astros sobre las condiciones meteorológicas, y describe en términos astrológicos las particularidades y propiedades del Sol, de la Luna y de Mercurio. Al astro rey atribuye el poder de generar "las cosas más preciosas en cada género", como son el hombre, el león, el águila, el corazón, el carbúnculo, el azafrán, el bálsamo, la mirra y el lináloe. Un misionero de la expedición enviada en 1586 a la Florida, Fray Andrés de San Miguel, elogia el conocimiento que de aquellas costas tenía el adelantado Pedro Menéndez Márquez por ser buen "astrólogo", es decir, navegante, y el mismo Padre Kino

---

[3] INCA GARCILASO, 499, n. 12. REMESAL, VI, i; I, 399. SAHAGÚN, Lib. IV, c.i; ver la Int. del P. Garibay; también, *cf.* Lib. VII, donde trata además la cuenta de los años y las ceremonias indígenas relativas a los astros, los cometas, el viento y las nubes, todo ello en función adivinatoria: Padre Diego de MOCTEZUMA, 357. Cuevas, *Hist. de la Iglesia*, I, 208-209.

es llamado un siglo más tarde "grande Astrólogo" por Vetancurt en razón de los mapas de California que dibujó.[4]

Como es sabido, en el siglo xv España ocupó un lugar distinguido en la preparación de mapas costeros o portulanos y en el perfeccionamiento de ciertos instrumentos de observación astronómica inventados por los árabes como eran la b a l l e s t i l l a , el c u a d r a n t e y el a s t r o - l a b i o . La ballestilla era un instrumento —luego sustituido por el sextante— usado de noche para medir las alturas y distancias aparentes de los astros. El cuadrante, cuarto de círculo graduado con pínulas o anteojos, servía para determinar el rumbo. El astrolabio, usado desde el siglo xii, era un antiguo instrumento en el que estaba representada la esfera del firmamento con las principales estrellas; se empleaba para observar la altitud meridiana del sol y por medio de él se determinaba la latitud; por supuesto, sólo se podía utilizar en días brillantes. Los pilotos de la Casa de Contratación no sólo debían saber usar estos tres instrumentos sino también fabricarlos; y ninguna nave española zarpaba hacia las Indias sin contar con ellos, como tampoco sin a g u j a s   d e   m a r e a r o brújulas. Hubo frailes que en caso de necesidad sabían improvisar un astrolabio para orientarse. Recurrieron a ello, en Florida, el jesuita Pedro Martínez y el franciscano Andrés de San Miguel así como el dominico Pedro de Aranda, más tarde misionero en la Mixteca, durante una tempestad en el Golfo de México. Como se usaba en aquellos tiempos, Fray Alonso de la Veracruz adornó la biblioteca de su colegio agustino de San Pablo con astrolabios, ballestillas y otros instrumentos astronómicos. En la tercera década del siglo xvii, el cronista Padre Arregui, autor de uno de los mapas más completos de la Nueva Galicia, que él mismo había recorrido palmo a palmo, dice que todos los datos de dicho mapa habían sido hallados "con el astrolavio... con·el que e andado toda la tierra y no me fiara de otro ynstrumento por las grandes serranias questrechan el oriçonte".[5]

En la época de Arregui, la   a s t r o l o g í a   seguía ocultando entre sus ropajes misteriosos la moderna astronomía pero en su acepción más corriente era la ciencia que escudriñaba el influjo ejercido por los astros sobre la suerte de los mortales. Torquemada, tan ambigua como eclesiásticamente, la juzgaba una disciplina de "infalible verdad", ya que el cumplimiento de sus vaticinios en última instancia dependía de "la disposición Divina". Por su parte, la Inquisición tenía pocas dudas al respecto, pues entre

[4] Fray Juan de GRIJALVA, 349. RELACIONES DE YUCATÁN...1580 y 1581..., en cdiu, ix: 173-174, 220 y 264. Juan de CÁRDENAS, 61 y 98-99. Fray Andrés de SAN MIGUEL, *ap.* Genaro García (ed.), *Relaciones de Florida*, 203. VETANCURT, *Teatro Mexicano*, 4ª Parte, 118.

[5] Millás Vallicrosa, 730; y Haring, COMERCIO Y NAVEGACIÓN, 378, n. 20 (astrolabios, cuadrantes y ballestillas). ÍNDICE GENERAL DE LOS PAPELES DEL CONSEJO DE INDIAS... 1595, en cdiu, xiv: 304 (pilotos y astrolabios). HERRERA, en 4ª Déc., ii, 29, señala que entre otros conocimientos indispensables, todo piloto de la carrera de Indias debía saber utilizar el astrolabio y el cuadrante; *cf.* Pulido Rubio, 18-19 y 23. Zubillaga (ed.), MONUMENTA FLORIDAE, Doc. 43, p. 147 (Pedro Martínez, S. J.). Fray Andrés de SAN MIGUEL, *ap.* Genaro García (ed.), *Relaciones de Florida*, 185. Fray Francisco de Burgoa, GEOGRÁFICA DESCRIPCIÓN, i, 315 (Fray Pedro de Aranda). Fray Juan de GRIJALVA, 485 (astrolabios y ballestillas de Fray Alonso de la Veracruz). ARREGUI, 2-3.

1582 y 1654 procesó por lo menos a 17 personas por dedicarse a la astrología judiciaria o por conservar en su biblioteca libros sobre la materia, algunos de ellos de autores árabes y judíos. Entre los procesados, el primero fue un cierto Juan Beteta, natural de Granada, y dos personajes de la primera mitad del siglo XVII, relacionados, de una u otra manera, con las torres de la catedral de México, excelente sitio sin duda para conversar con las estrellas: el mercedario Diego Rodríguez, que dirigió en 1624 la colocación de las campanas *Santa María* y la *Ronca*, y su discípulo el campanero mayor Melchor Pérez de Soto, criollo de Cholula, y autor de varios vaticinios, entre ellos las dos elecciones sucesivas del provincial franciscano de la Nueva España de los años de 1648 y 1654. La Inquisición siempre vio con malos ojos los vaticinios astrológicos y los combatió, recuerda José Toribio Medina, "visto el mucho exceso que hay en estas partes más que en otras destos abusos". Por supuesto también abundaban los que haciéndose pasar por astrólogos y fingiendo saber manejar el astrolabio pretendían hallar tesoros, como uno de la sierra de Oaxaca mencionado por el Padre Burgoa. La afición a la astrología en la Nueva España es demostrada por el z o d i a c o pintado en el siglo XVII en la bóveda de la sacristía del convento de San Agustín de Morelia; se trata de la única representación postridentina de los signos zodiacales existente en todo el mundo hispánico en un edificio religioso, mezclados con notable desenvoltura con la simbología cristiana. Es interesante señalar que en este zodiaco cuatro soles indican los momentos culminantes del año, cosa que corresponde al "círculo oblico" que Enrico Martínez (1550/1560-1632), ilustre cosmógrafo y avisado astrólogo de la época, presenta en su *Repertorio de los Tiempos* bajo la autoridad de la obra astronómica de Aristóteles *De caelo et mundo*.[6]

Sin embargo, no fue el *Repertorio* de Enrico Martínez la primera obra que trató ampliamente temas astrológicos en la Nueva España. Ésta fue *De Sphaera* del dominico Francisco Maurólico, publicada en 1578, que sin embargo no es fuente del sabio alemán. Los autores en que éste se basa van desde Juan de Sacrobosco hasta Jerónimo de Chávez, cuyo tratado, también llamado *Repertorio*, era entonces de publicación bastante reciente. Para Enrico Martínez la astrología, ciencia a la que están dedicados 24 capítulos de su obra, "enseña... los efectos que los movimientos, conjunciones y aspectos de los cuerpos celestes" tienen en el mundo. Al par que los astrólogos de su época, Enrico Martínez creía en las influencias celestes, favorables o adversas, sobre las enfermedades, siembras, alianzas o proyectos de obras tales como el desagüe del valle de México que tenía a su cargo. También le gustaba elaborar h o r ó s c o p o s .[7]

---

6 TORQUEMADA, I, 212 y II, 303. Jiménez Rueda, Herejías, 215-224 (procesos inquisitoriales). Romero de Terreros, *Artes Industriales*, 62 (Fray Diego de Rodríguez). Almoina, *Rumbos heterodoxos*, 47-48 (Melchor Pérez de Soto); *cf.* Greenleaf, *Mexican Inquisition*, 173. J. T. Medicina, *La Inquisición en México*, 181. Fray Francisco de BURGOA, *Geográfica Descripción*, II, 210. El zodiaco de San Agustín de Morelia se describe en Palm, *La Española*, II, 147. De la Maza, *Enrico Martínez*, 78-79.

7 Quintana, 30 (*De Sphaera* de Maurólico); este libro aparece citado en las bibliografías de García Icazbalceta, Wagner y Ágreda y Sánchez. HENRICO MARTÍNEZ, 9-10 e Int. de F. de la Maza, XVII-XVIII. Los capítulos xii a xxv del Tratado I del *Repertorio* de Enrico Matínez se

En la Universidad de México la cátedra formal de astrología y matemática fue establecida en 1642, al amparo de las Constituciones de Palafox. Era una de las pocas que se impartían en español, y su libro de texto era el de Sacrobosco, cosa que es indicio de que a la astrología se dedicaba la mayor parte del tiempo. Sus primeros titulares ilustres fueron Enrico Martínez, el polifacético sabio alemán, y Fray Diego Rodríguez, que ya había atraído la atención de la Santa Inquisición por sus prácticas astrológicas, el cual ocupaba el cargo en 1646 según informe del *Memorial* de Díez de la Calle. Entre los sucesores de éste, Quintana menciona a Gabriel López de Bonilla, hombre apasionado por los pronósticos; al ya aludido Melchor Pérez de Soto († 1655), también procesado por la Inquisición; a Fray Ignacio Muñoz, quien impartió sus enseñanzas entre 1668 y 1672; y al ilustre polígrafo don Carlos de Sigüenza y Góngora, que ganó la cátedra por oposición y la conservó 27 años hasta su muerte en 1700. Aunque enseñaba fundamentalmente cosmografía, en su *Libra Astronómica*, Sigüenza hace la siguiente confesión: "Yo también soy astrólogo y sé muy bién cuál es el pie de que la astrología cojea y cuáles los fundamentos debilísimos sobre los que levantaron su fábrica." De cualquier forma en 1745 se añadió "y de Matemáticas" a su título, con lo cual varió su objeto, así la designan el Padre Beaumont y dos reales cédulas de nombramiento de catedráticos de la materia para la Universidad de México; fueron don Antonio Gamboa, designado en 1757, y el doctor José Giral Matienzo, en 1778.[8]

Durante la Colonia y tal como en el mundo medieval, se interpretaban ciertos fenómenos atmosféricos, eclipses, cometas y meteoros como s e - ñ a l e s divinas o p r e s a g i o s anunciadores de calamidades o epidemias, en ocasiones devastadoras. Según el *Itinerario de Grijalva* la aparición de un brillante meteorito sobre un pueblo maya fue tomada como indicación divina de que los españoles debían establecerse en ese lugar. El *Códice Fuenleal* relata que en 1528 apareció sobre México "una señal en el cielo blanca y como lanza", que obviamente anunciaba el triunfo del cristianismo, según allí mismo se concluye. El eclipse de 1611, dice el Padre Alegre, fue interpretado por algunos astrónomos indígenas como anuncio del juicio final e ilustrado con "pinturas horribles". Los eclipses de Sol y Luna producían tal terror a los pimas, ópatas y otras tribus sonorenses ya cristianizadas, informa el mismo Alegre, que se abandonaban a ruidosas expresiones de desesperación. Los cometas, en cambio, tenían otra connotación. Algunos cronistas atribuyen la horrible pestilencia que asoló la Nueva Galicia, re-

refieren a la astrología; el xxvi a los signos del zodiaco; y los capítulos ii a iv del Tratado IV, y ii a vi del Tratado V a las influencias de los planetas, que pueden ser buenas, malas y nulas.

[8] De Gortari, 186 y n. 26 (cátedra de astrología, 1646). DÍEZ DE LA CALLE, 125-126. Quintana, 49, 57, 61-63, 65, 70, 73; en pp. 78-79 se alude a otros astrólogos mexicanos de los siglos XVIII y XIX. BEAUMONT, III, 262. Según De Gortari, José Ignacio Bartolache (1739-1790) fue profesor de astrología en la Universidad; y bien pudo haber sido, con Joaquín Velázquez de León, uno de los últimos titulares de la cátedra. Las cédulas de Fernando VI y de Carlos III que nombran catedráticos de astrología a Gamboa y Giral están reproducidas en Lanning (ed.), CÉDULAS DE LA UNIVERSIDAD, núms. 139 y 186; pp. 190 y 254. *Cf.* referencia a profesores de astrología en PLAZA Y JAÉN, Prólogo, I. 5; y en Becerra López, 122. Flores y Troncoso, 84-85 (el señalamiento de los años 1642 y 1745 para la cátedra de Astrología [y Matemáticas]).

cuerda Amador, a la aparición de una estrella caudata en 1542. En cambio, para el capellán de la armada de Menéndez de Avilés la vista de un "misterio en el cielo" (obviamente un cometa) cuando la flota expedicionaria se acercaba a las costas de la Florida en 1565 fue una buena señal. Para Cogolludo, sin embargo, el cometa aparecido en el firmamento a principios de 1621 fue un omen nefasto pues anunciaba la muerte de Felipe III y del Papa Paulo V, quienes efectivamente fallecieron ambos ese año. Hanke informa que durante el gobierno del Virrey Conde de Alva de Liste (1650-1653) la provincia de México sufrió un terremoto y una sequía, calamidades presagiadas por la aparición de otro cometa. El Padre Kino, sintiéndose como dice Bolognani, su biógrafo, "hijo de su tiempo", señala en su *Exposición Astronómica* (dedicada al Virrey Paredes) al cometa de 1680-1681 como "presagio de infortunios".[9]

Con frecuencia los médicos de la época hacían sus diagnósticos con base en consideraciones astrológicas. Ya hemos citado a Juan de Barrios para 1607; pero Diego de Cisneros, en su interesante obra sobre el *Sitio, Naturaleza y Propiedades de la ciudad de México* publicada en 1618, basa en observaciones astrológicas sus juicios sobre las cualidades físicas y mentales de los indios, mestizos y criollos. Por ello González de Cossío lo califica de médico-astrólogo, junto con los autores de los primeros libros de medicina y cirugía publicados en la Nueva España tales como Francisco Bravo, López de Hinojosos y Agustín Farfán. El Padre Florencia recoge los rumores de que la gran mortandad causada entre los naturales por la peste de 1575 se debió a que los indios, por ser melancólicos, fríos y secos en su complexión según la teoría de los humores, estaban sujetos a los influjos de Marte y Saturno; por ello la conjunción de estos dos planetas que ocurrió ese año les resultó nefasta. No debe creerse que este historiador jesuita fuera excesivamente crédulo; sus afirmaciones sólo repiten los conceptos corrientes de su tiempo. De hecho, el ilustre Alonso López de Hinojosos (*ca.* 1534-1597) reseña en su tratado de cirugía, primero impreso en la Colonia, varias explicaciones de la terrible epidemia de *cocoliztle* (al parecer viruela); según los astrólogos del Virrey Enríquez la pestilencia fue causada por una desfavorable "conjunción de las estrellas"; algunos médicos la atribuyeron a una "corrupción de los elementos"; pero Hinojosos, resignadamente, se inclina a aceptar la voluntad divina como causa generante de la calamidad. Según un testimonio recogido por el Padre Alegre, la epidemia que en 1607 azotó a los indios laguneros (especialmente en la región de Mapimí) cayó sobre ellos desde los espacios siderales, proveniente de la cauda de un cometa.[10]

[9] ITINERARIO DE L'ARMATA, 80 y n. 73; y A. Yáñez (ed.), ITINERARIO DE GRIJALVA, 35. CÓDICE FUENLEAL, C. XX; 233-234. Amador, I, 187. ALEGRE, 215-216 (eclipse de 1610, aunque situándolo erróneamente en 1611) y 462 (tribus sonorenses). RUIDÍAZ, II, 445 (eclipse de 1565). Diego LÓPEZ DE COGOLLUDO, *Historia de Yucathán* (1688), 3ª ed. (Mérida, 1867-1868), IX, X; 497. Hanke (ed.), *Virreyes*, IV, 127. Bolognani, 301.

[10] Para Juan de Barrios, véase el inicio de este capítulo. CISNEROS, Int. de F. González de Cossío, 8-9. FLORENCIA, *Hist. de la Comp. de Jesús*, 257. LÓPEZ DE HINOJOSOS, Tratado VII: *De pestilencia*, 207 y 210. ALEGRE, II, 151 (testimonio del jesuita Pedro Díaz de Pangua); *cf.* la *Annua* de 1607; y Dunne, *Jesuits*, 114 y n. 4.

La práctica de la m e d i c i n a durante los dos primeros siglos de la Colonia no sólo estuvo sometida en gran medida al influjo de la astrología, sino que en muchos aspectos, las ideas y creencias medievales determinaron su ejercicio. Esto es aplicable tanto al estudio de la anatomía como a la diagnosis, la fisiología, la terapéutica, la farmacopea, la cirugía, y en última instancia también a la albeitería, nombre que entonces se daba a la medicina veterinaria. También la magia medieval dejó su huella en la medicina colonial, y la labor de recopilación del saber científico fue continuada en la Nueva España, generalmente con otros nombres, según los cánones anteriormente fijados en la materia por los herbolarios, lapidarios y bestiarios. La medicina traída por los conquistadores y pobladores estaba fuertemente limitada por la tradición galénica y por la herencia religiosa. Entre las ideas más significativas que determinaban sus conceptos se encontraba la teoría griega de los estados de las cosas: sequedad, humedad, frío y calor; las enfermedades eran atribuidas a exceso o defecto de estas cualidades y los medicamentos tenían por objeto restablecer el equilibrio. Tales eran los criterios terapéuticos aplicados por médicos tan ilustres como Francisco Hernández, primer protomédico de las Indias. En términos generales también puede afirmarse que en España en aquella época la medicina estaba menos adelantada que en la Europa central; y aun respecto a la medicina árabe de algunos siglos atrás. No se daba valor a la experimentación empírica y los conceptos se basaban en razonamientos deductivos elaborados a partir de premisas que podían ser falsas a pesar de derivar de la observación. La medicina indígena, notable en varios aspectos, fue admirada por muchos cronistas y frailes pero se le dio poca aplicación; se recopilaron datos sobre las propiedades curativas de las plantas que nos han permitido comprender la riqueza de la farmacopea indígena. La salud pública sufrió los efectos de las mortíferas enfermedades epidémicas llegadas de Europa y África, la viruela, el tifus, el sarampión, la disentería amibiana, el paludismo y la fiebre amarilla, contra las cuales los naturales estaban indefensos. Por otra parte, los servicios médicos de los ejércitos de los conquistadores no podían ser más primitivos: Cortés disponía de dos barberos-boticarios prácticos y de un tercer soldado que, observa Bernal Díaz, si no curaba las heridas "por lo menos las ensalmaba y [las] santiguaba". Cierto es que en la expedición a las Hibueras el Conquistador disponía ya de un licenciado en medicina, de nombre Pedro López, pero sus habilidades nos son desconocidas. Simolinos d'Ardois recuerda que uno de los protocirujanos de México, López de Hinojosos, inició su carrera como cirujano-barbero y flebotomista, o sea especialista entre otras técnicas en la aplicación de ventosas y de sanguijuelas. Los primeros médicos, dice Aguirre Beltrán, eran ensalmadores, curanderos, algebristas (u osteópatas) sangradores y barberos-cirujanos. Quizá nada sea tan característico de la terapéutica colonial como el consejo de Fray Agustín Farfán, médico él mismo, para tratar a los enfermos: el primer remedio debía ser "mandarles confesar", es decir, prepararlos para una buena muerte.[11]

---

[11] Ashburn, 61 (medicina española y en general europea) y 106 (enfermedades importadas). Bernal Díaz del Castillo, cc. clvii: ii, 312 y clxi: ii, 350 (barberos-cirujanos y ensalmadores);

La anatomía se estudiaba en las obras de Avicena (980-1037) complementadas con la antigua autoridad de Galeno comentado por Rhazes (*ca.* 850-925). Así, con base en la autoridad del gran filósofo y científico árabe-español, Fray Agustín Farfán enseña en su *Tratado Breve de Medicina* impreso en México en 1592 que los huesos del cuerpo humano son 148, y los músculos 531. En la sección relativa al diagnóstico, el fraile identifica sobre todo dos graves dolencias, bastante comunes en la Nueva España: el p a s m o y la m e l a n c o l í a. El primero era un encogimiento de los nervios, y la segunda era una como sofocación, que podía ser de dos clases: melancolía natural, producida por las heces de la sangre, y melancolía adusta generada en el hígado con los otros humores. Estos h u m o - r e s, según la doctrina hipocrática, eran cuatro: la bilis o cólera (caliente y seca), la sangre (caliente y húmeda), la flema (húmeda y fría) y la melancolía, que era seca y fría. Enrico Martínez explica que la enfermedad no es otra cosa que "la descomposición de los cuatro humores", es decir su desequilibrio o desproporción. En el mismo orden de ideas, el Padre Farfán atribuye la causa de varias enfermedades a trastornos de los distintos humores o de los cuatro: la inflamación de los músculos de la garganta, llamada e s q u i l e n c i a, es "un corrimiento del humor colérico sanguino"; el cólico es un padecimiento de la flema; el desangramiento por las narices o la boca se debe a algún "humor mordaz y muy colérico"; el catarro, a los humores fríos; la ciática, a los humores flemáticos; y los desmayos, a "algunos humores que del estomago suben a la cabeça". Enrico Martínez aconseja también estudiar la influencia de los astros para hacer un diagnóstico correcto, de preferencia fabricando "una figura celeste... según las elevaciones del polo y la postura del cielo", para buscar en ella señales de muerte o de peligro que indiquen la mayor o menor gravedad del caso. Por regla general las enfermedades que coinciden con un eclipse suelen ser muy peligrosas; "las humidades siguen el curso e influjo de la luna", porque este planeta tiene dominio sobre ellas, haciéndolas aumentar o disminuir como "lo hazen las aguas del mar". El concepto de frío-caliente, derivado de la visión hipocrática de la patología humoral, dominó en la teoría y práctica de la medicina española del siglo XV; pasó sin modificación a la Nueva España en el XVI donde el doctor Francisco Hernández aplicó a las yerbas la idea de las cuatro condiciones de las cosas: calor, humedad, frío y sequedad en su monumental *Historia de las Plantas de la Nueva España.* No es poco mérito que entre tantas ataduras y limitaciones impuestas por la tradición, el autor del primer libro de medicina impreso en el Nuevo Mundo, Francisco Bravo de Osuna, haya podido identificar el tifo exantemático en lo que sus contemporáneos conocían como tabardete o, en términos indígenas, *matlazáhuatl*.[12]

clxxvi; III, 26 y clxxxiii; III, 76 (Pedro López). Véanse tambié los cc. cli y ccv. Cascajo Romero, 698, Somolinos d'Ardois, en LÓPEZ DE HINOJOSOS, Int. 15, y 105-106; *cf.* Int. p. 3. FARFÁN, f. 15 v°. Aguirre Beltrán, "Advertencia", xxiii-xxiv.

[12] Farfán, ff. 346 v° y 347 (anatomía), 107-108 (melancolía) y 130 (pasmo). López de HINOJOSOS, II, ii, 97; y Ashburn, 220 (los cuatro humores). *Cf.* Foster, *Cultura y Conquista*, 41, n. 1; y "Tzintzuntzán", 185. De la Maza, *Enrico Martínez*, 88. FARFÁN, ff. 23, 28, 31, 54 v°, 61, 147 v°

En algunos aspectos, la terapéutica colonial es harto curiosa y reminiscente de la práctica medieval. Un caso extremo de tal supervivencia, relatado por Aguirre Beltrán, es el de los médicos poblanos del siglo XVII que con la venia de la Inquisición y del médico de cámara del virrey, intentaron curar la epilepsia con el cráneo de un ahorcado. Los medios terapéuticos más usados eran las p u r g a s , las v e n t o s a s , las pociones, los emplastos, las cauterizaciones, y las infusiones diversas. Según Andrés de Tapia, Cortés invariablemente se purgaba cuando sufría de calenturas. A fines de aquel siglo, el capitán Vargas Machuca, influido por la medicina indígena, aconsejaba curar las enfermedades de los ojos echando en cada lagrimal un poco de tabaco picado. Sahagún recomienda, contra las "cámaras de sangre" o de "podre" (pus), beber una taza de chocolate mezclado con polvos de hueso de gigante. Los conquistadores restañaban sus heridas simplemente cauterizándolas con un hierro candente o aplicándoles aceite hirviendo, brutal método practicado hasta los días de Ambrosio Paré. Cuando no disponían de aceite, como sucedió en Cempoala después de una escaramuza, se aplicaba a las heridas "el unto de un indio gordo de los que allí matamos", según relato de Bernal Díaz del Castillo. El Padre Farfán tenía su propia receta de un emplasto para aliviar inflamaciones; consistía en aplicar con un lienzo a la parte enferma un cocimiento de briznas de paja, plumas y excremento de dos nidos de golondrinas, hervido a fuego lento. Por último, todavía en el siglo XVI la enseñanza y práctica de la cirugía —basta recorrer el tratado de López de Hinojosos para comprobarlo— se basaba en las enseñanzas de Guido de Chauliac (Cauliaco), famoso cirujano medieval.[13]

En la Nueva España el remedio considerado más eficaz para heridas y llagas también heredado de la Península, era el e n s a l m o , combinación de medicamentos y fórmulas mágicas. Desde siglos atrás ejercían aquella medicina popular principalmente en el norte de España los llamados saludadores, quienes curaban mediante la aplicación de un preparado hecho de aceite, miel, tocino crudo, ceniza, pelos de perro y muchos otros ingredientes, acompañado de palabras litúrgicas o mágicas y de palpamientos rituales de las partes adoloridas. Según Fray Francisco de Aguilar, testigo presencial, en vísperas de la Noche Triste dos soldados italianos curaron con este sistema varios heridos aunque por falta de lienzos limpios tuvieron que aplicar los emplastos con trapos sucios de lana. Se recurrió al mismo método en el caso del soldado gallego Sanjurge durante la expedición de Hernando de Soto; y así trataron de curar en 1554 al poeta Gutierre de Cetina, herido a estocadas en Puebla con los resultados que son bien conocidos. Se usaba también como cauterizador un sublimado dulce de mercurio disuelto en agua y por ello llamado a g u a   d e   s o l i -

y 191 vº (humores y enfermedades). De la *Historia de las Plantas* del doctor Hernández se hizo en 1628 una primera edición abreviada; una segunda más extensa, en tres volúmenes, en 1796; la UNAM hizo reediciones en 1942 y en 1960. Fernández del Castillo, *Cuarto Centenario*, 312-313 (el *matlazáhuatl*).

[13] Aguirre Beltrán, *Medicina y Magia*, 30-31. TAPIA (ed. A Yáñez), 64. VARGAS MACHUCA, 136. SAHAGÚN, Pról. al xii, p. 719 de la ed. facs. de Florencia. Bernal Díaz es citado por Brebner, 55; y por Cascajo Romero, 700. FARFÁN, f. 27. LÓPEZ DE HINOJOSOS, 80, nota al pie (Guido de Chauliac).

m á n , insípido y cuya primera prescripción conocida se encuentra en la *Summa perfectionis* de Geber, alquimista árabe del siglo VIII, cuya obra conoció Avicena. Fray Pablo de Santa María curó con agua de solimán a los soldados heridos en la conquista de Sinaloa. Sin embargo, una dosis excesiva de aquel líquido, también utilizado como oxidante o para grabar el acero, era un veneno tan activo que en 1541 causó la muerte de Fray Juan de Arteaga, designado primer Obispo de Chiapa, y en 1549 la de un procesado llamado Francisco Álvarez Vallejo. El obispo electo se envenenó por error con una redoma de solimán creyendo que era agua, al buscar de noche alivio para su mal de tercianas; Álvarez Vallejo, por el contrario, en vísperas de ser procesado por haber cometido el pecado nefando, escogió este medio para burlar a sus jueces. Por último, hay que recordar que la   s a n g r í a   terapéutica era muy recomendada en los siglos XVI y XVII. Entre sus partidarios figuraron Oviedo y en la Nueva España Hernando de Alarcón, y el Padre Farfán, quien en su *Tratado de Medicina* la receta específicamente para los pacientes de viruelas, cólicos, dolor de ijada, pasmo, tabardete y diversos males.[14]

En la época colonial, para los casos de envenenamiento se consideraba antídoto infalible el polvo de cuerno de unicornio. Sin embargo parece que nadie logró procurárselo a pesar de que, como hemos visto, en el siglo XVI se aseguraba que en las laderas del pico de Orizaba pastaban unicornios, y de que Fray Marcos de Niza afirmó haber visto otros ejemplares en Cíbola. Más accesible, aunque también raro, era el   b e z o a r   (del ar. *bazahar*, contraveneno; voz derivada del persa *padzahr*), muy recomendado por Gregorio López en su *Tesoro de medicinas* como contraveneno, antídoto tan eficaz que hubo quien vendía otras piedras haciéndolas pasar por bezoares. Se trataba de una concreción calculosa generalmente pequeña pero no siempre, pues podía ser del tamaño de un puño, que solía encontrarse en las vías digestivas y urinarias de algunos mamíferos. En el Antiguo Oriente era considerado un antídoto y panacea universal; y en el Renacimiento se convirtió en preciada posesión e inseparable adminículo de príncipes y generales (entre otros César Borgia y el Duque de Alba, durante las campañas de Flandes); de ello son prueba los numerosos ejemplares engarzados en oro y adornados con piedras preciosas que se conservan en varios museos de arte europeos como el *Kunsthistorisches* de Viena. El cronista Oviedo elogia con vehemencia el bezoar, pero el principal divulgador de sus maravillosas propiedades fue el naturalista sevillano Nicolás Monardes (*ca.* 1512-1588), quien escribió la monografía "La piedra bezoar y la yerba escuerzonera"; en esta obra se aducen varios casos en que la piedra demos-

---

[14] A. Rey, *Cultura y costumbres del siglo XVI*, 133 (saludadores) y 134 (Gutierre de Cetina). Fray Francisco de AGUILAR, ed. F. Gómez de Orozco, 67. INCA GARCILASO, v: 2, v; 523. Antonio RUIZ, 3 v°, p. 28 y n. 42 (Fray Pablo de Santa María). REMESAL, IV, XIII; I, 302 (Arteaga). CARTA DE LA AUDIENCIA A LOS PRÍNCIPES... SOBRE EL PROCESO... A... VALLEJO, en Paso y Troncoso (ed.), EPISTOLARIO, v, 204. En Fernández del Castillo, 556, encontramos a un fabricante de solimán, Juan Ortiz, de nación francesa y platero de profesión quien había llegado en 1580 a Veracruz como pífano de una nao almirante española. OVIEDO, siguiendo a Plinio, recomienda el uso de sanguijuelas: XV, VI; I, 459 b; cf. Gerbi, *Indias Nuevas*, 330 n. 107. RUIZ DE ALARCÓN, 207. FARFÁN, f. 25 y *Tabla*.

tró sus indudables propiedades curativas desde la Antigüedad hasta la experiencia del mismo autor, quien trató con ella entre otros pacientes a la Duquesa de Béjar. Tres naturalistas coloniales y el iluminado Gregorio López (como se ha visto) exaltaron sus propiedades. Además de sus virtudes contra el veneno, arguye López de Hinojosos, "fortifica el corazón, excita los sudores, pone punto final a la diarrea y cura las fiebres malignas y la viruela". En su *Historia Natural*, el protomédico de las Indias doctor Francisco Hernández afirma que en la Nueva España abunda en el vientre de toros y vacas, cabras sin cuernos, ciervos, gamuzas, un género de gamos o *temamazames* y otros cabríos llamados *teutlalmazames*; en prueba de sus aserciones el doctor Hernández ilustra en su grabado tres bezoares extraídos de la panza de unos temamazames, precisando que son un remedio eficaz para el envenenamiento, el síncope y los ataques epilépticos; y no sólo esto pues el polvo de bezoar aplicado a la yema de los dedos permite conciliar el sueño, alivia el flujo de la orina, favorece la concepción y ayuda al parto. El Padre Acosta, quien dedica a esta piedra maravillosa los libros 5°, 6° y 7° de su *Historia Natural y Moral de las Indias*, la recomienda como remedio para la melancolía, los males del corazón y las calenturas pestíferas; sugiere administrarla en forma de polvo, en vino, vinagre o agua de azahar, borrajas o lengua de buey; otro modo de aprovechar sus extraordinarias propiedades era traerla colgada del cuello como amuleto.[15]

El b e z o a r se encontraba en varios rumbos de la Nueva España y podía tener efectos inesperados. El que el Venerable Gregorio López encontró en las entrañas de unas cabras en los montes cercanos a Oaxtepec, mezclado con agua, ámbar y almizcle, produjo mutaciones en las flores; dice Ocaranza que Fray Gregorio obtuvo así si no nuevas especies, por lo menos nuevas variedades de lilas. Hay tres testimonios anteriores a 1630 sobre la relativa abundancia de bezoar en Yucatán, uno de ellos extremadamente curioso. En las *Relaciones* descriptivas de 1579, ordenadas por Felipe II, se afirma que en la barriga de los abundantes venados de las cercanías de Mérida, se encuentran piezas tan grandes como huevos de gallina; los religiosos y otras personas los buscaban con interés y los atesoraban como joyas. Pocos años más tarde, según dicho de Fray Antonio de Ciudad Real, en Dzizantún fueron hallados muchos bezoares en las entrañas de cabrillas y venados. Y Cogolludo relata el insólito caso de un religioso de Tizimín, que no habiendo logrado que el cacique de Canot Aké le entregara por las buenas un bezoar, lo mandó azotar públicamente de rodillas, escándalo en que tomó cartas no sólo el provincial franciscano y el gobernador de Yucatán, sino el mismo Rey Felipe III, quien ordenó una averiguación. Juan de Cárdenas recomienda el bezoar y la pepita de la cidra como antídotos, y afirma haber poseído una piedra, extraída de una cervicabra (quizá una especie de antílope), regalo de un cacique de la región de Pánu-

---

[15] GREGORIO LÓPEZ es citado por Trabulse, 312. OVIEDO es citado por Gerbi, *Indias Nuevas*, 336 y n. 132. MONARDES, II, 75-90; Pereyra, *Monardes*, 119, 120 y 122; Durand, *Transformación del Conquistador*, I, 42-43; Winsor, I, xxix; y De Gortari, 172. López de HINOJOSOS, 178-179 y 217. Francisco HERNÁNDEZ, *Historia Natural, Animales*, I, cc. xxii, 307-310 y xxxv, 316. ACOSTA, *Historia Natural*, Int. 97; Lib. IV, c. 42, pp. 296-298.

co. El Obispo Mota y Escobar y el Capitán de León, uno de los conquistadores del Nuevo Reino de León, recomiendan los bezoares de la región de
Saltillo, producidos en el estómago de las cornicabras y adquiridos de los
naturales a cambio de frazadas, cuchillos, sombreros "y otras baratijas" (es
difícil decir quién salía perdiendo en el trueque). Según Alcedo y Johannes de
Laët, eran muy apreciados los bezoares de Michoacán, de los que había cuatro variedades. Por último, Villaseñor y Sánchez, haciendo el elogio de las
aguas de Purúa, dice que en ese manantial se forman bezoares "de admirables virtudes diaforéticas".[16]

Vargas Machuca, último tratadista de la caballería, recomienda que toda
milicia española lleve b e z o a r e s en su botiquín, pero advierte que
se trata de piedras tan preciadas que los indios las falsifican con fines de
lucro. Monardes también pone en guardia contra tales mistificaciones. El
jurista Solórzano Pereyra critica que en el comercio de bezoares entre la
Nueva España y Francia a través de la metrópoli, las piedras no pagaran el
quinto ni derecho alguno a Su Majestad, aunque con la atenuante de que
una de ellas había curado al "rey Miramolín de Córdoba" de un grave mal.
León Pinelo, en su *Epítome*, cita todo un tratado en latín de un cierto Gaspar Bavino, dedicado a las propiedades del bezoar. La literatura científica
colonial también menciona otras piedras curativas muy parecidas a los bezoares. El Padre Farfán dice que del buche de las iguanas se extraen "unas
piedras como la Bezaar", más blandas pero de virtudes igualmente admirables, ya que "haze orinar y proverse de camara en dos credos"; en el *Manuscrito Badiano* se mencionan e ilustran los bezoares de gallo y de otras aves.[17]

La m e d i c i n a p o p u l a r , pasada junto con la científica de
España al Nuevo Mundo, echó profundas raíces en la Colonia. Sobreviven
en nuestro tiempo, dice Foster, numerosas nociones claramente derivadas
no de la ciencia sino del folklore, relativas a la salud y a la naturaleza de las
dolencias, a la terapia de enfermedades reales como las anginas, la hernia
infantil y la tosferina, o imaginarias como el mal de ojo, el empacho, el
espanto y la caída de la mollera. Estas últimas son quizá sólo padecimientos mal definidos. La idea del m a l   d e   o j o llegó a la Nueva España procedente de las riberas del Mediterráneo; el tratadista Ciruelo, preceptor de Felipe II, intentó desde 1538 una sesuda explicación según la cual
sus causas podían ser naturales, pero también podía resultar de hechicerías malignas. En todo caso, se cree que ciertas personas —generalmen-

---

[16] Ocaranza, *Gregorio López*, 122. RELACIONES DE YUCATÁN: RELACIÓN DE MÉRIDA, en CDIU, XI:
69. Fray Antonio de CIUDAD REAL, II, 315 y 335; según este fraile viajero, I, 91, los indios enve-
nenados con carne de armadillo usaban el bezoar como antídoto. LÓPEZ DE CONGOLLUDO, VIII,
XII; 453 y xii, 457; *cf.* Ancona, II, 144. JUAN DE CÁRDENAS, 160-161 y 166. MOTA Y ESCOBAR, IX,
185 y Alessio ROBLES, *Coahuila y Texas*, 169-170 (bezoares de Saltillo). Según LAET en Michoacán había bezoares de diversas variedades llamados teotlamazanes, mazalchichiltiques,
temamazanes y oltzuhatlanes. ALCEDO, IV, 252-253. VILLASEÑOR Y SÁNCHEZ, III, xi.

[17] VARGAS MACHUCA, II, 130-131; *cf.* Pereyra, *Monardes*, 116-117. SOLÓRZANO PEREYRA, IV,
326, cita un tratado en latín sobre los bezoares de Camilo Borrelo. LEÓN PINELO, *Epítome*, 127
y 130. Acerca del comercio ultramarino de bezoares novohispánicos, ver Zavala, *Mundo Americano*, I, 254. FARFÁN, f. 238. Martín de la CRUZ (*Manuscrito Badiano*), Int. 57-59 y láminas 32,
52, 53, 54, 79 y 94.

te mujeres— poseen en los ojos un poder maléfico que produce enfermedades en el tierno organismo de un infante. Como el mal es inducido má-
gicamente, se debe también recurrir a la magia para remediarlo, cosa que
se logra por medio de algunas misteriosas manipulaciones con el contenido de un huevo; para evitarlo, es indispensable un amuleto, que puede ser
el asta de un ciervo colgada al cuello del niño, cuyo efecto es desviar la mi-
rada dañina de la aojadora. Esta superstición, viva aún entre las clases populares, es mencionada en 1565 en una causa seguida por la Inquisición en
Zacatecas contra una sirvienta, Bárbola de Zamora, acusada de hechicería;
y contemporáneamente, Nutini y Bell nos hablan del temor al mal de ojo
(y al mal aire) de las recién paridas de Santa María Belén (Tlaxcala), que
con su retoño se sienten amenazadas por los hechiceros locales llamados *te-
tlachihuic*. Y en Tlayacapan (Morelos), se llama s u s t o a una combinación de tristeza, inapetencia y sueño pertinaz, que afecta principalmente a
los niños, y especialmente a su "sombra". Entre los malestares que podríamos
llamar de origen mágico figura el llamado e m p a c h o , grave trastorno
intestinal que como el mal de ojo afecta sólo a los niños; para curarlo el
Padre Farfán recomendaba darles "cada dos noches tanta mostaza como
cabe en una nuez... y sobre ella beber un vaso de agua". Es también herencia de otros tiempos el e s p a n t o , mal con que según la tradición popular las almas en pena castigan a aquellos de sus deudos que han des-
cuidado las oraciones por su eterno descanso. Existe también la idea de
que ciertas enfermedades son causadas por un m a l a i r e , es decir
por un "chiflón" acompañado de un brusco cambio de temperatura, noción tal vez heredada de los conceptos hipocráticos de frío-caliente. Tanto
en España como en México y Centroamérica se habla aún de la c a í d a
d e l a m o l l e r a , enfermedad supuestamente causada por el
desplazamiento de una parte del cráneo. Los remedios para el reumatismo
o para ciertos males de la vista se dejan todavía al s e r e n o , o sea al
exterior para que recojan el frío nocturnal. *El Tesoro de la Medicina y de las
plantas medicinales de la Nueva España* del Venerable Gregorio López es, en
opinión de Valle Arizpe, poco más que una sarta de hechicerías; por ello no
es de extrañar que cuando se publicó en 1672 fuera inmediatamente denunciado a la Inquisición, aunque su autor había muerto casi un siglo atrás.
Hay destellos de misticismo europeo mezclados con fórmulas mágicas indígenas, según Aguirre Beltrán, en muchas páginas del *Tratado* sobre las plantas medicinales de los indios, escrito en Santa Cruz de Tlatelolco por Martín
de la Cruz y traducido directamente del náhuatl al latín por el indio latinista de Xochimilco Juan Badiano. Ese tratado es el primer texto de farmaco-
logía de la época colonial, que bien puede ser considerado como el último
gran herbolario medieval.[18]

[18] Foster, "Folk Medicine", 204, 214-215 y 217. Pedro CIRUELO, *Reprobación de las supersticiones y hechicerías* (Madrid, 1538), 87-88. Sobre el mal de ojo, ver Madsen, 129; Redfield, 161;
Foster, *op. cit.*, 207-209; Aguirre Beltrán, *Medicina y Magia*, 26 y 34-35; y Morales Rodríguez,
461. Nutini/Bell, 436. Ingham, 74 (susto). Villaseñor Bordes, 31: "cayó malo un hijo del alcalde
mayor [de Zacatecas] Juan de Rentería... [dijo la Zamora]: ¡que me maten si no es mal de ojo!"
FARFÁN, ff. 155 v° y 156. Aguirre Beltrán, *op. cit.*, 26-27 (el espanto). Foster, *op cit.*, 209 (el mal

Es harto difícil delimitar entre medicina popular y brujería, especialmente a juzgar sólo por las terapias. En efecto, las recetas que colecciona Gregorio López para toda clase de males imaginarios o reales están basadas (lo que nos recuerda el *Thesaurus pauperum*) en cocciones exóticas y desagradables preparadas con base en lagartijas fritas, sangre de cabrón prieto, orina de perro o de niño, estiércol tostado, polvos de unicornio, tripas de camaleón, raíz de beleño, grillos cantores, palomas blancas, grasa de oso, perritos asados, etcétera.

La influencia árabe en la práctica de la veterinaria en la Nueva España es revelada por el nombre con que esta disciplina fue conocida en un principio, la a l b e i t e r í a , del árabe *al-Baithar*. Así fue llamado el más grande tratadista medieval en la materia Ibn al-Mundir, quien vivió en Egipto en el siglo XIV y fue considerado el veterinario por excelencia. Entre sus émulos españoles se encuentran Manuel Díaz, en el siglo XV, y Fernando Calvo, autor de un *Libro de Albeitería* publicado en 1528. Bajo los Reyes Católicos se creó un tribunal llamado Protoalbeiterato, integrado por mariscales de las reales caballerizas, y encargado de vigilar que ejercieran esta profesión sólo las personas calificadas a las cuales se concedía el título de maestro albéitar. La práctica de la veterinaria fue de nuevo reglamentada por la *Novísima Recopilación* de 1681. De conformidad con las reales disposiciones, en la Nueva España se exigió el título de albéitar para ejercer el oficio desde 1535, cuando se presentaron al ayuntamiento de México dos herradores calificados deseosos de fundar el gremio de los albéitares. Es lógico suponer que la caballería de los conquistadores no hubiera rendido tanto sin los cuidados prodigados por los herradores y albéitares, y fue una disciplina cuyo cultivo no fue abandonado pues, según informa Zavala, durante la Colonia se imprimieron varios libros sobre la materia.[19]

El interés despertado en la Nueva España en el siglo XVI por los animales y las aves, del cual es ejemplo el doctor Francisco Hernández, recuerda el que inspiró los b e s t i a r i o s medievales. Al contrario de la zoología moderna que trata de identificar las afinidades genéticas, aquellas obras describían sobre todo las características utilitarias a menudo mezclando la realidad con la imaginación. Tal espíritu, dice Gerbi, inspiró a Oviedo su clasificación de la fauna americana. Fernández de Encizo, naturalista fundador de Darién y autor de la *Summa de Geographia* publicada en 1519, orienta su interés más bien hacia lo episódico, lo sensacional y lo fabuloso; creyó encontrar en América no sólo las amazonas sino también el fénix de Arabia y la hiena locuaz y prodigiosa que según los bestiarios medievales era un año macho y al siguiente hembra, además de tener bajo la lengua una

aire), 210-211 (caída de la mollera) y 211-212 (efecto del sereno sobre los remedios). Valle Arizpe, *Gregorio López*, 205-206. Aguirre Beltrán, *op. cit.*, 119-120 (el *Manuscrito Badiano*, cuya versión latina lleva por título *Libellus de medicinalibus Indorum herbis*). *Cf.* Trabulse, *Hist. Ciencia s. XVI*, 43.

[19] Gregorio López, 29, 192-193, 200-201, 211, 263-264, 274, 281-283, 288-289, 305, 313, 316, 321. Novísima Recopilación, Leyes 1 a 5 del tít. 14 del lib. 8 ("De los albéytares y herradores y Real Protoalbeyterato"). Zavala, *Mundo Americano*, I, 530. Álvarez de Villar, 59 y 62 (albéitares de México).

piedra adivinatoria. Ya hemos examinado en detalle en el capítulo v la creencia de que en la Nueva España existían hidras, dragones y otros animales fabulosos. No puede excluirse tampoco la influencia de los lapidarios medievales en la Nueva España, tratados sobre las propiedades mágicas de las gemas, y cuyo más eximio representante fue el Venerable Gregorio López, quien discute las virtudes de más de 26 piedras preciosas y del vidrio, apoyándose en la autoridad de San Isidro de Sevilla, del "Lapidario" y de Dioscórides, médico griego del siglo I. En la catedral de México estuvieron colgados durante mucho tiempo los sambenitos de Andrés Morel, moravo, y de José de la Aya, holandés, herejes juzgados por la Inquisición que según las actas eran lapidarios de profesión. En cuanto al influjo de los h e r b o l a r i o s medievales sobre el estudio de las propiedades de las plantas, medicinales o no, puede decirse que Sahagún recopiló sus datos botánicos precisamente con el mismo espíritu de aquellas obras, y que un interés semejante movió a Martín de la Cruz y a Francisco Hernández a elaborar sus herbolarios.[20]

Los conquistadores y misioneros trajeron consigo un acervo de herramientas, instrumentos y objetos de la vida diaria desconocidos para los naturales, los cuales, como es bien sabido, produjeron un profundo cambio en la cultura. Muchos de aquellos objetos, desde entonces de uso común. eran nada menos que las aportaciones del Medievo al desarrollo de la tecnología occidental. Entre ellos podríamos apuntar el broche de presión, los anteojos y el reloj mecánico. Otros objetos, heredados de épocas más antiguas, tuvieron un empleo y desarrollo inmediato en el Nuevo Mundo por el carácter bélico de las primeras empresas; tal fue el caso de la rueda, la pólvora y la hoja cortante metálica. Objetos más menudos a que pronto se acostumbraron los mexicanos fueron las velas, las lámparas de aceite, las herramientas de diversos oficios (tales como el serrucho, el cepillo, el cuchillo, el cincel, el martillo, el pico, la barreta, la polea, la fragua, el fuelle, el clavo, las tijeras, la balanza, etc.) y nuevas formas de vestir, comer y sentarse. El resultado de la introducción en la Europa medieval de esas y otras muchas técnicas fue, en síntesis, la renovación de las fuentes de energía, la autosuficiencia en la alimentación y el logro de salarios adecuados. Todo ello proporcionó la base industrial del capitalismo burgués de la Edad Moderna.[21]

20 Gerbi, *Indias Nuevas*, 333 (Oviedo) y 105 (Fernández de Encizo). Margit Frenk, 11. Conway, *An Englishman and the Inquisition*, Int., XXXII-XXXIII (Andrés Morel o Moral). González Obregón, 686 (José de la Aya). LAS CASAS, *Hist. de las Indias*, III, 52, relata que Pedrarias Dávila conversaba con las plantas, reflejo del concepto medieval de atribuir un espíritu animador a todos los seres vivos. GREGORIO LÓPEZ, 363-366.

21 Sobre la introducción en la Nueva España de la tecnología europea, véanse en particular las exposiciones generales de Zavala, *Mundo Americano*, I, 30, 31, 69, 113-114 y 244-245; y Sánchez Flores, "*Invención y tecnología*", 6-8, e *Historia de la Tecnología y de la Invención*, 74, 77 y 408-409. LAS ACTAS DEL CABILDO DE MÉXICO mencionan los molinos mandados construir por Cortés (I, 173; año de 1528), Alonso de Estrada (I, 174; mismo año), Nuño de Guzmán y el licenciado Matienzo que muy probablemente fueron los primeros de la Nueva España. Doña Marina también poseyó un molino (III, 54; año de 1533). Toussaint, *Arte Flamenco*, 7, dice que llegó a la Colonia un "arquitecto" flamenco de molinos, dato interesante. Las realizaciones del Medievo en el campo de la tecnología son impresionantes, y las estudian en detalle Gim-

Terminaremos este capítulo recordando que los conquistadores y los colonos trajeron consigo también las técnicas europea y medieval de la construcción de calzadas, de puentes y de acueductos. Este tipo de obras, es cierto, era de origen antiguo pero su técnica renació a fines del Medievo. Dentro del periodo que nos interesa fueron construidos tres grandes acueductos en la Nueva España: el más importante, el de Zempoala (en el actual estado de Hidalgo), terminado hacia 1569, obra monumental de ingeniería, construida por los indios de Tepeyahualco y de otros pueblos vecinos bajo la dirección de Fray Francisco de Tembleque; el de la Tlaxpana, terminado hacia 1576; y el del Desierto de San Ángel, que data de principios del siglo XVII. En los siguientes capítulos veremos otros tipos de edificaciones coloniales: murallas, fuertes, torres y templos, cuya construcción con frecuencia se realizó de acuerdo con cánones medievales.[22]

pel (*Revol. Ind., passim*) y Lynn T. White (*Religion and Technology*), 176, 216, 218-220, 238, 264-265 y 308-310.

   [22] Romero de Terreros, *Acueductos*, 21-48, 51 y 83-92. Olvera, 21 (el acueducto de Zempoala).

XXXVIII. LAS CONSTRUCCIONES MILITARES Y CIVILES

En el siglo XVI, dice Toussaint, continúa en México la floración arquitectónica española del XV como un árbol transplantado a nuevas y fecundas tierras. Esto, indudablemente cierto en la arquitectura religiosa que examinaremos en el siguiente capítulo, por las múltiples huellas románicas, ojivales y mudéjares en ella evidentes, no lo es menos para la arquitectura militar y civil, de la cual desafortunadamente han quedado pocos ejemplos. En sus construcciones, muchas de ellas improvisadas, los conquistadores y los primeros frailes se aferraron a los valores que reconocían como propios, porque no encontraban mucho que les conviniera imitar en las edificaciones indígenas, producidas por un concepto totalmente diferente de la vida; pero en las Indias las formas españolas adquirieron desde un principio un sentido diferente, desarrollando una infinita variedad en sus aspectos menores; esta transformación y adaptación permite hablar justamente de un arte verdaderamente colonial. En el campo de la arquitectura, como es sabido, la influencia de las diversas escuelas europeas llegó a la Nueva España en oleadas sucesivas, siendo notable sin embargo la persistencia de los cánones medievales de construcción y de ornamentación, vigorosos aún en la España del siglo XVI. Esta persistencia tuvo considerable fuerza, pues las iglesias de naves góticas, las fortalezas con puentes levadizos y los monasterios fortificados con saeteras, troneras, cresterías y caminos de ronda fueron característicos de la arquitectura de los diversos territorios novohispánicos recién colonizados aun en la segunda mitad del siglo XVI, cuando en Europa florecía el manierismo y ya se gestaba el barroco.[1]

El primer f u e r t e construido en el Nuevo Mundo por los españoles fue el de Navidad, erigido el 25 de diciembre de 1492 con el maderamen de la *Santa María,* que había encallado. Colón dejó a una parte de su tripulación —que nunca volvió a ver— en ese "castillo quadrado a manera de palenque [construido] con la madera de la nave capitana... e con faxina e tierra", del cual no quedó la menor huella. Datan del periodo que nos interesa las fortificaciones de San Juan de Ulúa, las murallas de Campeche y el reducto de Sisal en Yucatán. Han desaparecido los fuertes de Cempoala, de la primera Veracruz, de Guadalajara-Tlacotán, de Salamanca de Bacalar y de Santa María de la Victoria (Tabasco), así como el primer castillo de Acapulco. En cambio sobreviven algunas construcciones posteriores de este tipo, entre ellas los fuertes de San Diego de Acapulco, de la Isla del Carmen, de San Felipe de Bacalar y de San Carlos de Perote.[2]

[1] Toussaint, "Supervivencias góticas", 16; y "Arte de la Nueva España", 43. Sobre la adaptación a la Nueva España de los cánones europeos de construcción *cf.* Manrique, "Trasplante de formas artísticas", 576, 577 y 580; Baird, 3; y Weismann, 3.

[2] Palm, *La Española,* I, 45; Bayle, *Cabildos*, 15; y Hardoy, 152 y 153 (Fuerte de Navidad).

Tenemos noticia, por Bernal Díaz y por el propio Conquistador, de la primera fortificación hecha en Cempoala en 1519; para construirla los mismos españoles "cavaron la tierra y acomodaron las piedras". En el primer sitio que ocupó Veracruz y mientras Cortés se encontraba en el Altiplano, Alonso García Bravo (autor del trazo de México, como sabemos) construyó una pequeña fortaleza o p a l e n q u e , de dos cuerpos, que sirvió de morada y reducto a la guarnición del puerto. En 1531, Cortés acusó al oidor Delgadillo de construir "caracoles" y casas almenadas en sus pueblos de Otumba y Tepeapulco. Al abandonarse ese primer sitio (probablemente la Antigua actual), para servir de fondeadero y abrigo a los navíos se edificó en la vecina isla de Ulúa un fuerte primitivamente fabricado; lo formaban dos torres unidas por una c o r t i n a o muro. Se hicieron tres proyectos de ampliación hacia 1570-1584, 1590 y 1690. El primero, obra de Cristóbal de Erazo, capitán general de Armada, habría transformado la isla en la fortificación permanente abaluartada como Cartagena de Indias, fue realizado sólo en mínima parte. Un ingeniero militar italiano al servicio de España, Juan Bautista Antonelli, diseñó el segundo plano de fortificación de la isla, proyecto que, mejorado por el alemán Jaime Franck, fue al fin ejecutado en 1690 según los cánones de la construcción militar entonces aceptados. En el siglo XVI se hizo también el proyecto, del cual existen los planos, de construir una fortaleza de planta rectangular con torreones, para alojar en tierra firme a la Aduana de Veracruz.[3]

Afortunadamente, todavía existe el cuerpo principal del r e d u c t o de Sisal (Yucatán), de planta cuadrada y con c a s a m a t a s o medios baluartes angulares. Data del siglo XVI, responde a una concepción bastante primitiva del fuerte y según la descripción de Fray Antonio de Ciudad Real, en 1580 tenía una torre a t a l a y a "para dar aviso a Mérida luego en descubriéndo[se] una vela". Como San Juan de Ulúa, servía al mismo tiempo de fuerte defensivo y de depósito de mercaderías. Hubo también por aquellos años otro fuerte en Salamanca de Bacalar (en el actual estado de Quintana Roo) a manera de atalaya sobre el Mar Caribe, pero fue destruido en el siglo XVII por los piratas y sustituido en el XVIII en un sitio no muy distante, por otra pequeña fortaleza que aún existe. Montejo el Viejo, quien ya en 1526 había edificado un pequeño reducto en la isla de Cozumel, mandó construir el primero. Tlacotán, sitio de la segunda Guadalajara, fue protegido en 1541 por Cristóbal de Oñate con un circuito de b a l u a r t e s , desde cuyas t r o n e r a s asomaban los cañones, unidos por

No queda huella de este castillo, pero se sabe que fue construido entre Cap Haitien y Limonade-Bord-de-Mer (Haití); según Hardoy era un asiento de apariencia semejante al de las factorías portuguesas del Golfo de Guinea. Sobre las fortificaciones novohispánicas en general, ver Calderón Quijano, *passim*. Jiménez Rueda, NUEVOS DOCUMENTOS, 77 (casas almenadas de Delgadillo).

[3] Gorbea, n. 9, cita la primera (en realidad segunda) *Carta de Relación de Cortés* (I, 40) y a Bernal Díaz del Castillo (ed. Madrid, 1942), I, 151 (Fuente de Cempoala). GARCÍA BRAVO, 46; Iturribarría, 81; y J. R. Benítez, *García Bravo*, 10 (palenque de la primera Veracruz). Zapatero, 7 y 668 (proyecto de San Juan de Ulúa, de Cristóbal de Erazo). Calderón Quijano, II, 13 y 24 (Antonelli y Franck). Angulo Íñiguez (ed.), PLANOS, I, 15 (proyecto de la Aduana de Veracruz, 1586).

muros de a d o b e (del ár. *atob*, ladrillo). Es ésta la primera ocasión en que este material de construcción, humilde pero de origen prosápico, ya que su nombre aparece en España desde 1157, es mencionado en una construcción militar novohispánica. Por su pobreza el adobe era y sigue siendo poco apreciado, pues en 1549 los vecinos de Morelia, se quejaban de que casi todas sus casas habían sido construidas de adobe; y en 1565 el Ayuntamiento de México ordenó que las casas de adobe de las calles de San Francisco fueran demolidas y reemplazadas por otras de piedra. El primer castillo de San Diego de Acapulco, descrito en 1615 por Joris van Spielbergen, era una fortaleza medieval pero seguramente de dimensiones tan reducidas que se hizo necesario construir un segundo. Éste, erigido en 1616-1617 según el proyecto de otro holandés llamado Adrián Boot, tenía planta pentagonal con cinco baluartes y terraplenes; su expugnación en 1625 por los holandeses capitaneados por un príncipe de la Casa de Nassau hizo necesario reforzarlo con un nuevo muro y cuatro bastiones, pero dio cuenta de todas estas construcciones un temblor de 1776. El tercer castillo, que es el actual, es una construcción ejecutada en 1778-1783 por Ramón Pañón sobre un proyecto de Constanzó y conserva la forma pentagonal del segundo. Podemos señalar, por último, que según las *Notas Sacras y Reales* de Juan Díez de la Calle publicadas en 1646 existía en su tiempo "un fuerte con artillería" en Santa María de la Victoria, puerto precursor de Villahermosa luego abandonado por inseguro.[4]

En el siglo XVI, se habló durante más de 30 años de la necesidad de construir una f o r t a l e z a en México, que protegiera a la ciudad de asonadas y rebeliones de indios. Mencionado por primera vez en 1526, el proyecto fue recomendado a la Corona por el Virrey Mendoza en 1537 y de nuevo en 1540 como complemento de las atarazanas, en donde todavía se guardaban algunos bergantines usados durante el sitio de Tenochtitlán; el lugar destinado a la fortaleza era en la calzada de Tacuba, selección que mereció la aprobación de Lope de Samaniego, alcaide de las atarazanas. Mas la construcción no se llevó a cabo, porque en 1550 el Cabildo elevó una instancia al virrey en el mismo sentido, sin resultado alguno. En opinión del Arzobispo Montúfar, en 1554 era más efectiva la erección de cuatro torres de defensa alrededor del sitio en donde entonces estaba en construcción la catedral. Otros, como el fraile agustino Pedro Xuárez de Escobar opinaban que era mejor edificar en el sitio de las Casas Reales "un castillo fuerte con cuatro torres en las esquinas" rodeado por una barbacana y un foso lleno de agua con puente levadizo, por estar México "fundada como Venecia sobre una gran laguna". Los f o s o s eran comunes en México durante las

---

[4] Calderón Quijano, 219 (Sisal). Gorbea, 227 (Bacalar). Zapatero, 272 (fuente de Cozumel). Pérez Verdía, 181 (muros de Guadalajara-Tlacotán). CARTA AL REY DE LA CIUDAD DE MECHUACÁN, 25 de noviembre de 1549, en Paso y Troncoso (ed.), EPISTOLARIO, V, 207. ACTAS DEL CABILDO, VII, 252, 17 de agosto de 1565 (casas de adobe en las calles de San Francisco). Calderón Quijano, 225-226, 229-230, 239, 242 y 244; y Gorbea, 228-229 (San Diego de Acapulco). DÍEZ DE LA CALLE, 192. El adelantado Pedro Menéndez de Avilés hizo construir varios castillos en Florida (los de S. Mateo en San Agustín, de San Felipe en Santa Elena, de Santa Lucía, de Guale, etc.) en 1566 y años siguientes: ABAD Y LA SIERRA, 70 y 74-76.

primeras décadas del siglo XVI. En efecto, no era fácil entrar por fuerza en la casa del conquistador Castañeda, dice Cervantes de Salazar, por el foso que la ceñía; también existía uno de gran profundidad al pie de las murallas de la tercera Guadalajara; y Zorita informa que en 1560 se proyectaba rodear el palacio virreinal con otro tan ancho como profundo, cosa que no se realizó no por inadecuada sino por su elevado costo. Nada se hizo al respecto de la fortaleza de la ciudad de México, primero porque nunca se presentó la temida rebelión indígena, y segundo por la convicción creciente de que la mejor defensa para la capital del virreinato eran las aguas que la rodeaban y el control de las calzadas que la unían a la tierra firme. Las a t a - r a z a n a s , construcciones portuales levantadas por orden de Cortés sobre el modelo de las de Sevilla, Barcelona, Santander y Castro Urdiales, existían todavía en 1625, cuando Thomas Gage las visitó. Estaban situadas cerca de la actual zona de San Lázaro, aunque ya en esa época las aguas del lago de Texcoco se habían alejado bastante. Además de dársena para bergantines, servían de arsenal y ocasionalmente de prisión. Constituían una verdadera fortaleza pues, según Orozco y Berra, tenían un lienzo en cuyo extremo había torres fortificadas. Del lado del agua, una puerta protegida por cadenas controlaba la entrada de los barcos, y del de la ciudad una torre "con sus ofensas y defensas" probablemente servía de habitación al alcaide. Veracruz poseía también sus atarazanas, de las que queda una bóveda.[5]

El aspecto de México durante los primeros 40 años de su vida como ciudad española era muy diverso del que tiene hoy, según las descripciones de Cervantes de Salazar y los dibujos contenidos en los planos de aquella época coleccionados por Toussaint, por otros eruditos mexicanos y por Angulo Íñiguez. Como en los primeros años de la Conquista había algunas dudas sobre la completa sumisión de los indígenas, las casas de los conquistadores fueron construidas a manera de fortaleza, con torreones en número mayor o menor según la jerarquía social del dueño, pocas ventanas enrejadas, aberturas en los pisos bajos para disparar arcabuces y ballestas, troneras en los altos para emplazar cañones y orgullosos escudos de armas esculpidos en piedra. La existencia de cuando menos nueve de aquellas c a s a s   f u e r t e s , construidas con los despojos de los templos y palacios de Tenochtitlán, nos es conocida; entre ellas dos, ubicadas donde habían quedado las Casas Viejas y Nuevas de Moctezuma, pertenecían a Cortés. Según los testimonios de los conquistadores Gonzalo Mejía y Bernardino Vázquez de Tapia, recogidos en 1529, muchos construyeron residencias fortificadas además de Cortés, entre ellos Gonzalo de Sandoval, Ro-

5 MEMORIAL DIRIGIDO AL REY (por sujeto desconocido), en 1526, Paso y Troncoso (ed.), EPISTOLARIO, XV, 202. Las dos cartas de Mendoza, fechadas respectivamente el 10 de diciembre de 1537 y el 17 de abril de 1540 están reproducidas en CDIAO, II: 21 y 35; y la de Fray Pedro Xuárez de Escobar, en XI: 202. EPISTOLARIO de Paso y Troncoso, III, 28 (CARTA... DE LOPE DE SAMANIEGO, también del 10 de diciembre de 1537), y VII, 307 (CARTA DEL ARZOBISPO DE MÉXICO... 15 de diciembre de 1554). ACTAS DE CABILDO, V, 294 (6 de marzo de 1550), CERVANTES DE SALAZAR, México en 1554, 90. Zorita, Epistolario, IX, 218-219. Páez Brotchie, Guadalajara Novogalaica, 47. Kubler, Mexican Architecture, I, 207-209; y Orozco y Berra, VI, 567-568. Cortés describe las atarazanas de México en sus Cartas de Relación; y en 1540 Mendoza recuerda su evidente utilidad: CDIAO, II: 357.

drigo Rangel, Andrés de Tapia y desde luego Pedro de Alvarado; tales construcciones eran de carácter semimilitar, todas ellas almenadas y defendidas por altas torres. En un plano de la Plaza Mayor de México que data de 1562-1566 se representa el antiguo palacio de Axayácatl, transformado por Cortés como un torreado castillo encuadrado por cuatro bastiones o torres almenadas, con una *loggia* o galería en el piso superior; su altura era tal que según parece sobresalía como un alcázar sobre lo edificado a su derredor. Esa antigua casa, cuenta Alamán (que fue administrador del marquesado), se incendió en 1636. Las Casas Nuevas de Moctezuma fueron transformadas en una fortaleza que ocupaba la parte sur del actual Palacio Nacional y que fue vendida posteriormente a la Corona; aquella construcción tenía cuatro torres almenadas, sillares decorados con florones salmantinos, pináculos de influencia segoviana en el techo y m a t a c a n e s , elementos voladizos desde los cuales se observaba y hostilizaba el enemigo. Únicamente Cortés construyó cuatro torres: sus capitanes alzaron dos y el resto de los conquistadores una sola.[6]

Rivalizaba con las Casas de Cortés y hasta las superaba en tamaño la c o n t r a f o r t a l e z a , como se llamaba en los primeros años de vida de la capital la recia casona que Pedro de Alvarado mandó erigir entre las atarazanas y la Plaza Mayor. Tan imponente se presentó aquella construcción a los ojos de las autoridades, que la obra fue suspendida por unos años juzgándola un desacato al rey. (Recuérdese, en efecto, que el derecho feudal prohibía que los vasallos construyeran fortalezas que pudieran hacer sombra a las de su señor.) Un matrimonio afortunado permitió a Alvarado terminar su Casa Fuerte; fue el de su hermano Jorge con la hija del tesorero Alfonso de Estrada, gobernador de la Nueva España por breve tiempo, que en razón del parentesco eliminó los obstáculos opuestos por las autoridades anteriores. También la casa de Andrés de Tapia "parecía un verdadero castillo". La preocupación de la Corona ante todas estas casas fortificadas de los conquistadores de México se refleja en las instrucciones dadas en 1535 por Carlos V al Virrey Mendoza, a quien se ordenó hacer una averiguación al respecto. Obviamente las autoridades no veían con buenos ojos la proliferación de casas fortificadas en la capital misma del virreinato, que ya no eran necesarias para fines de defensa. (Se recordará que la de los Ávila fue arrasada por sentencia judicial.) Como quiera que sea, dice Kubler, ya en 1580 el áspero aspecto de la ciudad se había suavizado considerablemente quedando el carácter militar sólo en las Casas Reales y en el primer

---

[6] Rivera Cambas, 116-117 (incertidumbre en México), Valle Arizpe, *Ciudad de México*, 32 ("eran mas bien altivas fortalezas que no hogares"); M. Toussaint en la Advertencia a Rubio Mañé, *La Casa de Montejo*, XII (Cervantes de Salazar, 1554). DECLARACIONES DE TESTIGOS EN LA PESQUISA CONTRA... CORTÉS, 1529, en CDIAO, XXVI: 404, 456 y 489-490 (casas fuertes de Cortés y de sus "criados y allegados"). PLANO DE... 1562-1566, en M. Toussaint *et al.* (eds.), PLANOS DE MÉXICO, fig. 1 y p. 30; *cf.* el PLANO ATRIBUIDO A ALONSO DE SANTA CRUZ, de *ca.* 1556-1562, fig. 22 núm. 3, p. 136; y L. Alamán, II, 195-196 (Casas Viejas de Moctezuma); *cf.* Valle Arizpe, *op. cit.*, 220. Angulo Iñiguez, I, 16-20; y Orozco y Berra, *Historia Antigua*, IV, 567 (Casas Nuevas de Moctezuma). Olvera, 13, relata que Cortés comenzó a levantar en Tepepulco (Hidalgo) un castillo, precursor de las grandes haciendas fortificadas del siglo XIX.

edificio del Ayuntamiento de México, quemado con todo y torres en el motín de 1692.[7]

En Mérida hubo una c i u d a d e l a llamada de San Benito, construida sobre uno de los grandes montículos de los itzáes, que comprendía dentro de su circuito el gran convento de San Francisco. Su recinto estaba protegido por seis baluartes, rastrillos en las puertas y un puente levadizo, y en su interior había salas de armas y de cuerpo de guardia. La ciudadela de Mérida fue erigida hacia mediados del siglo XVII; en ella se hospedó Carlota de Bélgica durante su visita a Yucatán en 1865, y cuatro años después fue demolida. Campeche estuvo protegida en un principio por una sencilla torre, que en 1597 fue defendida heroicamente por el capitán Antonio Alcalá durante un ataque de los piratas ingleses mandados por William Parck. Más tarde aquella torrecilla fue ampliada, adquiriendo carácter de verdadera fortaleza o castillo; el edificio fue la base del circuito de m u r a l l a s abaluartadas —del que algo queda— que rodearon a la población, tan expuesta a los saqueos de los corsarios. Edificadas a principios del siglo XVII, las murallas campechanas tenían varias puertas de acceso, de las cuales algunas, como la llamada Puerta de Tierra, se conservan en perfecto estado. El sistema defensivo de ese puerto, como el del Palacio Virreinal de México, disponía de m a t a c a n e s o ladroneras en las que se colocaron campanas para dar el toque de arrebato en caso de peligro. También se quiso proteger la actual Veracruz (que es el quinto puerto de ese nombre y cuya construcción se inició hacia mediados de 1599), rodeándola de murallas terminadas sólo del lado de tierra en 1663 y demolidas en 1860, de las cuales conserva únicamente el Baluarte de la Pólvora o de Santiago. En los siglos XVI y XVII, fueron modelo para las fortificaciones portuales de las Indias, necesarias ante los ataques de piratas y bucaneros de varias nacionalidades, los puertos amurallados del Mediterráneo, surgidos por necesidad defensiva primero frente a los árabes y después frente a los turcos. En el interior de la Nueva España, se construyeron muchas palizadas y palenques de carácter efímero en poblaciones pequeñas. La única ciudad importante que se trató de amurallar fue Puebla, según recomendaciones hechas por Motolinía en 1540 y 1555; pero esta idea no fue acogida por las autoridades que prefirieron normar su conducta por el criterio establecido por la segunda Audiencia, que en su tiempo consideró suficiente protección en caso de peligro los monasterios fortificados de la ciudad.[8]

Algunos r o l l o s erigidos, como sabemos, para simbolizar la autoridad de la Corona en las principales villas de la Nueva España también po-

[7] J. R. Benítez, *García Bravo*, 21-22; y CARGOS QUE RESULTAN CONTRA...CORTÉS, 8 de mayo de 1529, en CDIAO, XXVIII: 43 (contrafortaleza de Pedro de Alvarado). INSTRUCCIÓN A ANTONIO DE MENDOZA, 17 de abril de 1535, en Hanke (ed.), *Virreyes*, I, 28. PLANO ATRIBUIDO A... SANTA CRUZ, de *ca.* 1556-1562, en M. Toussaint *et al.* (eds.), PLANOS DE MÉXICO, fig. 22, núm. 26, p. 139 (casa fuerte de Andrés de Tapia). Kubler, *Mexican Architecture*, I, 80, 191, 198, y 206. Alemán, II, 200 (primer edificio del Ayuntamiento); *cf.* Orozco y Berra, *México*, 33.

[8] Calderón Quijano, 216-217 y 219 (ciudades de Mérida); 175 y 322-323 (murallas de Campeche); y 30 y 51-52 (murallas de Veracruz). Kubler, "Cities and Culture", 2 (puertos amurallados de Indias). MOTOLINÍA, *Hist. de los Indios* (ed. C.D.H.M.), I, 231-235, citado por Kubler, *Mexican Architecture*, I, 81.

dían servir de torres defensivas por sus proporciones gigantescas; tal era el caso de Tepeaca, inspirado sin duda en las torres fortificadas de los moros. Para alojar las tropas de defensa o resguardo fueron levantados en la Nueva España desde mediados del siglo XVI diversos fuertes de tipo sencillo, que no respondían al concepto de la fortaleza tradicional, por faltarles algunos elementos no requeridos por las circunstancias; por medio de trajes de telas gruesas, cuero o piel, sus defensores se protegían de las flechas indígenas. Aquellos fuertes eran los p r e s i d i o s (del lat. *presidium*, fortín o guarnición), que por su estructura y propósito recordaban la línea de castillejos defensivos de la raya mora y de los cuales derivó el nombre del condado y luego reino de Castilla. La Corona ordenó la construcción de presidios en la Nueva España desde tiempos del Virrey Mendoza, durante cuyo gobierno la autoridad española por primera vez fue puesta en jaque durante la Guerra de los Peñoles; quizá de ese tiempo datan los presidios de Zacapu y de la isla de Mezcala en el lago de Chapala. Velasco I fundó unos cuantos, pero su desarrollo en gran escala tuvo lugar durante el gobierno del Virrey Enríquez (1568-1580), quien ante la creciente hostilidad de los "chichimecas" en el norte, en rápida sucesión y con objeto de introducir o fortalecer la autoridad española en la región, estableció los de Celaya, San Felipe, Ojuelos, Portezuelos, Bocas, Ciénega Grande y Palmillas y quizá otro más, en San Miguel el Grande (del que quedan dos atalayas); mandó fundar luego otros cuatro para asegurar las comunicaciones con San Luis, entre ellos, Pénjamo, y más tarde otros tantos en la Huasteca, los de Jalapa, Valles, Maguaor y Tamoz. La fundación de presidios fue asunto de tal actualidad en la Colonia, que dio a González de Eslava el tema y el título de su quinto Coloquio —representado por primera vez en México en octubre de 1580— justamente llamado "De los Siete Fuertes que el Virrey... Enríquez mandó hacer... en el camino de Zacatecas para evitar... daños a los mercaderes y caminantes". Conforme la frontera se desplazaba hacia el septentrión, se fueron fundando otros presidios: surgieron así los de Jerez de la Frontera, Saltillo y Monterrey, y los de varios puntos de Texas (uno de ellos, el de San Elezeario sobre el río Grande), Nuevo México y la costa californiana (entre ellos los de Santa Bárbara, Monterey y San Francisco). En el sur el presidio de Álvarez protegía desde el cerro de la Mira el acceso a Acapulco. En San Idelfonso de los Zapotecas se mandó construir un r e - v e l l í n u obra exterior que cubría la cortina de un fuerte preexistente; fue Velasco I quien ordenó esa edificación en 1551.[9]

Como del trazo original del Palacio Nacional no queda prácticamente nada, de la a r q u i t e c t u r a c i v i l del siglo XVI contamos únicamente con el ejemplo del palacio que Cortés se mandó construir para supervisar sus vastos dominios de Cuernavaca, y donde vivió largos periodos,

---

[9] Kubler, *Mexican Architecture*, I, 210-211; y Pablo C. de Gante, 56 (rollo de Tepeaca). TORQUEMADA, Índice 607. 1 *sub* Antonio de Mendoza: "... mándanle hacer presidios contra los Indios". Powell, "Presidios", 181 (Velasco I); y "Spanish Warfare", 582 (Enríquez). Rojas Garcidueñas, "Piezas Teatrales", 151 (González de Eslava). Gorbea, 230-231 (Zacapu, Mezcala y el cerro de la Mira). Blackmar, 192-193, 195 y 215 (presidios en las Provincias Internas). Zavala, *Velasco I*, 249 (revellín).

prefiriendo esa residencia a México y a Coyoacán. En este edificio, aunque ha sufrido considerables alteraciones en el curso de los siglos, puede aún reconocerse el diseño de su cuerpo principal, inspirado en el palacio virreinal de Diego Colón en Santo Domingo, edificado hacia 1510 y recientemente restaurado. El palacio de Cuernavaca recuerda los alcázares del Califato y de los almorávides por su posición luego adoptada por alcázares cristianos. Tenía al frente un patio de armas circundado por un alto muro almenado y rematado en los ángulos por cuatro torreones; las arquerías de la fachada se apoyaban en esbeltas columnas con sencillos capiteles; las arquivoltas están adornadas con bellas hileras de rosas de contornos cuadrados. Las columnas y arcos de la g a l e r í a posterior, desde la cual se admira ahora el valle de Cuernavaca y en aquel tiempo los cañaverales más cercanos al palacio, dice Sanford, son bellos ejemplos de un estilo ecléctico que combina elementos románicos e indígenas, especialmente en los capiteles y en las bases de columnas. Esta galería se asemeja a la del edificio del Ayuntamiento de Tlaxcala, construido en 1539, que fue la primera de su clase en la Nueva España y que es uno de los prototipos de un elemento que alcanzaría enorme difusión en los edificios públicos de todas las Indias.[10]

La h a b i t a c i ó n en la Nueva España del siglo XVI fue básicamente la casa española, de profunda raigambre romana y enriquecida con elementos árabes, trasplantada de la Península. Su prototipo era producto de la interacción de las culturas que convivieron durante los largos siglos de la Reconquista. Un elemento característicamente árabe que sobrevivió en la casa novohispánica y mexicana hasta principios del siglo XX es el z a g u á n (del árabe *ustuwan*, vestíbulo), que era el local que comunicaba la calle con el patio principal de la casa, alrededor del cual, como en la antigua *domus*, se agrupaban las diversas habitaciones. El p a t i o de la casa romana y española fue hasta hace poco el elemento más característico de la habitación mexicana, con tanto carácter peninsular que el viajero que visita Córdoba (Veracruz) puede percibir fácilmente el parecido de los balcones, enrejados y patios enlosados, adornados con fuentes, flores y pájaros enjaulados, con sus antecesores de la Córdoba peninsular.[11] El patio limitado por galerías arqueadas y rodeado en planta por tres o cuatro c r u j í a s de locales, fue el elemento básico de palacios, claustros y casas. El patio (sobre todo el del claustro) a menudo contaba con una fuente de graciosa silueta, generalmente inspirada en las de la casa morisca española. Revelan también un origen árabe las fuentes monumentales que ornamentan ciertas plazas públicas, tales como la célebre de Chiapa de Corzo y la de Tochimilco (Puebla) así como la que en un tiempo adornó la plaza ma-

10 Palm, *La Española*, I, 154 y II, 107. López González, 11-12. Pablo C. de Gante, 53-54. Sanford, 159. Marco Dorta, 59.

11 Norman Daniel, 80. Sanford, 270. Jean Meyer, en "Perspectivas de un análisis sociohistórico de la influencia de Guadalajara sobre su región", 156, en IFAL (ed.), *Regiones y ciudades de América Latina*, señala los elementos andaluces y extremeños en las casas de Arandas (Jalisco) y de San José de Gracia (Michoacán); *cf.* Palm, *La Española*, I, 150 *sqq.* y 153, sobre la construcción de casas a principios del siglo XVI en Santo Domingo, Cruz, 113 y Kubler, *Mexican Architecture*, I, 190 y 205 (zaguanes).

yor de Texcoco. Y en cuanto a la arquitectura rural, Kubler opina que hay elementos suficientes para identificar una tradición interrumpida entre la unidad de explotación agrícola árabe característica del sur de España llamada *al-muniat*, el cortijo andaluz y la hacienda colonial. Los rojos tejados de barro cocido característicos de los techos a dos aguas de muchas regiones de las Indias, desde Chiapas hasta la Alta California, son también indudablemente, como recuerdan Parry, Foster y Morales Rodríguez, de origen árabe.[12]

[12] Pablo C. de Gante, 4 (crujías) y 104 (fuentes). Toussaint, *Arte Colonial*, fig. 25 (fuente de Chiapa de Corzo) y 26 (fuente desaparecida de Texcoco, que tenía ciertos "perfiles góticos"), Weismann, 69 (fuente de Tochimilco). Kubler, *Mexican Architecture*, I, 202. Foster, *Culture and Conquest*, 4 (*Cultura y Conquista*, 22); Morales Rodríguez, 448; y Parry, *The Spanish Empire*, 377 (tejados de barro).

XXXIX. SUPERVIVENCIAS ROMÁNICAS, OJIVALES Y MUDÉJARES EN LA ARQUITECTURA RELIGIOSA

EN NINGUNA esfera del arte la huella del Medievo en México es más profunda y perdurable que en la de la arquitectura religiosa, especialmente la conventual. Toussaint, ilustre maestro de la historia del arte colonial, dice que la arquitectura monástica de la primera y hasta de la segunda mitad del siglo XVI es indudablemente una supervivencia medieval: "Esos grandes templos y conventos fortificados... vienen a ser como la última expresión de la Edad Media en el mundo." Si bien en este panorama arquitectónico el influjo del estilo ojival en su forma gótica isabelina es, con mucho, el más evidente y el más continuo históricamente respecto a sus antecedentes ibérico-cristianos, seguido en orden de importancia por la influencia del mudéjar, no por ello se pueden olvidar las significativas manifestaciones del gusto románico en la Nueva España. Estas supervivencias medievales a primera vista son sorprendentes por el largo tiempo que separa nuestro siglo XVI de la época en que la Europa occidental vio el apogeo de aquellos estilos. Sin embargo no lo son tanto si recordamos dos factores: el primero de índole estética, es que la arquitectura románica, de progenie mediterránea, echó firmes raíces en la Península mientras el gótico, arquitectura de las grandes catedrales francesas y del Imperio, había adquirido tal prestigio gracias a sus primeras obras maestras de León y Burgos que todavía en el siglo XVI las catedrales de Toledo y Sevilla fueron terminadas en ese estilo, a pesar de ser condenado por las teorías de la época; y el segundo, de índole práctica, es que aquella primera arquitectura colonial no fue obra de profesionales sino producto de la necesidad y expresión del instinto arquitectónico de frailes que, no sujetos al influjo de los estilos renacentistas en boga, expresaban con la mayor libertad sus reminiscencias personales, sin complejos ni prejuicios de ninguna clase y en muchos casos con un gusto digno del artista más sublime.[1]

En el siglo XVI novohispánico, por el enorme número de almas por convertir, se requirió construir iglesias y capillas con gran prisa. Zawisza observa que durante este periodo las primeras construcciones, recias y sencillas, de las órdenes religiosas no recordaban tanto los espléndidos monasterios franciscanos y dominicos de Europa como los cistercienses, cuya austeridad era proverbial. La labor evangelizadora hizo necesaria la erección de V i s i t a s , sistema que ya tenía antecedentes en el Císter, escuetas capillas con sacristía anexa diseminadas por los campos que servían de puntos de apoyo a los frailes itinerantes para sus actividades misioneras. El edificio religioso más característico del campo mexicano es la iglesia de una sola

---

[1] Toussaint, *Arte Colonial*, 77.

nave, a veces con ábside de planta rectangular, reminiscente del primitivo románico cisterciense por la sencillez de su concepción y realización. Un ejemplo de esto es San Francisco en Pátzcuaro. Otros como Cuilapan (Oaxaca), Zacatlán, Tecali (Puebla) y Coyoacán (D.F.), aunque tienen planta basilical renacentista, ostentan también ábside del mismo tipo. Por su parte, Sanford señala que en la primera mitad del siglo XVI, muchos claustros novohispánicos anexos a iglesias conventuales, ricas éstas en elementos ojivales, tienen un carácter marcadamente románico tanto en su disposición como en sus detalles ornamentales. Esto puede verse en cierta medida en los capiteles del claustro de Huejotzingo pero sobre todo en la ornamentación de las capillas posas del atrio. No debe pensarse sin embargo que el estilo románico sea abundante en la Nueva España pero hay ejemplos interesantes. Olvera señala tres arcos de medio punto en el convento de Singuilucan (Hidalgo) con arquivolta moldurada y el arco abocinado y la ventana de coro en la parroquia de Todos Santos de Zempoala (Hidalgo). Toussaint, entre los elementos de sabor románico usados en la ornamentación de edificios religiosos, recuerda el rosario de poemas y cierto tipo de escultura decorativa; buenos ejemplos de esto se encuentran en la capilla de Santa Gertrudis —obra del siglo XVIII— del convento dominico de Teposcolula (Oaxaca) y en la portada del templo de Angahuan (Michoacán). La influencia de los siglos románicos puede también percibirse en las e s - p a d a ñ a s que coronan muchas iglesias mexicanas, elemento arquitectónico heredado del Císter en el siglo XIII por los dominicos del sur de Francia, transmitido luego a España y a México. Un ejemplo clásico es el de siete vanos de Metztitlán (Hidalgo),[2] y debe decirse además que en el actual estado de Hidalgo, y especialmente en el de Yucatán, las espadañas tuvieron un desarrollo excepcional a lo largo de los tres siglos coloniales.

El estilo g ó t i c o en la arquitectura religiosa española, importación de Francia, sufrió en la Península ciertas adaptaciones que transformaron profundamente tanto su espíritu como sus soluciones técnicas. Menos ligero y luminoso que sus antecedentes franceses, tuvo sin embargo más larga vida, y fue traído a la Nueva España cuando en la Península todavía daba señales de vitalidad, pues como es sabido, en 1512 se empezó a construir la catedral nueva de Salamanca y en 1525 la de Segovia. En una fase intermedia se desarrolló el llamado "gótico atlántico", primera expresión de la arquitectura gótica fuera del ambiente en donde se generó naturalmente. Sus manifestaciones principales son la catedral de las Palmas de Gran Canaria, la iglesia de la Concepción en La Laguna (Tenerife) y la catedral de Santo Domingo, construida en 1514-1530, que Tudela califica de monumento gótico más importante de América. Fue construido por el maestro de obras Alfonso Rodríguez, veterano de la catedral de Sevilla.[3]

[2] Kubler, *Mexican Architecture*, I, 187. Zawisza, 113 y 116. Sanford, 104-105 y 144. Weismann, 57 (posa de Huejotzingo); cf. R. García Granados y L. MacGrégor, *Huejotzingo* (México, 1934). Olvera, 19. Toussaint, "Supervivencias góticas", 14 (rosarios de pomas) y *Arte Colonial*, 48 (Tlalmanalco) y 97 (Teposcolula). Foster, *Cultura y Conquista*, 272; y McAndrew, *Open-Air Churches*, 154, fig. 51 (espadañas).

[3] Bevan, 76-77, 86 y 131-132; Baird, 16; Sanford, 105, 108, 337 y 339 (catedrales góticas

En la Nueva España, la forma arquitectónica de muchas construcciones franciscanas, dominicas y agustinas, afirma Sanford, constituye la última pero aún vigorosa expresión del estilo ojival. Numerosas iglesias de las tres órdenes tienen cubiertas de crucería esencialmente medievales; comúnmente los testeros presentan planta poligonal, y las mismas nervaduras de las bóvedas, en forma de baquetones, se apoyan en medias columnas adosadas o mueren en una cornisa. Estas características sobrevivieron hasta el último tercio del siglo —hacia 1570— cuando junto con las catedrales se levantarían los primeros templos que rompían con el modelo medieval. Pero en las iglesias anteriores a esa fecha, se advierte la reaparición esporádica de elementos góticos y temas decorativos frecuentes en España, sobre todo en tiempos de los Reyes Católicos: tales como las perlas o bolas de Ávila, el cordón franciscano y una cinta que envuelve en espiral una vara erizada de espigas —llamada cardina—, símbolo de fortaleza. Como se ha dicho, en el campo mexicano abunda la iglesia de una sola nave que tiene la ventaja de permitir una visión más directa del oficiante sin que haya columnas que obstruyan la vista, circunstancia muy conveniente para la participación en el culto de un gran número de fieles. También las pinturas murales que decoraban sus interiores con propósitos didácticos eran un elemento valioso para la transmisión del mensaje cristiano. Ejemplos notables de la arquitectura de esa época son las iglesias de Yecapixtla (Morelos), Tula (Hidalgo), Xochimilco (D.F.) y la primera construcción de Santo Domingo en Chiapa de Corzo.[4]

Para la evangelización de la Nueva España se dio prioridad a la construcción de conventos que sirvieran a los frailes de residencias y de base para la indoctrinación de los naturales. La edificación de parroquias para los españoles fue empresa del siglo XVII. De las siete catedrales fundadas y comenzadas a construir en el siglo XVI, solamente la de Mérida fue terminada en dicha centuria. Estas fases son paralelas al proceso de consolidación del poder político. La arquitectura conventual, siendo la más antigua, fue la que recibió un mayor influjo del Medievo europeo, principalmente de España y del sur de Francia. Las iglesias conventuales de Acolman (1539-1560) y de Huejotzingo (1550-1560) son importantes en cuanto al empleo de formas góticas, pero el convento de Yecapixtla (Morelos) es en donde las formas góticas predominan definitivamente. A ellas el Padre Cuevas añade Actopan, "fragmento de la Edad Media trasplantado por milagro a las vastas planicies otomites". Pablo de Gante encuentra en los numerosos conventos construidos por las tres órdenes mendicantes en el siglo XVI algunos rasgos comunes y característicos tanto en la fábrica de la iglesia como en la arquería del claustro. Ésta es siempre de arcos de medio punto sustentados en muchos casos por capiteles y columnas de linaje medieval, salvo en Actopan y

españolas); *cf.* Palm, *La Española*, I, 5-7 Baird, 16 (motivos ornamentales). Chanfón, 42. Tudela, 530-531; Bevan, 128; y Sanford, 178, n. 1 (iglesias atlánticas y de La Española).

[4] Sanford, 156. Zubillaga, *La Iglesia en la América Española*, I, 633. Marco Dorta, 23; Chanfón, 43; y Bevan, 133 (reminiscencias góticas en las iglesias de las tres órdenes). Pablo C. de Gante, 31-32, 75-77 y 79-81; y Toussaint, "L'Art de la Nouvelle Espagne", 46 (iglesias de una sola nave).

en Yecapixtla, cuyos claustros bajos se estructuran con arcos apuntados. Entre estas construcciones, la mayor parte de ellas erigidas en el campo, los conventos-fortaleza, en que son más frecuentes las reminiscencias góticas, son el prototipo de la arquitectura novohispánica durante el periodo que nos interesa, que fue tanto de intensa evangelización como de constante peligro de rebelión de los conquistados.[5]

La mayoría de los conventos del siglo XVI, además de ser centros de catequesis, desempeñaron la función de los castillos fuertes esparcidos por la Península ibérica: fueron c o n v e n t o s - f o r t a l e z a s que en caso de necesidad podían amparar en sus naves o en sus atrios a todos los vecinos del lugar contra las embestidas de los indios belicosos. Los precedentes europeos del monasterio-fortaleza son numerosos tanto en España como en el sur de Francia, donde este tipo de construcción sirvió de refugio y de base en lucha contra moros, albigenses y sarracenos. En la Península, el espíritu inspirador de aquellas construcciones está presente en el ábside almenado de la catedral de Ávila, en el recinto amurallado de la de Almería, en los matacanes de la iglesia de San Isidro del Campo de Sevilla, en las iglesias almenadas de Extremadura y de la baja Andalucía y en los conventos cistercienses de Poblet y de Santa Creus de Tarragona, también almenados y amurallados. En las luchas contra los albigenses, en el sur de Francia se recurrió a la participación de la masa del templo como medio protectivo más económico y expedito que la circunvalación de la población con murallas, como demuestran las iglesias de Albi, de Carcasona y la ya desaparecida de los Capuchinos de Tolosa. Además, la derrota del feudalismo consecuente a la supresión de la herejía albigense permitió a los Capetos imponer su voluntad de prohibir la fortificación de ciudades; por esto a las *villes neuves* entonces fundadas no les quedó otro recurso que fortificar sus iglesias, cuyas moles y siluetas recuerdan las del altiplano mexicano. Quizá una de las razones de este parecido sea el origen occitano de algunos frailes mendicantes llegados a la Nueva España como misioneros. Entre éstos podemos mencionar a Juan Focher (doctor de la Sorbona y maestro de Fray Alonso de la Veracruz), a Juan Badiano o Badillo (misionero en Michoacán desde 1525), a Arnaldo de Basaccio o Arnaud de Bassac (nahuatlato y profesor de latín en Tlatelolco y de música en Cuautitlán), a Jacobo de Testera (nativo de Bayona y comisario general franciscano desde 1543), a Juan de la Cruz (mencionado por Mendieta), y a Maturino Gilberti (gran lingüista). Mas la construcción de monasterios-fortalezas no fue de interés exclusivo de los frailes sino también de los conquistadores. En un gesto que podríamos llamar preliminar, pero que revela su gran intuición estratégica, Cortés mandó fortificar algunos adoratorios indígenas (cúes) transformados en santuarios o capillas durante las fases iniciales de la Conquista; y Nuño de Guzmán, según una de las *Relaciones* de su expedición, cerca de Purándiro "mandó hacer en un promontorio una iglesia... con su adarve alrededor almenado y puertas como fortaleza".[6]

[5] Sanford, 149 (Acolman y Huejotzingo). Cuevas, *Urdaneta*, 291 (Actopan). Pablo C. de Gante, 102-103 y 286-287.

[6] Chauvet, "El Convento mexicano", 10. Flores Marini, 431 (atrios almenados). Sanford, 157

Los m o n a s t e r i o s - f o r t a l e z a s novohispanos del siglo XVI funcionaron como refugios y bases militares operativas en el norte de la Nueva España, papel que excepcionalmente tuvieron también en la "frontera chichimeca". A pesar de sus antecedentes europeos, su dimensión especial es ya americana, sobre todo por el tamaño de sus atrios cuyas bardas, al igual que los murallones que rodeaban el reducto central del castillo medieval, usualmente estaban coronadas de almenas. Ejemplos clásicos son los de Huaquechula (Puebla), Cholula, Xochimilco, Acolman y Yuriria, aunque por su posición, en ninguna parte como en Acatzingo es más perceptible este carácter de ciudadela en torno a la cual se agrupaban las casas de los habitantes como buscando protección. McAndrew juzga más bien endebles aquellas defensas, pero hay que tener presente que no fueron construidas para resistir a la artillería como los monasterios europeos semejantes y contemporáneos, desconocida entre los indios, cuyo armamento consistía principalmente en flechas, piedras y palos. Su carácter de reducto subrayaba el periodo del nuevo régimen. En 1530 la Audiencia gobernadora expresó la opinión de que el mejor medio de defensa de la Colonia eran los monasterios fortificados, de los cuales fueron construidos muchos entre esa época y 1590, cuando el peligro de rebeliones indígenas se creyó conjurado. Respecto a las ciudades, ya sabemos que las murallas recomendadas por Motolinía para la defensa de Puebla se consideraron innecesarias juzgándose que bastaban las iglesias fortificadas. Mas tal era el convencimiento de que en el campo los conventos debían ser auténticas fortalezas, que todavía en 1681 la idea fue recogida en la *Recopilación de las Leyes de Indias*. Un cierto número de autores interesados en esta cuestión, como por ejemplo Zawisza, opinan que si el carácter de los conventos fortificados fue impuesto en un principio por la necesidad de defenderlos, con el tiempo llegó a constituir un verdadero estilo, cuando la pacificación redujo al mínimo su importancia defensiva. Sea como fuere, la mejor prueba del carácter militar de aquellos nobles edificios son sus victorias: el monasterio de Yuriria, por ejemplo, salió invicto de los repetidos ataques chichimecas, el último y más intenso en 1588.[7]

La iglesia del m o n a s t e r i o - f o r t a l e z a novohispánico del siglo XVI es de una sola nave terminada en un testero, generalmente de planta poligonal (Actopan, Cholula, Huejotzingo, Tula, Tepeaca, Tecamachalco, Atlixco) y raramente absidial (Xochimilco). Estos templos tienen nu-

---

(Acatzingo); *cf*. Baird, 23; y Kubler, *Mexican Architecture*, II, 232. Zawisza, 94 y 120; Kubler, *op. cit.*, I, 96-97; y Pablo C. de Gante, 74 (iglesias fortificadas europeas); *cf*. Kubler, "Mexican Urbanism", 167-168. L. Alamán, II, 140; Chauvet, "Jacobo de Testera", 8; Torre Villar, *Mexicanos Ilustres*, 37, y *Pedro de Gante*, 26 (frailes de nación aquitana). CUARTA RELACIÓN ANÓNIMA (de la conquista de la Nueva Galicia), 464.

[7] McAndrew, "Fortress Monasteries?", 31-33 y 37-38. Kubler, *Mexican Architecture*, I, 81 (opinión de la Audiencia, 1530). Marco Dorta, 27 (Recopilación de 1681). Zawisza, 121. P. F. Velázquez, *Docs. Históricos de San Luis Potosí*, I, Int., xli (Yuriria). Debemos a Elena E. de Gerlero recientes estudios sobre el simbolismo escritural que encierran las partes estructurales y ornamentales del monasterio-fortaleza; y a Richard Perry un libro muy reciente (Espadaña Press, 1992) sobre los monasterios-fortalezas (*Mexico's Fortress Monasteries*), que aún no llega a mis manos.

merosos elementos góticos: contrafuertes, arbotantes sobre botareles, bóvedas de crucería, curiosos ábsides techados con bóvedas nervadas, rosetones y ajimeces. Éstos son saledizos ante las ventanas cubiertos con celosías, de gusto mudéjar. Los monasterios-fortalezas estaban protegidos externamente además de por sus recios muros, por merlones, almenas u otras formas de crestería, garitones, saeteras, troneras y caminos de ronda. Son admirables por su belleza y nobles proporciones el a l m e n a d o de Huejotzingo, y los de Actopan, Yecapixtla, Tepeaca, Tula, Tlayacapan, Atlatlahuacan, Milpa Alta y Tlaquiltenango (Morelos). El ejemplo más original de c a m i n o d e r o n d a —elemento característico del castillo en la Europa feudal— es el de Tepeaca, que es doble: uno corre sobre los muros y otro a la altura del coro atravesando los estribos. Son también interesantes los caminos de ronda de Cuauhtinchán, Oaxtepec y Tecali, así como el de Jalapa, hoy desaparecido. En su conjunto, los monasterios-fortalezas impresionan por su reciedumbre: Atlixco tiene aspecto de un reducto militar; Yecapixtla de verdadera fortaleza y Zacualpan parece un castillo fortificado. Construcciones de esta especie existen también en Yucatán, entre ellas las de Conkal, Mani, Izamal y San Bernardino de Valladolid, pero han sido poco estudiadas.[8]

Los elementos ornamentales góticos son más frecuentes en las construcciones anteriores a 1570, y adoptan formas diversas: ventanas de tracería, molduras, capiteles, gárgolas zoomorfas, etc., que sin embargo son más austeras que sus modelos europeos. La decoración de los conventos franciscanos del periodo 1525-1550 se distingue por su unidad formal, por ejemplo en las regiones de Puebla, Tlaxcala y Morelos, donde floreció un estilo reminiscente del gótico de los Reyes Católicos, pero con temas inspirados en la flora local. Así, en Calpan aparece una estilización del quiote y en Yecapixtla una del cacto. No se encuentra en las iglesias conventuales del siglo XVI una f a c h a d a de estilo ojival pero, como señala Toussaint, hay supervivencias góticas, a pesar de su carácter plateresco en algunos detalles de las p o r t a d a s de Calpan, Huaquechula, Tepeaca, Huejotzingo, Tecamachalco, Tlemaco, el templo franciscano de Cholula y en las esculturas de la fachada de Tepoztlán. La iglesia de San Francisco de Cholula es particularmente graciosa por sus pináculos góticos. Otros ejemplos que contienen elementos góticos son las portadas de Tlanalpan, Otumba, de la iglesia de la exhacienda de San Pedro Tochatlaco (Hidalgo), así como las portadas laterales de Cuernavaca y de San Francisco de Puebla; el indudable gusto gótico de esta última es revelado por su proporción alargada y por sus finas plastrillas adosadas.[9]

---

[8] Pablo C. de Gante, 83-85 (traza de la iglesia-fortaleza). Calderón Quijano, xxxii (obras de defensa). Toussaint, "Supervivencias góticas", 13 (cresterías de almenas). Zawisza, 121; Kubler, *Mexican Architecture*, II, 268; y McAndrew, *Open-Air Churches*, 256 y 258 (caminos de ronda). González Cicero, *Perspectiva*, Ilustraciones (monasterios-fortalezas de Yucatán). Ver quizá también Richard Parry, *Maya Missions* (S. Bernandino, Calif., Ed. Espadaña, 1992).

[9] Moreno Villa, 23 (características del gótico). Marco Dorta, 30 (conventos franciscanos, 1525-1550). Flores Marini, 8; y Weismann, 38 (el gótico en las fachadas). Toussaint, *Arte Colonial*, 82 (Huaquechula) y 95 (Tepoztlán); y "Supervivencias góticas", 9 (portadas góticas), 16 (Talpan) y 19-20 (estilizaciones de la flora local). Olvera, 28 (Tlanalco, Otumba y Tochatlaco).

Santo Domingo de Coixtlahuaca (Oaxaca) es uno de los ejemplos novohispanos más completos de n a v e abovedada sobre nervaduras, a la manera del gótico flamígero. Kubler señala que en quince templos de México han sobrevivido bóvedas de crucería gótica que datan del siglo XVI, distribuidas, por lo que a la parte central del virreinato se refiere, desde la Mixteca alta hasta los valles de Puebla, México y el Mezquital. A ellas habría que agregar las existentes en capillas o sacristías. Según Sanford todas estas bóvedas fueron construidas de 1529 a 1570. Las más antiguas son las de la capilla del atrio de San Francisco de Tlaxcala, que tienen cierta semejanza con las bóvedas de crucería de algunas iglesias francesas de fines del siglo XII, y la de la capilla abierta de Cuernavaca. Seguirían en orden de antigüedad las de las iglesias franciscanas de Huejotzingo, Tepeaca, Cholula y Tula: la de Acolman, construida por los agustinos; y la de la capilla abierta del templo dominico de Teposcolula, que está en pésimo estado de conservación. De diversas épocas, pero siempre del siglo XVI son las bóvedas góticas de Acatzingo, de Yuriria, de Santo Domingo de Oaxaca, de Tochimilco (Puebla), de San Francisco de Puebla, y del sotocoro de Yecapixtla, que para Palm es extrañamente semejante a la de una capilla de la catedral de Santo Domingo dedicada al santo titular. También data del siglo XVI la bóveda de la iglesia de Todos los Santos en Zempoala, provista de lunetos, así como la del coro, que según opinión de Olvera es uno de los ejemplos más notables del gótico novohispánico de aquel siglo. En Yucatán subsisten, entre otras, las bóvedas de los santuarios de Dzidzantún, Izamal, Mani y Mérida. Entre las techumbres ojivales del siglo XVI, el ejemplo más rico que se conserva es el de la iglesia conventual de Huaquechula. En el siglo XVII se construyeron todavía bóvedas de nervadura como una de la sacristía de la catedral de México (1620) y otra de Charo (1629).[10]

Los muros de la iglesia gótica estaban reforzados en el exterior por contrafuertes y arbotantes, que también abundan en la arquitectura religiosa colonial del siglo XVI. Los c o n t r a f u e r t e s de Acolman y de Atotonilco el Grande (Hidalgo) son particularmente robustos, al igual que los de Izamal, todos de indudable inspiración gótica. Los de Actopan, coronados por garitones, recuerdan los botareles góticos rematados con pináculos; también terminan en garitones los de Tula. Otros ejemplos notables son los de Epazoyucan, Yecapixtla — por sus resabios gotizantes, dice Chanfón—, y de la iglesia franciscana de Cholula. En esta última refuerzan los ángulos del edificio, modalidad aparecida en el siglo XV y muy utilizada en la construcción ojival hasta el XVI, según observa Kubler. Los cuatro contrafuertes de la iglesia del convento de Tepeji del Río, muy salientes, refuerzan de igual manera los ángulos del edificio. La construcción de la cúpula posterior de San Bernardino de Xochimilco requirió muros de enorme espesor, reforzados por contrafuertes y un gran a r b o t a n t e . No es éste el único

---

[10] Pablo C. de Gante, 103, 142, 148; y Toussaint, "Supervivencias góticas", 6 (bóveda ojival de Coixtlahuaca). Kubler, *Mexican Architecture*, II, 256 (las quince bóvedas góticas de México). Sanford, 143 (Yuriria) y 152; y Toussaint, *Puebla*, 42 (San Francisco de Puebla). Palm., *La Española*, II, 59. Olvera, 19. Kubler, *op. cit.*, II, 54 y 324 (bóvedas nervadas). Toussaint, *Arte Colonial*, 82 (techumbre de Huaquechula). Serrano, 16 (sacristía de México).

ejemplo del siglo XVI de esta clase de elementos, pues se conservan otros en los templos de Cuernavaca, Milpa Alta, Chimalhuacán, Chalco y Tehuacán. En las centurias siguientes el contrafuerte, socorrido recurso de la arquitectura ojival se siguió usando para apoyar cúpulas y para reforzar muros de una cierta altura.[11]

El a r c o típico del gótico, apuntado y con robusta molduración en su perímetro, es característico de ciertas iglesias y claustros coloniales, por ejemplo de los claustros bajos de Actopan y de Ixmiquilpan, apoyado en pilastras reforzadas con machones. En la iglesia semiderruida de Santa María de la Victoria, erigida en la segunda mitad del siglo XVI al poniente de Tacuba y hoy dentro del panteón *Sanctorum*, existe todavía un riquísimo arco que da al presbiterio, con las armas de Castilla y León en medio de una ornamentación gótico-mudéjar. Otro gran arco ojival separa la nave de la capilla mayor en la iglesia de Yecapixtla; y otros, semejantes aunque más pequeños, adornan el claustro de San Francisco de Tlaxcala y el piso alto del de Tula. Los p i l a r e s y pilastras góticas aparecen aquí y allá, y entre los c a p i t e l e s de esta inspiración figuran los de Huejotzingo y los de Epazoyucan, que revelan cierta influencia del arquitecto de la catedral de Segovia, Rodrigo Gil de Hontañón. Del siglo XVI se conservan igualmente algunas v e n t a n a s góticas con tracería de piedra o con parteluces, como por ejemplo las de Yanhuitlán y las de Tochimilco. Mas no existe ningún emplomado, arte de técnica desconocida en la Nueva España. Del r o s e t ó n , típico vano de las portadas góticas, por el contrario, quedan bastantes ejemplares, que si no son ricos y grandes sí son delicados y finos. Entre la modestia de la iglesia franciscana de Cholula y la riqueza de la de Yecapixtla, ejemplo máximo, se colocan los rosetones de Tula, Atotonilco el Grande (en el ábside), Yanhuitlán (de tracería, sobre una portada lateral) y Molango (Hidalgo), cuya sencillez —dice Toussaint— nos trae a la memoria el óculo de las primitivas basílicas, prototipo de los rosetones románicos y góticos. Otros bellos ejemplos son los de Cholula y Coixtlahuaca. En la iglesia de Tajimaroa (Michoacán) hay restos de otros más. El de la Puerta de la Porciúncula en Huaquechula desgraciadamente ha sido convertido en ojo de buey. Son de innegable sabor gótico también las m é n s u l a s y d o s e l e t e s de la portada de Yecapixtla y la serie de g á r g o l a s en forma de animales fantásticos del claustro del convento agustino de Cuitzeo.[12]

[11] Baird, 23 y 66 (arbotantes y contrafuertes). Pablo C. de Gante, 115 (contrafuertes de Huejotzingo), 123 (Tepeji del Río), 124 (Tula) y 128 (Atotonilco el Grande). Chanfón, 56 (Actopan e Izamal) y 64 (Yecapixtla). Olvera. 23 (Epazoyucan). Kubler, *Mexican Architecture*, II, 70. Sanford, 145 y n. 6; y Pablo C. de Gante, 83-84 (arbotantes).

[12] Toussaint, "Supervivencias góticas", 5, 12 (Tlahuelilpa); y (ed.), PLANOS, 157, texto de Justino Fernández (arcos góticos de Actopan, Ixmiquilpan y Santa maría de la Victoria). Enrique C. de Gante, 124 (Tula), 125 (Yecapixtla) y 132-133 (Ixmiquilpan). Sanford, 139 (San Francisco de Tlaxcala). Olvera, 24 (capiteles de Epazoyucan). Toussaint, "Supervivencias", 12 (ventanas góticas) y 12-13 (rosetones); *cf.* Enrique C. de Gante, 124, 125 y 132-3. Sanford, 139 (San Francisco Tlaxcala). Toussaint, "Supervivencias", 12 (ventanas góticas) y 12-13 (rosas); *cf.* Enrique C. de Gante, 85 (rosetones de Cholula y de Tajimaroa). Chanfón, 65 (rosetón de Huaquechula). Toussaint, *Arte Colonial*, 48 (ménsulas y doseletes) y 91 (gárgolas).

Antes de pasar a examinar la influencia ojival en los púlpitos y fuentes bautismales, enumeraremos brevemente otros elementos góticos que varios autores señalan en la fábrica de las iglesias monásticas del siglo XVI. Yecapixtla es —como se dijo— el convento más rico en reminiscencias de este estilo; en Acolman se destacan los anillos de pomas que adornan los capiteles del claustro bajo. Elementos de interés son también la arquivolta múltiple en la iglesia de Guatapera en Uruapan; la moldduración de la portada de Tepeapulco en Hidalgo; los nichos y columnillas de las fachadas de Actopan, Coixtlahuaca y Tepoztlán; y una plementería en Teposcolula (Chanfón). La iglesia de Cuitzeo tiene unos delicados ornamentos florales entre las columnas (Weismann).[13]

En el siglo XVI fueron necesarias f u e n t e s   b a u t i s m a l e s de enorme tamaño, que se elaboraron con la gran riqueza decorativa del gusto gotizante. Tal es el caso de las de Cholula, Jilotepec y Yecapixtla cuyos precedentes, según McAndrew, no se encuentran en la Europa de aquel siglo sino mucho antes, en la baja Edad Media e incluso en la cristiandad primitiva. Interesante ejemplo de p ú l p i t o es el de Yecapixtla, totalmente labrado con exquisitos relieves de un estilo gótico flamígero tan puro, que Kubler supone que pueda ser más bien de manufactura española o portuguesa. Se advierten reminiscencias góticas también en los a t r i o s de muchas iglesias conventuales, tales como los de Huejotzingo y Calpan (Puebla). Los elementos de la pasión de Cristo talladas en la cruz de piedra del atrio de Tepepulco (Hidalgo) recuerdan las tallas menudas de los capiteles y archivoltas de muchos claustros medievales, que ilustran la vida de Cristo o de los santos. En los labrados de otras cruces de atrio, como las de Tizayuca, Tepeapulco y Cuautitlán, aparecen cabecitas que, supongo, representan a los donadores, lo cual en opinión de Rojas es reflejo de las representaciones de donantes en las pinturas piadosas europeas. Para Moreno Villa, las cruces talladas de atrio se inspiran en las cruces pasionales de madera, cuyo carácter popular es de origen medieval italiano. En general, los atrios de los conventos mexicanos estaban prefigurados en los patios de naranjos frente a las mezquitas. Además de las características ojivales que muchas posas presentan, el origen mismo de estas pequeñas capillas, situadas en los ángulos del atrio de una iglesia conventual, es netamente medieval. Descienden de los "ciborios" o "Calvarios" o "humilladeros", construidos en los patios de iglesias como la de los caballeros de San Juan en Jerusalén, en San Juan de Duero, o de preferencia a la entrada de muchas ciudades europeas (recuérdese la Cruz del Campo de Sevilla, y el otro a la entrada de Cuernavaca aún en 1547), donde servían de estaciones de la *via crucis* durante el rezo colectivo.[14]

---

[13] Toussaint, *Arte Colonial*, 88, 89 y 113. Chanfón, 61, 62, 63, 64 y 65. Weismann, 42.
[14] McAndrew, *Open-Air Churches*, 81. Toussaint, *Arte Colonial*, 50, y "Supervivencias góticas", 18; Pablo C. de Gante, 126; Weismann, 35; y Kubler, *Mexican Architecture*, II, 390 (púlpito de Yecapixtla). Toussaint, "Supervivencias góticas", 16-17 (Tlahuelilpa). Olvera, 14 (cruz de Tepepulco). Rojas, 19 y 163, en donde cita a Moreno Villa (cruces labradas y sus antecedentes medievales). Zawisza, 120 ("calvarios" medievales). Palm, "Arte de la Nueva España", 225 (atrios y patios de naranjos). Zavala, *Tributos y Servicios*, 176, 177 (humilladero de Cuernavaca).

La arquitectura religiosa del siglo XVI en la Nueva España fue obra de un cierto número de artistas improvisados, en su mayor parte a n ó n i - m o s , como sucedió en el Medievo cuando se construía, se pintaba o se esculpía no buscando la fama personal, sino como forma de expresión vivencial, de acuerdo con los conceptos religiosos y comunitarios imperantes. Como en la Península, el gótico novohispánico, supervivencia vigorosa del isabelino, fue poco a poco incorporando elementos platerescos, que en España alcanzaron su mayor difusión aproximadamente entre 1500 y 1560. El estilo plateresco novohispano, importado de España, conservó algunos elementos góticos como los baquetones, óculos en forma de rosa, frondas y tracerías, pero estas adaptaciones fueron tardías respecto a la evolución peninsular. Por otra parte, la aportación del medio ambiente a la arquitectura religiosa colonial fue considerable, como en el caso del maestro de Calpan, que labró en la portada y en una de las posas un tallo del maguey y el cacto llamado órgano. La mano de obra indígena, por su parte, dejó su huella creadora en muchos templos: son ejemplos de ello el de Texcoco, donde el estilo híbrido de los artífices indígenas llamado *tequitqui* (tributario, en náhuatl) representa la presencia de la tradición prehispánica y la cruz del panteón parroquial de Azcapotzalco, cuya composición fuertemente europeizante es ya mexicana por su espíritu y por su forma.[15]

Las siete c a t e d r a l e s mexicanas del siglo XVI (Puebla, México, Oaxaca, Michoacán, Mérida, San Cristóbal y Guadalajara) continúan en América la gran serie de catedrales europeas medievales, y sobre todo españolas. Aunque su construcción fue terminada bajo el influjo de la escuela de Herrera, en su primera etapa conservaron ciertas huellas del gótico tales como algunas bóvedas de crucería e interiores ojivales. En sentido medieval aquellos grandes templos fueron símbolos a la vez religiosos y civiles, expresión del orgullo citadino. La primera pequeña catedral de México (terminada hacia 1532 y derribada en 1626) no tenía el frente hacia la plaza mayor (como tampoco lo tenían las catedrales españolas excepto la de Segovia), sino hacia la Plazoleta del Marqués: tenía planta rectangular, constaba de tres naves techadas sobre pilares ochavados; la techumbre de la nave central era de dos aguas y la de las laterales plana. Zavala afirma que era una supervivencia del arte mudéjar. Según Toussaint, los modelos de la segunda y actual catedral (1573-1667) fueron los de Segovia y Salamanca, y en opinión de Angulo Íñiguez y de Erwin Palm la de Jaén; mas los cambios hechos por Tolsá dificultan mucho el reconocimiento del trazo y la fábrica originales. Contrariamente a lo que sucedió en México y en Puebla (consagrada en 1649), la catedral de Guadalajara (1571-1618) tiene una cubierta gótica. El sentido longitudinal de la planta y la carencia de cruceros con cúpula dan a este templo un carácter más bien medieval que renacentista aunque sus actuales torres, que en 1818-1848 reemplazaron a las originales, le dan un aspecto extravagante por no decir incongruente. En la cate-

---

[15] El plateresco español puede ser datado entre la construcción de la Iglesia de San Gregorio en Valladolid (1488-1496) y la iniciación de las obras de El Escorial en 1561. Marco Dorta, 24 y figs. 39 y 40 (maestro de Calpan). Chanfón, 62 (aportación indígena en Texcoco). Horcasitas, 170 (matices mexicanos de la arquitectura religiosa).

dral de Mérida, consagrada en 1598, afirma Manrique, es evidente el triunfo de la idea renacentista sobre el expediente gótico; sin embargo éste no está totalmente desechado pues sus machones continúan una tradición llegada de la Península a través de Santo Domingo.[16]

La influencia del estilo m u d é j a r también se hizo sentir en la Nueva España desde el siglo XVI; de procedencia casi exclusivamente andaluza, resultó, según Angulo Íñiguez, de la unión del gótico castellano con los estilos almohades de época anterior a 1248. En la Colonia fue una influencia que se hizo sentir desde un principio. Como veremos más adelante, el a l f i z o recuadro es un elemento corriente que delimita las puertas de iglesias y conventos. Según Marco Dorta eran tan góticos como mudéjares los pilares octagonales de la vieja catedral de México (de los cuales se conservan fragmentos en el atrio a los pies de la catedral moderna) y lo son los de la capilla real de Cholula, cuyas múltiples naves recuerdan la Mezquita de Córdoba. Tenía una estructura semejante la capilla de San José de los Naturales, fundada por Fray Pedro de Gante dentro del inmenso recinto de San Francisco de México. En el patio que le servía de atrio, sus filas de pilares eran continuadas por naranjos a la usanza mora. La torre de Actopan — insólita y africana según Toussaint— es morisca por su concepción: sus antecedentes son los castillos construidos por los Fajardos en tierra arrebatada a los moros tales como el de Vélez Blanco (Almería). También el edificio de las atarazanas de México era mudéjar hasta por el nombre, e igualmente lo es el rollo de Tepeaca, que recuerda la Torre de Oro de Sevilla. Del mismo estilo son la puerta fortificada de San Cristóbal Las Casas, algunas fuentes públicas ya mencionadas (Chiapa de Corzo, Tochimilco), la del claustro de San Francisco de Tlaxcala, y sobre todo la fuente y "Caja de agua" de Tepepulco (Hidalgo), aún en uso, cuyas cornisas molduradas derivan de los dobles listeles paralelos de la arquitectura almohade. El carácter mudéjar de la fábrica original de la iglesia franciscana de Angahuan (Michoacán) se manifiesta hasta en su nobilísima portada (descubierta en 1942), cuya ejecución revela sin embargo, según Rojas, una fuerte traza indígena, así como en el friso donde a lo largo de las paredes figura una inscripción aparentemente cúfica. No existen claustros íntegramente mudéjares en la Nueva España, como en Sudamérica, pero responde obviamente a tal influencia el de la Merced, de México, sobre todo por la disposición de los arcos, dos arriba por cada uno de los inferiores, como en el de Guadalupe en España.[17]

La influencia m u d é j a r se manifestó en todas las artes, desde la cerámica, el vestido, la marroquinería, la talla en madera, las incrustaciones

16 Zavala, *Servicio de Indios*, I, 497-498 (primera catedral de México). Toussaint, "L'Art de la Nouvelle Espagne", 48-49: Angulo Íñiguez, "Catedrales mexicanas", 146; Manrique, "Barroco e Ilustración", 394; Baird, 27; Marco Dorta, 86 (catedrales mexicanas del siglo XVI); Angulo Íñiguez, *op. cit.*, 402 (catedral de Guadalajara); y 401 (catedral de Mérida); *cf.* Palm, *La Española*, II, 37.

17 Kubler, en *Mexican Architecture*, II, 290, concuerda con Angulo Íñiguez sobre los orígenes del estilo mudéjar. Marco Dorta, 27. Toussaint, *Iglesias de México*, VI, 37; y "Arte Mudéjar", 27 y Sanford, 153 (torre de Actopan). Olvera, 17 (fuente y torre llamada "caja de agua" de Tepepulco). Toussaint, *Arte Mudéjar*, 29 (Angahua) y 28 (claustro de la Merced). Rojas, 44.

de hueso, carey o marfil en el mobiliario, hasta las c e l o s í a s de madera o de hierro, en los g u a d a m e c i l e s (cuero adobado o adornado con dibujos o relieves) para puertas y paredes, los dulces y la comida. Dejó igualmente huellas en la pintura y la escultura, pero su recuerdo es especialmente patente en la arquitectura y en la ornamentación y el mobiliario que la acompañaban. Son elementos típicamente mudéjares los alfarjes, los alfices, los a j i m e c e s , las ajaracas (un buen ejemplo de éstas son los restos de las casas de las calles de Argentina y Guatemala y las de Uruguay y 5 de Febrero, la llamada Casa de la Amargura y la desaparecida "Casa del Judío" de México) y los a t a u r i q u e s (dibujos con temas vegetales). De estos elementos son ricas varias iglesias de la región de Texcoco, la de la antigua Hacienda del Cristo de Atlixco y las llamadas Arcadas Reales de Papalotla, en el Estado de México. Aparecen elementos mudéjares también en edificios de otros estilos como los camarines de Nuestra Señora de Loreto en Tepotzotlán (1679) y de los felipenses de San Miguel Allende (1734), el palacio de Tlaxcala, el alfiz de la capilla abierta de Tlahuelilpan y el convento de Zimapán. Las ventanas pareadas mudéjares son numerosas en México; son ejemplos de ellas las del hospital de Tacámbaro, las del ayuntamiento de Cuilapan (Oaxaca), las de los conventos de Yanhuitlán y Yecapixtla, y una diminuta en la Guatapera de Uruapan. El ámbito territorial del estilo mudéjar ocupa casi toda la América española desde la Alta California hasta Paraguay; de hecho, en América existen más alfarjes mudéjares que en la misma España. En el extremo norte de la Nueva España este estilo perduró largo tiempo, dice Toussaint, y de ello son demostración varias iglesias y otros edificios de construcción posterior; son ejemplos en Texas la misión de San Antonio de Valero, en Álamo; en Nuevo México, los santuarios de San Miguel y de Córdova y el presbiterio de la misión de San Ildefonso; y en California las de San Diego, San Luis Rey, San Juan Capistrano y San Fernando.[18]

En los techos planos es también perceptible, como bien señala Toussaint, la influencia árabe. Son raros los alfarjes del siglo XVI; el ejemplo más antiguo es el de San Francisco de Tlaxcala, techo de gruesas vigas de cedro, adornadas con lacerías mudéjares pintadas de negro y estrellas doradas en el centro, que recuerdan al espectador las techumbres toledanas de los siglos XIV y XV. Otros ejemplos de alfarjes se encuentran en San Diego de Huejotzingo (que data de fines del siglo XVI), en la capilla de Río Frío, en el paraninfo de la real y pontificia Universidad, en la vieja parroquia de Ciudad Juárez y en algunas pequeñas iglesias de Nuevo México. El alfarje que existió en el templo de la Tercera Orden de Tulancingo, que parecía ser del siglo XVII al igual que los de la Profesa de México y el de la iglesia de Tlanalapa, cuyas repisas y ménsulas, dice Angulo Íñiguez, recuerdan el periodo del califato de Córdoba.[19]

[18] Toussaint, *Arte Mudéjar*, 11-12, 30-31, 40-41, 43-44 y 129-130; *cf.*, Millas Vallicrosa, 751. Angulo Íñiguez, "Mudéjar Style", 226 (arcos de Zimapán), 228-229 (camarines de Tepotzotlán y de San Miguel Allende; *cf.* Torres Balbás, 461) y 229-230 (lacerías). Toussaint, *op. cit.*, 4 y 50-53 (influencia mudéjar en Texas, Nuevo México y California).

[19] Toussaint, *Arte Mudéjar*, 35 (tipos de techos mudéjares). El tratado de carpintería mudé-

Conocemos numerosos a l f a r j e s sólo por descripciones. Así, sabemos que la nave central de la primera catedral de México (remozada en 1584 y demolida en 1626) estaba cubierta con un alfarje fabricado por el carpintero de lo blanco (*i.e.*, conocedor de la técnica árabe de la incrustación) Juan Salcedo de Espinosa, y dorado por otros dos artesanos cuyos nombres no conocemos; el primer proyecto de la actual catedral preveía también techos de madera al modo mudéjar pero no fueron construidos. La gran nave de Acolman estuvo cubierta hasta 1560 con un alfarje. El mismo tipo de techumbre tuvieron, según relatos y dibujos recogidos por Francisco Santiago Cruz hacia 1628, la primera iglesia de San Agustín y los templos de San Francisco, San Pablo, Santa Clara, Santa Inés, el Carmen y la Merced de México. Informa Toussaint que en el interior del virreinato tenían techos de alfarje las iglesias agustinas de Ucareo (Michoacán) y Míxquic, las dominicas de Etla (Oaxaca) y de Copanabastla (Chiapas), y las de Tláhuac y Castilblanco. (Esta última fue construida hacia 1544.) En Puebla, el alfarje hoy desaparecido del templo del Hospital de San Pedro, era de pura factura mudéjar y fue terminado en 1564. Los a r t e s o n a d o s mudéjares son planos; entre los construidos en el siglo XVI y principios del siguiente, se conservan el del claustro de Azcapotzalco, ricamente ornamentado con motivos entrelazados, el del convento de Tzintzuntzán, y el del coro bajo de Yanhuitlán, cuyos pequeños hexágonos al modo de una bóveda islámica datan de 1575. Otros ejemplos interesantes son un fragmento del artesonado de par y nudillo en Epazoyucan, otros dos existentes en el claustro del ex-convento de Coyoacán y el de la sacristía del templo del Hospital de Jesús en México (que es el más rico por sus casetones). Otros artesonados de diseño geométrico son el de una capilla del templo de Pátzcuaro, y los de las capillas de San Francisco de Uruapan y de Santiago Tupátaro. Este último, afirma Toussaint, es seguramente del siglo XVII y tiene una curiosa decoración indígena que recuerda las bateas en laca michoacanas. En numerosos conventos las bóvedas del claustro se pintaban para simular artesonados, cosa que en sí ya era de gusto mudéjar. Tal es el caso de Atlatlahucan. Otras techumbres policromas imitan las lacerías árabes, a veces combinándolas con elementos cristianos, como en Atlatlahuacan y en Totolapan. Por último, según Blackmar, el techo del campanario de la Misión de los Ángeles, que data del siglo XVIII, es de pura cepa morisca.[20]

jar de Andrés de Segura, en religión Fray Andrés de San Miguel, se conserva en manuscrito en Austin, en la biblioteca de la Universidad de Texas; *La Carpintería de lo Blanco*, de López de Arenas, fue escrita en 1633 (Romero de Terreros, *Artes Industriales*, 91). Pablo C. de Gante, 87; Toussaint, *op. cit.*, 36; y Baird, 121, 1ª columna (alfarje de Tlaxcala). Toussaint, *op. cit.*, 36; y Pablo C. de Gante, 88; y Angulo, "Mudéjar Style", 225 (San Diego Huejotzingo). Toussaint, *loc. cit.* (capilla de Río Frío). Sigüenza y Góngora, Triumpho Partenico, en *Obras* (ed. facs. de F. Pérez Salazar, México, 1921), fols. 86 y 87. Toussaint, *op. cit.*, 37 y 225; y Pablo C. de Gante, 88 (Tulancingo). Angulo, *op. cit.*, 226 (Tlanalpa). Pablo C. de Gante, 88 (La Profesa de México).

[20] Toussaint, *Catedral de México*, 19 y 32. Pablo C. de Gante, 88 (Acolman). Cruz, 75-76, fundamenta sus conclusiones en un mapa de México hecho a vuelo de pájaro por Luis Gómez de Trasmonte en 1628. Toussaint, *Arte Mudéjar*, 33-34 y 37 (Ucareo, Etla, Míxquic, Copanabastla y Tláhuac) y *Puebla*, 233 (San Pedro de Puebla). Angulo Íñiguez, 226 (artesonado de Tzintzuntzán); Toussaint, *op. cit.*, 39; y Baird, 124 (de Yanhuitlán); Toussaint, *op. cit.*, 40;

Del a l f i z mudéjar, recuadro o marco rectilíneo o curvo con relieves, hay bastantes ejemplos en muchos portales de iglesias y posas y en arcos del siglo XVI. El pequeño balcón de la capilla abierta de Tlahuelilpa y los arcos de la *lòggia* de la de Cuernavaca están enmarcados por alfices de clara raigambre mudéjar. Podría calificarse de mudéjar criollo el alfiz de la portada lateral de Tecamachalco. Es magnífico, dice Olvera, el que enmarca la portada plateresca de Tepeapulco (Hidalgo); en Tulpetlac (Estado de México) adorna la fachada de la iglesia una cenefa cuya función decorativa es la que el gusto mudéjar asignaba al alfiz. Otros variados ejemplos de alfices se encuentran en los templos de Atlixco, Tepeaca, Tepeji del Río, Tláhuac (Distrito Federal) y Huejotzingo. Como en Andalucía, el alfiz es elemento muy común de las fachadas y patios de casas particulares, siempre como marco de puertas o ventanas; ejemplos de ello son el patio de la Concordia, varias casas de las calles de Vargas y del Alguacil Mayor en la vieja Puebla, y otras de Campeche recordadas por Angulo Íñiguez y Torre Balbás. Entre los elementos decorativos de la arquitectura religiosa, además de las m é n s u l a s , citadas anteriormente, merecen mención especial las de la iglesia de Tlanalpan (Hidalgo), prácticamente idénticas a las de la mezquita de Córdoba.[21]

El capítulo dedicado al examen de los elementos medievales de la arquitectura religiosa colonial quedaría incompleto si no se hiciera mención de las c a p i l l a s   a b i e r t a s , en las cuales se conjugan diversas influencias europeas e indígenas. Sin embargo son edificios de concepción y forma netamente novohispanas, ya que no existen en el resto de América. La capilla abierta es un espacio techado, que puede ser un balcón en la fachada principal de un convento o un local al mismo nivel del atrio; tiene un amplio frente y servía para decir la misa ante las multitudes neófitas y en algunos casos para representaciones de carácter religioso. Son típicas las de Etla (Oaxaca), Cuernavaca, Tlalmanalco, Acolman, Epazoyucan y Zempoala. Las hay de una o varias naves y algunas recuerdan la disposición de las mezquitas andaluzas, mas todas suponen la utilización del atrio como iglesia al aire libre aunque se tratara de un espacio no consagrado. La capilla abierta fue una solución provisional muy eficaz para remediar la escasez de iglesias en el siglo XVI, permitiendo a las grandes multitudes de conversos participar en las ceremonias del culto al aire libre, como era su costumbre.[22]

Pablo C. Gante, 88; y Romero de Terreros, *Artes Industriales*, 90 (Azcapotzalco, Epazoyucan y Coyoacán); Toussaint, *op. cit.*, 38 (Hospital de Jesús) y 39 (*Sala de profundis* de Actopan). Toussaint, *op. cit.*, 37-38 (techos de Pátzcuaro, Uruapan y Tupátaro). Toussaint, 39-40 (bóvedas pintadas). Artigas, 17 (Atlatlahuacan y Totolpan). Blackmar, 129.

[21] McAndrew, *Open-Air Churches*, 450 (alfiz de Cuernavaca); Chanfón, 61 (Tulpetlac) y 65 (Tlahuelilpa); Toussaint, *Arte Mudéjar*, 43-44 (Tecamachalco); y Olvera, 15 (Tepepulco). Angulo Íñiguez, *Mudéjar Style*, 226 (Tláhuac y alfices poblanos). Torres Balbás, 460 (casas de Campeche y ménsulas de Tlanalpan).

[22] García Granados, en "Capillas de Indios", 3, indica que quizá en Guatemala hay capillas abiertas, pero ningún otro autor habla de ellas. Horcasitas, 118 y 120 (función de las capillas abiertas). En el atrio de San José de los Naturales, decía Fray Pedro de Gante, cabían hasta 50 000 personas; véase la descripción de la de Zempoala en Olvera, 19. Toussaint, "L'Art de la Nouvelle Espagne", 46. McAndrew, *Open-Air Churches*, 205; y García Granados, *op. cit.*, 3-4

Con todo, la c a p i l l a   a b i e r t a tiene precedentes en la arquitectura religiosa paleocristiana, medieval e islámica. Palm recuerda que en los días del ocaso del Imperio Romano hubo un tipo de basílica techada pero abierta hacia el frente, en que se administraba justicia y se rendía homenaje al César; y otra sin techo llamada hipetral. Aquellas basílicas se usaron luego para el culto cristiano. En los países cálidos hubo también en los primeros siglos de la era cristiana iglesias sin paredes laterales, por ejemplo la primera basílica de la Santa Cruz de Jerusalén en Roma. Este tipo de edificio renació luego en su forma religiosa en tierras cálidas como Yucatán, protegido por un simple cobertizo, por obra de los misioneros del siglo XVI. A Peacock la capilla abierta de Tizatlán le recuerda por su estructura una basílica romana primitiva, y Zawisza opina que la de Tarímbaro tiene un verdadero ábside paleocristiano. La capilla abierta novohispánica fue semejante a algunas logias y tabernáculos medievales en los que no se decía misa, ya que servían para que el papa o los obispos aparecieran ante los fieles para impartir su bendición. Tal era la función del ancho balcón o *loggia* de San Juan de Letrán y del de la antigua basílica de San Pedro en Roma, así como el de la fachada lateral de algunas iglesias de la época carolingia como la de San Miguel del Liño, en Asturias. Existen capillas abiertas que recuerdan estos precedentes europeos en Acolman, Yecapixtla, Real del Monte y otros lugares. También las posas de Tlaxcala, Huejotzingo, Calpan, etc., podrían considerarse derivaciones de ciertos tabernáculos italianos, por ejemplo de la *Cappella di Piazza* de Siena.[23]

Los precedentes ibéricos de la c a p i l l a   a b i e r t a mexicana son quizá las ermitas llamadas de romería y algunas capillas abiertas en las murallas, generalmente arriba de una puerta importante. Tudela señala que en el norte de España hay muchas de aquellas ermitas de romería, y Bonet Correa recuerda las capillas medievales que se encuentran sobre las puertas de San Andrés en Segovia, de Jerez en Zafra y de Nuestra Señora del Pópulo en Baeza, esta última construida hacia 1530; pero parece que en ninguna de ellas se decía misa. Había sin embargo en España otras capillas abiertas improvisadas en las que, en el siglo XVI, sí se decía. Estaban en las plazas y se usaban los días de mercado, de manera que los compradores y vendedores podían asistir al oficio sin alejarse de sus actividades. Así era,

---

(empleo del atrio como iglesia usado al aire libre). Según algunos autores, la utilización del atrio como templo puede ser reflejo, por una parte de la costumbre de la iglesia primitiva de no dejar pasar más allá de *nártex* a los catecúmenos, y por la otra de la intención de asimilar al ritual cristiano el precedente de los patios situados ante los adoratorios paganos; la primera hipótesis —de Pablo C. de Gante— parece un poco forzada porque en la Nueva España el bautizo implicaba la conversión inmediata y la segunda poco verosímil por ser contraria a la filosofía de la evangelización, ya que los templos paganos, según los frailes, eran santuarios diabólicos.

[23] Palm, "Capillas abiertas", 48-49 y 57 (tipos de basílicas antiguas). Weisman, 53 (iglesias sin paredes en Yucatán). Baird, 8; Phelan, 50; Zawisza, 117; y Peacock, 279 (paralelismo de la basílica paleocristiana y la capilla abierta); *cf.* también Toussaint, *Paseos Coloniales* (UNAM, 1946), 134, sobre la capilla abierta de Tizatlán. Palm, *op. cit.*, 53-54 y 58 (logias y balcones); y 52-53 (capillas de Siena y de Or San Michele, en Florencia); sobre la capilla sienesa, ver además E. Carli, *Il Duomo di Siena* (Monte dei Paschi di Siena, 1979), 116.

por ejemplo, en Medina del Campo y en Valladolid, y contemporáneamente o poco después, también en Puebla, en cuya plaza mayor se construyó una capilla abierta con este mismo propósito. A fines del mismo siglo, en la plaza de Zocodover de Toledo y en la plaza frontera de Santo Tomé, había capillas de esta clase, así como en el segundo cuerpo de la fachada del convento de San Francisco de Valladolid. Muchos frailes que después se trasladaron a la Nueva España deben haber visto con sus propios ojos aquellas construcciones.[24]

Parece, sin embargo, que la concepción de la c a p i l l a   a b i e r t a frente a un gran atrio se debe más que a la España cristiana a la influencia de la arquitectura mudéjar. Las mezquitas de la España árabe daban a un gran patio en el que se reunía la congregación a orar y a escuchar la prédica. En las ciudades andaluzas existían, además, oratorios al aire libre llamados *musallas* o *sarias*, generalmente junto a las murallas, para los creyentes del vecindario. En la *musalla* de Granada los Reyes Católicos mandaron colocar una imagen de la Virgen de la Rosa, improvisada capilla donde se decía misa, según testimonios, a principios del siglo XVI. La planta de San José de los Naturales en México, que fue tal vez la primera capilla abierta de la Colonia, correspondía por sus naves al de una mezquita árabe e incluso su torre o campanario estaba construida en el mismo sitio del patio en que se edificaba el minarete en las mezquitas. Esto se explica porque aunque Fray Pedro de Gante, principal ideador de esa capilla, era flamenco, varios compañeros franciscanos eran cordobeses o sevillanos. San José de los Naturales fue el modelo que inspiró la Capilla Real de Cholula, semejante en el siglo XVI por sus 64 columnas a la Aljama de Córdoba, pero muy modificada en el XVII. Las iglesias de Jilotepec (Estado de México) y Etzatlán, en la frontera chichimeca de la Nueva Galicia, y la capilla franciscana de Toluca construida hacia 1552, son otros ejemplos de planta hipóstila a la manera árabe.[25]

[24] Tudela, 536-537. Bonet Correa, 270 (capillas en las murallas); 274 (en los mercados españoles); 275 (en la plaza mayor de Puebla); 276 (en Toledo); y 279-280 (en Valladolid).

[25] Palm, "Capillas abiertas", 51; Weismann, 53 (patios de las mezquitas). Bonet Correa, 270 (*Musallas*); *cf.* Torres Balbás, "Musalla y Saria en las ciudades musulmanas" en *Al-Andalus*, III (1948), fasc. I, 167-180. McAndrew, *Open-Air Churches*, 390 (San José de los Naturales), 391 y 400-411 (Capilla Real de Cholula), 411-413 (Jilotepec), 414-416 (Etzatlán) y 416-417 (Toluca). Baxter, 24; Torres Balbás, 460; Sanford, 146; y Sawisza, 117 (Capilla Real de Cholula).

XL. LA PINTURA, LA ESCULTURA
Y LAS ARTES SUNTUARIAS

PARA concluir esta larga exposición de la influencia cultural e institucional del Medievo en la Nueva España durante el periodo 1517-1650, queda por examinar la huella dejada por la Edad Media en las otras artes mayores y en algunas suntuarias. Reseñaremos, pues, lo más brevemente posible la herencia que se recibió del Occidente medieval y lo que deben a ese legado cultural que contribuyó a determinar nuestro perfil nacional. El grabado, la talla en madera, las artes suntuarias, el vestido, la cerámica, la herrería, la encuadernación y la cocina son algunas artes menores de las que nos ocuparemos someramente.

La p i n t u r a colonial, afirman los críticos de arte, tanto por su técnica como por su contenido carece de antecedentes en el arte indígena excepto la presencia ocasional de elementos de una tradición que se resistía a morir, y que se refleja sobre todo en los códices poscortesianos. Como señaló José Fernando Ramírez desde el siglo pasado, la escuela mexicana de pintura —la más rica de la América colonial— nació con la introducción del cristianismo y se ocupó de preferencia de temas religiosos. A esta tarea contribuyó de todas maneras el artista indio generalmente anónimo con excepción de Juan Gerson y de Marcos Cipac, este último autor del lienzo guadalupano. La pintura sobre tela, con sus variadas técnicas, comenzó a ser practicada en la Nueva España por frailes de talento como Pedro de Gante y luego por artistas europeos como el español Francisco de Morales y el flamenco Simón Perijns. Las enseñanzas de unos y otros pusieron las bases para el gran florecimiento de este arte en diversos periodos de la historia de México. Los primeros frailes muralistas, en monasterios tales como Ixmiquilpan y Culhuacán, dejaron la prueba de la influencia medieval de que eran portadores y que a veces transmitieron a sus discípulos indígenas, a cuya disposición se ponían los espacios dejados libres por las grandes figuras centrales de la composición, para que pintaran pequeñas escenas complementarias o de fondo, recurso derivado de la pintura europea del siglo XV. Ejemplos de esta técnica representativa son *La Entrada en Jerusalén* de Ixmiquilpan, fresco terminado probablemente hacia 1570, donde un pequeño grupo que empuña palmas aparece a escala reducida entre las patas de la cabalgadura de Cristo; y la pequeña nave llena de frailes que figuran entre las piernas de personajes por comparación gigantescos, en el mural de Culhuacán, terminado después de 1576. A pesar de que los muralistas indígenas tenían su propia tradición técnica y compositiva, el carácter general de estos frescos es gótico y algunos de sus temas evocan los de las vidrieras emplomadas, como es el caso de Huejotzingo. Un claro ejemplo de pintura inspirada en grabados góticos, si bien con mezcla de elementos renacentistas, es el de la escalera del convento de Actopan, que según Toussaint puede considerarse el mayor monumento pictórico de las Indias. El *Linaje espiritual de San Francisco*, pintado en un muro del convento franciscano de Cuernavaca, desgraciadamente muy deteriorado, tiene un marcado sabor medieval, sobre todo en los ángeles de alas angulosas. En la segunda mitad del siglo XVI también siguen pintándose retablos goticistas, de manufactura local pero inspirados en grabados flamencos o renanos del siglo XV. Ejemplo de ello son las historias del Antiguo Testamento y del Apocalipsis pintadas sobre papel de amate por el indio noble Juan Gerson en Tecamachalco, cuya composición, afirma Marco Dorta, refleja en escenas tales como la del Sacrificio de Isaac el gusto del siglo XV, y donde el tratamiento de los pliegues de los paños todavía es eminentemente gótico.[1]

La influencia m u d é j a r en la pintura es mínima y perceptible sólo en algunos casos, como en los dibujos geométricos y fajas entrelazadas de Atlatlahucan y en las imitaciones pintadas de artesonados mudéjares existentes en varios claustros del siglo XVI. La influencia f l a m e n c a llegó a la Nueva España trascendida ya de los valores puestos de moda por el Renacimiento salvo las pinturas sobre papel amate del sotocoro de Tecamachalco, inspiradas en ilustraciones de biblias medievales. En algunos casos esta influencia llegó a la Nueva España de manera directa, pero más comúnmente fue transmitida a través de la Península, donde el estilo flamenco —ajeno a los raptos del misticismo español de la época— se manifestó en muchas formas sobre todo durante el reinado de Carlos V. En los primeros años de la Colonia se importaban cuadros de origen flamenco para adaptarlos a los retablos; así llegaron varias obras de Martín de Vos, artista ya manierista que influiría, entre otros pintores novohispanos, a Baltazar de Echave Orio "el Viejo" (*ca.* 1547- *ca.* 1620). El cuadro más conocido de Martín de Vos, una de las obras flamencas consideradas modelo digno de imitación, se conserva en Cuautitlán. Motolinía, elogiando a los primeros artistas indios que utilizaban técnicas occidentales, describe con gran claridad la trayectoria de aquellas influencias y de su transmisión a la Nueva España: en efecto, afirma que de aquellos indígenas "han salido grandes pintores después de que vinieron las muestras é imágenes de Flandes y de Italia que los Españoles han traido, de las cuales han venido á esta Tierra muy ricas piezas". Tales obras sin duda inspiraron al indio Juan Gerson a decorar espléndidamente a la manera flamenca la iglesia conventual de Tecamachalco en 1561 y 1562, así como a otros pintores autóctonos. En numerosos cuadros coloniales del siglo XVI es visible la huella flamenca; éste es el caso del *Ecce Homo*, y otras cuatro obras que ornamentan el claustro alto del convento agustiniano de Epazoyucan. El pintor Simón Perijns, hispa-

---

[1] Carrillo y Gariel, *Pintura de la Nueva España*, 57 y 65-66; *cf.* Sanford, 245. Baird, 34 (pintura en tela). Rojas, 73 (pintores indios). Kubler, *Mexican Architecture*, II, 369 y figs. 342, 343 y 344 (murales de Ixmiquilpan y Culhuacán). Pablo C. de Gante, 42-95 (Huejotzingo). Toussaint, *Pintura Colonial*, 10 y 49 (Actopan) y 27 (convento franciscano de Cuernavaca). Marco Dorta, 113 y fig. 173; *cf.* C. Reyes Valerio, "Las pinturas de Juan Gerson en Tecamachalco", en *Bol. del Inst. Nacional de Antropología e Historia*, 1963. Sobre los materiales colorantes usados en la pintura colonial como por los maestros indios —los *tlacuili*—, *cf.* A. Velázquez Chávez, *Tres siglos de arquitectura colonial* (Mexico, TGN, 1933), 4.

nizado a Perines, natural de Amberes, residió durante algún tiempo en Toledo y se trasladó luego a la Nueva España en 1566 en el séquito del Virrey Marqués de Falces, quien le encargó varios murales para el palacio virreinal. Su obra más preciosa, en cuya realización colaboró Concha, es el retablo de Huejotzingo (1584-1586) inspirado en el de Martín de Vos y en Durero, que sólo conoció a través de grabados. Otra de sus obras es el San Cristóbal, de la catedral de México (1588). La influencia de los Países Bajos está presente también en las figuras de San Pedro y San Pablo que, vestidos de burgueses flamencos, vigilan el interior del portal norte de la iglesia de San Martín de Huaquechula. Otro nativo de Amberes fue Diego (Jacobo) de Borgraf, artista más bien barroco, de quien se conservan algunas pinturas datadas entre 1635 y 1665. Con todo y todo, la presencia de flamencos en el arte de la Nueva España no se limitó a la pintura: en los siglos XVI y XVII también los hubo en otras actividades tales como la escultura, la talla en madera, la impresión de libros, la minería, etc., sin olvidar por supuesto el importantísimo campo de la evangelización de los naturales.[2]

La influencia de la escuela italiana en la p i n t u r a colonial del siglo XVI es innegable. Una muestra interesante de esto es la *Adoración de los Reyes Magos*, conservada en el Museo de Churubusco, en la cual la fachada de un templo romano que sirve de fondo a la tela y la vestimenta medieval reclaman la influencia de Nicola Pisano. Por su parte, Pablo C. de Gante recuerda que el carro alegórico del fresco de la Casa del Deán, en Puebla, fue inspi-

---

[2] Toussaint, *Pintura Colonial*, 45 (Atlatlahuacan), y *Arte Mudéjar*, 44-45 (artesanos mudéjares pintados). La influencia de la escuela flamenca en la pintura no se limita a la Nueva España, sino que fue general en las Indias, como señalan Zavala, en *Mundo Americano*, I, 507, Palm, en *La Española*, I, 6 y Chanfón, 40. McAndrew, *Open-Air Churches*, 142; y Toussaint, *Pintura Colonial*, 85 (influencia de Martín de Vos). MOTOLINÍA, *Historia de los Indios*, 212. R. Carmelo Arredondo *et al.*, *Juan Gerson, Tlacuilo de Tecamachalco* (México, INAH, 1964). Toussaint, *op. cit.*, 39 (Tecamachalco). A de Ceuleneer, 5 (Diego de Borgraf). Se hablará de los escultores flamencos más adelante, pero es interesante recordar aquí la presencia en la Nueva España en los siglos XVI y XVII de otros hombres ilustres de este origen, en primer término de Fray Pedro de Gante (Pedro van der Moere) y de sus dos compañeros llegados con él en 1523: Fray Juan de Aora (Jehan van Aar o van der Awera) y Fray Juan de Tecto (Jehan van Tacht): Moreno Villa, 40. Pérez Verdía, 352, con base en datos de los Padres TELLO y BEAUMONT, menciona a Fray Juan de Padilla y a Fray Miguel de Bolonia, también misioneros flamencos. En *Arte Flamenco*, 7, Toussaint recuerda a varios escultores, canteros, grabadores y hasta a un constructor de molinos. Mendizábal, en *Obras Completas*, V, 30, atribuye al flamenco Gregorio Miguel el mérito de haber sido uno de los primeros en fabricar aguafuerte en la Nueva España. Yolanda Mariel de Ibáñez, 53, menciona a dos flamencos procesados por la Inquisición: Juan "Banbernique", natural de Amberes y vecino de las minas de Sultepec, en 1540; y Enrique "de Holanda", zapatero, en 1570. Por último, en la lista de los penitenciados por el Santo Oficio entre 1574 y 1649 que figuran en González Obregón, 678, 679, 681, 685-688, 690 y 707, hay 16 flamencos u holandeses, entre ellos un impresor bien conocido (Cornelio Adrián César, 1601), un armero (Rogent Siert, 1574), un cirujano (Maese Nicolás de Hales, 1591), dos artilleros (Miguel Taquins, 1601 y Adrián Cornelio, homónimo del impresor, 1601), un apartador de minerales (Cristóbal "Miguel", 1601) y otros de ocupación desconocida o calificados de corsarios, marineros o herejes; la mayor parte residía en México, pero también los había en Puebla, Zacatecas y Chamacuero (Michoacán). Se encuentra a un flamenco entre los 30 soldados que Miguel Caldera envió, en 1582, a la Gran Chichimeca (Powell, *M. Caldera*, 128); y otro, llamado Juan Pablo, era labrador en la jurisdicción de Cholula, hacia fines del siglo XVI (PROTOCOLOS DE LA NOTARÍA DE CHOLULA, doc. 861 del 4. I. 1594).

rado sin duda por *Los Triunfos* de Petrarca. Toussaint ve una fuerte influencia bizantina, llegada por supuesto a través de Italia, en los vestigios de frescos existentes en la antigua capilla abierta de Tlaxcala, levantada según la tradición en el sitio ocupado por el palacio de Xicoténcatl el Viejo en el barrio de Tizatlán.[3]

La e s c u l t u r a novohispánica del siglo XVI muestra en muchas de sus manifestaciones, dice Baird, la misma herencia hispanoflamenca característica de la arquitectura y la ornamentación, aunque con una interpolación de elementos indígenas —que Rojas considera fundamental— y una estilización gotizante de las figuras. Según el agudo juicio de Antonio Tovar, mientras en aquella época en las Indias no podría haberse comprendido a Miguel Ángel, por el contrario fue asimilada la escultura policroma del Medievo borgoñón o flamenco, entonces floreciente en España; de Flandes y de Alemania llegaron a España, a fines del siglo XV, y de ahí vinieron a México y al Brasil los gigantescos retablos de madera dorada, de estilo gótico flamígero, primero, luego —a partir de 1550— plateresco y manierista, como los que dieron fama a Berruguete. Sería prolijo enumerar todos los elementos escultóricos góticos o prerrenacentistas que en relieve o de bulto adornan las fachadas, portales y frisos de las iglesias y de los claustros construidos por los frailes, tarea por lo demás ya hecha con maestría por Kubler. Baste aquí enumerar los más característicos, que podrían reducirse a los siguientes: la cruz flordelisada de Acolman, con ciertos elementos góticos; los relieves arcaizantes de Huejotzingo; las parejas de ángeles de perfil en actitud de volar o de arrodillarse, que parecen inspirados en estampas de libros góticos, y las escenas de escaso relieve del Juicio Final de Calpan y Huaquechula; los emblemas franciscanos (el cordón, los estigmas, etc.) y dominicos (la cruz de Alcántara y el can blanquinegro, este último con una antorcha en las fauces), esculpidos en tantas fachadas y los relieves de caballeros que sostienen traíllas de perros en las jambas de la entrada a la "Casa del que mató al animal" de Puebla, sin duda copiados de tapices flamencos o franceses de las postrimerías del siglo XV.[4]

En la i m a g i n e r í a novohispánica del siglo XVI no es muy fácil percibir el gusto gótico. Sin embargo, como señala Moreno Villa, se observa un cierto gusto gótico rezagado en algunas estatuas como el Cristo de Nesquipaya (Estado de México), que tiene la cabeza inclinada y las crenchas peinadas hacia atrás según el gusto de los siglos XIV y XV y como una Maternidad conservada en el Museo del Virreinato en Tepotzotlán, la cual

---

[3] Weismann, 51. Pablo C. de Gante, fig. 25 b. Toussaint, *Pintura Colonial*, 131.

[4] Baird, 33-34. Rojas, 68. Tovar, 836. Germain Bazin, I, 256 (retablos). Kubler, en *Mexican Architecture*, clasifica en dos grandes grupos la arquitectura del siglo XVI, según los detalles escultóricos que la ornamentan: la de raigambre medieval y la de transición del Medievo al Renacimiento. A su vez, las obras de cada grupo son subclasificadas en tres tipos: "europeo", "colonial" e "indígena". Los abundantes ejemplos con que este autor ilustra sus apreciaciones figuran en II, 373, 386-387, 390-91, 398-400, 403. Moreno Villa, 17 (cruz de Acolman). El Juicio Final de Calpan ornamenta la posa de San Miguel. MacGregor descubrió que el Juicio de Huaquechula se inspiró en una estampa de un libro impreso en Burgos en 1498 (Marco Dorta, 100 y fig. 150; y Moreno Villa, 24-26). Weismann, 28 (emblemas franciscanos y dominicos). Toussaint, *Arte Colonial*, 121 (los caballeros de la "Casa del que mató al animal").

por sus proporciones, el plegado de sus paños y la estrechez del asiento en que está sentada, es de absoluto sabor gótico. La i m a g i n e r í a en madera (ya sabemos que existía el gremio respectivo especializado) empleaba la misma técnica que en España y fue un arte cultivado con entusiasmo en la Colonia, cuyas principales características eran el estofado de las telas y la encarnación de los rostros, manos y pies o de todo el cuerpo cuando se trataba de santos desnudos. Un relieve en madera cuyas formas nos trasladan al siglo XV en Europa, dice Toussaint, es el *Descendimiento* de la iglesia de Guadalupe de Chiapa de Corzo. Otra característica medieval de la escultura novohispana era el anonimato de sus autores, con la excepción del flamenco Adrián Suster, de quien sabemos que trabajó en varios puntos del virreinato y en la catedral de México. Una clara supervivencia en la Nueva España de la estatuaria medieval en el arte funerario son las interesantes f i g u r a s o r a n t e s —si bien trabajadas ya dentro del estilo barroco— bastante numerosas en la Nueva España, de las que se conservan unas catorce; unas pocas son de piedra o de mármol, la mayoría es de madera policromada y tiene a veces un carácter casi popular. Pero en la Colonia no se cultivó la figura yacente. Weismann recuerda la figura orante de un caballero de Santiago, benefactor de San Diego de Tacubaya, que se conserva en el Museo de Churubusco; y Toussaint otras trece, buena parte de ellas en Puebla. Hay por supuesto también varias de obispos, monjas y patronos laicos de iglesias, entre las cuales consideramos que cuatro son dignas de mención particular: la del capitán Jorge Cerón, fundador con otros de Santa Mónica de Puebla que luce una indumentaria del siglo XVI; la de Melchor de Covarrubias († 1592), fundador del Colegio del Espíritu Santo, hoy Universidad de Puebla, que viste media armadura; la de Pedro Ruiz de Ahumada, conservada en San Martín de Tepotzotlán, quien con un gran yelmo al lado aparece protegido por una coraza bajo la cual se asoma una cota de mallas; finalmente la de Melchor de Cuéllar, fundador del templo del Santo Desierto de Tenancingo, también vestido con espléndida coraza. Se conocen por descripciones otras ocho estatuas orantes hoy perdidas: una era la del caballero de Santiago, Juan de Chávez, que se conservaba en San Lorenzo de México y representaba al orante revestido de media armadura y el yelmo a sus pies; las otras estaban en San Luis Potosí y Zacatecas y honraban a los fundadores de iglesias y sus consortes. El hecho de que estas últimas sean del siglo XVII sólo demuestra la pervivencia de esta forma de la escultura en el México colonial.[5]

En la t a l l a en madera también se hizo sentir la influencia mudéjar. Uno de los ejemplares más notables de carpintería de reminiscencia mozárabe es el coro de la iglesia de Epazoyucan, que data del siglo XVI; y desde

---

[5] Moreno Villa, 11; 30 y figs. 26 y 27 (Cristo de Nesquipaya), 29 (Virgen Madre del Museo de la Catedral de México) y 39 (Adrián Suster). *Cf.* Chanfón, 60, sobre el uso del cincel curvo en la Colonia. Toussaint, Puebla, 37-38 (imágenes de madera); y *Arte Colonial*, 47 (*Descendimiento* de Chiapa de Corzo). Weismann, 87, y Toussaint, "Escultura Funeraria", 42-43 y 46-57. Las estatuas orantes de Nicolás Fernando de Torres, del Carmen de San Luis; y de Vicente Saldívar y su esposa Ana Buñuelos de la iglesia de la Compañía en Zacatecas, hoy desaparecidas, databan del siglo XVIII.

luego no puede omitirse una mención de las numerosas celosías, de las que hay muy bellos ejemplos en Otumba en la capilla del Colegio de las Vizcaínas cuyos calados a menudo tenían por base la forma de la estrella. La influencia flamenca también está presente en la carpintería, y Romero de Terreros discierne algunas "ingenuidades de la Edad Media" en la rica y elegante ornamentación plateresca del coro de San Agustín de México, que hasta ahora se conserva en la vieja Escuela Nacional Preparatoria de la calle de San Ildefonso.[6]

También hubo en la Colonia, según Toussaint, c a n t e r o s flamencos, llamados entonces lapidarios, además de grabadores y otros artistas. Los g r a b a d o s que ilustran la *Rethorica Christiana* del franciscano criollo Fray Diego Valadés, impresa en Bolonia en 1579, dice De la Maza, obedecen a su concepto del mundo de raíz tomista y medieval y matizado por un humanismo renacentista que entonces se estaba abriendo paso a duras penas en la Colonia. Operó en la Nueva España el grabador flamenco del siglo XVI y principios del XVII, Samuel Stradanus, nativo de Amberes, calificado de manierista por los críticos de arte. Ejecutó en 1604 un retrato del bachiller Arias de Villalobos, autor de loas cortesanas de la época y del escudo de armas del Virrey Marqués de Montesclaros. Además, introdujo el sistema del huecograbado en el continente americano.[7]

En el campo de las a r t e s   s u n t u a r i a s , habría que mencionar desde luego la manufactura de g u a d a m e c i l e s (del ár. *gadamecí*, de Gadamés en Trípoli), cueros grabados cuyo uso fue general en todas las casas de gente acomodada de la Nueva España para decorar muebles, puertas o paredes. Los guadameciles fueron primero de importación pero luego se fabricaron en la Colonia, en primer lugar en San José de los Naturales. También se usaron, aunque no muy generalmente, las a l f o m b r a s turquescas o moriscas, y desde el siglo XVI se trajeron esclavos moros para fabricar s e d a s . Cortés poseía nada menos que 20 t a p i c e s tejidos en Flandes, la mayoría de gran tamaño, que representaban escenas diversas y paisajes. Indudablemente aquellos dibujos inspiraron algunos frisos y detalles ornamentales y escultóricos de las fachadas del siglo XVI, así como la decoración de objetos utilatarios menudos. De Flandes eran también los pesados c o f r e s "tumbados", de los que Cortés poseía uno, "de dos llaves de mediado"; existía otro semejante en la catedral de México que a su vez contenía un "cofrecico... de piezas de nácar", donde se guardaba el Santísimo Sacramento; y un tercero, de tres llaves, en el Cabildo de México, para guardar "los privilejios y escrituras" de la ciudad. Este último había costado 20 pesos de oro. En los monumentos funerarios, informa De la Maza, los temas clásicos aparecen por primera vez en 1559 en el túmulo de Carlos V, descrito por Cervantes de Salazar.[8]

---

[6] Marco Dorta, 27 (carpintería "de lo blanco"). Olvera, 24 (coro de Epazoyucan). Toussaint, *Catedral de México*, 19 (Adrián Suster). Romero de Terreros, *Artes Industriales*, 101.

[7] Toussaint, *Arte Flamenco*, 7 (grabadores y canteros flamencos). F. de la Maza, *Valadés*, 32. Diego de CISNEROS, Int. por F. González de Cossío, 9-10 (Samuel Stradanus).

[8] Toussaint, *Arte Mudéjar*, 46; y R. Gallegos, *Pensamiento Mexicano*, 37 (guadameciles y arte de la seda). Los tapices propiedad de Cortés figuran en un inventario de 1539, según Ca-

En el siglo XVI, el m o b i l i a r i o de la Nueva España fue por lo general pobre, compuesto sobre todo de sillas, banquetas, mesas, arcones y camas; llegaron después las cómodas, los roperos y las arcas de hierro. En los primeros salones y alcobas de México había cojines de terciopelo, bufetillos bajos, biombos y t a r i m a s (del ár. *tarima*, estrado de madera), como las que servían de lecho a los estudiantes de Santa Cruz de Tlatelolco, cosa por lo demás usual en la España de aquella época. Cortés introdujo en la Nueva España la s i l l a d e c a d e r a s , considerada mueble de lujo. Sentado en un mueble de esta clase recibió en 1519 a los enviados de Moctezuma, a quien luego obsequió el asiento. Antes de que los artesanos indios comenzaran a fabricarlas llegaron otras muchas sillas de este tipo en las naos de la carrera de Indias. Carrillo y Gariel, en su historia del mobiliario novohispánico, ilustra varios ejemplos de ellas que figuran en varios códices, entre ellos el de Tlatelolco y el Lienzo de Tlaxcala. Aparte de su elegancia, cuando los encomendados recibían audiencia del encomendero, la silla en que éste se sentaba, de por sí alta, se colocaba sobre una plataforma para impresionar más a los naturales. El gusto gótico en la talla de madera no se limitó a los muebles pues también apareció en el entablerado de puertas y ventanas.[9]

El a t u e n d o de los españoles desde su llegada a las costas mexicanas es de interés para la historia por varios conceptos. Por ejemplo —como recuerda José R. Benítez— la indumentaria indígena actual prácticamente se definió en 1518 cuando en las márgenes del río de Banderas los naturales aceptaron y se pusieron "las camisas de Castilla" donadas por Grijalva y el largo calzón blanco que aconsejaba el uso popular europeo de la época fue impuesto por los primeros frailes a los indios para ocultar su desnudez; pero el vestir ropas de Castilla y sombrero sólo era permitido a los indios sobre base personal todavía en 1552. Tuvo gran trascendencia el que Cortés haya desembarcado en la costa de Veracruz un Viernes Santo, pues el luto con que por ello vestían él y sus soldados sugirió a los indios el atavío negro del dios-hombre Quetzalcóatl a la luz de las representaciones de sus libros mágicos. Contribuyó también al asombro de los nahuas y de sus vasallos el que los recién llegados se dejaran crecer la barba como imponía la moda española hasta mediados del siglo XVI. De todas maneras, los colores oscuros predominaban entonces en el vestuario masculino, que consistía en camisa, jubón abotonado y ceñido, cuello rígido y alto, calzón corto, medias, casaca y capa hasta la cintura, gorra adornada a veces con plumas o prendedores, y en ocasiones una capucha. Más tarde, hacia 1580 empezó a aparecer en la Nueva España el sombrero de copa más alta. Ya para enton-

---

rrillo y Gariel, *Mueble*, 14. Pablo C. de Gante, 62; y Weismann, 28 (influencia de la tapicería flamenca en frisos y decoraciones). COL. DE DOCUMENTOS INÉDITOS DE CORTÉS, Inventario de Cuernavaca de 1549, 237; y Carrillo y Gariel, *op. cit.*, 14 (cofre de dos llaves de Cortés). Toussaint, *La Catedral de México*, 176; y ACTAS DEL CABILDO, II, 140 (6 de noviembre de 1531). F. de la Maza, *Mitología Clásica;* los ejemplos que siguen en el texto datan de 1580, 1595 y 1599.

[9] Carrillo y Gariel, *Mueble*, 14 (pobreza del moblaje); *cf.* Morales Rodríguez, 449. Kubler, *Mexican Architecture*, I, 220; Toussaint, *Arte Mudéjar*, 47; y Cruz, 75 (tarimas). Carrillo y Gariel, *op. cit.*, 10-11 y 40 y figs. 27 y 33 (sillas de caderas). Romero de Terreros, *Artes Industriales*, 149 (utilización de tabletas de marfil en el mobiliario).

ces se lucían trajes o vestidos de muselina, tafetán, satín y seda (materiales todos ellos de origen moro, como también lo fueron la falda corta y el chaleco; los pantalones son persas); los primeros telares fueron instalados en Puebla en 1539 por Francisco de Peñafiel. El Virrey Mendoza vestía a menudo, según Fray Jerónimo de Alcalá, ropón castaño con esclavina negra y se tocaba con una gran gorra bordada; fue tal vez el primer alto funcionario que usó g u a n t e s , de los cuales trajo consigo 12 docenas, que desde fines del siglo xv estaban de moda en Europa. Para el juego de cañas, el Ayuntamiento de México tenía la obligación de proporcionar el vestido adecuado a los caballeros que participaban en la lid: m a r l o t a s (del ár. *malota*, manto velloso o lanudo), vestidura verdaderamente morisca a modo de sayo baquero que se llevaba muy ceñida al cuerpo, y c a p e - r u z a s o bonetes rematados en punta inclinados hacia atrás. Cuando se recibía a un virrey, el Cabildo de México debía también vestir a su costa a los regidores y otros oficiales con r o p o n e s de terciopelo carmesí forrados de raso, calzas con espiguillas, jubones de cuero con faldilla y zapatos de terciopelo blanco "acuchillados y cairelados". El traje de las mujeres consistía en un corpiño, una basquiña o sayo de color oscuro que cubría la ropa interior de la cintura a los pies, y debajo de ella un verduga- do o g u a r d a i n f a n t e , armazón que servía para ahuecar la basquiña y dar más amplitud y vuelo al vestido exterior. Estas prendas derivaban del último estilo medieval que al abultar el vientre y las caderas, dice Fernando Benítez, daba a las damas la apariencia de majestuosos globos. Los afeites que se usaban eran el b e r m e l l ó n , cinabrio pulverizado, y el a l b a y a l d e (del ár. *al-Hayad*, blancura), carbonato básico de plomo, sólido y de color blanco que también se empleaba en la pintura artística. Como en Salamanca, los estudiantes universitarios vestían l o b a s , mantos o sotanas abotonados de paño negro, y m a n t e o s tan largos que arrastraban. La f a l d a , vestimenta blanca hoy reservada al Papa, era usada indebidamente en la Colonia por algunos clérigos, pues conocemos un incidente de 1585 en la ermita de Guadalupe en que dicha prenda, que traía puesta el inquisidor Santos García dio motivo de escándalo.[10]

El l u t o se observaba rigurosamente en el vestido y un v e l o r i o (o velatorio) solemne exigía la construcción de un t ú m u l o . El primero de que se tiene memoria fue mandado construir prematuramente por el factor Gonzalo de Salazar, cuando corrió la voz de que Cortés había

---

[10] J. R. Benítez en *Traje y adorno*, 9-10, se apoya en lo dicho por BERNAL DíAZ, I, 61. Véase en Zavala, *Velasco I*, 448, la autorización virreinal para que puedan vestir ropas de Castilla y traer sombreros, a once principales de Tehuantepec, dos de ellos llamados Hernán Cortés y Luis de Velasco. Collings, 60 (vestidos de Cortés y sus soldados, en 1519). Morales Rodríguez, 444 (indumentaria masculina en la primera mitad del siglo XVI). Fray Jerónimo de ALCALÁ, I, lámina I. J. R. Benítez, *op. cit.*, 44 (guantes). Roux, 47 (tejidos finos). Bazant, "Textile industry", 59, 69 (Peñafiel). ACTAS DEL CABILDO, VIII, 189 (5 de agosto de 1575) y IX, 63 (30 de septiembre de 1585) (atuendo de jinetes y oidores). Morales Rodríguez, 445; y F. Benítez, 50 (moda femenina). V. T. Mendoza, *Vida y Costumbres de la Universidad*, 7.; *cf.* A. Valbuena y Prat, *La vida española en la Edad de Oro* (Barcelona 1943), 46. Hanke (ed.), VIRREYES, II, 10; y Mariel de Ibáñez, 87 (falda del inquisidor García).

muerto en las Hibueras; frente a él el mismo factor hizo pregonar su autodesignación como gobernador y capitán general de la Nueva España. Cuando moría un gran personaje, como el rey, la reina, el virrey o la virreina, el vestido de luto era de rigor. Para el entierro del Virrey Velasco I el Ayuntamiento vistió al justicia, a los regidores y escribanos de México con l o - b a s de "paño de raza" provistas de c a p i r o t e s o c a p e r u - z a s (capuchas negras de diversas formas a veces unidas a la loba). Las de los porteros del Cabildo eran de simple paño de la tierra. De igual manera vistieron los oficiales reales en las honras fúnebres celebradas en 1576 y 1581 a raíz de la muerte de las consortes de los Virreyes Enríquez y Suárez de Figueroa; en esas ocasiones, además, los funcionarios menores fueron provistos de ropetas y capuces negros. En 1581 también hubo otras solemnes ceremonias en honor de la difunta Isabel de Valois, tercera esposa de Felipe II, en los que participaron de riguroso luto todos los funcionarios virreinales. Otras ceremonias luctuosas celebradas con el mismo aparato fueron los funerales del Virrey Conde de la Coruña en 1583; las exequias de Felipe II en 1599; de la reina Ana de Austria en 1612; en el entierro de la virreina Marquesa de Guadalcázar en 1619; y las exequias de Felipe III en 1621. En ocasión de la muerte de la Marquesa de Guadalcázar, los doctores universitarios desfilaron con las m u c e t a s al revés, signo de amargo luto.[11]

Los orfebres coloniales, además de labrar la plata y el oro según métodos y estilos peninsulares, particularmente tomaron modelos de la joyería salmantina para la creación de ciertos objetos como los p e c e s a r - t i c u l a d o s hoy en día muy gustados tanto en México como en el Perú. En el arte de la m a n t e l e r í a todo fue importación europea; muy apreciados eran los manteles alemaniscos, así llamados por ser de gusto alemán, cuya primera mención es de 1533; en efecto, los dominicos de Tlacotalpan cubrían sus mesas, los días de fiesta, con manteles alemaniscos. En cuanto a la encuadernación, señala el doctor Nicolás León que los impresos mexicanos del siglo XVI se encuadernaban también al estilo alemán; se usaba el palo, la badana y el pergamino; para los libros in folio, se preferían la badana y el becerrillo; los broches o forjas que cerraban los libros grandes todavía eran en el siglo XVIII de estilo "gótico posterior". Respecto al b o r - d a d o Romero de Terreros reconoce que no es fácil distinguir entre el ejecutado en México colonial y el español de la misma época, pues por estilo y procedimientos eran idénticos.[12]

---

[11] Agapito Rey, en *Cultura y costumbres del siglo XVI*, y Matos, 126, reseñan los orígenes del velorio; desde entonces se velaba el cuerpo del muerto la víspera del entierro y se ofrecían refrescos y bebidas a los que venían a dar el pésame a la familia del difunto. Bernal DÍAZ, C. CLXXXV; II, 85 (túmulo erigido por Salazar). Hanke (ed.), VIRREYES, I, 129 (entierro de Velasco I). ACTAS DEL CABILDO, VIII, 244 (1576), 501 y 518 (1581) y VIII, 639 (1583). PLAZA Y JAÉN, I, 193 (Felipe II); *cf.* ACTAS DEL CABILDO, XIII, 277 y 228 (exequias de 1612); y 258 (entierro de la Marquesa de Guadalcázar); *cf.* HANKE (ed.), VIRREYES, III, 81. Carrillo y Gariel, *El traje en la Nueva España*, 126 (exequias en memoria de Felipe III).

[12] Foster, *Cultura y Conquista*, 396 (peces articulados). REMESAL, V, xii; I, 374 (manteles alemaniscos). N. León, "Lo que se encuentra en las pastas de los viejos libros de México", en *El Tiempo*, México, 1899. Villegas, 36; *cf.* A. L. Mayer, *El estilo gótico en España*, Madrid, 1943. Romero de Terreros, *Artes Industriales*, 187 (el bordado).

Entre las artes industriales, la h e r r e r í a es quizá la que más debe a las técnicas y estilos imperantes en España a fines del Medievo. La influencia gótica persistió con todos los pequeños productos del hierro forjado tales como clavos, chapetones, llamadores, pasadores, bisagras, aldabas, hierro de balcón, soportes o pies de gallo, rosetas con pétalos rematados en punta, etc. En el retrato que cuelga en el Museo Nacional de Historia (copia fiel del siglo XVII de un original anterior), el Obispo Zumárraga, de pie frente a una silla de caderas, empuña un b á c u l o gótico con macolla y todo. En el inventario del tesoro de la catedral de México de 1541 figura un c á l i z con patena y doce campanillas que colgaban de él, descripción que sugiere indiscutiblemente el gusto gótico. Había otros báculos del mismo estilo como uno que figura en la *Misa de San Gregorio*, de Cholula, del siglo XVI; c i r i a l e s con arandelas adornados con pomas, como el que aparece en el *Códice Sierra*, de *ca.* 1551-58; y o s t e n s o r i o s como el que sostiene en las manos la estatua de Santa Clara en Tlalmanalco. Los c l a v a z o n e s de puertas y portones, tan abundantes en el siglo XVI y después, se remontan a la costumbre de los árabes de la Península de adornar sus puertas con tachones de hierro. De indudable derivación árabe son también los estribos del mismo metal usados por Cortés y sus compañeros, adornados con grabados y calados mudéjares, y las dos a l q u i - t a r a s de metal que el Conquistador tenía en su palacio de Cuernavaca quizá para hacer ron. Se forjaron también c e l o s í a s de hierro, por ejemplo para Santa Clara de Querétaro, grecas para decorar lo alto de la pared en algunas iglesias, y grandes r e j a s de barras muy tupidas (las llamadas rejas-celosías) para impedir el acceso a un claustro o patio, como la de la portería del convento franciscano de Acámbaro.[13]

La a l f a r e r í a v i d r i a d a desde el siglo XVI dio fama a Puebla y es de origen mozárabe. A su máximo centro peninsular, Talavera de la Reina, los árabes la llevaron en última instancia de Persia o quizá hasta de China. El gusto de ornamentar pisos y muros con a z u l e j o s es también de origen árabe, aunque algunos diseños en relieve de la talavera poblana revelan una cierta influencia italiana. En Andalucía y posteriormente en México, como en la Italia meridional, se utilizó profundamente la mayólica para decorar el exterior de las iglesias y, sobre todo, las cúpulas. Según Cervantes, los azulejos poblanos del siglo XVII con sus complicados diseños literales, traen a la mente las unciales de los manuscritos medievales. La industria de la cerámica, comprendiéndose en este término tanto el azulejo de Talavera como la loza de mesa y cocina fue introducida en

[13] Romero de Terreros, *Artes Industriales*, 46; y Villegas, 26 (hierro forjado en la Nueva España). Toussaint, *Pintura Colonial*, 53; y "Elementos Góticos", 19 (báculo de Zumárraga). Cruz, en *Las artes y los gremios de la Nueva España*, 114, señala que el águila imperial bicéfala era motivo favorito para las bocallaves y chapas de las cerraduras de puertas o balcones en los siglos XVI y XVII. Toussaint, *La Catedral de México*, 175 (inventario de 1541); *Arte Colonial*, 57, 58 y 60-61 (ciriales y báculos góticos); y "Elementos góticos", 19 (ostensorio de Tlalmanalco). Romero de Terreros, *op. cit.*, 51 (celosías de hierro), 54 (clavazones de puertas) y 80 (estribos de hierro). INVENTARIO DE LOS BIENES...DE...CORTÉS (1549), en *Col. de Docs. Inéditos de Cortés*, 234-245. Villegas, 35 y Lam. IX, fotos 23 a 26 (grecas de hierro). Toussaint, *Arte Mudéjar*, 45-46 (rejas-celosías).

Puebla hacia 1532 por los dominicos, y sus primeros maestros fueron probablemente andaluces; y en México, por Diego de Vargas en 1551 (aunque al parecer no prosperó), y los diseños y los productos llegaron a ser más complicados y de mayor policromía que los de los moros de España. Hay datos sobe las actividades de los loceros de Puebla en los periodos de 1550-1570 y 1580-1585, y conocemos el nombre de un maestro que se llamaba Gaspar de Encinas. A fines del siglo ya había en Puebla varias fábricas que recibían aprendices. El Virrey Conde de la Coruña intentó introducir en 1583 el arte de la loza también en Pátzcuaro, con poco éxito. A pesar de la fecha tan temprana de introducción de esta industria en Puebla, las primeras ordenanzas del gremio de loceros fueron dadas hasta 1653. El procedimiento de fabricación de la loza blanca y del azulejo poblanos ha variado muy poco desde el siglo XVI; la cocción es siempre doble y se efectúa en los mismos hornos circulares de tipo mediterráneo; es prácticamente idéntica la rueda del alfarero. Como en la España árabe y cristiana, la Colonia pronto se aficionó a los lambrines o a l i z a r e s , lo cual es una huella más dejada por el gusto mudéjar en México. A fines del siglo XVII, el Padre Vetancurt consideraba que la loza de Puebla era más fina que la de Talavera y que podía "competir con la de China", y en el XVIII el cronista Fernández de Echeverría hizo su elogio y el del fino barro blanco local, materia prima que hacía posible la creación de tan bellos productos.[14]

Examinaremos ahora brevemente la influencia medieval —cristiana, judía e islámica— en el arte de la c o c i n a , cultivado en la Nueva España a alturas que pudieran clasificarse de excelsas. Terminaremos así este capítulo y la obra con una nota de sabor. Es evidente que la importación de la familia de los bóvidos, así como la del puerco, las aves de corral y otras especies desconocidas en América, resultó en un gran enriquecimiento de la mesa colonial, de la cual son galana muestra los banquetes ofrecidos por Cortés y por los primeros virreyes, los cuales, como se ha visto, no desmerecían de los faustos culinarios de Borgoña o de Valladolid. Lo mismo podemos decir de los vinos (que se bebían de botas de cuero o de damajuanas de loza) y de otras bebidas ya apreciadas en la Colonia en el siglo XVI, pero es quizá poco conocido el hecho de que desde 1544 se comenzó a hacer c e r v e z a en México. En efecto, ese año un cierto Alonso de Herrera informó a Carlos V haber emprendido su fabricación explicando que la tierra tenía necesidad de esta bebida por la falta de vino y de aceite. La cerveza tuvo un enorme éxito comercial, tanto que "los naturales... la tenían por mejor que sus pulques".[15]

---

[14] Baxter, 16; y Sánchez Flores, *Tecnología e Invención*, 76 (orígenes orientales de la alfarería vidriada); *cf.* M. Romero de Terreros, *El Arte en México durante el Virreinato* (México, 1951). Romero de Terreros, *Artes Industriales*, 161 (el azulejo y los árabes), 170 (influencia italiana). Cervantes, 93, publicada la ilustración de dos azulejos con una S y una A entrelazadas en complicado diseño. Sanford, 232 (introducción del azulejo en Puebla). Zavala, *Velasco I*, 234 (Diego de Vargas). Cervantes, 22 s. y 85 (gremio poblano de loceros y la primera ordenanza de 1653), 5-6 y 15 (técnicas); *cf.* Foster, *Cultura y Conquista*, 23. Toussaint, *Puebla*, 42; y *Arte Mudéjar*, 12 (alizares). VETANCURT, *Teatro*, 5ª Parte, 47, cit. Por Genaro García, *Palafox*, 83. FERNÁNDEZ DE ECHEVERRÍA Y VEYTIA, I, 304.

[15] CARTA DE ALONSO DE HERRERA A CARLOS V, 1544, en CDIHIA, I, 105-106 y en el EPISTOLARIO

Liebman, quizá con datos de solidez discutible ve el origen de varios platillos yucatecos en la cocina judía española: el pan trenzado, el frijol con puerco que de sustituirse éste con carne de res resulta semejante por sus ingredientes al *chulent* centroeuropeo, el pan de pomuch, y varias sopas cuyas recetas, supuestamente, son sefarditas. Lo cierto es que algunos tipos yucatecos y oaxaqueños de queso ya eran conocidos por el Arcipreste de Hita, quien en el *Libro de Buen Amor* recibe de la serrana mucho queso "asedero" (asadero), hoy desconocido en España. En ciertas crónicas de los primeros episodios de la Conquista y colonización, se relata que algunos personajes murieron indigestados por algún delicioso platillo, aunque no es de excluirse la intervención de un veneno administrado oportunamente por sus enemigos. Según las inculpaciones de los adversarios de Cortés, Garay, de quien el Conquistador era compadre, falleció a consecuencia de una c a p i r o t a d a , que antes de ser un dulce era un aderezo, precursor del mole poblano. Los visitadores Luis Ponce de León y Marcos de Aguilar corrieron la misma suerte según consejas, el primero al comer un plato de n a t i l l a s , y el segundo por haber ingerido un t o r r e z n o flamenco, fritura de tocino que Cortés le había enviado entre dos platos de plata. Lo cierto es que Aguilar era un hombre enfermizo, a quien los médicos sólo le permitían beber dos tipos de leche: la de cabra y la de una nodriza que siempre viajaba con él.[16]

El d u l c e , del que hubo una variedad en la Nueva España que en gran parte sobrevive, fue posible gracias a la introducción de la caña de azúcar en los reinos de Valencia, Granada y Murcia por los conquistadores árabes. Tanto éstos como los judíos de España fueron golosos empedernidos que dejaron en la Península infinidad de recetas más tarde traídas a América, entre ellas las de los llamados suspiros de monjas, del nuegado (palabra transformada en "muégano" en la Colonia), las torrijas (conocidas entre nosotros como torrejas), las arropías o conche, los caramelos, los mantecados y pasteles y bizcochos que en México se llaman, en su infinita variedad, pan dulce. Las actas del Cabildo de México mencionan ya mazapanes, alcorzas de acitrón, almendrates y otras delicias. Ciertos dulces de Puebla como los a l f a j o r e s y alajúes (del ár. *al-Hachou*, panal de miel), las yemas reales, las carmelitas, las rosquillas de almendra, los polvorones y los jamoncillos son también de origen moro, al igual que los a l f e ñ i q u e s (del ár. *al-Fenid*, azúcar), pasta de azúcar cocida y estirada en barras muy delgadas y retorcidas que en el norte de México se llaman melcochas o trompadas y en otras zonas charamuscas, y las cuales tradicionalmente se servían en España en el Año Nuevo hebraico. Otros dulces

de Paso y Troncoso, IV, 77; hay otra referencia a Herrera en esta última colección, IV, 122-123. Zavala, *Servicios de Indios*, I, 320, quien comenta que la introducción de la cerveza fue tal vez "otra influencia germana llegada a través de la corte de Carlos V", lo cual parece haber sido el caso. Ver algunos dibujos de damajuanas en el CÓDICE SIERRA, 48 y hojas 39, 51, 54 y *passim*.

[16] Liebman, 80-81. Cárcer y Didier (queso asadero), 55; *cf.* R. Nola, *Libro de guisados* (ed. de Doinisio Pérez, NBAE, Madrid, 1929). COSAS PERTENECIENTES A CORTÉS (ms. anónimo), fol. 160 (Marcos de Aguilar). F. Benítez, 71 (Garay, Ponce de León y Aguilar). La capirotada con que supuestamente fue envenenado Garay es mencionada también en los DESCARGOS QUE... DIO... CORTÉS, en Cuevas (ed.), *Cartas y Documentos de Hernán Cortés*, 146.

del mismo origen son las calabazas y los camotes cristalizados y las empa-
naditas de almendra; y la obra maestra de la cocina parece haber sido el
"suspiro de monja" u otro dulce llamado "del cielo". Remesal cuenta que en
Pascua los encomenderos de Chiapas regalaban a los dominicos en tiempos de Fray Bartolomé de las Casas mazapanes y a l c o r z a s ; estas
últimas eran dulces cubiertos con una pasta muy blanca y muy fina de azúcar y almidón. Para terminar, recordemos que el *ate*, tan mexicano, es también de origen medieval (el término aún se conserva en Andalucía): el Arcipreste de Hita menciona un ate, el condon*ate*, pasta de ciertos tipos de fruta;
y antes del descubrimiento de América se hacían en la Península *ates* de varios tipos: avellan*ates*, almendr*ates*, calabacin*ates*, hig*ates*, membrill*ates* y
persic*ates*. El viajero inglés Thomas Gage menciona el codoñ*ate* o carne de
membrillo, que apreció mucho cuando se lo ofrecieron los dominicos en
sus huertos de México.[17]

[17] Cárcer y Didier, 56-57, 66, y 86; *cf.* Dionisio Pérez, *Guía del buen comer español* (Madrid,
Rivadeneyra, 1929), 17 y Boyd-Bowman, " Negro Slaves", 136; Muriel, *Cultura Femenina*, 477
(dulces). Toussaint, *Arte Mudéjar*, 41, 47; Liebman, 81; y Cruz, 75 (alfajores, alfeñiques, etc.).
REMESAL, VIII, iv; II, 106. Sobre los *ates*, *cf.* Cárcer y Didier, 55; Thomas GAGE (eds. Xóchitl,
México, 1947), 96.

BIBLIOGRAFÍA

FUENTES PRIMARIAS Y SECUNDARIAS

ABAD Y LASIERRA, Íñigo, *Relación de el descubrimiento, conquista y población... de la Florida... Año de 1785*, en M. Serrano y Sanz , *Documentos históricos de la Florida y la Luisiana, siglos XVI al XVII*, Madrid, Victoriano Suárez, 1912.

ACOSTA, José de (S.J.), *Historia Natural y Moral de las Indias* (edición facsimilar de la de 1590, de Bárbara G. Beddall), Valencia, Gil Terrón, 1977.

ACTAS DE CABILDO de la ciudad de México, vols. 1 a 7 (ed. llamada Bejarano, 1859-1889?) y vols. 8 al 14 (ed. de Aguilar e Hijos, 1893-1899).

ADAMS, Eleanor B.: ver SCHOLES, France V.

ADVERTIMIENTOS GENERALES (que los Virreyes dejaron a sus sucesores para el Gobierno de la Nueva España, 1509-1604), ed. de France V. Scholes y Eleanor B. Adams, México, José Porrúa Turanzas, 1956.

AGUAYO SPENCER, Rafael (ed.), *Don Vasco de Quiroga, taumaturgo de la organización social, seguido de un apéndice documental*, México, Ediciones Oasis, 1970.

AGUILAR, Fray Francisco de, *Relación breve de la Conquista de la Nueva España*, estudio y notas de F. Gómez de Orozco, México, Porrúa e Hijos, 1954.

———. *Idem*, traducción de Patricia de Fuentes, México, Porrúa e Hijos, 1954.

AGUILAR, Jerónimo de, *Información sobre... el Conquistador y Primer Lengua*, ed. de Vargas Rea, México, Bibliografía de Aportación Histórica, 1946.

AGUILAR, Marcos de (Licenciado), *Carta del...y Documentos Anexos* (A.D. 1526), en J. García Icazbalceta (ed.), *Col. de Docs. para la Hist. de México*, II, 1866, pp. 545-553.

AITON, Arthur S. (ed.), *The Muster Roll and Equipment of the Expedition of...Coronado*, Ann Arbor, The William L. Clements Library, 1939.

——— (ed). "Ordenanças hechas por ... Antonio de Mendoza sobre las minas de la Nueva España año de MDL", en *Rev. de Hist. de América*, 14 (julio de 1942).

ALBA: ver BERWICK.

ALBORNOZ, Rodrigo, *Carta del Contador... al Emperador*, en García Icazbalceta (ed.), *Col. de Docs. para la Hist. de México*, I, 1858, pp. 484-511.

ALCALÁ, Fray Jerónimo de, *Relación de las ceremonias y ritos y población de los indios de la provincia de Michoacán* (ca. 1538-1541), ed. facs. de J. Tudela y J. Corona Núñez, Morelia, Balsal, 1977 (impresa también en CDIAO, III, 441-479).

ALCEDO, Antonio de, *Diccionario geográfico de las Indias Occidentales o América* (ca. 1752), 4 vols., Madrid, BAE, 1967.

ALCOCER MARTÍNEZ, Mariano (ed.). *Fuentes para la Historia de los Gremios*, 2 vols., Valladolid, 1921.

ALEGRE, Francisco Javier (S.J.). *Historia de la Provincia de la Compañía de Jesús de Nueva España*, nueva ed. de Ernest J. Burrus, S. J. y Félix Zubillaga, S. J., 2 vols., Roma, Institutum Historicum, 1956-1958.

ALGUNS DOCUMENTOS DEL ARCHIVO NACIONAL DE TÔRRE DO TOMBO (Lisboa, 1892).

ALMOINA, José (ed.), *(La) Regla Cristiana Breve de Fray Juan de Zumárraga*, México, Jus, 1951.

ALONSO DE LA VERACRUZ, Fray: ver BURRUS.

ALVA IXTLIXÓCHITL, Fernando de (*ca.* 1578-1650), *Obras Históricas*, ed. y estudio de E. O'Gorman, vol. I, México, UNAM, 1975.

ALVARADO, Pedro de, *Relación hecha por... a Hernando Cortés* (A. D. 1524), en E. de Vedia, *Historiadores Primitivos de Indias*, vol. I, Madrid, 1853, pp. 457-459.

―――, *Otra Relación hecha por... a Hernando Cortés* (A.D. 1524), en Vedia, *op. cit.*, I, 460-463.

―――: ver LÓPEZ RAYÓN.

ALVARADO TEZOZÓMOC, Fernando, *Crónica Mexicáyotl*, 3ª ed. de S. Chávez Hayhoe, 3 vols., México, 1949.

ANDRÉS DE OLMOS, Fray: ver GARIBAY K.

ANGLERÍA, Pedro Mártir de (1455-1526). *Décadas del Nuevo Mundo*, trad. de J. Torres Asensio, Buenos Aires, Bajel, 1944.

―――, *Epistolario*, estudio y trad. de J. López de Taro, 4 vols., en *Documentos Inéditos para la Historia de España* (Tomos IX a XII), Madrid, Góngora, 1953-1954.

ANGULO Íñiguez, Diego (ed.), *Planos de monumentos arquitectónicos de América y Filipinas existentes en el archivo de Indias*, Sevilla, Laboratorio de Arte, 1939.

(ANÓNIMO DEL SIGLO XVI): ver CÓDICE FUENLEAL.

(ANÓNIMO DEL SIGLO XVI), ("Fragmento en una hoja colocada en el códice tras una relación tocante al Perú"), en J. García Icazbalceta (ed.), *Nueva Colecc. de Docs. para la Hist. de México*, III, 1891, reed. de S. Chávez Hayhoe, México, 1941, núm. VI.

(ANÓNIMO DEL SIGLO XVI), (*Nueva Noticia del pais que los españoles encontraron en...1521 llamado Yucatan*), en Fray Diego de Landa, *Relación...* ver LANDA.

(ANÓNIMO DEL SIGLO XVI), ms., "Relación de los alardes que se han tomado en esta Nueva España y de la gente que de ellos salió" (*ca.* 1551), Colección Obadia-Rich, NYCPL, ms., núm. 40, f. 198.

(ANÓNIMO DEL SIGLO XVI), ms., "Tratado de como son las vacas de Cíbola" (*ca.* 1598), Colección Obadia-Rich, ms. núm. 34, f. 293.

(ANÓNIMO DE 1519-1528), ms., "Cosas Pertenecientes a Fernando Cortés", Colección Obadia-Rich, ms., núm. 36, ff. 139-161.

ANTONIO DE CIUDAD REAL, Fray, *Tratado curioso y docto de las grandezas de la Nueva España*, 2 vols., México, Inst. de Invest. Históricas, UNAM, 1976 (es el mismo texto que el de la *Relación... de...cosas... que sucedieron al Padre Fray Alonso Ponce en las provincias de la Nueva España*, atribuido erróneamente al Padre Ponce, a quien Fray Antonio acompañó en su recorrido de 1584-1589, publicado en la *Col. de Docs. Inéditos para la Historia de España*, LVII y LVIII, Madrid, Viuda de Calero, 1872).

ARCEO, Francisco, *Relación hecha de viva voz por el alférez... al capitán e historiador Gonzalo Fernández de Oviedo y Valdés*, ed. de J. L. Razo Zaragoza, en *Crónicas de la conquista del Reino de Nueva Galicia*, Guadalajara, 1963 (es reimpresión del texto publicado en el t. x de la *Historia General* de Oviedo, Asunción del Paraguay, 1945).

ARGENSOLA, Bartolomé Leonardo de (1562-1631), *Conquista de México*, int. y notas de J. Ramírez Cabañas, México, Robredo, 1940.

ARIAS DE VILLALOBOS, Bachiller N., *Obediencia de la Nueva España a... Felipe (IV) de Austria... Año 1623*, en Genaro García (ed.), *Docs. inéditos o muy raros para la historia de México*, 2ª ed., 2 vols., México, Porrúa, 1974-1975; II, pp. 281-380.

ARLEGUI, José (O.F.M.), *Crónica de la Provincia de N.S.P. San Francisco de Zacatecas* (A.D. 1736), México, reimpresión de Cumplido, 1851.

ARTEAGA GARZA, Beatriz y Guadalupe PÉREZ SAN VICENTE (eds.), *Cedulario Cortesiano*, México, Jus, 1949.

ARRATE, José Martín Félix de (1701-1765), *Llave del Nuevo Mundo*, México/Buenos Aires, FCE, 1949.

ARREGUI, Domingo Lázaro de (Padre), *Descripción de la Nueva Galicia* (ante 1621), ed. y estudio de F. Chevalier, Sevilla, Escuela de Est. Hispano-Americanos, 1946.

ASCENSIÓN, Fray Antonio de la, ms. "Breve Relación en que se da noticia del descubrimiento que se hizo en la Nueva España por el Mar del Sur" (A.D. 1627), en Col. Obadia-Rich, NYCPL, (ms.), núm. 22.

AVONTO, Luigi (ed.), *Mercurio Arboreo de Gattinara e l'America*, con un apéndice: *Documenti* (documentos del archivo de Vercelli, de la familia Gattinara), Vercelli, 1981.

AYALA, Manuel Josef, *Diccionario de Gobierno y Legislación de Indias*, en CDIHIA, IV y VIII, Madrid, Ibero-Americana de Publicaciones, s/f.

AYLLÓN: ver DOCUMENTOS DE LOS VIAJES MENORES.

BALBUENA, Bernardo de, *Grandeza Mexicana* y *El Bernardo*, ed. de F. Monterde, México, UNAM (BEU), 1954.

BALDWIN: ver MARCOS DE NIZA, Fray.

BANDELIER: ver HACKETT.

BARCO, Miguel del (S.J.) (1706-1790), *Historia Natural y Crónica de la Antigua California*, ed. de M. León-Portilla, México, UNAM, 1973.

BARRIENTOS, B.: ver GARCÍA, Genaro (ed.), *Relaciones de Florida*.

BARRIO LORENZOT, Francisco del, *Ordenanzas de Gremios de la Nueva España*, México, 1920.

BASALENQUE, Fray Diego de, *Historia de la Provincia de San Nicolás de Tolentino de Michoacán de la Orden de San Agustín* (1673), selección de F. Gómez de OROZCO (ed.), *Crónicas de Michoacán*, 3ª ed., México, UNAM, 1972.

BEAUMONT, Fray Pablo, *Crónica de Michoacán* (fines del s. XVIII), 3 vols., México, Publicaciones del Archivo General de la Nación, XVII a XIX, 1932.

BELEÑA, Eusebio Ventura. *Recopilación sumaria de todos los autos acordados de la Real Audiencia y Sala del Crimen de esta Nueva España*, 2 vols., México, Zúñiga y Ontiveros, 1787.

BENAVIDES, Fray Alonso de (*ca.* 1579-1635), *Memorial que fray Juan de Santander presenta a S. M. el Rey don Felipe IV (1630)*, Madrid, Porrúa Turanzas, 1962.

————, *Memorial of 1630*, trad. de P. F. Forrestal, int. y notas de C. J. Lynch (O.F.M.), Washington, Academy of Franciscan History, 1954.

————, *Fray Alonso de Benavides' Revised Memorial of 1634*, ed. de F. W. Hodge, G. P. Hammond y A. Rey, Albuquerque, University of New México, 1945.

BENZONI, Girolamo. *La Storia del Mondo Nuovo*, ed. facsimilar de la de Venecia, 1572; Graz, Akademische Druck-und Verlaganstalt, 1969.

BERMÚDEZ PLATA, Cristóbal (ed.). *Catálogo de Pasajeros a Indias...*, 3 vols., Sevilla, Inst. Gonzalo de Oviedo, 1940-1946.

BERNARDINO DE SAHAGÚN, Fray. *Historia General de las cosas de la Nueva España*, ed. de E. Seler, 5 vols., México, Robredo, 1938.

————, *Idem.*, de Ángel María Garibay K., 4 vols., México, Porrúa, 1977.

BERWICK y de ALBA, María del Rosario, Duquesa de (ed.), *Autógrafos de Cristóbal Colón y Papeles de América*, Madrid, 1892.

BETANZOS, Fray Domingo de (1480-1549). *Parecer de...*, en García Icazbalceta (ed.), *Col. de Docs. para la Hist. de México*, II (1866), pp. 1-24.

————, *Carta*, en *loc. cit.*, II, pp. 198-201.

BETETA, Fray G. de: ver TERNEAUX-COMPANS.

BOBAN, Eugène (ed.), *Documents pour servir à l'histoire du Mexique*, 2 vols., París, E. Leroux, 1891.

BORDONE, Benedetto, *Isolario* (ed. facs. de la 2ª ed., Venecia, 1534), Modena, Aldine, 1983.

BOTERO, Giovanni, *Relatione Universali*, Venecia, Bertani, 1671.

BRITO, Fray Bernardo de, "Monarchia Lusitana", en *Catalogo Annotado dos Livros sobre o Brasil*, Río de Janeiro, Tip. Jornal do Commercio, 1907.

BURGOA, Fray Francisco de, *Palestra Historial* (1ª ed. en 1670), México, Talleres Gráficos (Archivo General de la Nación, XXIV), 1934.

————, *Geográfica Descripción* (1ª ed. en 1674), 2 vols., México, Talleres Gráficos de la Nación, 1934.

BURRUS, Ernest J. (S.J.) (ed.), *The Writings of Alonso de la Veracruz*, vols. 1 (Roma, Instituto Hist. Jesuita, 1968) y 5 (*id.*, 1972).

CAKCHIQUELES, *Anales de* (o Memorial de Sololá), México, FCE, Col. Biblioteca Americana núm. 11, 1950.

CÁRDENAS, Juan de, *Problemas y Secretos Maravillosos de las Indias* (*ca.* 1589-1590), México, Bibliófilos Mexicanos, 1965.

CÁRDENAS, Luis de, "Memorial de... contra Cortés", en J. García Icazbalceta, *Col. de Docs. para la Hist. de México*, II, pp. 25-27.

CÁRDENAS VALENCIA, Francisco de (R. P.), *Relación Historial Eclesiástica de... Yucatán... escrita en ... 1639*, notas de F. Gómez de Orozco, México, Ant. Librería Robredo, 1937.

"CÁRDENAS Y CANO": ver GONZÁLEZ DE BARCIA.

CARO, Rodrigo (1573-1647), *Días geniales o lúdicros*, ed. de J. P. Etienvre, 2 vols., Madrid, Espasa-Calpe, 1978.

CARTA DE LA CIUDAD DE MICHOACÁN (A. D. 1555), en J. García Icazbalceta (ed.), *Col. de Docs. para la Hist. de México*, II (1866), pp. 244-247.

CARTA DEL EJÉRCITO DE CORTÉS AL EMPERADOR ("Primera" Carta de Relación), en J. García Icazbalceta, *op. cit.*, I (1858), pp. 427-436.

CARTAS DE INDIAS, 3 vols., Madrid, Ministerio de Fomento, 1877.

CARTIER, Jacques: ver JULIEN, Ch.-A.

CARVAJAL, Fray Gaspar de (O. P.), *Relación del nuevo descubrimiento del famoso río Grande de las Amazonas*, ed., int. y notas de J. Hernández Millares, México, FCE, 1955.

CARRANZA, Pedro de, "Relación sobre la Jornada que hizo Nuño de Guzmán", en J. L. Razo Zaragoza (ed.), *Crónicas... de Nueva Galicia*, Guadalajara, 1963 (reimpresión de la *Col. de Docs.*, etc., XIV, 347-373).

CARRASCO, Pedro y J. Monjarás Ruiz (eds.), *Colección de documentos sobre Coyoacán*, 2 vols, México, INAH, 1976.

CARREÑO, Alberto María (ed.), *Un desconocido Cedulario del siglo XVI*, México, León Sánchez, 1944.

——, "Una desconocida carta de Fray Pedro de Gante", en *Memorias de la Academia Mexicana de Historia*, t. XX: 1 (enero-marzo de 1961), 14-20.

——, *Don Fray Juan de Zumárraga... Documentos Inéditos*, México, Jus, 1950.

CARRERA STAMPA, Manuel (ed.), *Memoria de los servicios... (de) Nuño de Guzmán desde... 1525*, México, Porrúa e Hijos, 1955.

CASTAÑEDA (DE NÁJERA), Pedro, *Narrative*, en Winship y George Parker (trad. y ed.), *The Journey of Colorado, 1540-1542, as told by himself and his followers*, Nueva York, Allerton Book Co., 1922 (reimpresión, 1973).

CASTAÑO DE SOSA, Gaspar, ms., "Memoria del Descubrimiento (de Nuevo México, 1590-1591)", Col. Obadia-Rich, NYCPL, ms. núm. 3, ff. 211-240.

CASTELLANOS, Juan de, *Elegía de varones ilustres de Indias*, 2ª ed., Madrid, Rivadeneyra, 1850 (BAE, núm. 4).

CASTILLO, Alonso de, *Parecer*, en J. García Icazbalceta (ed.), *Col. de Docs. para la Hist. de México*, II (1866), pp. 202-203.

CAVAZOS GARZA, Israel (ed), *Cedulario Autobiográfico de Pobladores y Conquistadores de Nuevo León*, Monterrey, Univ. de Nuevo León, 1964.

CAVO, Andrés (S. J.) (1739-1803), *Historia de México*, paleografiada del texto original y anotada por Ernesto J. Burrus (S. J.), México, Editorial Patria, 1949.

CERVANTES DE SALAZAR, Francisco, *México en 1554*, notas preliminares de J. Jiménez Rueda, México, UNAM, 1952.

——, *Crónica de Nueva España*, Tomo I, ed. de Francisco del Paso y Troncoso, Madrid, Hauser y Menet, 1914.

CEYNOS, Francisco, "Carta del Licenciado... Oidor de la Audiencia de México al Emperador"; y "Segunda Carta" (A. D. 1565), en J. García Icazbalceta (ed.), *Col. de Docs. para la Hist. de México*, II (1866), pp. 158-164 y 237-243.

CISNEROS, Diego de, *Sitio, Naturaleza y Propiedades de la Ciudad de México* (A. D. 1618), México, Bibliófilos Mexicanos, 1962.

"Claustro de sor Juana", i-iii (ed. de Guadalupe Pérez San Vicente), México, Inst. de Est. y Docs. Históricos, enero-junio, 1980.

Clavijero, Francisco Xavier (S. J.) (1731-1787). *Historia Antigua de México*, 5ª ed., Prólogo de M. Cuevas (S. J.), México, Porrúa, 1976.

———, *Historia de la Antigua Baja California*, 2ª edición, trad. del italiano, estudio preliminar de M. León-Portilla, México, Porrúa, 1975.

Cobo, Bernabé (S. J.) (*ca.* 1582-1657), *Historia del Nuevo Mundo*, 2 vols., Madrid, bae xci y xcii, 1956.

Códice de Documentos Inéditos para la Historia de Iberoamérica, 14 vols., ed. de Santiago Montoto de Sedas, Madrid, Edit. Ibero-Afro-Americana, 1927-1932.

Códice de Documentos Inéditos Relativos al Descubrimiento, Conquista y Colonización de las Antiguas Posesiones de América y Oceanía, Primera serie, 33 vols., Madrid, 1864-1884 (cdiau).

Códice de Documentos Inéditos Relativos al Descubrimiento, etc., 2ª serie, 25 vols., Madrid, Sucs. De Rivadeneyra, 1885-1932 (cdiu).

Códice de Documentos para la Historia de la Formación Social de Hispanoamérica, vol. i (1493-1592), ed. de R. Konetzke, Madrid, csic, 1953.

Códice de Libros y Documentos Referentes a la Historia de América, 21 vols., Madrid, Victoriano Suárez, 1904-1929.

Códice Franciscano siglo xvi, ed. de J. García Icazbalceta en *Nueva Col. de Docs. para la Hist. de México*, ii, México, Díaz de León, 1889.

Códice Fuenleal, anónimo del siglo xvi llamado (o *Historia de los Mexicanos por sus Pinturas*), en García Icazbalceta, *op. cit.*, iii (1891).

Códice Mendocino o *Colección de Mendoza* (ms. del s. xvi en la Biblioteca Bodleiana, Oxford), ed. José Ignacio Echegaray, México, ed. S. Angel, 1979.

Códice Osuna: ver Pintura del Gobernador.

Códice Sierra: ver León, Nicolás.

Colección de Diarios y Relaciones para la Historia de los Viajes y Descubrimientos iv... *Sebastián Vizcaíno, 1602-1603; Francisco de Ortega, 1631-1636*, Madrid, Inst. Histórico de Marina, 1944.

Colón, Cristóbal. *Cartas* de la Primera, Segunda, Tercera y Cuarta Navegaciones, en Fernández de Navarrete, i (1825), 167-175, 198-224, 242-264 y 296-313.

———, Libro de las Profecías, ed. S. de Lollis, en *Scritti...ap. Raccolta...pel Quarto Centenario dell'America*, Roma, 1894.

———, The Libro de las Profecías, trad. y coment. de Delno C. West y A. Kling, Gainsville, Univ. de Florida, 1991.

———: ver Pérez Bustamante.

Colón, Hernando (1488-1539), *Vida del Almirante don Cristóbal Colón*, México, fce, 1947.

Colloquios... con que los Doze Frayles... Convirtieron a los Indios (*ca.* 1564), ed. de W. Lehmann en *Sterbende Götter und Christliche Heilbotschaft*, Stuttgart, W. Kohlhammer, 1949.

Conquistador Anónimo (El), trad. del italiano y ed. de J. García Icazbalceta, en *Docs. para la Hist. de México*, i (1858), pp. 369-398.

CONWAY, G. R. G. (ed), *An Englishman and the Mexican Inquisition 1556-1560 being an account of the Voyage of Robert Tomson... and other historical documents*, México, ed. privada, 1927.

———, *La Noche Triste: Documentos*, México, Gante Press, 1943.

CÓRDOBA: ver PEDRO de CÓRDOBA, Fray.

CORTÉS, Hernando, *Cartas de Relación*, 2 vols., Madrid, Espasa Calpe, 1942 (2ª ed.), 1932.

———, *Carta Inédita de ... a Carlos V; y Petición que dio... contra don Antonio de Mendoza, Virrey, pidiendo residencia contra él*, en J. García Icazbalceta, *Docs. para la Hist. de México*, I (1858), pp. 470-483 y II (1866), 62-71.

———, *Cartas y Documentos*, int. de Mario Hernández Sánchez-Barba, México, Porrúa, 1963.

———, *Código militar u Ordenanzas* (Tlaxcala, 29 de diciembre de 1520), en W. H. Prescott, *Historia de la Conquista de México*, pról., notas y apéndices de Juan A. Ortega y Medina, México, Porrúa, 1976.

———: ver DOCUMENTOS INÉDITOS; CUEVAS, Mariano; CHAMBERLAIN, R. S.; LOPEZ RAYÓN; y NÚÑEZ (Licenciado).

CRÓNICA DE CHAC-XULUB-CHEN (de don Pablo Pech), en A. Yáñez (ed.), *Crónicas de la Conquista de México*, México, UNAM, 1939.

CRUZ, Martín de la, *The Badianus Manuscript... An Aztec Herbal of 1552* (conocido también como *Libellus de medicinalibus Indorum herbis*), int., trad. y notas de Emily Walcott Emmart, Baltimore, Johns Hopkins, 1940.

CRUZ Y MOYA, Fray Juan José de la, *Historia de la Provincia de Santiago... en la Nueva España*, 2 vols., México, Porrúa, 1955.

CUATRO CRÓNICAS DE LA CONQUISTA DE NUEVA GALICIA Y MEMORIA DE GUZMÁN, Guadalajara, Inst. Jalisciense de Antrop. e Historia, 1960: ver CARRANZA, Pedro; GUZMÁN, Beltrán Nuño de; LÓPEZ, Gonzalo; y SÁMANO, Juan de.

CUERPO DE DOCUMENTOS DEL SIGLO XVI ... descubiertos y anotados por L. Hanke y eds. por A. Millares Carlo, México, FCE, 1943 (incluye el *Tratado del Derecho y Justicia de la guerra que tienen los reyes de España contra las naciones de la India Occidental*, de 1559, de Fray Vicente PALATINO DE CURZOLA, de la Orden de Predicadores).

CUEVAS, Mariano (S. J.) (ed.), *Documentos Inéditos del siglo XVI para la Historia de México*, México, Museo Nacional, 1914.

——— (ed.), *Cartas y otros Documentos de Hernán Cortés novísimamente descubiertos en el Archivo General de Indias...*, Sevilla, F. Díaz y Cía., 1915.

——— (ed.), *Descripción de la Nueva España en el Siglo XVII por el Padre Fray Antonio Vázquez de Espinosa y otros documentos...*, México, Patria, 1944 .

CHAMBERLAIN, R. S. (ed.), Miami, "Two Unpublished Documents of Hernan Cortés and New Spain, 1519 and 1524", en HAHR, 18 (1939), núm. 4, pp. 514-525.

——— (ed.), *Papeles de la Residencia de Cortés*, Universidad de Miami, Hispanic American Studies, 1949.

CHAMPLAIN, Samuel (1567-1635), *Oeuvres*, 2ª ed. del R. P. C.-H.Laverdière, Québec, Desbarats, 1870.

CHAUVET, Fidel (O.F.M.) (ed.), *Cartas de Fray Pedro de Gante, primer educador de América*, México, Talleres Junípero Serra, s/f.

CHAVES, Hieronymo de, *Chronographia o Repertorio de los tiempos*, Sevilla, 1572.

CHÁVEZ OROZCO, Luis (ed.), *Documentos para la Historia Económica de México*, 10 vols., México, Secretaría de Economía Nacional, 1933-1935.

——— (ed.), *Papeles sobre la Mesta de la Nueva España*, México, Banco Nacional de Crédito Agrícola y Ganadero, 1956.

——— (ed.), *Catálogo de Documentos y Selección de Textos sobre los Pósitos de la Nueva España*, México, ANDSA, 1957.

——— (ed.), *Documentos Inéditos o muy raros para la historia de Campeche*, vol. I, Campeche, Gobierno del Estado, 1954.

CHILAM BALAM, Libro de, trad. y ed. de A. Barrera Vázquez y Silvia Rendón, México, 1948.

CHIMALPAHIN Cuauhtlehuanitzin, Francisco de San Antón Muñón (1579-*ca.* 1660), *Relaciones originales de Chalco Amaquemecan*, paleografiadas y traducidas por Silvia Rendón, México/Buenos Aires, FCE, 1965.

DÁVILA PADILLA, Fray Agustín (O.P.) (1562-1604), *Historia de la Fundación y Discurso de la Provincia de Santiago de México de la Orden de Predicadores (ca.* 1596), 3ª ed., México, Edit. Academia Literaria, 1955.

"DEMANDA DE CEBALLOS en nombre de Pánfilo de Narváez contra Hernando Cortés y sus compañeros", en J. García Icazbalceta (ed.), *Docs. para la Hist. de México*, I (1858), pp. 437-444.

DÍAZ, Juan: ver ITINERARIO.

DÍAZ DEL CASTILLO, Bernal, *Historia Verdadera de la Conquista de la Nueva España*, 3 vols., ed. de J. Ramírez Cabañas, México, 1944.

DÍEZ DE LA CALLE, Juan, *Memorial y Notas Sacras y Reales de las Indias Occidentales* (1ª ed. en 1646), México, Bibliófilos Mexicanos, 1932.

DOCUMENTOS DE INDIAS SIGLOS XVI-XVII, ed. de M. del C. Pescador del Hoyo, Madrid, Archivo Histórico Nacional, 1954.

DOCUMENTOS DE LOS VIAJES MENORES (Garay, Ayllón, etc.), en CDIAO, III.

DOCUMENTOS INÉDITOS RELATIVOS A HERNÁN CORTÉS Y SU FAMILIA, Publicaciones del AGN, XXVII, México, Talleres Gráficos, 1935.

DOCUMENTOS RELATIVOS AL VIRREY DON LUIS DE VELASCO (I), en *Bol. del AGN*, IX: 3-4 (1968), pp. 325-366.

"DOCUMENTS FROM 1562 to 1809, PRINCIPALLY RELATED TO THE SALE OF THE PALACE OF THE CONQUEROR TO THE KING", ms. en 77 ff. NYCPL, *Mss. Mexico*, Case 21.

DORANTES DE CARRANZA, Baltasar, (*ca.* 1550-?), *Sumaria Relación de las cosas de la Nueva España* (1ª ed. en 1604), paleografiado del original por J. M. de Agreda y Sánchez, México, Jesús Medina, 1970.

DURÁN, Fray Diego (*fl.* 1570-1581). *Historia de los Indios de la Nueva España*, 2 vols., ed. de José Fernando Ramírez, México, 1951.

ECHEAGARAY, José Ignacio (ed.), *Cartografía Novohispánica*, prefacio de María del Carmen Velázquez, México, San Ángel Ediciones, 1980.

EDEN, Richard, *The First Three English Books on America* (1511?-1555), ed. de E. Arber, Westminster, Constable, 1895.

EMMART, E. W.: ver CRUZ, Martín de la.

ENCINAS, Diego de, *Cedulario Indiano* (1ª ed. en 1596), 4 vols., Madrid, 1945-1946.

ESCALANTE, Hernando: ver TERNEAUX-COMPANS.

ESCOBAR, Fray Matías de (O.S.A.) (1690-1748), *Americana Thebaida (Crónica de la Provincia Agustina de Michoacán)* (1ª ed. en 1729), México, Balsal, 1970.

ESPEJO, Antonio: v. HAMMOND y REY (eds.).

ESPINOSA, Fray Isidro Félix de (O.F.M.). *Crónica de la Provincia Franciscana de los Apóstoles San Pedro y San Pablo de Michoacán* (del siglo XVIII), Selección, en F. Gómez de Orozco (ed.), *Crónicas de Michoacán*, pp. 141-172.

ESTRADA, Genaro: ver ÍNDICE DE DOCUMENTOS DE LA NUEVA ESPAÑA.

FABIÉ, Antonio María (ed.), "Nueva Colección de Documentos para la Historia de México", en *Bol. de la Real Academia de Historia*, XVII (Madrid, julio-septiembre de 1890), Cuadernos I a III.

FABILA, Manuel (comp.), *Cinco siglos de Legislación Agraria (1493-1540)*, México, Industria Gráfica, 1941.

FARFÁN, Fray Agustín, *Tractado Breve de Medicina*, ed. facsimilar de la de 1592, Madrid, Eds. Cultura Hispánica, 1944. Col. de Incunables Americanos, X.

FEDERMANN, Nicolás (1501-1542?), *Viaje a las Indias de Mar Océano*, trad. de Nélida Orfila, Buenos Aires, Nova, 1945.

FERNÁNDEZ, Fray Alonso (O. P.) (1572-ca. 1630), *Historia Eclesiástica* (1ª ed. en 1611), México, Bibliófilos Mexicanos, 1964.

FERNÁNDEZ DE ECHEVERRÍA Y VEYTIA, Manuel (1718-1780). *Historia de la Fundación de la Ciudad de la Puebla de los Ángeles en la Nueva España, su Descripción y presente estado*, 2 vols., ed. de E. Castro Morales, Puebla, Altiplano, 1962-1963.

FERNÁNDEZ DE ENCIZO, M., *Summa de geographia... en especial de las Indias*, 2ª ed., Sevilla, 1530.

FERNÁNDEZ DE NAVARRETE, Martín (ed.), *Colección de los Viages y Descubrimientos que hicieron por mar los españoles desde fines del siglo XV*, 5 vols., Madrid, Imp. Real, 1825-1837.

———, FERNÁNDEZ DE NAVARRETE, Martín Salva y P. Sainz de Baranda (eds.), *Colección de Documentos Inéditos para la Historia de España*, 113 vols., Madrid, Viuda de Calero, 1842-1895.

FERNÁNDEZ DE OVIEDO Y VALDÉS, Gonzalo (1478-1557), *Historia General y Natural de las Indias*, 5 vols., ed. de J. Pérez de Tudela y Bueso, Madrid, BAE, CXVII a CXXI, 1959, (otra ed. consultada es la de Madrid, 1851-1855, en 4 vols.).

———, *Sumario de la Natural Historia de las Indias*, ed. e int. de J. Miranda, México/Buenos Aires, FCE, 1950.

———, *Sucesos y Diálogo de la Nueva España* (selección de E. O'Gorman), México, UNAM, 1946.

FERNÁNDEZ DE RECAS, GUILLERMO S., *Cacicazgos y Nobiliario Indígena en la Nueva España*, México, Inst. Bibliográfico Mexicano, 1961.

Fernández del Castillo, Francisco (ed.), *Tres Conquistadores y Pobladores... Cristóbal Martín Millán, Andrés de Tapia (y) Jerónimo López,* México, Talleres Gráficos, 1927.

Fernández Duro, Cesáreo: ver "Primeras Noticias".

Fidalgo de Elvas, *Expedición de Hernando de Soto a Florida,* trad. y ed. de M. Muñoz de San Pedro, Conde de Canilleros, 3ª ed., Madrid, Espasa Calpe, 1965.

Florencia, Francisco de (S.J.) (1620-1695), *Zodíaco Mariano,* México, Colegio de San Ildefonso, 1755.

———, *Historia de la Provincia de la Compañía de Jesús de Nueva España,* 2ª ed., México, Ed. Académica Literaria, 1955.

———, *Origen del célebre Santuario de Ntra. Señora de San Juan* (de los Lagos), San Juan de los Lagos, Alborada, 1966 (folleto).

Flores, Cristóbal, "Relación de la Jornada que hizo Nuño de Guzmán...", en J. Razo Zaragoza (ed.), *Crónicas de la Conquista de... Nueva Galicia...,* Guadalajara, 1963.

Focher, Fray Juan (O.F.M.) († 1572). *Itinerario del Misionero en América,* versión del P. Antonio Eguiluz, O.F.M., Madrid, Victoriano Suárez, 1960.

Fonseca, F. de y C. de Urrutia, *Historia General de la Real Hacienda* (siglo XVIII), 3 vols., México, Vicente G. Torres, 1845-1849.

Franco, Fray Alonso (O.P.) († ca. 1659-1663), *Segunda Parte de la Historia de la Provincia de Santiago de México* (1ª ed. en 1645), (continuación de Dávila Padilla), México, Museo Nacional, 1900.

Fuentes, Patricia de (ed.), *The Conquistadors—First person account of the Conquest of México,* pref. por H. C. Cline, Nueva York, Orion, 1963.

Gage, Thomas (1603-1656), *Travels in the New World* (1ª ed. en 1648), int. por J. Eric Thompson, Univ. de Oklahoma, 1958.

Gallegos, Hernán: ver Hammond y Rey, *Relación de Nuevo México.*

Gante: ver Fray Pedro de.

Garay, Francisco de: ver Documentos de los viajes menores.

García, Genaro (ed.), *Documentos Inéditos o muy raros para la Historia de México,* 2 vols., 2ª ed., México, Porrúa, 1974-1975.

——— (ed.), *Dos antiguas Relaciones de la Florida* (son las de Bartolomé Barrientos, de ca. 1568; y de Fray Andrés de San Miguel, de ca. 1617).

García Bravo, Alonso. *Información de méritos y servicios de...,* alarife que trazó la ciudad de México, int. de M. Toussaint, México, Inst. de Inv. Estéticas, UNAM, 1956.

García Céspedes, Andrés, "Islario general de todas las islas del mundo" (ca. 1621), ms., Res. 38 de la Biblioteca Nacional de Madrid.

García de Palacio, Diego. *Diálogos Militares,* ed. facsimilar de la impresión de Pedro de Ocharte (México, 1583), Madrid, Cultura Hispánica, 1944.

García Icazbalceta, Joaquín (ed.), *Colección de Documentos para la Historia de México,* 2 vols., México, 1858-1866.

———, *Nueva Colección de Documentos para la Historia de México,* 2 vols., México, 1886-1889.

———, *Bibliografía Mexicana del siglo XVI. Catálogo razonado de libros impresos en México de 1539 a 1600,* nueva ed., México, FCE, 1954.

————: ver ANÓNIMO DEL SIGLO XVI; CÓDICE FRANCISCANO; CÓDICE FUENLEAL; POMAR.

GARCÍA PIMENTEL, Luis (ed.), *Descripción del Arzobispado de México hecha en 1570 y otros Documentos*, México, Terrazas e Hijas, 1897.

————, *Relación de los Obispados de Tlaxcala, Michoacán y otros lugares en el siglo XVI*, México, Gabriel Sánchez, 1904.

———— (ed.), "Relación de los obispados de Tlaxcala, Michoacán, Oaxaca y otros lugares en el siglo XVI", en *Docs. Históricos de México*, vol. II, México/París/Madrid, 1904.

GARCILASO DE LA VEGA, El Inca (1539-1616), *A history of the Adelantado Hernando de Soto... (ca.* 1580-1599), trad. y ed. por J. G. y J. J. Varner, Austin, Univ. de Texas, 1951.

GARIBAY K., Ángel, *Teogonía e historia de los mexicanos — Tres opúsculos del siglo XVI*, 2ª ed., México, Porrúa, 1973 (incluye el texto de la *Historia de los mexicanos por sus pinturas*, atribuida a Fray Andrés de OLMOS).

GODOY, Diego, "Relación hecha por... a Hernán Cortés en el que trata... de la provincia de Chamula", ed. de Vedia, en BAE, XXII, (1858), pp. 465-470.

GÓMEZ CANEDO, Lino, "Fray Lorenzo de Bienvenida... —NUEVOS DOCUMENTOS Y NUEVO ESTUDIO, en *Revista de la Univ. de Yucatán*, s/f., pp. 46-68.

GÓMEZ DE CERVANTES, Gonzalo, *La Vida Económica y Social de la Nueva España* (1ª ed. en 1599), Pról. y notas de A. Carreño, México, Ant. Lib. Robredo, 1944.

GÓMEZ DE OROZCO, Federico (ed.), *Crónicas de Michoacán*, 2ª ed., México, UNAM, 1954; 3ª ed., México, 1972.

GÓNGORA, Bartolomé de, ms., "Lista y copia verosímil de los muy esforsados consquistadores... desta Nueva España" (A.D. 1632), en Col. Obadia-Rich, NYCPL, ms. núm. 47, ff. 213-239.

GONNEVILLE: ver JULIEN, Ch.-A.

GONZÁLEZ CALZADA, Manuel (ed.), *Documentos para la Historia de Tabasco*, Villahermosa, Consejo Editorial del Estado, 1979.

GONZÁLEZ DÁVILA, Gil (Cronista de su Majestad), *Teatro Eclesiástico de la Primitiva Iglesia de la Nueva España en las Indias Occidentales* (1ª ed. en 1649), 2 vols., Madrid, Porrúa Turanzas, 1959.

GONZÁLEZ DE BARCIA, Andrés (ed.). *Ensayo Cronólogico para la Historia General de la Florida* (de Gabriel de CÁRDENAS Y CANO, seud.), 2 vols., Madrid, Hijos de C. Piñuela, 1829.

GONZÁLEZ DE COSSÍO, Francisco (ed.), *Relación breve de la venida de la Compañía de Jesús a la Nueva España, Año de 1602*, (ms. anónimo), México, Imp. Universitaria, 1945.

———— (ed.), *Un Cedulario Mexicano del siglo XVI*, México, Frente de Afirmación Hispánica, 1973.

————: ver LIBRO DE TASACIONES.

GONZÁLEZ DE LA PUENTE, Fray Juan (O.S.A.), *Primera Parte de la Chronica Augustiniana de Mechoacán* (México, 1624) (selección), en F. Gómez de Orozco (ed.), *Crónicas de Michoacán*, pp. 81-100.

GONZÁLEZ DE MENDOZA, P. Juan (1545-1618), *Historia de las cosas mas notables, ritos y costumbres del gran reino de la China* (el Lib. III, caps. iv-xi, se refiere a la Nueva España) (1ª ed. en 1585), Madrid, M. Aguilar, s/f.

GONZÁLEZ OBREGÓN, Luis (ed.), *Procesos de indios idólatras y hechiceros* (Publs. del AGN, III), México, Secretaría de Relaciones Exteriores, 1912.

GRIJALVA, Juan de, *Itinerario*, ed. de A. Yáñez, en *Crónicas de la Conquista de México*, México, 1939.

————: ver ITINERARIO.

GRIJALVA, Fray Juan de (O.S.A.) (1580-1638), *Crónica de la Orden de N. P. San Agustín... en la Nueva España*, ed. facsimilar de la de 1624 de F. Gómez de Orozco, México, 1924.

GURRÍA LACROIX, Jorge (ed.), *Códice Entrada de los Españoles en Tlaxcala* (fines del s. XVI o principios. del XVII), México, UNAM, 1966.

———— (ed.), *Relación de méritos y servicios del conquistador Bernardino Vázquez de Tapia...* México, UNAM, 1972.

GUTIÉRREZ DE LUNA, C.: ver MOYA DE CONTRERAS.

GUTIÉRREZ DE MEDINA, Cristóbal, *Viaje del Virrey Marqués de Villena* (1ª ed. en 1640), Int. y notas de M. Romero de Terreros, México, Inst. de Historia, 1947.

GUZMÁN, Eulalia (ed.), *Manuscritos sobre México en los archivos de Italia*, México, SMGE, 1964.

GUZMÁN, Nuño Beltrán de. *Memoria de los servicios que había hecho... desde que fue nombrado Gobernador de Pánuco en 1529*, Guadalajara, Inst. Jalisciense de Antrop. e Historia, 1960 (reimpresión del EPISTOLARIO DE NUEVA ESPAÑA, Bibl. Histórica Mexicana, 2ª serie, XIV, México, 1940).

————, "Carta a S. M. del Presidente de la Audiencia de Méjico... en que refiere la Jornada que hizo a Michoacán...", en J. L. Razo Zaragoza (ed.), *Crónicas de... Nueva Galicia* (reimpresión de la Col. de Docs. Inéd. relat. al Descubrimiento, Conquista, etc., XIII, pp. 356-393).

————: ver CARRERA STAMPA, M.; y PALOMINO, Jorge.

GUZMÁN, Pedro, "Relación de la Jornada que hizo Nuño Beltrán de Guzmán...", en J. L. Razo Zaragoza, *op. cit.* (reimpresión de García Icazbalceta, "Segunda Relación Anónima", en *Col. de Docs. para la Hist. de México*, II, 1866, pp. 296-306).

HACKETT, C. W. (ed.), *Historical Documents relating to New México, Nueva Vizcaya and Approaches Thereto, to 1773*, coleccionados por A.F.A y F.R., Bandelier, 3 vols., Washington, Carnegie, 1923-1927.

HAKLUYT, Richard, *The Principal Navigations of the English Nation*, Int. por J. Masefield, Londres/Nueva York, Everyman's, 1926 (vols. 6 y 7).

HAMELIUS, P. (ed.), MANDEVILLE TRAVELS (Londres, Hakluyt Society, 1952).

HAMMOND, George P. y Agapito REY (eds.), *Don Juan de Oñate, Colonizer of New México*, 2 vols., Imp. de la Univ. de Nuevo México, 1953.

———— (eds.), *The Rediscovery of New México, 1580-1594. The Explorations of Chamuscado, Espejo, Castaño de Sosa, Morlete and Leyva de Bonilla and Humana*, Albuquerque, Univ. de Nuevo México, 1966.

HANKE, Lewis (ed.), *Catálogo de la Correspondencia y Documentos de los Virreyes de México en el Archivo General de Indias, 1535-1700*, Colonia/Viena, Böhlau, 1977.

———— (ed.), *Los Virreyes Españoles en América durante el gobierno de la Casa de Austria*, vols. I a IV (BAE, núms. CCLXXIII a CCLXXVI), Madrid, Atlas, 1976-1977.

————: ver CUERPO DE DOCUMENTOS DEL SIGLO XVI.

HARRISSE, Henry, *Bibliotheca Americana Vetustissima*, ed. de C. Sanz López, Madrid, V. Suárez, 1958.

————, *Additions*, Madrid, V. Suárez, 1958.

————: ver SANZ LÓPEZ.

HERNÁNDEZ, Francisco Javier (S. J.), *Colección de Bulas, Breves y otros Documentos relativos a la Iglesia de América y Filipinas*, 2 vols., Bruselas, Vroment, 1879-1895.

HERNÁNDEZ, Doctor Francisco (*ca.* 1518-1587), *Antigüedades de la Nueva España*, trad. del latín y notas de J. García Pimentel, México, 1945.

————, *Historia Natural de la Nueva España* (versión al castellano de la *Historia Plantarum Novae Hispaniae*, Madrid, 1790; y de la *Historia Animalium et Mineralium Novae Hispaniae*, Roma, 1651), 2 vols., ed. de E. del Pozo, México, UNAM, 1960.

HERNÁNDEZ DE BIEDMA: ver TERNEAUX-COMPANS.

Herrera, Antonio de, *Descripción de las Indias Occidentales* (1ª ed. en 1601), reed. de Buenos Aires, 1944.

————, *Historia General de los Hechos de los Castellanos en las Islas y Tierra Firme del Mar Océano (1492-1531)*, vol. I, reed. de Buenos Aires, 1944.

HILGUERA, Fray Gerónimo Román de la (O.S.A.), *Crónica de los Ermitaños del Glorioso P. San Agustín*, Salamanca, 1589.

HISTORIADORES DE INDIAS: ver SERRANO Y SANZ.

HUEI TLAMAHUIZOLTICA ("Se apareció maravillosamente") (Anónimo del siglo XVII), publ. por el Br. Luis Lasso de la Vega (1649), reprod. facsim. de A. Junco, en *Un radical problema guadalupano*, 3ª ed., México, Jus, 1971, pp. 59-139.

ICAZA, Francisco A. de (ed.), *Conquistadores y Pobladores de la Nueva España 1540-1550*, 2 vols., Madrid, Imp. de "El Adelantado de Segovia", 1923.

ILLESCAS, Gonzalo de († *ante* 1633), *Historia Pontifical* (1ª ed. en 1565), caps. "De la Conquista y Conversión de la Nueva España", en J. Ramírez Cabañas (ed.), *Conquista de México*, de B. L. de Argensola, pp. 269-329.

ÍNDICE DE DOCUMENTOS DE NUEVA ESPAÑA existentes en el Archivo de Indias, de Sevilla (ed. de Genaro Estrada), 4 vols., México, Secretaría de Relaciones Exteriores, 1928-1931.

INFORMACIÓN SOBRE LOS TRIBUTOS QUE LOS INDIOS PAGABAN A MOCTEZUMA, Año de 1554, ed. de France V. Scholes y Eleanor B. Adams *(Docs. para la Hist. del México Colonial, IV)*, México, Porrúa, 1957.

INSTRUCCIÓN CIVIL Y MILITAR A FRANCISCO CORTÉS PARA LA EXPEDICIÓN DE LA COSTA DE COLIMA, en J. García Icazbalceta, *Col. de Docs. para la Hist. de México*, II (1866), pp. 464-469.

INSTRUCCIONES QUE LOS VIRREYES DE NUEVA ESPAÑA DEJARON A SUS SUCESORES (Bibl. Histórica de la Iberia, XIV), México, Escalante, 1873.

ITINERARIO DE LA ARMATA DEL RE CATHOLICO IN INDIA VERSO LA ISOLA DE IUCHATAN DEL ANNO M. D. XVIII, trad. al inglés por H. R. Wagner, en *The Discovery of New Spain in 1518 by Juan de Grijalva— A translation of the original texts with an Introduction and Notes*, Nueva York, The Cortés Society, reimpr. de Kraus, 1969, pp. 69-83.

ITINERARIO DE LA ARMATA, etc.: ver GRIJALVA.

JIMÉNEZ, Fray Francisco: ver LÓPEZ, Atanasio.

JIMÉNEZ RUEDA, Julio (ed.), *Nuevos Documentos Relativos a los Bienes de Hernán Cortés, 1547-1947*, Int. de F. González de Cossío, México, UNAM, 1946.

JOAN, Maese. *Relación y derrotero del viaje que hizo... en el Golfo de Méjico a varias islas* (escrita en 1548), en CDIAO, (1868), pp. 57-65.

JONGHE, Edoard de (ed.), *Histoyre du Mechique* (ms. francés núm. 19031 de la Bibl. Nal. de París), en *Journal des Américanistes*, Nouv. sér., II, 1-41 (París, 1905).[1]

JULIEN, Ch.-A. (ed.), *Les Français en Amérique pendant la première moitiè du xviᵉ siécle.Textes des voyages de Gonneville, Verrazano, J. Cartier et Roberval*, París, Presses Universitaires, 1946.

JUNCO, Alfonso: ver HUEI TLAMAHUIZOLTICA.

KONETZKE, Richard: ver COL. DE DOCS. HIST. SOCIAL HISPANOAMÉRICA.

LANDA, Fray Diego de (*fl*. 1560), *Relación de las cosas de Yucatán*, Int. por A. M. Garibay K., México, Porrúa, 1973.

LANNING, John Tate (ed.), *Reales Cédulas de la Real y Pontificia Universidad de México de 1551 a 1816*, México, Imprenta Universitaria, 1946.

LA REA, Fray Alonso de (O.F.M.) (*fl*. 1624-1643). *Crónica de la Orden de N. S. Padre San Francisco* (de la provincia de Mechuacán), reimpr. de la ed. de la Vda. de B. Calderón, México, 1643.

LAET, Joannes de, *Novus Orbis. Seu Descriptionis Indiae Occidentalis Libri XVIII*, Leiden, 1633.

LAS CASAS, Fray Bartolomé de (1474-1566), *Historia General de las Indias*, 4 vols., México, FCE, 1951; 6 vols., Madrid, 1875-1876.

——————, *Apologética historia sumaria*, Estudio crítico de J. Pérez de Tudela, Madrid (BAE, CV y CVI), 1958.

——————, *Memorial en favor de los Indios de Nueva España*, en J. García Icazbalceta, *Colección*, II (1866), pp. 228-230.

——————, *Memorial de... al Consejo de Indias* (A. D. 1562 o 1563), en *loc. cit.*, pp. 595-598.

——————, *Petición a Su Santidad Pío V del obispo de Chiapa* (A. D. 1566), en *loc. cit.*, pp. 599-600.

——————, *Cláusula del testamento que hizo el obispo de Chiapa*, en *loc. cit.*, pp. 509-514.

——————, *Opúsculos, Cartas y Memoriales*, ed. de J. Pérez de Tudela, Madrid (BAE, CX), 1958.

——————, *Brevissima relación de la destrución de las Indias*, en L. Hanke *et al.* (eds.), *Tratados*, 2 vols., México (Biblioteca Americana, 41 y 42), 1974, I, pp. 3-200.

——————, *Tratados Tercero, Sexto y Noveno*, en *loc. cit.*, I, 217-460; y II, 643-852 y 1235-1276.

——————, *Doctrina de...* (Selección y Prefacio de A. Yáñez), México, 1951.

[1] Jonghe atribuye la *Histoyrè du Mechique* al P. Olmos; pero para el P. Garibay K. la primera parte fue escrita por Fray Marcos de Niza siendo sólo completada por Fray Andrés.

LAS CASAS, Gonzalo de (siglo XVI), *La Guerra de los Chichimecas*, notas de José Fernando Ramírez y L. González Obregón, México, Vargas Rea, 1944.

LEHMANN: ver COLLOQUIOS.

LEMOINE VILLICAÑA, Ernesto (ed.), *Documentos para la Historia de la Ciudad de Valladolid, hoy Morelia (1541-1624)*, México, AGN, 1962.

LEÓN, Alfonso de (Capitán), "Relación y discursos del descubrimiento, población y pacificación del Nuevo Reino de León" (de 1649), en Genaro García (ed.), *Docs. Inéditos o muy raros*, 2ª ed., II (1975), pp. 5-101.

LEÓN, Nicolás (ed.), *Documentos inéditos referentes al ilustrísimo señor don Vasco de Quiroga existentes en el Archivo General de Indias*, México, Ant. Lib. Robredo de J. Porrúa e Hijos, 1940.

———— (ed.), CÓDICE SIERRA (Relación del pueblo de Texupan, Oaxaca, 1579), México, Litoimpresores (Int. de F. Gómez de Orozco), 1982.

LEÓN PINELO, Antonio de (*fl.* 1629-1660), *Epítome*, Estudio prelim. de A. Millares Carlo, Washington, Unión Panamericana, 1958.

————, *El Paraíso en el Nuevo Mundo* (1ª ed. en 1650), 2 vols., ed. de R. Porras Barrenechea, Lima, 1943.

————, *Relación... sobre la pacificación y población de las provincias de Manché y Lacandón*, paleog. de France V. Scholes y Eleanor B. Adams, Guatemala, Edit. Universitaria, 1960.

LEÓN PORTILLA, Miguel (ed.), *Visión de los Vencidos: Relaciones Indígenas de la Conquista*, México, BEU, UNAM, 1971.

LE RIVEREND, Julio, *Cartas de Relación de la Conquista de América*, 2 vols., México, Edit. Nueva España, s/f.

LEYES Y ORDENANZAS DE 1542, en J. García Icazbalceta, *Colección*, II (1866), pp. 204-227.

LIBRO DE LAS TASACIONES DE LOS PUEBLOS SIGLO XVI (EL), ed. de F. González de Cossío, México, AGN, 1952.

LITTERA MANDATA (del Regimiento de Veracruz; 10 de julio de 1519), ed. y trad. al inglés de H. R. Wagner en su *Discovery of New Spain...*, pp. 84-85 (transcrita de P. de Gayangos, ed., *Cartas y Relaciones de H. Cortés*, París, 1886, pp. 4-8). (Se trata de la "primera" *Carta de Relación* del Conquistador.)

LO QUE PASÓ CON CRISTÓBAL DE TAPIA... (*ca.* 1525), en García Icazbalceta, *Colección*, I (1858), pp. 452-464.

LOBO LASSO DE LA VEGA, Gabriel, *Mexicana* (1ª ed. en 1594), Estudio preliminar de J. Amor y Vázquez, Madrid (BAE, CCXXXII), Atlas, 1970.

LOCKHART, James y Enrique OTTE (eds.), *Letters and People of the Spanish Indies — The Sixteenth Century*, Univ. de Cambridge, 1976.

LÓPEZ, Atanasio (S.J.) (ed.), *Relación histórica de la Florida escrita en el siglo XVII por el P. Fr. Jerónimo de Oré, franciscano* (de hacia 1616), Madrid, Vda. de Pérez, 1931.

———— (ed.), "Vida de Fray Martín de Valencia escrita por su compañero Fray Francisco Jiménez", en *Archivo Ibero-Americano*, XXVI (Madrid, 1926), pp. 48-83.

LÓPEZ, Gerónimo, *Carta de... al Emperador*, en J. García Icazbalceta, *Colección*, II (1866), pp. 141-154.

López, Gonzalo, "Relación del descubrimiento y conquista... de Nueva Galicia", en J. L. Razo Zaragoza, *Crónicas* (reimpresión de la CDIAO, XVI, pp. 411-463).

López, Gregorio, *El Tesoro de Medicinas*, ed. e int. de Francisco Guerra, Madrid, Inst. de Coop. Latinoamericana, 1982 (obra escrita entre 1580 y 1589).

López, Juan (ed.), *Cedulario Novogalaico* (índice), Guadalajara, Gob. del Estado, 1981.

López Cogolludo, Fray Diego (*fl.* 1647-1656), *Historia de Yucatán*, México, Edit. Académica Literaria, 1957.

López de Gómara, Francisco (1511-1566?), *Historia General de las Indias*, 2 vols., Madrid, Espasa Calpe, 1941; *Hispania Victrix: Primera y Segunda Parte de la Historia General de las Indias...Conquista de Méjico y de la Nueva España*, en Vedia, *Historiadores primitivos de Indias*, II (BAE, XXII), Madrid, 1858, pp. 155-455.

López de Hinojosos, Alonso (*ca.* 1504-1597), *Suma y recopilación de Cirujía con un arte para sangrar muy útil y provechoso* (1ª ed. en 1578), 3ª ed., México, Acad. Nal. de Medicina, 1977.

López de Mendoza, Francisco: ver Ruidíaz.

López de Palacios Rubios, Juan (1450-1524). *De las islas del Mar Océano* (*ca.* 1512-1514), trad. por A. Millares Carlo, Int. por S. Zavala, México, FCE, 1954.

López de Velasco, Juan (*ca.* 1530/1540-1603), *Geografía y Descripción de las Indias* (escrita entre 1571 y 1574), Madrid (BAE, CCLVIII), 1971.

López de Villaseñor, Pedro, *Cartilla Vieja de la Nobilísima ciudad de Puebla* (1ª ed. en 1781), ed. de J. I. Mantecón, México, Imp. Universitaria, 1961.

López Medel, Tomás (R. P.), "Tratado... de las Occidentales Indias...", Ms. (escrito *ante* 1565), Colección Obadia-Rich, NYCPL, ms. núm. 16.

López Rayón, Ignacio (Lic.) (ed.), *Sumario de la residencia tomada a D. Fernando Cortés*, paleografiado del original, 2 vols., México (Archivo Mexicano), García Torres, 1852-1853.

——— (ed.), *Proceso de residencia contra Pedro de Alvarado*, México, Valdés y Redondas, 1847.

Lorenzana, Francisco Antonio de (Arzobispo de México), *Concilios Provinciales... celebrados en... México*, México, 1769.

———, *Historia de Méjico, escrita por su esclarecido conquistador Hernán Cortés: aumentada con otros documentos y notas*, revisada por M. del Mar, Nueva York, White, Gallagher y White, 1828.

Lorenzo, Bartolomé (S. J.) (*fl.* 1562-1571), "Peregrinación por las Indias Occidentales en el siglo XVI", publ. por C. Fernández Duro en *Bol. de la Real Academia de Historia*, XXV (Madrid, 1879), pp. 226-257 (atribuida por largo tiempo al P. José de Acosta).

Losa, Francisco (Licenciado), *Vida que el siervo de Dios Gregorio López hizo en... la Nueva España*, Madrid, F. Nieto, 1648.

Lussagnet, Suzanne (ed.), *Les Français en Amérique. Textes de Jean Ribault, René de Laudonnière, Nicholas Le Challeux et Dominique de Gourgues*, París, Presses Universitaires, 1958.

Maas, Otto (O.F.M.) (ed.), *Viajes de misioneros franciscanos a la Conquista de Nuevo México* (Docs. del Archivo General de Indias, Sevilla) (1698-1788), Sevilla, Imp. S. Antonio, 1915.

Malagón, Javier, "Las 'Ordenanças y Copilación de Leyes' del Virrey Mendoza para la Audiencia de la Nueva España", en *Rev. de Hist. de América*, 37-38 (1954), pp. 109-132.

Marcos de Niza, Fray, *Relación*, en CDIAO, III: 329-350; *Relación*, trad. y edit. por P. M. Baldwin, en "Fray Marcos de Niza and his discovery of the Seven Cities of Cibola", *New Mexico Historical Review*, 1:2 (Santa Fe, 1926), pp. 193-223.

Martín de Valencia, Fray, *Carta de... y de otros misioneros, al Emperador*, en J. García Icazbalceta, *Colección*, II (1866), pp. 155-157.

Martínez, Henrico (1550/1560-1632), *Repertorio de los Tiempos e Historia Natural de la Nueva España* (1ª ed. en 1606), int. por F. de la Maza, México, SEP, 1948.

Meade, Joaquín (ed.), *Documentos inéditos para la Historia de Tampico*, México, Porrúa e Hijos, 1939.

Medina, Fray Balthassar de (1634-1697), *Chronica de la Santa Provincia de San Diego* (de los Franciscanos Descalzos) (1ª ed. en 1682), México (Col. de Grandes Crónicas Mexicanas, 4), Edit. Academia Literaria, 1977.

Medina, José Toribio (ed.), *The discovery of the Amazon according to the Account of Friar Gaspar de Carvajal*, Nueva York, American Geog. Society, 1934.

Mendieta, Fray Jerónimo de (*ca.* 1525-1604), *Historia Eclesiástica Indiana* (*ca.* 1957), 4 vols., ed., de S. Chávez Heyhoe, México, s/f.

———, *Vidas Franciscanas*, Pról. y selección de J. B. Íñiguez, México, 1945.

———, *Carta al Comisario General de la Orden de San Francisco en México* (de 1562), en J. García Icazbalceta, *Colección*, II (1866), pp. 514-544.

——— (*et al.*), *Relación de la Descripción de la Provincia del Santo Evangelio que es en las Indias Occidentales... hecha en el año de 1585*, México, ed. de F. de J. Chauvet, 1947.

Menéndez de Avilés, Pedro (1519-1574), *Relación de Viajes por la Florida* (*ca.* 1565), en M. Ballesteros Gabrois (ed.), *Viajes por Norteamérica*, Madrid, Aguilar, 1958, pp. 899-943.

Méritos y Servicios del Gobernador... Don Francisco de Montejo (El Mozo), en la Conquista de Yucatán, Chiapas, Honduras..., (de 1582), en *Bol. del AGN*, IX (1938), pp. 85-148.

Moderación de Doctrinas de la Real Corona Administradas por las Órdenes Mendicantes 1623, ed. de France V. Scholes y Eleanor B. Adams, México (*Docs. para la Hist. del México colonial*, VI), Porrúa e Hijos, 1959.

Monardes, Nicolás (1493-1588), *Joyfull Newes out of the Newe Founde Worlde... englished by John Frampton, Merchant Anno 1577*, Int. por S. Gaselee, Londres, Constable/Nueva York, Knopf, 1925.

Montejo (el Viejo), Francisco de (*ca*, 1479-1548), *Carta a Carlos V* (Salamanca, 10 de agosto de 1534), en Col. Obadia-Rich, NYCPL, ms. núm. 34, ff. 260-261.

MONTEMAYOR Y CUENCA, Juan Francisco, *Recopilación sumaria de algunos autos... de la Real Audiencia... de la Nueva España*, México, 1687.

MONTOTO: ver COL. DOCS. INÉD. IBERO-AMÉRICA.

MONTÚFAR, Fray Alonso de (Arzobispo de México, 1551-1572), *Ordenanzas para el coro de la Catedral mexicana, 1570*, ed. de E. J. Burrus (S. J.), Madrid, Porrúa Turanzas, 1964.

MORENO, Diego de Campos, "Jornada do Maranhão" (1614), en *Colecção de Notícias* (Lisboa, Academia N. de Ciencias, 1814).

MOTA Y ESCOBAR, Alonso de la (Obispo de Guadalajara y Puebla) (1546-1625), *Descripción geográfica de los reynos de Galizia, Viscaya y León*, en F. del Paso y Troncoso (ed.), *Papeles de la Nueva España*, IX (México, Vargas Rea, 1948), pp. 7 *sqq.*

MOTA Y PADILLA, Licenciado don Matías de la. *Historia de la Conquista del Reino de la Nueva Galicia* (*ca.* 1742), Guadalajara, Gallardo y Álvarez del Castillo, 1920.

MOTEZUMA, Diego Luis de (S.J.) (*ca.* 1636-1699), *Corona Mexicana o Historia de los Motezumas*, Madrid, Bibl. Hispania, 1914.

MOTOLINÍA, Fray Toribio de Benavente, llamado (?-1569). *Historia de los Indios de la Nueva España*, en J. García Icazbalceta, *Colección*, I (1858), pp. 1-249.

———, *Memoriales*, ed. L. García Pimentel, México, casa del editor, 1903.

———, *Carta a Carlos V* (del 2 de enero de 1555), Int. y Notas de J. Bravo Ugarte (S.J.), México, 1949; también la publica J. García Icazbalceta, *loc. cit.*, pp. 253-277.

———: ver NICOLAU D'OLWER.

MOYA DE CONTRERAS, Fray Pedro (Arzobispo de México, 1573-1586). *Cinco Cartas de... precedidas de la Historia de su Vida según Cristóbal Gutiérrez de Luna y Francisco Sosa*, Madrid (Bibl. Tenamitla 3), Porrúa Turanzas, 1962.

———, "La historia de Nueva España de... Sahagún" (Carta a Felipe II, del 26 de marzo de 1578), en Col. Obadia-Rich, NYCPL, ms. núm. 36, ff. 139-161.

MULLER, Frederic (ed.), *Trois lettres sur la découverte du Yucatan et les merveilles de ce pays* (de 1520), Haarlem, Enschede e Hijo, 1871.

MUÑOZ, Fray Diego, *Descripción de la Provincia de ... Michoacán cuando formaba una con Xalisco, escrita por... Año de 1585*, Guadalajara, Inst. Jalisc. de Antrop. e Historia, 1965.

MUÑOZ, Juan Bautista (1745-1799), *Historia del Nuevo Mundo*, Madrid, Aguilar, 1975.

MUÑOZ Camargo, Diego (*ca.* 1525-1614), *Historia de Tlaxcala*, ed. de A. Chavero, México, Secretaría de Fomento, 1892.

———, "Fragmento de Historia de la Nueva España" (ms.), Bibl. del Congreso, Washington, Div. de Manuscritos, ms. AC, D.R.A. 398.

MURILLO VELARDE, Pedro (P.), *Geografía Histórica... vol.* IX: *De la América y de las islas adyacentes...*, Madrid, 1752.

NAKAYAMA, Antonio (ed.), *Documentos para la historia de El Rosario, Sinaloa*, Culiacán, Ed. Sinaloa, 1955.

———: ver RUIZ, Antonio.

NAVARRETE, Nicolás P. (O.S.A), *Historia de la Provincia Agustiniana de San Nicolás Tolentino de Michoacán*, 2 vols., México, Porrúa, 1978.

NICOLAU D'OLWER, Luis (ed.), *Fray Toribio de Benavente Motolinía —Relaciones de la Nueva España*, 2ª ed., México, BEI, UNAM, 1964.

NÚÑEZ (Licenciado), "Relación de los servicios del Marqués del Valle que su orden presentó a S. M. el...", en J. García Icazbalceta (ed.), *Colección*, II (1886), pp. 41-61.

NÚÑEZ CABEZA DE VACA, Álvar, "Naufragios", en *Naufragios y Comentarios*, 5ª ed., Madrid, Espasa Calpe, 1971.

NUTTAL, Zelia, "Royal Ordinances concerning the Laying Out of Towns", en HAHR, V (mayo 1922); versión española en *Ensayos sobre la colonización en América*, 3ª ed., México, Porrúa, 1978.

——— (ed.), *Documentos referentes a la destrucción de templos e ídolos... durante el siglo xvi*, México, Ed. Cultura, 1933.

OBREGÓN, Baltazar de (*fl.* 1570-1584), *Chronicle, Commentary or Relation of the Ancient and Modern Discoveries in New Spain and New México*, trad. de G. P. Hammond y A. Rey, Los Ángeles, Wetzel, 1928.

OCAÑA, Diego de, *Carta*, en J. García Icazbalceta (ed.), *Colección*, I (1588), pp. 524-557.

OCARANZA, Fernando (ed.), *Crónicas y Relaciones del Occidente de México*, Tomo I, México, Robredo-Porrúa, 1937.

OCHOA LEJALDE, Juan, "Probanza hecha en la villa de Segura por... a nombre de Hernán Cortés" (en 1520), en J. García Icazbalceta, *Colección*, I (1858), pp. 411-420; y (Segunda) "Probanza", en *id.*, pp. 421-426.

O'GORMAN, Edmundo, *Guía de las Actas del Cabildo de la Ciudad de México, Siglo XVI*, México, FCE y DDF, 1970.

———, "Vecinos y Pueblos de Colima en 1532", en *Bol. del AGN, X*, 1.

———, "Yucatán: Papeles relativos a la visita del Oidor Don Diego García de Palacio, Año de 1583", en *id.*, XI: I (1940), pp. 387-482.

———, "Relación de la Provincia de Nuestra Señora de Sinaloa", en *id.*; XVI (1945), pp. 173-194.

——— (ed.), "Yucatán: papeles relativos a... Diego García de Paredes" (1583), en BAGN, núm. 11 (1940), pp. 384-483.

———: ver FERNÁNDEZ DE OVIEDO, ALVA IXTLIXÓCHITL.

OJEA, Fray Hernando (O.P.) († 1615), *Libro Tercero de la Historia Religiosa de la Provincia de México de la Orden de Santo Domingo* (ver DÁVILA PADILLA, y FRANCO, Fray Alonso), México, Museo Nacional, 1897.

OLMOS, fray Andrés de, TRATADO DE HECHICERÍAS Y SORTILEGIOS (*c.* 1553), ed. Georges Baudot, Mexico, UNAM, 1990.

ORÉ: ver GEIGER, en Bibliografía de Obras Modernas.

ORNELAS, Mendoza y Fray Nicolás Antonio de Valdivia, *Crónica de la Provincia de Santiago de Xalisco, 1719-1722*, Guadalajara, Inst. N. de Ant. e Historia, 1962.

OROZCO Y JIMÉNEZ, Francisco (ed.). *Colección de Documentos Históricos inéditos o muy raros, referente al Arzobispado de Guadalajara*, 2 vols., Guadalajara, Loreto y Ancera, 1923.

606   BIBLIOGRAFÍA

OSORES, Félix de, *Historia de todos los Colegios de la Ciudad de México desde la Conquista hasta 1780* (siglo XVIII), en Genaro García (ed.), *Documentos Inéditos o muy raros*, 2ª ed., II (1975), pp. 901-986.

OTTE, Enrique (ed.), "La Nueva España en 1529" (cartas de varios pobladores y oficiales de esa época), en *Historia y Sociedad en el mundo de habla española— Homenaje a José Miranda*, México, 1970.

————: ver LOCKHART.

PALAFOX Y MENDOZA, Juan de, *Vida Interior y Libro de las Virtudes del Indio*, Madrid (Col. de Libros Raros o Curiosos que tratan de América, X), Minuesa de los Ríos, 1893.

PALOMINO, Jorge (ed.), *Testamento de Nuño Beltrán de Guzmán*, México, Condumex, 1973.

PASO Y TRONCOSO, Francisco del (ed.), *Epistolario de Nueva España*, 16 vols., Madrid, V. Suárez, 1904-1929.

———— (ed.), *Papeles de Nueva España*, 9 vols., 1905-1948.

PAZ, Fray Martín de (O.P.), *Del Dominio de los Reyes de España sobre los Indios* (de principios del siglo XVI), trad. de A. Millares Carlo, Int. de S. Zavala, México, FCE, 1954.

PAZ Y MELIÁ, A. (ed.), *Nobiliario de Conquistadores de Indias*, Madrid, Bibliófilos Españoles, 1892.

PEDRAZA, Cristóbal (Licenciado), *Relación de varios sucesos ocurridos en Honduras, y del estado en que se hallaba esta provincia*, en Serrano y Sanz (ed.), *Relaciones Históricas de América, primera mitad del siglo XVI*, Madrid, Bibliófilos Españoles, 1916.

PEDRO DE CÓRDOBA, Fray (1482-1521), *Doctrina Cristiana para instrucción e información de los Indios, por manera de historia* (1ª ed. en México, 1544), Pref. de E. Rodríguez Demorizi, Ciudad Trujillo, Montalvo, 1945.

PEDRO DE GANTE (1480?-1572) (O.F.M.), "Carta(s) de ... al rey D. Felipe II" (del 23 de junio, 1558) (Principal y Duplicado), en J. García Icazbalceta (ed.), *Nueva Colección*, I, pp. 220-234.

————, *Cartilla para enseñar a leer* (1ª impresión por Pedro Ocharte, México, 1569), Nota de I. Márquez Rodiles, México, Acad. N. de Educación, 1959.

————: ver CHAUVET; y CHÁVEZ, Ezequiel.

PEÑA, Francisco, *Estudio histórico sobre San Luis Potosí* (con un Apéndice Documental), San Luis Potosí, Acad. de Hist. Potosina, 1979.

PÉREZ BUSTAMANTE, Ciriaco (ed.), *Libro de los Privilegios del Almirante Don Cristóbal Colón (1498)*, Madrid, Maestre, 1951.

PÉREZ DE LUXÁN: ver HAMMOND y REY.

PÉREZ DE OLIVA, Fernán († 1533), *Algunas Cosas de Hernán Cortés y México*, en J. Ramírez Cabañas (ed.), *Conquista de México*, de B.L. de Argensola, pp. 333-357.

————, *Relación de la Conquista de México*, ms., Biblioteca de El Escorial, ms., X-II-7, ff. 331-342.

PÉREZ DE RIBAS, Andrés (S.J.) (1576-1655), *Historia de los Triunfos de Nuestra Santa Fe entre Gentes las más barbaras y fieras del Nuevo Orbe* (1ª ed. en 1645), 2 vols., México, Layac, 1944.

————, *Crónica e Historia Religiosa de la Provincia de la Compañía de Jesús en la Nueva España hasta el año de 1654*, 2 tomos en un vol., México, 1896.

PESCADOR DEL HOYO: ver DOCUMENTOS DE INDIAS.

PILAR, García del, "Relación de la entrada de Nuño de Guzmán que dio... su intérprete" (*ante* 1532), en J. García Icazbalceta (ed.), *Colección*, II (1866), pp. 41-61; y en Patricia de Fuentes (ed.), *The Conquistadores*, trad. del Apéndice a la *Memoria de los servicios que había hecho Nuño de Guzmán...*, México, Porrúa, 1961.

PINTURA DEL GOBERNADOR, ALCAIDES Y REGIDORES DE MÉXICO (CÓDICE OSUNA), 1565, Estudio y transcripción de V. Cortés Alonso, Madrid, Ministerio de Educación y Ciencia, 1976.

PIZARRO Y ORELLANA, Fernando, *Varones ilustres del Nuevo Mundo... sus vidas y claros blasones*, Madrid, 1639.

PLAZA Y JAÉN, Br. Cristóbal Bernardo de la, *Crónica de la Real y Pontificia Universidad de México* (del siglo XVII), versión paleográfica e int. de N. Rangel, 2 vols., México, UNAM, 1931.

POMAR, Juan Bautista, *Relación de Texcoco* (A.D. 1582), en J. García Icazbalceta (ed.), *Nueva Colección*, III (1891), reed. de S. Chávez Hayhoe, México, 1941.

PONCE, Fray Alonso: ver Fray ANTONIO DE CIUDAD REAL.

"PRIMERAS NOTICIAS DE YUCATÁN" (relatos de *ca.* 1518-1519), ed. de C. Fernández Duro, en *Bol. de la Real Acad. de la Historia*, VII (Madrid, 1885), pp. 306-312.

PROCESO Y PESQUISA HECHO POR LA REAL AUDIENCIA DE LA ESPAÑOLA E TIERRA NUEVAMENTE DESCUBIERTA (en 1519), en J. García Icazbalceta (ed.), *Colección*, I (1858), pp. 404-410.

"PROVINCIAE SIVE REGIONES IN INDIA OCCIDENTALI NOVITER REPERTAE IN ULTIMA NAVIGATIONE" (de Fernando Flores, Capellán [?], publicado en 1518; es un relato más abreviado que el *Itinerario* de Juan Díaz), ed. de H. R. Wagner en *The Discovery of New Spain in 1518*, pp. 57-68.

PUGA, Vasco de (Doctor), *Provisiones Cédulas Instrucciones para el gobierno de la Nueva España* (1ª ed. en México, 1563), reimpresión, Madrid, Cultura Hispánica, 1945.

QUIROGA, Vasco de (Obispo de Michoacán), "Información en derecho sobre algunas provisiones del Real Consejo de Indias" (de 1535), en L. Torres de Mendoza (ed.), CDIAO, X; 333-525.

————: ver AGUAYO SPENCER y LEÓN, Nicolás.

RAMÍREZ, José Fernando: ver ZÁRATE, Gerónimo de.

RAMÍREZ DE FUENLEAL, Sebastián (Presidente de la Segunda Audiencia Gobernadora de México), *Parecer de...* (de 1532), en J. García Icazbalceta (ed.), *Colección*, II (1866), pp. 165-189.

RAMUSIO, Giovanni Battista, *Navigationi et Viaggi*, 3 vols., Venecia, 1559.

REAL PROVISIÓN SOBRE... EL MAR DEL SUR, Y RESPUESTA DE CORTÉS, en J. García Icazbalceta (ed.), *Colección*, II (1866), pp. 31-40.

RELACIÓN DE LAS CERIMONIAS Y RICTOS Y POBLACIÓN Y GOBERNACIÓN DE LOS INDIOS DE LA PROVINCIA DE MECHOACÁN (siglo XVI), en F. Gómez de Orozco (ed.), *Crónicas de Michoacán*, pp. 3-30 (selección).

RELACIONES "ANÓNIMAS" DE LA CONQUISTA DE LA NUEVA GALICIA: ver ARCEO, Francisco; CARRANZA, Pedro de; FLORES, Cristóbal; GUZMÁN, Pedro; LÓPEZ, Gonzalo; PILAR, García del.

RELACIONES HISTÓRICAS DE AMÉRICA: ver PEDRAZA, ULLOA.

RELATO DE LA CONQUISTA (ANÓNIMO DE TLATELOLCO), versión del náhuatl, en Sahagún, *Hist. General de las cosas*, ed. de A. M. Garibay K., IV, pp. 167-186.

REMESAL, Fray Antonio de (O.P.) (*ca*. 1570-*ca*. 1627). *Historia General de las Indias Occidentales* (escrita de 1615 a 1617, 1ª ed. en 1619), 2 vols., Madrid (BAE, clxxv y clxxix), Atlas, 1964-1966.

REPRESENTACIONES TEATRALES DE LA PASIÓN" ("LAS), en *Bol. del AGN*, 1943, pp. 332-356.

REYES GARCÍA, Cayetano (ed.), ÍNDICE Y EXTRACTOS DE LOS PROTOCOLOS DE LA NOTARÍA DE CHOLULA (1590-1600), México, INAH, 1973.

REYES GARCÍA, Luis (ed.), DOCUMENTOS SOBRE TIERRAS Y SEÑORÍOS EN CUAUHTINCHÁN, México, INAH, 1978.

REYNOSO, Salvador (ed.), *Pleito del Marqués del Valle contra Nuño de Guzmán, sobre aprovechamiento de Pueblos de la Provincia de Ávalos*, Guadalajara, Font, 1961.

RIVERA BERNÁRDEZ, Joseph de, *Descripción breve de la muy noble y leal ciudad de Zacatecas*, México, Trib. de la Santa Cruzada, 1732.

RODRÍGUEZ CABRILLO, Juan, "Méritos y servicios de..., de los primeros conquistadores", ed. de J. Pardo en *Anales* de la Soc. de Hist. y Geografía de Guatemala, XI (1935), pp. 472-496.

ROMÁN Y ZAMORA, Fray Jerónimo (*ca*. 1536-1597), *Repúblicas de Indias* (1ª ed. en 1575), 2 vols., Madrid (Col. de Libros Raros o Curiosos, XIV y XV), V. Suárez, 1897.

RUBIO MAÑÉ, J. Ignacio (ed.), *Archivo de la Historia de Yucatán, Campeche y Tabasco*, 3 vols., México, Aldina, 1942.

——— (ed.), "Títulos de las villas de San Miguel el Grande (1559) y de San Felipe (1562)", en *Bol. del AGN*, II: 3 (1961).

———, "Más documentos relativos a la expedición de Miguel López de Legazpi a Filipinas", en *Bol. del AGN*, XI: 1-2 (enero-junio de 1970); pp. 83-156.

RUIDÍAZ Y CARAVIA, Eugenio, *La Florida: su conquista y colonización por Pedro Menéndez de Avilés*, 2 vols., Madrid, 1893 (contiene las Relaciones de Solís de Meras, 1565; F. López de Mendoza, *id*.; Juan Pardo, *id*.; Peñalosa, 1566; Joan de la Vandera, 1566-1567; Sancho Pardo, 1572; y Juan Menéndez Márquez, 1590, así como Cartas de Menéndez de Avilés y Reales Cédulas, Títulos y Asientos fechados de 1557 a 1574).

RUIZ, Antonio (Alcalde Mayor de Sinaloa) (*ca*. 1556-*ca*. 1603), *Relación (La conquista en el Noroeste)* (escrita *ca*. 1595-1600), Int. y notas de A. Nakayama, México, INAH, 1974.

RUIZ DE ALARCÓN, Br. Hernando, *Tratado de las Supersticiones y Costumbres Gentilicias que oy viven entre los Indios naturales desta Nueva España* (1ª ed. en 1629), México, Museo Nacional, 1892.

SAAVEDRA [CERÓN], Álvaro de, "Documentos pertenecientes al Viaje de", en CDIAO; vol. V.

SAAVEDRA GUZMÁN, Antonio de, *El Peregrino Indiano*, ed. facsimilar de la de 1599, de J. García Icazbalceta, Madrid, Madrigal, 1881.

SAHAGÚN: ver BERNARDINO de (Fray).

SÁMANO, Juan de, *Relación de la conquista de los teules chichimecas*, en García Icazbalceta (ed.), *Colección*, II (1886).

SAN LUIS, Nicolás de, "Nombramiento de Capitán a favor del Cacique Don", en *Bol. del AGN*, núm. 6 (1935), pp. 203-204.

SAN MIGUEL, Fray Andrés de: ver Genaro García (ed.), *Relaciones de Florida*.

SÁNCHEZ BAQUERO, Juan (S.J.) (1548-1619), *Fundación de la Compañía de Jesús en Nueva España, 1571-1580*, México, Ed. Patria, 1945.

SÁNCHEZ DE AGUILAR, Pedro (Deán de Yucatán), *Informe contra Idolorum Cultores del Obispado de Yucatán* (1ª ed. en 1639), México (Anales del Museo VI), Museo Nacional, 1892; 3ª ed., México, Triay e Hijos, 1937.

SANDOVAL ACAZITLI, Don Francisco de, *Relación de la Jornada que hizo... (el) cacique... de Tlalmanalco... con el visorey Mendoza (a) Xuchipila*, en J. García Icazbalceta (ed.), *Colección*, II (1866), pp. 307-332.

SANZ, Carlos (ed). *Henry Harrisse (1829-1910), "Príncipe de los Americanistas": su Vida, su Obra, con nuevas Adiciones a la "Bibliotheca Americana Vetustissima"*, Madrid, V. Suárez, 1958.

SAUER, Carl O., *The Road to Cibola (with an Appendix of Unpublished Early Seventeenth Century Documentary materials on the explorations into the Northwest)*, Universidad de California en Berkeley, 1932.

SAVILLE, Marshall H. (ed.), *The Earliest Notices concerning the conquest of México by Cortés in 1519*, Nueva York (Indian Notes and Monographs, IX, 50), Fundación Heye, 1920.

SCHOLES, France V. y Carlos R. MENÉNDEZ (eds.), *Documentos para la historia de Yucatán. Primera Serie 1550-1560*, Mérida, Cía. Tipog. Yucateca, 1936.

SCHOLES, France V. y Eleanor B. ADAMS (eds.), *Don Diego Quijada, Alcalde Mayor de Yucatán, 1561-1565. Documentos sacados de los archivos de España*, 2. vols., México, Bibl. Hist. Mex. de obras Inéditas, 1938.

—— (eds.), *Documentos para la Historia del Mexico Colonial, V sobre el modo de tributar los indios de Nueva España a Su Majestad, 1561-1564*, México, Porrúa e Hijos, 1958.

——: ver ADVERTIMIENTOS DE LOS VIRREYES; INFORMACIÓN SOBRE TRIBUTOS; Y MODERACIÓN DE DOCTRINAS.

SEMPAT ASSADOURIAN, Carlos, "Fray Bartolomé de Las Casas... un escrito de 1545", en *Historia Mexicana*, 159 (enero-marzo de 1991), pp. 387-452.

SERRANO Y SANZ, M. (ed.), *Historiadores de Indias*, vol. I (*Historia Apologética de las Indias*, del P. Las Casas), Madrid, Bailly, Bailliére e Hijos, 1909.

SILVA, Fray Juan de (O.F.M.), *Primero y Segundo Memoriales*, Madrid, Imprenta Real, 1613.

SMITH, Buckingham (ed.), *Colección de varios documentos para la historia de la Florida y tierras adyacentes*, I, Londres, Trübner y Cía., 1857.

SOLÍS, Antonio de (1610-1686), *Historia de la Conquista de México*, 2ª ed., México, Porrúa, 1973.

SOLÍS, Eustaquio Celestino (*et al.*), ACTAS DEL CABILDO DE TLAXCALA, 1547-1567, México, AGN/Inst. Tlaxcalteca de Cultura, 1985.

SOLÍS DE MERÁS, Gonzalo: ver RUIDÍAZ.

SOLÓRZANO PEREYRA, Juan (1575-1655), *Política Indiana* (1ª ed. en 1647), 5 vols., México/B. Aires, Ibero-Americana de Publicaciones, 1930.

SOTO, Hernando de (1500?-1543), "Carta a los oficiales de Santiago de Cuba" (Espíritu Santo, 9 de julio de 1539), ms., Col. de Obadia-Rich, NYCPL, ff. 83-84.

SUÁREZ DE PERALTA, Juan, *Tratado del descubrimiento de las Indias (ca.* 1589), Nota preliminar de F. Gómez de Orozco, México, 1949.

TAPIA, Andrés de, *Relación*, ed. A. Yáñez en *Crónicas de la Conquista* (México, 1939); ed. J. García Icazbalceta, *Colección*, II (1866), pp. 554-594 (reimpreso por Patricia de Fuentes, *The Conquistadors*, pp. 18-48).

TAPIA, "Información de los méritos y servicios por Don Fernando de, en la Conquista... de Querétaro y provanza del cacicazgo de Don Diego de Tapia", en *Boletín del* AGN, 5 (1934), pp. 34-61.

TELLO, Fray Antonio (1566-1653), *Crónica Miscelánea de la Sancta Provincia de Xalisco* (escrita en 1652), Guadalajara, Universidad e IJAH, 1968.

TERNEAUX-COMPANS, Henri (ed.), *Voyages; rélations et mémoires originaux pour servir á l'histoire de la découverte de l'Amérique*, 20 vols., París, Arthus-Bertrand, 1837-1941 (vol. 20 sobre la Florida; contiene los relatos de Hernando de ESCALANTE FONTANEDO; Luis HERNÁNDEZ DE BIEDMA; Fray Gregorio de BETETA; Guido de las BEZARES; Jean RIBAUT; y el capitán de GOURGUES).

TERRAZAS, Francisco de *(ante 1548-ante* 1604), *Poesías*, ed. de A. Castro Leal, México, Porrúa, 1941.

THAMARA, Francisco, "El libro de las costumbres de todas las gentes de las Indias" (ms., Amberes, 1556), Col. Obadia-Rich, NYCPL, ms. núm. 5, ff. 268-273.

THÉVET, André, *Les Singularités de la France antarctique* (1558), París, Ed. P. Gapparel, 1878.

TOBAR, Balthasar de *Compendio Bulario Índico*, 2 vols., Sevilla, Esc. de Est. Hisp.-Americanos, 1954-1966.

TOMÁS DE SAN RAFAEL, Fray, "Historía de la Conquista de Nueva España", 2ª parte (incompleta), Col. Obadia-Rich, NYCPL, ms. núm. 36, ff. 125-130.

TORQUEMADA, Fray Juan de († 1624), *Monarquia Indiana* (1609-1613), 3ª ed., 3 vols., México, S. Chávez Hayhoe, 1943-1944.

TORRE, Fray Tomás de la (O.P.), *Desde Salamanca, España, hasta Ciudad Real, Chiapas—Diario de un Viaje 1544-1545*, Pról. y notas de F. Blom, México, Edit. Central, s/f.

TORRES, Fray Francisco Mariano de, *Crónica de la Sancta Provincia de Xalisco*, Guadalajara, Inst. Jalisc. de Ant. e Historia, 1965.

TOUSSAINT, Manuel, Federico GÓMEZ DE OROZCO y Justino FERNÁNDEZ (eds.), *Planos de la ciudad de México. Siglos* XVI *y* XVII. *Estudio histórico, urbanístico y bibliográfico*, México, UNAM, 1938.

TOVILLA, Capitán Martín Alfonso (Alcalde Mayor de la Verapaz), *Relación Histórica-Descriptiva de las Provincias de la Verapaz y de la del Manché* (escrita hacia 1635), paleografía de France V. Scholes y Eleanor B. Adams, Guatemala, Ed. Universitaria, 1960.

TRASLADO DE LAS NUEVAS (Anónimo del siglo XVI), en G. Winship (ed.), *The Journey of Coronado 1540-1542*, Nueva York, Allerton, 1922 (reimpresión de 1973).

ULLOA, Francisco de, *Relación del viaje que hizo el capitán... desde Acapulco hasta la isla de Cedros*, en Serrano y Sanz (ed.), *Relaciones históricas de América*, Madrid, 1916.

URRUTIA: ver FONSECA y.

VALDERRAMA, Jerónimo (Visitador de la Nueva España), *Cartas del Licenciado... y otros documentos sobre su visita al gobierno de Nueva España 1563-1565*, ed. de France V. Scholes y Eleanor B. Adams, México (*Docs. para la Hist. del México Colonial*, VII), Porrúa e Hijos, 1961.

VALDÉS, Fray Diego de, *Retórica Cristiana* (1579), 1ª ed. en español, México, UNAM y FCE, 1989.

VALENCIA, ver Fray MARTÍN DE.

VALTON, Emilio (ed.): *Documentos para la historia de la tipografía americana*, México, Relaciones Exteriores, 1936.

VARGAS MACHUCA, Bernardo de (1555-1622), *Milicia y Descripción de las Indias*, reimpresión de la ed. de 1599, 2 vols., Madrid (Col. de Libros Raros o Curiosos..., VIII y IX), 1892.

VÁZQUEZ, Genaro V. (ed.), *Legislación del Trabajo en los siglos XVI, XVII y XVIII*, México, Depto. del Trabajo, 1936.

VÁZQUEZ DE CORONADO, Francisco, "Carta al Virrey Mendoza del 3 de agosto de 1540; y Carta al Rey, del 20 de octubre de 1541", en Winship (ed.), *Journey of Colorado*, pp. 159-185 y 213-221.

VÁZQUEZ DE ESPINOSA, P. Antonio (O. Carm.) (*ca.* 1570-1630), *Compendio y Descripción de las Indias*, Madrid (BAE, CCXXXI), 1969.

VÁZQUEZ DE TAPIA, Bernardino: v. GURRÍA LACROIX.

VEDÍA, Enrique de (ed.), "Apuntes sobre la vida de ... Álvar Núñez Cabeza de Vaca", en *Historiadores de Indias*, 2 vols., Madrid, 1853-1858.

VELÁZQUEZ, Diego de, "Carta que... escribió al Licenciado Figueroa para que hiciese relación... de lo que había fecho Fernando Cortés", en J. García Icazbalceta (ed.), *Colección*, I (1858), pp. 399-403.

VELÁZQUEZ, María del Carmen (ed.), *Documentos para la historia de México en colecciones austriacas*, México, SHCP, 1963.

————: ver ECHEAGARAY.

VELÁZQUEZ, Primo Feliciano (ed.), *Colección de Documentos para la historia de San Luis Potosí*, 3 vols., San Luis Potosí, Imp. del Editor, 1897-1898.

VENEGAS, Miguel (S.J.), *Noticia de la California y de su conquista espiritual y temporal hasta el tiempo presente*, reimpresión de la ed. original de 1757, México, L. Álvarez y Álvarez de la Cadena, 1943.

VERA, Pbro. Fortino H. (ed.), *Colección de Documentos Eclesiásticos de México...*, 3 vols., Amecameca, Colegio Católico, 1887.

VESPUCCI, Amerigo (1454-1512), *Lettera di... delle isole nuovamente trovate in quattro suoi viaggi*, ed. facsimilar del impreso de ca. 1505-1516, México, Imp. Universitaria, 1941.

VETANCURT (BETANCUR), Fray Agustín de (O.F.M.) (1620-1700), *Menologio franciscano*, ed. facsimilar de la de 1697, México, Porrúa, 1971.

————, *Teatro Mexicano*, ed. facsimilar de la de 1698, México, Porrúa, 1971.

————, *Tratado de la Ciudad de México, y las grandezas que la ilustran después de que la fundaron españoles*, ed. facsimilar, México, Porrúa, 1971.

VIDA DE HERNÁN CORTÉS (fragmento anónimo del siglo XVI, trad. del lat. *De Rebus gestis Ferdinandi Cortesii)*, en J. García Icazbalceta (ed.), *Colección*, I (1858), pp. 309-357.

VILLAR VILLAMIL, Ignacio de (ed.), *Cedulario heráldico de conquistadores de Nueva España*, México, Museo Nacional, 1933.

VILLASEÑOR Y SÁNCHEZ, Joseph Antonio de, *Theatro Americano: Descripción... de la Nueva España y sus Jurisdicciones*, Int. de F. González de Cossío, ed. facsimilar de la de 1746, México, Ed. Nacional, 1952.

VISITA HECHA AL VIRREY MENDOZA (FRAGMENTO DE LA), en J. García Icazbalceta (ed.), *Colección*, II (1866), pp. 2002-2005.

VIZCAÍNO, Sebastián *(fl.* 1596-1613), *Relación del Viaje que hizo... al Descubrimiento de la Costa del Mar del Sur* (de 1602-1603), en M. Ballesteros Gabrois (ed.), *Viajes por Norteamérica*, Madrid (Bibl. Indiana), Aguilar, 1958, pp. 61-86.

WAGNER, Henry Raup (ed.), "Three Accounts of the expedition of Fernando Cortés, printed in Germany between 1520 and 1522", en HAHR, IX (1929), pp. 176-212.

————, *Spanish Voyages to the Northwest Coast of America in the Sixteenth Century*, Amsterdam, 1966 (reimpresión de la ed. de 1929 de la Sociedad de Historia de California) (incluye el texto de los Diarios de los viajes de Ulloa, Alvarado, Bolaños, Rodríguez Cabrillo, Urdaneta, Mendaña, Gali, Unamuno, Rodríguez Cermeño y Vizcaíno).

———— (ed.), *The Discovery of New Spain in 1518 by Juan de Grijalva —A translation of the original texts with an Introduction and Notes*, Nueva York (The Cortés Society), reimpres. de Kraus, 1969.

————, *Nueva Bibliografía Mexicana del siglo XVI*, trad. por J. García Pimentel y F. Gómez de Orozco, México, Polis, 1940.

————: ver PROVINCIAE.

WARREN, J. Benedict (ed.), *The Harkness Collection in the Library of Congress. A Guide*, Washington, Library of Congress, 1974.

———— (ed.), *(The) Hans P. Kraus Collection of Hispanic American Manuscripts. A Guide.* Washington, Library of Congress, 1974.

WRIGHT, David, *Querétaro en el siglo XVI.* FUENTES DOCUMENTALES PRIMARIAS, Querétaro, Col. de Docs. Qro., 1989.

XIMÉNEZ, Fray Francisco (O.P.) (1666-1722), *Historia de la Provincia de San Vicente de Chiapa y Guatemala de la Orden de Predicadores* (de ca. 1720-1722), 2 vols., Guatemala, 1929-1930.

XIMÉNEZ, Fray Francisco *(fl.* 1605-?), *Quatro libros de la naturaleza y virtudes medicinales de las plantas y animales de la Nueva España... extracto de las obras del Dr. Francisco Hernández* (1ª ed. en 1615), Morelia, Escuela de Artes, 1888.

XIMÉNEZ: ver JIMÉNEZ.

YÁÑEZ, Agustín: ver CRÓNICA DE CHAC; GRIJALVA; LAS CASAS; TAPIA.

ZÁRATE, Bartolomé de, "Narración de su partida de San Lúcar en 1526 con (el licenciado Luis) Ponce de León (de 1541)", Col. Obadia-Rich, NYCPL, ms. núm. 36, ff. 343-352.

ZÁRATE, Fray Gerónimo de (O.F.M.), *Relación de todas las cosas que el Nuevo México se han visto y sabido así por mar como por tierra desde el año de 1538 hasta el de 1626*, ed. de J. F. Ramírez, México, Vargas Rea, 1949.

ZORITA, Alonso de (Licenciado; Oidor de México), *Breve y sumaria relación de los señores... en la Nueva España*, en CDIAO, III, 1-26.

————, *Historia de la Nueva España*, Madrid, V. Suárez, 1909.

————, "Memorial" (a Felipe II; de 1560), en J. García Icazbalceta (ed.), *Colección*, II (1866), pp. 333-342.

ZUAZO, Alonso (Licenciado), "Carta al Padre Luis de Figueroa, Prior de la Mejorada" (de 1521), en *op. cit.*, I (1858), pp. 558-567.

ZUBILLAGA, Félix (S.J.), *Monumenta Antiquae Floridae (1566-1572)*, Roma, Monumentos Hist. de la Comp. de Jesús, 1946.

————, *Monumenta Mexicana*, vol. I (1570-1580), Roma, Monumenta Historia S.I., 1956.

ZUMÁRRAGA, Fray Juan de (O.F.M.) (primer Obispo y Arzobispo de México), ms., "Relato sobre las riquezas de la Nueva España" (1529?), Col. Obadia-Rich, NYCPL, ms. núm. 40, ff. 116-117.

————, "Relato sobre las riquezas y las pobrezas de la Nueva España" (1529). ms., Col. Obadia-Rich, NYCPL, ms. núm. 40, ff. 118-119.

————, "Tres Cartas Familiares", en García Icazbalceta (ed.), *Nueva Colección*, I (1866), pp. 281-292.

————: ver ALMOINA, José.

Obras modernas

Abreu Gómez, Ermilo, *La vida milagrosa del Venerable Siervo de Dios Gregorio López*, México, Carlos Rivadeneyra, 1925.

Acker, Gertrui, "The Creed in a Nahuatl Schoolbook of 1569", en *Lias*: Sources an Documents relat. to the early modern history of the Ideas, vol. XI (1984), Amsterdam, Holland V.P., s/f.

Adair, E. R., "Economics", en F. J. C. Hearnshaw (ed.), *Mediaeval Contributions to Modern Civilization*, Nueva York, 1949.

Adolf, Helen, "Christendom and Islam in the Middle Ages: New Light on 'Grail Stone' and 'Hidden Host'", en *Speculum*, XXXII: 1 (enero de 1957).

Aguirre, M. C., "La acción de los franciscanos en Nuevo México", en *Missionalia Hispanica*, XII (1955).

Aguirre Beltrán, Gonzalo, *El proceso de aculturación*, México, UNAM, 1957.

————, *Medicina y Magia: el proceso de aculturación en la estructura colonial*, México, Instituto Nacional Indigenista, 1963.

————, *Advertencia* al vol. II de la *Historia de la medicina en México*, de F. de Flores y Troncoso, ed. facs. de la de 1886, México, IMSS, 1982.

Aiton, Arthur Scott, *Antonio de Mendoza, first Viceroy of New Spain*, Durham, Universidad Duke, 1927.

————, "Coronado's First Report on the Government of New Galicia", en HAHR, XIX: 3 (agosto de 1939), pp. 306-313.

Ajo y Sanz de Zúñiga, C. M., *Historia de las Universidades Hispánicas*, Vol. I, Madrid, La Normal, 1957, vol. II, Ávila, 1958.

Alamán, Lucas, *Disertaciones sobre la Historia de la República Megicana* (con Apéndices documentales), 3 vols., México, Editorial Jus, 1942.

Alatorre, Antonio, *Los 1001 años de la lengua española*, México, Litógrafos Unidos, 1979.

Alberro, Solange, *Inquisición y sociedad en México, 1571-1700*, México, FCE, 1988.

Albi, Fernando, *El corregidor en el municipio español... (Ensayo histórico-crítico)*, Madrid, Ediciones Capitolio, 1943.

Albi Romero, Guadalupe, "La sociedad de Puebla de los Ángeles en el siglo XVI", en *Jahrb. für Gesch. d. Staat Wirtsch. und Gesellsch. in Latein Amerika*, núm. 7 (Colonia, 1970).

Albornoz, Miguel, "Hernando de Soto, el Amadís de la Florida", Madrid, Revista de Occidente, 1971.

Alcocer, Ignacio, *El español que se habla en México*, México, INAH, 1936.

Alegría, Paula, *La educación en México antes y después de la Conquista*, México, Inst. Fed. de Capacit. del Magisterio, 1963.

Alessio Robles, Vito, *Francisco de Urdiñola y el norte de la Nueva España*, México, Imprenta Mundial, 1931.

————, *Coahuila y Texas en la época colonial*, 2ª ed., México, Editorial Porrúa, 1978.

Almagià, Roberto, "Commercianti, Banchieri e Armatori genovesi nei primi Decenni del secolo XVI", en *Rendiconti della Reale Accademia dei Lincei*, Roma, 1935.

Almoina, José, *Rumbos heterodoxos en México*, (publs. de la Univ. de Santo Domingo, LIII), Cd. Trujillo, Montalvo, 1947.

————, "Citas clásicas de Zumárraga", en *H. M.*, 11 (enero-marzo de 1954).

————, "La Primera 'Doctrina' para Indios", en RHA, 53-54 (junio-diciembre de 1962).

Alonso, Amado, *De la pronunciación medieval a la moderna en español*, ed. de Rafael Lapesa, Madrid, Gredos, 1955.

————, *Estudios Lingüísticos: temas hispanoamericanos*, 3ª ed., Madrid, Gredos, 1967.

Altamira y Crevea, Rafael, *Diccionario castellano de palabras jurídicas y técnicas tomadas de la legislación indiana*, México, IPGH, 1951.

————, "Estudio sobre las fuentes de conocimiento de la historia del Derecho Indiano", en *Rev. de la Escuela Nacional de Jurisprudencia* (México), t. 8-10 (1946-1948).

————, "Plan y documentación de la historia de las Municipalidades en las Indias españolas", en *Contribución a la Historia de América*, México, Comisión de Historia del IPGH, 1951, pp. 1-107.

Altolaguirre y Duvale, Ángel de, *Descubrimiento y Conquista de México*; Introd. de A. Ballesteros y Beretta, Barcelona, Salvat, 1954.

Alvarado Morales, *La ciudad de México ante la fundación de la Armada de Barlovento*, México, ECM y Univ. de Puerto Rico, 1983.

Álvarez, Óscar C., *La cuestión social en México: el Trabajo*, México, 1950.

Álvarez del Villar, José, *Historia de la charrería*, México, 1941.

Amador, Elías, *Bosquejo histórico de Zacatecas*, 2 vols., Zacatecas, Talleres Tipográficos "Pedroza", reimp. de 1943.

Amaya Topete, Jesús, *Atlas Mexicano de la Conquista*, México, FCE, 1958.

Amman, E., y A. Dumas, *L'Eglise au pouvoir des laïques*, París, 1948.

Ancona, Eligio, *Historia de Yucatán desde la época más remota hasta nuestros días*, 2° ed., 4 vols., Barcelona, Jaime Jesús Roviralta, 1889-1905.

Anderson, Lawrence, *El arte de la platería en México*, México, Editorial Porrúa, 1956.

Andrade Labastida, Germán, "Acolman y el origen de las posadas", en *Anuario de la Sociedad Folklórica de México, 3* (1943), pp. 37-42.

Angulo Íniguez, Diego, "The Mudejar Style in Mexican Architecture", en *Ars Islamica*, VII (1935).

―――. "Las catedrales mexicanas del siglo XVI", en BRAH, CXIII (1943), pp. 137-194.

Armstrong, C.A.J., *England, France and Burgundy in the fifteenth Century*, Londres, Hambledon Press, 1983.

Artigas, Juan B., *La piel de la arquitectura: murales de Santa María Xoxoteco*, México, UNAM, 1979.

Artz, Frederick B., *The Mind of the Middle Ages*, Nueva York, 1953.

Arriaga, Antonio, "Los conventos dominicos del siglo XVI en el Estado de Oaxaca", en *Artes de México*, núms. 86-87 (1966).

Arrom, José Juan, *El teatro de Hispanoamérica en la época colonial*, La Habana, Anuario Bibliográfico Cubano, 1956.

Arróniz, Othón, *El Colegio del Espíritu Santo en el siglo XVI*, Puebla, Univ. Autónoma, 1978.

Ashburn, Percy M., *Las huestes de la muerte: una historia médica de la conquista de América*, trad. de E. Estrada, México, IMSS, 1961.

Babcock, William H., *Legendary Islands of the Atlantic — A Study in Medieval Geography*, NuevaYork, American Geographical Society, 1922.

Baird (Jr.), Joseph Armstrong, *The Churches of México, 1530-1810*, Univ. de California en Berkeley, 1962.

Bakewell, Peter John, *Minería y sociedad en el México Colonial: Zacatecas, 1546-1700*, trad. de R. Gómez Ciriza, México, FCE, 1976.

Baldwin, Summerfield, *Business in the Middle Ages*, Nueva York, 1937.

Baltrusaitis, Jurgis, *Le Moyen Age Fantastique*, París, 1955.

Bancroft, Hubert Howe, *History of the North Mexican States*, vol. I: *1531-1800*, San Francisco, A. L. Bancroft y Cía., 1884.

―――, *History of Arizona and New México, 1530-1888*, reimp., Albuquerque, Horn y Wallace, 1962.

―――, "Essays and Miscellany: The Early American Chroniclers", en *Works*, San Francisco, 1882-1890, vol. 38, pp. 1-38.

Bandelier, Adolf F., *A History of the Southwest: a Study of the Civilization and Conversion of the Indians in Southwestern United States and Northwestern Mexico from the Earliest Times to 1700*, ed. de Ernest J. Burrus, S. J., 2 vols., Cd. del Vaticano, Bibl. Apostólica Vaticana, 1969.

Bannon, John Francis. *History of the Americas, I: The Colonial Americas*, 2ª ed., Nueva York, McGraw Hill, 1952.

──────, *The Spanish Borderlands Frontier, 1513-1821*, Albuquerque, Univ. de Nuevo México, 1976.

Barber, Richard y Anne Riches, *A Dictionary of Fabulous Beasts*, Ipswich, Boydell Press, 1975.

Barbosa Ramírez, A. René, *La estructura económica de la Nueva España, 1518-1810*, México, Edit. Siglo XXI, 1977.

Bargalló, Modesto, *La minería y la metalurgia en la América Española durante la época colonial*, México, FCE, 1955.

Barker, George C., "Some Aspects of Penitential Processions in Spain and the American Southwest", en *Journal of American Folklore*, 70 (1957), pp. 201-217.

Barragán Barragán, José, *Temas del liberalismo gaditano:... Los Reales Amparos*, México, UNAM, 1978.

Barraza y Muñoz de Bustillo, José, *La colonización española en América*, Madrid, Tip. de la Rev. de Archivos, Bibliotecas y Museos, 1925.

Barrett, Ward, *La Hacienda Azucarera de los Marqueses del Valle*, trad. de S. Mastrangelo, México, Siglo XXI, 1977.

Barros Arana, Diego, "Los Cronistas de Indias", en *Obras Completas*, vol. 8, Santiago de Chile, 1911 (?), pp. 5-46.

Bassford von Winning, J., "Forgotten Bastions along the Spanish Main: Campeche", en *The Americas*, VI, 4 (abril de 1950).

Bataillon, Marcel, *Erasmo y España*, trad. de A. Alatorre, 2 vols., México, 1950.

──────, "L'Iniguiste et la Beata: premier voyage de Calisto à México", en RHA, XXXI (1951), pp. 59-75.

──────, "Cheminement d'une légende: les 'Caballeros Pardos' de Las Casas", en *Symposium*, VII: 1 (mayo de 1952), pp. 1-21.

──────, "L'idée de la découverte de l'Amérique chez les espagnols du XVIe siècle", en *Bulletin Hispanique*, LV (1953), pp. 23-53.

──────, "Novo Mondo e Fim do Mondo", en *Revista de Historia* (Sao Paulo, 1954), pp. 343-351.

──────, "Evangelisme et Millénarisme au Nouveau Monde", en *Courants religieux et humanisme à la fin du XVe et au début du XVe siècle* (Coloquio de Estrasburgo, 9-11 de mayo de 1957), París, Imprentas Universitarias, 1959.

Baudot, Georges. *Utopie et Histoire au Mexique*, París, Privat, 1977.

Baumgartner, Jakob (S.M.B.), *Mission und Liturgie in Mexiko*, 2 vols., Schöneck/Backenried (Suiza), Neue Zeitschr. für Missionswissenschaft, 1971-1972.

Bauzon, Leslie E., "Relaciones internacionales mexicano-filipinas", en E. de la Torre Villar (ed.), *La expansión hispanoamericana en Asia, siglos XVI y XVII*, México, FCE, 1980.

Bayle, Constantino (S.J.), *Santa María en Indias*, Madrid, Apostolado de la Prensa, 1928.

──────, *España en Indias*, Madrid, 1944.

──────, *El culto del Santísimo en Indias*, Madrid, Consejo Superior de Investigaciones Científicas, 1951.

————, *Los cabildos seculares en la América Española*, Madrid, Sapientia, S. A., 1952.

Baxter, Silvestre, *La Arquitectura Hispanocolonial en México*, int. y notas de M. Toussaint, México, 1934.

Bazán Alarcón, Alicia, "El Real Tribunal de la Acordada y la delincuencia en la Nueva España", en *Historia Americana*, XIII: 3 (enero-marzo de 1964), pp. 317-345.

Bazant, Jean, "Evolution of the textile industry in Puebla, 1544-1845", en *Comparative Studies in Society and History*, La Haya, Mouton et Cie., 1964-1965.

Bazin, Germain, *A Arquitetura religiosa baroca no Brasil*, 2 vols., trad. de Glória Lucia Nuñes, Río de Janeiro, Record, 1956.

Becerra López, José Luis, *La organización de los estudios en la Nueva España*, México, Edit. Cultura, 1963.

Beezley, William A., *Judas and the Jockey Club and other episodes of Porfirian Mexico*, Lincoln, Univ. de Nebraska, 1987.

Beltrán Ugarte, Ulises, "La hacienda de San Pedro Jorullo, Michoacán — 1585-1795", en HM, XXVII: 4 (abril-junio de 1977).

Bell, C., *Portugal and Quest for the Indies*, Londres, Constable, 1974.

Bell: ver Nutini.

Benítez, Fernando, *La vida criolla en el siglo XVI*, México, ECM, 1953.

Benítez, José R., *Historia gráfica de la Nueva España*, México, Cámara Oficial de Comercio Española, 1929.

————, *Alonso García Bravo, planeador de la ciudad de México y su primer director de obras públicas*, México, Cía. de Fomento y Urbanización, 1933.

————, *El traje y el adorno en México*, Guadalajara, Imp. de la Universidad, 1946.

Benito Ruano, Eloy, *La leyenda de San Borondón, octava Isla Canaria*, Valladolid, Universidad, 1978.

Benso, Silvia, "Le Metamorfosi di Cíbola nei cronisti delle Indie", en *Letteratura d'America*, II: 6 (Roma, invierno de 1981).

Beristáin y Souza, José Mariano, *Biblioteca Hispano Americana Setentrional*, 5 vols., Amecameca, Imp. de El Tiempo, 1883-1898.

Berlitz, Charles, *The Mistery of Atlantis*, St. Albans, Frogmore (Panther Books), 1977.

Bernal, Rafael, "México en Filipinas", en HM, 54 (octubre-diciembre de 1964).

Bernaldo de Quirós, Constancio, *La picota en América (Contribución al estudio del derecho penal indiano...)*, La Habana, Jesús Montero, 1948.

Bernheimer, Richard. *Wild Men in the Middle Ages*, Nueva York, Octagon Books, 1970.

Bevan, Bernard, *History of Spanish Architecture*, Londres, 1938.

Bishko, C. J., "The Peninsular Background of Latin-American Cattle Ranching", en HAHR, XXXII: 4 (noviembre de 1952).

————, "The Iberian Background of Latin American History", en HAHR, XXXVI (1959), pp. 50-80.

————, "The Castilian as Plainsman: The Medieval Ranching Frontier in La Mancha and Extremadura", en A. R. Lewis y T. F. McGann (eds.), *The New World Looks at its History*, Austin, Univ. de Texas, 1963.

Bishop, Morris, *The Oddyssey of Cabeza de Vaca*, Nueva York y Londres, The Century Co., 1933.

Bisson, T. N., *The Medieval Crown of Aragon*, Oxford, Clarendon, 1991.

Blackmar, Frank W. *Spanish Institutions of the Southwest*, reimp. de la ed. orig. de 1891, Glorieta, Nuevo México, Rio Grande Press, 1976.

Blanco Fombona, Rufino, *Los conquistadores españoles del siglo XVI*, Madrid, 1920.

————, *El conquistador español del siglo XVI*, Madrid, Ed. Mundo Latino, 1922.

Blom, Frans, "Hernán Cortés y el Libro de Trajes de Christoph Weiditz", en *Bol. del Inst. de Ciencias y Artes de Chiapas*, XI (1963), pp. 7-14.

Bloomfield, Morton W., "Recent Scholarship on Joachim of Fiore and his Influence", en Ann Williams (ed.), *Prophecy and Millenarism* (Essays in honour of Marjory Reeves), Londres, Longman, 1980.

Boas, Frans, "Notes on Mexican Folk-lore", en *Journal of American Folk-lore*, 25 (1912), pp. 204-260.

Boas, George, *Essays on Primitivism and Related Ideas in the Middle Ages*, Baltimore, Johns Hopkins, 1948.

Boase, Roger, *The Origin and Meaning of Courtly Love*, Univ. de Manchester, 1977.

Bolognani, Bonifacio, *Padre e Pionere (Eusebio Francisco Chini, S. J.)*, Trento, Bibl. Francescana, 1983.

Bolton, Hubert Eugene, *The Colonization of North America*, Nueva York, Macmillan, 1920.

————, *The Spanish Borderlands*, New Haven, Imp. de la Univ. de Yale, 1921.

————, *Coronado, Knight of Pueblos and Plains*, Nueva York, 1949 (publicada en el mismo año, en Albuquerque, Imp. de la Univ. de Nuevo México, con el título: *Coronado on the Turquoise Trail*).

Bonet Correa, A., "Antecedentes españoles de las capillas abiertas hispanoamericanas", en *Revista de Indias*, XXIII: 91-92 (enero-junio de 1963), pp. 269-280.

Bopp, Marianne O. de, "Autos mexicanos del siglo XVI", en HM, 9 (julio-agosto de 1953).

Borah, Woodrow, "The Colletion of Tithes in the Bishopric of Oaxaca during the Sixteenth Century", en HAHR, 21 (1941), núm. 3, pp. 386-409.

————, "Representative Institutions in the Spanish Empire", en *The Americas*, 12: 3 (1956), pp. 246-257.

————, "Los tributos y su recaudación en la Audiencia de la Nueva Galicia durante el siglo XVI", en B. García Martínez *et al.* (eds.), *Historia y sociedad en el mundo de habla española — Homenaje a José Miranda*, México, ECM, 1970.

Borges Morán, Pedro, *El envío de misioneros a América durante la época española*, Salamanca, Univ. Pontificia, 1977 .

Bourne, Edward Gaylor, *Spain in America, 1450-1580*, Nueva York/Londres, Harper, 1904.

Boyd-Bowman, Peter, *El habla de Guanajuato*, México, UNAM, 1960.
————, "Spanish and European Textiles in Sixteenth Century Mexico", en *The Americas*, XXIX: 3 (enero de 1973), pp. 334-358.
————, "Negro Slaves in Early Colonial México", en *The Americas*, XXVI, 2 (oct., 1969).
Boyer, Richard, "La ciudad de México en 1628 — La visión de Juan Gómez de Trasmonte", en HM, 115 (enero-marzo de 1980).
Bozal, Ángel, *El descubrimiento de Méjico. Una gloria ignorada: Juan de Grijalva*, Madrid, Ed. Voluntad, 1927.
Braden, Charles S., *Religious aspects of the Conquest of México*, Durham, 1930.
Brading, D. A. *Orbe Indiano*, trad. de J. J. Utrilla, México, FCE, 1991.
————, *Mineros y comerciantes en el México borbónico (1763-1810)*, trad. de R. Gómez Ciriza, México, FCE, 1975.
Braudel, Fernand, *Civilization and Capitalism 15th-18th cent.* Vol. II: *The Wheels of Conmerce*, trad. de S. Reynolds, Nueva York, Harper and Row, 1982.
Brebner, John B., *The Explorers of North America, 1492-1806*, Londres, 1933.
Brenner, Anita, *Idols Behind The Altar*, Nueva York, 1929.
Bricker, Victoria R., *The Indian Christ, the Indian King*, Austin, Texas, V. P., 1981.
Buarque de Holanda, Sergio. *Rizes do Brasil*, 5ª ed., Rio, Olimpio, 1969.
————, *Visión del Paraíso*, trad. de E. dos Santos, Caracas, Ayacucho, 1987.
Burzio, Humberto F., *Diccionario de la Moneda Hispanoamericana*, 3 vols., Santiago de Chile, Fondo J. T. Medina, 1958.
Burrus, Ernest J. (S.J.), "Religious Chroniclers and Historians — A Summary with Annotated Bibliography", en *Handbook of Middle America Indians*, XII, pp. 138-185.
Calderón, Francisco R., *Historia económica de la Nueva España en tiempo de los Austrias*, México, FCE, 1988.
Calderón Quijano, José Antonio, *Historia de las Fortificaciones en Nueva España*, Sevilla (Escuela de Est. Hispanoamericanos, LX), 1953.
————, "La proyectada Universidad de Cortés en Coyoacán", en *Actas y Memorias del XXVI Congreso Internacional de Americanistas* (Sevilla, 1966), pp. 685-90.
Caldwell, John, *Medieval Music*, Indiana, U. P., 1978.
Calvo, J.: ver Millares Carlo, A.
Campos, Rubén M. *El folklore literario de México... (1525-1925)*, México, Talleres Gráficos de la Nación, 1929.
Canedo, Lino G. (O.F.M.). "Escuelas y Colegios para Indios en la América Española", en *Actas y Memorias del XXVI Congreso Internacional de Americanistas* (Sevilla, 1966), pp. 615-624.
Cappelli, A., *Cronologia, Cronografia e Calendario Perpetuo*, 4ª ed., Milán, Hoepli, 1978.
Carbia, Rómulo D., *La crónica oficial de las Indias occidentales*, Univ. de La Plata, 1934 (2ª ed., Buenos Aires, Ediciones Buenos Aires, 1940).
Carcer y Didier, Mariano de, *Apuntes para la historia de la transculturación indoespañola*, México, Inst. de Historia de la UNAM, 1953.

Carmagnani; Marcello, *Formación y crisis de un sistema feudal (América Latina del siglo XVI a nuestros días)*, trad. de F. Blanco, México, Siglo XXI, 1976.

Cartellieri, Otto, *The Court of Burgundy*, Londres, 1929.

Carvallo, Nicanor, "Voces antiguas de fiestas regionales" (Veracruz), en *Investigaciones Lingüísticas*, IV (enero-abril de 1937).

Carrasco, Pedro, "La sociedad mexicana antes de la Conquista", en El Colegio de México (ed.), *Historia general de México*, vol. I, 1976.

Carreño, Aberto María, *La Real y Pontificia Universidad de México, 1536-1865*, México, UNAM, 1961.

———, "Salamanca en la cultura de México", en *Memorias de la Academia Mexicana de la Historia*, XIV (1955), núm. 2.

Carrera Stampa, Manuel, *Archivalia Mexicana*, México, Inst. de Historia de la UNAM, 1952.

———, *Los Gremios Mexicanos... 1521-1861*, México, EDIAPSA, 1954.

———, *Nuño de Guzmán*, 2ª ed., México, Jus, 1960.

———, "The Evolution of Weights and Measures in New Spain", en HAHR, XXIX (febrero de 1949), pp. 2-24.

———, "Las Actas Municipales, fuente de la Historia de México", en IPGH (ed.), *Contribuciones a la Historia Municipal de América*, México, 1951.

———, "Historiadores indígenas y mestizos novohispanos. Siglos XVI-XVII", en *Rev. Española de Antropología Americana*, VI, Madrid, 1971.

———, *Las ferias novohispanas*, en J. J. Real Díaz y M. Carrera Stampa, *Las ferias comerciales de la Nueva España*, México, IMCE, s/f.

Carrillo y Gariel, Abelardo, *Técnica de la pintura de la Nueva España*, México, 1946.

———, *Evolución del mueble en México*, México, INAH, 1957.

———, *El traje en la Nueva España*, México, INAH, 1959.

Carrión, Antonio, *Historia de la ciudad de Puebla de los Ángeles*, Puebla, Tip. de las Escuelas Salesianas de Artes y Oficios, 1897.

Carro, P. Venancio D. (O.P.), "La controversia de Indias y las ideas teológico-jurídicas medievales que las preparan y explican", en *Anuario de la Asociación Francisco de Vitoria*, VIII (Madrid, 1948), pp. 13-53.

Casado Fernández Mensaque, Fernando, "El Tribunal de la Acordada de Nueva España", en *Anuario de Estudios Americanos*, VII (1950), pp. 279-323.

Casariego, J. E., *El Municipio y las Cortes en el Imperio Español de Indias*, Madrid, Talleres Gráficos Marsiega, 1946.

Cascajo Romero, Juan, "La medicina en la vida de Cortés", en *Anuario de Estudios Americanos*, IV (1947).

Caso, Alfonso, *Los calendarios prehispánicos*, México, Inst. de Inv. Estéticas, 1967.

———, "Más sobre el Calendario Gregoriano", en HM, VII: 1 (núm. 25, julio-septiembre de 1957).

Castañeda, Carlos E., *Our Catholic Heritage in Texas — The Mission Era — The finding of Texas, 1519-1693*, Austin, Von Boeckmann-Jones, 1936.

Castañeda Delgado, Paulino, "El tema de las minas en la ética colonial", en *La minería hispana e iberoamericana* (VI Congreso Internacional de Minería), vol. I, León, 1970.

Castillo Ledón, Luis, *La Conquista y Colonización Española de México*, México, 1932.

Castro, Américo, "Imperialismo y Mesianismo", en *Rev. de Filología Hispánica*, II (Buenos Aires, 1940), pp. 14-34.

——, "Lo Hispánico y el Erasmismo", en *id.*, IV (Buenos Aires, 1942), pp. 1-45.

Cavazos Garza, Israel, *Juan Bautista Chapa, cronista anónimo del Nuevo Reino de León* (separata de Estudios Históricos Americanos), México, 1953.

Cervantes, Enrique A., *Loza blanca y azulejo de Puebla*, 2 vols., México, ed. privada, 1939.

Céspedes del Castillo, Guillermo, "Las Indias durante los siglos XVI y XVII", en J. Vicens Vives (ed.), *Historia de España y América social y económica*, vol. 3, Barcelona, Vicens, 1972.

——, "La Visita como institución indiana", en *Anuario de Estudios Americanos*, III, pp. 984-1025.

Ceuleneer, Adolphe de, "L'Anversois Simon Pereyns, peintre du XVIe siècle établi à Mexico", en *Bull. de l'Académie roy. d'Archéologie de Belgique* (Amberes, 1912).

Ceuleneer, Paul de, *Pedro de Gante (Pierre de Mura), Educateur et Protecteur des Indiens*, Amberes, Asoc. Belgo-Ibero-Americana, 1930.

Clavero, Bartolomé. *Mayorazgo: propiedad feudal en Castilla (1369-1836)*, México, Siglo XXI, 1974.

Clendinnen, Inga. *Ambivalent Conquests-Maya and Spaniard in Yucatán, 1517-1570*, Cambridge U.P., 1987.

Cline, Howard F., *A General Survey: the Relaciones Geográficas of the Spanish Indies, 1577-1586*, Washington, Fundación Hispánica de la Bibl. del Congreso, 1964.

Coccioli, Carlo, *Manuel the Mexican*, Nueva York, Simon y Schuster, 1958.

Coe, Michael D., *México*, 3ª ed., Nueva York, Thames and Hudson, 1984.

Cohn, Norman, *En pos del Milenio*, trad. de R. Alaix Busquets, Barcelona, Barral, 1972.

Collins, Maurice, *Cortés and Moctezuma*, Londres, Faber y Faber, s/f.

Comas, Juan, "El Calendario Gregoriano en América", en HM, VII: 2 (núm. 431), pp. 207-215.

Comper, J. N., *Of the Christian Altar and the Buildings that contain it*, Londres, 1950.

Corbató, Hermenegildo, *Misterios y Autos del teatro misionero en Méjico durante el siglo XVI y sus relaciones con los de Valencia* (Anejo núm. 1 de *Anales del Centro de Cultura Valenciana*), Valencia, Cons. Sup. de Invest. Científicas, 1949.

Corcuera de Mancera, Sonia, *El fraile, el Indio y el pulque*, México, FCE, 1992.

Corona Núñez, José, "Religiones indígenas y Cristianismo", en HM, núm. 40 (abril-junio de 1961).

Correia-Afonso, John (S.J.), "Contactos indoamericanos a través de los misioneros jesuitas", en E. de la Torre Villar (ed.), *La expansión hispanoamericana en Asia, siglos XVI y XVII*, México, FCE, 1980.

Couliano, Ioan P., *Esperienze dell' Estasi dall Elenismo al Medioevo*, Roma-Bari, Laterza, 1986.

Couto, José Bernardo, *Diálogo sobre la historia de la pintura en México*, México/Buenos Aires, FCE, 1947.

Cronau, Rudolf, *Amerika: die Geschichte seiner Entdeckung von der ältesten bis auf die neue Zeit*, vol. I, Leipzig, Abel y Müller, 1892.

Cruz, Francisco Santiago, *Las artes y los gremios en la Nueva España*, México, Jus, 1960.

Cué Cánovas, Agustín, *Historia social y económica de México, 1521-1854*, México, Trillas, 1963.

Cuello Martinell, María Ángeles. "La renta de los naipes en la Nueva España", en *Anuario de Estudios Americanos*, XXII (1965), pp. 231-335.

Cuervo, José Rufino, *El castellano en América*, Bogotá, Ed. Minerva, 1935.

Cuevas, Mariano (S.J.), *Historia de la Iglesia en México*, 2 vols., México, Imp. Patricio Sanz, 1921.

———, *Monje y marino: La vida y tiempos de Fray Andrés de Urdaneta*, México, Galatea, 1943.

Cunningham, Charles H., "The Institutional Background of Spanish American History", en HAHR, I (1918), pp. 24-39.

Cutter, Donald C., "Sources of the Name 'California'", en *Arizona and the West* , III (1961), pp. 233-244.

Chamberlain, Roberts S., *The first three Voyages to Yucatán and New Spain, according to the Residencia of Cortés*, (*Hispanic American Studies*, núm. 7), Univ. de Miami, 1949.

———, *Conquista y Colonización de Yucatán, 1517-1550*, trad. de A. Domínguez Peón, México, Porrúa, 1974.

———, "Castilian Background of the Repartimiento-Encomienda", en *Carnegie Institution of Washington Publications*, 509 (junio de 1939).

———, "The concept of the *Señor Natural* as revealed by Castilian Law and administrative documents", en HAHR, 19 (1939), núm. 2, pp. 130-137.

———, "Simpson's *The Encomienda in New Spain* and recent Encomienda studies", en *id.*, XXIV (1954), pp. 238-250.

Chanfón, Carlos, "Presencia de Flandes en la arquitectura del siglo XVI en México", en *Artes de México*, XIX, 150 (1972), pp. 39-66.

Chapman, Charles Edward, *A History of California — The Spanish Period*, Nueva York, Macmillan, 1921.

———, *Colonial Hispanic America*, Nueva York, Macmillan, 1946.

Chassigneux, Edmond, "Rica de Oro et Rica de Plata", en *T'oung Pao* (Archives), XXX, Leiden, 1933, pp. 37-84.

Chatelain, Verne E., *The Defenses of Spanish Florida 1565 to 1763*, Washington, Institución Carnegie, 1941.

Chaunu, Pierre, *Les Philippines et le Pacifique des Ibériques (XVIᵉ, XVIIᵉ XVIIIᵉ siècles)*, París, SEVPEN, 1960.

————, *Conquête et Exploitation des Nouveaux Mondes*, París, Imp. Universitarias, 1969.

Chauvet, P. Fidel (O.F.M.), "El convento mexicano y su función social", en *Artes de México*, núms. 86/87 (1966).

————. "Fray Jacobo de Testera, misionero y civilizador del siglo XVI", en *Estudios de Historia Novohispana*, III, México, Inst. de Inv. Históricas de la UNAM, 1970.

Chávez, Ezequiel A. *Fray Pedro de Gante*, 2ª ed. de la Primera Parte, y 3ª ed. de la Segunda Parte, México, Jus, 1962.

Chávez Orozco, Luis, "El Romance en México", en *Contemporáneos*, VII (abril-junio de 1930).

Chevalier, François, *Signification sociale de la fondation de Puebla de los Ángeles*, México, Cultura, 1947 (publ. también en RHA, 23, pp. 105-130).

————, *Land and Society in Colonial Mexico: the Great Hacienda*, trad. de Alvin Eustis, Imp. de la Univ. de California, 1970.

————, "Les municipalités indiennes en Nouvelle Espagne, 1520-1620", en *Anuario de Historia del Derecho Español*, XV (Madrid, 1944), pp. 16-106.

————, "El Marquesado del Valle — Reflejos Medievales", en HM, I (julio-octubre de 1951), pp. 48-61.

————, "Survivances seigneuriales et présages de la révolution agraire dans le nord du Mexique", en *Revue Historique*, CCXXII (París, julio-septiembre de 1959).

Chinard, Gilbert, *L'Exotisme Américain dan la Littérature Française au XVIe siècle*, París, Hachette, 1911.

————, *L'Amérique et le rêve exotique dans la littérature française au XVIIe et au XVIIIe siècles*, París, Hachette, 1913.

Chipman, Donald E., *Nuño de Guzmán and the Province of Panuco in New Spain, 1518-1533*, Glendale (Calif.), Arthur H. Clark y Cía., 1967.

————. "New light on the career of Nuño Beltrán de Guzmán", en *The Americas*, XIX, 4 (abril de 1963).

Daniel, E. Randolph, *The Franciscan Concept of Mission in the High Middle Ages*, Imprenta Universitaria de Kentucky, 1975.

Daniel Norman, *The Arabs and Medieaeval Europe*, Londres, 1975.

Dávila Garibi, José Ignacio, *La sociedad de Zacatecas en los albores del régimen colonial*, México, Antigua Librería Robredo, 1975.

Decorme, Gerard (S.J.), *La obra de los jesuitas mexicanos durante la época colonial, 1572-1767*. 2 vols., México, José Porrúa e Hijos, 1941.

————, "Las misiones de la Compañía de Jesús", en Pastor Rouaix (ed.), *Manual de Historia de Durango*, México, Jus/Gobierno de Durango, 1952.

Deffontaines, Pierre, "L'Introduction du bétail en Amérique Latine", en *Les Cahiers d'Outremer*, 37 (enero-marzo de 1957), pp. 5-22.

Delatouche: ver Pernoud.

DeLong, Sidney R., *The History of Arizona from the earliest times known to... 1903*, San Francisco, Whitaker & Ray, 1905.

Déprez, Eugéne, "Les grands voyages et les grandes découvertes jusqu'à la fin du 18ème. siécle", en *Bulletin du Commité International de Sciences Historiques*, IV, núm. 9 (1930), pp. 553-614.

Descola, Jean, *The Conquistadors*, trad. de Malcom Barnes, Londres, George Allen & Unwin, 1957.

Díaz y de Ovando, Clementina, "El romancero y la conquista de México", en *Universidad de México*, III: 31 y 32 (julio y agosto de 1949), pp. 7-8 y 25-26.

———, "Baja California en el mito", en HM, núm. 5 (julio-septiembre de 1952).

Domínguez Compañy, Francisco, *La vida en las pequeñas ciudades hispanoamericanas*, Madrid, Centro Iberoamericano de Cooperación, 1978.

———, "Funciones económicas del cabildo colonial hispanoamericano", en IPGH (ed.), *Contribuciones a la Historia Municipal de América*, México, 1951.

Dunne, Peter M. (S.J.). *Pioneer Jesuits in Northern Mexico*, Univ. de California en Berkeley, 1944.

———, *Black Robes in Lower California*, Univ. de California, 1952.

———, "Lower California an Island", en *Mid-America*, 35 (1953).

Durand, José, *Ocaso de Sirenas — Manatíes en el siglo XVI*, México, Tezontle, 1950.

———, *La transformación social del conquistador*, 2. vols., México, Porrúa y Obregón, S.A., 1953.

Dusenberry, William H., *The Mexican Mesta — The Administration of Ranching in Colonial Mexico*, Urbana, Univ. de Illinois, 1963.

Duviols, Pierre, "La divinité suprême des átainos selon F. R. Pané, P. Mártir et Fray Bartolomé de las Casas", en *Atti del Secondo Convegno Internazionale di Studi Americanisti*, Génova/Arona, 1978.

Eguiluz, Antonio (O.F.M.), "Father Gonzalo Tenorio, O.F.M. and his Providentialist Eschatological Theories on the Spanih Indies", en *The Americas*, XVI (1960), pp. 329-356.

Elliot, J. H., *Imperial Spain, 1469-1716*, Londres, E. Arnould, 1963.

———, *The Old World and the New, 1492-1650*, Univ. de Cambridge, 1972.

Erdmann, Carl, *Die Entstehung des Kreuzugsgedankes*, Stuttgart, 1935.

Errera, Carlo, *L'epoca delle grande scoperte geografiche*, Milán, Ulrico Hoepli, 1902.

Espinoza, Aurelio M., "Estudios sobre el español del Nuevo México", Madrid, *Revista de Filología Española* (anejo LVIII), 1953.

Esquivel Obregón, Toribio, *Apuntes para la Historia del Derecho en México*, 4 vols., México, Polis, 1937-1948.

Estrada, Jesús, *Música y músicos de la época virreinal*, México, SEP, 1973.

———, *Estudios de historiografía de la Nueva España*, Int. de Ramón Iglesias, México, ECM, 1945.

Fabié, Antonio María, *Vida y escritos de Fray Bartolomé de las Casas, Obispo de Chiapa*, vol. I, Madrid, 1879.

———, *Ensayo histórico de la legislación española en sus estados de ultramar*, Madrid, Sucesores de Rivadeneyra, 1896.

Fagioli Cipriani, María Luisa, *Cristoforo Colombo: il Medioevo alla prova*, Turín, ERI/Ed. RAI, 1985.

Fairén Guillén, Víctor, *Antecedentes aragoneses de los juicios de amparo*, México, Inst. de Inv. Jurídicas de la UNAM, 1971.

Farga, Armando, *Historia de la comida en México*, México, Costa-Amic, 1968.

Fernández-Armesto, Felipe, *The Canary Islands Afer the Conquest*, Oxford, Clarendon, 1982.

———, *Before Columbus: Exploration and Colonization from the Mediterranean to the Atlantic, 1229-1492*, Londres, MacMillan Education, 1987.

———, *Colombus*, Oxford U.P., 1991.

Fernández del Castillejo, Federico, *La ilusión en la Conquista, génesis de los mitos y leyendas americanos*, Buenos Aires, 1945.

Fernández del Castillo, Francisco, *Libros y libreros en el siglo XVI*, 2ª. ed., México, FCE/AGN, 1982.

Fernández de Recas, Guillermo, *Mayorazgos de la Nueva España*, México, Biblioteca Nacional, 1965.

Fernández Duro, Cesáreo, *Armada española desde la unión de los reinos de Castilla y Aragón*, 2 vols., Madrid (reimpr.), Museo Naval, 1972.

———, *La mujer española en Indias*, Madrid, Vda. e hijos de M. Tello, 1902.

———, "Don Diego de Peñalosa y su descubrimiento del reino de Quivira", en *Memorias de la Real Academia de la Historia*, XX, pp. 1-160.

———, "Carácter de la conquista española en América y en México según los textos de los historiadores primitivos", en BRAH, XXXIX (Madrid, 1901), pp. 399-411.

Fisher, Lillian Estelle, *Viceregal Administration in the Spanish American Colonies*, Nueva York, Rusell & Rusell, 1926 (reimpr. de 1967).

Fiske, John, *The Discovery of America*, 2 vols., Boston/Nueva York, Houghton & Mifflin, 1892.

Fletcher, Sidney E., *The Cowboy and his Horse*, Nueva York, Grosset & Dunlap, 1951.

Flores Marini, Carlos, "La arquitectura de los conventos en el siglo XVI", en *Artes de México*, pp. 86-87 (1966).

Flores y Troncoso, Francisco de Asís. *Historia de la medicina en México desde la época de los indios hasta el presente*, Tomo II, México, IMSS, 1982 (ed. facs de la original de 1886).

Florescano, Enrique (coord.), *México en quinientos libros*, México, Nueva Imagen, 1980.

———, "El abasto y la legislación de grano en siglo XVI", en HM, XIV: 4, núm. 56 (abril-junio de 1965).

———, "Colonización, ocupación del suelo y 'frontera' en el norte de la Nueva España, 1521-1570", en Álvaro Jara (ed.), *Tierras nuevas—Expansión territorial y ocupación del suelo en América (siglos XVI-XIX)*, México, ECM, 1973.

———, "Las Visiones Imperiales de la época colonial...", en HM, núm. 106 (octubre-diciembre de 1977).

Florescano, E. e Isabel Gil Sánchez. "La época de las reformas borbónicas y el crecimiento económico, 1750-1808", en ECM (ed.), *Historia general de México*, II, 1976.

Folz, R., *L'Idée d'Empire en Occident du Vᵉ au XVIᵉ Siècle*, París, 1953.

Forbes, Jackes D., "Melchior Díaz and the Discovery of Alta California", en *Pacific Historical Review*, XXVII: 4 (noviembre de 1958).

Forsyth, Ilene H., "The Theme of Cockfighting in Borgundian Romanesque Sculpture", en *Speculum*, LIII: 3 (abril de 1978), pp. 252-282.

Foster, George M., *Culture and Conquest: America's Spanish Heritage*, Nueva York (Fondo Vikingo, publicaciones de antropología, 27), Fundación Wenner-Gren, 1960.

———, *Cultura y conquista: La herencia española de América*, trad. de Carlo Antonio Castro, Jalapa, Univ. de Veracruz, 1962.

———, *Tzintzuntzan*, Boston, Little Brown, 1967.

———, "Cofradía and Compadrazgo in Spain and Spanish-America", en *Southwestern Journal of Anthropology* (primavera de 1953).

———, "Relationships between Spanish and American Folk Medicine", en *Journal of American Folklore*, vol. 66 (1953), pp. 201-217.

Fox, Robin Lane, *Pagans and Christians*, Nueva York, A. Knopf, 1987.

Fraker (Jr.), Charles F., "Gonçalo Martínez de Medina, the Jeronimos and the Devotio Moderna", en *Hispanic Review*, XXXIV: 3 (julio de 1966).

Frankl, Victor, "Hernán Cortés y la tradición de las Siete Partidas", en RHA, núms. 53-54 (junio-diciembre de 1962), pp. 9-74.

———, "Imperio Particular e Imperio Universal en las Cartas de Relación de Cortés", en *Cuadernos Hispanoamericanos*, 165 (Madrid, sept. de 1963), pp. 443-482.

Fraser, John, *America and the Patterns of Chivalry*, Univ. de Cambridge, 1982.

Frejes, Fray Francisco. *Memoria histórica de los sucesos más notables de la conquista particular de Jalisco por los españoles*, Guadalajara, Imprenta del Supremo Gobierno, 1833.

———, *Historia breve de la conquista de los estados del imperio independiente*, Guadalajara, Tip. S. Banda, 1878.

Frenk Alatorre, Margit, *Coplas de amor del folklore mexicano*, México, ECM, 1970.

Friede, Juan, "Algunas observaciones sobre la realidad de la emigración española a América en la primera mitad del siglo XVI", en *Revista de Indias*, XII: 49 (julio-septiembre de 1952).

———, "Los estatutos sociales en España y sus contribuciones a la emigración a la América", en *Revista de Indias*, 1966.

———, "Privilegio de Vasallos otorgado a Hernán Cortés", en B. García Martínez, *et al.* (eds.), *Historia y sociedad en el mundo de habla española. Homenaje a José Miranda*, México, ECM, 1970.

Friederici, Gerg, *El carácter del descubrimiento de América*, trad. de Wenceslao Roces, México, FCE, 1973.

Friedman, John Block, *The Monstruo Races in Medieval Art and Thought*, Cambridge Mas., Harvard U.P. , 1981.

Frost, Elsa Cecilia, "El milenarismo franciscano en México y el profeta Daniel", en HM, XXVI: 1 (julio-septiembre de 1976).

———, "Fernando Horcasitas: *El teatro náhuatl — épocas novohispánica y moderna*" (1ª parte), en HM, 102 (octubre de 1976).

Frye, Richard N., *The Heritage of Persia*, 2ª ed., Londres, Sphere Books, 1976.

Gallegos, José Ignacio, *Historia de Durango, 1563-1910*, Pról. de G. Porras Muñoz, México, ed. del autor, 1972.

Gallegos Rocafull, José M., *El hombre y el mundo de los teólogos españoles de los Siglos de Oro*, México, Stylo, 1946.

———, *El pensamiento mexicano en los siglos XVI y XVII*, México, 1951.

Gandía, Enrique de, *Historia crítica de los mitos de la conquista americana*, Madrid, Sociedad General Española de Librería, 1929.

Gante, Pablo C. de (pseud.), *La arquitectura de México en el siglo XVI*, México, Porrúa, 1954.

García, Genaro, *Carácter de la conquista española en América y en México según los textos de los historiadores primitivos*, México, Secretaría de Fomento, 1901.

———, *Índice alfabético de los documentos para la historia de México publicados en cuatro series por Don Manuel Orozco y Berra*, México, Museo Nacional, 1907.

———, *Don Juan de Palafox y Mendoza, Obispo de Puebla y Osma, Visitador y Virrey de la Nueva España*, México, Bouret, 1918.

García, Trinidad. *Los mineros mexicanos*, 2ª ed., México, Vidriales "Offset", 1968.

García Bernal, Manuela, "Apuntes sobre la sociedad urbana de Yucatán en el s. XVI", en *Anuario de Estudios Americanos*, XL (Sevilla, 1958).

———, "Los servicios personales en el Yucatán durante el s. XVI", en *Terceras Jornadas Americanistas de la Univ. de Valladolid*, 1976.

———, *Yucatán, población y encomienda bajo los Austrias* (Sevilla, EEHL, 1978).

García Cubas, Antonio, *El libro de mis recuerdos*, México, Patria, 1945.

García de Cortázar, J. A., *La época medieval*, vol. 2 de la *Historia de España Alfaguara*, Madrid, Alfaguara, 1977.

García Gallo, Alfonso, *Estudios de historia del derecho indiano*, Madrid, Instituto Nacional de Estudios Jurídicos, 1972.

———, "Los orígenes de la administración territorial de las Indias", en *Anuario de Historia del Derecho Español*, t. XV (Madrid, 1944), pp. 16-106.

García Granados, Rafael, *Capillas abiertas*, Colección Anáhuac de Arte Mexicano (vol. 21), México, Ediciones de Arte, S.A., 1948.

———, "Capillas de indios en Nueva España (1530-1605)", en *Archivo Español de Arte y Arqueología*, XXXI: 2.

García Gutiérrez, Jesús (Pbro.), *Apuntes para la Historia del Origen y Desenvolvimiento del Regio Patronato Indiano hasta 1857*, México, Jus, 1941.

García Icazbalceta, Joaquín. *Don Fray Juan de Zumárraga, primer Obispo y Arzobispo de México... con un Apéndice de Documentos*, México, Ant. Librería de Andrade y Morales, 1881.

———, *Viajeros ingleses en la Nueva España*, México, Imp. Nacional, 1887.

———, *Opúsculos varios*, t. II de *Obras* (Biblioteca de Autores Mexicanos, t. II), México, Agüeros, 1896.

———, *Opúsculos y biografías*, Prólogo y selección de J. Jiménez Rueda, México, Colección BEN, 1942 (segunda edición, UNAM, 1973).

————, "Conquista y colonización de México — Un estudio histórico", en BRAH, XXV (Madrid, julio-septiembre de 1894), cuadernos 1-3, pp. 5-39.

García Martínez, Bernardo, *El Marquesado del Valle*, México, ECM, 1969.

García Soriano, Manuel, *El conquistador español del siglo XVI*, Tucumán (Argentina), Universidad Nacional, 1954.

Gardiner, C. Harvey, *Naval Power in the Conquest of Mexico*, Austin, Universidad de Texas, 1956.

————, *Martín López, Conquistador Citizen of México*, Westport (Conn.), Greenwood, 1958.

Garibay K., Ángel María. *Historia de la Literatura Náhuatl, Segunda parte. El trauma de la conquista (1521-1750)*, México, Porrúa, 1954.

Garrido Aranda, Antonio, *Moriscos e Indios. Precedentes hispánicos de la evangelización de México*, México, UNAM, 1980.

Gay, José Antonio, *Historia de Oaxaca*, México, Imprenta del Comercio de Dublán, 1851.

Galla Nuño, Juan Antonio. *La arquitectura española en sus monumentos desaparecidos*, Madrid, Espasa Calpe, 1961.

Geiger, Maynard (O.F.M.) (trad. y ed.), "Luis Gerónimo de Oré's The Martyrs of Florida", en *Franciscan Studies*, núm. 18 (1936).

Gerbi, Antonello, *La disputa del Nuevo Mundo*, trad. de Antonio Alatorre, México, FCE, 1960.

————, *La naturaleza de las Indias Nuevas (de Cristóbal Colón a Gonzalo Fernández de Oviedo)*, trad. de Antonio Alatorre, México, FCE, 1978.

————, "The Earliest Accounts on the New World", en F. Chiapelli (ed.), *First Images of America*, vol. I, Univ. de California en Los Ángeles, 1976.

Gerhard, Peter, *The Southeast Frontier of New Spain*, Univ. de Princeton, 1979.

————, "Congregaciones de Indios en la Nueva España antes de 1570", en HM, núm. 103 (enero-marzo de 1977), pp. 347-395.

Gibson, Charles, *Tlaxcala in the Sixteenth Century*, New Haven, Univ. de Yale, 1952.

————, *The Aztecs under Spanish Rule*, Univ. de Standford, 1964.

Gil Munilla, Ladislao. "La ciudad de Hispanoamérica", en *Estudios Americanos*, X (1955), pp. 295-309.

Gilman, Stephen, "Bernal Díaz del Castillo and 'Amadís de Gaula'", en *Studia Philologica*, II (Madrid, Gredos, 1961), pp. 99-113.

Gillet, Joseph E., "Valencian *Misterios* and Mexican Missionary Plays in the early sixteenth Century", en *Hispanic Review*, XIX: 1 (enero de 1951).

Giménez Fernández, Manuel, *Hernán Cortés y su Revolución comunera en la Nueva España*, Sevilla, 1948.

Gimpel, Jean, *La revolution industrielle du Moyen Age*, París, Seuil, 1975.

Giry, A., *Manuel de Diplomatique*, París, Felix Alcan, 1925.

Glaser, Edward, "Nuevos datos sobre la crítica de los Libros de Caballería en los siglos XVI y XVII", en *Anuario de Estudios Medievales*, núm. 3 (Barcelona, Instituto de Historia Medieval de España, 1966).

Goldberg, Rita, "Datos sobre el segundo Marqués del Valle", *Bol. del AGN*, IX: 3-4 (1968), pp. 325-366.

Gómez Canedo, Lino, *Evangelización y Conquista: experiencia franciscana en Hispanoamérica*, México, Porrúa, 1977.

———, "Jacques Lafaye: Quetzalcóatl et Guadalupe..." (nota bibliográfica), en HM, núm. 103 (enero-marzo de 1977), pp. 486-489.

Gómez de Orozco, Federico, "Los caballos de los conquistadores del Anáhuac", en *Memorias y Revista de la Sociedad Científica Antonio Alzate*, t. 39, núms. 1 a 6 (México, enero-junio de 1921), pp. 51-69.

———, "La decoración de manuscritos hispano-mexicanos primitivos", en *Anales del Instituto de Investigaciones Estéticas*, 3 (México, 1938), pp. 48-52.

———, "La cultura occidental y los libros mexicanos del siglo XVI", sobretiro del IV Centenario de la Imprenta en México, la Primera en América, México, Asociación de Libreros de México, 1939.

———: ver Toussaint, Manuel.

Gómez de Hoyos, Rafael (Pbro.), *La Iglesia de América en las Leyes de Indias*, Madrid, Instituto González de Oviedo, 1861.

Góngora, Mario, *El Estado en el Derecho Indiano. Época de fundación: 1492-1570*, Universidad de Chile, 1951.

———, "Vagabondage et Societé Pastorale en Amérique Latine", en *Annales: Economie, Societé, Civilisation* (enero-febrero de 1966).

Gonzalbo Aizpuru, Pilar, "Miguel Mathes, Santa Cruz de Tlatelolco: la primera biblioteca académica de las Américas" (reseña), en HM, 130 (oct.-dic., 1983).

———, "Paideia cristiana o educación elitista: un dilema en la Nueva España del siglo XVI", en HM, 131 (enero-marzo, 1984).

González, Agustín R., *Historia del Estado de Aguscalientes*, 2a ed., Aguascalientes, F. Antúnez, 1974.

González, Luis, "Expansión de Nueva España en el Lejano Oriente", en HM, X VI: 2 (núm. 261), pp. 206-226.

González Cicero, Stella María, *Perspectiva religiosa en Yucatán, 1517-1571*, México, ECM, 1978.

González de Cossío, Francisco, *Apuntes para la historia del 'Jus Puniendi' en México*, México, Larios, 1963.

———(et al.), *Libros mexicanos. Contribución a la bibliografía tipográfica de la ciudad de México durante el siglo XVI y principios del XVII...*, México, AGN, 1949 (sobretiro del *Bol. del AGN*, XX: 1).

González Moreno, J., "El español en México", en *Investigaciones Lingüísticas*, III (enero-abril de 1937).

González Obregón, Luis, *México viejo*, México/París, Vda. de C. Bouret, 1900.

González Palencia, Ángel, *Historia de la España musulmana*, 2ª ed., Barcelona, Labor, 1929.

Goodrich, Norma Lore, *The Medieval Myths*, Nueva York, Mentor Books, 1961.

Gorbea, José, "La arquitectura militar en la Nueva España...", en *Estudios de Historia Novohispánica*, vol. II, México, Instituto de Historia de la UNAM, 1968, pp. 213-232.

Gortari, Elí de, *La ciencia en la historia de México*, México, FCE, 1963.

Gould: ver Reeves.

Gragg, F. A. y L. C. Gabel (eds.), *The Commentaries of Pius II*, Nueva York, 1959.

Grajales, Gloria, *Cristianismo y paganismo en el altiplano del siglo XVI* (tesis), México, Facultad de Filosofía y Letras de la UNAM, 1949.

Greenleaf, Richard E., *Zumárraga and the Mexican Inquisition, 1536-1543*, Washington, Academia de Historia Franciscana de las Américas, 1961.

———, *The Mexican Inquisition of the Sixteenth Century*, Univ. de Nuevo México, 1973.

Gual Camarena, Manuel, *"La Alcabala, sobre sus orígenes, concepto y naturaleza* de Salvador de Moxó", Madrid, 1963 (nota bibliográfica), en *Estudios Medievales*, vol. I (Barcelona, 1964).

Gurría Lacroix, Jorge, "La minería, señuelo de conquistas y fundaciones en el siglo XVI novohispánico", en M. León Portilla (ed.), *La minería en México*, UNAM, 1978.

Guthrie, C. L., "Colonial Economy, Trade, Industry and Labor in the Seventeenth Century México City", en RHA, núm. 7 (diciembre de 1939).

Hallenbeck, Cleve, *The Journey of Fray Marcos de Niza*, Dallas, Imprenta Universitaria, 1949 .

Halphen, Louis, *Charlemagne et l'empire Carolingien*, París, 1949.

Hammond, George P., *Coronado's Seven Cities*, Int. de Clinton P. Anderson, Albuquerque, Comisión de la Exposición de Coronado, 1940.

———, "The Search for the Fabulous in the settlement of the Southwest", en *Utah Historical Quarterly*, XXIV (1956).

———, y Edgar F. Goad, *The Adventure of Don Francisco Vázquez de Coronado*, Universidad de Nuevo México, 1948.

Hand, Wayland D., "The Effect of the Discovery on Ethnological and Folklore Studies in Europe", en F. Chiapelli (ed.), *First Images of America*, vol. I, Universidad de California en Los Ángeles, 1976.

Hanke, Lewis, *El prejuicio racial en el Nuevo Mundo: Aristóteles y los indios de Hispanoamérica*, trad. de M. Orellana, Santiago, Editorial Universitaria, 1958.

———, *Aristotle and the American Indians*, Chicago, Regnery, 1959.

———, "America as Fantasy", en *Libro Jubilar de Emeterio Santovenia*, La Habana, 1957.

———, "Dawn of Conscience in America. The Spanish Experiments and Experiences with Indians in the New World", en *Proceedings of the American Philosophical Society*, vol. 107, núm. 2 (abril de 1963), pp. 83-92.

Hardoy, Jorge E., "El modelo clásico en la ciudad colonial hispanoamericana", en *Verhandl. d. 38 Int. Amerikanisten-congresses*, 1968, vol. 34 (Munich, 1972), pp. 143-181.

Haring, Clarence Henry, *Comercio y navegación entre España y las Indias en la época de los Habsburgos*, versión española de Emma Salinas, México, ECM, 1939.

———, *The Spanish Empire in America*, Nueva York, Imp. de la Universidad de Oxford, 1947.

———, *Las Instituciones coloniales de Hispanoamérica (siglos XVI-XVII)*, San Juan, Instituto de Cultura Portorriqueña, 1957.

———, "Los Libros Mayores de los Tesoreros Reales de Hispanoamérica en el siglo XVI" (trad. del inglés), en *Boletín de la Cámara de Comercio de Caracas*, 78 (mayo de 1920), pp. 3-25.

———, "El origen del Gobierno Real en las Indias Españolas", en *Boletín del Instituto de Investigaciones Históricas*, III: 24 (Buenos Aires, abril-junio 1925), pp. 297-356.

Harkness Collection; ver Warren, J. B.

Harrisse, Henry, *Jean et Sébastien Cabot — Leur Origine et Leurs Voyages*, (reimp. de la ed. original de París, 1882), Amsterdam, B. R. Grüner, 1968.

———, *The Discovery of North America*, reimp. de la ed. original, Amsterdam N., Israel, 1969.

Heers, Jacques, *Cristóbal Colón*, trad. de J. E. Calderón, México, FCE, 1992.

———, "Le royaume de Grenade et la politique marchande de Gênes en Occident", en *Le Moyen Age* (Bruselas), LXIII, 1-2 (1957).

———, "La búsqueda de colorantes", en HM, 40 (abril-junio de 1961).

Helps, Sir Arthur, *The Spanish Conquest in America*, 4 vols., Glendale (Calif.), Cía. Arthur H. Clark, 1902.

Hennessy, Alistair, *The Frontier in Latin American History*, Londres, E. Arnold, 1978.

Henríquez Ureña, Pedro (ed.), *El español en Méjico, los Estados Unidos y la América Central*, Buenos Aires, Instituto de Filología de la Facultad de Filosofía y Letras, 1939.

———, y Bertram D. Wolfe, "Romances tradicionales en México", en *Homenaje a Ramón Menéndez Pidal*, vol. II, Madrid, Hernando, 1925.

Heredia, Carmen. "Dialectología de Yucatán", en *Investigaciones Lingüísticas*, II: 5 (noviembre-diciembre de 1934).

Hernández y Sánchez Barba, Mario, "La Influencia de los libros de caballería sobre el conquistador", en *Estudios Americanos* (Sevilla), XIX (enero de 1960).

Herrera Carrillo, Pablo, "La conquista musical americana por España", en *Boletín de la Sociedad de Geografía y Estadística*, LXIII (1947).

Hill, Roscoe R., "The Office of Adelantado", en *Political Science Quarterly*, XXXVIII, 4 (diciembre de 1913).

Hills, E. C., "El español de Nuevo Méjico" (1906), en P. Henríquez Ureña (ed.), *El español en Méjico, los Estados Unidos y la América Central* (vide Henríquez Ureña).

Holmes, Jack D. L., "El mestizaje religioso en México", en HM, V, 1 (julio-septiembre de 1955).

Holmes, Morris G. (Gral.), *From New Spain by Sea to the Californias, 1519-1668*, Glendale (Calif.), Cía. Arthur H. Clark, 1963.

Horcasitas, Fernando, *El teatro náhuatl — épocas novohispánica y moderna*, 1ª parte, México, UNAM, 1974.

Huerta Preciado, María Teresa, *Rebeliones indígenas en el noreste de México en la época colonial*, México, INAH, 1966.

———: ver *Estudios de Historiografía*.

Ibarra: ver Mariel de.

Ibarra y Rodríguez, Eduardo, "Los precedentes de la Casa de Contratación de Sevilla", en *Rev. de Indias*, II: 3, pp. 85-97; IV, pp. 5-54; y V, pp. 5-38 (Madrid, 1941 ss.)

Iglesia, Ramón, *Cronistas e historiadores de la conquista de México*, 2ª ed., México, SEP-Setentas, 1972.

Iguíñiz, Juan B., *La imprenta en la Nueva España*, México, Porrúa, 1938.

Ingham, John M., *Mary, Michael and Lucifer. Folk Catholicism in Central Mexico*, Univ. of Texas Press, 1986.

Instituto Francés de la América Latina (ed.), *Recherche coopérative: Regiones y ciudades de América Latina*, trad. del francés por Enrique G. León López y G. García Tavera, México, SEP, 1973.

———: ver Meyer, Jean.

Islas García, Luis, "Juegos infantiles", en *Mexican Folkways*, 5 (1929), núm. 2, pp. 79-85.

Ispizúa, Segundo de, "Historia de la Geografía y de la Cosmografía... en relación a los grandes descubrimientos en los siglos XVI y XVII", en *Las Gráficas Reunidas*, Madrid, 1926.

Israel, J. I., *Race, Class and Politics in Colonial Mexico 1610-1670*, Univ. de Oxford, 1975.

Iturribarría, Jorge Fernando. "Alonso García Bravo, trazador y alarife de la Villa de Antequera", en HM, VII: 1, núm. 25 (julio-septiembre de 1957).

Jacobsen, Jerome V. (S.J.), *Educational Foundations of the Jesuits in the Sixteenth Century in New Spain*, Univ. de California en Berkeley, 1938.

Janer, Florencio, "Naipes o cartas de jugar y dados antiguos", en *Museo Español de Antigüedades*, vol. III, Madrid, 1874 .

Jantz, Harold, "Images of America in the German Renaissance", en F. Chiapelli (ed.), *First Images of America*, vol. I, Univ. de California en Los Ángeles, 1976.

Jiménez Moreno, Wigberto, *Estudios de historia colonial*, México, INAH, 1958.

———, "La Conquista: choque y fusión de dos mundos", México, HM, VI: 1 (21), núm. 226, pp. 1-8.

Jiménez Núñez, Alfredo. "La cultura española en el norte de Nuevo México", en *Memorias de la Academia de Historia*, t. 14, núm. 2 (1955).

Jiménez Rueda, Julio, *Herejías y supersticiones en la Nueva España*, México, 1946.

———, *Las Constituciones de la Antigua Universidad*, México, 1951.

———, "Misterios de Navidad en España y en México", en *México en el Arte*, núm. 6 (diciembre de 1948)

———, "La pervivencia de la Edad Media en la colonización de América", en *Memorias de la Academia de la Historia*, XV: 3 (julio-septiembre de 1956), pp. 250-257.

———: ver Medina, José Toribio.

Johnson, Hilegard Binder, "New Geographical Horizons: Concepts", en F. Chiapelli (ed.), *First Images of America*, vol. 2, Univ. de California en Los Ángeles, 1976.

Johnson, William Weber, *Cortés*, Londres, Hutchison, 1977.

Jones, Tom B., *An Introduction to Hispanic American History*, Nueva York y Londres, Harpers, 1939.

Jos, Emiliano, "Fernando Colón y su Historia del Almirante", en RHA, núm. 9 (1940), pp. 5-29.

———, "La génesis colombina del descubrimiento", en RHA, 14 (junio de 1942), pp. 1-48.

Josa Porqueras, María José, "El señorío en Hispanoamérica", en *Actas y Memorias del XXVI Congreso Internacional de Americanistas* (Sevilla, 1966), pp. 483-489.

Joseph Marie, Sister (I.H.M.), *The Role of Church and Folklore in the Development of the Early Drama of New Mexico*, Univ. de Pennsylvania, 1948.

Kappler, Claude, *Demoni, mostri e meraviglie alla fine del Medioevo*, Florencia, Sansoni, 1983.

Kazuhiro Kobayashi, José María, "La conquista educativa de los hijos de Asís", en HM, XX, 4 (1973), pp. 437-464.

Keen, Benjamín, *The Aztec Image in Western Thought*, Nueva Bronswick (N.J.), Universidad Rutgers, 1971.

Keen, Maurice, *Chivalry*, Yale U.P., 1984.

Keith, Robert G., "Encomienda, Hacienda and Corregimiento in Spanish America", en HAHR, LI: 3 (agosto de 1971), pp. 431-446.

Kelemen, Pál, *Medieval American Art, 2* vols., Nueva York, Dover, 1969.

Kenny, Michael, *The Romance of the Floridas: the Finding and the Founding*, Nueva York, AMS press (reprod.), 1970.

Kieckens, F. (S.J.), *Fray Pedro de Gante, religioso flamenco, primer misionero de Anáhuac*, trad. de Enrique Cordero y Torres, Puebla, Nieto, 1948.

Kieckhefer, Richard, *Magic in The Middle Ages*, Cambridge U.P., 1989.

Kirkpatrick, F. A., *The Spanish Conquerors*, 1934.

———, "The Landless Encomienda", en HAHR, XXII, 4 (núm. v, 1942).

Klein, Julius, *The Mesta: a Study in Spanish Economical History, 1273-1836*, Univ. de Cambridge, 1920.

Klingender, Francis, *Animals in Art and Thought to the End of the Middle Ages*, ed. de E. Antal y J. Harthan, Londres, Routledge & Kegan Paul, 1971.

Knoll, Paul W., "Echoes of the New World in the International Rivaleries of East Central Europe", en F. Chiapelli (ed.), *First Images of America*, vol. 1, Univ. de California en Los Ángeles, 1976.

Kobayashi, José María, *La educación como conquista*: empresa franciscana *en México*, México, ECM, 1947.

Konetzke, Richard, *El Imperio Español*, trad. de F. González Vicén, Madrid, Nueva Época, 1946.

———, "Las ordenanzas de gremios como documentos para la historia social de Hispanoamérica durante la época colonial", en *Revista Internacional de Sociología*, núm. 18 (1947), pp. 421-449.

———, "La formación de la nobleza en Indias", en *Estudios Americanos*, 3, 10 (1951), pp. 329-357.

Kubler, George A., *Mexican Architecture of the Sixteenth Century*, 2 vols., Westport (Conn.), Greenwood, 1948, reimp. 1972.

———, "Mexican Urbanism in the Sixteenth Century", en *The Art Bulletin*, 1942, pp. 167-168.

————, "Architects and Builders in Mexico, 1521-1550", en *Journal of the Warburg and Courtoud Institutes*, VI (1944), 1-2.

————, "Two modes of Franciscan architecture: New Mexico and California", en *Gazette des Beaux-Arts*, VI Series, vol. XXIII (enero-junio, 1943).

————, "Cities and Culture in the Colonial Period in Latin America", en *Symposium* del CIPHS (México, 23-24 de septiembre de 1963).

————, "The Unity of Cities in the Americas", en *Journal of World History*, UNESCO, IX-4 (1966), pp. 884-890.

Kurath, Gertrude Prokosch, "Mexican Moriscas: a Problem in Dance Acculturation", en *Journal of American Folklore*, vol. 62, núm. 244 (abril-junio de 1949).

Kuri Breña, Daniel, *Zacatecas, civilizadora del Norte*, México, UNAM, 1959.

Lacas, M. M., "The Encomienda in Latin American History", en *The Americas*, VIII (1951-1952).

Ladd, Doris M., *The Mexican Nobility at Independence, 1780-1826*, Austin, Univ. de Texas, 1976.

Lafaye, Jacques, *Quetzalcoatl et Guadalupe: la formation de la conscience nationale au Mexique*, 1531-1813, París, Gallimard, 1974.

————. "Les Miracles d'Álvar Núñez Cabeza de Vaca (1527-1536)", en *Bulletin Hispanique* (Burdeos), t. LXIV bis (1962) (*Mélanges offerts á Marcel Bataillon*).

Lamb, Ursula, "Religious Conflicts in the Conquest of México", en *Journal of the History of Ideas*, XVII (octubre de 1956), pp. 526-539.

Lancaster Jones, Ricardo, "El primer mayorazgo tapatío" (sobretiro de los *Anuarios* 1954 a 1957 de la Academia Mexicana de Genealogía y Heráldica), Guadalajara, 1957.

Lanfranchi, Heriberto, *La Fiesta Brava en México y en España (1519-1969)*, México, Siqueo, 1971.

Lang, M.F., *El monopolio estatal del mercurio en el México Colonial (1550-1710)*, trad. de R. Gómez Ciriza, México, FCE, 1977.

Larrea, Juan, "Rendición de Espíritu (Introducción a un mundo nuevo)", 2 vols., México, *Cuadernos Americanos*, 1943.

Lavrin, Asunción, "La congregación de San Pedro — Una cofradía urbana del México colonial 1604-1730", en HM, XXIX: 4 (abril-junio de 1980).

Lázaro Carreter, Fernando, *Teatro Medieval*, Valencia, Castalia, 1958.

Lee, Raymond L., "The Viceregal instruction of Martín Enríquez de Almanza", en RHA, XXI (1951), pp. 97-119.

Legado de España (El): ver Tudela.

Le Goff, Jacques, *Il meraviglioso e il quotidiano nell'Occidente medievale*, Roma-Bari, Laterza, 1983.

Leicht, Hugo, *Las calles de Puebla*, Puebla, Gobierno del Estado, 1967.

————, "Origen de las danzas (de)... moros y cristianos en México", en *El Gráfico Dominical*, México, D.F., 8 de enero de 1933.

Lemistre, Annie, "Les origines du 'Requerimiento'", en *Mélanges de la Casa Velázquez*, t. VI, Madrid, 1970.

León-Portilla, Miguel (ed.), *La minería en México*, México, UNAM, 1978.

Leonard, Irving A., *Romances of Chivalry in the Spanish Indies*, Univ. de California en Berkeley, 1933.

——, *Books of the Brave*, Cambridge (Mass), 1949.

——, "Conquerors and Amazons in Mexico", en HAHR, XXIV, núm. 4 (noviembre de 1944).

Le Riverend Brusone, Julio, "Problemas del régimen de apropiación de la tierra", en B. García Martínez *et al.* (eds.), *Historia y sociedad en el mundo de habla española — Homenaje a José Miranda*, México, ECM, 1970.

Lerner, Isaías, *Arcaísmos léxicos del español de América*, Madrid, Ínsula, 1974.

Lessler, H., *The Middle Ages in the West*, Londres, 1951.

Leturia, Pedro de (S.J.), *Relaciones entre la Santa Sede e Hispanoamérica*. Vol. I: *Época del Real Patronato (1493-1800)*, Roma, Univ. Gregoriana; Caracas, Sociedad Bolivariana, 1959.

Levene, Ricardo, *Introducción a la Historia del Derecho Indiano*, Buenos Aires, Valerio Abeledo, 1924.

——, *Las Indias no eran colonias*, Buenos Aires, Espasa Calpe, 1951.

Levillier, Roberto. *América la bien llamada*, 2 vols., Buenos Aires, Guillermo Kraft, 1948.

Lewin, Boleslao, *Los judíos bajo la Inquisición en Hispanoamérica*, Buenos Aires, Dédalo, 1960.

Lewis, Oscar, *Life in a Mexican Village: Tepoztlán restudied*, Univ. de Illinois, 1951.

Liebman, Seymour B., *The Jews in New Spain*, Coral Gables (Fla.), Univ. de Miami, 1970.

Lipschutz, Alejandro, *El problema racial en la conquista de América y el mestizaje*, 2ª ed., Santiago de Chile, Andrés Bello, 1967.

Lira, Andrés, *El amparo colonial y el juicio de amparo mexicano*, México, FCE, 1972.

—— y Luis Muro. "El siglo de la integración", en ECM (ed.), *Historia General de México*, vol. II, 1976.

Liss, Peggy K., *Mexico under Spain 1521-1556. Society and the Origins of Nationality*, Univ. de Chicago, 1975.

Lockhart, James, *Early Latin America—A History of Colonial Spanish America and Brazil*, Cambridge U.P., 1983.

——, "Encomienda and Hacienda: The Evolution of the Great State in the Spanish Indies", en HAHR, XLIX: 1 (febrero de 1965), pp. 411-429.

Lohmann Villena, Guillermo, *Los americanos en las órdenes nobiliarias*, vol. I, Madrid, Consejo Sup. de Invest. Científicas, 1947.

——, "Los libros españoles en Indias", en *Arbor* (Madrid), VI (1944), pp. 220-249.

——, "Las cortes en Indias", en *Anuario de Historia del Derecho Español*, vol. 18 (1947), pp. 655-662.

Lope Blanch, Juan M. *(et al.)*, *Estudios sobre el español hablado en las principales ciudades de América*, México, UNAM, 1977.

——, "El supuesto arcaísmo del español americano", en *Anuario de Letras*, UNAM, VII (1968-1969).

López, Atanasio (O.F.M.), "Los doce primeros apóstoles de Méjico", en II *Congreso de Historia y Geografía Hispanoamericana* (Sevilla, 1921), pp. 315-330.

———, "Misiones o doctrinas de Michoacán y Jalisco (Méjico) en el siglo XVI: 1525-1585", en *Archivo Ibero Americano*, Madrid, XVIII, 1922, pp. 340-425.

López Beltrán, Lauro, *La protohistoria guadalupana*, México, Jus, 1966.

López de Meneses, Amada, "Dos nietas de Moctezuma, monjas de la Concepción de México", en *Revista de Indias*, XII: 47 (enero-marzo de 1952).

López González, Valentín, *El palacio de Cortés en Cuernavaca*, Univ. de Morelos, 1958.

López Portillo y Weber, José, *La rebelión de Nueva Galicia*, México, A. Murguía/ IPGH, 1934.

———, *La Conquista de la Nueva Galicia*, México, Talleres Gráficos de la Nación, 1935.

López Sarrelangue, Delfina Esmeralda, *La nobleza indígena de Pátzcuaro en la época virreinal*, México, Instituto de Investigaciones Históricas, UNAM, 1965.

———, "Las misiones jesuitas de Sonora y Sinaloa como base de la colonización de la Baja California", en *Estudios de Historia Novohispánica*, vol. 2, México, Inst. de Hist. de la UNAM, 1968, pp.149-202.

———, "Mestizaje y catolicismo en Nueva España", en HM, XXIII, 1 (julio-septiembre de 1973).

Lummis, Charles M., *Los exploradores españoles del siglo XVI*, versión castellana de A. Cuyás, Buenos Aires/México, Espasa-Calpe, 1945.

Lubac, Henri de, *La posterità spitituale di Gioaccino da Fiore*, Milán, Jacca, 1981.

Lynch, Joseph H., *Godparents and Kinship in early Medieval Europe*, Princeton U.P., 1986.

MacLeod, Murdo J., *Spanish Central America. A Socioceonomic History 1520-1720*.

———, *Spanish Central America, 1520-1720*, Univ. of California Press, 1973, reimpr. 1984.

Madsen, William, *Christo-Paganism, a Study of Mexican Religious Syncretim*, Nueva Orleans, Univ. de Tulane, 1957.

Mac Mullen, Ramsay, *Christianizing the Roman Empire*, Yale Univ. Press, 1984.

Malagón, Javier, *La literatura jurídica española del Siglo de Oro en la Nueva España*, México, Instituto Bibliográfico Mexicano, 1960.

———, "Las 'Ordenanzas y Compilación de Leyes' del Virrey Mendoza para la Audiencia de la Nueva España", en RHA (enero-diciembre de 1954).

Malkiel, Rosa María de, *La idea de la fama en la Edad Media castellana*, México, FCE, 1952.

Malmberg, Bertil, "L'Espagnol dans le Nouveau Monde — Problèmes de Linquistique Générale", en *Studia Linguistica*, 1947 (Lunt-Copenhague), pp. 79-115.

Manrique, Jorge Alberto, "El transplante de las formas artísticas de España a México", en *Actas del Tercer Congreso Internacional de Hispanistas*, México, 1968.

———, "Del barroco a la Ilustración", en ECM (ed.), *Historia General de México*, vol. II, 1976.

Mantecón, J.: ver Millares Carlo, A.

Maravall, José Antonio. "La utopía político-religiosa de los franciscanos en Nueva España", en *Estudios Americanos* (1949), pp. 199-227.

Marco Dorta, Enrique, *Arte en América y Filipinas*, vol. XXI de *Ars Hispaniae*, Madrid, Plus Ultra, 1973.

Marchand, J., *L'Autre Monde au Moyen Age*, París, 1940.

Marden, C. Carol, "La fonología del español en la ciudad de México" (1896), en P. Henríquez Ureña (ed.), *El español en México, los Estados Unidos y la América Central*, Buenos Aires, I. de F., 1939.

María y Campos, Armando de, *Historia de los espectáculos de Puebla... durante los siglos XVI y XVII*, México, IPN, 1978.

Mariel de Ybáñez, Yolanda, *El Tribunal de la Inquisición (siglo XVI)*, 2ª ed., México, UNAM, 1979.

Mariluz Urquijo, José María, *Ensayo sobre los juicios de residencia indianos*, Sevilla, 1952.

Marín Tamayo, Fausto, "Nuño de Guzmán: el hombre y sus antecedentes", en HM, VI: 2 (22), pp. 217-232 (núm. 238).

Martin, Norman F. (S.J.), *Los vagabundos en la Nueva España, siglo XVI*, México, Jus, 1957.

———, "Antecedentes y práctica de la esclavitud negra en la Nueva España del siglo XVI", en B. García Martínez, *et al.* (eds.), *Historia y sociedad en el mundo de habla española —Homenaje a José Miranda*, México, ECM, 1970.

Martínez, José Luis, *Hernán Cortés*, México, FCE/UNAM, 1990.

Martínez Cardos, J., *Las Indias y las Cortes de Castilla durante los siglos XVI y XVII*, Madrid, 1956.

Martínez Cosío, Leopoldo, *Los caballeros de las órdenes militares en México*, México, Santiago, 1946.

Martínez del Río, Pablo (ed.), *Ensayos sobre la Universidad de México*, México, Consejos Técnicos de Investigación Científica y Humanidades, 1951.

———, *La Comarca Lagunera a fines del siglo XVI y principios del XVII según las fuentes escritas*, México, Instituto de Historia, UNAM, 1954.

Martínez Reus, Julián, *Asociaciones profesionales en la historia*, Madrid, 1927.

Martínez Rosales, Alfonso, "Los 'gigantes' de San Luis Potosí" en HM, XXXVII, 4 (abril-junio, 1988).

Martínez Ruiz, Juan. "Un 'Agrajes sin obras' entre los conquistadores de México", en *Ibérida*, año 1, núm. 2 (Río de Janeiro, 1959).

Martínez Vigil, Carlos, *Arcaísmos españoles usados en América*, Montevideo, Imprenta Latina, 1939.

Matesanz, José, "Introducción de la ganadería en la Nueva España 1521-1535", en HM, XIV: 4, núm. 56 (abril-junio de 1965).

Mathes, W. Michael, *Sebastián Vizcaíno y la expansión española en el Océano Pacífico 1580-1630*, trad. de I. del Río, México, UNAM, 1973.

Mathes, Miguel, *Santa Cruz de Tlatelolco: la primera biblioteca de las Américas*, México, SRE (AHDM, 4ª ep., núm. 12), 1982.

Matos Moctezuma, Eduardo, *Muerte a filo de oxidiana. Los nahuas frente a la muerte*, México, SEP-Setentas, 1975.

Matthiae, Paolo, *I tesori di Ebla*, Roma-Bari, Laterza, 1984.

Mattingly, Garret, *Renaissance Diplomacy*, Londres, Jonathan Cape, 1955.

Mayer, Eduard, *Historia de las instituciones sociales y políticas de España y Portugal*, trad. de Galo Sánchez, rev. por el autor, 2 vols., Madrid, 1925-1926.

Maza, Francisco de la, *Enrico Martínez, cosmógrafo e impresor de Nueva España*, México, Soc. M. de Geografía y Estadística, 1943.

———, *San Miguel de Allende: su historia, sus monumentos*, Pról. de M. Toussaint, México, UNAM, 1939.

———, *Fray Diego Valadés. Escritor, grabador y narrador franciscano del siglo XVI*, México, Instituto de Investigaciones Estéticas, UNAM, 1945.

———, *La mitología clásica en el arte colonial de México*, México, UNAM, 1968.

———, *Guadalupanismo mexicano*, 2ª ed., México, FCE, 1981.

McAlister, L. N., "Social Structure and Social Change in New Spain", en HAHR, XLIII: 3 (agosto de 1963), pp. 349-370.

McAndrew, John, *The Open-Air Churches of Sixteenth-Century Mexico*, Cambridge (Mass.), Univ. Harvard, 1952.

———, "Fortress Monasteries?", en *Anales del Instituto de Inv. Estéticas"*, UNAM, XXIII (1955).

Means, Philip Ainsworth, *History of the Spanish Conquest of Yucatán*, Cambridge (Mass.), Peabody, 1917.

Mecham, J. Lloyd, *Francisco de Ibarra and la Nueva Vizcaya*, Durdham (N.C.), Univ. de Duke, 1927.

Medina, José Toribio, *La imprenta en México 1539-1821*, Santiago de Chile, ed. del autor, 1907-1909.

———, *Historia del tribunal del Santo Oficio de la Inquisición en México*, ampliada por Julio Jiménez Rueda, México, FCE, 1952.

Mejía Sánchez, Ernesto, "Los cronistas de las órdenes religiosas mencionadas en el *Epítome* de León Pinelo", en *Boletín de la Biblioteca Nacional de México*, 2ª época, 17/3-4 (1968), pp. 17-40.

Méndez Arceo, Sergio, *La Real y Pontificia Universidad de México*, México, 1952.

———, "Documentos inéditos que ilustran los orígenes de los Obispados Carolense (1529), de Tierra Florida (1520) y de Yucatán (1561)", en RHA, IX (1940), pp. 31-61.

———, "La cédula de la erección de la Universidad de México", en HM, I: 2 (2), núm. 441, pp. 268-294.

Méndez Plancarte, Gabriel, *Humanismo mexicano del siglo XVI*, México, BEU, UNAM, 1946.

Mendizábal, Miguel Othón de, *Obras Completas*, tomos II y V, México, Talleres Gráficos de la Nación, 1946.

Mendoza, Vicente T., *El Romance español y el Corrido mexicano: estudio comparativo*, México, UNAM, 1939.

——, *Vida y costumbres de la Universidad de México*, México, 1951.

——, *Lírica infantil de México*, ECM, México, 1951.

——, *Panorama de la música tradicional de México*, México, Impresora Universitaria, 1956.

——, *El Corrido mexicano*, México, FCE (Colección Popular), 3ª ed., 1976.

——, "Origen de tres juegos mexicanos", en *Anuario de la Sociedad Folklórica de México*, 2 (1941), pp. 77-89.

——, "Música de Navidad en México", en *México en el Arte*, núm. 6 (diciembre de 1948).

——, "Un teatro religioso en Zumpango de la Laguna", en *Anales del Inst. de Inv. Estéticas*, núm. 16 (México, 1948).

——, "La danza durante la Colonia en México", en *Tradición* (Lima), VII; 19-20, pp. 12-24.

Menéndez Pidal, Gonzalo, *Imagen del mundo hacia 1570, según noticias del Consejo de Indias y de los tratadistas españoles*, Madrid, Gráficas Ultra, 1944.

Menéndez Pidal, Ramón, *Los romances de América y otros estudios*, Buenos Aires/México, Espasa Calpe, 1945.

——, *The Spaniards in their History*, trad. de W. Starkie, Londres, 1950.

——, "Sevilla frente a Madrid: algunas precisiones sobre el español de América", en *Miscelánea en homenaje a André Martinet: "Estructuralismo e Historia"*, vol. III, Univ. de la Laguna (Canarias), 1962.

Merriman, Roger Bigelow, *The Rise of Spanish Empire in the Old World and in the New*, t. III: *The Emperor*, Nueva York, McMillan, 1925.

Meyer, Jean, "Pour une Sociologie des Catholicismes Mexicains — Notes et Jalons", en *Cahiers de Sociologie Economique*, núm. 12 (mayo de 1965), pp. 82-103.

——: ver IFAL.

Meza Villalobos, Néstor, "La política indígena en el siglo XVI", en *Revista Chilena de Historia y Geografía*, núm. 112, Santiago, 1948, pp. 43-50.

Millares Carlo, Agustín, *Repertorio bibliográfico de los archivos mexicanos y de los europeos y norteamericanos de interés para la historia de México*, México, Biblioteca Nacional, 1959.

—— y José Ignacio, Mantecón, *Índice y extractos de los protocolos de los Archivos de Notarías de México*, D.F., 2 vols., México, FCE, 1945-1946.

——, "El Archivo de Notarías del Departamento del Distrito Federal", en *Rev. de Hist. de América*, XVII (junio, 1944.).

—— y Julián, Calvo. *Juan Pablos, primer impresor que vino a esta tierra*, México, Porrúa, 1953.

Millás Vallicrosa, José María, "Arab and Hebrew Contributions to Spanish Culture", en *Journal of World History*, VI (1961), pp. 732-751.

Mintz, Sidney W. y Eric R. Wolf, "An Analysis of Ritual Co-Parenthood (Compadrazgo)", en *Southwestern Journal of Anthropology*, vol. VI, núm. 4 (invierno de 1950).

Miranda, José, *La función económica del encomendero en los orígenes del régimen colonial*, México, Stylo, 1947.

——, *Las Ideas y las Instituciones Políticas Mexicanas. Primera Parte: 1521-1820*, México, 1952.

————, *El tributo indígena en la Nueva España durante el siglo XVI*, México, ECM, 1952.

————, "Notas sobre la introducción de la Mesta en la Nueva España", en RHA, núm. 17 (1944), pp. 1-26.

————, "Gonzalo Fernández de Oviedo *alias* Valdés", en Introducción a G. Fernández de Oviedo, *Sumario de la Natural Historia de las Indias*, México/Buenos Aires, FCE, 1950.

Miranda Godínez, Francisco, *Don Vasco de Quiroga y su Colegio de San Nicolás*, Morelia, Fimax Publicistas, 1972.

Mode, Heinz, *Fabulous Beasts and Demons*, trad. de las ediciones Leipzig, Londres, Phaidon, 1975.

Molina Solís, Juan Francisco. *Historia del descubrimiento y conquista de Yucatán*, Prol. de A. Médiz Bolio, Semblanza de E. Abreu Gómez, México, Ediciones Mensaje, 1943.

Molinari, Diego Luis, *El nacimiento del Nuevo Mundo 1492-1534. Historia y Geografía*, Buenos Aires, Kapelusz, 1941.

————, *Descubrimiento y conquista de América*, 4ª ed., Buenos Aires, Editorial Universitaria, 1979.

Mollat, G., *Les Papes d'Avignon*, París, 1949.

Mollat, Michel, *Los exploradores del siglo XIII al XVI*, trad. de Ligia Arjona, México, FCE, 1990.

Monterde, Francisco, *Bibliografía del teatro en México*, Introd. de Rodolfo Usigli, México, Secretaría de Relaciones Exteriores, 1933.

————, "El primer torneo habido en la Nueva España", en HAHR, V: 4 (noviembre de 1922).

————, "Pastorals and Popular Performances", en *Theater Arts Monthly*, XXII: 8 (Nueva York), agosto de 1938.

Morales Oliver, Luis, *África en la literatura española, I: Edades antigua y media*, Madrid, 1957.

Morales Rodríguez, Sergio, "Costumbres y creencias en la Nueva España", en *Homenaje a Silvio Zavala — Estudios históricos americanos*, México, ECM, 1953.

Moreno de los Arcos, Roberto, "Las instituciones mineras novohispánicas", en M. León Portilla (ed.), *La minería en México*, México, UNAM, 1978.

Moreno Toscano, Alejandra, "El siglo de la conquista", en *Historia General de México*, México, ECM (ed.), vol II, 1976.

Moreno Villa, José, *La escultura en la colonia mexicana*, México, ECM, 1942.

Morison, Samuel Eliot, *Admiral of the Ocean Sea*, Boston, 1944.

————, *The European Discovery of America, the Southern Voyages, 1492-1616*, Univ. de Oxford, 1974.

Morse, Richard M., "Some Characteristics of Latin American Urban History", en *American Historical Review*, LXVIII: 2 (enero de 1962).

————, "Latin American Cities, Aspects of Function and Structure", en *Comparative Studies in Society and History*, IV (1962), pp. 473-493.

————, "Prolegómenos a la historia urbana latinoamericana", en *Las ciudades latinoamericanas, 1. Antecedentes*, México, SEP, 1973 (una versión inglesa de este artículo está publicada en HAHR, LII: 3, 1972).

Muldoon, James. *Popes, Lawyers and Infidels*. Univ. de Liverpool, 1979.

Muñoz Ledo y Mena, Manuel. "Dialectología del español en México-Querétaro", en *Investigaciones Lingüísticas*, II, 2 y 5 (1934).

Muriá, José María, *Sociedad prehispánica y pensamiento europeo*, México, SEP-Setentas, 1973.

Muriel, Josefina, *Conventos de monjas en la Nueva España*, México, Santiago, 1946.

————, *Hospitales de la Nueva España. Fundaciones del siglo XVI*, México, 1956.

————, *Dos recogimientos de mujeres. Respuesta a una problemática social novohispánica*, México, Instituto de Investigaciones Históricas, UNAM, 1974.

————, "La capilla de la cena en la Catedral de México", en *Estudios de Historia Novohispana*, III, México, Instituto de Investigaciones Históricas, UNAM, 1970.

————, *Cultura femenina novohispana*, México, UNAM, 1982.

Muro Arias, Luis, *La expedición Legazpi a las Filipinas (1557-1564)*, México, SEP-Setentas, 1975.

————, "Herreros y cerrajeros en la Nueva España", en HM, V: 3 (19) (núm. 309), pp. 338-372.

———— y Andrés, Lira. "El siglo de la integración", en ECM (ed.), *Historia General de México*, vol. II, 1976.

Murray, Margaret Alice, *The Witch-Cult in Western Europe*, Univ. de Oxford, 1962.

Navarro, José Gabriel, *Los franciscanos en la conquista y colonización de América*, Madrid, Cultura Hispánica, 1955.

Navarro González, Alberto, *El mar en la literatura medieval castellana*, Univ. de la Laguna (Canarias), 1962.

Nebel, Richard, *Alt-mexikanische Religion und Christliche Heilbotschaft*, Immersee, Alemania, *Rev. para las Misiones*, 1983.

Nervo, Amado, "El castellano en México. Filosofía comparativa", en *Obras Completas*, vol. 2, Madrid, Aguilar, 1962.

Newton, A. P., *Travel and Travelers in the Middle Ages*, Londres, 1949.

Novo, Salvador, *Historia y leyenda de Coyoacán*, México, Novaro, 1971.

————: ver Prieto, Julio.

Nowell, Charles E., "Old World Origins of the Spanish-American Viceregal System", en F. Chiapelli (ed.), *First Images of America*, vol. I, Univ. de California en Los Ángeles, 1976.

Noyes, Ernest, (trad. y notas) *Fray Alonso Ponce in Yucatán*, N. Orleáns, Tulane, 1932.

Nunn, G. E., *The Geographical Conceptions of Columbus*, Nueva York, American Geographic Society, 1924.

Nutini, Hugo, John Roberts y Ma. Teresa, Cervantes, "The Historical Development of the Mexican Aristocracy", en *L'Uomo* (del Instituto de Etnografía de Roma), primer semestre, 1982.

———— y Betty Bell, *Ritual Kinship-The Structure and Historical Development of the Compadrazgo System in Rural Tlaxcala*, Princeton U.P., 1980.

Nykl, A. R., "Notas sobre el español de Yucatán, Veracruz y Tlaxcala (1930)", en P. Henríquez Ureña (ed.), *El español en México, los Estados Unidos y la América Central (vide* Henríquez Ureña, P.).

Obregón, Gonzalo, "El real convento y santuario de San Miguel de Chalma", en *Homenaje a Silvio Zavala — Estudios históricos americanos*, México, ECM, 1953.

Ocaranza, Fernando, *El Imperial Colegio de la Santa Cruz de Santiago Tlatelolco*, México, ed. del autor, 1934.

———, *Establecimientos franciscanos en el misterioso Reino de Nuevo México*, México, 1934.

———, *Gregorio López, el hombre celestial*, México, Xóchitl, 1944.

———, "Los frailes menores y los indios en los siglos XVI y XVII", en *Memorias de la Academia de Historia de México*, México, t. 9 (abril-junio de 1950).

Olagüe, Ignacio, *Les Arabes n'ont jamais envahi l'Espagne*, París, Flammarion, 1969.

Olavarría y Ferrari, Enrique de, *Reseña histórica del teatro en México*, 3ª ed., 2 vols., México, Porrúa, 1961.

Olschki, Leonardo, "Ponce de León's Fountain of Youth: History of a Geographical Myth", en HAHR, XXI: 3 (agosto de 1941), pp. 361-85.

Olvera, Jorge, "El arte de la Colonia", en *Artes de México*, 56-57 (1964), pp. 12-31.

Omaechavarría, Ignacio (O.F.M.), "Mártires franciscanos de Georgia" (con un Apéndice Documental), en *Missionalia Hispánica*, XII (1955), pp. 5-93 y 291-371.

Onís, Harriet de, *The Golden Land*, 1948.

Orozco y Berra, Manuel (Selección de textos), *Historia de la ciudad de México desde su fundación hasta 1854*, México, SEP, 1973.

———, *Historia Antigua y de la Conquista de México*, 4 vols., México, Porrúa, 1978.

———, "Conquistadores de México", en Baltasar Dorantes de Carranza, *Sumaria Relación*, pp. 303-434.

Orta Velázquez, Guillermo, *Breve historia de la música en México*, pról. de José Manuel Ortiz de Zárate, México, Porrúa, 1970.

Ortega y Pérez Gallardo, Ricardo, *Historia genealógica de las familias más antiguas de México*, 3ª ed., México, A. Carranza y Cía., 1908-1910.

Ots Capdequí, José María, *Instituciones sociales de la América española en el periodo colonial* (Biblioteca de Humanidades XV), La Plata, Imprenta Gómez, 1934.

———, *El Estado español en las Indias*, México, ECM, 1941.

———, "Apuntes para la historia del municipio hispanoamericano del periodo colonial", en *Anuario de Historia del Derecho Español*, Madrid, 1924.

———, "Trasplante en Indias de las instituciones castellanas y organización legal de Hispanoamérica hasta fines del siglo XVII", en R. Levene, *Historia de la Nación Argentina*, 1ª ed., vol. 3, Buenos Aires, El Ateneo, 1973, pp. 71-79.

———, "La estructura político-administrativa hispánica como base de las nacionalidades americanas", en *XIIe. Congrès International des Sciences Historiques (Viena, 1965), Rapports, II*.

Páez Brothchie, Luis, *La Nueva Galicia a través de su viejo archivo judicial*, Int. de V. Alessio Robles, México, Robledo, 1939.

————, *Guadalajara novogalaica, desde su origen más remoto hasta su fundación definitiva*, Guadalajara, Ayuntamiento, 1942.

Palm, Erwin Walter, *Los monumentos arquitectónicos de La Española*, 2 vols., Ciudad Trujillo, 1955.

————, "Los orígenes del urbanismo imperial en América", en IPGH (ed.), *Contribuciones a la historia municipal de América*, México, 1951.

————, "Las capillas abiertas americanas y sus antecedentes en el occidente cristiano", en *Anales del Instituto de Artes Americano*, VI, Buenos Aires, 1953, pp. 46-79.

————, "Estilo cartográfico y tradición humanista en las Relaciones Geográficas de 1579-1581", en *Atti del XL Congresso Internazionale degli Americanisti* (Roma-Génova, septiembre de 1972), Génova, Tilghev, 1972.

————, "Para enfocar la estructuración de la realidad en el arte de la Nueva España", en *Segundo Simposio del Proyecto Puebla-Tlaxcala*, Comunicaciones, 16/79, Ed. W. Laver y K. Tyranowsky, 1978.

Palomera, Esteban J. (S.J.), *Fray Diego Valdés, O.F.M., Evangelizador Humanista de la Nueva España. Su obra*, México, Jus, 1962.

Pantoja Armenta, María Guadalupe, *Fray Pedro de Gante, fundador de la educación en América y su proyección en la educación de hoy*, tesis, Guadalajara, Escuela Normal Superior, 1974.

Pardo Riquelme, Antonio, "El ejército de Cortés", en *Estudios Cortesianos*, Madrid, Inst. Fernández de Oviedo, 1967, pp. 97-104.

Paredes, Américo, "The Mexican-Texan Corrido", en *The Southwest Review* (verano de 1942).

Parks, Larry, *A History of Mexico*, 1948.

Parry, John Horace, *The Spanish Theory of Empire in the Sixteenth Century*, Univ. de Cambridge, 1940.

————, The Cities of the Conquistadores, Londres, Consejos Hispánico y Luso-Brasileño, 1961.

————, *The Age of Reconaissance*, Londres, Weidenfelt y Nicholson, 1963.

————, *The Spanish Seaborne Empire*, Londres, Hutchinson, 1966.

————, *The Audiencia of New Galicia in the Sixteenth Century*, Univ. de Cambridge, 1948, reimp. de 1968.

Paso y Troncoso, Francisco del: ver Zavala, Silvio.

Pastor, Rodolfo, "La alcabala como fuente para la historia económica y social de la Nueva España", en HM, XXVII: 1 (julio-septiembre de 1977).

Pazos, Manuel (O.F.M.), "El teatro franciscano en Méjico durante el siglo XVI", en *Archivo Ibero-Americano*, 2ª época, XI: 42 (abril-junio de 1951).

————, "Los misioneros franciscanos de Méjico en el siglo XVI y su sistema penal respecto de los indios", en *op. cit.*, XIII: 52 (octubre-diciembre de 1953).

————, "Los franciscanos y la educación literaria de los indios mexicanos", en *op. cit.*, XVII, 49 (enero-marzo de 1953).

————, "La Asunción de Nuestra Señora en las misiones franciscanas en Méjico", en *op. cit.*, XIII: 51 (julio-septiembre de 1953).

————, "Reducciones franciscanas en Méjico", en *op. cit.*, XIII: 50 (abril-junio de 1953).

Peacock, Vera L., "The Open Chapel in Mexico", en *Journal of Interamerican Studies*, 3 (julio de 1959), pp. 277-280.

Pei, Mario, *The Story of Language*, Nueva York, New American Library, 1960.

Pereyra, Carlos, "Monardes y el exotismo médico en el siglo XVI", Madrid, *Revista Popular de Cultura Religiosa e Hispánica*, 1936.

———, *Hernán Cortés*, 2ª ed., México, Porrúa, 1976.

Pérez Bustamante, Ciriaco, *Don Antonio de Mendoza, primer virrey de la Nueva España 1535-1550*, Santiago de Compostela, 1928.

———, "Sobre los precedentes del virreinato colombino", en *Rev. de Indias*, XII: 48 (abril-junio de 1952).

———, "La expedición de Ruy López de Villalobos a las Islas del Pacífico", en *Actas do Segundo Colóquio Luso-Espanhol de História Ultramarina* (Lisboa, 1975), pp. 179-241.

Pérez de Tudela, Juan, "La negociación colombina de las Indias", en *Rev. de Indias*, XVI (1954), pp. 289-357.

Pérez Embid, Florentino, "La expansión geográfica de la Nueva España en el siglo XVII", en *Rev. de Indias*, XI, 45 (julio-septiembre de 1951).

Pérez Fernández del Castillo, Bernardo, *Historia de la Escribanía en la Nueva España y del Notariado en México*, México, Porrúa, 1988.

Pérez San Vicente, Guadalupe, "Las cédulas de fundación de las universidades de México y Lima: ensayo de interpretación", en *Estudios de historia novohispana*, III, México, UNAM, 1970.

Pérez Verdía, Luis, *Historia particular del Estado de Jalisco*, tomo I, Guadalajara, 1951.

Pfandl, Ludwig, *Cultura y costumbres del pueblo español durante los siglos XVI y XVII*, trad. del alemán, Barcelona, 1942.

Phelan, John Leddy, *The Millennial Kingdom of the Franciscans in the New World*, 2ª ed., revisada, Univ. de California, 1970.

Pietschmann, Horst. *Staat und Staatliche Entwicklung am Beginn der Spanischen Kolonisation Amerikas*, Münster, Aschendorffsche Verlag, 1980.

Piña Chan, Román, *Campeche durante el periodo colonial*, México, INAH, 1977.

Portillo, Esteban L., *Apuntes para la historia antigua de Coahuila y Texas*, Saltillo, 1886.

Portillo y Díez de Sollano, Álvaro, *Descubimientos y exploraciones en las costas de California*, Sevilla, Escuela de Estudios Hispanoamericanos, 1947.

Porras Muñoz, Guillermo, *Iglesia y Estado en Nueva Vizcaya (1562-1821)*, México, UNAM, 1980.

———, *El Gobierno de la Ciudad de México en el siglo XVI*, México, UNAM, 1982.

———, "Martín López Carpintero de Rivera", en *Estudios Cortesianos*, Madrid, Inst. Gonzalo Fernández de Oviedo, 1947, pp. 307-329.

Powel, Philippe Wayne, *La guerra chichimeca 1550-1600*, trad. de José Utrilla, México, FCE, 1977.

———, *Capitán mestizo: Miguel Caldera y la frontera norteña*, trad. de J. J. Utrilla, México, FCE, 1980.

————, *Soldiers, Indians, and Silver: The Northward Advance of New Spain, 1550-1600*, Univ. de California en Berkeley, 1969.

————, "Presidios and Towns on the Silver Frontier of New Spain, 1550-1580", en HAHR, XXIV (mayo de 1944), pp. 179-200.

————, "Spanish Warfare against the Chichimecas in the 1570's", en HAHR, XXIV (noviembre de 1944), pp. 580-604.

————, "Portrait of an American Viceroy", en *The Americas*, XIV (julio de 1957), pp. 1-24.

Pradeau, Alberto Francisco, *Historia numismática de México*, trad. de R. Beltrán, México, Banco de México, 1950.

Prescott, William H., *Historia de la conquista de México*, Prólogo, notas y apéndices de Juan Ortega y Medina, México, Porrúa, 1976.

Prestage, Edgar, *Chivalry*, Londres, 1928.

Priestley, Herbert Ingram, *The Coming of the White Man*, Nueva York, McMillan, 1929.

————, *Tristán de Luna, Conqueror of the Old South*, Glendale (Calif.), Arthur H. Clark & Co., 1936.

Prieto, Carlos, "La minería en el Nuevo Mundo", Madrid, *Revista de Occidente*, 1968.

————, *El Océano Pacífico: navegantes españoles del siglo XVI*, 2ª ed., Madrid, Alianza Editorial, 1975.

Prieto, Julio y Salvador, Novo, "Acta sobre piñatas", en *México en el Arte*, núm. 6 (diciembre de 1948).

Prince, L. Bradford, *Spanish Mission Churches of New México*, Glorietta (N.M.), The Rio Grande Press, 1977 (reimp. de la ed. original de 1915, con una nueva Introducción).

Probert, Alan, "Bartolomé de Medina: The Patio Process and the Sixteenth Century Silver Crisis", en *Journal of the West*, VIII, 1 (enero, 1969), 88, 90-124.

Pulido Rubio, José, *El Piloto Mayor de la Casa de Contratación de Sevilla*, Sevilla, Zarzuela, 1923.

Pulido Silva, Alberto, *Coyoacán: historia y leyenda*, 3ª ed., México, Editores Asociados, 1976.

Quattlebaum, Paul, *The land called Chicora. The Carolinas under Spanish Rule... 1520-1670*, Gainesville, Univ. de Florida, 1956.

Quesada, Vicente G., *La vida intelectual en la América Española durante los siglos XVI, XVII y XVIII*, Buenos Aires, "La Cultura Argentina", 1917.

Quinn, David Beers, "New Geographical Horizons", en F. Chiapelli (ed.), *First Images of America*, vol. II, Univ. de California en Los Ángeles, 1976.

Quintana, José Miguel, *La Astrología en la Nueva España en el siglo XVII*, México, Bibliófilos Mexicanos, 1969.

Quirarte, Clotilde Evelia, "Estudios sobre el lenguaje usado en Nochistlán, Zacatecas", en *Investigaciones Lingüísticas*, I: 1 (agosto de 1933), pp. 68-102; y I: 3 y 4 (noviembre de 1933-febrero de 1934), pp. 164-200.

Raine, Philip, *Paraguay*, New Brunswick (N.J.), 1956.

Ramírez, José Fernando, "Noticias Históricas...", en *Obras*, t. III, México, V. de Agüeros, 1898.

————, "Noticias de la Vida y Escritos de Fray Toribio de Benavente o Motolinía", en J. García Icazbalceta (ed.), *Col. Docs. para la Hist. de Méx.*, vol. I, 1968.

————, *Bibliografía de la historia de México*, México, Talleres de Impresión de Estampillas y Valores, 1956.

Ramos Pérez, Demetrio, *Determinantes formativos de la "hueste indiana" y su origen modélico*, Santiago, Edit. Jurídica, 1965.

————, "La ordenación de la minería en Hispanoamérica", en *La Minería Hispana e Iberoamericana* (VI Congreso Internacional de Minería), vol. I, León, 1970.

————, "Magallanes en Valladolid: la capitulación", en *Actas do II Colóquio Luso-Espanhol de História Ultramarina*, Lisboa, 1975, pp. 179-241.

Ramos Smith, Maya, *La danza en México durante la época colonial*, La Habana, Casa de las Américas, 1979.

Real, Carlos Alonso del, *Realidad y leyenda de las amazonas*, Madrid, Espasa-Calpe, 1967.

Real Díaz, José Joaquín, *Las ferias de Jalapa*, Sevilla, EEHA, 1959; reed. México, IMCE, s/f.

Redfield, Robert, *Life in a Mexican Village: Tepoztlán*, Chicago, 1930.

Reeves, Marjorie y Warwick Gould, *Joachim of Fiore and the myth .of the Eternal Evangel in the 19th Century*, Oxford, Clarendon, 1987.

Reilly, Bernard F. (ed.), *Santiago, Saint Denis and Saint Peter: The reception of the Roman liturgy in León-Castile in 1080*, Nueva York, Foroham U.P., 1985.

Reinhardt, K. F., *Germany 2000 Years*, Milwaukee, 1950.

Reparaz (hijo), Gonzalo de, *La época de los grandes descubrimientos españoles y portugueses*, Barcelona/Lisboa, Labor, 1931.

Revilla, M. G., "Provincialismos de expresión en Méjico (1910)", en P. Henríquez Ureña (ed.), *El español en Méjico, los Estados Unidos y la América Central*, Buenos Aires, 1939.

Rey, Agapito, *Cultura y costumbres del siglo XVI en la Península Ibérica y en la Nueva España*, México, Mensaje, 1944.

Reyes, Alfonso, "Los autos sacramentales en España y América", en *Capítulos de Literatura Española*, 2ª serie, México, ECM, 1945.

————, "Influencia del ciclo artúrico en la literatura castellana", en *loc. cit.*

Reynolds, Winston A., *Romancero de Hernán Cortés*, Madrid, Alcalá, 1967.

Ricard, Robert, *La conquista espiritual de México*, trad. de A. M. Garibay K., México, 1947.

————, "Contribution à l'etude des Fêtes de 'Moros y Cristianos' au Mexique", en *Journal de la Societé des Americanistes*, XXIV (1932), pp. 54-81 y 287-291.

————, "La plaza mayor en España y en América española", en *Estudios Geográficos*, Madrid, 1950, pp. 321-327.

————, "Le règne de Charles Quint, âge d'or de l'histoire mexicaine", en *Revue du Nord*, XLII: 166 (abril-junio de 1960).

Richards, Jeffrey, *Sex, Dissidence, and Damnation-Minority groups in the Middle Ages*, Londres/Nueva York, Rutledge, 1990.

Rípodas Ardanez, Daisy, *El matrimonio en Indias. Realidad social y regulación jurídica*, Buenos Aires, Cons. Nal. de Inv. Científicas y Técnicas, 1977.

Riva Palacio, Vicente, *El Virreinato*, tomo II de *México a través de los siglos*, México, Vallesca y Cía., y Barcelona, Espasa, s/f.

Rivera, Manuel, *Historia antigua y moderna de Jalapa...* México, I, Cumplido, 1869.

Rivera Cambas, Manuel, *Los gobernantes de México*, tomo I: 1525-1663, México, Citlaltépetl, 1962.

Robertson, Donald, "The Pinturas (Maps) of the Relaciones Geográficas, with a Catalog", en H. Cline (ed.), *Guide to Ethnological Sources*, Pt. One (*Handbook of Middle-American Indians*), vol., XII Univ. de Texas Press, s/f.

Robertson, James A., "Some Notes on the Transfer by Spain of Plants and Animals to its Colonies Overseas", en *James Sprunt Historical Studies*, XIX. Chapel Hill, Universidad de Carolina del Norte, 1927.

Robertson, William, *The History of the Discovery and Settlements of America*, Nueva York, Harper, 1843.

Rodríguez Prampolini, Ida, *Amadises de América. La hazaña de Indias como empresa caballeresca*, México, 1948.

Rodríguez Rivas, Daniel Alonso, "La legislación minera hispanocolonial", en *La minería hispana e iberoamericana* (6° Congreso Internacional de Minería), vol. I, León, 1970.

Rohl, F. J. *Amerigo Vespucci, Pilot Mayor*, Nueva York, 1945.

Rojas, Pedro, *Historia general del arte mexicano*, vol. II: *Arte Colonial*, México, Hermes, 1963.

Rojas Garcidueñas, José J., *El teatro de Nueva España en el siglo XVI*, México, Luis Álvarez, 1935.

———, *Autos y coloquios del siglo XVI*, 1ª ed., 1939, 2ª ed., México, UNAM, 1972.

———, "Piezas teatrales y representaciones en Nueva España en el siglo XVI", en *Revista de literatura mexicana*, año I, núm. 1, México (julio-septiembre de 1940).

———, "Fiestas en México en 1578", en *Anales del Instituto de Investigaciones Estéticas*, UNAM, IX (1942).

Romano, Ruggiero, *Les mécanismes de la conquête coloniale: les conquistadores*, París, Flammarion, 1972.

Romeo, Rosario, "Le scoperte americane nella coscienza italiana del Cinquecento", en *Rivista Storica* (Nápoles), LXV, núms. 2-3 (separata, 1953).

Romero, José Luis, *Latinoamérica: las ciudades y las ideas*, 2ª ed., México, Siglo XXI, 1984.

Romero, María de los Ángeles, "Los intereses españoles en la Mixteca-siglo XVII", en HM, núm. 14 (octubre-diciembre de 1979).

Romero de Terreros, Manuel, *Las artes industriales en la Nueva España*, México, 1923.

———, *Encuadernaciones artísticas mexicanas. Siglos XVI al XIX* (Monografías bibliográficas mexicanas 24), México, Secretaría de Relaciones Exteriores, 1923.

———, *Grabados y grabadores en la Nueva España*, México, Ediciones Arte Mexicano, 1948.

———, *Los acueductos de México en la historia y el arte*, México, UNAM, 1949.

———, *La moneda mexicana. Bosquejo histórico y numismático*, México, Banco de México, 1952.

———, *Antiguas haciendas de México*, México, Patria, 1956.

———, "Las órdenes militares en México", en *Anales del Museo Nacional de Arqueología, Historia y Etnografía*, t. IV, núms. 3 y 4 (1912), pp. 197-235.

———, "Torneos, Mascaradas y Fiestas Reales en la Nueva España", en *Revista Cultura*, IX: 4 (México, 1918).

———, "Los Corregidores de México", en *Anuarios del Museo Nacional de Arqueología, Historia y Etnografía* (México), Época 4ª, t. I. (1922), pp. 84-92.

———, "Nacimientos de antaño y de hogaño", en *México en el Arte*, núm. 6 (diciembre de 1948).

Rosenblat, Ángel, *Lengua y cultura de Hispanoamérica*, Caracas, Ministerio de Educación, 1962.

———, *Los conquistadores y su lengua*, Caracas, Universidad Central, 1967.

———, "Base del español de América: nivel social y cultural de los conquistadores y pobladores", en *Boletín de Filología* (Universidad de Chile), t. XVI (1964).

Rosenfeld, H., *Der mittelalterliche Totentanz*, Münster, 1954.

Rossiaud, Jacques, *La prostituzione nel Medioevo*, trad. de E. Pellizer, Roma-Bari, Laterza, 1984.

Rousset, Paul, "Le sens du merveilleux à l'époque féodale", en *Le Moyen Age* (Bruselas), LXII, 1-2 (1956).

Rout (Jr.), Leslie B., *The African Experiences in Spanish America, 1502 to the present day*, Universidad de Cambridge, 1976.

Roux, Jean-Paul, *Les explorateurs au Moyen Age*, París, Fayard, 1985.

Rubial García, Antonio, "La Insulana, un ideal franciscano medieval en la Nueva España", en *Estudios de historia novohispana*, vol. VI, México, Inst. de Inv. Históricas, UNAM, 1978, pp. 38-46.

Rubio Mañé, José Ignacio, *La casa de Montejo en Mérida de Yucatán*, México, Imprenta Universitaria, 1941.

———, *Introducción al estudio de los virreyes de la Nueva España*, 4 vols., México, Instituto de Historia de la UNAM, 1955-1963.

———, "La expedición de Miguel López de Legazpi a Filipinas", en *Bol. del AGN*, t. V, núms. 3-4 (julio-diciembre de 1964).

———, "Más documentos relativos a la expedición de Miguel López de Legazpi a Filipinas", en *Bol. del AGN*, t. XI, núms. 1-2 (enero-junio de 1970).

Rublúo, Luis, *Cronistas de la Ciudad de México*, México, Colección Popular de la Ciudad de México, 1975.

Ruiz del Solar y Azuriaga, Manuel, *La Casa de Contratación*, Sevilla, Librería Salesiana, 1900.

Ruiz Zavala, Alipio (O.S.A.), *Historia de la Provincia Agustiniana del Santísimo Nombre de Jesús de México*, 2 vols., México, Porrúa, 1984.

Russel, J. B., *Witchcraft in the Middle Ages*, Univ. de Cornell, 1972.

———, *Lucifer —The Devil in the Middle Ages*, Ithaca, Cornell, 1984.

Saco, José Antonio, *Historia de la esclavitud de la raza africana en el Nuevo Mundo*, 2 vols., La Habana, Cultural, 1938.

Sáenz de Santa María, Carmelo, "La fantasía lascasiana en el experimento de la Verapaz", en *Revista de Indias*, XVIII: 73 y 74.

Saint-Lu, André, *La Vera Paz. Esprit Evangelique et Colonisation* (tesis), París, Facultad de Letras y Humanidades, 1968.

Saintyves, Pierre, *Les Reliques et les Images légendaires*, París, Laffon, 1987.

Salas, Alberto Mario, *Las armas de la conquista*, Buenos Aires, Emecé, 1950.

Salas, Carlos I., "Cronistas Mayores de Indias, 1539-1779", en *Renacimiento* (1910), VI, pp. 20-36 y 182-198.

Salazar, B., *Los Doce Primeros Apóstoles Franciscanos en México*, México 1943.

Saldívar, Gabriel. *Historia de la música en México (épocas precortesianas y colonial)*, México, Cultura, 1934.

Sale, Kirkpatrick, *The conquest of Paradise—Christopher Columbus and the Columbian Legacy*, Londres, Hodder/Stoughton, 1991.

Salrach Marés, José María, "Régimen señorial y feudalismo en la Alta Edad Media", en *Anuario de Estudios Medievales*, vol. VII, Barcelona, 1970-1971.

Sánchez, Alberto, "Los libros de caballería en la conquista de América", en *Anales Cervantinos*, VII (1968), pp. 237-270.

Sánchez Albornoz, Claudio, *España y el Islam*, Buenos Aires, 1943.

———, "The Frontier and Castilian Liberties", en *The New World looks at its History*, ed. de A. R. Lewis, y T. F. McGramm, Austin, Univ. de Texas, 1963.

Sánchez Flores, Ramón, *Historia de la tecnología y la invención en México*, México, Fomento Cutural BANAMEX, 1980.

———, "Invención y Tecnología en la Nueva España" (Discurso de ingreso en la Academia Nacional de Historia y Geografía), México, 1978.

Sánchez Sala, María Mercedes, "Los Reinos de Indias y las Cortes", en *Actas y Memorias del XXVI Congreso Internacional de Americanistas* (Sevilla, 1966), pp. 491-498.

Sanchíz Ochoa, Pilar, *Los hidalgos de Guatemala*, Sevilla, Univ. de Sevilla, 1976.

Sancho de Sopranis, Hipólito. "Notas y documentos sobre Alvar Núñez Cabeza de Vaca", en *Revista de Indias*, XXCII: 91-92 (enero-junio de 1963).

Sanford, Charles L., *The Quest for Paradise*, Urbana, Universidad de Illinois, 1961.

Sanford, Trent Elwood, *The Story of Architecture in Mexico*, Nueva York, Norton, 1947.

Sans Ferrán, José María, *Unos naipes de piel*, Vich, Colomer Munnany, 1971.

Santana, José Epigmenio, *Nuño Beltrán de Guzmán y su obra*, México, Museo Nacional, 1930.

Sarabia Viejo, María Justina, *El juego de gallos en Nueva España*, Sevilla, Escuela de Estudios Hispanoamericanos, 1972.

———, *Don Luis de Velasco, Virrey de Nueva España, 1550-1564*, Sevilla, Consejo Superior de Investigaciones Científicas, 1968.

Saravia, Atanasio G., *Apuntes para la historia de la Nueva Vizcaya*, 2 vols., México, Reveles, 1938-1941.

――――, "La Conquista de Durango", en P. Rouaix, *et al.*, *Manual de historia de Durango*, México/Durango, Jus y Gobierno del Estado, 1952.

Saucer, Carl, *Colima of New Spain in the Sixteenth Century*, Universidad de California en Berkeley/Los Ángeles, 1948.

Sayous, André F., "Origen de las instituciones económicas en la América española", en *Bol. del Inst. de Inv. Históricas* (Buenos Aires), VII: 37 (julio-septiembre de 1928), pp. 1-17.

――――, "Les débuts du commerce de l'Espagne avec l'Amérique (1503-1518) d'après des actes inédits de Notaires de Séville", en *Revue Historique*, CLXXIV (1934).

――――, "Partnership in the Trade Between Spain and America and also in the Spanish Colonies in the Sixteenth Century", en *Journal of Economic and Business History*, I, pp. 282-301.

Schaeffer, Ernesto, *El Consejo Real y Supremo de las Indias*, 2 vols., Sevilla, M. Carmona, 1935-1947.

――――, *Índice de la Colección de Documentos Inéditos de Indias*, 2 vols., Madrid, Inst. G. Fernández de Oviedo, 1946-1947.

Schapiro, Meyer, *On the Literal and the Symbolic in the Illustration of a Text*, La Haya/París, Mouton, 1973.

Schevill, Rodolfo, "La novela histórica, las crónicas de Indias y los libros de caballerías", en *Revista de las Indias* (Bogotá), 1943.

Schilling, Hildburg, *Teatro profano en la Nueva España (fines del siglo XVI a mediados del XVIII)*, México, Imprenta Universitaria, 1958.

Scholes, France V., *Troublous Times in New Mexico, 1659-1670*, Albuquerque, Universidad de Nuevo México, 1942.

――――, "The Beginnings of Hispano-Indian Society in Yucatan", en *Scientific Monthly* (Nueva York), vol. 44, pp. 530-538.

Scholes, Walter V., *The Diego Ramírez Visita* (The University of Missouri Studies, XX: 4), Columbus, Mo., 1946.

Schwartz: ver Lockhart.

Seco Caro, Carlos, "Derecho canónico particular, referente al matrimonio en Indias", en *Anuario de estudios americanos*, XV (1958), pp. 1-112.

Semeleder, F., "El español de los mejicanos", en P. Henríquez Ureña (ed.), *El español en México, los Estados Unidos y la América Central*, Buenos Aires, Inst. de Filolog. de la Fac. de Fil. y Letras, 1938.

Semo, Enrique, *Historia del capitalismo en México. Los orígenes (1521-1763)*, México, ERA, 1973.

Serafin, Silvana (ed.), *Cronisti delle Indie-Messico e Centroamerica*, Milán, Ed. Cisalpino, 1983.

Serra Ruiz, Rafael, "El juicio de residencia en época de los Reyes Católicos", en *Anuario de estudios medievales*, Barcelona, Inst. de Historia Medieval de España, 1968, pp. 531-546.

Serrano. Luis G., *La traza original con que fue construida la catedral de México*, México, Escuela de Arquitectura de la UNAM, 1964.

Serrano y Sanz, Manuel, *Orígenes de la dominación española en América*, tomo I, Madrid, Bailly Bailliere, 1918.

Serrera, Ramón María, "Pedro Mártir de Anglería y la divulgación... del mito de los gigantes", en *Atti del Secondo Convegno Intenazionale di Studi Americanisti*.

Shea, John Gilmary, "Ancient Florida", en J. Winsor (ed.), *Narrative and Critical History of America*, 8 vols., Boston, Houghton Mifflin, 1884-1889.

Shields, James, *The Guilds and Guild Merchant in New Spain, 1524-1813* (tesis), México, Mexico City College, 1953.

Shiels, William Eugene (S.J.), *Gonzalo de Tapia*, trad. de José Gutiérrez Castilla (S.J.), Guadalajara, Janitzio, 1958.

Simpson, Leslie Byrd, *Studies in the Administration of the Indians in New Spain*, I, II y III, Universidad de Berkeley en California, 1934, 1938.

―――, *The Emancipation of the Indian Slaves and the Resettlement fo the Freedmen, 1548-1544*, Universidad de California en Berkeley, 1940.

―――, *Exploitation of Land in Central Mexico in the Sixteenth Century*, Universidad de California en Berkeley, 1952.

―――, *The Encomienda in the New Spain*, Universidad de California en Berkeley y Los Ángeles, 1966.

Sinanoglou, Leah, "The Christ Child as Sacrifice: a Medieval Tradition and the Corpus Christi Plays", en *Speculum*, XLVIII: 3 (julio de 1973), pp. 491-509.

Smith, Donald E., "The Viceroy of New Spain", en *Studies in American History*, Universidad de California en Berkeley, 1914.

Smith, Robert C., "Colonial Towns of Spanish an Portuguese America", en *Journal of the Society of Architectural Historians*, XIV (diciembre de 1955).

Smith, Robert *(et al.)*, *Los consulados de comerciantes en Nueva España*, México, IMCE, 1976.

Soberanes Fernández, José Luis, *Los tribunales de la Nueva España* (Antología), México, Inst. de Inv. Jurídicas, UNAM, 1980.

Solano, Francisco de, "La modelación social como política indigenista de los franciscanos en la Nueva España, 1524-1574", en HM, XXVIII: 2 (octubre-diciembre de 1978).

Solé, Jacques, *Storia del sesso e del amore nell'età moderna*, trad. de S. B. Cattarini, Roma, Laterza, 1979.

Somonte, Mariano G., *Dona Marina*, *"La Malinche"*, 2ª ed., México, Edimex, 1971.

Sosa, Francisco, *El Episcopado Mexicano...*, tomo I, México, Jus, 1962.

Spell, Lotta M., "Music in the Cathedral of Mexico in the Sixteenth Century", en HAHR, XXVI: 3 (agosto de 1946).

Spence, Lewis, *The Magic and Mysteries of México*, Londres, Rider & Company, s/f *(ca. 1931)*.

Stanford, Thomas, "A Linguistic Analysis of Music and Dance Terms from Three Seventeenth Century Dictionaries of Mexican Indian Languages", en *Yearbook of the Inter-American Institute for Musical Research*, II, Universidad de Tulane, pp. 101-159.

Stanislawski, D., "The Origin and Spread of the Grid-Patterned Town", en *The Geographical Review*, XXXVI: 1 (enero de 1946), pp. 105-120.

———, "Early Spanish Town Planning in the New World", en *loc. cit.*, XXXVII: 1 (enero de 1947), pp. 94-105

Steck, Francis Borgia (O.F.M.), *Motolinia's History of the Indians of New Spain*, vol. I, Washington, 1941.

———, *El primer Colegio de América: Santa Cruz de Tlatelolco*, México, Centro de Estudios Franciscanos, 1944.

Stevenson, Robert, *Music in Mexico: a Historical Survey*, Nueva York, T. Y. Crowell, 1952.

Stols, Alexandre, "La imprenta española y su difusión en la Colonia", en *Boletín Bibliográfico de la Secretaría de Hacienda y Crédito Público*, núms. 105 y 106 (marzo-abril de 1957).

Strickland, Rex W., "Moscoso's Journey through Texas", en *Southwestern Historical Quarterly* (Austin), XVI: 2 (octubre de 1942), pp. 109-137.

Sturtevant, William C., "First Visual Images of Native America", en F. Chiapelli (ed.), *First Images of America*, I, Universidad de California en Los Ángeles, 1976.

Suárez Fernández, Luis, "The Kingdom of Castile in the Fifteenth Century", en R. Highfield (ed.), *Spain in the Fifteenth Century, 1369-1516*, Londres, Macmillan, 1972.

Super, John C., *La vida en Querétaro durante la Colonia, 1531-1810*, trad. de M. Pizarro Romero, México, FCE, 1983.

Taviani, Paolo Emilio, *Cristóbal Colón*, trad. de Marina V. de Geruleviecz, 2 vols., Novara/Barcelona, Instituto Geográfico di Agostini/Editorial Teide, 1977.

———, *I Viaggi di Colombo-La grande scoperta*, 2 vols., Novara, Istituto Geográfico de Agostini, 1984.

Thomas, Henry, *Spanish and Portuguese Romances of Chivalry*, Univ. de Cambridge, 1920.

Thrower, Norman J. W., "New Geographical Horizons: Maps", en F. Chiapelli (ed.), *First Images of America*, I, Univ. de California en Los Ángeles, 1976.

Tillinghast, William H., "The Geographical Knowledge of the Ancients considered in relation to the Discovery of America", en J. Winsor (ed.), *Narrative and Critical History of America*, 8 vols., Boston, Houghton, Mifflin, 1884-1889.

Tinker, Edward Larocque, *The Horsemen of the Americas* (Books of the Americas núm. 1), Nueva York, Hastings, 1953.

Todorov, Tzvetan, *La Conquête de l'Amerique, la question de l'autre*, París, Seuil, 1982.

Tognetti, Giampaolo, "Note sul profetismo nel Rinascimento e la Letteratura relativa", en *Bulletino dell'Istituto Storico Italiano per il Medio Evo*, 82, pp. 129-157.

Toro, Alfonso, *Los judíos en la Nueva España* (Archivo General de la Nación, XX), México, Talleres Gráficos de la Nación, 1932.

Torre Rangel, Jesús Antonio de la, *Notas histórico jurídicas sobre la Fundación de Aguascalientes*, Aguascalientes, Jus, 1982.

Torre Revello, José, *Un Catálogo impreso de los libros para vender en las Indias Occidentales en el siglo XVII*, Madrid, F. Beltrán, 1930.

Torre Villar, Ernesto de la, *Las leyes de descubrimiento en los siglos XVI y XVII*, México, Junta de Investigaciones Históricas, núm. 3, 1948.

——, *Fray Pedro de Gante, maestro y civilizador de América*, México, Seminario de Cultura Mexicana, 1973.

——, *Mexicanos ilustres*, tomo I, México, Jus, 1979.

——, *Breve historia del libro en México*, México, UNAM, 1987.

——, Fernández del Castillo, Francisco y Germán Somolinos D'Ardois, *El Cuarto Centenario del primer libro de Medicina impreso en América*, Reimp. de *Gaceta Médica de México*, vol. 101, núm. 3 (marzo de 1971).

Torres Balbás, L., "El estilo mudéjar en la arquitectura mejicana", en *Al-Andalus*, VI: 2 (1941), pp. 460, ss.

Toussaint, Manuel, *Supervivencias góticas en la arquitectura mexicana del siglo XVI*, Madrid, 1935.

——, *Arte Mudéjar en América*, México, Porrúa, 1946.

——, *Historia del arte colonial en México*, México, UNAM, 1948.

——, *La conquista de Pánuco*, México, El Colegio Nacional, 1948.

——, *El arte flamenco en la Nueva España*, México, Aldina, 1949.

——, *La catedral y las iglesias de Puebla*, México, Porrúa, 1954.

——, *Pintura colonial en México*, México, Imprenta Universitaria, 1965,

——, *La catedral de México y el sagrario metropolitano. Su historia, su tesoro, su arte*, 2ª ed., México, Porrúa, 1973.

——, "La escultura funeraria en la Nueva España", en *Anales del Instituto de Investigaciones Estéticas*, III: 11 (México, 1944), pp. 41-58.

——, "L'Art de la Nouvelle Espagne", en *Nouvelles du Mexique* (París, 1962), núms. 29-31.

Tovar, Antonio, *Lo medieval en la Conquista y otros ensayos americanos*, 2ª ed., México, FCE, 1981.

——, "L'incorporation du Nouveau Monde à la Culture Occidentale", en *Cahiers d'Histoire Mondiale*, VI (1961), pp. 833-866.

Trabulse, Elías (ed.), *Historia de la ciencia en México, siglo XVI*, México, Conacyt/FCE, 1983.

Trens, Manuel B. *Historia de Veracruz*, tomo II: 1519-1821, Jalapa de Enríquez, 1947.

Trenti Rocamora, José Luis, *El teatro en la América colonial*, Buenos Aires, Huarpes, 1947.

Trueba, Alfonso, *Don Vasco*, 2ª ed., México, Jus, 1958.

——, *Fray Pedro de Gante*, 2ª ed., México, Jus, 1959.

Trueblood, Beatriz (ed.), *La ciudad antigua de México, siglos XVI-XX*, México, Fondo Cultural Bancomer, 1990.

Tudela, José (ed.), *El legado de España a América*, 2 vols., Madrid, Pegaso, 1954.

Turner, Víctor y Edith Turner, *Image and Pilgrimage in Christian Culture: Anthropological Perspectives*, Oxford, Blackwell, 1978.

Uchmany, Eva Alexandra, "El mestizaje en el siglo XVI novohispano", en HM, 37, 1 (julio-septiembre, 1987), pp. 29-48.

Ulloa, Daniel, *Los predicadores divididos (Los dominicos en Nueva España, siglo XVI)*, México, ECM, 1977.

Usigli, Rodolfo, *México en el teatro*, México, Imprenta Mundial, 1932.

Valdeavellano, Luis G. de, "Las 'Partidas' y los orígenes medievales del juicio de Residencia", en BRAH, CLIII (1963), pp. 205-246.

Valdeón Baruque, Julio, "Las Cortes de Castilla y las luchas políticas del siglo XV (1419-1430)", en *Anuario de Estudios Medievales* (Barcelona), núm. 3, 1966.

Valdés, Octaviano, *El Padre Trembleque*, 2ª ed., México, Jus, 1961.

Vale, Malcolm, *War and Chivalry*, Londres, Duckworth, 1981.

Valtón, Emilio, *Impresos mexicanos del siglo XVI (Incunables Americanos)*, México, Imp. Universitaria, 1935.

Valle, Rafael Heliodoro, *Santiago en América*, México, Ed. Santiago, 1946.

———, *Cristóbal de Olid, conquistador de México y Honduras*, México, Jus, 1950.

———, "El Diablo en Mesoamérica", en *Cuadernos Americanos*, XII: 2 (1955), pp. 194-208.

Valle Arizpe, Artemio de, *Cuadros de México*, México, Jus, 1943.

———, *Gregorio López, hijo de Felipe II (sic)*, México, Cía. Gral. de Ediciones, 1957.

———, *Historia de la ciudad de México, según los relatos de sus cronistas*, Tomo I de *Obras Completas*, México, Libreros Mexicanos Unidos, 1959.

Van Horne, John, *Bernardo de Balbuena*, Guadalajara, Font, 1940.

Vargas Ugarte, Rubén (S.J.), *Historia del Culto de María en Iberoamérica y de sus Imágenes y Santuarios más venerados*, 3ª ed., 2 vols., Madrid, T. G. Jura, 1956.

Vauchez, André, *Les laïcs au Moyen Âge*, París, Ed. du Cerf, 1987.

Vázquez, Josefina Zoraida, "El pensamiento renacentista español y los orígenes de la educación novohispana", en *Ensayos sobre historia de la educación en México*, México, ECM, 1981.

Vázquez Santana, Higinio, *Historia de la canción mexicana*, t. III, México, Talleres Gráficos de la Nación, 1931.

——— y José Ignacio Dávila Garibi, *El Carnaval*, México, Talleres Gráficos, 1931.

Vázquez Vázquez, Elena, *Distribución geográfica y organización de las órdenes religiosas en la Nueva España (siglo XVI)*, México, Inst. de Geografía de la UNAM, 1965.

Vedel, Vladimir, *Romántica caballeresca*, trad. de M. Sánchez Sarto, 3ª ed., Barcelona, Labor, 1948.

Vedia, E. de, "Apuntes sobre la vida del Adelantado Alvar Núñez Cabeza de Vaca", en *Historiadores Primitivos de Indias*, 2 vols., Madrid, 1853-1858.

Velázquez, María del Carmen, *Establecimiento y pérdida del septentrión de Nueva España*, México, ECM, 1974.

———: ver Echeagaray, J. I.

Velázquez Chávez, A., *Tres siglos de arquitectura colonial*, México, TGN, 1933.

———, *Tres siglos de pintura colonial mexicana*, México, Polis, 1939 .

Verlinden, Charles, *Précédents médiévaux de la Colonie en Amérique*, México, IPGH, 1954.

———, *Les origines de la civilisation atlantique*, Neuchatel, A la Baconière, 1966.

———, *The Beginnings of Modern Colonization*, trad. de Y. Freccero, Ithaca/Londres, Univ. de Cornell, 1970.

———, "Précédents et Parallèles européens de l'esclavage colonial", en *O Instituto*, CXIII (Coimbra), 1950, pp. 113-153.

———, "Les influences coloniales dans la colonisation de l'Amérique", en RHA, núm. 30 (diciembre de 1950), pp. 440-450.

———, "Colomb et les influences médiévales dans la colonisation de l'Amérique", en *Studi Colombiani*, II, Génova, 1951.

———, "Le problème de la continuité en histoire coloniale: de la colonisation médiévale à la colonisation moderne", en *Rev. de Indias*, XI (1951), pp. 219-236.

———, "Sentido de la historia colonial americana", en *Rev. de Estudios Americanos* (Sevilla, 1952).

———, "Italian influence in Iberian colonization", en HAHR, XXIII: 2 (mayo de 1953), pp. 199-211.

———, "Les origines coloniales de la civilisation atlantique", en *Cahiers d'histoire mondiale* (París), I: 2 (octubre de 1953).

———, "Le 'Repartimiento' de Rodrigo de Albuquerque à Española en 1514", en *Mélanges offerts à G. Jacquemyns*, Bruselas, Univ. Libre, s/f.

———, "Esclavage médiéval en Europe et esclavage colonial en Amérique", en *Cahiers de l'Institut des Hautes Etudes de l'Amérique Latine* (París), LXIX.

———, "Gouvernés et Gouvernants dans les 'Républiques de Indios' du Mexique au XVIᵉ. et XVIIᵉ. siècles", en *Recueils de la Societé Jean Bodin pour l'histoire des Institutions*, XXIV.

———, "Gens de mer méditerrannéens en Espagne et au Portugal (XIVᵉ.-XVIᵉ. siècles)", en R. Ragosta (ed.), *Le genti del mare Mediterraneo*, pp. 625-641.

———, "El régimen del trabajo en México — Aumento y alcance de la gañanía, siglo XVII", en B. García Márquez (ed.), *Historia y sociedad en el mundo de habla española...*, México, ECM, 1970.

———, "Christophe Colomb: esquisse d'une analyse mentale", en RHA, México, 1980.

———, "Navigateurs, marchands et colons italiens au service de... Henri le Navigateur", en *Le Moyen Age* (Bruselas), LXIV, 4 (1958).

———, *Les origines du monopole royal dans l'économie portugaise au XVᵉ siècle*, Coimbra, 1983.

———, "De la colonisation italienne au Levant à l'expansion ibérique en Afrique...", en *Bull. de l'Inst. Histor. Belge de Rome*, fasc. 53-54, Roma, Academia Belga, 1983-1984.

———, "Les Esclaves dans les communautés Rurales...", en *Rec. de la Socied. Jean Bodin ... XLIII*, París, Dessainy Tol'ra, 1984.

Vicens Vives, Jaime, "Precedentes mediterráneos del Virreinato Colombino", en *Anuario de Estudios Americanos*, V (Sevilla, 1948), pp. 571-614.

Victoria Moreno, Dionisio (O.C.D.), *Los Carmelitas Descalzos y la Conquista espiritual de México, 1585-1612*, México, Porrúa, 1966.

Viesca, Carlos, "Confrontations et conquêtes-Médecine Aztèque et Médecine Européenne", en A. Remiche/Martynow *et al.* (ed.), *Notre Amérique Métisse*, París, La Découverte, 1992.

Villanueva Saldívar, María, *Las ferias medievales y su influencia en las ferias mexicanas* (tesis), México, Fac. de Filosofía y Letras, 1963.

Villaseñor Bordes, Rubén, *La Inquisición en la Nueva Galicia (siglo XVI)*, Guadalajara, Vera, 1959.

Villegas, Víctor Manuel, *Hierros coloniales en Zacatecas*, México, 1955.

Villoro, Luis, *Los grandes momentos del indigenismo en México*, México, ECM, 1950.

―――, "La revolución de independencia", en ECM (ed.), *Historia general de México*, vol. II, 1976.

Wagner, Henry R., *The Spanish Southwest, 1542-1794. An annotated Bibliography*, 2 vols., Nueva York, Arno, 1967.

Ward, Benedicta, *Miracles and the Medieval Mind... 1000-1215*, Londres, Scolar, 1982.

Warman, Arturo, *La danza de moros y cristianos*, México, SEP-Setentas, 1972.

Warren, Fintan B. (O.F.M.), *Vasco de Quiroga and his Pueblo-Hospitals of Santa Fe*, Washington, Academia de Historia Franciscana, 1963.

―――, "The Carvajal Visitation: first Spanish survey of Michoacan", en *The Americas* (Washington), XIX: 4 (abril de 1963).

Warren, J. Benedict, "An Introductory Survey of Secular Writings in the European Tradition on Colonial Middle America, 1503-1818", en *Handbook of Middle America Indias*, XIII, pp. 42-137.

Washburn, Wilcomb E., "The Meaning of 'Discovery' in the Fifteenth and Sixteenth Centuries", en *American Historical Review*, LXVIII: 1 (octubre de 1962).

Watt, W. Montgomery, *A history of Islamic Spain*, Univ. de Edimburgo, 1965.

Weber, David J., *The Spanish Frontier in North America*, Yale U. P., 1992.

Weckmann, Luis, *La sociedad feudal, esencia y supervivencias*, México, Jus, 1944.

―――, *Las Bulas Alejandrinas de 1493 y la Teoría Política del papado medieval: Estudio de la supremacía papal sobre las islas, 1091-1493*, int. de E. H. Kantorowicz, México, Inst. de Historia, UNAM, 1949, reimp. FCE, 1992, con el título: *Constantino el Grande y Cristóbal Colón*.

―――, *El pensamiento político medieval y una nueva base para el derecho internacional*, México, Inst. de Historia, UNAM, 1950.

―――, *Panorama de la cultura medieval*, con una int. sobre "La Edad Media en México", México, UNAM, 1962.

―――, "The Middle Ages in the Conquest of America", en L. Hanke (ed.), *History of Latin American Civilization: Sources and Interpretation*, vol. I, Boston, Little Brown, 1967.

―――, "The Alexandrine Bulls of 1493: pseudo-Asiatic Documents", en F. Chiapelli (ed.), *First Images of America*, Univ. de California en Los Ángeles, 1976.

―――, "El milenarismo de Fray Bernardino de Sahagún", en *Memorias de la Acad. Mex. de Historia*, XXXIV (1991).

Weismann, Elizabeth Wilder, *Mexico in Sculpture, 1521-1821*, Cambridge (Mass.), Univ. Harvard, 1950.

West, Robert C., *The Mining Community in Northern New Spain: The Parral Mining District*, Univ. de California en Berkeley, 1949.

Westheim, Paul, *La calavera*, 1ª ed., México, Robredo, 1953; 2ª ed., trad. de Mariana Frenk, México, ERA, 1971.

White (Jr.) Lynni T., *Medieval Religion and Technology*, Univ. de California Press, 1978.

————, "The Legacy of the Middle Ages in the American Wild West", en *Speculum*, XI: 2 (abril de 1965).

Wilkins, Harold T., *Secret Cities of Old South America*, Londres, 1950.

Williams, J. W., "Moscoso's Trail in Texas", en *Southwestern Historical Quarterly*, XVI: 2 (octubre de 1942), pp. 138-157.

Williams, Stanley T., *La huella española en la literatura norteamericana*, versión castellana de J. y E. M. Fernández Buján, Madrid, Gredos, 1957.

Winsor, Justin (ed.), *Narrative and Critical History of America*, 8 vols., Boston, Houghton, Mifflin, 1884-1889.

Woldert, Albert, "The Expedition of Luis de Moscoso in Texas in 1542", en *Southwestern Historical Quarterly*, XVI: 2 (octubre de 1942), pp. 158-166.

Woodbury, Lowery, *The Spanish Settlements within the present limits of the United States*, 2 vols., Nueva York/Londres, Putnam's/Knickerbrocker, 1911.

Wolf, E.: ver Mintz.

Ybot León, Antonio, *La Iglesia y los eclesiásticos españoles en la empresa de Indias*, Barcelona, Salvat, 1954.

Zamacois, Niceto de, *Historia de México*, vol. I, México, 1876.

Zapatero, Juan Manuel, "Una traza inédita de la ciudadela-castillo para la isla de San Juan de Ulúa", en *Anuario de Estudios Americanos* (Sevilla), XXIII (1966), pp. 647-668.

————, "La escuela de fortificación hispanoamericana", en *Actas y Memorias del XXVI Congreso Internacional de Americanistas* (Sevilla, 1966), pp. 261-275.

Zavala, Silvio, *Las instituciones jurídicas en la Conquista de América*, Madrid, Centro de Estudios Históricos, 1935.

————, *Francisco del Paso y Troncoso: su misión en Europa, 1892-1916*, México, Museo Nacional, 1938.

————, *New Viewpoints on the Spanish Colonization of America*, Filadelfia, Univ. de Pensilvania, 1943.

————, *Ordenanzas de Trabajo, siglos XVI y XVII*, México, Elede, 1947.

————, *La filosofía política en la Conquista de América*, México/Buenos Aires, 1947.

————, *Estudios indianos*, México, ECN, 1948.

————, *Los intereses particulares en la conquista de la Nueva España*, 2ª ed., México, UNAM, 1964.

————, *Los esclavos indios en Nueva España*, México, El Colegio Nacional, 1967.

————, *El mundo americano en la época colonial*, 2 vols., México, Porrúa, 1967.

———— (ed.), *Libros de Asientos de la Gobernación de la Nueva España (Periodo del Virrey don Luis de Velasco, 1550-1552)*, México, AGN, 1982.

————, *Tributos y servicios personales de los indios para Hernán Cortés y su familia (Extracto de documentos del Siglo XVI)*, México, AGN, 1984.

————, *El servicio personal de los indios en la Nueva España*, 5 vols. (el 5° en dos partes), México, FCE, 1984-1990.

————, "Las conquistas de Canarias y América", en *Estudios Indianos*, México, 1948.

————, "De Encomienda y Propiedad Territorial en algunas regiones de la América española", en *op. cit.*

————, "Orígenes coloniales del peonaje en México", en *op. cit.*

————, "La libertad de movimiento de los Indios de Nueva España", en *op. cit.*

————, "El contacto de culturas en la historia de México", en *Cuadernos Americanos*, XLVI: 4 (julio-agosto de 1949), pp. 172-204.

————, "Política de Indias", en *Miscelánea de estudios dedicados al Dr. Fernando Ortiz*, La Habana, 1957.

————, "La amalgamación en la minería de la Nueva España", en HM, XI: 3 (enero-marzo de 1962), pp. 416-421.

————, "Utopía de América en el siglo XVI", en *Cuadernos Americanos*, CXLI (julio-agosto de 1965).

————, "Bartolomé de las Casas ante la esclavitud de los indios", en *Cuadernos Americanos*, 4 (1966), pp. 142-156.

————, "Primeros Títulos de Encomienda en Nueva España", en *Humanitas* (Univ. Autonóma de Nuevo León), 1972.

————, "Las Fronteras de Hispanoamérica", en *Memoria de El Colegio Nacional*, VII: 4 (1973).

————, "Galerías en el Nuevo Mundo", en *op. cit.*, VIII: 3 (1976), pp. 115-137.

Zawisza, Leszsk M., "Tradición monástica europea en los conventos mexicanos del siglo XVI", en *Bol. del Centro de Invest. Históricas y Estéticas* (Caracas), núms. 90-112 (mayo de 1969).

Zepeda Rincón, Tomás, *La Instrucción Pública en la Nueva España* (tesis), México, Facultad de Filosofía y Letras, 1933.

Zubillaga, Félix (S.J.), *História de la Iglesia en la América Española*, vol. I, Madrid, Editorial Católica, 1965.

————, "Métodos misionales de la primera instrucción de San Francisco de Borja para la América Española (1567)" en *Archivium Historicum Societatis Iesu* (Roma), XII (1943), pp. 58-88.

Zulaica Gárate, Román, *Los Franciscanos y la Imprenta en México en el siglo XVI*, México, Robredo, 1939.

ÍNDICE ANALÍTICO

ÍNDICE GENERAL

Tercera Parte
EL ESTADO Y LA ECONOMÍA

Cuarta Parte
LA SOCIEDAD, EL DERECHO Y LA CULTURA

Este libro se terminó de imprimir y encuadernar
en el mes de mayo de 1996 en Impresora y En-
cuadernadora Progreso, S. A. de C. V. (IEPSA),
Calz. de San Lorenzo, 244; 09830 México, D. F.
Se tiraron 3 000 ejemplares.